JN270464

Kotler
コトラーのマーケティング・マネジメント

Marketing Management
ミレニアム版

フィリップ・コトラー 著
Philip Kotler

恩藏直人 監修　月谷真紀 訳

THE MILLENNIUM EDITION

Pearson Education Japan
ピアソン・エデュケーション

Translation copyright © 2001 Pearson Education Japan

Marketing Management: Millennium Edition, Tenth Edition

by Philip Kotler

Copyright © 2000, 1997, 1994, 1991, 1988
by Prentice-Hall, Inc. All RightsReserved.

Published by arrangement with the original publisher, Prentice Hall, Inc.,
a Pearson Education company.

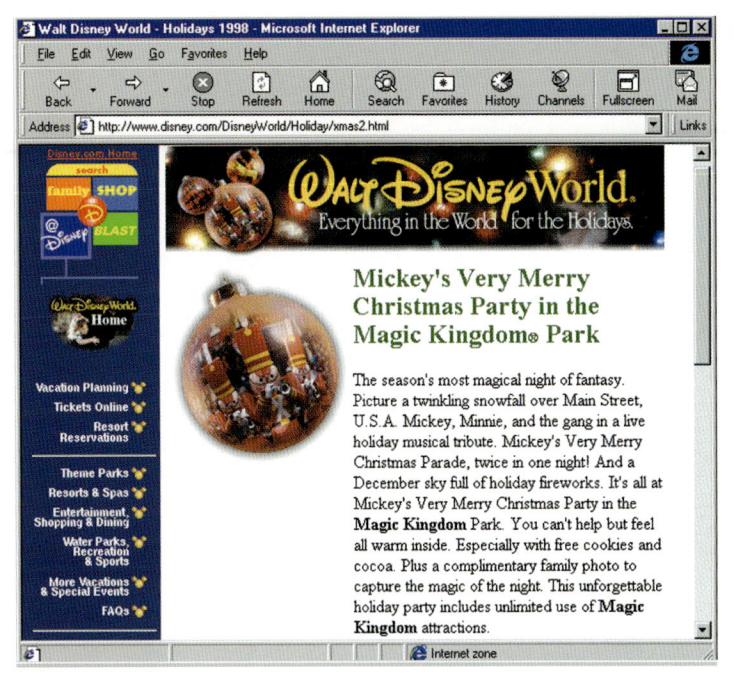

口絵 **1-1**（5ページ）
経験を作り出し、演出し、売り込むのは、ウォルト・ディズニー・ワールドが得意とするところだ。

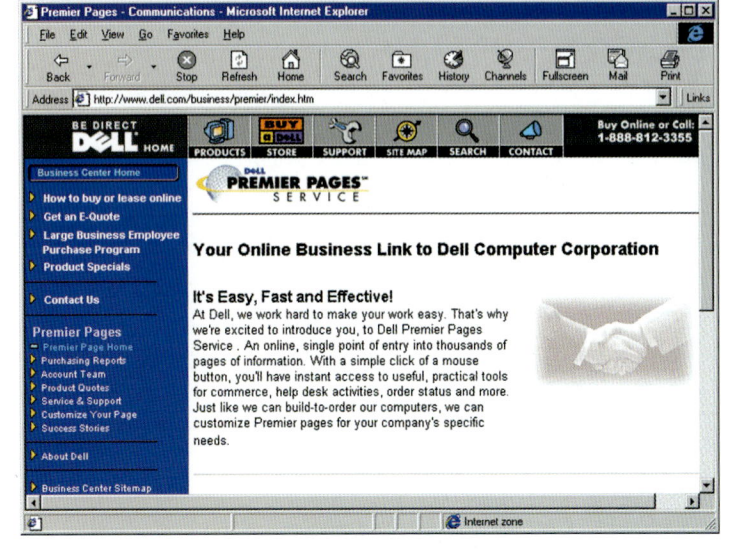

口絵 **2-1**（52ページ）
デルのプレミアページ。このカスタマイズされたウェブページを通じて、デルは顧客への直接販売というビジネスモデルを確立した。

口絵 2-2(71ページ)
ロジスティクス社のホームページ。ロジスティクス社は、テレウェブを使って複雑なハイテク製品を販売している。テレウェブのおかげで、顧客とセールス・レップが直に接続して、製品販売や問題解決を迅速かつ容易に行うことができる。

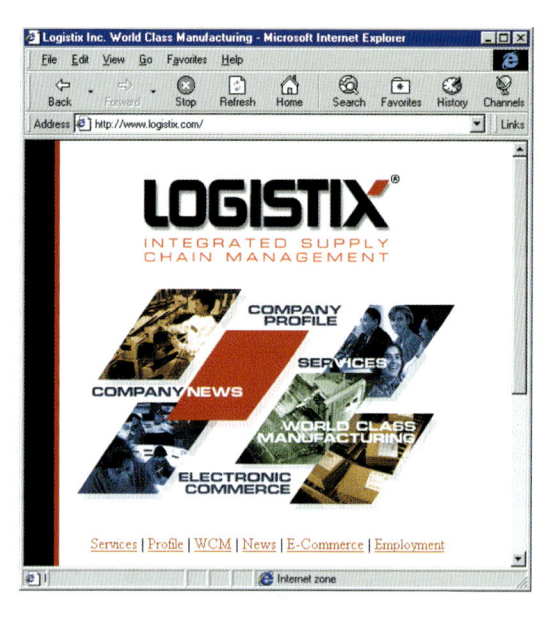

口絵 3-1(106ページ)
アンダーセン・コンサルティング(現アクセンチュア)はこの広告キャンペーンが示すように、環境の変化に敏速に反応し、戦略的適合性を維持している。

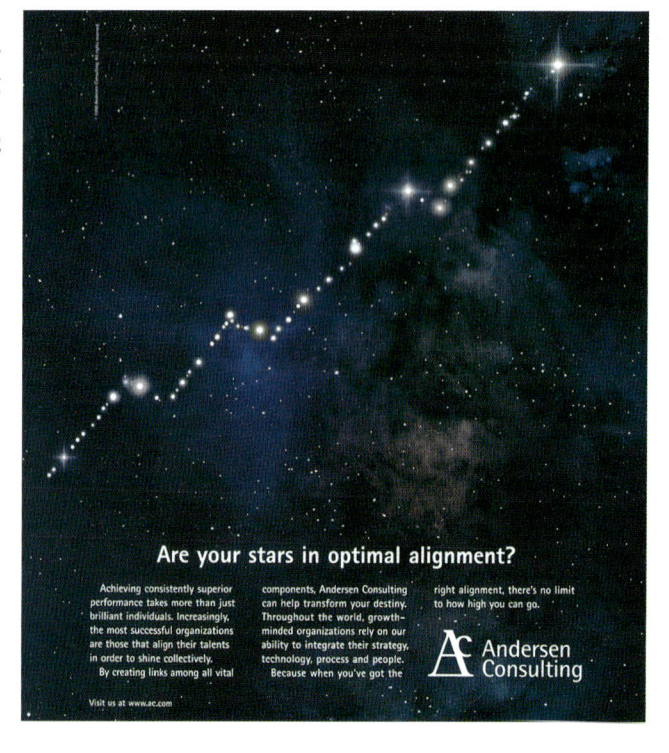

口絵 4-1（137ページ）
フォーカス・グループ調査。

口絵 4-2（138ページ）
サイバー・ダイアログ・プロダクツ社のホームページを見れば、同社が提供するオンライン・サービスの内容をある程度知ることができる。

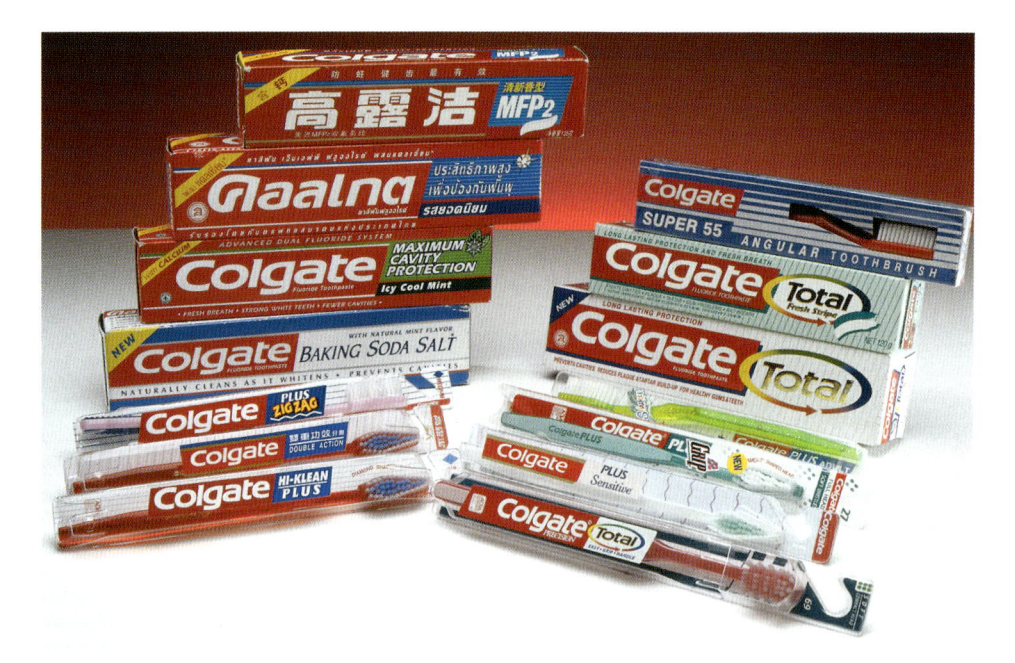

口絵 5-1（171 ページ）
コルゲート・パルモリブ社のグローバル・ブランド戦略
コルゲート・パルモリブ社は歯磨き用品のコルゲート・ブランドで世界的な成功を収めている。商品とパッケージ・デザインは万国共通で、パッケージ上の文字だけ国ごとに異なる。

口絵 5-2（172 ページ）
ハーレー・ダビッドソンのホームページによって、ハーレーのオーナーは家族の一員のようになれる。

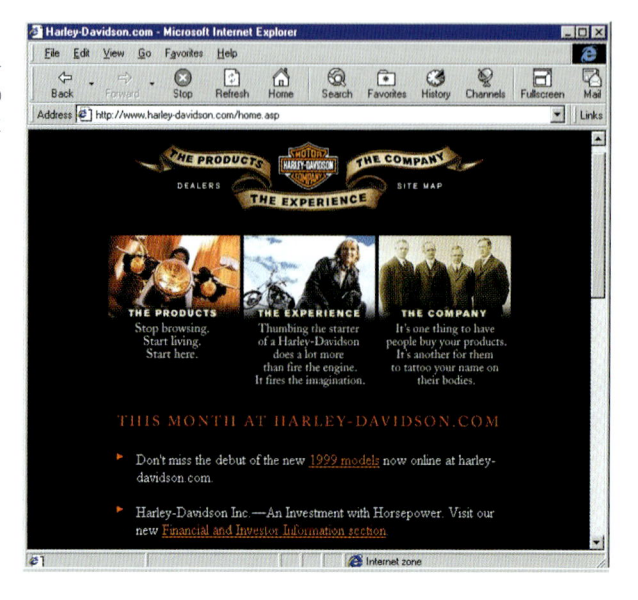

口絵 **5-3**（177ページ）
ターゲットを絞った広告。ラテン系アメリカ人のコミュニティを対象としたシアーズの広告。

口絵 **5-4**（182ページ）
GAPのオンライン・ストアのホームページ。所得レベルによって異なるニーズや興味に商品を合わせている。

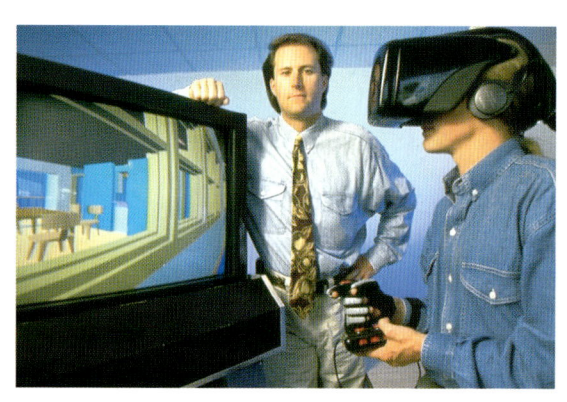

口絵 5-5(188ページ)
マーケティングへのバーチャル・リアリティの応用
バーチャル・リアリティ(VR)の技術によって、ユーザーはコンピュータで構築された世界を聴覚と視覚と触覚で双方向的に体験できる。現在のVR装置の多くには、受話器や何らかの手動コントローラーが必要である。(左図)サイバーシム社のVRプログラムを使うと、家を買いたい人は将来の家をシミュレートし、まだ建っていない家の中を実際にそこにいるかのように歩きまわることができる。(右図)ほかにも車を買いたい人が、自分の選んだ車で街を走るシミュレーションのできるVRプログラムがある。

口絵 6-1(202ページ)
ネットノワール——黒人ネットワーク。特定のエスニック・グループの興味や関心にターゲットを絞った人気サイト。

口絵 6-2（219ページ）

全米牛乳加工業者プロモーション委員会が展開した「Got Milk?」の広告キャンペーン。牛乳の口ひげをつけた有名人を登場させている。ここでは人気TVコメディー『フレイジャー』のキャストが起用されている。

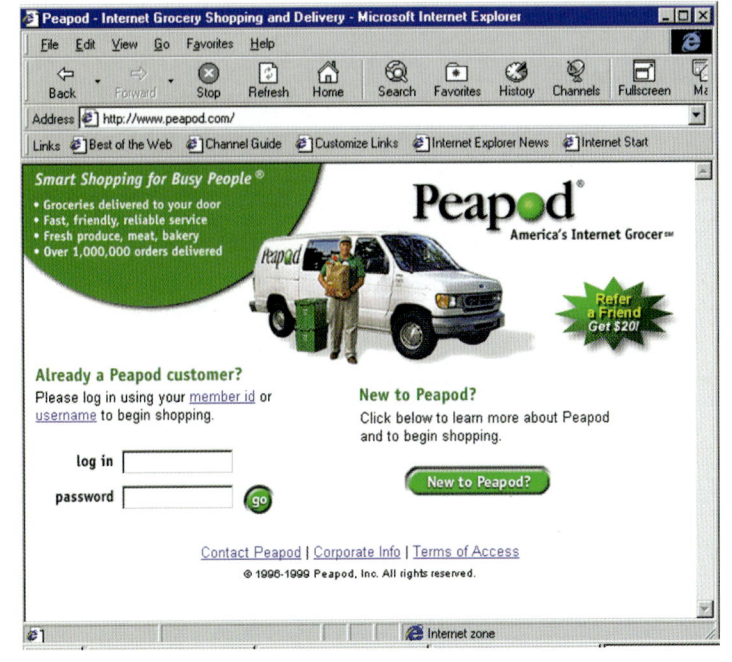

口絵 10-1（362ページ）

ジュエル・スーパーマーケット・チェーンが行っているオンライン食品雑貨ショッピング・サービス「ピーポッド」のホームページ。

口絵 **11-1**(411ページ)
オンラインの3M。3Mイノベーション・ネットワーク

口絵 **11-2**(440ページ)
イリジウムが行っている、地球上のどこにいても交信できる世界初の携帯衛星電話とページング・ネットワークの広告キャンペーン。

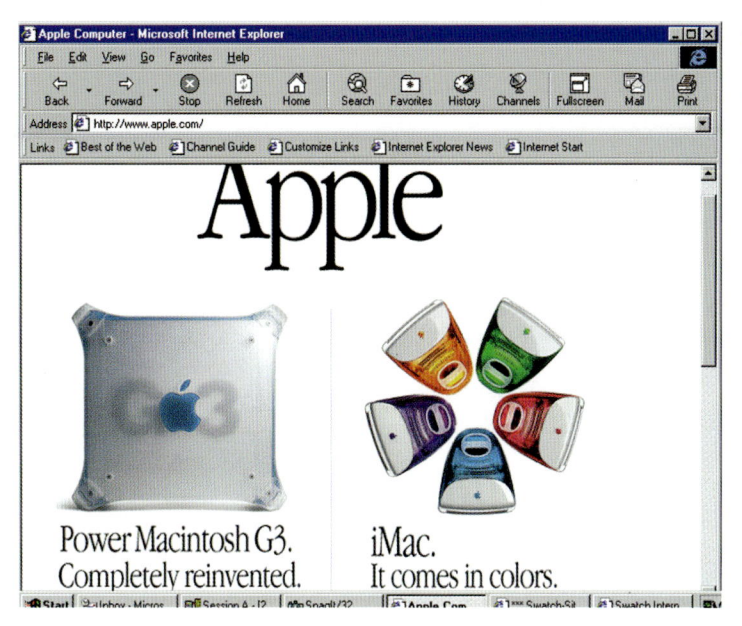

口絵 11-3（441ページ）
オンラインのアップル。思わず目を奪われるこの新製品の発売キャンペーンは十分に採算がとれたようだ。

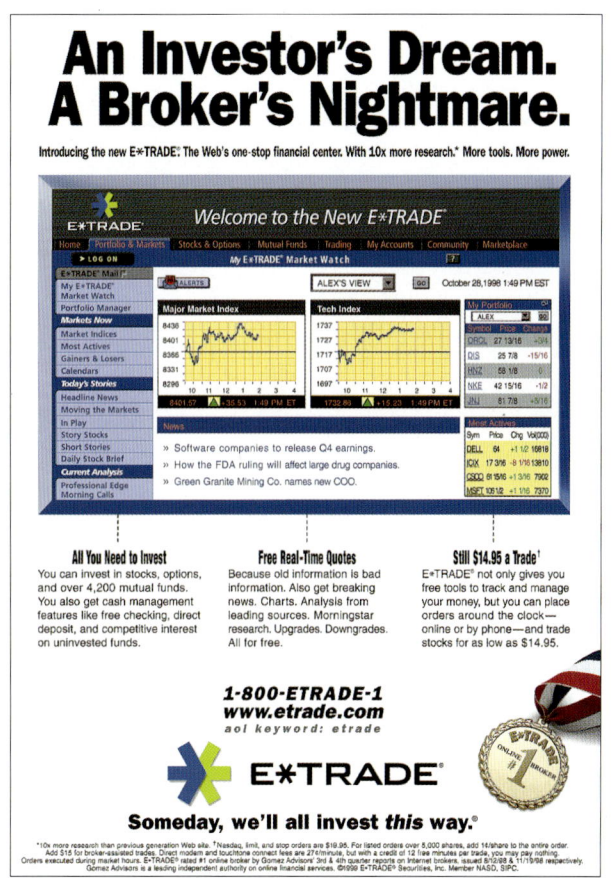

口絵 12-1（463ページ）
世界市場へ拡張しつつあるオンライン証券会社、Eトレードの印刷広告。

口絵 13-1（509ページ）
パンパース育児研究所のホームページ。

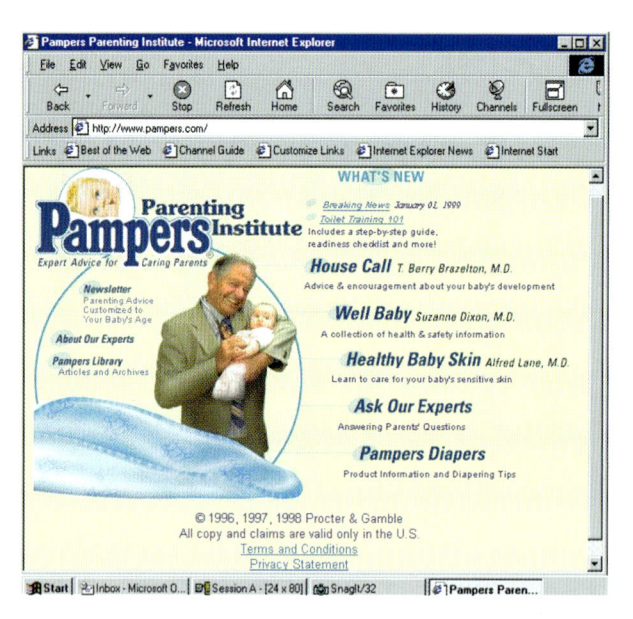

口絵 13-2（518ページ）
インテルによるペンティアム II プロセッサーの広告。

口絵 15-1（567ページ）
製品特性と価格の両方をプロモーションしているデルの広告。

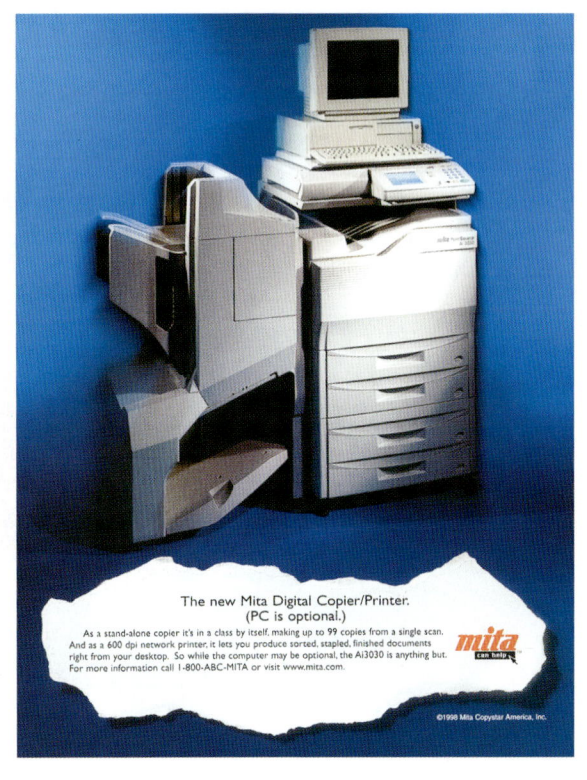

口絵 16-1（615ページ）
新しい三田のコピー機の広告。ディーラーとセールス・レップはこの複雑なコピー機を販売するために、特製のCD-ROMによって訓練を受ける。

口絵 16-2（621 ページ）
エイボン製品を欲しかったら、エイボンの買い物支援ウェブサイトを見ればよい。

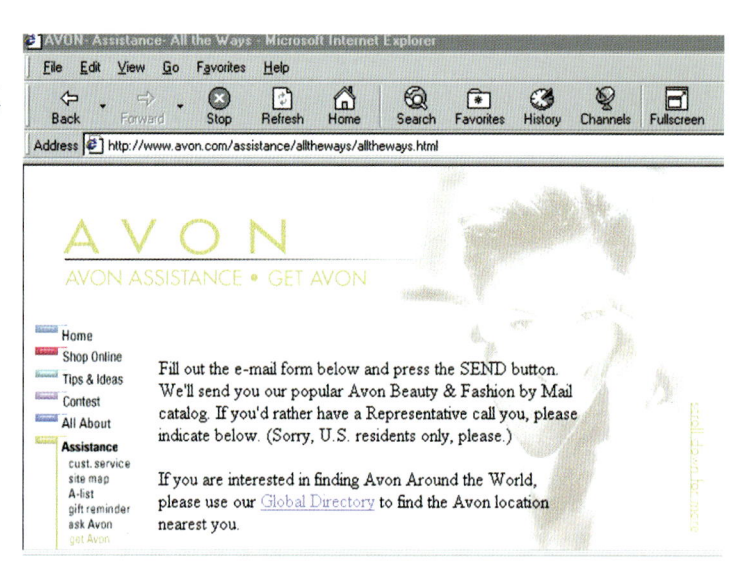

口絵 17-1（647 ページ）
オリーブ・ガーデンのホームページ。

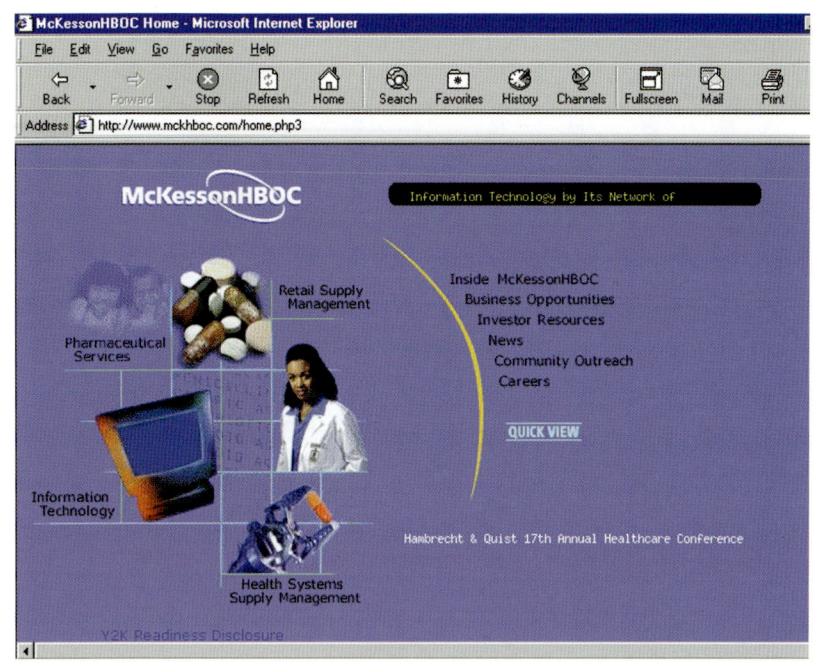

口絵 **17-2**（657ページ）
マケッソンのホームページ。

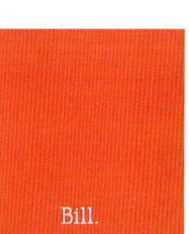

口絵 **17-3**（659ページ）
ライダー・インテグレイテッド・ロジスティクス社の広告。

口絵 19-1(713ページ)
この印象的なUPSの広告では、読者はまず見出し(ヘッドライン)に注目する。

口絵 19-2(720ページ)
デジジン(デジタル・マガジン)『ワード』のホームページ。インターネットでのみ閲覧できる。

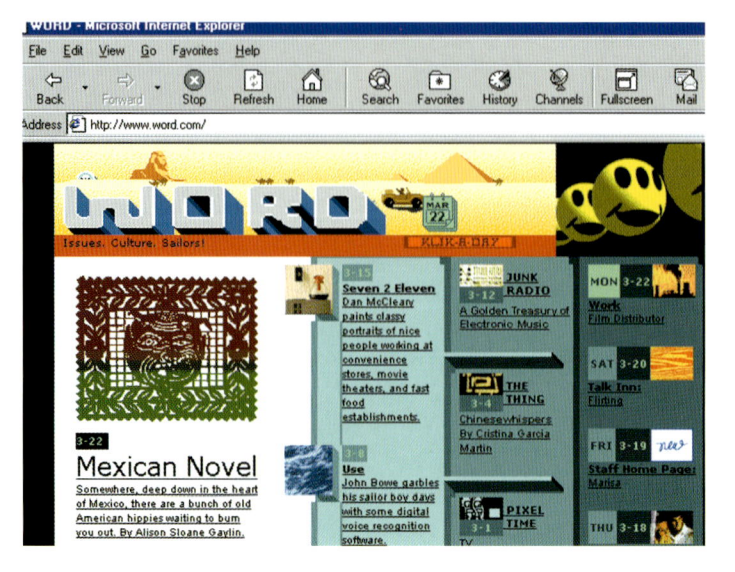

20-1 21-1

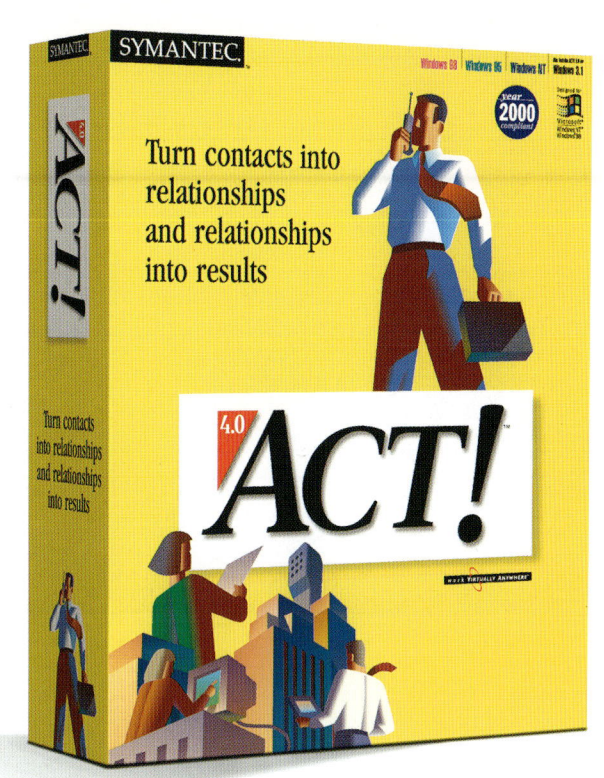

口絵 20-1（768 ページ）
ACT!は多くの販売員に利用されているソフトウェア・プログラムである。

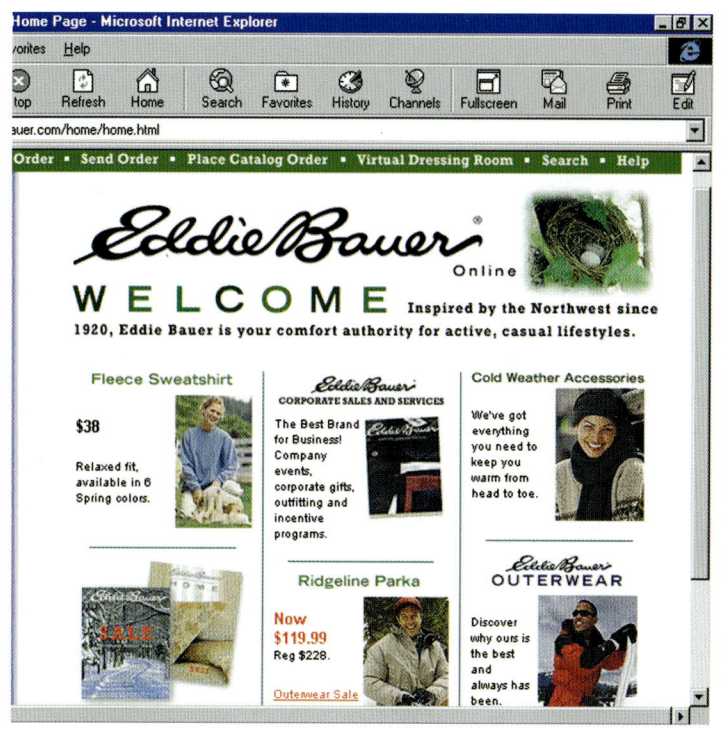

口絵 21-1（807 ページ）
エディー・バウアーのホームページ。顧客はバーチャル試着室で「試着」できる。

口絵 21-2（814ページ）
カリクス・アンド・カローラのホームページには、「出荷を受け持っています」というフレーズとともに、フェデックスのロゴが示されている。

口絵 21-3（822ページ）
マイサイモンのホームページ。「世界でいちばん賢いショッピング・エージェント」。

序 文

　『マーケティング・マネジメント』の第1版を書いた1967年には、マーケティングは今よりずっと単純なテーマだった。消費者向けマーケティングは主にマス・マーケティング原理に基づいて行われていたし、企業向けマーケティングの最大の関心は強いセールス・フォースを作り上げることにあった。小売の世界には大型百貨店、地域に根ざしたスーパーマーケット・チェーン、そして多数の家族経営の食料雑貨店しかなかった。マーケティングの考え方は売上をあげることに焦点が当てられていたのである。

　当時もマーケターはさまざまな難問に取り組んでいた。製品の特徴や品質を決め、付随サービスを設け、価格を設定し、流通チャネルを決定し、マーケティングにかける費用を決め、経営資源を広告、セールス・フォース、その他の販売促進ツールそれぞれにどれだけ配分するかを決定しなければならなかった。

　今日のマーケターももちろん、同じ難問に取り組んでいる。しかし現在、市場ははるかに複雑になっている。かつては外国企業の攻勢にさらされることのなかった国内市場も、今や巨大グローバル企業やグローバルなニッチ市場専門企業の草刈り場となっている。技術の進歩は時間と距離を大きく縮めた。新製品は驚くほど早いペースで世に出て、たちまち世界のどこででも買えるようになる。コミュニケーション・メディアが次々に登場する。新しい流通のチャネルや業態が絶えず考え出されてくる。あらゆるところに競合者がいる。しかも虎視眈々と機会をうかがっているのだ。

　こうした変化のなかで、忙しい消費者は消費の形を変えつつある。時間を節約するために、カタログや電話やコンピュータで買い物をするようになった。今の消費者は、自動車を買おうと思えば、インターネットを検索していちばん安い価格を探し出すことができる。銀行の手続きも電話かコンピュータでほとんど用が足りてしまう。代理店や仲介業者を通さずに保険を買ったり資産を運用したりできる。スーパーマーケットにすら足を運ぶ必要がない。ピーポッド、ストリームライン、ネットグローサーを使ってインターネットで食料品を注文し、自宅まで配達してもらえるのだ。ニュースを知るにも新聞を買う必要はない。毎朝、『ウォールストリート・ジャーナル』のカスタマイズされた情報を手に入れることができるのだから。

　企業購買の購買環境も大きく変わった。購買担当者はインターネットでい

ちばん条件が良く高い価値を提供する売り手を探すことができる。ゼネラル・エレクトリック社（GE）はトレーディング・プロセス・ネットワーク（TPN）を作り上げた。これはGEをはじめ同社のサービスに加入している企業が世界中の供給業者に見積りを要求し、条件を交渉し、注文することのできる仕組みである。またwww.Dell.comにアクセスすれば、カスタマイズされた特注コンピュータを注文することができる。

このような新しい形の購買が可能になったということはつまり、機会も脅威もまったく新しい世界が出現したということである。シリコンバレーはデジタル化、ロボット化、コンピュータを利用した在宅勤務、人工知能、バーチャル・リアリティなどの技術進歩に彩られた「素晴らしき新世界」のひとつのシンボルにすぎない。その反面、多くの消費者や企業にとっての素晴らしい機会は、提供する側にとっては大きな、時には致命的な脅威となる。銀行は支店閉鎖に追い込まれるだろうし、旅行代理店や仲介業者は人員削減を避けられないだろう。自動車メーカーはディーラーの数を減らすことになろう。書店やCDショップ、ビデオショップも閉店の憂き目にあうだろう。技術の進歩は諸刃の剣である。機会を生みもし、つぶしもする。

この新しい世界のもう1つの特徴は、驚くばかりに情報の豊かな環境である。消費者は競合ブランドについて、個々の製造会社や小売店にわざわざあたらなくても、コストや価格、特徴、品質に関する客観的な情報を入手できる。自分の希望に沿ったカスタマイズされた特徴を指定できる場合も多い。払ってもよいと思う価格を指定し、最も熱意のある売り手が応えてくるのを待つことさえ可能だ。結果として、経済的な力が売り手から買い手の側に移るという劇的な変化が起きた。

賢い企業は顧客価値の移動が避けられないことを認識しつつある。つまり、顧客はより高い価値を提供できる供給業者を渡り歩くのである。買い手が新しい購買方法を取り入れているのだから、古い価値提供の方法に大きな投資をしてしまった企業がとる道は2つしかない。わが社こそ最大の価値を提供していますと顧客を説得する**メンテナンス・マーケティング**を追求するか、より高い価値を提供するべく組織を再編する**トランスフォーメーショナル・マーケティング**を追求するかである。

賢い企業は市場やマーケティングに革新が起こっていることにも気づいている。最近、マス市場で二番手のポジションに甘んじる代わりに、特定市場でリーダーシップをとろうとしのぎを削る企業が増えている。また、ひたすら新規顧客を獲得するよりも、顧客の維持に力を入れるようになっている。企業は単なる市場シェアではなく、**顧客シェア**を求めて提供物の内容を広げつつある。顧客のなかでもいっそう利益をもたらしてくれる顧客を見極めて、彼らに破格のサービスを提供している。目前の利益の最大化よりも、**顧客生涯価値**を意思決定の基盤にしてきている。

これまでの考え方ややり方が挑戦と変化の波にさらされているのは、どの企業も例外ではない。

1. 技術者だけが製品の設計をしていたのが、マーケティングその他の部門や顧客を製品開発に取り込むようになる。
2. コストに任意のマークアップを上乗せする価格設定から、提供された、あるいは知覚された顧客価値をもとにした価格設定をするようになる。
3. 説得ベースの広告や販売員を通じての通知や販売促進から、いっそう幅広いコミュニケーション媒体と発表方法を利用するようになる。
4. 顧客に到達するために、単一流通チャネルのみに頼っていたのが、複合的流通チャネルを築くようになる。
5. 企業を一個の独立した存在として経営していたのが、供給業者や流通業者を関係の深いパートナーとして取り込んだ、優れた価値提供ネットワークを築くようになる。

しかしこうした変化に着手した企業も、成功するためにはマーケティングのビジョンとノウハウが必要である。マーケティングとは市場を分析し、機会を見極め、マーケティング戦略を立て、特定の戦略や戦術を編み出し、予算を提案し、規制を設ける、企業の一部門のことだと考えているマネジャーが多い。だが、マーケティングはそれだけではない。企業全体を顧客志向、市場主導の方向にプッシュしなければならない。優れた顧客価値を創造し、提供しようと社内やネットワークの関係者全員を説得するのもマーケティングの仕事なのだ。

マーケティングは単なる企業の一部門にとどまらない。鋭い洞察力で系統的に市場について考え、計画を練るプロセスのことである。このプロセスは商品やサービス以外にもあてはまる。アイデア、イベント、組織、場所、個性、何でもマーケティングの対象となる。そのプロセスはまず、適当な市場を調査してその力学を理解し、既存のニーズ、あるいは隠れたニーズに応える機会を特定することから始まる。また市場をセグメント化し、自社がより優れた形で満足させることのできるセグメントを選択する。さらに大まかな戦略を立て、これを具体的なマーケティング・ミックスと行動計画に洗練させていく。そして計画を実行し、結果を評価し、改良を加えていくのである。

ミレニアム版について

第10版となる本書は、新しいミレニアムの始まりの年に出るため、ミレニアム版と呼んでいる。ニュー・ミレニアムには市場の変化のペースにいっそう拍車がかかり始める。そうした折、本書は過去の理論と実践の中から最良のものを選び出し、企業が新たなミレニアムで事業を成功させるために必要な新しいマーケティングのアイデアやツール、実践法を紹介するよい機会であると思われる。ミニケースの事例を数百件追加して、新しい環境の課題に対応するためにリーディング・カンパニーが行っていることを解説した。また本書では、ワールド・ワイド・ウェブと電子商取引(E‐コマース)がマーケティングの世界を

劇的に変えつつある様子を示している。

その一方で、ミレニアム版でもこれまでの版の基本的な特長を活かしている。

1. **マネジメント志向**　本書はマーケティング・マネジャーやトップ・マネジメントが、組織の目標や能力や資源を市場のニーズや機会と一致させようとする際に直面する重要な意思決定に焦点を当てている。
2. **分析的アプローチ**　本書はマーケティング・マネジメントにつきものの問題を分析するための枠組みを提示している。豊富なケースや事例をもとに、効果的なマーケティングの原理、戦略、実践法を解説している。
3. **基本的な学問をふまえた視点**　本書では経済、行動科学、経営理論、数学などさまざまな学問分野の成果を豊富に取り入れ、基礎概念やツールとしている。
4. **普遍的な応用性**　本書はマーケティングの考え方をありとあらゆる側面に応用している。製品とサービス、消費者市場と生産財市場、営利組織と非営利組織、国内企業と外国企業、中小企業と大企業、製造業と仲介業、ローテク産業とハイテク産業などである。
5. **幅広くバランスのとれた内容**　本書ではマーケティング・マネジャーが理解しておく必要のあるトピックをすべてカバーしている。例えば戦略的マーケティング、戦術的マーケティング、管理的マーケティングなどである。

ミレニアム版の特長

ミレニアム版は簡素化し、かつ幅を広げた。同じ本ではあるが、内容を吟味して要点や有名な事例がより明確に伝わるよう簡略化されている。

「同じだが違う」：より簡素に

- **章立てを少なく**　第10版では関連性のあるテーマを一つにまとめ、24あった章を22に減らしている。第8章に競合への対処の仕方をすべてまとめ、市場リーダー、チャレンジャー、ニッチャー、フォロワーそれぞれのための市場戦略の要素も取り上げた。第10章では、製品ライフサイクルを通じての製品の差別化とポジショニングを論じている。
- **パート編成**　本書は5つのパートから成り立っているが、構成が変わっている。第1部「マーケティング・マネジメントの理解」には、マーケティングの理論と実践の社会的、経営的、戦略的基盤についての章を入れた。第2部「マーケティング機会の分析」では、機会を見つけるために市場とマーケティング環境を分析する概念とツールを提示し

ている。第3部「マーケティング戦略の立案」は、ポジショニング、新製品、グローバル戦略に焦点を当てている。第4部「マーケティング上の意思決定」では、ブランドと製品ライン、サービス、価格設定の戦略およびプログラムの作成と管理を取り上げた。第5部「マーケティング・プログラムのマネジメント」では、マーケティングの戦術と管理にかかわる面を扱った。つまりマーケティング・チャネルのロジスティクス、小売業と卸売業、統合型マーケティング・コミュニケーション、広告と販売促進とパブリック・リレーションズ(PR活動)、セールス・フォース、ダイレクト・マーケティングとオンライン・マーケティング、トータル・マーケティングのマネジメントである。

- **コラム** 本書にも3種類のコラムを入れている。「マーケティング・インサイト」では、マーケティング・マネジメントの最新の研究や成果を紹介している。「マーケティング・メモ」では、マーケティング・マネジメントのプロセスの各段階に携わるマーケティング・マネジャーに役立つコツや提案を取り上げた。「ミレニアム・マーケティング」では技術革新と電子商取引に焦点を当てている。「インサイト」と「メモ」のコラムは現在の状況を反映するように書き直し、新しいトピックを加えた。「ミレニアム」のコラムはすべて新しく執筆したものである。

- 改訂し内容を拡大した「ダイレクト・マーケティングとオンライン・マーケティング」の章は新しいマーケティング・チャネルと情報チャネルをすべてカバーし、これらがマーケティング・マネジメント戦略と戦術に与える影響を解説している。この章では電子ビジネスに関する最新の内容を詳しく書いた。電子商取引、オンライン消費者、オンライン・マーケティングの利点と欠点、オンライン・マーケティングの方法、オンライン・マーケティングの有望性と課題などである。

- 「ミニケース」と「本文中の例」は内容を更新・追加して、これまでの有名な事例に加え、電子商取引企業やインターネットの利用、サービス事業も取り上げた。例えばアマゾン・ドットコム、バーチャル・ヴィンヤード、アイビレッジ・コム、AOL、アルビン・エイリー・ダンス・シアター、ティファニー、キャデラックの事例を追加し、P&G、ナイキ、ウォルマート、キャタピラー、地中海クラブの事例は内容を更新した。ベン・アンド・ジェリーズ、アブソルート・ウォッカ、コダックのような有名な事例はそのまま掲載した。

- コラム「マーケティング・インサイト」も新たに追加したり内容を更新したりした。「スカラーとダラー(学者とお金):大学に押し寄せるマーケティングと販売の波」「サラ・リー社:製造業者から鋭敏なマーケターへ」「失敗の教訓を活かして甘美な成功を:ロバート・マクマスの新製品陳列・研究センター」「コーポレート・ブランディングの隆盛」など。

- コラム「マーケティング・メモ」も新たに追加したり内容を更新したりした。「インターネット・ジェネレーションの懐に入り込む」「子供を対

- 象にしたインターネット・マーケティングの倫理規定」「割引の7か条」などである。
- 口絵には実在する企業のウェブサイトや広告を掲載し、その章のコラムやミニケースで紹介したトピックを示した。
- 「ミレニアム・テーマ」を全編に登場させた。
  - 新たに追加したコラム「ミレニアム・マーケティング」では、ニュー・ミレニアムを特徴づけそうな現在のトレンドや将来予測されるトレンドに焦点を当てた。「モンサント社：保守的な化学製品から最先端の『ライフサイエンス』へ」では自ら生まれ変わろうとする企業の姿を描き、「企業間のインターネット取引」「インターネット時代の製品開発：ネットスケープ・ナビゲーター物語」でインターネット関連のトピックを取り上げた。
  - 欄外の「ミレニアム・コラム」ではミレニアム、世界的なミレニアム祝賀イベント、ミレニアム関連製品、ミレニアムのマーケティング・アイデアについての情報を紹介した。
  - 第1章、第3章、第21章などの重要な章では、将来に焦点を当てた「21世紀セクション」を設けた。
- 新たに追加した「コトラー語録」は、トピックを要約して各章の冒頭に掲げている。

日本語版への序文

　拙著『マーケティング・マネジメント』の最新版がいよいよ日本語に翻訳される運びとなったことは、この上ない喜びである。1982年に私は *Journal of Business Strategy* 誌上で「世界一のマーケター、日本」と題した論文を発表している。日本企業の卓越した経営とマーケティング、すでに地歩を築いていたリーダー企業よりもさらに優れた品質の製品を低価格で導入し、次々に市場を勝ち取っていった巧みさに私は敬服していた。製品に絶えず改良を重ねながら同時にコストを下げていく。これは勝利の公式である。ゼロ・ディフェクト、たえざる品質改善（「カイゼン」）、小型化、ジャスト・イン・タイムの生産方式、標的価格設定など、日本の経営コンセプトは実に見事なものだった。こうした素晴らしいアイデアの大半は、たちまち世界のリーディング・カンパニーに取り入れられ、実践されるようになったのである。

　現在、日本の企業や経営者たちは、あの工夫と創造性あふれるマーケティングに新たな活力を吹き込む必要に迫られている。本書ではインターネット・マーケティング、顧客リレーションシップ・マーケティング、ワン・トゥ・ワン・マーケティング、差別化、ポジショニング、ブランディングなど、マーケティング戦争を勝ち抜くための新たなコンセプトが提案されている。

　今日のマーケターはマーケティングの科学的側面のみならず、技術的な側面においてもいっそう洗練されてきている。マーケティングはいまや情報時代に入ったといえるだろう。マーケティングにおいて他より抜きんでるためには、企業はリアルタイム情報システムを構築し、変化し続けるマーケティング環境をいち早く察知し、それに対応しなければならない。

　本書を読み、数多くの優れたマーケティングの事例を知ることで、読者諸氏がマーケティング上の難問に立ち向かう喜びに目覚めてくださることを願ってやまない。

フィリップ・コトラー

謝 辞

　第10版は多くの方々の力添えでできた。ノースウェスタン大学ケロッグ経営大学院の同僚や仕事仲間が、絶えず私の考えに重要な影響を与えてくれた。ジェームズ・C・アンダーソン、ロバート・C・ブラットバーグ、アナンド・ボダパティ、ボビー・J・カルダー、グレゴリー・S・カーペンター、アレックス・チャーネフ、リチャード・M・クレウェット、アン・T・コフラン、サチン・グプタ、ドーン・イアコブッチ、ディパック・C・ジェイン、ロバート・コジネッツ、ラクシュマン・クリシュナムーティ、アンジェラ・リー、シドニー・J・レビィ、アン・L・マッギル、クリスティ・ノードヒルム、モハンビール・S・ソーニー、ジョン・F・シェリー・ジュニア、ルイス・W・スターン、ブライアン・スターンソール、アリス・M・ティバウト、アンドリス・A・ゾルトナーズ。また、ケロッグ大学院での私の職務を支えてくれたS・C・ジョンソン一家のご厚情にお礼を申し上げる。ノースウェスタン大学の学部長で長年の友人であるドナルド・P・ジェイコブズには、調査と執筆を支え続けてくれたことに感謝したい。

　第10版の見直しには、下記の方々のお力を頂いた。
　　Dennis Clayson, University of Northern Iowa
　　Ralph Gaedeke, California State University
　　Bill Gray, Keller Graduate School of Management
　　Ron Lennon, Barry University
　　Paul McDevitt, University of Illinois, Springfield
　　Henry Metzner, University of Missouri, Rolla
　　Jim Murrow, Drury College
　　Greg Wood, Canisius College

　また前版の見直しをしてくださった方々にも感謝を申し上げる。
　　Hiram Barksdale, University of Georgia
　　Boris Becker, Oregon State University
　　Sunil Bhatla, Case Western Reserve University
　　John Burnett, University of Denver
　　Surjit Chhabra, DePaul University

John Deighton, University of Chicago
Ralph Gaedeke, California State University, Sacramento
Dennis Gensch, University of Wisconsin, Milwaukee
David Georgoff, Florida Atlantic University
Arun Jain, State University of New York, Buffalo
H. Lee Matthews, Ohio State University
Mary Ann McGrath, Loyola University, Chicago
Pat Murphy, University of Notre Dame
Nicholas Nugent, Boston College
Donald Outland, University of Texas, Austin
Albert Page, University of Illinois, Chicago
Christopher Puto, Arizona State University
Robert Roe, University of Wyoming
Dean Siewers, Rochester Institute of Technology

海外版の共著者にもさまざまな示唆を頂いたことにお礼申し上げる。
Sweet-Hoon Ang, Siew-Meng Leong, and Chin Tiong Tan: National University of Singapore
Friedhelm W. Bliemel, Universitat Kaiserslautern (Germany)
Peter Chandler, Linden Brown, and Stewart Adam: Monash and other Australian universities
Bernard Dubois, Groupe HEC School of Management (France)
John Saunders (Loughborough University) and Veronica Wong (Warwick University, United Kingdom)
Walter Giorgio Scott, Universita Cattolica del Sacro Cuore (Italy)
Ronald E. Turner, Queen's University (Canada)

　ミレニアム版の実現には、プレンティスホールの才能あるスタッフの方々の力にあずかるところが大きい。編集者のホイットニー・ブレイクは第10版に優れたアドバイスをし、方向づけをしてくれた。またディベロップメント・エディターのジェニーン・シリオッタには本書の編集に多大な助力を頂いた。プロダクション作業をしてくれたジョン・ロバーツ、クリエイティブ・デザインを担当したケビン・コール、編集アシスタントのミシェル・フォレスタ、マーケティング調査作業を行ってくれたパティ・アーネソンの各氏への感謝もここで述べさせていただきたい。そして私のマーケティング・マネジャーであるシャノン・ムーアにも感謝する。ナンシー・ブランドウェインはたゆまぬ熱心な仕事ぶりで本書に新しく収録した多くの事例を探してくれた。メアリー・マクガリー、リビー・ルーベンスタイン、シルビア・ウェーバーにもご助力を頂いた。最後になるが、章末の応用演習を作成してくれたマリアン・ウッドに感謝申し上げる。

そして何よりも愛する妻、ナンシーに本書の執筆に必要な時間とサポートとインスピレーションを与えてもらった。これは実質上、妻との共著といっていい。

フィリップ・コトラー
インターナショナル・マーケティング・S・C・ジョンソン・
ディスティンギッシュド・プロフェッサー
ノースウエスタン大学 J・L・ケロッグ経営大学院
イリノイ州エバンストン
1999年7月

目次

序　文 i
 ミレニアム版について iii
 ミレニアム版の特長 iv

日本語版への序文 vii

謝　辞 ix

第1部　マーケティング・マネジメントの理解

1　21世紀のマーケティング
1

マーケティングの役割 3
 マーケティングの範囲 4
 マーケティングの役割をより広くとらえる 6
 マーケターの意思決定 7

マーケティングのコンセプトとツール 9
 マーケティングの定義 9

マーケティング・メモ
マーケターがよく抱く疑問　7

ミレニアム・マーケティング
電子商取引：キティーホークの時代
14

　　　　中核となるマーケティングのコンセプト ………………………… 10

　市場に対する企業の方針 ……………………………………………………… 22
　　　　生産コンセプト …………………………………………………… 23
　　　　製品コンセプト …………………………………………………… 23
　　　　販売コンセプト …………………………………………………… 25
　　　　マーケティング・コンセプト …………………………………… 26
　　　　ソサイエタル・マーケティング・コンセプト ………………… 35

　ビジネスとマーケティングはいかに変化しているか ……………………… 37
　　　　企業の反応と軌道修正 …………………………………………… 38
　　　　マーケターの反応と軌道修正 …………………………………… 39

マーケティング・インサイト
スカラーとダラー（学者とお金）：大学に押し寄せるマーケティングと販売の波　　28

マーケティング・メモ
マーケティング・コンセプトを取り入れる理由　　35

2

顧客満足、顧客価値、および顧客維持の確立

43

　顧客価値と顧客満足の定義 …………………………………………………… 44
　　　　顧客価値 …………………………………………………………… 45
　　　　顧客満足 …………………………………………………………… 47

　高業績ビジネスの本質 ………………………………………………………… 51
　　　　利害関係者 ………………………………………………………… 51
　　　　プロセス …………………………………………………………… 54
　　　　資源 ………………………………………………………………… 54
　　　　組織と組織文化 …………………………………………………… 56

　顧客価値と顧客満足を提供する ……………………………………………… 59
　　　　価値連鎖 …………………………………………………………… 59
　　　　価値提供ネットワーク …………………………………………… 60

マーケティング・インサイト
顧客の形成：デル・コンピュータは顧客の何をクリックしたか　　52

マーケティング・メモ
あなたは何のために存在し、何を象徴するのか　　58

マーケティング・メモ
去っていく顧客に聞かなくてはならないこと　　63

顧客の引きつけと維持 62
    顧客の引きつけ 62
    失った顧客のコスト計算 62
    顧客維持の必要性 64
    リレーションシップ・マーケティングの鍵 67
    構造的結びつきの付与 73

顧客の収益性──最終的な審査 74

トータル・クオリティ管理の実行 76

ミレニアム・マーケティング

テレホンからテレウェブへ：新しいコールセンターはいかにして顧客を引き寄せたか　70

3 市場での勝利：市場志向型戦略計画
81

企業の戦略計画および事業部の戦略計画 83
    企業ミッションの明確化 83
    戦略事業単位の確立 87
    各SBUへの資源配分 88
    新規事業の計画、古い事業の合理化 94

事業の戦略計画 97
    事業のミッション 97
    SWOT分析 98
    目標設定 101
    戦略策定 102
    プログラム作成 105
    実行 105
    フィードバックとコントロール 105

マーケティング・インサイト

サラ・リー社：製造業者から鋭敏なマーケターへ　86

マーケティング・メモ

強み／弱み分析のためのチェックリスト　100

ミレニアム・マーケティング	
戦略的提携のブーム	106

マーケティング・プロセス 108
 価値提供シークエンス 109
 マーケティング・プロセスの段階 110

製品計画：マーケティング計画の性質と内容 114
 マーケティング計画の内容 114
 ソニックのミニコンポ 116

21世紀のためのマーケティング計画 121

第2部　マーケティング機会の分析

4　情報収集と市場需要の測定
125

マーケティング・メモ	
データ・オンラインの二次データ情報源	136

現代のマーケティング情報システムの構成要素 126

社内記録システム 127
 注文から支払いまでのサイクル 127
 販売情報システム 127

マーケティング・インテリジェンス・システム 129

マーケティング・リサーチ・システム 132
 マーケティング・リサーチの実施者 132

マーケティング・リサーチのプロセス ……………… 133	**ミレニアム・マーケティング**
マーケティング・リサーチの障害を克服する ……… 146	データ・ウェアハウジングとデータ・マイニングに注目する企業：エクササイズ・ケア　138
マーケティング意思決定サポート・システム ……… 149	
売上予測と需要測定 …………………………………… 151	**マーケティング・インサイト**
市場の需要測定 …………………………………… 152	従来のマーケティングの知恵に挑戦するマーケティング・リサーチャー　148
測定すべき市場 …………………………………… 152	
需要測定の用語 …………………………………… 153	
現時点の需要を評価する ………………………… 156	
将来の需要を評価する …………………………… 161	

5 マーケティング環境の観察
167

マクロ環境におけるニーズとトレンドの分析 ……… 169	**マーケティング・インサイト**
主要なマクロ環境要因を見極めて対応する ………… 171	フェイス・ポップコーンが指摘する経済における16のトレンド　172
人口動態的環境 …………………………………… 174	
経済環境 …………………………………………… 181	**マーケティング・メモ**
自然環境 …………………………………………… 183	インターネット・ジェネレーションの懐に入り込む　177
技術的環境 ………………………………………… 185	
政治－法的環境 …………………………………… 188	**ミレニアム・マーケティング**
社会－文化的環境 ………………………………… 191	環境に優しいクリーニング業者による顧客の獲得　186

6 消費者市場と購買者行動の分析
197

消費者行動モデル	199
購買行動に影響を与える主な要因	199
文化的要因	199
社会的要因	200
個人的要因	208
心理的要因	214
購買決定プロセス	220
購買の役割分担	220
購買行動	220
購買決定プロセスの諸段階	223
問題認識	223
情報探索	224
代替製品の評価	225
購買決定	227
購買後の行動	228

マーケティング・インサイト
ラテン系アメリカ人、アフリカ系アメリカ人、高齢者を対象としたマーケティング　201

マーケティング・メモ
マーケターの必須事項：子供を対象にしたインターネット・マーケティングの倫理規定　206

ミレニアム・マーケティング
マウス・ポテトかハイテク努力型か：ハイテク製品の購買者にクリックさせるものは何か。そこに焦点を当てた新しい調査　212

ミレニアム・マーケティング
ハイテク製品の顧客の実像　213

7 ビジネス市場と企業の購買行動
233

組織購買とは何か 234
 ビジネス市場と消費者市場 234
 組織購買状況 238
 システム購買とシステム販売 239

企業購買プロセスの関係者 240
 購買中枢 240
 企業購買者への主な影響 241

購買プロセスと調達プロセス 248
 企業購買プロセスの諸段階 250

公益機関市場および政府機関市場 258

ミレニアム・マーケティング
企業間のインターネット取引
    244

マーケティング・インサイト
第2 JIT方式：顧客と供給業者の新たなパートナーシップ 247

マーケティング・メモ
顧客価値の査定法 254

8 競争への対処
263

競合他社の特定 266
 競争と業界 267
 市場からみた競争 271

競合他社の分析 272
 戦略 272
 目的 272

ミレニアム・マーケティング
仕事を追われたが、くじけない：電子商取引が仲介業者を徐々に駆逐するとき、何が起こるか
    268

マーケティング・インサイト
いかにしてベンチマーキングを競争力向上に役立てるか　276

マーケティング・メモ
ゲリラ的マーケティング・リサーチで競合他社に勝つ　280

マーケティング・メモ
戦いで得られるもの　300

マーケティング・インサイト
在来企業によって押さえられている市場への参入戦略　308

　　強みと弱み 273
　　反応パターン 275

競争的インテリジェンス・システムの設計　278
　　4つの主要ステップ 278
　　攻撃すべき競合他社と避けるべき競合他社の選択 281

競争戦略の設計　282
　　マーケット・リーダーの戦略 282
　　2つの事例：P&Gとキャタピラー 293
　　マーケット・チャレンジャーの戦略 297
　　マーケット・フォロワーの戦略 302
　　マーケット・ニッチャーの戦略 304

顧客志向と競合他社志向のバランスをとる　307

9
市場セグメントの明確化と標的市場の選択
313

マーケティング・インサイト
隠れたチャンピオン：ドイツの中企業、ニッチ・ビジネスで大儲け　319

ミレニアム・マーケティング
セグメント・ワン：成熟期に入ったマス・カスタマイゼーション　323

市場細分化のレベルとパターン　314
　　市場細分化のレベル 314
　　市場細分化のパターン 320
　　市場細分化の手順 321

消費者市場とビジネス市場の細分化　322
　　消費者市場の細分化基準 322
　　ビジネス市場の細分化基準 338
　　効果的な細分化 341

標的市場の設定	342
市場セグメントの評価	342
市場セグメントの選択	342
ほかに考慮すべきこと	345

マーケティング・メモ
世界中の中核的価値を活用する
332

第3部　マーケティング戦略の立案

10　製品ライフサイクルと製品ポジショニング
351

差別化の方法	352
差別化のツール	353
製品による差別化	355
サービスによる差別化	361
スタッフによる差別化	365
チャネルによる差別化	366
イメージによる差別化	366
ポジショニング戦略の立案と伝達	369
ライズとトラウトによるポジショニング	370
いくつの差異をプロモーションすべきか	372
どの差異をプロモーションすべきか	376

マーケティング・インサイト
航空会社が有利なポジションをとろうとするとき、自社のサービスがコモディティではないことを示す
354

企業のポジショニングを伝達する	377
製品ライフサイクルとマーケティング戦略	**378**
製品ライフサイクル(PLC)の概念	378
マーケティング戦略：導入期	382
マーケティング戦略：成長期	385
マーケティング戦略：成熟期	387
マーケティング戦略：衰退期	391
製品ライフサイクルの概念に対する批判	395
市場の発展	**395**
市場発展の段階	396
属性競争のダイナミクス	400

マーケティング・メモ
成熟製品症候群の打破　390

ミレニアム・マーケティング
モンサント社：保守的な化学製品から最先端の「ライフサイエンス」へ　397

11 新製品の開発
405

新製品開発における難題	**406**
組織による効果的な調整	**411**
新製品開発の予算	411
新製品開発の組織編成	412
開発プロセスの管理：アイデア	**415**
アイデア創出	415
アイデア・スクリーニング	417
開発プロセスの管理：コンセプトから戦略へ	**419**
コンセプト開発とコンセプト・テスト	419
マーケティング戦略の立案	424
事業分析	425

マーケティング・インサイト
失敗の教訓を活かして甘美な成功を：ロバート・マクマスの新製品陳列・研究センター　408

マーケティング・インサイト
新製品開発は技術者だけがするのではない：部門横断的チームの英知　414

マーケティング・メモ
優れた新製品アイデアを生む10の方法　418

新製品の管理：開発から商品化へ……………… 428
　製品開発 ……………………………………… 428
　市場テスト …………………………………… 432
　商品化 ………………………………………… 437

消費者採用プロセス ……………………………… 442
　採用プロセスの諸段階 ……………………… 442
　採用プロセスに影響を与える要素 ………… 443

ミレニアム・マーケティング
インターネット時代の製品開発：ネットスケープ・ナビゲーター物語　　　430

12 グローバル市場におけるマーケティング
449

海外進出すべきか否かの決定 …………………… 451

参入市場の決定 …………………………………… 452
　地域的な自由貿易圏 ………………………… 457
　潜在市場の評価 ……………………………… 459

市場参入方法の決定 ……………………………… 461
　間接輸出 ……………………………………… 461
　直接輸出 ……………………………………… 461
　ライセンス供与 ……………………………… 463
　ジョイント・ベンチャー …………………… 465
　直接投資 ……………………………………… 466
　国際化のプロセス …………………………… 467

マーケティング・プログラムの決定 …………… 468
　製品 …………………………………………… 468
　プロモーション ……………………………… 474

ミレニアム・マーケティング
WWW.TheWorldIsYourOyster.com（世界はあなたの思いどおり）：グローバルな電子商取引のすべて　　　454

マーケティング・メモ
世界に通用する賢いウェブサイト　　　464

マーケティング・インサイト
標準化と適合化　　　470

xxiii 目次

| 価格 | 475 |
| 流通チャネル | 478 |

グローバル・マーケティング組織の決定 479
輸出部門 479
国際事業部 479
グローバル組織 480

第4部 マーケティング上の意思決定

13 製品ラインとブランドのマネジメント
483

製品および製品ミックス 485
製品レベル 485
製品階層 486
製品分類 487
生産財の分類 489
製品ミックス 490

製品ラインの決定 491
製品ラインの分析 492
製品ラインの長さ 493

ミレニアム・マーケティング
ワールド・ワイド・ウェブにおけるブランディングの不確かな行く末　507

| ラインの現代化 | 496 |
| ラインの特徴づけと絞り込み | 497 |

ブランドの決定 497
ブランドとは何か	498
ブランド・エクイティ	499
ブランディングという難問	502
ブランド名の決定	510
ブランド戦略の決定	512
ブランドのリポジショニング	518

パッケージングとラベリング 519
| パッケージング | 519 |
| ラベリング | 521 |

マーケティング・メモ
ブランド認知対策：ブランドに力をつける9つの方法　510

マーケティング・インサイト
ハーレー・ダビッドソン・アームチェアからコカ・コーラ・フィッシング・ルアーまで：コーポレート・ブランディングの隆盛　516

14 サービスの設計とマネジメント
525

サービス業の性質 526
| サービス・ミックスのカテゴリー | 527 |
| サービスの特性およびサービス・マーケティングが有する意味 | 530 |

サービス企業のマーケティング戦略 535
サービスにおける差別化の管理	539
サービス品質の管理	541
生産性の管理	549

製品サポート・サービスの管理 551
| 販売後のサービス戦略 | 556 |
| 顧客サービスの主なトレンド | 557 |

マーケティング・インサイト
サービスを売って利益を得る　528

マーケティング・メモ
顧客の最高の希望を上回る。サービス・マーケティング・チェックリスト　544

ミレニアム・マーケティング
顧客エンパワーメントの科学技術　552

マーケティング・インサイト
保証を提供して販売を促進する　554

15 価格設定戦略と価格プログラム
561

マーケティング・インサイト
パワー・プライサーズ：賢明な企業は、事業戦略を達成するために価格をどう使うか　568

マーケティング・メモ
割引の7か条　585

ミレニアム・マーケティング
デジタル選別：インターネットは売り手と買い手の双方にとって、価格設定に革命を起こしている　587

価格設定 ……………………… 563
　価格設定目的の選択 ……………… 564
　需要の決定 ……………………… 566
　コストを見積もる ………………… 571
　競合他社のコスト、価格、オファーの分析 …… 573
　価格設定方法の選択 ……………… 574
　最終価格の選択 …………………… 580

価格適合 ……………………… 582
　地理的価格設定（現金、カウンタートレード、バーター）…… 582
　価格割引とアロウワンス ………… 583
　販促型価格設定 …………………… 584
　差別的価格設定 …………………… 585
　製品ミックス価格設定 …………… 590

価格変更の実施と反応 ……… 592
　値下げの実施 ……………………… 592
　値上げの実施 ……………………… 593
　価格変更への反応 ………………… 596
　競合他社の価格変更への対応 …… 596

第5部　マーケティング・プログラムのマネジメント

16 マーケティング・チャネルのマネジメント　601

- マーケティング・チャネルが果たす役割とは何か　602
  - チャネル機能とフロー　603
  - チャネルの段階数　605
  - サービス分野のチャネル　606
- チャネル設計の決定　607
  - 顧客が望むサービス水準の分析　607
  - 目的の設定と制約　608
  - 主なチャネル候補の特定　609
  - 主要候補の評価　612
- チャネル・アレンジメントの決定　613
  - チャネル・メンバーの選択　614
  - チャネル・メンバーの教育　615
  - チャネル・メンバーの動機付け　615
  - チャネル・メンバーの評価　618
  - チャネル・アレンジメントの修正　618
- チャネル・ダイナミクス　621
  - 垂直的マーケティング・システム　622
  - 水平的マーケティング・システム　624

マーケティング・インサイト
他の名称、ブランド、レーベルによるジーンズ　619

ミレニアム・マーケティング
カーマックスはどのようにして自動車業界を変えたのか　628

マーケティング・インサイト	マルチチャネル・マーケティング・システム	624
消費者向けパッケージ商品業界における垂直的チャネル・コンフリクト 630	コンフリクト、協力、競争	627
	チャネル関係における法的かつ倫理的問題	632

17 小売業、卸売業、およびマーケット・ロジスティクスのマネジメント

635

マーケティング・インサイト	**小売業**	**636**
フランチャイズ・フィーバー 642	小売業者の種類	636
	小売業者のマーケティング決定	640
	小売業のトレンド	649
ミレニアム・マーケティング	**卸売業**	**653**
ワーナー・ブラザーズ・スタジオ・ストア：ライセンス供与で稼ぐ 652	卸売業の成長とタイプ	654
	卸売業者のマーケティング決定	654
	卸売業のトレンド	657
マーケティング・メモ	**マーケット・ロジスティクス**	**658**
高パフォーマンス流通卸売業者の戦略 658	マーケット・ロジスティクスの目的	661
	マーケット・ロジスティクスの決定	663
	組織にとってのマーケット・ロジスティクスの教訓	667

18

統合型マーケティング・コミュニケーションのマネジメント
669

コミュニケーション・プロセス	670
効果的なコミュニケーションの開発	673
標的視聴者の明確化	673
コミュニケーション目的の決定	676
メッセージの作成	678
コミュニケーション・チャネルの選択	684
マーケティング・コミュニケーションの総予算の決定	688
マーケティング・コミュニケーション・ミックスの決定	690
プロモーション・ツール	691
マーケティング・コミュニケーション・ミックスの要素	693
結果の評価	697
統合型マーケティング・コミュニケーションの調整と管理	698

ミレニアム・マーケティング
グローバルな広告とプロモーションへの挑戦　682

マーケティング・メモ
クチコミ情報源を作って取引を生み出す方法　686

マーケティング・インサイト
企業はどのようにしてマーケティング・コミュニケーション予算を設定し配分するのか　692

マーケティング・メモ
IMCのためのチェックリスト
699

19 広告、販売促進、パブリック・リレーションズ
703

マーケティング・インサイト
戦略としての有名人の推奨　712

ミレニアム・マーケティング
ウェブ上の広告：企業が大儲けのチャンスを獲得　722

マーケティング・メモ
ブランド・ビルダーとしての販売促進　734

広告プログラムの作成と管理　704
- 広告目的の設定　704
- 広告予算に関する決定　706
- 広告メッセージの選択　707

媒体選択と効果測定　715
- リーチ、フリクエンシー、インパクトの決定　715
- 媒体タイプの選択　718
- 媒体ビークルの選択　720
- 媒体タイミングの決定　721
- 地理的配分の決定　726
- 広告効果の評価　726

販売促進　731
- 販売促進の目的　732
- 販売促進における主要な決定　734

パブリック・リレーションズ　742
- マーケティング・パブリック・リレーションズ　742
- マーケティング・パブリック・リレーションズにおける主要な決定　745

20 セールス・フォースの マネジメント
753

セールス・フォースのデザイン ... 755
- セールス・フォースの目的と戦略 ... 755
- セールス・フォースの組織 ... 758
- セールス・フォースの規模と報酬 ... 760

セールス・フォースの管理 ... 763
- セールス・レップの募集と選定 ... 763
- セールス・レップのトレーニング ... 765
- セールス・レップの監督 ... 766
- セールス・レップの動機付け ... 769
- セールス・レップの評価 ... 773

人的販売の原則 ... 775
- プロの技術 ... 776
- 交渉 ... 780
- リレーションシップ・マーケティング ... 783

マーケティング・インサイト
メジャー・アカウント・マネジメント──その定義と機能 760

ミレニアム・マーケティング
顧客との交流を促進するオートメーション 770

マーケティング・メモ
徳義のある交渉に基づくアプローチ 783

マーケティング・インサイト
リレーションシップ・マーケティングをいつ、どのような場面で活用すべきか 785

21 ダイレクト・マーケティングとオンライン・マーケティングのマネジメント

789

ダイレクト・マーケティングの成長とベネフィット	790
ダイレクト・マーケティングと電子ビジネスの成長	790
ダイレクト・マーケティングのベネフィット	791
統合型ダイレクト・マーケティングのさらなる活用	792
顧客データベースとダイレクト・マーケティング	794
ダイレクト・マーケティングの主要チャネル	799
訪問販売	799
ダイレクトメール	800
カタログ・マーケティング	805
テレマーケティング	807
ダイレクト・レスポンス・マーケティングのための媒体	808
キオスク・マーケティング	809
21世紀のマーケティング：電子商取引	810
オンライン消費者	811
オンライン・マーケティング：プラス面とマイナス面	813
オンライン・マーケティングの実行	815
オンライン・マーケティングの可能性と課題	822
ダイレクト・マーケティングにおける公共的問題・倫理的問題	824

マーケティング・インサイト
統合型マーケティングのための「マキシマーケティング」モデル
795

マーケティング・メモ
もし顧客が委員会だったら……
803

ミレニアム・マーケティング
「当社のプロモーション用広告文句を聞くには、ここをクリック」：電子(E)メールでDメールのルールを書き換える
820

22

トータル・マーケティングの マネジメント
827

企業組織におけるトレンド	828
マーケティング組織	829
マーケティング部門の発展	829
マーケティング部門の組織化	831
マーケティング部門と他部門との関係	842
全社的なマーケティング志向を構築するための戦略	847
マーケティングの実行	850
評価とコントロール	851
年間計画コントロール	852
収益性コントロール	858
効率性コントロール	863
戦略コントロール	864

マーケティング・インサイト
マーケティング組織をスポーツになぞらえる　832

マーケティング・メモ
チェックリスト：真に顧客志向の企業における各部門の特徴　848

マーケティング・メモ
マーケティング効果見直しの基準　866

ミレニアム・マーケティング
マーケティングにおける公正な労働の実践　873

クレジット	877
人名 ● 索引	879
企業名・組織名・ブランド名 ● 索引	883
事項 ● 索引	901
監修者あとがき	945

第1部 マーケティング・マネジメントの理解

CHAPTER 1

21世紀のマーケティング

本章では、次の問題を取り上げる。

- マーケティングの中心的なコンセプトとツールは何か。
- 企業は市場でどのような方向性を示しているのか。
- 企業やマーケターは新たな難問にどう取り組もうとしているのか。

KOTLER ON MARKETHING
コトラー語録

未来はこれから来るのではない。
もう始まっているのだ。

The future isn't ahead of us. It has already happened.

チャールズ・ディケンズは、100年前の作品『二都物語』でフランス革命についてこう述べている。「それは最も善き時代でもあり、最も悪しき時代でもあった」。現在は非常に恵まれた時代だ。現代医学は目覚ましい発展をとげ、機械化と自動化によって生産性は飛躍的に増加し、コンピュータとインターネットの前途は洋々で、国際取引は急成長し、冷戦も終わりを告げた。今の人類には、地上から飢餓をなくしたり伝染病を治療したりするだけの力が備わっている。しかしこのような恩恵がある反面、依然として残る問題もある。貧困、宗教戦争、環境汚染、独裁政治、政治腐敗、テロの脅威、大量破壊兵器などである。

企業の将来図を明確に描かなければならないリーダーたちは、理にかなった方針の発見を求められている。変化のスピードはいよいよ増すばかりだ。今日は、昨日と同じようにはいかない。明日も今日とは違うだろう。今日と同じ戦略を取り続けるのは危険だが、新しい戦略に転換するのも冒険である。

常に心に留めておかなければならない事柄をいくつかあげてみよう。第1に、グローバル化の波が今後もあらゆるビジネス活動や個人の生活に影響を及ぼすということである。製造業は、経済的条件がより整った国へ移動するだろう。保護貿易主義法案がこのような動きに歯止めをかけるかもしれないが、そうなるとだれにとってもコストは高くなる。第2に、今後も科学技術は驚くばかりの進歩を遂げるということである。クローン羊のドリーは、生命工学革命のほんの始まりにすぎなかった。ヒトゲノム計画が新たな治療法をもたらす手がかりとなることは確実だ。デジタル革命のおかげで高性能チップが出回り、コンピュータで管理されたインテリジェント住宅やハイテク自動車、果てはハイテク衣服までが作られるようになった。知的ロボットが仕事をしてくれる時代の夜明けは近い。宇宙に飛びたち宇宙船で生活する人も出てくるかもしれない。第3に、経済は規制緩和へ向かって動き続けているということである。どこで何を買うかを買い手が決めることができ、何を製造して売るかを企業が自主的に選べるような比較的自由な状況にあると、市場はもっと活況を呈する。そう確信する人が、ますます多くの国に広がっている。競争原理の働く市場経済は、厳しい規制を受けた計画経済よりも多くの富を生むのだ。競争によって引き起こされるベネフィットを得るために、国有企業を民営化しようという国も多い。

このような3つの変化、すなわちグローバル化、技術革新、規制緩和は、無限のチャンスをもたらす。ジョン・ガードナーは数年前にこう述べている。「あらゆる問題の裏側には、きらびやかに姿を変えたチャンスが隠れている」。

ところで、マーケティングとはいったい何なのだろう。マーケティングはこのような問題とどうかかわっているのか。マーケティングは、人と社会のニーズを探りそれを満たすことをテーマとしている。簡潔に定義すれば、「利益が出るようにニーズを満たすこと」となる。太りすぎを気にして、脂肪分が少なくしかも美味しい食事をしたいと考えている人が多いことに目をつけ、「オレストラ」というカロリーの低い油を開発したプロクター・アンド・ギャンブル(P&G)。中古車を買う人はもっと確実な情報を求めていることに気づき、中古車販売の新しいシステムを開発したカーマックス。そして、だれもが低価格で品質の良い家具を買いたいと思っているこ

とを知り、組み立て式の家具を開発したイケア。いずれのマーケターも、個人や社会のニーズを利益のあがるビジネスチャンスへ転換するための道筋を示している。

マーケティングの役割

　最近出版された『Radical Marketing』では、ハーレー・ダビッドソン、ヴァージン・アトランティック航空、ボストン・ビール社が、マーケティングのあらゆるルールを破って成功した企業として賞賛されている[1]。経費の高いマーケティング・リサーチを依頼したり、マス広告にばく大な予算を使ったり、大規模なマーケティング部門を運営したりする代わりに、これらの企業は限りのある資金をやりくりし、顧客に近いところで活動して顧客ニーズにより見合う解決策を編み出した。購買者クラブを結成し、創造的なPR活動を行い、高品質の製品を提供して長く顧客を引きつけることを重視したのである。あらゆるマーケターがP&Gの真似をする必要はない。

> ミレニアムにあやかったスローガンやキャンペーンが爆発的に流行したので、企業は新たなミレニアムが始まると他社との差別化に必死になるだろう。

　マーケティングを実践する際に通過する段階は3つに分けることができる。

1. **起業家マーケティング**　大方の企業の創業者は、世渡り上手な人物だ。彼らはチャンスを形にし、注目してもらうためにすべてのドアをノックする。サミュエル・アダムズ・ビールを「職人」ビールのベストセラーにしたボストン・ビール社の創設者ジム・コッチは、1984年にサミュエル・アダムズのボトルを持ってバーからバーへ訪ね歩き、店に置いて欲しいとバーテンダーを説得することから始めた。コッチはバーテンダーをおがみ倒し、うまいことサミュエル・アダムズをメニューに加えさせてしまった。10年間は広告予算をとる余裕がなかったが、ダイレクト・セリングと一般大衆へのPR活動でビールを売ったのである。現在、コッチのビジネスは2億1000万ドルを稼ぎだし、職人ビール市場のリーダーとなっている。

2. **定式的マーケティング**　小規模な企業が成功を収めると、必ず定式的なマーケティングへ移行する。ボストン・ビール社は近ごろ、選び抜いた市場向けのテレビ広告費に1500万ドル以上を充てることを決定した。同社は今や175人以上の営業担当者を雇い、市場調査を行うマーケティング部門を抱えている。最大のライバルであるアンハイザー・ブッシュ社に比べるとまだまだ洗練されてはいないが、マーケティング・カンパニーと同じツールも採用している。

3. **社内起業家マーケティング**　多くの大企業は定式的マーケティングにとらわれて、最新のニールセン視聴率を調べ、マーケティング・リサーチの報告書に隅々まで目を通し、ディーラーとの関係を調整しようとし、多様なメッセージを広告する。このような企業は、起業段階のゲリラ的マーケターに見られる創造性や熱意に欠けている[2]。ブランド・マネジャーや製品マネジャーはオフィスから出て顧客と同じ目

線で物事を見て、顧客の生活に価値を加える新しい方法を思い描く必要がある。

要するに、効果的なマーケティングにはさまざまな形があるのだ。定式的マーケティングと創造的マーケティングは常に対立する。定式的な側面を学ぶ方が簡単だし、本書でもより多くのページをそちらに割くことになるだろう。しかし、真の創造性と熱意が多くの企業でいかに効果を上げているか、また、現在のそして未来のマネジャーがそれをいかに役立てられるかについても見ていきたい。

マーケティングの範囲

マーケティングとは通常、財やサービスを作り出し、プロモーションを行い、それらを消費者や取引先企業に提供する仕事であると考えられている。マーケティングに携わる人がマーケティングの対象として扱うものは10種類ある。**財、サービス、経験、イベント、人、場所、資産、組織、情報、そしてアイデ**アである。

> 私たちは2000年1月1日を新たな千年期(ミレニアム)の夜明けとして祝ったが、実際の千年期は正式には2001年1月1日に始まる。

▰▰▰ 財

ほとんどの国において、生産とマーケティング努力の大部分を構成するのは有形の財である。アメリカ経済だけで毎年、卵800億個、ニワトリ30億羽、ヘアドライヤー500万台、鉄2億トン、木綿40億トンが生産され市場に出回る。開発途上国では財、特に食料品、日用品、衣服、住居が経済の要である。

▰▰▰ サービス

経済が成長するにつれて、サービスの生産に焦点を当てる活動が増えていく。今日のアメリカ経済は、サービスと財が7対3の割合になっている。サービスとは、航空会社、ホテル、レンタカー会社、理容師や美容師、修理工や整備工、犬の繁殖家やドッグ・セラピストといった仕事や、会計士、弁護士、エンジニア、医師、ソフトウェア・プログラマー、経営コンサルタントのような企業の内外で働く専門家の仕事をいう。多くの**市場提供物**は財とサービスが混ざり合ってできている。純然たるサービスのみを提供しているのは、患者の話に耳を傾ける精神科医やモーツァルトを演奏するカルテットだろう。少し有形性が加わると、工場や設備への大規模な投資に支えられた電話だろうし、もっと有形性が高まると、顧客が財とサービスの両方を消費するファストフード店ということになる。

▰▰▰ 経験

財やサービスをうまく組み合わせると、経験を作り出して演出し、市場に送り出すことができる。ウォルト・ディズニー・ワールドのマジック・キングダムは一つの経験であり、人々はおとぎの国、海賊船、幽霊屋敷を実際に訪れる

ことができる。ハードロック・カフェやプラネット・ハリウッドも同じだ。特別な経験を売り物にする市場もある。例えば、往年の名選手と野球を楽しむ1週間のキャンプ、お金を払って5分間できるシカゴ交響楽団の指揮、エベレスト山の登頂などである[3]。(■口絵1–1参照)

■■■ イベント

マーケターは期間限定のイベントをプロモーションする。オリンピック、企業の創立記念行事、大規模なトレード・ショー、スポーツイベント、芸術祭などである。イベントを完璧な出来にするため、こまごまとした段取りを考えて演出するプランナーという専門家集団が存在する。

■■■ 人

著名人のマーケティングが重要なビジネスになってきた。数年前は、名声を手に入れたければプレス・エージェントを雇って新聞や雑誌に話題を提供したものだ。今日では、映画スターはみな代理人や専属マネジャーを雇い、PR代理店に頼っている。芸術家、音楽家、企業のCEO、医師、そして世間の注目を浴びる弁護士や投資家のような専門職の人々も、著名人マーケターの助けを借りている[4]。芸術の世界では、アンディ・ウォーホルが明らかに起業家マーケティングの理論を応用して名声を勝ち取った。経営コンサルタントでありセルフ・ブランディングの大家でもあるトム・ピーターズは、ひとりひとりが「ブランド」になれとアドバイスしている。

■■■ 場所

場所とは、市、州、地域、あるいは国全体を指し、旅行者や工場、企業の本社、新しい住人を呼び寄せようと激しく競い合う[5]。カナダのオンタリオ州ストラトフォードはすっかりさびれた街だったが、一つだけ財産があった。ストラトフォードという名前とエイボンという川である。そこで、シェイクスピアの生地であるストラトフォード・アポン・エイボンにあやかって、年1回シェイクスピア・フェスティバルを開催することにした。そのおかげで、ストラトフォードは観光地図に載ることができた。またアイルランドは、場所のマーケターとして並外れた手腕を発揮している。500社以上の企業がアイルランドに魅力を感じ、工場を置くようになったのである。アイルランド開発委員会、アイルランド・ツーリスト委員会、アイルランド輸出委員会がそれぞれ国内投資、旅行者、輸出を担当している。経済発展の専門家、不動産業者、商業銀行、地域の事業団体、広告会社やPRエージェントも場所のマーケターである。

■■■ 資産

資産とは、不動産(土地)や金融資産(株や債券)の所有権といった実体のない権利のことである。資産は売り買いができるので、ここでもマーケティング努力が発生する。不動産業者は資産の持ち主や探し手のために、住居用や商業用

> 2000年1月1日に最初に太陽が昇るのは、太平洋上の日付変更線である。

の土地を売買しようとする。投資会社や銀行は、機関投資家や個人投資家に安全性を訴えている。

■ 組織

　強くて好意的なイメージを人々の心に植えつけるため、組織は積極的に活動する。例えば、社会にもっと認知されたいと考える企業の「コーポレート・アイデンティティ広告」がある。オランダの電子機器メーカーであるフィリップスは、「世の中をもっと良くしよう」というキャッチフレーズの広告を出している。ザ・ボディショップとベン＆ジェリーズは、社会に対する主張をプロモーションして注目を集めている。個性的なリーダーによって人目を引く企業もある。ヴァージン・アトランティック航空のリチャード・ブランソンや、ナイキのフィル・ナイトがそうだ。大学、美術館、舞台芸術の団体は、それぞれ学生、観客、財源をめぐる競争でより優位に立つため、世間に対する自らのイメージを良くしようと目論んでいる。

■ 情報

　情報も製品として生産し、市場に出すことができる。情報は本質的に学校や大学が作り出し、価格をつけて保護者、学生、地域社会に販売されるものだ。百科事典やノンフィクション作品の大部分も、情報を市場に出している。車に関する『ロード・アンド・トラック』やコンピュータ関連の『バイト』などの雑誌も、かなりの情報を提供している。私たちは情報を求めてCDを買い、インターネットを使う。情報の生産、パッケージング、流通は、社会の主力産業の一つなのである[6]。

■ アイデア

　どのような市場提供物にも、その核となる基本的なアイデアがある。レブロンのチャーリー・レブソンはこう述べている。「工場では化粧品を作り、店では希望を売る」。ドリルを買う人は、実のところドリルで開ける穴を買うのである。財とサービスは、アイデアやベネフィットを提供するための基盤なのだ。マーケターは核となるニーズを懸命に探し、それを満たそうとする。例えば教会は、自らを礼拝の場所として売り込むのか、それとも地域活動の中心的場所として売り込むのかを決めなければならない。その選択によって、教会の設計も違ってくるのである。

マーケティングの役割をより広くとらえる

　マーケターは、自社製品の需要を刺激することに長けている。しかしこれは、マーケターが果たす役割のとらえ方としてはやや視野が狭い。生産とロジスティクスの専門家が「供給管理（サプライ・マネジメント）」の責任を負っているよ

うに、マーケターは「需要管理（ディマンド・マネジメント）」の責任を負っている。マーケティング・マネジャーは、組織の目的にかなうように需要の「水準」「タイミング」「性質」を左右しようとする。■表1-1は、需要の8つの状態と、それぞれに対するマーケティング・マネジャーの役割を示している。

マーケターの意思決定

　マーケティング・マネジャーは、数多くの決断を下さなければならない。どのような特徴を新製品に盛り込むか、販売員を何人雇うか、広告にいくら使うか、という大きな問題から、新しいパッケージングに使う言葉や色をどうするか、という小さな問題までさまざまだ。■マーケティング・メモ「マーケターがよく抱く疑問」では、マーケティング・マネジャーが抱いている疑問をリストアップした。本書では、このような疑問に答えていきたい。

　市場が異なれば、問題点も異なる。消費者市場、ビジネス市場、グローバル市場、非営利市場の4つについて検討してみよう。

■ 消費者市場

　ソフトドリンク、歯磨き粉、テレビ、飛行機旅行のような、膨大な数の消費者を相手にする財やサービスを売る企業は、優れたブランド・イメージを確立するために多大な時間を費やす。ブランド・イメージの確立には、標的顧客がだれで、製品がどのようなニーズを満たすのかを明確にとらえ、ブランド・ポジショニングを強力かつ創造的に伝えることが要求される。ブランドのパワーは、優れた製品の開発とパッケージング、そして継続的な広告と信頼されるサービスによる支援にかかっている。セールス・フォースの役割は販売流通網を獲得し維持することだが、これはブランド・イメージの確立とはあまり関係がない。消費財マーケターは、製品特徴、品質レベル、流通範囲、プロモーション費を決定する。それによって、ブランドは標的市場のナンバー1やナンバー2のポジションに到達するのである。

■ ビジネス市場

　企業向けの財やサービスを売る企業は、しっかりとトレーニングを受け知識も豊富な購買担当を相手にしている。彼らは、競合する提供物の評価にかけてはプロである。企業購買担当は、製品を作ったり転売したりするときに役立つ財を買う。つまり、利益を生むために製品を買い付けるのである。ビジネス・マーケターは、顧客が利益目標を達成するために当該製品がいかに役立つかを具体的に示さなければならない。広告にも果たすべき役割はあるが、それよりもセールス・フォース、価格、そして信頼と品質に関する企業の評判の方が重要な役割を果たすのだ。

MARKETING MEMO

マーケターがよく抱く疑問

- サービスを提供するのにふさわしい市場セグメントを見極めて選び出すにはどうすればよいか。
- 競合他社の提供物から自社の提供物を差別化するにはどうすればよいか。
- もっと安い価格を強く求める顧客にどう応えるべきか。
- 低コスト、低価格の競合他社と、自国や国外でどう競えばよいか。
- 提供物を顧客別にどこまでカスタマイズできるか。
- ビジネスを成長させるいちばんの方法は何か。
- より強いブランドをつくるにはどうすればよいか。
- 顧客を獲得するためのコストを削減するにはどうすればよいか。
- 顧客のロイヤルティを長期間にわたって維持するにはどうすればよいか。
- どの顧客がより大切かを見極めるにはどうすればよいか。
- 広告、販売促進、パブリック・リレーションズの投資効果はどのように図れるのか。
- セールス・フォースの生産性を高めるにはどうすればよいか。
- 複数のチャネルを確立し、なおかつチャネル・コンフリクトをうまく管理するにはどうすればよいか。
- 企業の他の部門も顧客志向にするにはどうすればよいか。

表 1-1

需要の状態とマーケティングの役割

1. 消極的需要	市場の大部分が製品を好まず、それを避けるための代価を払うことさえいとわない場合、市場は消極的需要の状態にある。予防接種、歯科治療、精管切除手術、胆嚢手術などがこれにあたる。雇用主は前科のある者やアルコール中毒者が従業員になることに対して、消極的需要を持っている。マーケティングの役割は、なぜ市場が製品を好まないのかを見極め、製品のデザインの見直し、価格の引き下げ、さらに積極的なプロモーションというマーケティング計画で顧客の信念や態度を変えられるかどうかを分析することである。	
2. ゼロ需要	標的顧客は製品を知らない、あるいは興味がないのかもしれない。農家が新しい農場経営の方法に関心を示さない場合もあるし、大学の学生が外国語の授業に興味を抱かない場合もある。マーケティングの役割は、製品のベネフィットと人の自然なニーズや興味を結びつける方法を探すことである。	
3. 潜在的需要	たくさんの消費者が既存製品では満たされない強いニーズを共有している。健康に害のないタバコ、安全な住宅地、より燃費のよい車に対しては、強い潜在的需要がある。マーケティングの役割は、潜在市場の大きさをはかり需要を満たす財やサービスを開発することである。	
4. 需要減少	どんな組織でもいずれは製品の需要減少に直面する。教会は信者が減り続けている。私立大学の入学願書の数は落ち込んでいる。マーケターは需要が減る原因を分析し、新しい標的市場、製品特徴の変更、より効果的なコミュニケーションなどによって需要を活性化できるかどうかを見極めなければならない。マーケティングの役割は、創造的な**リマーケティング**によって需要減少の流れを変えることである。	
5. 不規則な需要	多くの組織は季節ごと、あるいは毎日、毎時間変わる需要に直面する。そのため、生産能力が無駄になったり反対に生産能力を超えたりという問題が起こる。多くの大量輸送機関は、シーズンオフには無駄が出るがピーク時には不足する。美術館も平日はすいているが、週末には大混雑になる。ここでのマーケティングの役割は**シンクロマーケティング**と呼ばれ、価格やプロモーションをはじめとする誘因を柔軟性のあるものにし、需要のパターンを変える方法を見つけることである。	
6. フル需要	組織がビジネスの取引量に満足している場合、需要が十分であるといえる。マーケティングの役割は、顧客の選好が変化したり競争が激しくなっても現在の需要レベルを維持することである。組織は品質を維持・向上させ、引き続き顧客満足を測定しなければならない。	
7. 需要過剰	取り扱いたいと望んでいる量や、実際に取り扱うことができる量以上の需要に直面する組織もある。例えばヨセミテ国立公園は、夏場はひどく混雑する。この際のマーケティングの役割は**デマーケティング**と呼ばれ、一時的あるいは永続的に需要を抑える方法を探ることである。一般的なデマーケティングは過剰な需要を減らすために、価格を上げたりプロモーションやサービスを減らしたりする方法をとる。選択的デマーケティングとは、利益が少ない市場や製品を必要としない市場の需要を減らそうとすることである。	
8. 不健全な需要	不健全な製品は、消費を鈍らせようとする組織だった努力を引き起こすだろう。これまでにタバコ、酒類、習慣性薬物、銃、成人向け映画、多産などに反対するキャンペーンが行われている。マーケティングの役割は、不安をあおるメッセージ、価格の引き上げ、手に入りにくくするといった手段により、人々に気に入っている物をあきらめさせることである。	

出典：Philip Kotler, "The Major Tasks of Marketing Management," *Journal of Marketing,* October 1973, pp. 42–49; and Philip Kotler and Sidney J. Levy, "Demarketing, Yes, Demarketing," *Harvard Business Review,* November–December 1971, pp. 74–80.

■ グローバル市場

　財とサービスをグローバル市場で販売する企業は、さらなる難問に直面し決断を迫られる。どの国に進出するのか、どのような形態で進出するのか(輸出するのか、ライセンスを供与するのか、ジョイント・ベンチャーのパートナーになるのか、製造契約を結ぶのか、あるいは製造業者として単独で乗り込むのか)、製品やサービスの特徴をそれぞれの国にどう適合させるのか、貧しい国で製品が闇取引されるのを避けるためにどう価格設定をするのか、そしてコミュニケーション手段をそれぞれの国の文化的習慣にどう適合させるのか、という問題である。こうした決定では、法律体系、交渉の仕方、資産の購買や所有や分配の条件、価値の変動する通貨、贈収賄や政治動向の実状など、それぞれの国によって異なる条件を考慮しなければならない。

■ 非営利市場および政府機関市場

　教会、大学、慈善事業団体、政治団体のような非営利目的の組織を相手に財を販売する企業は、細心の注意を払って価格を設定しなければならない。というのも、このような団体の購買力が限られているためである。価格が低すぎると、販売側が提供物に盛り込むことのできる特徴や品質に影響する。政府機関に財を売る場合は、何枚もの書類を作成しなければならない。政府機関の購買には入札制度が取り入れられており、特別に考慮されるべき理由がないかぎり、最も低い価格を提示した企業が選ばれる。

● マーケティングのコンセプトとツール

　マーケティングには実に多様なコンセプトとツールがある。まずマーケティングの定義から始めて、それから主立ったコンセプトとツールについて述べたい。

マーケティングの定義

　マーケティングにはさまざまな定義があるが、社会的定義と経営的定義に大別することができる。社会的定義では、マーケティングが社会で果たすプロセスを規定している。マーケターの役割は「より高い水準の生活を提供することだ」と述べたマーケターもいる。本書の目的にかなう社会的定義とは、次のようなものである。

- ■ マーケティングとは社会活動のプロセスである。その中で個人やグループは、価値ある製品やサービスを作り出し、提供し、他者と自由に交換することによって必要なものや欲するものを手に入れる。

　経営的定義では、マーケティングを「製品を売るための技術」ととらえることが多かった。しかし、だれもが驚くだろうが、マーケティングで最も重要なの

紀元前200年から紀元後100年にかけて、世界の終焉(しゅうえん)がさかんに予言された。

ミレニアム(millennium)をもじって、何通りの言葉がつくれるだろうか。メイルニアム(Malenium、男性の時代)、ミレニヤム(美味しい時代、MillenniYum)、ミ・ルーニー・アム(ルーニー・トゥーンズのような大騒ぎ、Mil-Looney-Um)などはどうだろう。

第1章　21世紀のマーケティング　9

は売ることではない。販売は、マーケティングという氷山の一角にすぎない。経営戦略の専門家ピーター・ドラッカーは、以下のように述べている。

> もちろん常に、何かを売る必要性はあるだろう。しかしマーケティングの目的は、セリングを不要にすることなのである。マーケティングの目的は、顧客について十分に理解し、顧客に合った製品やサービスが自然に売れるようにすることなのだ。理想を言えば、マーケティングは製品なりサービスを買おうと思う顧客を創造するものであるべきだ。そうすれば、あとは顧客がいつでも製品やサービスを手に入れられるようにしておきさえすればいい[7]。

ソニーがウォークマンを考案したとき、任天堂が優れたテレビゲームを開発したとき、トヨタがレクサスを発表したとき、この3社には注文が殺到した。念入りに下調べをしたマーケティングに基づいて「正しい」製品を開発したためである。

米国マーケティング協会は、次のように定義している。

- **マーケティング(マネジメント)**とは、個人と組織の目的を満たすような交換を生み出すために、アイデアや財やサービスの考案から、価格設定、プロモーション、そして流通に至るまでを計画し実行するプロセスである[8]。

交換のプロセスをうまく行うためには、相当な実践と熟練が必要である。マーケティング・マネジメントは、少なくとも1つの潜在的交換を望むグループが、他方のグループから望ましい反応を得る方法について考えるときに生じる。マーケティング・マネジメントとは、標的市場を選び出し、優れた顧客価値を作り出し、分配し、コミュニケーションをすることによって、顧客を獲得し、維持し、増やすための技術と知識である。

中核となるマーケティングのコンセプト

マーケティングをより深く理解するために、中核となるコンセプトを定義しよう。

標的市場と細分化

マーケターが市場のすべての人を満足させることはまずできない。だれもが同じソフトドリンク、ホテルの部屋、レストラン、自動車、大学、映画を気に入るわけではない。そのためマーケターは、まず**市場細分化**に取りかかる。マーケターは、さまざまな製品やマーケティング・ミックスを好んだり求めたりする購買者グループを把握し、それぞれの特徴を分析する。市場セグメントは、購買者のデモグラフィックスやサイコグラフィックス、行動の違いを検討することで明らかになる。それから企業は、どのセグメントが最高の機会をもたらすかについて判断する。つまり企業は、最高の形でニーズを満たすことのでき

タイム・ワーナーは自社製品を「ミ・ルーニー・アム」スローガンで売り込むようだ。バックス・バニーとその仲間を至るところで見かけることになりそうだ。

るセグメントを選ぶのである。

標的市場が選択されると、企業はおのおのの市場に適した**市場提供物**を開発する。提供物は、大きなベネフィットをもたらすものとして標的購買者の心に**ポジショニング**される。例えばボルボは、安全性にこだわる購買者を標的市場にして車を開発している。そのため同社では、自社の車を市場で最も安全な車としてポジショニングしている。

「市場」とは従来、購買者と販売者が財を交換するために集まった物理的な場所のことであった。今日、経済学者は、住宅市場や穀物市場のように、市場とは特別な製品や製品群の取引をする買い手と売り手の集まりであるとしている。しかしマーケターは、売り手が**産業**を構成し、買い手が**市場**を構成すると考えている。■図1-1は、産業と市場の関係を示している。売り手と買い手は、4つの流れで結ばれている。売り手は財やサービス、コミュニケーション(広告、ダイレクトメール)を市場に送る。その見返りにお金や情報(購買行動、販売データ)を受け取る。内側の線は財やサービスとお金の交換を意味し、外側の線は情報の交換を表している。

ビジネスにかかわる人は、よく「市場」という言葉をさまざまな顧客の分類に使う。そしてニーズ市場(特別食を求める市場)、製品市場(靴の市場)、デモグラフィック市場(若者を対象にした市場)、地理的市場(フランスの市場)を語る。あるいはコンセプトを拡大して、有権者市場、労働者市場、寄付者市場といった表現をする。

現代の経済活動は、さまざまな市場で見てとれる。■図1-2は、5つの基本市場とその関係を表している。製造業者は**資源市場**(原材料市場、労働力市場、金融市場)へ行って資源を買い、それをもとに財やサービスを作る。そして仲介業者を通して完成品を売る。仲介業者は製品を消費者に売る。消費者は労働力を売って収入を得、そのお金で財やサービスの代価を支払う。政府は税金を集めて資源市場、製造業者市場、仲介業者市場から財を購入し、その財やサービスを使って公共サービスを提供する。各国の経済と世界の経済は、交換という手段で結ばれる複雑な市場の相互作用によって成り立っている。

今日、**マーケットプレース**と**マーケットスペース**は区別される。マーケットプレースは物理的な場所のことであり、店に買い物に行く場合と結びついている。マーケットスペースはデジタルな空間をいい、インターネットで買い物をする場合と結びついている。マーケットプレースからマーケットスペースへの

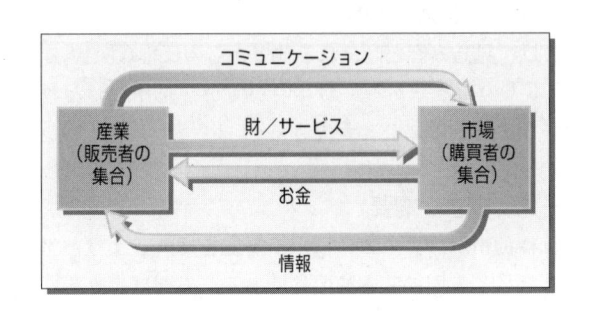

図1-1

簡単なマーケティング・システム

図1-2

現代の交換経済における流れの構造

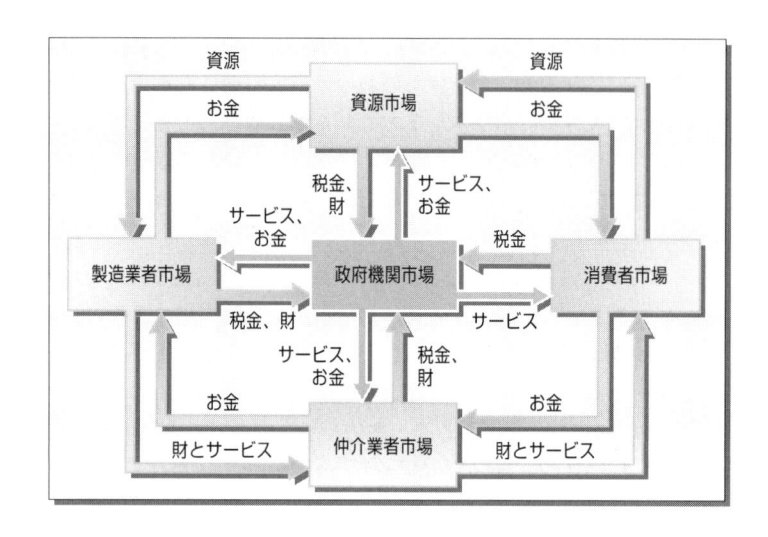

移行は、今後ますます増えるだろうというのが大方の意見だ[9]。■ミレニアム・マーケティング「電子商取引：キティーホークの時代」を参照されたい。

モーハーン・ソーニーは**メタマーケット**のコンセプトを提唱した。メタマーケットとは、消費者の頭の中では互いに密接な関係があるが、多種多様な産業に散在する相互補完的な製品やサービスの集合体を意味する。例えば自動車メタマーケットを構成するのは、自動車製造業者、新車や中古車のディーラー、金融会社、保険会社、整備業者、部品業者、サービス店、自動車雑誌、新聞の「車求む」という広告、インターネットの車に関するサイトである。車の購入計画を立てて実際に買うまでの過程で、購買者はこのメタマーケットのさまざまな部分とかかわることになる。そのため**メタメディアリー**すなわちメタマーケットの仲介業者が、このグループ内をスムーズに移動できるように購買者の手助けをしている。しかし両者は、物理的には一切接触を持たない。エドマンズがその良い例である（www.Edmunds.com）。車の購入者は、このウェブサイトでさまざまな車の価格を知ることができ、ここから他のサイトをクリックするだけで、より安い価格のディーラー、融資機関、付属品、安売りの中古車を簡単に探すことができるのだ。メタメディアリーは、住宅所有者市場、育児・子育て市場、ウエディング市場といったメタマーケットでも活躍している[10]。

「ミレニアムへのカウントダウン」は1998年後半から本格的に始まった。屋外広告やインターネット上にはカウントダウン時計があるし、特製カウントダウン腕時計もある。

■ マーケターと見込み客

マーケターとは、**見込み客**と呼ばれる他者からの反応（注目、購買、投票、寄付）を求めている人のことである。お互いが何かを売りたいと考えている場合は、両者をマーケターと呼ぶことができる。

■ ニーズ、欲求、需要

マーケターは標的市場のニーズ、欲求、需要を理解しようと努めなければならない。ニーズとは、人間の基本的要件である。人間は生きるために食料、空

気、水、衣服、風雨を避ける場所を必要とする。レクリエーション、教育、娯楽のニーズも無視できない。こうしたニーズがそれを満たす特定の物に向けられると欲求になる。アメリカ人にとって食料は**ニーズ**だが、**欲求**はハンバーガー、フライドポテト、ソフトドリンクだ。モーリシャスの人にとっても食料は**ニーズ**だが、**欲求**はマンゴー、米、レンズ豆、空豆である。欲求は人間が暮らしている社会によって決まる。

需要は特定の製品に対する欲求で、支払い能力に後押しされる。メルセデスベンツを欲しいと思う人は多い。しかし、実際に買うことができて買おうとする人はわずかである。企業は製品を欲しいと思う人だけでなく、**買う気があってしかも実際に買うことのできる**人がどのくらい存在するかを判断しなければならない。

こうして区別してみれば、「マーケターがニーズを作る」「マーケターは欲しくもないものを人々に買わせる」というよく耳にする批判の正体も明らかになる。マーケターがニーズを作り出すのではない。ニーズはマーケターより先に存在するのである。マーケターは他の社会的影響とともに、欲求へ影響を与えるにすぎない。マーケターは、メルセデスベンツを持てば社会的地位を高められるというニーズが満たされるとの考え方をプロモーションするかもしれないが、社会的地位というニーズを生み出してはいないのである。

■■■■ 製品あるいは提供物

ニーズや欲求を満足させるのは製品である。**製品**とは、ニーズや欲求を満たすことができる提供物をいう。基本的な提供物の主なタイプについてはすでに述べた。財、サービス、経験、イベント、人、場所、資産、組織、情報、アイデアである。

ブランドとは、よく知られた製造業者の提供物をいう。マクドナルドのようなブランド名を聞けば、たちまちいろいろな連想が頭に浮かぶ。ハンバーガー、楽しい、子供たち、ファストフード、「M」の文字をかたどった黄色いアーチなど。こうした連想がブランド・イメージを作り上げるのである。あらゆる企業が、ブランド力すなわち強くて好ましいブランド・イメージを築こうと努力している。

■■■■ 価値と満足

標的購買者に価値と満足を提供することができれば、当該製品や提供物は成功したといえる。購買者は、最も価値がありそうなものはどれかという基準で数ある提供物の中から選択をする。価値は、顧客が**得る**ものと顧客が**与える**ものの比率で説明できる。顧客はベネフィットを得て、**コスト**を引き受ける。ベネフィットには、実用的ベネフィットと感情的ベネフィットがある。コストには、金銭的コスト、時間的コスト、エネルギーコスト、そして精神的コストがある。価値は次のような計算式で求めることができる。

ミレニアムにあやかった製品には、カウントダウン時計をあしらったシャツや腕時計がある。

MARKETING FOR THE MILLENNIUM　ミレニアム・マーケティング

電子商取引：キティーホークの時代

　1997年、電子商取引、すなわちオンラインで運営されるビジネス取引の総販売高は、20億ドルにすぎなかった。それは、ウォルマートのような巨大なチェーンを展開するビジネスのほんの数日分にすぎず、8兆5000億ドルというアメリカ経済全体から見ると、ごくわずかな割合である。

　電子商取引はあまり活況を呈していないように見えるが、投資家がインターネット関連株にこれほど強気の投資をするのはなぜだろう。例えば、アマゾン・ドットコムの株価は、一貫して赤字経営であるにもかかわらず、同じ書店で店舗販売をしているバーンズ＆ノーブルよりも高いのである。

　投資家は、サイバースペースが未来のビジネス・モデルになるだろうと断言している。アマゾン・ドットコムのCEO、ジェフ・ベゾスが述べているように、今「電子商取引はキティーホークの時代」なのである。キティーホークとはライト兄弟が動力飛行機で初飛行に成功した地で、インターネット技術の採用を飛行機時代の曙（あけぼの）になぞらえたのだ。ゆっくりではあるが確実に、消費者はショッピングモールからオンラインへと買い物の場を移している。夜中の11時にパジャマ姿でオンライン・ショッピング、ということも多いだろう。フォレスター・リサーチ社は、電子商取引が2000年までに3270億ドルに急成長するだろうと見積もっている。これは1997年の売上の233％増にあたる。電子商取引という怪物の潜在能力を疑っていると、消費者としてもビジネスに携わる者としても、優位に立つことはできない。電子商取引の長所を以下に挙げてみよう。

- **利便性**　　サイバーストアは、店のドアを閉めることがない。フォレスター・リサーチ社が近ごろ実施した調査では、ウェブ上でよく買い物をする人がオンライン・ショッピングを利用する理由としていちばんに挙げたのが、利便性だった。アウトドア用品などを扱うシアトルの企業REI（レイ）では、注文の30％が午後10時から翌朝の7時に集中している。その間、店を開けておく経費、顧客サービス販売員を雇う経費はかからない。利便性の魅力は、オンラインで食料雑貨を扱うピーポッドやストリームライン社のように、今日の忙しい消費者をつかみたいと願う新規企業にもチャンスの扉を開いた。

- **経費節減**　　デル・コンピュータやGEのような企業はインターネットを利用して、供給業者、工場、流通業者、顧客を直接結んでいる。経営システムから無駄を排除し、切り詰めた分を顧客に還元しているのだ。アマゾン・ドットコムのようなオンライン小売業者は、消極的オペレーション・サイクルで利益を得ている。アマゾンがクレジットカード会社から現金を受け取るのは、顧客が注文したすぐ翌日だ。それから同社は供給業者、書籍の流通業者、出版社に支払いをするまでの46日間、現金を手元においておける。最も利益を享受するのは顧客である。いちばん安い価格を求めてウェブ上をあちこち探し回れるのだ。コンペア・ネットのように、1万点の製品特徴を比較で

$$価値 = \frac{ベネフィット}{コスト} = \frac{実用的ベネフィット + 感情的ベネフィット}{金銭的コスト + 時間的コスト + エネルギーコスト + 精神的コスト}$$

　マーケターはさまざまな方法で顧客提供物の価値を高めることができる。例えば、

　　ベネフィットを増大させる

　　コストを削減する

　　ベネフィットを増大させ、かつコストを削減する

きる無料オンライン購買者ガイドを提供するサイトもある。
- **選択肢** ウェブには国境がない。物理的な国境に制約されないので、サイバーストアは無限の選択肢を提供できる。CDナウやバーチャル・ヴィンヤードのサイトを訪れて、近所のCDショップや酒屋の品揃えと比較してみて欲しい。地理的境界線がなくなって市場は世界中に広がり、長年にわたり定評のある企業と新興企業の見分けがつかなくなっている。
- **パーソナル化** コンピュータではウェブ上の情報をどのようにも加工処理することができるので、セールストークや製品さえも個人に合わせてあつらえることが可能だ。CNNのウェブサイトでは、関心のあるニュースを集めた自分専用のファイルを作ることができ、しかもその内容は15分ごとに更新される。デルは「プレミアムページ」と銘打って、法人顧客向けにカスタマイズしたページをウェブ上で提供している。シェル石油のサイトでは購買マネジャーが最新の製品と価格を見られるようになっており、デルのサイトでもウェブ上で買ったコンピュータの注文状況を追跡することができる。
- **情報量** じかに人と接することができないのは事実だが、ウェブはばく大な情報量でそれを十分補っている。よくできたサイトは熱心な販売員よりも多くの情報をより役に立つ形で提供する。例えば、eトイズは消費者や教育機関が薦めるおもちゃの情報を親に提供しているし、CDナウはレコード評を紹介している。しかも情報は双方向に流れている。ウェブサイトで消費者が買い物をするたびに、企業は貴重な市場情報を得ることになる。

電子商取引のこうした利点には、それなりの犠牲も伴う。電子商取引による大革命に最も脅かされるのは、旅行代理店、株式ブローカー、保険代理店、カー・ディーラー、伝統的な小売業者といった仲介業者だろう。あらゆる企業が、かつてないほどの安い価格を要求できるようになった消費者の影響力を恐れている。ようやく企業は、企業名の最後に「ドットコム（—.com）」をつけるだけでは不十分だということに気づいた。オンラインで成功するために、企業は組織を立て直し自らを定義し直す必要がある。

出典：Robert D. Hof, "The Click Here Economy," *Business Week*, June 22, 1998, pp. 122–28; Michael Krantz, "Click Till You Drop," *Time*, July 20, 1998, pp. 34–39; Tina Kelley, "Internet Shopping: A Mixed Bag," *New York Times*, July 30, 1998, p. G1–G2; Cynthia Mayer, "Does Amazon = 2 Barnes & Nobles? Market Values May Not Be So Crazy," *New York Times*, July 19, 1998, p. 4; Rajiv Chandrasekaran, "More Shoppers Are Buying Online," *Washington Post*, December 24, 1997, p. C1; Edward R. Berryman, "Viewpoint: Web Commerce: Be Prepared," *New York Times*, October 12, 1997, p. 3; Joel Kotkin, "The Mother of All Malls," *Forbes*, April 6, 1998, pp. 60–65.

コストの増加以上にベネフィットを増大させる
ベネフィットの低下をコストの削減以下に抑える
といった方法が考えられる。

2つの価値提供物、V_1とV_2のどちらかを選ぼうとする顧客は、「$V_1 \div V_2$」の計算で調べることができる。その値が1より大きければV_1を、1より小さければV_2を選べばよい。値が1なら、どちらでもよい。

> 何かにつけ、終わりと始まりにこだわってしまうなら、あなたも「ミレニアム熱」患者だ。

▰▰▰ 交換と取引

　交換とは、製品を手に入れる4つの方法のうちの1つにすぎない。製品やサービスは、自分で生産することができる。狩り、釣り、木の実の採集などがその例だ。強盗や住居侵入、力ずくで製品を得ることもできる。ホームレスの人が施しを求めるように、だれかに請うこともできる。製品、サービス、お金を提供して、それとの交換で求めるものを得ることもできる。

　交換とはマーケティングの中核となるコンセプトであり、求める製品を他者から手に入れ、お返しに何かを提供することである。交換の成立には、次の5つの条件が整わなければならない。

1. 少なくとも2つのグループが存在する。
2. それぞれのグループが、他方にとって価値がありそうなものを持っている。
3. それぞれのグループが、コミュニケーションと受け渡しができる。
4. それぞれのグループが、自由に交換の申し入れを受け入れたり拒否したりできる。
5. それぞれのグループが、他方と取引することが適切で好ましいと信じている。

交換が実際に成立するかどうかは、それぞれのグループが以前よりも良い状態になる(あるいは、少なくとも悪くはならない)条件に合意できるかどうかにかかっている。通常は双方のグループにより良い状態をもたらすため、交換は価値創造のプロセスである。

　交換は結果ではなく過程である。2つのグループが**交渉**する、すなわちお互いに合意できる条件に到達しようと試みるとき、2つのグループは交換に従事しているといえる。合意すれば取引が成立したことになる。**取引**とは、2つ以上のグループ間でなされる価値のやり取りである。AがBにXを与え、お返しにBからYを受け取る。例えばスミスがジョーンズにテレビを売り、ジョーンズがスミスに400ドルを支払うと、これは典型的な**貨幣取引**である。しかし取引には、やり取りされる価値として必ずしもお金が必要なわけではない。**バーター取引(物々交換)**のように、財やサービスを他の財やサービスとやり取りする場合もある。ジョーンズ弁護士がスミス医師に遺言状を作り、かわりに健康診断を受けるような場合である。

　取引にはさまざまな要素がある。価値のある少なくとも2つのもの、合意できる条件、時間の合意、場所の合意である。通常、取引の当事者が交わした条件を裏づけ遵守させるための法体系が存在する。契約の法律がなければ、取引の過程で不信感が芽生え、だれもが損をするだろう。

　取引は譲渡とは違う。**譲渡**では、AがBにXを与えるがお返しに有形の物は何も受け取らない。贈り物、寄付金、慈善的寄贈はすべて譲渡である。しかし譲渡行動も交換のコンセプトを使って理解することができる。通常、譲渡者は贈り物のかわりに何かを受け取ることを期待する。感謝の念や受け取った人の行動の変化といったものである。基金調達の専門家は、礼状、寄付専門誌、イ

> 世界中の企業がミレニアムの一時的な大流行で利益をあげている。

ベントへの招待といったベネフィットを寄付者に提供する。マーケターはマーケティング・コンセプトを拡大し、取引行動だけではなく譲渡行動の研究も視野に入れている。

きわめて広い意味でとらえると、マーケターは相手から**行動反応**を引きだそうとしているといえる。企業は購入を、選挙の候補者は票を、教会は信者を、社会運動の団体は信条への支持を求める。マーケティングとは、対象とする相手から望ましい反応を引き出すための活動なのである。

交換を成功させるために、マーケターはそれぞれのグループが取引に何を期待しているのかを分析する。簡単な交換の状況は、2人の当事者、欲求、両者の間を行き来する提供物を使って説明することが可能だ。世界に冠たる地ならし機の製造業者、キャタピラーを例に挙げてみよう。キャタピラーは、一般的な建設会社が地ならし機を購入するときに求めるベネフィットを調査している。そのベネフィットとは、■図1-3の交換図の上部にあるように、高品質の機材、適正な価格、機材の予定どおりの納品、良い融資条件、良い部品とサービスである。この**欲求リスト**上の項目は、どれも同じように重要だというわけではなく、購買者によって変化することもある。キャタピラーの役割の1つは、さまざまな欲求の中から購買者にとって相対的に重要な欲求を見いだすことである。

キャタピラー側にも欲求リストがある。キャタピラーは、機材に見合う適正な価格、予定どおりの入金、良いクチコミを望んでいる。双方の欲求リストに重複する部分が多かったりよく似ていたりする場合は、取引の可能性が存在することになる。キャタピラーがやるべきことは、建設会社がキャタピラーの機材を買う動機付けになるような提案をすることである。それに対して建設会社は、修正案を出してくるかもしれない。このような交渉を経て、お互いに納得できる契約に行き着く場合もあれば、取引しないという決定に行き着く場合もある。

■ リレーションシップとネットワーク

取引マーケティングは、リレーションシップ・マーケティングと呼ばれる大

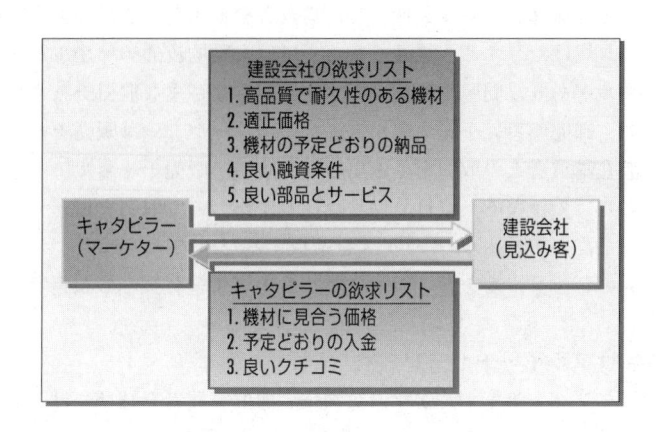

図1-3

2つのグループの欲求リストを示す交換図

建設会社の欲求リスト
1. 高品質で耐久性のある機材
2. 適正価格
3. 機材の予定どおりの納品
4. 良い融資条件
5. 良い部品とサービス

キャタピラー（マーケター）　→　建設会社（見込み客）

キャタピラーの欲求リスト
1. 機材に見合う価格
2. 予定どおりの入金
3. 良いクチコミ

きな概念の一部である。**リレーションシップ・マーケティング**の目的は、顧客、供給業者、流通業者といった重要なグループとの間に、長期間にわたってお互いに満足のいく関係を築くことである。つまり、重要なグループからの仕事が維持し続けられることになる[11]。マーケターは、いつも約束どおりに高品質の製品とサービスを適正価格で提供することでこれを成し遂げる。リレーションシップ・マーケティングは、経済的にも、技術的にも、そして社会的にも強い結束を相手との間に構築するので、取引コストと時間の削減にもなる。取引が、そのつど交渉を持つ必要がない手順の決まった仕事になれば大成功である。

リレーションシップ・マーケティングが最終的に行き着くのは、マーケティング・ネットワークという企業独自の財産を築くことである。**マーケティング・ネットワーク**は、企業とその企業を支援する**利害関係者**(顧客、従業員、供給業者、流通業者、小売業者、広告会社、大学の研究者など)からなる。企業は利害関係者とともに、双方の利益になるようなビジネス・リレーションシップを築くのである。競争は、しだいに企業間ではなくマーケティング・ネットワーク間で繰り広げられるようになってきた。勝者となるのは、より良いネットワークを構築した企業である。運営理念は簡単だ。重要な利害関係者との間に効果的なリレーションシップ・ネットワークを構築すれば利益は後からついてくる、というものである[12]。

大型ミレニアム・プロジェクトがあちらこちらで進行中だ。ロンドンでは、ミレニアム・タワー建設を計画している。欧州一の高さを誇る摩天楼になるらしい。

■ マーケティング・チャネル

標的市場に到達するため、マーケターは3種類のマーケティング・チャネルを利用する。**コミュニケーション・チャネル**は、標的購買者にメッセージを送ったり購買者からメッセージを受け取ったりするために使われる。新聞、雑誌、ラジオ、テレビ、手紙、電話、屋外広告、ポスター、チラシ、CD、オーディオテープ、インターネットなどがこれに相当する。このほかにもコミュニケーションは、顔の表情、衣服、小売店の雰囲気、その他多くのメディアによっても行われる。マーケターは、一般的な「モノローグ・チャネル」(広告)を補うために、徐々に「ダイアログ・チャネル」(電子メールや料金無料電話)を加えるようになっている。

マーケターは**流通**チャネルを使って、購買者や使用者に製品の実物やサービスを見せたり届けたりする。流通チャネルには、物的流通チャネルとサービス流通チャネルがあり、問屋や運輸機関のほか、さまざまな**取引**チャネルすなわち流通業者、卸売業者、小売業者が含まれる。マーケターは**販売**チャネルも利用して、潜在購買者との取引を生み出そうとする。販売チャネルには流通業者や小売業者だけではなく、銀行や保険会社もかかわって取引を促進する。提供物にとって最高のチャネル・ミックスを選択するために、コミュニケーション、流通、販売の各チャネルをどう組み合わせるかがマーケターの課題である。

■ サプライ・チェーン

マーケティング・チャネルがマーケターと標的購買者を結びつけるものであ

るとすれば、サプライ・チェーンは、原材料から完成品までをつなぐ、より長いチャネルを意味する。例えば女性用の財布のサプライ・チェーンは、皮革から始まり、なめし作業、裁断作業、縫製、そして製品を顧客へ届けるマーケティング・チャネルへと続く。サプライ・チェーンとは**価値提供システム**なのである。企業は、サプライ・チェーンから生じる総価値の中からある程度の利益を得るにすぎない。企業が競合企業を買収したり、チェーンの川上部門（生産）か川下部門（販売）に移行したりする場合、その目標はサプライ・チェーンが生む価値からより大きな利益を得ることである。

■ 競争

　競争とは、購買者の比較検討の対象になりうる実在の、あるいは潜在的な競合提供物や代替品すべてを指す。自動車会社が鉄の買い付けを計画しているとしよう。■図1-4は、競争のさまざまなレベルを示している。自動車製造業者は、U.S.スチールから買うこともできるし、アメリカや海外の一貫生産の製鉄所から買うこともできる。ニューコー社のような小規模製鉄所から購入してコストを抑えることもできる。あるいは、車の重量を軽くするために一部にアルミニウムを使うこともできるし、バンパー用に鉄ではなく加工プラスチックを採用することもできるのである。

　一貫生産の鉄鋼会社だけを競合相手と考えるようでは、U.S.スチールの競合のとらえ方は狭すぎるといわざるを得ない。長い目で見ればU.S.スチールは、直接のライバルである鉄鋼メーカーよりもむしろ、代替品によって損害を被る

歴史メモ：先のミレニアムでは、中国が世界の頂点に君臨していた。政治的に統一され、高度な文明と、西洋では何世紀も先になるまで見られないほどの最先端の技術を持つ帝国だった。

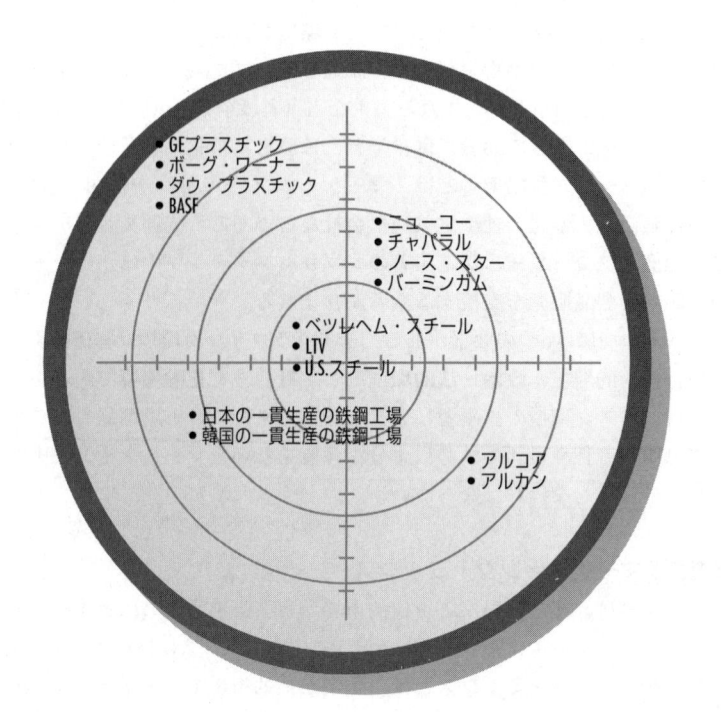

図1-4

U.S.スチールのレーダー・スクリーン

出典：Adrian V. Slywotzky, *Value Migration* (Boston: Harvard Business School Press, 1996), p. 99.

第1章　21世紀のマーケティング

ことになろう。U.S.スチールは、鉄に代わる金属を作ったり、鉄が優れた性能を発揮できる用途に専念するなどの検討をする必要もある。

製品の代替可能性の度合いを基に競争を4つのレベルに分けてみると、構図がさらにはっきりしてくる。

> 英仏海峡の海底を貫く海峡トンネルは、国境をなくそうという世界的な趨勢の好例である。

1. **ブランド競争** よく似た製品やサービスを同じ顧客に同じような価格で提供する企業を競合他社とみなすこと。例えばフォルクスワーゲンの主な競合他社は、トヨタ、ホンダ、ルノーをはじめとする標準的な価格の自動車製造業者である。メルセデスやヒュンダイ(現代)と競合しているとは考えない。
2. **産業競争** 同じ製品あるいは同じ種類の製品を作る企業すべてを競合他社とみなすこと。この場合フォルクスワーゲンは、他の自動車製造業者すべてと競合していることになる。
3. **形態競争** 同じサービスを供給する製品の製造業者すべてを競合他社とみなすこと。この場合フォルクスワーゲンは、他の自動車製造業者だけではなく、バイク、自転車、トラックの製造業者とも競合していると考えることができる。
4. **一般競争** 同じ消費者の財布を争う企業すべてを競合他社とみなすこと。この場合フォルクスワーゲンは、耐久消費財、海外での休暇、新築の家屋を売る企業とも競合していると考えることができる。

マーケティング環境

競争は、マーケターが仕事をする環境における要因の1つにすぎない。マーケティング環境には**タスク環境**と**ブロード環境**がある。

タスク環境には、提供物を製造し、流通させ、プロモーションを行うことにかかわる直接的な当事者が含まれる。主な当事者は企業、供給業者、流通業者、ディーラー、標的顧客である。供給業者には原材料供給業者とサービス供給業者がある。サービス供給業者とは、マーケティング・リサーチ機関、広告会社、銀行や保険会社、輸送会社や電気通信会社などである。流通業者とディーラーには代理商、ブローカー、製造業者のレプリゼンタティブのほかに、顧客の獲得や顧客への製品販売を支援する業者が含まれる。

> 1999年に巷で恐れられたミレニアムがらみの問題は、Y2K、すなわちコンピュータの2000年問題だった。

ブロード環境には6つの要素がある。**デモグラフィック環境、経済的環境、自然環境、技術的環境、政治−法的環境そして社会−文化的環境**である。こうした環境は、タスク環境の当事者に大きな影響力を持つ。市場関係者はこのような環境の中の流行や最新の情勢に十分な注意を払い、マーケティング戦略をタイムリーに修正しなければならない。

マーケティング・ミックス

マーケターは、望ましい反応を標的市場から引き出すために数々のツールを使う。こうしたツールによって**マーケティング・ミックス**は構成されている[13]。

■ **マーケティング・ミックス**とは、企業が標的市場でマーケティング目

的を達成するために用いるマーケティング・ツールの組み合わせのことである。

マッカーシーはこのようなツールを4つの大きなグループに分類し、「マーケティングの4つのP」と名づけた。4つのPとは、製品（Product）、価格（Price）、流通（Place）、プロモーション（Promotion）である[14]。■図1-5は、4つのPのもとでさまざまに変化する個々のマーケティングを表している。マーケティング・ミックスは、最終消費者だけでなく、取引チャネルにも影響することを見越して決定されなければならない。■図1-6は、企業が**提供物ミックス**すなわち製品、サービス、価格を用意し、**プロモーション・ミックス**すなわち販売促

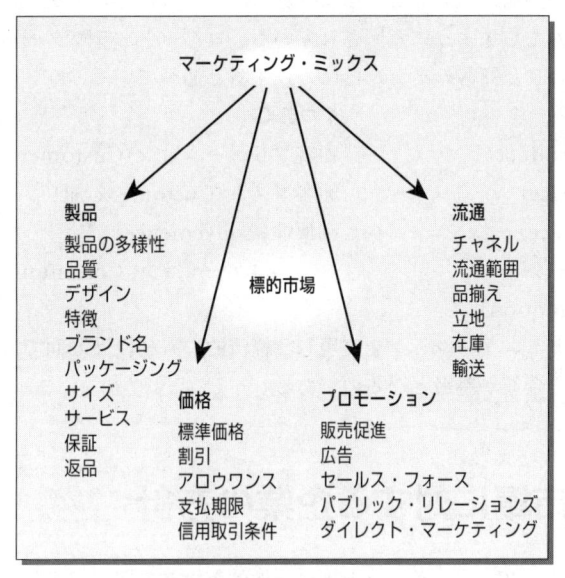

図1-5

マーケティング・ミックスの4つのP

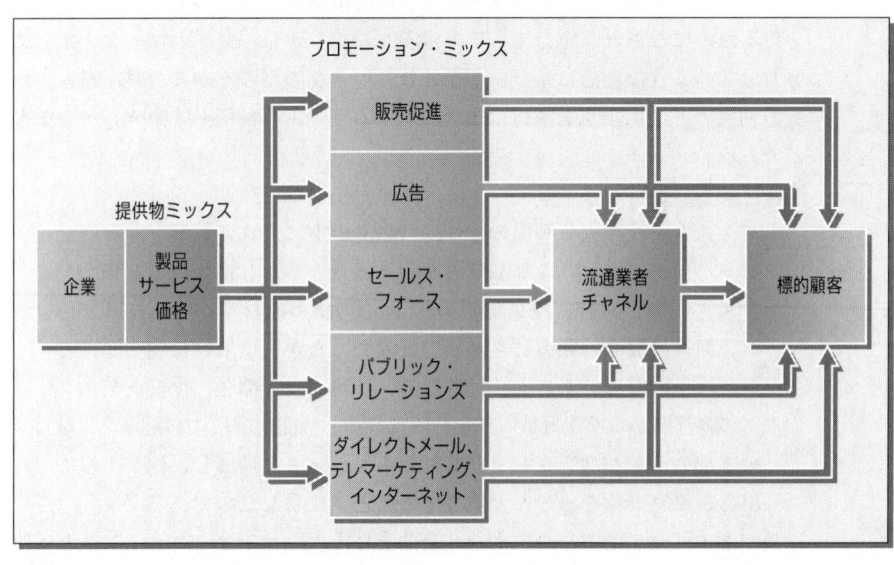

図1-6

マーケティング・ミックス戦略

第1章　21世紀のマーケティング

進、広告、セールス・フォース、パブリック・リレーションズ、ダイレクトメール、テレマーケティング、インターネットを利用して、取引チャネルと標的顧客に到達するまでの流れを示している。

　企業は通常、短期的には価格、セールス・フォースの規模、広告費を変更することができる。しかし、新しい製品を開発したり流通チャネルを修正したりするのは、長期的な視野に立たなければできない。そのためマーケティング・ミックスの決定は何通りも考えられるが、実際には短期的に次々とマーケティング・ミックスを変更することはあまりない。

　ここで気をつけたいのは、4つのPが表すのは売り手から見たマーケティング・ツールであり、買い手に影響を与えるために利用するものだという点である。買い手の立場から見ると、それぞれのマーケティング・ツールは顧客ベネフィットをもたらすように意図されている。ロバート・ラウターボーンは、販売者の4つのPと顧客の4つのCは一致すると述べている[15]。

4つのP	4つのC
製品（Product）	顧客ソリューション（Customer solution）
価格（Price）	顧客コスト（Customer cost）
流通（Place）	利便性（Convenience）
プロモーション（Promotion）	コミュニケーション（Communication）

効果的なコミュニケーションを実現し、経済的にも利便性の面でも顧客ニーズに応えられる企業が勝者となるのである。

市場に対する企業の方針

　マーケティング・マネジメントとは、標的市場との間で望ましい交換の成果を得るためになされる努力であると定義した。しかし、企業のマーケティング努力はどのような理念に基づいてなされるべきなのだろうか。企業、顧客、社会の利害のどこに重点を置けばよいのだろうか。3者の利害は衝突しがちなものである。

デクスター社

　　デクスター社の人気製品の1つに、熱湯の中に入れても溶けない、ティーバッグに使われる高品質の紙があった。しかし残念なことに、デクスターの年間有害廃棄物の98％はその紙の原材料から生まれていた。同社の製品は顧客にきわめて好評だったが、環境には明らかに有害だったのだ。デクスターは、環境、法務、研究開発、マーケティングの各部門からなる対策本部を社内に設置し、問題解決にあたった。対策本部の活動が功を奏して、会社は市場シェアを伸ばし、作業工程で出る有害廃棄物をほとんど除去することに成功したのである[16]。

　効率がよく効果的で、なおかつ社会的責任も果たせるマーケティングとは何

かを十分に考え抜き、その理念に則ってマーケティング活動をすべきなのは明らかである。しかし企業がマーケティング活動を進める際に従うのは、5つの相いれないコンセプトである。その5つとは、生産コンセプト、製品コンセプト、販売コンセプト、マーケティング・コンセプト、ソサイエタル・マーケティング・コンセプトである。

生産コンセプト

生産コンセプトは、最も古いビジネス理念の1つである。
- **生産コンセプト**とは、どこでも手に入れられて価格が手ごろな製品を消費者は好むという考え方である。

生産志向の経営者は、生産性を高め、コストを下げ、大量に製品を流通させることに専念する。消費者は主に製品の入手可能性と安い価格に関心があるというのが、こうした経営者の主張である。この考え方は開発途上国では理にかなっている。開発途上国の消費者は、製品の特徴よりも製品を手に入れること自体に関心があるからだ。市場を広げたいと考える企業も、この生産重視の考え方を取り入れている。

テキサス・インスツルメンツ

同社は、1900年代初頭にヘンリー・フォードが自動車市場を拡大するために提唱した「生産を伸ばして価格を下げよう」という理念を体現するアメリカの代表的な企業の1つである。テキサス・インスツルメンツはコストを下げるために、生産量を増やし技術水準を高めることに全力を注いでいる。コストが下がった分は価格を安くし、市場規模を拡大している。標的市場で支配的なポジションに到達するための努力も怠らない。多くの日本企業はこの方針を重要な戦略としてきた。

サービスを提供する組織の中にも、生産コンセプトに基づいて運営しているところがある。病院や歯科医院は、流れ作業の原理で業務を進めるところが多い。いくつかの政府関係機関にも同じことがいえる(職業安定所や許認可事務所)。この方針で運営すると一定時間内に数多くの業務をこなすことができるが、人間味がなく質の悪いサービスだという非難を受けやすい。

製品コンセプト

製品コンセプトに基づいて運営されるビジネスもある。
- **製品コンセプト**とは、品質も性能も良く、目新しい特徴のある製品を消費者は好むという考え方である。

このコンセプトに従う組織の経営者は、常に優秀な製品を作り改良していくことを重視する。購買者は優れた製品を賞賛し品質と性能を評価するというのが、こうした経営者の主張である。しかし、製品に執着するあまり市場のニーズを見失うこともある。すると経営陣が「より良いネズミ取り」に例えられる過ちを

歴史メモ：先のミレニアムでは、世界の優れた文明国であるインド、中国、イスラム教の帝国が最盛期にあった。しかし、西欧諸国はまだ産声を上げたばかりだった。

オフィシャル・ミレニアム・プロダクトのウェブサイト(www.millennium.greenwich2000.com)にアクセスして、斬新なイギリス製品を見てみよう。

犯す可能性もある。今よりも良いネズミ取りを作れば大ヒット商品になるだろうと考えてしまうのだ。1996年のクリスマス・シーズンに事業を起こして失敗したウェブ・テレビがそのよい例である。

ウェブTV

それはカウチポテト族の夢が現実になったかのような話だった。インターネット・サーフィンとテレビ鑑賞の両方が可能なセットトップボックス付きのテレビが登場したのだ。ところが、ウェブTVと共同事業者のソニー、フィリップスが5000万ドルもかけて一大キャンペーンを展開したにもかかわらず、5万件の申し込みしかなかったのである。標準的なテレビでインターネット情報を見ることができる製品自体には、何の問題もなかった。ウェブTVの最初のオーナーが（現在ウェブTVはマイクロソフトの所有）市場を知らなかっただけのことである。問題は見当違いのマーケティング・メッセージにあった。カウチポテト族は、より面白い娯楽を求めている。一方コンピュータのユーザーは、小型のパソコン画面においてネットサーフィンを求めている。ワールド・ワイド・ウェブはテレビとの競合にさらされ苦しんでいた。テレビに慣れた人にとってウェブは、少なくとも「スタートレック」や「ベイウォッチ」の再放送に比べて、動きが遅くて変化に乏しくわかりにくい。現在キャンペーンは方向修正し、教育にかかわる娯楽に重点を置いている[17]。

製品志向の企業は、顧客の意見をまったくといってよいほど採用せずに製品を開発しがちである。自社の技術者はひときわ優れた製品を作ることができると信じているためである。競合他社の製品を検討すらしようとしないことも多い。ゼネラル・モーターズ（GM）のある役員は、数年前にこんなことを言った。「実際に売っている車を見るまで、自分がどんな車を欲しいかが大衆にどうしてわかるというのか」。GMのデザイナーと技術者が新車を設計する。それを製造ラインが形にする。財務部門が価格を決定する。最後に、マーケティング担当者と販売担当者が売ろうとする。しかし、困難な販売になることは目に見えている。今日GMは顧客に、車のどのような点を重視するのか尋ね、マーケティング担当者を設計段階の当初から参加させている。

製品コンセプトは「マーケティング・マイオピア」にもつながりかねない[18]。鉄道事業は、利用者が求めているのは列車よりもむしろ輸送手段であるとは考えず、飛行機、バス、トラック、自動車という競合相手が台頭することを見抜けなかった。計算尺製造業者は、技術者が望むのは計算尺であると考えたためにポケットサイズの計算機が脅威となるのを予見できなかった。大学、百貨店、郵便局は、大衆に適した製品を提供していると思い込み、なぜ売上が落ち込むのか悩んでいる。こうした組織は、窓から外を見るべきときに鏡の中をのぞき込んでばかりいるのである。

販売コンセプト

販売コンセプトも一般的なビジネス理念である。

- **販売コンセプト**とは、企業側が何もしないと消費者や事業者は製品を買ってくれないものだという考え方である。そのため企業は、精力的な販売とプロモーション努力をしなければならない。

このコンセプトではたいていの場合、消費者は購買に消極的だったり抵抗を示したりするので、説得して買わせるようにしなければならないと考える。また企業には、購買意欲をあおるために効果的な販売ツールとプロモーション・ツールがそろっていることも前提にしている。

販売コンセプトは非探索品、すなわち保険、百科事典、葬式の準備など、購買者がふだん買おうと思わない財で最も積極的に実践されている。このような産業は、潜在顧客を探し出し製品ベネフィットを売り込む販売技術に長けている。

販売コンセプトは、非営利分野でも実践されている。資金調達担当者、大学入試事務局、政治団体などがそうである。政治団体は有権者に対して候補者の積極的な「売り込み」をする。候補者は早朝から深夜まで、選挙区を移動しながら有権者と握手し、赤ん坊にキスをし、寄付者に会い、演説をする。途方もない金額がラジオやテレビの広告、ポスター、郵便物に費やされる。候補者の欠点は世間には明かされない。目的は売り込みを果たすことであって、販売後の満足について心配することではないからだ。選挙が終わると、新しい役人が販売重視の考え方を受け継ぐ。大衆が何を望んでいるかリサーチすることはほとんどなく、今度は政治家や政党が望む政策を大衆に受け入れさせるための売り込みがなされるのである[19]。

生産能力が過剰な場合に販売コンセプトを実践する企業も多い。「市場が求める物を生産することよりも、自社製品を売ることが目的」だからだ。現代の産業経済では生産能力が飽和状態に達しており、ほとんどの市場は買い手市場(購買者が優位に立っている市場)である。そのため販売者は顧客を奪い合わなければならない。潜在顧客はテレビ・コマーシャル、新聞広告、ダイレクトメール、電話セールスといった攻撃にさらされる。その結果、販売が常に志向されるので、マーケティングとは押し売りや広告のことだと思われがちになる。

しかし、売り込み攻勢に頼ったマーケティングには大きなリスクが伴う。このようなマーケティングでは、製品を買わされた顧客がそれを気に入るだろうという前提に立っている。そしてたとえ気に入らなくても、悪く言いふらしたり消費者センターに相談したりすることなく、不満など忘れて再び製品を買うだろうと決めつけている。おめでたいと言われても仕方のない考え方だ。製品に不満を感じた顧客は、10人以上の知り合いに製品が良くなかったことを話すという研究結果もある。悪事千里を走るとは、まさにこのことである[20]。

> 次のミレニアムでは、ますます多くの使い捨て製品が登場するだろう。ビデオ、ラジオ、果ては自動車まで使い捨てになるかもしれない。

第1章 21世紀のマーケティング

次のミレニアムでは、医療の発展によって水中や宇宙空間の生活を可能にする人工臓器も生まれるかもしれない。

マーケティング・コンセプト

マーケティング・コンセプトは、すでに述べた3つのビジネス理念に真っ向から異議を唱える。中心となる考えは1950年代半ばに生まれた[21]。

- マーケティング・コンセプトとは、選択した標的市場に対して競合他社よりも効果的に顧客価値を生みだし、供給し、コミュニケーションすることが企業目標を達成するための鍵となる、という考え方である。

マーケティング・コンセプトは実にさまざまな標語に表れている。

「ニーズに応えて利益を生み出そう」

「欲求を見極めてそれを満たそう」

「製品ではなく、顧客を愛そう」

「お客様のお気に召すように」(バーガーキング)

「ボスはあなたです」(ユナイテッド航空)

「お客様を第一に」(英国航空)

「利益を生み出すためのパートナー」(ミリケン・アンド・カンパニー)

ハーバード大学のセオドア・レヴィットは、販売とマーケティングの違いを鋭く分析した。

> 販売は販売者のニーズに焦点を当てる。一方、マーケティングは購買者のニーズに焦点を当てる。販売では、製品をお金に換えるという販売者のニーズ充足に気を取られている。マーケティングでは製品はもとより、製品を製造し、供給し、最終的に消費されるまでのプロセスにかかわるものすべてを駆使して、顧客ニーズを満たそうという考え方を重視している[22]。

マーケティング・コンセプトは4本の柱に支えられている。**標的市場、顧客ニーズ、統合型マーケティング、収益性**である。■図1-7に示したように、販売重視の理念とは対照的である。販売コンセプトは内から外への視点に立つ。工場に始まり、既存製品に焦点を当て、利益をあげるために強力な販売とプロモーションを必要とする。一方、マーケティング・コンセプトは外から内への視

図1-7

顧客にもたらされる価値の決定要素

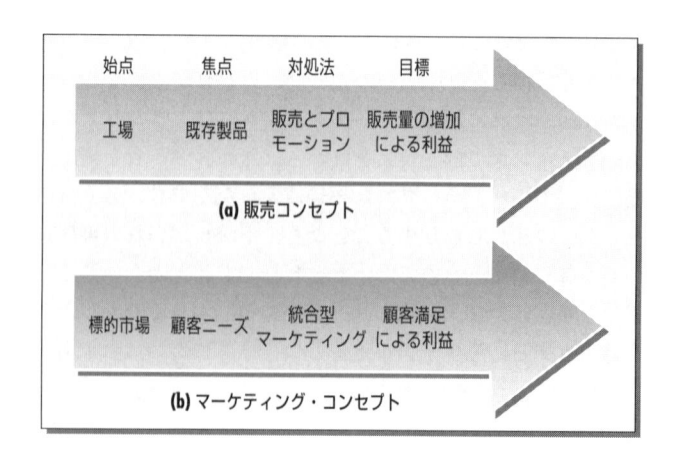

始点	焦点	対処法	目標
工場	既存製品	販売とプロモーション	販売量の増加による利益

(a) 販売コンセプト

始点	焦点	対処法	目標
標的市場	顧客ニーズ	統合型マーケティング	顧客満足による利益

(b) マーケティング・コンセプト

点に立つ。市場を特定することに始まり、顧客ニーズに焦点を当て、顧客に影響を与える活動すべてを連携し、顧客を満足させることによって利益を生むのである。■マーケティング・インサイト「スカラーとダラー（学者とお金）：大学に押し寄せるマーケティングと販売の波」を参照されたい。

標的市場

　企業は標的市場を念入りに選び、それに適したマーケティング・プログラムを用意するために全力を尽くす。

[エスティ・ローダー]

　1990年の国勢調査によって、マイノリティ・グループの購買力が増加していることが判明した。そこで、マーケターたちの注目するところとなり、化粧品メーカーの最大手エスティ・ローダーは、アフリカ系アメリカ人をターゲットにして褐色の肌向けの製品ラインを開発した。1992年秋、エスティ・ローダーの子会社プリスクリプティブは、「オールスキン」という製品ラインの販売に乗りだし、115種類ものファンデーションを世に送り出した。プリスクリプティブのクリエイティブ・マーケティング担当役員は、新しい製品ラインが発売されて以来、「オールスキン」のおかげで売上が45％伸びたと語っている。

顧客ニーズ

　標的市場を特定することはできても、顧客ニーズを正しく把握できない企業もある。次の例を考えてみよう。

　　大手化学メーカーが、固まると大理石のようになる新素材を開発した。何に応用したらよいかと考えた末、マーケティング部門はバスタブ市場をターゲットにした。企業はバスタブの見本を作製し、製品発表会で展示した。バスタブ用の新素材としてバスタブ製造業者に売り込みたいと考えたのである。バスタブ製造業者はその新製品を魅力的だと考えたが、どこも契約はしなかった。理由はすぐに明らかとなった。通常バスタブは500ドル前後が相場なのに、その新素材を使えば2000ドルで売らなければ引き合わない。高いお金を出すのであれば、消費者は本物の大理石やオニキス（縞大理石）のバスタブを買うこともできるのだ。しかもそのバスタブは重すぎて、家の床を強化しなければ使えないと思われた。

　顧客のニーズや欲求を理解することは必ずしも簡単ではない。ニーズがあってもそれをはっきり自覚していない顧客もいる。あるいはそのニーズを顧客が具体的に表現できない場合もあれば、顧客の言葉の意味をうまく汲み取らなければならない場合もある。顧客が求める「安い」車、「強力な」芝刈り機、「速い」旋盤、「素敵な」水着、「くつろげる」ホテルとは、いったい何を意味するのだろうか。

　安い車が欲しいという顧客について考えてみよう。マーケターは顧客が求め

> 2000年には10億人以上もの人がパソコンを所有するようになるだろう。

MARKETING INSIGHT　マーケティング・インサイト

スカラーとダラー（学者とお金）：大学に押し寄せるマーケティングと販売の波

「高等教育は今日、無数の難問に直面している。我々は学校経営の方法を変えざるを得なくなっている」。これはインディアナ大学で公共政策および政府機関を担当する、チャールズ・シンプソン副学長の言葉である。インディアナ大学も多くの単科大学や総合大学の例にもれず、州や連邦政府の予算削減、成績責任の重圧、個人からの寄付をめぐる競争、そしてメディアの厳しい監視に悩んでいる。その対策として、インディアナ大学はイメージを刷新するために徹底したマーケティング・キャンペーンを行った。かつては伝統に守られて安定していた教育機関も、学生を獲得するために大企業のマーケティング技術に注目しつつある。

- **細分化とブランディング**　ペンシルベニア大学高等教育研究所が管理運営する1200の教育機関を対象に行った研究によると、大学は識別可能な市場セグメントに自らを振り分けている。ハーバード、エール、プリンストンのように「ネーム・ブランド」のある学校は、高額な授業料によって少人数制のクラスを実現し、給料のよい教職員を抱えている。2番目のグループは、利便性と利用者にとっての親しみやすさを全面に押し出している。優れたキャリアを手に入れるため、てっとり早くより安く学位を取ろうという学生にアピールするのが目的だ。ポートランド州立大学はこの市場セグメントに合わせるため、綿密に自己分析をした。職員と中間管理職を減らし、地元の企業のアドバイスをもとにグループワークと科学技術を中心に進めていくユニバーシティ・スタディという科目を作った。また、移動の多い人やキャンパスから遠いところに住む人のニーズに合うように、通信教育で学位を認定している大学もある。

- **セールストーク**　近ごろでは、「チョーサーとその時代」「進化生物学入門」「20世紀の小説」といった科目名が並ぶ講義要項を作るだけでは十分とはいえない。もっと気の利いたシラバスをつくらなければならない。例えば、「大ヒットした中世文学」（ウェズリアン大学）、「恐竜や大量絶滅といった、生命の歴史の大事件」（オバーリン大学）、「本当に面白い小説」（プリンストン大学）などだ。教育関係者のなかには、このような講義科目名は、自分自身と講義を売り込めというプレッシャーを教授に与えるシステムが生んだ当然の結果だとみる者もいる。そして教授たちのマーケティングは、シラバスが印刷されれば終わりというわけではない。教室でも「エンターテイナー」にならなければならないというプレッシャーをかけられる教授も多いのだ。

- **広告キャンペーン**　大学の伝統的なマーケティング努力は、とてもマーケティングと呼べるような代物ではなかった。「履修登録は月曜日から」「この講義を受けて良い仕事に就こう」というの

るものをさらに詳しく探り出さなければならない。ニーズは5つのタイプに分けることができる。

1. **明言されたニーズ**（顧客は安い車を望んでいる）
2. **真のニーズ**（顧客は購入費ではなく維持費の安い車を望んでいる）
3. **明言されないニーズ**（顧客はディーラーからの良いサービスを期待している）
4. **喜びのニーズ**（顧客はディーラーがアメリカの道路地図をプレゼントしてくれることを望んでいる）
5. **隠れたニーズ**（顧客は友人に賢い買い物をしたと思われたい）

明言されたニーズに応えるだけでも、顧客を納得させることはできるだろう。

が代表的な「マーケティング」メッセージだったのだ。インディアナ大学の徹底したマーケティング・キャンペーンと比較してみよう。1997年、インディアナ大学はマーケティング・キャンペーンに着手した。それは、競争がますます激しくなる高等教育の現場で、大学の知名度を上げるのが目的である。82万5000ドルかけた3か月間に及ぶキャンペーンは、インディアナ大学を非常に質の良い大学だと売り込むテレビ・コマーシャルで口火を切った。ラジオ・コマーシャルやチラシ広告のほかにも、学長と他の大学職員の討論会、広告掲示板、ウェブサイト、オーディオテープ、ダイレクト・マーケティング、そしてニュース雑誌の広告記事も使った。

- **マーチャンダイジング** 大学の商業化は、アメリカだけの現象ではない。1997年、イギリスのオックスフォード・リミテッドは公式商品の販売額が400万ポンドを上回ると予測した。デザインを改め商標登録をした「ブランド・ロゴ」を商業目的の第三者にライセンス供与しフランチャイズ化することで、名門校オックスフォード大学は、商品販売による収入を過去3年間で2倍に増やした。おもしろいことに、このマーチャンダイジング活動は国際的な事業となっている。オックスフォード・リミテッドの商品の75%は東南アジアと日本で売れているのである。10代の間でブランド名の入った衣料品がとぶように売れている。

- **品質とアカウンタビリティ** 大学予算を大幅に削られたフロリダ大学ゲーンズビル校は、企業を手本にして再建した。伝統的な大学の概念にとらわれず、今では全学部が資金をめぐって公然と競い合っている。品質と生産性が基準に達した学部は、自由裁量資金の200万ドルの一部を勝ち取ることができるのだ。このような評価基準は、教職員にはほとんど馴染みがない。大半の教職員は、資金の使途の正当性を説明することに慣れていないのである。

このような手段は、販売コンセプトとマーケティング・コンセプトをミックスさせたものだ。大学がターゲットとする学生のニーズや欲求を本気で研究し、新しい科目、改善された科目、改善されたサービスを用意するところからマーケティング活動が始まる。ただ広告するだけなら、それは単なる販売にすぎないのである。

出典：Keith H. Hammonds, "The New U: A Tough Market Is Reshaping Colleges," *Business Week*, December 22, 1997, pp. 96–102; "University Launches Image Campaign," *Marketing News*, March 3, 1997, p. 36; Oliver Swanton, "Higher Education: Pocahontas, Eat Your Heart Out. You've Read the Course Books, Now Buy the T-Shirt: Oliver Swanton Reports on the Universities Turning to Disney-Style Merchandising," *The Guardian*, February 25, 1997, vi; William H. Honan, "The Dry Yields to the Droll," *New York Times*, July 3, 1996, p. B7:1.

金物店に来た女性が、窓ガラスのひびをふさぐ塗料が欲しいと言ったとしよう。この顧客は「解決方法（ソリューション）」を言っているのであって、ニーズを話しているのではない。販売員は、塗料よりもテープの方がもっとうまく修繕できるとアドバイスしてもよい。そうすれば顧客は、自分が言った解決方法ではなくニーズに見合った対応をした販売員に感謝するだろう。

　反応型マーケティング、予想型マーケティング、そして創造型マーケティングはそれぞれ区別する必要がある。反応型マーケターは、言葉にされたニーズを見つけてそれを満たす。予想型マーケターは、近い将来顧客が抱きそうなニーズまで探る。創造型マーケターは、顧客自ら求めはしないが提示されれば夢中になるような解決方法を発見してそれを作り出す。ハメルとプラハラードに

よると、企業は顧客が求めているものを尋ねるところからさらに一歩踏み込まなければならない。

> 顧客には洞察力が欠けているとよく言われる。携帯電話、ファックス、家庭用コピー機、手数料割引証券会社の24時間取引口座、多弁式自動車エンジン、CDプレーヤー、ナビゲーションシステム搭載の車、衛星を利用した手のひらサイズの位置情報受信機、ATM（現金自動預け払い機）、マウンテンバイク、ホーム・ショッピング・ネットワーク。10年〜15年前にこういったものを求めていた人がいったいどれだけいただろうか[23]。

ソニーは創造的マーケターの好例である。顧客が求めていないばかりか実現可能だと思いもしなかったような新しい製品を次々と発表し、ヒットさせている。例えばウォークマン、ビデオデッキ、ビデオカメラ、CDなど枚挙にいとまがない。ソニーは、顧客主導のマーケティングの域を越えた「市場誘導」企業であって、市場に支配される企業ではないのである。創業者の故盛田昭夫氏は、「私は市場に奉仕するのではない、私が市場を作るのだ」と公言していた[24]。

標的顧客を満足させることが、なぜこれほど重要なのだろうか。その理由は、企業の売上がどの時期をとってみても2つのグループからもたらされるためである。1つは新規顧客、もう1つはリピート顧客である。1人の新規顧客を獲得するためのコストは、既存顧客を満足させるコストの5倍にもなるという試算がある[25]。また、1度離れてしまった顧客と同じ程度の利益を新規顧客から引き出すためには、16倍のコストがかかるともいわれている。そのため「顧客維持」は「顧客獲得」以上に重要なのである。

■ 統合型マーケティング

企業のあらゆる部門が顧客の利益のために協力し合った結果として「統合型マーケティング」が生まれる。しかし残念ながら、すべての従業員が顧客のために働くようにトレーニングを受けたり動機付けをされたりしているわけではない。次のような不平をもらした技術者もいる。「営業担当者は顧客の肩を持ってばかりで、企業の利益を考えていない」。そして「顧客は要望が多すぎる」。以下に挙げる例は、協調の難しさを浮き彫りにしている。

> ヨーロッパの大手航空会社におけるマーケティング担当副社長が、乗客数を増やしたいと考えた。そこで、機内食の質を上げ、機内をもっときれいにし、乗務員をもっと訓練し、運賃を安くすることで顧客満足を高める戦略を立てた。ところが副社長には、各担当部門に対して何の権限もない。機内食部門は食事コストを抑えた食材を選ぶ。メンテナンス部門は清掃コストを抑えた清掃業者を使う。人事部はサービス精神旺盛な人物かどうかを考えずに社員を採用する。航空チケット料金を設定するのは財務部門である。このような部門は概してコストや製品を中心とした視点に立つので、マーケティング担当副社長による統合型マーケティング・ミックスは挫折するのである。

統合型マーケティングには、2つの条件が必要である。第1に、セールス・フォース、広告、顧客サービス、製品マネジメント、マーケティング・リサーチといったさまざまなマーケティング関連部門がともに協力し合って取り組まなければならない。セールス・フォースは往々にして、製品マネジャーが設定する価格や販売割当を「高すぎる」と考える。広告ディレクターとブランド・マネジャーが広告キャンペーンの内容をめぐって対立することもある。こうしたマーケティングにかかわる各部門が、顧客の視点に立って連携しなければならないのである。

　第2に、他の部門もマーケティングに取り組まなければならない。他の部門も「顧客のことを考える」必要があるのだ。ヒューレット・パッカードのデイビッド・パッカードはこう述べている。「マーケティングは非常に重要なので、マーケティング部門だけに任せてはおけない」。マーケティングは、社内の1部門ではなく企業全体で取り組むべきことなのである。ゼロックスはすべての職務記述書に、その仕事が顧客にどのような影響を与えるのかという説明を入れている。ゼロックスの工場管理責任者は、工場が清潔で能率的であれば、見学にやって来た潜在顧客へ製品を売る手助けになることを理解している。またゼロックスの経理担当者は、請求書の正確さと、電話応対の早さが顧客の行動に影響するとわかっている。

　あらゆる部門がチームワークを強めるために、企業はエクスターナル・マーケティングだけではなくインターナル・マーケティングも実施する。**エクスターナル・マーケティング**とは、企業の外部の人を対象にしたマーケティングである。**インターナル・マーケティング**とは、顧客に良いサービスを提供したいという意欲のある優秀な従業員を採用し、トレーニングをし、動機付けをすることである。実際は、エクスターナル・マーケティングの前にまずインターナル・マーケティングが必要不可欠ある。社内のスタッフが素晴らしいサービスを提供する心構えができていないのに、そのようなサービスを顧客に約束するわけにはいかないからだ。

　顧客こそ企業にとって唯一絶対の「プロフィットセンター（企業において中心的な利益をあげる部門）」だと信じている経営者は、■図1-8(a)に示す伝統的な組織図、——トップ・マネジメントが頂点にいて、管理職が中間に、そして現場で接客をする従業員と顧客がいちばん下に来るピラミッド——を時代遅れだと考える。優れたマーケティングを行う企業は、■図1-8(b)のように、そのピラミッドを逆さまにしてしまう。頂点に来るのは顧客である。次に重要なのは、顧客に直に接してサービスし満足させる現場の従業員である。その下に中間管理職が来る。彼らの仕事は、現場の従業員が顧客に十分なサービスを提供できるように支援することである。そしていちばん下にトップ・マネジメントがくる。その仕事は、優秀な中間管理職を雇って支援することだ。■図1-8(b)のピラミッドの横に顧客をつけ加えたのは、管理職全員自ら顧客を知り、接し、サービスを提供しなければならないということを示すためだ。

歴史メモ：紀元後1000年ごろ、スカンジナビアのバイキング、東ヨーロッパ平原のマジャール人、北アフリカのイスラム教徒などの侵略者の波が西ヨーロッパを崩壊寸前にまで追い込んだ。

(a) 伝統的な組織図

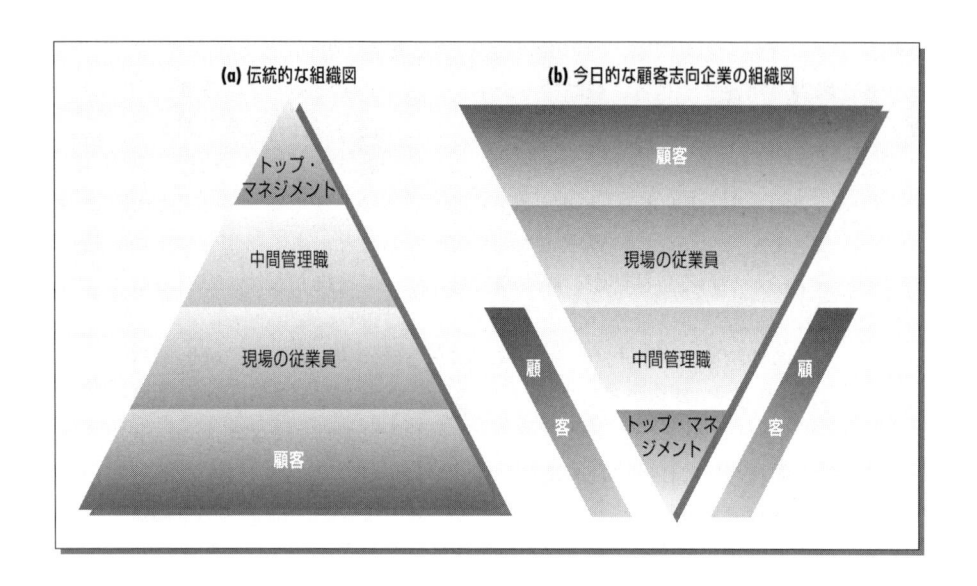

- トップ・マネジメント
- 中間管理職
- 現場の従業員
- 顧客

(b) 今日的な顧客志向企業の組織図

- 顧客
- 現場の従業員
- 中間管理職
- トップ・マネジメント
- 顧客

図1-8

伝統的な組織図と今日的な顧客志向企業の組織図

歴史メモ：先のミレニアムでは、100万人以上の人々が中国の主要都市で暮らしていた。一方ロンドンの人口は、1万8000人ほどにすぎなかった。

収益性

　マーケティング・コンセプトの最大の目的は、組織の目標達成を手助けすることである。民間企業の場合、第1の目標は利益をあげることである。一方、非営利組織や公共機関の場合は、社会に役立つ事業を行うために十分な資金を集めて存続することが目標となる。民間企業は利益そのものを目的にしない方がよい。それよりも優れた顧客価値を作り出し、その結果として利益がついてくるものと考えるべきである。競合他社よりもうまく顧客ニーズを満足させることで、企業は利益をあげることができる。フランク・パーデューの経営理念を見てみよう。

パーデュー・チキン・ファーム

　パーデュー・ファームは、売上高15億ドルの鶏肉を扱う企業である。販売利益は業界平均を大きく上回り、主要市場でのシェアは50％に達する。製品は鶏肉、つまり正真正銘の日用品である。しかし、はつらつとした創設者のフランク・パーデューは、「ニワトリはニワトリであり、ニワトリでしかない」とは考えていない。それは顧客も同じことだ。この会社は常に、舌の肥えた顧客が多少高くてもお金を出すような柔らかい肉を生産することを目指してきた。パーデューは、ほかと差別化できる特徴を持った質の良い肉を生産するために、飼育管理をしている。ニワトリは化学物質やステロイド剤の入っていない餌で育てられている。1971年以来、創設者フランク・パーデューを全面に出した広告と「柔らかい鶏肉をつくるには、タフな男が必要だ」というキャッチフレーズが会社のトレードマークになっていた。1995年にフランク・パーデューが引退すると、息子のジムが後を継いだ。広告キャンペーンはジムをアメリカ中に知らしめ、新鮮さや質の良さなど、会社が何年もかけてプロモーションしてきた価値を強調した。「3世代かけ

て、パーデュー家はニワトリ自身よりもニワトリの育て方に詳しくなった」と、広告の1つはうたっている。別の広告で、ジム・パーデューは次のように述べている。「今日皆さんが買うパーデューチキンが、先代のチキンと同じように、いやそれ以上に柔らかく、コクがあって美味しくなるために私たちは日々努力を続けています(26)」。

> 聖書が書かれたころは、世界は長くても1000年しか続かないと信じられていた。

マーケティング・コンセプトを実践している企業は、どのくらいあるのだろうか。残念ながら、きわめて少ない。優れたマーケターとして名を馳せているのは、ほんの一握りの企業にすぎない。P&G、ディズニー、ノードストローム、ウォルマート、ミリケン・アンド・カンパニー、マクドナルド、マリオット・ホテル、アメリカン航空、一握りの日本企業(ソニー、トヨタ、キヤノン)、そしてヨーロッパ企業(イケア、地中海クラブ、バング&オルフセン、エレクトロラックス、ノキア、ABB、レゴ、マークス&スペンサー)である。このような企業では顧客に焦点を当て、さまざまに変化する顧客ニーズへ効果的に応えられる組織作りがなされている。どの企業にも優秀なスタッフを抱えたマーケティング部門があり、製造、財務、研究開発、人事、購買といった他の全部門も、顧客は王様であるというコンセプトを受け入れている。

大方の企業は、マーケティング・コンセプトを受け入れざるを得ない状況になるまで取り入れようとしない。マーケティング・コンセプトの採用を真剣に考えるようになるのは、例えば次のような事態に直面したときである。

- **売上の減少**　売上が落ち込むと、企業はうろたえて解決策を模索する。最近、新聞の発行部数が下降線をたどっている。ラジオ、テレビ、インターネットからニュースを得る人が増えたためだ。新聞社のなかには、新聞がなぜ読まれるかをわかっていないということに、今さらながら気づいたところもある。このような新聞社は、読者調査を依頼し、時代に即した有意義で、読者がおもしろいと思うような紙面に作りかえようとしている。ウェブ上の新聞という試みも始めた。
- **成長の鈍化**　売上が伸び悩むと、企業によっては新たな市場を探そうとする。そこではじめて新しい機会を特定し選択するためには、マーケティング技術(スキル)が不可欠であると実感する。ダウ・ケミカルは新たな収入源を求めて消費者市場に参入し、そうした市場で成功するために、消費者マーケティングの専門的知識を得るべく多額の投資をした。
- **購買パターンの変化**　多くの企業は、移ろいやすい消費者の欲求に左右される市場で活動している。刻々と変わっていく購買者の価値観についていくためには、企業はいっそうのマーケティング・ノウハウを身につけなければならない。
- **競争の激化**　企業が自己満足に陥っていると、強力な競合他社に不意打ちされるかもしれない。1970年代にアメリカ政府がAT&T以外の企業にも電気通信網の営業を許可するまで、AT&Tは規制に守られたマーケティング未経験の電話会社だった。このときはじめて同社はマ

ーケティングの荒海に飛び込み、競争に勝つための戦力となる最高のマーケターを雇った。規制緩和された業界の企業はいずれも、マーケティングの経験を積むことが大切だと悟ることになる(27)。

- **マーケティング費の増加**　広告、販売促進、マーケティング・リサーチ、顧客サービスの経費があまり有効に使われていないことに気づく企業もあるだろう。そこで経営者は、マーケティングを改善するために厳しいマーケティング監査に着手するべきだと判断する(28)。

マーケティング志向に移行する過程で、企業は3つのハードルに直面する。組織的抵抗、学習の遅さ、忘却の早さである。

　企業の中には、マーケティング部門が強化されると、組織内における自分たちの影響力が脅かされると信じている部門(製造、財務、研究開発が多い)もある。この脅威の性質は、■図1-9(a)-(e)に示すとおりである。マーケティング部門は当初、均衡のとれた関係にあるいくつかの同等に重要な部門機能の1つとみなされる。需要が不足すると、マーケターは自分たちの部門が他の部門より重要だと主張する。「マーケティングは企業の中心的機能である。なぜなら顧客がいなければ会社は成り立たないからだ」と主張する熱心な者まで出てくる。賢明なマーケターは、マーケティングを前面に出すより顧客を企業の中心に据えることによって問題を明確にする。顧客中心主義を唱え、顧客に応え、サービスし、満足させるために企業の全部門が協調するべきだと主張するのである。顧客ニーズを正しく解釈し効率的に満足させるつもりなら、やはりマーケティングが中心的役割を担うべきだと言うマーケターもいる。■マーケティング・メモ「マーケティング・コンセプトを採用する理由」を参照されたい。

　抵抗は特に、マーケティングが初めて導入される業界で根強い。例えば、法律事務所、大学、規制緩和された産業、政府関係機関である。しかしたいていの場合、たとえ抵抗があってもマーケティングの考え方は組織に導入される。社長がマーケティング部門を設け、マーケティングの専門家を雇う。地位の高い管理職がマーケティング・セミナーに参加する。マーケティング予算は大幅に上乗せされ、マーケティング計画と管理体制が取り入れられる。しかし、このように段階を踏んで進めても、マーケティングはすぐに浸透はしないのである。

　マーケティングが導入されてからも、経営者は基本原則が忘れられてしまう傾向と戦わなければならない。特に成功しはじめると忘れられやすくなる。例えば1950年代から1960年代にかけて、洗練された製品とマーケティング手腕で大成功を収めることを見込んで、多くのアメリカ企業がヨーロッパ市場に参入した。しかしその多くは失敗に終わった。「標的市場を理解し、どうすればそれを満足させられるかを考えよ」というマーケティングの大原則を忘れたためである。アメリカ企業は、既存の製品と広告計画に手を加えることなく、そのままヨーロッパ市場に導入した。ゼネラル・ミルズは、ベティ・クロッカー・ブランドのケーキミックスをイギリスで売り出したものの、すぐに引き上げた。ベティ・クロッカーで作るエンジェル・フード・ケーキやデビル・フード・ケーキは、イギリスの消費者には奇抜すぎる名前だったのだ。また、パッケージ

図1-9

企業におけるマーケティングの役割に対する見解の変化

(a) 対等な機能部門としてのマーケティング

(b) より重要な機能部門としてのマーケティング

(c) 主要な機能部門としてのマーケティング

(d) コントロール機能としての顧客

(e) コントロール機能としての顧客と統合機能としてのマーケティング

に印刷された完璧な出来のケーキを見て、こんなケーキを焼くのは無理に決まっていると多くのイギリス人に思われてしまった。

　企業にとって特に難しいのは、国際市場に合わせて広告スローガンを変更する作業である。パーデューのスローガンである「柔らかい鶏肉をつくるには、タフ男が必要だ」は、スペインでは「愛情たっぷりのニワトリをつくるには、セクシーな男が必要だ」に変えられた。同じ言語でも、単語の意味が違うこともある。エレクトロラックス掃除機の広告文句は、イギリスでは「エレクトロラックスほど良く吸うものはない (Nothing sucks like an Electrolux)」だが、"suck"に卑わいな意味もあるアメリカでは顧客に逃げられてしまうだろう[(29)]。

ソサイエタル・マーケティング・コンセプト

　マーケティング・コンセプトに疑問を唱える声もある。環境の悪化、資源の枯渇（かつ）、爆発的な人口増加、世界的飢餓や貧困、社会事業の切り捨てという問題を抱える時代に果たしてふさわしい理念なのか、というのである。顧客の欲求を満足させることに優れている企業が、イコール長い目で見て顧客と社会の利益のために最善を尽くしている企業といえるのか。マーケティング・コンセプトは顧客の欲求、顧客の利益、そして長い目で見た社会の繁栄の間に潜在的に横たわる対立を巧妙に回避しているのである。

　次のような批判について考えてみよう。

　　ファストフードのハンバーガー産業は、美味しいが健康のためには良くない食べ物を提供している。ハンバーガーには脂肪分が多く、店で薦められるフライドポテトやパイはどちらもでんぷん質と脂肪分が多い。製品は便利なパッケージに入っているが、余計なゴミが増える。ファストフード店は消費者の欲求を満たしながら、消費者の健康を害し環境問題を引き起こしているのかもしれない。

このような状況に対して、マーケティング・コンセプトの範囲を拡大する新しい言葉が必要となる。「ヒューマニスティック・マーケティング」や「エコロジカル・マーケティング」などともいわれるが、ここではソサイエタル・マーケティング・コンセプトと呼ぶことにする。

- **ソサイエタル・マーケティング・コンセプト**とは、企業の役割は標的市場のニーズ、欲求、関心を正しく判断し、顧客と社会の幸福を維持・向上させるやり方で、要望に沿う満足を効果的かつ効率的に提供すること、という考え方である。

　ソサイエタル・マーケティング・コンセプトに従えば、マーケターはマーケティングを実践する際に社会的かつ倫理的な配慮をしなければならない。マーケターは企業の利益、消費者の欲求の充足、公共の福祉という、とかく衝突しがちな判断基準を調整しなければならない。それでも多くの企業が、ソサイエタル・マーケティング・コンセプトを採用し実践したおかげで、目覚ましい売

MARKETING MEMO

マーケティング・コンセプトを取り入れる理由

マーケターがマーケティング・コンセプトを取り入れようと主張する理由は単純だ。

1. 顧客の存在がなければ、企業の資産にはほとんど価値がない。
2. それゆえに、企業の重要な仕事は顧客を引きつけ維持することである。
3. 顧客は競争力のある優れた提供物に引きつけられ、満足によって維持される。
4. マーケティングの仕事は、優れた提供物を開発し、顧客に満足を与えることである。
5. 顧客満足は他の部門の働きに影響される。
6. 顧客に満足を与えるために、マーケティングは他の部門に働きかけて協力し合わなければならない。

上と利益をあげた。ソサイエタル・マーケティング・コンセプトの草分け的存在は、ベン＆ジェリーズとザ・ボディショップの2社である。しかし最近の事態からもわかるように、この2社ですら難局にぶつかっている。

> ベン＆ジェリーズ

同社がバーモント州バーリントンに「スクープ・ショップ」をオープンしてから20年、売上は1億9000万ドルを超えるようになった。この会社は600人以上の従業員と10のフランチャイズ店を抱えている。その魅力は何なのだろう。1つは、同社がチェリー・ガルシアやチョコレート・チップ・クッキー・ドーなど、目新しい味を作り出すことに長けている点である。もう1つは、同社が税引き前利益の7.5％を社会や環境に貢献するさまざまな団体に寄付していることが顧客に知れ渡っている点である。しばらくの間は、これで何の問題もないように思われた。ところが1990年代半ば、スーパープレミアム・アイスクリーム分野との厳しい競争に直面して、ベン＆ジェリーズは一連の損失を被った。そこで、会社を指揮する新しい最高経営責任者（CEO）を大々的な広告によって探し求めた。経営コンサルタント会社のマッキンゼーから新しい指導者を迎えたのだが、期待はわずか2年で裏切られた。現在のCEOであるペリー・オダックは1997年に就任し、1998年に12％成長の道へ経営を引き戻すことに成功した。オダックは製品ラインを見直し、おしゃれではあるがわかりにくいパッケージを変更し、散漫で無秩序な部分も多かった経営を引き締めた。そして、ライフル・メーカーのU・S・リピーティング・アームズ社での経歴も持つオダックに切り捨てられることを心配する人は、次のように考えればよい。企業経営を引き締めれば純利益が増えるばかりではなく、社会的貢献面でも成果は高くなる。ソーシャル・ミッション担当部長のエリザベス・A・バンコウスキは言う。「私たちは今、職務ごとに社会的使命の目的を明確に見極め、達成しています。それはほかのすべての事業目的と同じように真剣にとらえられているのです」。オダックがベン＆ジェリーズの日々の経営を指揮するようになって以来、業務成績の見直しには、従業員が社会的使命の目的をいかに明確にとらえ、それを達成しているかということまで反映されるようになった[30]。

> ザ・ボディショップ

1976年、アニタ・ロディックは、イギリスのブライトンにザ・ボディショップを開いた。道路に面した、ボディローションを売る小さな店だった。今日、同社は47か国で1500もの支店を展開し、自然成分をベースに製造した化粧品を簡素で魅力のあるリサイクル可能なパッケージで販売している。成分の大半は植物性で、開発途上国産のものも多い。製品はすべて動物実験を行わずに調合されている。ザ・ボディショップは「援助ではなく取引を」という社会的使命を掲げて開発途上国を援助し、熱帯雨林保護に貢献し、婦人問題やエイズ問題にも積極

的に取り組み、リサイクルの好例を示している。しかし、社会的責任を負いつつ利益をあげようと努力している多くの企業と同じように、ザ・ボディショップの企業倫理にも厳しい批判と疑問の目が向けられた。成功したことがかえって裏目に出て、自らインスピレーションを与えた若くて新しい後継者に徐々に追い抜かれていった。バス＆ボディワークス、アヴェダ、オリジンズのような競合他社はみな、お金のかかる社会的使命の制約を受けていない。店の売上がアメリカで特に下り坂になったことはザ・ボディショップに衝撃を与え、ただちに経営とマーケティングの新しい手立てを講ずることになった。率直に物を言うアニタ・ロディックはCEOとしての一線を退いたが、いまだに社会への問題提起や新製品の開発に積極的にかかわっている。ロディックの独創性による賜物として、麻の実の油から作ったボディケアの製品ラインであるヘンプが挙げられる。これによってザ・ボディショップは再び脚光を浴び、売上が伸びることを期待している。マリファナの親戚だが催眠作用のない植物である工業用の麻を支持する人は、成長の速い麻は木に代わって紙や繊維などの原料となるため、環境にやさしいと言う。この製品ラインは人目を引くパッケージで、しかもザ・ボディショップの環境に配慮した理念とも矛盾していない(31)。

この2つの企業が実践しているのは、「コーズリレーテッド・マーケティング」と呼ばれるソサイエタル・マーケティング・コンセプトである。プリングルとトンプソンはこれを、「市場に対してイメージ、製品、サービスを有する企業が、相互利益のために『信条』によってリレーションシップやパートナーシップを構築する活動」と定義している(32)。2人の考えでは、これによって企業の評判が良くなり、ブランドの認知度と顧客ロイヤルティは上がり、売上は伸び、マスコミに取り上げられる機会が増えるといったチャンスが生まれる。顧客はしだいに良き市民としての企業活動を求めるようになる、と2人は確信している。賢い企業は合理的かつ感情的ベネフィットだけではなく、「より高次元の」イメージ属性を加えることで顧客に応えるだろう。ただしコーズリレーテッド・マーケティングは、消費者に自分で選んだ社会信条にかかわる機関に直接寄付するかわりに、製品を買うことで助け合いの義務を果たしたという錯覚を与えかねないと警告する批評家もいる。

ミレニアムを祝う行事が、本初子午線の通るイギリスのグリニッジを皮切りに始まるだろう。

● ビジネスとマーケティングはいかに変化しているか

「今の市場はかつてとは違う」のは確かである。科学技術の進歩、グローバル化、規制緩和のような社会的な動きの結果、市場は大きく変化している。このような大きな動きは新たな行動様式と難問を生みだした。

顧客はより高い品質、サービス、そしてカスタマイゼーションをますます求めるようになってきている。製品の実質的な違いはあまり知覚しなくなり、ブ

ランド・ロイヤルティも示さなくなる。ばく大な製品情報をインターネットなどから手に入れることができるので、以前よりも賢い買い物が可能になる。価値を求めながらも価格にいっそう敏感になってきている。

ブランド製造業者は、国内はもちろん海外のブランドも相手に厳しい競争にさらされている。その結果、プロモーション・コストが高くなり、販売利益が減少している。さらに、強力な小売業者も追い打ちをかけている。小売業者は限られた棚スペースの支配権を握り、ナショナル・ブランドと競争するために自らのストア・ブランドを打ち出している。

> ミレニアム・ベビー、ミレニアム・ママ、ミス・ミレニアム大会を想像して欲しい。

店舗小売業者は、小売業の市場飽和状態に悩まされている。巨大な小売業者と「カテゴリーキラー」が力を伸ばし、小規模な小売業者は圧倒されている。店舗小売業者は、カタログ販売、ダイレクトメール会社、新聞や雑誌やテレビによる顧客への広告、テレビ・ショッピング、インターネットといった成長著しい相手との競争を余儀なくされている。その結果、収益が落ち込んでいるのである。対抗策として、企業家精神旺盛な小売業者は店の中にエンターテインメント性を取り入れて顧客を楽しませている。コーヒー・バー、講演会、商品説明会、さまざまなショーなどである。品揃えよりもむしろ「経験」をマーケティングしているのだ。

企業の反応と軌道修正

　企業は模索を繰り返している。高い評価を得ている企業の多くは、何通りもの方法で自らを変えている。最近のトレンドをいくつかあげてみよう。

- **リエンジニアリング**　部門によって縦割りにした組織から、重要なプロセスをさまざまな分野にまたがる専門チームに運営させる組織へつくり変える。
- **アウトソーシング**　企業内部ですべてを作るのではなく、より良いものが安く手に入るのであれば、外部から財やサービスをどんどん買うようにする。あらゆるものを外部調達する方向へ転換している企業もある。それによって、資産はごく小さくても、ばく大な収益率を得ることができる**バーチャル企業**が生まれている。
- **電子商取引**　顧客を店に引きつけたり、オフィスに営業担当者を訪問させたりするのではなく、インターネットで事実上あらゆる製品が手に入るようにする。消費者は製品の写真にアクセスし、仕様書を読み、オンラインの販売者を見比べて、最も良い価格と条件を探し、画面をクリックして注文と支払いをすませる。企業間取引はインターネット上で急速に成長している。ウェブサイトにブックマークをつけておけば、購買担当者は毎回決まった物を買うことができるためである。人的販売もしだいに電子的に行えるようになってきたので、購買者と販売者は同時にコンピュータ・ディスプレーで相手を見ながら取引ができる。

- ベンチマーキング　自己改善に頼らず、「世界的レベルの成功者」を研究して「ベスト・プラクティス」を採用する。
- 提携　自社だけで勝とうとせず、パートナー企業とネットワークを作る。
- パートナー供給業者　供給業者を数多く使うのではなく、数は少ないがより信頼のおける「パートナーシップ」の関係で企業と密接に働く供給業者を使う。
- 市場中心　製品ごとに組織をつくるのではなく、市場セグメントごとに組織をつくる。
- グローバルかつローカル　地域密着から、グローバルかつローカルへ。
- 機能の分散　トップダウンの経営から、現場が主導権を持ち「起業家的である」ことを奨励する方向へ。

> フランスは現在アース・タワーを計画中である。自然界の愛を表現する巨大な建造物だ。

マーケターの反応と軌道修正

　マーケターも自らの理念、コンセプト、ツールを見直している。重要なマーケティングのテーマをミレニアム・アプローチとして挙げてみよう。

- リレーションシップ・マーケティング　取引に焦点を当てることから、長期にわたる利益が見込まれる顧客リレーションシップの構築へ移行する。企業は最も利益の高い顧客、製品、チャネルに焦点を当てる。
- 顧客の生涯価値　個々の販売で利益をあげることから、顧客の生涯価値を管理することで利益をあげることへ移行する。常に必要な製品を、安いセット価格で定期的に提供するというオファーをする企業もある。そうすることで、より長い期間にわたって顧客と取引ができるためである。
- 顧客シェア　市場シェアに重点を置くことから、顧客シェアを築くことへ移行する。既存顧客により多くの商品を提供することによって、企業は顧客シェアを築く。従業員には抱き合わせ販売やよりハイレベルな商品販売の教育を施す。
- ターゲット・マーケティング　あらゆる人を対象に販売することから、明確な標的市場に対応する最高の企業を目指すことへ移行する。ターゲット・マーケティングは、特定のテーマに絞った雑誌、テレビ番組、インターネットのニュースグループの増加によって促進されつつある。
- 個別化　標的市場のあらゆる人に対して同じ方法で同じ物を売ることから、提供物のメッセージを個人向けにし、カスタマイズすることへ移行する。顧客は企業のウェブページで、自分好みの特徴を持った製品をデザインできるようになるだろう。
- 顧客データベース　販売データを集めることから、個人客の購買、選

> オランダはユトレヒトで屋上美術展を開催し2000年を祝う。

第1章　21世紀のマーケティング

好、デモグラフィックス、収益性に関する豊富な情報を有する**データ・ウェアハウス**を作ることへ移行する。企業は独自のデータベースをもとに、さまざまな顧客ニーズの集団を見つけ、各集団に合わせて別々の提供物を作るために「データマイニング」することができる。

- **統合型マーケティング・コミュニケーション**　広告やセールス・フォースのような1つのコミュニケーション・ツールに頼ることから、複数のツールを組み合わせて、あらゆるブランドと接している顧客に一貫したブランド・イメージを伝えることへ移行する。

- **パートナーとしてのチャネル**　仲介業者を顧客と考えることから、価値を最終顧客へ提供するためのパートナーと見なすことへ移行する。

- **従業員はみなマーケター**　マーケティングは、マーケティング、販売、顧客サポートに携わる人だけがするという考え方から、すべての従業員が顧客中心に考えなければならないという認識へ移行する。

- **モデルに基づく意思決定**　直観やわずかなデータをもとに意思決定をすることから、市場がどのように動くかについてのモデルや事実に基づく意思決定へ移行する

本書ではこうしたテーマを検証し、荒れ狂ってはいるが前途有望な海をマーケターと企業が安全に航行できるように手助けするつもりである。成功する企業とは、市場と市場スペースの変化に取り残されないように、常にマーケティングを変えることができる企業である。

参考文献

1. Sam Hill and Glenn Rifkin, *Radical Marketing* (New York: HarperBusiness, 1999).
2. Jay Conrad Levinson and Seth Grodin, *The Guerrilla Marketing Handbook* (Boston: Houghton Mifflin, 1994).
3. 以下の文献を参照されたい。Philip Kotler, "Dream Vacations: The Booming Market for Designed Experiences," *The Futurist*, October 1984, pp. 7–13; B. Joseph Pine II and James Gilmore, "Welcome to the Experience Economy," *Harvard Business Review*, pp. 97–105. July–August 1998
4. 以下の文献を参照されたい。Irving J. Rein, Philip Kotler, and Martin Stoller, *High Visibility* (Chicago: NTC Publishers, 1998).
5. 以下の文献を参照されたい。Philip Kotler, Irving J. Rein, and Donald Haider, *Marketing Places: Attracting Investment, Industry, and Tourism to Cities, States, and Nations* (New York: Free Press, 1993). 邦訳：『地域のマーケティング』（前田正子、千野博、井関俊幸訳、東洋経済新報社、1996年）
6. 以下の文献を参照されたい。Carl Shapiro and Hal R. Varian, "Versioning: The Smart Way to Sell Information," *Harvard Business Review*, November–December 1998, pp. 106–14.
7. Peter Drucker, *Management: Tasks, Responsibilities, Practices* (New York: Harper & Row, 1973), pp. 64–65. 邦訳：『マネジメント：課題、責任、実践』（野田一夫、村上恒夫監訳、風間禎三郎（ほか）訳、ダイヤモンド社、1974年）
8. *Dictionary of Marketing Terms*, 2d ed., ed. Peter D. Bennett (Chicago: American Marketing Association, 1995).
9. 以下の文献を参照されたい。Jeffrey Rayport and John Sviokla, "Managing in the Marketspace," *Harvard Business Review*, November–December 1994, pp. 141–50. 同じ著者の以下の文献も参照されたい。"Exploring the Virtual Value Chain," *Harvard Business Review*, November–December 1995, pp. 75–85.
10. 以下の講演より。Mohan Sawhney, faculty member at Kellogg Graduate School of Management, Northwestern University, June 4, 1998.
11. 以下の文献を参照されたい。Regis McKenna, *Relationship Marketing* (Reading, MA: Addison-Wesley, 1991). 邦訳：『ザ・マーケティング：「顧客の時代」の成功戦略』（三菱商事株式会社情報産業グループ訳）; Martin Christopher, Adrian Payne, and David Ballantyne, *Relationship Marketing: Bringing Quality, Customer Service, and Marketing Together* (Oxford, UK: Butterworth-Heinemann, 1991);

Jagdish N. Sheth and Atul Parvatiyar, eds., "Relationship Marketing: Theory, Methods, and Applications," *1994 Research Conference Proceedings*, Center for Relationship Marketing, Roberto C. Goizueta Business School, Emory University, Atlanta, GA.

12. 以下の文献を参照されたい。James C. Anderson, Hakan Hakansson, and Jan Johanson, "Dyadic Business Relationships Within a Business Network Context," *Journal of Marketing*, October 15, 1994, pp. 1–15.

13. 以下の文献を参照されたい。Neil H. Borden, "The Concept of the Marketing Mix," *Journal of Advertising Research*, 4 (June): 2–7. 別の枠組みについては、以下を参照されたい。George S. Day, "The Capabilities of Market-Driven Organizations," *Journal of Marketing*, 58, no. 4 (October 1994): 37–52.

14. E. Jerome McCarthy, *Basic Marketing: A Managerial Approach*, 12th ed. (Homewood, IL: Irwin, 1996). 2つの分類を知っておくと便利である。フライは、あらゆるマーケティング意思決定の変数は2つの要素に分類できるとした。1つは提供物（製品、パッケージング、ブランド、価格、サービス）、もう1つは手法とツール（流通チャネル、人的販売、広告、販売促進、パブリシティ）である。以下の文献を参照されたい。Albert W. Frey, *Advertising*, 3d ed. (New York: Ronald Press, 1961), p. 30. レイザーとケリーは3つの分類を提唱した。1つめは財とサービスのミックス、2つめは流通ミックス、3つめはコミュニケーション・ミックスである。以下の文献を参照されたい。William Lazer and Eugene J. Kelly, *Managerial Marketing: Perspectives and Viewpoints*, rev. ed. (Homewood, IL: Irwin, 1962), p. 413.

15. Robert Lauterborn, "New Marketing Litany: 4P's Passe; C-Words Take Over," *Advertising Age*, October 1, 1990, p. 26. 以下の文献も参照されたい。Frederick E. Webster Jr., "Defining the New Marketing Concept," *Marketing Management* 2, no. 4 (1994), 22–31; Frederick E. Webster Jr., "Executing the New Marketing Concept," *Marketing Management* 3, no. 1 (1994):8–16. 以下の文献も参照されたい。Ajay Menon and Anil Menon, "Enviropreneurial Marketing Strategy: The Emergence of Corporate Environmentalism as Marketing Strategy," *Journal of Marketing* 61, no. 1 (January 1997): 51–67.

16. Kathleen Dechant and Barbara Altman, "Environmental Leadership: From Compliance to Competitive Advantage," *Academy of Management Executive* 8, no. 3 (1994): 7–19. 以下の文献も参照されたい。Gregory R. Elliott, "The Marketing Concept—Necessary, but Sufficient?: An Environmental View," *European Journal of Marketing* 24, no. 8 (1990): 20–30.

17. Paul C. Judge, "Are Tech Buyers Different?" *Business Week*, January 26, 1998, pp. 64–65, 68. B. G. Yovovich, "Webbed Feat," *Marketing News*, January 19, 1998, pp. 1, 18.

18. 以下の文献を参照されたい。Theodore Levitt's classic article, "Marketing Myopia," *Harvard Business Review*, July–August 1960, pp. 45–56.

19. 以下の文献を参照されたい。Bruce I. Newman, *The Marketing of the President* (Thousand Oaks, CA: Sage Publications, 1993).

20. 以下の文献を参照されたい。Karl Albrecht and Ron Zemke, *Service America!* (Homewood, IL: Dow Jones–Irwin, 1985), pp. 6-7.

21. 以下の文献を参照されたい。John B. McKitterick, "What Is the Marketing Management Concept?" *The Frontiers of Marketing Thought and Action* (Chicago: American Marketing Association, 1957), pp. 71–82; Fred J. Borch, "The Marketing Philosophy as a Way of Business Life," *The Marketing Concept: Its Meaning to Management*, Marketing series, no. 99 (New York: American Management Association, 1957), pp. 3–5; Robert J. Keith, "The Marketing Revolution," *Journal of Marketing*, January 1960, pp. 35–38.

22. Levitt, "Marketing Myopia," p. 50.

23. Gary Hamel and C. K. Prahalad, *Competing for the Future* (Boston: Harvard Business School Press, 1994). 邦訳:『コア・コンピタンス経営：大競争時代を勝ち抜く戦略』（一條和生訳、日本経済新聞社、1995年）

24. Akio Morita, *Made in Japan* (New York: Dutton, 1986), ch. 1. 邦訳:『メイド・イン・ジャパン：わが体験的国際戦略』（盛田昭夫（ほか）著、下村満子訳、朝日新聞社、1987年）

25. 以下の文献を参照されたい。Patricia Sellers, "Getting Customers to Love You," *Fortune*, March 13, 1989, pp. 38–49.

26. Suzanne L. MacLachlan, "Son Now Beats Perdue Drumstick," *Christian Science Monitor*, March 9, 1995, p. 9; Sharon Nelton, "Crowing over Leadership Succession," *Nation's Business*, May 1995, p. 52.

27. 以下の文献を参照されたい。Bro Uttal, "Selling Is No Longer Mickey Mouse at AT&T," *Fortune*, July 17, 1978, pp. 98–104.

28. 以下の文献を参照されたい。Thomas V. Bonoma and Bruce H. Clark, *Marketing Performance Assessment* (Boston: Harvard Business School Press, 1988).

29. Richard Barnet, *Global Dreams: Imperial Corporations and the New World Order* (New York: Simon & Schuster, 1994), pp. 170–71; Michael R. Czinkota, Ilka A. Ronkainen, and John J. Tarrant, *The Global Marketing Imperative* (Chicago: NTC Business Books, 1995), p. 249.

30. Constance L. Hays, "Getting Serious at Ben & Jerry's," *New York Times*, May 22, 1998, D, 1:2.

31. 同上。

32. 以下の文献を参照されたい。Hanish Pringle and Marjorie Thompson, *Brand Soul: How Cause-Related Marketing Builds Brands* (New York: John Wiley & Sons, 1999). 以下の文献も参照されたい。Marilyn Collins, "Global Corporate Philanthropy—Marketing Beyond the Call of Duty?" *European Journal of Marketing* 27, no. 2 (1993): 46–58.

顧客満足、顧客価値、および顧客維持の確立

CHAPTER 2

KOTLER ON MARKETHING
コトラー語録

もはや、顧客を満足させるだけでは十分ではない。顧客を喜ばせる必要がある。

It is no longer enough to satisfy customers. You must delight them.

本章では、次の問題を取り上げる。

- 顧客価値と顧客満足とは何か。トップ企業はいかにしてこれらを作り出し、提供しているのか。
- 高業績を達成するビジネスにはどこに違いがあるのか。
- 顧客を引きつけ、さらに維持するためにはどうすればよいか。
- どうすれば顧客の収益性を伸ばすことができるのか。
- どのようにトータル・クオリティ管理を実践すればよいか。

今日の企業は、かつてない厳しい競争に直面している。第1章では、製品と販売を中心とする理念からマーケティング中心の理念へ転換することのできる企業が、この競争を勝ち抜けるだろうと述べた。本章では、企業が顧客を獲得し、競合他社に勝つための具体的な取り組み方について論じていく。その答えは、顧客ニーズにより的確に応え、より大きな満足を顧客に提供することにある。顧客本位の企業だけが、製品のみならず、顧客をも創り出すことができる。こうした企業は、製品管理だけでなく、市場管理にも秀でているのである。

顧客の獲得はマーケティングか販売の担当部署の仕事だと考えている企業が多い。そして、顧客を獲得できないと、マーケティング担当者の手腕不足だと片づけてしまう。しかし、顧客を引きつけ維持することにおいて、マーケティングは要素のひとつにすぎない。世界一優秀なマーケティング部門であっても、粗悪品やニーズに合わない製品を売ることはできないのである。マーケティング部門が力を発揮するためには、社内のさまざまな部門と従業員が、競争力を備えた顧客価値提供システムを設計し、実践しなくてはならない。

マクドナルドを例に挙げよう。109か国に及ぶ2万3500店舗には、1日平均3800万人の客が足を運んでいる。これだけの人がマクドナルドに押し寄せるのは、単にハンバーガーが好きだからではない。もっと美味しいハンバーガーを出す店は、ほかにもあるのだ。人々はハンバーガーではなく、システムに集まっているのである。世界中どこへ行っても、この見事に調整されたシステムによって、マクドナルドはQSCVと呼ぶ高水準の規格、すなわち、品質(quality)、サービス(service)、清潔(cleanliness)、価値(value)を提供する。マクドナルドは、顧客に対してひときわ高い価値を提供するために、供給業者、フランチャイズ店のオーナー、従業員らとともに取り組み、効果を上げている[1]。

本章では、顧客本位の企業と価値マーケティングの理念を取り上げ、解説する[2]。

顧客価値と顧客満足の定義

35年以上も前にピーター・ドラッカーは、企業の最初の仕事は「顧客を創り出すこと」であると指摘した。しかし今日の顧客は、膨大な種類の製品とブランドの選択肢、価格、供給業者を目の前にしている。顧客はどのように選択を行っているのだろうか。

顧客は、どのオファーが最大の価値を提供するのかを計算しているはずである。顧客は、探索コストと限られた知識、移動可能性、収入の範囲内で、最大限の価値を引き出そうとする。顧客は価値を期待し、その期待に基づいた行動をとる。オファーが期待された価値に十分応えられるかどうかが、満足度と再購入してもらえるかどうかに影響する。

顧客価値

ここでは、顧客が最大の受取価値を提供していると知覚した企業から購入するということを前提とする（■図2-1）。

- **顧客の受取価値**とは、総顧客価値と総顧客コストの差である。**総顧客価値**とは、特定の製品やサービスに顧客が期待するベネフィットを総合したものである。**総顧客コスト**とは、顧客が製品やサービスを評価、獲得、使用、処分する際に発生すると予測したコストの総計である。

例を挙げるとわかりやすいだろう。ある大手建設会社の購買担当者がトラクターの購入を計画したとする。トラクターは、キャタピラーかコマツから買うことができる。競合する2社の営業担当者は、購買担当者に対してそれぞれのオファーを丁寧に説明する。用途は決まっている。住宅建設に使用するトラクターである。購買担当者は一定レベルの信頼性、耐久性、性能、転売時の価値を提供するトラクターが欲しいと考えている。2社のトラクターを検討した結果、知覚された信頼性、耐久性、性能、転売時の価値をもとに、購買担当者はキャタピラーの製品に、より高い製品価値があると判断した。さらに、購買担当者は納期、トレーニング、保守など付随するサービスにも違いがあることを認知し、キャタピラーの方がよりよいサービスを提供すると判断した。また、キャタピラーの担当者の方が知識豊富で、応対もよいとの印象を受けている。最後に、企業イメージもキャタピラーの方がよかった。購買担当者は、**製品**、**サービス**、**販売員**、そして**イメージ**という4つの情報源から得た価値を合計して、キャタピラーがより大きな総顧客価値を提供すると知覚したのである。

それでは、購買担当者はキャタピラーのトラクターを買うだろうか。必ずしもそうではない。購買担当者は、キャタピラーとコマツについて、取引を行う上での総コストも検討する。総コストには、金銭的コスト以外のものも含まれている。200年以上も前にアダム・スミスが示しているとおり、「あるモノの真の価格は、それを手に入れるための労力と苦労」である。総顧客コストには、**金銭的コスト**に加えて、購買担当者の**時間**、**エネルギー**、**心理的コスト**も含まれている。購買担当者は、これらのコストを金銭的コストと合わせて判断し、総顧客コストをはじき出す。コストの算出後、購買担当者はキャタピラーの総顧客コストが、キャタピラーの提供する総顧客価値に比べて高すぎないかどうかを検討する。総顧客コストが高すぎる場合、コマツのトラクターを選ぶこともありうる。購買担当者は最も高い受取価値を提供する相手を選ぶのである。

そこで次に、購買担当者の意思決定の論理を利用して、キャタピラーがこの購買担当者に対するトラクター販売を成功させる方法について考えてみよう。キャタピラーがオファーの価値を高める方法は3つある。第1に、製品、サービス、営業担当者、イメージの持つベネフィットを向上させることによって、総顧客価値を増大させることができる。第2に、時間、エネルギー、心理的コストを少なくすることによって、購買担当者の非金銭的コストを下げることができる。第3に、製品の金銭的コストを下げることができる。

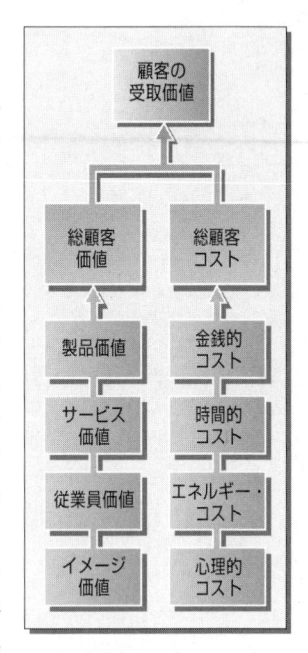

図2-1

顧客の受取価値の決定要素

キャタピラーは、購買担当者がキャタピラーのオファーを2万ドル相当と見なしていると判断したとしよう。さらに、キャタピラーがトラクターを製造するコストは1万4000ドルだとする。すると、キャタピラーのオファーは、自社のコストを差し引いて6000ドルの収益をもたらす可能性があることになる（2万ドルから1万4000ドルを引いた差額）。

キャタピラーは、価格を1万4000ドルから2万ドルの間で設定しなくてはならない。1万4000ドル以下では、コスト割れしてしまう。2万ドル以上の値をつければ、買い手のつかない高値となってしまう。キャタピラーが設定する価格で、購買担当者に提供される価値の大きさと、キャタピラーに入る利益の大きさが決まるのである。例えば、キャタピラーが請求額を1万9000ドルにすると、顧客の受取価値は1000ドル上乗せされ、自らは5000ドルの利益を確保することになる。キャタピラーの価格設定が低ければ、それだけ顧客の受取価値は高くなる。したがって、顧客の購入したいという気持ちが強まるのである。

販売契約を勝ち取りたければ、キャタピラーはコマツよりも大きな顧客の受取価値を提示しなくてはならない。顧客の受取価値は、差額や比率で計算することができる。総顧客価値が2万ドルで、総顧客コストが1万6000ドルの場合、顧客の受取価値は4000ドル（差額として算定）、または1.25（比率として算定）となる。複数のオファーを比較するために使う比率を**価値−価格比**と呼ぶ[3]。

マーケターのなかには、今述べたプロセスが論理的すぎるといって、購買担当者が顧客の受取価値の最も高いオファーを選ばなかった例を持ち出す人もいる。そこで、顧客がコマツのトラクターを選んだとしよう。この選択をどう説明すればよいだろうか。次の3つの可能性が考えられる。

1. 購買担当者が最も低い価格の製品を買うように指示されている。つまり、購買担当者は顧客の受取価値に基づく選択ができない状態にあるのだ。この場合、キャタピラーの販売員は、購買担当者の上司に対して、価格だけを根拠に購入すると長期的に見れば損失を被ることになると説得すべきである。

2. コマツのトラクターはキャタピラーのトラクターよりも運転費用がかさむ、ということに会社が気づく前に購買担当者が退職してしまう。短期的には、購買担当者がよい選択をしたように見えるだろう。つまり、購買担当者は個人的な利益を最大限に引き出しているのである。そこでキャタピラーの販売員がすべきことは、顧客の社内にいるほかの人に対して、キャタピラーのオファーの方が長期的にみて価値が大きいと納得させることである。

3. 購買担当者がコマツの販売員と長年にわたって親しい関係にある。この場合、キャタピラーの営業担当者は購買担当者に対して、コマツのトラクターは燃費が悪く、頻繁に修理が必要なので、それが現場で判明すればトラクターの運転担当者から苦情が出るということを示す必要がある。

上の例からわかることは明らかである。購買担当者はさまざまな制約のもと

で行動し、時には、会社の利益よりも個人的な利益に重きを置いた選択を行う。しかし、受取価値を最大限にすることは、多くの状況に当てはまる有効な枠組みであり、そこから見えてくることも多い。このことが意味するところは次の点である。第1に、販売者は、自社のオファーが購買担当者の頭の中でどの位置にあるのかを知るために、総顧客価値と総顧客コストを各競合他者のオファーとの関連で評価しなくてはならない。第2に、顧客の受取価値において不利な立場にある販売者には、2つの選択肢がある。総顧客価値を引き上げるか、総顧客コストを引き下げる努力をするかである。前者の場合、オファーする製品、サービス、営業担当者、イメージがそれぞれ有するベネフィットを強化、拡大しなければならない。後者の場合、価格の引き下げ、注文および配送プロセスの簡易化、保証を提供して購買担当者のリスクを軽減すること、といった方法により購買担当者のコストを引き下げることが必要である。

顧客満足

購買者の購買後の満足度は、購買者の期待に対するオファーの実際の働きによって決まる。一般的には、次のように定義される。

- **満足**とは、ある製品における知覚された成果（あるいは結果）と購買者の期待との比較から生じる喜び、または失望の気持ちである。

この定義からわかるように、満足度は**知覚された成果**と**期待**との相関関係で決まる。成果が期待を下回れば、顧客は不満を覚える。成果が期待どおりであれば、顧客は満足する。成果が期待を上回れば、顧客の満足度と喜びは大きくなる。

多くの企業は高い満足度を目指している。なぜなら、単に満足しただけの顧客は、もっと良いオファーがあれば簡単に乗り換えてしまうからである。満足度の高い顧客は乗り換える可能性が少ない。高い満足度と喜びは、単なる合理的な優先順位を超えて、ブランドとの間に心情的な結びつきを生む。その結果、高い顧客ロイヤルティが生まれる。ゼロックスの経営幹部によれば、満足度の高い顧客は企業側にとって、普通に満足している顧客の10倍の価値があるという。満足度の高い顧客は、普通に満足しているだけの顧客と比べて、より長い期間ゼロックス製品を使い続け、より多くのゼロックス製品を購入する傾向がある。

では、購買者はどのようにして期待を形成するのだろうか。過去の購入経験、友人や知り合いの意見、マーケターや競合他者から得た情報や約束をもとにしているのである。マーケターが大きすぎる期待を抱かせれば、購買者が失望する可能性は高くなる。例えば、ホリデイインは何年か前に「驚くことではありません（No Surprises）」と銘打ったキャンペーンを行った。ところが、宿泊客がいくつもの問題点に遭遇したため、ホリデイインはキャンペーンを中止せざるを得なかった。とはいえ、企業側が期待感をあまりに低く設定したのでは、たとえ実際に購入した人が満足したとしても、引きつけられる購買者数が足りないことになる。

前回のミレニアムは、西暦1000年にイギリスのグリニッジで起きたカンタベリー大主教の暗殺事件で幕を開けた。

人が住んでいる土地として、ミレニアム最初の日の出を見られるのはニュージーランドである。

　現在、最も成功している企業のいくつかは、期待感を高めると同時に、それに見合う成果を提供している。こうした企業が目標とするのが**TCS、総合顧客満足**(total customer satisfaction)である。例えば、ゼロックスでは「総合的な満足」を保証しており、購入後3年以内であれば、顧客が不満を感じたときは、どんな製品でもゼロックスの費用負担で交換している。アメリカの保険会社シグナは次のような広告を出している。「お客様の100％の満足がなければ、我々の100％の満足はありえません」。また、ホンダはある広告で、「我々が満足しないこと。それが、お客様の満足の理由のひとつです」と言っている。日産では、日本語の**顧客**に「大事なお客様（ゲスト）」という意味があることをふまえて、「テストドライブ」ではなく「ゲストドライブ」という言葉を使って、インフィニティの潜在的な購入者の来店を促した。

　高い満足度の効力について、次の例を見てみよう。

サターン

　1980年代後半、ゼネラル・モーターズ(GM)の最新の乗用車部門であるサターンは、乗用車の購入者に対して新しい政策を適用し、購入者と販売者の関係を一新した。その政策とは、固定価格を設定し従来の価格交渉をしないこと、30日間保証または返金保証を設けること、販売員の報酬を歩合制ではなく給与制として従来の押売りのようなやり方をやめること、である。販売契約が成立すると、営業担当者が新しいオーナーを囲み、全員がにっこりして記念撮影を行う。テネシー州の本社で開かれた5周年記念式典には、全米から4万人のサターン車のオーナーが集まった。サターンの社長は、式典でこう述べた。「サターンは単なる乗用車ではありません。お客様と協力し、一人ひとりが協力し合う、これまでにない新しい取り組み方なのです」。

　顧客は、企業とのたくさんの小さな接触を経て、ロイヤルティを抱くか、他社へ乗り換えるかを決める。コンサルティング会社のフォーラム・コーポレーションは、このような小さな接触がすべて積み重なって顧客のロイヤルティを生むためには、企業は「ブランドに裏づけられた顧客経験」を作り出す必要があると述べている。27のホテルを持つチェーン、カナディアン・パシフィック・ホテルズは、まさにこれを実践した。

カナディアン・パシフィック・ホテルズ（CPホテルズ）

　CPホテルズは、顧客と接触するあらゆる機会にブランドをつけることを図った。まずターゲットにしたのは、個別のビジネス旅行者である。CPホテルズはビジネス客に次のような契約を提供した。「フリクエントゲスト・クラブに入って、ご希望をおっしゃって下さい。例えば、低刺激性の枕が欲しい、『トロント・グローブ・アンド・メール』紙を部屋に届けて欲しい、あるいはミニ・バーにはマウンテン・デューを入れて欲しい、そんな細かいご要望にもお答えします」。顧客とのこのような契約を守るのは容易なことではない。市内通話の無料化、売店での割引など、小さなサービスの改善であっても、新たに技術投資をし

なければならない。しかし、こうした細かな積み重ねが、投資を大きく上回る成果をもたらした。1997年、カナダのビジネス旅行市場におけるCPホテルズのシェアは、市場全体の伸びが3%にとどまったにもかかわらず、15%に跳ね上がった。CPホテル・クラブ会員の4分の1が、ほかのホテルに泊まるのをやめたからである(4)。

高い顧客ロイヤルティを生み出す鍵は、高い顧客価値を提供することである。マイケル・ラニングは、その著書『*Delivering Profitable Value*』で、企業は競争力のある優れた**価値提案**と優れた**価値提供システム**を実現しなくてはならないと述べている(5)。企業の価値提案は、ポジショニング以上の意味を有している。それは、顧客が提供物あるいは供給業者との関係から、**結果として得る経験**を述べたものである。ブランドは、顧客が期待できる総合的な結果として得る経験を象徴するものでなくてはならない。ブランドとして約束したことが実行できるか否かは、企業による価値提供システムの管理能力にかかっている。価値提供システムには、顧客が提供物を手に入れる過程で出会うすべてのコミュニケーションと、流通チャネルでの経験が含まれる。

サイモン・ノックスとスタン・マクランは、共著『*Competing on Value*』の中で同じ問題を強調している(6)。**ブランド価値**と**顧客価値**を一致させることができずに、**価値格差**を生み出している企業はあまりにも多い。ブランド・マーケターは自社ブランドと他社との差別化を図って、**スローガン**(「洗い上がりがより白い」)、**ユニークな販売命題(USP)**(「1日1本のマースのチョコバーが、仕事、休息、気晴らしに役立ちます」)、サービスの付加による基本提供物の**強化**(「当ホテルでは、ご要望に応じてコンピュータを提供します」)といった手段を使う。しかし、顧客価値の提供にはあまり効果を上げていない。その主な原因は、現場のマーケティング担当者がブランドの開発を中心に考えているからである。顧客が約束された価値提案を実際に受けられるかどうかは、マーケターがさまざまなコア・プロセスに影響を与える力にかかっている。ノックスとマクランは、企業のマーケターに対して、ブランドの特性を設計するときと同じだけの時間を、会社のコア・プロセスに働きかけることに注いで欲しいと呼びかけている。

顧客価値に対する期待と満足度を追跡するとともに、その分野における競合他社の実績を常に把握しておく必要がある。例えば、ある会社が、自社の顧客の80%が満足していることを知り喜んでいた。ところが、同社のCEOは大手のライバル会社が顧客の満足度において90%という数字を達成していたことを知る。しかも、ライバル会社では95%の満足度を目指していると聞けば、CEOはがっくりするだろう。

■表2-1では、企業が顧客の満足度を追跡調査するための4つの手法をまとめている。

顧客本位の企業にとって、顧客満足は目的でありマーケティング・ツールでもある。高い顧客満足度を達成する企業は、そのことを標的市場に対して確実に知らせる努力をしている。ホンダのアコードは、J・D・パワーズ社の調査で

2000年1月1日の日の出を、アメリカ国内で最初に見られるのはフロリダ州マイアミ・ビーチである。

オフィシャル・ミレニアム製品には、オフィシャル・インターネット・ソリューションズ・プロバイダ・オブ・ザ・ニュー・ミレニアムがある

表 2-1

顧客満足を追跡調査し、測定するためのツール

苦情と意見が言えるシステム	顧客本位の企業は、顧客が意見や苦情を言いやすい仕組みをつくっている。レストランやホテルの多くがアンケート用紙を置いて、良い点、悪い点について顧客の意見を求めている。P&G、GE、ワールプール社といった顧客本位の企業は、専用のフリーダイヤルを設けている。さらに、ホームページや電子メールを使って、双方向のコミュニケーションを促進している企業もある。こうして情報が流れるようにすれば、企業がさまざまなアイデアを得たり、迅速に問題を解決することができる。
顧客満足度の調査	ある調査によれば、顧客は4回に1回の割合で購入したものに不満を感じているが、実際に苦情を申し立てるのは、不満を感じた顧客の5%未満だという。ほとんどの顧客はあまり買わなくなるか、ほかの供給業者にスイッチしてしまう。したがって、苦情の多さで顧客満足度を測ることはできない。対応のよい企業は、顧客満足度を定期的に調査して直接測定する。調査は、最近購入した顧客から無作為に選んだ人を対象に質問票を送るか、電話をかけて行う。その際、競合他社のパフォーマンスに対する購買者の意見も聞き出す。 顧客満足度に関するデータを収集するときに、**再購入の意思**を測る質問を加えるのも有効である。顧客満足度が高ければ、再購入の意思もまた高くなるのが普通だからだ。また、顧客がその企業やブランドを他の人に薦めてもよいと思うか、積極的に薦めたいと思うかについても測定するとよい。**クチコミ**で良い評判が広がるということは、当該企業が高い顧客満足を生み出している証である。
ゴースト・ショッピング	ゴースト・ショッピングとは、自社や競合他社の製品を購入する際に客が体験する長所と短所を報告させるために、人を雇って客を装わせることである。このような**ミステリー・ショッパー(サクラ)**は、企業の販売担当者がさまざまな状況をうまく処理できるかどうか、テストする場合もある。例えば、レストランの苦情処理能力を試すために出された料理に文句を言ったりする。ミステリー・ショッパーを雇うだけでなく、マネジャー自身もときにはオフィスを出て、自分が顔を知られていない自社や競合他社の販売現場に足を踏み入れて、「顧客」として受ける待遇を実体験すべきである。このバリエーションとして、マネジャーが自社に電話をかけて質問したり苦情を申し立てて、それがどのように処理されるか確かめる方法もある。
失った顧客の分析	企業は自社からの購入をやめたり、ほかの供給業者にスイッチした顧客と接触して、その原因を知るべきである。IBMでは顧客を失うと、徹底的な調査を行い、どこで失敗したのか突きとめる。顧客が購入をやめたときに**退出者インタビュー**を行うことも重要だが、**顧客の離反率**の監視も必要である。もし顧客の離反率が増えていれば、企業は顧客を満足させていないことになる。

数年間連続して顧客満足度の第1位にランクされている。ホンダはこの事実を広告することで、さらにアコードの売上を伸ばした。デル・コンピュータがパソコン業界で急成長した理由のひとつは、顧客満足度で第1位の座を獲得し、それを広告したことにあるといえるだろう。デル・コンピュータがどのように顧客との距離を縮めたかについては、■マーケティング・インサイト「顧客の形成：デル・コンピュータは顧客の何をクリックしたか」で取り上げたので、参考にして欲しい。

　顧客本位の企業は高い顧客満足度を達成しようとするが、その主たる目的は顧客満足の最大化ではない。価格の引下げやサービスの向上によって顧客満足度を増加させたのでは、結果として利益が低下してしまう。利益率を向上させるには、顧客満足度の増加以外にも、例えば、製造工程の改善や研究開発投資

の増加などの方法も考えられる。また、企業には、従業員、ディーラー、供給業者、株主など、多くの利害関係者がいる。顧客満足度を増大させるための支出を増やせば、これら「パートナー」たちの満足度を上げるための資金を転用することにもなりかねない。したがって、企業は総経営資源の枠の中で、顧客以外の利害関係者に対して許容できるレベルの満足提供を条件として、高いレベルの顧客満足の提供に努めるという理念のもとで運営されるべきである。

　顧客が企業成果の何らかの項目、例えば納入についての満足度を評価する際、企業側はよい納入の定義が顧客によって異なるということを知っておく必要がある。人によって、それは早い納入のことであったり、期日どおりの納入であったり、注文品がすべてそろっていることであったりする。かといって、各項目を細かく分析しようとすると、顧客は膨大な量の質問票に答えなくてはならない。また顧客が2人いれば、「とても満足した」と回答しても、理由はそれぞれ違う場合がある。例えば、1人はふだんから簡単に満足する人で、もう1人は気難しいが、今回に限り満足したのかもしれない。

　マネジャーや販売員が顧客満足度の評価を操作しうるという点にも注意すべきだ。例えば、彼らは調査の直前だけ特別に接客態度をよくしたり、不満を感じている顧客を調査対象からはずそうとするかもしれない。一方、顧客を満足させるために、企業は特別な措置を講じるということを顧客が知っていると、より大きく譲歩させようとして、本当は満足したのにあえて不満を訴える顧客が現れる危険性もある。

　しかし、顧客価値と顧客満足の目標達成を目指し、上述のような落とし穴を巧みに回避しながら前進している企業もある。ここでは、そうした企業を高業績企業と呼ぶ。

● 高業績ビジネスの本質

　コンサルティング会社のアーサー・D・リトルは、**高業績ビジネスの特徴を**モデル化した。■図2-2に示したように、成功の秘けつとして4つの要素が取り上げられている。利害関係者、プロセス、資源、組織である[7]。

利害関係者

　高業績を目指すにあたって、企業はまず利害関係者を特定し、そのニーズを知らなくてはならない。これまで、企業の多くは株主に最大の注意を払っていた。今日の企業は、顧客、従業員、供給業者、流通業者など、株主以外の利害関係者を育成しなくては、株主に対して十分な利益をあげることはできないと理解し始めている。

　企業は、各利害関係者グループの最低限（最小値）の期待を満足させる努力をしなくてはならない。その際、利害関係者それぞれに対して、最低限度を上回

> イギリスのミレニアム・ドームにある13のテーマエリアのうち、「ボディ・ゾーン」には、史上最大の人体模型がある。

> ミレニアム・ドームの「ドリームスケープ」では、16席あるベッドを模したボートに乗った観客が、川を通ってさまざまな夢の世界を流れていく。

MARKETING INSIGHT　　マーケティング・インサイト

顧客の形成：デル・コンピュータは顧客の何をクリックしたか

「顧客のことを考えよ」。テキサス州ラウンドロックの敷地にある、デル・コンピュータが所有する3つのビルのひとつ、デル第3ビルのロビーに掲げられた巨大な看板にはこう書かれている。これは、デル・コンピュータが1983年に大学寮のマイケル・デルの部屋でつつましくスタートを切って以来、同社の代名詞となっている。デルは、コンピュータの小売業者を企業と顧客の間に介在させないという、ハイテク企業としてこれまでにないビジネス・モデルに取り組んだ。顧客に直接コンピュータを販売し、技術的なサポートも直接提供するのである。「わが社のビジネス・モデルは、非常に明確なものです」。33歳の創設者マイケル・デルは言う。「価値の提案とは何か。企業が何を提供するか。なぜそれが顧客のためになるのか。我々には、それがはっきりしています。ごく単純なことですが、これにはとてつもない力とアピールがあるのです」。そしてこれが、同社にばく大な利益をもたらした。1998年のデルの収益は123億ドル、成長率は1年間で52％だった。企業向けコンピュータの売上で、デルは最近IBMを抜いてアメリカ国内で第2位に躍進し、第1位のコンパック社に激しい勢いで迫っている。

デルは、競合他社のはるか先を行っている。なぜなら、顧客への直接販売というビジネス・モデルは、企業の対応能力を非常によくするからである。デルは注文を受けてからコンピュータを製造するため、在庫が最小限ですみ、コストを低く抑えられる。おかげで、製品の価格をライバル企業よりも10％〜15％安くすることができる。現在、デルは部品の納入を使う直前に受けている。テキサス州オースティンにある工場では、コンピュータの製造、ソフトウェアのインストール、試験、梱包に要する時間をこれまでの10時間から8時間に縮めた。しかし、スピード化はデルの方程式の一部分にすぎない。もうひとつの要素はサービスである。同社は、「デル・ビジョン」という考え方をもとにサービス力を築き上げた。「顧客に品質を実感してもらい、満足してもらうだけではなく、喜んでいただくべきだ」とうたっている。

実は、デルが顧客サービスの重要性に気づいたのは、それまで成功していたビジネス・モデルから離れたときだった。1993年、デルは小売店への販売を始めた。その主な理由は、他社も皆やっているからということだった。ところが顧客は、コンピュータを売るディスカウントストアがデルと同じ質の顧客サービスを提供しないことに不満を感じた。結局、デルは小売業者を使うのをやめた。何より大きかったのは、マイケル・デルが「コンピュータを作る以外に、するべきことがもっとあるはずだ」と考えたことである。まず、同社には2種類の顧客がいると判断した。企業と一般消費者である。一般消費者は主に価格で購入を決めるが、企業の購買担当者に対しては、入念にリレーションシップを築く必要がある。成功した企業のご多分にもれず、デルは利益性がいちばん高い顧客とのリレーションシップ構築に、最も多くの資源を投入したのである。

企業顧客はデルのビジネスの90％を占めており、企業顧客との取引は、同社の最高の販売チームが手がけている。現在、デルはカスタム・ソフトウェアのインストールや、企業顧客に代わってその会社の在庫管理もする。こうした努力で、デルは多くの大企業顧客を競合他社から奪った。アーンスト・アンド・ヤング会計事務所は、1992年からときどきデルのコンピュータを購入するようになったが、今ではサーバーをコンパックから、マルチメディア・ラップトップをIBMから、そして、ほとんどすべてのデスクトップ・コンピュータと普通のラップトップ・コンピュータをデルから購入している。

デルが顧客とのリレーションシップを築くために使った最も革新的なツールはインターネットである。同社はオンライン販売で利益を出した最初の企業のひとつであり、現在もオンライン取引の割合は伸びている。インターネットは、瞬く間にデルの顧客への直接販売というビジネス・モデルの発展形となった。デルのカスタマイズされた顧客用ウェブページ、プレミアページを使って、同社は24時間体制の受注システムをつくった（■口絵2-1参照）。シェル石油やボーイン

グ社など、週に1000台のコンピュータを購入するような大口顧客はサイトをクリックするだけで、自社の選好やニーズを反映したあらゆる情報を確認できる。このサイトは、世界中にある顧客の子会社からもアクセスできる。そして、ここが優れている点だが、Premier Pagesを使えば購買担当者だけではなく、従業員も自動化された方式に従ってコンピュータを購入することができる。マイケル・デルは次のように語っている。「これは究極のネットワークであり、我々が顧客と対話するための素晴らしい手段でもあるのです」。

出典：Michele Marchetti, "Dell Computer," *Sales & Marketing Management,* October 1997, pp. 50–53; Evan Ramstad, "Dell Fights PC Wars by Emphasizing Customer Service—Focus Wins Big Clients and Gives IBM and Compaq a Run for Their Money," *Wall Street Journal,* August 15, 1997, p. B4; Robert D. Hof, "The Click Here Economy," *Business Week,* June 22, 1998, pp. 122–28; Saroja Girishankar, "Dell's Site Has Business in Crosshairs," *Internetweek,* April 13, 1998, p. 1; "The InternetWeek Interview—Michael Dell, Chairman and CEO, Dell Computer," *Internetweek,* April 13, 1998, p. 8.

ることは前提として、異なる満足を与えることもできる。例えば、顧客に対しては喜ばせること、従業員に対しては業績を伸ばすこと、供給業者には最小値レベルの満足を与えること、といった具合である。これらのレベルを設定するにあたって企業が注意する点は、利害関係者の各グループが受ける相対的な扱いについて、公平感を損なわないようにすることである(8)。

　利害関係者グループ間には力学が働く。賢明な企業は高いレベルの従業員満足を創り出す。すると従業員はよく努力し、製品とサービスの品質が上がり、顧客満足度が高まる。こうして反復契約が増え、成長率と利益が伸び、株主の満足度が高まり、さらなる投資へと発展していく。これが利益と成長を形成するプラスの循環である。

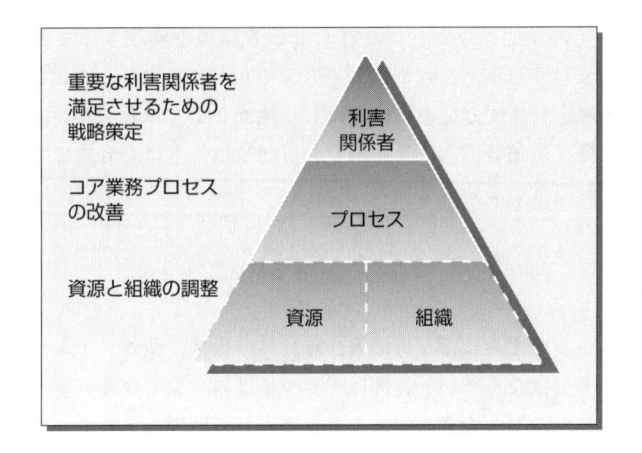

図2-2

高業績ビジネス
出典：P. Ranganath Nayak, Erica Drazen, and George Kastner, "The High-Performance Business: Accelerating Performance Improvement," *Prism,* First Quarter 1992, p. 6. アーサーD・リトル社の許可を得て掲載。

> 個人へのサービスを通じて顧客ロイヤルティを獲得することは、次のミレニアムのマーケティング目標である。

プロセス

　満足度の目標達成は、**業務プロセス**の管理と連携なくしてはありえない。これまで企業内の業務は、各部門で遂行されるものと考えられてきた。しかし、部門ごとに構成される組織には問題点がいくつかある。各部門はそれぞれの目的を最大限に活かすために働くことを旨とするが、それは必ずしも会社の目的と一致しない。部門から部門へ回される間に、業務は滞り、計画は変わってしまう。

　業績の高い企業は、新製品の開発、顧客の獲得と維持、注文処理などコアの業務プロセスを管理する必要性に注目するようになっている。このような企業は業務の流れをリエンジニアリングし、各プロセスに責任を負う**部門横断的なチーム**をつくっている[9]。例えばゼロックスでは、カスタマー・オペレーション・グループが販売、出荷、設置、サービス、請求を一貫して行い、業務が滞りなく流れるようになっている。成功する企業とは、部門横断的なチームがコア・プロセスにおける管理能力をいかんなく発揮している企業である。マッキンゼー・アンド・カンパニーの研究レポートは次のように伝えている。

> 顧客の2000年問題に対する不安を取り除くために、ローデール・プレスなどの企業では、ダイレクトメールに返送用のラベルを同封した。

　　高業績企業は、業績の低い競争相手とは明らかに異なる能力（スキル）に重きを置いている。高業績企業は部門横断的なスキルを重視しているが、そうでない企業は各機能部門ごとの力を誇ってしまう。業績の低い企業が「わが社の回路設計者は最高だ」と言うところを、業績の高い企業は「わが社には世界一優秀なプロジェクト・マネジャーがいる」と言うのである[10]。

　AT&T、ポラロイド、モトローラなどは、従業員を再編成して、部門横断的なチームをつくった企業である。しかし部門横断的なチームは、今や非営利組織や政府機関においても一般的になっている。

サンディエゴ動物園
　　サンディエゴ動物園では、そのミッションが単なる展示から動物保護、そして教育へと変わるのに伴って、組織を変えていった。生まれ変わった動物園は、生物と気候の関係によって区域が分けられ、動物園を訪れた人は、世界のさまざまな地域の捕食者と被食者、植物相と動物相が自然の状態さながらに共存している環境を満喫することができる。区域どうしが、これまでよりも深くかかわり合うようになったため、区域を管理する従業員は連携して働かなくてはならない。植物の手入れ係、用地管理人、動物飼育の専門家は、もはや今までの境界線で分かれてはいないのである[11]。

資源

　プロセスを実行するには、労働力、原材料、機械、情報、エネルギーといった**資源**がなくてはならない。資源は所有や貸借の対象となる。今まで、企業は自社の事業にかかわる資源のほとんどを所有し、管理してきた。しかし、状況

は変わりつつある。自社で管理している資源のなかには、社外から獲得できるものと比べてあまり効率がよくないものもある。今日の企業の多くは、重要度が低く、社外からより高品質あるいはより低価格で入手できる資源を、**アウトソーシング**するようになった。アウトソーシングの対象となる資源としては、清掃、芝生の手入れ、船舶・航空機・車両などの管理が多い。最近では、コダックがデータ処理部門の管理をIBMに委託した。もうひとつ、アウトソーシングの成功例を挙げよう。

> **トプシー・テイル**

新興企業のなかには、アウトソーシングをうまく活用することで成功を確実なものにしたところもある。プラスチック製のヘアスタイリング用器具、トプシー・テイルを発明したトミマ・エドマークは、わずか2人の社員で、1993年には売上額8000万ドルをあげるまでの会社を起こした。50人以上の従業員を雇う代わりに、エドマークと2人の社員は、20の販売会社からなるネットワークをつくり、製品の製造から、小売サービスにいたるまですべてを任せた。ただしエドマークは、効果的なアウトソーシングの第一原則を忠実に守った。新製品の開発とマーケティング戦略、つまり自社の心臓部にあたるコア・コンピタンスは自ら管理したのである[12]。

アウトソーシングにおける成功の鍵は、ビジネスの根本を形成する、コア資源とコア・コンピタンスを所有し、育てることである。例えば、ナイキは自社でスニーカーを製造しない。なぜなら、アジアの製造業者の方がその仕事により強みを持っているからである。しかしナイキは、自社の2つのコア・コンピタンスである、スニーカーのデザインとマーチャンダイジングにおける卓越性を育てつづけている。3Mは、回路基盤、コーティング剤、接着剤という独自のコア・コンピタンスを有し、これらを統合することで数多くのビジネスを成功させている。**コア・コンピタンス**には以下の3つの特徴がある。(1) 顧客ベネフィットの知覚に大きく貢献し競争優位の源となる。(2) 潜在的に応用範囲が幅広く、多様な市場に通用する。(3) 競争相手が模倣しにくい[13]。

固有のケイパビリティを持つ企業にも競争優位がある。コア・コンピタンスが特殊な技術部門や生産部門の専門家の領域として考えられるのに対して、ケイパビリティはもっと広い業務プロセスにおける優秀さを指すことが多い。例えばウォルマートは、情報システムの構築やロジスティクスといったいくつかのコア・コンピタンスをもとに、製品の補充に独自のケイパビリティを持っている。ジョージ・デイ教授は、市場主導型組織は3つの固有のケイパビリティに秀でていると言う。それは、**市場を感知する力、顧客をつなぐ力、流通チャネルを結合する力**である[14]。

フリーダイヤルを提供している企業は、次のミレニアムへの過渡期を経てもなお顧客満足を確保できる。

科学技術が発展するにつれ、企業は効率的な顧客サービスを追求し続けなくてはならない。

人口過密により、次のミレニアムには、人々が海の居住地化を開始するかもしれない。

組織と組織文化

　企業の**組織**は、内部の構造、方針、企業文化から構成されるが、いずれも変化の激しいビジネス環境の中で機能しなくなる可能性がある。構造と方針は、困難を伴うが変えられる。しかし、企業文化を変えるのはきわめて難しい。ところが、企業文化を変えることこそ、新しい戦略を成功させる鍵となる場合が多いのである。

　企業文化とはいったい何か。このつかみどころのない概念を言葉にしろと言われたら、ほとんどのビジネスマンは悩むに違いない。企業文化は、「組織を特徴づける共通の経験、歴史、信念、行動様式」と定義されることもある。その会社に一歩足を踏み入れたとき、まず最初に強く感じられるもの、それが企業文化なのだ。社内の人々の服装、従業員どうしの話し方、顧客への挨拶の仕方、そういったものである。

　企業文化が生命を持ったもののように育って、CEOの個性や習慣がそのまま従業員に伝わることもある。コンピュータ業界の巨人マイクロソフトがその良い例である。マイクロソフトは、個人が起こした新興事業として誕生した。140億ドル企業に成長した今でも、創立者ビル・ゲイツが定着させた攻撃的な文化を失っていない。マイクロソフトの圧倒的な競争心あふれる企業文化が、何かと批判されがちなコンピュータ業界における独占を生み出した最大の要因だと考える人は少なくない[15]。

マイクロソフト

　リラックスした雰囲気の低層の社屋、青々とした芝生、木陰をつくる木立ち、徹底的にカジュアルな服装にだまされてはいけない。マイクロソフティーズ――マイクロソフトの社員は自分たちをこう呼ぶ――は、ゲイツの人柄をそっくり映したような、圧倒的な競争心に突き動かされている。ゲイツ自らが創案した求人広告では、「マイクロソフトの社員は、ある意味では頭脳明晰な人々であり、ある意味では自由な精神の個人主義者、そして技術に100%の情熱を持つ人々である」と謳っている。シリコンバレーのライバル企業は、マイクロソフト社員の一見奴隷的なまでの会社に対する献身ぶりから、彼らを「マイクロ奴隷」と呼ぶ。10代で会社を興したゲイツと同様、マイクロソフティーズは若い。およそ3分の1が29歳以下で、平均年齢は34歳である。服装をまったく気にかけないカジュアルさも、ゲイツから始まったものだ。ゲイツはかつて、一晩中プログラムの書き込み作業をしたあとガレージの床で眠り込み、翌朝起きると、しわくちゃの服のままで再び仕事を始めたものだ。Tシャツ姿の社員を見ただけではわからないが、彼らの多くは有り余るほどの収入を得ている。その競争心にあふれる情熱の理由として、35倍以上で取引される株価を支える必要性が挙げられる。これは、スタンダード・アンド・プアーズ500の平均株価の2倍である。同社の株の38%を社員が保有しており、マイクロソフトは

百万長者社員を世界でいちばん多く抱えている会社なのだ。

起業した会社が大きくなり、今までよりも統制された組織をつくる必要が生じると、どうなるのだろうか。相反する文化を持つ会社どうしがジョイント・ベンチャーを始めたり、合併した場合はどうなるだろうか。1つの例として、1998年に合併したドイツのダイムラーとアメリカのクライスラーがある。倒産の危機を乗り越えるために、クライスラーはデトロイトで最も機動力があり、最も無駄のない企業となっていた。対照的に、ダイムラーは官僚的で堅苦しい文化を持っていた。この大型合併の結果はまだ出ていないが、もし歴史を手がかりに考えるならば、両社の相反する文化が、ダイムラー・クライスラー社の最大の課題となるだろう。1992年、クーパーズ・アンド・ライブランドも合併に失敗している。問題を抱えている100社を対象として行った調査によると、回答した経営幹部のうち855人が、経営スタイルと慣行の違いが大きな障害だと指摘している。ワードパーフェクトとノベルの合併が、まさにこの例に当てはまる[16]。

ノベルとワードパーフェクト

1994年にノベルがワードパーフェクトを買収したとき、ワードパーフェクトはワードプロセッサ・ソフトウェア市場の過半数を占めていた。一方ノベルは、ソフトウェア業界において確固たる地位を築いて、マイクロソフトと激しい競争を繰り広げていた。非の打ちどころのない合併に思われた。しかし2つの企業は、顧客サービスなどの基本的なことについて、まるで正反対の考え方を持っていた。合併される以前、ワードパーフェクトの電話による優れた顧客サポートには定評があった。そのため、ノベルがサービスを削減したことに、ワードパーフェクト側の人々は憤りを感じた。さらに両社は、意思決定のやり方や、その過程にだれが関与するのかについて意見がかみ合わなかった。ワードパーフェクトでは、地位の低い社員にも自主性が認められており、彼らは意思決定の過程にも参加していた。しかしノベルの社員は、官僚的な階層組織と形式どおりの意思決定に慣れていた。ノベルとワードパーフェクトのマネジャー間で争論が始まったとき、本当ならば、ドアの向こうでこの合弁会社を食べてやろうと待ち構える怪物、マイクロソフトに集中すべきだった社内の関心が、内部の衝突に移ってしまった。ワードパーフェクトとノベルの縁談の結末は興味深い。ワードパーフェクトは、ノベルよりも同調できる文化を持ったコレルに買収されてから1年足らずで、ワードプロセッサ・ソフトウェアにおけるリーダーの地位を取り戻したのである。

長期にわたって高業績を維持する企業の成功の秘密はどこにあるかという問題が、先ごろ6年に及ぶ研究をまとめたコリンズとポラスの共著『ビジョナリーカンパニー：時代を超える生存の原則』（山岡洋一訳、日経BP出版センター）の中で取り上げられた[17]。スタンフォード大学の研究者である彼らは、18の業界それぞれに2つのタイプの企業があると指摘し、一方を「ビジョナリーカンパニ

虫歯がなくなるとしたら、どんなに素晴らしいだろう。一部の研究者は、2020年までにこの願いが実現するだろうと考えている。

第2章 顧客満足、顧客価値、および顧客維持の確立

MARKETING MEMO

あなたは何のために存在し、何を象徴するのか

組織のコアをなす目標を確認するために、以下の問いに答えてみよう。

まず、「我々はXという製品をつくっている」または「我々はYというサービスを提供している」と説明してみる。次に、「なぜそれが重要なのか」という質問を5回繰り返す。5回なぜ、と問いかけることで、組織の基本的な目的がはっきりわかってくるだろう。例えば、「我々は砂利を採取し、アスファルトをつくる」という表現が、「我々は人の手による建造物の質を向上させることで、人々の生活をよりよくしている」に変わるのである。

組織のコア・バリューを見いだす方法は以下のとおりである。

1. あくまでも正直に、本当に中心となる価値は何かを定義する。
2. 5つも6つも価値となるものを考えついたとしたら、最初からやり直す。コア・バリュー(これは変わることがない)を、業務慣行、事業戦略、文化の基準(これらはすべて変化する)と取り違えている可能性がある。
3. コア・バリューを仮のリストにまとめたら、その一つひとつについて次の質問をする。「状況が変わって、このコア・バリューを持つことでわが社がペナルティを課せられるとしても、我々はこれを維持するだろうか」。

ー」、もう一方を「比較対象企業」と名づけた。ビジョナリーカンパニーは、その業界のリーダーとして認知され、広く賞賛されている。ビジョナリーカンパニーは意欲的な目標を設定し、それを従業員に伝え、単に利益だけでない高い理念を掲げる。しかもビジョナリーカンパニーは、業績の面で比較対象企業をはるかにしのいでいる。ビジョナリーカンパニーには、GE、ヒューレット・パッカード、ボーイングが挙げられ、それぞれに対応する比較対象企業として、ウェスティングハウス、テキサス・インスツルメンツ、マクダネル・ダグラスが挙げられている。

コリンズとポラスは、18の市場リーダー企業に3つの共通点を見いだした。第1の共通点は、ビジョナリーカンパニーがそれぞれ揺らぐことのない確固たる独自の価値観を持っていることである。IBMは創業以来ずっと、個人の尊重、顧客満足、継続的な品質向上という基本方針を変えていない[18]。J&Jは、企業責任の優先順位を、まず顧客、次に従業員、3番目に地域社会、4番目に株主と定めた基本方針を維持している。第2の共通点は、ビジョナリーカンパニーが賢明な言葉によって自社の目的を表していることである。ゼロックスは「オフィスの生産性」を向上したいと謳い、モンサント社は「世界から飢餓をなくす手助け」をしたいと語っている。コリンズとポラスによれば、企業の中核をなす目的は特定ビジネスの目標や戦略とは区別すべきで、また単にその企業の製品ラインを説明するだけであってはならないという。■マーケティング・メモ「あなたは何のために存在し、何を象徴するのか」を参照して欲しい。

第3の共通点は、ビジョナリーカンパニーが自社の将来についてビジョンを持ち、その実現に向けて行動していることである。IBMは現在、単なる主要コンピュータ・メーカーではなく、「ネットワーク中心主義」企業としてのリーダーシップの確立に取り組んでいる。

成功を目指す企業は、新しい戦略立案方法を取り入れる必要があるだろう。従来は、シニアマネジメントが戦略を練り上げ、下位の担当者に回した。これに対してゲイリー・ハメルは、戦略についての創造性に富んだアイデアは社内の至るところにあると述べている[19]。シニアマネジメントが積極的に新規のアイデアを求めるべき対象として、これまで戦略を立案する際に無視されがちだった3つのグループが挙げられている。若い頭でものを考える社員、本社から遠く離れた部門で働く社員、その業界に入ったばかりの社員である。これらのグループには、企業の古い体質に異を唱え、新しい考え方を促す力がある。

さまざまな将来像を見極め、選択するという姿勢で戦略は策定されるべきである。ロイヤルダッチ・シェルグループは、他社に先駆けてシナリオ分析を取り入れた。シナリオ分析とは、市場を動かす要因についてさまざまな仮説を立て、いろいろな不確定要素も考慮しながら、会社の将来像を描き出すことである。マネジャーは「我々はどのように対処するのか」をシナリオごとに考え抜かなくてはならない。そして、最も可能性の高いシナリオを採用し、時間の経過に伴って現れる指標に目を光らせなくてはならない。その指標によって、シナリオの妥当性が確認できるかもしれない[20]。

高業績企業は、顧客価値と顧客満足を提供するべく構成されている。それを具体的に見ていこう。

顧客価値と顧客満足を提供する

顧客価値と顧客満足が重要なものであるとして、これらを創出し、提供するには何が必要なのだろう。この問いに答えるには、まず価値連鎖と価値提供システムの概念を説明しなければならない。

価値連鎖

ハーバード大学のマイケル・ポーターは、より大きな顧客価値を創出する方法を見つけるツールとして**価値連鎖**を提唱している（■図2-3）[21]。企業は、製品を設計、生産、販売、配達、支援するために行う活動の集合体である。価値連鎖では、特定のビジネスにおいて価値とコストを生み出し、戦略上重要な9つの活動を定めている。これら9つの価値創造活動は、5つの基本活動と4つの支援活動で構成される。

基本活動とは、原材料の業務への導入（内向きのロジスティクス）、最終製品への転換（オペレーション）、最終製品の出荷（外向きのロジスティクス）、製品のマーケティング（マーケティングと販売）、製品に対するサービス（サービス）といった一連の流れである。資材調達、技術開発、人事管理、企業のインフラ整備などの支援活動は、特定の専門部門が担当するが、そこだけに限定されない。例えば、他の部門でもある程度の資材調達や雇用は行われる。また企業のインフラは、すべての基本活動・支援活動が負担することになる全体のマネジメント、企画、財務、経理、法務、対政府関連の各コストをカバーする。

企業の仕事は、個々の価値創造活動のコストと成果を検討し、これを改善す

MARKETING MEMO

4. 先の質問に正直に「イエス」と答えられなければ、それはコア・バリューではないのでリストからはずす。つまり、市場が変化しても、企業はコア・バリューを市場に合わせて変えるべきではない。むしろ、市場を変えるべきなのである。

出典：James C. Collins and Jerry I. Porras, "Building Your Company's Vision," *Harvard Business Review*, September–October 1996, p. 65.

図2-3

一般的な価値連鎖

出典：フリープレスとサイモン&シュスターの許可を得て、以下の文献より掲載。*Competitive Advantage. Creating and Sustaining Superior Performance* by Michael E. Porter. Copyright © 1985 by Michael E. Porter

第2章　顧客満足、顧客価値、および顧客維持の確立

る方法を見いだすことである。企業は競合他社のコストと成果をベンチマークとして評価し、自社のコストと成果を比較しなくてはならない。ある活動で競合他社のレベルを上回ることができれば、競争上の優位に立てる。

企業の成功は、個々の部門がそれぞれの仕事をどれだけうまく実行したかだけではなく、さまざまな部門の活動がどれだけうまく連携できたかにかかっている。社内の各部門は往々にして、会社や顧客の利益よりも、自部門の利益を最大化するために動いてしまうものだ。クレジット部門は不良債権を負うことがないように、見込み客の信用度を丹念に調べる。その間、顧客は待たされ、営業担当者は不満をつのらせる。運輸部門が経費節約のために列車による製品の出荷を選べば、ここでも顧客は待たされる。各部門が壁をつくってしまい、質のよい顧客サービスの提供を滞らせているのだ。

この問題の解決策は、**コア・ビジネス・プロセス**の円滑なマネジメントに重点を置くことである。多くの企業が業務のリエンジニアリングを行い、部門横断的な機能を持つチームをつくってコア・プロセスを管理させている[22]。コア・ビジネス・プロセスとは次のようなものである。

- **新製品の具体化**　迅速かつ予算内で、高品質な新製品を、研究、開発、市場導入することにかかわるすべての活動。
- **在庫管理**　十分な供給を可能にし、過剰在庫によるコストを抑えるための原材料、半加工材料、完成品の在庫レベルの開発と管理にかかわるすべての活動。
- **顧客の獲得と維持**　顧客への投資、顧客の維持、ビジネスの育成にかかわるすべての活動。
- **注文から送金**　注文の受付と承認、期日どおりの出荷、代金の回収にかかわるすべての活動。
- **顧客サービス**　顧客が容易に社内の適切な担当者と連絡をとり、迅速かつ満足できるサービス、回答、問題の解決策を得られるようにするためのすべての活動。

強い企業は、このようなコア・プロセスの管理に優れたケイパビリティを発揮する。例えば、ウォルマートの強味のひとつは、供給業者から各店舗への商品輸送の効率がよいことである。ウォルマートの店舗で商品が売れると、販売情報がコンピュータを通じて、本社だけでなく供給業者へも送られる。供給業者は、商品が店の棚からなくなるのとほとんど同時に、追加の商品を発送するのである[23]。

価値提供ネットワーク

成功を目指す企業は、独自のオペレーションの枠を越えて、供給業者、流通業者、顧客によってつくられる価値連鎖の中に、競争優位を探すべきである。今日、多くの企業が特定の供給業者や流通業者とパートナーを組み、優れた**価値提供ネットワーク**（サプライ・チェーンとも呼ばれる）を形成している。以下に

西暦2000年を祝う公の式典、ビレニアムが1999年12月30日から2000年1月1日まで行われ、世界各地でさまざまなイベントが開催される。

ビレニアム（Billennium）は、西暦2000年の祝典のために国際登録された唯一の商標である。

その例を挙げる[24]。

ベイリー・コントロールズ社

オハイオに本社を置き、年間3億ドルの業績を誇る、大規模工場向けコントロール・システムの製造業者ベイリー・コントロールズ社は、いくつかの供給業者をあたかも自社の部門のように扱っている。同社は最近、供給業者2社を社内の在庫管理システムに直結させた。ベイリー社は毎週、モントリオールにあるフューチャー・エレクトロニクス社に、今後6か月間に必要になると見込まれる資材の予測をコンピュータで送り、フューチャー社にストックさせる。容器に入った部品の数が一定の水準を下回ると、ベイリー社の従業員がレーザー・スキャナーで容器のバーコードをなぞる。するとフューチャー社に、ただちに部品を出荷せよというメッセージが届く。このようなやり方は在庫コストを供給業者に転嫁するものだが、供給業者側は、利益の総額によってそのコストが十二分に埋め合わせられると考えている。つまり、双方が満足する協力関係だといえる。

ベッツ・ラボラトリーズ社

ペンシルバニアに本社のあるベッツ・ラボラトリーズ社は、産業用の水処理化学薬品を製造し、水が原因となる工場施設のパイプ詰まりや機械の腐食を防ぐための化学薬品を販売している。今、ベッツ社は、主要取引先に商品と専門知識の両方を提供している。ベッツ社の社員と顧客のエンジニアおよびマネジャーで構成されたレベルの高いチームが、工場内のあらゆる箇所の水を検査する。その際、次のような質疑応答が行われている。この水は「設備にとって安全か」「環境基準に沿っているか」「最も無駄が少なく、最もコスト効率のよいやり方で使用されているか」。1年も経たないうちに、ベッツ社のチームはアライドシグナル社の工場において、250万ドルのコスト削減が期待できる問題点を突きとめた。

もうひとつの成功例は、ジーンズ・メーカーとして知られるリーバイ・ストラウス社にその供給業者と流通業者を結びつけた価値提供ネットワークである（■図2-4）。リーバイスの主要な小売業者のひとつにシアーズがある。電子データ交換（EDI）技術のおかげで、リーバイスでは毎晩、シアーズをはじめ主要小売店で売れたブルージーンズのサイズと型番を知ることができる。そこでリーバイスは、布の供給業者であるミリケン社に、コンピュータを通じて、翌日発送分の布を発注する。ミリケン社は、繊維の供給業者であるデュポン社に繊維の追加注文を送る。このように、サプライ・チェーン内のパートナーは、最新の販売情報を利用して今売れているものを製造するため、実際の需要とは食い違う可能性のある予測に頼らずにすむのである。この**クイック・レスポンス・システム（即時対応システム）**においては、商品が供給にプッシュされるのではなく、むしろ需要にプルされる。リーバイスを他のジーンズ・メーカー、例えばラングラー社と比べた場合、業績の差はリーバイスとラングラーの**マーケテ**

> エジプトのアレクサンドリアでは、ミレニアムを祝して、有名な古代遺跡の灯台を新しい灯台に建て替えている。

第2章 顧客満足、顧客価値、および顧客維持の確立

ィング・ネットワークの質に左右される。競争しているのはもはや企業どうしではく、マーケティング・ネットワークなのだ。

顧客の引きつけと維持

　サプライ・チェーン内のパートナーとの関係改善に加えて、企業の多くは優良顧客とのより強固な結びつきとロイヤルティを築くことに熱心である。かつて、ほとんどの企業は顧客の存在を当然のことと考えていた。顧客側に供給業者の選択肢がそれほど多くなかったり、どの供給業者もサービスが不十分だったり、あるいは市場の成長が著しかったので、企業は顧客の満足に配慮しなかったのだろう。しかし、状況は明らかに一変した。

　今の顧客は簡単なことでは喜んでくれない。昔より賢くなり、価格に敏感で、要求が厳しく、しかも寛容でなくなっている。そして、以前よりも多くの競合他社から同等以上のオファーを受けている。ジェフリー・ギトマーによれば、課題は顧客に満足を与えることではないという。これは競合他社にもできることだ。重要なのは、ロイヤル・カスタマーを創り出すことである[25]。

顧客の引きつけ

　利益と売上を伸ばそうとする企業は、膨大な時間と資源を使って新規顧客を探さなくてはならない。**顧客の獲得**には、**リード**（潜在顧客に関する情報）の作成、リードの絞り込み、顧客への転換に相当のスキルを要する。リードを作成するために企業は広告を考え、メディアを通じてこれを新しい見込み客に伝える。あるいは、ダイレクトメールや電話で新しい見込み客と接触する。営業担当者がトレード・ショーに参加して、新たなリードを開拓することもあるだろう。このような活動から、**可能性のある顧客**のリストができる。次の仕事は、可能性のある顧客のうちだれが本当に優良な見込み客なのかを評価することである。その方法は、面接や経済状態の調査などである。見込み客は「ホット」「ウォーム」「クール」とランク分けできる。営業担当者はまずホットな見込み客と接触し、プレゼンテーション、反対意見に対する回答、最終条件の交渉を通じて、顧客への転換を図る。

失った顧客のコスト計算

　新規顧客を引きつけるスキルを磨くだけでは不十分で、顧客を維持しなくてはならない。高い率で発生する顧客の**入れ替わり**に苦しんでいる企業は多い。つまり、新規顧客を獲得しても、その多くを失っているのであり、穴の開いた鍋に水を注ぎ続けるようなものだ。今日の企業は、**顧客の離反率**（顧客を失う率）にもっと注意を払わなくてはならない。例えば、通信事業者は毎年25％の携帯

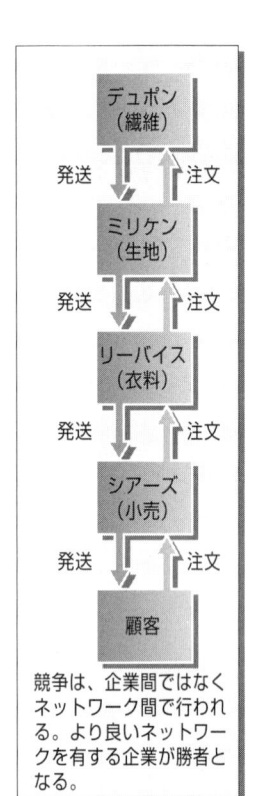

図 2-4

リーバイ・ストラウス社の価値提供ネットワーク

［図：デュポン（繊維）→ミリケン（生地）→リーバイス（衣料）→シアーズ（小売）→顧客　各段階に「発送」「注文」の矢印］

競争は、企業間ではなくネットワーク間で行われる。より良いネットワークを有する企業が勝者となる。

電話加入者を失っている。これは金額にすると20億ドルから40億ドルにもなる。離反率を減らすための手順として、次の4つがある。

第1に、企業は顧客維持率を見極め、算出しなければならない。雑誌であれば、購読契約の更新率が維持率のよい目安となるだろう。大学ならば、1年目から2年目への在籍率やクラスにおける卒業率が考えられる。

第2に、顧客が減少した原因を明らかにし、その中で改善できるものを判別しなければならない（■マーケティング・メモ「去っていく顧客に聞かなくてはならないこと」を参照されたい）。フォーラム・コーポレーションは、14の主要企業について転出や倒産以外の理由で離れた顧客を分析した。その結果、取引先を変えた理由として、顧客の15％がより良い製品を見つけたから、15％はもっと安い製品を見つけたから、そして残りの70％が供給業者から満足なサービスを得られなかったから、ということがわかった。顧客がその土地を離れたり、倒産したりという理由については打つ手がほとんどないが、不十分なサービス、質の悪い製品、高い価格を理由に去っていく顧客に対しては打つ手がたくさんある。企業は、このような理由で離れていく顧客の比率を調査する必要がある[26]。

第3に、顧客を失った場合の損失の程度を見積もらなくてはならない。顧客1人についての損失とは、その顧客の**生涯価値**、つまり顧客が離反しなければ自社が得たであろう利益を現在の価値で見積もったものである。ある大手運送業者は、失った顧客全員分の損失を以下のように見積もった。

- この会社には6万4000社の取引先があった。
- サービスが不十分なため、今年5％の取引先を失った。数にして3200社である（0.05×6万4000社）。
- 失った取引先1件あたりの損失額は平均4万ドルである。したがって、合計1億2800万ドルの減収となる（3,200社×4万ドル）。
- この会社の利益率は10％である。したがって、本年は1280万ドルの損失を出したことになる（0.10×1億2800万ドル）。ただし、本来なら取引を続けるはずの顧客が途中で離反したため、将来をも含めた本当の損失はもっと大きい。

第4に、離反率を下げるためのコストを計算しなくてはならない。コストが損失を下回るかぎり、企業はその額を離反率の引き下げに使うべきである。

旧来の方法に見えるが、顧客の声を聞くことに勝るものはない。企業のなかには、シニアマネジャーが、最前線の顧客からのフィードバックに常に触れられる仕組みを作り上げたところもある。クレジット会社大手のMBNAは、経営幹部全員に顧客サービス部門や顧客リカバリー部門の電話の会話を聞くよう指示している。トラクターのジョンディアを製造するディア・アンド・カンパニーは、一部の製品部門において並外れた顧客ロイヤルティの記録を達成し、年間98％に近い顧客維持率を誇っている。同社では引退した従業員を雇って、離反者と顧客にインタビューを行っている[27]。

MARKETING MEMO

去っていく顧客に聞かなくてはならないこと

効果的な顧客維持プログラムをつくるために、マーケティング・マネジャーは、顧客の離反に共通するパターンを知る必要がある。この分析はまず、販売記録、価格記録、顧客調査結果などの社内記録から始めなくてはならない。次のステップは、離反に関する調査を、ベンチマーキングの研究、業界団体の統計など、外部に広げることだ。重要な質問事項をいくつか挙げてみよう。

- 1年を通じて、顧客の離反率は変動するのか。
- 維持率は、事務所、地区、セールス・レップ、流通業者によって変わるのか。
- 維持率と価格変動にはどのような関係があるのか。
- 去っていった顧客はその後どうするのか。次にどこへ行くことが多いのか。
- 業界の維持率の水準はどの程度か。
- 業界内で顧客の維持期間が最も長い企業はどこか。

出典：William A. Sherden, "When Customers Leave," *Small Business Reports*, November 1994, p. 45.

顧客維持の必要性

　残念なことに、マーケティングの理論と実践のほとんどが、既存顧客の維持よりも新規顧客の獲得技術に重点を置いている。これまで強調されてきたのは、リレーションシップを築くことよりも売上を伸ばすことであり、顧客へのアフターサービスよりも事前の広告と販売だった。

　しかし、顧客ロイヤルティと顧客維持に熱心に努めてきた企業もある[28]。

> **レクサス**
>
> 　レクサスは最初から、顧客サービスと顧客満足に意欲的なディーラーを選んだ。さらに、顧客維持率を向上させれば金額にしてどれだけの価値があるかを、ディーラー自身にわかるようにした。同社は、再購入率とロイヤルティを高めることで、各ディーラーが収益をどれだけ増やせるかを計算できるモデルも作成している。レクサスのある経営幹部は次のように語っている。「わが社の目標は顧客を満足させる以上のこと、つまり、顧客を喜ばせることです」。

　顧客維持の鍵は**顧客満足**である。満足度の高い顧客には次の特徴がある。

- 長期間ロイヤルティを持ちつづける。
- 当該企業の新製品や既存製品の改良型が出れば購入する。
- 企業とその製品について好意的なクチコミを広めてくれる。
- 競合ブランドやその広告に関心が薄く、価格にさほど影響されない。
- 企業に製品やサービスのアイデアを提供してくれる。
- 習慣的に買ってくれるため、新規顧客よりも営業活動にコストがかからない。

　したがって、顧客満足度を定期的に調査するとよい。例えば、最近買ってくれた客に電話をかけ、「非常に満足した」「満足した」「どちらでもない」「不満だった」「非常に不満だった」かについて尋ね、ランク別の人数を調査することができる。顧客の離反率は、非常に不満を感じた顧客の80％、不満を感じた顧客の40％、どちらでもないと答えた顧客の20％、満足した顧客でも10％程度はいるだろう。しかし、非常に満足した顧客が離れていく率は、わずか1％～2％程度である。教訓として学ぶのは、顧客の期待に応えるだけなく、それを上回るように努力すべきだという点である。

　顧客の苦情を記録することで、顧客満足度を把握しようとする企業もある。しかし、不満を感じた顧客の95％は何も言わずに買うのをやめてしまう[29]。企業がとりうる最善の策は、顧客が苦情を言いやすいシステムをつくることである。顧客の意見を聞くためのアンケート、フリーダイヤルの設置、電子メールなどを活用するとよい。3Mは、顧客の意見、質問、苦情を電話で受け付けている。同社によれば、製品改良に結びついたアイデアの3分の2は、顧客の苦情から得たという。

　しかし、聞くだけでは不十分である。企業は、苦情を迅速かつ建設的に処理しなければならない。

古代の七不思議の1つ、アレクサンドリア王立図書館もミレニアムを祝して再建される。この図書館はクレオパトラの時代に焼失した。

苦情を申し立てた顧客のうち54%〜70%は、不満が解決されれば再び当該企業と取引を行う。苦情がすぐに解決されたと感じた顧客の場合は、その確率が95%という驚くべき数字になる。企業に不満を訴え、それが満足できるかたちで解決された場合、顧客は企業の対応のよさを平均5人に話す[30]。

ロイヤル・カスタマーは、企業の利益の大きなウエートを占めるので、企業は些細な苦情やトラブルを見過ごして顧客を失う危険を冒してはならない。IBMは各営業担当者に、顧客満足を回復するために講じたすべての手段とともに失った顧客について、詳しいレポートの提出を義務づけている。失った顧客を取り戻すことは重要なマーケティング活動であり、新規顧客を引きつけるよりもコストがかからない場合が多い。

顧客満足の重視で昔からよく知られている企業のひとつにL.L.ビーンがある。同社は衣料とアウトドア用品の通信販売を行っているが、社外と社内に対するマーケティング・プログラムを巧みに併用している。顧客に対しては、次の申し出をしている[31]。

100%保証

わたしたちの商品はすべて、あらゆる面で100%の満足を保証します。お買い上げになった商品に問題があれば、いつでも、どんな商品でも返品してください。ご希望に応じて、商品のお取替え、返金、クレジットカードへのデポジットを致します。L.L.ビーンの商品に完全に満足していただきたい。これがわたしたちの願いです。

一方、従業員に対しては接客態度の向上意欲を持たせるために、次のようなポスターをオフィスの目立つ場所に貼っている[32]。

お客様とは何か？

ご来店や通信販売を問わず、お客様は当社においてだれよりも大切な人である。お客様が私たちを頼りにしているのではなく、私たちがお客様を頼りにしているのだ。お客様は我々の仕事の邪魔ではなく、私たちの仕事の目的である。私たちはお客様にサービスをして差し上げるのではない。機会を与えて下さるお客様にサービスをさせて頂くのだ。お客様は議論したり知識を競い合ったりする相手ではない。お客様と言い争って打ち負かすなど論外だ。お客様は私たちに要望を伝えてくださる方である。私たちの仕事とはお客様の利益となるように行動することであり、それはとりもなおさず、私たちの利益となるように行動することでもある。

既存顧客を満足させ維持することの重要性に、ますます多くの企業が気づきはじめている。顧客維持に関する興味深い事実をいくつか紹介しよう[33]。

新しいミレニアムを意味する言葉として、MM、2000、Y2K、Two-zipなどが創作された。

西暦2000年の前日、西暦1000年がニュースで再び脚光を浴びる。

西暦1000年ごろ、イタリアのジェノバ、ピサ、ベニスなどの都市は、コンスタンティノープルやその他の東地中海地域と活発な交易を行っていた。	■ 新規顧客の獲得には、既存顧客を満足させ維持するのに要するコストの5倍はかかると考えられる。満足している顧客を現在の供給業者からスイッチさせるには、それほど大きな労力が必要なのである。 ■ 平均的な企業は毎年10％の顧客を失っている。 ■ 業種によって異なるが、顧客の離反率を5％減らせば、利益は25％〜85％増加する。 ■ 顧客の収益率は、維持されている顧客の生涯を通じて増える傾向にある。

歴史メモ：中世初期の商人は、西洋社会における最初の資本家といわれている。彼らは、お金儲けと大金持ちになるチャンスに意欲をかき立てられていた。

顧客維持の重要性を裏づけるために、例を挙げて検証しよう。ある企業が、新規顧客の獲得にかかるコストを次のように計算した。

営業訪問にかかる平均コスト（給与、手数料、手当、経費）	300ドル
平均的な見込み客を顧客に転換するのに要する平均的な訪問回数	×4回
新規顧客を引きつけるためのコスト	1200ドル

これは低く見積もった数字である。なぜなら、広告と販売促進のコストは除外されているし、実際には、すべての見込み客のうち顧客に転換できるのはごく一部にすぎないからだ。

一方、平均的な顧客の生涯価値を次のように見積もってみる。

顧客から1年間に得る収益	5000ドル
顧客がロイヤルティを保つ平均年数	×2年
企業の利益率	×0.10
顧客の生涯価値	1000ドル

この企業は、新規顧客を獲得するために、当該顧客の価値以上のコストをかけていることになる。もっと少ない訪問回数で顧客と成約する、営業訪問にかかるコストを減らす、新規顧客の年間購入額の増加を促す、顧客をより長期間維持する、あるいは利益の大きな製品を売る、といったことができなければ、この企業の行く手に待つのは破産である。

顧客維持を高める方法は2つある。ひとつは、簡単には他社にスイッチできない高い障壁をつくることである。初期投資コストが高い、探索コストが高い、あるいはロイヤル・カスタマー向けの割引特典を失う。このような場合、たいていの顧客は他の供給業者に乗り換えようとはしない。もっと得策といえるのは、顧客に高い満足を提供することである。この場合、競合他社が単に安い価格や誘因を提示しても、顧客のスイッチを引き起こすことは困難だ。顧客の強いロイヤルティを創り出すことを、**リレーションシップ・マーケティング**と呼ぶ。企業が価値の高い顧客をよりよく知り、よりよいサービスを提供するために行うすべての手段が、リレーションシップ・マーケティングの対象である。

リレーションシップ・マーケティングの鍵

　リレーションシップ・マーケティングを理解するために、顧客を引きつけ維持するプロセスを再確認しよう。■図2–5 は、**顧客開発プロセス**を示したものである。出発点は**可能性のある顧客**である。ここには、製品やサービスを購入するかもしれない人がすべて含まれる。企業は可能性のある顧客をよく吟味し、**見込み客**になりうる人、つまり、製品に対して強い潜在的関心を持ち、しかも支払能力がある人を見極める。**不適格者**とは、信用度が低い、あるいは利益が薄いなどの理由で、企業側が退けた人である。企業は、**適格な見込み客**の多くを初めての顧客に転換し、続いて、満足した初めての顧客を**リピート客**に転換したいと願う。初めての顧客も常連客も、競合他社からの購入を継続する可能性があるため、企業は常連客を**クライアント**に転換するための手段を講ずる。クライアントとは、企業がよく知っており、特別な扱いをする顧客である。次の課題は、クライアントをメンバーにすることである。そのために、加入した顧客に一連の特典を提供するメンバーシップ・プログラムを実施する。うまくいけば、メンバーは**信奉者**になってくれる。これは、ほかの人々に、企業とその製品やサービスを熱心に薦めてくれる顧客である。最後の課題は、信奉者をパートナーに転換することである。この段階に至ると、顧客と企業は積極的に協力し合う関係になる。

　一部の顧客は、倒産、転居、不満などの理由により、やがて買わなくなったり、脱落するだろう。そこで、**顧客を取り戻す戦略**を通じて、満足していない顧客を再び活性化させることが課題となる。かつての顧客を取り戻す方が、新規顧客を見つけるより簡単な場合が多い。顧客の名前や履歴がすでにわかっているからである。

　ロイヤル・カスタマーを増やせば収益が伸びる。しかし、顧客のロイヤルティを高めるためにはコストがかかる。コストが利益を上回らないようにしながら、顧客とのリレーションシップを構築するには、どれくらいの投資が必要だろうか。顧客リレーションシップの構築に対する投資を5つのレベルに分けて考えてみた。

1. **基本型マーケティング**　　販売員は製品を売るだけである。
2. **受身型マーケティング**　　販売員は製品を売り、顧客に対して、疑問、意見、不満があれば電話をするように促す。
3. **責任型マーケティング**　　販売員は、販売後しばらくしてから顧客に電話をかけ、製品が顧客の期待に沿うものだったかどうかを確かめる。さらに、製品やサービスの改良すべき点や、特に不満を感じた点について尋ねる。この情報は、企業が業績を継続的に向上させるのに役立つ。
4. **積極型マーケティング**　　販売員は顧客にたびたび連絡をとり、改良された製品の使用法や有益な新製品を提案する（クラフト社のセール

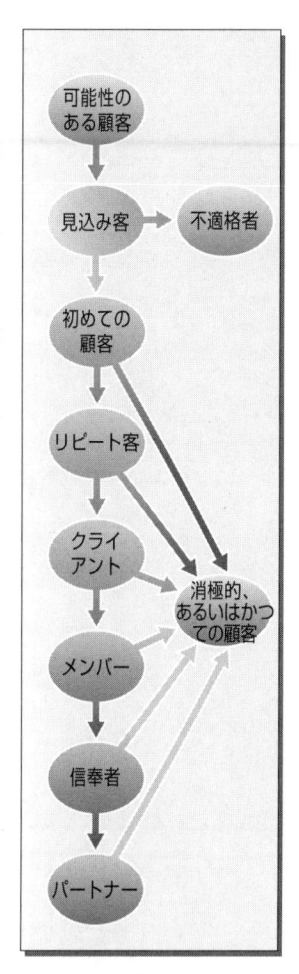

図2–5

顧客開発プロセス

出典：Jill Griffin, *Customer Loyalty: How to Earn It, How to Keep It* (New York: Lexington Books, 1995), p. 36. 以下の文献も参照されたい。Murray Raphel and Neil Raphel, *Up the Loyalty Ladder: Turning Sometime Customers into Full-Time Advocates of Your Business* (New York: HarperBusiness, 1995).

ス・レップはかつて、顧客に対する努力をスーパーマーケットでの販売促進活動の考案だけにとどめていた。現在、同社は積極型マーケティングを行い、小売店の利益をあげるための調査や助言を提供している)。
5. **パートナーシップ・マーケティング**　企業が顧客の業績を上げる方法を見いだすために、継続的に協力する(GEは、プラクスエア社の生産性向上を助けるために、技術者を同社に常駐させている)。

　市場の顧客数が多く、単品の利幅が小さい場合、ほとんどの企業が基本型マーケティングのみを行う。ハインツが、ケチャップ購入者一人ひとりに電話をかけて感謝することなどないだろう。せいぜい顧客ホットラインを設けるくらいである。その反対に、顧客が非常に少ない市場で利幅が大きい場合、ほとんどの売り手はパートナーシップ・マーケティングを目指す。例えばボーイング社は、ジェット機の設計にあたってアメリカン航空と緊密に連携し、アメリカン航空の要求を十二分に満たした航空機を製造している。■図2-6に示すように、リレーションシップ・マーケティングのレベルは、顧客の数と利幅のレベルに左右される。

　今、最も優れたリレーションシップ・マーケティングは、先端技術に支えられている。GEプラスチックスがニューズレターの送付先を効果的に絞り込むことができたのは、データベース・ソフトウェアの進歩のおかげである。先に紹介したデル・コンピュータは、ウェブ技術の発達がなければ、世界中の企業顧客に対してコンピュータによる注文システムをカスタマイズすることはできなかった。電子メール、ウェブサイト、コールセンター、データベース、データベース・ソフトウェアを利用して、企業は顧客との継続的な接触を促進している。ウェブサイトによってリレーションシップ・マーケティングが大成功を収めることのできた企業について見てみよう。

インダス・インターナショナル社

　サンフランシスコを拠点とした企業向け資産管理ソフトウェアのメーカー、インダス・インターナショナル社は、顧客との接触を単純化することで維持率の向上を図るウェブサイト、CareNetを開始した。このサイトで、顧客は頻繁に更新される製品情報にアクセスし、サービ

図2-6　リレーションシップ・マーケティングのレベル

	高いマージン	中程度のマージン	低いマージン
顧客／流通業者が多い	責任型	受身型	基本型または受身型
顧客／流通業者が中程度	積極型	責任型	受身型
顧客／流通業者が少ない	パートナーシップ	積極型	責任型

ス担当者に問い合わせを行い、特定の問題のソリューションを得ることができる。また、顧客がウェブ上で意見や感想を述べたり、製品の問題点についてのソリューションを提案することも奨励されている。今のところ評判は上々である。最初の1か月間にCareNetを利用したのは30人だったが、わずか10か月間に利用者数は600人に跳ね上がった[34]。

　顧客とのリレーションシップを発展させるための媒体として長らく使われてきた電話をウェブ技術と組み合わせれば、それは顧客を引きつけ維持するための非常に強力な手段となる。■ミレニアム・マーケティング「テレホンからテレウェブへ：新しいコールセンターはいかにして顧客を引き寄せたか」を参照して欲しい。

　顧客との絆（きずな）を強化し、顧客満足度を高めるために使えるマーケティング・ツールとは具体的に何だろうか。ベリーとパラスラマンは、3つの価値構築アプローチを指摘している[35]。それは、金銭的ベネフィットの付与、社会的ベネフィットの付与、構造的結びつきの付与である。

歴史メモ：西暦1000年代初頭、イスラム教徒の商人がインドに定住すると、ビジネス上の利点を求める者の改宗を招いた。

■■■■ 金銭的ベネフィットの付与

　企業が提供できる2つの経済的ベネフィットは、フリクエンシー・マーケティング・プログラムとクラブ・マーケティング・プログラムである。**フリクエンシー・マーケティング・プログラム（FMP）**とは、購入回数が多かったり購入額が大きかったりする顧客に報奨を与えることである。フリクエンシー・マーケティングは、顧客の20％が取引全体の80％を占めるという事実が判明することによって生まれた。

　アメリカン航空は、フリクエンシー・マーケティング・プログラムを初めて取り入れた企業のひとつで、1980年代初めに、マイレージをためた顧客に無料サービスの提供を始めた。次にFMPを取り入れたのがホテルである。マリオットがオナード・ゲスト・プログラムで先陣をきった。利用回数の多い顧客は、ポイントをためることで部屋のアップグレードや無料宿泊のサービスを受けられる。その後しばらくして、レンタカー会社がFMPを取り入れた。続いてクレジットカード会社が、カードの利用レベルに応じたポイントの提供を開始した。シアーズは、自社の「ディスカバー」クレジットカードを持っている顧客がカードで支払えば、割引分を払い戻している。また、現在ではほとんどのスーパー・マーケット・チェーンが「プライス・クラブ・カード」を提供している。これは、メンバーの顧客が特定商品の割引を受けられるというカードである。

　通常、最初にFMPを取り入れた企業が最も大きな利益をあげる。とくに競合他社の反応が遅れた場合、この傾向は顕著である。競合他社が同じサービスを始めると、FMPはこれを提供するすべての企業にとって財政上の重荷となる可能性がある。

　多くの企業が、顧客との距離を縮めるために**会員制クラブ・プログラム**を有している。会員制クラブには、フリクエント・フライヤーズ・クラブやフリクエ

MARKETING FOR THE MILLENNIUM　ミレニアム・マーケティング

テレホンからテレウェブへ：新しいコールセンターはいかにして顧客を引き寄せたか

葉巻愛好家のカラ・バイデンは、非常に人気の高い葉巻、ショート・ストーリーズを買うためにフェイマス・スモーク・ショップスに電話をかけるのだが、いつも品切れである。それでもバイデンはフェイマスに対するロイヤルティを失うことなく、これからも電話をかけ続けるだろう。

バイデンがフェイマスに電話をかけると、ACD（自動電話分配器）というシステムがただちに作動して応答し、適切なコンタクト・パーソンに電話を回す。企業に電話をしたとき、機械に応答されるのを嫌う人は多いが、バイデンはACDが迅速に電話をサービス・レップに通したので好印象を持った。また、知識豊富なレプリゼンタティブと手に入りにくいその葉巻の代替品となるものについて、楽しく話ができた。レップは自社の葉巻だけではなく、バイデンのこともよく知っていた。バイデンの購入記録と以前の質問事項が目の前のコンピュータのディスプレー上に出ていたからだ。

フェイマス・スモーク・ショップスのような企業は、自動コールセンターを個々の顧客との交流を最大限に利用する可能性を秘めた技術ツールと考えている。つまり、コールセンターは単なる電話窓口ではなく、先端技術を使ったテレマーケティング実践の場だということである。コールセンターによって、最も収益性の高い顧客をターゲットに定める、顧客の反復購買を増加する、顧客の離脱を防ぐ、競合他社から顧客を呼び寄せる、などが可能になる。そもそも**コールセンター**という名称はふさわしくないかもしれない。情報技術とリサーチの専門会社ガートナー・グループの副社長、カーター・ラッシャーは次のように述べている。「コールセンターは、実際の機能からいえばコンタクトセンターであり、顧客が企業に、電話、FAX、インターネット、電子メール、あるいは双方向型のディスプレー上のキオスクによるアクセスを可能にするものです」。

コールセンターが内向きであれ（電話を受ける）、外向きであれ（テレマーケティング・センター）、その目的は、どのようなコミュニケーション形式をとるにしても、顧客と企業の交流をスムーズで均一なものにすることである。最先端技術のおかげで、顧客サービス

ント・ダイナーズ・クラブのように製品やサービスを購入した人ならだれでも入会できるものと、少額の会費を支払う人や**類縁団体**に会員を制限するものがある。だれでも入会できるクラブはデータベース作りや競合他社の顧客を奪うのに適している一方、会員を限定したクラブは長期にわたるロイヤルティを築くのに強力な手段となる。会費や資格条件があると、当該企業の製品に一時的な興味しかない人は入会しないだろう。顧客が限定されたクラブは、取引高の大半を占める重要な顧客を引きつけ維持する。会員制クラブを成功させた企業の例を見てみよう。

イケア

スウェーデンの家具小売チェーン「イケア」によって設立されたクラブ、イケア・ファミリーは9か国に会員を有し、ドイツだけでも20万人以上の会員がいる。クラブの特典には、家具の配送、保険、休日用の別荘やリゾートマンションを会員間で交換するプログラムなどがあ

担当者が見ているものと同じウェブサイトを、同時に顧客が自分のパソコン上で見ることが可能になった。顧客と顧客サービス担当者は、電話線やインターネット回線を通じて、製品を比較したり機能について話し合うことができる。カリフォルニア州フレモントにある先端技術会社、ロジスティクスのCIO(最高情報責任者)サプリート・マナチャダは述べている。「わが社はものすごい勢いで成長しています。その理由は明らかに、この技術を通じて顧客が我々のもとにやってくるからです」。ロジスティクス社は、アスペクト・テレコミュニケーションズ社のソフトウェア、Web Agentを試験中である(■口絵2-2参照)。Web Agentは、担当者と顧客が話すときに、両者が見ているウェブ画面をシンクロさせる。しかも、どちらかが画面上の文字や絵を丸で囲めば、相手にもそれが見えるのである。一見たいしたことではなさそうだが、これはお互いにディスプレー上で図表を見ながら、担当者がルーターのような複雑な技術機器を説明するときに、顧客の理解を助けてくれる。さらにロジスティクス社は、この技術を使えばコールセンターを顧客との接触拠点に変えられることにも喜んでいる。

マサチューセッツ州ケンブリッジにあるフォレスター・リサーチ社は、ウェブを利用したコールセンターを「テレウェブ」と名づけた。フォレスターのアナリスト、デヴィッド・クーパースタインは次のように語る。「最終的には、企業への接触手段を顧客に選ばせ、どの手段によっても、必ず一貫性のある対話ができるようにしなくてはならない。例えば担当者が顧客から電話を受けたとき、その顧客が直前に電子メールを送ってきていることがわかるようになるとよい」。今後テレウェブの導入は大々的に広がるだろうが、その恩恵を最も受けるのは、ロジスティクス社のように複雑なハイテク製品を販売する企業だろう。しかしカラ・バイデンのような人々は、これからも電話によって、葉巻やローテク製品に関する問い合わせを続けるだろう。

出典: Alessandra Bianchi, "Lines of Fire," *Inc. Tech*, 1998, pp. 36-48; Matt Hamblen, "Call Centers and Web Sites Cozy Up," *Computerworld*, March 2, 1998, p. 1; and John F. Yarbrough, "Dialing for Dollars," *Sales & Marketing Management*, January 1997, pp. 60-67.

る。例えば、ロッキーマウンテンに住む会員が、スカンジナビア半島のフィヨルドで数週間の休日を過ごす間、スウェーデンの家族に自分の山小屋を提供することができる(36)。

テレピザ・エス・エー

スペインのテレピザ・エス・エーは、マジック・クラブを子ども向けマーケティングにうまく使い、多国籍企業ピザハットのスペインでのシェアを上回った。現在テレピザは、スペイン最大の会員数を誇る会員制クラブを有し、300万人の子どもが入会している。このマジック・クラブは子供を対象に、オーダーごとに簡単な手品やちょっとした景品を提供している。テレピザは現在スペインで500近くの店舗をもち、ピザハットの市場シェアは20%以下なのに対し、テレピザは65%を占めている(37)。

歴史メモ:西暦1000年ごろの中国経済は、当時の海外との交易が示すように、ずば抜けて優れたものだった。中国は原材料を輸入し、加工品を輸出していた。

第2章 顧客満足、顧客価値、および顧客維持の確立

スウォッチ

スイスの時計メーカーであるスウォッチのマニアは、同社の奇抜な時計を1年間に平均9個購入する。そこでスウォッチは、コレクターの要求に応えるために会員クラブを利用している。クラブの会員は、人工芝のアストロターフをバンドに使った「ガーデンターフ」などの限定モデルを購入することができる。また、会員にはニューズレターに加え、世界中から集めたスウォッチ情報を満載した『ワールド・ジャーナル』という雑誌が送られる。スウォッチは、会員による熱心なクチコミ情報がビジネスを後押ししてくれることを期待している。スウォッチの会員クラブのマネジャー、トリッシュ・オキャラハンは次のように述べている。「わが社にとって、会員は歩く広告塔のようなものです。彼らは我々の製品を愛し、生活の一部に取り込んでいます。彼らはスウォッチの大使なのです」。

フォルクスワーゲン

フォルクスワーゲンは、人気が高い同社のクラブの米国支部を設立した。25ドルの会費をフォルクスワーゲン・クラブに支払えば、会員は会報『フォルクスワーゲン・ワールド』、Tシャツ、道路地図、テレホンカード、旅行とレクリエーションの割引を受けることができる。さらに、自分の住む地区のディーラーから部品やサービスの割引を受けられる。しゃれた特典として、自分のフォルクスワーゲンの写真を使ったクラブ会員専用のVISAカードを申し込むこともできる[38]。

ハーレー・ダビッドソン

> 歴史メモ：アラビアやペルシャ湾の商人が東アフリカ沿岸に上陸したのは、9世紀から10世紀のことだった。

この世界的に有名なオートバイ・メーカーは、HOG（Harley Owners Group）と呼ばれるクラブを主催しており、現在の会員数は36万人にのぼる。初めてハーレー・ダビッドソンを購入した人は、1年間無料で会員になることができる。HOGの特典には、会報誌『*Hog Tales*』、ツーリング用ハンドブック、緊急ロードサービス、特別に設定された保険、盗難車の懸賞金サービス、ホテルの宿泊代割引、旅先の空港でハーレーを借りられるフライ・アンド・ライド・プログラムなどがある。

■ 社会的ベネフィットの付与

社会的ベネフィットの付与は、企業の従業員が顧客とのリレーションシップを個別化することで、顧客との社会的絆の強化に役立てられる。■表2-2で、顧客へのアプローチにおいて、社会的結びつきに敏感な場合と鈍感な場合を比較した。端的にいえば、賢明な企業は顧客をクライアントに転換することができる。ドネリー、ベリー、トンプソンは、次のような特徴をまとめた。

企業にとって、顧客は名前のない存在だが、クライアントは企業が必ず名前を知っている客である。顧客は不特定多数の一部として、あるいは大きなセグメントの一部としてサービスを受けるが、クライアントは個人単位でサービスを受ける。顧客はその場に居合わせた者から

表2-2
購買者と販売者のリレーションシップに影響を与える社会的行動

良い行動	悪い行動
積極的に電話をかける	折り返しの電話しかしない
推奨する	正当化する
率直な言葉遣い	相手に合わせる言葉遣い
電話を使う	郵便を使う
感謝を表す	誤解を生む
サービスを提案する	サービスの要求を待つ
「わたしたちが問題を解決する」という言葉を使う	「あなたは我々に義務がある」という法律用語を使う
問題を究明する	問題に対応するだけである
互いの間で通じる言葉や表記を使う	回りくどいコミュニケーションをする
個人的な問題について話し合える	個人的な問題を隠す
「今後もともにつきあっていく」ことを話す	過去のつきあいを利用しようとする
対応を定型化する	場当たり的に対応する
責任を認める	責任を転嫁する
将来を計画する	過去の焼きなおしをする

出典：Theodore Levitt, *The Marketing Imagination* (New York: Free Press, 1983), p. 119. 邦訳：『マーケティング・イマジネーション』（土岐坤訳、ダイヤモンド社）ハーバード・ビジネス・レビューの許可を得て、以下の文献より掲載。An exhibit from Theodore Levitt, "After the Sale Is Over," *Harvard Business Review* (September–October 1983, p. 119). Copyright ©1983 by the President and Fellows of Harvard College.

サービスを受けるが、クライアントは専属のプロからサービスを受ける[39]。

顧客が互いに顔を合わせて交流できる機会を提供している企業もある。ハーレー・ダビッドソン、ポルシェ、サターン、アップル・コンピュータなどは、ブランド・コミュニティの構築に取り組んでいると言われている。

構造的結びつきの付与

企業が顧客に、注文、給与、在庫などの管理に役立つ特別な装置やコンピュータ・リンケージを提供する場合がある。よい例として、大手薬剤卸売業者のマケッソン・コーポレーションを挙げよう。同社は個人経営の薬局での在庫、発注プロセス、棚スペースの管理に役立てるため、電子データ交換（EDI）システムに何百万ドルも投資した。ほかにも、ロイヤル・カスタマーに、独占権を持つソフトウェア、マーケティング・リサーチ、販売トレーニング、セールス・リードを提供しているミリケン・アンド・カンパニーなどがある。

顧客の収益性──最終的な審査

　マーケティングとは、収益性の高い顧客を引きつけ維持する技術だといえる。アメリカン・エキスプレスのジェームズ・V・パッテンによれば、最高の顧客は他の客に比べ、小売業で16倍、飲食業で13倍、航空業で12倍、ホテル業で5倍の額を使うという(40)。世界で最も経営内容のよい自動車ディーラーを経営するカール・スーエルは、一般的な自動車購入者1人につき、車の購入とサービスに30万ドル以上の潜在的生涯価値を見積もっている(41)。

　しかし、どの企業も一部の顧客で損を被っている。有名な**20対80の法則**は、上位20%の顧客が企業全体の収益の80%を生み出すというものである。シャーデンは、これを20対80対30の法則に変更すべきだと言っている。つまり、上位20%の顧客が企業全体の収益の80%を生み出し、その収益の半分は下位30%の利益性のない顧客によって失われているというのである(42)。そこには、不良顧客を「手放せ」ば、企業の収益があがるという意味が隠されている。しかし、ほかに2つの選択肢が考えられる。値上げと、収益性の低い顧客に対するサービス・コストの削減である。

　一方、売上額の最も大きい顧客が、必ずしも最も大きな利益を生むとは限らない。大口顧客はサービスへの要求が高く、最も大きな割引を受けている。最も売上額の少ない顧客は定価どおりに支払い、最小限のサービスしか受けないが、彼らとの取引に要するコストが企業の収益性を低下させる。売上額が中程度の顧客はよいサービスを受け、ほぼ定価で支払っており、収益性が最も高い場合が多い。この事実は、今まで大口顧客だけをターゲットにしていた大企業の多くが、中程度の顧客向け市場に移り始めた理由を裏づけるものである。例えば大手の航空小荷物輸送業者は、中小規模の国際便利用者を無視するのは得策でないと認識を改めつつある。小規模の顧客向けプログラムでは、集荷箱を網の目のように配置することで、営業所で集荷する書類や小包に対して大きな割引の提供を可能にした。さらにユナイテッド・パーセル・サービス(UPS)では、輸出業者を対象に海外出荷の要点に関するセミナーを開催している(43)。

　企業はすべての顧客を追い求め、満足させようとするべきではない。例えば、コートヤード(マリオット・ホテル所有の中級ホテル・チェーン)の宿泊客が、マリオットなみのサービスを要求したら、コートヤード側はノーというだろう。このような要求を認めても、マリオットとコートヤードのポジショニング混乱をきたすだけである。ラニングとフィリップスは、この点を明確に説明している。

> 顧客が望めば、何でも、どんなことにでも応じようとする企業がある。しかし、顧客から寄せられるたくさんの提案には役立つものもあるが、実行不可能なものや、利益にならないものも多い。場あたり的にこうした提案に従うと、マーケット・フォーカスから根本的に外れてしまう。マーケット・フォーカスを絞るためには、どの顧客をサービスの対象とし、どのようなベネフィットと価格の組み合わせで顧客に提供

するのか（そして何を提供しないのか）について、一定の方針に基づき選別しなければならない[44]。

収益性の高い顧客とはどのような顧客か。ここでは、収益性の高い顧客を以下のように定義する。

- **収益性の高い顧客**とは、ある期間を通じて利益の流れを生み出す個人、世帯、企業のことである。この利益は、企業が当該顧客を引きつけ、販売を行い、サービスを提供する一連の流れにおいて生ずるコストを十分上回るものである。

大事なのは顧客の生涯を通じての利益とコストの流れであり、特定の取引から生じる利益ではないという点に注意して欲しい。次に2つの例を挙げて、顧客の生涯価値を説明しよう。

タコベル

タコスは1つ1ドルもしないのだから、タコベルは失った顧客のことなど気にかけないと思われるかもしれない。しかし、タコベルの経営幹部は常連客には1万1000ドルの価値があると判断した。顧客の生涯価値の評価について共通意識を持つことで、タコベルのマネジャーは顧客に満足してもらうことの重要性を従業員にも徹底させている[45]。

トム・ピーターズ

トム・ピーターズは、優れた経営方法を説いた本の著者として知られている。彼の経営する会社は、毎月1500ドルをフェデラル・エクスプレスのサービスに費やしている。この額を1年間で12回支払う。会社はあと10年間は経営を続けるつもりだ。したがって、この先フェデラル・エクスプレスのサービスに18万ドルも費やす計算になる。フェデラル・エクスプレスの利益率を10%とすれば、ピーターズの会社はその生涯において、フェデラル・エクスプレスの収益に1万8000ドルの貢献をすることになる。ただし、ピーターズの受けるフェデラル・エクスプレスのサービスが低下したり、競合他社がよりよいサービスを提供したりすれば、この1万8000ドルはゼロとなる危険にさらされている。

多くの企業が顧客の満足度を測定しているが、個々の顧客の収益性を評価している企業はほとんどない。例えば、銀行ではこれを実行するのが難しいという。なぜなら、顧客が利用する銀行サービスはさまざまであるし、おのおのの取引は別々の部署で記録されるからである。しかし、顧客の取引情報をリンクすることに成功した銀行では、基盤となる顧客の中に利益性のない顧客があまりにも多数いることを知り、衝撃を受けている。銀行によっては、顧客の45%以上において銀行側に損失が出ているという。以前は無料で提供されていた多くのサービスが有料化しているのは当然といえるだろう。

収益性の分析に役立つモデルが■図2-7に示されている[46]。横軸は顧客、縦軸は製品である。各欄の記号は、製品を顧客に販売したときの収益性を表している。顧客1は非常に収益性が高い。利益の高い製品を3つ（P_1、P_2、P_4）購入し

歴史メモ：中国最初の紙幣は1024年、四川省で印刷された。

連邦政府はウェブ上の「インターナショナル・イヤー2000バーチャル会議」を今も継続している。

図 2-7

顧客と製品の収益性の分析

		顧客			
		C_1	C_2	C_3	
製品	P_1	+	+	+	利益の高い製品
	P_2	+			利益のある製品
	P_3		−	−	損失を被っている製品
	P_4	+		−	利益と損失が混在している製品
		高利益をもたらす顧客	利益と損失が混在している顧客	損失をもたらす顧客	

ているからである。顧客2は利益の高い製品1つと利益の出ない製品1つを購入しており、その収益性はプラスマイナスが混ざっている。顧客3は損失をもたらす顧客である。利益の高い製品1つと利益の出ない製品2つを購入しているためだ。企業は顧客2と顧客3についてどうすればよいだろうか。2つの方法が考えられる。(1)収益性の低い製品を値上げするか、それらの製品を排除する。(2)収益性のない顧客に対して、利益の高い製品を販売する努力をする。収益性のない顧客が離反したとしても、企業にとって問題にはならない。むしろ、企業はこうした顧客が競合他社へ乗り換えるように促すことで有利になる。

結局、企業の価値創造能力が向上し、内部の運営が効率化し、競争優位が強まるほど、収益性は高くなる。企業は絶対的な価値を高めるだけではなく、コストを許容範囲に抑えた上で、競合他社に対する相対的な価値を高めることが必要である。**競争優位**とは、競合他社が模倣できない、あるいは模倣しようとしない方法を実践する能力である。競争優位が**顧客優位**として認識されればいうことはない。顧客が企業の競争優位に関心がなければ、それは顧客優位とはいえない。企業は、持続的で意義のある顧客優位を確立しようと努力している。それに成功した企業は、高い顧客価値と顧客満足を提供する。これが高い再購入率につながり、その結果、企業に高い収益性をもたらすのである。

20世紀初頭の人々は、2000年がどんなふうになると考えたのだろうか。1910年のロイヤット・チョコバーの包装紙には、巨大な気球やこうもりの羽をつけた空飛ぶ警察官などのイラストが描かれている。

トータル・クオリティ管理の実行

顧客が売り手に期待する価値のなかで大きなもののひとつに、製品とサービスの質の高さがある。現代の経営幹部は、製品とサービスの質の向上を最重要課題と考えている。顧客の多くは、なみの質には満足せず我慢もしない。企業が利益をあげることはもちろん、競争から脱落したくなければ、トータル・クオリティ管理(TQM: Total Quality Management)を採用するしか道はない。

- **トータル・クオリティ管理(TQM)**とは、組織内のあらゆるプロセス、製品、サービスの質を常に向上させ続けるための全社的な取り組みであ

る。

　GEの会長ジョン・F・ウェルチ・ジュニアは次のように述べている。「我々にとって、品質は顧客ロイヤルティの最も確かな保証であり、海外の競合他社に対する最大の防御であり、継続的な成長と利益への唯一の道である[47]」。

　世界の市場で優秀さが認められる製品を生産しようとする意欲から、国や、あるいは複数の国が集まった地域が、最高品質を達成した企業を承認したり、賞を授与するようになっている。

- **日本**　1951年、日本は国家品質賞を授与した最初の国になった。「デミング賞」という賞の名は、戦後の日本で品質改善の重要性と方法論を説いたアメリカ人の統計学者、W・デミングにちなんで名づけられている。デミングの研究は、多くのTQMの実践論に対する基礎を築いた。

- **アメリカ合衆国**　アメリカ合衆国は1980年代半ば、今は亡き商務省長官の名前を冠したマルコム・ボルドリッジ国家品質賞を制定した。ボルドリッジ賞には7つの基準項目が設けられており、それぞれにおいて受賞に要するポイントが定められている。その7つとは、顧客への関心度と顧客満足度(最もポイントが高い)、品質とオペレーションの成果、工程の質の管理、人的資源の開発と管理、戦略的品質計画、情報と分析、経営陣の指導力である。過去に受賞した企業には、ゼロックス、モトローラ、フェデラル・エクスプレス、IBM、テキサス・インスツルメンツ、GMのキャデラック部門、リッツ・カールトン・ホテルなどがある。ごく最近この品質賞を受賞したのは、高い評価を受けているミネアポリスの市場調査会社、カスタム・リサーチである。

- **ヨーロッパ**　1993年、ヨーロピアン・ファウンデーション・フォー・クオリティ・マネジメントとヨーロピアン・オーガナイゼーション・フォー・クオリティによってヨーロッパ品質賞が設けられた。これは、一定の基準項目について高い評価を獲得した企業に贈られる。評価の項目は、指導力、人事管理、企業の方針と戦略、資源、工程、従業員満足、顧客満足、社会への影響、業績である。ヨーロッパでは、ISO 9000と呼ばれる厳密な国際品質基準を提唱し、これが文書で品質を証明する基準として広く認められるようになった。ISO 9000は、世界中の品質志向の企業がどのようにして製品検査を行い、従業員を教育し、記録を残し、欠陥を是正しているかを顧客に示すための枠組みとなっている。ISO 9000の認定を取得するには、ISO(国際標準化機構)に登録された審査機関によって、6か月ごとの品質検査を受けなければならない[48]。

　製品とサービスの質、顧客満足、企業の収益性には、それぞれ密接なかかわりがある。品質のレベルが高ければ、顧客満足のレベルも高まり、その一方、高い価格と(しばしば)低いコストを維持できる。したがって**品質改善プログラム(QIP)** は、収益性を高めてくれる。有名なPIMS研究は、製品の品質と企業の収益性の間に緊密な相関関係があることを証明している[49]。

> 2100年までには、世界の全人口の75%〜80%が都市部に住むだろう。

しかし、品質とは実際のところ何だろうか。さまざまな専門家が、「用途に適っていること」「要求に一致していること」「変動性がなく安定していること」などと定義している(50)。ここでは、アメリカン・ソサエティ・フォー・クオリティ・コントロールによる定義に従おう。これは、世界中で採用されている定義である(51)。

- **品質**とは、明示的、あるいは暗示的なニーズを満たす能力のある製品またはサービスの特徴と特性を総合したものである。

これは、明らかに顧客の立場に立った定義である。売り手の製品やサービスが顧客の期待に応える、あるいは期待を上回るとき、売り手は品質を提供したということができる。多くの顧客ニーズをほぼ常に満足させる企業は、**クオリティ・カンパニー**と呼ばれる。

適合面の品質と性能面の品質（グレード）を区別することは重要である。メルセデスの車は、ヒュンダイの車よりも高い**性能品質**を提供する。つまり、メルセデス車の方が、乗り心地がスムーズで、速く走り、耐久性がある。しかし、メルセデス車もヒュンダイ車も、すべての製品がそれぞれに保証された品質を提供するなら、どちらも**適合品質**を有するといえる。

トータル・クオリティが、価値創造と顧客満足の鍵である。マーケティングが全社員の仕事であるように、トータル・クオリティの提供も全社員の仕事である。この考え方をダニエル・ベッカムはうまく語っている。

> 品質改善、製造、オペレーションの言語を学ばないマーケターは、時代に取り残されるだろう。機能別マーケティングの時代は終わった。市場調査担当、広告担当、ダイレクト・マーケティング担当、戦略担当という分け方はもはや成り立たない。企業の人間は全員が顧客を満足させる責務を担っている。つまり、顧客の代弁者としてすべてのプロセスに焦点を当てるという意識を持たなくてはならない(52)。

品質本位の企業のマーケティング・マネジャーには、2つの責務がある。1つは、優れたトータル・クオリティーによって企業が勝ち抜くための戦略と方針の立案に参加すること。もう1つは、質のよい製品とともに、質のよいマーケティングを提供することである。マーケティング・リサーチ、セールス・トレーニング、広告、顧客サービスなど、個々のマーケティング活動を高い水準で実行しなくてはならない。

マーケターは、企業が質の高い製品とサービスを明確化し、それを標的顧客に提供するために、いくつかの役割を担う。第1に、顧客のニーズと要求を正確に把握しなければならない。第2に、顧客の期待を製品の設計者に的確に伝えなくてはならない。第3に、顧客の注文に正確かつ期日どおりの対応をしなくてはならない。第4に、顧客が製品の使用について、適切な説明、トレーニング、技術支援を受けられるようにしなくてはならない。第5に、販売後も顧客との接触を保ち、顧客満足の獲得と維持を確かなものにしなくてはならない。第6に、顧客から製品とサービスの改善に関する意見を収集し、それを社内の適切な部門に伝えなくてはならない。マーケターがこれらのすべてを実行した

ヨーロッパからミレニアム風船が飛んでくる。2000年1月1日、平和のメッセージを入れた何百万もの風船が空に舞い上がることになっている。

とき、トータル・クオリティ管理と顧客満足に多大な貢献をしたといえるのである。

TQMには、エクスターナル・マーケティングだけではなくインターナル・マーケティングの改善にも、マーケターが、時間と労力を費やすべきだという意味がある。マーケターは、製品やサービスが適切でなければ、顧客の立場で不満を言わなくてはならない。マーケティングとは顧客のための監視役または保護者であり、常に「顧客に最高のソリューションを提供する」という規範を掲げなくてはならない。

参考文献

1. "Mac Attacks," *USA Today*; March 23, 1998, p. B1.
2. 以下の文献を参照されたい。"Value Marketing: Quality, Service, and Fair Pricing Are the Keys to Selling in the '90s," *Business Week*, November 11, 1991, pp. 132–40.
3. 以下の文献を参照されたい。Irwin P. Levin and Richard D. Johnson, "Estimating Price-Quality Tradeoffs Using Comparative Judgments," *Journal of Consumer Research*, June 11, 1984, pp. 593–600.
4. Thomas A. Stewart, "A Satisfied Customer Isn't Enough," *Fortune*, July 21, 1997, pp. 112–13.
5. Michael J. Lanning, *Delivering Profitable Value* (Oxford, UK: Capstone, 1998).
6. Simon Knox and Stan Maklan, *Competing on Value: Bridging the Gap Between Brand and Customer Value* (London, UK: Financial Times, 1998). 以下の文献も参照されたい。Richard A. Spreng, Scott B. MacKenzie, and Richard W. Olshawskiy, "A Reexamination of the Determinants of Consumer Satisfaction," *Journal of Marketing*, no. 3 (July 1996): 15–32.
7. 以下の文献を参照されたい。Tamara J. Erickson and C. Everett Shorey, "Business Strategy: New Thinking for the '90s," *Prism*, Fourth Quarter 1992, pp. 19–35.
8. 以下の文献を参照されたい。Robert S. Kaplan and David P. Norton, *The Balanced Scorecard: Translating Strategy Into Action* (Boston: Harvard Business School Press, 1996), as a tool for monitoring stakeholder satisfaction. 邦訳：『バランス・スコアカード：新しい経営指標による企業変革』（ロバート・S・カプラン、デビッド・P・ノートン著、吉川武男訳、生産性出版）
9. 以下の文献を参照されたい。Jon R. Katzenbach and Douglas K. Smith, *The Wisdom of Teams: Creating the High-Performance Organization* (Boston: Harvard Business School Press, 1993). 邦訳：『「高業績チーム」の知恵：企業を革新する自己実現型組織』（ジョン・R・カッツェンバック、ダグラス・K・スミス著、横山禎徳監訳、吉良直人訳、ダイヤモンド社）, Michael Hammer and James Champy, *Reengineering the Corporation* (New York: HarperBusiness, 1993). 邦訳：『リエンジニアリング革命：企業を根本から変える業務革新』（マイケル・ハマー、ジェームズ・チャンピー著、野中郁次郎訳、日本経済新聞社）
10. T. Michael Nevens, Gregory L. Summe, and Bro Uttal, "Commercializing Technology: What the Best Companies Do" *Harvard Business Review*, May–June 1990, p. 162.
11. David Glines, "Do You Work in a Zoo?" *Executive Excellence*, 11, no. 10 (October 1994): 12–13.
12. Echo Montgomery Garrett, "Outsourcing to the Max," *Small Business Reports*, August 1994, pp. 9–14. The case for more outsourcing is ably spelled out in James Brian Quinn, *Intelligent Enterprise* (New York: Free Press, 1992).
13. C. K. Prahalad and Gary Hamel, "The Core Competence of the Corporation," *Harvard Business Review*, May–June 1990, pp. 79–91.
14. George S. Day, "The Capabilities of Market-Driven Organizations," *Journal of Marketing*, October 1994, p. 38.
15. "Business: Microsoft's Contradiction," *The Economist*, January 31, 1998, pp. 65–67; Andrew J. Glass, "Microsoft Pushes Forward, Playing to Win the Market," *Atlanta Constitution*, June 24, 1998, p. D12.
16. Daniel Howe, "Note to DaimlerChrysler: It's Not a Small World after All," *Detroit News*, May 19, 1998, p. B4; Bill Vlasic, "The First Global Car Colossus," *Business Week*, May 18, 1998, pp. 40–43; Pamela Harper, "Business 'Cultures' at War," *Electronic News*, August 3, 1998, pp. 50, 55.
17. James C. Collins and Jerry I. Porras, *Built to Last: Successful Habits of Visionary Companies* (New York: HarperBusiness, 1994). 邦訳：『ビジョナリーカンパニー：時代を超える生存の原則』（ジェームズ・C・コリンズ、ジェリー・I・ポラス著、山岡洋一訳、日経BP出版センター）
18. F. G. Rodgers and Robert L. Shook, *The IBM Way: Insights into the World's Most Successful Marketing Organization* (New York: Harper & Row, 1986). 邦訳：『IBM Way：わが市場創造の哲学』（F. G. ロジャース、ロバート・L・シュック著、青木栄一訳、ダイヤモンド社）
19. Gary Hamel, "Strategy as Revolution," *Harvard Business Review*, July–August 1996, pp. 69–82.
20. 以下の文献を参照されたい。Paul J. H. Shoemaker, "Scenario Plannning: A Tool for Strategic Thinking," *Sloan Management Review*, Winter 1995, pp. 25–40.

21. Michael E. Porter, *Competitive Advantage: Creating and Sustaining Superior Performance* (New York: Free Press, 1985). 邦訳：『競争優位の戦略：いかに高業績を持続させるか』(マイケル・E・ポーター著、土岐坤、中辻萬治、小野寺武夫訳、ダイヤモンド社)
22. Hammer and Champy, *Reengineering the Corporation*. 邦訳：『リエンジニアリング革命：企業を根本から変える業務革新』(マイケル・ハマー、ジェームズ・チャンピー著、野中郁次郎訳、日本経済新聞社)
23. 以下の文献を参照されたい。George Stalk, "Competing on Capability: The New Rules of Corporate Strategy," *Harvard Business Review*, March–April 1992, pp. 57–69; Benson P. Shapiro, V. Kasturi Rangan, and John J. Sviokla, "Staple Yourself to an Order," *Harvard Business Review*, July–August 1992, pp. 113–22.
24. Myron Magnet, "The New Golden Rule of Business," *Fortune*, November 28, 1994, pp. 60–64.
25. 以下の文献を参照されたい。Jeffrey Gitomer, *Customer Satisfaction Is Worthless: Customer Loyalty Is Priceless: How to Make Customers Love You, Keep Them Coming Back and Tell Everyone They Know* (Austin, TX: Bard Press, 1998).
26. 以下の文献を参照されたい。Frederick F. Reichheld, "Learning from Customer Defections," *Harvard Business Review*, March–April 1996, pp. 56–69.
27. 同上。
28. 同上。
29. 以下の文献を参照されたい。Technical Assistance Research Programs (TARP), U.S. Office of Consumer Affairs Study on Complaint Handling in America, 1986.
30. Karl Albrecht and Ron Zemke, *Service America!* (Homewood IL: Dow Jones–Irwin, 1985), pp. 6–7. 邦訳：『サービス・マネジメント革命：決定的瞬間を管理する法』(カール・アルブレクト、ロン・ゼンケ著、八木甫訳、HBJ出版局)
31. Courtesy L.L. Bean, Freeport, Maine.
32. 同上。
33. 以下の文献を参照されたい。Frederick F. Reichheld, *The Loyalty Effect* (Boston: Harvard Business School Press, 1996). 邦訳：『顧客ロイヤルティのマネジメント』(フレデリク・F・ライクヘルド著、山下浩昭訳、ダイヤモンド社)
34. Geoffrey Brewer, "The Customer Stops Here," *Sales & Marketing Management*, March 1998, pp. 31–36.
35. Leonard L. Berry and A. Parasuraman, *Marketing Services: Competing Through Quality* (New York: Free Press, 1991), pp. 136–42. 以下の文献も参照されたい。Richard Cross and Janet Smith, *Customer Bonding: Pathways to Lasting Customer Loyalty* (Lincolnwood, IL: NTC Business Books, 1995).
36. Stephan A. Butscher, "Welcome to the Club: Building Customer Loyalty," *Marketing News*, September 9, 1996, p. 9.
37. Constance L. Hays, "What Companies Need to Know Is in the Pizza Dough," *New York Times*, July 26, 1998, p. 3.
38. Ian P. Murphy, "Customers Can Join the Club—but at a Price," *Marketing News*, April 28, 1997, p. 8.
39. James H. Donnelly Jr., Leonard L. Berry, and Thomas W. Thompson, *Marketing Financial Services—A Strategic Vision* (Homewood, IL: Dow Jones–Irwin, 1985), p. 113.
40. Quoted in Don Peppers and Martha Rogers, *The One to One Future: Building Relationships One Customer at a Time* (New York: Currency Doubleday, 1993), p. 108. 邦訳：『ONE to ONEマーケティング：顧客リレーションシップ戦略』(ドン・ペッパーズ、マーサ・ロジャーズ著、ベルシステム24訳、ダイヤモンド社)
41. Carl Sewell and Paul Brown, *Customers for Life* (New York: Pocket Books, 1990), p. 162. 邦訳：『一回のお客を一生の顧客にする方法：満足度No.1ディーラーのノウハウ』(カール・スウェル、ポール・ブラウン著、久保島英二訳、ダイヤモンド社)
42. William A. Sherden, *Market Ownership: The Art & Science of Becoming #1* (New York: Amacom, 1994), p. 77.
43. Robert J. Bowman, "Good Things, Smaller Packages," *World Trade* 6, no. 9 (October 1993): 106–10.
44. Michael J. Lanning and Lynn W. Phillips, "Strategy Shifts Up a Gear," *Marketing*, October 1991, p. 9.
45. Lynn O'Rourke Hayes, "Quality Is Worth 11,000 in the Bank," *Restaurant Hospitality*, March 1993, p. 68.
46. 以下の文献を参照されたい。Thomas M. Petro, "Profitability: The Fifth 'P' of Marketing," *Bank Marketing*, September 1990, pp. 48–52; Petro, "Who Are Your Best Customers?" *Bank Marketing*, October 1990, pp. 48–52.
47. "Quality: The U.S. Drives to Catch Up," *Business Week*, November 1982, pp. 66–80, here p. 68. For a more recent assessment of progress, see "Quality Programs Show Shoddy Results," *Wall Street Journal*, May 14, 1992, p. B1. 以下の文献も参照されたい。Roland R. Rust, Anthony J. Zahorik, and Timothy L. Keiningham, "Return on Quality (ROQ): Making Service Quality Financially Accountable," *Journal of Marketing* 59, no. 2 (April 1995): 58–70.
48. 以下の文献を参照されたい。"Quality in Europe," *Work Study*, January–February 1993, p. 30; Ronald Henkoff, "The Hot New Seal of Quality," *Fortune*, June 28, 1993, pp. 116–20; Amy Zukerman, "One Size Doesn't Fit All," *Industry Week*, January 9, 1995, pp. 37–40; "The Sleeper Issue of the '90s," *Industry Week*, August 15, 1994, pp. 99–100, 108.
49. Robert D. Buzzell and Bradley T. Gale, *The PIMS Principles: Linking Strategy to Performance* (New York: Free Press, 1987), ch. 6. PIMS stands for *Profit Impact of Market Strategy*. 邦訳：『新PIMSの戦略原則：業績に結びつく戦略要素の解明』(ロバート・D・バゼル、ブラッドレー・T・ゲイル著、和田充夫、八七戦略研究会訳、ダイヤモンド社)
50. 以下の文献を参照されたい。"The Gurus of Quality: American Companies Are Heading the Quality Gospel Preached by Deming, Juran, Crosby, and Taguchi," *Traffic Management*, July 1990, pp. 35–39.
51. 以下の文献を参照されたい。Cyndee Miller, "U.S. Firms Lag in Meeting Global Quality Standards," *Marketing News*, February 15, 1993.
52. J. Daniel Beckham, "Expect the Unexpected in Health Care Marketing Future," *The Academy Bulletin*, July 1992, p. 3.

CHAPTER 3

市場での勝利:
市場志向型戦略計画

本章では、次の問題を取り上げる。

- 戦略計画は、企業レベルと事業部レベルでどのように実行されるのか。
- 計画は事業単位レベルでどのように実行されるのか。
- マーケティング・プロセスの主要な段階とは何か。
- 計画は製品レベルでどのように実行されるのか。
- マーケティング計画の内容はどのようなものか。

KOTLER ON MARKETHING
コトラー語録

すぐに利益のあがることを行うより、戦略的に正しいことを行う方が重要である。

It is more important to do what is strategically right than what is immediately profitable.

第1章と第2章では、「企業はグローバル市場でどのように競争するのか」という問いかけをした。1つの答えは、顧客満足の創出と維持に注力することである。本章では2つめの答えを出そう。それは成功企業が、絶えず変化する市場にいかに適合していくかを知っている、ということである。そのような企業は市場志向型戦略計画を実行しているのである。

> ■ **市場志向型戦略計画**とは、組織の目的、スキル、そして資源と変化しつづける市場機会との間に、活力ある適合性を創出し維持する経営プロセスのことである。戦略計画のねらいは、事業と製品の方向づけをして、目標とする利益と成長をもたらすことである。

戦略計画の基礎となる概念とツールは、1970年代にアメリカの産業界を襲った一連の衝撃——エネルギー危機、2桁のインフレ、経済停滞、競争力を持つ日本企業の成功、基幹産業における規制緩和——の結果として生まれた。もはやアメリカ企業は成長予測だけに頼って生産、売上、利益を計画することができなくなったのだ。今日、戦略計画の主要な目標は、たとえ予期せぬ出来事によって特定の事業や製品ラインに悪影響が出ても、企業が健全性を保てるように事業選択と事業組織化を支援することである。

戦略計画には、3つの主要分野での活動が必要となる。第1に、企業の事業を投資ポートフォリオとして管理することである。第2に、市場の成長率および市場における企業のポジションと適合性を検討して、各事業の強さを評価することである。そして第3に、**戦略**である。各事業について、企業は長期的な目的を達成するためのゲーム・プランを作成しなければならない。業界でのポジション、目的、機会、スキル、資源に鑑みて、どうすることが最も有効かを決定しなければならない。

マーケティングは戦略計画のプロセスで重要な役割を果たす。GE(ゼネラル・エレクトリック)の戦略計画マネジャーによれば、次のようになる。

> マーケティング・マネジャーは、戦略計画立案プロセスの機能上、最も重要な貢献をする。企業のミッションを明確化し、事業環境、競争、事業状況を分析し、目的、目標、戦略を策定し、その事業戦略を実行するために製品計画、市場計画、流通計画、品質計画を決定する上で、リーダー的役割を果たす。さらに、戦略計画と全面的に結びついたプログラムや業務計画を策定することにまで関与する[1]。

マーケティング・マネジメントを理解するためには、戦略計画を理解しておかなければならない。そして戦略計画を理解するためには、多くの大企業が4つの組織レベル——企業レベル、事業部レベル、事業単位レベル、製品レベル——で構成されていることを知る必要がある。企業本部の仕事は、全社を導くために**企業戦略計画**を構築することである。つまりどの事業を立ち上げ、どの事業をやめるか、各事業部にどれだけの資源を割り当てるかを決定する。各事業部は、部内の各事業単位への資金の割り当てを含めた**事業部計画**を策定する。各事業単位は、利益を生み出せるようにするための**事業単位戦略計画**を策定する。最後に、事業単位内の各製品レベル(製品ライン、ブランド)は、製品市場での目的を達成するための**マーケティング計画**を策定する。

ニュージーランドでは、ミレニアム・タイム・ヴォールト(タイムカプセルのような部屋)がこの時代の記憶を保存することになる。2000年の最後の日に封印され、3000年まで開けられることはない。

マーケティング計画は、2つのレベルで機能する。**戦略的マーケティング計画**は、現在の市場の状況と機会の分析に基づいて、広範なマーケティング上の目的と戦略を策定する。**戦術的マーケティング計画**は、広告、マーチャンダイジング、価格設定、流通チャネル、サービスなどの具体的なマーケティング戦術を策定する。

マーケティング計画は、マーケティング努力の方向性を示し調整するための中心的ツールである。今日の組織においては、マーケティング部門が自分たちだけでマーケティング計画を作成することはない。チームを組み、あらゆる重要な機能部門からの意見や承認を得て計画は作成される。その後、これらの計画は組織の適切なレベルで実行される。結果が検討され、必要であれば修正措置がとられる。全体的な計画立案、実行、コントロールのサイクルは■図3-1に示されている。

企業の戦略計画および事業部の戦略計画

1999年12月31日に日が沈む最後の場所は、西サモアのファレアルポである。

ミッション・ステートメント、理念、戦略、目標を準備することにより、企業本部は事業部や事業単位がそれぞれの計画を作成するための枠組みを設定する。事業単位に十分な裁量を与えて、個々の売上目標と、利益目標、戦略を策定させる企業もあれば、事業単位の目標を設定しておいて、戦略は事業単位自体に策定させる企業もある。また目標を設定し、各事業単位の戦略にも大きく関与する企業もある[2]。

企業本部は常に4つの計画立案を行わなければならない。
- 企業ミッションの明確化
- 戦略事業単位(SBU)の設定
- 各SBUへの資源配分
- 新規事業の計画および古い事業の合理化

企業ミッションの明確化

組織というものは何かを達成するために存在する。車を作ったり、金を貸したり、宿を提供したり、といったことである。組織の具体的なミッションや目

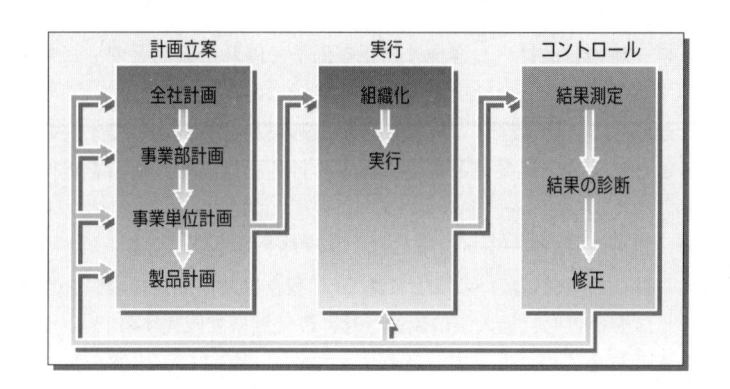

図3-1

戦略計画立案、実行、そしてコントロール

第3章 市場での勝利：市場志向型戦略計画

的は通常、事業が始まった時点では明確である。時が経つにつれミッションは、市場環境の変化により今日性を失ったり、企業が事業ポートフォリオに新製品や新市場を加えることにより不明確になったりする。

組織が自らのミッションから外れつつあると経営陣が気づいたら、改めてミッションを探らなければならない。ピーター・ドラッカーによれば、それは基本的な問いを発する時期なのである[3]。**何が自分たちの事業なのか。顧客はだれなのか。顧客にとっての価値は何か。自分たちの事業はこれからどうなるのか。自分たちの事業はどうあるべきか。**これらは一見単純そうだが、企業が答えを出さなければならない問いのなかで最も難しい部類に入る。成功企業は、絶えずこうした問いに取り組み、徹底的に考え抜き、答えを出している。

組織はミッション・ステートメントを作って、マネジャー、従業員、(また多くの場合)顧客と共有している。ミッション・ステートメントがうまくなされれば、従業員は目的、方向性、機会について共通の意識を持つことができる。ミッション・ステートメントによって、勤務地の分散している従業員が、それぞれ独立して働きながらも組織目標の実現に向けて力を合わせるように導かれる。ミッション・ステートメントは、ビジョン、つまり次の10年ないし20年の企業の方向性を指し示す。ほとんど「不可能な夢」によって導かれているとき、最も威力を発揮する。ソニーの元社長である盛田昭夫は、だれもが「いつでもどこでも好きな音楽が聞けるようになる」ことを望み、同社はウォークマンやポータブルCDプレーヤーを生み出した。フレッド・スミスは翌日の午前10時30分までに、アメリカのどこにでも手紙が届くようにしたいと考え、フェデラル・エクスプレスを創立した。

ミッション・ステートメントの例を2つ挙げよう。

> **ラバーメイド**
>
> 私たちのビジョンは、私たちが対象とするそれぞれの市場で最大シェアを達成することです。私たちは、流通業者とエンド・ユーザーに、革新的かつ高品質で費用効率が高く、環境への責任を果たす製品を供給することによってシェア・リーダーの地位を獲得します。私たちは、顧客満足への妥協のない努力によって伝説となるような顧客サービスを提供し、製品に付加価値をつけていきます[4]。

> **モトローラ**
>
> モトローラの目的は、お客様に公正な価格で優れた製品とサービスを提供することにより、社会のニーズに立派に応えることです。この目的を達成して、企業全体の成長に必要な適正利益を得るのです。そうすることにより、従業員と株主に個人の目的を達成する機会を提供します。

良いミッション・ステートメントには3つの大きな特徴がある。第1に、限られた数の目標に的を絞っていることである。「我々は最高品質の製品を作り、最高のサービスを提供し、最大限に流通させ、最低価格で販売する」というミッションはあまりに多くのことを盛り込みすぎている。第2に、当該企業が大事に

したいと考える主要な理念と価値を強調していることである。**理念**とは、企業が株主、従業員、顧客、供給業者、流通業者などの重要なグループとどのような関係を持つか、ということである。理念は個人の裁量の幅を限定するため、従業員が重要な問題について一貫性のある行動をとれるようになる。第3に、企業が対象とする主要な**競争領域**を明確化していることである。競争領域とは次のようなものである。

- **産業領域**　企業が対象とする産業の範囲である。1つの産業だけを対象とする企業もあれば、関連するいくつかの産業内で事業を行う企業、生産財、消費財、サービスのそれぞれを扱う企業、あらゆる産業に手を出す企業もある。例えば、デュポンは生産財市場を対象としているのに対し、ダウは生産財市場と消費財市場を対象にしている。3Mは利益が出るなら、ほとんどどの産業にでも参入する。

- **製品およびアプリケーション領域**　企業が提供する製品とアプリケーションの範囲である。セント・ジュード・メディカルは「世界中の医師に、心臓血管治療のための高品質の製品を提供する」ことを目指している。

- **コンピタンス領域**　企業が有する技術力やコア・コンピタンスの範囲である。日本のNECはコンピュータ、通信、部品においてコア・コンピタンスを築き上げた。同社のノート型パソコン、テレビ、携帯電話の生産はこれらのコンピタンスに支えられている。

- **市場セグメント領域**　企業が対象とする市場や顧客のタイプである。高級品市場だけを対象とする企業もある。例えばポルシェは高級車だけを製造し、高品質のサングラスなどのアクセサリーにだけ同社のネームをライセンス供与している。ガーバーは主にベビー市場を対象としている。

- **垂直的領域**　原材料から最終製品や流通までの中で、企業が参加するチャネル・レベルの数である。極端な例として、広範な垂直的領域を持つ企業がある。かつてフォードはゴム農場、羊牧場、ガラス製造工場、鋳造所を自社で所有していた。その対極には、垂直的統合が小さいか、存在しない企業がある。こうした「中空企業」あるいは「純粋なマーケティング企業」では、1人の個人が電話、FAX、コンピュータ、机だけのオフィスを構え、設計、製造、マーケティング、物流などすべてのサービスを下請けに出している[5]。

- **地理的領域**　企業が対象としている地域や国の範囲である。特定の都市や国の中だけで事業を行う企業もあれば、ユニリーバやキャタピラーのように、世界中のほぼすべての国を対象としている多国籍企業もある。

ミッション・ステートメントは経済の動向にいちいち対応して、数年ごとに改訂するようなものであってはならない。だが、妥当性を失ったり、企業の最適な方向性を示すものでなくなった場合は、定義し直す必要がある[6]。コダッ

ミレニアムという言葉を含むスローガンに、1000件以上もの需要があったという。

コミュニケーション用に作られた製品：ニュー・ミレニアムの公式筆記具。

MARKETING INSIGHT　マーケティング・インサイト

サラ・リー社：製造業者から鋭敏なマーケターへ

ヘインズの下着、コーチの皮革鞄、ボールパークのホットドッグ、ワンダー・ブラに共通するものはなんだろうか。これらはすべてサラ・リー社が製造、販売しているブランドなのである。サラ・リー社と聞いて多くの人が思い浮かべるのは、冷凍チーズケーキだろう。サラ・リー・ブランドは、同社の総収益197億ドルのわずか25％を占めるのみで、サラ・リーという名の会社が時間と資金と関心をいちばん使っていないのがサラ・リー・ブランドなのだ。だが1997年9月29日、シカゴに本拠を置く同社は、戦略とフォーカスを急に転換することを発表し、ビジネス界を驚かせた。製造業務をアウトソーシングし、サラ・リー・ブランドの構築と、他のブランドのマーケティングに注力するというのである。アウトソーシングによって、サラ・リー社はコストを低下させ、同社のブランドに価格競争力がつくうえ、マーケティングにさらなる資金を投入できるようになる。

サラ・リー社の戦略変更は、将来へ向けた姿勢を示している。企業はますますコア・コンピタンスに集中し、あまり魅力的でない手の汚れる製造業務をコストの安い海外の製造業者に任せるようになりつつある。「かつてのような垂直統合された組織は時代遅れとなった」と、同社のCEOになって23年目のジョン・ブライアンは語る。同社は新たな戦略を呼ぶ独自の言葉さえ生み出した。それは脱垂直化である。サラ・リー社の動きに最も驚いたのは、非常に「垂直化していた」家庭用衣料産業の関係者たちだった。この業界においてサラ・リー社は、ヘインズなどのブランドで収益の3分の1をあげている。家庭用衣料産業は、巨大工場に独占されている。工場は最新鋭であり、非常に効率的で、製造業務を極限まで自動化している。しかしサラ・リー社によれば、このような工場はアメリカでは衰退へと向かいつつあるという。

サラ・リー社のブランドの多くは、スタイルや品格で注目されているわけではない。主に成熟産業での面白味のない事業が大部分である。それでも同社は、マーケティングとアウトソーシングによってコア・ブランドを構築する3か年政策をとり、430億ドルを売上げる計画である。サラ・リー・ブランドに使う広告だけで、2200万ドルを費やし、同ブランドをスーパーマーケットのフリーザーから、ミートケース、そしてベーカリー・コーナーに移動させようとしている。また同社は以前ほど食事の準備に時間を割けない人や、家族と食事をしない消費者をターゲットにしている。新製品には、解凍の必要がない小さなチーズケーキもある。だが少なくともサラ・リー社の名称は消費者の間で高い認知度を持つ。新戦略がその名称を裏切らない結果を出すかどうかについては、時間が証明してくれるだろう。

出典：" Sara Lee to Build Brand through Outsourcing, Marketing," *Discount Store News*, October 20, 1997, p. A4; David Leonhardt, "Sara Lee: Playing with the Recipe," *Business Week*, April 27, 1998, p. 114; Rance Crain, "Sara Lee Uses Smart Alternative to Selling Some Valuable Brands," *Advertising Age*, September 22, 1997, p. 25; Warren Shoulberg, "Que Sara," *Home Textiles Today*, September 29, 1997, p. 70.

クは、自社をフィルム企業から画像企業へと定義を改めたおかげで、デジタル画像処理を事業に加えることができた。IBMは、ハードウェアとソフトウェアの製造業から「ネットワーク・ビルダー」へと自らを定義し直した。サラ・リー社は、製造をアウトソーシングし、ブランドのマーケターになるべく自社を定義し直した。■マーケティング・インサイト「サラ・リー社：製造業者から鋭敏なマーケターへ」を参照されたい。

戦略事業単位の確立

多くの企業は複数の事業を展開している。企業は、製品に基づいて事業を定義していることが多い。「自動車事業」とか「計算尺事業」といった具合である。しかしレビットは、製品よりも市場に基づいた定義の方が優れていると主張した[7]。事業はモノを生産するプロセスとしてではなく、顧客を満足させるプロセスとしてとらえるべきだという。製品の命ははかないが、基本的なニーズや顧客グループは消えてなくなるものではない。自動車が発明されれば、馬車製造会社は自動車製造に切り替えないかぎりたちまち倒産する。レビットによれば、企業は製品ではなくニーズに基づいて事業を定義し直すべきだという。表3-1は自社の事業について、製品による定義から市場による定義に移行した企業の例である。

事業は3つの次元で定義することができる。それは、**顧客グループ、顧客ニーズ、技術**である[8]。例えば自社の事業を、テレビ局向けの白熱灯照明システムの設計と定義している小企業があるとしよう。顧客グループはテレビ局であり、顧客ニーズは照明、技術は白熱灯照明である。この会社が別の事業にも参入したいとする。例えば、家庭、工場、オフィスのような他の顧客グループ向けの照明を提供することができる。あるいは、暖房、換気、空調といったテレビ局の他のニーズについてサービスを提供することもできるだろう。また赤外線や紫外線照明など、テレビ局向けの他の照明技術を設計することもできる。

大企業は通常、それぞれが独自の戦略を必要とするようなまったく種類の異なる事業を行っている。GEは自社の事業を49の**戦略事業単位（SBU）**に分類している。SBUには3つの特徴がある。

1. 企業の他の部分とは独立して計画を立案できる、単一の事業または関連事業の集合である。
2. 独自の競争相手を持つ。
3. 戦略計画と利益成果に責任を持つとともに、利益に影響を与える要因の多くをコントロールしているマネジャーがいる。

> ヘルスケア産業は、「次のミレニアムのためのヘルスケア」というスローガンを使っている。

表3-1

製品志向の事業定義と市場志向の事業定義

企業	製品志向の定義	市場志向の定義
ミズーリ・パシフィック鉄道	我々は鉄道を運営する	我々は人々と物資を運ぶ
ゼロックス	我々はコピー機をつくる	我々はオフィスの生産性を改善する
スタンダード石油	我々はガソリンを売る	我々はエネルギーを供給する
コロンビア映画	我々は映画を制作する	我々は娯楽を提供する
ブリタニカ百科事典	我々は百科事典を売る	我々は情報を広める
キャリア	我々はエアコンと暖房設備を製造する	我々は家庭に空調システムを供給する

各SBUへの資源配分

企業の戦略事業単位を明確化する目的は、独立した戦略を策定し、適切な資金を割り当てることにある。シニア・マネジメントは、自社の事業ポートフォリオには通常、多くの「将来の有力事業」とともに「かつての有力事業」があることを知っている。だが、印象のみで判断してはいけない。そこで、潜在的な収益力によって事業を分類するための分析ツールが必要である。最もよく知られている事業ポートフォリオの評価モデルには、ボストン・コンサルティング・グループのモデルとGEのモデルがある[9]。

> 友人に2000年の新年の挨拶をするときは、「よいミレニアムを」と言おう。

■ ボストン・コンサルティング・グループのアプローチ

一流の経営コンサルティング会社であるボストン・コンサルティング・グループ（BCG）は、■図3-2に示されている**成長／市場シェア・マトリクス**を開発し、普及させた。8つの円は、ある架空企業における8つの事業単位の規模とポジションを示している。各事業のドルベースの規模が円の大きさによって表されている。したがって、上位2つの事業は5と6である。各事業単位の位置は、市場成長率と相対的市場シェアによって規定されている。

縦軸の**市場成長率**は、事業が対象としている市場の年間成長率を示している。■図3-2では、0％～20％までの幅があり、10％以上の市場成長率は高成長と見なされる。横軸に示される**相対的市場シェア**は、同一セグメント内で最大の競合他社のシェアに対する自社SBUのシェアを示している。つまり、当該市場セグメントでの自社の強さを示すものである。相対的市場シェアが0.1であれば、自社SBUの売上高が市場リーダー企業の10％しかないことを示しており、

図3-2

ボストン・コンサルティング・グループの成長／市場シェア・マトリクス

出典：許可を得て以下の文献より転載。*Long Range Planning*, February 1977, p. 12, copyright ©1977 Elsevier Science Ltd. The Boulevard, Langford Lane, Kidlington OX5 1GB, UK.

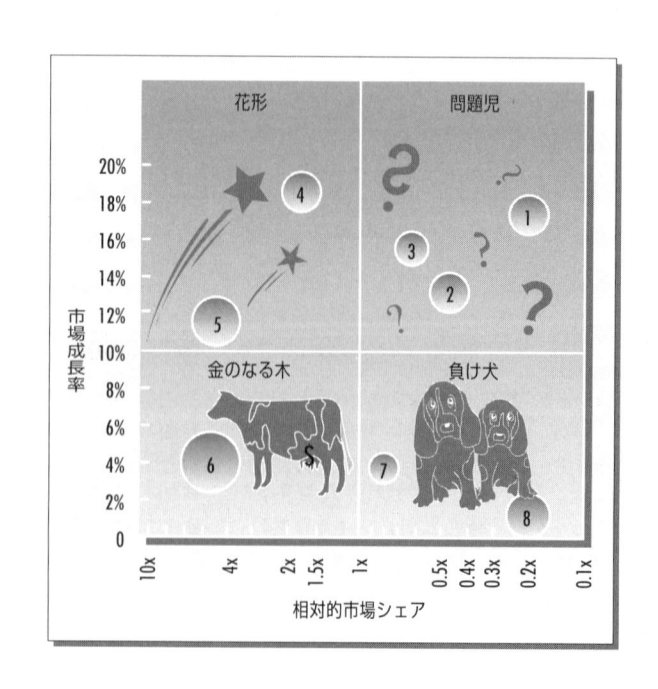

10であれば自社SBUが市場リーダーであり、2位企業の10倍の売上高があることを示している。相対的市場シェアは1を境に、高シェアと低シェアに区分される。相対的市場シェアは対数尺度で位置づけられているため、距離が同じであれば、同じ増加割合を示す。

成長／市場シェア・マトリクスは4つのセルに分かれており、それぞれが次の4つの事業タイプを示している。

1. **問題児**　高成長市場を対象としているが、相対的市場シェアが低い事業である。多くの事業は、すでに市場リーダーのいる高成長市場に参入するので、問題児としてスタートを切る。急成長している市場に遅れないよう、工場、設備、人材への資金投入が必要であり、またリーダーに追いつこうとするために、多くのキャッシュが必要となる。**問題児**と名づけたのは、企業がその事業に資金を投入しつづけるべきかどうかを慎重に検討しなければならないからである。■図3–2の企業は3つの問題児事業を抱えているが、これは多すぎると思われる。より多くのキャッシュを1つか2つの問題児事業に投入する方がより良い結果を生むと考えられる。

2. **花形**　問題児が成功すれば花形となる。これは高成長市場における市場リーダーの事業である。花形は必ずしも企業にとってプラスのキャッシュ・フローを生むとは限らない。市場成長の早さについていき、競合他社の攻撃を退けるために相当の資金を投入しなければならないからである。■図3–2の企業は2つの花形事業を持っている。もし花形事業がなければ、当然その企業は懸念するだろう。

3. **金のなる木**　市場の年間成長率が10％以下になり、花形がまだ最大の相対的市場シェアを維持している場合、その花形は金のなる木となる。金のなる木は企業に大きなキャッシュ・フローをもたらす。市場の成長率が鈍化しているので、企業は生産能力拡大のために追加投資をしなくてもよい。事業が市場リーダーであるおかげで、規模の経済性と大きな利益マージンを享受することができる。企業は経費をまかなったり他の事業を支援するために金のなる木を利用する。■図3–2の企業には金のなる木がひとつしかなく、そのため非常に脆弱である。金のなる木が相対的市場シェアを失い始めた場合、市場の地位を維持するために資金を注ぎ込まなければならない。さもなければ、金のなる木は負け犬になる可能性がある。

4. **負け犬**　低成長市場で相対的市場シェアの低い事業である。一般に利益が少ないか損失を出している。■図3–2の企業には負け犬が2つあり、これは多すぎると思われる。企業は妥当な理由（市場成長率に上向きの変化が期待されるとか、市場でリーダーシップを握る新しいチャンスがあるなど）で事業を継続しているのか、感情的な理由でそうしているのかを検討しなければならない。

成長／市場シェア・マトリクスに各事業をポジショニングした後、当該ポー

> 我々は1000年のサイクルの移り変わりを経験するという、歴史でもまれな機会に立ち会っている。

トフォリオが健全であるかどうかを判断しなければならない。負け犬や問題児が多すぎたり、花形や金のなる木が少なすぎると、バランスがとれているとはいえない。

企業の次なる課題は、どんな目的、戦略、予算を各SBUに割り当てるかを決定することである。そこで、以下のような4つの戦略が考えられる。

1. **拡大**　必要ならば短期的利益を犠牲にしてでも、市場シェアを伸ばすことを目的としている。この戦略は問題児に適している。問題児を花形にしたいのなら、市場シェアを伸ばす必要があるからだ。

2. **維持**　市場シェアの維持を目的とした戦略である。この戦略は、大きなキャッシュ・フローを生み出しつづける強力な金のなる木に向いた戦略である。

3. **収穫**　長期的な影響を度外視して、短期的なキャッシュ・フローの増加を目的としている。継続的なコスト削減プログラムを実行することによって、事業からの撤退が決定される。企業は「作物」で儲け、「利益を搾り出す」よう計画する。収穫戦略には一般に、研究開発費をなくす、工場が老朽化しても建て直さない、販売員を補充しない、広告費を削減する、などの方法がある。売上が落ち込むペースよりも速くコストを削減し、キャッシュ・フローを増加させられれば成功といえる。この戦略は、将来の見通しが暗くて立場の弱い金のなる木があって、そこからキャッシュ・フローをもっと引き出す必要がある場合に適している。問題児や負け犬にも適用できる戦略である。収穫戦略を実行する企業は、情報をどのくらい、各利害関係者に知らせるかをめぐって、社会的、倫理的に難しい問題を抱えることになる。

4. **撤退**　資源をより有効に使えるところがほかにあるので、事業を売却または清算することを目的としている。この戦略は、企業収益にとってマイナスとなっている負け犬や問題児に適している。

企業は、弱い事業に対して、収穫か撤退のどちらの戦略をとるべきかについて判断しなければならない。収穫戦略をとれば事業の将来の価値が下がるため、その後に売却できた場合の売り値が下がる。逆に、早期に撤退の決断をすれば、事業が比較的良好で、しかも他の企業にとって大きな価値があれば、かなりよい値がつく可能性もある。

時とともに、SBUは成長／市場シェア・マトリクスの中でポジションを変えていく。成功するSBUにはライフサイクルがある。まず問題児としてスタートを切り、花形となり、それから金のなる木となり、最後に負け犬となる。このため、企業は成長／市場シェア・マトリクスにおいて(静止画のように)事業の現在のポジションを調べるだけでなく、(動画のように)ポジションの動きも研究しなければならない。各事業について、過去どのポジションにあったか、将来どのように動く可能性があるかを検討すべきである。あるSBUについて予想される軌跡が満足のいくものでない場合、企業はその事業のマネジャーに、新たな戦略とその結果描くであろう軌跡の提案を要請しなければならない。

2000年へ向けてのマーケティング計画：ユーザーフレンドリーな製品で消費者のストレスを和らげる。

ミレニアムの冒険、ポール・トゥ・ポール(極から極へ)2000は、1999年3月に北極からスタートし、2000年までに南極に到着する予定である。

企業のおかす最大の過ちは、すべてのSBUに同じ成長率と収益レベルを求めることである。SBU分析の要点は、それぞれの事業には違った可能性があり、独自の目的を必要としているということである。ほかに企業がおかす過ちとして、金のなる木に対する留保資金を減らしすぎたり（成長が弱まる）、増やしすぎたりする（成長の可能性のある新規事業に十分な投資ができない）こと、回復を期待して負け犬に大きな投資を行い、そのたびに失敗し、問題児を多く抱えすぎて各事業への投資が不十分になってしまうことなどがある。問題児に対しては、市場セグメントでのリーダーの地位を獲得するために支援するか、そうでなければ当該問題児を放棄すべきである。

■ GEのモデル

　SBUの目的は、成長／市場シェア・マトリクスにおけるポジションだけでは適確に決定できない。付加的要素を考慮すれば、成長／市場シェア・マトリクスは、GEが開発した多要素ポートフォリオ・マトリクスの特殊な一例と見ることができる。GEのモデルは■図3-3(a)に示されている。ここでは、ある企業の7つの事業を位置づけている。それぞれの円の大きさは、事業規模ではなく対象とする市場規模を示し、円の影のついた部分が当該事業の市場シェアを示す。したがって、この企業のクラッチ事業は中規模の市場を対象とし、約30％の市場シェアを占めている。

図3-3

市場魅力度－競争－ポジション・ポートフォリオ分類と戦略

出典：以下の文献より許可を得て掲載。Pages 202 and 204 of *Analysis for Strategic Marketing Decisions* by George S. Day. Copyright © 1986 by West Publishing Company. South-Western College Publishing, a division of International Thompson Publishing, Inc., Cincinnati, OH, 45227.

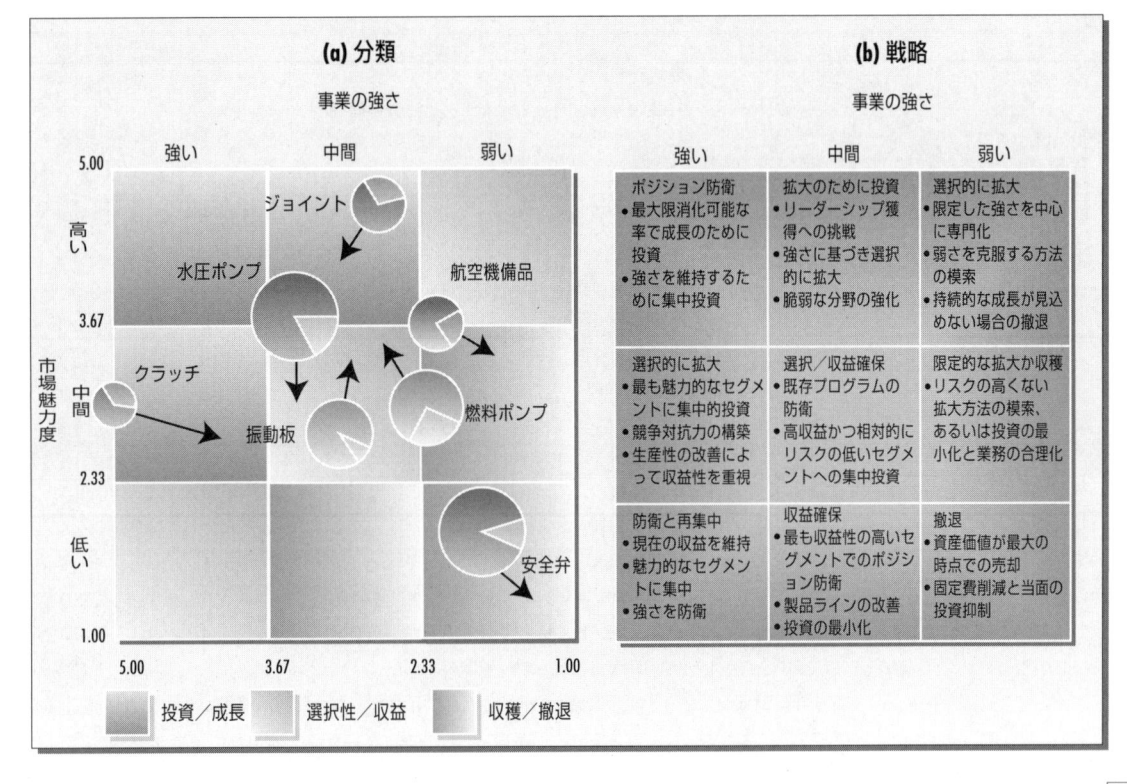

各事業は、2つの主要な次元で評価される。**市場魅力度**と事業の**強さ**である（■図3-3(b)）。この2つの次元は、事業を評価する際、非常に優れたマーケティング上の意味を持つ。事業の成功は、参入する市場の魅力度と、そこで成功するのに必要な事業の強さをどれだけ有しているかで決まる。2つの要素のうちどちらかが欠けていれば、その事業が突出した結果を生み出すことはない。魅力のない市場で強い企業が事業を行っても、魅力的な市場で弱い企業が事業を行ってもうまくいかないだろう。

この2つの次元を測定するために、戦略計画立案者は各次元の基礎となる要素を明確にし、それらを測定する方法を見つけ、組み合わせて1つの指数にしなければならない。■表3-2では、■図3-3の水圧ポンプ事業の2つの次元を構成すると考えられる要素を挙げている（企業は各社独自の要素リストを作らなければならない）。水圧ポンプ事業の市場魅力度は、市場規模、年間市場成長率、利益マージンの動向などで変化する。また事業の強さは、企業の市場シェ

自転車競技者はオデッセイ2000に参加できる。これは南極大陸を除く世界中のすべての大陸を走破するレースである。

表3-2

GE多要素ポートフォリオ・モデルにおける市場魅力度と競争ポジションの構成諸要素：水圧ポンプ市場

		ウエート	評価(1～5)	評点
	市場規模	0.20	4	0.80
	年間市場成長率	0.20	5	1.00
	利益マージンの動向	0.15	4	0.60
	競合度	0.15	2	0.30
市場魅力度	技術条件	0.15	4	0.60
	インフレ圧力	0.05	3	0.15
	エネルギー条件	0.05	2	0.10
	環境制約	0.05	3	0.15
	社会的−政治的−法的条件	受容範囲内		
		1.00		3.70

		ウエート	評価(1～5)	評点
	市場シェア	0.10	4	0.40
	シェア増加率	0.15	2	0.30
	製品品質	0.10	4	0.40
	ブランド評価	0.10	5	0.50
	流通網	0.05	4	0.20
事業の強さ	プロモーション効果	0.05	3	0.15
	生産能力	0.05	3	0.15
	生産効率	0.05	2	0.10
	単位コスト	0.15	3	0.45
	原材料供給	0.05	5	0.25
	研究開発成果	0.10	3	0.30
	マネジメント人材	0.05	4	0.20
		1.00		3.40

出典：La Rue T. Hosmer, *Strategic Management* (Upper Saddle River, NJ: Prentice Hall, 1982), p. 310.

ア、シェアの変動、製品品質などで変化する。BCGの2つの要素——市場成長率と市場シェア——がGEモデルの2つの主要変数に含まれていることに注目して欲しい。GEモデルでは、実際に行っている事業と今後行う可能性のある潜在的事業を評価するにあたって、戦略計画立案者がBCGモデルよりも多くの要素を検討できるのである。

　さて、■表3-2のデータと■図3-3(a)の円を作成する方法を説明しよう。経営者は各要素について、1（まったく魅力的でない）から5（非常に魅力的）までの評価をする。水圧ポンプ事業の全体市場規模の評価は4であり、市場規模がかなり大きいことがわかる（5なら、非常に大きいことになる）。もちろん、これらの要素を評価するには、マーケティングその他の担当者からデータや評価を得なければならない。各要素の評点に、当該要素の相対的重要度に応じたウエートを掛けて、各要素の値が算出される。この値が各次元ごとに総計され点数となる。水圧ポンプ事業は5点満点で、市場魅力度が3.70、事業の強さが3.40となった。分析者はこの事業の点数を■図3-3(a)の多要素マトリクス内に位置づけ、点数を対象市場の規模に応じた大きさの円で囲む。企業の市場シェアである約14%は影のついた部分で示されている。水圧ポンプ事業は、このマトリクス内でかなり魅力的な位置にあることがわかる。

　GEマトリクスは9つのセルに分割され、それらは3つのゾーンに区分されている（■図3-3(b)）。左上の3つのセルは企業が投資あるいは成長させるべき強いSBUを示している。左下から右上に伸びる対角線上のセルは総合的魅力度が中程度のSBUであり、企業はそれらを選別し、収益を維持すべきである。右下の3つのセルは総合的魅力度が低いSBUを示しており、企業はこれらの事業について収穫を行うか、撤退するかを真剣に検討すべきである。例えば安全弁事業は、あまり魅力的でない中規模の市場において、競争力が弱く市場シェアも低い。この事業は収穫か撤退の候補といえる[10]。

　経営者は現在の戦略のもとで、3年～5年後に各SBUがどのようなポジションに移るかも予測しなければならない。これを判断するためには、各製品が製品ライフサイクルのどの段階にあるか、競合他社の戦略、技術革新、経済情勢などを分析しなければならない。その結果は、■図3-3(a)の矢印の長さと向きによって示されている。例えば、水圧ポンプ事業は市場魅力度がわずかに減少し、クラッチ事業では同社の事業の強さが大きく減少することが予想される。

　企業の目的は、必ずしも各SBUで売上を増加させることにあるわけではない。それどころか、既存需要を以前よりも少ないマーケティング費で維持したり、事業から資金を引き上げ、需要を減らしたい場合もある。つまり、**マーケティング・マネジメントの任務とは、企業経営者との間で合意した目標水準に需要と収益を維持することである**。マーケティングは各SBUの売上と収益の可能性評価に貢献するが、いったんSBUの目的と予算が決まれば、今度はその計画を効率的かつ利益的に実行することがマーケティングの仕事になる。

「ワン・デイ・イン・ピース（せめて一日の平和を）」と呼ばれるスペシャル・キャンペーンが2000年1月1日に行われ、ニュー・ミレニアムの重要な目標である世界の平和を支援する。

第3章　市場での勝利：市場志向型戦略計画

■■■■ ポートフォリオ・モデルへの批判

　ポートフォリオ・モデルは、BCGとGEのほかにも開発されている。特にアーサー・D・リトルのモデルとシェルのディレクショナル・ポリシー・モデルが知られている[11]。ポートフォリオ・モデルには多くの利点がある。経営者はこのモデルによって、より戦略的に考え、自社の各事業の経済性をよりよく理解し、計画の質を改善し、事業マネジャーと本部マネジャーとのコミュニケーションを向上させ、情報のギャップや重要な問題点を正確に指摘し、弱い事業から撤退し、より将来性のある事業に投資を集中させることができた。

　しかし、ポートフォリオ・モデルは慎重に扱わなければならない。企業は市場シェアの拡大と高成長事業への参入に力点を置きすぎたり、既存の事業を軽視してしまう危険性がある。モデルの結果は、評点とウエートによって左右されるため、マトリクス内で望ましい位置を占めるように操作されてしまう可能性もある。また、平均化のプロセスを用いるために、元となる評点やウエートの大きく異なる事業が、同じセルに入ってしまうこともある。評価の甘さから多くの事業がマトリクスの中央に位置してしまい、そのために適切な戦略を判断するのが難しくなる場合もある。さらに、このモデルでは複数の事業の相乗効果を把握することができない。つまり事業を個別に判断するのでリスクを伴いかねない。ある事業単位が他の事業に必要不可欠なコア・コンピタンスを生み出しているのに、当該事業が衰退しているという理由で撤退してしまう危険性があるのだ。しかし全体としては、ポートフォリオ・モデルによって、経営者の分析的、戦略的能力はを高まり、単なる直感に基づくよりも優れた意思決定が行われるようになっている[12]。

> アメリカのタイムカプセル・モニュメントは、アーカンソー州で2000年7月4日に封印される。

新規事業の計画、古い事業の合理化

　企業は既存事業について計画を立てることにより、総売上と総利益を予想することができる。予想される売上と利益が経営者の望む水準より少ない場合も往々にしてある。売上における期待値と予想値の間に戦略計画ギャップがあれば、経営者は新規事業を開発するか買収するかして、そのギャップを埋めなければならない。

　■図3-4では、ミュージカル社(仮称)というカセットテープの大手メーカーに生じた戦略計画ギャップが示されている。いちばん下の曲線は、現在の事業ポートフォリオから判断した今後5年間の売上予測である。いちばん上の曲線は企業が期待する売上である。明らかに、この会社は現在の事業の実力よりも速い成長を望んでいる。この戦略計画ギャップを埋めるにはどうすればよいだろうか。

　選択肢は3つある。第1に、現在の事業の中でいっそうの成長が達成できる機会を発見することである(**集中的成長機会**)。第2に、現在の事業に関連した事業の開発または買収機会を発見することである(**統合的成長機会**)。第3に現

図3-4

戦略計画ギャップ

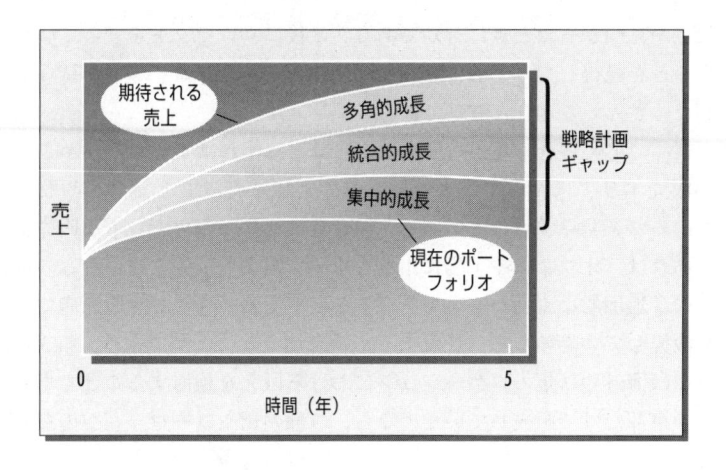

在の事業とは関係のない魅力的な事業の追加機会を発見することである（**多角的成長機会**）。

■ 集中的成長

　経営者はまず、既存事業の業績を改善する機会がないかどうかを検討すべきである。アンゾフは**製品／市場拡大グリッド**（■図3-5）と呼ばれる新しい集中的成長機会を発見するのに有効な枠組みを提案している[13]。企業はまず、既存市場において既存製品で市場シェアを伸ばせるかどうかを考える（**市場浸透戦略**）。次に、既存製品のために新たな市場を発見したり、開拓できるかどうかを検討する（**市場開拓戦略**）。それから、既存市場にとって、潜在的に関心のある新製品を開発できるかどうかを検討する（**製品開発戦略**）。その後、新市場に向けての新製品を開発できるかどうかも検討する（**多角化戦略**）。どうすれば、ミュージカル社はこの3つの集中的成長戦略を使って売上を伸ばすことができるだろうか。

　既存市場で既存製品の市場シェアを拡大するには、3つの主要なアプローチがある。ミュージカル社は現在の顧客に対し、一定期間内に、今までよりも多くのカセットを買ってもらうよう働きかけることができる。この方法は、顧客があまりカセットを購入しておらず、音楽の録音や口述録音にもっとカセットを使うことの利点を示せた場合に有効である。競合他社の顧客を引きつけることもできる。この方法は、競合他社の製品やマーケティング・プログラムに大

	既存製品	新製品
既存市場	1. 市場浸透戦略	3. 製品開発戦略
新市場	2. 市場開拓戦略	（多角化戦略）

図3-5

3つの集中的成長戦略：アンゾフの製品／市場拡大グリッド
出典：Igor Ansoff, "Strategies for Diversification," *Harvard Business Review*, September–October 1957, p. 114.

きな欠点が見つかったときに有効である。最後に、カセットを使っていない人に使うことを説得してみてもよい。これは、カセットレコーダーを持っていない人がたくさんいる場合に有効である。

既存製品で応えられる新規市場を探すにはどうすればよいだろうか。第1に、既存の販売エリアにおいて、カセットへの興味を刺激できる潜在的なユーザー・グループを発見することである。消費者市場にのみカセットを販売していたのであれば、オフィスや工場に市場を求めてもよい。第2に、既存のロケーションに、追加的な流通チャネルを探すことである。ステレオ販売店でのみテープを販売していたのなら、量販チャネルを加えることができる。第3に、国内あるいは海外の新規のロケーションにおける販売を検討することである。アメリカの東部だけで販売していたのなら、西部の州やヨーロッパへの参入を検討してもよい。

新製品の可能性も検討しなければならない。長時間テープや再生終了を知らせる音の出るテープなど、新しい特徴を備えたカセットテープを開発することが考えられる。音楽愛好家向けの高品質テープやマス市場向けの低品質テープなど、異なった品質レベルの製品を開発することもできる。あるいはCDやデジタル・オーディオテープのようなカセットに代わる技術の研究も考えられる。

3つの集中的成長戦略を検討することにより、成長の方法が見つかるかもしれない。しかし、それだけでは成長が不十分だという場合には、統合的成長機会を検討することが必要になる。

■ 統合的成長

産業内の後方統合、前方統合、水平統合によって、事業の売上と利益を増加できる場合も多い。ミュージカル社は供給業者(プラスチック材料メーカーなど)を買収してコントロール力を強め、利益を増やすことができる(**後方統合**)。収益性の高い卸売業者や小売業者を買収することも考えられる(**前方統合**)。最後に、政府の規制に触れなければ、競合他社を買収することもできる(**水平統合**)。だが、これらの新たな資源によっても依然として望んでいる売上高が達成できない場合には、多角的成長を考えなければならない。

■ 多角的成長

多角的成長は既存事業以外に有望な機会が見いだせる場合に有効である。有望な機会とは、産業の魅力度が高く、企業がそこで成功できるだけの事業の強みを持っている状況である。多角化には3つのタイプがある。第1に、既存の製品ラインと技術的あるいはマーケティング的な(もしくは両方の)シナジーをもたらす新製品を追求することである。その新製品は、これまでと違う顧客グループにアピールすることがある(**同心円的多角化戦略**)。ミュージカル社はオーディオ・カセットの製造技術を持っているので、コンピュータ用テープの生産に乗り出すことが考えられる。第2に、既存製品と技術的に関連がなくても、既存顧客にアピールするような新製品を追求することである(**水平的多角化戦**

2000年にローマで行われる記念祭には、世界中からキリスト教徒が参加する。

イギリス、グリニッジのミレニアム・ドームを訪れた人は、心、体、魂、学習、お金と財産、遊びと余暇、環境、コミュニケーションをテーマとする13の「ゾーン」を探索することができる。

略)。ミュージカル社の場合、異なる製造工程を必要とするが、カセット収納トレイを製造するという方法がある。第3に、企業の既存の技術、製品、市場とは関係のない新規事業を追求することである(**コングロマリット的多角化戦略**)。ミュージカル社が、コンピュータのソフトウェアや電子手帳の製造などの新規事業を検討することがこれにあたる。

■■■ 古い事業を合理化する

企業は新規事業を開拓するだけでなく、必要な資源を解放し、コストを削減するため、くたびれた古い事業に注意深く手を入れたり、収穫したり、撤退したりすることも必要となる。弱い事業にはさまざまな経営的配慮が必要となる。マネジャーは、資産を減らしつづけている事業を救うためにエネルギーや資源を浪費することなく、企業を成長させる機会に集中しなければならない。

> 歴史メモ：1000年ごろ、野蛮人の進入により、西ヨーロッパは古代ローマと古代ギリシャの歴史から事実上切り離された。その過去はルネッサンスの時代まで回復されることはなかった。

● 事業の戦略計画

事業単位の戦略計画プロセスは、■図3-6 に示されている8つのステップからなる。それぞれのステップを以下に検討してみよう。

事業のミッション

各事業単位は、広範な企業ミッションの中で独自のミッションを定めなければならない。テレビ局向け照明機器の製造会社であれば、ミッションを「当社は大手テレビ局をターゲットとし、最先端で最も信頼性の高いスタジオ照明システムとなる技術を提供して、顧客から選ばれる売り手となることを目指す」と定義するだろう。このミッションは、中小テレビ局との取引、最低価格、あるいは非照明製品への参入によって勝とうとしないことに注目して欲しい。

図3-6

事業戦略計画プロセス

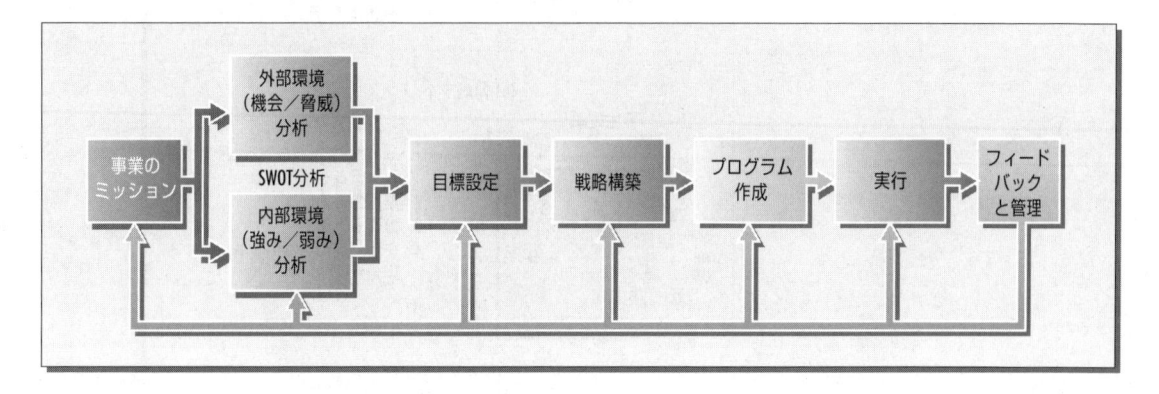

事業のミッション → 外部環境(機会/脅威)分析 / SWOT分析 / 内部環境(強み/弱み)分析 → 目標設定 → 戦略構築 → プログラム作成 → 実行 → フィードバックと管理

第3章　市場での勝利：市場志向型戦略計画

SWOT分析

企業の強み、弱み、機会、脅威の全体的な評価を**SWOT分析**という。

外部環境分析（機会／脅威の分析）

一般に事業単位は、自らの利益をあげる能力に影響を与える主要な**マクロ環境要因**（人口動態‐経済的、技術的、政治‐法的、社会‐文化的）および重要な**ミクロ環境要因**（顧客、競合他社、流通業者、供給業者）を観察しなければならない。事業単位はトレンドや重要な変化を追うために、**マーケティング戦略情報システム**を設置する必要がある。経営者はトレンドや、変化に関連する機会と脅威を見極めなければならない。

環境を観察する主な目的は、新しいマーケティング機会を見つけることにある。

- **マーケティング機会**とは、企業が利益をあげられるような購買者ニーズが存在している分野のことである。

機会はその**魅力度**と**成功確率**によって分類することができる。企業の成功確率は、当該事業の強みが標的市場における成功条件と合致しているだけでなく、競合他社を上回っているかどうかによって変化する。単にコンピタンスがあるだけでは、競争優位があることにはならない。最高の成果を上げる企業とは、最大の顧客価値を生み、それを長期間にわたって維持できる企業である。

■図3-7(a)の機会マトリクスにおいて、テレビ照明機器会社が直面している最高のマーケティング機会は左上のセル(1)に位置している。経営者はこうした

図3-7

機会と脅威のマトリクス

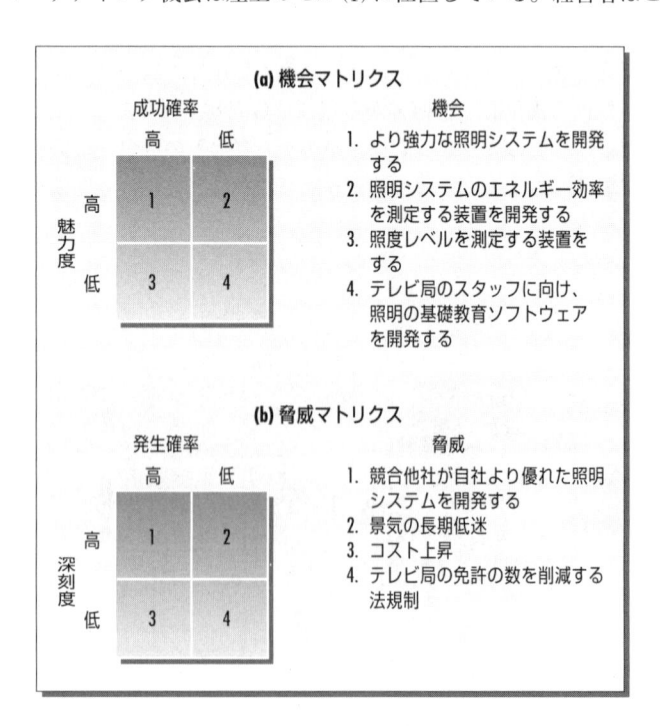

(a) 機会マトリクス

	成功確率 高	成功確率 低
魅力度 高	1	2
魅力度 低	3	4

機会
1. より強力な照明システムを開発する
2. 照明システムのエネルギー効率を測定する装置を開発する
3. 照度レベルを測定する装置をする
4. テレビ局のスタッフに向け、照明の基礎教育ソフトウェアを開発する

(b) 脅威マトリクス

	発生確率 高	発生確率 低
深刻度 高	1	2
深刻度 低	3	4

脅威
1. 競合他社が自社より優れた照明システムを開発する
2. 景気の長期低迷
3. コスト上昇
4. テレビ局の免許の数を削減する法規制

機会を追求すべきである。右下のセル(4)の機会は、小さすぎて検討に値しない。右上のセル(2)と左下のセル(3)の機会では、魅力度や成功確率が向上する可能性を観察する必要がある。

外部環境の変化のなかには脅威となるものもある。

- **環境上の脅威**とは、不利なトレンドや変化によって引き起こされる難局のことであり、防衛的マーケティング活動がなされなければ、売上や利益の悪化をもたらす。

脅威は、**深刻度**と**発生確率**によって分類すべきである。■図3-7(b)ではテレビ照明機器会社が直面している脅威マトリクスが示されている。左上のセルの脅威は、企業に大きなダメージを与える可能性があり、しかも発生確率が高いので主要な脅威である。これらの脅威に対処するため、企業は事前の備えや脅威に襲われた際にとるべき行動を詳細に取り決めた不測事態対策計画を作成する必要がある。右下のセルの脅威は、きわめて小さいので無視してよい。右上と左下のセルの脅威には不測事態対策計画は必要ないが、深刻度の上昇などについて注意深く観察する必要がある。

事業単位が直面している主要な脅威と機会を明確にしたら、当該事業の総合的魅力度を規定することができる。以下は、その4つのタイプである。

理想的事業は、主要な機会が大きく、主要な脅威が小さい。
投機的事業は、主要な機会、主要な脅威ともに大きい。
成熟事業は、主要な機会、脅威ともに小さい。
問題事業は、機会が小さく、脅威が大きい。

■ 内部環境分析(強み／弱みの分析)

魅力的な機会を見極めることと、その機会において成功するコンピタンスを持つことは別である。各事業は定期的に内部的な強みと弱みを評価する必要がある。それには、■マーケティング・メモ「強み／弱み分析のためのチェックリスト」のような書式――あるいは外部のコンサルタント――を使って、マーケティング、財務、製造、組織の各コンピタンスを見直し、それぞれの要素について、非常に強い、やや強い、中間、やや弱い、非常に弱い、という段階評価を実施すればよい。

もちろん、事業はすべての弱みを修正する必要があるわけではないし、すべての強みについて満足してよいわけでもない。大きな問題は、その事業が強みを保有している機会にとどまるべきか、それとも何らかの強みを買収したり開発し、より良い機会を検討すべきかどうか、ということである。例えば、テキサス・インスツルメンツのマネジャーの間では、自社が企業向けエレクトロニクス製品(明確な強みを保有している分野)にとどまるべきだとする者と、一歩進んで消費者向けエレクトロニクス製品(必要とされるマーケティング上の強みをいくらか欠いている分野)を導入しようとする者が真っ向から対立している。

必要とされる強みを欠いているからではなく、チームワーク不足のために事

歴史メモ：1000年ごろ、カイロはファーティマ朝の首都として造営された。これは当時の地中海における大きなイスラム都市であった。

MARKETING MEMO

強み／弱み分析のためのチェックリスト

	成果					重要度		
	非常に強い	やや強い	中間	やや弱い	非常に弱い	高	中	低
マーケティング								
1. 企業の評判	───	───	───	───	───	───	───	───
2. 市場シェア	───	───	───	───	───	───	───	───
3. 顧客満足	───	───	───	───	───	───	───	───
4. 顧客維持	───	───	───	───	───	───	───	───
5. 製品品質	───	───	───	───	───	───	───	───
6. サービス品質	───	───	───	───	───	───	───	───
7. 価格の有効性	───	───	───	───	───	───	───	───
8. 流通の有効性	───	───	───	───	───	───	───	───
9. プロモーションの有効性	───	───	───	───	───	───	───	───
10. セールス・フォースの有効性	───	───	───	───	───	───	───	───
11. 革新性の有効性	───	───	───	───	───	───	───	───
12. 地域的カバレッジ	───	───	───	───	───	───	───	───
財務								
13. 資本コストと資金調達力	───	───	───	───	───	───	───	───
14. キャッシュ・フロー	───	───	───	───	───	───	───	───
15. 財務の安定性	───	───	───	───	───	───	───	───
製造								
16. 設備	───	───	───	───	───	───	───	───
17. 規模の経済性	───	───	───	───	───	───	───	───
18. 生産能力	───	───	───	───	───	───	───	───
19. 従業員の能力	───	───	───	───	───	───	───	───
20. 期限どおりに製造する能力	───	───	───	───	───	───	───	───
21. 技術的製造能力	───	───	───	───	───	───	───	───
組織								
22. 長期的視野のある有能なリーダー	───	───	───	───	───	───	───	───
23. 意欲的な従業員	───	───	───	───	───	───	───	───
24. 起業家精神	───	───	───	───	───	───	───	───
25. 柔軟性もしくは機動性	───	───	───	───	───	───	───	───

業がうまくいかない場合もある。ある大手エレクトロニクス企業では、エンジニアは営業担当者を「エンジニアになれなかった者」として見下し、営業担当者はサービス担当者を「営業担当者になれなかった者」として見下している。このため、内部環境監査の一環として、部門間の協力関係を評価することがきわめて重要である。ハネウェルでは、これをきちんと行っている。

ハネウェル

毎年、同社では、各部門に自部門および関連部門の強みと弱みを評価させている。各部門は、ある部門にとっては「サプライヤー」であり、他の部門にとっては「カスタマー」であるという考えがあるからだ。もしハネウェルのエンジニアが新製品のコストと完成時期をいつも甘く見積もっていると、その「社内顧客」である製造、財務、販売が損害を被る。各部門の弱みがわかれば、それを修正するための対策をとることができる。

BCGのトップ・コンサルタントであるジョージ・ストークによると、勝ちつづける企業とは、コア・コンピタンスだけでなく高い社内能力を達成している企業である[14]。どのような企業も、新製品開発、売上発生、注文処理などの基本的なプロセスを管理しなければならない。各プロセスは価値を創造し、部門間のチームワークを必要とする。各部門にコア・コンピタンスがあったとしても、大事なのは企業の主要なプロセスの管理において、優れた競争上のケイパビリティを発揮させることなのである。ストークはこれを**ケイパビリティ・ベースの競争**と呼んでいる。

> 歴史メモ：11世紀、中国にはすでに貨幣経済が存在していた。銀と銅が現金として使われたほか、紙幣と信用状もあった。

目標設定

SWOT分析を行ったら、次に計画対象期間の具体的な目標を設定することができる。この段階を**目標設定**と呼ぶ。マネジャーは**目標**という言葉を、規模と時間が規定された具体的な目的を説明するのに用いる。目的を測定可能な目標に転換すると、マネジメントの計画、実行、コントロールは容易になる。

目的を1つだけ追求する事業はほとんどない。多くの事業単位は、収益性、売上の伸び、市場シェアの拡大、リスクの縮小、革新性、評判を高めるなどの目的ミックスを追求している。事業単位はこれらの目的を設定し、**目的による管理（MBO）**を行う。MBOシステムが機能するためには、事業単位のさまざまな目的が4つの基準を満たしていなければならない。

- 目的は、最も重要なものから最も重要でないものまで**階層的**に配列されなければならない。例えば、ある事業単位のある期間の主要目的が、投資収益率を増やすことにあるとする。これは利益レベルを増加させるか、投資資本の量を減らすか、あるいはその両方によって達成できる。利益そのものは収益を増加させるか、経費を減らすこと、あるいはその両方によって増加させることができる。そして、収益は市場シェアを伸ばすか、価格を上げる、あるいはその両方によって増やせる。このように進めていけば、事業は広い目的から、特定の部門や従業員にとっての具体的な目的へと移行させることが可能となる。
- 目的は、できるかぎり**数値**で表されなければならない。「投資収益率を改善する」という目的は、「2年以内に投資収益率を15％に改善する」と表現した方がよい。

> 歴史メモ：1000年ごろの中国では、都市は地域通商ネットワークの中心となり、盛んな国内交易を支えた。

- 目標は、**現実的**でなければならない。目標は願望からではなく、事業単位の機会や強みの分析によって決定されるべきである。
- 企業の目的には、**一貫性**がなければならない。売上と利益を同時に最大化することは不可能である。

ほかにトレードオフとなる重要な項目として、短期的利益と長期的成長、既存市場の深耕と新市場の開拓、利益的目標と非利益的目標、高成長と低リスクがある。このようなトレードオフの目標を選択するにあたっては、異なるマーケティング戦略が必要となる。

戦略策定

目標は事業単位が達成したいことを示しているが、**戦略**とは、目標に至るためのゲーム・プランである。事業は目標を達成するために必ず戦略を立てる必要がある。その戦略には、**マーケティング戦略、技術戦略、資源戦略**が含まれる。マーケティング戦略にはさまざまなタイプがあるが、マイケル・ポーターは戦略思考にとっての良い出発点となる3つのタイプを示している。それは、全体的コスト・リーダーシップ、差別化、集中である[15]。

- **全体的コスト・リーダーシップ** この戦略では、製造コスト、流通コストの低減に努めて、競合他社より低い価格を設定できるようにし、大きな市場シェアの獲得がねらわれる。この戦略を追求する企業は、技術、購買、製造、物流に秀でていなければならないが、マーケティングにはそれほど優れている必要はない。テキサス・インスツルメンツはこの戦略における第一人者である。この戦略の問題点は、さらに低いコストの企業が出現し、低コストに将来のすべてを預けていた企業にダメージを与えることである。
- **差別化** この戦略は、市場の大部分に評価されている重要な顧客ベネフィット分野で優れた成果を上げることに集中する。サービス・リーダー、品質リーダー、スタイル・リーダー、技術リーダーを目指すことはできるだろうが、それらすべてになることは不可能である。そこで企業は、ねらった差別化に寄与する強みを育てることになる。したがって品質リーダーを目指す企業は最良の部品を用い、うまく組み立て、注意深く検査し、その品質を効果的に伝達しなければならない。例えば、インテルは異例の速さで新しいマイクロプロセッサを発表し、技術リーダーとしての地位を築いた。
- **集中** この戦略では、1つか2つの狭い市場セグメントに絞り込んで集中する。企業はそのセグメントを熟知し、標的セグメント内でコスト・リーダーシップか差別化を追求する。エアウォーク・シューズはエクストリーム・スポーツという非常に限定されたセグメントへ集中することで有名になった。

ポーターによれば、同一の標的市場に向かって同様の戦略を展開する企業は、

戦略グループを形成するという。最もうまく戦略を遂行した企業が最大の利益を得て、明確な戦略を持たない企業――「中庸戦略企業」――の業績は最も悪い。インターナショナル・ハーベスターは低コスト、知覚価値、あるいはリーダーとなれる市場セグメントを有していなかったため、苦境に陥った。中庸戦略企業はすべての戦略的次元において卓越しようとするが、戦略的次元によって組織のあり方は異なる。こうした企業は結局、何においても特に優れたものを持たずに終わってしまうのである。

「戦略とは何か」と題した最近の論文で、ポーターは**業務の有効性**と**戦略**を区別している[16]。多くの企業は似たようなことを競合他社よりもうまくやれば、息の長い競争優位を獲得できると考えている。しかし今日、競合他社はベンチマーキングなどによって、業務の有効性を有する企業をたちまち模倣することができるので、業務の有効性の優位は薄らいでしまう。これに対し、ポーターは戦略を「さまざまな種類の活動を伴ったユニークで価値のあるポジションを築くこと」と定義している。戦略的なポジションを占める企業は、「競合他社とは違うことをするか、同じことを違うやり方でする」のである。ポーターはイケアやサウスウエスト航空といった企業を挙げている。この2社は、一貫性と相乗効果のある多くの活動を伴った明確な戦略を持っており、競合他社がその戦略を全体として模倣することは難しいとしている。

■ 戦略的提携

経営の有効性を保ちたければ、戦略的パートナーが必要だということに企業は気づき始めている。AT&T、IBM、フィリップス、シーメンスといった巨大企業でさえ、国内企業あるいは多国籍企業と**戦略的提携**を結び、ケイパビリティや資源の補強とテコ入れを図らなければ、国内でも世界でもリーダーシップを取れないということがしばしば起きている。例えば、スター・アライアンスはルフトハンザ・ドイツ航空、ユナイテッド航空、エア・カナダ、スカンジナビア航空、タイ航空、ヴァリグ・ブラジル航空、ニュージーランド航空、アンセット・オーストラリア航空が巨大なグローバル・パートナーシップとして手を結んだものである。これによって旅行者は、約700ある目的地まで継ぎ目なしに乗り継ぐことが可能になった。

新しい技術はグローバル・スタンダードを求めており、それはグローバルな提携をもたらす。例えば、2社もしくは3社の世界最大規模のクレジット・カード会社が競争をやめて協力し、スマート・カードと呼ばれる世界標準を作り上げようとしている。アメリカン・エキスプレスとVISAインターナショナルは、ベルギーのバンスキスSAとオーストラリアのERG社という2つのカード技術企業とともに、プロトン・ワールド・インターナショナルというジョイント・ベンチャーを立ち上げた。プロトンに参加したパートナー企業は、電子商取引のためのインフラストラクチャーを計画するのであれば、マスターカードでさえ歓迎するといっている。プロトン事業は「世界的提携こそ進むべき道であることが理解されつつある」と、別のスマート・カード技術企業であるモンデック

> ニュー・ミレニアムには、時間が商品としての重要性を増すだろう。

> 消費者は、より早く、より便利に製品や経験を手に入れる新しい方法を探しつづけるだろう。

スの法人部門責任者、ゲリー・ホプキンソンは述べている[17]。

国外で事業を行うというだけでも、企業は製品のライセンスを供与したり、現地企業とジョイント・ベンチャーを組んだりして、規定の「現地調達率」を満たすよう現地の供給業者から資材を購買しなければならない。そのため、多くの企業がグローバルな戦略的ネットワークを急速に形成しつつある。そして勝つのは、より優れたグローバル・ネットワークを構築した企業である。この点については、■ミレニアム・マーケティング「戦略的提携のブーム」に詳しい。

戦略的提携の多くは、**マーケティング提携**の形態をとる。これは、大きく4つのカテゴリーに分けることができる[18]。

1. **製品またはサービスの提携** ある企業が別の企業にライセンス供与して自社製品を製造させるか、2つの企業が共同で相互補完的な製品や新製品を販売する。例えば、アップルはデジタル・ヴァックスと提携し、新製品を共同設計、共同製造、共同販売している。スプリントはRCAおよびソニーと提携し、自社の電話サービスに乗り換えた長距離電話利用者に、ソニーのウォークマンやRCAのカラーテレビをプレゼントしている。H&Rブロックとハイアット法律サービス(両社ともサービス企業)もマーケティング提携を行っている。

2. **プロモーション提携** ある企業が別の企業の製品やサービスのプロモーションを行うことで合意する。例えば、マクドナルドはディズニーと提携し、ハンバーガーを購入した顧客にディズニー映画のキャラクターであるムーランの人形を提供している。銀行が店舗内の壁に地元の美術ギャラリーの絵画を展示させる場合もこれにあたる。

3. **ロジスティクス提携** ある企業が別の企業の製品に対しロジスティクス・サービスを提供する。例えば、アボット・ラボラトリーズは3Mのすべての医薬品および外科用製品を自社の倉庫に保管し、全米の病院に配達している。

4. **価格協力** 2社以上の企業が共同の特別価格に参加する。ホテルとレンタカー会社が相互価格割引を提供するのは、よく見られる例である。

自社の強みを補強し、弱みを相殺するようなパートナーを見つけるには、創造的な発想が必要だ。提携がうまくいけば、企業はより少ないコストでより大きい売上を獲得できる。戦略的提携をうまく機能させつづけるために、企業は提携を支える組織構造を発達させ、パートナーシップを形成し運営する能力を自社のコア・スキルと見なすようになっている。例えば、ディズニーとヒューレット・パッカードには提携担当役員がいる。ロータスとゼロックスの提携では当初、業務が事業開発部門によって担当されていたが、現在は提携グループが設立されている。中小企業であれば、正式なものでなくても、コア・グループをパートナーシップの担当に任命し、提携の管理と監視にあたらせてもよいだろう[19]。

プログラム作成

　事業単位によって基本戦略が構築されたならば、次に詳細な支援プログラムが作成されなければならない。技術でリーダーの地位を獲得しようと決めたら、研究開発部門を強化し、技術情報を収集し、最先端の製品を開発し、専門知識を有するセールス・フォースを養成し、そして自社の技術的リーダーシップの広告を制作するプログラムを編成しなければならない。

　マーケティング・プログラムの試案ができたら、マーケティング担当者はコストの見積りを出さなければならない。ここでは、トレードショーに参加することに意味があるのか、売上コンテストは採算がとれるのか、そして販売員を1人増員することは収益につながるのか、といった問題が生じる。各マーケティング・プログラムがコストに見合うだけの成果を出せるかどうか判断するため、活動基準原価計算(ABC)会計を適用しなければならない[20]。

実行

　戦略を明確化し、支援プログラムを周到に作成しても、それを慎重に実行できなければ意味がない。実際、マッキンゼーによれば、戦略は優れた経営を行う企業に見られる7つの要素の1つにすぎない[21]。■図3-8には、事業を成功させるためのマッキンゼーの7S枠組みが示されている。最初の3つの要素──戦略、構造、システム──は、成功のための「ハードウェア」と考えられる。次の4つ──スタイル、スキル、スタッフ、共有された価値観──は「ソフトウェア」である。

　第1の「ソフト」要素である**スタイル**とは、従業員が同じ考え方と行動様式を共有しているということである。マクドナルドの従業員がみな顧客に微笑みかけ、IBMの従業員がみな顧客への接し方において非常にプロフェッショナルなのはそのためである。第2の**スキル**とは、従業員が企業の戦略を実行するのに必要な専門技術を持っているということである。第3の**スタッフ**とは、企業が優れた人材を採用し、十分に訓練し、適した仕事を任せているということである。第4の共有された**価値観**とは、従業員が道標となる価値観を共有しているということである。こうしたソフト要素を有していれば、当該企業は戦略実行に成功する可能性が高くなる[22]。

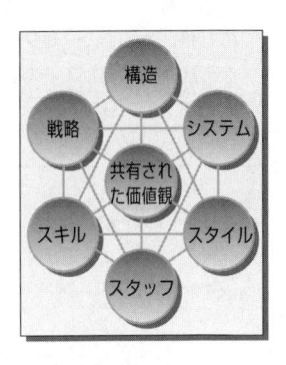

図3-8

マッキンゼーの7S枠組み

出典：McKinsey 7-S Framework from In Search of Excellence: Lessons from America's Best Run Companies, by Thomas J. Peters and Robert H. Waterman Jr. (邦訳：『エクセレント・カンパニー：超優良企業の条件』大前研一訳、講談社) Copyright © 1982 by Thomas J. Peters and Robert H. Waterman, Jr. ハーパーコリンズ社の許可を得て掲載。

フィードバックとコントロール

　企業は戦略を実行する際、その結果を追跡し、内部環境と外部環境に生じる新たな変化を観察しなければならない。環境要因には、何年にもわたって安定しているものもあれば、予期できる形でゆっくりと変化していくものもある。だが急速に、予期できない形で大きく変化する要因もある。しかし、1つだけ確かなことがある。市場は変化する、ということだ。そして市場が変化すれば、企

MARKETING FOR THE MILLENNIUM　ミレニアム・マーケティング

戦略的提携のブーム

新しいグローバル環境において、製品や選択肢がますます増えて競争は激化しており、提携は計画立案上の選択肢であるばかりか、戦略的に不可欠なものとなっている。多くのグローバルな提携を行っているユナイテッド・パーセル・サービス(UPS)のCEO、ジム・ケリーは次のように述べている。「『相手を負かせないのなら、手を結べ』という格言は、『手を結べ、そうすれば負かされない』という言い方に取って代わられつつある」。事実、ソフトウェア、バイオテクノロジー、電気通信といった分野の新技術企業は、現在「グローバルな存在として誕生」するのが普通になっている。コンピュータ地図製作会社のHDMは、創立後2年足らずのうちに日本でジョイント・ベンチャーを立ち上げ、カナダとロシアで開発グループを形成している。「我々の行っていることは、ほとんどすべてが提携です」と、サンディエゴに本拠を置くバイオマテリアル製造企業、プロテイン・ポリマー・テクノロジーズ社の社長、トム・パーミターは言う。同社は独自の市場を形成することができないため、提携はきわめて重要である。

戦略的提携はあらゆる産業とサービス分野でブームになっており、その目的もさまざまだ。ブーズ・アレン・アンド・ハミルトン社によれば、ヨーロッパ、アジア、中南米の企業と提携しているアメリカ企業の数は年率25%の割合で増加している。なぜブームが起こっているのだろうか。次に企業が提携を行う戦略的理由をいくつか挙げる。

- 既存の市場と技術の間に存在するギャップを埋める。
- 過剰な生産能力を利益に転換する。
- 新市場に参入するリスクとコストを下げる。
- 製品の導入を加速する。
- 規模の経済性を達成する。
- 法的障壁と貿易障壁を克服する。
- 既存の営業範囲を拡大する。
- 事業からの撤退コストを削減する。

提携を模索するに足る理由はたくさんあるが、失敗に終わる可能性は高い。マッキンゼーの調査によると、49の提携のうちの約3分の1が期待外れに終わっている。だが、このような苦い経験によって、企業はどうすれば提携を成功させられるかを学びつつある。その鍵は3つあるようだ。

業は実行、プログラム、戦略、目的さえも見直して、修正しなければならない(■口絵3-1参照)。巨大コンピュータ・サービス企業のエレクトロニック・データ・システムズ(EDS)を取り上げてみよう。

EDS、コンピュータ・サイエンシーズ社、アンダーセン・コンサルティング

何年もの間、EDSの基盤事業であるアウトソーシングは年率25%で成長していた。しかし1993年、その数字はわずか7%に低下してしまった。EDSの主要事業は、コンチネンタル航空やGMといったクライアントのデータ処理業務を行うことである。ところが技術の発達によって、メインフレームからパソコン・ネットワークへの転換が起こった。そのため、多くのSEや技術者を巨大なデータセンターに派遣して、プログラムを書き、それを動かしつづけるというEDSのコア・コンピタンスへの需要が減ってしまったのである。顧客はいまやコンピュータ・サービス企業に、主要な事業プロセスのリエンジニアリングを支援する経営コンサルタントとしての役割を求めている。コンピュー

1. **戦略的適合性**　提携を検討する前に、企業は自社のコア・コンピタンスを評価しなければならない。その後で、自社の事業ライン、地理的ポジション、コンピタンスを補完するパートナーを見つけるべきである。戦略的適合性のよい例を、AT&Tとロシアの電話会社、ソヴィンテルに見ることができる。2社は提携して、デジタル化された音声、データ、動画をやりとりするための高速ISDNを両国間で提供している。提携により、両通信会社は単独の場合よりも多くの企業顧客に新たなサービスを提供できる。

2. **長期的な視野に立つ**　戦略的提携企業は、目先のコスト削減よりも、何年も先に収穫できる利益に焦点を当てなければならない。年商50億ドルのガラス・陶器製造業者のコーニング社は、提携のうまさで有名である。同社は製品の半分をジョイント・ベンチャーから獲得しており、自らを「組織のネットワーク」とまで定義している。そのネットワークには、ドイツと韓国の巨大電器メーカー、シーメンスとサムスン（三星）、メキシコ最大のガラス製造会社ヴィトロが含まれている。

3. **柔軟性**　提携は、柔軟さがなければ続かない。柔軟性のある提携関係の例が、メルク社とスウェーデンのABアストラ社である。メルク社は提携先企業の新薬をアメリカで販売する権利を持つだけの状態から出発した。その後、メルク社は一歩進んで提携による年商5億ドルの事業を扱う新会社を設立し、株式の半分をアストラ社に売却している。

出典：Julie Cohen Mason, "Strategic Alliances: Partnering for Success," *Management Review*, May 1993, pp. 10–15; Stratford Sherman, "Are Strategic Alliances Working?" *Fortune*, September 21, 1992, pp. 77–78; Edwin Whenmouth, "Rivals Become Partners: Japan Seeks Links with U.S. and European Firms," *Industry Week*, February 1, 1993, pp. 11–12, 14; John Naisbitt, *The Global Paradox* (New York: William Morrow, 1994), pp. 18–21; Rosabeth Moss Kantner, "The Power of Partnering," *Sales & Marketing Management*, June 1997, pp. 26–28; Jim Kelly, "All Together, Now," *Chief Executive*, November 1997, pp. 60–63; Roberta Maynard, "Striking the Right Match," *Nation's Business*, May 1996, p. 18.

タ・サイエンシーズ社とアンダーセン・コンサルティングはすでにこの分野で地位を確立しており、EDSは環境の変化に対応するために、険しい移行期を経験している。市場シェアの低下を打破すべく、同社はコストを削減し、クライアント・サーバー構築に業務を広げ、リエンジニアリングのためのコンサルタントを採用し、電気通信分野のパートナーとの提携を進めている[23]。

　市場環境は企業の7Sよりも速く変化するため、環境と企業の戦略的適合性が薄れてくるのは避けられない。そのため、企業は効率性を維持しているにもかかわらず、有効性を失うことがある。ピーター・ドラッカーは「物事を適切に進める」（効率性）よりも「正しいことを行う」（有効性）の方が重要であると指摘している。最も成功している企業は、そのどちらにおいても優れている。

　いったん組織が環境変化に対応できなくなると、失ったポジションを取り戻すのはますます難しくなる。かつて無敵であったモトローラが、新しいデジタル技術に対応できず、アナログ電話を量産しつづけたときがそうだった。また、

> ニュー・ミレニアムには、ストレスはフィットネスよりも大きな問題になるだろう。

ロータス・ディベロップメント社の末路も考えて欲しい。同社のロータス1-2-3はかつて世界で第1位のソフトウェアだったが、今ではデスクトップ用ソフトの市場シェアは大きく低下し、アナリストは数字を追うことさえしていない。

ロータス

最初のIBM-PCの売上は、ロータス1-2-3のおかげで促進された。これは表計算ソフトに、数列をチャートやグラフに変換できるプログラムを組み合わせたものである。しかしロータスは結局、PCの進化と足並みをそろえられなかった。アップルのマッキントッシュ版1-2-3を売り出すのが遅れ、マイクロソフトのエクセルに市場を奪われてしまった。マイクロソフトのウィンドウズが売れ始めたときにも遅れをとり、すべてのPC向け市場をエクセルに譲り渡してしまった。そして市場がオフィスソフトと呼ばれる統合ソフトに動いたときにもまた遅れをとった。結局1995年、同社はIBMに買収された。ソフトをOSに付属させる力をテコに、マイクロソフトはなおもロータスに対して圧倒的な優位を保っている。同社はもうかつての栄光を取り戻そうという幻想は抱かず、マイクロソフトと緊密に協力して、次のスマート・スイート・ソフトがウィンドウズ95、98、NTの利点を最大限生かせるように目指している[24]。

> インターネットの誕生を覚えているだろうか。いまや普遍的となったこのコミュニケーション・ツールは1983年にデビューした。

組織、特に大きな組織は惰性に陥りやすい。効率的な機械のように組織されているため、一部を変えたら全体の調整も必要になってくる。だが、危機のさなかに(できれば危機に陥る前が望ましいが)、強いリーダーシップによって組織は変わることができる。組織の健全性の鍵は、変化しつづける環境を検討し、それにふさわしい新しい目標と行動を採用しようという組織の意志にある。高い成果を上げる組織は、常に環境を観察し、柔軟な戦略計画によって、変化しつづける環境との活力ある適合性を維持しようと努めている。

マーケティング・プロセス

企業レベル、事業部レベル、事業単位レベルでの計画立案はマーケティング・プロセスの中枢部分である。このプロセスを十分に理解するため、まず企業が自社の事業をどのように定義するのかを検討しなければならない。

事業の任務は、利益を出しながら市場に価値を提供することである。**価値提供プロセス**には少なくとも2つの観点がある[25]。従来の観点は、企業が何かを作り、それを売るというものである(■図3-9(a))。例えば、トーマス・エジソンが蓄音機を発明し、人を雇ってそれを売るのがこれにあたる。この観点では、マーケティングが価値提供プロセスの後半で行われることになる。つまり、企業は何を作るべきかを知っており、市場はその企業が利益をあげるに足る数量を買うだろうということを前提としている。

従来型の観点をとる企業が成功するチャンスは、消費者が品質、特徴、スタ

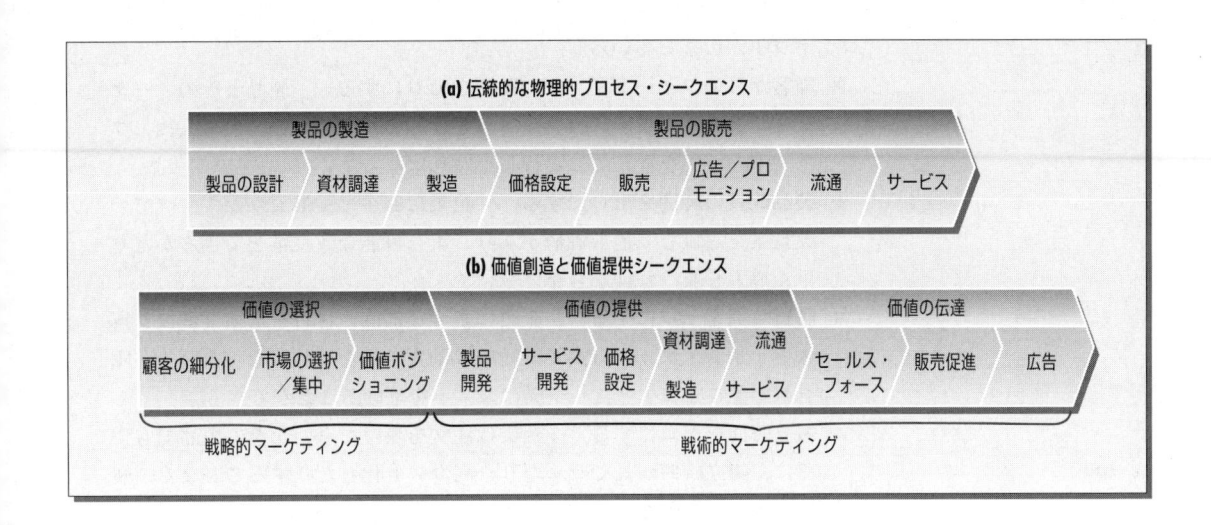

図(a) 伝統的な物理的プロセス・シークエンス

製品の製造: 製品の設計 → 資材調達 → 製造
製品の販売: 価格設定 → 販売 → 広告/プロモーション → 流通 → サービス

図(b) 価値創造と価値提供シークエンス

価値の選択: 顧客の細分化 → 市場の選択/集中 → 価値ポジショニング
価値の提供: 製品開発 → サービス開発 → 価格設定 → 資材調達 → 製造 → 流通 → サービス
価値の伝達: セールス・フォース → 販売促進 → 広告

戦略的マーケティング（価値の選択）
戦術的マーケティング（価値の提供・伝達）

図 3-9

価値提供プロセスの 2 つの観点

出典：Michael J. Lanning and Edward G. Michaels, "A Business Is a Value Delivery System," McKinsey staff paper no. 41, June 1988. © McKinsey & Co., Inc.

イルにうるさくなく、モノ不足が著しい経済で最も高い。だが従来型の観点は、人々が豊富な選択肢を持つ、競争の激しい経済では役に立たないだろう。「マス・マーケット」は、実際にはたくさんのミクロ・マーケットに分裂しており、それぞれが独自の欲求、知覚、選好、購買基準を有している。そのため、競争に勝ち抜くつもりなら、的を絞った標的市場向けのオファーを設計しなければならない。

価値提供シークエンス

この考え方は、事業プロセスの新しい観点の核心をなす。新しい観点では、マーケティングを計画立案プロセスの初めに位置づけている。製造と販売に重きを置くのではなく、企業は自らを価値創造と価値提供のシークエンスの一部と考えている（■図3-9(b)）。このシークエンスは3つの部分から構成されている。

第1段階は価値の選択であり、これは製品ができる以前にマーケティングが行うべき「宿題」である。マーケティング担当者は市場を細分化し、適切な標的市場を選択し、製品価値のポジショニングを開発しなければならない。**細分化、標的化、ポジショニング（STP）**のセットが戦略的マーケティングの要である。

価値を選択したら、第2段階は価値の提供である。具体的な製品の仕様とサービスを詳細に決め、標的価格を設定し、製品を製造し、流通させなければならない。**戦術的マーケティング**の一環として、製品の具体的な特徴、価格、流通の開発がこの段階で行われる。

第3段階は価値の伝達である。ここでは、セールス・フォース、販売促進、広告などのプロモーション・ツールを使って市場に製品情報が伝えられ、さらなる戦術的マーケティングが行われる。■図3-9(b)が示すように、マーケティング・プロセスは製品が存在する以前に始まり、開発が行われる間も、市場に出回るようになった後も継続する。日本ではこの観点をさらに発展させて、次の

ホームページを持つ企業は、これまでで最も迅速なサービスを顧客に提供している。例えばデルの顧客は、インターネットを通じて現在の注文状況をすぐに知ることができる。

第3章　市場での勝利：市場志向型戦略計画

コンセプトが広まっている。

- **顧客からのフィードバックの時間をゼロにする**　製品とそのマーケティングをどのように改善すべきかを知るために、顧客の購入後、フィードバックを継続的に実行しなければならない。
- **製品改良の時間をゼロにする**　企業は顧客と従業員が出すすべての改良案を評価し、最も価値があり、実行可能な改良案をできるかぎり早く導入しなければならない。
- **購買時間をゼロにする**　企業は必要な部品と材料を供給業者にジャスト・イン・タイム方式で継続的に納入させなければならない。在庫を減らすことによって、企業はコストを下げることができる。
- **組立時間をゼロにする**　企業は注文を受けたらいかなる製品でもすぐに、組立時間が長くなったり、高コスト化したりすることなく、製造できなければならない。
- **不良品をゼロにする**　製品は高品質で、欠陥があってはならない。

マーケティング・プロセスの段階

　マーケティング・マネジャー（全社、事業部、事業単位、製品のどのレベルであれ）は職務を実行するために、一定のマーケティング・プロセスに従う。プロダクト・マネジャーは上位レベルで決められた計画の範囲内で、各製品、製品ライン、ブランドのためのマーケティング計画を立案する。

- **マーケティング・プロセス**とは、マーケティング機会の分析、標的市場の調査と選択、マーケティング戦略の構築、マーケティング・プログラムの立案、そしてマーケティング努力の組織化、実行、コントロールである。

以下の状況と結びつけて、各段階を説明しよう。

　ゼウス社（仮名）は、化学、カメラ、フィルムなどの事業を展開している。同社の組織はSBUに応じて作られている。経営陣はアトラス・カメラ部門の今後を検討している。現在、アトラス部門は35ミリカメラを生産しているが、カメラ市場は競争が激しい。成長／市場シェア・マトリクスでは、同事業は弱い金のなる木になりつつある。経営陣はアトラス部門のマーケティング担当に強力な復活プランを求めている。マーケティング担当責任者は説得力のあるマーケティング計画を出し、経営陣を納得させ、実行し、コントロールしなければならない。

以下の項目は、組織のあらゆるレベルのマーケティング計画に当てはまる。本章の後半では、ある製品ラインを支援するために作られた具体的なマーケティング計画の各要素について検討する。

市場機会の分析

　アトラスの最初の仕事は、市場での経験とコア・コンピタンスに基づいて長

> ホンダは自社の低排気ガスのハイブリッド車を未来の車として広告している。

期的な機会の可能性を発見することである。もちろん、より優れた特徴を持つ標準フィルム用カメラを開発することができる。デジタルカメラやビデオカメラという製品ラインの設計を検討してもよい。あるいは、光学分野のコア・コンピタンスを活用し、双眼鏡や望遠鏡などの製品ラインを設計することもできる。

　さまざまな機会を評価するために、アトラスは信頼性の高いマーケティング・リサーチを行い、情報システムを構築する必要がある（第4章）。マーケティング・リサーチは、購買者の欲求と行動および市場規模を評価するために欠かせないマーケティング・ツールである。マーケティング担当者は二次情報にあたったり、フォーカス・グループ調査を実施したり、電話調査、郵便調査、対面調査を行うことができる。収集したデータを分析することによって、アトラスは各マーケティング機会の大きさについて、より明確なイメージを得ることができる。

　マーケティング・リサーチでは、マーケティング環境についての重要な情報も収集する（第5章）。アトラスの**ミクロ環境**は、カメラを製造、販売する同社の能力に影響を与えるすべての関係者——供給業者、マーケティング仲介業者、顧客、競合他社——からなる。**マクロ環境**は、売上と利益に影響を与える人口動態的、経済的、物理的、技術的、政治－法的、社会－文化的要因からなる。環境情報を収集する上で、市場の潜在性を測定し、需要の先行きを予測することも重要である。

　アトラスは**消費者市場**（第6章）も理解しなければならない。具体的には、どれくらいの世帯がカメラの購買を計画しているのか、だれがなぜ買うのか、特徴と価格に何を求めているのか、どこで買い物をするのか、ほかのブランドについてどのようなイメージを持っているのか、を知る必要がある。アトラスは、大企業、専門企業、小売業者、政府機関などの**ビジネス市場**（第7章）にもカメラを販売している。そこでは、購買担当者や購買委員会が意思決定を行う。アトラスは組織購買者の購買方法についてよく知っておかなければならない。製品ベネフィットの売り込みの訓練を十分に受けたセールス・フォースも必要だ。また競合他社（第8章）にもよく目を光らせ、その動きを予測し、どのように敏速かつ断固たる対応をとるべきかについて知っておかなければならない。自ら競合他社を奇襲する場合には、相手の反応を予測する必要がある。

　市場機会の分析に続くのは、標的市場の選択である。現代のマーケティングでは、市場を主要な市場セグメントに分け、各セグメントを評価し、自社が最も成功できる市場セグメントをターゲットにしなければならない（第9章）。

■ マーケティング戦略の構築

　アトラスが消費者市場に焦点を当て、ポジショニング戦略（第10章）を構築するとしよう。アトラスは自社のカメラを「キャデラック」のようなブランドとして位置づけ、優れたサービスと強力な広告を行い、高品質カメラを高価格で提供すべきだろうか。シンプルな低価格カメラを作って、価格に敏感な消費者を

ねらうべきか。それとも平均価格の平均的な品質のカメラを開発すべきか。製品のポジショニングを決定したら、新製品開発、テスト、発売を開始しなければならない(第11章)。新製品開発プロセスでは、各段階で異なる意思決定ツールと管理が必要となる。

　発売後、製品戦略はライフサイクルの各段階(導入期、成長期、成熟期、衰退期)(第10章)で修正される必要が出てくる。さらに戦略の選択は、その企業がリーダーか、チャレンジャーか、フォロワーか、ニッチャーかによって変わってくる(第8章)。また、戦略は変化しつづけるグローバルな機会と問題点を考慮に入れなければならない(第12章)。

■ マーケティング・プログラムの立案

　マーケティング戦略をマーケティング・プログラムに転換するために、マーケティング・マネジャーは、マーケティング費、マーケティング・ミックス、マーケティング費の配分について基本的な意思決定を行わなければならない。まず、アトラスはどれだけマーケティング費を投入すればマーケティング目的が達成できるのかを判断する必要がある。一般に、企業は売上目標の一定割合をマーケティング予算として設定する。企業によっては高い市場シェアを獲得しようと、通常より高い割合の予算を投入することもある。次に企業は、マーケティングの総予算をマーケティング・ミックスにおけるさまざまなツール――製品、価格、流通、プロモーション――間でどのように配分すべきかを決定しなければならない[26]。

　最後に、マーケターは製品、チャネル、プロモーション・メディア、販売エリアへのマーケティング予算配分を決定しなければならない。アトラスの2つあるいは3つのカメラ製品ラインを支援するにはどれほどの資金が必要なのか。直接販売か、流通販売か。ダイレクトメールによる広告か、業界誌への広告か。東海岸の市場か、西海岸の市場か。これらの配分を行うために、マーケティング・マネジャーは、各配分で投入された金額によって売上がどれだけ影響されるかを示す**売上−反応関数**を使う。

　最も基本的なマーケティング・ミックス・ツールは**製品**である。これは企業が市場に提供する具体的なオファーであり、製品品質、デザイン、特徴、ブランディング、パッケージングが含まれる(第13章)。製品オファーの一環として、アトラスは、リース、配達、修理、トレーニングなどのさまざまなサービスを提供する(第14章)。このようなサポート・サービスによって、競争の激しいグローバル市場で競争優位を得ることができる。

　重要なマーケティング・ミックス・ツールとして、**価格**がある(第15章)。アトラスは卸売価格と小売価格、割引額、アロウワンス、信用取引条件を決定しなければならない。価格はオファーに対する知覚価値と釣り合っていなければならない。そうでなければ、購買者は競合他社の製品を選ぶだろう。

　流通には、標的顧客が製品に触れ、入手できるようにする企業のさまざまな活動が含まれる(第16章、第17章)。アトラスはさまざまなマーケティング協

1900年〜1910年の10年間は「Noughts」と呼ばれる。2000年からの10年間は何と呼ばれるのだろうか。

力者を見つけ、彼らと契約し、連結して、製品とサービスを標的市場へ効率的に供給しなければならない。さまざまなタイプの小売業者、卸売業者、物流企業について理解し、彼らがどのように意思決定を行うのかを知っておかなければならない。

プロモーションとは、企業が製品について標的市場へ伝達し、販売促進するために行うあらゆる活動のことである（第18章〜第21章）。アトラスは、販売員を雇用し、訓練し、動機付けなければならない。広告、販売促進、パブリック・リレーションズ、ダイレクト・マーケティングとオンライン・マーケティングからなるコミュニケーション・プログラムとプロモーション・プログラムを立案しなければならない。

■ マーケティング努力の管理

マーケティング・プロセスの最終段階は、マーケティング資源を組織し、マーケティング計画を実行し、コントロールすることである。企業はマーケティング計画を実行できるマーケティング組織を構築しなければならない（第22章）。小さな企業では、1人であらゆるマーケティング業務を行う場合もある。アトラスのような大企業には、複数のマーケティング専門家がいる。販売員、セールス・マネジャー、マーケティング・リサーチャー、広告担当者、プロダクト・マネジャーとブランド・マネジャー、市場セグメント・マネジャー、顧客サービス担当者である。

マーケティング部門は通常、マーケティング担当副社長によって率いられており、副社長は3つの任務を遂行する。第1に、すべてのマーケティング担当者の仕事を調整する。第2に、他の機能部門の副社長と緊密に協力する。第3に、マーケティング担当者を選定し、訓練し、方向づけ、動機付け、評価する。

マーケティング計画が実行されたときの不測の事態に備えて、企業はフィードバックとコントロールを行わなくてはならない。マーケティング・コントロールには3つのタイプがある。

1. **年間計画コントロール**とは、企業の現在における売上や利益などの目標達成を確実にする業務である。第1に、経営者は各月、各四半期ごとに明確に定められた目標を発表する。第2に、経営者は市場での成果を測定する。第3に、目標と成果の間に深刻なギャップが生じた原因を判断する。第4に、目標と成果の間のギャップをなくすために修正措置を選択しなければならない。
2. **収益性コントロール**とは、製品、顧客グループ、流通チャネル、受注規模の実際の収益性を測定する業務である。これは簡単ではない。企業の会計システムが、個々に異なるマーケティング組織やマーケティング活動の実際の収益性を報告するようにできていることはまれである。**マーケティング収益性分析**では異なるマーケティング活動の収益性が測定され、**マーケティング効率性研究**ではさまざまなマーケティング活動がどうすればより効率的に実行できるかが判断される。

3. **戦略コントロール**とは、企業のマーケティング戦略が市場状況に対して適切かどうかを評価する業務である。マーケティング環境が急速に変化するため、企業は**マーケティング監査**と呼ばれる管理手段で定期的にマーケティングの有効性を評価する必要がある。

■図3-10では、マーケティング・プロセスのまとめと企業のマーケティング戦略を形成する諸要因が示されている。

製品計画:マーケティング計画の性質と内容

各製品レベル(製品ライン、ブランド)において、企業は目標を達成するために**マーケティング計画**を策定しなければならない。マーケティング計画は、マーケティング・プロセスの最も重要なアウトプットのひとつである。だが、マーケティング計画とはどのようなものだろうか。どのような内容だろうか。マーケティング計画にはいくつかの項目がある。これらは■表3-3に挙げられている。

マーケティング計画の内容

- **エグゼクティブ・サマリーと目次**　マーケティング計画は、計画の主要目標と提言の簡潔な要約で始めなければならない。エグゼクティブ・サマリーは、シニア・マネジメントが計画の概要を把握できるようにするものだ。エグゼクティブ・サマリーに続いて、目次を示す。
- **現在のマーケティング状況**　この項目では、売上、コスト、利益、市

図3-10

企業のマーケティング戦略に影響を及ぼす諸要因

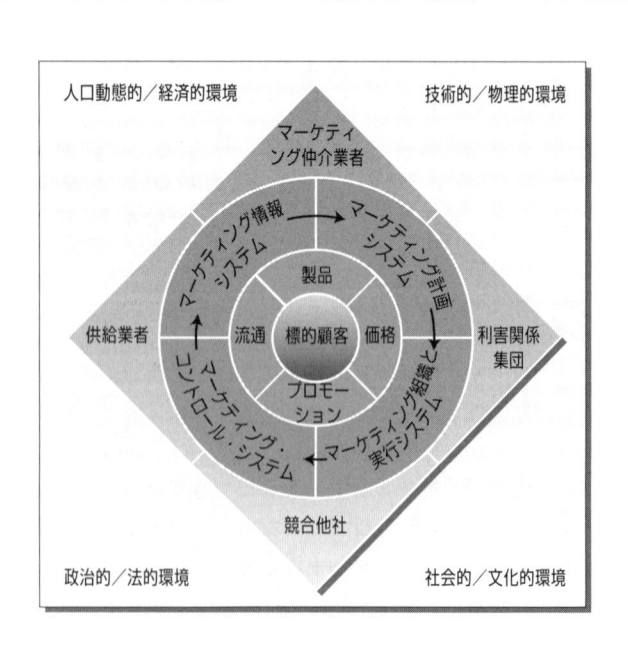

I.	エグゼクティブ・サマリーと目次	提案された計画の簡潔な概要を示す
II.	現在のマーケティング状況	売上、コスト、利益、市場、競合他社、流通、マクロ環境について関連する背景データを示す
III.	機会と問題点分析	製品ラインの主要な機会/脅威、強み/弱み、問題点を明確化する
IV.	目的	売上高、市場シェア、利益の点から、計画の財務上かつマーケティング上の目的を明確にする
V.	マーケティング戦略	計画の目的を達成するために用いる広範なマーケティング・アプローチを示す
VI.	行動計画	事業目的を達成するために策定された具体的なマーケティング・プログラムを示す
VII.	予想される損益計算書	計画で予想される財務上の結果を予測する
VIII.	管理	計画をどのように観察するかを示す

表3-3

マーケティング計画の内容

場、競合他社、流通、マクロ環境に関連する背景データを示す。データはプロダクト・マネジャーが管理しているプロダクト・ファクト・ブックから引用する。

- **機会/問題点分析** 現在のマーケティング状況を要約したら、プロダクト・マネジャーは製品ラインの主要な機会/脅威、強み/弱み、および問題点を明確にする。
- **目的** 問題点を要約したら、プロダクト・マネジャーは計画の財務上、マーケティング上の目的を決定しなければならない。
- **マーケティング戦略** 計画の目的を達成するための大局的なマーケティング戦略、言い換えれば「ゲーム・プラン」の概要を描く。戦略を立てる際、プロダクト・マネジャーは購買担当者、製造担当者と話し合い、目標売上数量レベルを満たすのに十分な量の材料を調達し、製品の製造ができることを確認する。またセールス・マネジャーとも話し合って十分なセールス・フォースを確保し、財務担当者と話し合って広告とプロモーション用に十分な資金を確保しなければならない。
- **行動計画** マーケティング計画には、事業目的を達成するための大局的なマーケティング・プログラムを明確に記さなければならない。各マーケティング戦略要素は、何をするのか、いつやるのか、だれがやるのか、コストはいくらかかるのか、といった質問に答えられるよう念入りに作成しなければならない。
- **予想される損益計算書** 行動計画によってプロダクト・マネジャーは支援予算を決定することができる。収益の欄には、予想売上数量と平均価格を示す。費用の欄には、製造、物流、マーケティングの各コストを、さらに細かく分けた項目別に示す。収益と売上の差が予想される利益である。予算が承認されると、この予算が原材料調達、生産計画、従業員の採用、マーケティング活動の計画とスケジュール作成

ニュー・ミレニアムの公式シャンパン、コーベルで2000年を祝おう。

> ニューヨークのコンソリデイテッド・エジソン社は、公式エネルギー企業として知られるようになるだろう。

の基礎となる。

- **管理** マーケティング計画の最後の項目では、計画を監視するための管理について概要を述べる。一般的に、目標と予算は各月または各四半期ごとに詳細に記す。こうすればシニア・マネジメントは各期間の結果を評価することができる。管理項目の中には不測事態対策計画も入れておく。不測事態対策計画とは、価格戦争やストライキなどの特定状況の悪化に対して、経営陣がとる手段を述べたものである。

ソニックのミニコンポ

ジェーン・メロディは、ソニックのミニコンポ・システムのプロダクト・マネジャーである。ステレオ・システムは、AM-FMチューナー／アンプ、CDプレーヤー、テープデッキ、セパレート・スピーカーで構成されている。ソニックは150ドルから400ドルの価格帯で数種のモデルを出している。ソニックの主要目標は、ミニコンポ・システムにおける自社の市場シェアを拡大し、収益率を上げることである。ジェーン・メロディはプロダクト・マネジャーとして、製品ラインの業績を改善するマーケティング計画を作成しなければならない。

2000年度のソニックのマーケティング計画では、前年度の売上と利益を大幅に伸ばすことがねらわれている。利益目標は180万ドルである。売上高の目標は1800万ドルであり、これは昨年度より9％の増加を見込んでいる。この増加は価格設定、広告、流通を改善することで達成可能と見られている。必要なマーケティング予算は229万ドルであり、これは昨年度より14％の増加である。詳細は以下のとおり。

▰▰ 市場の状況

ここでは標的市場のデータが明らかにされる。過去数年分の市場の規模と成長（数量と金額）が、市場セグメント、地理的セグメントごとに示される。顧客のニーズ、知覚、購買行動についてのデータも示される。

シェルフ型ステレオ市場は約4億ドルで、ホーム・ステレオ市場の20％を占めている。今後数年間の売上は安定していると予想される。主要顧客は中程度の所得の消費者で、年齢は20歳～40歳、良い音楽を聴きたいが、高価なステレオ・コンポに投資するつもりはない。彼らは、信頼できるブランドであり、音質がよく、主として居間の装飾と合うデザインのシステムを求めている。

▰▰ 製品の状況

ここでは、過去数年分の売上、価格、貢献マージン、純利益を表の形で示す。

■表3-4の1行目は、数量ベースの業界の総売上が1998年まで年率5％で成長し、1999年にわずかに需要が減少したことを示している。2行目はソニックの市場シェアが3％程度で上下し、1998年度に4％に到達したことを示している。3行目はソニックのステレオの平均価格が毎年約10％ずつ上昇したが、1999

項目	対応行	1996	1997	1998	1999
1. 業界の販売台数		2,000,000	2,100,000	2,205,000	2,200,000
2. 企業の市場シェア		0.03	0.03	0.04	0.03
3. 一台あたりの平均価格（ドル）		200	220	240	250
4. 一台あたりの変動費（ドル）		120	125	140	150
5. 一台あたりの粗貢献マージン（ドル）	(3 − 4)	80	95	100	100
6. 販売台数	(1 × 2)	60,000	63,000	88,200	66,000
7. 販売収入（ドル）	(3 × 6)	12,000,000	13,860,000	21,168,000	16,500,000
8. 粗貢献マージン（ドル）	(5 × 6)	4,800,000	5,985,000	8,820,000	6,600,000
9. 間接費（ドル）		2,000,000	2,000,000	3,500,000	3,500,000
10. 純貢献マージン（ドル）	(8 − 9)	2,800,000	3,985,000	5,320,000	3,100,000
11. 広告とプロモーション（ドル）		800,000	1,000,000	1,000,000	900,000
12. セールス・フォースと流通（ドル）		700,000	1,000,000	1,100,000	1,000,000
13. マーケティング・リサーチ（ドル）		100,000	120,000	150,000	100,000
14. 純営業利益（ドル）	(10 − 11 − 12 − 13)	1,200,000	1,865,000	3,070,000	1,100,000

表 3-4

製品動向データ

年だけは上昇率が4%だったことを示している。4行目は変動費——材料費、人件費、光熱費——が毎年上昇しているのを示している。5行目は1台あたりの粗貢献マージン——価格（3行目）と1台あたりの変動費（4行目）の差——が最初の2年間は上昇し、1999年は100ドルで変わらなかったことを示している。6行目と7行目は台数と金額による販売量を示し、8行目は粗貢献マージンの合計が、1998年まで上昇し、1999年は低下したことを示している。9行目は間接費が1996年度と1997年度は安定していたが、生産能力の向上により1998年度と1999年度は高い水準に増大したことを示している。10行目は純貢献マージン——粗貢献マージンから間接費を引いたもの——を示す。11行目〜13行目は広告とプロモーション、セールス・フォースと流通、マーケティング・リサーチにかかったマーケティング費を示している。最後に14行目はマーケティング経費を引いた後の純営業利益を示している。ここからわかるのは、利益が1998年まで増加した後、1999年度に前年の水準の約3分の1まで減少したことである。明らかに、ソニックは製品ラインの売上と利益を健全な成長に戻すような2000年度の戦略を見いだす必要がある。

競合の状況

　ここでは主要な競合他社を明らかにし、その規模、目標、市場シェア、製品品質、マーケティング戦略、その他競合他社の意図と行動を理解するために必要な特徴を書き出す。

シェルフ型ステレオ・システム市場でのソニックの主要な競合他社は、アイワ、パナソニック、ソニー、フィリップスである。各競合他社は市場で独自の戦略とニッチを持っている。例えば、アイワは全価格帯をカバーする4モデルを提供し、主に百貨店とディスカウント・ストアで販売し、巨額の広告費を使っている。同社は多様な製品の取り揃えと値引きによって市場でトップに立とうと計画している（他の企業についても同様の説明がなされる）。

流通の状況

この項目では、各流通チャネルの規模と重要性についてのデータを示す。ミニコンポ装置は家電販売店、ラジオ／テレビ販売店、家具店、百貨店、ミュージック・ストア、ディスカウント・ストア、オーディオ専門店、通信販売を通じて売られている。ソニックは、セットの37％を家電販売店で、23％をラジオ／テレビ販売店で、10％を家具店で、3％を百貨店で、残りを他のチャネルで販売している。ソニックは重要性が減りつつあるチャネルで勢力を維持しているが、急速に成長しつつあるディスカウント・ストアなどのチャネルでは競争力が弱い。ソニックは約30％のマージンをディーラーに提供しており、これは他の競合他社とほぼ同じである。

マクロ環境状況

ここでは、製品ラインの将来に影響を与える広範なマクロ環境の動向――人口動態的、経済的、技術的、政治‐法的、社会‐文化的――を説明する。

現在、アメリカでは世帯の約70％がステレオ装置を所有している。消費者は音楽を聴くよりもテレビやビデオを見ることに時間を費やす。消費者は自由裁量所得のほとんどをコンピュータ、運動器具、旅行に使っており、ステレオにはあまり使わない。唯一明るい材料は、ホーム・シアターと各部屋につけるスピーカーである。市場が飽和状態に近づいているため、消費者にステレオ装置を良いものに買い換えるよう説得する努力が必要となる。

機会／脅威分析

ここではプロダクト・マネジャーが、直面している主要な機会と脅威を明確にする。ソニックの製品ラインにとっての主要な機会は以下のとおりである。
- 消費者の間では、より小型のステレオ・システムへの関心が高まっている。
- ソニックが特別の広告支援を行うなら、ソニックの製品ラインを扱おうという全国的百貨店チェーンが2社ある。
- ソニックがもっと大きな割引を提供するなら、ソニックの製品ラインを扱おうという主要な大規模小売チェーンが1社ある。

主要な脅威は以下のとおりである。
- 大規模小売店やディスカウント・ストアで購入する消費者が増えているが、その分野でのソニックの地位は弱い。

- いくつかの競合他社が、優れた音質の小型スピーカーを発売しており、消費者の支持を得ている。
- 連邦政府は、より厳しい製品安全法を成立させる可能性がある。その場合、製品を設計し直さなければならない。

■ 強み／弱み分析

　プロダクト・マネジャーは製品の強みと弱みを明確にしなければならない。ソニックの主要な強みは以下のとおりである。

- ソニックのブランド名は、高い認知度と高品質のイメージを持っている。
- ソニックの製品ラインを販売するディーラーは商品知識が豊富で、販売についてよく訓練されている。
- ソニックは優れたサービス・ネットワークを持ち、消費者は迅速な修理サービスを受けられる。

主要な弱みは以下のとおりである。

- ソニック製品の音質は、競合他社のものと比べてはっきり優れていると示せるほどの違いがない。
- ソニックは売上高の5％しか広告とプロモーションの予算に充てていないが、主要な競合他社にはその2倍の予算を使っている企業もある。
- ソニックの製品ラインは、パナソニック（「低価格」）やソニー（「革新性」）に比べると明確にポジショニングされていない。ソニックはユニークな販売命題（USP）を行う必要がある。現在の広告キャンペーンは、とりたてて創造性や面白味が見られない。
- ソニックのブランドは他のブランドよりも価格が高いが、その価格の違いは実際の知覚品質の違いに結びついていない。したがって、価格戦略を検討しなおす必要がある。

■ 問題点分析

　ここでは、プロダクト・マネジャーが強み／弱み分析を使って、マーケティング計画で取り組まなければならない主要な問題点を明確にする。ソニックは以下の基本的な問題点を検討しなければならない。

- ソニックはステレオ装置事業にとどまるべきか。効果的に競争ができるか。それとも撤退するべきか。
- この事業にとどまる場合、現在の製品、流通チャネル、価格、プロモーションの政策を継続すべきか。
- ソニックは高成長チャネル（ディスカウント・ストアなど）に切り替えるべきか。切り替えても、現在のチャネル・パートナーのロイヤルティを維持できるか。
- 競合他社と同じ水準まで、広告費およびプロモーション費を増やすべきか。

アムステル・ライト・ビールは、そのモットーで2000年に向かう消費者をくつろがせる。「トンネルの出口に見える光……重い世界のためのライト・ビール」

- 優れた機能、音質、スタイルを開発するために、研究開発に資金を投入すべきか。

▰▰▰▰ 財務上の目的

ソニックの経営陣は、各事業単位が良好な財務成績を上げることを望んでいる。プロダクト・マネジャーは以下のような財務上の目的を設定する。

- 今後5年間で税引後の平均投資収益率15％を実現する。
- 2000年度に純利益180万ドルを達成する。
- 2000年度にキャッシュ・フロー200万ドルを達成する。

▰▰▰▰ マーケティング目的

財務上の目的は、マーケティング目的に転換しなければならない。例えば、同社が180万ドルの利益をあげたい場合、目標粗利益率が10％であれば、売上目標を1800万ドルに設定しなければならない。平均価格を260ドルに設定すると、6万9230台を販売しなければならない。業界全体の販売台数を230万台と見込んでいるなら、目標を達成するためには3％の市場シェアを獲得しなければならない。そこで同社は、消費者の認知度や流通カバレッジなどについて一定の目標を設定しなければならない。したがって、マーケティング目的は次のようになる。

- 2000年度に、昨年度の9％増にあたる総売上1800万ドルを達成する。そのため、販売台数は予想市場規模におけるシェアの3％にあたる6万9230台を達成すべきである。
- 計画期間中にソニック・ブランドの消費者認知度を15％から30％へと拡大する。
- ディーラーの数を10％拡大する。
- 平均価格260ドルを目指す。

▰▰▰▰ マーケティング戦略

ソニックの「ゲーム・プラン」は以下のとおりである。

標的市場 高所得者世帯、特に女性に重点を置く。
ポジショニング 最高の音質で最も信頼できるミニコンポ・システム。
製品ライン 低価格モデルを1つと、高価格モデルを2つ追加する。
価格 競合ブランドよりやや高めに設定する。
流通チャネル ラジオ／テレビ販売店と家電販売店を中心とする。ディスカウント・ストア進出にいっそう努力する。
セールス・フォース 10％増加させ、全国的顧客管理システムを導入する。
サービス 迅速かつ広範囲で利用できるサービス。
販売促進 ポジショニング戦略を支援する新たな広告キャンペーンを開発する。その際、広告ではより高価格の製品を強調、広告予算を20％

増大する。
広告　　POP広告を開発し、ディーラーのトレード・ショーにもっと多く参加するため、販売促進予算を15%増大する。
研究開発　　スタイル改善のために25%支出を増加する。
マーケティング・リサーチ　　消費者の意思決定プロセスの理解を深め、競合他社の動向を観察するために支出を10%増大する。

■ 行動計画

ここでは、ソニックがどのようにマーケティング戦略を実行するかについて述べる。

- **2月**　　同社のステレオ・システムを2月に購入した人全員にバーバラ・ストライサンドのCDを無料提供するという広告を新聞に出す。消費者向けプロモーション・ディレクターのアン・モリスが担当し、計画上のコストは5000ドル。
- **4月**　　シカゴで行われる消費者向けエレクトロニクス製品のトレード・ショーに参加する。ディーラー・プロモーション・ディレクターのロバート・ジョーンズが担当し、計画上のコストは1万4000ドル。
- **8月**　　売上コンテストを行い、ソニック製品の売上増加率が最も大きかったディーラー3社にハワイ旅行を提供する。メアリー・タイラーが担当し、計画上のコストは1万3000ドル。
- **9月**　　第2週に、ソニックの店頭デモンストレーションに参加した消費者はスイープ・ステークスに参加できるという新聞広告を打つ。当選者10名にソニック製品が当たる。アン・モリスが担当し、計画上のコストは6000ドル。

21世紀のためのマーケティング計画

従来に比べて事業計画は、顧客志向かつ競合志向に、また論理的かつ現実的になりつつある。計画は、あらゆる機能部門の意見をもとにチームで作成される。マーケティング担当役員は、第一にプロのマネジャーとして、その次にスペシャリストとして自らのことを考えている。計画立案は急速に変化しつづける市場状況に対応し、継続的なプロセスとなりつつある。これまでに解説したトレンドは、マーケティングの世界では大きな威力を発揮しているのである。

その一方で、マーケティング計画の手順と内容は企業によってかなり違う。計画は「事業計画」「マーケティング計画」ときには「戦闘計画」とさまざまな呼ばれ方をする。たいていのマーケティング計画は1年を対象とする。計画書の長さも5ページ以下のものから50ページを超えるものまでさまざまある。計画書を非常に真剣にとらえる企業もあるし、行動のための大まかなガイドとしか見ない企業もある。マーケティング担当役員が現在のマーケティング計画の欠

点としてよく挙げるのは、現実性の欠如、不十分な競争分析、短期的視野といった点である。

参考文献

1. Steve Harrell, in a speech at the plenary session of the American Marketing Association's Educators' Meeting, Chicago, August 5, 1980.
2. 以下の文献を参照されたい。"The New Breed of Strategic Planning," *Business Week*, September 7, 1984, pp. 62-68.
3. 以下の文献を参照されたい。Peter Drucker, *Management: Tasks, Responsibilities and Practices* (New York: Harper & Row, 1973), ch. 7. 邦訳:『マネジメント:課題・責任・実践』(ピーター・F・ドラッカー著、野田一夫、村上恒夫監訳、風間禎三郎ほか訳、ダイヤモンド社、1974年)
4. Rubbermaid Annual Report, 1997.
5. 以下の文献を参照されたい。"The Hollow Corporation," *Business Week*, March 3, 1986, pp. 57-59. 邦訳:『The hollow corporation』(日本貿易振興会海外経済情報センター訳編)。以下の文献を参照されたい。William H. Davidow and Michael S. Malone, *The Virtual Corporation* (New York: HarperBusiness, 1992). 邦訳:『バーチャル・コーポレーション:未来企業への条件:商品を変える、人を変える、組織を変える』(ウィリアム・ダビドウ、マイケル・マローン著、牧野昇監訳、徳間書店、1993年)
6. 詳しくは、以下の文献を参照されたい。Laura Nash, "Mission Statements—Mirrors and Windows," *Harvard Business Review*, March-April 1988, pp. 155-56.
7. Theodore Levitt, "Marketing Myopia," *Harvard Business Review*, July-August 1960, pp. 45-56.
8. Derek Abell, *Defining the Business: The Starting Point of Strategic Planning* (Upper Saddle River, NJ: Prentice Hall, 1980), ch. 3. 邦訳:『事業の定義:戦略計画策定の出発点』(デレク・エーベル著、石井淳蔵訳、千倉書房、1984年)
9. 以下の文献を参照されたい。Roger A. Kerin, Vijay Mahajan, and P. Rajan Varadarajan, *Contemporary Perspectives on Strategic Planning* (Boston: Allyn & Bacon, 1990).
10. 事業を収穫するか、撤退するかについて、難しい決断を下さなくてはならない。収穫する場合、事業の長期的な価値を取り去ることになり、買い手を見つけるのが難しい。撤退する場合、買い手を引きつけるために事業を良好な状態に維持することが求められる。
11. 以下の文献を参照されたい。Peter Patel and Michael Younger, "A Frame of Reference for Strategy Development," *Long Range Planning*, April 1978, pp. 6-12; S. J. Q. Robinson et al., "The Directional Policy Matrix—Tool for Strategic Planning," *Long Range Planning*, June 1978, pp. 8-15.
12. しかしながら、反対意見については以下の文献を参照されたい。J. Scott Armstrong and Roderick J. Brodie, "Effects of Portfolio Planning Methods on Decision Making: Experimental Results," *International Journal of Research in Marketing* (1994), pp. 73-84.
13. 同じマトリクスに修正した製品および修正した市場を加えて、9つのマス目に拡大することができる。以下の文献を参照されたい。S. J. Johnson and Conrad Jones, "How to Organize for New Products," *Harvard Business Review*, May-June 1957, pp. 49-62.
14. George Stalk, Philip Evans, and Lawrence E. Shulman, "Competing Capabilities: The New Rules of Corporate Strategy," *Harvard Business Review*, March-April 1992, pp. 57-69.
15. 以下の文献を参照されたい。Michael E. Porter, *Competitive Strategy: Techniques for Analyzing Industries and Competitors* (New York: Free Press, 1980), ch. 2.
16. Michael E. Porter, "What Is Strategy?" *Harvard Business Review*, November-December 1996, pp. 61-78.
17. Martin du Bois and Douglas Lavin, "American Express, Visa Form Smart-Card Unit," *Wall Street Journal*, July 30, 1998, p. B6.
18. 戦略的提携については、以下の文献を参照されたい。Peter Lorange and Johan Roos, *Strategic Alliances: Formation, Implementation and Evolution* (Cambridge, MA: Blackwell, 1992); Jordan D. Lewis, *Partnerships for Profit: Structuring and Managing Strategic Alliances* (New York: Free Press, 1990). 邦訳:『アライアンス戦略:連携による企業成長の実現』(ジョルダン・D・ルイス著、中村元一ほか訳、ダイヤモンド社、1993年)
19. Roberta Maynard, "Striking the Right Match," *Nation's Business*, May 1996, p. 18.
20. 以下の文献を参照されたい。Robin Cooper and Robert S. Kaplan, "Profit Priorities from Activity-Based Costing," *Harvard Business Review*, May-June 1991, pp. 130-35.
21. 以下の文献を参照されたい。Thomas J. Peters and Robert H. Waterman, Jr., *In Search of Excellence: Lessons from America's Best-Run Companies* (New York: Harper & Row, 1982), pp. 9-12. 邦訳:『エクセレント・カンパニー:超優良企業の条件』(T・J・ピーターズ、ウォーターマン著、大前研一訳、講談社、1983年)。同じ枠組みが以下の文献でも用いられている。Richard Tanner Pascale and Anthony G. Athos, *The Art of Japanese Management: Applications for American Executives* (New York: Simon & Schuster, 1981).
22. 以下の文献を参照されたい。Terrence E. Deal and Allan A. Kennedy, *Corporate Cultures: The Rites and Rituals of Corporate Life* (Reading, MA: Addison-Wesley, 1982); "Corporate Culture," *Business Week*, October 27, 1980, pp. 148-60; Stanley M. Davis, *Managing Corporate Culture* (Cambridge, MA: Ballinger, 1984). 邦訳:『企業文化の変革:「社風」をどう管理するか』(スタンレー・M・

デービス著、河野豊弘、浜田幸雄訳、ダイヤモンド社、1985年); John P. Kotter and James L. Heskett, *Corporate Culture and Performance* (New York: Free Press, 1992). 邦訳:『企業文化が高業績を生む:競争を勝ち抜く「先見のリーダーシップ」:207社の実証研究』(J・P・コッター、J・L・ヘスケット著、梅津祐良訳、ダイヤモンド社、1994年)

23. Wendy Zellner, "Can EDS Shed Its Skin?" *Business Week*, November 15, 1993, pp. 56–57.

24. Lawrence M. Fisher, "With a New Smart Suite, Lotus Chases Its Rivals' Success," *New York Times*, June 15, 1998, p. 6.

25. Michael J. Lanning and Edward G. Michaels, "A Business Is a Value Delivery System," McKinsey Staff Paper, no. 41, June 1988 (McKinsey & Co., Inc.).

26. E. Jerome McCarthy, *Basic Marketing: A Managerial Approach*, 12th ed. (Homewood, IL: Irwin, 1996).

第2部　マーケティング機会の分析

情報収集と市場需要の測定

CHAPTER 4

本章では、次の問題を取り上げる。

- 現代のマーケティング情報システムを構成するものは何か。
- 優れたマーケティング・リサーチを構成するものは何か。
- マーケティング・マネジャーはより優れた判断を下すために、マーケティング意思決定サポート・システムをどのように利用できるのか。
- どうすれば需要を正確に測定し、予測できるのか。

KOTLER ON MARKETHING
コトラー語録

マーケティングは、販売力をベースとした戦いではなく情報をベースとした戦いになりつつある。

Marketing is becoming more of a battle based on information than one based on sales power.

マーケティング環境は加速度的に変化している。以下に挙げる変化を考慮すると、リアルタイムのマーケット情報の必要性はかつてないほど高まっている。

地域から国、国から地球規模のマーケティングへ　企業が地理的な市場範囲を拡大するにつれて、企業のマネジャーはより多くの情報をより早く必要とするようになる。

買い手のニーズから買い手の欲求へ　収入が増加するにつれて、買い手は、より目の肥えた製品の選択をするようになる。さまざまな特徴、スタイル、その他の属性に対する買い手の反応を予測するために、売り手はマーケティング・リサーチに頼らなければならない。

価格競争から非価格競争へ　売り手がブランディング、製品差別化、広告、販売促進の利用を増やすにつれて、これらマーケティング・ツールの効果に関する情報が必要となってくる。

幸いなことに、情報への要求が急激に高まってきたおかげで、素晴らしい新情報技術が生まれた。コンピュータ、マイクロフィルム、ケーブル・テレビ、コピー機、FAX、テープレコーダ、ビデオレコーダ、ビデオディスク・プレーヤー、CD-ROMドライブ、インターネットなどである[1]。買い手の欲求、選好、行動について、信じがたいほど詳しい情報を経営陣に提供するマーケティング情報システムを開発した企業もある。例えばコカ・コーラ社は、消費者がグラスに3.2個の氷を入れ、同社のコマーシャルを年間69回見て、気温35度になると自動販売機の缶コーラを飲みたくなることを知っている。クリネックスを製造するキンバリー・クラーク社は、普通の人で年間256回鼻をかむという計算を出した。フーバー社は、消費者が週に35分間掃除機をかけ、年間約3.6 kgの埃を吸いあげ、使い捨てのゴミとりバッグを6袋使うことを究明した[2]。マーケターは海外各国の消費パターンについても詳しい情報を持っている。例えば、西ヨーロッパ諸国において、1人あたりのチョコレートの消費量が最も多いのはスイス人、チーズを最も消費するのがギリシャ人、紅茶はアイルランド人、タバコはオーストリア人である[3]。

しかしながら、洗練度の高い情報が不足している企業は多い。マーケティング・リサーチ部門を設けていない企業も多数ある。設けていたとしてもマンネリ化した動向予測や売上分析、場当たり的な調査を行うにすぎなかったりする。しかも、社内のどこに重要な情報があるのかわからない、使えない情報が多すぎる、本当に必要な情報が少なすぎる、重要な情報が入ってくるのが遅すぎる、情報の正確性に疑問がある、とマネジャーの多くが不満をこぼす。情報に基盤を置く現代社会では、優れた情報を有する企業が競争面において優位に立つ。より優位な市場を選択し、より良いオファーを開発し、より優れたマーケティング計画を実行できるからだ。

現代のマーケティング情報システムの構成要素

企業は、マーケティング・マネジャーのもとに情報が豊富に流れる仕組みを作らなければならない。競争力のある企業はマネジャーの情報ニーズを研究し、

そのニーズに応えるようにマーケティング情報システム（MIS）を構築する。
- **マーケティング情報システム（MIS）**とは、マーケティング意思決定者に必要な情報を正確かつタイムリーに収集、選別、分析、評価、分配するための人員、機器、手順のことである。

マーケティング・マネジャーが分析、計画、実行、管理を行うには、マーケティング環境の情勢についての情報が必要である。MISの役割は、マネジャーの情報ニーズを評価し、必要とされる情報を作成して、その情報をタイムリーに伝達することである。情報は、社内記録、マーケティング・インテリジェンス活動、マーケティング・リサーチ、マーケティング意思決定サポート分析によって作成される。

社内記録システム

マーケティング・マネジャーにとっては、注文、販売、価格、コスト、在庫レベル、売掛金、買掛金などに関する社内記録が頼りとなる。こうした情報を分析することによって、重要な機会や問題点が発見できるのだ。

注文から支払いまでのサイクル

社内記録システムにおける中核は**注文－請求サイクル**である。セールス・レップ、ディーラー、顧客が企業に発注をかける。販売部門は送り状を用意して、そのコピーを各部門に送る。在庫切れの製品はバックオーダー（繰り越し注文）となる。製品が出荷されると積荷書類や請求書類が発行され、各書類は関連部門に回される。

今日の企業は、これらのステップを迅速かつ正確に行う必要がある。顧客は、製品を期日どおり確実に届けてくれる企業を好む。顧客とセールス・レップはFAXや電子メールで発注し、コンピュータ化された倉庫がその注文を迅速に処理する。請求部門は送り状をできるだけ速やかに発送する。注文－支払いサイクルのスピード、正確さ、効率を向上させるために、**電子データ交換（EDI）**または**イントラネット**を利用する企業が増えている。大手小売業者のウォルマートでは、製品の在庫レベルを追跡し、コンピュータによる自動補充注文が納入業者に送られている[4]。

販売情報システム

マーケティング・マネジャーは今現在の販売状況について、時々刻々の報告を必要とする。コンピュータを装備したセールス・レップは、見込み客に関する情報にアクセスし、即時にフィードバックしたり販売報告を提供したりすることができる。セールス・フォース・オートメーションのソフトウェア・パッ

> ヨハネの黙示録は、考え方一つで良い方にも悪い方にもとれる。

ケージであるセールスCTRLの広告では「貴社のセントルイスの販売員に、今朝、シカゴの顧客サービスがアトランタの顧客に話したことがすぐ伝わります。販売マネジャーは自分の管轄地区で起こっていることすべてをモニターでき、いつでも最新の販売予測を入手できるのです」と謳っている。

セールス・フォース・オートメーション（SFA）のソフトウェアは大きな進歩を遂げた。以前のバージョンでは、主としてマネジャーが売上とマーケティング結果を追跡するのに役立つか、見かけ倒しのデータブックとしての機能を果たすだけだった。最新版では、社内からの頻繁な「情報提供」とウェブ技術によって、マーケターがすぐに利用できる知識を充実させているので、有望な顧客により豊富な情報を提供し、より詳細な記録を取ることができる。次に紹介する3社は、コンピュータ・テクノロジーを利用して迅速で包括的な販売報告システムを設計している。

アスコム・タイムプレックス社

この電気通信機器会社のセールス・レップは、営業訪問に出かける前に、ラップトップ・コンピュータから同社のグローバルなデータ・ネットワークにダイヤルする。最新価格リスト、製品の技術説明書や構成書、過去の注文状況、電子メールを社内のどこからでも入手できる。商談が成立すれば、ラップトップ・コンピュータで1件ごとの受注を記録し、注文に誤りがないかダブルチェックして、データをニュージャージー州ウッドクリフレイクにあるタイムプレックス本社に送信する[5]。

アライアンス・ヘルスケア社

アライアンス（元バクスター）社は、病院の購買部門にコンピュータを提供している。このコンピュータによって、病院はアライアンスに直接注文を送信することができる。タイミングよく受注できるおかげで、アライアンスは在庫量を削減し、顧客サービスを向上させ、大量注文と引き換えに、より良い条件を供給業者から引き出すことが可能になった。アライアンスは競合他社に大きな差をつけ、市場シェアを急速に伸ばすことができた。

モンゴメリー・セキュリティ社

1996年、サンフランシスコに拠点を置く同社は苦境に陥っていた。融資分野での競争力を維持するために、国立銀行の子会社である同社は、400人以上にも及ぶ融資、調査、販売、取引の各部門における従業員の間で、上場すると思われる企業に関する情報を共有する方法を見つけなければならなかった。しかも、モンゴメリー社では、データベースを記録するフォーマットが部門間で統一されていなかった。なかには、メモ用紙のファイルを保管している部門まであった。同社はシーベル・システムズのセールス・エンタープライズ・ソフトウェアを使って問題を解決した。このソフトウェアによって、モンゴメリーの生産性は著しく向上した。データベースのフォーマットを共通化すること

で、だれもが情報を共有でき、機密情報を安全に保管できるようになった[6]。

　企業のマーケティング情報システム（MIS）は、マネジャーが必要だと考えていることと、マネジャーにとって本当に必要なこと、そして経済的に実現可能なことの間の橋渡し的な存在になるべきである。**企業内MIS委員会**はマーケティング・マネジャーへのインタビューを通して、彼らの情報ニーズを把握することができる。その際、役立つ質問として次のようなものがある。

1. どのような決定を定期的に下しているのか。
2. 決定を下すには、どのような情報が必要か。
3. どのような情報を定期的に入手しているのか。
4. どのような特別調査を定期的に要請しているのか。
5. 現在入手していない情報で、必要な情報は何か。
6. どのような情報を日々、求めているのか。週単位では。月単位では。年単位では何か。
7. どのような雑誌と業界紙を定期的に読みたいか。
8. どのようなトピックを常に耳に入れておきたいか。
9. どのようなデータ分析プログラムを求めているのか。
10. 現在のMISで達成できる改善点の上位4つは何か。

マーケティング・インテリジェンス・システム

　社内記録システムは**結果データ**を提供するが、マーケティング・インテリジェンス・システムは**今現在起こりつつある変化のデータ**を提供してくれる。

■ **マーケティング・インテリジェンス・システム**とは、マーケティング環境で起こっている状況について、日々の情報を得るためにマネジャーが利用する手順と情報源のことである。

マーケティング・マネジャーは書籍、新聞、業界の刊行物を読んだり、顧客、供給業者、流通業者と話をしたり、他社のマネジャーと会ったりして、マーケティング・インテリジェンスを収集する。企業はいくつかのステップを踏んで、マーケティング・インテリジェンスの質を向上させる。

　第1に、企業はセールス・フォースを訓練・動機付けして、新しい状況の展開を見つけ、報告させることができる。セールス・レップは企業の「目と耳」である。他の方法では見逃してしまう情報を拾える立場にいるが、忙しさにまぎれて重要な情報を伝え損なうことが多い。企業は自社のセールス・フォースにインテリジェンス収集者としての重要性を「売り込む」必要がある。セールス・レップはどのような種類の情報をどのマネジャーに伝えるかを知っていなければならない。例えば、本書を販売するプレンティス・ホールのセールス・レップは、それぞれの専門分野で何が起こっているか、だれが面白い調査を行っているか、だれが最前線のテキスト・ブックを執筆しているかを編集者に知らせ

2000年は閏年である。

ておかなければならない。

　第2に、企業は流通業者、小売業者などの仲介業者に対して、重要なインテリジェンスを伝達するよう動機付けることができる。次の例を考えてみよう[7]。

パーカー・ハニフィン社

　　油圧・空気圧機器の大手メーカーであるパーカー・ハニフィン社は製品の売上を記載した送り状の全コピーを自社のマーケティング・リサーチ部門に送って欲しいとすべての流通業者に依頼した。パーカーは送り状を分析して、エンド・ユーザーについて研究するとともに、その結果を流通業者に知らせた。

　多くの企業が、専門家を雇ってマーケティング・インテリジェンスを収集している。小売業者はよく自分の店にプロの**ミステリー・ショッパー（客を装った調査員）**を送り込み、従業員が顧客とどのように接しているのかを評価する。ダラス市では最近、専門の調査会社であるフィードバック・プラスに依頼して、レッカー車で引っ張ってきた駐車違反車の保管所の職員が、車を引き取りに来る人々にどのような態度で接するのかをチェックした。ニーマン・マーカスもフィードバック・プラスを使って、全国の26店舗で身分を伏せて買い物をさせた。「ショッピング・サービスで高得点を取る店舗が優秀な販売成績をあげているのは、けっして偶然ではありません」と、ニーマン・マーカスの上級バイス・プレジデントは述べている。店側は販売員にミステリー・ショッパーが買い物したことを伝え、彼らによる報告書のコピーを渡す。報告書の典型的な質問事項は、販売員が顧客に声をかけるまでどれくらいの時間を必要とするか、販売員の態度は良かったか、在庫品について詳しい知識を持っていたか、といった内容である[8]。

　第3に、企業は次の方法で競合他社について知ることができる。他社の製品を買う、工場の一般公開日や展示会に行く、他社が出した刊行物を読む、株主総会に出席する、従業員、ディーラー、流通業者、供給業者、貨物取扱業者と話をする、他社の広告を収集する、『ウォール・ストリート・ジャーナル』、『ニューヨーク・タイムズ』、業界団体紙を読む、などである。

　第4に、企業は顧客の代表、上得意客、もしくは非常に率直であったり見識の高い顧客で構成された**顧客諮問委員会**を設立することができる。例えば、日立データ・システムズは9か月おきに、20名のメンバーからなる顧客委員会と3日間の会議を開く。この会議ではサービスの問題点、新技術、そして戦略的に重要な顧客の要求について話し合う。討論は自由なスタイルで行われ、両者にとって得るものが多い。企業は顧客ニーズに関する貴重な情報を得られるし、顧客は自分たちの意見に熱心に耳を傾けてくれる企業に親しみを感じるようになる[9]。

　第5に、企業はA.C.ニールセンやインフォメーション・リソーシズ社のような外部の業者から情報を購入することができる（■表4-1パートD参照）。このような調査会社は、企業が自社で行う場合よりも低コストで消費者パネルデータを収集・蓄積している。

> ミレニアムをもじったブランド・ネームは、古くは1990年にまでさかのぼる。

表 4-1
二次データの情報源

A. 社内情報源

損益計算書、貸借対照表、売上高、販売訪問報告書、送り状、在庫記録、事前調査報告書など。

B. 政府刊行物

- *Statistical Abstract of the United States*(アメリカ統計抄録)
- *County and City Data Book*(郡・市のデータブック)
- *Industrial Outlook*(アメリカ産業展望)
- *Marketing Information Guide*(マーケティング情報ガイド)
- その他の政府刊行物には、*Annual Survey of Manufacturers*(製造業者年次通覧)、*Business Statistics*(事業統計)、*Census of Manufacturers*(製造業者国勢調査)、*Census of Population*(国勢調査)、*Census of Retail Trade, Wholesale Trade, and Selected Service Industries*(小売業、卸売業、精選サービス産業国勢調査)、*Census of Transportation*(輸送国勢調査)、*Federal Reserve Bulletin*(連邦準備制度理事会公報)、*Monthly Labor Review*(労働月報)、*Survey of Current Business*(最新事業通覧)、*Vital Statistics Report*(人口動態統計報告書)がある。

C. 定期刊行物、書籍

- *Business Periodicals Index*(ビジネス雑誌インデックス)
- *Standard and Poor's Industry*(スタンダード・アンド・プアーズ社発行の産業界調査報告)
- *Moody's Manuals*(ムーディーズ・インベスターズ・サービス社発行の会社年鑑)
- *Encyclopedia of Associations*(企業エンサイクロペディア)
- マーケティングのジャーナルには、*Journal of Marketing*、*Journal of Marketing Research*、*Journal of Consumer Research*がある。
- 役立つ業界誌には、*Advertising Age*、*Chain Store Age*、*Progressive Grocer*、*Sales & Marketing Management*、*Stores*がある。
- 便利な一般ビジネス誌には、*Business Week*、*Fortune*、*Forbes*、*Economist*、*Harvard Business Review*がある。

D. 商用データ

- ニールセン　小売販売された製品とブランドに関するデータ(リテール・インデックス・サービス)、スーパーマーケット・スキャナー・データ(スキャントラック)、テレビ視聴者データ(メディア・リサーチ・サービス)、雑誌の発行部数データ(ネオデータ・サービス)など。
- MRCAインフォメーション・サービス　1週間に家庭で購入する消費財データ(ナショナル・コンシューマー・パネル)と家庭の摂食量に関するデータ(ナショナル・メニュー・センサス)。
- インフォメーション・リソーシズ社　スーパーマーケット・スキャナー・データ(インフォスキャン)とスーパーマーケットにおける販売促進の影響に関するデータ(プロモーションスキャン)。
- SAMI/バーク　選択市場区域における卸売店から食料品店への出荷に関する報告書(インフォスキャン)とスーパーマーケット・スキャナー・データ(サムスキャン)。
- シモンズ・マーケティング・リサーチ・ビューロー(MRB Group)　テレビ市場、スポーツ用品、特許売薬を対象に、性別・所得別・年齢別・ブランド選好別のデモグラフィック・データを掲載した年次報告(選択市場とそれらの市場に届くメディア)。
- 購読者にデータを提供するその他の商用調査会社には、オーディット・ビューロー・オブ・サーキュレーションズ(発行部数公査機構)、アービトロン(テレビ視聴率調査会社)、ダン・アンド・ブラッドストリート、ナショナル・ファミリー・オピニオン、スタンダード・レート＆データ・サービス、スターチがある。

第6に、マーケティング・インテリジェンスを収集・回覧するために、**マーケティング情報センター**を設立した企業もある。スタッフはインターネットや主要な刊行物に目を通して、関連のあるニュースを抜粋し、ニュース定期刊行物をマーケティング・マネジャーに配布する。マーケティング情報センターは関連のある情報を収集・ファイルし、マネジャーが新しい情報を評価するのを補佐する部署である。

マーケティング・リサーチ・システム

マーケティング・マネジャーは、特定の問題や機会について正式なマーケティング・リサーチを依頼することが多い。それは市場調査、製品選好テスト、地域別売上予測、広告効果測定であったりする。本書ではマーケティング・リサーチを次のように定義しよう。

- **マーケティング・リサーチ**とは、企業が直面する特定の市場状況に関するデータと調査結果の体系的なデザイン、収集、分析、そして報告である。

マーケティング・リサーチの実施者

企業がマーケティング・リサーチを実施する方法はたくさんある。大企業のほとんどは自社内にマーケティング・リサーチ部門を有している[10]。

P&G

P&Gでは製品部門ごとにマーケティング・リサーチャーを配置して、既存ブランドの調査を行わせている。同社には、2つの社内調査グループがあり、1つは全社的な広告調査を行い、もう1つは市場テストを担当する。各グループのスタッフは、マーケット・リサーチ・マネジャー、支援スペシャリスト（調査企画者、統計担当者、行動科学者）、インタビューを実行し監督する社内の現場担当者によって構成されている。毎年、P&Gはおよそ1000件のリサーチ・プロジェクトのために、100万人以上の人々に電話をしたり、訪問をしたりしている。

ヒューレット・パッカード(HP)

HPでは、本社にあるマーケット・リサーチ・アンド・インフォメーション・センター(MRIC)でマーケティング・リサーチを行っている。MRICは世界中に散らばるHPのさまざまな部門が利用できる共通の情報源であり、3つのグループに分かれている。マーケット・インフォメーション・センターは、シンジケートなどの情報サービスを利用して、業界、市場、競合他社の背景情報を提供する。意思決定サポート・チームは、リサーチ・コンサルティング・サービスを提供する。世界中の特定地域にある地域サテライトは、各地域のHPの活躍をサポー

トする(11)。
　中小企業であればマーケティング・リサーチ会社のサービスを利用したり、低コストで創造性を活かした次のような調査を行うことができる。

- **学生や教授と契約して、プロジェクトの立案・実行をしてもらう**
  ボストン大学のあるMBAプロジェクトは、アメリカン・エキスプレスに協力して、若い専門職向けの広告キャンペーンを立案して、大ヒットさせた。コストは1万5000ドルであった。
- **インターネットを利用する**　競合他社のウェブサイトを調べたり、チャットルームをのぞいたり、出版データにアクセスしたりして、ほとんどコストをかけずに大量の情報を収集することができる。
- **競合他社をチェックする**　多くの中小企業は定期的に競合他社を訪問している。アトランタでレストランを2軒経営しているトム・コーヒルは、マネジャーに外食手当を支給して外食させ、アイデアを持ち帰らせる。アトランタの宝石商である、フランク・マイヤー・ジュニアは、他市のライバル店を頻繁に見て回り、展示品にドラマチックな照明を当てる方法を模倣した(12)。

　通常、企業は売上の1%から2%をマーケティング・リサーチ予算に充てるが、予算の大部分は外注サービスに使われる。マーケティング・リサーチ会社は3つのカテゴリーに分類される。

- **シンジケーテッド・サービス・リサーチ会社**　消費者と業界に関する情報を収集し販売する。例えば、ニールセン・メディア・リサーチ、SAMI/バーク。
- **カスタム・マーケティング・リサーチ会社**　特別なプロジェクトを実行するために雇われる。調査を企画し、調査結果を報告する。
- **専門マーケティング・リサーチ会社**　専門化した調査サービスを提供する。いちばん良い例は、フィールド・インタビュー調査を行い、その結果を企業に提供するフィールド・サービス会社である。

マーケティング・リサーチのプロセス

　効果的なマーケティング・リサーチは、■図4-1のように5段階で構成されている。以下の状況を踏まえて、各段階について説明していこう。
　アメリカン航空は乗客への新しいサービス方法を常に模索している。あるマネジャーが、機内電話サービスの提供というアイデアを提案した。他のマネジャーたちも、そのアイデアに乗り気になった。マーケティング・マネジャーは予備調査の実施を申し出て、大手の電気通信会社にコンタクトを取り、このサービスが東海岸と西海岸の間を運行するB747型機で提供される際にかかるコストを調べた。電気通信会社によれば、設備費として1回のフライトで約1000ドルかかるだろうと

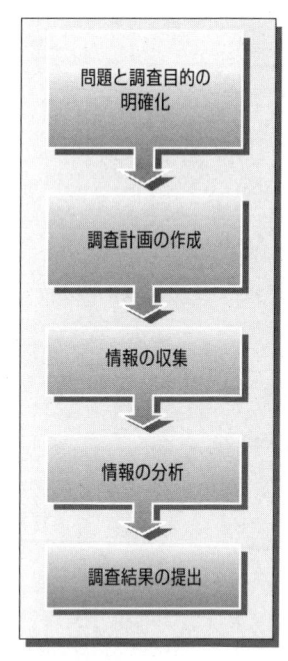

図4-1

マーケティング・リサーチ・プロセス

（フロー図：問題と調査目的の明確化 → 調査計画の作成 → 情報の収集 → 情報の分析 → 調査結果の提出）

いう。1回の電話料金を25ドルとし、フライト中に少なくとも40人の乗客が電話をかければ、アメリカン航空は損失を出さずにすむ。次に、マーケティング・マネジャーは、この新しいサービスに対する乗客の反応を調査するように社内のマーケティング・リサーチ・マネジャーに依頼した。

第1段階：問題と調査目的の明確化

> ベビーブーマー世代の約7000万人が、新世紀の幕開けとともに中年期に達する。

経営陣は問題の定義を広範囲にしすぎても、狭めすぎてもいけない。マーケティング・リサーチャーに「乗客のニーズをできるだけ詳しく洗い出して欲しい」と依頼してしまうと、マーケティング・マネジャーは不必要な情報を大量に入手することになる。同様に、「東海岸から西海岸まで飛ぶB747の乗客のうち、電話をかけるために25ドル支払う気のある人の数が、このサービス提供で要するコストに見合うかどうかを調べて欲しい」では問題の見方を狭めすぎている。必要な情報を得るために、マーケティング・リサーチャーはこう尋ねるだろう。「なぜ料金を25ドルに設定しなければならないのですか。サービス・コストの収支をゼロにしなければいけないのはなぜですか。新しいサービスで新しい乗客をアメリカン航空に引きつけることができるかもしれませんよ。乗客数が増えれば電話の利用回数が足りなくても、利益をあげられるはずです」。

問題を議論するうちに、アメリカン航空のマネジャーたちには別の問題も見えてきた。新しいサービスが成功した場合、他の航空会社はどのくらいの早さで追随するだろう。航空業界の市場競争では、新しいサービスはあっという間に競合他社に模倣されてしまうため、競争優位を手にした航空会社は一社もないという例が山ほどある。一番乗りでサービスを導入することに、どれほどの価値があるのか。優位性を保てるのは、どれくらいの期間だろうか。

マーケティング・マネジャーとマーケティング・リサーチャーは、問題を次のように想定することで一致した。「機内電話サービスは、他の有望な投資を犠牲にしてコストをかけるだけの価値があるだろうか。それに見合うだけ自社の優位性と利益を増大させるだろうか」。次に、2人は以下の具体的な調査目的をあぶり出した。

1. フライト中、乗客が電話をかける主な理由は何か。
2. どのタイプの乗客がいちばん電話をかける可能性があるのか。
3. いくつかの電話料金を設定してみて、それぞれ何人の乗客が電話を利用するだろうか。
4. 新しいサービスを目当てに、アメリカン航空を利用する乗客は何人くらい増えるだろうか。
5. 新しいサービスは、アメリカン航空のイメージの長期的好感度をどれだけプラスしてくれるだろうか。
6. フライト・スケジュール、機内食、荷物の取扱などの要素を改善することに比べ、電話サービスはどれほど重要だろうか。

すべてのリサーチ・プロジェクトが、これほど具体的になるわけではない。探

索型のリサーチは、問題の本質を明らかにして、実現可能なソリューションや新しいアイデアの提案を目的としている。**記述型**のリサーチは、1回25ドルの機内電話を利用する人が何人いるかといったような一定の数量の把握を目的としている。**因果型**のリサーチであれば、原因と結果の検証を目的としている。例えば、電話をトイレ近くの通路よりも座席の隣に設置した方が、電話の利用回数が増えるだろうといったことだ。

第2段階：調査計画の策定

　マーケティング・リサーチの第2段階では、必要な情報を集めるために最も効率的な計画を作成することが求められる。マーケティング・マネジャーは承認する前に、調査計画のコストを知っておく必要がある。機内電話は5万ドルの長期的利益を生み出すと会社が見積もったとしよう。マネジャーはリサーチを行うことにより、価格とプロモーション計画が改善されれば、9万ドルの長期的利益が生じると考えている。この場合、マネジャーはリサーチに4万ドルまでならかけられると思うだろう。4万ドル以上かかるならば、リサーチを行う価値はない[13]。調査計画を立案するには、**データの情報源、調査手法、調査手段、サンプリング計画、コンタクト方法**を決めなければならない。

　データ情報源　　リサーチャーは二次データ、一次データのいずれか、または両方を収集することができる。**二次データ**とは別の目的のために収集され、すでにどこかに存在する情報のことである。**一次データ**とは特定の目的またはリサーチ・プロジェクトのために収集される情報のことである。

　リサーチャーは通常、二次データを調べることから着手する。コストのかかる一次データを収集しなくても、問題の一部ないし全体が解決できるかどうかを確かめるのである（■表4-1は、アメリカで入手できるさまざまな二次データの情報源を示したものである）[14]。調査のスタート地点となる二次データには、低コストでいつでも手に入るという利点がある。

　インターネット――もっと具体的にいえばワールド・ワイド・ウェブ――は今や世界最大の情報の宝庫である。営業やマーケティングの仕事に就いている者にとって、ウェブはきわめて短期間のうちに競合情報にアクセスし、デモグラフィックス・業界・顧客についての調査をするための重要なツールとなった。無料もしくはごく低価格で市場調査が可能なサイトのミニディレクトリを掲載した■マーケティング・メモ「データ・オンラインの二次データ情報源」を参照されたい。

　必要なデータが存在しないか、時代遅れ、不正確、不完全、あるいは信頼できないものである場合、リサーチャーは一次データを収集しなければならない。たいていの市場調査プロジェクトには、ある程度の一次データの収集がつきものである。通常の手順では、数人に個別インタビューまたはグループ・インタビューを実施し、問題となっているトピックについて人々がどう思っているかについて大体の感触を得る。次に、正式な調査手段を立案し、欠点を修正した上で、フィールドで実行に移す。

MARKETING MEMO マーケティング メモ

データ・オンラインの二次データ情報源

公共機関や企業のオンライン情報源の数はまさに圧倒的である。オンライン市場調査をする際に役立つサンプルをいくつか紹介する。その多くは無料か、低価格で情報を提供している。ホームページはかなり頻繁に更新され、アドレスも変わる可能性があるので注意して欲しい。

協会

- American Marketing Association(米国マーケティング協会)(www.ama.org/hmpage.htm)
- The American Society of Association Executives (アメリカ企業管理職協会)(www.asaenet.org)
- CommerceNet (コマースネット)――インターネット・コマースのための業界団体(www.commerce.net)
- Gale's Encyclopedia of Associations(ゲールズ協会事典)(www.gale.com)

ビジネス情報

- A Business Compass (ABC) (ビジネス・コンパス)――ウェブ上の重要なビジネス・サイトを厳選して紹介・リンクしている。(www.abcompass.com)
- A Business Researcher's Interests (ビジネス・リサーチャーズ・インタレスツ)――ビジネス・ディレクトリ、メディア・サイト、マーケティング関連の情報源などにリンクしている。(www.brint.com)
- Bloomberg Personal(ブルームバーグ・パーソナル)――タイムリーなニュースとファイナンシャル・サービス。(www.bloomberg.com)
- C/Net(C/ネット)――ハイテク、コンピュータ、インターネット関連のジャーナル。(www.cnet.com)
- Company Link (カンパニー・リンク)――4万5000のアメリカ企業に関する無料の基本ディレクトリ・データ、プレス・リリース、株価、SECデータなどの他の情報を定期購読者に提供。(www.companylink.com)
- EDGAR (エドガー)――公共事業のファイナンシャル・ファイリング。(www.sec.gov/edgarhp.htm)
- Hoover's (フーバーズ)――企業情報のディレクトリ。(www.hoovers.com)
- National Trade Data Bank (ナショナル・トレード・データ・バンク)――多数の業界と数百種類の製品の傾向と競争を分析した1万8000件以上の市場調査報告への無料アクセス。(www.stat-usa.gov)
- Public Register's Annual Report Service (パブリック・レジスターズ・アニュアル・レポート・サービス)――企業名または業界別で3200社の上場企業が検索でき、電子メールによるアニュアル・レポートを提供配信。(www.prars.com/index.html)
- Quote.Com (クオート・コム)――広範囲に及ぶビジネス・ワイア、企業ディレクトリ、株式相場へのアクセス。(www.quote.com)

政府関係の情報

- Census Bureau (国勢調査局)(www.census.gov)
- FedWorld(フェドワールド)――100以上の連邦政府機関の情報センター(www.fedworld.gov)
- Thomas (トーマス)――連邦政府の各サイトのインデックス(thomas.loc.gov)
- Trade/Exporting/business:Stat-USA (アメリカの貿易/輸出/ビジネス統計)(www.stat-usa.gov)
- US Business Advisor (USビジネス・アドバイザー)(www.business.gov)

国際情報

- CIA World Factbook (CIAワールド・ファクトブック)――包括的な統計および人口動態のディレクトリ。世界264か国を網羅している。(www.odic.gov/cia/publications)
- The Electronic Embassy(エレクトロニック・エンバシー[電子大使館])(www.embassy.org)
- I-Trade (I-トレード)――国際的なビジネスを展開したい企業のための無料・有料情報サービス(www.i-trade.com)
- The United Nations (国連)(www.un.org)

出典：Robert I. Berkman, *Find It Fast: How to Uncover Expert Information on Any Subject in Print or Online* (New York: HarperCollins, 1997); Christine Galea, "Surf City: The Best Places for Business on the Web," *Sales & Marketing Management*, January 1997, pp. 69-73; David Curle, "Out-of-the-Way Sources of Market Research on the Web," *Online*, January-February 1998, pp. 63-68. 以下の文献も参照されたい。Jan Davis Tudor, "Brewing Up: A Web Approach to Industry Research," *Online*, July-August 1996, p. 12.

適切に蓄積・利用されれば、フィールドで収集されたデータは後に行うマーケティング・キャンペーンの土台ともなる。レコードクラブ、クレジットカード会社、カタログ通販会社などのダイレクト・マーケターは、以前からデータベース・マーケティングの威力をよく知っている。

- **顧客または見込み客のデータベースとは、リードの作成、リードの絞り込み、製品やサービスの販売、顧客リレーションシップの維持といったマーケティング目的のために、個々の顧客、見込み客、可能性のある顧客に関する、アクセス可能ですぐに使える包括的な最新データを体系的に収集したものである。**

人気の高まっている手法として、データ・ウェアハウジングとデータ・マイニングがある。しかし、それらにリスクがないわけではない。■ミレニアム・マーケティング「データ・ウェアハウジングとデータ・マイニングに注目する企業：エクササイズ・ケア」を参照されたい。

調査手法　　一次データは、観察、フォーカス・グループ、サーベイ、行動データ、実験の5つの方法で収集できる。

- **観察調査**　　鮮度の高いデータは、対象となる人と環境を観察することによって収集できる。アメリカン航空のリサーチャーは、航空会社各社についての旅行者の評判を聞くために、空港、航空会社のオフィス、旅行代理店に足を運ぶだろう。また、アメリカン航空と競合他社の飛行機に乗って、機内サービスの質を観察することもできる。この探索型調査によって、旅行者がどのように航空会社を選ぶかについての有用な仮説が生まれる。

- **フォーカス・グループ調査**　　フォーカス・グループとは、訓練された司会者と数時間にわたり、製品、サービス、企業などのマーケティング対象について討論するために集められた6人〜10人のグループのことである（■口絵4-1参照）。司会者は客観的であり、対象となる問題について知識を有し、集団をうまく動かすテクニックに長けていなければならない。参加者には通常、わずかな謝礼が支払われる。ミーティングは快適な場所で行われ、飲み物などが出される。

　　アメリカン航空のリサーチの場合、司会者はまず「飛行機の旅について、どう思いますか」などといった一般的な質問から始めるだろう。その後、航空会社各社、さまざまなサービス、そして機内電話サービスについてどう思うか、という質問に移っていく。司会者は、本音で話して欲しいので、気楽に話し合いが進むように誘導する。そうしつつも、司会者は討論を「一定の方向に絞る（フォーカスする）」。メモ、テープレコーダー、あるいはビデオテープに記録された討論は後日、消費者の意見、態度、行動を理解するために研究される。

　　フォーカス・グループ調査は、有用な探索型のステップである。消費財企業は長年にわたってフォーカス・グループを利用してきたし、新聞社、法律事務所、病院、公共サービス機関もフォーカス・グループ

MARKETING FOR THE MILLENNIUM　ミレニアム・マーケティング

データ・ウェアハウジングとデータ・マイニングに注目する企業：エクササイズ・ケア

企業はデータ・マイニングを利用している。データ・マイニングとは、**データ・ウェアハウス**と呼ばれるものの中に系統立ててまとめられた大量のデータから、パターンを抽出する方法のことである。銀行、クレジットカード会社、電話会社、カタログ・マーケターなどの企業は、顧客に関する大量のデータを持っており、データには、顧客の住所だけでなく、利用状況、年齢、世帯人数、所得などのデモグラフィック情報が含まれている。このデータを注意深く引き出せば、企業はいくつかの形で役立てることができる。

- どの顧客がアップグレード製品のオファーに応じる可能性があるかを把握する。
- どの顧客が他の製品を買ってくれそうかを把握する。
- どの顧客が特別なオファーに応じる見込みがいちばん高いかを把握する。
- どの顧客が最も生涯価値が高いかを把握し、該当者に注目して特典を提供する。
- どの顧客が離れそうかを把握し、それを防ぐための手段を講じる。

企業はデータベースを所有することで、非常に大きな競争力をつけることができると考える者もいる。フェニックスのとある場所で、アメリカン・エキスプレスの顧客が3500万枚のグリーンカード、ゴールドカード、プラチナカードをどのような用途で使ったかを記憶した5000億バイトのデータを警備員が見張っているとしても不思議ではない。アメックスはデータベースを利用して、毎月、顧客に郵送する何百万通もの請求書にターゲットをよく絞り込んだ製品やサービスの情報を同封している。

ここにデータベース・マーケティングの例をいくつか紹介しよう。

- 長距離電話会社のMCIコミュニケーションズは、1兆バイトの顧客の通話データをふるいにかけて、さまざまなタイプの顧客向けに、新しい割引通話プランを企画している。
- マリオット・ホテルのバケーション・クラブ・インターナショナルでは、データベースに登録され

調査に価値を認めるようになっている。ただし、サンプルは規模が小さすぎるし、無作為に選ばれたわけではないので、リサーチャーはフォーカス・グループの参加者が述べた意見を市場全体に一般化することは避けなければならない[15]。

ワールド・ワイド・ウェブが発達した今日、オンラインでフォーカス・グループ・インタビューを行う企業も多い[16]。

オンライン・エンターテインメント会社であるWPスタジオのジャニス・ギェルステンは、オンライン・フォーカス・グループの回答者が、直接顔を会わせる従来のフォーカス・グループの回答者よりも、はるかに正直になることに気づいた。ギェルステンは、1万人が登録されているデータベースからフォーカス・グループを選んで提供するサイバー・ダイアログ（■口絵4-2参照）にコンタクトを取った。フォーカス・グループ・インタビューは、ギェルステンが自分のオフィス・コンピュータから「のぞける」チャットルームで行われた。ギェルステンは、回答者には読めない高速電子メールでいつでも司会者を中断でき

ている顧客のなかで、特定のバケーション商品に反応する見込みが最も高い顧客を表示するモデルを開発し、郵送物の量を減らし、なおかつ顧客からの返答率を増やした。
- イギリスのスーパーマーケット・チェーンであるテスコは、ワインを買う顧客、チーズを買う顧客などの多様な顧客グループに対して、ワインやチーズの特別セール情報を知らせている。
- ランズエンドは、200万人の顧客に対して、彼らのワードローブのニーズに合った衣料品を紹介する特別なメールを郵送することができる。

これらのベネフィットを得るには、多大なコストがかかる。大元の顧客データを収集する場合だけではなく、それを維持し、抽出する場合にもコストがかかってくる。それでも効果が上がれば、かかったコスト以上の見返りがある。1996年のDWIの調査によると、データ・ウェアハウスの平均投資収益率は、3年間で400％以上になると評価されている。ただし、データの保存状態が良く、データの結果としてわかった関係が有効なものでなければならない。誤りが生じる可能性もある。ブリティッシュ・コロンビア・テレコムは上得意客100名をバンクーバー・グリズリーズが出場するバスケットボールの試合に招待したいと考え、ダイヤル900番をよく利用している顧客を選別した。ダイヤル900番を頻繁に利用するユーザーの中にセックスラインの愛用者が含まれていることが判明したときには、招待状はすでに印刷にかけられていた。マーケティング・スタッフは緊急に別の基準を付け加えてデータを抽出し、招待客リストを作り直した。

[a] John Verity, "A Trillion-Byte Weapon," *Business Week*, July 31, 1995, pp. 80–81.
出典：Peter R. Peacock, "Data Mining in Marketing: Part 1," *Marketing Management*, Winter 1998, pp. 9–18, and "Data Mining in Marketing: Part 2," *Marketing Management*, Spring 1998, pp. 15–25; Ginger Conlon, "What the !@#!*?!! Is a Data Warehouse?" *Sales & Marketing Management*, April 1997, pp. 41–48; Skip Press, "Fool's Gold? As Companies Rush to Mine Data, They May Dig Up Real Gems—or False Trends," *Sales & Marketing Management*, April 1997, pp. 58, 60, 62.

た。オンライン・フォーカス・グループ・インタビューでは声やジェスチャーから伝わる情報は得られないが、従来のフォーカス・グループを使うつもりは二度とないとギェルステンは述べている。回答者がより正直であるというだけでなく、オンライン・フォーカス・グループに要するコストは従来のフォーカス・グループに要するコストの3分の1ですみ、完全な報告書が届くのにこれまで4週間かかっていたのに対し、1日で届くからだ。

- **サーベイ調査**　サーベイは記述型調査に最も適している。企業は、人々の知識、信条、選好、満足度を知り、総人口の中でこれらがどの程度の割合を占めているのかを測定するためにサーベイを行う。アメリカン航空のリサーチャーならばどれくらいの人々がアメリカン航空を知っているか、利用したか、気に入っているか、機内電話サービスを望んでいるかをサーベイ調査するだろう。
- **行動データ**　顧客は、店のスキャニング・データ、カタログ購買記録、顧客データベースに購買行動の跡を残していく。このデータを分

析すれば多くのことがわかる。顧客が実際に行った買い物は、彼らの本当の選好を反映しており、マーケット・リサーチャーに提供する意見よりも信頼性の高いことが多い。調査では、人々が人気のあるブランドを好むと回答しているにもかかわらず、データを見ると実際には他のブランドを買っていることが多い。例えば、食料品店のショッピング・データには、インタビューで言ったこととは違って、高所得者が必ずしも高価なブランドを買うわけではないことが表れている。そして低所得者の多くが、いくつかの高価なブランドを買っていたりする。アメリカン航空が乗客のチケット購買記録を分析すれば、役に立つ情報がたくさん得られるはずである。

- **実験調査**　最も科学的な裏づけのある調査は実験調査である。実験調査の目的は、観察された結果について対立する解釈を排除して、因果関係を見いだすことにある。企画・実行された実験が、代替仮説を棄却する場合に限り、リサーチ・マネジャーとマーケティング・マネジャーは結論を信頼することができる。目的に合致するグループを複数選択して異なる扱いをし、関連がない他の変数をコントロールした上で、観察された各グループの反応の違いが統計学的に意味があるかどうかを検討しなければならない。関連性のない変数が排除されるかコントロールされた場合、観察された結果は扱い方の違いと関係があるといえる。

アメリカン航空が、ニューヨーク－ロサンゼルス間の定期便の一機に、1回25ドルの機内電話サービスを導入するとしよう。後日、同じフライトで、当該サービスの価格を1回15ドルと案内する。もし、この2つのフライトの乗客数と客層と曜日が同じで、電話を利用した回数が大きく異なるとしたら、それは料金の違いと関連性があるといえる。他の価格を試したり、同じ価格を数回のフライトで繰り返したり、他の航路を含めたりすれば、実験の内容はさらに細かくなる。

調査手段　一次データの収集にあたって、マーケティング・リサーチャーには、調査手段として2つの主要な選択肢がある。質問票と機械装置である。

- **質問票**　質問票は、一連の質問を回答者に答えさせるというものである。柔軟性があるため、一次データを集める際に最もよく使われる。質問票は大々的に使用する前に、細心の注意を払って作成し、テストし、修正されなければならない。

質問票を準備するにあたって、専門のマーケティング・リサーチャーは質問、形式、言葉遣い、順序を慎重に選ばなければならない。質問形式で回答が左右されてしまう可能性があるからだ。マーケティング・リサーチャーは選択回答式と自由回答式を使い分けることができる。**選択回答式**では、可能性のある回答すべてが前もって提示されている。**自由回答式**では、回答者が自分の言葉で回答することになる。選択回答式の回答では、解釈・要約がしやすく、自由回答式の回答は制

香港はミレニアムに備えて巨大な空港を建設した。

マサチューセッツ州ボストンには、独自のミレニアム・プロジェクトがある。それは、21世紀に向けた市の建て直しである。

調査によると、数字をミレニアム・マーケティング・ツールとして使う場合、数字の数は20以下に抑えるべきだそうだ。

約されないので、より多くの情報を得ることができる。自由回答式は特に、特定の考えを持っている人の数を測定する調査よりも、人々の考えを明らかにする探索型調査に有用である。■表4–2には、2種類のタイプの質問例が示されている。

最後に、質問票の作成では、言葉遣いと質問の順序に注意しなければならない。質問票は簡潔で、直接的で、偏りのない言葉遣いをし、事前に少数の回答者でテストすべきである。最初は興味をかきたてる質問にするとよい。答えるのが難しい、あるいは個人的な質問は最後の方へまわし、回答者が最初から身構えないようにする。また、質問は論理的な順序に並べる。

- **機械装置**　マーケティング・リサーチで機械装置が使われる場合もある。検流計は、ある広告または写真を見せられたときに生じる関心や感情の強さを測定する。タキストスコープは、100分の1秒以下から数秒といった間隔で、調査対象者に広告を瞬間的に見せる。広告を見せられた後、回答者は覚えていることをすべて述べる。アイ・カメラは、視線がまずどこにとまるか、どれくらい長く視線を留めるかなど、回答者の目の動きを調査する。オーディオ・メーターは、回答者の家のテレビに取り付けられ、テレビがつけられた時間と、どのチャンネルに合わせられていたかを記録する[17]。

> マーケティング目的で数字を使う場合、不吉な番号を使うのは避けること。アメリカでは13、日本では4が不吉な数字である。

サンプリング計画　調査の手法と手段を決めたら、マーケティング・リサーチャーはサンプリング計画を作成しなければならない。計画では次の3点が決定される。

1. **サンプリング単位**　調査対象はだれか。マーケティング・リサーチャーは、サンプルにする標的母集団を規定しなければならない。アメリカン航空の調査の場合、サンプリング単位になるのは、ビジネス旅行者か、バケーションの旅行客か、それとも両方だろうか。21歳以下の旅行者はインタビューの対象にするべきか。夫と妻の両方をインタビューすべきだろうか。サンプリング単位が決定したら、標的母集団の全員が一定の確率でサンプル対象となるよう、サンプリング枠を設定しなければならない。

2. **サンプル・サイズ**　調査対象は何人にすべきか。小さいサンプルより大きいサンプルを使った方が、信頼性の高い結果を得られる。とはいえ、信頼性の高い結果を得るために、標的母集団全体をサンプル対象にしたり、大規模なサンプルを抽出する必要はない。適切な手順で抽出すれば、母集団の1％以下のサンプルでも十分な信頼性を得ることができる。

3. **サンプリング手順**　回答者をどのように選択すべきか。代表的なサンプルを得るには、母集団からの確率サンプルを抽出しなければならない。**確率による抽出法**を使うと、サンプリング誤差に対する信頼限界を計算できる。そのため、サンプルを抽出した後、「アメリカ南西部

表4-2

質問の種類

A. 選択式の質問

名称	説明	例
二者択一式	2つの回答のうちどちらかを選ばせる質問	この旅行を手配する際、あなたは自分でアメリカン航空に電話をしましたか。 はい　いいえ
多項選択式	3つ以上の回答から選ばせる質問	このフライトにはだれを同伴しますか。 □同伴しない □配偶者 □配偶者と子供 □子供だけ □同僚／友人／親戚 □パッケージ・ツアーのグループ
リカート・スケール式	回答者の同意／不同意の程度を問う質問	中小規模の航空会社は一般に大手航空会社よりもサービスが良い。 　まったく同意しない 　同意しない 　どちらでもない 　同意する 　おおいに同意する
セマンティック・ディファレンシャル	正反対の2つの言葉をスケールでつなぎ、回答者は自分の意見を表す地点を選択する	アメリカン航空 　大手 ＿＿＿＿＿＿ 中小 　実績がある＿＿＿＿＿＿実績がない 　現代的 ＿＿＿＿＿＿ 時代遅れ
重要度スケール式	ある属性の重要度を評価するスケール	アメリカン航空の機内食サービスは私にとって 　極めて重要 　とても重要 　いくらかは重要 　あまり重要ではない 　まったく重要ではない
評価スケール式	ある属性を「好ましくない」から「優れている」までを評価するスケール	アメリカン航空の機内食サービスは 　優れている 　とても良い 　良い 　まあまあ 　好ましくない
購買意思スケール式	回答者が購入する意思を示すスケール	機内電話サービスが長距離フライトで提供される場合、私は 　必ず利用する 　たぶん利用する 　わからない 　たぶん利用しない 　絶対に利用しない

における飛行機利用者の実際の年間利用回数は、95％の確率で5回から7回である」と結論づけることができる。3種類の確率による抽出方法が、■表4-3のパートAに示されている。確率による抽出法では費用や時間がかさみすぎる場合、リサーチャーは**確率によらない抽出法**を用いることがある。■表4-3のパートBには、3種類の確率によらな

表4-2

質問の種類（続き）

B. 自由回答式質問

名称	説明	例
完全自由式	回答者がほぼ無制限で好きなように回答できる質問	アメリカン航空についてのご感想をお聞きかせください。
連想語式	一度に1つずつ言葉が出され、回答者に最初に心に浮かんだ言葉を回答させる	次の言葉を聞いて、まず思い浮かぶ言葉は何ですか。 航空会社 _____ アメリカン航空 _____ 旅行 _____
文完成式	不完全な文が出され、回答者に文を完成させる	航空会社を選ぶとき、最も重視することは_____である。
物語完成式	不完全な物語が出され、回答者に物語を完成させる。	「私は数日前、アメリカン航空を利用しました。飛行機の外装と内装にとても明るい色が使われていることに気づきました。それについて、私は次のような感想と印象を持ちました…」この物語の続きを完成させてください。
絵	2人の人物のうち1人が発言している絵を出し、回答者にもう1人の人物になったつもりで吹き出しにセリフを書き込ませる。	
主題統覚検査(TAT)	絵が提示され、回答者に絵の中で何が起こっているのか、何が起ころうとしているのか、ストーリーを書かせる。	

い抽出法が紹介されている。サンプリング誤差は計算できないが、確率によらない抽出法は、さまざまな状況下で非常に役立つと感じているマーケティング・リサーチャーもいる。

コンタクト方法 サンプリング計画が決定したら、マーケティング・リサーチャーは対象者とのコンタクトの取り方を決めなければならない。コンタクト方法には、郵便、電話、対面インタビュー、オンライン・インタビューがある。

郵送質問票は、対面インタビューに応じてくれない人や、インタビュアーによって回答にバイアスがかかってしまったり、誤解されてしまう可能性のある人々に近づくのに適した方法である。郵送質問票における質問は、単純で明確な言葉遣いでなければならない。残念ながら、回答率は低く、戻りが遅いのが普通である。**電話インタビュー**は、情報を速く集めるのに適した方法である。回答者が質問を理解できなければ、インタビュアーは質問の意図を明確にすることができる。回答率は通常、郵送質問票より高い。主な難点は、インタビュー時間が短く、内容も個人的になりやすいという点である。留守番電話の存在や、人々がテレマーケティングに懐疑的になっていることから、電話インタビューは難しくなりつつある。

対面インタビューは、最も万能な方法である。インタビュアーはより多くの

ニュー・ミレニアムに大人になる世代が家探しを始めるので、アメリカの不動産販売はこの時期、大幅に増える見込みである。

表4-3

確率による抽出法と確率によらない抽出法

A. 確率による抽出法

単純無作為抽出法	母集団の全メンバーが、同じ確率で選定される。
層化抽出法	母集団を互いに独立したグループ（年齢層など）に分け、グループごとに無作為抽出を行う。
集落化法	母集団を排他的なグループ（地域ブロックなど）に分け、リサーチャーがインタビューのためのサンプルを抽出する。

B. 確率によらない抽出法

便宜的抽出法	リサーチャーが最も情報を入手しやすい対象者を選出する。
判断的抽出法	リサーチャーが正確な情報を得るために最適と判断した対象者を選出する。
割当抽出法	リサーチャーが各カテゴリーから事前に指定された数の対象者を選出し、インタビューする。

質問を投げかけることができるし、回答者の服装やボディ・ランゲージなど補足的な情報も記録できる。しかし、対面インタビューは最も費用がかかる方法で、他の3つの方法よりも管理計画と監督が必要である。またインタビュアーによるバイアスや誤解の影響を受けやすい。対面インタビューには、次の2つのタイプがある。**アレンジされたインタビュー**の場合は、回答者にコンタクトを取って事前に約束をする。回答者には通常、わずかな謝礼が支払われる。**街頭インタビュー**では、ショッピング・モールや人通りの多い街角で行き交う人を呼びとめてインタビューを申し込む。街頭インタビューには、確率によらない抽出法になってしまうという難点があり、インタビューにあまり時間がかけられないという限界もある。

　オンライン・インタビューの利用が増加している。企業はウェブページに質問票を掲載して、質問票に答えてくれた人に謝礼を提供することができる。また、人気のあるサイトにバナーを設け、質問への回答を呼びかける。できれば賞品つきにしてもよい。標的とするチャットルームへ入り、ボランティアで調査に協力してくれる人を探すことも可能だ。だが、オンラインでデータを収集する際には、データの制約を認識しておかなければならない。回答者は自分の意思で志願した人たちであるから、企業はデータが標的母集団を代表していると決めつけてはいけない。標的市場の中で、インターネットを使わない人、質問に答えたくない人がいれば結果に偏りが出る可能性がある。それでも、得られた情報は探索型調査で役立つ場合がある。それが仮説を生み出すきっかけとなり、後日、より科学的なサーベイで検証することができるからだ。

　現在、多数の企業が、自動電話調査によってマーケット・リサーチ情報を入手したいと考えている。クリーブランドのメトロヘルス・システムズはかつて、文書による患者の満足度調査において50％の回答率しか得ていなかった。その後、同社はカンザス州オーバーランドパークのスプリント・ヘルスケア・システムズと提携して、対話式電話調査を実施した。試験プロジェクトでは病院を出る際、患者にフリーダイヤルのテレホンカードを渡した。ダイヤルすると、録音テープによって病院についての質問が投げかけられる。以前は結果を集計す

るのに数か月を要していたが、いまや数日で結果が出るし、調査に協力してくれる患者数も増えている(18)。

　顧客が自動サーベイ調査に回答してくれるようにするためには、どのような動機付けを与えたらよいだろうか。よく使われている方法は、プリペイド式のテレホンカードを謝礼に使うことである。サーベイ調査は対話式電話システムにプログラムされており、そのシステムはサーベイを実施するだけではなく、調査依頼者の希望どおりに結果を集計してくれる。次に、調査依頼者は選択した市場セグメントにテレホンカードを配布する。対象者がテレホンカードを使ってフリーダイヤルをかけると、即座に録音テープの声が応答して、短時間のサーベイ調査に協力すればカードの通話時間が増えますがどうしますかと聞く。プリペイド・テレホンカードを使って顧客調査をした企業には、NBC、コカ・コーラ、アモコなどが含まれている(19)。

第3段階：情報の収集

　マーケティング・リサーチの情報収集段階は通常、最もコストがかかり、間違いが生じやすい。サーベイ調査の場合、大きな問題が4つ生じる。回答者のなかには、留守にしている人もいるから、再びコンタクトを取るか回答者を替える必要が出てくる。協力を拒む回答者がいる。偏りのある回答をしたり、不正直な回答をする者がいる。インタビュアーが偏見を持っている場合もある。

　しかし、データ収集方法はコンピュータと電気通信のおかげで急速に改善されつつある。ある調査会社では、人口が集中した地域でインタビューをする。専門のインタビュアーがブースに座って無作為に電話番号を選ぶ。電話に人が出ると、インタビュアーはモニターの質問を読み上げて、回答者の回答をコンピュータに入力する。このやり方なら、編集とコーディング(記号化)の手間がなくなり、間違いが減り、時間を節約し、要求された統計がすべて出せる。対話型端末をショッピングセンターに設置した調査会社もある。インタビューを受ける気がある人は、端末の前に座ってモニターの質問を読んで答えを入力する。この「ロボット」インタビュー形式は、たいていの回答者に評判がよい(20)。

　最新の技術進歩のおかげで、マーケターは広告と販売促進の売上への影響を調査できるようになった。インフォメーション・リソーシズ社はスキャナーと電子キャッシュ・レジスターを備えたスーパーマーケットのパネル・メンバーを募集した。スキャナーは購入された各商品の共通商品コードを読み取って、ブランド名、サイズ、価格を記録し、在庫や発注に利用する。同時に調査会社は、これらのスーパーマーケットの顧客の中から、特殊なショッパーズ・ホットラインIDカードで買い物をすることに同意する人々を募集し、もう1つのパネルを組織した。ショッパーズ・ホットラインIDカードには、顧客の家族構成、ライフスタイル、所得に関する情報が登録されている。この顧客には、ブラック・ボックスでテレビの視聴習慣をモニターすることにも同意してもらった。消費者パネルの全員が番組をケーブル・テレビで受信し、インフォメーション・リソーシズ社は彼らの家に送信される広告をコントロールする。そして、同社は

バージニア州アーリントンのミレニアム・インスティチュートは、現在、「スレショルド21」というコンピュータ・プログラムを使って、ニュー・ミレニアムにおける経済改善のための提案をしている。

バングラデシュ、チュニジア、中国はスレショルド21を利用して教育・医療・環境の改善方法の提案を集めている。

店での購買状況を通じて、どの広告が購買につながり、どの顧客が購買したのかを把握することができる[21]。

■第4段階：情報の分析

マーケティング・リサーチ・プロセスの第4段階は、収集したデータから結果を抽出することである。リサーチャーはデータを集計して、主要な変数では、平均値や分散が計算される。リサーチャーは、さらに高度な統計的手法や決定モデルを応用して、追加的な結果を見つけ出すこともある。

■第5段階：調査結果の報告

この最終段階で、リサーチャーは関係者に調査結果を報告する。リサーチャーは、経営者が下さなければならない主要なマーケティング意思決定に関連した重要な調査結果を提出しなければならない。

アメリカン航空の場合、重要な調査結果は次のようなものになる。

1. 機内電話サービスを利用するいちばんの理由は、緊急事態が発生したとき、仕事で緊急の用件があるとき、到着時間に変更が生じたときである。暇つぶしに電話をかける人はほとんどいないだろう。電話利用者の多くは、料金を必要経費で落とせるビジネス旅行者である。
2. 1回25ドルで機内電話サービスを利用するのは、200人の乗客のうち約20人である。15ドルになると約40人が電話をかける。したがって、15ドル（40×15ドル＝600ドル）の方が25ドル（20×25ドル＝500ドル）の場合よりも大きな利益を生む。ただし、これだけでは機内電話サービスのコストの収支を相殺する1000ドルよりはるかに低い。
3. 機内電話サービスのプロモーションは、新しい乗客を1フライトにつき2人増やす。この新しい2人の乗客から得られる純収入は400ドルになり、アメリカン航空はコストを相殺することができる。
4. 機内電話サービスの提供は、アメリカン航空が革新的で進歩的な航空会社であるというイメージを強化するだろう。アメリカン航空は損益分岐点をクリアし、新しい乗客と顧客の信頼を獲得することになる。

もちろん、これらの結果には誤差がつきもので、経営者はそれぞれの結果をさらに調査したくなるかもしれない（■表4-4と■マーケティング・インサイト「従来のマーケティングの知恵に挑戦するマーケティング・リサーチャー」を参照されたい）。しかし、アメリカン航空は機内電話サービスの導入に自信を深めた。

> ミレニアム・インスティチュートの目標は、世界各国の未来の経済予測ができるコンピュータ・プログラムを開発することである。

マーケティング・リサーチの障害を克服する

マーケティング・リサーチが急成長を遂げたにもかかわらず、マーケティング・リサーチを十分かつ正しく活用できていない企業は多い。その原因はいく

1. 科学的手法	効果的なマーケティング・リサーチは、科学的手法の原則、つまり注意深い観察、仮説の構築、予測、テストを使う。	
2. リサーチの創造性	最も成功したマーケティング・リサーチは、問題を解決する革新的な方法を編み出す。ティーンエイジャー向けの衣料品会社は数人の若者にビデオカメラを与え、レストランなどのティーンエイジャーがよく出向く場所で行ったフォーカス・グループ・インタビューをビデオ撮影した。	
3. 複合的方法	優れたマーケティング・リサーチャーは、ひとつの手法だけを過度に信用しない。2つか3つの方法を用いて、結果の信頼性を高めることに価値を見いだしている。	
4. モデルとデータの相互依存	優れたマーケティング・リサーチャーは、求めている種類の情報を導き出す基本モデルからデータが解釈されることを認識している。	
5. 情報の価値とコスト	優れたマーケティング・リサーチャーは、情報の価値がコストに見合うかどうかという評価をする。通常、コストを判断するのは簡単だが、リサーチの価値を数値化するのは難しい。それは調査結果の信頼性と妥当性、そして経営者が調査結果を受け入れ、それに従って行動に移す意思があるかどうかにかかっている。	
6. 健全な疑念	優れたマーケティング・リサーチャーは、市場動向に関するマネジャーの浅はかな仮定に対して、健全な疑念を示す。「マーケティング神話」によって生じる問題に敏感なのである。	
7. 倫理的なマーケティング	優れたマーケティング・リサーチャーは、調査のスポンサー企業と消費者双方にベネフィットをもたらす。マーケティング・リサーチの使い方を誤ると、消費者を傷つけたり、困らせたりすることになる。消費者は、プライバシーの侵害や売り込みに怒りをつのらせており、これがリサーチ業界の大きな問題となっている。	

表4-4

優れたマーケティング・リサーチの7つの特徴

つかある。
- **マーケティング・リサーチを狭くとらえている**　マーケティング・リサーチを事実発見の作業として考えているマネジャーが多い。そのため、マネジャーはリサーチャーに質問票を作らせ、サンプルを選ばせ、インタビューを行わせ、調査結果の報告を期待するだけで、経営陣が直面する問題や意思決定の選択肢を慎重に規定することを怠る。結果として出てきた事実を活用しきれないと、マーケティング・リサーチの有効性には限界があるという経営陣の思い込みが強まってしまう。
- **マーケティング・リサーチャーの力量にムラがある**　マネジャーのなかには、マーケティング・リサーチを事務作業とたいして変わらないと考え、リサーチャーにそれなりの報酬しか与えない人がいる。結果として、有能さに欠けるリサーチャーが雇われることになる。そのようなリサーチャーはきちんとした訓練を受けておらず、創造性にも難があるため、不適切な調査結果が出ることになる。調査結果に失望した経営陣はマーケティング・リサーチへの偏見をさらに強める。そして、リサーチャーに低い賃金を払い続け、根本的な問題は解決されないままとなる。
- **マーケット・リサーチの調査結果が遅く、時に誤りがある**　マネジ

MARKETING INSIGHT　マーケティング・インサイト

従来のマーケティングの知恵に挑戦するマーケティング・リサーチャー

ケビン・クランシーとロバート・シュルマンは、「マーケティングの神話」に頼ってマーケティング計画を立てている企業が多すぎると非難している。ウェブスターの辞書によると、神話とは「特に関係者によって、無批判に信じられている根拠のない信念」と定義されている。クランシーとシュルマンは、マネジャーを誤った方向へ導いてきた神話を次に挙げている。

1. **あるブランドの最も優良な見込み客は、そのカテゴリーの商品を大量に購入する人たちである。** ほとんどの企業は、大量に製品を購入する人を追い求めるが、このような人々はマーケティング努力を向けるべき最良のターゲットではないかもしれない。そのカテゴリー商品の愛用者の多くは特定の競合他社に忠実であり、そうでない人々は競合他社がより有利な条件を提供すれば、たちまちスイッチする。
2. **新製品の訴求力が強いほど、その製品はよく売れる。** この理屈に従えば、企業は顧客に多くを与えすぎて、利益率が低くなってしまうことになりかねない。
3. **広告の効果は、どれだけ記憶に残り、説得力があるかに表れる。** 実際には、人々の記憶に残りやすいか、説得力があるかを基準に評価して最高点をとった広告が、必ずしも最も効果的な広告だというわけではない。広告の効果を予測する良い目安は、購買者の広告に対する態度である。具体的には、購買者が役立つ情報を得たと感じたか、その広告を気に入ったかといったことである。
4. **フォーカス・グループ調査と質的調査に多くの費用をかけるのが賢い企業である。** フォーカス・グループ調査と質的調査は確かに役立つが、調査予算の大部分は量的調査とサーベイ調査にかけるべきである。

これらの「神話」が実際に、良い結果をもたらしたと反論するマーケターもいるだろう。それでも、マーケターに基本的な前提を考え直させたクランシーとシュルマンは賞賛に値する。

出典：Kevin J. Clancy and Robert S. Shulman, *The Marketing Revolution: A Radical Manifesto for Dominating the Marketplace* (New York: HarperBusiness, 1991).

ャーは、正確で確実な調査結果をすぐに手に入れたがる。だが、優れたマーケティング・リサーチには時間と費用がかかる。マーケティング・リサーチのコストがかかりすぎたり、時間を取りすぎたりすると、マネジャーは失望する。コカ・コーラがニュー・コークを導入したときのように、マーケティング・リサーチの予測が間違っていた、有名なケースを引き合いに出すマネジャーもいる。

- **パーソナリティや立場上の相違がある**　ライン・マネジャーとリサーチャーのスタイルの違いが建設的な関係を築く上で障害となることがよくある。具体性、単純さ、確実性を求めるマネジャーにとって、リサーチャーの報告は抽象的、複雑、不確実に映る。だが、進歩的な企業では、リサーチャーをプロダクト・マネジメント・チームのメンバーに加えることが増えており、彼らのマーケティング戦略に与える影響は増大しつつある。

マーケティング意思決定サポート・システム

マーケティング・マネジャーがより良い決定を下せるように、マーケティング意思決定サポート・システム（MDSS）を利用する組織が増えている。MDSSを簡単に定義すると次のようになる。

- **マーケティング意思決定サポート・システム（MDSS）**とは、データ、システム、ツール、サポートなどのソフトウェアとハードウェアの技術を収集・調整したものであり、これによって、組織はビジネスや環境から関連のある情報を収集・解釈し、マーケティング行動の基盤にする[22]。

■表4-5では、現代のMDSSを構成する主要な統計学的ツール、モデル、最適化ルーチンが説明されている。リリアンとランガスワミーが最近出版した『Marketing Engineering: Computer-Assisted Marketing Analysis and Planning』は、一般的に利用されているモデリング・ソフトウェア・ツールのパッケージを提供している[23]。

1998年4月13日付の『マーケティング・ニュース』誌には、マーケティング・リサーチ研究の企画、市場細分化、価格の設定と広告予算の設定、メディア分析、セールス・フォースの活動計画を補佐する最新のマーケティング・ソフトウェア・プログラムとセールス・ソフトウェア・プログラムが100以上掲載されている。以下は、マーケティング・マネジャーが利用している意思決定モデルの例である。

BRANDAID 消費者向けパッケージ製品に焦点を合わせた柔軟なマーケティング・ミックス・モデル。製造業者、競合他社、小売業者、消費者、一般的な環境を取り上げており、広告政策、価格政策、競合政策のサブモデルも含んでいる。モデルは判断、過去のデータ分析、時系列の情報収集、現場における実験、適応制御の創造的な組み合わせによって決定される[24]。

CALLPLAN 営業部員がある期間内に、見込み客や既存顧客をどれくらいの頻度で訪問したらよいかを知るためのモデル。営業にかかる時間だけでなく、移動時間も考慮している。ユナイテッド航空がテストしたところ、このモデルを用いたグループはそうでないグループに比べ、売上が8％向上した[25]。

DETAILER 営業部員に、どの顧客にアプローチし、どの製品を売り込むべきかを知らせるためのモデル。医者を訪問する医薬情報担当者向けに、彼らが1回の訪問で紹介できる製品が3つまでに限られることから開発された。2つの企業が採用したところ、大幅な利益の改善が見られた[26]。

GEOLINE 販売とサービスの受け持ちテリトリーを決定するためのモデルで、次の3つが利用の条件である。作業量に見合ったテリトリー

人類の宇宙進出計画の一つに、火星にコロニーを建設することがある。

表4-5

マーケティング意思決定サポート・システムに使われる数量的ツール

統計学的ツール

1. 重回帰 — 「最も適切」な要因を判断するための統計学的手法で、多数の独立変数の値が変化すると、従属変数の値がどう変化するかを示す。例：企業は、広告費、セールス・フォースの規模、価格レベルに応じた売上数量の変化を評価できる。

2. 判別分析 — 物や人を2つ以上のカテゴリーに分類するための統計学的手法。例：大手小売チェーンが、成功した店舗と業績不振の店舗の立地を区別する変数を判断することができる。ª

3. 因子分析 — 相関関係にある変数の集合内に存在するいくつかの特質を判断するために利用する統計学的手法。例：放送局は多数のテレビ番組の集合を、基本的な番組タイプに分類することができる。ᵇ

4. クラスター分析 — 対象をいくつかの排他的グループに分け、グループ内を比較的同種のものとなるようにする統計学的手法。例：マーケティング・リサーチャーなら一連の都市をそれぞれに明確な特徴のある4つのグループに分類するかもしれない。

5. コンジョイント分析 — さまざまなオファーに対して回答者がランク付けした選好を分解し、各属性とその属性の相対的な重要度に対する個人の推定効用関数を決定する統計学的手法。例：航空会社はさまざまな乗客サービスの組み合わせによる総合的な効用を決定することができる。

6. 多次元尺度法 — 競合製品や競合ブランドの知覚マップを作成するためのさまざまな手法。対象物は、属性の多次元的なスペースの中で点として表され、点どうしの距離は相違性の尺度になる。例：コンピュータ・メーカーは、自社ブランドが競合ブランドに対してどのような位置を占めているのかを知るのに利用できる。

モデル

1. マルコフ過程モデル — 現在から将来の状況へと移る確率を示すモデル。例：パッケージ商品のメーカーは、一定期間における自社ブランド顧客の他ブランドへのスイッチと購買継続の比率を判断できる。もし確率が安定していれば、自社ブランドの最終的なブランド・シェアが確定する。 ↗

であること、隣接する区域で構成されているテリトリーであること、そのテリトリーがコンパクトであること。多くの成功例が報告されている[27]。

MEDIAC 広告制作者のメディア計画策定を支援するモデル。市場セグメント、潜在的売上高の評価、限界収益逓減、忘却、タイミングの問題、競合のメディア・スケジュールなどを含む[28]。

現在、いくつかのモデルは、専門のマーケターが行っている意思決定をそのまま再現できるようになっている。最近のエキスパート・システム・モデルには以下のものがある。

PROMOTER 売上高の基準点を定め（プロモーションを実施しなかった場合、売上はいくらだったか）、プロモーションによる売上高の増加分を測定することによってプロモーションの評価を行う[29]。

ADCAD マーケティング目的、製品特性、標的市場、競合状況を考慮に入れて、好ましい広告のタイプ（ユーモア、生活の一場面など）を推奨する[30]。

COVERSTORY 業界各社の売上データ（シンジケーテッド・セールス・データ）を分析し、特筆すべき点についてメモを作成する[31]。

2. 待ち行列モデル	このモデルは、到着時間、サービス時間、サービスの種類の数を条件として、予測される待ち時間と行列の長さを示す。例：スーパーマーケットは、このモデルを使ってサービスの種類とサービスのスピードを前提に、時間帯で変動する行列の長さを予測できる。	
3. 新製品のプリテスト・モデル	このモデルは、マーケティング・オファーやマーケティング・キャンペーンのプリテストにおける消費者の選好と行動に基づいて、購入者の認知状態、トライアル、再購入の関係を評価する。有名なモデルにASSESSOR、COMP、DEMON、NEWS、SPRINTERがある。[c]	
4. 販売反応モデル	複数のマーケティング変数、例えば、セールス・フォースの規模、広告費、販売促進費などと、需要レベルの関係を評価する一連のモデル。	
最適化ルーチン		
1. 微分法	良く機能する関数に沿って、最大値または最小値を発見するための手法。	
2. 数理計画法	一定の制約条件を受ける、ある目的関数を最適化する値を発見するための手法。	
3. 統計学的決定理論	最大の期待値を生み出す行動の流れを決定するための手法。	
4. ゲーム理論	複数の競争者が予測不可能な行動をとった際に、意思決定者が損失を最小限にとどめるための行動を決定する手法。	
5. ヒューリスティックス	複雑なシステムの中で良いソリューションを見いだすべく、時間や労力を短縮するための経験則を使う手法。	

表4-5

マーケティング意思決定サポート・システムに使われる数量的ツール（続き）

[a] S. Sands, "Store Site Selection by Discriminant Analysis," *Journal of the Market Research Society*, 1981, pp. 40–51.
[b] V. R. Rao, "Taxonomy of Television Programs Based on Viewing Behavior," *Journal of Marketing Research*, August 1975, pp. 355–58.
[c] Kevin J. Clancy, Robert Shulman, and Marianne Wolf, *Simulated Test Marketing* (New York: Lexington Books, 1994).

　21世紀の最初の10年間には間違いなく、より高度なソフトウェア・プログラムと意思決定モデルが出てくるだろう。

売上予測と需要測定

　マーケティング・リサーチを行う大きな理由の一つは、市場機会を特定することである。リサーチが完了したら、企業は各市場機会の大きさ、成長度、利益の潜在性を評価し予測しなければならない。財務部門では、投資と運用に必要な現金を調達するために売上予測が利用される。製造部門では、生産キャパシティと生産レベルを確立するために利用される。購買部門では資材を適量購入するために、人事部門では必要な人員を雇用するために利用される。売上予測の作成はマーケティング部門の仕事である。売上予測が実際の売上とかけ離れていたら、企業は超過在庫の重荷を背負うか、在庫不足の憂き目にあうだろう。

　売上予測は需要評価に基づいている。マネジャーは市場の需要が何を意味するのかを見極めなければならない。

市場の需要測定

企業は90種類もの需要評価を作成することができる（■図4-2）。需要は6種類の**製品**レベル、5種類の**空間**レベル、3種類の**時間**レベルで測ることができる。

各需要測定にはそれぞれ特定の目的がある。例えば企業は、原材料を発注し、生産計画を立て、現金調達をするために、特定製品の短期的需要を予測するだろう。ある地域で販売を開始するかどうかを決定するために、主要製品ラインの地域需要を予測することもある。

> 人類はガンとの長い戦いに、今後25年以内に勝利するかもしれない。

測定すべき市場

マーケターの話には潜在市場、有効市場、対象市場、浸透市場が出てくる。まずは市場の定義から始めよう。

■ **市場**とは、製品やサービスの顕在化した買い手と潜在的な買い手すべてからなる集合のことである。

市場の大きさは、特定の製品やサービスに対して存在しているであろう買い手の数によって決まる。**潜在市場**とは、ある製品やサービスに対し、十分なレベルの関心を持っていると表明している消費者の集合である。

消費者の関心だけでは市場があるとはいえない。潜在的な消費者には十分な収入がなくてはならず、提供される製品にアクセスできなくてはならない。**有効市場**とは、関心、収入、特定の製品またはサービスへのアクセスを備えた消費者の集合である。

製品またはサービスによっては、企業や政府が一定の集団に対して販売を制限することもある。例えば、ある州では21歳以下の人に対するオートバイの販売を禁じている。その場合、資格のある成人が**有資格有効市場**——特定の製品

図4-2

90種類の需要測定（6×5×3）

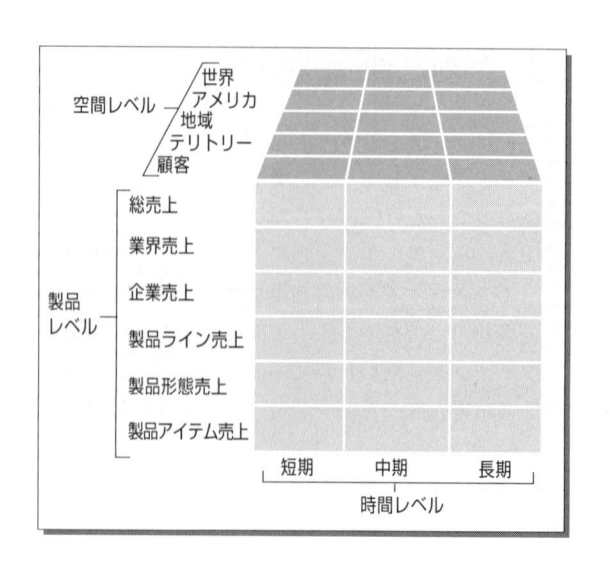

またはサービスへの関心、収入、アクセス、資格がある消費者の集合——を構成する。

企業は有効市場全体を追求することも、特定のセグメントに集中することもできる。**標的市場**(対象市場とも呼ばれる)とは、有資格有効市場の中で企業が追求すると決めた部分のことである。例えば、企業は東海岸にマーケティングの努力を集中しようと決めるかもしれない。

企業が標的市場で数名の消費者に製品を販売することに成功したとする。その企業の製品を購入している消費者の集合を**浸透市場**という。

このような市場の定義は市場計画に役立つツールである。もし企業が現在の売上に満足していない場合、とれる行動はたくさんある。標的市場から引きつける買い手の割合を増やしてもよいし、潜在的な買い手の資格を下げることもできる。別の地域に販売網を広げたり、価格を下げたりして有効市場を拡大することも可能である。関心の薄い消費者や以前はターゲットにしていなかった消費者に対して製品の広告をすることで、潜在市場を拡大することもできる。

新しい広告キャンペーンで、市場の再標的化に成功した小売業者もある。ターゲット・ストアの例を考えてみよう。

> 次のミレニアムに経済大国になると予想される国は、インド、インドネシア、ブラジル、中国、ロシアである。

ターゲット

ウォルマートやKマートなど大手小売業者との熾烈(しれつ)な競争に直面して、ターゲット・ストアはより裕福な買い物客にアプローチし、百貨店から顧客を奪うことを決断した。この中西部のディスカウント小売業者は、一風変わったところで——『ニューヨーク・タイムズ』『ロサンゼルス・タイムズ』『サンフランシスコ・イグザミナー』の日曜版——一風変わった広告キャンペーンを展開した。広告の一つは、掃除機に乗って夜空を駆け巡る女性を描いたものであって、そこには「ファッションと家庭用品」という文句があるのみで、下の右端にターゲット社のロゴが入っている。百貨店のような雰囲気の広告を、ステータスの高い新聞に掲載したおかげで、ターゲット・ストアは「高級」大手小売業者という評判を獲得した。ターゲット・ストアは、ふだん百貨店で買い物する人々が、衣料と一緒にホチキスのような家庭用品を手ごろな価格で買っても、安物を買っている気分にならない店となったのである[32]。

需要測定の用語

需要測定の主要な概念に、**市場需要**と**企業需要**がある。それぞれの中に需要関数、売上予測、潜在力がある。

■ 市場需要

これまで見てきたように、市場機会を評価する際、マーケターがとる最初のステップは総合的な市場需要を評価することである。

> イギリスは電子メールを主要通信ツールとして採用し、次のミレニアムに備えている。

- 製品の**市場需要**とは、特定のマーケティング・プログラムのもとで、特定のマーケティング環境において、特定の時期に、特定した地理的エリアで、特定した顧客グループが購入する製品の総数量のことである。

市場需要とは、決まった数量というよりも、むしろ一定条件の関数のことである。このため、市場需要は**市場需要関数**と呼ばれることがある。■図4-3(a)は、全体的な市場需要が基本条件に依存している様子を示している。横軸は、一定期間における、業界のマーケティング費を表している。縦軸は結果として生じる需要の水準を表している。曲線は業界のマーケティング費の各水準に対応した、市場需要の推定値を示している。需要促進費をまったく投じなくても、ある程度の基本売上(**市場最小値**と呼ばれ、図中ではQ_1)は発生するだろう。業界のマーケティング費の水準が高いほど、高い需要が生み出される。その率は当初、増加の一途をたどるが後に減少し、マーケティング費が一定水準を超えると需要は伸び悩む。ここが**市場潜在力**と呼ばれる市場需要の上限である(図中のQ_2)。

市場最小値から市場潜在力までの差は、総合的な**需要のマーケティング感応性**を表している。ここでは、2つの正反対の市場タイプである、拡大タイプと非拡大タイプを挙げよう。ラケットボール・ゲーム市場のような**拡大市場**は、その全体的な大きさが業界のマーケティング費の水準に大きく左右されるので、Q_1とQ_2の差は比較的大きい。**非拡大市場**——例えばオペラ市場——は、マーケティング費の水準にあまり大きな影響を受けないので、Q_1とQ_2の差は比較的小さい。非拡大市場で販売をする組織は、市場規模を受け入れなければならず(当該製品クラスへの**一次需要**)、自社製品の市場シェアを伸ばすことに努力を向けなくてはならない(自社製品への**選択的需要**)。

市場需要関数が、時の経過とともに変化する市場需要を表すものではないことを、ここで強調しておきたい。曲線はむしろ、現時点において想定できる業界のマーケティング努力に関連させた、現時点での市場需要の予測を表すものである。

図4-3

市場需要関数

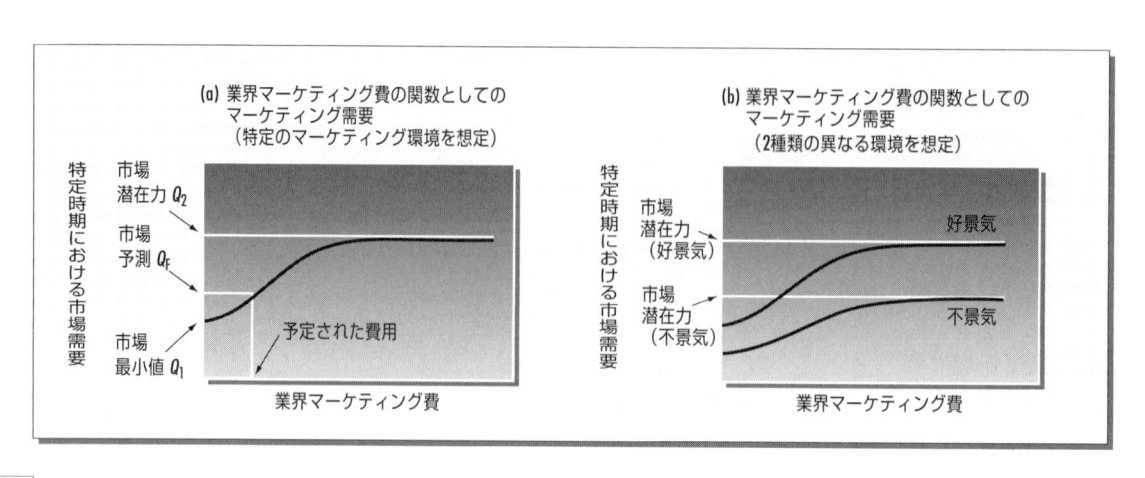

市場予測

現実に発生する業界のマーケティング費は1つしかない。この水準に対応する市場需要は**市場予測**と呼ばれている。

市場潜在力

市場予測が示すのは予測される市場需要であり、最大の市場需要ではない。最大の市場需要を予測するには、「非常に高い」水準の業界のマーケティング費を想定し、市場需要を見越さなければならない。その時点になると、マーケティング努力をさらに増やしても、追加的な需要はあまり誘発されない。

- **市場潜在力**とは、一定条件下にあるマーケティング環境において、業界のマーケティング費が無限に近づいたとき、市場需要にみられる限界のことである。

「一定条件下にあるマーケティング環境」という言葉には重要な意味がある。不況下と好況下における自動車の市場潜在力を考えてみるといい。好景気のときの方が、市場潜在力は高い。市場潜在力が環境に依存している様子は、■図4-3(b)に示されている。市場アナリストは、市場需要関数の位置と関数に沿った動きを区別している。企業は市場需要関数の位置を変えることができない。これはマーケティング環境によって決まる。しかし、企業はマーケティング費を決定することにより、関数上の自社の位置に影響を及ぼしているのである。

> トヨタは、次のミレニアムにリサイクル可能な自動車を市場に投入する予定である。

企業需要

ここで企業需要を定義してみよう。

- **企業需要**とは、企業がある特定期間に実施したマーケティング努力に応じて見込まれる市場需要シェアのことである。

企業の市場需要シェアは、自社の製品、サービス、価格、コミュニケーションなどが、競合他社のそれと比較して、どうとらえられているのかによって決まる。もし、他の要素が競合他社とまったく同じなら、企業の市場シェアは競合他社と比較した場合の市場支出の規模と効果に左右されるだろう。マーケティング・モデルの構築者は、企業のマーケティング支出水準、マーケティング・ミックス、マーケティング効果に売上がどれほど影響されるかを測定するための**売上反応関数**を開発している[33]。

企業の売上予測

企業需要が導入されたならば、マーケターの次なる仕事はマーケティング努力の水準を決定することである。選択した水準によって、期待される売上高が決まる。

- **企業の売上予測**とは、選択されたマーケティング計画と仮定されるマーケティング環境に基づいて期待される企業の売上水準のことである。

■図4-3が示すように、企業の売上予測は、売上を縦軸として、マーケティン

> 次のミレニアムには、アメリカの学生全員がインターネットにアクセスできるようになると予想されている。

グ努力を横軸として表される。企業の予測と企業のマーケティング計画の間における連続的な関係を誤解する人は非常に多い。マーケティング計画は、売上予測に基づいて立てるべきだという意見をよく耳にする。「予測」が国の経済活動の推定値を意味するか、あるいは企業需要が非拡大性であるならば、この予測－計画のシークエンスには妥当性がある。しかし、市場需要が拡大性であるか、あるいは「予測」が企業売上の推定値を意味するのであるならば、シークエンスには妥当性がない。企業の売上予測は、マーケティング費を決定するための基盤にはならない。逆に、売上予測は仮定されているマーケティング支出計画の**結果**なのである。

ほかの2つの概念は、企業の売上予測と結びつけて論じるとよい。

- **販売割当**とは、製品ライン、企業の部門、セールス・レップに与えられた販売目標のことである。これは主に、販売努力を明確にし、刺激するための管理手法である。

経営陣は、企業の売上予測とその達成を刺激する心理に基づいて販売割当を設定する。一般に、販売割当はセールス・フォースの努力を拡大するために、売上見積りよりやや高めに設定される。

- **売上予算**とは、予想される売上高を控えめに見積もったものであり、主として現時点での購買、生産、キャッシュ・フローに関する決定を下すために利用される。

売上予算では、過剰なリスクを回避するために、売上予測と需要が考慮される。売上予算は一般に、売上予測よりやや低めに設定される。

企業の売上潜在力

企業の売上潜在力とは、企業のマーケティング努力が競合他社のそれと比較して増加する場合、企業需要にみられる上限のことである。当然、企業需要の極限値は市場潜在力に等しい。企業が市場の100%を支配した場合、この2つは等しくなる。ほとんどの場合、たとえ企業が競合他社と比べて大幅にマーケティング費を増やしたとしても、企業の売上潜在力は市場潜在力よりも小さい。その理由は、各社が他社の勧誘努力にあまり心を動かされない、強いロイヤルティを持つ買い手を有しているからである。

現時点の需要を評価する

ここで、現時点の市場需要を評価する実際的な手法について検討してみよう。マーケティング担当役員たちは、総市場潜在力、地域市場潜在力、そして総業界売上と市場シェアを評価したいと考えている。

総市場潜在力

総市場潜在力とは、特定水準の業界のマーケティング努力と特定の環境条件のもとで、特定期間に業界内の全企業が得られる最大売上高のことである。総

市場潜在力を評価する方法は次のとおりである。買い手の潜在的人数に1人あたりの平均購入数量を掛け、さらに価格を掛ける。

1億人の人々が毎年本を買い、1人が平均して年間3冊購入し、1冊の本の平均価格が10ドルだとしたら、総市場潜在力は30億ドルになる（1億×3×10ドル）。最も評価が難しいのは、特定の製品または市場における買い手の数である。一般には、国家の総人口から始めるのがよい。つまり、2億6100万人になる。次に、明らかに本を買わないグループを排除する。文盲者と12歳以下の子供は本を買わないと考え、彼らの割合が人口の20%と仮定しよう。すると、人口の80%にあたる約2億900万人が**可能性のある顧客プール**に残る。さらに調査を進めると、低所得者と低学歴の人々は本を読まないという結果が出て、この人々が可能性のある顧客プールの30%以上にあたるとしよう。彼らを除くと、約1億4630万人の**見込み客プール**が本の買い手ということになる。この数字を潜在的買い手の人数として使い、総市場潜在力を計算する。

この方法のバリエーションとして、**連鎖比率法**がある。この方法では、基本数に数%の調整パーセンテージが掛けられる。例えば、ビール会社が新製品のライト・ビールの市場潜在力を評価したがっているとしよう。その際、以下のような計算によって評価することができる[34]。

新製品のライト　＝　人口×1人あたりの可処分所得×食費に使われる可処分所
ビールの需要　　　　得の平均パーセンテージ×食費内で飲料費に充てられる支
　　　　　　　　　　出の平均パーセンテージ×飲料費内でアルコール飲料に充
　　　　　　　　　　てられる支出の平均パーセンテージ×アルコール飲料費内
　　　　　　　　　　でビールに充てられる支出の平均パーセンテージ×ビール
　　　　　　　　　　飲料費内でライトビールに充てられる支出の予想パーセン
　　　　　　　　　　テージ

地域市場潜在力

企業は最高のテリトリーを選択し、それらのテリトリーにマーケティング予算をどう割り当てるかという問題を抱えている。そこで、都市、州、国家ごとの市場潜在力を評価する必要が出てくる。地域市場潜在力を評価する主要な方法は2つある。主として生産財マーケターに利用される**市場積上法**と、消費財マーケターに利用される**複数要素指数法**である。

市場積上法　**市場積上法**では、各市場の潜在的な買い手をすべて特定し、彼らの潜在的購買量を評価する。全潜在的買い手のリストと一人ひとりが何を購入するのかに関する優れた見積りさえあれば、正確な結果が出せる。残念ながら、この情報は必ずしも簡単に収集できるものではない。

ボストン地区における木工旋盤の地域市場潜在力を評価したい工作機械会社があるとしよう。第1段階では、ボストン地区の木工旋盤の全潜在的買い手を特定する。買い手は主として、製造過程で木材から型を取ったり、リーマ仕上げをする必要のある製造業者であるから、旋盤製造会社はボストン地区の全製造業者のディレクトリ（企業名簿）からリストを作成することができる。次に、各

ゼネラル・ミルズは、ミレニアム・クランチというシリアルの新製品を市場に出す予定である。

> イギリスのグリニッチでは、2000年にジャイアント・ミレニアム大観覧車を展示する予定である。

業界が買う可能性のある旋盤の数は、各業界の従業員1000人ごとの、あるいは売上100万ドルごとの旋盤の数をもとに見積もることができる。

地域市場潜在力を測る効率的な方法は、アメリカ国勢調査局の**標準産業分類（SIC）**システムを利用することである。SICは全製造業者を20の主要産業グループに分け、それぞれに2桁のコードをつけている。25は家具と備品で、35は電動以外の機械類といった具合である。各主要産業グループはさらに150の産業グループに中分類され、3桁のコードがつけられる（251は家庭用家具用品、252はオフィス用家具用品）。各産業はさらに約450の製品カテゴリーに分類され、4桁のコードがつけられる（2521は木製のオフィス用家具用品で、2522は金属製のオフィス用家具用品）。4桁のSIC番号には、製造業者国勢調査局が地域、従業員数、年間売上高、純資産によって分類した業者の数字を割り当てている。SICシステムは現在、新北米産業分類システム（NAICS）に移行中である。このシステムは、アメリカ、カナダ、メキシコで開発され、この3国間で比較検討できる統計を提供するようになっている。システムには350もの新しい産業が含まれ、経済の変化を反映して、SICによる10の広域経済セクターの代わりに20のセクターが使われている。産業は4桁コードではなくて、6桁コードで特定され、最終桁が国名コードになっている。新システムを使った最初の情報は1999年初めに、新経済国勢調査データとして発表される[35]。

SICを利用する際、旋盤製造業者はまず、旋盤を使いそうな製造業者の製品を表すSICの4桁コードを調べなければならない。例えば、旋盤はSIC番号2511（木製の家庭用家具）、2521（木製のオフィス用家具）などの製造業者によって使われる。旋盤を使う可能性のある、SICの4桁コードを持つ産業をすべて知るには、(1)過去の顧客のSICコードを調べる、(2) SICマニュアルに目を通して、企業独自の判断で、旋盤に関心がありそうな4桁コードの産業すべてをチェックする、(3)幅広いカテゴリーの企業に質問票を送って、木製旋盤に関心があるかどうかを尋ねる、といった3通りの方法がある。

旋盤製造業者の次なる仕事は、各産業で使われる旋盤の数を評価するため、適切な基数を決定することである。顧客である産業の売上高が最も適切な基数だと仮定しよう。例えば、SIC番号2511なら、100万ドルの売上につき10台の旋盤が使われているかもしれない。顧客である産業の売上高に対応した旋盤の所有率が見積もられれば、市場潜在力を算出することができる。

■表4-6にはボストン地区における2つのSICコードに対する架空の算定が示されている。2511（木製の家庭用家具用品）には、年間売上高が100万ドルの事業所が6つ、年間売上高が500万ドルの事業所が2つある。このSICコードでは、顧客の売上高100万ドルにつき、10台の旋盤が売れると見積もられる。年間売上高が100万ドルの6つの事業所は、売上高600万ドルに相当し、60台（6×10）の旋盤が売れる可能性がある。総計で、ボストン地区には200台分の市場潜在力があるということになる。

他の地区の市場潜在力を評価する際にも、同じ方法を用いることができる。全市場の市場潜在力が最高2000台分と仮定しよう。すると、ボストン市場は全市

> 次のミレニアムには、初めて本物のタイムマシンが登場するかもしれない。個人的なメッセージを入れた人工衛星が5万年もの間、宇宙を旅するのだ。

表 4-6

SICコードを使った市場準備法

SIC	(a)100万ドル単位の年間売上	(b)業者の数	(c)顧客の売上100万ドルあたりの潜在的な旋盤売上台数	市場潜在力 (a×b×c)
2511	1	6	10	60
	5	2	10	100
2511	1	3	5	15
	5	1	5	25
			30	200

場潜在力の10%を占めることになり、マーケティング費の10%をボストン市場に割り当てる根拠になるだろう。実際には、SIC情報だけで十分ではない。旋盤製造業者には、各市場に関する補足情報も必要である。例えば、市場の飽和度、競合他社の数、市場成長率、既存機器の平均使用年数などに関する情報である。

ボストンにおける旋盤の販売を決定したら、最も見込みのある企業を特定化する方法を知る必要がある。昔であれば、セールス・レップが企業を1社ずつ訪問した。これは、情報の聞き込みをする人の意味として**バードドギング**とか**スモークスタッキング**と呼ばれていた。今日、訪問販売はコストがかかりすぎる。旋盤製造会社はボストンにある企業のリストを入手して、ダイレクト・メールを送ったり、テレマーケティングを行ったりして、最も見込みのある顧客を特定すべきである。アメリカとカナダにおける930万以上の事業所に関する27の重要な事項をリストアップしたDun's Market Identifiersにアクセスしてもよいだろう。

複数要素指数法 生産財マーケターと同様に、消費財マーケターも地域市場潜在力を評価しなければならない。しかし、消費財企業の顧客はリストにするには数が多すぎる。そこで複数要素指数法の中でも、消費財市場で最もよく使われているのは単純指数法である。例えば、医薬品製造会社が、医薬品の市場潜在力は人口に直接関連があると仮定したとする。バージニア州の人口が全米人口の2.28%だとしたら、バージニア州は販売される全医薬品の2.28%の市場になると想定できる。

ただし、たった一つの要素が販売機会の指針として十分であることはめったにない。地域の医薬品売上は、1人あたりの所得と1万人あたりの医師の数にも影響される。そこで、各要素に特定のウエート(加重値)を課した、**複数要素指数**を作成するのが理にかなっている。

数字は各変数に関連づけたウエートを表している。例えば、バージニア州がアメリカの個人可処分所得の2.00%、アメリカ小売業者の売上の1.96%、全米人口の2.28%を占め、ウエートはそれぞれ、0.5、0.3、0.2だとする。バージニア州の購買力指数は

$$0.5(2.00) + 0.3(1.96) + 0.2(2.28) = 2.04 \text{ となる。}$$

ミレニアムの医学界：ヨーロッパでは現在、ロボットによる外科手術が実験されている。

よって、バージニア州の売上は、国内医薬品売上の2.04%になると考えられる。

購買力指数で使われたウエートは、いくぶん恣意的なものである。適切であれば、他のウエートを用いてもかまわない。さらに、競合他社の存在、地元での販売促進コスト、季節的な要素、地元市場の特性などといった追加的な要素に合わせて、製造会社は市場潜在力を調整したいと望むかもしれない。

多くの企業は、マーケティング資源を割り当てるための指針として、他の地域指数を算出している。医薬品会社が■表4-7の6都市を検討していると仮定してみよう。最初の2列はアメリカにおけるブランドとカテゴリーの売上に占める各都市の割合を示している。3列目は**ブランド・デベロップメント・インデックス（BDI）**といい、カテゴリーの売上に対するブランドの売上を示す指数である。例えば、シアトルは114のBDIを持っているが、これはシアトルでは、ブランドの方がカテゴリーよりも成長しているためである。ポートランドはBDIが65で、これはポートランドのブランドが比較的未発達であることを意味している。通常、BDIが低いほど市場機会は高く、ブランドが成長する余地がある。しかし反対に、マーケティング資金を当該ブランドが最も強い市場——もっと大きなブランド・シェアを獲得しやすい市場——に投じるべきだと主張するマーケターもいる[36]。

都市ごとの予算の割当を決めたら、各都市の割当を国勢調査単位か拡張郵便番号地点にまでさらに細かく割り当てることができる。**国勢調査単位**とは、大都市エリアと他郡を地理的に細かく分けた統計上の地区のことである。これらの地区には通常、固定した境界線があり、人口は4000人ほどである。アメリカ郵政省によって制定された**拡張郵便番号地点**は、地元の町内をやや大きくした程度である。人口規模、世帯収入の中央値、他の特性に関するデータがこれらの地理的単位ごとに入手できる。マーケターにとっては、これらのデータが、大都市内で高い潜在力を持つ小売地域を特定したり、ダイレクトメール・キャンペーンで使うメーリング・リストを購入する際に、非常に役立つ。

業界売上と市場シェア

全体的な市場潜在力と地域潜在力を評価する以外に、企業は当該市場の実際の業界売上を知る必要がある。これは、競合他社を特定し、彼らの売上を評価

表4-7 ブランド・デベロップメント・インデックス（BDI）の計算

テリトリー	(a)アメリカにおけるブランド売上に占める割合	(b)アメリカにおけるカテゴリー売上に占める割合	BDI (a÷b)×100
シアトル	3.09	2.71	114
ポートランド	6.74	10.41	65
ボストン	3.49	3.85	91
トレド	0.97	0.81	120
シカゴ	1.13	0.81	140
ボルチモア	3.12	3.00	104

するということである。

　業界団体は、頻繁に全業界売上情報を収集して公開するが、これには個々の企業ごとの売上は掲載されていない。この情報を利用して、企業は業界内での自社の業績を評価することができる。企業の売上が年間5%上昇し、業界売上が10%上昇しているとする。実際には、この企業の業界における相対的立場は弱まりつつあるといえる。

　売上を評価するもうひとつの方法は、全体的な売上とブランドの売上を調査するマーケティング・リサーチ会社の報告書を購入することである。例えば、ニールセン・メディア・リサーチ社はスーパーマーケットとドラッグストアのさまざまな製品カテゴリーの売上を調査して、この情報を関心のある企業に売っている。このような調査報告から、自社のブランドの売上と全製品カテゴリーの売上について、貴重な情報が得られる。企業は業界全体や特定の競合他社と業績を比較して、自社のシェアが増加しているのか減少しているのかを知ることができる。

　生産財のマーケターは、業界売上と市場シェアを評価するのに消費財のマーケターよりも苦労している。生産財のマーケターにはニールセンのような頼れる存在がないのである。流通業者は通常、競合他社の製品の販売情報を提供してくれない。企業向け製品のマーケターは、自社の市場シェアに関する知識が不十分なまま事業を行うことになる。

> ミレニアムの医学界：医者は、臓器を移植するのではなく、培養するようになるかもしれない。

将来の需要を評価する

　さて、将来の需要を評価する方法について検討してみよう。製品とサービスの将来の予測は簡単にはできないものだ。将来の予測ができる製品は、その絶対レベルやトレンドがかなり安定していて競争がまるでないか(公益事業)、安定しているか(寡占)である。ほとんどの市場では、総需要と企業需要が安定していない。優れた予測は、企業の成功を左右する重要な要素となる。需要が不安定なほど、予測の正確性は重要になり、その手順はより複雑になる。

　企業は一般に、売上予測を作成するにあたって、3段階の手順を踏む。まずマクロ経済学的予測を立てたあと、業界予測をし、その後に企業の売上予測をする。マクロ経済学的予測では、インフレ、失業、利率、消費支出、企業投資、財政支出、総輸出高などの変数の見積りを出す。その結果、国民総生産の予測が出て、これを他の環境指標と併せて業界売上を予測する。企業は、一定の市場シェアを獲得すると想定し、自社の売上予測を引き出す。

　企業はどのように自社の売上予測を立てるのだろうか。社内で予測を行う場合もあるだろうし、以下のような外部情報源に予測をゆだねる場合もある。

- **マーケティング・リサーチ会社**は、顧客や流通業者などの関係者にインタビューして予測を立てる。
- **専門の予測会社**は、人口、天然資源、技術などのマクロ環境的要素の長期的な予測を立てる。例えば、データ・リソーシズ社、ウォートン・

> ミレニアムの医学界：着ただけで心臓その他の身体機能をモニターしてくれるスマート・シャツが、5年以内に50万ドルという法外な値段で売り出されるかもしれない。

エコノメトリック社、チェース・エコノメトリック社などがある。

- **フューチャリスト・リサーチ会社**は、推論的なシナリオを作成する。そのような会社には、ハドソン研究所、フューチャーズ・グループ、フューチャー研究所などがある。

あらゆる予測は3種類の情報ベースのいずれかをもとに立てられている。それは、人々の発言、人々がとる行動、人々が過去にとった行動である。最初の情報ベース——人々の発言——は、買い手や営業部員、外部の専門家など買い手の身近にいる人々の意見調査である。これには3つの方法がある。購買者の意向調査、セールス・フォースの意見調査、専門家の意見調査である。2番目の情報ベース——人々がとる行動——では、製品をテスト市場に投入して買い手の反応が測定される。最後の情報ベース——人々が過去にとった行動——には、過去の購買行動記録の分析、時系列分析、統計需要分析という方法がある。

購買者の意向調査

予測とは、買い手がある一定条件のもとでどのような行動をとるかを予想する技術である。買い手の行動は非常に重要であるため、彼らを調査する必要がある。

主要な耐久消費財(例えば、主要家電品)について、いくつかのリサーチ団体が、消費者の購買意向に関する定期調査を実施している。これらの団体は次のような質問をする。

これから半年以内に自動車を買う予定はありますか。

0.00	0.20	0.40	0.60	0.80	1.00
まったくない	少しある	ある	かなりある	非常にある	確実にある

> 歴史メモ：西暦1000年における世界人口は3億人だった。今日では60億人に達している。

これは**購買確率スケール**と呼ばれている。さまざまなサーベイ調査では、消費者の現在および将来における個人の財政状態と経済が今後どうなるかの見通しを質問する。そして、さまざまな情報の断片がまとめられ、消費者マインド測定(ミシガン大学サーベイ・リサーチ・センター)や、消費者信頼測定(シンドリンガー・アンド・カンパニー)になる。これらの測定から得られた指数に合わせて、耐久消費財の製造業者は、消費者の購買意向の大きな変化を予測して、生産計画とマーケティング計画を調整する。

購買確率を測定するサーベイの中には、特定の新製品が市場に投入される前に、その製品に関するフィードバックを得るためのものもある。

アキュポール

シンシナティに拠点を置くアキュポールは、新製品を審査する国内最大の会社のひとつである。1997年、同社は2万5000点以上の新製品を審査して、最も革新的な400点を選び、国内の代表的な食品雑貨店の買い物客100人にテストした。消費者は写真と短い説明文を見て、(1)その製品を買いたいか、(2)その製品は新しくて従来の製品とは異な

か、と尋ねられる。ユニークで「買い」とされた製品は「ピュア・ゴールド」と名づけられる。ユニークなだけで消費者が買いたがらない製品は「フールズ・ゴールド」と呼ばれる。1997年のアキュポールのピュア・ゴールド・リストには、女性の足のムダ毛を簡単に除去する「ヘア・オフ・ミトンズ」、アンクル・ベンズの「カルシウム・プラス」ライス、シャウト・ワイプスの染み取りペーパータオルがある。フールズ・ゴールドには、カフェイン入りオレンジ・ジュースの強烈なカクテル、「ジュースドOJ（プラス）カフェイン」、ガムのように噛める歯ブラシの「ルミデント・チューブラシ」、バック・トゥ・ベイシックスの「地ビール」シャンプーがある。このシャンプーは大麦で作られていて、頭（ヘッド）に「ヘッド（ビールの泡）」をつけられるというものだ[37]。

　生産財の購入については、さまざまな機関が、工場、機器、資材に関する購買者の意向調査を行う。知名度の高い調査機関に、マグロウヒル・リサーチとオピニオン・リサーチ社がある。この2社の調査結果は、実際の10％以内の誤差範囲に収まる傾向にある。購買者の意向調査は業務用製品、耐久消費財、綿密な計画を要する製品の購買、そして新製品の需要を見積もる上で特に役に立つ。買い手に接触するためのコストが少なく、買い手の数が少数で、明確な意向を持ち、自分の意向を実行し、自分の意向を喜んで明かしてくれるほど、購買者の意向調査の価値は高まる。

移民の数が増加し続けることにより、次のミレニアムも文化的統合が継続するだろう。

■■■■ セールス・フォースの意見

　買い手にインタビューすることができない場合は、セールス・レップに今後の売上を見積もらせてもよい。各セールス・レップは既存顧客と見込み客が企業の各製品をどれだけ購入するかを見積もる。

　企業は、セールス・フォースの見積りに微調整を加えて利用することが多い。セールス・レップは悲観的または楽観的であったり、最近の失敗や成功によって極端な見積りを出してしまうかもしれないからである。また、セールス・レップはよりスケールの大きい経済の発展を意識しないことが多く、企業のマーケティング計画によって受け持ちテリトリーの今後の売上がどのような影響を受けるかを知らない。企業が低い販売割当を設定するように、わざと需要を過小評価することもある。あるいは、十分な時間がとれない場合もあるし、見積りに労力を割く価値はないと考えるかもしれない。

　より良い見積りを出してもらうために、企業はセールス・フォースにある程度の補助や奨励金を与えることができる。例えばセールス・レップは、自分の過去の予測記録と実際の売上を比較したもの、そして業界の展望、競合他社の動向、マーケティング計画に関するおのおのの説明を入手することができるだろう。

　予測にセールス・フォースを巻き込むことには、たくさんのベネフィットがある。セールス・レップは他のどのようなグループよりも、現在進展しているトレンドについて、優れた洞察力を持っている可能性がある。予測プロセスに

参加した後、セールス・レップは自分の販売割当への信頼感を増し、販売割当を達成する意欲が高まるかもしれない[38]。また、「草の根的」な売上予測の方法をとると、製品、テリトリー、顧客、セールス・レップごとの細かい見積りが出せる。

専門家の意見

企業は、ディーラー、流通業者、供給業者、マーケティング・コンサルタント、業界団体などの専門家からも予測を入手できる。大型家電メーカーや自動車メーカーは短期の需要を予測するために、ディーラーを定期的に調査する。ディーラーの見積りにはセールス・フォースの見積りと同じような長所や短所がある。多くの企業は、知名度の高い経済予測会社から経済予測や業界予測を購入している。こうした専門予測会社のもとには、より多くのデータがあり、予測の専門知識もあるので、一般企業よりも優れた経済予測を作成することができる。

企業は専門家グループを招いて予測を作成してもらうことがある。専門家たちは意見を交換してグループ評価を作成する(**グループ・ディスカッション法**)。専門家が見積りを個別に出し、アナリストがそれらをひとつにまとめあげる場合もある(**個別見積りのプーリング**)。もしくは、専門家が個々の見積りと予測を出し、企業がそれを検討して修正する。こうして、見積りと修正を繰り返していく(**デルファイ法**)[39]。

過去の売上分析

売上予測は過去の売上をもとに作成することもできる。**時系列分析**では過去の時系列を4つの要素(トレンド、サイクル、季節的要素、不安定要素)に細分し、これらの要素を未来に投影する。**指数スムージング**は、過去の売上と最新の売上の平均を合わせることによって(後者に比重が置かれる)、次期の売上を予測する。**統計的需要分析**は一連の原因となる要素(例えば、収入、マーケティング費、価格など)の売上レベルに対する影響力を測定する。最後の**エコノメトリック分析**は、パラメータを統計学的に適合させるためのシステムと手順を表す一連の方程式を作成するものである。

市場テスト法

買い手が計画的な購買をしない場合や、買い手が専門家を利用できない、または信頼できない場合は、直接市場テストが望ましい。直接市場テストは、新製品の売上予測や、新しい流通チャネルまたはテリトリーでの既存製品の売上を予測する場合に特に望ましい(市場テストについては第11章で詳しく説明する)。

国連は、2010年までに世界の食糧供給が世界人口を上回ると推定している。だが、それ以降は、食糧難を経験することになる。

パキスタンは、高出生率のため、インドと中国に次いで人口の多い国になるだろう。

参考文献

1. 以下の文献を参照されたい。James C. Anderson and James A. Narus, *Business Market Management: Understanding, Creating and Delivering Value* (Upper Saddle River, NJ: Prentice Hall, 1998), Chap. 2.
2. John Koten, "You Aren't Paranoid if You Feel Someone Eyes You Constantly," *Wall Street Journal*, March 29, 1985, pp. 1, 22; "Offbeat Marketing," *Sales & Marketing Management*, January 1990, p. 35; Erik Larson, "Attention Shoppers: Don't Look Now but You Are Being Tailed," *Smithsonian Magazine*, January 1993, pp. 70–79.
3. *Consumer Europe 1993*, a publication of Euromonitor, pnc. London: Tel +4471 251 8021; U.S. offices: (312) 541-8024.
4. Donna DeEulio, "Should Catalogers Travel the EDI Highway?" *Catalog Age* 11, no. 2 (February 1994): 99.
5. John W. Verity, "Taking a Laptop on a Call," *Business Week*, October 25, 1993, pp. 124–25.
6. Stannie Holt, "Sales-Force Automation Ramps Up," *InfoWorld*, March 23, 1998, pp. 29, 38.
7. James A. Narus and James C. Anderson, "Turn Your Industrial Distributors into Partners," *Harvard Business Review*, March–April 1986, pp. 66–71.
8. Kevin Helliker, "Smile: That Cranky Shopper May Be a Store Spy," *Wall Street Journal*, November 30, 1994, pp. B1, B6.
9. Don Peppers, "How You Can Help Them," *Fast Company*, October–November 1997, pp. 128–36.
10. 以下の文献を参照されたい。*1994 Survey of Market Research*, eds. Thomas Kinnear and Ann Root (Chicago: American Marketing Association, 1994).
11. 以下の文献を参照されたい。William R. BonDurant, "Research: The 'HP Way,'" *Marketing Research*, June 1992, pp. 28–33.
12. Kevin J. Clancy and Robert S. Shulman, *Marketing Myths That Are Killing Business*, (New York: McGraw-Hill, 1994), p. 58; Phaedra Hise, "Comprehensive CompuServe," *Inc.*, June 1994, p. 109; "Business Bulletin: Studying the Competition," *Wall Street Journal*, p. A1.5.
13. リサーチ価値に対する決定理論アプローチについては、以下の文献で論じられている。Donald R. Lehmann, Sunil Gupta, and Joel Steckel, *Market Research* (Reading, MA: Addison-Wesley, 1997).
14. 二次データについては、以下の文献を参照されたい。Gilbert A. Churchill Jr., *Marketing Research: Methodological Foundations*, 6th ed. (Fort Worth, TX: Dryden, 1995).
15. Thomas L. Greenbaum, *The Handbook for Focus Group Research* (New York: Lexington Books, 1993).
16. Sarah Schafer, "Communications: Getting a Line on Customers," *Inc. Tech* (1996), p. 102; 以下の文献も参照されたい。Alexia Parks, "On-Line Focus Groups Reshape Market Research Industry," *Marketing News*, May 12, 1997, p. 28.
17. Roger D. Blackwell, James S. Hensel, Michael B. Phillips, and Brian Sternthal, *Laboratory Equipment for Marketing Research* (Dubuque, IA: Kendall/Hunt, 1970); Wally Wood, "The Race to Replace Memory," *Marketing and Media Decisions*, July 1986, pp. 166–67. 以下の文献も参照されたい。Gerald Zaltman, "Rethinking Market Research: Putting People Back In," *Journal of Marketing Research* 34, no. 4 (November 1997): 424–37.
18. Chris Serb, "If You Liked the Food, Press 1," *Hospitals and Health Networks*, April 5, 1997, p. 99.
19. G. K. Sharman, "Sessions Challenge Status Quo," *Marketing News*, November 10, 1997, p. 18; "Prepaid Phone Cards Are Revolutionizing Market Research Techniques," *Direct Marketing*, March 1998, p. 12.
20. Selwyn Feinstein, "Computers Replacing Interviewers for Personnel and Marketing Tasks," *Wall Street Journal*, October 9, 1986, p. 35.
21. 詳しくは、以下の文献を参照されたい。Joanne Lipman, "Single-Source Ad Research Heralds Detailed Look at Household Habits," *Wall Street Journal*, February 16, 1988, p. 39; Joe Schwartz, "Back to the Source," *American Demographics*, January 1989, pp. 22–26; Magid H. Abraham and Leonard M. Lodish, "Getting the Most Out of Advertising and Promotions," *Harvard Business Review*, May–June 1990, pp. 50–60.
22. John D. C. Little, "Decision Support Systems for Marketing Managers," *Journal of Marketing*, Summer 1979, p. 11.
23. Gary L. Lilien and Arvind Rangaswamy, *Marketing Engineering: Computer-Assisted Marketing Analysis and Planning* (Reading, MA: Addison Wesley, 1998).
24. John D. C. Little, "BRANDAID: A Marketing Mix Model, Part I: Structure; Part II: Implementation," *Operations Research* 23 (1975): 628–73.
25. Leonard M. Lodish, "CALLPLAN: An Interactive Salesman's Call Planning System," *Management Science*, December 1971, pp. 25–40.
26. David B. Montgomery, Alvin J. Silk, and C. E. Zaragoza, "A Multiple-Product Sales-Force Allocation Model," *Management Science*, December 1971, pp. 3–24.
27. S. W. Hess and S. A. Samuels, "Experiences with a Sales Districting Model: Criteria and Implementation," *Management Science*, December 1971, pp. 41–54.
28. John D. C. Little and Leonard M. Lodish, "A Media Planning Calculus," *Operations Research*, January–February 1969, pp. 1–35.
29. Magid M. Abraham and Leonard M. Lodish, "PROMOTER: An Automated Promotion Evaluation System," *Marketing Science*, Spring 1987, pp. 101–23.
30. Raymond R. Burke, Arvind Rangaswamy, Jerry Wind, and Jehoshua Eliashberg, "A Knowledge-Based System for Advertising Design," *Marketing Science* 9, no. 3 (1990): 212–29.
31. John D. C. Little, "Cover Story: An Expert System to Find the News in Scanner Data," Sloan School, MIT Working Paper, 1988.
32. Robert Berner, "Image Ads Catch the Imagination of Dayton Hudson's Target Unit," *Wall Street Journal*, October 3, 1997, p. B5.

33. 詳しくは、以下の文献を参照されたい。Gary L. Lilien, Philip Kotler, and K. Sridhar Moorthy, *Marketing Models* (Upper Saddle River, NJ: Prentice Hall, 1992).
34. 以下の文献を参照されたい。Russell L. Ackoff, *A Concept of Corporate Planning* (New York: Wiley-Interscience, 1970), pp. 36-37.
35. NAICSに関する詳細な情報は、米国国勢調査局のウェブサイトを参照されたい。www.census.gov/epcd/www/naics.html.
36. BDIに基づいた市場戦略については、以下の文献を参照されたい。Don E. Schultz, Dennis Martin, and William P. Brown, *Strategic Advertising Campaigns* (Chicago: Crain Books, 1984), p. 338.
37. Jeff Harrington, "Juiced-Up Orange Juice? Yuck, Buyers Say: Today AcuPOLL releases 10 Best and Six Worst New Products of '97," *Detroit News*, December 7, 1997, p. D3.
38. 以下の文献を参照されたい。Jacob Gonik, "Tie Salesmen's Bonuses to Their Forecasts," *Harvard Business Review*, May-June 1978, pp. 116-23.
39. 以下の文献を参照されたい。Norman Dalkey and Olaf Helmer, "An Experimental Application of the Delphi Method to the Use of Experts," *Management Science*, April 1963, pp. 458-67. 以下の文献も参照されたい。Roger J. Best, "An Experiment in Delphi Estimation in Marketing Decision Making," *Journal of Marketing Research*, November 1974, pp. 447-52.

マーケティング環境の観察

CHAPTER 5

本章では、次の問題を取り上げる。

- マクロ環境の機会を探し出し、見極めるための鍵となる方法は何か。
- 鍵となる人口動態的動向、経済的動向、自然環境的動向、技術的動向、文化的動向は何か。

KOTLER ON MARKETHING
コトラー語録

今日、同じ場所にとどまっているためには、
昨日よりも速く走らなければならない。

Today you have to run faster to stay in the same place.

成功する企業は、ビジネスを内側だけでなく外側からも見ている。それゆえマーケティング環境が常に新しい機会と脅威を生み出していることを認識しており、継続的にマーケティング環境を観察し、それに順応していく重要性を理解している。その良い例が、バービー人形で有名なマテル社である。同社は絶えず変化するマーケティング環境に後れをとらないため、一つのブランドを作り直し続けてきた[1]。

マテル社

マテル社がバービー人形の人気を維持している秘けつは、いつの時代もトレンドを取り入れてきた点にある。1959年に世に出て以来、バービー人形はすべての少女たちが持つ、大人を演じたいという基本的なニーズに応えてきた。バービー人形は少女たちの夢が変化するのに合わせて変わってきた。バービー人形の職業は、「スチュワーデス」「ファッションモデル」「看護婦」から「宇宙飛行士」「ロックシンガー」「大統領候補」までさまざまに移り変わっていった。マテル社は成功、魅力、ロマンス、冒険、教育などの最新の流れに遅れないよう毎年新しいバービー人形を発売している。バービー人形はまた、アメリカの多様な人種構成を反映している。1968年の公民権運動の時代からはアフリカ系アメリカ人のバービー人形が発売されているし、そのほかにもヒスパニック系やアジア系の人形も作られている。最近発売されたものにはクリスタル・バービー（華麗でグラマーな人形）、プエルトリコ人バービー（「世界の人形」シリーズの一つ）、グレート・シェイプ・バービー（フィットネスの流行を取り入れた人形）、フライト・タイム・バービー（パイロット）、トロール・アンド・ベイウォッチ・バービー（子供が好きなはやりものとテレビ番組から生まれた人形）などがある。業界アナリストの推定によれば、毎秒2つのバービー人形が売れていて、アメリカの平均的な女の子は8種類のバービー人形を持っているという。1993年以降、この元気のよいプラスチック人形の売上高は毎年10億ドルを超えている。

多くの企業が変化を機会だと気づかずに無視するか拒絶して、時機を失している。企業の戦略、構造、システム、組織文化はしだいに時代遅れになり、機能しなくなっていく。GM、IBM、シアーズなどの巨大企業は、マクロ環境の変化を長い間無視し続けたため苦境に陥った。

市場の重要な変化を明確に把握することは、企業のマーケターにとって最大の任務である。マーケターは社内のだれよりも、トレンドを追い求め、機会を捜さなければならない。どのような企業でも、マネジャーは外部環境を観察する必要があるが、マーケターは2つの点で優位に立っている。それはマーケティング環境の情報を集める手法である、マーケティング・インテリジェンスとマーケティング・リサーチを持っていることだ。顧客とのつきあいや、競合他社の観察に割く時間も多い。

本章に続く4つの章では、企業に影響を及ぼす**外部環境**——消費者市場、ビジネス市場、競合他社——というマクロ環境要因を取り上げよう。

マクロ環境におけるニーズとトレンドの分析

成功する企業は、満たされていないニーズやトレンドを見つけて対応し利益をあげる。例えば、ガンの治療法、精神病の治療薬、海水の塩分除去装置、無脂肪で美味しい食品、実用に耐える電気自動車、安価な住宅などの問題を解決できれば、ばく大な利益を得ることができるからだ。

進取の精神に富んだ個人と企業が、多様なニーズを満たすべく新たなソリューションを創り出す。地中海クラブは国外で休暇を過ごしたいという独身の人々のニーズを満たすために出現し、ウォークマンと携帯用CDプレーヤーは外出先で音楽を聞きたいという人々のために生み出され、ノーチラスは体を鍛えたいという男女のために登場し、フェデラル・エクスプレスは郵便物を翌日配達して欲しいというニーズを満たすために作られた。

多くの機会はトレンドを見極めることによって見いだされる。

- トレンドとは、ある程度の勢いと持続性を持つ事象における方向性もしくは連続性のことである。

主要なトレンドの一つに働く女性の増加が挙げられる。これにより託児ビジネスが生まれ、電子レンジで温めるだけの食品やオフィス向け婦人服の売上が伸びた。

シンプレックス・ナレッジ社

女性が働く職場や託児所において、ニューヨークのホワイトプレインズに立地するシンプレックス・ナレッジ社の「アイ・シー・ユー」といった監視カメラを設置する施設が増えている。この設備は託児業者を監視するためではなく、親がいつでも自分の子供の様子を見られるように作られている。託児所で子供の写真が撮られ、それがインターネット上でセキュリティの確保されているウェブサイトに送られる。子供と少しでも一緒の時間を過ごしたいと願う仕事を持つ親は、好きな時間にそれを見て安心できるというわけだ[2]。

サマセット・スクウェアの商店

多くのショッピングセンターが不況にあえぐなか、働く女性のニーズに応えているニッチ志向のモールがブームを呼んでいる。コネチカット州グラストンベリーのサマセット・スクウェアに立地する野外ショッピングセンターもその一つだ。専門店が集まってカスタマイズされた小売ミックスの形成、ターゲットを絞った販売促進、電話予約による買い物が特色である。電話予約による買い物とは、客があらかじめ電話でサイズと色の好みを伝えておくと、店員が「ワードローブ」をみつくろってくれるサービスである。働く女性は仕事の行き帰りにしか買い物ができないため、店のほとんどが通常の営業時間より早く開き、遅く閉めている[3]。

ファッド、トレンド、メガトレンドは分けて考えることができる。ファッド

ミレニアム・プロジェクト：フィジー諸島では国際日付変更線に沿って壁ができ、フランスではパリ子午線に沿って1200キロの並木が植えられた。

> ビレニアム・ウェブサイト（www.billennium.com）には、カウントダウン時計と視聴者の新年の抱負（もう）を発表する場を設けている。

は「予測がつかず短命で、社会的、経済的、政治的な重要性がない[4]」。ペット・ロックス（ペットのように飼う石）やキャベツ畑人形のように一時的な流行にのって大儲けをすることもあるが、それには何よりも運とタイミングがものをいう。

トレンドはもっと予測可能で持続性があり、トレンドを知れば未来が見えてくる。未来学者フェイス・ポップコーンによれば、トレンドは長続きし、いくつかの市場領域と消費行動で観察することができ、同時期に起こり出現した他の重要な指標とも一致している[5]（■マーケティング・インサイト「フェイス・ポップコーンが指摘する経済における16のトレンド」を参照されたい）。

もう一人の未来学者ジョン・ネイスビットは、**メガトレンド**についてこう語っている。「社会、経済、政治、科学技術の大きな変化であり、それはゆっくりと形成されるが、ひとたび起これば、ある程度の期間——7年から10年、あるいはもっと長く——影響を及ぼす[6]」。ネイスビットとその研究グループは、主要な新聞のさまざまな見出しのなかでも、硬いニュース項目の数を数えることによってメガトレンドを見つけている。ネイスビットが発見した10のメガトレンドは次のとおりである。

1. グローバル経済のブーム
2. 芸術ルネサンス
3. 自由市場社会主義の出現
4. グローバルなライフスタイルと文化的ナショナリズム
5. 社会保障制度の民営化
6. 環太平洋地域の成長
7. 女性が指導的地位につく時代
8. 生物学の時代
9. 宗教が復活するニュー・ミレニアム
10. 個人主義の勝利

トレンドやメガトレンドには、マーケターが注目するだけの価値がある。大きなトレンドに逆らうよりもその流れに乗った方が、新製品やマーケティング・プログラムが成功する可能性は高い。しかし技術的に可能であったとしても、新しい市場機会を見つけたら、必ず成功するという保証はない。例えば、ディスクを挿入して読むことのできる携帯用の「電子ブック」について考えてみよう。コンピュータ画面で本を読んでみたいという人や、それなりの価格を支払ってもよいという人が少なかったらどうなるだろう。だからこそ、ある機会が利益につながるかどうかを決定するために、マーケット・リサーチが必要なのである。

主要なマクロ環境要因を見極めて対応する

　企業とその供給業者、マーケティング仲介業者、顧客、競合他社、一般大衆、これらすべてが、機会を形成したり脅威を生み出す要因やトレンドといったマクロ環境の中で作用している。企業はこれらの要因をコントロールできず、観察して対応しなければならない。経済という土俵において、企業と消費者はグローバルな要因にますます影響を受けるようになっている。その例を次に挙げてみよう。

- 国際的な輸送、通信、金融取引のスピードアップによる世界、特に三極間(北アメリカ、西ヨーロッパ、極東)における貿易と投資の急成長。
- 世界市場におけるアジア諸国の経済力の増大。
- 欧州連合やNAFTA(北米自由貿易協定)といった貿易ブロックの誕生。
- 国際金融システムの脆弱化による、少なからぬ国々の深刻な債務問題。
- 国際的取引を維持するために行われるバーター貿易や見返り貿易の増大。
- かつての社会主義国家で急速に進んでいる、国営企業の民営化と市場経済への移行。
- グローバルなライフスタイルの急速な広まり。
- 巨大な新興市場、すなわち中国、インド、東欧、アラブ諸国、ラテンアメリカにおける市場の開放。
- 多国籍企業が場所や国の違いを超えて「国籍を超越した(トランスナショナル)」企業となる傾向。
- 国境を越えた戦略提携の増加。例えば、アメリカのMCIとイギリスのブリティッシュ・テレコム、アメリカのテキサス・インスツルメンツと日本の日立など。
- 特定の国や地域における民族や宗教上の紛争の増加。
- 自動車、食品、衣料、エレクトロニクスなどにおけるグローバル・ブランドの成長。

ミレニアム・ウェブサイトに掲載された新年の抱負は光学ディスク(寿命百万年)に記録され、「2000年タイムカプセル」に収められて人工衛星で地球の周りを飛ぶことになる。

コルゲート・パルモリブ社
　コルゲート・パルモリブ社は、歯垢を取る抗菌性の歯磨き「トータル」をフィリピン、オーストラリア、コロンビア、ギリシャ、ポルトガル、イギリスの6か国で試験販売した。世界に向けての販売を担当したチームは業務、ロジスティクス、マーケティングの戦略家を集めた、文字どおりの社内国際連合だった。チームの努力はおおいに報いられた。「トータル」は間もなく75か国において、実質的に同一のパッケージング、ポジショニング、広告を採用し、1億5000万ドルを売り上げるグローバル・ブランドになった[7]（■口絵5-1参照）。

　世界情勢が急速に変化していく中で、企業は人口動態、経済、自然、技術、政治・法律、社会・文化という6つの大きな要因を観察する必要がある。これら

MARKETING INSIGHT　マーケティング・インサイト

フェイス・ポップコーンが指摘する経済における16のトレンド

有名なトレンド・ウォッチャーであるフェイス・ポップコーンが経営するブレインリザーブ社は、文化のトレンドを観察して、企業にアドバイスをするマーケティング・コンサルタント会社である。顧客にはAT&T、ブラック・アンド・デッカー、ホフマン・ラロッシュ、日産、ラバーメイドなどが含まれる。ポップコーンと彼女の共同研究者たちは、アメリカ経済に影響を与えている16の重要な文化トレンドを明らかにしている。あなたは日常生活の中で、このうちいくつのトレンドに気づいているだろうか。

1. **アンカーリング**　現代のライフスタイルのよりどころとするために、昔の生活習慣を取り入れる傾向。アロマテラピー、瞑想、ヨガ、東洋の宗教に広い人気があるのはこのトレンドの表れである。
2. **ビーイング・アライブ（元気に生きる）**　より長く、より楽しく人生を送りたいという願望。菜食主義、生薬、瞑想などの寿命を伸ばしたり健康を増進するものが、このトレンドに入る。マーケターはこのトレンドを利用して、健康志向の強い製品やサービスを企画することができる。
3. **都会からの脱出**　よりシンプルで慌ただしくないライフスタイルへの願望。重要な役職にある人が突然、仕事を辞めて大都市の喧噪から脱出し、バーモントの片田舎に引きこもってモーテルを始めるといったことである。このトレンドの特徴は小さな町の価値への郷愁的な回帰である。
4. **集団への帰属**　混沌とした世界に立ち向かうために寄り集まり、集団に帰属したいというニーズの高まり。マーケターは消費者に自分が何かの一員だと感じるさせるような製品やサービスやプログラムを提供してそのニーズに応える。例えば、ハーレー・ダビッドソンのハーレー・オーナーズ・グループ（HOG）などがある（■口絵5-2参照）。
5. **コクーニング（自閉）**　外に出ていくことが過酷で恐ろしいと感じ、家の中に引きこもりたいと思う衝動。こういった人たちは、自分の家庭を繭のような巣にかえてしまう。模様替えをして、テレビやレンタルビデオを見て過ごす。必要な物はカタログ販売で注文し、留守番電話を使って外部の世界とは直接関係を持たないようにする。社交的な繭人間たちは「サロン」のように、お互いの家に集まって会話を楽しむ。定住しない繭人間もいる。彼らは自動車を巣にして、食事はテイクアウトですませ、連絡には自動車電話を使う。
6. **ダウン・エイジング（若返り）**　年配の人々が実際の年齢よりも自分は若いと思い、そのように振る舞う傾向。若者と同じような服を着て、髪も染める。若者向けのおもちゃを買い、若者向けのキャンプに参加し、冒険旅行にも参加するというようにきわめて行動的である。
7. **エゴノミクス（自尊心経済）**　所有物と体験によって個性的になりたいという願望。マーケターにとっては、カスタマイズした商品、サービス、体験を提供して成功するチャンスである。
8. **ファンタジー・アドベンチャー**　退屈な毎日から気持ちの上だけでも逃れたいという願望。このトレンドを追う人々はサファリ旅行をしたり、異国情緒が感じられる料理を食べたりする。マーケターにとってこれは、ファンタジーをかきたてる　↗

の要因一つひとつは別々に語られるが、マーケターはこの6つの要因から生じる相互作用に注意を払わなくてはならない。なぜなら、これらが一体となって脅威にもなれば、新たな機会のための舞台にもなるからである。例えば、人口の爆発的増加（人口動態的要因）はさらなる資源の枯渇と環境汚染（自然環境的要因）につながり、消費者はいっそうの法律規制（政治－法的要因）を求めること

製品やサービスを創造する絶好の機会である。このトレンドによってニュー・ミレニアムの最初の10年で、バーチャル・リアリティ産業は間違いなく大成長するだろう。

9. **女性の思考**　男性と女性の思考と行動は異なっているという認識。『Men Are from Mars, Women Are from Venus』(邦訳：『ベストパートナーになるために「分かち愛」の心理学』三笠書房)のような本の人気ぶりにも、女性の思考トレンドがよく表れている。女性を動かす大きな要因は他人との絆であり、例えばサターンを作っている自動車メーカーであるGMは顧客と強いリレーションシップを構築しているが、そのほとんどが女性である。

10. **イコン・トップリング(倒れた偶像)**　「大きいことは悪いことだ」という考え。マーケターは小さく考え、小さく行動し、小さく見せる方法を探し出してこれに対応している。例えばビール・メーカーのミラー社は、今人気のある地ビールの会社という印象を演出している。

11. **男らしさからの解放**　ステレオタイプな役割からの男性の解放。男性はもはや逞しく、無口で、強いものだと思われる必要はなくなっている。このトレンドは、男性を優しい父親や家庭的な夫として登場させている広告に表れている。

12. **99ライブス(慌ただしい生活)**　同時にたくさんの事をすることで、時間のプレッシャーから逃れようとする試み。人々はたくさんの作業を同時進行させる「マルチ・タスキング」の達人になる。例えば、インターネットをしながら携帯電話で話をするようなことだ。このトレンドを利用して、マーケターはいろいろな事業を集めたオール・イン・ワンのサービスを創造すればよい。

13. **快楽の復讐**　自己抑制と自己喪失に対する反抗としての、公然かつ堂々とした快楽の追求。1990年代に入ってから始まった健康志向ブームにうんざりした人々は、健康食品に背を向け、赤身の肉、脂肪、砂糖などの食品を以前よりもよく消費するようになった。

14. **S.O.S(社会を救え)**　教育、倫理、環境といった問題に対し、社会にもっと責任を持たせたいという願望。マーケターがすべきことは、自社に今以上の社会的責任を持ってマーケティングへ取り組ませることである。

15. **小さな喜び**　元気な気分になるため、ささやかな贅沢をときどきすること。健康志向の食事を続けた後で、週末にハーゲンダッツのスーパープレミアム・アイスクリームに散財する。また昼食は手作り弁当だが、朝食はスターバックスで値段の張る飲み物とペストリーを買うといったことである。

16. **自警団的消費者**　粗悪な製品やいい加減なサービスに我慢しない消費者。自警団的消費者は、企業がもっと環境問題を意識し、責任を持つべきだと思っている。したがって、抗議行動を起こし、ボイコット運動をし、手紙を書き、エコ製品を買う。

出典：Faith Popcorn's *The Popcorn Report* (New York: HarperBusiness, 1992). 邦訳：『ポップコーン・リポート』(植山周一郎訳、扶桑社); Faith Popcorn and Lys Marigold, *Clicking* (New York: HarperCollins, 1996). 邦訳：『クリッキング　売れる17の波(トレンド)』(佐々木かをり訳、WAVE出版)

になる。法律によって制約が加われば、技術的な解決策や製品(技術的要因)が出てくる。もしそれが手ごろな価格(経済的要因)で手に入るものであれば、人々の態度や行動を変えていく可能性がある(社会-文化的要因)。

人口動態的環境

マーケターがまず観察すべきマクロ環境要因に人口がある。市場を作り上げているのは人間だからだ。マーケターは都市別、地域別、国別の人口の規模と成長率、年齢分布と民族的な混合度、教育レベル、家族形態、地域の特徴と変化にとりわけ関心を有している。

> 女性の世界行進が2000年10月にニューヨークの国連前で行われる予定である。

世界的な人口増加

世界人口は「爆発的な」増加を見せている。1991年には54億人に達し、1年に1.7%ずつ増加を続けている。この率で増加が続けば、世界人口は西暦2000年には62億人に達するだろう[8]。

世界人口の爆発的増加は大きな問題となっており、その理由は2つある。第1に、これだけ多くの人々の生活を支える上で必要な資源(燃料、食糧、鉱物)には限度があり、いつかは枯渇してしまうからである。1972年に出版された『The Limits to Growth(成長の限界)』には、人口増加と消費が抑制されなければ、食糧不足、重要な鉱物の枯渇、人口過密、環境破壊など、やがて人々の生活の質全体が悪化するという、たくさんの証拠が示されている[9]。同書はその解決策の1つとして、家族計画を世界的なソーシャル・マーケティングの対象にすることを提言している[10]。

第2に、最も貧しい国や地域における人口増加が著しいからである。発展途上地域の人口は世界人口の76%を占め、年率2%で増え続けている。一方、先進国では年率0.6%の増加にとどまっている。発展途上国の死亡率は現代医学の貢献により下がったが、出生率は高いままである。こういった国々では子供たちに食べ物を与え、衣服を着せ、教育を受けさせ、そのうえ生活水準を上げるなどということはほとんど不可能に近い。

爆発的な世界人口の増加は、企業にとって重要な意味を有している。人口増加が即、市場の拡大を意味するわけではない。十分な購買力という前提が必要である。それでもこうした市場を慎重に分析すれば、大きな機会を手にすることができる。例えば、急増する人口を抑制するため、中国政府は法律で1家族につき子供を1人に制限した。玩具会社のマーケターは特に、この規制の結果に注目している。子供たちは以前では考えられないほど、ちやほやされ甘やかされている。「小皇帝」と呼ばれている中国の子供たちは、いわゆる「6つのポケット症候群」のおかげでキャンディーからコンピュータまで何でも好きなだけ与えられる。「6つのポケット症候群」とは、6人の大人——両親、祖父母、曾祖父母、叔母と叔父——が、一人っ子を好き放題に甘やかすことである。このトレンドを見て、日本のバンダイ(パワーレンジャーで有名)、デンマークのレゴ・グループ、マテルなどの企業が中国市場への参入を検討している[11]。

人口における年齢構成

人口における年齢構成はさまざまである。極端な例の1つがメキシコで、若

年層の割合が非常に多く、人口は急速に増加している。対照的な例は日本で、世界でも高齢者が多い国の部類に入る。メキシコではミルク、紙おむつ、学用品、玩具が重要な商品ということになろうし、日本では大人向けの商品が売れるということになる。

人口は6つの年代グループに分けることができる。就学前、小学生、ティーンエイジャー、20歳～40歳の若年層、40歳～65歳の中年層、65歳以上の老年層である。マーケターにとって重要なのは、マーケティング環境を形成する人口の最も多い層である。アメリカでは、1946年～1964年の間に生まれた7800万人にのぼる「ベビーブーム世代」が、市場を構成する最も強力な要因の1つとなっている。ベビーブーム世代は実年齢よりも過ぎ去った青年期に執着しているので、広告も彼らの懐旧の情を利用する傾向にある。例えば、デザインを一新したフォルクスワーゲン・ビートル、ジャニス・ジョプリンのロック・ミュージックを使ったメルセデス・ベンツの広告などである。ベビーブーム世代はテレビ・コマーシャルを見て育ったので、1965年～1976年の間に生まれた4500万人のジェネレーションX（影の世代、20サムシングス、ベビーバスター[出生率激減時に生まれた人の意]とも呼ばれる）よりも、マーケターにとっては取り込みやすい。ジェネレーションXは、誇大広告を用いて執ように売り込むようなハード・セル商法に対して冷笑的である。この層に売り込むための広告には、もっと上の年代が首を傾げるものが多い。まったく「売る」ことを考えていないかのように見えるからだ[12]。

ミラー社
逞しい男性とハイレグの水着を着た女性にビールのクローズアップと山の風景、というお決まりの構図とは異なり、ターゲットを21歳～27歳の層に絞ったミラー・ビールの新しい広告は、映画によく出てくるセリフ「さあ、たまには馬鹿をしよう」とともに、ホットドッグ大喰いコンテストで出場者がシャツを汚しながら奮闘しているシーンを映し出している[13]。

ディーゼル・ジーンズ
ディーゼル・ジーンズの広告は突飛さを強調し、ありがちな光景を遊び心でからかっている。同社の「生きる理由」というタイトルの広告は、人々の通常の価値体系を逆転してくれる。例えば、めずらしい料理の並ぶテーブルをブタが囲んでいて、人間のボーイが人間の女の子のローストを給仕しているといった具合である[14]。

やがて、ベビーブーム世代もジェネレーションXも、1977年～1994年の間に生まれた第2次ベビーブーム世代にバトンを手渡すことになる。7200万人にのぼるこの世代は、第1次ベビーブーム世代と人数がほとんど変わらない。この層の特徴は、コンピュータとインターネットを使いこなし、楽しんでいることである。そのためダグラス・タプスコットは、このグループをネット・ジェネレーションと命名しており、「このグループにとって、デジタル技術はビデオやトースターと同じようなものだ」と述べている。■マーケティング・メモ「イ

ンターネット・ジェネレーションの懐に入り込む」を参照して欲しい[15]。

しかしマーケターは世代別に広告を作らなければならないのだろうか。『*Rocking the Ages: The Yankelovich Report on Generational Marketing*(世代を揺り動かす：ヤンケロビッチの世代別マーケティング・レポート)』の共著者であるJ・ウォーカー・スミスは、マーケターがある世代に有効な広告を作る際、別の世代を失う危険性に注意しなければならないと述べている。「そのためには、すべての世代を広く含みながら、同時にそれぞれの世代向けに設計したものを提供しようと考えるべきである。トミー・ヒルフィガーはティーンエイジャー向けの服には大きなブランド・ロゴをつけ、ベビーブーム世代向けの服には胸ポケットに小さなブランド・ロゴをつけたシャツを作っている。特定の世代だけを対象とするのではなく、すべての世代を対象とする戦略を持ったブランドなのだ[16]」。

■ エスニック市場

1999年12月31日のパリは永く記憶に残る夜になるだろう。エッフェル塔に点けられた灯火がデジタル時計となって、ニュー・ミレニアムへのカウントダウンを行う。

国によって民族や人種の構成も異なっている。ほとんど同一民族からなる日本のような国もあれば、世界各国から人が集まってできたアメリカのような国もある。アメリカは以前、「人種のるつぼ」と呼ばれていたが、融合は起こらなかったというのが現実のようである。独自の文化を守るたくさんの民族グループの集合という意味で、今では「サラダボウル」社会と呼ばれている。1997年時点での人口は2億6700万人で、白人は73％、アフリカ系アメリカ人は13％、ラテン系アメリカ人は10％となっている。ラテン系アメリカ人の人口は急速に増えており、多い順にメキシコ系(5.4％)、プエルトリコ系(1.1％)、キューバ系(0.4％)となっている。アジア系アメリカ人は総人口の3.4％で、中国系が最大、次にフィリピン系、日系、インド系、それに韓国系という順番である。ラテン系およびアジア系の消費者の大部分は、ロッキー山脈以西と南部の地域に集中している。さらに、2500万人近くで、人口の9％を超す外国籍の人々のグループがある。

それぞれのグループには、特定の欲求と購買習慣がある。食品、衣料、家具などにおける一部の会社は、製品とプロモーションを特定のグループに向けて調整している[17]。例えば、シアーズは民族グループごとに異なる選好に注目している。

シアーズ

少なくとも20％以上のラテン系アメリカ人の顧客ベースが見込めるなら、シアーズ・ローバック社はヒスパニック用マーケティング・プログラムに沿ってヒスパニック向けの店舗を作る。南カリフォルニア、テキサス、フロリダ、ニューヨークの合計130以上の店舗がその種の対象になっている。シアーズの広報担当者は次のように述べている。「当社ではヒスパニック向けの店にバイリンガルの販売員を配置し、2か国語の表示を出し、地域社会のさまざまな活動を支援するといった特別な努力をしています」。ラテン系市場におけるマーチャンダイジングで

MARKETING MEMO

インターネット・ジェネレーションの懐に入り込む

ネット・ジェネレーションが大人の購買に及ぼす影響力は、今までのどの世代よりも大きい。ジ・アライアンス・フォー・コンバージング・テクノロジーズの見積りによると、アメリカの子供は自分の小遣いから毎年1300億ドル使い、さらに親の支出5000億ドル以上にも影響を与えている。あなたならこのグループにどう売り込むだろうか。『Growing Up Digital: The Rise of the Net Generation』(邦訳『デジタルチルドレン』橋本恵、清水伸子、菊池早苗訳、ソフトバンク出版事業部)(www.growingupdigital.com)の著者ドン・タプスコットは、マーケターに次の5つのことを念頭に置くように助言している。

1. 選択肢が必要不可欠――ネット・ジェネレーションには、選択肢の存在が大きな価値を持つ。
2. ニーズに合わせてカスタマイズする。相手は自分のレベルに合わせたテレビゲームを作り、自分のホームページを作成する子供たちである。彼らは自分のやり方でやりたいと思っているのだ。
3. 気が変わっても対応できる選択肢を用意する。彼らは間違えたらマウスを動かすだけで修正できる世界に育った。気が変わっても簡単に言うことを聞いてもらえると思っている。
4. 買う前に試させる。彼らは自分でやってみる人間だ。自分の実感を優先して専門家の意見は聞かない。
5. 彼らが形よりも機能で選ぶことをけっして忘れてはいけない。タプスコットは次のように述べている。「技術革新を目のあたりにしたベビーブーム世代と違い、ネット・ジェネレーションは新しいテクノロジーに恐れを抱いたりせず、コンピュータを普通の電気製品のように扱って育ってきた。彼らはテクノロジーそのものではなく、テクノロジーで何ができるのかに興味を持っている」。

出典:Lisa Krakowka, "In the Net," American Demographics, August 1998, p. 56.

重要なのは、主として色とサイズだ。「ヒスパニック系の人たちは平均的アメリカ人よりも、どちらかというと小柄で、ハレの場に着る衣料の需要が特に多く、明るい色を好む傾向にあります。でも基本的には通常の市場とそれほど違いません」。(■口絵5-3参照)

とはいえ、マーケターは民族グループを一般化しすぎないよう気をつけなくてはならない。どの民族グループも、ヨーロッパ系アメリカ人とは異なっているが、そのグループの中にもさまざまな消費者がいるからだ。「アジア系のマーケットと一つでくくれるような市場はありません」とフィリピン系マーケットを専門に扱う広告会社のグレッグ・マカベンタは指摘している。5つの大きなアジア系アメリカ人グループの市場にはそれぞれ独自の特徴があって、話す言葉も違えば、食習慣も異なり、信じる宗教も別々であり、明らかに異なる民族文化が守られていると強調する[18]。

■ 教育によるグループ分け

社会を構成する人々は5つの学歴グループに分類される。文盲者、高校中退、高卒、大卒、大学院卒である。日本では、人口の99%が読み書きできるのに対して、アメリカでは人口の10から15%が文字を読めない。しかし、大学教育を受けた一般市民がおよそ36%と、最も高い率を誇る国の1つでもある。大学教育を受けた人の数が多いということは、質の高い本、雑誌、旅行などに大き

1999年から2000年まで、ミレニオと呼ばれる国際的な団体が、世界統一と世界平和の推進を目的としたフェスティバルを開催する。

な需要があるということを意味している。

家族形態

「伝統的な家庭」は夫、妻、子供（ときには祖父母も）から成り立っている。しかし、今日のアメリカでは、8世帯に1軒は「異なる」、つまり「非伝統的」な家庭である。そのなかには「一人暮らし」「同棲（同性どうしもある）」「片親だけ」「子供なし」「子供が巣立って親だけ」といった家庭がある。離婚したり別居したりしている人、結婚しないことを選んでいる人、ある程度の年になってから結婚する人、結婚しても子供を作らない人、そうした人々が以前よりも増えている。それぞれのグループのニーズや購買習慣には特徴がある。例えば、SSWDグループ（独身、別居者、配偶者と死別した人、離婚者）の人々が求めているのは、小さなアパートメント、安くて小型の電気器具・家具・調度品、小さなサイズのパッケージ食品である。マーケターは今まで以上に非伝統的な家庭の特殊ニーズを考慮しなければならない。非伝統的な家庭は、伝統的な家庭よりも急速に増えているからだ。

　ゲイのグループは特に利益の見込める市場である。1997年にシモンズ・マーケット・リサーチ社は、ナショナル・ゲイ・ニューズペーパー・ギルドが発行している12の出版物の読者に対して調査を行った。それによると、回答を寄せた人々は普通のアメリカ人と比較して、以下の項目で高いポイントを示した。専門職に就いている（11.7倍）、休暇用の別荘を持っている（ほぼ2倍）、ノート型パソコンを持っている（8倍）、株を所有している（2倍）[19]。保険会社と金融サービス会社は、ゲイの市場だけでなく、非伝統的な家庭の市場全般のニーズと可能性に気づきはじめている。

アメリカン・エキスプレス・フィナンシャル・アドバイザー社

　ミネアポリスを拠点とする同社は、同性のカップルが将来の財産計画を立てている様子を描いた印刷広告を出した。広告は『アウト』と『ジ・アドボケイト』という、全国版のゲイ出版物のなかで最も多い出版部数を誇る2誌に掲載された。同社のセグメント・マーケティング担当役員であるマーガレット・バーゲイルは、「当社はゲイをターゲットに、ゲイ向けの広告プロモーションを制作し、そこでこう言っています。私たちはあなた方の特別なニーズを理解していますと。ゲイのカップルは社会保障制度や財産設計に関心が高いことが多いのです。同性どうしの結婚は、たいてい法律によって認められていませんからね」と述べている[20]。

ジョン・ハンコック相互生命保険会社

　ジョン・ハンコック相互保険会社は片親と働く女性の家庭に焦点を当てて、ケーブル・テレビで2つのシリーズ広告を流してきた。同社は収入が不安定な女性に焦点を合わせている。広告のスローガンは「不測の事態に備えて保険を。チャンスが来たときのために投資を」である[21]。

人口の地理的移動

　現代は国から国へ、あるいは国内で人々が大移動する時代である。ソビエトと東欧諸国の崩壊に端を発して、民族意識が再び高まり、独立する国が増えてきた。新しく独立した国では、歓迎されない特定の民族グループ(ラトビアのロシア民族、セルビアのイスラム教徒など)ができ、その多くがより安全な場所に移住していく。外国人のグループが政治的な聖域を求めて移住してくると、その国の中には反発するグループも現れる。アメリカではメキシコ、カリブ海域、アジアからの移民の流入に反対する動きが起こっている。しかし、ほとんどの移民はうまくやっている。先見性のある会社や起業家は移民人口の増大を好機と見て、その新しいグループに合わせた商品を市場に出している。

1-800-777-クラブ社

　マーティとヘレンのシー兄妹は1970年代後半に台湾からアメリカに移住し、最初は街角で花を売って生計を立てていた。それが現在では、カリフォルニア州エルモンテを本拠にした従業員800人のテレマーケティング会社、1-800-777-クラブ社を経営している。情報を求めてアジア系移民がかけてくる電話は1日1200件にも達する。対応言語は、日本語、韓国語、標準中国語、広東語、タガログ語、英語の6か国語である。相談内容は移民事務所への対処の仕方や、電気料金の請求書の見方を教えて欲しいなどといったところだ。シー兄妹はそういった電話から名前、電話番号、デモグラフィック情報をデータベースにし、ターゲットの絞り込まれたテレマーケティングに利用している。この会社の大きな強みは、テレマーケターがアメリカの生活に慣れない人々に母国語で話をするという点にある。最近移住してきたあるベトナム移民は電話をかけたとき、相手がベトナム語で対応してくれたことに感激した。昨年度、同社がスプリント社やDHLワールドワイド・エキスプレス社などの顧客企業のために売った商品とサービスの売上は、1億4600万ドルを超えている。同社のデータベースには現在、アジア系アメリカ人の家庭をかなりカバーする、個人名でおよそ150万人の名前と企業30万社が収められている[22]。

　人々が田舎から都市へ移り、都市から郊外に移るという場合にも人口の移動が起こる。アメリカの人口は現在、新たな変動期に入っている。それを人口動態学者は「田舎への回帰」と呼んでいる。今世紀に入って都市に人口を奪われた田舎の町が、いま都会から脱出してくるたくさんの人々を惹きつけている。1990年〜1995年の間に、地方の人口は3.1%増えた。都市から地方の小さな町に人々が移り住むようになったからだ[23]。

都会からの脱出

　ワンダ・アーバンスカと夫のフランク・レベリングはロサンゼルスのハードなマスコミの仕事をやめて、ノースカロライナ州マウント・エアリー(人口7200人)に移り住み、のんびりした生活を送っている。アーバンスカの前の仕事は『ロサンゼルス・ヘラルド・エグザミナー』と

ニューヨークではミレニアムを祝い、1999年12月31日にタイムズ・スクウェアでウォーターフォード社の新製品のクリスタル・ボールを落とす。

いう新聞の記者で、レベリングの前の仕事はB級映画のシナリオライターだったが、仕事が忙しすぎて、せっかく稼いでいても人生を楽しむ時間もエネルギーもないというのが実態であった。そんなとき、レベリングの父親が心臓発作を起こした。2人はさっそく荷物をまとめるとマウント・エアリーに移り、父親の果樹園を手伝うようになった。2人は今でも果樹園を手伝いながら、空いている時間にフリーランサーとして本を書いている。よりよい生き方を求めた『*Simple Living*』『*Moving to a Small Town*』といった本である[24]。

田舎への回帰現象を利用できるのは、増え続けるSOHO（スモール・オフィス－ホーム・オフィス）セグメントのニーズに対応している企業である。例えば、RTA（レディー・トゥ・アセンブル）家具のメーカーなら、都市を脱出して小さな町に事務所を構えたり、そこから大きな会社とコンピュータを使って仕事をしている人々の中に、強力な消費者の基盤を見いだすかもしれない。

商品とサービスの選好には地域差がある。南部のサンベルト地帯に移住した人は暖かい衣類や暖房器具を必要としなくなり、代わりにエアコンを必要とする。ニューヨーク、シカゴ、サンフランシスコのような大都市に住んでいる人が、高価な毛皮、香水、カバン類、そして芸術作品の売上にもっぱら貢献している。また、そういった大都市は、オペラやバレエなどのさまざまな文化活動も支えている。それに比べて郊外に住んでいるアメリカ人は、もっとカジュアルな生活を送り、アウトドア活動を楽しみ、隣近所との交流が活発で、収入が多く、若い年代である。郊外の住人が買う物は、ワンボックスカー、日曜大工の道具、アウトドア用品、芝刈り機やガーデニングの道具、アウトドア用の調理道具などである。地域による違いはほかにもある。シアトルに住む人の1人あたりの歯ブラシ購入数は、全米でいちばん多い。ソルトレイクシティではどこよりもキャンディーバーが食べられており、ニューオリンズの人はどこよりもケチャップをたくさん使い、マイアミではプルーンジュースが最も多く飲まれている。

■ マス市場からミクロ市場へ

こうしたさまざまな変化の結果、マス市場は細分化されて、年齢、性別、民族、教育水準、地理、ライフスタイルなどの特徴によって分かれた数多くのミクロ市場に姿を変えた。それぞれのグループに特有の選好があり、企業はますますターゲットを絞ったコミュニケーション・チャネルや流通チャネルを通じて顧客をつかまえている。企業は神話となっていた「平均的な」消費者をねらった「ショットガン・アプローチ」を放棄して、しだいに製品とマーケティング・プログラムを特定のミクロ市場に合わせて設計するようになってきている。

人口動態のトレンドは中短期的には大変信頼できる。企業は人口動態の変化に、驚いているようではいけない。シンガー社は核家族化と外で働く女性の増加によって、ミシン産業が下火になることにもっと早く気づくべきであった。気づいたときにはもう遅かった。逆に、人口動態の変化に注目して、大きな収穫

を上げたマーケターのことを考えてみよう。マーケターのなかには、将来性のあるSOHO市場のホーム・オフィス・セグメントに積極的に入り込んでいる者もいる。4000万人近いアメリカ人が携帯電話、FAX、電子手帳といった便利な電子機器の助けを借りて自宅で働いている。従来の手法を変えてこのミクロ市場にアピールしている会社が、キンコーズ・コピーセンターである。

キンコーズ・コピーセンター

キンコーズは1970年代に大学構内のコピー会社として設立されたが、今では大きく姿を変え、出先のオフィスを提供する会社に生まれ変わった。かつてはコピー機しかなかったが、現在では、アメリカ国内外に902店舗あるキンコーズの店はFAX、超高速カラープリンタ、一般的なソフトが入っていて高速インターネット接続の利用できるコンピュータ・ネットワークを売り物にしている。キンコーズの店に来れば、仕事に必要なものは何でもそろっている。コピー、FAXの送受信、コンピュータでのさまざまなプログラムの使用、インターネット、文房具や印刷物の注文、そしてテレビ会議までできる。ますます「在宅就労」者が増えていくにつれ、キンコーズは孤独感のつきまとうホーム・オフィスから外に出ることを提唱している。キンコーズではコンピュータの使用料を1時間12ドルとしているが、売上を伸ばしたいと考えている。そのために、もっと多くの人が店で時間を費やす——つまりお金を費やす——ことを望んでいるのだ。最新の機器を置くだけではなく、自社の店に隣接してコーヒーショップを開くようスターバックスと話し合いもしている。キンコーズの店のドアに記された文句が、10億ドル企業の新しいビジネス・モデルを一言で表している。「あなたの支店です。24時間営業[25]」。

経済環境

市場には人間だけでなく、購買力も必要である。経済における有効な購買力は、特定時点の所得、価格、貯蓄、負債、信用度(借金能力)にかかっている。マーケターは消費者の収入と消費パターンの大きなトレンドに注目していなければならない。

■■■ 所得分布

国によって、産業構造と所得のレベルや分布は大きく異なる。まず産業構造は4つのタイプに分けられる。

1. **自給経済**　国民の大部分が単純な農業に従事していて、生産物の大半を消費する。そして残った物を単純な商品やサービスと交換する。このような国では、マーケターにほとんどビジネスの機会がない。
2. **原材料輸出経済**　天然資源には恵まれているが、その他の面では貧しい。収入の大部分を天然資源の輸出に頼っている。例えば、ザイー

コーベル社は世界最大のシャンパンの瓶を木枠に詰めて、1999年12月31日にニューヨークの中心地、マンハッタンの通りを行進する。

ル(銅)、サウジアラビア(石油)などである。このような国々は採掘機械、道具や部品、運搬機械、トラックなどの好市場となっている。外国人居住者に加えて富裕な支配層や地主の数が多ければ、西洋式の日用品や贅沢品の市場でもある。

3. **発展途上経済** 発展途上経済国では、工業生産が国内総生産の10%〜20%を占める。インド、エジプト、フィリピンがその例である。工業化が進むと原材料、鉄鋼、重機械などの輸入が増え、繊維、紙製品、加工食品などの輸入が減る。工業化によって、新たな富裕階層とまだ少数だが増えつつある中産階級が生まれ、新しいタイプの商品を求めるようになる。

4. **先進国経済** 工業製品の大規模な輸出と海外へのばく大な投資に特徴がある。同じタイプの国と工業製品を売り買いし、また別のタイプの国にも工業製品を輸出して、かわりに原材料や半製品を輸入する。大規模で多種多様な製造業と少なからぬ数の中産階級のおかげで、あらゆる種類の商品にとって最高の市場となっている。

マーケターは、国を所得分布パターンに従って5つに分類している。(1)非常に低所得、(2)大半が低所得、(3)非常に低所得と非常に高所得、(4)低・中・高所得、(5)大半が中程度の所得。1台15万ドル以上するスポーツカーのランボルギーニについて考えてみよう。タイプ(1)(2)の所得分布パターンの国における市場は非常に小さい。最も大きな単一市場のひとつはポルトガル(タイプ3)である。西ヨーロッパでは最も貧しい国のなかに入るが、高価な自動車が買える裕福な人々がいるからだ。

1980年以降、アメリカ人口の5分の1にあたる最富裕層の収入は21%で増え続けているが、人口の60%を占める低所得層の賃金は停滞あるいは下がってさえいる。国勢調査局の専門家によれば、1990年代にアメリカで起きた収入の二極分化は、第二次世界大戦以降最大のものとなっている。それによって、アメリカの市場も二極化することになった。高価な商品が買える富裕層とそうでない労働者層である。労働者層は金の使い方により慎重になり、買い物はディスカウント・ストアやファクトリー・アウトレット・モールなどですませ、安いストア・ブランドを選ぶようになっている。二極化の変化にいちばん影響を受けているのが、中間の価格で商品を販売する従来型の小売業者だ。このトレンドに対応して、2つのまったく異なる市場それぞれに合った製品や広告を作る企業だけが成功する[26]。

> ギャップ(GAP)
> GAPには2つのチェーンがあり、その1つバナナ・リパブリックでは、ジーンズを58ドルで売っている。もう1つのチェーン、オールド・ネイビーでは22ドルで買える。どちらのチェーンも繁盛している(■口絵5-4参照)。

> ウォルト・ディズニー社
> 同社は、A・A・ミルンの「くまのプーさん」とプーさんの「想像上のと

ミレニアムの贈り物:医薬品メーカーのメルク社は、オンコセルカ症の患者が無料で治療を受けられるように約7000万ドルの支出を予定している。

もだち」の権利を有している。同社が市場に送り出すプーさんには2種類ある。オリジナルの線書きのプーさんは、陶磁器、ピューター（白目）製のスプーン、高価な子供用文具に描かれ、高級専門店およびノードストロームやブルーミングデールズのような高級百貨店で売られている。一方、赤いTシャツを着てとぼけた笑顔を浮かべている丸々と太った漫画的なプーさんは、プラスチック製のキーホルダー、ポリエステルのシーツ、アニメ・ビデオなどに登場する。この廉価版のプーさんは、ウォルマートなどのディスカウント・ストアで売られている。

全米バスケットボール協会（NBA）

NBAは、ニューヨークのマディソン・スクエア・ガーデンの1列目の座席を1座席あたり1000ドルで売っている。だが、ファンのなかには家族でスポーツ観戦へ出かけた際に通常かかる200ドルさえ払えない人もいる。NBAのマーケターはそのようなファンを失わないために、例えば全米を巡業するエキシビション・ゲームなど、もっと気軽に楽しめる娯楽の機会を市場に送り出してきた。

> 2000年にマツダのミレニアを買った顧客は24時間対応の路上救援サービスを受けられる。

■ 貯蓄、負債、信用度

消費者の支出額は、貯蓄、負債、信用度（借金能力）に影響される。例えば日本人は収入の約13.1％を貯蓄しているが、アメリカの消費者ではその値が4.7％でしかない。その結果、日本の銀行はアメリカの銀行より低い金利で企業に融資することができた。日本企業は低金利の融資に助けられて急成長した。またアメリカの消費者は収入に対して借金の割合が高い。このことが、住宅購入や高額商品の消費拡大の足をひっぱっている。アメリカではクレジット（信用買い）が利用されやすいが、特に低所得層にとって利率は高いものとなっている。マーケターは、所得、生活費、金利、貯蓄、借入のパターンを注意深く見守らなければならない。それらがビジネスに大きな影響を与えるからだ。とりわけ所得レベルに価格設定が左右される製品を扱う会社にとって、影響は多大である。

自然環境

自然環境の悪化には世界中の関心が集まっている。世界の多くの都市で、大気汚染と水質汚染は危険な段階に達している。特定の化学物質がオゾン層に穴を開け、温室効果を引き起こし、地球の温暖化をもたらすことが懸念されている。西ヨーロッパの「緑の党」は、産業がもたらす環境破壊を減らすための具体的な取り組みを政府に求めて精力的に活動している。アメリカでは、思想的なリーダーたちが生態環境の悪化について書き、シエラ・クラブやフレンズ・オブ・ジ・アースなどの環境破壊を監視するグループが、環境への関心を政治的活動や、社会的活動につなげてきた。

その結果として新たに制定された法律は、特定の産業に深刻な影響を与えて

> 企業は、ニュー・ミレニアムの重要な関心事である省エネと製品リサイクルの取り組みを続けるだろう。

いる。鉄鋼産業と公益事業は、汚染を減らすための設備と環境に優しい燃料を導入するために、何十億ドルもの投資を強いられた。自動車産業は車に高価な排気制御システムを登載しなければならなくなった。石鹸業界は生物分解できる製品を増やすことを求められた。

マーケターは、自然環境における4つのトレンドにかかわる機会と脅威を意識しなければならない。そのトレンドとは、原材料の欠乏、エネルギー・コストの増加、公害の拡大、政府の役割の変化である。

▰▰▰ 原材料の欠乏

地球の資源には、無限にあるもの、有限だが再生可能なもの、有限でなおかつ再生不可能なものがある。水や空気のような無限にある資源は、緊急の問題にはなっていない。だが、ゆくゆくは危機に瀕すると考える人々もいる。環境保護団体は、スプレー缶に使われる高圧ガスがオゾン層を破壊する恐れがあるとして、使用を禁止する法律の制定を訴えてきた。水不足と水質汚染は、世界の一部の地域ではすでに大きな問題となっている。

有限で**再生可能な**資源とは、森林や食料などであり、賢く使わなければならない。林業関係の企業には土壌を守り、将来の需要を満たすのに十分な木材を確保するために、森林の再植林が求められている。農耕に適した土地には限りがあり、年々、農地の市街化が進んでいるため、食料の供給も大きな問題となりうる。有限で**再生不可能な**資源とは、石油、石炭、プラチナ、亜鉛、銀などで、これらはすでに枯渇が予想され、危機的状況にある。こうした枯渇しつつある鉱物を不可欠とする製品を作っている企業は、大幅なコスト増に直面している。研究開発に携わる企業にとっては、代替品を開発する絶好の機会となっている。

▰▰▰ エネルギー・コストの増加

ヤフーやEトレードなど有名なウェブサイトのホスト・プロバイダであるオラクルは、自らをミレニアムの情報プロバイダーと呼んでいる。

有限で再生不可能な資源の一つである石油の供給は、世界経済にとって深刻な問題となってきた。原油価格は1970年の1バレルあたり2.23ドルから、1982年には34ドルにまで値上がりし、必死に代替エネルギーの研究がなされた。石炭が再び人気を集め、企業は、太陽、原子力、風力などのエネルギーを実用化する方法を探った。太陽エネルギーの分野だけでも何百という企業が、太陽エネルギーを暖房などに利用する第1世代の製品を開発している。実用的な電気自動車を研究している企業もある。成功すれば10億ドル単位の利益を生み出すビジネスになると見込まれている。

代替エネルギーが開発され、省エネが進み、石油カルテルが弱体化したことによって、原油価格は下がってきた。価格低下は石油採掘業界にとってはマイナスとなったが、石油を使う産業と消費者にとってはかなりのプラスとなった。その間にも、代替エネルギーの研究は続いている。

■ 公害の拡大

産業活動によって、自然環境が必然的にダメージを受けることもある。海洋の危険な水銀レベル、土壌や食料に含まれるDDTなどの化学的汚染物質の量、散乱する空きビンやビニール袋といったパッケージのことを考えてみるとよい。

調査によると、アメリカの消費者の42％は、高くても「環境に優しい」製品を買う意志をもっている。この意欲は、スクラバー（集塵器）、リサイクルセンター、ゴミ埋立てシステムなど、汚染抑制製品の巨大な市場を作りだす。生産とパッケージのあり方について、従来に代わる方法も研究されている。賢明な企業は、自社の関心を社会に示すために、環境に優しい取り組みを始めている。3Mは公害防止プログラムを運営し、公害の防止とコスト削減にかなりの成果を収めた。ダウ社は、アルバータ州に新たに建設したエチレン工場において、エネルギーの40％と廃水の97％の削減に成功した。AT&Tは特別製のソフトウェア・パッケージを選択することによって、最も害の少ない素材を利用し、有害な廃棄物をなくし、エネルギーの無駄を省き、製品のリサイクルを容易にした。マクドナルドとバーガー・キングはポリスチレン製容器を廃止し、小ぶりでリサイクル可能な紙の包装とペーパーナプキンを使うようになった[27]。

また、ドライクリーニング溶剤の有害性への関心が高まることで、「環境に優しい洗剤」を開発する機会が生まれた。もっとも、このような新しいビジネスは、苦しい戦いに直面している。■ミレニアム・マーケティング「環境に優しいクリーニング業者による顧客の獲得」を参照されたい。

■ 政府の役割の変化

政府の美しい環境への関心と、それを推進する努力は国によって異なる。例えばドイツ政府は、国内の環境団体が強く働きかけていることと、旧東ドイツの環境があまりにも荒廃しているせいもあって、環境の質を向上させることに積極的だ。貧しい国々の大半は、資金が足りず、政治的な意志にも欠けているため、公害に対してほとんど手を打っていない。より豊かな国々にとって、貧しい国の環境汚染対策を助けることは自らのためにもなるが、豊かな国でさえそれだけの資金は持っていない。世界中の企業がもっと社会的責任を引き受けることと、公害を抑制し、軽減するための手ごろな価格の装置が開発されることに大きな期待が寄せられている。

たった4秒で500万通の電子メールを全世界に送ることができる。

技術的環境

人々の生活を形成する要因のなかで、最も劇的な力を有するのは科学技術である。科学技術はペニシリン、心臓切開手術、避妊薬などの素晴らしい成果を生み出した。その一方で水爆、神経ガス、軽機関銃などのおぞましいものも生み出した。さらに、車やテレビゲームのように、功罪相半ばするものもこの世に送り出した。

MARKETING FOR THE MILLENNIUM　ミレニアム・マーケティング

環境に優しいクリーニング業者による顧客の獲得

マイアミで開かれる営業会議へ出席するためにスーツを洗濯しなければならないが、飛行機の時間は24時間後に迫っている。そんなとき、あなたは近所のドライクリーニング店に行くだろうか。その店は、環境に悪くて発ガン性を疑われる薬品を使っている。それともあなたは街まで出かけて「水洗い」の店を利用するだろうか。その店はあなたにとっても環境にとっても害のない方法で洗濯してくれる（恐らく鼻にツンとくる臭いも少ないはずだ）。あなたが多くの消費者と同じなら、便利さと仕上がりの早さを、環境と健康への心配よりも優先させるだろう。

大多数のドライクリーニング店で使われている四塩化エチレンは、環境保護局によって発ガン性の疑いが指摘されている。その悪影響について、さらに決定的な報告書がまもなく出る予定だ。しかし、こと自分の外見や服の見栄えをよくする製品に対しては、環境への懸念は忘れられてしまう。1996年、ダン・コバックはピッツバーグ郊外にある30のドライクリーニング店を調査した。コバックは店の顧客に対して、ドライクリーニングが自分の幸せを脅かすとわかったらどうするか、と質問した。代替品が考えられない状況にあって、ほとんどの人はドライクリーニングに出す服を減らすと答えた。

だが、環境に優しいドライクリーニング業者の挑戦が始まっている。彼らは、環境に優しい代替品が利用できれば、消費者は有害なドライクリーニングよりもそちらを選ぶだろうと見込んでいる。すでに6000のドライクリーニング店が四塩化エチレンに代わるクリーニング剤を使用している。その約95％は、臭いのない石油系の溶剤を使用し、四塩化エチレンでは落ちなかった汚れもきれいにしてしまう。はるかに少数派だが、水と石鹸という基本に戻って「水洗い」をしている店もある。どの代替品も——クリーナー・バイ・ネーチャー、エコ・マット、グリーン・クリーナーなどと名づけられている——、毒性のあるライバル洗剤と価格面で拮抗している。クリーナー・バイ・ネイチャーは、デンバーにある2軒の従来タイプ型クリーニング店の間に店を開いた。この店はわずか6か月で黒字に転換し、オーナーのクリス・コンフォートはボールダーに2軒目を開店する予定である。

ドライクリーニング業は小さなビジネスの典型だが、環境に優しいクリーニングのトレンドは、巨大な多国籍企業にとっても新たな機会を生むだろう。エクソンは石油系溶剤の新製品DF2000を開発し、ヨーロッパにかなり食い込んでいる。レイセオン社のヒューズ環境システムと、カリフォルニア州エルセグンドーのグローバル・テクノロジーズ社は、液体二酸化炭素を使う新しいクリーニング方法を売り出すために手を結んだ。P&Gは家庭でドライクリーニングができる、四塩化エチレンを含まないドライエールを送り出した。しかしP&Gがドライエールの広告で、環境への配慮よりも便利さを強調していることを見れば、この新たに芽生えつつある製品カテゴリーにおいて企業が苦難の道を歩んでいることがわかる。

出典：Jacquelyn Ottman, "Innovative Marketers Give New Products the Green Light," *Marketing News*, March 30, 1998, p. 10; Shelly Reese, "Dressed to Kill," *American Demographics*, May 1998, pp. 22-25; Stacy Kravetz, "Dry Cleaners' New Wrinkle: Going Green," *Wall Street Journal*, June 3, 1998, p. B1.

新しい科学技術はすべて「創造的破壊」の要因となる。トランジスタは真空管産業に、コピー機はカーボン紙産業に、自動車は鉄道に、テレビは新聞にそれぞれ打撃を与えた。既存産業の多くは、新しい技術に移行しようとせず、それに抵抗するか無視をして、結局は衰退の道をたどった。

経済の成長率は、どれだけ多くの重要な新技術が発見されたかに左右される。

残念ながら科学技術上の発見は、均一なペースで生まれるわけではない。鉄道産業は盛んな投資活動を生み出したが、その投資が疲弊しきったころになってようやく自動車産業が現れた。その後、ラジオが投資を刺激したが、それが消えたころようやくテレビが現れた。大きな技術革新のはざまにおいて、経済はときとして停滞してしまう。

そこで、小さな技術革新がそのすき間を埋める。フリーズドライのコーヒー、シャンプーとコンディショナーを一体化した製品、制汗剤、消臭剤などである。小さな技術革新はリスクも少ないが、今日あまりにも多くの研究が大躍進よりも小さな発見に力を注いでいることに批判する声もある。

新しい技術はのちに長く影響を及ぼす大きな結果をもたらすが、そのなかには予見できないものもある。例えば避妊薬の開発によって、少子化が進み、働く妻が増え、可処分所得が増えた。その結果、休暇の旅行、耐久消費財、贅沢品の消費が拡大した。

マーケターは次のような技術のトレンドを観察しなければならない。変化のペース、技術革新の機会、研究開発予算の変化、そして規制の増加である。

歴史メモ：西暦1000年ごろ、人々は一、二着しか服を持っていなかった。現在、私たちは流行のスタイルを追うために、毎年その何倍もの服を捨てている。

■ 加速する技術変化

今日では一般的になっている製品も、その大半は40年前には存在しなかった。ジョン・F・ケネディは、パソコンもデジタル腕時計もビデオレコーダーもFAXも知らなかった。今も、多くのアイデアの実現に向けての挑戦が続いている。新しいアイデアの創出から製品化までの時間は急速に短縮されている。そして製品の登場からその販売が頂点を極めるまでの時間もかなり短くなってきている。現代の科学者の数は、有史以来の科学者総数の90％を占める。技術はそれ自体を糧として邁進を続けているのだ。

パソコンとFAXの登場によって、**テレコミュート**が可能になった。30分以上かけて通勤しなくても、家で仕事ができるようになったのだ。このトレンドによって、自動車による大気汚染が減り、一家団らんの時間が増え、家庭を中心とする娯楽や活動が増えることを期待する向きもある。このトレンドはまた、買い物の仕方やマーケティングの成果にも少なからぬ影響を及ぼす。

歴史メモ：産業化は過去1000年間における重大な変換であり、人々の働き方、暮らし方、生計の立て方に影響を与えた。

■ 技術革新の限りない機会

今日の科学者は、製品と生産プロセスに革命を起こすような新技術に取り組んでいる。最も刺激的な研究が進められているのは、バイオテクノロジー、ソリッドステート工学、ロボット工学、材料科学の領域である[28]。研究者たちは、エイズ治療薬、精神安定剤、鎮痛剤、完全な避妊薬、太らない食品などの開発に取り組んでいる。消火作業、水中探査、家庭介護などの仕事をするロボットの設計も進められている。加えて、科学者たちは夢のある仕事にも取り組んでいる。空を飛ぶ小型車、3Dテレビ、スペースコロニーなどだ。いずれも科学技術上だけでなく、商業的な意味においても――それらの製品を手の届く価格で作るという――挑戦である。

企業はすでにバーチャル・リアリティ(**VR**)を実用化している。これはコンピュータで構築した三次元の世界を音と映像と触覚で体験できる技術である(■口絵5-5参照)。バーチャル・リアリティはすでに新型自動車のデザイン、キッチンのレイアウト、家の外観のデザインなどで消費者の反応を集めるために使われている。

研究開発費の変化

アメリカの研究開発費は、年間で740億ドルにのぼり世界一である。しかしその60％近くはいまだに国防に使われている。この費用を材料科学、バイオテクノロジー、マイクロメカニクスなどの研究費にもっとまわさなければならない。日本はアメリカよりも速いペースで研究開発費を増加させているうえ、そのほとんどを物理学、生物物理学、コンピュータ・サイエンスなど、国防とは無関係の研究に使っている[29]。

アメリカの研究開発費をみると、開発領域に充てられる額が増えてきており、今後もアメリカが基礎科学のリーダーであり続けられるかという懸念が高まっている。多くの企業は、ライバル製品を模倣し、特徴とスタイルのわずかな改善に資金を費やしている。デュポン社やベル・ラボラトリーズ社やファイザー社など基礎的な研究をする企業でさえ、大幅な前進には臆病になっている。研究のほとんどは、攻撃的というより防衛的なものだ。大きな躍進を目指す研究は、一社ではなく数社共同で行われる傾向にある。

> 歴史メモ：西暦1000年、宋朝の中国には世界人口の約4分の1がいた。

科学技術の変化に対する規制の増加

製品が複雑になるにつれて、安全性の保証が求められるようになった。その結果、危険性をはらむ製品を調査したり禁止したりする政府機関の権限が拡大した。アメリカにおいては、食品医薬品局の許可がなければ新薬を販売することができない。安全性と健康に関する規制は、食品、自動車、衣料、家電製品、建築などの分野でも強まっている。新製品の提案、開発、発売に際して、マーケターはこれらの規制に気をつけなければならない。

政治－法的環境

マーケティングの意思決定は、政治－法的環境の変化に大きな影響を受ける。この環境を構成するのは、法律と政府機関と圧力団体であり、それらはさまざまな組織や個人に影響を与え、その活動を制限する。だが時として、法律が新たなビジネス機会を生むこともある。例えば、リサイクルを強制する法律はリサイクル産業にとって大きな後押しとなり、リサイクル材料から新しい製品を作る企業が数十社も誕生した。

ウェルマン社

1993年、ウェルマン社はエコスパン・ポスト・コンシューマー・リサイクルド(PCR)・ファイバーを発表した。これはソーダ水の空きビン

から再生された繊維であり、最初の1年で80万ポンドも売れた。今日、ウェルマン社は1500万ポンドの売上を誇り、ミリケン・アンド・カンパニー、モールデン・ミルズ、ダイバースバーグのような国内の繊維会社と提携している。1998年に屋外で開かれたリテイラー・ウィンター・マーケットで、ウェルマン社は新しいエコスパン・スクエアード・ファイバーを発表した。これは湿度調節機能をもつ繊維で、リサイクル産業への参入に意欲的な機能付きアパレル市場に向けて開発されたものだった。

これまでに2500以上の企業がブランド名に「2000」を使うことを希望し、アメリカ特許商標局に申請を出している。

ビジネスを規制する法律

ビジネス関連の法律には3つの大きな目的がある。企業を不公正な競争から守ること。消費者を不公正なビジネスから守ること。放逸なビジネス行為から公益を守ること。ビジネスの法律とその施行の主なねらいは、製品や生産プロセスがもたらす社会的コストを企業側に負担させることである。ビジネスに影響を与える法律は、年々増加している。欧州委員会は、欧州連合を構成する15の加盟国に共通の競争、製品基準、製造物責任、商業取引を実現するために、新しい法体系の確立を熱心に進めている。旧ソビエト諸国は開放市場経済を推進し、調整するための法律を急ピッチで整備している。アメリカには、競争、製品の安全性と責任、公正取引と信用慣行、さらにパッケージや商標を対象とする法律が多数ある[30]。しかし消費者を守るために、アメリカよりもはるかに強力な規制を持つ国は少なくない。ノルウェーでは、トレーディング・スタンプ、コンテスト、プレミアムなどの販促形態が、不適当あるいは「不正」だとして禁止されている。タイでは、ナショナル・ブランドを販売する食品加工業者に対して、低価格ブランドの販売も求められている。これは、低所得層の消費者が、安価な商品を買えるようにするためだ。インドでは、新しいコーラや新銘柄の米などのように、すでに市場に出回っている製品と同じカテゴリーのものを販売する場合、食品メーカーには特別な許可が必要とされる。ビジネスの法律においては、規制がもたらすコストが規制による恩恵を上回るかどうかが中心的問題となる。法律は常に公正に適用されるわけではない。取り締まりや強制の程度が緩い場合もあれば、厳しすぎる場合もあるだろう。新たな法律はそれぞれ正当な根拠をもっているが、意図に反して業界の活力を失わせたり、経済成長の足枷となることもある。

多くの企業は、未来を予見する製品とともに、過去を振り返る製品も売り出している。ケロッグは最初のコーンフレークの箱を復活させた。

マーケターは競合他社や消費者や社会を守る主要な法律について、生きた知識を持っていなければならない。企業は一般に法律を検討する手順を定め、マーケティング・マネジャーの指針となる倫理基準を作っている。サイバースペース上のビジネスが増えるにつれて、マーケターはビジネスを倫理的に行うための新しいパラメータを定めなければならなくなった。アメリカ・オンライン社は大成功を収め、国内で最も人気のあるオンライン・サービス・プロバイダーとなったが、その非倫理的なマーケティング戦術に対して消費者から苦情が出て、何百万ドルも失うことになった。

アメリカ・オンライン社

1998年、44の州の検事総長が、アメリカ・オンライン（AOL）社の詐欺的なマーケティング手法に対する苦情を申し立てた。AOL社は260万ドルの罰金を支払い、改善を余儀なくされた。この事例でAOL社が犯した過ちは、消費者の誤解を招く広告をしたことだった。同社は「50時間無料」のオンライン利用を掲げて会員を勧誘したが、「50時間無料」が有効なのは1か月間だけで、加入者は2か月目以降になると料金を支払わなければならなかった。わずか2年間で、AOLが州の司法官と交わした和解は3度に及ぶ。過去2回は、1997年前半におけるデータネットワークの混雑に関する和解（定額料金制度に移行したことによって、同社の設備では扱いきれないほどの契約が集まった）と、1996年後半における顧客の契約を高額なものに変更させようとしたことに関する和解だった。この3つの和解はAOL社に総額で3400万ドルの出費を強いたうえ、世間に悪いイメージを植えつけ、AOLは名誉挽回に苦労することとなった[31]。

> 過去を振り返る。マティーニが流行の酒として復活した。葉巻産業も盛り返している。フォードはオリジナルのムスタングを広告している。

特定領域に関心を持つグループの成長

特定領域に関心を持つグループは、この30年間でその数も力も増大させた。**政治活動委員会（PACs）**は政府の役人と企業の経営陣に対して、消費者、女性、高齢者、マイノリティ、同性愛者の権利をもっと大切にするよう圧力をかけている。多くの企業は、これらの団体や問題に対応するため、社会的な問題を扱う部署を設立した。企業に影響を与える重要な要因は**消費者保護運動**――販売者との関係において購買者の権利と力を強化しようとする市民と政府の組織的な活動――である。消費者保護運動は、消費者を代弁してはさまざまな権利を勝ち取ってきた。ローンの真の利率コスト、競合ブランドの単位あたりのコスト（ユニット・プライシング）、製品の基本成分、食品の栄養価、製品の鮮度、そして製品の真のベネフィットが明示されるようになった。消費者保護運動への対策として、一部の企業は消費者問題を扱う部署を設け、方針を定めた上で消費者の苦情に対応している。ワールプール社は、消費者のために無料ダイヤルを開設している会社のひとつである。さらに同社は製品保証の適用範囲を拡げ、その保証書をわかりやすい英語に書き直した。

> ニュー・ミレニアムにおいて約束を守ることはマーケティング戦略の基本となる。

新しい法律と増えつつある圧力団体によって、マーケターの制約も明らかに厳しくなっている。マーケターはマーケティング計画の策定にあたり、社内の法務、パブリック・リレーションズ（PR）、社会問題、消費者問題の各部署の認可をとらなければならない。保険会社は直接的あるいは間接的に煙探知器の設計に影響を与え、科学者団体はエアゾールのスプレー缶の設計に影響を与える。要するに、個々のマーケティング活動は公的な領域へ移ってきているのである。

社会-文化的環境

社会は私たちの信念、価値観、規範を形作る。人々はほとんど無意識のうちに、自分自身、他人、組織、社会、自然、宇宙との関係を決定する世界観を得ている。

- **自分自身に対する見方** 自己の喜びにどれだけ重きを置くかは、人によってさまざまである。アメリカでは、1960年代から1970年代を通じて「楽しみを追い求める人々」が娯楽や変化や逃避を求めた。「自己実現」を追求する人々もいた。彼らは自己表現の手段として製品、ブランド、サービスを買った。夢のような自動車や休暇を買い、健康的な活動（ジョギングやテニス）、内省、芸術や工芸品に時間を割くようになった。今日、それとは対照的に、人々はもっと保守的な行動やアンビションを持つようになった。彼らは厳しい時代を目のあたりにし、継続的な雇用や収入をあてにできなくなったのだ。人々は消費において以前より慎重になり、価値を重視してものを買うようになった。

- **他人に対する見方** 「私社会（me society）」に対抗する「我々社会（we society）」への動きを指摘する人もいる。人々はホームレス、犯罪と被害者などの社会的問題に関心を持つようになった。彼らはより人情のある社会に暮らしたいと願っている。その一方で、自分の「同類」を求め、他人を避ける傾向も見られる。人々は限られた人との深くて長続きする関係を渇望している。このようなトレンドは、ヘルスクラブ、クルージング、宗教活動など、人と人の直接のつながりを促す社会的サポート製品やサービスの市場が成長する前兆となっている。また、テレビ、テレビゲーム、インターネットのチャットルームのように、孤立している人の孤独感を解消する「社会的代替品」市場の成長も暗示している。

- **組織に対する見方** 企業、政府機関、労働組合などの組織に対する態度も人によって異なる。ほとんどの人々は、特定の組織に対しては批判的であるにしても、何らかの組織で働くことを望んでいる。しかし組織への忠誠心は全体的に弱まりつつある。企業のダウンサイジングの大きな波が、人々にシニシズムと不信感をもたらした。今日、多くの人は働くことを満足感の源とは考えず、仕事以外の時間を楽しむためのお金を稼ぎだす、必要ではあるがいやな行為だと見なしている。

  この展望にはマーケティング上のインプリケーションがいくつかある。企業には、消費者と従業員の信頼を取り戻す新たな道が求められている。自分たちは良い企業市民であり、消費者へのメッセージは正直なものであることを確認する必要がある。世間一般に対する企業イメージを向上させるために、社会的監査とパブリック・リレーションズに目を向ける企業が増えている。

- **社会に対する見方** 社会に対する態度も人によって違う。その態度

> スターウォーズ人気は来たるミレニアムにも続くと予想される。

は、次のように分けられる。社会を守る人々（保護者）、社会を動かす人々（形成者）、社会から受け取る人々（享受者）、社会変革を望む人々（変革者）、深い何かを求める人々（探求者）、社会から逃れようとする人々（逃避者）[32]。消費パターンは、社会への態度を反映することが多い。形成者は社会的に成功していて、恵まれた衣食住を享受しようとする傾向がある。変革者は倹約家で、小型車を運転し、飾り気のない服を着る。逃避者と探求者は、映画、音楽、サーフィン、キャンプなどの大きな市場となっている。

> ニュー・ミレニアムまでに2万5000種の動物が絶滅すると予想されている。

■ **自然に対する見方**　　自然に対する態度も人それぞれである。自然に服従させられていると感じる人、自然と調和していると感じる人、自然を支配しようとする人もいる。長期的な流れとして、人間は科学技術によって自然への支配を強めてきた。しかし時代が進んで、人間は自然の脆さと資源が有限性に気づくようになり、人間の活動によって自然が破壊されることもあると認識している。

自然への愛着からキャンプ、ハイキング、ボート、釣りなどを楽しむ人が増えた。企業はハイキング用の靴、テントの設備などの道具でそれに応えてきた。旅行会社は自然の豊かな地域への旅行企画を増やしている。マーケティング・コミュニケーターは、広告に自然の景色を多く取り入れるようになった。食品メーカーは、ナチュラル・シリアル、天然素材のアイスクリーム、健康食品など、成長性のある「自然」な製品の市場を見いだした。自然食品を扱う食料品店である、ホール・フーズ・マーケットとフレッシュ・フィールズは1997年に合併し、売上高11億ドルの巨大企業へと生まれ変わった。

■ **宇宙に対する見方**　　宇宙の起源と宇宙における人間の位置付けも、人によって考え方が異なる。アメリカ人のほとんどは一神教信者だが、宗教的な信仰と習慣は年々その力を失ってきている。熱心な布教活動で人々を組織化された宗教に引き戻そうとする動きが一部に見られるものの、教会で行われる礼拝への出席者は確実に減少している。宗教心は東洋の宗教、神秘主義、オカルト、人間の潜在能力などに向けられることもある。

> ミレニアムのテレビは、フラット・ディスプレーの大きな壁かけ式のものになるだろう。

宗教への志向を失うにつれて、人々は自己実現や手っ取り早い欲求の充足を求めるようになった。同時に、すべてのトレンドは逆方向の流れも引き起こすようで、世界各地で原理主義への回帰が起きている。マーケターのために他の文化的な特徴を以下に挙げると、核となる文化的価値への固執、サブカルチャーの存在、時代とともに変化する価値観である。

■ 核となる文化的価値への固執

特定の社会に生きる人々は、いくつもの**中核信念**と中核価値を有しており、それは持続する傾向がある。たいていのアメリカ人は今でも仕事、結婚、慈善、誠実に価値を認めている。核となる信念や価値は親から子へと伝えられ、主な社

会機関——学校、教会、職場、政府——によって強化される。**派生的信念**と派生的価値はもっと変化に対して柔軟性がある。結婚制度を受け入れることは中核信念であり、早く結婚すべきだという考えは派生的信念である。だから家族計画のマーケターは、そもそも結婚すべきでないというよりも、結婚の時期を遅らせるべきだと主張する方が受け入れられやすい。マーケターは派生的価値を変えられるが、中核価値を変えるのは不可能に近い。例えば、非営利団体の「飲酒運転に反対する母の会」は酒の販売を止めさせようとはしない。むしろ、皆で飲む日には運転手を決めて、その人だけは飲まないというアイデアを推奨している。また、この団体は合法的な飲酒年齢を上げるよう圧力をかけている。

> 不老長寿はニュー・ミレニアムにおいて現実となるだろう。

■ サブカルチャーの存在

どの社会にも、特殊な生活経験や環境に起因する独特の価値を共有する**サブカルチャー（下位文化）**が存在する。スター・トレック・ファン、ブラック・ムスリム（黒人のイスラム教徒）、ヘルズ・エンジェル（暴走族）などはサブカルチャーである。サブカルチャーを構成する人々は同一の信念、選好、行動を共有する。異なる欲求と消費行動を示すサブカルチャーのグループから、マーケターは特定のサブカルチャーを標的市場として選ぶことができる。

サブカルチャーをターゲットにすると、時としてマーケターは予想外のご褒美を得ることがある。例えば、マーケターが特に好むのはティーンエイジャーであるが、それは彼らが、ファッション、音楽、娯楽、考え方、態度などにおけるトレンドセッターだからである。マーケターはまた、10代のときに引きつけておけば、その後ずっとよい顧客になってくれることを知っている。売上の15%をティーンエイジャーに負っているフリトレー社は、ポテトチップスなどのスナック菓子を食べる大人が増えていると指摘する。「わが社が10代のころから彼らを取り込んできたからでしょう」とフリトレー社のマーケティング・ディレクターは述べている[33]。

> 歴史メモ：1066年10月14日、征服王ウィリアムはハロルド・ゴドウィンソン率いるアングロ・サクソンを破り、ノルマン人がイングランドの支配者となった。

■ 時代とともに変化する派生的価値

核となる価値はゆるぎなく存続するが、文化的な揺れは起こる。1960年代に現れたヒッピー、ビートルズ、エルビス・プレスリーなどの文化的現象は、若者たちの髪形、服装、セックスの規範、人生の目的に多大な衝撃を与えた。今日も若者たちは新しいヒーローや流行に影響されている。パール・ジャムのエディ・ヴェッダー、マイケル・ジョーダン、ローラーブレードなどがある。

マーケターは、新たなマーケティングの機会と脅威をもたらす文化の移り変わりを敏感に感じ取らなければならない。社会文化の予想を提供している企業はいくつもある。ヤンケロヴィッチ・モニター社は、毎年2500人にインタビューして、「大志を抱かない」「神秘主義」「利那主義」「所有しない」「感覚的」など、35の社会のトレンドを追跡している。同社の報告は、ある態度を共有する人口とそうでない人口の比率を示す。例えば、フィットネスと幸福を重視する人口は年々、着実に増え続け、特に30歳以下、若い女性、裕福な階層、米国西部に

歴史メモ：1010年ごろ、日本の宮廷女官である紫式部は、世界最初の小説『源氏物語』を書いた。

おいてその割合が高い。健康食品やエクササイズ機器を扱うマーケターは、このトレンドにふさわしい製品とコミュニケーションで対応している。1995年、タコ・ベルは新しい低脂肪の「ボーダーライト」メニューを発表した。ワシントンの消費者保護団体であるパブリック・インタレストの科学センターは、この新メニューを「マーケティングによる欺瞞商品とは違う」と評価している[34]。

参考文献

1. Gene Del Vecchio, "Keeping It Timeless, Trendy," *Advertising Age*, March 23, 1998, p. 24.
2. Sue Shellenbarger, "'Child-Care Cams': Are They Good News for Working Parents?" *Wall Street Journal*, August 19, 1998, p. B1.
3. Kelly Shermach, "Niche Malls: Innovation for an Industry in Decline," *Marketing News*, February 26, 1996, p. 1.
4. Gerald Celente, *Trend Tracking* (New York: Warner Books, 1991).
5. 以下の文献を参照されたい。Faith Popcorn, *The Popcorn Report* (New York: HarperBusiness, 1992).
6. John Naisbitt and Patricia Aburdene, *Megatrends 2000* (New York: Avon Books, 1990).
7. Pam Weisz, "Border Crossings: Brands Unify Image to Counter Cult of Culture," *Brandweek*, October 31, 1994, pp. 24–28.
8. 本章のデータのほとんどは、以下の文献から引用されている。the *World Almanac and Book of Facts*, 1997 and the *Statistical Abstract of the United States*, 1997 (Washington, DC: U.S. Bureau of the Census, 1998).
9. Donella H. Meadows, Dennis L. Meadows, Jorgen Randers, and William W. Behrens III, *The Limits to Growth* (New York: New American Library, 1972), p. 41.
10. Philip Kotler and Eduardo Roberto, *Social Marketing: Strategies for Changing Public Attitudes* (New York: Free Press, 1989).
11. Sally D. Goll, "Marketing: China's (Only) Children Get the Royal Treatment," *Wall Street Journal*, February 8, 1995, p. B1.
12. Bill Stoneman, "Beyond Rocking the Ages: An Interview with J. Walker Smith," *American Demographics*, May 1998, pp. 45–49; Margot Hornblower, "Great X," *Time*, June 9, 1997, pp. 58–59; Bruce Horowitz, "Gen X in a Class by Itself," *USA Today*, September 23, 1996, p. B1.
13. Steve Johnson, "Beer Ads for a New Generation of Guzzlers," *Chicago Tribune*, June 5, 1998, p. 1.
14. Jaine Lopiano-Misdom and Joanne de Luca, "Street Scene," *Across the Board*, March 1998, p. 14.
15. David Leonhardt, "Hey Kids, Buy This," *Business Week*, June 30, 1997, pp. 62–67; Lisa Krakowka, "In the Net," *American Demographics*, August 1998, p. 56.
16. J. Walker Smith and Ann Clurman, *Rocking the Ages: The Yankelovich Report on Generational Marketing* (New York: HarperBusiness, 1998).
17. アフリカ系アメリカ人とラテン系アメリカ人の購買傾向とマーケティング方法についての詳細は、以下の文献を参照されたい。Chester A. Swenson, *Selling to a Segmented Market: The Lifestyle Approach* (Lincolnwood, IL: NTC Business Books, 1992).
18. Jacquelyn Lynn, "Tapping the Riches of Bilingual Markets," *Management Review*, March 1995, pp. 56–61.
19. Laura Koss-Feder, "Out and About," *Marketing News*, May 25, 1998, pp. 1, 20.
20. 同上。
21. Dana Canedy, "As the Purchasing Power of Women Rises, Marketers Start to Pay More Attention to Them," *New York Times*, July 2, 1998, p. 6.
22. Michael Barrier, "The Language of Success," *Nation's Business*, August 1997, pp. 56–57.
23. Brad Edmondson, "A New Era for Rural Americans," *American Demographics*, September 1997, pp. 30–31. 以下の文献も参照されたい。Kenneth M. Johnson and Calvin L. Beale, "The Rural Rebound," *The Wilson Quarterly*, Spring 1998, pp. 16–27.
24. Robert Kelly, "'It Felt Like Home': More Are Making Move to Small Towns," *St. Louis Post-Dispatch*, April 27, 1997, p. D6.
25. Lauri J. Flynn, "Not Just a Copy Shop Any Longer, Kinko's Pushes Its Computer Services," *New York Times*, July 6, 1998, p. D1.
26. David Leonhardt, "Two-Tier Marketing," *Business Week*, March 17, 1997, pp. 82–90.
27. Francoise L. Simon, "Marketing Green Products in the Triad," *The Columbia Journal of World Business*, Fall and Winter 1992, pp. 268–85; Jacquelyn A. Ottman, *Green Marketing: Responding to Environmental Consumer Demands* (Lincolnwood, IL: NTC Business Books, 1993).
28. 以下の文献を参照されたい。"White House to Name 22 Technologies It Says Are Crucial to Prosperity, Security," *Wall Street Journal*, April 26, 1991, p. 2.
29. 以下の文献を参照されたい。"R&D Scoreboard: On a Clear Day You Can See Progress," *Business Week*, June 29, 1992, pp. 104–25.
30. 以下の文献を参照されたい。Dorothy Cohen, *Legal Issues*

on Marketing Decision Making (Cincinnati: South-Western, 1995).
31. Rajiv Chandrasekaran, "AOL Settles Marketing Complaints," *Washington Post*, May 29, 1998, p. F1.
32. Arnold Mitchell of the Stanford Research Institute, private publication.
33. Laura Zinn, "Teens: Here Comes the Biggest Wave Yet," *Business Week*, April 11, 1994, pp. 76–86.
34. Glenn Collins, "From Taco Bell, a Healthier Option," *New York Times*, February 9, 1995, p. D4.

CHAPTER 6

消費者市場と購買者行動の分析

本章では、次の問題を取り上げる。

- 購買者の文化的、社会的、個人的、心理的な特性は、購買行動にどのような影響を与えるのだろうか。

- 購買者はどのようにして購買決定をするのだろうか。

KOTLER ON MARKETHING
コトラー語録

最も重要なのは、顧客の動向を予測し、その先を行くことだ。

The most important thing is to forecast where customers are moving, and to be in front of them.

マーケティングの目的は、標的顧客のニーズと欲求を満たすことである。**消費者行動**の分野では、個人、集団、組織が自分のニーズと欲望を満足させるために、製品、サービス、アイデア、経験を、どのように選別し、購買し、使用し、そして廃棄するのかについて研究する。消費者行動を理解すること、および「顧客を知ること」は、けっして簡単ではない。顧客は口で言うこととは裏腹の行動をとることがある。また、心の奥底にある購買動機に自ら気づいていないこともある。最後の瞬間になって、何らかの影響で決心を変えてしまうかもしれない。例えばイスラエルに本拠を置く、設立まもないスカイ・イズ・ザ・リミテッド社のような小さな企業も、ワールプール社のような大企業も、顧客の購買方法や購買動機を理解することで利益をあげようとしている。

バイブル・ブレッド

顧客に気づかれないように観察した結果、ピーター・シャミルは、自社製品のバイブル・ブレッドという薄焼きクラッカーに最も適した売場を知ることができた。スカイ・イズ・ザ・リミテッド社の従業員シャミルは、6か月間、スーパーマーケット、惣菜屋、高級食料品店でこっそりと消費者を追跡し、平均的な消費者が買いたいクラッカーを見つけるまでに約10秒間費やしていることに気づいた。10秒というのはきわめて短い時間である。大きなスーパーマーケットのクラッカー売場では、バイブル・ブレッドは簡単に見落とされてしまうだろう。高級食料品店、健康食品店、ユダヤ教の食材を扱う店は、品数が限られているのでバイブル・ブレッドの売場により適している。現在、この新会社のクラッカーは、30の州の高級食料品店や専門店で販売されている[1]。

ワールプール社

家電業界における消費者のブランド・ロイヤルティは、数十年かけて築かれ、世代から世代へと受け継がれていく。固定化した市場シェアを切り崩し、表に出ることの少ない消費者ニーズを探るために、大手家電メーカーのワールプールは、人類学者を雇うことまでした。人類学者は人々の家を訪ね、家電製品がどのように使われているかを観察し、家族の一人ひとりと話をした。その結果、忙しい家庭では洗濯をするのは女性だけではないことが判明した。この知識をもとに、同社の技術者は洗濯や乾燥のボタンが色分けされた製品を作り、子供や男性にも使いやすいようにした[2]。

顧客の購買動機、ニーズ、選好を理解していないと、大きな痛手を被ることになる。コダックのアドヴァンタ・カメラの例を見るとよい。これは高くついた失敗だった。コダックはこの「ハイテク製品」を誇らしげに広告した。ところが、市場の大部分を占めていたのは、中年にさしかかったベビーブーム世代だった。人は中年になると、新技術を追いかけることにしだいに興味を失い、複雑なものよりも簡単なものを求めるようになる。

顧客を研究すれば、新製品開発、製品特徴、価格、チャネル、メッセージなどのマーケティング・ミックスの要素の手がかりが得られる。本章では個人消費者の購買力学について、次章では企業購買者の購買力学について、それぞれ見ていく。

消費者行動モデル

購買者行動を理解するための出発点は、■図6-1に示されている刺激－反応モデルである。マーケティングと周りの環境による刺激が購買者の意識に入り込み、購買者の特性や意思決定プロセスによって何らかの購買決定が下される。マーケターの仕事は、外部からの刺激を受けてから購買決定を下すまでの間に、購買者の意識の中で何が起こるのかを知ることである。

購買行動に影響を与える主な要因

消費者の購買行動は、文化的、社会的、個人的、心理的な要因から影響を受ける。そのなかでも文化的要因が最も広範かつ深い影響力を有している。

文化的要因

文化、サブカルチャー、社会階層は、購買行動において特に重要である。

文化

文化は、人の欲求と行動の最も根本的な決定要素である。子供は成長過程で、家族や学校などの重要な団体を通じて、ある一連の価値観、知覚、選好、行動を身につける。例えばアメリカでは、子供たちは達成と成功、活動、効率と実用性、進歩、物質的豊かさ、個人主義、自由、外向性、人道主義、若さなどを良しとする価値観にさらされて成長する[3]。

サブカルチャー

どの文化も小さなサブカルチャーで構成され、サブカルチャーの方が、それを構成する人々の特徴や社会生活のあり方をより規定している。サブカルチャーには、国籍、宗教、人種、地理上の地域が含まれる。多くのサブカルチャーが重要な市場セグメントを形成しているので、当該市場セグメントのニーズに応えるために、マーケターは特別に製品やマーケティング・プログラムを設計

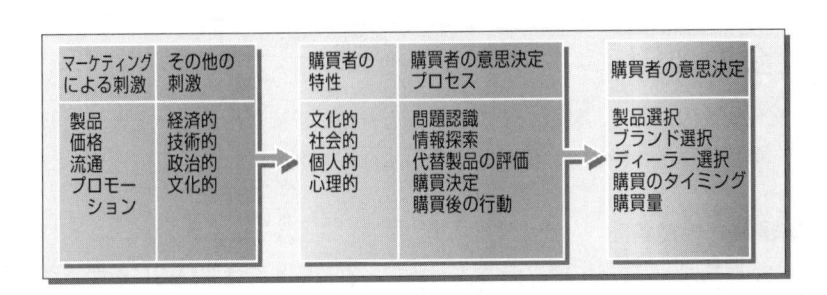

図6-1

購買者行動モデル

マーケティングによる刺激	その他の刺激	購買者の特性	購買者の意思決定プロセス	購買者の意思決定
製品 価格 流通 プロモーション	経済的 技術的 政治的 文化的	文化的 社会的 個人的 心理的	問題認識 情報探索 代替製品の評価 購買決定 購買後の行動	製品選択 ブランド選択 ディーラー選択 購買のタイミング 購買量

第6章 消費者市場と購買者行動の分析

ミレニアム・イベント：過去最大規模の万博が、2000年にドイツのハンブルクで開催される。

することがよくある(■マーケティング・インサイト「ラテン系アメリカ人、アフリカ系アメリカ人、高齢者を対象としたマーケティング」を参照されたい)。

■■■■ 社会階層

　事実上すべての人間社会には社会成層が存在する。社会成層は時に厳格な階級制の形をとる。それぞれの階級ごとに特定の役割があって、その成員は自分の階級を変えることができない。社会成層のより一般的な形が、社会階層である。

■ **社会階層**とは、社会の中において比較的同質で持続性のある集団のことである。序列によって区分され、同じ階層の成員は同じような価値観、関心、行動を有している。

　社会階層は収入だけを反映しているわけではない。職業、教育、居住地などもその指標になる。社会階層によって、服装、話し方、好きな娯楽など多くの特性が異なっている。■表6-1には、社会科学者によって区分されたアメリカの7つの社会階層が示されている。

　社会階層にはいくつかの特性がある。第1に、同じ社会階層に属する人間どうしは、それぞれ違う社会階層に属する人間どうしに比べると、類似した行動パターンをとる。第2に、人は属する社会階層によって優劣がつけられる。第3に、社会階層は、職業、収入、財産、教育、価値基準などの変数の集合によって決まるのであって、1つの変数では決まらない。第4に、人は一生のうちにある社会階層から別の社会階層へ——上へも下へも——移動することができる。どの程度移動できるかは、社会成層の固定性による。

　服、インテリア、娯楽、自動車などの分野で、社会階層ごとに好みの製品やブランドが決まっている。特定の社会階層に売り込みを集中させるマーケターもいる。例えば、マンハッタンのミッドタウンにある高級レストラン、フォーシーズンズは、顧客を上流階級に絞り、ブルックリンの大衆食堂ジョーズ・ダイナーは顧客を下層階級に絞っている。社会階層によって好むメディアも異なる。上流階級の消費者は雑誌や本を好み、下層階級の消費者はテレビを好む。テレビひとつに絞ってみても社会階層間の違いは存在し、上流階級はニュースやシリアスなドラマを好み、下層階級はメロドラマやスポーツ番組を好んでいる。また、上流階級と下層階級では使われる言葉も違う。広告主は、ターゲットとなる社会階層に馴染みやすいコピーや広告文を作らなければならない。

社会的要因

　文化的要因に加え、社会的要因も消費者行動に影響を与える。社会的要因とは、準拠集団、家族、社会的役割、そして地位である。

■■■■ 準拠集団

■ **準拠集団**とは、その人の態度や行動に、直接的または間接的に影響を

MARKETING INSIGHT　マーケティング・インサイト

ラテン系アメリカ人、アフリカ系アメリカ人、高齢者を対象としたマーケティング

サブカルチャーが大きく成長し数も豊富になると、企業はそれらに向けた特別なマーケティング計画を設計するようになる。以下に3つの重要なサブカルチャー集団の例を挙げる。

ラテン系アメリカ人

西暦2050年までにアメリカ人口の4分の1を占めると予想されているラテン系アメリカ人(ヒスパニックとも呼ばれる)は、アメリカ国内で最も急激に人口が増えている少数民族であり、遠からず最大の少数民族になるだろう。彼らは1年間に、自動車からコンピュータまであらゆる製品に3480億ドルを消費している。国内でトップ5のラテン系アメリカ人市場は、ロサンゼルス、ニューヨーク・シティー、マイアミ、シカゴ、サンフランシスコである。

ラテン系アメリカ人のセグメントを理解するのは難しい。というのも、この市場は、同質市場とはおよそいいがたいからである。キューバ、メキシコ、プエルトリコ、ドミニカなど、ラテン系アメリカ人に含まれる国籍は、ざっと見ても20以上ある。一口に中南米の国々といっても、文化、体格、人種、野心などは実にさまざまである。だがそうした違いの一方で、家族を大切にする、尊敬を求めるなどの共通点もある。製品ロイヤルティを示すこと、製品品質に関心が高いことも彼らの特徴だ。もちろん、最大の共通点は母国語であり、スペイン語を使った広告プロモーション戦略を展開しているマーケターは大きな成功を収めている。例えば、カーニバル・フード・ストアは、ラテン系アメリカ人の多さで全米トップ10に入るダラスに拠点を置いている。同社は2か国語が話せる店員を雇い、案内やパンフレットなどのプロモーション・ツールをスペイン語にすることで、顧客満足を高めることに成功している。また、スペイン語の「インフォマーシャル」やラテン系アメリカ人向けの「顧客への感謝」プロモーションも展開した。ラテン系アメリカ人は母国語のダイレクト・マーケティングに非常に敏感だ。

その理由は単純であり、スペイン語で書かれたダイレクトメールの数は、平均的アメリカ人が受け取る英語で書かれたダイレクトメールの10分の1と少ないからである。なかでも最も効果的なメディアは、スペイン語によるテレビ放送だろう。ヒスパニックは、平均的アメリカ人よりも長時間テレビを見る傾向があり、しかもスペイン語による放送を好むからである。

ラテン系アメリカ人市場に対するもう1つの見方は、彼らがアメリカ文化に同化している度合いである。一般的な消費者とさほど変わらないヒスパニックはたくさんいるが、母国の生活様式を色濃く残している移民層も増加している。キューバ系アメリカ人の強固なコミュニティがあるマイアミでは、わずか37%しか同化していない。シカゴでは76%が、部分的または全面的に同化している。ニュージャージー州セコーカスにあるゴヤ・フーズは、ノパリトス(薄切りのサボテン)やトストネス(オオバコのフライ)などラテンアメリカ独自の食品を扱うことで、南米製品で最大の収益をあげている。ゴヤの売上は1990年の3億ドルから5億ドルを優に超える額にまで上昇した。

アフリカ系アメリカ人

アメリカ国内に3400万人いるアフリカ系アメリカ人の購買力は、90年代の好景気の間に爆発的に上昇した。1998年には5000億ドルを超えている。アフリカ系アメリカ人は、何にお金を使っているのだろうか。白人家庭に比べ、黒人家庭は男の子の衣服、運動用の靴、パーソナルケア・サービス、レンタカーに多くのお金を費やす。彼らは選りすぐりのものや品質の高いものに購買意欲をそそられ、近所の店で買い物をする傾向がある。

多くの企業が、アフリカ系アメリカ人のニーズに合わせた製品の開発に成功している。グリーティング・カードを扱っているホールマーク・カード社は、マホガニーというアフリカ系アメリカ人向けのブランドを1987年に発表し、当初、わずか16種だったカードが現在では800種に増えている。他の企業は、アフリカ系アメリカ人に特化した製品の製造を取りやめ、一般市場向けブランドの中に統合している。サラ・リー社のブランドであるレッグスは、黒人女性向けパンテ

第6章　消費者市場と購買者行動の分析

ィーストッキングの製品ラインであるカラー・ミー・ナチュラルを廃止し、同社の一般向けサブブランドの半数において、黒人女性にも人気のある薄茶（シェイド）と透明（シアー）を提供している。

残念なことに多くのマーケターが、バスケットボール選手のマイケル・ジョーダンやシャキール・オニール、女優のハリー・ベリーなど、黒人のスーパースターやアイドルのイメージを出すだけで、アフリカ系アメリカ人向けのマーケティングは十分だと考えてしまっている。アフリカ系アメリカ人向けのメディアやマーケティングの専門家は、黒人経営のメディアや黒人コミュニティと提携し、アフリカ系アメリカ人をより多く雇用する方が効果があるとアドバイスする。生命保険会社のミューチュアル・オブ・ニューヨーク（MONY）は、アフリカ系アメリカ人が保険についての質問や相談を同じ人種の人にしたいと考えていることに気づいた。その結果、営業部門にアフリカ系アメリカ人を増やすとともに、さまざまなアフリカ系アメリカ人団体と共同で会議やワークショップのスポンサーを務め、黒人コミュニティでの存在感を確立しようとした。

情報化時代におけるマーケターは、アフリカ系アメリカ人のバーチャル・コミュニティにも到達しなければならない。1人あたりで見ると、黒人はオンライン・サービスに白人の2倍のお金を使っている。ブラック・ワールド・トゥデイ（www.tbwt.com）のようなウェブサイトを訪れる黒人は増加する一方である。これはインターネット上の『USAトゥデイ』の黒人版で、全国放送のテレビ局やケーブル・テレビ局があまり採用しない方法で黒人文化を紹介している。アーバン・スポーツ・ネットワーク、ネットノワール、アフロネット、カフェ・ロス・ニグロズのような「ブラック・サイト」の人気にもかかわらず、大方のマーケターはこのカテゴリーを真剣にとらえていない（■口絵6-1参照）。

50歳以上の市場

ニュー・ミレニアムで成功したいと思っているマーケターなら、熟年マーケットの大きさ——そして豊かさ——に注目するはずである。50歳以上の熟年消費者の人口はすでに7500万人強になっており、これから25年の間に1億1500万人にまで膨れ上がると予想されている。ベビーブーム世代が7秒に1人ずつ50代に突入しているのだから、この年齢層は、読者がこの段落を読み終える間にも増え続けていることになる。50歳以上の市場は、なんと1兆6000億ドルの購買力を持ち、この数字は2年〜3年のうちにさらに29%増えると予想されている。

与えるすべての集団のことである。なかでも直接影響を与える集団は、**メンバーシップ・グループ**と呼ばれる。

メンバーシップ・グループのいくつかは、第1次集団である。これは家族、友人、近所の人、職場の同僚など、持続性があってインフォーマルな付き合いのある集団をいう。人はまた第二次集団にも所属している。これは宗教団体、職業団体、労働組合など、フォーマルで毎日顔を合わせることのない集団である。

人は、少なくとも3つの面で、準拠集団から大きな影響を受ける。第1に、準拠集団は新しい行動やライフスタイルを個人に示す。第2に、準拠集団は個人の態度と自己概念に影響を与える。第3に、準拠集団は周りと同じでなければならないというプレッシャーを与えるため、特定の製品やブランドが選ばれるようになる。

また、人は自分が属していない集団の影響を受けることもある。そこに属し

若者ばかりを追いかけるマーケターは従来、この巨大市場を無視してきただけでなく、限られた収入だけで暮らす老人という固定観念で高齢者を遠ざけてきた。だが、シニア世代、とりわけベビーブーマーのシニア世代は、年齢ではなくライフスタイルに基づいて購買決定を下す。それも活動的なライフスタイルである。年輩者は自分を実年齢より10歳若く考えるのが今までの傾向だったが、ベビーブーマーはそのギャップを20歳まで広げるだろう。このギャップをうまく利用したマーケティングは成功を収めている。ファイザー製薬の広告には、ファイザーの薬品のおかげで人生を存分に楽しんでいる高齢者が登場する。ある広告には世界旅行をする女性が登場し、他の広告では、水泳の元シニア・チャンピオンが競技に復帰できた理由を説明している。ナイキのコマーシャルに登場する重量挙げのシニア選手は、「『この歳にしては力がある』のではない。私は力持ちなのだ」と誇らしげに宣言している。

だが、本人がどんなに若いと言い張ったところで、高齢者は目が悪くなり手先が不器用になる。マーケターは製品パッケージを決めるとき、そのことを考慮に入れなければならない。高齢者に不評なパッケージは、小さな文字でびっしりと書かれた薬のラベル、彼らには手で開けられない加熱封印されたシリアルやスナック菓子の袋、はがしにくい伸縮性のラップなどである。

出典：(ラテン系アメリカ人) Leon E. Wynter, "Business & Race: Hispanic Buying Habits Become More Diverse," *Wall Street Journal*, January 8, 1997, p. B1; Lisa A. Yorgey, "Hispanic Americans," *Target Marketing*, February 1998, p. 67; Carole Radice, "Hispanic Consumers: Understanding a Changing Market," *Progressive Grocer*, February 1997, pp. 109–14. 以下の文献も参照されたい。"Hispanic Americans in 1001," *American Demographics*, January 1997, pp. 16–17, and "Targeting the Hispanic Market," *Advertising Age*, special section, March 31, 1997, pp. A1–A12. (アフリカ系アメリカ人) Valerie Lynn Gray, "Going After Our Dollars," *Black Enterprise*, July 1997, pp. 68–78; David Kiley, "Black Surfing," *Brandweek*, November 17, 1997, p. 36; "L'eggs Joins New Approach in Marketing to African-American Women," *Supermarket Business*, June 1998, p. 81; Beth Belton, "Black Buying Power Soaring," *USA Today*, July 30, 1998, p. 1B; Dana Canedy, "The Courtship of Black Consumers," *New York Times*, August 11, 1998, p. D1. (50歳以上の市場) Rick Adler, "Stereotypes Won't Work with Seniors Anymore," *Advertising Age*, November 11, 1996, p. 32; Richard Lee, "The Youth Bias in Advertising," *American Demographics*, January 1997, pp. 47–50; Cheryl Russell, "The Ungraying of America," *American Demographics*, July 1997, pp. 12–15; Sharon Fairley, George P. Moschis, Herbert M. Myers, and Arnold Thiesfeldt, "Senior Smarts: The Experts Sound Off," *Brandweek*, August 4, 1997, pp. 24–25; Candace Corlett, "Senior Theses," *Brandweek*, August 4, 1997, pp. 22–23.

たいと願う**願望集団**、逆にその価値観や態度を拒絶している**分離集団**である。

マーケターは標的顧客の準拠集団を特定しようとする。しかし、準拠集団から受ける影響の度合いは、製品とブランドによって異なる。製品とブランドがともに強い影響を受けるのは、自動車とカラーテレビを選ぶときだけである。主にブランドが影響を受けるのは家具や洋服を選ぶときであり、主に製品が影響を受けるのはビールやタバコを選ぶときである。

準拠集団の影響が強い製品やブランドの製造業者は、それぞれの集団のオピニオン・リーダーにメッセージを伝え影響を与える方法を確立しなければならない。**オピニオン・リーダー**とは、製品に関するインフォーマルなコミュニケーションにおいて、特定の製品や製品カテゴリーについての情報を提供する人物である。彼らは、どのブランドがいちばんよいか、または、特定の製品をどのように使うかといったことについて、周りの人に影響を与えている[4]。オピ

歴史メモ：中国人は西暦1000年ごろに水力で動く天文時計を発明した。

表6-1

アメリカの主な社会階層の特性

1.	最上流(1%未満)	相続した財産で暮らす社会的エリート。慈善事業に多額の寄付をし、社交界のパーティーを開き、家を1軒以上持ち、名門校に子供を通わせる。宝石、アンティーク、住宅、旅行の市場となる。買い物や服装の傾向はおおむね保守的。この階層は数こそ少ないが、彼らの消費が他の階層に模倣されるために、準拠集団としての役割を果たす。
2.	上流の下(約2%)	専門分野やビジネスできわだった能力を持ち、高い収入や富を得ている人たち。中流階層出身が多い。社会活動や市民運動に熱心で、自分や子供のためにステータス・シンボルとなるものを買う傾向がある。自分より下の階層に印象づけようとして派手な消費パターンをとる、いわゆる成金もこの中に含まれる。この階層の野心は最上流の仲間入りをすることである。
3.	中流の上(12%)	家柄も巨万の富も持たない層。彼らの主な関心は「キャリア」である。専門職、実業家、経営者などの地位についている。教育の力を信じており、自分の子供にも専門能力や経営スキルを身につけて欲しいと思っている。この階層の人々は、理想主義的で市民意識が高い傾向がある。家庭を大切にし、住宅、衣料、家具、家電製品などの高級品分野の市場になる。
4.	中流階層(32%)	平均的な所得を得ている、ホワイトカラーやブルーカラーの労働者。治安のよい地域に住んでいる。流行に遅れないようにするために人気のある製品を買うことが多い。彼らの25%が輸入車を持ち、大半がファッションに興味を持っている。中流の人々は子供に「価値ある体験」をさせるためにお金を使うことが有意義であると考え、子供に大学教育を受けさせようとしている。
5.	労働者階層(38%)	平均的な所得を得ているブルーカラーの労働者で、所得や学歴や職種に関係なく、労働者階級のライフスタイルを送っている人々。経済的かつ精神的サポート、仕事の紹介、助言、支援などで身内を頼っている。この階層は休暇を自分の住む町で過ごし、出かける場合は、2時間以内で行ける湖やリゾートに行く。男女の役割分担がはっきりしていて、男らしさ、女らしさのステレオタイプが厳然と残っている。
6.	下層の上(9%)	仕事はあるが、貧困の一歩手前という経済状態。単純労働に従事し、賃金はごく低い。十分な教育を受けていない場合が多い。
7.	最下層(7%)	生活保護を受けていて、見るからに貧しく、常に失業状態にある。定職に就く気がない人もなかにはいる。ほとんどの人が、生活費を公的な援助やチャリティに頼っている。

出典：Richard P. Coleman, "The Continuing Significance of Social Class to Marketing," *Journal of Consumer Research*, December 1983, pp. 265-80; and Richard P. Coleman and Lee P. Rainwater, *Social Standing in America:* New Dimension of Class (New York: Basic Books, 1978).

ニオン・リーダーは社会のどの階層にも存在し、1人の人間がある製品についてはオピニオン・リーダーになり、別の製品についてはフォロワーになることもある。マーケターは、オピニオン・リーダーのデモグラフィック特性やサイコグラフィック特性を特定し、オピニオン・リーダーが読んでいるメディアを知り、彼らを対象にしたメッセージを発信することによって、彼らに訴えかけようとする。10代の若者の音楽、言葉遣い、ファッションの最新トレンドは、まず都市部で始まり、瞬く間に郊外の若者に広がっていく。移り気でファッションに敏感な若者をターゲットにする衣料メーカーは、都会のオピニオン・リーダーのスタイルや行動を熱心に観察している。

リーバイ・ストラウス社

ジーンズ・メーカーのリーバイ・ストラウス社は、若者がデザイナー・ジーンズやより「クール」なブランドに大挙して移行していく中で、競合他社に市場を奪われている。シルバー・タブという製品ラインでシェア奪回をねらうために、同社の広告会社TBWA Chiat/Dayは従業員を都市部に送り込み、クラブ通いの若者、スタイリスト、カメラマン、ディスクジョッキーなど都会の風俗に詳しい人たちと接触するネットワークを形成した。TBWA Chiat/Dayは、都会の人々やそのファッションをスクラップブックにまとめ、彼らを好みの音楽によって「部族」に分類した。音楽の種類は、人工的な音で同じ旋律を延々と繰り返すエレクトロニカ、ヒップホップとラップ、レトロ・ソウル・ミュージックなどであるが、ここでターゲットとなったのはヒップホップとラップだった。シルバー・タブの広告には、"It's bangin' son"(「クール」という意味)というコピーと、シルバー・タブの製品——バギーパンツ、ローウェストのズボン、ぴったりしたトップス——に身を包み、鼻にリングのピアスをし、ポケベルを持ち、大きな金のアクセサリーを身につけたティーンエイジャーの集団が登場する(5)。

家族

家族は社会の中で最も重要な購買組織であり、詳しく研究されてきた(6)。家族のメンバーは、最も影響力の強い第1次準拠集団を構成する。購買者の人生には2つの家族がある。**方向づけのための家族**は、両親と兄弟である。人は両親から、宗教、政治、経済、個人としての野心、自尊心、愛などについて、基礎となる考え方を受け継ぐ(7)。成長して両親とそれほど交流がなくなっても、その人の消費行動は依然として両親から多大な影響を受けている可能性がある。子供が成長してからも両親と一緒に暮らすような国では、その影響力は計り知れない。もう1つの家族は、日々の購買行動により直接的に影響を与える**生殖のための家族**、すなわち配偶者と子供である。

多様な製品やサービスを購入する際、夫、妻、子供がどのような役割を演じ、どのように影響を与え合うかについて、マーケターは興味を抱いている。この役割は、国や社会階層によって大きく異なる。例えばベトナム系アメリカ人は、伝統的な役割分担を大切にしていて、大きな買い物の決定権は男性が握っている。同様に、韓国系アメリカ人向けの広告でも、宝石のような女性向けの製品でない限り、30代から40代の男性を起用したものが成功している(8)。

アメリカでは、夫と妻が買い物にどれだけ参加するかは、昔から製品カテゴリーによって大きく異なってきた。従来は家族のための買い物、特に食料、雑貨、普段着を買う場合には、妻が中心的な役割を演じることが多かった。旅行や家などの大きな買い物になると、夫婦が協力して意思決定を行う。マーケターは、家族のメンバーそれぞれがどの製品の選択に影響力を持っているのか、きちんと見定めなければならない。それは、だれにいちばん専門知識があるか、だ

> ミレニアムのマーケティング・コンセプトの標語のなかには、「ニュー・ミレニアムに向けての経済教育」というものがある。

MARKETING MEMO

マーケターの必須事項：子供を対象にしたインターネット・マーケティングの倫理規定

ダイレクト・マーケティング協会が提唱する、インターネット上での子供へのマーケティングにおける倫理規定。

1. プライバシーに関する方針や考え方を明言する。
2. メールによる勧誘を受け入れるかどうか、ユーザーに選択権を与える。
3. ウェブサイトをフィルターにかけるサーフウォッチのようなプログラムを利用する。
4. データを集めるかどうか、子供とオンラインでコミュニケーションをとるかどうかを決めるときは、相手の年齢、知識、熟達度、成熟度を考慮に入れる。
5. 子供の名前や住所などの情報を集めることに対する親の心配に配慮し、親がこれらの情報の収集を制限することが可能なシステムにする。

1979年以降に生まれた人々は「ミレニアム世代」の一員である。

れに発言権があるかという問題であることが多い。

女性は家庭の中で急速に力をつけてきている。その力とは、より正確にいえば購買力である。企業経営の権威として知られるトム・ピーターズは、企業のマーケティングにとって最大の機会は女性であるとして、次のように述べている。

> 市場調査の結果は明白である。女性は購買決定に大きな影響力を持っている。家、……医療、自動車、旅行。そして、ハンマーや釘などのDIY用品。DIYチェーン店の数少ない女性役員の1人が、自社の顧客の60%は女性だと知って同僚の男性がびっくりしていたと、私に話してくれた。経済の実権は女性が握っている。1970年に40万人ほどにすぎなかったアメリカの女性社長の数は、現在800万人に迫ろうとしている。彼女らの会社の従業員は1850万人であり、古参企業のフォーブス500社の従業員より40%も多い。働く妻の22%は夫より収入が多く、50万ドル以上の純資産を持つ人口の約半分が女性だ[9]。

職場における女性の躍進、特に伝統的に女性の仕事ではないと考えられていた分野での躍進によって、家庭における昔ながらの購買パターンは徐々に変わってきている。家事についての社会的な認識の変化もあり、「女性が日用品の買い物をする」という一般論はその力を失いつつある。最近の調査によると、伝統的な購買パターンはまだ存在するものの、ベビーブーム世代の夫婦は、昔だったら夫か妻のどちらかが買うと考えられていた製品でも一緒に買い物をする傾向にあることがわかった[10]。それゆえ、最寄品を扱うマーケターは、自社の顧客が主に女性であると考えたり、または女性だけであると考えたりすると、大きな間違いを犯すことになる。同様に、従来は男性が買うと考えられていた製品のマーケターは、女性も顧客候補として考える必要があるだろう。

これは自動車業界ですでに起こっていることである。

キャデラック

現在、女性客は高級車市場で34%を占めており、自動車メーカーもその事実に注目している。キャデラックの男性デザイナーは、指先にクリップをつけて、長い爪でボタンを押したりハンドル操作したりするときの感覚をつかもうとしている。キャデラック・カテラという自動車の目玉は、口紅やフィルムを保管するためのエアコンが利いたグローブ・ボックスである。ボンネットの下には、液体を入れる場所によく目立つ黄色のマークがついている[11]。

購買パターンのもう1つの変化は、子供と10代の若者による影響力および使う金額の増大である[12]。子供たちの購買力と発言力は、かつてないほど大きくなっており、次の数字がそれを証明している。4歳〜12歳の子供が消費する額は244億ドルと見られており、これはシリアル市場の3倍にあたる。タイ社がビーニー・ベイビーズ（約100種類の小さなぬいぐるみの製品ラインで大ヒットした）を売り出したのも、まさにこの子供たちの経済力に目をつけた結果である。ビーニー・ベイビーズは約6ドルであり、子供の1週間の小遣いからみてち

ょうどよい価格になっている。2歳〜14歳の子供から間接的な影響を受けて両親が費やした額は、1997年に3000億ドルにのぼった。間接的な影響とは、子供の好きなブランドや製品を、両親が子供から言われなくても知っていることを意味する。直接的な影響とは、例えば「マクドナルドに行きたい」というように、子供が親に直接望みを伝えることを意味する。1997年に直接的な影響によって費やされた額は1880億ドルにもなった。伝統にとらわれないマーケターは、両親の財布からお金を引き出すために、子供をターゲットにすればよいことに気づいている。

ゼネラル・モーターズ（GM）

8歳〜14歳の男の子を対象にした雑誌『Sports Illustrated for Kids』の1997年5月号に、見開き2ページのシェビー・ベンチャー・ミニバンのカラー広告が掲載された。これは、GMがいわゆる「バックシートの消費者」の気を引こうとした最初の試みだった。ベンチャーのブランド・マネジャーは、このミニバンをショッピングモールに展示し、自動車内のビデオでディズニー映画『ヘラクレス』の予告編を流した。近ごろでは、どの車を買うかについて、子供が最終的な決断を下すことがめずらしくないのである[13]。

GMは自社のミニバンをショッピングモールに展示したが、今日の企業は、インターネットを使って子供向けに自社製品を広告し、彼らからマーケティング情報を集めようとしている。だが、消費者団体や親は、このやり方に怒りを覚えている。インターネットを使用する17歳以下の子供は、1996年において約400万人おり、その数は急増している。マーケターも子供たちと一緒にネットに飛び込み、無料サービスと引き換えに、両親の承諾なしに彼らから個人情報を集めている。子供から個人情報を集めていること、ゲームや娯楽と広告の区別を明確にしていないことについて、多くのマーケターや企業が非難の対象になった。ダイレクト・マーケティング協会は、インターネットを使った子供へのマーケティングについて厳格な基準を設けている（■マーケティング・メモ「マーケターの必須事項：子供を対象にしたインターネット・マーケティングの倫理規定」を参照されたい）。子供を対象にしたマーケティングで倫理的戦術を用いている企業に、最も人気のある子供向けサイトのひとつを提供しているところがある。それは、ディズニー・オンラインだ。

ディズニー・オンライン

ディズニーは、インターネットの利点と危険性について、子供と親を教育するリーダーであると自認している。それにはもっともな理由がある。ディズニーは自社のサイトのトップページから、サイト運営の方針について明確に述べたページへリンクを張っている。3歳〜12歳の子供を対象にしたメンバー登録が必要なサイト、ディズニーズ・デイリー・ブラストもその例にもれない。ディズニーはサイト運営の方針として、子供が個人情報を送信したり、コンテストに参加したり、投票したり、サイトに登録したりした際に、両親に電子メールで通知し

MARKETING MEMO

6. オンラインで集めた子供のデータの利用は、プロモーション、販売、製品やサービスの配達、市場調査などの適切なマーケティング活動に限定する。

7. マーケティング目的の情報収集であることを明確にする。オンラインで集めた子供の情報への無断アクセス、情報改ざん、第三者への漏洩が行われないよう、厳格なセキュリティ対策をとる。

出典：Rob Yoegel, "Reaching Youth on the Web," *Target Marketing*, November 1997, pp. 38-41.

産児制限はニュー・ミレニアムでも課題として残るだろう。

ている。多くのサイトや広告主がクッキー（サイトにアクセスした際、サーバーからユーザーのコンピュータに送られる小さなデータ。ユーザー情報やアクセス履歴などの情報をサーバーとユーザー間でやりとりするために使われる）を使用しているのに対し、ディズニーは、広告やマーケティングを目的としてクッキーを使用したり、その情報を第三者に流したりしない[14]。

▆▆▆▆▆ 役割とステータス

　人は家族、クラブ、組織などの集団に参加している。それぞれの集団内での立場は、役割とステータスによって決まる。**役割**とは、その人が果たすべき行動のことである。そして、役割には**ステータス**が伴う。最高裁判事はセールス・マネジャーよりステータスが高く、セールス・マネジャーは事務員よりステータスが高い。人は社会における自分の役割やステータスに見合った製品を選ぶ。例えば、会社の社長はベンツに乗り、高価なスーツを着て、シーバスリーガルのスコッチを飲むことが多い。マーケターは、製品やブランドが持つ**ステータス・シンボル**としての力を熟知している。

個人的要因

　購買者の意思決定は、個人の特性からも影響を受ける。個人の特性とは、年齢とライフサイクルの段階、職業、経済状態、ライフスタイル、性格と自己概念である。

▆▆▆▆▆ 年齢とライフサイクルの段階

　人が購入する財やサービスは一生の間に変わっていく。赤ん坊のころはベビーフードを食べ、成長期と成熟期には幅広い種類の食べ物を食べ、老年期に入ると特別な食事をとるようになる。服装、家具、娯楽の好みにも、年齢が関係している。
　消費は、**家族のライフサイクル**によって形作られる。■表6-2には、家族のライフサイクルにおける9つの段階と、それぞれの段階における経済状態や興味を持つ製品の典型的な例が示されている。マーケターは、ライフサイクルによって区切られた集団をターゲットに選ぶことが多い。だが、ターゲットとなる世帯は、必ずしも家族であるとは限らない。単身世帯も、同性愛カップルの世帯も、同棲の世帯も存在するからである。
　最近行われた調査によって、**心理的なライフサイクルの段階**も明らかにされている。大人は、人生の中で、ある種の「通過」や「変化」を経験する[15]。マーケターは、離婚、配偶者との死別、再婚などの生活環境の変化と、それらが購買行動に及ぼす影響に大きな関心を抱いている。

表6-2 世帯のライフサイクルの各段階における購買パターンおよび行動パターン

1.	独身段階：若く、独身で、親元から独立している	経済的束縛がほとんどない。ファッションのオピニオン・リーダーで、娯楽を第一に考える。基本的な家財道具、自動車、異性との付き合い、休暇旅行などにお金をかける。
2.	新婚カップル：若く、子供はいない	購買率が最も高く、自動車、家電製品、家具、旅行などにお金をかける。
3.	子供のいる家庭Ⅰ：いちばん下の子供が6歳未満	家庭の消費がピークに達する。流動資産は少ない。新製品や広告されている製品に興味を持つ。洗濯機、乾燥機、テレビ、ベビーフード、咳止め薬、ビタミン剤、人形、ワゴン車、橇、スケート靴などを買う。
4.	子供のいる家庭Ⅱ：いちばん下の子供が6歳以上	経済状態が良くなる。広告に影響を受けることが少なくなる。大きな徳用パッケージや、複数の製品がセットになっているものを買う。大量の食料、洗剤、自転車、音楽のレッスン、ピアノなどにお金をかける。
5.	子供のいる家庭Ⅲ：子供と同居する年配の夫婦	経済状態は依然として良い。仕事をしている子供もいる。広告に影響を受けることはめったにない。耐久製品の購入が増える。趣味のよい家具、自動車旅行、必需品でない家電製品、ボート、歯科医療費、雑誌にお金をかける。
6.	空の巣Ⅰ：子供と一緒に暮らしていない年配の夫婦。家計の担い手がまだ働いている。	自宅所有率がピークに達する。ほとんどが経済状態と貯蓄額に満足している。旅行、娯楽、教養に興味を持つ。贈り物や寄付をよくする。新製品には関心がない。旅行、贅沢品、家の改装にお金をかける。
7.	空の巣Ⅱ：年配の夫婦。子供は独立している。家計の担い手は引退している。	収入の激減。家は手放さない。医療関係にお金をかける。
8.	配偶者と死別。まだ働いている。	収入はまだ良いが、家を手放す場合が多い。
9.	配偶者と死別。仕事は引退。	医療関係や製品のニーズは、ほかの引退者のグループと同じ。収入は激減する。世話、愛情、安全管理を特に必要とする。

出典：William D. Wells and George Gubar, "Life-Cycle Concepts in Marketing Research," *Journal of Marketing Research*, November 1966, p. 362. 以下の文献も参照されたい。Patrick E. Murphy and William A. Staples, "A Modernized Family Life Cycle," *Journal of Consumer Research*, June 1979, pp. 12-22; and Frederick W. Derrick and Alane E. Linfield, "The Family Life Cycle: An Alternative Approach," *Journal of Consumer Research*, September 1980, pp. 214-17.

職業と経済状態

職業も消費パターンに影響を与える。ブルーカラーの労働者は、作業服、作業靴、弁当箱を買うだろう。会社の社長なら、高価なスーツを着て、飛行機に乗り、カントリークラブのメンバーになり、大型ヨットを所有するかもしれない。マーケターは、自社の製品やサービスに平均以上の関心を寄せている職業集団を、明確に特定しなくてはならない。また、ある1つの職業だけにターゲットを絞って、製品を開発することもできる。例えばソフトウェア・メーカーなら、ブランド・マネジャー、エンジニア、弁護士、医師など、それぞれの職業に特化したソフトウェアを開発するだろう。

製品の選択は経済状態に大きく左右される。経済状態とはすなわち、支出可能な収入のレベル（安定性、月給か、週払いか、不定期か、など）、貯蓄と資産

（流動資産の割合も含む）、負債、借金をする際の信用度、消費と貯蓄に対する考え方などのことである。収入に影響を受けやすい製品を扱うマーケターは、個人所得、貯蓄、利率の動向を注意深く見守っている。経済指標で景気後退と指摘された場合には、自社製品を再設計し、リポジショニングし、価格の再設定をすることで、標的顧客に価値を提供し続けることができる。

ライフスタイル

同じサブカルチャー、社会階層、職業の人でも、ライフスタイルがまったく違うこともある。

- **ライフスタイル**とは、活動、関心、意見などに現れる人それぞれの生活パターンのことである。ある人間が周囲とかかわる際、ライフスタイルはその人の「全体像」を描き出す。

マーケターは、自社製品とライフスタイル集団の関連性を探す。例えばコンピュータ・メーカーが、コンピュータを買う人のほとんどが達成願望において強いということに気づいたとする。それならば、マーケターは達成志向のライフスタイルを有する人に的を絞って、自社ブランドを売り込もうとするだろう。

サイコグラフィックスとは、消費者のライフスタイルを測定し、分類する研究領域である。サイコグラフィックスに基づいた分類法で最も有名なのは、VALS2のフレームワークだろう。SRIインターナショナルによる価値観とライフスタイル（VALS）のフレームワークは、一般に入手できる唯一のサイコグラフィック分類システムであり、広く受け入れられている。VALS2システムは、ビジネス界の変化に合わせて常に最新版が作られている。VALS2では、アメリカの成人が、心理的特性に基づいて8つの集団に分類されている。この分類システムは、5つのデモグラフィックスを取り上げた質問、42項目の態度に関する質問、オンライン・サービスとウェブサイトの利用に関する質問への答えを基にしている[16]。

VALS2の質問は、例えば「私は自分の生活がいつも同じであることを好む」「面白いことをよく求める」「ものを買うより作る方が好きである」という文章に、イエスかノーを答えさせるものである。

資源（財力・教育・健康など）に恵まれた4つの集団の主な傾向は以下のとおりである。

- **実現者**　成功していて、教養があり、活動的で、「人の上に立つ」タイプの人。この人々が買う高級製品やニッチ製品には、洗練された嗜好が表れていることが多い。
- **充足者**　分別があり、満足していて、穏やかで、思慮深い人。製品の耐久性、機能性、価値を重視する。
- **達成者**　成功していて、仕事やキャリアを重視する人。自分が成功していることを周りに示すような、評価の定まった有名な製品を好む。
- **経験者**　若くて、元気があり、情熱的で、衝動的で、反逆的な人。収入の大半を服、ファストフード、音楽、映画、ビデオに費やす。

宇宙空間へ移住できれば、人口問題が解決するかもしれない。

この先数年間に、禁煙するアメリカ人は増えるだろう。健康に対するタバコの害がマーケティングによって効果的に伝わった証拠である。

資源に乏しい4つの集団の主な傾向は以下のとおりである。
- **信奉者**　保守的で、型にはまった伝統を重んじる人。馴染みの製品や昔からあるブランドを好む。
- **懸命者**　自信がもてず、不安で、他人の賞賛を求めており、経済的に楽ではない人。裕福な人が持っているものを模倣した、スタイリッシュな製品を好む。
- **創作者**　現実的で、自足しており、伝統的で、家族を大切にする人。工具、多用途車、釣りの道具など、実用的で機能的な製品のみを好む。
- **苦悩者**　高齢で、仕事は退職し、受け身で、いろいろな心配事を抱えており、経済的には楽ではない人。慎重な消費者で、馴染みのブランドに対するロイヤルティが高い。

自分がVALS2のどのタイプに当てはまるのかを知りたい人、または、VALS2の分類一般について知りたい人は、SRIのウェブサイト（www.future.sri.com）にアクセスしてみるとよい。VALS2の質問とライフスタイルに関する他の質問に答えると、その場で結果が出る。

サイコグラフィックスは、多くのマーケターにとって依然として妥当で信頼できる方法であるが、情報経済の中では価値が失われていくだろう。インターネットやオンライン・サービスの利用、ハイテク製品の購買に関しては、消費者行動を予測してきた昔ながらの手法が時として役に立たないことに、社会科学者たちは気づきはじめている。■ミレニアム・マーケティング「マウス・ポテトかハイテク努力型か：ハイテク製品の購買者にクリックさせるものは何か。そこに焦点を当てた新しい調査」を参照されたい。

ライフスタイルによる分類法は、けっして普遍的ではない。例えばマッキャンエリクソン・ロンドンは、イギリス人のライフスタイルを次のように分類している。それは、アバンギャルド（変化に興味がある者）、司教タイプ（伝統主義者、きわめてイギリス的）、カメレオン（大衆追随者）、夢遊病者（現状に満足して何もやろうとしない者）である。1992年に広告会社のダーシー・マシウス・ベントン・アンド・ボールズは、『The Russian Consumer: A New Perspective and a Marketing Approach』という本を出版し、その中でロシアの消費者を5つに分類した。「クペーツ（商人）」「コサック」「学生」「事業経営者」「ロシア魂」である。コサックは野心家で、独立していて、ステータスを追い求めるタイプであり、ロシア魂は受け身で、優柔不断で、楽観的である。コサックはBMWに乗り、ダンヒルの煙草を吸って、レミーマルタンを飲む。ロシア魂は国産車のレダに乗り、煙草はマールボロで、酒はスミルノフのウォッカを飲む[(17)]。

子供がなるべく暴力シーンを見ないように、アメリカのテレビは、近いうちに暴力シーンをカットするチップを内蔵するようになるだろう。

性格と自己概念

だれでも、購買行動に影響を与えるような、その人にしかない性格を持っている。
- **性格**とは、個人の心理的特性のことであり、周囲の環境に対して比較的一貫した反応を継続的に示している。

MARKETING FOR THE MILLENNIUM　ミレニアム・マーケティング

マウス・ポテトかハイテク努力型か：ハイテク製品の購買者にクリックさせるものは何か。そこに焦点を当てた新しい調査

昔ながらの市場調査でも、どのような人が家庭用にコンピュータを購入するかはわかるだろう。その人のライフスタイルについても判明するかもしれない。だが、その家の中のだれがコンピュータを使うのか、なぜ使うのかはわからない。妻が通信教育に使っているのか、息子がゲームのダウンロードに使っているのか、娘がチャットに使っているのか、ハイテク嫌いの夫がごくたまに株式市況をチェックするために使っているのか、そういったことはまったくわからない。ハイテク嫌いの夫に最新のオンライン技術を紹介した広告を送ってしまうと、それは見当違いである。

ハイテク製品のマーケターは、いくつかの新しい市場調査のツールで、ハイテク製品の購買者やユーザーの習性を読むことができる。これらの新しい枠組みは、消費者をテクノロジー・タイプによって細分化しようとしている。いくつかのリサーチ・ツールが開発されているが、そのなかでも特に優れた2つがフォレスター・リサーチ社のテクノグラフィックスとSRIコンサルティングのiVALSである。テクノグラフィックスは、テクノロジーの利用に対する動機、欲望、能力で消費者を分類したものであり（表を参照）、iVALSは、オンライン・サービスやインターネットの利用者の態度、選好、行動に焦点を当てたものである。フォレスター・リサーチ社は、世論調査会社のNPDを雇って13万1000人の消費者を調査し、テクノグラフィックスを開発した。これは別表にあるとおり、消費者を9つのカテゴリーに分類している。

SRIのiVALSも消費者を10のセグメントに分類しているが、インターネットの利用だけに焦点を絞っている。iVALSによる分類を以下にいくつか紹介する。

- **達人**　最も高度な技術を持ち、活発にインターネットを利用する人。彼らにとっては、卓越した技術を持つことがアイデンティティの証明になる。
- **移民**　最近インターネットを始めた人。インターネットのごく一部しか知らず、主に仕事や勉強のためだけに利用している。
- **社交家**　インターネットをコミュニケーション手段として用いる人。オンライン討論の参加者にはこの人たちが多い。iVALSの分類では最年少にあたり、ほとんどが30歳以下である。

テクノグラフィックスもiVALSも社会階層を表したものであるが、収入ではなく知識で分類している。例えば、コンピュータに精通した人は、料金の支払い、お金の口座間の移動、収支のチェックなどをコンピュータ上で行うことに抵抗がないため、オンライン・バンキングの格好のターゲットになるだろう。コンピュータが使えない人は、依然として手書きで小切手に記入し、「カタツムリ郵便（電子メールより遅い普通の郵便を指すハッカー用語）」を利用して支払いをし、銀行の窓口の行列に並ぶ。だが、新しい市場調査ツールによって、「知る者」と「知らざる者」の間にもさまざまな段階があることがわかってきた。例えばデルタ航空は、オンライン・チケット販売のターゲットを絞るためにテクノグラフィックスを利用したいと考えている。同社は、時間に追われている「先取り派」と「新世代の親」に向けたマーケティング戦略を練り始め、「テクノロジーの悲観論者」を対象から外そうとしている。「従来の市場調査は、世の中の姿を教えてくれます」と、デルタ航空のマーケティング・リサーチ・マネジャー、ポーラ・ライは述べている。「だが世の中の姿がわかったところで、だれがオンラインでチケットを予約するかわからなければ、意味がないでしょう」。

出典：Andy Hines, "Do You Know Your Technology Type?" *The Futurist*, September–October 1997, pp. 10–11; Rebecca Piirto Heath, "The Frontiers of Psychographics," *American Demographics*, July 1996, pp. 38–43. Information on iVALS segments from www.future.sri.com (August 1998). Paul C. Judge, "Are Tech Buyers Different?" *Business Week*, January 26, 1998, pp. 64–65, 68.

MARKETING FOR THE MILLENNIUM　ミレニアム・マーケティング

ハイテク製品の顧客の実像

　　　　　　　　裕福　　　　　　　　裕福でない

	仕事	家族	娯楽
楽観論者	**先取り派** 最大の消費者で、家庭や仕事や個人の生活に早々と新しいテクノロジーを取り入れる。	**新世代の親** 同じく消費者として大きな存在である。ただしファミリー用PCのように家庭内での利用に限られている。	**マウス・ポテト** オンラインの世界を娯楽として楽しんでいる。最新のハイテク・エンターテインメントに喜んでお金を使う。
	ハイテク努力型 キャリアを磨くために、携帯電話やポケットベルからオンライン・サービスに至るテクノロジーを利用する。	**デジタル願望型** 予算は限られているがハイテクに興味がある。1000ドル以下のPCの顧客として有望である。	**ガジェット愛好家** やはりオンラインの娯楽を好むが、使えるお金が限られている。
悲観論者	**ハイテク恐怖症** 仕事ではコンピュータに触れない年齢の高い消費者である。マネジャー・クラスに多い。コンピュータは若いアシスタントに任せている。	**伝統派** ハイテクを使う意欲はあるが、なかなかアップグレードしようとしない。アップグレードなどの追加製品にお金を払う価値があると思っていない。	**メディア中毒** 娯楽を求めているが、オンラインには魅力を感じていない。テレビなどの古いメディアを好む。

傍観者（テクノロジーに興味を持っていない）

出典：Paul C. Judge, "Are Tech Buyers Different," *Business Week*, January 26, 1998, p. 65; Data Forrester Research Inc.

　性格は、自信がある、支配的、自主的、従順、社交的、防御的、順応性がある、などの特徴で表されることが多い(18)。性格タイプが正確に分類できて、特定の性格と製品（ブランド）選択の間に強い相関関係が認められるという条件の下であれば、性格は消費者行動を分析する上で便利な変数となる。例えばコンピュータ会社なら、見込み客の多くが、自信家で、支配的で、自主的であることを発見するかもしれない。とすれば、そのような性格の人にアピールする広告を作ればよい。

　性格に関連するのが、**自己概念**（または自己イメージ）である。マーケターは、標的市場の自己イメージに合致するようなブランド・イメージを開発しようとする。ある人の**実際の**自己概念（自分をどのように見ているか）が、その人の理

次のミレニアムには、これまでよりも安心して赤ちゃんを出産できるようになる。妊婦と新生児の死亡率が劇的に下がると予想されているからである。

想的自己概念(自分がどのように見られたいか)や、**他者から見た自己概念**(他人の目に自分はこう映っているというその人なりの考え)と、違っていることもありうる。その人は、物を買う際にどの自己概念を満足させようとするだろうか。これは大変に難しい問題であるため、自己概念理論は、ブランド・イメージに対する消費者の反応を予測する場合において、必ずしも成功するとはいえないところがある[19]。

心理的要因

人が購買選択をするときには、4つの主な心理的要因に影響される。動機、知覚、学習、そして信念と態度である。

動機

歴史メモ：20世紀の医学の進歩には、ジークムント・フロイトによる夢分析、最初の試験管ベビーの誕生、最初の人工心臓の製造などがある。

人には、時と場合によって異なる多様なニーズがある。飢え、渇き、不快感など、生理的な欲求によって引き起こされる**生理的**ニーズもあれば、認められたい、評価されたい、どこかに属したいという欲求によって引き起こされる**心理的**ニーズもある。ニーズが一定のレベルまで高まると動機になる。**動機**とは、実際に行動を起こすまでに高められたニーズのことである。

人間の動機に関しては、心理学者によってさまざまな理論が立てられている。最も有名な3つの理論——ジークムント・フロイトの理論、アブラハム・マズローの理論、フレデリック・ハーツバーグの理論——は、消費者分析とマーケティング戦略に、それぞれまったく違ったインプリケーションを与えてくれる。

フロイトの動機理論 フロイトによれば、人は自分の行動を形成する心理的要因には概して無自覚であり、そのため自分の動機を完全には理解できないという。そこで**ラダリング**という手法を使い、明確に言葉にされた動機から、さらに深い動機を探っていく。そうすればマーケターは、どのレベルの動機に対してメッセージを作成し、アピールすればよいかを決めることができる[20]。

人はブランドを吟味する際、明確に言及された長所だけでなく、陰に隠れている手がかりにも反応している。形、サイズ、重さ、素材、色、ブランド名は、すべてある特定の連想や感情を呼び起こす。

人口照会局によると、10秒に27人の割合で子供が産まれている。

動機をリサーチする人は、数十人の消費者を対象にした「デプス・インタビュー」を実施して、ある製品によって引き起こされる深い動機を探り出そうとすることが多い。リサーチャーは、**単語連想、文章完成法、絵の解釈、ロール・プレイング**など、多様な「投影技法」を用いる。その結果、興味深く、時に奇妙な仮説が導き出されてきた。例えば、プルーンには皺があり、皺は老人を連想させるため、消費者はプルーンを嫌う、という仮説がある。ほかに、男性が葉巻を吸うのは指しゃぶりの大人版であるとか、女性が動物性油脂より植物性油脂を好むのは、前者では動物を殺すという罪悪感が引き起こされるからだという仮説もある。

さらに最近の研究では、製品がそれぞれ独自の動機を消費者の心に喚起する

という考え方も出ている。例えばウイスキーは、社交、ステータス、楽しみを求める人を引きつける。そのため、ウイスキーの各ブランドは、それぞれ3つの魅力のいずれかに特化してきた。ジャン・カレボーは、このアプローチを「動機のポジショニング」と呼んでいる[21]。

マズローの動機理論　アブラハム・マズローは、人が特定の時期に特定のニーズを持つ理由を解明しようとした[22]。ある人は自分の安全のために多大な時間とエネルギーを費やし、別の人は他人によく見られようと必死になったりするのはなぜだろうか。マズローによれば、人のニーズは、緊急度が高いものから低いものへと至る階層構造になっている。重要度の高いものから順に並べると、生理的ニーズ、安全のニーズ、社会的ニーズ、評価のニーズ、自己実現のニーズとなる(■図6-2)。人は最も重要なニーズから先に満たそうとする。重要なニーズが満たされると、それは当面の動機ではなくなる。そこで、次に重要なニーズを満たそうとする。例えば、飢えている人(ニーズ1)は、美術界の最新動向(ニーズ5)や、自分が周りからどう見られているか(ニーズ3または4)に、それどころか自分が吸っている空気はきれいかどうか(ニーズ2)にさえ、関心を持たないだろう。だが、十分な水と食料が手に入れば、次に重要なニーズが浮かび上がってくる。

マズローの理論によって、マーケターは、多様な製品が、消費者の計画や目標や人生にどのようにかかわっているかを理解することができる。

ハーツバーグの動機理論　フレデリック・ハーツバーグは、物事を「不満を引き起こす要素」と「満足を引き起こす要素」の2つに分ける、**2要素論**を唱えた[23]。購買を動機付けるためには、不満要素がないだけでは不十分で、満足要素が積極的に働かなくてはならない。例えば、保証のついていないコンピュータは不満要素だろう。だが、保証をつけるだけでは、満足要素にも、購買動機

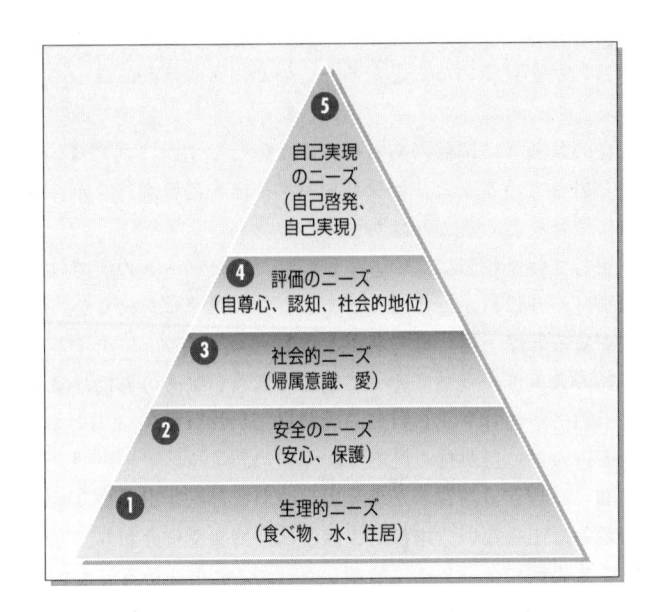

図6-2

マズローのニーズ階層

にもならない。なぜなら、保証は本来コンピュータが与えてくれる満足ではないからだ。この場合は使いやすさが満足要素になる。

ハーツバーグの理論には２つのインプリケーションがある。第１に、売り手は不満要素（例えば、わかりにくいマニュアルや貧弱なアフターサービス）を排除するために最大限の努力をしなくてはならない。確かにそれだけでは売れる要素にはならないが、放置しておいては大きなダメージになる。第２に、作り手は市場における主要な満足要素や購買動機を見定め、それらを供給しなければならない。これらの満足要素は、顧客がどのブランドを購入するかに関して、非常に大きな意味を有している。

> ハシカ撲滅が、ニュー・ミレニアムにおける公衆衛生の目標になる。

知覚

動機を持った人は行動を起こす準備が整っている。実際にどのような行動を起こすかは、状況に対するその人の知覚によって影響を受ける。

- **知覚**とは、人が与えられた情報を選別し、編成し、解釈し、そこから意味のある世界観を形成するプロセスのことである[24]。

知覚を左右するのは、物理的な刺激だけではない。その刺激の周囲との関係や、知覚する人の状態も影響する。

知覚を定義する際のキーワードは**個人**である。早口のセールスマンを押しが強くて誠実さに欠けると考える人もいれば、頭が良くて頼りになると考える人もいる。同じものでも人によって受け止め方が違うのは、知覚に３つのプロセス——選択的注意、選択的歪曲、選択的記憶——があるからである。

選択的注意 人は毎日膨大な量の刺激にさらされている。平均的な人で、一日に1500以上の広告を見たり聞いたりしている。もちろん、そのすべてに注意を払うことはできないので、ほとんどの刺激は意識から除外されることになる。これが**選択的注意**と呼ばれるプロセスである。つまり、マーケターは消費者の注意を引くために努力しなくてはならない。最も難しいのは、消費者がどの刺激に反応するのかを見極めることだろう。いくつか明らかになっていることを以下に挙げる。

- **人は現在のニーズに関係のある刺激に反応しやすい。**コンピュータを買おうと思っている人は、コンピュータの広告に目が行くが、ステレオの広告に目をとめることはあまりない。
- **人は予想していた刺激に気づきやすい。**コンピュータの店では、コンピュータばかりに目が行ってラジオの存在には気づきにくい。そこにラジオがあるとは予想していないからだ。
- **人は普通の大きさの刺激に比べて偏りの大きい刺激の方に注意を向ける。**表示価格から５ドル引きというコンピュータの広告より、100ドル引きの広告の方に目が行くだろう。

選択的歪曲 たとえ消費者が刺激に気づいたとしても、送り手が意図したように伝わるとは限らない。**選択的歪曲**とは、情報を自分なりに意味を曲げて解釈したり、先入観に合うように解釈したりすることをいう。選択的歪曲をな

くすためにマーケターができることは、残念ながらあまりない。

選択的記憶　人は学習したことの多くを忘れてしまうが、自分の態度や信念を裏づけてくれるような情報は覚えている傾向がある。この**選択的記憶**があるために、我々は気に入っている製品へのほめ言葉はよく覚えていても、競合製品へのほめ言葉は忘れてしまう。標的市場の記憶に残るようにするため、マーケターは広告表現をドラマ仕立てにしたり、広告メッセージを繰り返し伝えたりするのである。

世界各地で人口の移動が続いているために、マーケターは、国家間の言語や文化の違いと同様に、同じ国内での違いにも敏感にならなければならない。

■■■■■ 学習

人は行動することで学習する。

■ **学習**とは、経験によってもたらされる個人の行動変化である。
人間のほとんどの行動は学習して身につけるものである。学習の理論家によれば、学習は、動因、刺激、手がかり、反応、強化の相互作用によって生じる。

動因とは、行動を引き起こす内部からの強い刺激である。**手がかり**とは、いつ、どこで、どのように反応するかを決める、小さな刺激である。

あなたがIBMのコンピュータを買うと仮定しよう。もし買って良かったと思えば、コンピュータとIBMに対するあなたの反応は、プラスに強化される。その後プリンターを買おうと思ったとき、あなたは、IBMは良いコンピュータを作っているのだから、プリンターも良い物だろうと考える。別のいい方をすれば、同じような刺激に対する自分の反応を**一般化**しているのである。この一般化と反対の反応が**弁別**である。弁別とは、同じような刺激のなかから違いを見分け、それに従って反応を変えることをいう。

学習理論から、製品を強い動因と結びつけ、手がかりを与え、プラスに強化することによって、製品に対する需要を創り出せることがわかる。新規企業は、競合他社と同じような動因や手がかりを提供することによって、市場に参入することができる。購買者は、同じようなブランドにロイヤルティを抱くことが多いからだ（一般化）。または、自社ブランドを別の動因にアピールするように設計し、ブランド・スイッチを促すような強い手がかりを与えることも考えられる（差別化）。

アメリカとカナダの2国で、全ヨーロッパを上回る量のエネルギーを使っている。

■■■■■ 信念と態度

人は行動と学習を通して、信念と態度を身につける。この信念と態度が、購買行動に影響を与える。

■ **信念**とは、人があるものに対して抱いている、記述的な考えのことである。

信念は、知識、意見、信仰に基づいており、時として感情に根ざしている。もちろん製造業者は、自社の製品やサービスに対して人々が抱いている信念に、おおいに興味を持っている。これらの信念が製品やブランドのイメージを作り上げ、人々はそのイメージに基づいて行動するのである。もし特定の信念が間違っていて、それが購買を妨げているとしたら、製造業者は間違いを正すような

キャンペーンを実施するだろう[25]。

　グローバル市場を対象にしているマーケターは、購買者がしばしば製品を生産国で判断するということを忘れてはならない。生産国に関するいくつかの研究から、以下のことがわかっている。

- 生産国が持つインパクトは、製品の種類によって異なる。消費者は、自動車の生産国は知りたがるが、潤滑油の生産国は気にしない。
- 国によって評判の良い製品がある。日本は自動車と消費者向けエレクトロニクス製品、アメリカはハイテク関連の新技術、ソフトドリンク、玩具、タバコ、ジーンズ、そしてフランスはワインと香水と贅沢品である。
- 時として、生産国のイメージは特定の製品を超え、当該国の製品全体の印象を決めることもある。最近の調査によると、香港に暮らす中国人の消費者は、アメリカ製品には地位の象徴、日本製品には革新的、中国製品には安物というイメージを持っている[26]。
- 国のイメージが良いほど、ブランドを訴求するときに「メイド・イン・○○」の表示が強調されることになる。
- 生産国に対するイメージは、時とともに変化することがある。第二次世界大戦前の日本製品は安物の代名詞だった。

　製品価格には競争力があるが、生産国イメージのために消費者が背を向けてしまう場合、企業にはいくつかの選択肢がある。まず、より良いイメージを持っている国の企業と共同生産することが考えられる。例えば韓国が、良質な革のジャケットを製造し、最後の仕上げをイタリアに任せるといったことである。あるいは、ベルギーのチョコレート、ポーランドのハム、コロンビアのコーヒーのように、世界最高レベルの品質を達成する戦略を遂行することもできるだろう。これは、南アフリカのワイナリーが挑戦していることである。

> 全世界で10億人以上の人々が、1日1人あたり1ドルで暮らしている。

南アフリカのワイナリー

　経済制裁が終わり、南アフリカ産ワインの輸出は急増するはずだった。ところが、いざワインをヨーロッパのスーパーマーケットに進出させようとしたとき、南アフリカは、自国のブドウ園がオーストラリアやチリのそれと比べて設備において貧弱であるという評判に苦しめられた。その上、南アフリカには、農園主が労働者を過酷な条件で働かせて搾取してきたという不名誉な歴史もある。そこでネルソンズ・クリークやフェアヴューの農園主は、労働者環境を改善し、経営にも彼らを参加させた。「ワインは原産国のイメージに大きく左右されるため、南アフリカの評判が悪ければ売れるはずがない」と、業界に君臨して80年の歴史を持つ農業組合、コーペラティブ・ウィジンブワーズ・ヴェレニジング（KWV）の役員ヴィレム・バーナードは述べている[27]。

　第3の方法として、企業は製品品質の裏づけとなるような有名人を起用することもできる。スニーカーをヨーロッパで広告する際に、ナイキはバスケットボールのスーパースターであるマイケル・ジョーダンを起用して大成功を収め

た⁽²⁸⁾。

信念と同じくらい重要なものに態度がある。

- **態度**とは、ある個人が持続して有する、物事や考え方に対する好意的または非好意的な評価、感情、行動の傾向である⁽²⁹⁾。

人は、ほとんどすべてのものに対して、態度を有している。宗教しかり、政治、服装、音楽、食べ物しかりである。ある対象を好むか嫌うか、それに近づくか遠ざかるかは、態度によって決まる。人の態度はほぼ一貫しているために、同じような対象には同じように反応する。それによって、新たな対象に遭遇しても一から解釈して新しい反応を決める必要がなくなる。態度によってエネルギーや思考の節約ができるので、人の態度を変えるのは大変難しい。人の態度は全体としてのまとまりを有しているため、たった1つの態度を変えるにしても、それに合わせて他の態度も大きく変える必要が出てくる。

そのため企業にとっては、人々の態度を変えるより、すでに確立されている態度に製品を合わせる方が得策だろう。もちろん、態度を変えさせるコストが報われるという場合もある。以下に挙げるのは、消費者の態度を変える広告キャンペーンを実施して、成功を収めた食品関係の団体の例である。

> 歴史メモ：1086年、征服王ウィリアムは、税金徴収のためにドゥームズデイと呼ばれる調査——最初の国勢調査——を行った。

カリフォルニア・レーズン

カリフォルニアのレーズン農家は、大豊作の年に大きな障害に直面した。消費者はこのシワシワの小さなおやつに良い印象を持っていなかったのだ。調査によると、レーズンの栄養価が高いことは多くの人に知られていたが、「面白みのない」食べ物だとも考えられていた。そこで、カリフォルニア・レーズン諮問委員会と踊るレーズンの広告が登場する。粘土人形のレーズンがマーヴィン・ゲイの「悲しいうわさ」に合わせて踊るコマーシャルは大ヒットし、州のレーズンの在庫を一掃してしまった⁽³⁰⁾。

全米牛乳加工業者の教育プログラム

1994年の時点で、牛乳消費量は25年続けて減少していた。一般的に、牛乳はヘルシーではなく、古臭く、子供向けで、クッキーとケーキにしか合わないと考えられていた。1994年10月、全米牛乳加工業者の教育プログラム（MilkPEP）は、ケイト・モス、ダニー・デビート、パトリック・ユーイング、イバナ・トランプらの有名人を起用し、5500万ドルを投じた広告キャンペーンを開始した。雑誌などで展開された広告には、鼻の下に牛乳の白い線をつけたこれらの有名人が登場し、「あなたの口ひげはどこですか」というコピーがつけられている（■口絵6-2参照）。このキャンペーンは人気が出ただけでなく、大きな成功も収めた。牛乳消費量の減少はストップし、むしろ1％上昇したのである。このキャンペーンは1998年まで続いており、費用は1億1000万ドルにも及んでいる。もとは20代の女性を対象にしたものであったが、ターゲットを広げた結果、10代の子供たちの間でもカルト的な人気を獲得し、親たちを喜ばせた。子供たちは、ハンソンやリアン・ライムス

歴史メモ：西暦1000年前後、中国の磁器商人は、東南アジア、ペルシャ湾の交易の中心地、そしてはるか南のアフリカ東岸のザンジバルまで到達した。

といったポピュラー音楽のスター、スーパーモデルのタイラ・バンクス、スティーブ・ヤングやデニス・ロドマンなどのスポーツ選手が起用された広告を切り抜いて収集した。印刷広告の成功に気を良くした牛乳製造会社は、クラブ・ミルクというウェブサイトを作り（www.whymilk.com）、1日にコップ3杯の牛乳を飲むという誓いを立てた人だけをメンバーに受け入れている[31]。

購買決定プロセス

マーケターは、購買者が受けるさまざまな影響を知った上で、彼らがどのように購買決定するのかを理解しなくてはならない。具体的にいうと、購買決定者、購買決定のタイプ、購買プロセスの段階を、きちんと見分けることがマーケターの必須条件である。

購買の役割分担

歴史メモ：前ミレニアムの初め、中国の富はすでに農業ではなく商業が基盤になっていた。

多くの製品は、購買者がはっきりしている。アメリカでは、男性がひげそり道具を自分で選び、女性はパンティーストッキングを自分で選ぶ。だがこのようなカテゴリーにおいても、マーケターは細心の注意を払ってターゲットを決めなくてはならない。購買の役割分担は変化するからだ。イギリスの大手化学メーカーであるICIは、家の塗装用ペンキを選ぶ人の60％が女性であると知って驚いた。そこで同社は、自社のデラックスというブランドのペンキを女性に向けて広告することに決めた。

購買決定で人が演じる役割は、次の5つに分けられる。

- 発案者　製品やサービスの購買を最初に提案する人。
- 影響者　考えやアドバイスによって購買決定に影響を与える人。
- 決定者　買うかどうか、何を買うか、どのように買うか、どこで買うかなど、購買に関する要素を決定する人。
- 購買者　実際に購買する人。
- 使用者　製品やサービスを実際に使用し、消費する人。

購買行動

消費者の意思決定は、購買決定のタイプによって異なる。歯磨き粉を買う、テニスラケットを買う、パソコンを買う、新車を買うといった例は、いずれもまったく異なる購買決定である。複雑で高価な買い物になるほど、購買者はよく考え、購買に参加する人も多くなる。アサエルは、購買者の関与水準と、ブランド間の差異によって、購買行動を4つのタイプに分類している[32]（■表6-3）。

複雑な購買行動

複雑な購買行動は3段階のプロセスからなる。第1段階で購買者は製品に対する信念を確立し、第2段階で当該製品に対する態度を決定し、第3段階で慎重に吟味して選択する。購買に対する関与水準が高く、なおかつ買いたい製品のブランド間の差異が大きい場合、購買者は複雑な購買行動をとる。このケースに当てはまるのは、高価で、購買頻度が低く、リスクが高く、自己表現に大きくかかわる製品を買う場合である。一般的に購買者は、そうした製品カテゴリーについて十分な知識を有していない。例えば、パソコンを買いたいと思っている購買者は、何を基準に選んだらよいのかよくわからないだろう。事前にある程度の探索がなされなければ、さまざまな製品特徴も購買者にとっては何の意味もない。

関与水準の高い製品を扱うマーケターは、消費者の情報収集と評価行動をきちんと理解しておかなければならない。そして、購買者が製品について学べるような戦略を立てるべきである。そうすれば、購買者はまず製品属性の相対的な重要性を知り、さらに重要な属性における自社ブランドの優位性にまで目を向けることになる。マーケターは、自社ブランドの特徴を明確化し、印刷媒体を使って自社ブランドのベネフィットを説明し、店員や購買者の知り合いに動機付けをして、最終的なブランド選択に影響を与えることができる。

不協和低減の購買行動

関与水準が高い場合の買い物でも、ブランド間の差異を消費者がそれほど気にしない場合もある。価格が高く、購買頻度が低く、リスクが高い買い物において、関与水準は高くなる。この場合、購買者は複数の店を回ってどんな製品があるのかを見比べるが、買うのは比較的早い。恐らく、価格や買いやすさといった条件が第1になるだろう。例えば、カーペットは高価で、自分の趣味を如実に表す物なので関与水準の高い買い物である。だが購買者は、同じような価格のカーペットであれば、どのブランドでも大差ないと考える。

実際に買った後で気に入らない点に気づいたり、他のブランドの製品について良い評判を聞いたりして、不安や迷い（不協和）を覚えることもある。そのような消費者は、自分の選択を支持するような情報に敏感になるだろう。この例では、消費者がまず行動し、次に新しい信念を抱き、最後に態度を確立することになる。マーケティング・コミュニケーションによって、企業は消費者が自

イギリスのグリニッチにできるミレニアム・ドームには、労働形態の変化を示す2つの展示ゾーンが建設される。ゾーンの名前は、「スキルのライセンス」（一生同じ仕事を続けるという慣習の衰退）と「学習曲線」（生涯学習）である。

表6-3 購買行動の4つのタイプ

	高関与	低関与
ブランド間の違いが大きい	複雑な購買行動	バラエティ・シーキング購買行動
ブランド間の違いがあまりない	不協和低減の購買行動	習慣的な購買行動

出典：Henry Assael, *Consumer Behavior and Marketing Action* (Boston: Kent Publishing Co., 1987), p. 87. Copyright © 1987 by Wadsworth, Inc. ワッズワース社の一部門であるケント出版の許可を得て掲載。

分のブランド選択に満足できるような信念や評価を提供する必要がある。

■ 習慣的な購買行動

多くの製品は、ブランド間の差異がそれほど見られず、低い関与のもとで買われていく。例えば塩である。消費者はこのようなカテゴリーに入る製品に関与を抱くことはない。消費者は店に行き、目につくものを買っていく。いつも同じブランドの製品を買うのも習慣によるものであって、ブランド・ロイヤルティによるものではない。低価格で購入頻度の高い製品は、ほとんどの場合、低関与下で購入されている。

このような製品を買う場合、消費者は、信念、態度、行動という通常の購買プロセスをたどらない。広く情報を求めることはなく、また特性を吟味して購入ブランドを決定することもない。ただテレビ広告や印刷広告のいうことを受動的に受け取っているだけである。そして、広告の反復によって、**ブランドへの確信ではなくブランドへの親密**が生み出される。製品に対して高い関与を抱いているわけではないので、消費者が購買後に自分の選択を評価することもない。このような低関与製品の場合、購買プロセスは、受動的な学習によって形成されたブランド信念で始まり、次に購買行動に至り、場合によってはその次に評価を伴うこともある。

このような製品を売り込む場合、セールス・プロモーション手段を利用して、消費者に製品の試用を促すことが効果的だ。テレビ広告の方が印刷広告よりも効果がある。というのも、テレビという受け身の媒体は受動的な学習に適しているからである[33]。

低関与の購買行動を高関与の購買行動に変えるには、4つのテクニックがある。1つめは、消費者の関心がある事柄に製品を関連づけること。例えばクレスト練り歯磨き粉は、虫歯予防と関連づけられている。2つめは、個人の状況に製品を結びつけること。例えば、コーヒーの広告を、消費者が眠気を覚ましたいと思っている早朝に流す。3つめは、個人の価値やエゴを刺激するような広告戦略を用いること。4つめは、製品に重要な特徴を加えること。例えば、単なる飲み物にビタミン成分を加える。とはいえ、これらの戦略はどれだけうまくいっても、低関与を中程度の関与に変えることしかできない。高関与の購買行動に変えることはないだろう。

■ バラエティ・シーキング購買行動

低関与の製品でも、ブランド間の差異が大きい場合がある。この場合、消費者はブランド・スイッチを頻繁に行う。例えばクッキーである。消費者はクッキーに対してある種の信念を持っていて、特に深く考えることもなくあるブランドを選び、消費しながらその製品について評価する。その次には、違う味を求めて別のブランドを購入するかもしれない。このようなブランド・スイッチは、不満からではなく、多様性を求めたいという気持ちから起こる。

このカテゴリーの製品では、市場におけるリーダー・ブランドとマイナー・

ミレニアム・ドームの「まじめな遊び」という名の展示ゾーンでは、多様なメディアが遊びの力を伝えるとともに、来場者が見るだけでなく参加できるようになっている。

「経験」マーケティングや多様なテーマパークが成功していることから、ニュー・ミレニアムでもファンタジー・エンターテインメントが成長を続けるといえるだろうか。

ブランドが、それぞれ違ったマーケティング戦略を用いる。リーダー・ブランドは、スーパーの棚を独占したり、在庫切れをなくしたり、リマインダー型広告を頻繁に行ったりして、消費者の習慣的な購買を促そうとする。チャレンジャー企業は、価格を安くしたり、クーポンをつけたり、サンプルを配ったり、試用を促す広告を行ったりして、消費者のバラエティ・シーキングを促す。

購買決定プロセスの諸段階

　賢明な企業であれば、自社の製品カテゴリーにおける購買決定プロセスを調査しているはずである。こうした企業は、最初に当該製品カテゴリーとブランドを知ったのはいつか、ブランドに対する信念は何か、製品への関与はどの程度か、どのようにブランドを選ぶのか、購買後の満足度はどうかなど、さまざまな質問を消費者に対して行っている。

　マーケターは、どうすれば自社製品の購買プロセスを知ることができるだろうか。自分ならどうするかについて考える方法がある(**内省法**)。最近その製品を買った人を数人選び、購買決定に至るまでのプロセスをインタビューするという方法もある(**回想法**)。その製品を買おうと思っている消費者を見つけ出し、購買プロセスを報告してもらうという方法もある(**予想法**)。あるいは、消費者に理想的な購買プロセスを描写してもらうという方法もある(**展望法**)。いずれの方法でも、消費者の購買プロセスの各段階が明らかになる。

　■図6-3には、典型的な購買プロセスの「段階モデル」が示されている。消費者は、問題認識、情報探索、代替製品の評価、購買決定、購買後の行動という5つの段階を経る。ここからも明らかなように、購買プロセスは実際の購買のかなり前に始まり、その後も長く継続する[34]。

　■図6-3に示された購買プロセスのモデルでは、消費者が製品を買う際に5つの段階すべてを順に通過することになる。だが実際には、ある段階を飛ばすこともあるし、順序が逆になることもある。例えば、いつも買っているブランドの歯磨き粉を買う女性は、歯磨き粉のニーズから実際の購買へとダイレクトに移動するので、情報探索と代替製品の評価は飛ばされる。だがここでは■図6-3のモデルを用いることにする。このモデルは、関与の高い購買をする消費者の心の動きをすべてカバーしているからである[35]。

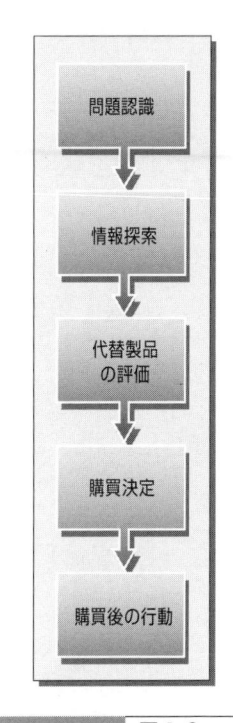

図6-3

5段階の購買プロセスのモデル

21世紀には、世界人口が120億人になると予想されており、貧富の格差はさらに広がると考えられている。

問題認識

　購買プロセスは、消費者が何らかの問題やニーズを認識したときに始まる。そのニーズは、内部刺激、または外部刺激によって引き起こされる。前者の場合、人間の通常のニーズ——飢え、渇き、性欲——が限界にまで達し、動因となる。後者の場合、外部刺激によってニーズが生まれる。パン屋の店先から漂ってくる香りに食欲を刺激される、隣人の新車をうらやましく思う、テレビでハワイ

旅行のコマーシャルを見るといった例が、外部刺激である。

マーケターは、特定のニーズを引き起こす状況を明らかにする必要がある。多くの消費者から情報を集めることによって、ある製品カテゴリーへの関心を呼び起こす頻度が最も高い刺激を特定することができるだろう。その結果から、消費者の関心を刺激するマーケティング戦略を立てることができる。

情報探索

覚醒された消費者は、さらに情報を集めようとする。この「覚醒」は、強弱2つのレベルに分けることができる。弱いレベルを、**高められた注意**と呼ぶ。このレベルでは、人は当該製品情報へ敏感になっているにすぎない。

強いレベルになると、その人は**積極的な情報探索**に乗り出す。カタログや雑誌を見たり、友人に電話をしたり、実際に店に行って製品情報を仕入れたりする。ここでマーケターが最も注目すべき点は、消費者が頼りにする主な情報源と、それぞれの情報源が購買決定にもたらす影響力である。消費者の情報源は4つのグループに分類できる。

- **個人的情報源**　家族、友人、隣人、知人
- **商業的情報源**　広告、販売員、ディーラー、パッケージ、ディスプレー
- **公共的情報源**　マスメディア、製品評価をする消費者団体
- **経験的情報源**　操作、検討、使用

これらの情報源の量や影響力は、製品カテゴリーや購買者特性によって異なる。一般的に、消費者は商業的情報源、つまりマーケターが支配できる情報源から最も多くの情報を得る。しかし、最も効果的な情報となると、個人的情報源から得ることが多い。それぞれの情報源は、購買決定に影響を与える際に異なった役割を果たす。商業的情報源は通常「知らせる」役割を果たし、個人的な情報源は「正当化」や「評価」の役割を果たす。例えば、医師は新薬の情報を広告などから得るが、実際に有効かどうかは他の医師に聞いて判断する。

情報収集を通して、消費者は競合ブランドの存在とその特徴も知る。■図6-4の左端のボックスには、**入手可能集合**のブランドが示されている。だが、消費者が存在を知るようになるブランドはそのうちの一部にすぎない（**知名集合**）。そのなかのいくつかが、当初の購入目的を満たしている（**考慮集合**）。さらに情報を集めるうちに、候補が数種類に絞られる（**選択集合**）。選択集合に残ったブランドは、いずれも許容範囲にある。消費者はこのなかから最終的な購入ブランドを決める[36]。

■図6-4からも明らかなように、企業は、自社ブランドが見込み客の「知名集合」「考慮集合」「選択集合」に入るような戦略を立てなくてはならない。また、選択集合に残った他のブランドを知り、それらと競争できるような特徴をアピールする計画を立てることも必要である。さらに、消費者の情報源を知り、それぞれの相対的な重要性を評価しなければならない。したがって、企業は消費

2000年、世界最大の映画館がロンドンに建設される。

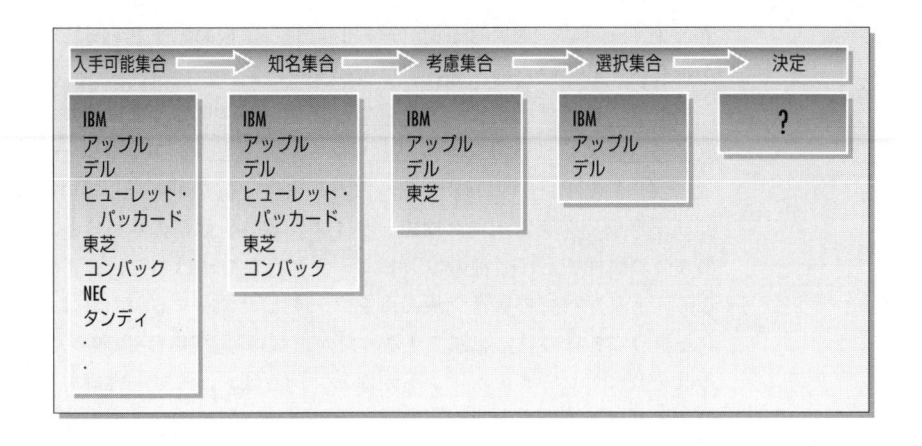

```
入手可能集合 ⇒ 知名集合 ⇒ 考慮集合 ⇒ 選択集合 ⇒ 決定

[IBM          ] [IBM          ] [IBM      ] [IBM    ] [ ? ]
 アップル        アップル         アップル     アップル
 デル           デル            デル         デル
 ヒューレット・   ヒューレット・    東芝
 パッカード      パッカード
 東芝           東芝
 コンパック      コンパック
 NEC
 タンディ
 ・
 ・
```

者に次のような質問をする。どのようにしてこのブランドを知ったか、後からどのような情報を得たか、それぞれの情報源の重要度はどのくらいか。これらの質問に対する答えを知れば、企業は、標的市場に対する効果的なコミュニケーションを準備することができるだろう。

図6-4
消費者の意思決定の流れ

代替製品の評価

　消費者はどのように競合ブランドの情報を処理し、最終的な価値判断をするのだろうか。評価のプロセスは消費者によって異なり、同じ消費者でも購買状況によって異なったプロセスをたどる。評価プロセスはいくつかあるが、最新のモデルでは、プロセスを認知志向としてとらえている。つまり、消費者は概して意識的で理性的な判断を下しているというのである。

　基本的なコンセプトのいくつかは、消費者の評価プロセスを理解する助けとなる。第1に、消費者はニーズを満足させようとしている。第2に、消費者は製品というソリューションから一定の**ベネフィット**を得ようとしている。第3に、消費者は製品を**製品属性の束**であると見なしている。属性の束には、ニーズを満たすようなベネフィットを提供する多様な能力が備わっている。消費者にとって関心のある属性は、製品によって異なる。

- **カメラ**　画像の鮮明さ、シャッター・スピード、本体サイズ、価格
- **ホテル**　立地、清潔さ、雰囲気、価格
- **マウスウォッシュ**　色、効果、殺菌力、価格、味、香り
- **タイヤ**　安全性、トレッドの寿命、乗り心地、価格

　製品のどの属性を最も重視するか、それぞれの属性をどのように評価するかは、消費者によって違う。消費者は、自分が求めるベネフィットを提供してくれる属性に最も注目するだろう。ある製品の市場は、消費者集団ごとに突出した属性に従って細分化できることが多い。

　消費者は、それぞれのブランドを属性に基づいて**ブランド信念**を確立する。そしてブランド信念の集まりが**ブランド・イメージ**となる。消費者が抱くブラン

環境保護が21世紀の主要課題になることは間違いない。

ド・イメージは、選択的知覚、選択的歪曲、選択的記憶といったフィルターにかけられた経験のため、消費者ごとに異なる。

消費者は属性評価プロセスを経て、ブランドに対する態度（判断、選好）を形成する[37]。ここで、リンダ・ブラウンという女性が、コンピュータの「選択集合」を4つ（A、B、C、D）まで絞ったとしよう。彼女が重視している属性は、メモリー容量、グラフィック性能、サイズと重さ、価格の4つである。彼女がこの4つの属性ごとに候補のコンピュータに点数をつけると、■表6-4のようになる。もしすべての属性で最高点をマークしたブランドがあれば、リンダがそれを買うことは容易に想像できる。だが彼女の「選択集合」に残ったブランドは、それぞれにアピール・ポイントがある。例えば、メモリー容量を最も重視するのであればAを選ぶべきだろうし、グラフィック性能にこだわるならBを買うべきだということになる。

ほとんどの購買者が、購入の際にいくつかの属性を念頭に置いている。リンダ・ブラウンが先の4つの属性にどのような比重を置いているかがわかれば、彼女の選択をより確実に予想できる。例えば、彼女が考えるそれぞれの属性の重要度が、メモリー容量40%、グラフィック性能30%、サイズと重さ20%、価格10%だとする。この重要度にそれぞれのコンピュータの属性に対する彼女の信念の点数を掛けて計算すれば、各ブランドに対するリンダの知覚価値を導き出すことができる。計算結果は以下のとおりである。

コンピュータ $A = 0.4 \times 10 + 0.3 \times 8 + 0.2 \times 6 + 0.1 \times 4 = 8.0$

コンピュータ $B = 0.4 \times 8 + 0.3 \times 9 + 0.2 \times 8 + 0.1 \times 3 = 7.8$

コンピュータ $C = 0.4 \times 6 + 0.3 \times 8 + 0.2 \times 10 + 0.1 \times 5 = 7.3$

コンピュータ $D = 0.4 \times 4 + 0.3 \times 3 + 0.2 \times 7 + 0.1 \times 8 = 4.7$

この結果、リンダが買うと思われるコンピュータは、最高（8.0点）の知覚価値を持っているAであると予想できる[38]。

コンピュータを買う人の大半が、リンダと同じように選好を決めるとしよう。それがわかっていれば、コンピュータ・メーカーが購買者の決定に影響を与え

> 環境悪化についての理解を促すために、かつて産業革命によって自然が破壊されたイギリスのドンカスターに地球センターが建設される。

表6-4　消費者が抱いているコンピュータのブランド・イメージ

コンピュータ	属性			
	メモリー容量	グラフィック性能	サイズと重さ	価格
A	10	8	6	4
B	8	9	8	3
C	6	8	10	5
D	4	3	7	8

注：すべての属性は0点～10点で評価され、10点が各属性における最高レベルを表す。だが価格は逆で、価格がいちばん低いものが10点になっている。これは、消費者が高価格よりも低価格を好むからである。

るためにできる方策はたくさんある。例えばコンピュータCのマーケターは、自社製品への興味を刺激するために次のような戦略をとることができる。

- **製品の再設計**　　このやり方は**物理的リポジショニング**と呼ばれる。
- **ブランドに対する信念の変更**　　ブランドに対する信念を変えようとすることを**心理的リポジショニング**と呼ぶ。
- **競合ブランドに対する信念の変更**　　**競争的デポジショニング**と呼ばれるこの戦略は、購買者が競合ブランドの品質を実際より高く評価している場合に有効である。
- **重要度の比重変更**　　自社製品が優れている属性をより重視するように、購買者の説得を試みる。
- **無視された属性への注意喚起**　　購買者が気づいていない属性──例えばデザインや処理速度──に、興味を引きつける。
- **購買者の理想基準の変更**　　いくつかの属性について、購買者が理想とする基準の変更の試みる[39]。

日々の生活に使われる品々の保存を目的とした国際日用品美術館が、2000年にフランスのセッテにオープンする予定である。

購買決定

　比較検討を重ねた結果、消費者は「選択集合」に残ったブランドにおける選好を決める。そして、最も好ましく思ったブランドを買おうと考えるだろう。だが、購買意図と実際の購買決定の間には、2つの要素が立ちはだかっている(■図6-5)[40]。

　第1の要素は、**他人の態度**である。他人の態度によって、自分が好ましいと思ったブランドの評価がどれだけ下がるかは、2つの事柄に依存している。(1)当該ブランドに対する他人の否定的な態度の強さと、(2)他人の望みに合わせようという購買者の動機付けである[41]。他人の態度が否定的であるほど、そしてその他人と購買者が近い間柄であるほど、購買者は他人の意見に合わせようとする。その逆もある。日ごろから尊敬している人が、自分の選んだブランドを高く評価すれば、購買者はそのブランドにますます好感を持つだろう。購買者に親しい何人かの人が当該ブランドに対して異なる意見を持っていて、購買者がその全員の意見を尊重しようとしている場合、他人の影響力は複雑になる。

　第2の要素は、購買者の気持ちを変えるような**予想外の状況要因**である。例えば、失業したり、緊急に別の買い物をしなければならなくなったり、店員が

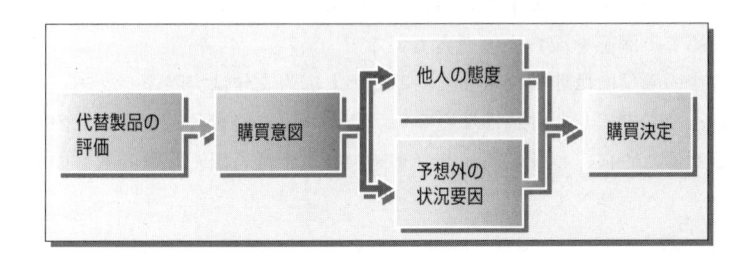

図6-5

代替製品の評価から購買決定に至るプロセス

> 自動車旅行に代わる自転車旅行用の道路がヨーロッパ各地に敷設されるだろう。

気に入らなかったりするかもしれない。製品の選好も、それどころか購買意図でさえ、購買行動を予想する上で完全に頼りになるわけではない。

消費者が購買決定を変えたり、延期したり、避けたりするのは、**知覚リスク**の影響を受けるためである(42)。知覚リスクの大きさは、支払金額の大小、製品属性の不確実性の度合い、消費者の確信の度合いによって決まる。消費者は、決定を避け、友人から情報を集め、ブランドの知名度や保証を当てにするなどして、リスクを軽減しようとする。マーケターは、消費者を不安にさせるような要素を敏感に察知し、情報やサポートを提供することによって知覚リスクの軽減に努めなければならない。

購買意図を行動に移すにあたり、消費者は、購買決定に至るまでに5つの小さな決定を下す。**ブランド決定**(ブランドA)、**ベンダー決定**(ディーラー2)、**量の決定**(コンピュータ1台)、**時期の決定**(週末)、**支払方法の決定**(クレジットカード)である。日常の買い物では、決定項目も少なく、じっくり吟味することもない。例えば砂糖を買う場合、消費者はベンダーや支払方法について特に考えないだろう。

> ニュー・ミレニアムを迎えるクルーズ旅行を行う客船は1000隻にのぼる。多くのホテルやクルーズは、1999年1月までに予約されている。

購買後の行動

消費者は実際に製品を購入した後、あるレベルの満足または不満足を経験する。マーケターの仕事は、消費者が製品を買えば終わるというわけではない。購買後の満足度、購買後の行為、購買後の使用についても、適切に調査しなければならない。

購買後の満足度

購買者が購買に非常に満足しているか、ある程度満足しているか、不満足であるかは、何で決まるのだろうか。購買者の満足度は、製品に対する購買者の期待と、購買者による知覚パフォーマンスの差で決まる(43)。顧客は、パフォーマンスが期待にそぐわなければ**失望**し、期待どおりであれば**満足**し、期待以上であれば喜ぶだろう。顧客がまた同じ製品を買うかどうか、その製品を他人に良く言うか悪く言うかは、この感情に大きく左右される。

消費者の期待は、販売者や友人などの情報源から得た情報をもとに形成される。期待とパフォーマンスの差が大きいほど、消費者の不満も大きい。ここで消費者は、それぞれのやり方で失望に対処する。製品が完璧でないと、期待とのギャップを誇張して失望を強める消費者もいれば、期待とのギャップを最小限に縮めて不満感を減らす消費者もいる(44)。

購買後の満足度は非常に重要であるため、広告文句は実際のパフォーマンスに見合ったものにしなければならない。なかには、消費者に予想以上の満足を覚えさせるために、わざと製品パフォーマンスを低く伝える販売者もいるほどである。

■ 購買後の行為

製品に対する消費者の満足・不満足は、その後の行動に影響を与える。もし満足すれば、同じ製品を再び買う確率はかなり高くなる。例えば、自動車のブランド選択に関するデータには、最後に買ったブランドに対する高い満足度と、当該ブランドの再購買意図との間に強い相関が表れている。ある調査によると、トヨタの自動車を買った人の75%がおおいに満足し、75%がトヨタに対して再購買意図を持っている。そしてシボレーを買った人の35%がおおいに満足し、35%がシボレーを再び買おうと思っている。満足した顧客は、周りの人にもその製品を良く言うものだ。マーケターの間には、「最高の広告は満足した顧客である」という言葉もある[45]。

満足を得られなかった消費者は、製品を捨てたり、返品したりする。または、その製品に値打ちがあることを保証してくれるような情報を探すかもしれない。製造会社に苦情を言ったり、弁護士に相談したり、その他の団体（営利団体、民間団体、政府機関）に訴えたりして、公的手段をとることもある。私的手段としては、当該製品の購入中止（**退出の選択**）、友人への警告（**発言の選択**）などがある[46]。すべてのケースに共通していえるのは、売り手が顧客の満足を得られなかったということである[47]。

購買後の顧客とのコミュニケーションによって、返品やキャンセルを減らすことができる[48]。例えばコンピュータ会社なら、新しいユーザーに、品質の高いコンピュータの選択を祝う手紙を送ることができる。また、製品に満足しているユーザーを広告に起用することもできる。品質向上のために顧客から提案を求めたり、顧客サービスが受けられる場所のリストを作ったりすることも可能だ。わかりやすいマニュアルを制作することもできる。コンピュータの新しい利用法についての記事が掲載された雑誌を、ユーザーに送ることもできる。また、顧客の不満を迅速に取り除く適切なチャネルを提供してもよい。

■ 購買後の利用と廃棄

マーケターは、購買者が製品をどのように利用し、どのように廃棄するかも観察しなければならない（■図6-6）。もしその製品がクローゼットの肥やしになっていたら、顧客は満足しておらず、クチコミ効果も弱い。製品を売ったり交換したりされたら、新品の売上は落ち込む。消費者が、本来の目的とは違った利用法を見つけることもある。

> **エイボン**
>
> エイボンの顧客は何年も前から、同社の「スキン・ソー・ソフト」というバス・オイルが虫除け剤としてもよく効くという噂を広めてきた。もちろん本来の使い方だけをする消費者もいるが、蚊がたくさんいるようなキャンプ地へ出かけるときに持っていったり、海辺の別荘に常備しておく消費者もいる。今では環境保護局の認可も受けているので、エイボンはこの「スキン・ソー・ソフト」を、虫除け、SPF15の日焼け止め、保湿剤の3つの効果があると積極的に訴求している[49]。

ミレニアムの始まりと終わりを体験する世界一周の飛行機旅行を予約した旅行者もいる。この旅行は、トンガを出発してサモアが終着点となる。

イギリスでは、過去1000年の大きな出来事を記念した48種類の新しい切手を発行する。

図6-6

消費者はどのように製品を利用し、廃棄するか

出典：Jacob Jacoby, Carol K. Berning, and Thomas F. Dietvorst, "What about Disposition?" *Journal of Marketing*, July 1977, p. 23. 米国マーケティング協会の許可を得て掲載。

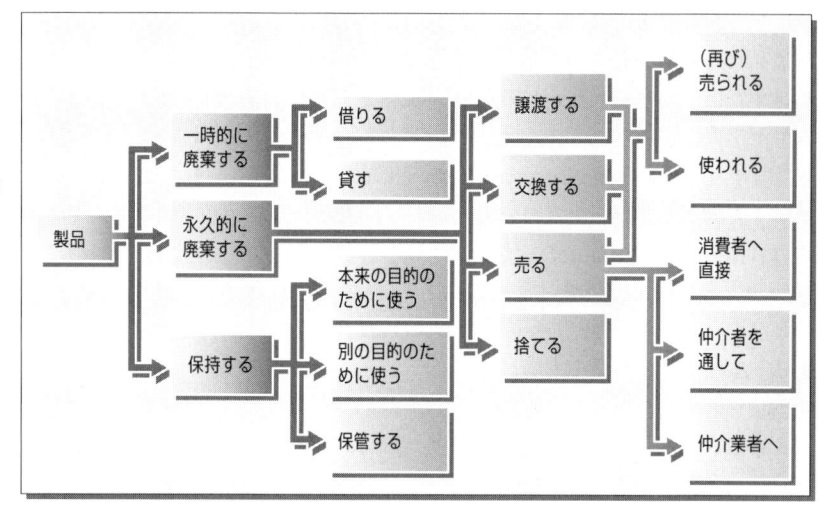

消費者が製品を廃棄する場合、どのように捨てるのかをマーケターは知っていなければならない。特にその製品が、飲み物の容器や使い捨ておむつのように、環境を汚染する危険性がある場合は、なおさら注意が必要である。リサイクルや環境保護への関心の高まりに加え、きれいな瓶を捨てるのはもったいないという消費者の声もあったため、フランスの香水メーカーであるロシャスは、詰め替え可能な製品ラインを発表した。

参考文献

1. Joshua Macht, "The New Market Research," *Inc.*, July 1998, pp. 87–94.
2. Tobi Elkin, "Product Pampering," *Brandweek*, June 16, 1997, pp. 38–40.
3. 以下の文献を参照されたい。Leon G. Schiffman and Leslie Lazar Kanuk, *Consumer Behavior*, 6th ed. (Upper Saddle River, NJ: Prentice Hall, 1997).
4. Ibid.
5. Courteny Kane, "Advertising: TBWA/Chiat Day Brings 'Street Culture' to a Campaign for Levi Strauss Silver Tab Clothing," *New York Times*, August 14, 1998, p. D8.
6. 以下の文献を参照されたい。Rosann L. Spiro, "Persuasion in Family Decision Making," *Journal of Consumer Research*, March 1983, pp. 393–402; Lawrence H. Wortzel, "Marital Roles and Typologies as Predictors of Purchase Decision Making for Everyday Household Products: Suggestions for Research," in *Advances in Consumer Research*, Vol. 7, ed. Jerry C. Olson (Chicago: American Marketing Association, 1989), pp. 212–15; David J. Burns, "Husband–Wife Innovative Consumer Decision Making: Exploring the Effect of Family Power," *Psychology & Marketing*, May–June 1992, pp. 175–89; Robert Boutilier, "Pulling the Family's Strings," *American Demographics*, August 1993, pp. 44–48. 夫と妻の購買役割における文化間比較については、以下の文献を参照されたい。John B. Ford, Michael S. LaTour, and Tony L. Henthorne, "Perception of Marital Roles in Purchase-Decision Processes: A Cross-Cultural Study," *Journal of the Academy of Marketing Science*, Spring 1995, pp. 120–31.
7. George Moschis, "The Role of Family Communication in Consumer Socialization of Children and Adolescents," *Journal of Consumer Research*, March 1985, pp. 898–913.
8. John Steere, "How Asian-Americans Make Purchase Decisions," *Marketing News*, March 13, 1995, p. 9.
9. Tom Peters, "Opportunity Knocks," *Forbes*, June 2, 1997, p. 132.
10. Marilyn Lavin, "Husband-Dominant, Wife-Dominant, Joint: A Shopping Typology for Baby Boom Couples?" *Journal of Consumer Marketing* 10, no. 3 (1993): 33–42.
11. Alan Alder, "Purchasing Power: Women's Buying Muscle Shops Up in Car Design, Marketing," *Chicago Tribune*, September 29, 1996, p. 21A.
12. James U. McNeal, "Tapping the Three Kids' Markets," *American Demographics*, April 1998, pp. 37–41.

13. David Leonhardt, "Hey Kid, Buy This," *Business Week*, June 30, 1997, pp. 62–67.
14. Rob Yoegel, "Reaching Youth on the Web," *Target Marketing*, November 1997, pp. 38–41.
15. 以下の文献を参照されたい。Lawrence Lepisto, "A Life Span Perspective of Consumer Behavior," in *Advances in Consumer Research*, Vol. 12, ed. Elizabeth Hirshman and Morris Holbrook (Provo, UT: Association for Consumer Research, 1985), p. 47. 以下の文献も参照されたい。Gail Sheehy, *New Passages: Mapping Your Life Across Time* (New York: Random House, 1995). 邦訳：『ニュー・パッセージ新たなる航路：人生は45歳からが面白い』（ゲイル・シーヒィ著、田口佐紀子訳、徳間書店、1997年）
16. Arnold Mitchell, *The Nine American Lifestyles* (New York: Warner Books), pp. viii–x, 25–31; Personal communication from the VALS™ Program, Business Intelligence Center, SRI Consulting, Menlo Park, CA, February 1, 1996. 以下の文献も参照されたい。Wagner A. Kamakura and Michel Wedel, "Lifestyle Segmentation with Tailored Interviewing," *Journal of Marketing Research* 32, no. 3 (August 1995): 308–17.
17. Stuart Elliott, "Sampling Tastes of a Changing Russia," *New York Times*, April 1, 1992, p. D1, D19.
18. 以下の文献を参照されたい。Harold H. Kassarjian and Mary Jane Sheffet, "Personality and Consumer Behavior: An Update," in *Perspectives in Consumer Behavior*, ed. Harold H. Kassarjian and Thomas S. Robertson (Glenview, IL: Scott, Foresman, 1981), pp. 160–80.
19. 以下の文献を参照されたい。M. Joseph Sirgy, "Self-Concept in Consumer Behavior: A Critical Review," *Journal of Consumer Research*, December 1982, pp. 287–300.
20. 以下の文献を参照されたい。Thomas J. Reynolds and Jonathan Gutman, "Laddering Theory, Method, Analysis, and Interpretation," *Journal of Advertising Research*, February–March 1988, pp. 11–34.
21. 以下の文献を参照されたい。Jan Callebaut et al., *The Naked Consumer: The Secret of Motivational Research in Global Marketing* (Antwerp, Belgium: Censydiam Institute, 1994).
22. Abraham Maslow, *Motivation and Personality* (New York: Harper & Row, 1954), pp. 80–106. 邦訳：『人間性の心理学――モチベーションとパーソナリティー』（A・H・マズロー著、小口忠彦訳、産業能率大学出版部、1987年）
23. 以下の文献を参照されたい。Frederick Herzberg, *Work and the Nature of Man* (Cleveland: William Collins, 1966) 邦訳：『仕事と人間性：動機づけ――衛生理論の新展開』（北野利信訳、東洋経済新報社）; Henk Thierry and Agnes M. Koopman-Iwerna, "Motivation and Satisfaction," in *Handbook of Work and Organizational Psychology*, ed. P. J. Drenth (New York: John Wiley, 1984), pp. 141–42.
24. Bernard Berelson and Gary A. Steiner, *Human Behavior: An Inventory of Scientific Findings* (New York: Harcourt Brace Jovanovich, 1964), p. 88. 邦訳：『行動科学事典』（南博、社会行動研究所共訳、誠信書房）
25. 以下の文献を参照されたい。Alice M. Tybout, Bobby J. Calder, and Brian Sternthal, "Using Information Processing Theory to Design Marketing Strategies," *Journal of Marketing Research*, February 1981, pp. 73–79.
26. Wai-Sum Siu and Carmen Hau-Ming Chan, "Country-of-Origin Effects on Product Evaluation: The Case of Chinese Consumers in Hong Kong," *Journal of International Marketing and Marketing Research*, October 1997, pp. 115–22.
27. "International: Old Wine in New Bottles," *The Economist*, February 21, 1998, p. 45.
28. Johnny K. Johansson, "Determinants and Effects of the Use of 'Made In' Labels," *International Marketing Review* (UK) 6, iss. 1 (1989): 47–58; Warren J. Bilkey and Erik Nes, "Country-of-Origin Effects on Product Evaluations," *Journal of International Business Studies*, Spring–Summer 1982, pp. 89–99; P. J. Cattin et al., "A Cross-Cultural Study of 'Made-In' Concepts," *Journal of International Business Studies*, Winter 1982, pp. 131–41.
29. 以下の文献を参照されたい。David Krech, Richard S. Crutchfield, and Egerton L. Ballachey, *Individual in Society* (New York: McGraw-Hill, 1962), ch. 2.
30. Cathy Curtis, "Grocery Marketing—Growers See Ads as Precious Commodity," *Advertising Age*, October 12, 1987, pp. S20–S22; Diane Schneidman, "Perception-Altering Ads for Generic Foods Are Spread on the Grapevine," *Marketing News*, June 5, 1987, pp. 15, 19.
31. Jill Venter, "Milk Mustache Campaign Is a Hit with Teens," *St. Louis Post-Dispatch*, April 1, 1998, p. E1; Dave Fusaro, "The Milk Mustache," *Dairy Foods*, April 1997, p. 75; Judann Pollack, "Milk: Kurt Graetzer," *Advertising Age*, June 30, 1997, p. S1.
32. 以下の文献を参照されたい。Henry Assael, *Consumer Behavior and Marketing Action* (Boston: Kent, 1987), ch. 4.
33. Herbert E. Krugman, "The Impact of Television Advertising: Learning without Involvement," *Public Opinion Quarterly*, Fall 1965, pp. 349–56.
34. マーケティング研究者が、消費者購買プロセスのモデルについて考案している。以下の文献を参照されたい。John A. Howard and Jagdish N. Sheth, *The Theory of Buyer Behavior* (New York: Wiley, 1969); James F. Engel, Roger D. Blackwell, and Paul W. Miniard, *Consumer Behavior*, 8th ed. (Fort Worth, TX: Dryden, 1994).
35. 以下の文献を参照されたい。William P. Putsis Jr. and Narasimhan Srinivasan, "Buying or Just Browsing? The Duration of Purchase Deliberation," *Journal of Marketing Research*, August 1994, pp. 393–402.
36. 以下の文献を参照されたい。Chem L. Narayana and Rom J. Markin, "Consumer Behavior and Product Performance: An Alternative Conceptualization," *Journal of Marketing*, October 1975, pp. 1–6. 以下の文献も参照されたい。Wayne S. DeSarbo and Kamel Jedidi, "The Spatial Representation of Heterogeneous Consideration Sets," *Marketing Science* 14, no.3, pt. 2 (1995): 326–42; Lee G. Cooper and Akihiro Inoue, "Building Market Structures from Consumer Preferences," *Journal of Marketing Research* 33, no. 3 (August 1996): 293–306.
37. 以下の文献を参照されたい。Paul E. Green and Yoram Wind, *Multiattribute Decisions in Marketing: A Measurement Approach* (Hinsdale, IL: Dryden, 1973), ch. 2; Leigh

McAlister, "Choosing Multiple Items from a Product Class," *Journal of Consumer Research*, December 1979, pp. 213–24.
38. この期待‐価値モデルは、マーティン・フィッシュバインによって考案された。Martin Fishbein, "Attitudes and Prediction of Behavior," in *Readings in Attitude Theory and Measurement*, ed. Martin Fishbein (New York: John Wiley, 1967), pp. 477–92. 批評的な見方については、以下の文献を参照されたい。Paul W. Miniard and Joel B. Cohen, "An Examination of the Fishbein-Ajzen Behavioral-Intentions Model's Concepts and Measures,"*Journal of Experimental Social Psychology*, May 1981, pp. 309–39.

    消費者評価の他のモデルには、「理想的ブランド・モデル」「結合的モデル」「分離的モデル」がある。「理想的ブランド・モデル」は、ある消費者が実際のブランドを自分の理想のブランドと比べ、それに最も近いものを選ぶという考え方である。「結合的モデル」は、消費者が製品のすべての特徴に対して最低限の許容範囲をもうけ、それをすべてクリアした製品しか考慮に入れないという考え方である。「分離的モデル」は、消費者が製品の2、3の属性にだけ最低限の許容範囲をもうけ、それをクリアできなかった製品を取り除くという考え方である。これら他のモデルについて詳しくは、以下の文献を参照されたい。Green and Wind, *Multiattribute Decisions in Marketing*.
39. 以下の文献を参照されたい。Harper W. Boyd Jr., Michael L. Ray, and Edward C. Strong, "An Attitudinal Framework for Advertising Strategy," *Journal of Marketing*, April 1972, pp. 27–33.
40. 以下の文献を参照されたい。Jagdish N. Sheth, "An Investigation of Relationships among Evaluative Beliefs, Affect, Behavioral Intention, and Behavior," in *Consumer Behavior: Theory and Application*, eds. John U. Farley, John A. Howard, and L. Winston Ring (Boston: Allyn & Bacon, 1974), pp. 89–114.
41. 以下の文献を参照されたい。Fishbein, "Attitudes and Prediction of Behavior."
42. 以下の文献を参照されたい。Raymond A. Bauer, "Consumer Behavior as Risk Taking," in *Risk Taking and Information Handling in Consumer Behavior*, ed. Donald F. Cox (Boston: Division of Research, Harvard Business School, 1967); James W. Taylor, "The Role of Risk in Consumer Behavior," *Journal of Marketing*, April 1974, pp. 54–60.
43. 以下の文献を参照されたい。Priscilla A. La Barbera and David Mazursky, "A Longitudinal Assessment of Consumer Satisfaction/Dissatisfaction: The Dynamic Aspect of the Cognitive Process," *Journal of Marketing Research*, November 1983, pp. 393–404.
44. 以下の文献を参照されたい。Ralph L. Day, "Modeling Choices among Alternative Responses to Dissatisfaction," in *Advances in Consumer Research* Vol. 11 (1984): 496–99. 以下の文献も参照されたい。Philip Kotler and Murali K. Mantrala, "Flawed Products: Consumer Responses and Marketer Strategies," *Journal of Consumer Marketing*, Summer 1985, pp. 27–36.
45. 以下の文献を参照されたい。Barry L. Bayus, "Word of Mouth: The Indirect Effects of Marketing Efforts," *Journal of Advertising Research*, June–July 1985, pp. 31–39.
46. 以下の文献を参照されたい。Albert O. Hirschman, *Exit, Voice, and Loyalty* (Cambridge, MA: Harvard University Press, 1970). 邦訳：『退出・告発・ロイヤルティー』（三浦隆之訳、ミネルヴァ書房）
47. 以下の文献を参照されたい。Mary C. Gilly and Richard W. Hansen, "Consumer Complaint Handling as a Strategic Marketing Tool," *Journal of Consumer Marketing*, Fall 1985, pp. 5–16.
48. 以下の文献を参照されたい。James H. Donnelly Jr. and John M. Ivancevich, "Post-Purchase Reinforcement and Back-Out Behavior," *Journal of Marketing Research*, August 1970, pp. 399–400.
49. Pam Weisz, "Avon's Skin-So-Soft Bugs Out," *Brandweek*, June 6, 1994, p. 4.

ビジネス市場と企業の購買行動

CHAPTER 7

本章では、企業、公益機関、政府機関の市場に目を向け、次の6つの問題を取り上げる。

- ビジネス市場とは何か。消費者市場とはどこが違うのか。
- 組織購買者が直面する購買状況とはどのようなものか。
- 企業の購買プロセスにかかわるのはだれか。
- 組織購買者への主要な影響要因は何か。
- 企業購買者はどのように意思決定を行うのか。
- 公益機関や政府機関はどのような方法で購買を行うのか。

KOTLER ON MARKETHING
コトラー語録

マーケティングは、取引から生まれる企業利益を最大化するという考え方から、互いのリレーションシップから生まれる相互利益を最大化するという考え方に変わりつつある。

Marketing thinking is shifting from trying to maximize company profit from each transaction to maximizing the mutual profit from each relationship.

企業組織は売るだけではない。自らも膨大な量の原材料、製造部品、工場設備、消耗品、サービスを購入している。アメリカだけで1300万以上の組織購買者が存在する。売る側は、それらの組織のニーズ、資源、方針、購買手続きについて知っていなければならない。

組織購買とは何か

ウェブスターとウィンドは組織購買を次のように定義している。

- **組織購買**とは、何らかの組織が、購入対象となる製品やサービスに対するニーズを持ち、複数のブランドや供給業者のなかから特定し、評価し、選択する意思決定プロセスのことである[1]。

まったく同じ購買方法をとる企業が2つ以上存在することはあり得ないが、販売する側はマーケティング戦略のターゲットを定めるため、類似の購買方法をとっている企業群を特定したいと思うだろう。

ビジネス市場と消費者市場

ビジネス市場とは、製品やサービスを他の製品やサービスの生産に使うために購入するすべての組織から成り立っている。こうした組織はまた、別の対象に自分の製品やサービスを販売し、賃貸し、供給するのである。ビジネス市場を形成している主要産業には、農業、林業、漁業、鉱業、製造業、建設業、運輸業、通信業、公益事業、銀行業、金融業、保険業、流通業、サービス業がある。

一般消費者よりも企業購買者への販売の方が、はるかに多額の金と多量の物品が動くことになる。一足の靴を作って売るプロセスを考えてみよう。皮革業者が皮をなめし業者に売り、そこからなめし皮が靴製造業者に売られ、作られた靴は卸売業者から小売業者を経て、最終的に消費者に売られる。このサプライ・チェーンに含まれるおのおのの業者は、他の商品やサービスの購買者でもある。

ビジネス市場には、消費者市場とはまったく異なる特性がいくつかある。

- **少数の購買者**　通常、ビジネス市場の購買者は消費者市場に比べて数が少ない。グッドイヤー・タイヤの社運は、ビッグ・スリーの自動車メーカーからの受注にかかっている。
- **大規模な購買者**　例えば航空機エンジンや兵器などの業界では、少数の大規模な購買者が製品の大半を購入している。
- **供給業者と顧客の密接なリレーションシップ**　購買者の数が限られ、しかもその重要度や影響力が大きいので、供給業者はしばしば、企業購買者の個々のニーズに合わせて製品をカスタマイズすることが求められる。購買者が売り手に対して、慣行やパフォーマンスを変更するよう求める場合もある。近年では顧客と供給業者のリレーションシ

ップが、対立的な上下関係ではなく、密接で親しい関係へと変わってきている。

モットーマン社とスティルウォーター・テクノロジーズ社

産業ロボットの代表的企業であるモットーマン社と、同社の主要な供給業者である建設機械や装置の企業、スティルウォーター・テクノロジーズ社は、一心同体の関係にある。オフィスや工場が同じ敷地内にあるだけでなく、電話回線とコンピュータ・システムも直結しており、ロビー、会議室、社員食堂も共同である。モットーマン社会長でCEOでもあるフィリップ・V・モリスンは「書類手続きのないジョイント・ベンチャーのようだ」と述べている。出荷と納品に際して距離が近いことは、このめずらしいパートナーシップの利点の1つにすぎない。もう1つ重要なのは、両社の社員が常に連絡をとり合える状態にあり、品質向上や経費削減のためのアイデアを共有できるということだろう。この緊密なリレーションシップのおかげで新しいチャンスも開けた。これまでホンダの仕事をしてきた両社に、ホンダからシステム・プロジェクトに共同で参加して欲しいとの申し出があったのだ。2社の協力関係は、単独企業を単に足したという以上の大きな存在にしている[2]。

- **購買者の地理的な集中**　アメリカの企業購買者の半数以上が、ニューヨーク、カリフォルニア、ペンシルベニア、イリノイ、オハイオ、ニュージャージー、ミシガンの7つの州に集中している。生産者が地理的に集中していることは販売コストの削減に役立つが、同時に、ビジネス・マーケターは特定産業の地理的な移動を把握しておく必要がある。

- **派生需要**　生産財需要とは結局のところ、消費財需要から派生したものである。このことを考えるなら、ビジネス・マーケターは常に、最終消費者の購買パターンをよく観察していなければならない。例えば『パーチェシング』誌の記事によれば、デトロイトのビッグ・スリーが鉄鋼の需要ブームを引っ張っているという。それはつまるところ、ミニバンや軽トラックの人気が続いていて、それらの車種が普通車より大量の鉄鋼を使うことから、需要が派生しているのである。

- **非弾力的需要**　ビジネス市場の需要はその多くが非弾力的である。つまり価格の変動に大きな影響は受けないということだ。皮革の価格が下落しても靴製造業者が大幅に皮革の購入を増やすことはないだろうし、逆に価格が上がっても、皮に代わる材料が見つからない限り、大幅に購入を減らすこともないだろう。特に短期で需要が動くことはまずない。生産者は生産方法を急に変えられないからである。製品の総コストに占める割合が小さい生産財の場合も、需要は非弾力的である。

- **変動需要**　企業向けの製品やサービスに対する需要は、消費者向けの製品やサービスに対する需要よりも、変動しやすい傾向がある。消費者需要のわずかな増加が、それに合わせて生産量を増やそうとする

現場の企業需要を大幅に増加させることもある。経済学者はこれを**加速度効果**と呼んでいる。消費者需要のわずか10％の上昇が、次期のビジネス需要を200％上昇させることもあれば、消費者需要の10％の落ち込みがビジネス需要を抜き差しならない状況に追い込むこともある。

- **専門的購買**　企業向け製品の購買は、専門の訓練を受けた購買担当者により、組織の方針、制約、要件に従って行われる。例えば見積書、仕様書、購買契約書など、購買に伴うさまざまな文書は、消費者が製品を買う際には必ずしも必要とされない。

専門の購買担当者は、より良い購買方法を研究するのが仕事である。多くは、全米購買管理者協会（NAPM）の会員になっているが、この団体は専門の購買担当者の質と地位の向上に努めている。ビジネス・マーケターは専門の購買担当者に対して、自社製品情報や競合製品と比べての優位性について詳細な専門的データを提供しなければならない。今では、ビジネス・マーケターが自社製品に関する価格などの情報をインターネット上に提示するようになっているので、購買担当者やブローカーは以前よりたやすく多くの情報に触れることができる。その例を以下に挙げよう。

> ゴミ袋、自動車、コンピュータなどの生活必需品の材料として、プラスチックの人気はまだまだ続くだろう。

シスコシステムズ

シスコシステムズ社は1996年半ばから、ルーターや交換機などの製品の57％をインターネット上で販売している。1999年には80％まで増やすのが目標である。同社がルーターと交換機の販売をシスコ・コネクション・オンラインのウェブサイトで始めてまもなく、顧客はパソコンで製品の価格や部品が見られる便利さに気づいた。コンフィギュレーション・エージェントというプログラムを呼び出せば、ルーターを構成する主要な10余りの部品について知ることができる。組み合わせの間違っているサーキット・ボードを選んだ場合も、プログラムがエラーメッセージを発して正しいものを教えてくれる仕組みになっている。製品が見つかると、その現在価格が自動的に表示される。主要顧客であるスプリント社は、ネットワーキング・プロジェクトの契約から終了までに、以前は60日かかっていた。それが今では、オンラインでシスコ社に部品を発注できる効率性のおかげで、35日〜45日になっている[3]。

ブルーシールド・オブ・カリフォルニア社

ブルーシールド・オブ・カリフォルニア社は「個人と家族のための健康保険プラン」をオンライン販売するシステムを導入し、ヘルスケア業界で大きな話題を呼んでいる。同社はもうすぐ、2万の代理店を「個人と家族のための健康保険プラン」オンライン販売システムに接続させるつもりでいる。これにより代理店は、顧客がウェブ上の申し込み書に記入した内容を見て、健康に問題のない顧客を受け付けるまで、一切の手続きをわずか4分で行うことができる。同社はこのシステムを提

> 現在のプラスチックの年間使用量は1億トンを超えている。

供する最初の保険会社になることで、代理店のロイヤルティを確立したいと考えている[4]。

- **複数の購買影響者** 通常、企業購買では決定に影響を与える人間の数が多い。重要な製品の購買については、技術面の専門家だけでなく経営幹部まで参加した購買委員会が結成されることもめずらしくない。ビジネス・マーケターは、熟練した購買者に対応できる、熟練したセールス・レップやセールス・チームを送り込まなければならない。金属供給業者であるフェルプス・ドッジ社は、購買決定に重要な影響を与える人間に近づくため、「アカウント・マネジメント・アプローチ」をとっている[5]。カトラー・ハンマー社ではセールス・チームを結成して営業にあたっている。

カトラー・ハンマー社

ピッツバーグに本社を置くカトラー・ハンマー社は、ブレーカーやモーターのスターターなどの電気部品を、フォードといった重工業の製造業者に販売している。製品が複雑になり数も増えてきたため、同社は特定地域、特定業界、特定市場に集中するセールス・チームを組むことにした。一人ひとりが製品やサービスについての専門知識を持ち、他のメンバーがそれを顧客に提供することができる。今日では、賢くなってゆく購買者チームに対応するため、販売員も単独ではなくチームで動き、仲間の知識や情報で自らを強化しなくてはならない[6]。

- **営業訪問回数の増加** 販売プロセスにかかわる人が多くなるほど、生産財の注文を勝ち取るために、必要な営業訪問の回数も増加していく。販売にかかる期間も数年に及ぶこともある。マグロウヒルの調査では、対企業販売には平均4回から4回半の営業訪問が必要だという。大プロジェクト用の設備を販売する場合、資金調達において苦労し、個々の仕事の取り決めから製品の納入までの販売サイクルに数年かかることもめずらしくない[7]。

  ビジネス・マーケターは、購買決定に多くの女性やマイノリティがかかわるようになっていることにも留意すべきだろう。ペントン・パブリッシングの調査によると、管理職や技術職や購買担当者の43%が女性やマイノリティであり、この数字は1987年の35%から大幅に上昇している[8]。

- **直接購買** 企業購買者は、仲介業者を通さず製造業者から直接購買することが多い。コンピュータのメインフレームや航空機などのように、複雑な技術を要するもの、高額なものほどその傾向が強い。

- **相互依存** 企業購買者は、自社製品を買ってくれている企業を供給業者として選ぶことが多い。例えばある製紙会社は、自社の紙を大量に購入している化学薬品会社から化学薬品を購買している。

- **リース** 機械やトラックなどの大型備品について、工業関係の購買者は購入するよりリース（賃貸）することが多い。リースは資本を減ら

歴史メモ：10進法は1086年、アラビア人によってスペインに伝えられた。

さず、最新製品を導入でき、より行き届いたサービスを受けられ、税制上も有利であるなど、借りる側に利点が多い。貸す側にも、結局は純利益が大きく、すぐには購入できなかった顧客が買い取ってくれるチャンスも生じる。

組織購買状況

　企業購買者は、実際の購買までに多くの決定事項に直面する。その決定事項の数は購買状況のタイプによって異なる。ロビンソンらは購買状況を、単純再購買、修正再購買、新規購買という3つのタイプに分類した[9]。

- **単純再購買**　単純再購買とは、購買担当部門が日常的な処理で再注文するもので、事務用品や洗剤などの化学製品がこれにあたる。購買担当者は「認可業者リスト」から既存業者を選ぶ。このリスト内の業者は、製品やサービスの品質の保全に努めている。供給業者は購買担当者の再注文の手間を省くために、自動再注文システムを提案することも多い。リスト外の業者は、新しいものを提供したり現在の業者に対する不満を利用して、最初は小さな注文から始め、しだいに自社の購買シェアを拡大しようとする。
- **修正再購買**　修正再購買とは、購買者が製品の仕様、価格、納入などの条件に修正を求める状況である。通常、修正再購買では、供給業者および購買者双方の決定関係者が増えることになる。リスト内の供給業者は取引高を守ろうと神経を使うし、リスト外の業者はより良い条件を提示して新しいビジネス獲得の機会を窺うことになる。
- **新規購買**　新規購買とは、購買者が新規に製品やサービスを購買しようとする状況である。オフィスの建物の購入、新しい防犯システムの導入などがこれにあたる。コストやリスクが大きくなるほど、決定関係者の数は増え、情報収集量も多くなる。そのため最終決定までにかかる時間も長くなる[10]。

　新規購買では決定までに、認知、関心、評価、試用、採用といった各段階を経る[11]。段階によって、効果的なコミュニケーション・ツールは異なる。最初の認識段階ではマスメディアが、関心段階では販売員の力が、評価段階では技術的な情報源が、それぞれ最も重要である。

　組織購買者の決定事項は、単純再購買において最も少なく、新規購買において最も多い。新規購買の場合、購買者は製品仕様、価格の上限、納入の条件と時期、サービス条件、支払い条件、注文数量、買ってもよいと思う供給業者、そして厳選した供給業者を決定しなければならない。それぞれの決定には異なる関係者が影響を与える。また決定の順序も状況によって変わる。新規購買という状況は、マーケターにとっては最大の好機であり、挑戦でもある。マーケターは購買に影響を与える重要な人物にできるだけ接触するとともに、有用な情報を提供し援助しなければならない。新規購買は複雑なので、多くの企業では

歯ブラシはどこで発明されたのだろうか。この身だしなみ用具は、1498年中国で、豚毛から作られたのが最初である。コロンブスによるアメリカ大陸の発見直後のことである。

選りすぐりの販売員を集めたミッショナリー・セールス・フォースにあたらせている。

システム購買とシステム販売

組織購買者の多くは、問題に対するソリューションを特定の販売業者から一括購買したいと考える。**システム購買**と呼ばれるこの慣行は、政府による主要兵器や通信システムの購入から始まった。政府はまず、パッケージやシステムを組み立てる請負業者の入札を募る。契約を勝ち取った請負業者はまた入札によって、システムの各構成要素を組み立てる下請け業者を募る。このいわゆる「完全受け渡し」方式で、購買者は、全部そろってあとは鍵を1本回すだけという状態で製品を納入してもらえる。

この方法が買い手から支持されることに気づき、多くの企業はこの**システム販売**をマーケティング・ツールとして採用するようになった。システム販売にはさまざまな形がある。例えば、今では多くの自動車部品メーカーが行っている座席システム、ブレーキ・システム、ドア・システムなど、1つのシステムを一式で売る方法である。あるいはシステム販売の形を変えたもので、供給業者が購買者に対して1つの製品に必要なメンテナンス(maintenance)、修理(repair)、オペレーティング(operating)のMROサービス一式を提供する方法で、これは**システム契約**と呼ばれている。顧客にとっては、売り手が在庫管理をしてくれるので経費を節減できるという利点がある。また供給業者を選別する時間も省け、契約期間中は価格も一定している。売り手にとっても、一定の需要が保証されていてかつ書類作成が少なくてすむので、コストを低く抑えることができ、やはり得なのである。

企業にとってシステム販売は、生産財マーケティング戦略の要である。ダムや鉄鋼工場や灌漑システムの建設、下水道整備、パイプライン整備、公共事業の実施、ニュータウンの開発などといった大規模な工業プロジェクトで入札が行われる。プロジェクトの契約を獲得しようと、各企業は価格、品質、信頼性などで他社と競うことになる。次の例について考えてみよう。

日本とインドネシア

インドネシア政府が、ジャカルタ近郊にセメント工場を建設するため入札を募った。アメリカ企業の提案は、用地の選択、セメント工場の設計、建築作業員の雇用、材料と設備の用意、完成した工場のインドネシア政府への引渡しという内容であった。日本企業の提案には、アメリカ企業が提示したすべてのサービスに加えて、工場で働く労働者の雇用と教育、日本の商社を通じたセメントの輸出、そしてここで生産したセメントをジャカルタで必要な道路や新しいオフィスビルの建設に使用することまで含まれていた。日本企業の提案の方がコストは高かったが、訴求力が強く、結局契約を勝ち取った。日本企業は明らかに、問題を単なるセメント工場の建設(システム販売の狭いとらえ

> 歴史メモ：0(ゼロ)の概念は、13世紀にインドで発明されたと考えられている。

方)としてではなく、インドネシア経済への貢献として考えていた。そして、自らをただの技術プロジェクト会社ではなく、経済開発の推進役と見なしていた。日本企業は顧客ニーズをきわめて広くとらえていたのである。これこそが真のシステム販売である。

> アンクル・ベンズ社は自社の米をミレニアム食品とポジショニングしている。

企業購買プロセスの関係者

何兆ドルにも及ぶ企業に必要な製品やサービスを購入するのはだれだろうか。単純再購買や修正再購買においては購買担当者だが、新規購買においては他部門の人間が大きな影響力を持つ。通常、部品の選択を左右するのは技術部門の人間で、供給業者の選定は購買担当者が中心となって行う[12]。

購買中枢

ウェブスターとウィンドは、購買組織の意思決定単位を**購買中枢**と呼んでいる。購買中枢とは「購買決定プロセスで何らかの役割を果たす個人とグループのすべてをいい、目的と決定に伴うリスクを共有する[13]」。購買中枢の構成員は組織に属し、以下に述べる購買決定プロセスにおける7つの役割のうちいくつかを担っている[14]。

- **発案者** 購買を最初に要求する人。使用するのは、本人である場合もあれば他人である場合もある。
- **使用者** 製品やサービスを使用する人。使用者が発案し、製品要件の特定を手伝うことが多い。
- **影響者** 購買決定に影響力を持つ人。製品仕様を特定し、代替案を評価するための情報を提供することが多い。技術者は特に大きな影響力を持つ。
- **決定責任者** 製品要件や供給業者を決定する人。
- **承認者** 購買決定に最終的な承認を与える人。
- **購買担当者** 供給業者を選び、購買条件を決定する正式な権限のある人。製品仕様の特定に意見を述べる場合もあるが、供給業者を選んで交渉にあたるのが主な役目である。複雑な購買の場合、上級管理者も交渉に参加することがある。
- **窓口** 購買中枢に接触を求める販売者や情報を退けてしまう力を持つ人。販売員は製品使用者や決定責任者に会いたくても、購買担当者、受付、電話交換手のところで断られるかもしれない。

> 新時代の幕開けを意味するミレニアムmillenniumという言葉は、今年最もよく使われていながら、間違って綴られることが最も多い。

購買決定に関係している人数の平均はおよそ3人(日常業務で使用されるサービスや品目の場合)から5人(建設工事や機材といった高額な購買の場合)である。一方で、チームベースの購買が進む傾向にある。別の調査によると、フォーチュン1000社に含まれる企業の購買担当役員の87%が、2000年にはさまざ

まな部署や役職から集まった人々で編成されるチームが購買決定を行うようになるだろうと予想している[15]。

　ビジネス・マーケターは努力を無駄にしないために、いくつか正確に把握しておくべきことがある。だれが購買決定に参加しているのか、彼らはどの決定に影響を与えているのか、各関係者の相対的な影響力はどれくらいか、各関係者が用いる評価基準は何かである。例えば、病院に使い捨ての手術用ガウンを販売している会社がある。この購買決定に関係する病院職員は、購買担当の副院長、手術室の管理者、そして外科医である。購買担当の副院長は病院が使い捨てのガウンを購入すべきであるか、再利用可能なガウンを購入すべきであるかを検討する。検討の結果、使い捨てのガウンが良いと判断されると、手術室の管理者が競合他社の製品や価格を比較して選択を行う。管理者はガウンの吸収性、殺菌性、デザイン、コストを考慮した上で、一般的には最も低いコストで条件に合うブランドを購入する。最後に、外科医がそのブランドの満足度を報告して、決定に影響を与えることになる。

　購買中枢に関係する人数が多すぎると、ビジネス・マーケターは全員に接触する時間や人員を確保できない。中小企業の場合は**購買への決定的な影響者**との接触に集中し、大企業の場合はできるだけ多くの関係者に接触して**複数レベルで深い販売努力**を行う。営業担当者は、大口顧客とともに「生活している」といってもよい。隠れた購買影響者に接触を図り、既存顧客を維持する上で、コミュニケーション・プログラムは企業にとってますます重要になるだろう[16]。

　ビジネス・マーケターは、購買中枢の関係者それぞれについての認識を定期的に見直す必要がある。コダック社は長年、病院の検査技師にX線のフィルムを売っていたにもかかわらず、購入の決定権がしだいに専門の管理責任者に移っていることに気づかなかった。売上が落ちて初めて、あわてて市場標的戦略を見直すことになったのである。

仲間外れにされているような気がするなら、あなたはミレニアム熱にかかっているのかもしれない。

企業購買者への主な影響

　企業購買者は購入を決定する際、さまざまな要因の影響を受ける。供給業者の提供物が似通っている場合、企業購買者はどの供給業者から購入しても購買目的は満たせるので、自分への個人的な接し方に比重を置くだろう。逆に提供物の違いが大きければ、選択責任も重くなるので経済的要因に注意を払うだろう。

　企業購買者は主に4つの大きな要因の影響を受ける。環境的要因、組織的要因、対人的要因、個人的要因である（■図7-1）[17]。

■環境的要因

　企業購買者は、生産量、投資、消費者動向、利率といった現在および将来の経済的要因に大きな関心を持っている。不況時には、企業購買者が工場や設備への新規投資を抑えて在庫を減らそうとする。このような環境では、総需要を

図7-1

企業の購買行動に影響を与える主な要因

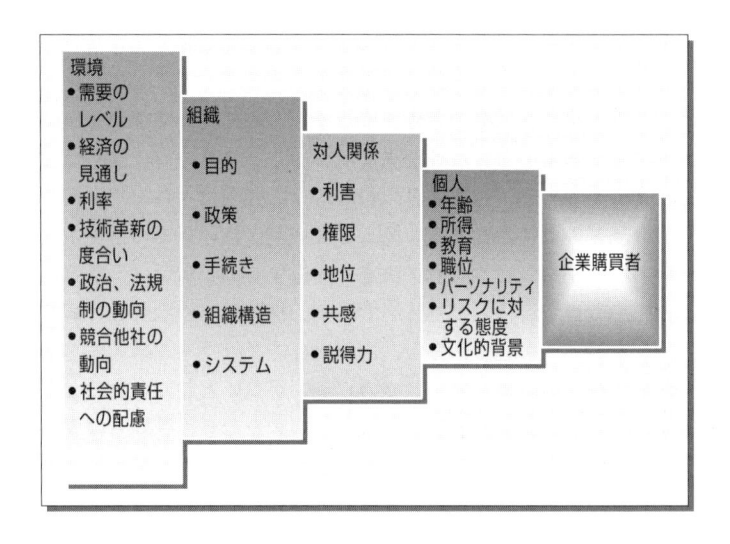

環境	組織	対人関係	個人	企業購買者
●需要のレベル ●経済の見通し ●利率 ●技術革新の度合い ●政治、法規制の動向 ●競合他社の動向 ●社会的責任への配慮	●目的 ●政策 ●手続き ●組織構造 ●システム	●利害 ●権限 ●地位 ●共感 ●説得力	●年齢 ●所得 ●教育 ●職位 ●パーソナリティ ●リスクに対する態度 ●文化的背景	

刺激するためにビジネス・マーケターができることはほとんどなく、現在のシェアを確保し少しでも増やすため、いっそう努力するしかない。

　主要原材料の不足を恐れる企業は、在庫を大量に確保しておこうとする。こうした企業は供給業者と長期契約を結んで、原材料の安定した確保に努める。デュポン、フォード、クライスラーなどの大手数社は、長期的な**サプライ・プランニング**を購買担当マネジャーの大きな役割と考えている。

　企業購買者は、技術動向、政治・法規制動向、競合他社動向に積極的に目を配っている。例えば環境問題についての懸念から、企業購買者の選択が変わることもある。ある印刷会社は、多種類の再生紙を提供する製紙会社や環境に害のないインクを扱っているインク会社を優先的に使うかもしれない。ある購買者は、「売る側は技術についての専門知識だけでなく、もう少し社会意識を持ってもらいたい」と述べている。

組織的要因

ストレスを感じたり情報に押し潰されそうだと思うのも、ミレニアム熱の症状である。

　どの組織の購買にも、明確な目的、方針、手続き、構造、システムがある。ビジネス・マーケターは、次のような組織的要因を知っておかなければならない。

　購買部門の格上げ　これまで購買部門は、企業のコストの半分以上を管理しているにもかかわらず、社内階層において低い地位に甘んじてきた。平均的な企業で、純売上の60％を製品やサービスの購買に使っている。しかし最近では、他社との競争が熾烈になっていることもあり、多くの企業で購買部門の地位は格上げされ、購買部門の管理職に副社長の地位を与えている。クライスラーの前取締役調達担当副社長トーマス・ストールカンプの例にも見られるように、今や購買部門には、MBAを持ちCEOを目指すような者が配属されている。ストールカンプは自動車の製造過程を合理化し大幅なコスト削減を成し遂げた功績で、社長に昇進した[18]。このように新しくて、より戦略的な購買部門は、低価格で購入することしか考えなかった旧来の「購買部門」から、業者を厳選し

最大の価値を得るという任務の「資財調達部門」へ変わってきている。いくつかの多国籍企業では、グローバルな調達と協力体制の責任を有する「戦略的サプライ部門」として位置づけられることもある。キャタピラー社では、購買、在庫管理、製造スケジュール、交渉の各部門が1つの部門に統合されている。

購買部門の格上げはとりもなおさず、これまで以上に優秀な人材のそろった企業購買者に合わせて、ビジネス・マーケターの方もまた営業担当者のレベルを上げることである。

部門横断的な役割　『パーチェシング』誌の最近の調査によると、購買担当の専門家は自分たちの仕事の内容について、事務処理が減少し、より戦略的かつ専門的になり、チームワークが増え、責任もいっそう重くなっていると考えている。「購買は以前より部門横断的な仕事になっている」と、アナレン・マイクロウェーブ社の購買担当者デービッド・デュプレは述べている。同社は人工衛星や無線通信や軍事などで用いられる電気製品のマイクロ波信号デバイスを製造している。調査に応じた購買担当者の61%が、購買担当チームによる新製品の設計や開発への関与は5年前に比較してはるかに高くなっていると答えている。また半数以上が、部門横断的な購買担当チームに供給業者を参加させていると答えている[19]。

購買の一本化　数多くの部署に分かれている企業では、部署ごとにニーズが異なるので、購買の大部分が部署別に行われている。しかし企業のなかには、購買を一括して行うようになっているところもある。本部が複数の部署で買われている同じ資材を調べ、一括して購入するので、有利な交渉ができる。条件さえ良ければ各部署が違う業者から買うこともできるが、一般的に一括購入の方が割安になる。ビジネス・マーケターにとってこの変化は、より少数で社内階層の高い購買者を相手にすることを意味している。売る側は、大規模な企業購買者と取引するために、顧客担当営業グループを編成することになる。

低額購買の分散化　その一方で、多くの企業は、バインダーやコーヒーメーカーやクリスマスツリーといった低額の品物について、従業員による個々の購入を認めて購買業務を分散させている。クレジットカード会社が発行する企業購買用カードのおかげで、このことが可能になった。企業が現場の監督、事務員、秘書にカードを持たせる。カードには、使用できる店と利用限度額が暗証番号で登録されている。ナショナル・セミコンダクター社の購買責任者は、カードを使うことで、1回の注文のたびに30ドルかかっていた費用が数セントですむようになったと述べている。もう1つの利点は、購買企業も供給業者も事務処理の時間が減り、購買部門はパートナーシップの構築に今まで以上の時間をとれるようになったことである[20]。

インターネット購買　ニュー・ミレニアムを迎えるまでに、インターネットを利用した企業間の購買額は、年間1340億ドルを超えるだろう。インターネット取引への移行は、供給業者にとって想像以上の大きな意味を持つ。将来の購買の形がすっかり変わることは間違いない。■ミレニアム・マーケティング「企業間のインターネット取引」を参照されたい。

多くの企業では過去を振り返り、未来を見つめるというミレニアムのテーマに合わせて、自社のブランドや製品を販売している。

GMとAT&Tは、過去の栄光と未来の成功を結ぶ二大「ブランド」企業である。

MARKETING FOR THE MILLENNIUM ミレニアム・マーケティング

企業間のインターネット取引

アマゾン・ドットコム、バーチャル・ヴィンヤード、CDナウなど消費者向けのオンライン・ショッピングサイトが世間の注目を集めている。しかしこれに目を奪われていると、電子商取引で最も注目すべき大きなトレンドである、企業間のインターネット取引の急成長ぶりを見落とすことになるだろう。フォレスター・リサーチ社の調査によると、企業間のインターネット取引は1998年のネット取引総額の78%を占める。企業はインターネット上にウェブサイトを開設し、社内にもイントラネットを設けて従業員どうしがコンピュータで意思の疎通を図れるようにすると同時に、外部の供給業者や流通業者とも連絡やデータのやりとりができるようにエクストラネットでつないだ。

今のところ、企業がエクストラネットで購入するのは、MRO(メンテナンス、修理、オペレーション)製品がほとんどである。例えばロサンゼルス郡はニワトリから避妊具まであらゆるものをインターネット上で購入している。ナショナル・セミコンダクター社は、工場で使う殺菌ブーツから最新のソフトウェアにいたるまで、月3500件にもなる注文のほぼすべてをコンピュータによる自動処理にした。これらMRO製品に使われる実際の金額は、航空機部品、コンピュータ・システム、鉄鋼管に費やされる額に比べれば微々たるものにすぎない。しかしそれでも、MRO製品は企業の全購買品目の80%を占め、その注文にかかる事務処理コストは大きい。そのプロセスがウェブ上で大幅に合理化できるとあれば、大きな魅力となるだろう。世界でも最大の購買量を誇るGEは、2000年までには、日常業務に使う備品だけでなく、工業資財もすべてインターネットで購入する計画を進めている。GEインフォーメーション・サービス(GEIS)は今や、自社の購買サイトを他企業に公開しており、巨大な電子情報センターを形成しつつある。もちろんGEISの運営の下で、無数の企業が何兆ドルにも相当する業界情報を交換することになる。

この企業間のインターネット取引が意味するものを、良いもの悪いものを含めていくつか挙げてみよう。オンラインの企業間取引という怪物によって、以下のことが確実に起きるだろう。

- **購買企業と供給業者双方の事務処理コスト節減**
オンライン取引は従来の発注手続きに求められた書類作成を不要にする。ナショナル・セミコンダクター社では、注文書1通に75ドル〜250ドルかかっていたコストが、オンラインでは1件3ドルに削減される。

- **注文から納品までの時間短縮化**　海外から購入する企業にとっては時間の短縮が何よりも大きい。コンピュータ・メモリーの販売大手であるアダプテック社では、台湾のチップ供給業者各社をエクストラネットでバーチャルな系列会社にした。今やアダプテック社の指示は、数秒で本社からアジアのパートナー企業に伝えられるようになり、同社ではチップの注文から納品までの所要日数を最長16週間からわずか55日に短縮することができた。チップを自社内で製造している企業と所要時間に差がなくなった。

- **購買システムの統合**　GEがオンライン購買に踏み切った大きな動機は、無駄をなくしたいということであった。同社のコーポレート・イニシアティブ・グループのマネジャー、ランディ・ロウは述べている。「当社は多すぎるほどの購買システムを持っています。各部署がエクストラネットで購買を管理し、経理処理は中央プラットフォームに一本化することを目指しているところです」。

- **事務処理の削減と手続きの合理化**　これらの仕事の削減や合理化には当然犠牲も伴う。ナショナ

ル・セミコンダクター社は購買をオンライン化することによって、購買担当職員を半数以下に減らした。その反面、購買のオンライン化で多くの購買担当者は面倒な事務処理から解放され、在庫管理や供給業者との交渉に今まで以上に時間を割けるようになった。

- **購買企業とパートナー企業の関係強化** ロバート・モンダヴィ社は衛星から撮影したブドウ畑の映像をエクストラネット上に掲載している。これによりブドウ農家はブドウ畑の問題点をすぐに見つけ、モンダヴィ社が購入するブドウの品質を向上させることができる。
- **供給業者と購買者間のロイヤルティの崩壊** ウェブにより、供給業者と顧客企業はビジネスに関するデータを共有し、製品設計についてさえ協力できるようになった。しかし一方で、ウェブは何十年来の供給業者と顧客企業の関係を崩しかねない。多くの企業がウェブを使って、より条件の良い供給業者を探し始めている。日本航空(JAL)は機内で使用するプラスチック製コップなどの注文を、インターネットに掲示するようになった。同社のウェブサイトに注文品の設計図や仕様を掲示しておけば、従来の仕入れ先であった日本企業だけでなく、そのサイトを訪れたどのような企業とも取引ができるのである。
- **供給業者の規模による違いの消滅** インターネット技術を利用して、企業間に安全かつ継続的な情報リンクであるエクストラネットを確立することで、企業はより小規模の供給業者とも取引できるようになった。現在、ほとんどの大手製造業者が、暗号化により注文書の安全性を確保しつつ、共通の仕様を使える電子データ交換(EDI)システムを利用している。しかしEDIは専売的な高額システムである。GEのトレーディング・プロセス・ネットワークへの加入には1000ドルしかかからないのに比べ、取引のパートナー1社をEDIネットワークに加えるには5万ドルもかかる。企業間取引のウェブ上への移行に伴い、地元の供給業者も海外の供給業者も同じ土俵で勝負できるようになった。購買者にとっては、余分の取引コストをかけずに世界のどこからでも資材調達ができるからである。
- **セキュリティへの不安** 80%以上の企業が、顧客やパートナーとのオンラインのリンクを拡大していく際にいちばん大きな障害となるのはセキュリティの問題であると考えている。電子メールやホーム・バンキングは暗証番号で保護できても、企業間で安全に極秘情報を交換できる環境はまだ整っていない。しかし、最優先課題となっているセキュリティについて、各社がその研究に数百万ドルも投資していることは希望の持てるニュースだ。企業はハッカーの侵入を食い止めるために、それぞれ防衛策を用意している。例えばシスコシステムズでは、ルーター、ファイアウォール、セキュリティ方式などの種類を特定し、パートナー企業とのエクストラネットによる接続を守っている。また自社からセキュリティ技術者を派遣し、パートナー企業の防犯チェックを行い、相手のコンピュータからセキュリティが破られた場合は、責任を負わせることにしている。

出典：Robert Yoegel, "The Evolution of B-to-B Selling on the 'Net," *Target Marketing*, August 1998, p.34; Andy Reinhardt, "Extranets: Log On, Link Up, Save Big," *Business Week*, June 22, 1998, p. 134; "To Byte the Hand that Feeds," *The Economist*, June 17, 1998, pp. 61–62; John Evan Frook, "Buying Behemoth—By Shifting $5B in Spending To Extranets, GE Could Ignite a Development Frenzy," *Internetweek*, August 17, 1998, p. 1; John Jesitus, "Procuring an Edge," *Industry Week*, June 23, 1997, pp. 56–62.

長期契約　企業購買者はしだいに、信頼のおける供給業者と長期契約を結ぶようになってきている。例えば、GMでは、自社近くに工場をかまえ、品質の高い製品を生産する、ごく少数の供給業者から買いたいと考えている。さらに、ビジネス・マーケターは顧客に、コンピュータによる電子データ交換（EDI）システムを提供している。顧客はコンピュータに打ち込むだけで直接発注ができ、注文は自動的に供給業者へ伝送される。病院や書店の多くが、この注文方法をとっている。

　購買業績の評価と購買担当者の専門職化　多くの企業は、営業部員に営業成績手当てを支給するのと同じように、購買担当マネジャーの優秀な購買業績に対しても、それを評価しやる気を起こさせる報奨制度を設けている。この制度のおかげで、購買担当マネジャーは売り手に最高条件での取引を実現すべく働きかけるようになっている。

　リーン生産　多くの製造業者は、リーン生産と呼ばれる新しい生産方式に移行し始めた。この方式を使うと、高品質で多種類の製品を低コストと少ない労働力で、短時間のうちに生産することが可能になる。この新しい方式の内容はジャスト・イン・タイム（JIT）生産、供給業者が主要な顧客企業のすぐ近くに会社を構えていること、購買システムのコンピュータ化、厳密な品質管理、頻繁で確実な納品、供給業者が顧客企業の生産スケジュールを把握していること、供給元を1社に絞って供給業者を早い段階から参加させること、などである。

　リーン生産の鍵ともいうべきJIT方式のおかげで、企業の製品購買の方法は大きく変化した。この方式はもともと日本企業が「100％品質とゼロ在庫」を目標に掲げて始めたもので、生産に必要なすべての原材料と部品を作業段階に応じて、必要になったちょうどそのときに運び込むというやり方だった。このJIT方式は今日、第2JIT方式や購買手順をより単純化した方式に取って代わられている。第2JIT方式については■マーケティング・インサイト「第2JIT方式：顧客と供給業者の新たなパートナーシップ」を参照されたい。

■ 対人的要因

　購買中枢には複数の関係者がいるが、それぞれに関心、権限、地位、共感の仕方、説得力は異なる。ビジネス・マーケターにとって、関係者の人柄や相互の人間関係についての情報は有用だが、購買プロセスにおける集団力学はわかりにくい。

■ 個人的要因

　購買担当者には、個人的な動機、知覚、選好がある。個人的要因は年齢、所得、教育水準、職位、性格、リスクへの態度、文化的背景によって影響される。購買スタイルも人によって異なる。面倒臭がり屋、自信家、完璧主義者、依存主義者など、さまざまである。若い高学歴の購買担当者には、コンピュータが得意で、供給業者を決定する前に競合他社の提案を徹底的に分析している者もいるだろう。また昔気質の購買担当者は、供給業者どうしを競争させるかもし

コカ・コーラのふたに書かれた文字、「オールウェイズ」は味の普遍性を表している。

MARKETING INSIGHT マーケティング・インサイト

第2 JIT方式：顧客と供給業者の新たなパートナーシップ

マサチューセッツ州フラミンガムにあるボーズ社は小型だが強力なステレオ装置を生産しており、無駄のないデザインで数々の賞を獲得した。しかし同社は、独自に作り上げた第2 JIT方式によって購買と資材計画を合理化したことでも注目を集めている。

1987年、同社の購買とロジスティクス担当部長であるランス・ディクソンの頭に、あることが閃いた。ボーズ社と供給業者との関係から販売員、購買担当者、資材計画担当者を外してみたらどうだろう。この考えを追求してできたのが、在庫管理のJIT方式を改良した第2 JIT方式である。JIT方式が在庫削減に主眼をおいていたのに対し、第2 JIT方式は、供給業者との日常的なやりとりに要するコストや時間の削減に目を向けている。

第2 JIT方式の中心的なコンセプトは、供給業者が自社持ちで1人以上の自社従業員を顧客企業に出向させるということである。この「出向者」は顧客企業の生産現場にいることで、顧客側の購買担当者と資材計画担当者および自社のセールス・レップの役目をすべて引き受けてしまう。三者の関係が1つにまとめられるわけである。ディクソンは次のように述べている。「資材計画担当者から購買担当者へ、そこからまた販売員へ、彼がまた本社へ戻ってて、情報を回す手間がなくなりました。3回か4回のやりとりが、今では裁量を与えられた1人の責任者の頭の中でできるのです。ほころびが起きません」。

出向者を使うことで、時間短縮だけでなく付加価値も生まれた。ボーズ社は、供給業者からの出向社員がオーディオ装置の製造について貴重な専門知識を提供してくれることに気づいた。また、ボーズ社の従業員もデザインや技術の改善について思いがけない提案をされ、刺激を受けている。この第2 JIT方式の成果に触発されて、他にも多くの企業がこの方式を取り入れている。購買と資材計画を合理化する第2 JIT方式を取り入れている企業には、IBM、JLGインダストリーズ社、インテル社ニューメキシコ工場、S.C.ジョンソン・ワックス社、モトローラ・オートモーティブ・エレクトロニクス社がある。

この方式を円滑に進めるためには、顧客はふさわしい供給業者を選び、ふさわしい人間を出向社員として雇わなければならない。JLGインダストリーズ社の購買担当役員ジョン・スチュワートは、問題解決能力を見極めるべく出向社員の候補者に対し、質問をするように助言している。例えばJLG社では、資材が不足した場合の対処法を尋ねたり、生産ラインに新しいアプリケーションを加えた場合の対処法について質問をしてみるという。第2 JIT方式という歯車を回転させる最も重要な潤滑油は「信頼」である。ボーズ社への最初の出向社員であった、G&Fインダストリーズ社の資材課長クライスト・ラボンテはこう語る。「それは信頼に基づいた、斬新な、従来にはなかった契約でした。協力関係がうまくいくようになると、言いづらかったことにもあえて踏み込むようになり、お互いに避けていた問題について話せるようになってくるのです」。

出典：Robert Hiebeler, Thomas B. Kelly, and Charles Ketteman, *Best Practices; Building Your Business with Customer-Focused Solutions* (New York: Arthur Andersen/Simon & Schuster, 1998), p. 94-96; "Professional Profile: Intel," *Purchasing*, February 13, 1997, p. 33; Lance Dixon, "JLG Industries Offers JIT II advice," *Purchasing*, January 15, 1998, p. 39.

れない。

■ 文化的要因

購買要因は国によっても異なる。マーケターが国外で仕事をするとき、知っておいた方が良い社会的ルールやビジネス作法を述べておこう[21]。

フランス　フランス語を話せないなら、そのことを謝る。フランス人はフランス語に大きな誇りを持っていて、だれでも話せるのが当然だと思っている。

ドイツ　ドイツ人は肩書きにこだわる。人を紹介するときは、どんなに長くても正しい肩書きを省略せずにつけること。また握手は、会議の始まりと終わりに2回する。

日本　ほとんどの日本人は会議が始まる前、席にさえ着かないうちからすでに、話し合う内容、それについての各自の考え、仕事への影響について知っている。会議とは同意に至るために行うものなのである。話し合いを円滑に進めたいのであれば、議事項目は必要に応じて変える融通性を持つこと。他国人は議事項目をあまり厳密に考えない方がよい。

韓国　アメリカ人が韓国人と一緒に仕事するとき、かつて朝鮮半島は実質的に日本の植民地であったという両国の歴史的関係について知っておくべきである。韓国人は外国人に自国の文化を日本と同一視されることを嫌う。にもかかわらず、一方では日本ビジネスの明敏さに深い尊敬の念を抱き、日本人と同様、権威を尊重し、個人より集団に重きをおく儒教道徳の影響下にある。

ラテンアメリカ　ラテンアメリカの国々は、国ごとにビジネス作法は違うように見えるが、いくつか共通点もある。顧客企業をよく知っている人物にコネをつけ、その人物の紹介で事前に取引先の人間と面識の機会を作っておくことは絶対に必要である。その人物(連絡役)が営業担当者や企業の代表者に、取引の鍵を握る人物への紹介や推薦の労をとってくれることになる。

> アメリカはコンピュータの2000年問題に備えて、約6000億ドルを費やした。

> ミレニアム向けのマーケティング戦略に数字を使っている企業は、混乱を避けるために短くて簡単な品目リストを使うように気をつけなくてはならない。

購買プロセスと調達プロセス

企業購買者が製品やサービスを買うのは、利益をあげるため、経費を節減するため、社会的かつ法的な義務を果たすためである。鉄鋼会社を例にすると、今まで以上の利益をあげるためには溶鉱炉を増設し、経費を節減するためには経理システムをコンピュータ化し、法的な義務を果たすためには環境汚染抑止設備を新たに整えるだろう。

原則的に、企業購買者は製品ないしサービスのコストに対して、最高のベネフィット(経済上、技術上、サービス上、社会上)のパッケージを手に入れたいと思っている。企業購買者の**購買インセンティブ**は、コストに対する知覚ベネフィット、つまり知覚価値の割合が高くなるほど大きくなる。標的購買者に優れた顧客価値を提供する製品ないしサービスを設定するのがマーケターの仕事である。

企業購買には3つの志向がある。購買、調達、サプライ・マネジメントであ

る(22)。**購買志向**とは供給業者との個々の取引であり、供給業者との結びつきが希薄で、ぶつかることもしばしばある。購買者の視点は短期的で、駆け引きを駆使する。基準の品質と安定供給を満たした製品を最も安く業者から手に入れられれば、購買者にとっては成功である。購買者は「価値のパイ」の大きさが決まっているという前提で動いており、できるだけ大きな一切れをとるべく交渉にあたってくる。その際の駆け引きには2つの戦術がある。1つは**コモディティ化**、つまり製品が日常的に使用する消耗品であり、決め手は価格だけだとほのめかす方法である。もう1つは**マルチソーシング化**、つまり複数の供給業者に自社の購買のシェアをめぐって競合させる方法である。しかしリスクを少なくするために、やがては一定の手続きを確立して信頼のおける業者に依存するようになる。

手紙、電話、電子メールなどで顧客との接触を保つのは、ミレニアムの不安を和らげるための有効な方法である。

　多くの企業は、品質改善とコスト削減を同時に求め**調達志向**になりつつある。調達志向の購買者は、仕入れ価格を下げさせてコスト削減を図るより、数を絞った供給業者とより緊密で協力的なリレーションシップを築き、買い付け、加工、処分をよりうまく行うことで経費を節減しようと考えている。彼らは**早い段階での供給業者による関与プログラム**を掲げ、原材料の取り扱い、在庫レベル、JITマネジメント、時には製品の設計協力まで含めた作業を、供給業者と密接な関係を持ちながら進めている。調達志向の購買者は、原材料を最適の時期に確実に納入してもらうため、主要供給業者と長期契約を結ぶことに力を注ぐ。購買者と供給業者の双方でウィン・ウィンの関係が目指される。社内では**資材調達計画（MRP）**に基づき、期日どおりの納品を確かなものにするため、調達担当者は製造グループと密接に協力しながら仕事にあたっている。

　サプライ・マネジメント志向とは購買の役割をさらに大きく広げるもので、単なる1部門の業務ではなく、より戦略的な付加価値を目指す活動になっている。企業は、原材料が製品になって最終消費者に渡るまでの価値連鎖全体の向上を目指す。この価値連鎖の鎖の一つひとつを最も効率よく運営しようとしている企業の例を見よう。

パイオニア・ハイブレッド社

　アイオワ州ディモインに本社を置くパイオニア・ハイブレッド社は、トウモロコシの種子や農業用品を販売する大手企業である。特許認可を持った同社のハイブリッド種子は、競合企業の種子よりも10％増しのトウモロコシを収穫できるので、平均より高い価格で売れる。しかしパイオニア社は、トウモロコシの種子が農家の価値連鎖の中でわずか21セントを占めるにすぎないことを知り、価値連鎖の中でのシェアを広げるべく、次の3つの点について改善を図ることにした。(1)より耐病性に優れた種子を開発する。農家は消毒薬をあまり使わなくてすむため、価格を高くしても売れる。(2)種子に肥料と消毒薬をセットにして売る。ただしそれには、同社が今持っていないコンピタンスと設備が必要かもしれない。(3)情報サービスなどの付加価値をつける。パイオニア社はレプリゼンタティブズにノートパソコンを持たせ、顧客で

ある生産農家に合わせてカスタマイズされた情報を提供した。レプリゼンタティブズはこのパソコンに、農家が使っているハイブリッド種子と価格、生産面積、収穫量についての情報を入力する。そしてこの情報をもとに、農家が自分に最も適した生産方法を選択できるように支援する。生産者間との双方向の情報のフローに投資した結果、同社は北米のトウモロコシ市場において、1980年代半ばの35％から現在は44％にまで市場シェアを伸ばすことができた[23]。

これは、供給プッシュではなく需要プルに応えた**リーン企画**として行われている。資材担当マネジャーは、自社内で調達できるものと、外から調達してこなければならないものを特定する。そして少数の供給業者を製品設計やコスト削減プログラムにも積極的に参加させ、共同で仕事に取り組んでいる。

> ミレニアム熱はどのくらい続くと予想しますか。

> ニュー・ミレニアムにもトップ企業として生き残るために、大手企業の合併は続くだろう。

企業購買プロセスの諸段階

ここでは通常の企業購買プロセスがたどる各段階を説明する。ロビンソンらは、企業購買プロセスには8つの段階があるとして、それを**購買フェイズ**と呼んだ[24]。それを示したのが■表7-1である。このモデルは、**購買グリッド**の枠組みと呼ばれる。典型的な新規購買状況の8つの段階は次のとおりである。

■ 問題認識

購買プロセスは、企業内のだれかが、特定の製品やサービスの獲得によって解決できる問題またはニーズを認識した時点で始まる。問題認識は社内もしくは社外の刺激によって起こる可能性がある。社内の刺激で最も多いのは、次のようなものである。

- 企業が新しい生産設備と材料を必要とする新製品の開発を決めた。
- 機械の故障で新しい部品が必要になった。
- 購入していた材料に満足できず、新しい供給業者を探すことになった。

> インテルは、パソコンのメモリーチップ全体の80％を生産している。さらにマイクロンへの投資で、ニュー・ミレニアムには日本と韓国の企業を抜くつもりでいる。

表7-1

購買グリッド枠組み：企業による購買プロセスの主な段階（購買フェイズ）と主な購買状況（購買クラス）との関係

		購買クラス		
		新規購買	修正再購買	単純再購買
購買フェイズ	1. 問題認識	ある	どちらともいえない	ない
	2. 総合的ニーズのリスト化	ある	どちらともいえない	ない
	3. 製品仕様書	ある	ある	ある
	4. 供給業者の探索	ある	どちらともいえない	ない
	5. 提案書の要請	ある	どちらともいえない	ない
	6. 供給業者の選択	ある	どちらともいえない	ない
	7. 発注手続き	ある	どちらともいえない	ない
	8. パフォーマンスの検討	ある	ある	ある

出典：Patrick J. Robinson, Charles W. Faris, and Yoram Wind, *Industrial Buying and Creative Marketing* (Boston: Allyn & Bacon, 1967), p. 14.

- 購買担当マネジャーが、より安価で品質の良いものを入手できること
を知った。

社外的な刺激とは、購買者がトレード・ショーで新しいアイデアを思いついたり、広告を見たり、セールス・レップの訪問を受けてより良い製品や低価格を提示されるといったことである。ビジネス・マーケターは、ダイレクトメール、テレマーケティング、見込み客への営業訪問によって問題認識を喚起することができる。

■ 総合的ニーズのリスト化

次に購買者は必要な製品のおおよその特性と必要数量を割り出す。標準的な製品ならこのプロセスはあっさり片づく。しかし製品が複雑になると、購買者はそれに必要な特性を明確にするために、技術者や使用者などと共同作業をする必要が生じるだろう。特性としては、信頼性、耐久性、価格などの属性が求められるだろう。ビジネス・マーケターも、自社製品がいかに購買企業のニーズに合ったものかを説明して、購買者を手助けすることができる。

■ 製品仕様書

次に購買企業は技術面の製品仕様書を作成する。このとき企業は、製品価値分析（PVA）エンジニアリング・チームをプロジェクトに加えることが多い。

- 製品価値分析（**PVA**）とはコスト削減のためのアプローチで、部品を詳細に検討して、設計変更が可能か、標準化できるか、より安く製造できるかを判断するものである。

PVAチームは製品に使われているコストの高い部品を調べる。通常、部品の20%が製造コストの80%を占めている。また、耐久年数が製品よりも長い過剰設計の部品がないか調べた上で、最適な製品特性を決定する。厳密な製品仕様書を作成することによって、購買者は高額すぎたり、基準を満たしていない部品を拒否することも可能である。供給業者にとってもまた、PVAは顧客を獲得するためのポジショニング・ツールとして利用できる。購買プロセスの早い段階から参加して、購買者の製品仕様に影響を与えることで、自社が選ばれるチャンスを高めるのである。

■ 供給業者の探索

この段階で、購買者は最適な仕入れ先を見つけるために供給業者の探索を行う。業界名簿を見たり、コンピュータで検索したり、他企業に電話して業者を推薦してもらったり、広告を見たり、トレード・ショーに行ったりできる。しかし、今日最も利用されているのはインターネットであろう。供給業者にとって、インターネット上では全企業が対等である。小さな業者も、ほんのわずかな手数料で大手と同じリストに名前を連ねることができる。

ワールドワイド・インターネット・ソリューションズ・ネットワーク社

この会社はWIZ-ネット（www.wiznet.net）の名で知られており、世界

ソフトウェア会社であるミレニアム・ヴュー社は、ミレニアム・デート・コンプレッション・ツール（MDCT）という2000年を無事に迎えるためのIBMパソコン用ツールを売り出す予定だ。

中の商品カタログを集めた「バーチャル商品カタログ図書館」を作っている。1998年現在、この「図書館」が収蔵する7万2000以上の製造業者、流通業者、サービス業者のカタログに、800万以上の製品が掲載されている。積み上げれば高さ30センチにもなるカタログばかりの郵便物を、毎日のように受け取る購買マネジャーにとっては、ワンストップ・ショッピングが可能なインターネットでの買物は大幅な時間節約になるだろう。製品比較が容易なため、安価なものを選ぶことも容易である。「ミシガン州で購入できる、直径10センチのプラチナ色の電球」を検索すれば、WIZ‐ネットは15秒で、該当する製品を購入できるミシガン州の会社を6つ教えてくれる。トーマス・レジスターやインダストリアル・ネットが電子版イエローページの役目を果たしているだけであるのに対して、WIZ‐ネットはあらゆる仕様の製品を掲載しており、業者に直接電子メールや注文を送ってくれる。毎週1万以上もの製品がWIZ‐ネットに追加掲載されており、データベースにはドイツ、台湾、チェコなどの国外のカタログも含まれている[25]。

> ほとんどの大企業は、自社のコンピュータが2000年以後も正常に働くという自信を持っている。

供給業者の仕事は、自社製品を大手のオンライン・カタログに載せ、強力な広告プロモーション・プログラムを企画し、市場で良い評判を築くことである。求められている生産能力がなかったり評判が悪かったりすると、その供給業者には注文が来ない。購買者に認められると、担当者が来て、供給業者の工場設備を見たり、従業員に会ったりする。いくつかの候補を評価してから、購買者は適格と判断した少数の供給業者をリスト化する。

■ 提案書の要請

この段階で、購買者は適格な供給業者に提案書の提出を求める。製品が複雑あるいは高価な場合、購買者は候補の業者各社に詳細な提案書の提出を求める。その提案書の評価を行った後、購買者は数社を選んで正式なプレゼンテーションを要請する。

ビジネス・マーケターは、調査能力、文章能力、プレゼンテーション能力に長けていなくてはならない。提案書は単に技術的な内容を並べた文書ではなく、マーケティング力のある文書であるべきだ。プレゼンテーションは、競合各社のなかで自社の能力と資源を際立たせて印象づける、自信に溢れたものでなくてはならない。

キャンベルスープ社とゼロックスが供給業者に課している資格条件を見てみよう。

キャンベルスープ社

キャンベルスープ社の業者選定プログラムでは、候補となった業者が3つの段階に合格することを求めている。その3つとは適格供給業者、公認供給業者、精選供給業者である。適格供給業者になるためには、技術力、財務状態の健全性、コスト効率の良さ、品質基準の高さ、革新性を証明しなければならない。この基準を満たすと、次に公認供給業

者を目指す。キャンベルの業者セミナーに出席し、実行チームの訪問を受け入れ、一定の変更をし、誓約に同意した上でやっと公認供給業者にしてもらえる。公認供給業者は、製品の均質性の高さ、継続的な品質改善、JITの実行能力を証明した場合に限り、精選供給業者となる。

ゼロックス

ゼロックスはISO 9000の国際品質標準を満たしている供給業者に限り資格を与えている(第2章を参照されたい)。しかし、同社から最高の評価、つまり認定業者の地位を獲得するためには、供給業者はまずゼロックス・マルチナショナル供給業者品質調査を完了していなくてはならない。この調査において、供給業者は品質保証マニュアルを提出し、継続的な改善原則を遵守し、効果的システムの実行を証明することが要求される。これにパスすると、次にゼロックスの継続的供給業者参加プロセスに参加しなくてはならない。ここでは、2社共同で品質、コスト、納期、処理能力の仕様書を作成する。認定に向けての最終段階では、供給業者はさらに厳しい品質トレーニングを受け、マルコム・ボルドリッジ国家品質賞と同じ基準に基づいた評価を受けなければならない。驚くにはあたらないだろうが、ゼロックス供給業者としての認可に必要な95%の評点に達しているのは、世界でわずか176の供給業者しかない[26]。

供給業者の選択

供給業者を選択する前に、購買中枢のメンバーは供給業者に求める属性を特定し、その重要度のリストを作る。次にそれぞれの属性について供給業者を格付けし、最も好ましいと思われる業者をいくつか選び出す。購買中枢では供給業者の評価に、■表7-2のような供給業者の分析評価モデルを使うことが多い。

実際のところ、企業購買者は供給業者を評価するために、多様な方法を使っている。ビジネス・マーケターの側も、企業購買者の評価方法をよく理解しておかなければならない。3人の研究者によって、ビジネス・マーケターが自社製品に対する購買者評価を知るための主要な方法が研究されている。それによれば8つの方法が使われている。よく工夫されたものほど顧客の知覚価値を正確につかむことができるが、多くの企業はより単純な方法を使っている(■マーケ

表7-2 供給業者の分析評価の例

属性	重要度	悪い(1)	普通(2)	良い(3)	非常に良い(4)
			評価尺度		
価格	0.30				×
評判	0.20			×	
製品の信頼性	0.30				×
サービスの信頼性	0.10		×		
対応の柔軟性	0.10			×	

合計：0.30(4) + 0.20(3) + 0.30(4) + 0.10(2) + 0.10(3) = 3.5

MARKETING MEMO

顧客価値の査定法

1. **社内での技術テストによる査定**：企業の技術者がラボテストで製品の性能特性を評価する。最も厳しい競合関係にある他社製品より性能が1.5倍優れていれば、その自社製品に1.5倍までの価格をつけてよい。この方法の欠点は、使用状況の違いによって、顧客価値が異なることを考慮していない点である。

2. **ユーザーによる査定**：顧客が新しい製品を使用し、従来のものと比較したコストを金額に換算して答える。例えばキャタピラー社のトラクターに競合製品と比較して価格をつけてもらう。連続使用に耐え、修理時間が短くてすみ、転売価格が落ちない。購買者がそれぞれの特性について価値を金額で査定するのである。

3. **フォーカス・グループ調査による査定**：フォーカス・グループ調査の顧客に発売予定製品の価値を評価してもらう。

4. **ダイレクト・サーベイ質問**：製品の変更点一つひとつにどれだけの価値があるか、ダイレクトに金額をつけてもらう。

5. **コンジョイント分析**：いくつかの製品またはコンセプトに関する選好で、顧客に順位をつけてもらう。製品を構成する各属性の価値を統計的に分析する。

ティング・メモ「顧客価値の査定法」を参照されたい)。

さまざまな属性のなかで何を選択し重要とするかは、購買状況によっても異なってくる[27]。ルーチン・ベースで注文される製品なら、納期の確実さ、価格、供給業者の評判が最も重要であろうし、コピー機などの**事務手続きを要する製品**なら、技術サービス、対応の柔軟性、品質の信頼性が最も重要になるだろう。組織内に力関係の競争が起こる**政治の絡む製品**(例えばコンピュータ・システムの選択など)であれば、価格、業者の評判、品質の信頼性、サービスの信頼性、対応の柔軟性が最も重要になるだろう。

購買中枢は最終選択を行う前に、候補に上がった供給業者を相手に、価格と諸条件を有利に運ぶための交渉をするだろう。戦略的調達、パートナーシップ、部門横断的なチームの参加への動きはあるが、それでも購買者は値下げの交渉にかなりの時間を割く。1998年の『パーチェシング』誌の調査によると、購買担当者の92%は価格交渉が最大責務の一つだと答えている。またほとんどの回答者が、価格は今でも供給業者選定の重要な基準であるとも述べている[28]。マーケターの側が値下げ要求に対応する方法はいろいろある。自社製品を使ったときのライフサイクル・コストが他社製品よりも低いことを証明してもよいし、購買者へのサービスが他社よりも優れている点を挙げてもよい。以下に、サービスに付加価値をつけることで競争に勝ち残った2社の例を挙げよう。

ヒューレット・パッカード社

ヒューレット・パッカード社におけるマーケティング部門のコンセプトは、「信頼できるアドバイザー」である。同社のマーケターは、市場シェアを拡大したければ、システムを売るだけにとどまらず、自らをアドバイザーとして売り込み、顧客の抱える独自の問題に合わせたソリューション提供の労を惜しんではならないとしている。ヒューレット・パッカード社がこのコンセプトを実施してわかったのは、パートナーを求めている企業もあれば、製品が役に立ってくれればそれで十分だという企業もある、ということだった。レーザー・プリンターなら操作性に優れた製品を納めればそれでよいが、コンピュータのネットワーク・システムのように複雑な製品を販売する場合、アドバイザー的役割も引き受けなければならない。信頼できるアドバイザー計画による収益への効果を直接測定する方法はないが、この新しい販売方法はヒューレット・パッカード社の最高級コンピュータ事業が60%伸びたことに貢献していると同社は見積もっている。同社はコンサルタント業務に力を入れるようになっており、コンピュータのシステム開発企業やソフト企業との一連のパートナーシップを利用してプロジェクトに取り組んでいる[29]。

サービス業でも、個別サービスという付加価値をつけることが可能である。

アドバンスト・トラベル・マネジメント(ATM)社

旅行代理店であるATM社は、個別の特別サービスを行っているおかげで、有名な大口顧客の獲得に成功した。同社の顧客にはナットウエス

ト・マーケット社やDDBニーダム・ワールドワイド社などが含まれているが、この両社だけで1997年における航空関連の総売上高は1億ドルに達した。ATM社の担当者は、ホテルの予約、フライトキャンセルになりそうな天気予報の確認を実施するとともに、旅行者がロード・マップを要求すれば地図ソフトやインターネットで作成する。また旅先の地元レストラン、スポーツ試合、病院、歯科医まで網羅した情報ガイドのサービスも行っている。ATM社で予約したホテルがモーニングコールを忘れて客が苦情を訴えた場合には、すぐそれに対応する。共同経営者であるマイケル・シェアとフランク・コーガンのどちらかがホテルと顧客の会社の担当者に電話をして、旅行が満足できるものであったかどうかを確かめ、顧客には花束を送る。組織的な売り込みやマーケティング努力に大金を使うことなく、この小さな代理店は、同業の大手であるアメリカン・エキスプレス・トラベル・リレイテッド・サービス社などのシェアを奪う健闘を見せているのである[30]。

厳しい値下げ要求には、次のような対応の仕方もある。

リンカーン・エレクトリック社

リンカーン・エレクトリック社は流通業者のために**コスト削減保証プログラム**を用意した。顧客に競合他社の製品と同じ価格まで値下げするよう強く求められたら、同社と流通業者は、次年度中に顧客企業の工場で、リンカーン社製品と競合企業製品の価格差額分かそれ以上に相当するコスト削減案をアドバイスすると保証する。もしできなければ差額を顧客に払い戻すというのである。そこで、リンカーン社は専門の生産チームを顧客企業に送り込み、顧客企業のコスト削減法を提案する。もし年度末の会計監査で約束したコスト削減ができなかったと判明したら、リンカーン社と流通業者は顧客に差額を補償する。その負担の割合はリンカーン社が70％、流通業者が30％である[31]。

購買者の選定プロセスには、購買中枢による供給業者数の決定段階がある。以前は多くの企業が十分な物資を確保し、また価格を譲歩させるために、たくさんの供給業者を確保しておこうとした。こうした企業は1年ごとに再契約交渉を行い、供給業者間の取引の比重を変えることが多かった。企業はいちばん重要な業者にその年の注文の大半を発注し、残りを二番手以下の業者に回すのが普通だった。一番手の業者は地位を守るのに一生懸命になり、二番手以下はシェアの拡張に努めた。リスト外の業者は思い切った低価格を提示し、何とか足がかりをつかもうと躍起になった。

しかし、企業はしだいに供給業者数を減らす傾向にある。フォード、モトローラ、アライドシグナルといった企業は、供給業者数を20％～80％減らしている。これらの企業は、選んだ供給業者に大型コンポーネント・システムを担当させたいと望んでいる。また品質と性能の継続的向上、そして毎年一定の割合で供給物資の価格引き下げも希望している。新製品開発には供給業者が密接に協力することを期待し、供給業者側からの提案を尊重している。供給業者を

MARKETING MEMO

6. **ベンチマーク**：顧客にまず基準となる製品（ベンチマーク）を、次に新製品を見せ、新製品にいくら多く払ってもよいかについて答えてもらう。基準製品からある特徴をなくした場合、払う金額をいくら下げるのかを尋ねてもよい。

7. **組み合わせ方式**：顧客に3段階のレベルの属性を示し、それぞれに値段をつけてもらう。他の属性についても同様のことを行い、後で総計して組み合わせる。

8. **重要度の順位づけ**：顧客にいくつかの属性について重要度の順位をつけてもらう。さらにその属性ごとの性能に関して、供給業者にも順位をつけてもらう。これによって競合各社と比較した自社の価値を評価できる。

出典：James C. Anderson, Dipak C. Jain, and Pradeep K. Chintagunta, "A Customer Value Assessment in Business Markets: A State-of-Practice Study" *Journal of Business-to-Business Marketing* 1, no. 1 (1993): 3–29.

1社に絞り、購入先を一本化する傾向も進んでいる。

ノックスビル・ニュース・センチネルとニューヨーク・デイリー・ニュース

『ノックスビル・ニュース・センチネル』紙と『ニューヨーク・デイリー・ニュース』紙は、多くの新聞社が新聞用紙の調達を複数の会社に頼っている中で、わずか1社のみを調達先に使っている。調達先が1か所だけであれば、在庫管理が楽で、チェックするのも1社だけでよい。調達先を1社にしたことで製品品質が一定になるだけでなく、紙の性質に合わせて印刷を変える必要もなくなった[32]。

複数の供給業者を使っている企業は、1社に絞ることの最大の難点として労働ストライキをよく指摘する。また企業が購入先の一本化にためらうもう1つの理由は、緊張感がなくなることかもしれない。供給業者が自社との関係に安心しきって、競争心を失うことを恐れているのだ。この問題の解決策を考え出した敏腕マーケターの例を紹介しよう。

GCエレクトロニクス社

イリノイ州ロックフォードのGCエレクトロニクス社には、「1社最低価格保証プログラム」というものがある。これは同社を唯一の供給先として使ってくれたら、取引や購買にかかる経費を節減すると謳ったものである。しかし、このプログラムのもとで、購買企業側が別の企業から購入した方が良かったと考えるようであれば、不満な点の実例を挙げてもらい、GC社側から6%を払い戻すことになっている[33]。

▰▰▰ 発注手続き

供給業者の選定が終わると、購買者は最終的な注文内容を取り決め、技術的な仕様、必要数量、希望納入日、返品条件、保証などの項目について確認する。メンテナンス、修理、消耗品などについては、購買者が周期的購買注文ではなく**包括契約**にしようとする。**包括契約**では、設定した期間内であれば供給業者が購買者に合意した価格で再提供することを約束しており、長期的なリレーションシップが構築される。この包括契約は売り手が在庫を持っているので、**在庫ゼロの購買プラン**とも呼ばれる。購買者がその在庫を必要とした時点で、コンピュータが自動的に売り手に注文書を送るようになっている。

包括契約をすると、供給業者を1社に絞るようになり、また購買量も増える。この契約では購買者と供給業者の結びつきが強まり、購買者が価格、品質、サービスに不満を持たないかぎり、他の供給業者の参入は難しくなる。

▰▰▰ パフォーマンスの検討

購買者は選定した業者のパフォーマンスを定期的に検討する。これには通常、3つの方法がある。1つめは、購買者がエンドユーザーに連絡をとって、満足度を評価してもらうやり方。2つめは、購買者自身がいくつかの項目について点数で評価するやり方。3つめは、購買者が供給業者の劣悪なパフォーマンスによって生じた余分なコストを集計して、それを価格とともに購買コストの計算に入

パン・アメリカン保健機関によると、ニュー・ミレニアムにはアメリカ人がハシカから解放される。

れるやり方である。パフォーマンスの検討によって購買者は、購買取引を継続するか、修正するか、中止するかについて決定する。売り手は、購買者やユーザーが検討事項としている項目を、同じように監視していなければならない。

これまで、新規購買の状況において発生すると思われる諸段階を説明してきた。修正再購買や単純再購買ではこれらのいくつかは圧縮されたり、省かれたりするだろう。例えば単純再購買では、購買者が決まった供給業者や格付けした業者リストを持っていることが普通なので、供給業者の探索や提案書要請の段階はとばされる。

購買フロー・マップ 以上の8段階の購買モデルにより、購買フローの主な段階が概観できた。**購買フロー・マップ**をなぞることで、ビジネス・マーケターは多くの手がかりを得られるだろう。■図7-2は日本における包装機械の購買フロー・マップの流れを示したものである。番号で識別した各人物の役割は右に記されている。人物間のイタリック体の数字は取引行為の順番を示す。この購買企業では、20人以上もの人間がかかわっていることがわかる。製造担当のマネジャーやスタッフ、新製品開発委員会、企業の研究所、マーケティング部門、市場開発部門もかかわっている。最終決定までにかかった期間は121日である。

> 医療最前線：多くの外科医が手術、特に心臓手術の助手としてロボットを使うことを真剣に考えている。

図7-2

日本企業の組織的購買行動：包装機械の購買プロセス

出典：「日本企業独特の購買方法」『エコノミックジャーナル』日本経済通信社、昭和55年12月23日号、p. 29。許可を得て転載。

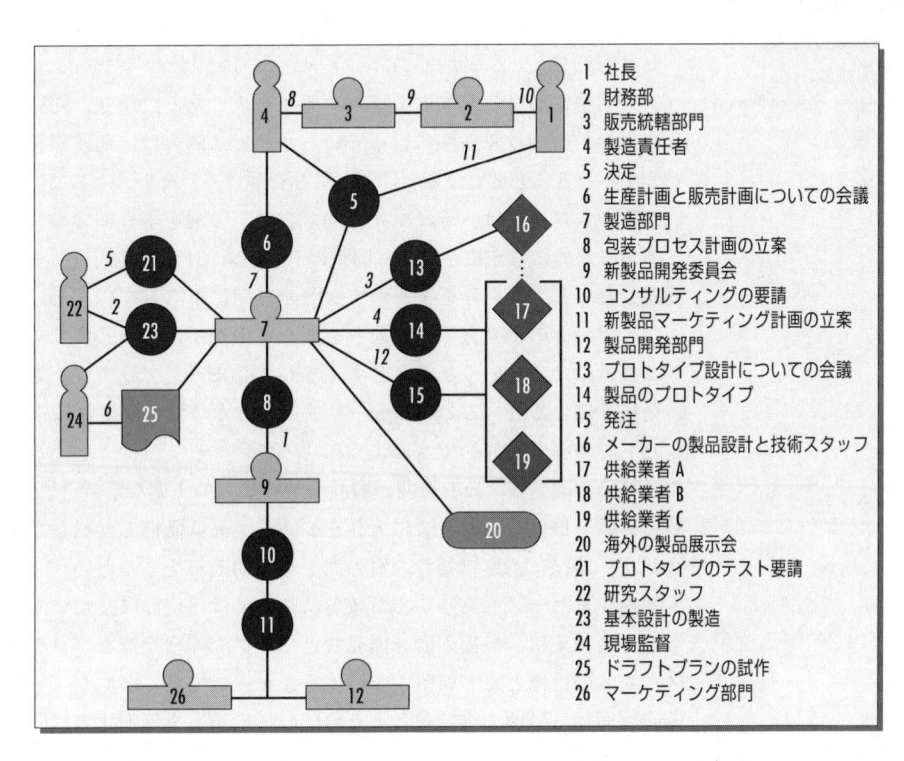

1	社長
2	財務部
3	販売統轄部門
4	製造責任者
5	決定
6	生産計画と販売計画についての会議
7	製造部門
8	包装プロセス計画の立案
9	新製品開発委員会
10	コンサルティングの要請
11	新製品マーケティング計画の立案
12	製品開発部門
13	プロトタイプ設計についての会議
14	製品のプロトタイプ
15	発注
16	メーカーの製品設計と技術スタッフ
17	供給業者A
18	供給業者B
19	供給業者C
20	海外の製品展示会
21	プロトタイプのテスト要請
22	研究スタッフ
23	基本設計の製造
24	現場監督
25	ドラフトプランの試作
26	マーケティング部門

公益機関市場および政府機関市場

ここまでは、主として企業購買者の購買行動に焦点を合わせて議論してきた。その議論の多くは、公益機関市場と政府機関市場の購買慣行にも当てはまる。しかし、この2つの市場には独自の特徴がある。それを取り上げてみたい。

公益機関市場には学校、病院、老人ホーム、刑務所などの各種施設が含まれる。多くの機関は、低予算で利用者が限定されているという特徴を持っている。例えば、病院では患者にどのような質の食事を出すかを決定する。患者の食事は総合的なサービスの一部として提供されているので、目的は利益を出すことではない。また、コストを最小限に抑えることばかり目指すわけにもいかない。食事の質が悪いと患者の不評をかい、病院の評判を落とすことにもなりかねないからだ。病院の購買担当者は、最低基準を満たす品質を低価格で供給するような団体向け食品供給業者を探さなくてはならない。実際、多くの食品業者が、公益機関購買者の特別なニーズと特性に合わせた独立部門を設けている。例えばハインツ社では、病院、大学、刑務所の要求に合わせて、製品、パッケージ、価格の異なる特別仕様のケチャップを生産することになる。

国立の学校や病院の納入業者に選ばれると大口の仕事になる。

アリージャンス・ヘルスケア社

バクスター・ヘルスケア社から独立したアリージャンス・ヘルスケア社は、アメリカ最大の医療、手術、研究室関係の製品を供給する企業である。「バリューリンク」という呼び名で知られている同社の「在庫ゼロ方針」は、アーサー・アンダーセンによるビジネス・コンサルティング業務におけるベスト・プラクティクスである。現在、同社がアメリカの150の救急病院に行っているサービス内容は、病院職員が必要とするときに必要とするところへ製品を届ける、というものである。この集中システムは、常に生死に向き合い、一刻を争う顧客のニーズに応えるために考え出された。旧来のシステムでは、大型トラックが1週間分ないし1か月分をまとめて病院の裏口に下ろしていくというものだった。そのやり方では、最も必要なものが不足し、必要でないものは大量に余るという状況が必ず生まれてしまう。アリージャンス社の見積りによると、このバリューリンクのおかげで、病院は毎年平均50万ドルの経費を節約できるようになった[34]。

たいていの国では、政府機関が製品やサービスの主要な購買者になっている。一般に、政府機関は供給業者に入札を要請し、最低価格で落札した企業と契約を交わす。時には、供給業者の質の高さや契約期日を守るという評判を見込んで、契約するケースもある。また政府によっては、交渉に基づいて契約する場合もある。例えば、多額の研究開発費とリスクを伴う複雑なプロジェクトのケース、あるいはほとんど競争がないようなケースである。

政府機関は、外国の供給業者より自国の供給業者を優遇する傾向がある。ヨ

歴史メモ：西暦1000年～1300年ごろの中世の西ヨーロッパでは、農業革命の結果、人口の爆発的増加が起きた。

ーロッパで事業展開している多国籍企業の最大の悩みは、外国企業が優れたオファーをしても、各国政府が自国企業を優先させるということだ。ヨーロッパ経済委員会は、この偏向を取り除こうとしている。

　政府の支出決定は公表が義務づけられているので、政府機関は供給業者に膨大な書類提出を要請する。膨大な量の書類、官僚主義、規制、遅い意思決定、購買担当者の入れ替わりの激しさが、供給業者の不満にのぼることも多い。そうした官僚主義にもかかわらず、どの企業も政府の仕事をしたがるのはなぜだろう。ワシントンD.C.を中心にコンサルタントの仕事をしているポール・E・グールディングは、クライアントに300億ドル以上にも及ぶ政府の仕事を契約させてきた実績をもとに、次のように答えている(35)。

> この質問を受けたら、私はあるビジネスマンの話をすることにしている。その男は小さな町に引っ越して、ある金物店を買い取った。彼は新しく雇った従業員たちに、その町で店にとっていちばん大口の顧客はだれかと尋ねた。驚いたことに、その顧客は彼の店とは取引がなかった。理由を尋ねると、従業員の答えはこうだった。その顧客は非常に面倒な相手で、書類をたくさん書かせられる。私は、その顧客がけっして倒産しない大金持ちで、いったんこちらの仕事に満足してもらえれば繰り返し取引が続くことになると指摘した。連邦政府とは、そういうタイプの客なのだ。

　アメリカ政府は、2000億ドル相当の製品やサービスを購入している。つまり連邦政府は世界最大の顧客なのだ。数字の大きさは合計額だけではない。個々の取引数についても同様である。調達局資料センターによると、毎年2000万件もの契約が処理されている。ほとんどの品目は2500ドル～2万5000ドルの発注ではあるが、はるかに高額の買い物がされることもある。50億ドルにも達するグローバルな衛星通信システムを構築しているコンソーシアムであるイリジウムLLC社は、初めての大口顧客としてアメリカ政府と1450万ドルの契約を交わした。アメリカ軍はイリジウム・ネットワークの「ゲートウェイ」、つまり高性能の接続回線にこれだけの額を払っているのである(36)。

　政府は毎年、数十億ドル相当の技術を買っている。しかし政府の意思決定者は、技術開発企業にはまだ課題が残されていると考えている。よくある問題の一つは、製品の運用法を政府に指導しないことである。しかも企業側が政府側の費用構造を明らかにしないため、その仕事は政府の調達担当者の負担になっている。政府との契約をねらっている企業は、政府側の担当者が製品の収益性に対する理解を持てるよう、手助けする必要がある。その例を以下に挙げよう。

ケーブルトロン・システムズ社

　ニューハンプシャー州ロチェスターに本社を置くこの企業は、見込み客に無料のCDを送っている。このCDはウィザードを使って、顧客となる政府機関のネットワークについて質問をする。それに答えるとネットワークに適したケーブルトロン社の推薦製品が自動的に紹介され、投資収益率の概要とコストの明細も教えてくれる(37)。

歴史メモ：中世のヨーロッパでは、少女は少年と同じように職人修行をした。また女性も夫のパートナーとして、仕事に付き添うか一緒に商売を営んだ。

歴史メモ：西暦1000年ごろの中国では、大規模な灌漑用水工事が行われ、お茶や綿のような新しい交易用植物が栽培されるようになった。

企業が政府機関に、自社製品の最適な購入方法と使用方法についての手引書を提供しているように、政府側も供給業者候補に対して、政府機関への販売方法を説明した手引書を与えている。それでもやはり供給業者は手続きの仕組みを習得し、官僚主義に入り込む方法を見つけ出さなければならない。グールディングによれば、海外に新しい市場を開拓するのと同じくらい時間と資金と資源を投入しなければならないという。あるいはそれ以上に大変なことかもしれない。

ADIテクノロジー社

　連邦政府はこれまで一貫してADIテクノロジー社の最重要顧客であり、同社の年間収益600万ドルのおよそ90%は政府との契約が占めている。しかし、この専門サービス会社のマネジャーは、だれもが欲しがる政府契約の獲得に必要な作業量に、しばしば閉口する。入札提案書一式が、政府の書類作成要件を満たすために500ページ〜700ページにもなるという。同社の社長は、1件の入札提案書を作成するために、主に人件費で約2万ドル使ったと見積もっている。

　幸い、契約の大小にかかわらず政府の購買改革は進んでおり、いずれ契約手続きは簡素化され入札もいっそう魅力あるものになるだろう。この改革では、政府の仕様に沿った特注品ではなく、一般に流通している規格品の購入に力点が置かれている。また膨大な書類作成作業を削減するために、仕入れ先とオンラインでコミュニケーションを図ったり、適切な政府機関が仕入れ先に落札不可の理由を説明する「事後報告」を行い、彼らが次の機会に落札する可能性を高めることにも取り組んでいる[38]。政府は2001年までに、すべての購買をオンラインで行うことを目指している。このため、政府はウェブ上での書類様式、デジタル署名、購買用の電子カード（Pカード）の準備に予算を割くことになるだろう[39]。政府の購買を請け負っている機関のなかには、ウェブ上にカタログを掲載し始めたところもある。このようなインターネットのカタログを使えば、国防機関や官庁は、医薬品や事務用品の類から衣料品にいたるまで、オンラインで購入することができる。例えば調達局は、ウェブサイトを通じて在庫商品を売るだけでなく、購買者と契約販売企業を直接結ぶサービスも行っている。

　こうした改革にもかかわらず、政府に納入する企業の多くは、マーケティング志向を示してこなかった。その理由はいろいろある。政府の購買方針では従来から価格が重視されるので、供給業者はコスト削減に努力を注いできた。製品特性が細かく指定されているため、製品差別化はマーケティング要因にならない。公開入札で契約が決まるので、広告や人的販売もあまり意味がない。

　しかし、社内に政府担当のマーケティング部門を設ける企業がある。ゲートウェイ2000社はその一つである。

ゲートウェイ2000社

　ゲートウェイ2000社は政府機関専用の製品を販売している企業である。幼稚園から高校までの教育現場をターゲットにしているデスティネーションPCという製品はその一例である。デスティネーションPC

歴史メモ：スペインのコルドバにある有名なモスクは、8世紀から10世紀にかけて、イスラム教徒によって建てられた。彼らは前ミレニアムの末に、スペイン、北アフリカ、現在のトルコに至る広い地中海沿岸地域に勢力を広げた。

歴史メモ：前ミレニアムに、西アフリカでは古ガーナ帝国がその一帯に勢力を誇っていた。

は、パソコンを組み込んだ大型ディスプレーのテレビ、コードレスのキーボード、リモコンがセットになっている。販売員は教育官庁を訪問し、周波数や技術上の仕様を説明するよりも、ケーススタディを使って製品を売り込む。ゲートウェイの対政府機関の売上は、1996年末で、同社の売上総額1億5500万ドルのうち41％にものぼると見積もられている(40)。

ゲートウェイ、ロックウェル、コダック、グッドイヤーのような企業は、政府のニーズやプロジェクトを予想し、製品仕様を決める段階でプロジェクトに参加し、競合情報を集め、慎重に入札の準備をし、自社の評判を伝えかつ高めるための強力なコミュニケーション努力を行っている。

参考文献

1. Frederick E. Webster Jr. and Yoram Wind, *Organizational Buying Behavior* (Upper Saddle River, NJ: Prentice Hall, 1972), p. 2.
2. John H. Sheridan, "An Alliance Built on Trust," *Industry Week*, March 17, 1997, pp. 66–70.
3. Shawn Tully, "How Cisco Mastered the Net," *Fortune*, August 17, 1998, pp. 107–10.
4. Justin Hibbard, "Online Health Insurance," *Informationweek*, August 10, 1998, p. 26.
5. Minda Zetlin, "It's All the Same to Me," *Sales & Marketing Management*, February 1994, pp. 71–75.
6. Robert Hiebeler, Thomas B. Kelly, and Charles Ketteman, *Best Practices: Building Your Business with Customer-focused Solutions* (New York: Arthur Andersen/Simon & Schuster, 1998), pp. 122–24.
7. Michael Collins, "Breaking into the Big Leagues," *American Demographics*, January 1996, p. 24.
8. "Women and Minorities Account for a Growing Share of Purchase Decisionmakers," *The American Salesman*, September 1996, p. 8.
9. Patrick J. Robinson, Charles W. Faris, and Yoram Wind, *Industrial Buying and Creative Marketing* (Boston: Allyn & Bacon, 1967).
10. 以下の文献を参照されたい。Daniel H. McQuiston, "Novelty, Complexity, and Importance as Causal Determinants of Industrial Buyer Behavior," *Journal of Marketing*, April 1989, pp. 66–79; Peter Doyle, Arch G. Woodside, and Paul Mitchell, "Organizational Buying in New Task and Rebuy Situations," *Industrial Marketing Management*, February 1979, pp. 7–11.
11. Urban B. Ozanne and Gilbert A. Churchill, Jr., "Five Dimensions of the Industrial Adoption Process," *Journal of Marketing Research*, August 1971, pp. 322–28.
12. 以下の文献を参照されたい。Donald W. Jackson Jr., Janet E. Keith, and Richard K. Burdick, "Purchasing Agents' Perceptions of Industrial Buying Center Influence: A Situational Approach," *Journal of Marketing*, Fall 1984, pp. 75–83.
13. Webster and Wind, *Organizational Buying Behavior*, p. 6.
14. 同上、pp. 78–80.
15. 以下の文献を参照されたい。"'I Think You Have a Great Product, but It's Not My Decision,'" *American Salesman*, April 1994, pp. 11–13.
16. 同上。
17. Webster and Wind, *Organizational Buying Behavior*, pp. 33–37.
18. Sara Lorge, "Purchasing Power," *Sales & Marketing Management*, June 1998, pp. 43–46.
19. Tim Minahan, "OEM Buying Survey—Part 2: Buyers Get New Roles but Keep Old Tasks," *Purchasing*, July 16, 1998, pp. 208–9.
20. Shawn Tully, "Purchasing's New Muscle," *Fortune*, February 20, 1995; Mark Fitzgerald, "Decentralizing Control of Purchasing," *Editor and Publisher*, June 18, 1994, pp. 8, 10.
21. (フランス、ドイツ、日本)Teresa C. Morrison, Wayne A. Conaway, and Joseph J. Douress, *Dun & Bradstreet's Guide to Doing Business Around the World* (New York: Prentice Hall, 1997). (韓国)"Tips, Tricks and Pitfalls to Avoid when Doing Business in the Tough but Lucrative Korean Market," *Business America*, June 1997, p. 7. (ラテンアメリカ)Dana May Casperson, "Minding Your Manners in Latin America," *Sales & Marketing Management*, March 1998, p. 96; Valerie Frazee, "Getting Started in Mexico," *Workforce*, January 1997, pp. 16–17.
22. James C. Anderson and James A. Narus, *Business Market Management: Understanding, Creating and Delivering Value* (Upper Saddle River, NJ: Prentice Hall, 1998), p
23. 以下の文献を参照されたい。Robert E. Wayland and Paul M. Cole, *Customer Connections: New Strategies for Growth* (Boston: Harvard Business School Press, 1997), pp. 161–68.
24. Robinson, Faris, and Wind, *Industrial Buying*.
25. John H. Sheridan, "Buying Globally Made Easier," *Industry Week*, February 2, 1998, pp. 63–64.
26. 以下の文献を参照されたい。"Xerox Multinational Supplier

Quality Survey," *Purchasing*, January 12, 1995, p. 112.
27. 以下の文献を参照されたい。Donald R. Lehmann and John O'Shaughnessy, "Differences in Attribute Importance for Different Industrial Products," *Journal of Marketing*, April 1974, pp. 36-42.
28. Minahan, "OEM Buying Survey—Part 2: Buyers Get New Roles but Keep Old Tasks."
29. Rick Mullin, "Taking Customer Relations to the Next Level," *The Journal of Business Strategy*, January–February 1997, pp. 22-26.
30. Chad Kaydo, "Good Service Travels Fast," *Sales & Marketing Management*, May 1998, pp. 22-24.
31. 以下の文献を参照されたい。James A. Narus and James C. Anderson, "Turn Your Industrial Distributors into Partners," *Harvard Business Review*, March–April 1986, pp. 66-71.
32. Donna Del Moro, "Single-Source Newsprint Supply," *Editor & Publisher*, October 25, 1997, pp. 42-45.
33. Kitty Vineyard, "Trends . . . in Single Sourcing," *Electrical Apparatus*, November 1996, p. 12.
34. Robert Hiebeler, Thomas B. Kelly, and Charles Ketteman, *Best Practices; Building Your Business with Customer-Focused Solutions* (New York: Arthur Andersen/Simon & Schuster, 1998), pp. 124-26.
35. Paul E. Goulding, "Q & A: Making Uncle Sam Your Customer," *Financial Executive*, May–June 1998, pp. 55-57.
36. Quentin Hardy, "Iridium Gets U.S. as First Big Customer of Wireless Communications System," *Wall Street Journal*, January 26, 1998, p. B7.
37. Julie Bort, "Selling High Technology to Uncle Sam," *Electronic Business*, February 1998, p. 28.
38. Laura M. Litvan, "Selling to Uncle Sam: New, Easier Rules," *Nation's Business*, March 1995, pp. 46-48.
39. Ellen Messmer, "Feds Do E-commerce the Hard Way," *Network World*, April 13, 1998, pp. 31-32.
40. Bort, "Selling High Technology to Uncle Sam"; Larry Light and Lisa Sanders, "Uncle Sam's PC Shopping Binge," *Business Week*, October 28, 1996, p. 8.

競争への対処

CHAPTER 8

本章では、企業が競争に関して知っておくべき次の5つの問題を取り上げる。

- 最も重要な競合他社はどこか。
- 競合他社の戦略、目的、強みと弱み、反応パターンをどのように解明するのか。
- 競争的インテリジェンス・システムをどのように設計するのか。
- リーダー、チャレンジャー、フォロワー、ニッチャーのいずれの市場ポジションをとるのか。
- 顧客志向と競合他社志向のバランスをどのようにとるのか。

KOTLER ON MARKETHING
コトラー語録

無能な企業は競合他社を無視する。平凡な企業は競合他社を模倣する。卓越した企業は競合他社の先を行く。

Poor firms ignore their competitors; average firms copy their competitors; winning firms lead their competitors.

前の2つの章では、消費者市場とビジネス市場の力学を見てきた。本章では、競争の果たす役割と、企業が競合他社に対しどのようなポジションをとるかについて考える。

マイケル・ポーターは、市場ないし市場セグメントに内在する長期的な収益上の魅力を決定する要因として、業界内の競合他社、潜在的参入者、代替品、買い手、供給業者の5つを指摘した。彼のモデルは■図8-1に示されている。これらの要因は、次のような脅威をもたらす。

1. **激しいセグメント内競争の脅威** すでに存在する競合他社が多くて、強力であり、攻撃的である場合、当該セグメントには魅力がない。そのセグメントが安定あるいは縮小している場合、工場の生産能力が急速に拡大している場合、固定費が高い場合、退出障壁が高い場合、競合他社がそのセグメント内にとどまることに強い関心を持っている場合には、さらに魅力がない。このような状態にあると、頻繁な価格戦争、広告合戦、新製品導入につながり、競争には金がかかる。

2. **新規参入の脅威** セグメントの魅力は、その参入障壁と退出障壁の高さによって変わる[1]。最も魅力があるセグメントは、参入障壁が高く退出障壁が低いものである(■図8-2)。そのような業界では、新規企業の参入が少なく、業績の悪い企業は容易に退出することができる。参入障壁と退出障壁が両方とも高い場合、潜在利益が高い一方で、業績の悪い企業はとどまって最後まで戦い続けるので、リスクが大きくなる。参入障壁と退出障壁が両方とも低い場合、企業はその業界に容易に参入し退出することができ、利益は安定しているが低い。最悪のケースは、参入障壁が低く退出障壁が高い場合である。この場合、企業は景気の良いときに参入するが、景気が悪くなったからといって容易に退出できるわけではない。その結果、慢性的な設備過剰となり、すべての企業の利益が減少する。

3. **代替品の脅威** 製品の代替品が顕在的あるいは潜在的に存在する場合、当該セグメントには魅力がない。代替品によって価格が抑えられ、セグメ

図8-1

セグメントの構造的魅力を決定する5つの要因

出典:フリープレスとサイモン&シュスターの許可を得て、以下の文献より掲載。*Competitive Advantage: Creating and Sustaining Superior Performance*, by Michael E. Porter. Copyright © 1985 by Michael E. Porter.

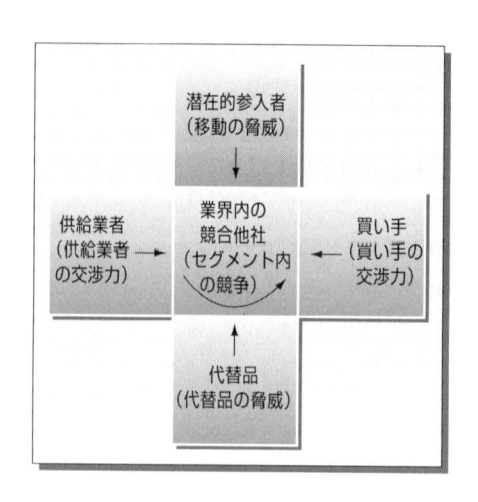

図8-2

障壁と収益性

		退出障壁	
		低	高
参入障壁	低	利益は低くて安定	利益は低くて不安定
	高	利益は高くて安定	利益は高くて不安定

ントで得ることのできる利益も制限される。企業は、代替品の価格動向を緻密に観察していなければならない。代替品の業界において技術が進歩したり競争が激化すると、当該セグメントの価格と利益は下落する可能性が高い。

4. **買い手の交渉力増大の脅威** 買い手が強い交渉力を持っているか、交渉力が強まりつつある場合、当該セグメントには魅力がない。買い手は価格の引き下げを迫り、品質やサービスの向上を要求し、企業を互いに競争させようとするが、これらはすべて売り手の収益性を犠牲にするものである。買い手が集中したり組織化している場合、製品が買い手のコストの大きな部分を占める場合、製品差別化がなされていない場合、買い手のスイッチング・コストが低い場合、利益が少なく買い手が価格に敏感な場合、買い手が上流方向に統合できる場合には、買い手の交渉力は大きくなる。売り手は、交渉したり供給業者をスイッチしたりする力が最も弱い買い手を選択して、自衛することができるだろう。しかし、より良い防御法は、強力な買い手でも拒むことができない優れたオファーを開発することである。

5. **供給業者の交渉力増大の脅威** 供給業者が価格を引き上げたり供給量を減らしたりできる場合、当該セグメントには魅力がない。供給業者が集中あるいは組織化されている場合、代替品がほとんどない場合、供給製品が重要な原料である場合、供給業者のスイッチング・コストが高い場合、供給業者が下流方向に統合できる場合、供給業者は強くなる傾向がある。最良の防御法は、供給業者とウィン・ウィンの関係を築くか、複数の供給元を使うことである。

現在、競争は至るところで起こっているだけでなく、年々激しさを増している。アメリカ、ヨーロッパ、日本の多くの企業が、コストのより低い国に生産拠点を築き、より安価な製品を市場に供給している。

このような動きがあることから、近ごろ「マーケティング戦争」や「競争的インテリジェンス・システム」がしきりに論じられている[2]。市場競争が激しくなったため、もはや顧客を理解するだけでは十分とはいえない。これからの企業は、競合他社に抜け目なく注意を向けなければならない。成功する企業は、競合他社に関する戦略情報を継続的に収集するシステムを設計し運用している[3]。

歴史メモ：西暦1000年ごろのヨーロッパでは、鋳鉄が不足していたため、蹄鉄のついた馬はついていない馬の2倍の価値があった。

競合他社の特定

　企業が競合他社を特定することは、一見簡単に思えるだろう。コカ・コーラはペプシコーラが最大の競争相手であることを知っているし、ソニーは松下電器が重要な競争相手であると考えている[4]。しかし、企業の顕在的あるいは潜在的な競合他社は、実際にははるかに広い範囲に及ぶ。企業は、現在の競合他社よりも、新たに発生する競合他社や新技術によって損害を被る可能性の方が高いのである。

　近年、最も恐ろしい競争相手になりうるインターネットへの注目を、多くの業界が怠っていた。例えば数年前、バーンズ＆ノーブルとボーダーズの書店チェーンは、本を買いにきた人々が快適なソファーに深々と腰を下ろしてカプチーノをすることができる、最大級の巨大店舗の建設にしのぎを削っていた。ところが、これらの巨大書店チェーンがカフェでどの製品を扱うかについて考えている間に、ジェフリー・ベゾスはアマゾン・ドットコムというオンライン帝国を築いていたのである。ベゾスの革新的なサイバーストアは、在庫を抱える費用が要らず、ほとんど無制限の品揃えを提供できるという利点があった。現在、バーンズ＆ノーブルとボーダーズの両社は、自社のオンライン店舗を作って巻き返しを図っている。しかし、「近視眼的競争」(潜在的な競争相手より顕在的な競争相手に注目すること)によって消滅した企業もある[5]。

ブリタニカ大百科事典

　1996年、230年の歴史を持つブリタニカ大百科事典は、訪問販売員を全員解雇した。1か月5ドルで情報を提供する自社のインターネット・サイトの誕生により、子供をもつ親が1250ドルの32巻セットを所有することに魅力を感じなくなったからである。コンピュータ通の子供たちは、インターネットやマイクロソフトのエンカルタのようなCD-ROMから情報を得ることができる。エンカルタは、CD-ROMで売り出された百科事典で、定価はわずか50ドルである。残念なのは、ブリタニカ大百科事典が、マイクロソフトと提携してエンカルタにコンテンツを提供するチャンスがあったのに、頑固に抵抗したことである。

　他の出版業者も同様に、自社の領域をインターネットに侵される脅威を感じている。求人情報、不動産物件のリスト、自動車をオンラインで提供するウェブサイトの登場により、求人広告、不動産広告、自動車広告で財源の大半を得ている新聞社は脅威にさらされている。その上、ニュースの内容がオンラインで無料で入手できるなら、そもそも新聞を買う理由がなくなってしまう。インターネット・テクノロジーを最も恐れなければならない業者は、世界中の仲介業者である。■ミレニアム・マーケティング「仕事を追われたが、くじけない：電子商取引が仲介業者を徐々に駆逐するとき、何が起こるか」を参照されたい。

　レベル(ブランド、業界、形態、製品群)ごとに、また業界やマーケティングの視点から、競争を考察してみよう。

競争と業界

厳密にいって業界とは何か。

- **業界**とは、互いに代替性の高い製品あるいは製品グループを提供する企業の集団である。

業界は、売り手の数、製品差別化の程度、参入・移動・退出障壁の有無、コスト構造、垂直的統合の程度、グローバル化の程度によって分類できる。

売り手の数と差別化の程度

ある業界を説明するときにまずすべきことは、売り手の数と、製品が同質かそれとも高度に差別化されているかを明確にすることである。これらの特徴から、4つの業界構造に分類される。

- **純粋独占** ある国または地域で、特定の製品やサービスを提供している企業が1社しかない場合（地域の電力会社やガス会社など）。規制を受けない独占企業は、高価格を設定する、広告をほとんどあるいはまったくしない、最低限のサービスしか提供しないという行動をとることもある。部分的に代替品を利用できたり、競争が起こる危険性があれば、独占企業はサービスや技術に投資するだろう。規制を受けている独占企業は、公共の利益という観点から、価格を下げ、より多くのサービスの提供を求められる。
- **寡占** 少数の（通常は）大企業が製品を生産している場合。製品には高度に差別化されたものから標準化されたものまである。**純粋寡占**とは、少数の企業が基本的に同じコモディティ（石油や鉄鋼など）を生産している場合をいう。このような企業は、現行価格より高い価格を設定することが難しい状況にある。もし競合他社のサービスが同程度なら、競争で優位に立つためにはコストを下げるしか方法がない。**差別化のある寡占**とは、少数の企業が、品質、特徴、スタイル、サービスなどの面で、差別化されている製品（自動車やカメラなど）を生産している場合をいう。各企業は、これらの主要属性の中からリーダーシップのとれるものを探し出し、その属性を好む消費者を引きつけ、その属性に対して高い価格を設定する。
- **独占的競争** 多数の競合企業が、自社のオファーのすべてあるいは一部に差別化を行うことができる場合（レストランや美容院など）。企業は、他に勝るやり方で顧客ニーズに対応できる市場セグメントに集中し、高い価格を設定する。
- **純粋競争** 多数の企業が、同じ製品やサービスを提供している場合（株式市場やコモディティ市場など）。差別化するものがないので、どの企業の価格も同じになる。広告によって心理的差別化が生み出せないならば、広告は行われないだろう。心理的差異を生み出せる場合（タバコやビールなど）、その業界は独占的競争にあるといった方がよいだ

ニュージーランドは、20世紀のニュージーランドの歴史を物語るタイム・ボールト・モニュメント（タイムカプセル）で、2000年を祝う。

ニュージーランドのタイム・ボールト・モニュメントは、長寿を表すピラミッドに似せた形になる。

MARKETING FOR THE MILLENNIUM　ミレニアム・マーケティング

仕事を追われたが、くじけない：電子商取引が仲介業者を徐々に駆逐するとき、何が起こるか

メリーランド州ブーイのベルエアー／エンプレス・トラベルは、インターネット上のオンライン販売の出現に最大の脅威を感じている業者の典型である。航空会社の代理手数料が収益の62％から30％に落ちたうえ、今ではエクスペディアやトラベロシティといった巨大なオンラインのトラベル・スーパーサイトを相手に競争しなければならない。これらのサイトは、消費者が最低価格のチケットを求めてウェブサーフィンできるようにしているのだ。1997年に、ウェブサイトによる旅行予約は9億ドルを超えた。これはまだ旅行市場の1％にも満たないが、ジュピター・コミュニケーションズ社によると、旅行商品のオンライン販売は2002年までに総額113億ドルに達すると予測している。旅行代理店は自社のコスト削減と市場拡大のためにウェブサイトを立ち上げたが、航空会社はすぐに代理店によるオンライン販売の手数料を減額し、旅行代理店の収入はますます減少することになった。さらに注目されるのは、航空会社がウェブサイトで、自社の路線だけでなく競合他社の路線の座席も販売し始めていることである。ユナイテッド航空のウェブサイトにアクセスすれば、500以上にも及ぶ他の航空会社の航空券を予約したり購入したりできる。

　ウェブは広範囲のビジネスに変化を強いている。それも、主に中小企業への影響が大きい。買い手と売り手の間の直接的な接触を容易にすることで、インターネットは従来仲介的な位置にいた旅行代理店、保険代理業者、自動車ディーラー、不動産ブローカー、株式仲買人、ヘッドハンターに、取って代わろうとしている。この現象を表現するうまい言葉がある。脱仲介、すなわち仲介業者の終焉である。以下に、脱仲介現象を生んだオンラインのパイオニアをいくつか挙げてみよう。

www.expedia.com　www.travelocity.com　www.previewtravel.com	手軽に航空券を購入できるシステムを提供しているだけでなく、レストラン、ホテル、現地の風景や音へのリンクも設けている。
www.carpoint.com　www.autobytel.com　www.edmunds.com	価格レポートやテスト・ドライブの批評からリース情報に及ぶサービスを提供し、融資サイトへのリンクも設けている。
www.owners.com	不動産の売り手が基本的な価格と不動産データを入力し、少額を支払えば画像などの特別情報も見ることができる。買い手は45の州における14万件以上の物件から探すことができる。買い手と売り手が結びつけば、双方に手数料がかからないので有利な価格を設定できる。
www.lifequote.com	毎月300人のネットサーファーがこのサイトを訪れ、生命保険の見積りを申し込み、最終的に17％が代金を支払い顧客となる。
www.monster.com	モンスター・ボードは、4500社以上の5万件を超える求人情報を載せている。

　従来の仲介業者は、このようなデジタルサイトとの競争に対して何ができるだろうか。インターネットによって最も脅かされている業者が用いる戦略は、さま

ざまである。全面的にインターネットを受け入れ、自社のサイバー的でない部分を切ってしまう業者がいる。パロアルトの旅行業者ブルース・ヨキシマーは、航空会社が航空券販売の手数料に上限を設け始めると、自社の救済手段としてインターネットに目を向けた。同業者たちが航空会社に対する戦いを始めたのを尻目に、ヨキシマーはウェブ上に店舗を設け、1995年、インターネット・トラベル・ネットワーク（www.itn.net）を立ち上げた。ウェブ上での旅行予約に先鞭をつけた同社が1日に処理する予約は、現在1000件にものぼり、月に10％の率で増加している。その対極に位置するタイプは、新しいインターネットのビジネスモデルをまったく拒否している業者である。デトロイト郊外にある子供向けの書店、リーディング・イン・ザ・パークのオーナーであるジュディ・マクローリンは、「自分で触ることのできない本を買ったり売ったりしたくありません」と語る。マクローリンは、消費者への心遣いによって優位に立とうと努力している。ほとんどの業者は、両極の間のどこかに分類される。ベルエアー／エンプレスのオーナーであるフィル・ダビドフは、特殊な旅行に特化したニッチ市場をねらう計画であるが、新規に構想し直した旅行ビジネスの立ち上げにはウェブサイトを利用する。株式ブローカーのチャールズ・シュワブのように、付加価値のある個人向けサービスを提供する一方で、ウェブを利用して豊富な情報や選択肢を顧客に提供している企業もある。

チャールズ・シュワブ

アメリカ最大のディスカウント株式ブローカーであるチャールズ・シュワブがインターネットの世界へ飛び込むと、そこにはEトレードやアメリトレードなど、最初から値引きの電子商取引をしていた同業者が多数あった。シュワブより安い競合他社が存在しただけでなく、シュワブは自社の顧客の食い合いをするはめになった。しかし賭けは成功し、取引高は驚異的に増えた。またシュワブは、同業者のように単なる余計なサービス抜きのインターネット取引ではなく、顧客に金融や企業の情報を豊富に提供し、顧客の財務状況の調査や管理の支援をする投資アドバイザーとしての役割を維持した。シュワブは270ある支社のいくつかで、ウェブ取引の講座まで開催している。

実際には、特に自動車、生命保険、ガラパゴス諸島やティエラ・デル・フエゴに滞在する3週間の休暇旅行のような、複雑であったり高価であったりする製品やサービスを買うとき、たいていの人は対面による丁寧な支援を必要としている。インターネットは、従来の仲介業者にとって新たな競争相手を数多く生み出したが、それはまた大きなチャンスも切り開いた。インターネットが消費者をこれまでにない情報の洪水で惑わした後には、迷路から消費者を導き出す仕事が人間の仲介業者の手に残されているのである。

出典：Marcia Stepanek, "Rebirth of the Salesman," *Business Week*, June 22, 1998, p. 146; Evan J. Schwartz, "How Middlemen Can Come Out on Top," *Business Week*, February 9, 1998, pp. ENT4–ENT7; Bernard Warner, "Prepare for Takeoff," *Brandweek*, January 19, 1998, pp. 38–40; Ira Lewis, Janjaap Semeijn, and Alexander Talalayevsky, "The Impact of Information Technology on Travel Agents," *Transportation Journal*, Summer 1998, pp. 20–25; Mary J. Cronin, "The Travel Agents' Dilemma," *Fortune*, May 11, 1998, pp. 163–64; John Hughes, "Auto Dealers See Future in Internet," *Marketing News*, March 2, 1998, p. 13; Saroja Girishankar, "Virtual Markets Create New Roles for Distributors," *Internetweek*, April 6, 1998, p. S10; Laurie J. Flynn, "Eating Your Young," *Context*, Summer 1998, pp. 45–51.

ろう。

業界の競争構造は、時がたてば変化することもある。

パーム・パイロット

パーム・パイロットは入力用のペンだけでキーボードがない携帯型のコンピュータ・システム手帳である。パーム・コンピューティング社（現在スリーコムが所有）がこれを開発したとき、18か月で100万台以上を量産し、独占企業としてスタートした。それは単に、市場に類似製品がなかったからである。しかしまもなく、カシオやエベレックスなど数社が市場に参入し、市場は寡占状態になった。さらに多くの企業が自社バージョンのパーム・パイロットを売り出した場合、この業界は独占的競争の構造となる。しかし、需要が伸びなくなれば、いくつかの企業が撤退して、パーム・パイロットとその他少数の主要企業が支配する寡占状態に戻ると予想できる。

参入・移動・退出障壁

参入のしやすさは、業界によって大きく異なる。新規にレストランをオープンするのは容易だが、航空産業に参入するのは難しい。主な**参入障壁**として、必要投資額の高さ、規模の経済性、特許やライセンスの獲得、立地や原材料や流通業者の確保、世間的評判の良さ、などがある。業界に参入した後も、より魅力のある市場セグメントへ参入しようとして、**移動障壁**に直面することがある。

ペプシコ

1980年代の初頭、ペプシコはグランマズ・ブランドのクッキーをニッチである自動販売機市場からスーパーマーケットの売り場へ移動させようとした。しかし、クッキー市場に君臨していたナビスコとキーブラーの卓越したマーケティング力に、小さなブランドは対抗できなかった。

企業はしばしば退出障壁に直面する[6]。**退出障壁**には、顧客や債権者や労働者に対する法的あるいは倫理的な責任、政府による規制、過度の専門化や陳腐化による資産残存価値の低さ、他の選択肢の欠如、高度の垂直的統合、感情的な障壁などがある。多くの企業は、変動費と、固定費の一部またはすべてを支払える限り、業界にとどまる。しかし、こういった企業が存在し続けると、業界全体の利益は損なわれてしまう。

企業によっては、業界から退出しないまでも、その規模を縮小することがある。各企業が縮小障壁を低くする努力をして、不調の競合他社がうまく規模を縮小できるように助けることもある[7]。

コスト構造

いずれの業界にも一定のコスト負担があり、それが戦略行動の多くを決定している。例えば、製鉄業では多額の製造コストと原料コストを必要とし、玩具製造業では多額の流通コストとマーケティング・コストを必要とする。そこで

企業はコスト削減の戦略を立てる。最新で費用効果が最高の工場を持つ製鉄会社は、他の製鉄会社に対して大きな強みを持つことになる。

■ 垂直的統合の程度

企業は、前方と後方に統合(**垂直的統合**)するのが有利であると考える。大手石油会社は、原油探査、原油掘削、石油精製、化学製品製造、給油所経営の事業を行っている。垂直的統合はコスト削減につながることが多く、企業は付加価値の流れにおけるシェアを拡大する。さらに、垂直的統合を行った企業は、価値連鎖の各部分で価格とコストを操作し、税金が最少のところで収益をあげることができる。垂直的統合にも不利な点が生じる場合はある。価値連鎖のある部分でコストが高くなることや、柔軟性の一部が失われることなどである。

> 映画ファンのために、ニュー・ミレニアムに向けて電子レンジ・ポップコーンが登場するだろう。

■ グローバル化の程度

非常にローカルな業界(芝生の手入れなど)もあれば、グローバルな業界(石油、航空機エンジン、カメラなど)もある。グローバルな業界の企業は、規模の経済性を実現し技術の進歩に遅れないために、グローバルな土俵で勝負しなければならない[8]。例として、アメリカのフォークリフト・メーカーが、いかにしてマーケット・リーダーの地位を失ったかを見てみよう。

フォークリフト業界

かつては、クラーク・エクイップメント、キャタピラー、アリス・チャーマーズ、ハイスター、エールの5社が、アメリカのフォークリフト市場を支配していた。1992年までに、負債を抱えたクラークは資産を売却し、キャタピラーは三菱とのベンチャーで弱い立場のパートナーになった。ハイスターだけが市場シェアを守った。ハイスターは、製品開発をスピードアップし、低価格帯モデルへ集中し、一部の生産を仕事が不足しているアイルランドへ移したことによって、日産、トヨタ、コマツに対する競争力をつけた。また、日本製モデルに対して反ダンピング訴訟を起こし、勝訴することができた。

市場からみた競争

業界の視点からのアプローチ以外に、市場の視点からのアプローチを使って、競争相手を特定することもできる。同じ顧客のニーズを満たす企業が、競合他社ということになる。例えば、ワープロのパッケージを購入する顧客が本当に欲しいのは「書く能力」であり、このニーズは鉛筆、ペン、タイプライターでも満たすことができる。競争を市場という視点から考えると、顕在的競合他社に加えて潜在的競合他社というより広い集合が視野に入ってくる。

競合他社の分析

最も重要な競合他社を特定したら、その特性、とりわけ戦略、目的、強みと弱み、反応パターンを解明しなければならない。

戦略

特定の標的市場において、同じ戦略をとっている一群の企業を**戦略グループ**と呼ぶ[9]。ある企業が大型家電業界に参入したいと考えているとしよう。この企業の戦略グループにあたるのは何だろうか。この企業は■図8-3に示されているようなチャートを作り、製品品質と垂直的統合のレベルに基づいて、4つの戦略グループを識別することができる。競合他社が、グループAには1社(メイタッグ)、グループBには3社(GE、ワールプール、シアーズ)、グループCには4社、グループDには2社ある。この分析から重要なことがわかってくる。第1に、参入障壁の高さはグループによって異なる。第2に、企業があるグループへの参入に成功すれば、そのグループが主要な競争相手になる。

企業は競合他社の戦略を常に監視していなければならない。工夫に富む競争相手は、時とともに戦略を修正していく。アメリカの自動車メーカーが品質面でほぼ追いついたら、日本の自動車メーカーは感覚的品質へ軸を移した。フォードの技術者は、「ぐらつかない方向指示器のレバー……パワーウィンドウの開閉速度……室温調節ノブの感触……今後はこういったものが顧客獲得競争に微妙な差をつけるのです」と述べている[10]。

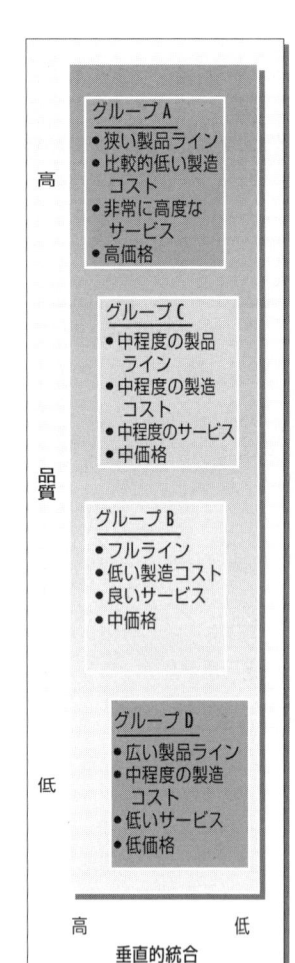

図8-3

大型家電業界における戦略グループ

グループ A
- 狭い製品ライン
- 比較的低い製造コスト
- 非常に高度なサービス
- 高価格

グループ C
- 中程度の製品ライン
- 中程度の製造コスト
- 中程度のサービス
- 中価格

グループ B
- フルライン
- 低い製造コスト
- 良いサービス
- 中価格

グループ D
- 広い製品ライン
- 中程度の製造コスト
- 低いサービス
- 低価格

(縦軸:品質 高↔低、横軸:垂直的統合 高↔低)

目的

主要な競合他社とその戦略が明らかにされたら、企業は次の問題を考えなければならない。各競合他社は市場において何を求めているのか。各競合他社の行動の動機は何か。競合他社は利益を最大にするべく努力していると想定すればまず間違いない。しかし、短期的利益を重視するのか長期的利益を重視するのか、その比重は企業によって異なる。ほとんどのアメリカ企業は短期的利益の最大化モデルに基づいて経営している。株主が現在の業績で評価し、信頼がなくなれば株を売り、その結果、企業の資本調達コストが上昇する恐れがあるからだ。一方、日本企業は主として市場シェアの最大化モデルに基づいて経営している。日本企業は資金の大部分を銀行から比較的低金利で借り入れており、かつては利益が多少低くても許容できたからだ。先の想定に代わってもう1つ、各競合他社が複数の目的を追求しているという想定がある。目的には、当面の収益性、市場シェアの拡大、キャッシュ・フロー、技術面でのリーダーシップ、サービス面でのリーダーシップがある。競争相手がそれぞれの目的にどれだけの比重を置いているかが明らかになれば、相手の反応を予想する上で役立つだ

ろう。

　規模、歴史、現在の経営陣、財務状態など多くの要因によって、企業の目的は決められる。競争相手が大企業の一部門である場合は、親会社がその企業を成長させるつもりなのか、それとも収穫段階に入っているのかを知ることが重要である[11]。

　最後に、競合他社の拡大計画を監視しなければならない。■図8-4には、パソコン業界における製品市場の戦場マップが示されている。個人ユーザーへのパソコン販売で強い力を持つデルは、商業用および産業用の買い手もねらい、サーバーの販売をしている。したがって他の企業は、デルの拡大に対して移動障壁を設けたいと考えるかもしれない。

強みと弱み

　企業が戦略を実行して目標を達成することができるか否かは、企業の持つ資源と能力に左右される。企業は、各競合他社の強みと弱みに関する情報を収集する必要がある。コンサルティング会社であるアーサー・D・リトルによると、企業は標的市場において、6種類の競争ポジションのいずれかを占める[12]。

- **支配**　競合他社の行動を支配しており、戦略の選択肢は広い。
- **強大**　長期的ポジションを危険にさらすことなく、独立した行動をとることが可能で、競合他社の行動とは関係なく自社の長期的ポジションを維持することができる。
- **有望**　力に余裕があり、ポジションを改善できる可能性は平均以上である。
- **存続可**　事業続行を保証するのに十分なレベルの業績をあげているが、支配的企業が許容する場合にのみ存在することができるのであって、ポジションを改善できる可能性は平均以下である。
- **弱小**　業績は不十分だが、改善の可能性はある。この企業は変わるか、さもなければ撤退しなければならない。
- **存続不可**　業績が不十分で、改善の可能性はない。

ある企業がプログラム制御装置市場において、攻勢をかける相手を決定する際、

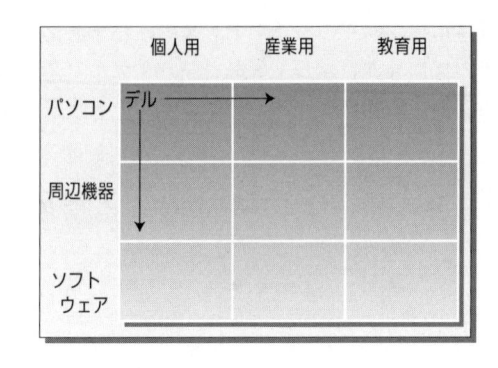

図8-4

競合他社の拡大計画

この評価法が役に立った。

その企業の競争相手として、アレン・ブラッドリー、テキサス・インスツルメンツ、グールドというすでに足場を固めた3社がいた。調査をしたところ、アレン・ブラッドリーは技術的リーダーシップの面で大変良い評判を得ており、テキサス・インスツルメンツは低コストを実現し、市場シェアをめぐって熾烈な戦いを展開していた。そしてグールドの業績は良かったが、特に際立ったものはなかった。この企業は、最良のターゲットはグールドであると結論を下した。

■表8-1には、競合他社であるA、B、Cの3社を5つの属性で評価するよう顧客に求めた、ある会社の調査結果が示されている。A社は知名度が高く、高品質の製品を生産し、優秀なセールス・フォースが販売するという評価を得ていることがわかった。しかし、製品の入手容易性や技術支援の面では劣っていた。B社は全般にわたって良く、製品の入手容易性とセールス・フォースについては非常に良いと評価された。C社はほとんどの属性について低い評価であった。この情報から明らかなのは、A社なら製品の入手容易性と技術支援の面で、そしてC社ならほとんどすべての面で攻めることができるが、目立った弱みのないB社を攻撃すべきではないという点である。

一般に、企業は各競合他社を分析する場合、次の3つの変数を観察すべきである。

- **市場シェア**　標的市場における競合他社のシェア。
- **マインドシェア**　「この業界で最初に思い浮かべる会社名を挙げてください」という質問に対して、競合他社の社名を答えた顧客のパーセンテージ。
- **ハートシェア**　「その製品を買いたいと思う会社名を挙げてください」という質問に対して、競合他社の社名を答えた顧客のパーセンテージ。

これら3つの評価基準の間には、面白い関係がある。■表8-2に示されているのは、■表8-1で挙げた3社における、3つのシェアの値である。A社は最大の市場シェアを誇っているが、その数字は下降している。マインドシェアとハートシェアの数字も下降していることで一部説明がつく。たぶんそれは、製品の入手容易性と技術支援の面がよくないからである。B社は着実に市場シェアを増やしているが、恐らくマインドシェアとハートシェアを拡大する戦略によるものである。C社は市場シェア、マインドシェア、ハートシェアのいずれも低いレベルにとどまっているが、恐らく製品とマーケティングそれぞれの属性が劣っているためである。このことから、次のように一般化できる。マインドシ

> 老舗企業の場合、マーケティングの1つのアイデアとして、消費者に会社の過去の成功を思い出させるという方法がある。

表8-1　主要成功要因についての顧客による競合他社の評価

	顧客認知度	製品品質	製品の入手しやすさ	技術支援	販売スタッフ
A社	優	優	不可	不可	良
B社	良	良	優	良	優
C社	可	不可	良	可	可

	市場シェア			マインド・シェア			ハート・シェア		
	1997	1998	1999	1997	1998	1999	1997	1998	1999
A社	50%	47%	44%	60%	58%	54%	45%	42%	39%
B社	30	34	37	30	31	35	44	47	53
C社	20	19	19	10	11	11	11	11	8

表8-2 市場シェア、マインド・シェア、ハート・シェア

ェアとハートシェアを着実に拡大している企業は、必然的に市場シェアと利益も伸ばすことになる。

市場シェアを増やすため、多くの企業が最も成功している競合他社についてベンチマーキングを始めた。そのテクニックと利点は、■マーケティング・インサイト「いかにしてベンチマーキングを競争力向上に役立てるか」で解説されている。

弱みを探る場合には、有効を失っているにもかかわらず競合他社が固執している仮定を明らかにすべきである。例えば実際には違うのに、自社が業界で最高品質の製品を生産していると信じ込んでいる企業がある。「顧客はフルライン企業を好む」「セールス・フォースが唯一重要なマーケティング・ツールである」「顧客は価格以上にサービスを重要視する」といった旧来の考え方を支持している企業は多い。競合他社がこのような間違った仮定に基づいて事業を進めているとわかれば、それを利用することができる。

2000年にメディア市場を支配すると予想されている会社は、タイムワーナーである。

反応パターン

どの企業にも、事業を行う上での理念、企業文化、指針となる信条がある。ほとんどの競合他社は、4つのカテゴリーのうちいずれかに分類される。

1. **反応が遅い競合他社** ライバルの動きに対して、迅速にあるいは強く反応しない企業。過去の例をみると、ジレットやハインツは競合他社の攻撃に対して反応が遅かった。反応が遅い理由はさまざまである。自社の顧客が離反しないと思っている、事業の収穫段階に入っている、動きを察知するのが遅い、反応するための資金を欠いている、などの場合に反応が遅くなる。ライバル企業は、そのような行動理由の分析に努めなければならない。

2. **選択的な反応をする競合他社** 特定の攻撃に対してのみ反応する企業。例えば値下げに対しては反応するが、広告費の増加に対しては反応しない場合をいう。シェルとエクソンは選択的な反応をする企業で、価格引き下げにのみ反応し、プロモーション活動に対しては反応しない。ライバル企業は、重要な競合他社が何に対して反応するのかを知ることで、最もふさわしい攻撃方針の手がかりを得ることができる。

3. **狂暴な反応をする競合他社** いかなる攻撃に対しても迅速にかつ強く反応する企業。P&Gは、新しい洗剤を簡単には市場に参入させない。

MARKETING INSIGHT　マーケティング・インサイト

いかにしてベンチマーキングを競争力向上に役立てるか

ベンチマーキングは、ある業務を適切に遂行している企業から学ぶ手法である。世界に通用する企業の品質、スピード、コスト・パフォーマンスは、平均的な企業に比べて10倍も違うことがある。ゼロックスはベンチマーキングの手法を用いて、納期の短縮を実現した。コダックはこの手法を使って、機械の信頼性を向上させた。ほかにも多くの例がある。

そのねらいは、「ベスト・プラクティス」を基に、模倣したり改善したりすることである。業界の最良企業のみを対象にして、ベンチマーキングを実施する企業もある。ハリファックス・ダイレクトは、イギリスのテレマーケティングのリーダー企業であるが、アビー・ナショナル、バークレイコールズ、グレート・ユニバーサル・ストアーズといった、当該業界の主要企業とベンチマーキングの提携を結んでいる。世界のベスト・プラクティスを対象にベンチマーキングを行い、「極上」を追求している企業もある。モトローラのある役員は、次のように述べている。「比較する範囲は、我々の業界から離れれば離れるほどよい。我々は最終的に競争上の優位を求めているのであって、単に競争上の同等を求めているのではない」。

ゼロックスのベンチマーキング専門家ロバート・C・キャンプは、メイン州フリーポートへ飛び、L.L.ビーンを訪ねて、ビーンの倉庫で働く労働者がゼロックスにおける労働者の3倍の早さで製品を梱包できる理由を調査した。その後、アメリカン・エキスプレスを伝票発行のエキスパートとして、カミンズ・エンジンを製造スケジューリングのエキスパートとして、それぞれベンチマーキングを実施した。そして意外な組み合わせだが、マリオット・ホテルは病院の救急治療室の患者対応の流れについてベンチマーキングを行い、客のチェックイン手続きを改善した。

ベンチマーキングは7つのステップからなる。(1)どの要素をベンチマークとすべきか決める。(2)パフォーマンスを測定すべき主要項目を明確にする。(3)そのクラスで最良の企業を選ぶ。(4)最良企業のパフォーマンスを測定する。(5)自社のパフォーマンスを測定する。(6)その差を埋めるための計画と行動を明確化する。(7)実施して結果を監視する。しかし、この7つのステップとは別に、常にベンチマーキングの考え方をすることが役に立つ。つまり競争状態に陥っていない企業であっても、他社を見て最良のやり方を見いだそうとする態度である。事務用品スーパーストアであるステープルズのトム・ステンバーグCEO兼会長は、次のように述べている。「競争を甘く見てはいけない。その傲慢さがめぐりめぐって自分を傷つけることになりうるからだ」。そしてステンバーグは、ウォ

「ウルトラ」洗剤市場へ初めて参入したとき、リーバブラザーズはこのことを思い知らされた。ウルトラ洗剤は従来より高濃度で、小さなボトルに入っている。売り場スペースが少なくてすむので小売業者から好まれるが、リーバがウィスクとサーフというウルトラ洗剤を導入したときは、長い間、売り場スペースを獲得することができなかった。P&Gが自社ブランドを守るため、リーバよりかなり多額の費用を使ったからである。

4. **確率論的な反応をする競合他社**　予想できる反応パターンを示さない企業。この企業の行動は、経済状態、歴史、その他何に基づいても予想することができない。多くの中小企業は確率論的反応をし、競争する余裕さえあれば、さまざまな態度で競争に臨んでくる。

ルマートの創設者サム・ウォールトンの話をした。「彼（ウォールトン）は、テネシー州のとある店に入ったのだが、そこはどうしようもなくひどいところだった。商品は悪臭を放っているし、惨憺（さんたん）たるものだった。彼の友人たちは冗談を言い合い、『ところでサムは何て言うだろう』と話していた。するとサムは、店の奥を眺め、タバコの棚を目にして言った。『ねえ、あれはこの1年で見た中で最もよいタバコのマーチャンダイジングだよ』と。我々も、同じ精神でいこうと思っています」。

ベスト・プラクティスを実現しているベンチマーキングの相手企業を見つけるため、資源をつぎ込んで本気で調査に取り組まなければならない。しかし、どうしたらベスト・プラクティスの企業を見分けられるだろうか。

まず最初にすべきことは、顧客、供給業者、流通業者に、最もよい仕事をしていると評価できるのはどこか尋ねることである。また、大手コンサルティング会社はベスト・プラクティスについて膨大なファイルを持っている。アンダーセン・コンサルティングは、6年を費やし3000万ドルを投じて、グローバル・ベスト・プラクティス・データベースを作成し、世界クラスの企業の画期的な考え方を明らかにした。そこからわかったことの一部が、アンダーセンの本『ベスト・プラクティス：成功企業に学ぶ顧客戦略』（高遠裕子訳、TBSブリタニカ）にまとめられ、データはアンダーセンのウェブサイト（www.arthurandersen.com/bestpractices）でも見ることができる。

企業はとりわけ、顧客満足とコストに深く影響を与え、きわめて良い業績を導くような、決定的要因となる業務に焦点を当てて、ベンチマーキングを行うべきである。

出典：Robert C. Camp, *Benchmarking: The Search for Industry-Best Practices that Lead to Superior Performance* (White Plains, NY: Quality Resources, 1989), 邦訳：『ベンチマーキング：最強の組織を創るプロジェクト』（ロバート・C・キャンプ著、PHP研究所、1995年）; Michael J Spendolini, *The Benchmarking Book* (New York: Amacom, 1992); Jeremy Main, "How to Steal the Best Ideas Around," *Fortune*, October 19, 1992; A. Steven Walleck et al., "Benchmarking World Class Performance," *McKinsey Quarterly* no. 1 (1990): 3–24; Otis Port, "Beg, Borrow—and Benchmark," *Business Week*, November 30, 1992, pp. 74–75; Stanley Brown, "Don't Innovate—Imitate!" *Sales & Marketing Management*, January 1995, pp. 24–25; Tom Stemerg, "Spies Like Us," *Inc.*, August 1998, pp. 45–49. 以下の文献も参照されたい。www.benchmarking.org/; Michael Hope, "Contrast and Compare," *Marketing*, August 28, 1997, pp. 11–13; Robert Hiebeler, Thomas B. Kelly, and Charles Ketteman, *Best Practices: Building Your Business with Customer-Focused Solutions* (New York: Arthur Andersen/Simon & Schuster, 1998). 邦訳：『ベスト・プラクティス：成功企業に学ぶ顧客戦略』（ロバート・ヒーブラー、トーマス・B・ケリー、チャールズ・ケッテマン著、TBSブリタニカ、1999年）

競合する企業間に調和が見られる業界もあれば、絶えず戦いが続いている業界もある。ブルース・ヘンダーソンは、業界の「競争均衡」によるところが大きいと考えている。以下に、ヘンダーソンの説を示そう[13]。

1. **競合企業がほとんど同一で、同じようなやり方で収入を得ているとしたら、その競争均衡は不安定である。** 製鉄業や新聞印刷業など、競争上の差別化を維持するのが困難な業界では、摩擦が絶えないのが特徴である。いずれかの企業が設備過剰を軽減するために価格を引き下げると、競争均衡は破られる。このような業界では、頻繁に価格戦争が発生する。

2. **決定的要因が1つであれば、競争均衡は不安定である。** 規模の経済性、先進技術、あるいは経験によって、コスト面での差別化を図ることが

できる業界の場合、これにあたる。飛躍的なコスト削減を達成した企業は、価格を引き下げ、他の企業から市場シェアを奪い取ることができる。他の企業は、よほどの代償を払わなければ市場シェアを守ることができない。このような業界では、コスト削減の進展により、価格戦争が頻繁に起こる。

3. **決定的要因が複数であれば、各企業は何らかの優位性を持つことができ、別々のやり方で顧客を引きつけることができる。**優位性をもたらす要因が多いほど、共存できる企業は多くなる。競合企業はすべてそれぞれの競争セグメントを持っており、競争セグメントは、企業が提供するトレードオフ関係にある要因のうちどれを選択するかで定義される。品質、サービス、利便性などを差別化できる業界では、複数の要因が存在する。顧客がこれら複数の要因に異なる価値を置いている場合、専門化によって多くの企業が共存できる。

4. **決定的な競争変数の数が少ないほど、競合企業の数は少なくなる。**ただ1つの要因が決定的であれば、多くても2社〜3社しか共存できないだろう。

5. **2社間の市場シェアの比は2対1が均衡点と考えられ、そのときはどちらの企業にとっても、シェアの拡大や縮小が現実的でも得でもない。**この状態では、プロモーションや流通に投入される追加的コストが、市場シェア拡大の効果を上回ってしまう。

競争的インテリジェンス・システムの設計

4つの主要ステップ

競争的インテリジェンス・システムの設計には、主要なステップが4つある。システムの立ち上げ、データの収集、データの評価と分析、情報の伝達と質問への回答である。

■ システムの立ち上げ

第1のステップでは、競争に関する情報のうち不可欠なものを指摘し、その情報源をどこに求めるべきかを明らかにし、当該システムとその活動を管理する担当者を任命しなければならない。正式な競争的インテリジェンス室を設ける余裕のない中小企業では、特定の役員が特定の競合他社を監視する任務を担当すべきである。競合他社で働いていたマネジャーであれば、競合他社のことがよくわかるので、その会社についての社内エキスパートとして働くことができる。特定の競合他社について知っておく必要があるマネジャーは、担当の社内エキスパートに尋ねればよい[14]。

■ データの収集

　データは現場(セールス・フォース、チャネル、供給業者、市場調査会社、業界団体)から、競合他社と取引をしている人々から、競合他社の観察から、公表されている情報から、継続的に収集される。さらに、国内企業および海外企業に関する膨大な量のデータを、CD-ROMやオンライン・サービスで入手することができる。

　競合他社の動向に関する戦略情報の収集に熟練した人間にとって、インターネットは巨大な新しい可能性の宝庫を創出している。すでに企業は大量の情報を自社ウェブサイトに掲載して、顧客、パートナー企業、供給業者、系列販売店などを引きつけているが、その同じ情報を、競合他社もマウスをクリックするだけで利用できるのである。新聞に掲載されないプレスリリースもウェブサイトで見ることができるので、これによって競合他社の新製品や組織変更の最新情報を常時チェックできる。ウェブ上に掲示された求人広告からは、ただちに競合他社の事業拡大の優先順位を知ることができる。以下に、ウェブサイトから得られる情報の例を挙げる。

アライドシグナル社
　この会社のウェブサイトには、収益目標が示されており、この会社の欠陥品発生率が改善計画とともに掲載されている。

メール・ボクシーズ Etc.
　郵送サービスのチェーンである同社は、面積、従業員数、営業時間などに関して、平均的チェーン店のデータを載せているが、すべて競合他社にとって価値のある情報である。

　豊富な競争的インテリジェンスの宝の山が掲載されているのは、企業が提供しているウェブサイトだけではない。業界団体のウェブサイトからも、有益な情報を集めることができる。ゲイリー・オーウェンは、ストーン・コンテナ社の特殊梱包部門の管理者だったとき、業界団体のウェブサイトにアクセスして、ライバル企業が紫外線耐性のラッカーを使った新しい工程で表彰されたことを知った。そのサイトには機械の仕様や稼働率が明らかにされており、ストーンの技術者たちはこれを利用して、工程をどう模倣すればよいかについて考えることができた[15]。

　ほとんどの情報収集テクニックは合法であるが、なかには倫理上問題があるものもある。競合他社の従業員から情報を引き出すために、実際には存在しない仕事の募集広告を出し、面接したといわれている企業もある。企業が競合他社の工場の写真を空中から撮ることは違法であるが、多くの空中写真がアメリカ政府の地質調査部や環境保護局に保管されている。競合他社のゴミを買う企業さえある。いったん企業の敷地を出たら、ゴミの所有権は法的に放棄されたとみなされる[16]。企業は法律や倫理基準を犯さずに、競合他社情報の獲得方法を考える必要がある。■マーケティング・メモ「ゲリラ的マーケティング・リサーチで競合他社に勝つ」を参照されたい。

MARKETING MEMO

ゲリラ的マーケティング・リサーチで競合他社に勝つ

会社名簿、年次報告、パンフレット、プレスリリースは、過去の情報を得るにはよい情報源であるが、最近導入された新製品に対して競争をしかけたい場合には、不十分であることが多い。企業が競争において2年以上のリードを得るにはどうしたらよいか。専門家は次の8つの方法を示している。

1. **業界内および関連業界の小さな会社に注意すること。** 本当のイノベーションは、しばしば小さくて目立たない会社で生まれる。例えば、ブルックリンのフェロリト・ブルタジオ＆サンズのアリゾナ・アイスティーが清涼飲料と果汁市場に大きく食い込むなどと、だれが考えただろう。

2. **特許出願の内容を押さえておくこと。** すべての特許出願が製品化されるとは限らない。しかし、特許書類は企業の方向性を示している。特許出願の情報は、種々のオンラインやCD-ROMのデータベースで収集することができる。

3. **業界における専門家の転職などの動きを追跡すること。** 次のような問いへの答えを考えて欲しい。競合他社はだれを雇ったか。新しく採用された人物は、論文を書いたりカンファレンスで発表を行ったことがあるか。彼らの専門知識は、競合他社にとってどのような価値があるか。競合他社がその専門知識を得た場合、自社の競争ポジションは影響を受けるだろうか。例えば、あるパルプ製紙会社が東ヨーロッパでかなりの経験を積んだマーケティング部長を雇ったら、その会社は東ヨーロッパ市場に目を向けている可能性がある。

4. **ライセンス契約書に注意を向けること。** 契約書から、どこで、どのようにして、いつ、その企業が新製品を販売できるかについて有用な情報を得ることができる。

5. **企業の契約交渉や提携の進展を監視すること。**

6. **競合他社の経費節減につながっている新しい事業のやり方を調査する。** 競争相手の保険会社が、何千台ものノートパソコンやポータブル・プリンタを購入したら、それは何を意味するだろうか。査定人がその場ですぐに見積書を書いて伝票を発行し、時間と経費を節約することになる可能性が非常に高い。

7. **価格設定の変化を押さえておくこと。** 例えば、贅沢品が大衆市場に出まわるほど安くなると、比較的高価な装置の一部に取って代わる。1980年代の終わりにビデオカメラがホームビデオに取って代わったケースがこれにあたる。

8. **ビジネス環境を変える可能性がある社会的変化や消費者の嗜好や選好の変化に注意を向けること。** 消費者は移り気である。過去15年の間に、ジョギングがエアロビクスに変わり、今では余暇活動としてウォーキングが好まれている。流行の変化を予想することにより、一部のシューズ・メーカーは新タイプのスポーツシューズを導入することができた。

出典：Ruth Winett, "Guerrilla Marketing Research Outsmarts the Competition," *Marketing News*, January 2, 1995, p. 33.

■ データの評価と分析

データの妥当性と信頼性をチェックし、解釈し、体系化する。

■ 情報の伝達と質問への回答

重要な情報は関係する意思決定者に伝えられ、マネジャーの問い合わせに回答がなされる。うまく設計されたシステムがあれば、会社のマネジャーたちは電話、社内報、ニューズレター、報告書で競合他社情報をタイムリーに受け取ることができる。またマネジャーは、競合他社の突発的な動向を解釈したい場合、競合他社の弱みや強みを知りたい場合、自社が予定している動きに対して競合他社がどう反応するかを検討したい場合、市場インテリジェンス部門に問い合わせることができる。

攻撃すべき競合他社と避けるべき競合他社の選択

よい競争的インテリジェンスがあれば、マネジャーは競争戦略を立てやすくなる。

■ 顧客価値分析

さまざまな競合他社に対する自社の強みと弱みを明らかにするため、マネジャーは頻繁に顧客価値分析を行う。分析の主要なステップは次のとおりである。

1. **顧客価値の主要属性を決める。**製品や売り手の選択にあたって、顧客が求めている属性や機能レベルを質問する。
2. **各属性の重要度を量的に評価する。**顧客に各属性の重要度を評価してもらう。顧客の評価があまりに大きく分かれるときは、顧客をいくつかの顧客セグメントに分けるべきである。
3. **各属性に対する顧客価値に基づいて、自社と競合他社のパフォーマンスを評価する。**各属性について、自社と競合他社の達成度を顧客に答えてもらう。
4. **特定セグメントにおいて、顧客が主要競合他社と比較して自社をどう評価しているか、属性ごとに調査する。**重要な属性すべてについて、自社のオファーが競合他社のオファーに勝っていれば、高い価格を設定して大きな利益をあげることもできるし、価格を同じにして市場シェアを拡大することもできる。
5. **継続的に顧客価値を監視する。**経済、技術、求められる製品特徴の変化に従って、企業は定期的に顧客価値と競合他社の状態を再調査しなければならない。

ローズ・シネプレックス・エンターテインメントは、国際的不動産会社ミレニアム・パートナーズと協力して、ボストンにミレニアム・プレイスという劇場施設をオープンする。

■ 競合他社の分類

顧客価値分析を行ったら、強いか弱いか、近いか遠いか、「良い」か「悪い」かで競合他社を分類し、どこか1つに攻撃を集中することができる。

強い競合他社か弱い競合他社か たいていの企業は弱い企業をねらって攻撃する。それは、獲得できるシェアあたりの必要資源が少なくてすむからである。しかし、弱い企業を攻撃しても、能力の向上という点ではほとんど得るところがない。企業は強い相手とも競争して、一流クラスに遅れをとらないようにすべきである。強い企業にも何らかの弱みがあり、自社が無視できない相手であると証明できるかもしれない。

近い競合他社か遠い競合他社か たいていの企業は自分に最も似た競合他社と競争する。シボレーはフォードと競争するが、ジャガーとは競争しない。と同時に企業は、最も近い競合他社を破滅させるべきではない。ポーターは、「勝利」が逆効果になる例を引用している。

ボシュロムは1970年代の末、他のソフト・コンタクトレンズ・メーカ

ーに対して攻撃的な行動に出て成功した。しかしその結果、弱い企業はそれぞれレブロン、ジョンソン・エンド・ジョンソン、シェリングプラウといった大企業に身売りしたので、ボシュロムははるかに大きな競合他社を相手にすることとなった。

ある特殊ゴムのメーカーが、別の特殊ゴムのメーカーを攻撃してシェアを獲得した。これによって、大手タイヤ会社の特殊部門が特殊ゴム市場に迅速に進出し、余剰能力を活用する場としてこの市場を利用した(17)。

> 多くの人々は未知のことを怖がるので、気の利いた企業は自らをニュー・ミレニアムへの案内役として市場に売り込んでいる。

「良い」競合他社か「悪い」競合他社か　どの業界にも「良い」競争相手と「悪い」競争相手がいる(18)。企業は、良い競争相手を支援し、悪い競争相手を攻撃すべきである。良い競争相手は、業界のルールに則って行動し、業界の成長可能性について現実的な想定をし、コストに対して妥当な価格を設定し、健全な業界を好み、業界の一部すなわちセグメント内にとどまり、他社に低コスト化あるいは差別化の向上を図るようにしむけ、一般的なレベルのシェアと収益を受け入れている。悪い競争相手は、シェアを努力して獲得するのではなく金で買い、大きなリスクをとり、過剰な設備投資を行い、業界の均衡を乱す。

IBMとクレイ社

IBMは、クレイ・リサーチ社がルールに従い、自らのセグメント内にとどまりIBMのコア市場を攻撃しないので、良い競争相手とみなしている。しかし、同社は富士通を悪い競争相手とみなしている。富士通は補助金を受けて価格設定をし、ほとんど差別化をせずに、IBMのコア市場を攻撃しているからである。

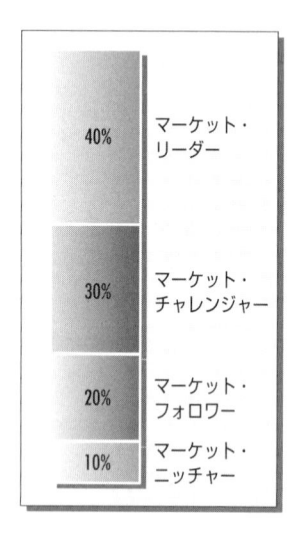

競争戦略の設計

標的市場で果たす役割によって企業を分類することで、さらに理解を深めることができる。すなわちリーダー、チャレンジャー、フォロワー、ニッチャーに分類する。ある市場が■図8-5に示すような企業で占められていたとしよう。市場の40％はマーケット・リーダーが、30％はマーケット・チャレンジャーが、そして20％はマーケット・フォロワーが有している。フォロワーは市場シェアの維持を望み、波風を立てるつもりのない企業である。残りの10％はマーケット・ニッチャーが占める。ニッチャーは、大企業が目を向けない小規模な市場セグメントを対象にする企業である。

マーケット・リーダーの戦略

多くの業界には、マーケット・リーダーと認められた企業が1社ある。この企業は、関連製品の市場で最大の市場シェアを誇っている。そして通常、価格変更、新製品導入、流通範囲、プロモーションの面で他社をリードしている。最

図8-5

仮想の市場構造

- 40% マーケット・リーダー
- 30% マーケット・チャレンジャー
- 20% マーケット・フォロワー
- 10% マーケット・ニッチャー

もよく知られたマーケット・リーダーとして、コダック(写真)、マイクロソフト(コンピュータ・ソフトウェア)、ゼロックス(コピー機)、P&G(消費者向けパッケージ商品)、キャタピラー(地ならし機)、コカ・コーラ(清涼飲料)、マクドナルド(ファストフード)、ジレット(カミソリの刃)がある。

　支配的企業も、法律で独占が認められていない限り、まったく安泰というわけにはいかず、絶えず警戒をしなければならない。革新的な製品が現れて、リーダーに打撃を与えることもある(ノキアとエリクソンのデジタル携帯電話は、モトローラのアナログ・モデルに取って代わった)。チャレンジャーが気前よく支出するのに、リーダーは支出に慎重になることもある(第二次世界大戦後、モンゴメリー・ウォードは小売トップの座をシアーズに明け渡した)。リーダーが競争の判断を誤って、気づいたら置き去りにされていたということもある(シアーズがKマートとウォルマートを過小評価したときのように)。支配的企業が、新しくて精力的なライバルに対して時代遅れに見えることもある(リーバイスは、トミー・ヒルフィガー、カルバン・クライン、GAPのようなよりスタイリッシュなメガブランドや、パリブルーズ、マッド、JNCOのような新しい名前のブランドに地盤を譲っている)。また、コストが過度に上昇して、収益の足を引っ張ることもある。

　ナンバーワンの地位を維持するには、次の3つの態度で行動する必要がある。第1に、全体市場の需要を拡大する方法を見つけなければならない。第2に、優れた防御行動と攻撃行動によって、現在の市場シェアを守らなければならない。第3に、市場規模が一定でも、自社の市場シェアをさらに増やすべく努力しなければならない。

チャイナ・ミレニアムは、中国の織物と衣服の紀元前221年からの生活史を見せるファッション・ショーで、1998年と1999年に世界中を巡回した。

■ 全体市場の拡大

　支配的企業は通常、全体市場の規模が拡大すれば最も得をする。アメリカ人が写真を撮る枚数が増えれば、コダックが最大の利益を得る立場にある。なぜならコダックは、この国のフィルムの80％以上を販売しているからである。カメラを買って写真を撮ろう、休暇以外でも写真を撮ろう、何かあるたびにもっと写真を撮ろうなどと、より多くのアメリカ人に思わせることができれば、コダックは大きな恩恵にあずかることになる。一般にマーケット・リーダーは、製品の新規ユーザー、新しい用途、使用量の増加を追求すべきである。

新規ユーザー　どのような製品でも、その存在を知らなかったり、価格や特定の機能がないことを理由に、買わないでいる者を引きつける可能性がある。企業は、次の3つのグループから新規ユーザーを探すことができる。それを使う可能性があるが使っていない人々(**市場浸透戦略**)、使ったことがない人々(**新市場セグメント戦略**)、別のところに住んでいる人々(**地理的拡大戦略**)の3つである。

ジョンソン・エンド・ジョンソン
　最近におけるマーケティングの大成功の1つに、ジョンソン・エンド・ジョンソンが行った、ベビーシャンプーの新ユーザー層の開拓がある。

出生率が低下し、同社は将来の売上について懸念を抱き始めた。同社のマーケターは、幼児以外の家族がときどきベビーシャンプーを使うことがあるのを知った。そこで経営陣は、大人向けの広告キャンペーンを展開することにした。ジョンソン・エンド・ジョンソンのベビーシャンプーは、短期間でシャンプーの全体市場におけるトップ・ブランドとなった。

新しい用途　製品の新しい用途を発見し普及促進を図ることで、市場規模を拡大することができる。例えば、平均的なアメリカ人は週に3回朝食でドライ・シリアルを食べる。シリアル・メーカーは、違う食べ方（恐らくスナックとして）を普及させることができれば、利益をあげることができるだろう。

多くの場合、新用途の発見に貢献するのは顧客である。ワセリンは当初、潤滑油として機械工場で使用されていた。長年の間にユーザーが、皮膚用軟膏、傷の治療剤、整髪料など、ワセリンの多様な新用途を報告した。アーム・アンド・ハマーはチャーチ・アンド・ドワイト社が作った重曹のブランドであるが、125年間売上が低迷していた。その後この会社は、消費者がこれを冷蔵庫の消臭剤として使っていることを発見した。同社は、この用途だけを取り上げた一大広告キャンペーンを開始し、アメリカ家庭の半数に、冷蔵庫にフタをあけた重曹の箱を置かせることに成功した。数年後、消費者がアーム・アンド・ハマーを台所の油による火事を消すために使っていることがわかり、同社はこの用途を広告して大きな成果を上げた。

使用量の増加　市場拡大に関する第3の戦略は、人々を説得して、1回あたりの使用量を増やすようにしむけることである。シャンプー・メーカーは、「泡立てて洗った後にすすぎ、もう一度これを繰り返してください」という説明を容器に印刷して、消費者がより多くのシャンプーを使用するよう誘導している。髪を二度洗いする利点があるのか、本当に知っている人はだれもいない[19]。別の例として、ミシュランの戦略を考えてみよう。

ミシュラン・タイヤ社（フランス）

ミシュラン社は、フランスの自動車所有者の年間走行距離を伸ばしたいと考えた。そうすれば、タイヤ交換の増加につながるからである。そこで、フランスのレストランを三ツ星システムで格付けするアイデアを思いついた。ミシュランは、南仏の数多くの高級レストランを宣伝して、週末のドライブにプロバンスやリビエラへ行くようパリジャンを誘った。ドライブを促す別の手段として、ミシュランは地図や途中の観光地のリストを載せたガイドブックも発行した。

企業は長い間、人々に製品の買い換えを促す戦略をとってきた。これはいわゆる「計画的陳腐化」であり、壊れたり消耗したりする製品を生産することによって、繰り返し販売できるようにする考え方である。けっして切れない電球や電池をまだだれも売り出していないのは、いったいなぜか。今や、製造業者はこの考え方をさらに進めて、いつ壊れたり消耗したりするのかを、消費者に「知らせる」製品を作っている。ジレットの新しいマッハ3・シェービング・システム

> ミレニアム・バグに感染する危険性が最も高いのは、ワールド・ワイド・ウェブのサイトにアクセスしているコンピュータである。

は格好の例である。

ジレット

ジレット社のマッハ3・カートリッジの特徴は、青い筋が入っていて、繰り返し使うとしだいに消えていく点にある。十数回髭を剃ると、その筋は完全に消えて、次のカートリッジに取り替えるよう、ユーザーに知らせる。ジレット自身はもう少し婉曲に「マッハ3の最適な使い方をしていません」という警告をしているが、いずれにしても、刃の交換が本当に必要か否かにかかわらず、知らせるのである。ジレットの経営幹部であるロバート・キングは、単刀直入に述べている。「4日ごとにカートリッジを交換してもらいたいと思っている。交換頻度が多くなるほど、売上が増えますからね」。

市場シェアの防衛

全体市場の規模を拡大しようとする一方、支配的企業はライバルの攻撃から現在の事業を守り続けなければならない。リーダーは、蜂の群れに攻撃されている巨象のようなものだ。コカ・コーラはペプシコーラ、ジレットはビック、ハーツはエイビス、マクドナルドはバーガーキング、GMはフォード、そしてコダックは富士フイルムに対し、絶えず防御していなければならない[20]。相手が国内企業の場合もあれば、外国企業の場合もある。

コダックとフジ

100年以上の間、イーストマン・コダックは、使いやすいカメラ、高品質のフィルム、安定した収益で知られてきた。だがこの10年間、コダックの売上は伸び悩み、収益は下降した。コダックは、より革新的な競争相手に追い抜かれていた。その多くは、35mmカメラ、ビデオカメラ、デジタルカメラを導入したり改良したりした日本企業であった。そして富士写真フイルムが、コダックの主力部門であるカラーフイルム事業に攻勢をかけてきた。

フジは、高品質のカラーフィルムをコダックよりも10%安い価格で提供して、アメリカのフィルム市場に参入した。そして、高感度フィルム市場でもコダックを打ち破った。フジのアメリカでの売上は、年20%の率で上昇していった。コダックは猛烈に反撃し、フジの低価格に合わせ数々の改善を一挙に行った。広告プロモーション費に、フジの20倍を支出した。コダックはアメリカ市場での地位を守ることに成功し、1990年代初めには、アメリカ市場における同社のシェアは80%という高率で安定した。

しかし、コダックはさらにもう一歩戦いを進めた。独立した子会社コダック・ジャパンを設立し、日本人スタッフを3倍にした。日本の流通業者を買い取り、日本人マーケティング・スタッフと営業スタッフを社内にそろえた。新しい技術センターと研究施設に資金を投入した。最後に、コダックは日本でのプロモーションを拡大し、知名度を高め

> 淡水の供給量が減少し続けるので、いずれはリサイクルによって水を手に入れる必要が生まれるかもしれない。

た。今やコダック・ジャパンは、テレビのトークショーから相撲まで、あらゆるもののスポンサーになっている。

　日本に対する攻撃の強化によって、コダックが得るベネフィットは多いだろう。第1に、日本は売上や利益の増加に大きなチャンスをもたらす。フィルムと印画紙の市場として、日本はアメリカに次いで2位の規模である。第2に、今日の新しい写真技術は日本で生まれているので、そこへの進出を拡大することは、コダックが新技術に遅れをとらないために役立つ。第3に、日本で会社を所有したりジョイント・ベンチャーを行うことは、コダックが日本の製造業をよりよく理解し、新製品を獲得するのに役立つだろう。コダックは、もう1つ重要なベネフィットを得ている。フジが自国の縄張りの防衛に多大な資源を充てることで、アメリカ内のコダックに対して使うフジの資源はより少なくなるだろう。

　マーケット・リーダーが自社の領分を守るためにできることは何だろうか。2000年前、『孫子の兵法』と呼ばれる軍事書で、有名な中国の軍事戦略家である孫子が、自軍の兵士たちにこう述べている。「敵が攻めてこないことをあてにするのでなく、攻めることのできない備えがわが方にあることを頼みとすべきである」。最も前向きな対応は、**絶えざるイノベーション**である。リーダーは、新しい製品と顧客サービスの開発、流通効率、コスト削減の面で業界を主導する。競争力と顧客価値の向上を続ける。マーケット・リーダーは、**指揮官がイニシアチブを発揮して、模範を示し、敵の弱みを突く**という、軍事における攻撃の原則を採用すべきだ。攻撃は最大の防御である。

インターナショナル・ゲーミング・テクノロジー(IGT)

　IGTは、世界中のカジノ向けにスロットマシンやビデオ・ポーカーマシンを製造している企業で、新規顧客数が限られている成熟市場において75%の市場シェアを維持するという偉業を達成した。IGTの製品を使う人々とは違い、この会社は運に頼るということはしない。カジノの経営者に加えて競合他社であるゲーム機メーカーともパートナーシップを組み、IGTは古い機械に代わる革新的な新装置を開発してきた。IGTは研究開発へ積極的に投資し、新しいゲームを創出するために、年間3100万ドルを充てている。献身的なサービスも、この会社のモットーである。「私どもは、何か月も何年も前から、顧客が何を望むかを知っています」と、IGTの販売部長ロバート・シェイは述べている。それは、最初の製品開発から最後のカジノ・フロアへの設置まで、この会社が販売プロセス全体にカジノ経営者を関与させているからである[21]。

　攻撃をしかけないときでも、マーケット・リーダーは重要な側面で弱点をさらしてはならない。コストを低く抑え、顧客がそのブランドに見いだす価値と一致した価格を設定しなければならない。このきわめて重要な原則を無視して危機に陥った企業の例がある。

ジョンソン・エンド・ジョンソン

心臓ステントは、心臓血管のふさがれた部位を拡張させるのに使われる金属製のごく小さな医療品である。この画期的な器具の導入後わずか37か月で、ジョンソン・エンド・ジョンソンは売上高10億ドル以上を計上し、非常に収益性が高い当該市場において90％以上のシェアを獲得した。ところが1997年の秋、ガイダント社がステントの競合製品を売り出し、45日足らずで70％の市場シェアを獲得してしまった。他社も参入し、その年の終わりには、ジョンソン・エンド・ジョンソンの市場シェアはわずか8％まで急落していた。何がいけなかったのだろうか。1つには、ジョンソン・エンド・ジョンソンは、その製品を市場に出すことに集中しすぎて、次世代のステントに対しては時間と資源をほとんど割いていなかった。もう1つの問題は、価格改定や値引きをしなかったことである。医療機関が健康管理コストを低く押さえるよう非常に大きな圧力をかけられていたときに、1595ドルのこの器具は高い買い物であった。市場に比較できる選択肢がなく、医師は金をだまし取られていたように感じたのである[22]。

当然、マーケット・リーダーは、損をしてでも守らなければならないほど重要な分野はどこか、放棄してもよい分野はどこかについて、慎重に考えなければならない[23]。防御戦略の目的は、攻撃の可能性を減らし、攻撃を脅威の少ない領域にそらし、攻撃力を弱めることである。どんな攻撃も利益を損なう可能性がある。しかし、防御側の対応スピードによっては、収益結果に大きな違いが出る。現在、研究者たちは、価格設定や攻撃に対する最適な反応の仕方を探っている。支配的企業は、■図8-6に要約されており、以下の節で述べる6つの防御戦略を使うことができる[24]。

ポジション防御　防御の基本は、自社の領域の周囲に堅固な砦を築くことである。コカ・コーラは、現在、世界の清涼飲料の半分近い売上高をあげているにもかかわらず、フルーツ飲料企業を買収したり、海水淡水化装置やプラスチックにも多角化した。防御は重要であるが、攻撃を受けているリーダーが、既存の製品を守るための砦を築くことだけにすべての資源をつぎ込むのは愚かな

数々の医療の進歩にもかかわらず、近い将来、エイズの発生件数は600％増加すると予想されている。

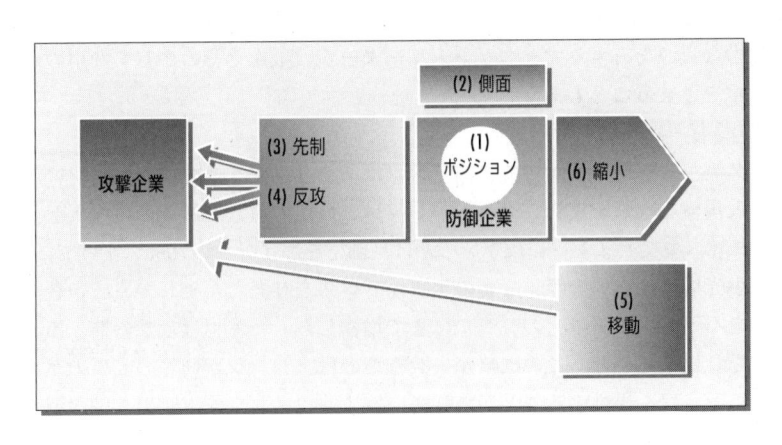

図8-6

防御戦略

ことである。

側面防御　マーケット・リーダーはまた、弱い分野を守り、場合によっては反撃のための侵略拠点にもなる前哨基地を築くべきである。以下に側面防御の好例を示そう。

スターバックス・コーヒー

スターバックスは、アメリカでカフェ・ラテ旋風を巻き起こし、コーヒー1杯に2ドルも支払わせた。しかしそうしているうちに、同社は数多くの競合他社を作り、今では売上の増加は鈍化している。ダンキンドーナツから、シアトルのタリーズコーヒーやニューヨークのコーヒーステーションなどの小規模なチェーン店まで、増えてきた競争相手に勝ち続けるため、スターバックスは数々の側面防御を行っている。1つには、同社は紅茶とジュースを組み合わせたティアッツィなど、コーヒーと無関係の画期的な新製品を次々と出す試みに熱心に取り組んでいる。また、自社の高級豆をスーパーマーケットで販売しており、いくぶん慎重ではあるが、レストラン業にも参入しようとしている。1998年の秋には、同社初のカフェ・スターバックスがオープンして満員になり、その年の末までに、さらに3軒のレストラン出店が計画されている。これは、スターバックスの商売が夕方まで続くことをねらっている。現在、スターバックスの小売店では、午後3時までに業務の85％が終了してしまうからである[25]。

先制防御　より積極的な作戦は、敵が攻撃を開始する**前**に攻撃することである。企業は、いくつかの方法で先制防御をしかけることができる。一方である企業に打撃を与え、他方で別の企業に、といった具合に市場のあちこちでゲリラ的な行動を起こして競合他社のバランスを崩しておく方法がある。あるいは、セイコーが2300種類の腕時計のモデルを世界中に出荷しているように、大市場を囲い込みしてもよい。また、テキサス・インスツルメンツがしばしば行ったように、継続的な価格攻撃を始めることもできる。競合他社に攻撃を思いとどまらせるため、マーケット・シグナルを送る方法もある[26]。大手製薬会社が薬の値下げをするというニュースをリークして、競合他社にその市場へ参入する気がなくなるようしむける場合がこれにあたる。

強力な資源を有するマーケット・リーダーが、敵をそそのかして費用のかかる攻撃をさせることもある。

ハインツとハンツ

ケチャップ市場において、ハインツはあまり反撃をせずに、ハンツに大規模な攻撃を実行させた。ハンツは2種類の新しい風味のトマトケチャップでハインツに攻撃をしかけ、価格をハインツの70％に下げて、小売店には取引の際、高率のアロウワンスを与えた。そして、広告費をハインツの倍以上のレベルにまで増額した。ハンツは攻撃の間、損を覚悟していた。この戦略が失敗したのは、ハンツが同等の品質のケチャップを提供することができず、ハインツ・ブランドが引き続き消

費者の支持を得たからである。結局、ハンツは攻撃をあきらめた。明らかにハインツは、自社ブランドの方が絶対に優れているという大きな自信を持っていたのである。

反攻防御　マーケット・リーダーはたいてい、攻撃されると反撃に出る。リーダー企業は競合他社の値引き、プロモーション攻勢、製品改良、販売区域への侵入に直面して、受身のままでいることはない。反攻においてリーダー企業がとれる行動としては、攻撃企業に正面から対抗する、あるいは側面を打つ、などがある。

効果的な反攻として、攻撃企業の主要な領域への侵入がある。そうすると相手はその領域を守るために、戦力を一部引き上げなければならない。ノースウエスト航空の最も収益性が高い路線の1つに、ミネアポリス-アトランタ間がある。ある中小規模の航空会社が、この市場でシェアを拡大するため、運賃の大幅値下げを始め、盛んに広告した。ノースウエストは、ミネアポリス-シカゴ間の運賃を値下げすることで仕返しをした。この路線は、攻撃をしかけてきた航空会社が収益源として依存している路線だった。攻撃をしかけた航空会社は、自社の中心的な収益源に打撃を被り、ミネアポリス-アトランタ路線の運賃を通常レベルに戻した。

反攻防御のもう1つの一般的な型は、経済的あるいは政治的な影響力を行使して、攻撃企業に思いとどまらせる方法である。リーダー企業は、より利益のあがる他の製品から得た収益を充てて、攻撃されやすい製品に低価格を設定し、競合他社を壊滅させることもある。あるいは、製品のアップグレードが予定されているという発表を先行して行い、顧客が競合他社の製品を買わないようにする。競争を抑制したり制限したりする政治的行動をとるように、議員に働きかける方法もある。

移動防御　移動防御に乗り出すリーダー企業は、将来的に攻守の要となる新しい領域にドメインを広げる。ドメインの拡大は、市場拡大と多角化によって行う。

市場拡大とは、企業が、既存製品から潜在的な一般的ニーズへ軸を移すことである。そのニーズに関係する技術全般にわたって、企業は研究開発を行うことになる。こうして「石油」会社は「エネルギー」会社に変身しようとした。当然この変身のために、石油、石炭、原子力、水力発電、化学工業にまで研究範囲を広げる必要が出てきた。

このような戦略は、**目標の原則**(明確に定義され、確固とした達成可能な目標に向かって進む)と**マスの原則**(敵の弱点に力を集中する)という、2つの基本的な軍事原則に外れない範囲で、実施すべきである。しかし、節操のない拡大は慎むべきである。

ウォルマート

ウォルマートのスーパーセンターではすでに食料雑貨類を販売しているので、この巨大チェーンは、食料雑貨販売ビジネスへの拡大が過度の飛躍にあたらないと考えた。1998年、ウォルマートは、アーカンソ

2000年には、インターネット・ビジネスの利益が、1996年に比べて90億ドルも多くなるだろう。

現在、ミレニアム・チームと呼ばれているオンライン・マーケティング・チームは、企業のネットワーク・マーケティングによる製品販売を支援している。

ーに実験的な食料雑貨店を3店舗出す計画を発表した。約3600平方メートルの「ネイバーフット店」は、同社の流通力と仕入れ力を活用するだろう。ウォルマートは、この新店舗が自社のスーパーセンターより便利であり、通常価格を低く設定すれば、他の食料雑貨店を打ち負かせると期待している。スーパーマーケット業界の経営幹部はこれに対し、戦々恐々としている。すでにこの動きによって、クローガー社やセーフウェイ社のような大手は、コスト削減とサービス向上を強いられている[27]。

多角化をして関連性のない業界に進出するのも、1つの方法である。レイノルズやフィリップ・モリスのようなアメリカのタバコ会社は、喫煙率が頭打ちになっていることを知り、ポジション防御やタバコの代替品発見では満足しなかった。彼らは迅速にビール、アルコール飲料、清涼飲料、冷凍食品といった業界に新規参入した。

縮小防御　大企業は、すべての領域をもはや防御できないと判断することがある。そのときとるべき最善の行動は、**計画的縮小**(**戦略的撤退**とも呼ばれる)であると考えられる。計画的縮小とは、比較的弱い領域を放棄し、より強い領域に資源を再配分することである。すなわち市場における競争力を統合し、中心的なポジションに集中する動きである。近年、製品ラインを大幅に縮小した企業として、ハインツ、ゼネラル・ミルズ、デルモンテ、GE、アメリカン・キャン、ジョージア・パシフィックなどがある。

市場シェアの拡大

> 今後20年で、中国はアメリカを抜いてエネルギー消費が最大の国になるかもしれない。

マーケット・リーダーは、市場シェアを増やすことで、収益を向上させることができる。多くの市場では、シェア1ポイントが数千万ドルに相当する。コーヒーではシェア1ポイントが4800万ドル、清涼飲料では1億2000万ドルにも相当する。こうなると、単なる競争を通り越してマーケティング戦争になっても無理はない。

戦略計画研究所の研究(市場戦略の収益への影響：PIMS [Profit Impact of Market Strategy])によれば、税引き前の投資収益率(ROI)で評価した企業の収益性は、■図8-7(a)に示されているように[28]、対象市場における**相対的市場シェア**に比例して増加する[29]。市場シェアが10%未満の業者の平均ROIは約11%である。市場シェアが10ポイント変化すると、それにつれて税引き前ROIは約5ポイント変化する。PIMSの研究報告によれば、市場シェアが40%以上の業者は平均30%のROIをあげ、これはシェア10%未満の業者の3倍である[30]。この研究結果から、多くの企業が、市場シェアを拡大しマーケット・リーダーになることを目標とするようになった。GEは各市場で第1位か第2位になること、さもなければ撤退すると決定した。同社がコンピュータ事業やエアコン事業を放棄したのは、これらの業界で首位になれなかったからである。

PIMSの報告を脆弱やまやかしだと批判する専門家もいる。ハマーメッシュは、市場シェアが低くても、収益をあげている会社の例を数多く挙げている[31]。ウ

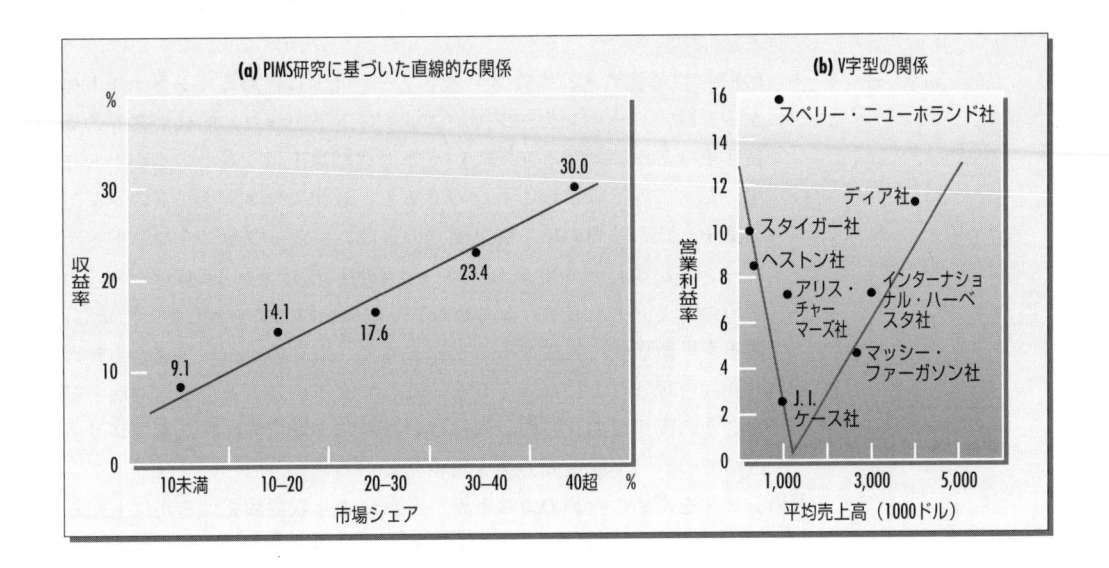

図8-7 市場シェアと収益性の関係

(a) PIMS研究に基づいた直線的な関係
- 10未満: 9.1
- 10–20: 14.1
- 20–30: 17.6
- 30–40: 23.4
- 40超: 30.0

(b) V字型の関係（農業機械業界）
スペリー・ニューホランド社、ディア社、スタイガー社、ヘストン社、アリス・チャーマーズ社、J.I.ケース社、インターナショナル・ハーベスタ社、マッシー・ファーガソン社

出典：(a)は Strategic Planning Institute (The PIMS Program), 1030 Massachusetts Avenue, Cambridge, MA 02138より。

ーとクーパーは、低シェアでありながら税引き前ROIにおいて、20%以上に達している企業を40例確認した。これらの企業は、相対的品質が高く、価格が中～低で、製品ラインが狭く、総コストが低い傾向にあった[32]。これらの企業のほとんどは、工業部品や工業用品を製造していた。

いくつかの業界に関する研究では、市場シェアと収益性の間にV字型の関係が得られた[33]。■図8-7(b)は、農業機械の企業におけるV字曲線が示されている。この業界のリーダーであるディア社は、高い収益率をあげている。しかし、規模の小さい専門企業であるヘストンとスタイガーの2社も、収益率が高い。J.I.ケース社とマッシー・ファーガソン社のところは落ち込んで谷になり、インターナショナル・ハーベスタ社はかなりの市場シェアを占めているにもかかわらず、収益率がそれほど高くはない。以上のように、このような業界には、1つあるいは少数の収益性の高い大企業がいて、小規模だがより専門化した収益性の高い企業が数社あり、収益性の比較的低い中規模の企業が存在する。

■図8-7における2つのグラフの整合性をどのように説明すればよいだろうか。PIMSの報告では、**対象市場（標的市場）**における競合他社に対する相対シェアが増すほど、収益性は高まると主張している。V字曲線は市場セグメントを無視して、収益性を**全体市場**における規模との関係で見ている。メルセデスが高い収益をあげているのは、自動車市場全体ではシェアが低い会社であっても、この会社が対象としている高級車市場では高いシェアを占めているからである。そして、メルセデスが対象市場において高いシェアを達成したのは、相対的品質が高い製品を製造するというように、多くのことを適切に行っているからである。

しかし、対象市場において市場シェアを増大させることが、必ずしも収益性を向上させることにはならない。市場シェア増大のために企業がとった戦略によって、収益性は大きく左右される。

歴史メモ：イスラム世界では、10世紀半ばに地方国家が支配的になったが、そのすべてがより大きな単一文明の一部であり続けた。そのパターンは現在まで続いている。

> マクドナルド

1987年以降、アメリカのファストフード売上に占めるマクドナルドのシェアは、パーセンテージで約2ポイント下がった。同社が業界の成長率をはるかに上回る50%という率で店舗数を増やしたにもかかわらず、シェアの下降が起こったのである。最初にマクドナルドのシェア下降をもたらしたのは、製品開発の失敗だった。ファストフード・チェーンが出すピザや野菜バーガーは顧客に支持されなかったからだ。その後マクドナルドは、なんとかして危機を脱しようとした。しかし、何千もの新店舗を建設することによって、既存のチェーン店から顧客と利益を奪うことになってしまった。マクドナルドとチェーン店の経営者との関係は悪化した。同社はいまだに、低下傾向にあるアメリカ市場でのシェア回復の方策を模索している[34]。

市場シェアを高めるためのコストが、それによる収益額をはるかに上回ることがあるので、企業は市場シェア拡大を追求する前に3つの要素を考慮すべきである。

- 第1の要素は、独占禁止法に触れる可能性である。支配的企業がさらに侵入してきた場合、嫉妬深い企業が「独占」だと騒ぐ危険性がある。この危険性が増すと、市場シェアの拡大を追求することの魅力は小さくなる。これは、ソフトウェア業界を独占しているマイクロソフトに起こったことである。

> マイクロソフト

1997年、マイクロソフトの34億ドルという純利益は、株式を上場しているソフトウェア会社上位10社の収益の41%に相当した。パソコンはもちろん、コンピュータ内蔵の玩具やテレビセット・トップボックスから、インターネット上での自動車や航空券の販売にいたるまで、あらゆるものに業務を広げている。同社はOS部門だけでなく、インターネット部門でもリーダーになろうという熱意を持ち、ブラウザであるインターネット・エクスプローラをウィンドウズに組み込んだ。この動きは、政府による独占禁止訴訟の火付け役となり、マイクロソフトのライバル企業をおおいに喜ばせた。最終的に、ウェブ・ブラウザの先駆者であるネットスケープは、マイクロソフトが無償で配ったものを販売しようとしたため、市場シェアを急落させてしまうという憂き目にあった[35]。

- 第2の要素は、経済的コストである。■図8-8に示されているように、あるレベル以上に市場シェアを増やそうとすると、収益性は落ちることがある。この図における企業の**最適市場シェア**は50%である。さらに市場シェアを増やすためのコストは、それによって生じる価値を上回る可能性がある。例えば市場の60%を占める企業は、自社を嫌っている、競合する供給業者に強いロイヤルティを持っている、特殊なニーズを持っている、比較的小規模な供給業者と取引するのを好む、な

どの理由で「買うのを拒む」顧客がいることを認識しなければならない。市場シェアの上昇とともに、法律事務、パブリック・リレーションズ、ロビー活動にかかるコストも上昇する。規模の経済性や経験効果が小さい場合、魅力のない市場セグメントが存在する場合、買い手が複数の供給源を求めている場合、退出障壁が高い場合には、市場シェア拡大に向けて努力するのは、あまり理にかなっていない。一部のマーケット・リーダーは、自社の弱い分野における市場シェアを選択的に減らすことによって、収益性を高めている[36]。

- 第3の要素は、企業が市場シェア拡大戦略において間違ったマーケティング・ミックスを実行し、そのために収益を増やせないという可能性である。値下げによって市場シェアを増やす企業は、より大きなシェアを努力して獲得しているのではなく金で買っているのであり、収益が低くなる場合もある。

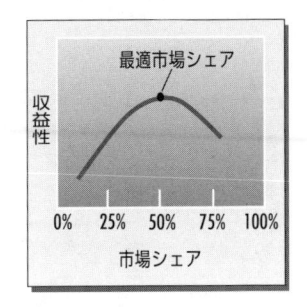

図8-8

最適市場シェアの概念

バゼルとウィアゼマによれば、一般にシェアを拡大している企業は、新製品開発活動、製品の相対的品質、マーケティング費用という3つの点で、競合他社より優っている[37]。具体的にいうと、シェアを拡大している企業は、概してより多くの新製品を開発し製品ラインに加えている。他社に比べて製品品質を向上させている企業は、より大きくシェアを増やしている。マーケティング費用を市場の成長スピードより早く増加させている企業は、概してシェア拡大を実現する。セールス・フォースへの支出増は、生産財市場と消費財市場の両方において、シェア拡大の効果がある。広告費の増加は、主として消費財を扱う企業にシェア拡大をもたらす。販売促進費の増加は、あらゆる種類の企業のシェア拡大に効果がある。他社よりも大幅に価格を引き下げる企業は、市場シェアを大きく拡大することはない。恐らく、多くのライバル企業が値引きに応じ、そうでない企業は買い手に別の価値を提供するので、買い手は価格を引き下げた企業にスイッチしないのである。

2つの事例：P&Gとキャタピラー

トップの座に君臨しているマーケット・リーダーは、全体市場を拡大する術を学び、現在の領域を防御し、市場シェアを増やして利益をあげている。以下に、優れたチャレンジャー企業に対して、自社の市場シェアの保護に目覚ましい能力を発揮したP&Gとキャタピラーを見てみよう。

P&G

P&Gは消費者向けパッケージ商品のマーケティングにおいて、最高レベルの技術を有する企業である。同社は39カテゴリーのうち19カテゴリーでトップ・ブランドを売り出しており、P&Gの平均市場シェアは25％に及んでいる。同社の市場におけるリーダーシップは、いくつかの原則に根差している。

- 顧客知識　　P&Gは継続的なマーケティング・リサーチと戦略情報の

> 歴史メモ：1000年から1100年の間に、イスラム教がアフリカのサハラ以南に広まった。

収集によって、顧客（最終消費者と流通業者の両方）を研究している。同社は、すべての製品にフリーダイヤルの番号を印刷している。

- **長期的視野** P&Gは一つひとつの機会を注意深く分析し、最高の製品を準備し、その製品を成功させるために長期にわたって真剣に取り組む。ポテトチップスのプリングルスが市場で成功するまで、同社は約10年間の努力をした。

- **製品イノベーション** P&Gは活発に製品イノベーションを行っており、パッケージ商品の会社としては驚くほど高額の12億ドル（売上の3.4％）を研究開発につぎ込んでいる。同社は2500以上の有効な特許を持ち、それによって250の独自技術を保護している。イノベーション・プロセスの一部分として、消費者に新たなベネフィットを提供するブランドの開発がある。初の効果的虫歯予防歯磨き粉であるクレストの研究と開発に、P&Gは10年を費やした。最も新しいイノベーションは脂肪代替品のオレストラであり、オレアンとして発売されている。FDA（食品医薬品局）の認可を受けたこともあり、フリトレーのWOW!という無脂肪チップスなど、オレストラを使った塩味のスナックは、この10年間における食品の新製品導入で最も成功した例になっている[38]。

- **品質戦略** P&Gは平均以上の品質の製品を設計し、それを改良し続ける。P&Gが「新しくかつ改良された」と発表すれば、まさにそのとおりなのである。

- **ライン拡張戦略** P&Gはおのおののブランドに何種類ものサイズや形態を用意している。この戦略によって、より多くの売り場スペースを獲得し、満たされていない市場ニーズに対応しようとする他社の参入を防ぐことができる。

- **ブランド拡張戦略** P&Gはしばしば、強力なブランド名を使用して新製品を売り出す。アイボリーというブランドは、石鹸から始まって、液体ソープ、食器用洗剤、シャンプーで用いられるようになった。強力な既存ブランド名をつけて新製品を市場導入すれば、非常に少ない広告費で、当該製品をすぐに認知させ信頼を得ることができる。

- **マルチブランド戦略** P&Gは同一の製品カテゴリー内で、いくつものブランドを市場に出している。ハンドソープでは8ブランド、シャンプーでは6ブランドを製造している。各ブランドはそれぞれ異なる消費者の欲求に応え、特定ブランドを相手に競争する。各ブランドの担当マネジャーは、自社の資源を獲得するために競争する。最近、P&Gはコスト削減のため、膨大な数の製品、サイズ、香り、種類を減らし始めた[39]。

- **大量広告とメディア利用のパイオニア** P&Gは消費者向けパッケージ商品の広告主としてはアメリカ第2位で、広告費に年間30億ドル以上を費やしている。消費者の強い認知と選好を創り出すために、テレビ利用のパイオニアであるP&Gは現在、ウェブ上でのブランド構築で

主導的な役割を果たしている。1998年、P&Gは業界の有力者を対象に「サミット」会議を主催し、インターネット企業や消費財企業の経営者約400名を集めた。その目的は、インターネットを最大限に活用して製品を販売するための方法について検討することであった[40]。

- **積極的なセールス・フォース**　1998年、P&Gのセールス・フォースは、『セールス＆マーケティング・マネジメント』誌によって、セールス・フォースのトップ25の1つに選ばれた。P&Gの成功の鍵は、同社のセールス・フォースが小売業者、特にウォルマートと密接なつながりを築いていることにある。この巨大な小売業者を担当する150名のチームは、ウォルマートと密に協力して、店に届ける製品はもちろん、届けるまでのプロセスをも改善している。

- **効果的な販売促進**　P&Gの販売促進部門は、特定の目標を達成するための最も効果的なプロモーションについて、当該ブランドを担当するマネジャーの相談に乗る。この部門は、多様な状況における値引きの効果について、専門的な判断を行う。同時にP&Gは、販売促進の利用を最小限にして、「エブリデイ・ロー・プライス」を志向している。

- **競争上の強さ**　P&Gは侵略者には容赦なく力で対抗する。新たな競合ブランドの力をそぎ、彼らに市場進出の足がかりを築かせないためには、P&Gは多額のプロモーション費用も惜しまない。

- **製造効率とコスト削減**　P&Gはマーケティング企業としての優秀さで名高いが、製造業者としても優れている。同社は、製造工程の開発と改善に多額の費用をかけて、コストを業界でも最低のレベルに抑えている。最近、コストをさらに切り詰め始め、一部の製品の販売で高かった価格を下げることに成功した。

- **ブランド・マネジメント・システム**　P&Gは独自のブランド・マネジメント・システムを構築し、1人の役員が1つのブランドに責任を持つ。このシステムは多くの競合他社に模倣されたが、P&Gほどには成功していない場合が多い。最近、同社は全体的なマネジメント構造を改変し、各ブランド・カテゴリーをカテゴリー・マネジャーに運営させ、売上高と利益に責任を持たせている。この新組織はブランド・マネジメント・システムに取って代わるものではないが、これによって戦略の焦点をカテゴリー内の主要な消費者ニーズと競争に明確に合わせることができる。

このように、P&Gがマーケット・リーダーの地位にあるのは、1つのことをうまく行っているからではなく、マーケット・リーダーであるためのさまざまな要因の統合に成功しているからだ。

■ キャタピラー

キャタピラーは建設機械業界の支配的企業である。同社のトラクター、クローラー（キャタピラー・トラクター）、ローダーは、おなじみの黄色に塗られ、あ

歴史メモ：800年から1100年の間に、中国の総人口は約1億に達した。

歴史メモ：古代ガーナは1000年ごろ、アフリカの重要な通商路が交差するところだった。その首都クンビを通過して行われる交易は、サハラ砂漠とサバンナの間を南北に、そしてサヘル地域を東西に行われた。

ちこちの建設現場で見ることができる。キャタピラーは世界の大型建設機械における売上の60％以上を占めている。高めの価格設定をして、ジョン・ディア、J.I.ケース、コマツ、日立など多数の有力企業からの挑戦を受けているにもかかわらず、キャタピラーはリーダーの座を維持してきた。いくつもの方針が組み合わさって、キャタピラーの成功に結びついている。

> 歴史メモ：11世紀の中国では、通商税と専売からの歳入が、土地税からの歳入に匹敵した。

- **優れた性能**　キャタピラーが製造する高品質の機械は、信頼性と耐久力で知られている。この信頼性と耐久性こそ、大型産業用機械を選択する場合に買い手が重視する要素である。
- **大規模かつ効率的なディーラー・システム**　キャタピラーは業界最多の独立した建設機械ディーラーを擁している。世界中にある260のディーラーは、キャタピラーのすべての製品を取り扱っており、他社製品は扱っていない。他社のディーラーは通常、フルラインをそろえておらず、補完する非競合製品を扱っている。キャタピラーの新規ディーラーになるためには、フランチャイズ店が500万ドルを支払わなくてはならず、キャタピラーは最良のディーラーを選ぶことができる。その金額の大半はトレーニング、サービス、動機付けに使われる。
- **優れたサービス**　キャタピラーは部品とサービスに関する世界的なシステムを築いており、業界内に並ぶものはない。同社は、自社のビジネスを機械の製作というよりも、機械の操作性の維持であると考えている。キャタピラーは、世界のどこでも、機械が故障してから24時間以内に部品を届けて修理することができる。他社がこのサービスを模倣するためには、多額の投資が必要であり、できたとしても優位に立つというより、キャタピラーの優位を相殺するにすぎない。
- **優れた部品管理**　キャタピラーの売上高の30％、収益の50％は、交換部品の販売によるものである。キャタピラーは優れた部品管理システムを開発して、この事業部門で高い利益率を維持している。
- **高価格設定**　キャタピラーは買い手から特別の価値を認められているため、対応する他社製品より10％〜20％割高の価格を設定している。
- **フルライン戦略**　キャタピラーは建設機械のフルラインを製造し、顧客が1か所ですべて買えるようにしている。
- **良い支払条件**　キャタピラーは機械を購入する顧客に、多様な支払条件を用意している。顧客がドルで支払えなければ、見返り貿易を利用する。

1980年代には、世界的な建設機械市場の不況と、コマツからの容赦ない攻勢のため、キャタピラーは苦境を味わった。コマツは日本のナンバーワン建設機械会社で、「キャタピラーを包囲せよ」を社内スローガンとしていた。コマツは市場ニッチを攻撃し、自社機械の価格をキャタピラーより40％も低く設定することもあった。キャタピラーはコスト削減とコマツの価格に合わせることで反撃し、時には先行して価格引き下げを行った。この価格戦争は、インターナショナル・ハーベスタやクラーク・エクイップメントなどの競合他社を破滅のふ

ちにまで追いやった。だが、キャタピラーとコマツは利益の向上を意識するようになり、ダメージを与え合った長期におよぶ価格戦争は終わろうとしている。

歴史メモ：11世紀にジェノアで、私拿捕船（敵船を攻撃する許可を受けた民間の武装船）のために、株式会社が作られた。

マーケット・チャレンジャーの戦略

業界で第2位、第3位、あるいはさらに低い地位にある企業は、しばしば2番手企業あるいは追走企業と呼ばれる。コルゲート、フォード、エイビス、ペプシコーラなどは、2番手だがそれ自体かなり大きい。これらの企業は、2つの姿勢のうちどちらかを選ぶことができる。市場シェアを拡大すべく積極果敢にリーダーなどの競合他社を攻撃する場合（マーケット・チャレンジャー）か、行動はするが波風を立てない場合か（マーケット・フォロワー）である。

立場を強固なものにしたり、さらにはリーダーに追いついたマーケット・チャレンジャーの例は数多い。トヨタは今やGMより多くの自動車を生産しているし、英国航空は以前のリーダーであるパンアメリカンが国際航空会社として全盛期にあったときよりも多くの国際旅客に利用されている。これらのチャレンジャーは大きな野心を抱き、リーダーが通常の事業運営をしている間に、自社の比較的小さな資源を活用した。

ドーランによれば、競争や価格引き下げは、鉄鋼、自動車、製紙、化学薬品のように、固定費や在庫コストが高く、一次需要が低迷している業界で最も激しい(41)。以下で、マーケット・チャレンジャーが利用できる競争的攻撃戦略について考察してみよう。

戦略目的と攻撃対象の特定

マーケット・チャレンジャーは、まず戦略目的を明確にしなければならない。たいていは市場シェアの増大である。また、攻撃対象も決めなければならない。

- **マーケット・リーダーを攻撃する** これはリスクが大きいが、大きな見返りを見込める戦略で、リーダーが市場の要求にうまく応えていない場合には十分理にかなっている。ミラーの「ライトビール」キャンペーンが成功したのは、低カロリーで水腹にならないビールを求めている消費者を発見し、そこに軸を移したからである。もう1つの戦略は、セグメント全体にわたって、技術革新でリーダーを上回るという方法である。ゼロックスは、より優れた複写方式を開発することで、3Mからコピー機市場を奪い取った。後にキヤノンは卓上用小型コピー機を導入して、ゼロックスが有する市場のかなりの部分を手に入れている。
- **規模が自社と同程度で、仕事ぶりが芳しくなく、財源が不足している企業を攻撃する** このような企業は、製品が古くなっていたり、価格設定が高すぎたり、あるいは他の点で顧客を満足させていない。
- **小規模な地方企業を攻撃する** いくつかの大手ビール会社は、自社より小さな企業、いわゆる「グッピー」を食べ尽くすことによって、現

ビレニアムのお祝いとして、太平洋の島キリバス共和国、イギリスのストーンヘンジ、エジプトのピラミッド、中国の万里の長城などの歴史的な名所から、「メディアと放送のスペクタクル・ショー」が行われるだろう。

在の大きさになった。

攻撃企業がマーケット・リーダーをねらっている場合、目的は一定のシェアを奪い取ることになる。ビックは、カミソリ市場でジレットを倒せるなどという幻想は抱いていない。単にシェアを増やそうとしているだけである。攻撃企業が小さな地方企業をねらっている場合、その会社の駆逐が目的とされることもある。

一般的な攻撃戦略の選択

攻撃対象と目的が明確化されたならば、どのような攻撃法があるだろうか。図8-9に示されている、正面攻撃、側面攻撃、包囲攻撃、迂回攻撃、ゲリラ攻撃の5つの攻撃戦略から選ぶことができる。

純粋な正面攻撃では、攻撃企業が相手の製品、広告、価格、流通と張り合う。『孫子の兵法』によれば、**より大きな兵力(資源)を有する側が勝つ**。この法則は、守る側が地の利(山頂を制しているなど)を得ていると、少し変わってくる。軍事の定説では、塹壕でうまく防備した敵や高所を制している敵に対し、正面攻撃を成功させるには、少なくとも3倍の兵力を有していなければならない。ブラジルにおいて第2位のカミソリ・メーカーが、マーケット・リーダーのジレットを攻撃した。この攻撃企業は、消費者へジレットより優れたカミソリの刃を売るのかと問われた。答えは「ノー」だった。「ジレットより安いのか」「ノー」。「パッケージがジレットより良いのか」「ノー」。「ジレットより気の利いた広告キャンペーンをするのか」「ノー」。「流通業者に有利な取引条件を出すのか」「ノー」。「では、どうやってジレットからシェアを奪おうと思っているのか」「断固たる信念で」というのが答えだった。言うまでもなく、この攻撃は失敗した。

図8-9

攻撃戦略

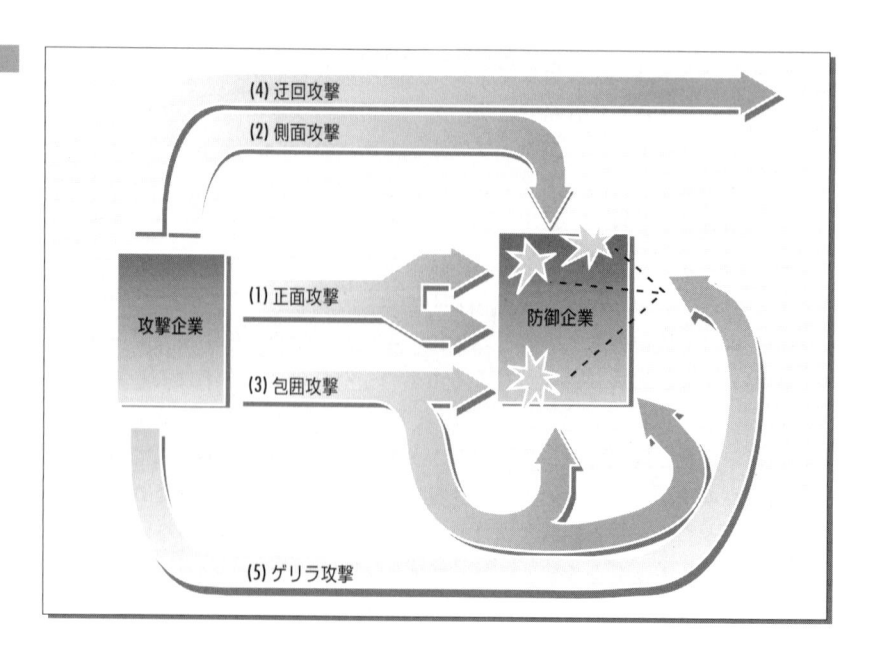

修正版の正面攻撃もある。例えば、敵の価格に対抗して価格引き下げをする方法は、マーケット・リーダーが報復せず、攻撃企業が自社製品はリーダーの製品と同等であると市場に認めさせることができれば有効である。ヘレンカーチスは、スアーブやフィネスなどの自社ブランドが、高価格のブランドに比べて品質面では同等なのに価格は安いということを市場に認めさせることに長けている。

　攻撃が予想されている部分の兵力は強化されている。必然的に側面や背後は防備が甘くなる。したがって、弱点を攻撃対象とすればよい。攻撃戦の大原則は、**弱点への力の集中**である。チャレンジャーは防御企業の戦力を引きつけておくために、強い面も攻撃するが、本格的には側面か背後を攻撃する。

　側面攻撃は、地理的次元とセグメント的次元の2つの戦略的次元で方向づけることができる。地理的攻撃では、敵がうまく対応していない地域を明らかにする。例えば、ハネウェルなどIBMのライバル数社は、IBMが比較的軽視している中小都市に、強力な支店を開設するという選択をした。もう1つの側面攻撃は、放置されている市場ニーズへの対応である。例えば、日本の自動車メーカーが燃費の良い自動車を開発したり、ビール会社のミラーがライトビールを売り出したのがこれにあたる。

　側面攻撃とは、いい方を換えれば市場セグメントの変化を見極めることである。市場セグメントの変化によって生じた隙間を埋め、そこを強力なセグメントに発展させる。側面攻撃は、「マーケティングの目的はニーズを発見し、それを満足させること」という現代マーケティングの伝統的な考え方と整合している。側面攻撃はマーケティング的に非常に合理的で、特に敵よりも資源が少ないチャレンジャーにとって魅力がある。側面攻撃の成功確率は正面攻撃よりずっと高い。

　包囲攻撃は、「電撃戦」によって敵陣のかなりの部分を獲得しようとする戦略である。この場合、いくつもの前線で大規模な攻撃をしかけることになる。チャレンジャーが相手より優れた資源を自由に使うことができ、迅速な包囲によって相手の戦意がそがれると考えられる場合、包囲攻撃は理にかなっている。

ビレニアム教育財団は、ビレニアム・グッズの販売で得た利益によって、奨学金を調達し提供する。

> **サン・マイクロシステムズ**
>
> 　マイクロソフトのソフトウェアはすっかり普及したが、この大敵に対抗して、サン・マイクロシステムズはあらゆる種類の消費者向けエレクトロニクス製品に自社のソフトウェアJavaの使用を許可している。家電製品がデジタル化されるにつれ、Javaは幅広い電化製品に入り込んでいる。GM所有の電子機器供給業者であるデルファイ・オートモーティブ・システムズは、音声作動式の電子メールなどの機能を搭載した自動車で用いられるJavaベースのシステムを、自動車メーカーに提供する計画である。モトローラは、ポケベルや携帯電話からトースターなどの家電製品まで、すべてにJavaを使用するつもりである。ダラス・セミコンダクタ社は、Javaコードで記述されたチップ内蔵リングを作っており、これによってホテルの入室やキオスクによる電子メ

MARKETING MEMO

戦いで得られるもの

敵意を持つこと自体に利点がある。闘争的な競合他社を目標とする攻撃的な会社が得るものとして、次の9つの点が挙げられる。

1. **目立つ**：血気盛んなライバルどうしは、注意を引きやすい。人目を引いたり無料で告知してもらえるチャンスは至るところにある。

2. **「やるかやられるか」が革新をもたらす**：的を絞った競争は、組織に蔓延した自己満足の解毒剤である。自動車のハンドルを握りながら眠り込む人はいないだろう。

3. **継続的なフィードバック**：常にベンチマーキングをしていれば、遅れをとっているか、リードしているか、そしていつそうなるかを知ることができる。そのようにすれば、進路修正をより早く、より安くできる。

4. **市場開発費用の共同負担**：市場拡大や業界構築の費用負担が分担される。

5. **ブランドの強化**：他社のものが悪いといえれば、自社のものを差別化し販促することが容易になる。

6. **価格保護**：価格戦争が勃発しない限り、ある企業の価格設定が業界の標準を決める助けになり、そのおかげで自社の収益率が守られ、高価格が支えられることになる場合もある。　↗

ール利用の安全性を高めることができる。一連のライセンス供与を推し進めた原動力は、サン・マイクロシステムズのCEO、スコット・G・マクニーリである。彼の目標は、Javaを可能な限りすべてのデジタル装置の共通言語にすることである[42]。

最も間接的な攻撃戦略は迂回である。これは敵を迂回して、より容易な市場を攻撃し、自社資源の基盤を広げることをいう。この戦略には、3種類のアプローチがある。関連性のない製品にまで範囲を広げる、地理的に新しい市場に進出する、一挙に新技術を取り入れて既存製品に取って代わる、の3つである。ペプシとコカ・コーラはしばしば正面から衝突するが、迂回攻撃も彼らの戦闘計画の一部となっている。ペプシによるコカ・コーラへの迂回戦略の例を見てみよう。

コカ・コーラ社

1998年の夏、なぜペプシコーラはジュース会社大手のトロピカーナを33億ドルで買収したのだろうかと、多くの人々がいぶかった。ソーダと違ってジュースは果実市場であるために、悪天候や不作の影響を受けやすく、腐敗しやすい製品の流通は難しい。しかし、核となる清涼飲料市場で思いどおりにいかないペプシにとって、世界最大のジュース会社トロピカーナを得たことは、コカ・コーラ社との戦いにおいて強力な新兵器で武装したに等しかった。30億ドルのオレンジジュース市場において42%というシェアを有するトロピカーナは、市場の24%しか占めていないコカ・コーラ所有のミニッツメイドを圧倒している。この買収はペプシに、コカ・コーラを打ち破る少なくとも1つの手段を与えたのである[43]。

技術的飛躍は、ハイテク業界で使われる迂回戦略である。チャレンジャーは次なる技術の研究開発を辛抱強く行い、戦場を有利な自社の領域に移して攻撃をしかける。任天堂はテレビゲーム市場において、優れた技術を導入し「競争空間」を再定義することによって市場シェアをほとんど奪い取るところまでいった。現在では、セガのジェネシスが同じことをさらに進んだ技術で行っている。バーチャル・リアリティをベースとした娯楽創造企業とはこうしたものである。

ゲリラ攻撃では、小規模で断続的な攻撃をしかけ、相手を悩ませ士気を喪失させ、最終的には永続的な足場を確保する。ゲリラ攻撃をするチャレンジャーは、従来型の攻撃法だけではなく非従来型の攻撃法を用いる。これらの攻撃法には、選択的な価格引き下げや激しいプロモーション攻勢があり、時として訴訟を起こす場合もある。大成功を収めたゲリラ戦略の例を挙げてみよう。

プリンストン・レビュー

1938年、スタンリー・H・カプランはカプラン・エデュケーショナル・センターズを設立し、これはアメリカ最大の予備試験ビジネスになった。その後、ジョン・カッツマンという若いプリンストン大学卒業生が、競合するプリンストン・レビューをつくってゲリラ的なマーケティングを行い、特にカプランのイメージを攻撃した。プリンストン・

レビューの広告では、露骨に「スタンリーの意気地なし」とか「友達をカプランに行かせない」と謳われ、プリンストン・レビューの方がクラスが少人数で活発だと売り込んでいる。カッツマンは、インターネット上でカプランについての悪口を書きこみ、同業他社が生徒に受けるよう薦める標準テストの運営元であるエデュケーショナル・テスティング・サービス(ETS)にまで戦いを挑んだ。1990年代までに、プリンストン・レビューのゲリラ作戦は功を奏し、少なくとも学習能力適性テスト(SAT)市場において、同社はマーケット・リーダーになった。

通常、ゲリラ攻撃は比較的小さい企業が自分より大きな企業に対して行う。小さい方の企業は、大きな敵の市場のあちこちで、敵の市場影響力をしだいに弱めるように計算したやり方で、短期のプロモーションや価格攻撃を矢継ぎ早にしかける。軍事の定説によると、小規模な攻撃を継続的に行った方が、2回〜3回の大規模な攻撃をするよりも、大きな累積効果、敵側組織の破壊、混乱をもたらす。ゲリラ攻撃を行う企業は、大きくて堅固な市場より、小さくて孤立した防備の弱い市場への攻撃を選択する。

ゲリラ作戦の実施には費用を要するが、正面攻撃、包囲攻撃、側面攻撃に比べれば間違いなく少なくてすむ。ゲリラ攻撃は、戦いというより戦いの準備である。チャレンジャーが敵を倒すことを望んでいるなら、最終的にはより強力な攻撃で補う必要がある。■マーケティング・メモ「戦いで得られるもの」を参照されたい。

MARKETING MEMO

7. **参入障壁**：2つのライバル企業が本気で善戦していれば、潜在的参入者が思いとどまるかもしれない。
8. **士気の向上**：対抗意識によって、従業員の心構え、戦いの覚悟、忠誠心、誇りを維持できる。
9. **楽しみ**：毎日、宿命の対決を繰り返すことができる。少なくともときどきは勝つに違いない。

出典：Anne Murphy, "Enemies, a Love Story," *Inc.*, April 1995, p.78.

■ 具体的な攻撃戦略の選択

チャレンジャーは5つの攻撃法を決めたら、より具体的な戦略を策定しなければならない。

- **価格引き下げ**　マーケット・リーダーと同等の製品をより安い価格で提供する戦略。これは、安売り小売業者によくみられる戦略であり、3つの条件が満たされていなければならない。第1に、自社製品がリーダー企業の製品と同等であると、買い手を納得させること。第2に、買い手が価格に敏感であること。第3に、競合他社の攻撃にもかかわらず、マーケット・リーダーが価格引き下げを拒むことである。
- **廉価品**　かなり安い価格で、平均ないしそれ以下の品質の製品を提供する戦略。リトルデビーのスナックケーキは、ドレイクスの製品より品質において劣るが、販売価格は半分以下である。しかし、この戦略で地歩を固めた企業は、さらに安い価格を提供する企業に攻撃される可能性がある。
- **高級品**　マーケット・リーダーより品質の高い製品を売り出し、高い価格を設定する戦略。メルセデスは、キャデラックに比べて高品質で高価格の自動車を提供することにより、アメリカ市場でキャデラックに追いついた。
- **製品増殖**　より多くの種類の製品を売り出し、買い手により多くの

選択肢を与えることで、マーケット・リーダーを攻撃する戦略。バスキン・ロビンズは、大きな競合他社よりも種類が多い31のフレーバーを広告して、アイスクリーム事業で成長することができた。

- **製品イノベーション**　製品イノベーションを実行する戦略。3Mは概して、製品改良や画期的新技術の導入によって新市場に参入する。
- **サービス向上**　顧客に新しいあるいはより良いサービスを提供する戦略。エイビスのハーツに対する有名な攻撃がこれにあたる。「私たちはナンバー2。だからもっと頑張ります」という広告コピーは、ハーツよりきれいな自動車と、よりスピーディーなサービスを約束し提供するということである。
- **流通イノベーション**　新しい流通チャネルを開拓する戦略。エイボンは、従来のように店舗で他の化粧品会社と戦うのでなく、訪問販売方式を極めることによって、大手化粧品会社になった。
- **製造コストの削減**　原材料調達の効率化、労働力コストの削減、製造設備の近代化によって、競合他社よりも製造コストを低く抑える戦略。
- **広告プロモーションの強化**　広告プロモーション費を増やすことによって、リーダーを攻撃する戦略。ビール会社のミラーは、アメリカのビール市場におけるシェアを増やそうとして、バドワイザーより多くの費用をかけた。しかし、多額のプロモーション費を使うには、チャレンジャーの製品あるいは広告メッセージの方が優れていない限り、賢明な戦略とはいえない。

1つの戦略だけに頼っていては、チャレンジャーが市場シェアを拡大することはできない。成功するか否かは、ポジションを長期にわたって向上させるための戦略をどう組み合わせるかにかかっている。

マーケット・フォロワーの戦略

数年前セオドア・レビットは「革新的な模倣」というタイトルの論文の中で、**製品イミテーション**の戦略は**製品イノベーション**の戦略と同じくらい利益を生む場合があると論じている[44]。イノベーターは、新製品の開発費を負担し、それを流通させ、市場に情報を流して教育を行う。この努力やリスクは通常、マーケット・リーダーになるという形で報われる。しかし、別の企業が目をつけ、新製品をコピーしたり改良したりすることもある。このフォロワーは恐らくリーダーを追い抜くことはできないが、イノベーション費用を負担していないので、高い収益をあげることができる。

多くの企業は、マーケット・リーダーに挑戦するより、追随するのを好む。鉄鋼、肥料、化学薬品など資本集約型の同質製品産業では、「意識的類似」のパターンが一般的である。製品差別化やイメージ差別化の機会が少なく、サービスの質を比較することが多く、価格感応性が高い。価格戦争がいつでも起こる可

1999年7月、フランスのルーアンで、古代の船と現代の船がセーヌ川を下って新時代を祝う、大船舶イベントが開催される。

能性がある。これらの業界には、短期的に市場シェアを奪い取るという雰囲気がない。そうした戦略は報復を引き起こすだけだからである。たいていの企業は、お互いの顧客を盗み取らないようにしていて、通常リーダーを模倣することによって、買い手に同じようなものを提供する。市場シェアは非常に安定している。

　だからといって、マーケット・フォロワーに戦略がないわけではない。マーケット・フォロワーは、既存顧客を維持し、新規顧客の多くを勝ち取るための方法を知っていなければならない。各フォロワーは、立地、サービス、ファイナンシングの面で、それぞれの標的市場に対して際立った優位性を発揮しようと努める。そしてフォロワーはしばしばチャレンジャーの主要攻撃対象となるので、製造コストを低く抑え、製品品質とサービスを高水準に保たなければならない。また、新規市場が現れた場合には、参入しなければならない。フォロワーは、成長の道筋を明確にすべきであるが、競争上の報復を招いてはならない。次の4つの一般的戦略がある。

- **カウンターフィター**　リーダーの製品やパッケージを模倣して、闇市場や評判の悪いディーラーを通して販売する。レコード会社、アップル・コンピュータ、ロレックスは、特に極東で偽造問題に悩まされている。
- **クローナー**　リーダーの製品、名称、パッケージにわずかな変化を加えて模倣する。例えばラルコープ・ホールディング社は、有名ブランドのシリアルを模倣した製品をそっくりの箱に入れて売っている。同社のテイスティーオス、フルーツ・リングズ、コーン・フレイクスは、トップ・ブランドに比べて1箱1ドル近く安い価格で販売されている[45]。コンピュータ業界では、クローンが避けがたいものになっている。
- **イミテーター**　リーダーの製品を一部コピーするが、パッケージ、広告、価格などに違いを残しておく。模倣企業が積極的に攻撃しない限り、リーダーは気にしない。
- **アダプター**　リーダーの製品を取り入れたり改良したりする。アダプターは、リーダーとは別の市場で販売することもある。しかし、将来はチャレンジャーに成長することが多い。多くの日本企業は、他社で開発された製品を取り入れて改良した後にチャレンジャーとなっている。

S&Sサイクル

　S&Sサイクルは、エンジンの完成品と主要モーター部品の最大の供給業者で、15以上の企業に供給している。これらの15以上のクローナーは、年間数千台のハーレーに似たクルーザーバイクを組み立て、注文製作のバイクに3万ドルもの値段をつけている。S&Sは、ハーレー・ダビッドソンの手作り品に改良を加えることで有名になった。顧客は多くの場合、本来ならハーレーを買ったかもしれないが、ディーラー

で長く待たされてうんざりした人たちである。そうでなければ、単に驚くほど強力なS&Sのエンジンが欲しい顧客である。S&Sは、毎年新しいハーレーのバイクを注文して、エンジンを分解し改良点を探すことによって、市場の変化に遅れないようにしている[46]。

フォロワーが得るものは通常、リーダーより少ない。例えば、食品加工会社を対象とする調査によると、投資収益率は、最大企業が16％、2番手企業が6％、3番手が−1％、4番手が−6％であった。この場合、上位2社のみが利益を得ている。GEのCEOであるジャック・ウェルチが、自社の各事業単位に当該市場で1位か2位にならなければ撤退させると言ったのもうなずける。フォロワーであることは、報われない場合が多い。

マーケット・ニッチャーの戦略

大規模市場でフォロワーになる代わりに、小規模市場すなわちニッチでリーダーになる途もある。小さな企業は通常、大きな企業にとって少ししかあるいはまったく利益がない小規模市場をターゲットにすることで、大きな企業との競争を避けている。その例を2つ挙げよう。

ロジテック・インターナショナル

ロジテックは、ありとあらゆる種類のコンピュータ・マウスをつくることで、3億ドルの売上を誇る世界的な成功企業になった。1.6秒に1個のマウスを生産し、左利き用と右利き用のマウス、無線電波を使ったコードレス・マウス、本物のねずみのような形をした子供向けマウス、ディスプレー上の物体の背後でユーザーが動いているように見せる3-Dマウスをつくっている。コンピュータ・マウスに専念して大きな成功を収めたロジテックは、世界市場を支配しており、マイクロソフトがその後を追っている[47]。

テクノル・メディカル・プロダクツ

テクノル・メディカル・プロダクツは、病院用マスクに集中することによって、ジョンソン・エンド・ジョンソンと3Mという2つの巨大企業と張り合っている。テクノルは、普通のマスクから医療機関で働く人々を感染から守る特殊マスクという、利益のあがる製品ラインに切り替えた。この無名企業は現在、アメリカにおける病院用マスクの供給でジョンソン・エンド・ジョンソンと3Mを追い抜いてトップになっている[48]。

しかし、ニッチの開拓は、これらの会社の成功の一面でしかない。テクノルがニッチ市場において最終的に成功したのは、慎重な戦い(ジョンソン・エンド・ジョンソンや3Mにとって、外科手術用マスクは取るに足らないビジネスである)、製品の開発および製造を社内で行うことによるコストの引き下げ、年に10余りの新製品を出すことによる絶えざる革新、小さなライバル企業の買収による製品ラインの拡張、といった能力に起因するといえる。

> ドイツは、2000年のワールド・フェアに備えて、高速鉄道や新しい地下鉄など、いくつかの新輸送方式を作る。

ニッチを対象とする事業単位や会社を設立する動きが高まっている。大企業さえ例外ではない。ニッチ戦略を実行し利益をあげている大企業の例をいくつか紹介する。

ビール業界

ピラミッド・エールやピーツ・ウィキッド・エールなど、小規模ビール・メーカーの特製ビールは、1990年代末において成長の可能性が認められている唯一のビール市場である。4大ビール・メーカーのアンハイザー・ブッシュ、ミラー、アドルフ・クアーズ、ストロー・ブルワリーはここに目をつけ、自社の特製ビールを売り出した。アンハイザーはエルク・マウンテン・エール、ミラーはレッドドッグ・ビールとアイスハウス・ビール、クアーズはジョージ・キリアンをそれぞれ販売している。しかし、消費者は大手企業から特製ビールを買いたがらないので、ラベルに企業名を載せない会社もある。ミラーは、レッドドッグとアイスハウスを、プランクロード・ブルワリーによる製品として広告している[49]。

イリノイ・ツールズ・ワークス(ITW)

ITWは、釘、木ネジ、プラスチック製のソーダ缶6パックホルダー、自転車用ヘルメット、バックパック、ペットの首輪用バックル、食品の密封容器など、多数の製品を製造している。ITWには高い自立性を持つ365の部門がある。ある部門が新製品を商品化すると、その製品と要員を分離して新しく独立した部門にしているのだ。

このように、全体市場でのシェアが低い企業は、賢いニッチ戦略で高い収益をあげることができる。クリフォードとキャバナーは、非常に成功している中規模企業20数社を見つけ、その成功要因を研究した[50]。彼らの報告によると、それらの20数社は実質的にすべてニッチ企業であった。A.T.クロスは、有名な金張りの筆記用具で、高価格筆記用具市場というニッチ市場に特化している。このような企業には、高い価値の提供、高い価格設定、製造コストの削減達成、強力な企業文化とビジョンの形成という傾向が見られる。

アルバート・カルバー

アルバート・カルバーは、マーケット・ニッチャー戦略を使った中規模企業の典型的な例であり、1997年における売上は17億7000万ドル、収益は36％増の8540万ドルである。CEOのハワード・バーニックは、アルバート・カルバーの理念を次のように説明している。「我々は自分が何者であるかを知っているし、恐らくより重要なことだが、自分が何者でないかを知っている。もしP&Gを負かして第2のP&Gになろうとしたら、大失敗するとわかっている」。主にアルバートVO5ヘアケア製品で知られているこの会社は、調味料のモリー・マクバターやミセス・ダッシュ、静電気帯電防止剤のスタティックガードのような美容用品以外の製品も含め、小さなニッチ・ブランドの安定にマーケティング力を集中している[51]。

150以上の国が、ドイツで行われる2000年ワールド・フェアへの参加を予定している。

戦略計画研究所が行った数百の事業単位に関する研究によると、投資収益率は、比較的小さな市場では平均27%であるが、比較的大きな市場では11%にすぎなかった[52]。なぜニッチ市場はこれほど収益性が高いのだろうか。主な理由として、マーケット・ニッチャーは標的顧客をよく知るようになるので、当該ニッチにさしたる戦略もなく売っている他の企業よりも、ニーズにうまく応えられる点がある。結果として、ニッチャーはコストをはるかに上回る価格を設定することができる。マス・マーケターが**高い売上高**を達成するのに対し、ニッチャーは**高いマージン**を達成する。

　ニッチャーは、次の3つの課題をこなさなければならない。ニッチの創出、ニッチの拡大、ニッチの防御である。ナイキについて考えてみよう。

ナイキ

　スポーツシューズ会社のナイキは、ハイキング、ウォーキング、サイクリング、チアリーディング、ウインドサーフィンなど、多様なスポーツやエクササイズのための専用シューズをデザインすることによって、常に新しいニッチを創り出している。特定の用途向けシューズの市場を創出した後、ナイキは、ナイキ・エア・ジョーダンやナイキ・エアウォーカーのように、当該シューズのカテゴリー内で多様なバージョンやブランドをデザインして、ニッチを拡大する。最後に、そのニッチに新しい競合他社が参入してきたら、ナイキはリーダーの地位を守るために戦う。

　ニッチ戦略は、ニッチ市場が枯渇したり攻撃されるという大きなリスクをはらんでいる。企業はそのとき、ほかでの利用価値が低い高度に専門化した資源しか有しておらず、行き詰まってしまう。ミネトンカの例を考えてみよう。

ミネトンカ

　ミネトンカはミネソタ州の小さな会社で、美しく便利なディスペンサーに入ったバスルーム用の液体ソープを開発した。このソープは、一部の家庭が特別なアイテムとして買っていた。しかし、より大きな企業がこのニッチに気づいて市場に侵入し、ニッチから大きなセグメントに変えてしまった。1987年、コルゲート・パルモリブによってミネトンカは買収された。

　ニッチ市場の利用において鍵となる考え方に専門化がある。次に挙げる専門化企業の行動がニッチャーに適用できる。

- **エンドユーザー専門化企業**　1種類の末端使用者に対応するよう専門化した企業。例えば**付加価値再販売業者(VAR)**は、コンピュータのハードウェアやソフトウェアを特定の顧客セグメント向けにカスタマイズして、その過程で価格プレミアムを得ている[53]。
- **垂直レベル専門化企業**　生産・流通の価値連鎖における特定の垂直レベルに専門化した企業。例えば銅を扱う企業は、原料、部品、完成品のいずれかの製造を集中的に行っている。
- **顧客サイズ専門化企業**　小規模、中規模、大規模のいずれかの顧客

サイズに集中して販売する企業。多くのニッチャーは、大手企業が無視する小規模な顧客に専門化している。
- **特定顧客専門化企業** 販売をごく少数の顧客に限定する企業。多くの企業が、自社の生産物のすべてを、シアーズやGMのような単一の会社に販売している。
- **地理的専門化企業** 特定の地域や地方、あるいは世界の特定地域でのみ販売する企業。
- **製品専門化または製品ライン専門化企業** 単一の製品ラインあるいは製品を取り扱ったり製造している企業。顕微鏡のレンズだけを製造している会社、ネクタイだけを扱っている小売業者がこれにあたる。
- **製品特徴専門化企業** 特定の製品あるいは製品特徴を生み出すことに専門化している企業。例えば、カリフォルニアのレンタカー会社であるレンタレックスは、老朽車のみを貸し出している。
- **注文製作専門化企業** 製品を個々の顧客用にカスタマイズする企業。
- **品質・価格専門化企業** その市場で最低品質あるいは最高品質のものを生産する企業。ヒューレット・パッカードは、電卓市場のうち高品質・高価格の部分に専門化している。
- **サービス専門化企業** 他の企業が提供できないサービスを提供する企業。電話で融資の申し込みを受け、顧客のところへ金を持っていく銀行がこの例であろう。
- **チャネル専門化企業** 1つの流通チャネルのみに専門化した企業。例えば清涼飲料会社が、ガソリンスタンドだけで売る特大サイズの清涼飲料を生産する場合がこれにあたる。

ニッチが弱くなることもあるので、企業は継続的に新しいニッチを創出しなければならない。企業はニッチ戦略を貫くべきであるが、必ずしも特定のニッチに執着すべきではない。したがって、**単一ニッチ戦略より複数ニッチ戦略**の方が望ましい。2つ以上のニッチで力をつけることで、企業が生き残る可能性は増大する。

市場に参入する企業は当初、全体市場よりニッチをねらうべきである。■マーケティング・インサイト「在来企業によって押さえられている市場への参入戦略」を参照されたい。

顧客志向と競合他社志向のバランスをとる

これまで、企業が自らをリーダー、チャレンジャー、フォロワー、ニッチャーとして市場競争上のポジショニングをすることの重要性を強調してきた。しかし、企業はすべての時間を競合他社に向けていてはならない。企業は、競合他社志向と顧客志向の2つのタイプに分けることができる。**競合他社志向**の企

ローマ教皇ヨハネ・パウロ2世は、ニュー・ミレニアムにサンピエトロ大聖堂の神聖門を特別な鎚で3度打ち鳴らす。

ローマでのミレニアムの祝賀は、2000年1月6日に神聖門が閉じられて、正式に終わる。

MARKETING INSIGHT　マーケティング・インサイト

在来企業によって押さえられている市場への参入戦略

在来企業が押さえている市場に参入するためには、どのようなマーケティング戦略が有効か。ビッガダイクは、侵入しようとする企業40社の戦略を調査した。彼によると、在来企業に比べて10社が低価格、9社が同価格、21社は高価格で参入した。このうち28社が在来企業より優れた品質を主張し、5社が同等、7社は品質が劣っていると報告した。ほとんどの参入企業が専門化した製品ラインを提供し、比較的狭い市場セグメントを対象としていた。新しい流通チャネルの開発に成功したのは20％以下だった。参入企業の半分以上が、より高レベルの顧客サービスを提供し、セールス・フォース、広告、プロモーションに使った費用は、在来企業よりも少なかった。成功するマーケティング・ミックスは、（1）高価格と高品質、（2）狭い製品ライン、（3）狭い市場セグメント、（4）よく似た流通チャネル、（5）優れたサービス、（6）セールス・フォース、広告、プロモーションへの少ない支出、であった。

カーペンターとナカモトは、ジェローやフェデラル・エクスプレスのような1つのブランドが支配している市場に、新製品を売り込むための戦略について調査した（このようなブランドには市場パイオニアが多く、多くは他の製品を判断するための標準となっているため、攻撃が大変難しい）。2人は、このような状況で利益をあげる可能性のある戦略を4つに分類した。

1. **差別化**　支配的ブランドから離れたポジショニングで、同等あるいは高い価格を設定し、多額の広告費を使って、新ブランドが信頼できる代替品であると認めさせる。例：ハーレー・ダビッドソンに挑戦するホンダのオートバイ。
2. **チャレンジャー**　支配的ブランドに近いポジショニングで、多額の広告費をかけ、同等あるいは高い価格を設定し、当該カテゴリーの標準である支配的ブランドに挑戦する。例：コークと競争するペプシ。
3. **ニッチ**　支配的ブランドから離れたポジショニングで、高い価格と少ない広告費により、収益率の高いニッチで利益をあげる。例：クレストと競争するトムズ・オブ・メインのオール・ナチュラル歯磨き粉。
4. **高級**　支配的ブランドに近いポジショニングで、広告費は少ないが、価格は高く、支配的ブランドに比べて高級な市場を対象とする。例：標準的なブランドと競争するゴディバのチョコレートやハーゲンダッツのアイスクリーム。

シュナースは、占有されている市場に参入し、最後にはリーダーになった侵入成功企業の戦略を調査した。彼は、イミテーターがイノベーターに取って代わった30以上の事例について、詳しく述べている。次にその一部を示す。

イミテーターは、低価格、改良製品の販売、優れた販売力や資源によって市場を獲得した。

製品	イノベーター	イミテーター
ワープロ・ソフトウェア	ワードスター	ワードパーフェクト
スプレッドシート・ソフトウェア	ユニカルク	後のワード
クレジットカード	ダイナースクラブ	VISAとマスターカード
ボールペン	レイノルズ	パーカー
CATスキャナー	EMI	GE
電卓	ボウマー	テキサス・インスツルメンツ
フード・プロセッサー	クィジナート	ブラック・アンド・デッカー

出典：以下の文献を参照されたい。Ralph Biggadike, *Entering New Markets: Strategies and Performance* (Cambridge, MA: Marketing Science Institute, 1977), pp. 12–20; Gregory S. Carpenter and Kent Nakamoto, "Competitive Strategies for Late Entry into a Market with a Dominant Brand," *Management Science*, October 1990, pp. 1268–78; Gregory S. Carpenter and Kent Nakamoto, "Competitive Late Mover Strategies," working paper, Northwestern University, 1993; Steven P. Schnaars, *Managing Imitation Strategies: How later Entrants Seize Markets from Pioneers* (New York: Free Press, 1994). 邦訳：『創造的模倣戦略：先発ブランドを超えた後発者たち』（S.P.シュナース著、恩蔵直人ほか訳、有斐閣、1996年）

業は、次のようにして方針を決める。

[状況]
- 競合他社Wはマイアミで自社の打倒に全力を尽くしている。
- 競合他社Xはヒューストンで販売エリアを広げており、自社の売上に悪影響を与えている。
- 競合他社Yはデンバーで値下げをして、自社はシェアを3ポイント失った。
- 競合他社Zはニューオリンズで新しいサービス特徴を導入し、自社の売上が落ちている。

[対応]
- マイアミからは撤退する。なぜなら、そこで戦うだけの余裕がないからだ。
- ヒューストンで広告費を増やす。
- デンバーで競合他社Yの値下げに対抗する。
- ニューオリンズで販促費を増やす。

　この種の計画には、ある程度のプラス面とマイナス面がある。プラス面は、この企業が戦いの姿勢を築くという点である。マーケターにとっては絶え間ない警戒体制にあって、競合他社の弱みを見つけたり自社のポジションを観察する訓練になる。マイナス面は、企業が受け身になりすぎるという点である。首尾一貫した顧客志向の戦略を立てて実行するのではなく、競合他社の動きをもとに自社の動きを決定してしまう。それは本来の目標へ向かう動きではない。競合他社が何をするかに依存しすぎているため、どこに向かっているのかわからないのである。

　顧客志向の企業は、戦略を立てるにあたって、顧客の動きに注目する比重が大きい。そのような企業は、次の点に注意を払う。

[状況]
- 全体市場は年間4％の率で成長している。
- 品質に敏感なセグメントは、年間8％の率で成長している。
- 値引きに敏感な顧客セグメントも急速に成長しているが、そのような顧客はあまり長く同じ供給業者のもとにとどまらない。
- 24時間ホットラインへの興味を示す顧客の数が増えているが、この業界でそれを提供している企業はない。

[対応]
- 市場のうち品質に敏感なセグメントに対応して満足させることに、より力を注ぐ。より良い部品を購入し、品質管理を改善し、広告テーマを品質に変更する。
- 値下げをすることは避ける。このようなやり方で買う顧客は望ましくないからである。
- 24時間ホットラインが有望であれば設置する。

　明らかに、顧客志向の企業の方が新たな機会を発見し、長期にわたって利益

ニュー・ミレニアムに向けて、世界的組織マインズ・トゥ・バインズは、ボスニアの地雷原をブドウ園に復活させることに力を注いでいる。

をもたらす可能性のある戦略を定めることができる。顧客ニーズを観察することにより、自社の資源と目的に応じて、どの顧客グループや新興ニーズに対応するのが最も重要かを決めることができる。

　実際、企業は顧客と競合他社の両方を注意深く観察しなければならない。

参考文献

1. Michael E. Porter, *Competitive Strategy* (New York: Free Press, 1980), pp. 22-23. 邦訳：『競争の戦略』（マイケル・E・ポーター著、土岐坤ほか訳、ダイヤモンド社、1982年）
2. 以下の文献を参照されたい。Al Ries and Jack Trout, *Marketing Warfare* (New York: McGraw-Hill, 1986).
3. 以下の文献を参照されたい。Leonard M. Fuld, *The New Competitor Intelligence: The Complete Resource for Finding, Analyzing, and Using Information About Your Competitors* (New York: John Wiley, 1995); John A. Czepiel, *Competitive Marketing Strategy* (Upper Saddle River, NJ: Prentice Hall, 1992).
4. 以下の文献を参照されたい。Hans Katayama, "Fated to Feud: Sony versus Matsushita," *Business Tokyo*, November 1991, pp. 28-32.
5. Michael Krantz, "Click Till You Drop," *Time*, July 20, 1998, pp. 34-39; Michael Krauss, "The Web Is Taking Your Customers for Itself," *Marketing News*, June 8, 1998, p. 8.
6. 以下の文献を参照されたい。Kathryn Rudie Harrigan, "The Effect of Exit Barriers upon Strategic Flexibility," *Strategic Management Journal* 1 (1980): 165-76.
7. 以下の文献を参照されたい。Michael E. Porter, *Competitive Advantage* (New York: Free Press, 1985), pp. 225, 485. 邦訳：『競争優位の戦略』（マイケル・E・ポーター著、土岐坤ほか訳、1985年）
8. Porter, *Competitive Strategy*, ch. 13. 邦訳：『競争の戦略』（マイケル・E・ポーター著、土岐坤ほか訳、ダイヤモンド社、1982年）第13章
9. 同上、ch. 7.
10. "The Hardest Sell," *Newsweek*, March 30, 1992, p. 41.
11. William E. Rothschild, *How to Gain (and Maintain) the Competitive Advantage* (New York: McGraw-Hill, 1989), ch. 5. 邦訳：『競争戦略開発法：市場優位の作り方・守り方』（W・E・ロスチャイルド著、小野寺武夫訳、ダイヤモンド社、1984年）第5章
12. 以下の文献を参照されたい。Robert V. L. Wright, *A System for Managing Diversity* (Cambridge, MA: Arthur D. Little, December 1974).
13. 以下はブルース・ヘンダーソンの著作から引用したもの。"The Unanswered Questions, The Unsolved Problems" (paper delivered in a speech at Northwestern University in 1986); *Henderson on Corporate Strategy* (New York: Mentor, 1982) 邦訳：『経営戦略の核心』（B.D.ヘンダーソン著、土岐坤訳、ダイヤモンド社、1981年）; "Understanding the Forces of Strategic and Natural Competition," *Journal of Business Strategy*, Winter 1981, pp. 11-15.
14. 詳しくは以下の文献を参照されたい。Leonard M. Fuld, *Monitoring the Competition* (New York: John Wiley, 1988).
15. "Spy/Counterspy," *Context*, Summer 1998, pp. 20-21.
16. Steven Flax, "How to Snoop on Your Competitors," *Fortune*, May 14, 1984, pp. 29-33.
17. Porter, *Competitive Advantage*, pp. 226-27. 邦訳：『競争優位の戦略』（マイケル・E・ポーター著、土岐坤ほか訳、ダイヤモンド社、1985年）
18. 同上、ch. 6.
19. Paul Lukas, "First: Read Column, Rinse, Repeat," *Fortune*, August 3, 1998, p. 50.
20. 以下の文献を参照されたい。Carla Rapoport, "You Can Make Money in Japan," *Fortune*, February 12, 1990, pp. 85-92; Keith H. Hammonds, "A Moment Kodak Wants to Capture," *Business Week*, August 27, 1990, pp. 52-53; Alison Fahey, "Polaroid, Kodak, Fuji Get Clicking," *Advertising Age*, May 20, 1991, p. 18; Peter Nulty, "The New Look of Photography," *Fortune*, July 1, 1991, pp. 36-41.
21. Erika Rasmusson, "The Jackpot," *Sales & Marketing Management*, June 1998, pp. 35-41.
22. Ron Winslow, "Missing a Beat: How a Breakthrough Quickly Broke Down for Johnson & Johnson—Its Stent Device Transformed Cardiac Care, Then Left a Big Opening for Rivals—'Getting Kicked in the Shins,'" *Wall Street Journal*, September 18, 1998, p. A1.
23. 近年、世界中で競争が激化しつつあり、経営者の間で軍事モデルへの関心が高まった。以下の文献を参照されたい。Sun Tsu, *The Art of War* (London: Oxford University Press, 1963); Miyamoto Mushashi, *A Book of Five Rings* (Woodstock, NY: Overlook Press, 1974); Carl von Clausewitz, *On War* (London: Routledge & Kegan Paul, 1908) 邦訳：『戦争論』（クラウゼヴィッツ著、岩波書店、1968年）; B. H. Liddell-Hart, *Strategy* (New York: Praeger, 1967).
24. 6つの防御戦略、5つの攻撃戦略については次の著作より。Philip Kotler and Ravi Singh, "Marketing Warfare in the 1980s," *Journal of Business Strategy*, Winter 1981, pp. 30-41. For additional reading, 以下の文献を参照されたい。Gerald A. Michaelson, *Winning the Marketing War: A Field Manual for Business Leaders* (Lanham, MD: Abt Books, 1987); Ries and Trout, *Marketing Warfare*. 邦訳：『マーケティング戦争：クラウゼヴィッツ流必勝戦略』（A・リース、J・トラウト著、小林薫訳、プレジデント社、1987

年); Jay Conrad Levinson, *Guerrilla Marketing* (Boston, MA: Houghton-Mifflin Co., 1984) 邦訳『ゲリラ・マーケティング』(J・C・レビンソン著、ビジネス社 1986年); Barrie G. James, *Business Wargames* (Harmondsworth, England: Penguin Books, 1984) 邦訳：『ビジネス・ウォーゲーム：企業行動の戦闘性』(バリー・G・ジェームズ著、榊原清則訳、東京書籍、1986年)

25. Seanna Broder, "Reheating Starbucks," *Business Week*, September 28, 1998, p. A1.
26. 以下の文献を参照されたい。Porter, *Competitive Strategy*, ch. 4. 邦訳：『競争の戦略』(マイケル・E・ポーター著、土岐坤ほか訳、ダイヤモンド社、1982年)第4章
27. Richard Thomkins, "Wal-Mart Invades Food Chain Turf," *St. Louis Post-Dispatch*, October 7, 1998, p. C1.
28. 相対的市場シェアとは、対象市場における自社の市場シェアを、競合他社トップ3社の市場シェアの合計で割り、パーセンテージで表したものである。例えば、この事業者が市場の30％を占有していて、他の大手3社が20％、10％、10％を占有している場合、相対的市場シェアは30/(20＋10＋10)＝75％になる。
29. Sidney Schoeffler, Robert D. Buzzell, and Donald F. Heany, "Impact of Strategic Planning on Profit Performance," *Harvard Business Review*, March-April 1974, pp. 137-45; Robert D. Buzzell, Bradley T. Gale, and Ralph G. M. Sultan, "Market Share—A Key to Profitability," *Harvard Business Review*, January-February 1975, pp. 97-106.
30. 以下の文献を参照されたい。Buzzell et al., "Market Share," pp. 97, 100. 最近のPIMS研究の結果によると、幅広い業種から2600の事業単位がデータベースに入っているという。以下の文献を参照されたい。Robert D. Buzzell and Bradley T. Gale, *The PIMS Principles: Linking Strategy to Performance* (New York: Free Press, 1987). 邦訳：『新PIMSの戦略原則：業績に結びつく戦略要素の解明』(ロバート・D・バゼル、ブラドレイ・T・ゲイル著、和田充夫、八七戦略研究会訳、ダイヤモンド社、1988年)
31. Richard G. Hamermesh, M. J. Anderson Jr., and J. E. Harris, "Strategies for Low Market Share Businesses," *Harvard Business Review*, May-June 1978, pp. 95-102.
32. Carolyn Y. Woo and Arnold C. Cooper, "The Surprising Case for Low Market Share," *Harvard Business Review*, November-December 1982, pp. 106-13; 以下の文献も参照されたい。"Market-Share Leadership—Not Always So Good," *Harvard Business Review*, January-February 1984, pp. 2-4.
33. この曲線は、税引き前の営業利益率が収益性と強く結びついており、市場シェアが企業利益の代理変数となっていることを示している。マイケル・ポーターは、彼の著書『競争の戦略』(マイケル・E・ポーター著、土岐坤ほか訳、ダイヤモンド社、1982年)の43ページで、同じようなV型の曲線を示している。
34. Patricia Sellers, "McDonald's Starts Over," *Fortune*, June 22, 1998, pp. 34-35; David Leonhardt, "McDonald's Can It Regain Its Golden Touch?" *Business Week*, March 9, 1998, pp. 70-77.
35. Steve Hamm, "Microsoft's Future," *Business Week*, January 19, 1998, pp. 58-68.
36. Philip Kotler and Paul N. Bloom, "Strategies for High Market-Share Companies," *Harvard Business Review*, November-December 1975, pp. 63-72. Also see Porter, *Competitive Advantage*, pp. 221-26. 邦訳：『競争優位の戦略』(マイケル・E・ポーター著、土岐坤ほか訳、ダイヤモンド社、1985年)
37. Robert D. Buzzell and Frederick D. Wiersema, "Successful Share-Building Strategies," *Harvard Business Review*, January-February 1981, pp. 135-44.
38. Ronald Henkoff, "P&G: New & Improved," *Fortune*, October 14, 1996, pp. 151-60.
39. Zachary Schiller, "Ed Artzt's Elbow Grease Has P&G Shining," *Business Week*, October 10, 1994, pp. 84-85.
40. Sarah Lorge, "Top of the Charts: Procter & Gamble," *Sales & Marketing Management*, July 1998, p. 50; Jane Hodges, "P&G Tries to Push Online Advertising," *Fortune*, September 28, 1998, p. 280.
41. 以下の文献を参照されたい。Robert J. Dolan, "Models of Competition: A Review of Theory and Empirical Evidence," in *Review of Marketing*, ed. Ben M. Enis and Kenneth J. Roering (Chicago: American Marketing Association, 1981), pp. 224-34.
42. Kevin Maney, "Sun Rises on Java's Promise: CEO McNealy Sets Sights on Microsoft," *USA Today*, July 14, 1997, p. B1; Robert D. Hof, "A Java in Every Pot? Sun Aims to Make It the Language of All Smart Appliances," *Business Week*, July 27, 1998, p. 71.
43. Holman W. Jenkins Jr., "Business World: On a Happier Note, Orange Juice," *Wall Street Journal*, September 23, 1998, p. A23.
44. Theodore Levitt, "Innovative Imitation," *Harvard Business Review*, September-October 1966, pp. 63 ff. 以下の文献も参照されたい。P. Schnaars, *Managing Imitation Strategies: How Later Entrants Seize Markets from Pioneers* (New York: Free Press, 1994). 邦訳：『創造的模倣戦略：先発ブランドを超えた後発者たち』(S・P・シュナース著、恩蔵直人ほか訳、有斐閣、1996年)
45. Greg Burns, "A Fruit Look by Any Other Name," *Business Week*, June 26, 1995, pp. 72, 76.
46. Stuart F. Brown, "The Company that Out-Harleys Harley," *Fortune*, September 28, 1998, pp. 56-57.
47. Allen J. McGrath, "Growth Strategies with a '90s Twist," *Across the Board*, March 1995, pp. 43-46.
48. Stephanie Anderson, "Who's Afraid of J&J and 3M?" *Business Week*, December 5, 1994, pp. 66-68.
49. Richard A. Melcher, "From the Microbrewers Who Brought You Bud, Coors . . . ," *Business Week*, April 24, 1995, pp. 66-70.
50. Donald K. Clifford and Richard E. Cavanaugh, *The Winning Performance: How America's High- and Midsize Growth Companies Succeed* (New York: Bantam Books, 1985). 邦訳：『ウイニング・パフォーマンス：勝利企業の条件』(D.K.クリフォード、R.E.キャバナー著、大前研一訳、プレジデント社、1986年)
51. Jim Kirk, "Company Finds Itself, Finds Success, Alberto-Culver Adopts Strategy of Knowing Its Strengths and Promoting Small Brands, Rather Than Tackling Giants," *Chicago Tribune*, January 22, 1998, Business Section, p. 1.

52. Reported in E. R. Linneman and L. J. Stanton, *Making Niche Marketing Work* (New York: McGraw-Hill, 1991).
53. 以下の文献を参照されたい。Bro Uttal, "Pitching Computers to Small Businesses," *Fortune*, April 1, 1985, pp. 95–104; 以下の文献も参照されたい。Stuart Gannes, "The Riches in Market Niches," *Fortune*, April 27, 1987, pp. 227–30.

CHAPTER 9

市場セグメントの明確化と標的市場の選択

本章では、次の問題を取り上げる。

- 市場を構成するセグメントをどのように明確化するのか。
- 最も魅力的な標的市場を選択するために用いる基準は何か。

KOTLER ON MARKETHING
コトラー語録

シェアは買うものではない。どうやって勝ち取るかを考えるべきだ。

Don't buy market share. Figure out how to earn it.

企業が、コンピュータ市場や清涼飲料市場といった広範な市場ですべての顧客を満足させることはできない。顧客の数があまりにも多く、購買要件も多様だからである。企業は、自社の力でより効果的に対応できる市場セグメントを明確に見極めなければならない。本章では、細分化のレベル、細分化のパターン、市場細分化の手順、消費者市場とビジネス市場の細分化の基準、効果的な細分化の要件を検討する。

多くの企業が、**ターゲット・マーケティング**という手法をとっている。この場合、売り手は主要な市場セグメントを見分け、そのうち１つまたは複数のセグメントをターゲットにし、それぞれに合った製品とマーケティング・プログラムを開発する。マーケティング努力を分散させる（「ショットガン」アプローチ）のではなく、満足を与えられる可能性が最も高い買い手に焦点を合わせることができる（「ライフル銃」アプローチ）のである。

ターゲット・マーケティングを行うにあたり、マーケターは３つの主要な段階を踏まなければならない。

1. それぞれ異なる製品あるいはマーケティング・ミックスを必要とするような買い手グループを明確にし、おのおののプロフィールを作り上げる（市場細分化）
2. 参入する市場セグメントを選ぶ（標的市場の設定）。
3. 製品の鍵となる明確なベネフィットを市場で確立し、それを伝える（市場ポジショニング）。

本章では最初の２つの問題に焦点を当て、市場ポジショニングについては次章で扱う。

市場細分化のレベルとパターン

まず、市場細分化の多様なレベルとパターンを検討することから始めよう。

市場細分化のレベル

市場細分化とは、企業がマーケティングの精密さを高めようとする努力である。細分化を論じる場合、必ず出発点になるのが**マス・マーケティング**である。マス・マーケティングにおいて、売り手は大量生産、大量流通、大量プロモーションを行い、１つの製品を全買い手に売り込む。このマーケティング戦略を凝縮したのが、「黒である限り、どんな色でも提供しよう」とＴ型フォードを売ったヘンリー・フォードである。コカ・コーラ社も、192 mlの瓶入りコーク１種類のみを販売していた時代には、マス・マーケティングを実践していた。

マス・マーケティングの主張点は、これによって最大の潜在市場が開拓でき、それがコストを最小にし、低価格や高利益につながる、というものである。しかし市場の分裂が進行し、マス・マーケティングはますます難しくなると批判する専門家も多い。レジス・マッケンナは次のように述べている。

巨大ショッピング・モール、専門店、スーパーストア、カタログ通信

ミレニアム・チームとは、オンラインによるネットワーク・マーケティングの専門家が集まった会社である。

販売、テレホン・ホーム・ショッピング、インターネット上の仮想店舗など、消費者の購買方法は増えている。しかも消費者は、テレビやケーブル・テレビ、ラジオ、オンライン・コンピュータ・ネットワーク、インターネット、FAXや電話によるマーケティングといったテレホンサービス、ニッチ雑誌やその他の活字メディアなど、増加する一方のチャネルを通じて広告メッセージ攻勢にさらされている[1]。

広告メディアと流通チャネルの激増で、「1つのサイズで全購買者を満足させる」マーケティングの実践が難しくなってきた。マス・マーケティングは瀕死の状態だと主張する専門家もいる。多くの企業が4つのレベル(セグメント、ニッチ、地域、個)のいずれかでのミクロ・マーケティングに目を向け始めたのも不思議ではない。

■ セグメント・マーケティング

市場セグメントとは、市場の中で同じような欲求、購買力、地理的所在、購買態度、購買習慣を備えていて、区別ができる大きなグループのことをいう。例えば自動車メーカーは、次の4つの大きなセグメントを識別できるだろう。すなわち、基本的輸送能力を最優先する購買者、高性能を最優先する購買者、高級感を最優先する購買者、安全性を最優先する購買者である。

細分化は、マス・マーケティングと個別マーケティングの中間に位置するアプローチである。各セグメントの購買者は欲求とニーズの点でよく似ていると想定されるが、まったく同じではない。アンダーソンとナーラスはマーケターに対し、1つのセグメントの全構成員に標準的な提供物ではなく、**フレキシブルな市場提供物**を提示することを勧めている[2]。フレキシブルな市場提供物は2つの部分に分けられる。セグメントの全構成員が高く評価する製品とサービスからなるネイキッド・ソリューションと、セグメント構成員の一部が高く評価するオプションである。それぞれのオプションには追加料金がかかる。例えばデルタ航空は、エコノミーの乗客全員に座席と機内食とソフトドリンクを提供する。エコノミーの乗客のうち、アルコール飲料とイヤホンを望む客からは、その分の追加料金を取る。シーメンスは金属被覆ボックスを売っていて、その価格には無料配送と保証が含まれるが、追加料金の必要なオプションとして取り付け、テスト、コミュニケーション周辺機器も提供している。

セグメント・マーケティングには、マス・マーケティングに勝るベネフィットがいくつかある。企業は標的セグメント向けにより照準を合わせた製品やサービスを提供し、それに適正な価格をつけることができる。流通チャネルとコミュニケーション・チャネルの選択がはるかに容易になる。また企業が特定セグメント内で直面する競合他社の数は減るかもしれない。

■ ニッチ・マーケティング

ニッチとはさらに狭く定義したグループのことで、ニーズが十分に満たされていない小さな市場をいう場合が多い。マーケターは通常、セグメントをサブ

『ウォール・ストリート・ジャーナル・ミレニアム・レポート』によると、「ニュー・ミレニアムの主要な経済的躍進——そして偉大な技術的業績の大半——は、新たなエネルギー源の開発と絶対的に不可分だ」ということである。

セグメントに分けたり、明確なベネフィット・ミックスを追求するグループを特定することによってニッチを識別する。例えばヘビースモーカーのセグメントには、禁煙しようとしているスモーカーと禁煙する気のないスモーカーがいる。

　セグメントが比較的大きく、いくつかの競合他社を引きつけるのが普通であるのに対して、ニッチは比較的小さく、引きつける競合他社も1社か2社にすぎない。IBMのような大企業も、ニッチ企業に市場を奪われている。ダルジックはこの対決を「ゴリラに立ち向かうゲリラ」と形容した[3]。そのため大企業もニッチ・マーケティングに目を向け始めたが、ニッチ・マーケティングを行うためには分権化し、ビジネスのやり方を一部変更しなければならない。例えばジョンソン・エンド・ジョンソンは170の部門(事業単位)で構成されているが、その多くはニッチ市場を標的としている。

　ニッチ・マーケティングの——時には「マイクロニッチ」マーケティングの——広まりは、メディアの世界に見られる。その証拠が人種や民族、性別、セクシャリティによって分けられ、さらに細分化された特定のニッチを標的とする新刊雑誌の急増である(1998年には1000もの雑誌が創刊された)。例えば『B1G2』(「第1に黒人であること、第2にゲイであること」を意味する)はニューヨークに拠点を置いた、黒人のゲイ男性を対象とするライフスタイル雑誌である。ダイバーやシュノーケリング愛好者を対象とした隔月刊の『アクア』、マイアミに拠点を置く、ヒスパニックの十代の少女のみを対象とした『クィンス』などもある。メディアの視線がますます内向きになる中、メディアに関する消費者雑誌であるスティーブン・ブリルの『コンテント』が登場した[4]。

　ニッチ・マーケターが顧客ニーズをよく理解しているからこそ、顧客は喜んでプレミアム価格を払う。フェラーリが自社の自動車に高い価格を設定しているのは、フェラーリが他の自動車会社には追随できない製品・サービス・メンバーシップという便益の束を提供している、とロイヤルティをもつ購買者が感じているからである。

　魅力的なニッチには、次のような特徴がある。すなわち、当該ニッチの顧客が明確なニーズを持っている。顧客が自分たちのニーズを最もよく満たしてくれる企業にプレミアム価格を払う。そのニッチが競合他社を引きつける可能性は低そうである。ニッチ企業は専門化によって無駄を省くことができる。魅力的なニッチには規模、利益、成長の潜在性がある。

　中小企業も大企業も、ニッチ・マーケティングを実践することができる。ニッチ・マーケティングに移行した大企業の例をいくつか挙げてみよう。

ラマダ

　ラマダ・フランチャイズ・エンタープライズは、多様なニッチに向けてそれぞれ別の宿泊施設を提供している。低予算の旅行者向けのラマダ・リミテッド、中程度の価格で一通りそろったサービスを希望する人向けのラマダ・イン、中の上程度の価格帯というニッチ向けのラマダ・プラザ、三つ星クラスのサービスを提供するラマダ・ホテル、四

衛星「ディープ・スペース・ワン」が現在、新エネルギー技術の実験を行っている。その技術とは、ニュー・ミレニアムの宇宙船の動力源になるかもしれないイオン推進システムである。

つ星クラスのサービスを提供するラマダ・ルネサンス、といった具合である。

エスティ・ローダー

アメリカで最もよく売れている高級香水のうち4品目がエスティ・ローダーの製品である。売れ筋の高級化粧品10品目のうち7つまでがエスティ・ローダーの製品である。最もよく売れている高級スキンケア製品10品目のなかでも、8つまでをエスティ・ローダーの製品が占めている。しかし、購入した化粧品がエスティ・ローダーの製品だと気づいている消費者はほとんどいない。それは同社が、それぞれ嗜好(しこう)の異なる女性（と男性）にアピールするブランドを販売することに長けているからである。年輩の万年女学生タイプ向けには、元祖エスティ・ローダー・ブランドがある。ミニバンを運転し、いつも忙しく走り回っている中年の母親たちには、クリニークがうってつけだ。さらに流行の先端を行くM.A.C.ブランドの製品ラインがあり、このブランドは身長2メートルのドラッグクイーン、ルポールをイメージモデルに使っている。ニュー・エイジ・タイプ向けには高級ブランドのアベダが用意されているが、このブランドにはアロマテラピー製品シリーズと泥を原料としたオリジンズがあり、同社はアベダが10億ドル規模のブランドに成長することを期待している。エスティ・ローダーにはジェイン・バイ・サザビーのような廉価品まであり、これはティーンエイジャーでもウォルマートやライトエイドで買うことができる[5]。

プログレッシブ

クリーブランドの自動車保険会社プログレッシブは、ニッチを埋めることで急成長した。同社は自動車事故歴や飲酒運転歴のある、危険度の高いドライバー向けに「規格外の」自動車保険を販売している。プログレッシブは高い保険料を徴収して大きな利益をあげ、この分野の保険を数年間独占していた。

リンネマンとスタントンはニッチの中に富があると言い、企業はニッチに食い込まない限り片隅に追いやられると考えている[6]。ブラットバーグとデイトンは「今は小さすぎて、製品やサービスを提供しても利益があがらないニッチも、マーケティング効率が改善されるにつれて有力市場になる」と説いている[7]。インターネット上に店舗を設けるコストが低いことは、一見取るに足りないニッチが意外に利益の高い市場となる主要因である。特に小企業が、ワールド・ワイド・ウェブ上で小さなニッチを埋めることによって大きな利益をあげている。従業員10人未満の商業ウェブサイトの15%が10万ドルを超える売上を達成し、売上が100万ドルを超えたサイトも2%ある。インターネットを利用したニッチ・ビジネス成功の秘けつは、顧客が探しにくくて、購買決定に際し見たり触ったりする必要のない製品を選ぶことだ。以下の「ウェブ企業」2社は、この秘けつを実践して驚くほどの成功を収めた[8]。

前ミレニアムを通じて、人類は水力からイオンパワーへと進歩させてきた。

オストリッチズオンライン・ドットコム

音楽CD販売のCDナウや書籍販売のアマゾン・ドットコムといったインターネット小売大手がいまだに利益をあげられずにいるのを尻目に、スティーブ・ウォリントンは、ダチョウとダチョウから作った製品をオンライン（www.ostrichesonline.com）で売って6桁の収益をあげている。徒手空拳でウェブ店舗を立ち上げたウォリントンのビジネスは、1998年に400万ドルの売上を達成した。このサイトにアクセスすれば、ダチョウの肉、羽毛、革ジャケット、ビデオ、卵殻、ダチョウの油から作ったスキンケア製品を買うことができる。

メゾモルフォシス・ドットコム

南フロリダ大学の大学院で臨床心理学を勉強していたミラード・ベイカーは26歳のとき、ウェブサイト上でボディビルダー向けのサプリメントとオイルを売るビジネス（www.mesomorphosis.com）を立ち上げた。同種の製品を売るウェブサイトはほかにもいくつかあったが、成分表示や解説まで載せているところはほとんどなかったので、ミラード・ベイカーは自分のサイトにこうした要素を盛り込み、今では月に2万5000ドルの売上をあげている。

現在、多くの市場でニッチが当然になっている。■マーケティング・インサイト「隠れたチャンピオン：ドイツの中企業、ニッチ・ビジネスで大儲け」を参照されたい。

> 歴史メモ：西暦1000年ごろ、機械力に人力の代わりをさせるための体系的な努力が始まった。

■ 地域マーケティング

ターゲット・マーケティングを追求すると、地域の顧客グループ（取引地域、地元エリア、場合によっては個別商店）のニーズと欲求に合わせたマーケティング・プログラムになる。シティバンクは各支店で、地区のデモグラフィックスに応じた異なる銀行業務のサービス・ミックスを提供している。クラフトはスーパーマーケット・チェーンに対して、店舗の収益（低、中、高）に応じて、また地区の人種・民族構成に応じてチーズの売上高を最大にするような品揃えや陳列方法を助言している。

マーケティングにおける**地域化**に賛成する人たちは、全国的な広告を地域のニーズに訴えることができないから無駄だと考えている。地域マーケティングの反対派は、この方法では規模の経済性が減少するので、製造コストとマーケティング・コストが膨らむと主張する。企業が地域ごとに異なる要求に応じようとすると、ロジスティクスの問題が大きくなる。製品とメッセージが地域によって変われば、ブランドの全体的なイメージも希薄になりかねない。

■ 個別マーケティング

細分化が究極まで進むと「セグメント・ワン」「カスタマイズド・マーケティング」「ワン・トゥ・ワン・マーケティング」となる[9]。何世紀もの間、消費者へのサービスは個人単位で行われてきた。洋服屋も靴屋も、個人のためにスー

MARKETING INSIGHT　マーケティング・インサイト

隠れたチャンピオン：ドイツの中企業、ニッチ・ビジネスで大儲け

ドイツ経済は30万社を超える中小企業（「ミッテルシュタント」と呼ばれる）を擁している。これら中小企業全体でドイツの国民総生産の3分の2を生み出し、労働者の5人に4人を雇用しているのである。中小企業の従業員は500人に満たないが、その多くは、明確に定義されたグローバル・ニッチで50％以上の市場シェアを占めている。ハーマン・サイモンはこのようなグローバル・ニッチ・リーダーを「隠れたチャンピオン」と名づけ、「世界市場で1位か2位またはヨーロッパ市場で1位を占め、年間売上高が10億ドル以下で、知名度が一般に低い企業」と定義した。以下にいくつか例を挙げよう。

- テトラ・フードは、熱帯魚用餌の80％を供給している。
- ホフナーは、世界のハーモニカ市場の85％を占有している。
- ベッヒャーは、世界の大判傘市場の50％を占有している。
- シュタイナー・オプティカルは、世界の軍用双眼鏡市場の80％を占有している。

こうした隠れたチャンピオンは安定市場に見られることが多い。大半は家族経営または創業者一族が経営に密接にかかわっており、長い伝統を有している。これらの成功は、以下の点によって説明できる。

1. 顧客に対して非常に献身的で、顧客との親密さは言うに及ばず、（低価格よりむしろ）優れた性能、顧客の求めに即応するサービス、時間に正確な配達を提供する。
2. 経営陣のトップが、上得意客と直接かつ定期的に接触している。
3. 顧客ベネフィットをもたらすような継続的な技術革新に力を入れている。

隠れたチャンピオンは、ドイツ以外にも多くの国で見られる。このような企業すべてに共通する特性は、製品の焦点を高度に絞り込んでいて地理的に広く提供していること、標的としたニッチで最高の評判を獲得していることである。

出典：Hermann Simon, *Hidden Champions* (Boston: Harvard Business School Press, 1996).

ツや靴を作ってきたのである。今日のB-to-Bマーケティングの多くがカスタマイズされていて、製造業者は主要な各顧客に対して製品やサービス、ロジスティクス、コミュニケーション、支払条件をカスタマイズしている。新しい技術——コンピュータ、データベース、ロボットによる生産、電子メール、FAX——によって、企業はカスタマイズド・マーケティングあるいは「マス・カスタマイゼーション」に立ち戻ることができるようになった[10]。**マス・カスタマイゼーション**とは、個々の顧客の要求に応えるべく個別に設計した製品やコミュニケーションをマス・ベースで提供することである。

アンダーセン・ウィンドウズ

ミネソタ州ベイポートのアンダーセン・ウィンドウズは、住宅建設業者向けに窓を作っている年商10億ドルのメーカーだが、製品ラインに次々と新製品を加えていった。その結果、厚くて扱いにくいカタログができてしまい、施主や建設業者が選択に困るようになったことからマス・カスタマイゼーションに転じた。6年間で製品数が3倍に増えていたのである。この混乱に秩序をもたらし、カスタマイズされた注文

> 国際貿易の総額は、今や5兆ドルを超えている。この額は、アメリカを除く世界のすべての国の総生産よりも多い。

を創り出すため、アンダーセンは流通業者と小売業者向けに、工場と直結した双方向のコンピュータ版カタログを開発した。今や650のショールームに設置されているこのシステムと販売員の支援により、顧客は自宅の窓を好みの設計にし、選んだデザインの構造的安全性を確認し、価格を見積もることができる。アンダーセンはそこからさらに一歩進んで、すべてを注文製造する「バッチ・オブ・ワン」製造プロセスを開発し、完成部品の在庫(同社にとって最大のコストだった)を減らすことに成功した[11]。

対消費者、対企業のマーケティングにおけるマス・カスタマイゼーションの活用法、マス・カスタマイゼーションの将来については■ミレニアム・マーケティング「セグメント・ワン：成熟期に入ったマス・カスタマイゼーション」を参照されたい。

マツダのチーフデザイナーであるアーノルド・オスルによると、「顧客は自分が買う製品で個性を表現したがる」という[12]。最新技術が提供してくれる機会をつかめば、マーケティングは「一方向から双方向に」、つまり製品やオファーの設計に顧客が積極的に参加する手段へ変わることができる。

今日、顧客は何をどう買うかという決定に、ますます個人として主導権を発揮するようになった。インターネットにアクセスし、製品やサービスについての情報や評価を検索し、供給業者やユーザーや製品の評論家と意見を交わした上で、どのオファーが最善かについて決断を下す。

マーケターは依然としてこのプロセスに影響を与えることができるが、従来の手法ではいけない。フリーダイヤルと電子メールアドレスを準備して、購買者からの質問、提案、苦情を受け付ける体制を整える必要があるだろう。製品の仕様決定プロセスに、顧客をもっとかかわらせるとよい。インターネット上にホームページを開設して自社の製品、保証、所在地について十分な情報を提供することだ。

市場細分化のパターン

市場セグメントの構築には、いくつもの方法がある。その1つが、**選好セグメント**を見極めることである。アイスクリームの購買者に、2つの製品属性である甘さとまろやかさをどの程度重視するかについて尋ねるとしよう。3通りのパターンが現れる可能性がある。

- **均質型選好** ■図9-1(a)は、消費者全員がほぼ同じ選好を持つ市場を示す。この市場にはナチュラル・セグメントがない。既存ブランドはどれも似ていて、甘さ、まろやかさともスケールの中央にかたまることが予測できる。
- **分散型選好** その対極として、消費者の選好が座標面上に分散する場合があり(■図9-1(b))、消費者の選好が人によって大きく異なることを示している。市場に最初に参入するブランドは、最大多数の人々

にアピールするために座標面の中央にポジショニングすることが多い。中央に位置するブランドは消費者の不満の総和を最小限に抑えることができる。2番目に参入する競合他社には、最初のブランドの隣に位置を定めて市場シェアを競う手がある。あるいは隅に位置を定め、中央のブランドに満足していない顧客グループを惹きつけてもよい。複数のブランドが市場に存在している場合、各ブランドは座標面上に散らばり、消費者の選好の違いに合った差異を示すだろう。

- **集落形成型選好**　市場が、**ナチュラル市場セグメント**と呼ばれる明確な選好集落を示すことがある（■図9-1(c)）。この市場に最初に参入する企業には3つの選択肢がある。1つめは中央に位置し、全グループへのアピールをねらうこと。2つめは最大の市場セグメントにポジションを定めること（**集中型マーケティング**）。3つめはいくつかのブランドを開発し、それぞれを別のセグメントにポジショニングすること。最初の参入企業がブランドを1つしか開発しなかった場合、競合他社は後から参入して別のセグメントに向けたブランドを導入するだろう。

図9-1
市場選好の基本パターン

市場細分化の手順

以下に挙げるのは、市場セグメントを明らかにする3段階の手順、すなわちサーベイ、分析、プロファイリングである。

ステップ1：サーベイ段階

リサーチャーは探索的インタビュー、フォーカス・グループ・インタビューを行い、消費者の動機、態度、行動についての洞察を得る。次に質問票を用意し、属性とその評価、ブランド認知とブランド評価、製品の使用パターン、製品カテゴリーに対する態度、回答者のデモグラフィックス・地理的条件・サイコグラフィックス・メディア利用に関するデータを集める。

ステップ2：分析段階

リサーチャーは集めたデータに対して**因子分析**を行い、相関性の高い変数を取り除く。次に**クラスター分析**を行って、違いが最も大きくなるようなセグメントの数を特定する。

ステップ3：プロファイリング段階

それぞれのクラスターについて、目立った態度、行動、デモグラフィックス、サイコグラフィックス、メディア利用の観点からプロファイリングを行う。それぞれのセグメントに、顕著な特性に基づいたネーミングをする。アンドリーセンとベルクは、レジャー市場を研究して6つのセグメントを発見した[13]。消極的なマイホーム主義者、積極的なスポーツ愛好家、内向的な自己充足者、文化の後援者、積極的なマイホーム主義者、積極的な社交家である。2人の研究に

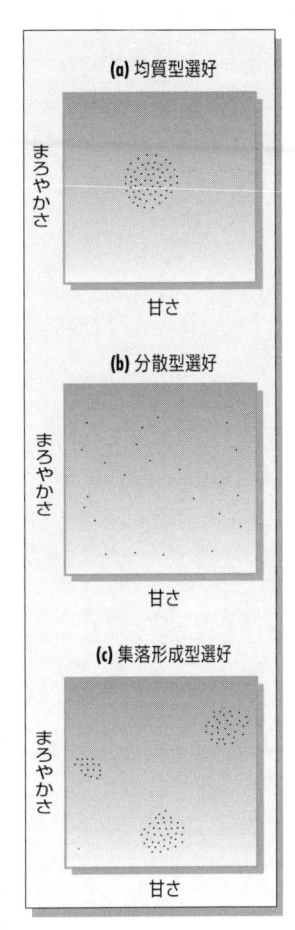

よって、舞台芸術団体が公演チケットを販売するときには、文化の後援者と積極的な社交家タイプをターゲットにするのが最も効果的だとわかった。

市場セグメントは変化するので、定期的に市場細分化をやり直さなければならない。パソコン業界は一時、PC市場を単純にスピードとパワーの観点からセグメント化していたので、2つの大きな区分すなわち高価格帯のユーザーと低価格帯のユーザーにはアピールしたが、金のある中間層を取りこぼしていた。後にPCマーケターは、新興の「SOHO」市場に気づくことになる。高性能でありながら低価格でユーザー・フレンドリーなPCを求めるこの市場に、デルやゲートウェイといった通信販売業者がアピールした。SOHO市場がさらに小さな複数のセグメントで構成されていることにPCメーカーが気づき始めたのは、その直後である。「スモール・オフィスのニーズは、ホーム・オフィスのニーズと大きく異なるかもしれない」とデルの経営幹部の1人が語っている[14]。

新しいセグメントを発見する方法の1つは、消費者がブランドを選ぶにあたってチェックする属性のヒエラルキーを調査することである。このプロセスを、**市場パーティショニング**と呼ぶ。数年前まで、大半の自動車購買者がまずメーカーを決め、次にそのメーカー製品のなかから車のクラスを決めていた(**ブランド支配型ヒエラルキー**)。ある購買者がGMの車がよいと決め、GM車のなかからポンティアックを選ぶといった具合である。今日では多くの購買者が、まずどこの国から車を買いたいかを決める(**生産国支配型ヒエラルキー**)。購買者はまず日本車を買おうと決め、次にトヨタ車に決め、続いてカローラを買うことにするというわけである。企業は消費者の属性ヒエラルキーが今後どうシフトするかを監視し、市場細分化の基準を優先順位の変化に合わせなければならない。

属性ヒエラルキーによって顧客セグメントが明らかになる。価格で決める購買者は価格支配型、車のタイプ(スポーツカー、乗用車、ステーションワゴンなど)で決める購買者はタイプ支配型、車のブランドで決める購買者はブランド支配型である。まずタイプ、次に価格、その次にブランドに支配されるセグメントもあれば、まず品質、次にサービス、その次にタイプに支配されるセグメントもある。それぞれのセグメントに明確なデモグラフィックス、サイコグラフィックス、メディア利用があるだろう[15]。

消費者市場とビジネス市場の細分化

消費者市場の細分化基準

消費者市場の細分化では、2つの大きな変数グループが使われる。リサーチャーによっては、**消費者の特性**すなわち地理的特性、デモグラフィック特性、サイコグラフィック特性を見てセグメントを形成しようとする。次にこれらの顧

MARKETING FOR THE MILLENNIUM　ミレニアム・マーケティング

セグメント・ワン：成熟期に入ったマス・カスタマイゼーション

ブースに入って全身にさまざまなパターンの白い光を浴びると、ほんの数秒で全身の正確なサイズがはじき出される。計測データはデジタル化されてクレジットカードに集積され、カスタムメイドの服を注文するのに使われる。これは宇宙船「エンタープライズ」の乗組員による服の注文ではない。そう遠くない将来、だれにでも可能になる服の買い方なのである。リーバイスをはじめ100社以上のアパレル・メーカーで作られたコンソーシアムが結束してボディスキャン・テクノロジーを開発し、マス・カスタマイゼーションの普及を目指している。

　ボディスキャン・テクノロジーと顧客のサイズを書き込んだスマート・カードはまだ開発段階だが、既存のテクノロジーを使って個々の顧客に合うよう自社製品をカスタマイズしている企業は多い。デルという企業名と、顧客に合わせて設計された同社のコンピュータについてはだれもが知っている。しかしコンピュータ関連以外にも、カスタマイゼーション経済の第一線で活躍している企業は数多い。

マテル
1998年から、少女たちはバービー・ドットコムにログオンし、自分だけの「バービーのお友だち」をデザインできるようになった。人形の肌の色合い、目の色、ヘアスタイル、髪の色、服、アクセサリー、そして名前を選ぶことができる。また、人形の好きなものと嫌いなものを質問票に記入することもできる。「バービーのお友だち」が郵便で届くと、パッケージにはその人形の名前と、コンピュータで作り出した人形の個性を説明する文章が印刷されている。

カスタム・フット
コネチカット州ウェストポートを本拠とし、5店舗を有するカスタム・フットは、女性の足の13か所を計測し、そのデータを電子メールでイタリアへ送る。一人ひとりの足の出っ張りや膨らみを考慮に入れた上で、カスタムメイドの靴がイタリアで作られる。

リーバイス
リーバイスは1994年以来、「パーソナル・ペア」のブランド名で一人ひとりのサイズに合わせた女性用ジーンズを作っている。現在、スタイルの選択肢をさらに増やし、男性用も加えた拡大版ブランド「オリジナル・スピン」を売り出そうとしている。今日、全品番をそろえたリーバイスの店舗には、1つのウェストサイズや股下丈について130種類もの既製ジーンズがある。「パーソナル・ペア」の登場でこの数が430に増えたが、「オリジナル・スピン」が加われば種類はさらに750まで増える。

CDucTive
ニューヨークの中でも流行の最先端を行くトライベッカにあるCDucTiveでは、顧客がオンラインを通じて自分だけのCDを作ることができる。アシッド・ジャズが好きな顧客なら、そのカテゴリーをクリックすればよい。30曲の曲名と、各曲45秒ずつの試聴サービスが用意されている。コンピュータを少し操作するだけで、顧客は自分の好きな曲ばかりを集めたCDを21ドルで注文することができる。

アキュミン
インターネットでビタミン剤を販売するアキュミンは、顧客の指示に従ってビタミン、ハーブ、ミネラルを混合し、最高95種類の成分を3錠～5錠の「カスタムメイド錠剤」に詰め込む。「簡単で魅力的」が同社のモットーである。自分で選んだ60種類のビタミンを含む錠剤を3錠飲めば、60錠ものビタミン剤を飲む必要などない。

　大量生産が20世紀を動かす原理だったように、マス・カスタマイゼーションは21世紀を動かす原理になりつつある。それを実現しようとしている2つのトレンドがある。1つは顧客の優位と真の顧客サービスの重要性である。消費者は高品質の製品だけでなく、個人のニーズを満たしてくれる製品を求めている。マーケティングの専門家レジス・マッケンナが述べるとおり、「アメリカでは、ブランドより選択肢の多さが

第9章　市場セグメントの明確化と標的市場の選択

高い価値を持つようになった」のである。しかし、もう1つのトレンドである新テクノロジーの出現がなかったら、顧客にこれほど多くの選択肢を提供することは、まったく不可能とはいわないまでも非常に高くついたに違いない。コンピュータ制御の生産設備や産業ロボットが登場したおかげで、組立ラインの変更が短時間で行えるようになった。バーコード・スキャナーによって部品や製品の追跡が可能になり、データ・ウェアハウスでは、数兆バイトもの顧客情報が保管できる。なかでも重要なのは、インターネットがそれらすべてをまとめてくれたため、企業が顧客と双方向の意思疎通をして、顧客の選好を知り、彼らに対応しやすくなったことである。『マス・カスタマイゼーション』の著者ジョーゼフ・パインは「デジタル化できるものなら何でもカスタマイズできる」と述べている。

このようなトレンドに乗ったのは、消費財マーケターだけではない。ビジネス・マーケターも、かつて規格品を作るのに要したものと同程度のコストと時間で、顧客にカスタムメイドの製品やサービスを提供できることに気づき始めた。中小企業にとっては特に、マス・カスタマイゼーションが大手の競合他社に立ち向かう手段となる。

▎ケムステーション社

オハイオ州デイトンに位置する年商2500万ドルのケムステーション社は、洗車場からアメリカ空軍まで幅広い企業顧客に、個別に調合した洗剤を提供している。自動車用洗剤によって、航空機や坑道で使う器械がきれいになるとは限らない。営業担当者は顧客の現場を訪問し、顧客の洗浄ニーズに関する情報を集める。ケムステーション社の化学研究所や販売現場から集められた情報はすべて、タンク・マネジメント・システム（TMS）というカスタマイズされた中央データベースに蓄積される。TMSは研究所と全米40か所の工場に直結し、コンピュータ制御された機械によって、顧客ごとに成分の違う洗剤が調合されている。

▎ロス／フレックス

ミシガン州トロイに位置する気送管バルブ・メーカーのロス・コントロールズは、ロス／フレックス・プログラムのもとでカスタマイズされたバルブ・システムを提供することにより、2億5000万ドル相当の取引をしてくれる顧客ダンリー・コ

統計値：世界が人口1000人の村だと仮定すると、1000人のうち584人がアジア人、124人がアフリカ人、95人がヨーロッパ人、84人がラテンアメリカ人、55人が旧ソビエト人、52人が北アメリカ人、6人がオーストラリア人とニュージーランド人である。

客セグメントがそれぞれに異なるニーズや製品への反応を示していないか検証する。例えば自動車のベネフィットとして「安全性」をどう見るかについて、「専門職」や「ブルーカラー」などのグループごとの見方を検討する。

求められているベネフィット、使用機会、ブランドのそれぞれに対する**消費者の反応**を見てセグメントを形成しようとするリサーチャーもいる。セグメントが形成されると、リサーチャーは、消費者の反応に基づいたセグメントにそれぞれ異なる特性がかかわっていないかどうかを調べる。例えば自動車を買うにあたって「品質」を重視するか「低価格」を重視するかは、その人の地理的個性、デモグラフィック上の個性、サイコグラフィック上の個性によって異なると考えられる。

細分化の主要な変数――地理的変数、デモグラフィック変数、サイコグラフィック変数、行動変数――は、■表9-1にまとめられている。

▎地理的細分化

地理的細分化では、市場を国、州、地域、郡、都市、地元エリアといった多

マツを獲得した。CAD-CAM技術を使うことにより、ロスはダンリー・コマツのエンジニアに、わずか2日でプロトタイプを送れるようになった。従来、顧客は規格品のバルブ・システムを自社のプレス機に苦労して取り付けていたが、カスタマイズされたシステムのおかげで、半分の時間で取り付けられるようになった。

消費財マーケターにとってもビジネス・マーケターにとっても、マス・カスタマイゼーション・プログラムの重要な要素はリレーションシップ・マーケティングである。人間どうしのやり取りが不要だった大量生産と違い、マス・カスタマイゼーションは顧客とのリレーションシップをこれまでになく重要なものとした。ロス・コントロールズがカスタマイズしたバルブ・システムを提供する顧客の数を制限しているのは、高度な事前協力が必要だからである。ケムステーション社の顧客の95％は他社に乗り換えない。別の企業に自社の洗浄ニーズを教える手間をかけてまで、乗り換える価値がないからである。消費財マーケターにとって、リレーションシップは通常、販売が成立した後から始まる。リーバイスが既製品のジーンズを売っている限り、顧客は店を出ていったきり二度と来店しないかもしれない。カスタムメイドのジーンズを売れば、リーバイスは顧客データをデジタル化した形で入手できるだけでなく、顧客の「ジーンズ・アドバイザー」になれる。マテルは「バービーのお友だち」を買ったすべての子供たちから得た情報のデータベースを作っているところである。これをもとにそれぞれの子供とワン・トゥ・ワンのリレーションシップを築き、将来の販売の可能性を判断することができる。

出典：Erick Schonfeld, "The Customized, Digitized, Have-It-Your-Way Economy," *Fortune,* September 28, 1998, pp. 115–24; Bruce Fox, "Levi's Personal Pair Prognosis Positive," *Chain Store Age,* March 1996, p. 35; Jim Barlow, "Individualizing Mass Production," *Houston Chronicle,* April 13, 1997, p. E1; Sarah Schafer, "Have It Your Way," *Inc.,* November 18, 1997, pp. 56–64; Marc Ballon, "Sale of Modern Music Keyed to Customization," *Inc.,* May 1998, pp. 23, 25; Anne Eisenberg, "If the Shoe Fits, Click It," *New York Times,* August 13, 1998, p. 1, Regis McKenna, "Real-Time Marketing," *Harvard Business Review,* July–August 1995, p. 87.

様な地理的単位に細分化することが必要になる。企業は1つまたは少数の地理的区域で事業を行ってもよいし、地理的相違に注意を払い全地域で事業展開してもよい。例えばヒルトン・ホテルは、ホテルの所在地に応じて客室やロビーをカスタマイズしている。北東部のホテルは洗練度が高く、コスモポリタン的雰囲気を濃厚にしている。南西部のホテルは素朴な感じになっている。地域別マーケティングの経験を積んだキャンベルスープはどうだろうか。1994年以来、同社は特定地域を対象にペース・ピカンテ・ソースを販売してきた。南西部の人には「ピカンテ」が料理の材料だと説明する必要はないが、北部の人はピカンテをサルサと混同してしまう。北部では、南部に比べてパッケージやコミュニケーションなどのマーケティング努力において、より教育的な側面を重視している。地域別マーケティングが進めば、最後には特定のジップ・コード（郵便番号）区域を対象としたマーケティングに行き着く[16]。

ブロックバスター・エンターテインメント社

ブロックバスターは8500万人の会員のビデオ選好を知るため、多額の投資をして複雑なデータベースを作ると同時に、外部の企業からもデ

表9-1

消費者市場の主要な細分化変数

地理的変数		
	地域	太平洋沿岸、山岳部、北西中部、南西中部、北東中部、南東中部、南部大西洋沿岸、中部大西洋沿岸、ニューイングランド
	都市または都市部	4999以下、5000～1万9999、2万～4万9999、5万～9万9999、10万～24万9999、25万～49万9999、50万～99万9999、100万～399万9999、400万以上
	人口密度	都市圏、郊外、地方
	気候	北部、南部
デモグラフィック変数		
	年齢	6歳未満、6歳～11歳、12歳～19歳、20歳～34歳、35歳～49歳、50歳～64歳、65歳以上
	世帯規模	1人～2人、3人～4人、5人以上
	家族のライフサイクル	若い独身者、若い既婚者で子供なし、若い既婚者で末子が6歳未満、若い既婚者で末子が6歳以上、年輩の既婚者で子供あり、年輩の既婚者で18歳未満の子供なし、年輩の独身者、その他
	性別	男性、女性
	所得	9999ドル以下、1万ドル～1万4999ドル、1万5000ドル～1万9999ドル、2万ドル～2万9999ドル、3万ドル～4万9999ドル、5万ドル～9万9999ドル、10万ドル以上
	職業	専門職および技術者、マネジャー・役員・経営者、事務員および販売員、職人、職工長、熟練工、農場主、退職者、学生、主婦、無職
	教育水準	中卒以下、高校中退、高卒、大学中退、大卒
	宗教	カトリック、プロテスタント、ユダヤ教、イスラム教、ヒンズー教、その他
	人種	白人、黒人、アジア系、ヒスパニック系
	世代	ベビーブーム世代、ジェネレーションX
	国籍	北アメリカ、南アメリカ、イギリス、フランス、ドイツ、イタリア、日本
	社会階層	最下層、下層の上、労働者階層、中流階層、中流の上、上流の下、最上流
サイコグラフィック変数		
	ライフスタイル	保守的な常識家、先端を行く指導者タイプ、芸術家タイプ
	パーソナリティ	衝動的、社交的、権威主義的、野心的
行動上の変数		
	使用機会	日常的機会、特別な機会
	ベネフィット	品質、サービス、経済性、迅速性
	ユーザーの状態	非ユーザー、元ユーザー、潜在的ユーザー、初回ユーザー、レギュラー・ユーザー
	使用割合	ライト・ユーザー、ミドル・ユーザー、ヘビー・ユーザー
	ロイヤルティ	なし、中程度、強い、絶対的
	購買準備段階	認知せず、認知あり、情報あり、関心あり、購入希望あり、購入意図あり
	製品に対する態度	熱狂的、肯定的、無関心、否定的、敵対的

モグラフィック・データを購入している。そのデータを参考にして、各店舗の品揃えを決めている。サンフランシスコの店舗には、この街にゲイが多いことを考慮して、ゲイのカップルを描いたビデオをたくさん置くとよいかもしれない。シカゴの店舗では、家族向け映画やホームドラマが多い。ブロックバスターでは、同じ市内でもダラス東部とダラス南部の違いまで測定することができる。

> 歴史メモ：中世の西暦1000年～1300年は、ヨーロッパの政治的拡張と文化隆盛の時代だった。今日、我々が知っている政治、経済、社会の制度の多くが発達したのも、この時代である。

■ デモグラフィックスによる細分化

デモグラフィックスによる細分化では、年齢、世帯規模、家族のライフサイクル、性別、所得、職業、教育水準、宗教、人種、世代、国籍、社会階層などの変数に基づいて市場をグループ分けする。デモグラフィック変数は、顧客のグループ分けに最もよく使われる基準である。理由の1つは、消費者の欲求、選好、使用の割合がデモグラフィック変数と連動することが多いからだ。もう1つの理由は、デモグラフィック変数が他の変数より測定しやすいからである。標的市場を、デモグラフィックス以外の基準（例えば個人の性格）を使って定義するときも、標的市場の規模を見積もり、そこへ効率的に到達できるメディアを評価するためには、デモグラフィック特性とのつながりに立ち戻らなければならない。

以下に、特定のデモグラフィック変数が市場細分化にどう使われてきたかを示す。

年齢とライフサイクル・ステージ　消費者の欲求と能力は年齢とともに変化する。ガーバーはこのことに気づき、ベビーフードの製品ラインを、従来の枠を越えて拡張した。ガーバーの新しい「グラデュエイツ」ラインは、1歳〜3歳の子供を対象にしている。ガーバーがこの新しいセグメントへの拡張に乗り出した理由の1つは、出生率の低下、赤ん坊の粉ミルク依存期間の長期化、幼児の固形食への移行早期化などの要因により、ベビーフード・カテゴリーの成長が鈍化したことである。ガーバーのベビーフードを買う親なら、赤ん坊の成長につれてガーバーのグラデュエイツ製品ラインを受け入れるようになる、と同社は見込んでいる[17]。コンピュータ・ゲーム大手のセガは、同社の主要市場セグメントのロイヤルティを保持するという目標を掲げ、衣料やスポーツ用品など多様な大人向け関連製品を「セガ・スポーツ」のブランド名で売り出そうとしている。セガの中核市場は10歳〜18歳の年齢層である。セガのライセンス供与担当役員の1人は、次のように述べている。「彼らは自室に座って何時間もゲームに熱中するが、やがて18歳になって女の子に興味を持つようになる……するとコンピュータはしまい込まれるのです」。衣料などの製品は、このブランドを大人向けに脱皮させる1つの手段なのである。セガの腕時計、セガのシューズ、セガ・スポーツというブランドのサッカーボールやバスケットボールもある[18]。

> 歴史メモ：1100年代の初めには早くも、中国では偽造紙幣が問題になっていた。

写真メーカーも、今ではフィルム市場に年齢とライフサイクルによる細分化を適用している。フィルムの売れ行き低下を受けて、写真メーカーは懸命に、有

望なニッチ市場を新規開拓しようとしている。それは母親、子供、高齢者である。

■イーストマン・コダック

コダックは、子供を対象にカメラを販売し始めた。使い捨てカメラのパッケージには封筒が入っていて、この封筒にフィルムを入れてコダックに送り返すと現像してもらえる。子供が親に依存しないですむようにするためである。これまで、子供はフィルムを現像するために、母親にせがんでショッピングモールまで車で連れて行ってもらわなければならなかった。この点が、子供に写真撮影が浸透しなかった要因なのである。子供にとっては、パジャマパーティーにおける深夜の馬鹿騒ぎの写真を母親に見られることもなくなる。子供の自立をさらに促すため、コダックはこのキャンペーンを「ビッグ・ショット(重要人物あるいは大物を意味する「ビッグ・ショット」と写真を意味する「ショット」をかけている)」と呼んでいる。一方、デモグラフィック・スペクトルの反対側にも対応するべく、コダックは自社の退職者に研修を受けさせ、一般の退職者向けの写真工房を開かせている。1992年以来コダックは、アンバサダー・プログラムとして高齢者たちをケニアでのサファリ、国立公園でのハイキング、ナッソーやディズニー・ワールドへのクルージングに送り出してきた。コダック側の旅行代金は、旅行代理店か船会社が負担する。彼らの旅行中の諸費用に関しては、ツアー・メンバーや他の乗船者に写真の撮り方を教える実演、ゲーム、活動を毎日行って、自ら稼ぐのである[19]。

しかし、年齢とライフサイクルは扱いに注意を要する変数である。例えばフォードはムスタングの設計にあたり、低価格のスポーツカーを求める若者にアピールするよう心がけた。ところがムスタングの購買層はすべての年齢層にわたることが判明した。そこでフォードは、同社の標的市場が暦年齢の若い層ではなく、精神年齢の若い層であることに気づいた。

ノイガルテンズの研究を見ることで、年齢というステレオタイプに惑わされてはならないことがわかる。

人生の重大事が起こる時期はもちろん、個人の健康状態、仕事の状態、家族の状態、個人の興味、熱中する対象、ニーズも、年齢ではわからなくなってきた。同じ年齢であっても、私たちが抱くイメージは人それぞれである。車椅子に座ったままの70歳もいれば、テニスコートを駆け回っている70歳もいる。同様に、子供が大学に進学しようかという35歳もいれば、生まれてくる赤ん坊のために子供部屋を用意しようかという35歳もいるので、人が初孫を持つ年齢は35歳〜75歳と大きな幅がある[20]。

性別 性別による細分化は、長らく衣料品、ヘアスタイリング、化粧品、雑誌の市場で行われてきた。時には他業界のマーケターも、性別による細分化で機会をつかむことがある。タバコの市場を考えてみよう。この市場にはバージニア・スリムなどのブランドが、女性イメージを強化するようなフレーバー、パ

1999年1月11日、『ウォール・ストリート・ジャーナル』は特別レポート「ミレニアム」を出し、前ミレニアムを通じて、経済発展が政治と文化にどのような影響を及ぼしたかに焦点を絞って論じた。

ッケージ、広告とともに導入された。

アイビレッジ・ドットコム

女性のためのウェブサイトであるアイビレッジ・ドットコムは当初、広範囲の市場を目指したが、その後、性別による細分化の恩恵を受けた。起業当時の前提は「私たち皆のためのインターネット」という程度で、ベビーブーム世代に焦点を合わせていた。大成功したのは、親（主に母親）どうしがお互い相談に乗ったりアドバイスをするペアレント・スープなど、女性向けのページである。そこでアイビレッジはまもなく、業界を代表する女性オンライン・コミュニティに変身した。同社のホームページには、「聡明で思いやりがあって誠実な女性たちのコミュニティへどうぞ」という誘い文句が出ている。同社はまだ利益をあげるに至っていないが、その人気の高さにより、6700万ドルのベンチャーキャピタル融資を引き出している[21]。

自動車業界も、性別による細分化に注目し始めている。女性オーナーの増加に伴い、一部の自動車メーカーは女性にアピールする特色を設計するようになったが、その自動車を女性の車と広告するところまでは至っていない。

所得 所得による細分化は長い間、自動車、ボート、衣料品、化粧品、旅行といった製品やサービスで行われてきた。しかし所得が、ある製品を最もよく買ってくれる顧客層を予測する指標になるとは限らない。カラーテレビを真っ先に購入した層には、ブルーカラー労働者が含まれていた。彼らにとっては、映画やレストランに出かけるよりもカラーテレビを買う方が安上がりだったのである。低価格車を買ってくれるのは本当に貧しい人たちではなく、自らを「上昇志向に乏しい」と思っている人たちである。中価格車や高級車を買うのは主に、それぞれの社会階層で特に特権的な地位にあるセグメントである。

世代 多くのリサーチャーは今日、世代による細分化に注目している。どの世代も、自分たちが育った時代――当時の音楽、映画、政治、事件――に深く影響されている。あるマーケターはベビーブーム世代（1946年～1964年生まれ）をターゲットとするにあたって、この世代の楽観主義にアピールするコミュニケーションやシンボルを使っている。別のマーケターはジェネレーションX（1964年～1984年生まれ）をターゲットとし、この世代が社会、政治家、巧妙な広告や商品化に不信感を抱いて育ったことに目をつけている。ジェネレーションXは製品を評価する目が確かである。誇大広告や肩に力の入りすぎた広告にはうんざりしている者も多い[22]。メレディスとシェーウェは、世代による細分化について、もう少し焦点を絞ったコンセプトを提唱し、このコンセプトをコーホートによる細分化と呼んだ[23]。コーホートとは、自分の態度や選好に多大な影響を与えた外界の大きな出来事を共有する人々のグループである。大恐慌を経験したコーホート・グループもあれば、第二次世界大戦を経験したグループもあり、ベトナム戦争を経験したグループもある、といった具合である。コーホート・グループの構成員は、主要な経験を共有したことで、互いに連帯感を持っている。マーケターは、あるコーホート・グループの経験に特徴的な偶

像やイメージを使って、そのグループへの売り込みを図ることが多い。

社会階層　社会階層は自動車、衣料品、インテリア用品、レジャー活動、読書習慣、小売店のそれぞれの選好に強い影響を及ぼす。多くの企業が、特定の社会階層に合わせて製品やサービスを提供している。

社会階層の好みは年月とともに変わる。1980年代、上流階級は欲望や虚飾に向かっていたが、1990年代に入ると価値や自己充足を重視するようになった。今や富裕層は実用性に向かい、メルセデスよりもレンジ・ローバーやフォード・エクスプローラーを好んでいる[24]。

■ サイコグラフィックスによる細分化

サイコグラフィックスによる細分化では、ライフスタイル、パーソナリティ、価値観に基づいて購買者をグループ分けする。デモグラフィックスにおいて同じグループに属する人々でも、まったく異なるサイコグラフィック特性を示すことがある。

ライフスタイル　人々のライフスタイルは、7つの社会階層で表されたものよりはるかに多様性がある。人々が消費する製品によって、彼らのライフスタイルがわかる。以下に例を挙げよう。

▍オールズモビル

> 積極的なライフスタイルを持つ上層の人々へのマーケティングを行うべく、オールズモビルはゴルファーにねらいを定めている。デモグラフィックスによると、世帯所得が平均して5万6000ドルのゴルファーはおよそ2500万人いる。この人々は、たいてい2台以上の車を所有している。ゴルフを行う人は平均的な人と比べて、新車を買う可能性が143%高いという調査結果も出ている。このデータを念頭に、オールズモビルは、全米のカントリークラブでオールズモビルのディーラーと有望な購買者を対象とした「オールズモビル・スクランブル」ゴルフトーナメントを開催している。

食肉は一見すると、ライフスタイルによる細分化にそぐわない製品と思われる。しかし先見の明がある1軒の食料品店は、セルフサービスの肉製品をライフスタイルによって細分化すれば大きな利益が得られることに気づいた。

▍クローガー社

> 食料品店のセルフサービスによる肉売場の前を通ると、商品が肉の種類別にグループ分けされていることに気づく。豚肉はここ、羊肉はそこ、鶏肉はあっちというわけである。テネシー州ナッシュビルに拠点を置くクローガー・スーパーマーケットでは、実験的に種類の異なる肉をライフスタイルごとにグループ分けして陳列することにした。例えば「時間のかからない料理」コーナー、「お手軽料理」コーナー、ホットドッグや出来合いのハンバーガー・パティのような調理済み製品を並べた「子供の大好物」コーナー、そして「お料理大好き」コーナーを設けた。ライフスタイルに伴うニーズに焦点を合わせ、肉の種類によ

るグループ分けにこだわらないことで、クローガーのテスト店は、習慣的に牛肉と豚肉を買う消費者が羊肉や子牛肉にも目を向けるきっかけを作った。常に週1万ドルの売上を達成していた全長およそ5メートルのセルフサービスのケースから、以前を上回る売上と利益が得られるようになった[25]。

　化粧品、アルコール飲料、家具を作っている企業は常に、ライフスタイルによる細分化に機会を見いだそうとしている。しかし、ライフスタイルによる細分化がいつもうまく機能するとは限らない。ネスレは「夜型人間」向けにカフェイン抜きのコーヒーという特別なブランドを市場導入したが、うまくいかなかった。

　パーソナリティ　マーケターは、市場を細分化するのにパーソナリティ変数を使ってきた。自社製品に、消費者の個性に合った**ブランド・パーソナリティ**を与える。1950年代後半から、フォードとシボレーは別々の個性を持つ車として販売されるようになった。フォードの購買者は自立心旺盛で衝動的、男性的で変化に敏感とされた。シボレーの所有者は保守的、倹約家で名声を重んじ、あまり男性的ではなく、極端を嫌う。

　価値　マーケターによっては、消費者の態度や行動の根底にある中核的価値と信念体系によって市場を細分化する。中核的価値は行動や態度よりも深いところにあり、根本的なレベルで、長期にわたる人々の選択と欲望を決定する。価値によって市場を細分化するマーケターは、人々の内的自我にアピールすれば人々の外的自我、つまり購買行動にも影響を及ぼせると考えている。ある市場調査会社が出している『ローパー・リポート・ワールドワイド・グローバル・コンシューマー・サーベイ』は、グローバル市場向けの価値による細分化の枠組みを開発している（■マーケティング・メモ「世界中の中核的価値を活用する」を参照されたい）。

■■■■ 行動による細分化

　行動による細分化では、製品知識、製品態度、製品使用形態、製品反応に基づいて、購買者をグループ分けする。多くのマーケターが、行動変数──オケージョン、ベネフィット、ユーザーの状態、使用水準、ロイヤルティ、購買準備段階、態度──こそ市場セグメントを規定するのに最もふさわしい出発点だと考えている。

　オケージョン　購買者は、ニーズが発生するオケージョン、実際に製品を購入するオケージョン、購入した製品を使うオケージョンによってグループ分けすることができる。例えば、航空機を使った旅行はビジネス、休暇、家族に関連したオケージョンによって発生する。航空会社は、これらのオケージョンのうち1つが特に大きな意味を持つ人々へ特化することができる。チャーター便専門の航空会社は、休暇旅行の目的地まで飛ぶ団体客へのサービスに絞り込んでいるわけである。

　オケージョンによる細分化は、企業が製品の使用法を拡張するのに役立つ。例

MARKETING MEMO

世界中の中核的価値を活用する

1997年、『ローパー・レポート・ワールドワイド・グローバル・コンシューマー・サーベイ』では、35か国それぞれで約1000人に対して訪問インタビューを実施した。回答の中で、各人の人生を導く原則となる価値を、重要な順に56挙げてもらった。ローパーの調査によって、成人に6つの世界的な価値セグメントがあることがわかった。この価値を持つ人は35か国すべてに存在するが、国ごとに程度は異なる。興味深いことに、世界中どこでも最大の価値セグメントは物質世界に焦点を合わせたものだが、2番目に大きなセグメントは、精神世界に焦点を合わせたものだった。

- **努力家**:最大のグループ(23%)である努力家は、女性より男性の方がわずかに多く、ほかのグループと比べて物質的目標、職業上の目標を重視する傾向が強い。アジアの発展途上国では3人に1人が努力家、ロシアおよびアジアの先進国では4人に1人が努力家である。
- **献身家**:このグループは成人の22%を占めている。献身家には男性より女性が多く、伝統と義務を重視する。献身家が最も多く見られるのは、調査対象になったアジアの発展途上国、中東、アフリカ諸国である。アジアの先進国と西ヨーロッパでは最も少ない。
- **愛他主義者**:このグループは成人の18%を占め、女性の割合がわずかに高い。愛他主義者は、社会問題や社会福祉に関心を持っている。平均年齢44歳で、ほかのグループと比べると年齢が高い。ラテンアメリカやロシアに多い。
- **親密な人**:世界人口の15%を占める親密な人は、親密な個人的関係と家族を何よりも重視する。男女ほぼ同数いる。ヨーロッパ人とアメリカ人の4人に1人がこれに当たるが、アジアの発展途上国には7%しか見られない。
- **遊び好き**:アジアの先進国に偏って多いが、世界人口にこのグループが占める割合は12%である。いうまでもなく遊び好きは最も若いグループで、男女の比率は54対46である。
- **創造的な人**:このグループは最も小さく、世界人口に占める割合は10%である。このグループの目立った特徴は、教育、知識、技術への関心が強いことである。創造的な人は、ラテンアメリカと西ヨーロッパに多い。親密な人と同じく、このグループも男女がほぼ同数である。

ローパーの調査で、異なったセグメントに属する人はたいてい異なった行動をとり、異なった製品を買い、異なったメディアを使うことがわかっている。ある国における支配的なセグメントがわかれば、マーケティング活動に役立ち、広告担当者にとっては、最も製品を買ってくれそうなグループに合わせたメッセージを発することが可能になる。

出典:Tom Miller, "Global Segments from 'Strivers' to 'Creatives,'" *Marketing News*, July 20, 1998, p. 11.

えば、オレンジジュースは通常、朝食時に消費される。オレンジジュース・メーカーは、オレンジジュースを他のオケージョン——昼食、夕食、おやつ——にも飲むようプロモーションを試みることができる。ある種の記念日、例えば母の日や父の日が制定されたのは、キャンディや花の売上増を図るためでもあった。ハロウィーンにお菓子をもらいにくる子供たちのためにどこの家庭でもキャンディを用意するようになったのは、カーティス・キャンディ社がハロウィーンの「お菓子かいたずらか」という習慣をプロモーションしたからである。

企業は人生の重大事について、それが何らかのニーズを伴うかどうかという視点から考えることができる。このような分析から、結婚、就職、身近な人の死についての相談を受けるサービス提供業者が生まれた。

ベネフィット 購買者は、求めているベネフィットによってグループ分けすることができる。旅行客を対象としたある調査によると、3つのベネフィット・セグメントが明らかにされている。家族のもとへ行くために旅行する人、冒

険または社会勉強を目的に旅行する人、「ギャンブル性」や「おもしろさ」という旅の側面を楽しむ人である[26]。

ヘイリーは、ベネフィットによる細分化の成功事例として、練り歯磨き粉市場の細分化を報告している（■表9-2）。ヘイリーは4つのベネフィット・セグメントを発見した。すなわち経済性、薬効性、美白効果、味である。各ベネフィット・グループには、それぞれ特有のデモグラフィックス上、行動上、サイコグラフィックス上の特徴があった。例えば、虫歯予防のベネフィットを求める人は大家族で、練り歯磨き粉のヘビー・ユーザーであり、保守的だった。セグメントごとに好まれるブランドがあった。練り歯磨き粉メーカーはこの調査結果を使って、自社ブランドのねらいをいっそう明確にすることができ、新しいブランドを打ち出すこともできる。

ユーザーの状態　市場はある製品について非ユーザー、元ユーザー、潜在的ユーザー、初回ユーザー、レギュラー・ユーザーに細分化することができる。血液銀行は、習慣的ドナーだけに献血を依存してはならない。初回ドナーを開拓し、元ドナーにも呼びかけなければならないが、それぞれに異なるマーケティング戦略が必要である。市場における企業のポジションも、その企業がどのユーザーに焦点を合わせるべきかに影響を及ぼす。市場シェアでトップに立つ企業は潜在的ユーザーを引きつけることに焦点を当てているが、小さな企業は、そうしたトップ企業から現在のユーザーを奪うことに努力を注いでいる。

2000年問題に関するアメリカ政府の公式情報と関連サイトへのアクセス方法については、2000年情報ディレクトリへのアメリカ連邦政府ゲートウェイ(www.itpolicy.gsa.gov/mks/yr2000/y2khome) を参照されたい。

使用水準　市場はある製品についてライト・ユーザー、ミドル・ユーザー、ヘビー・ユーザーに細分化することもできる。ヘビー・ユーザーは数にすれば小さな比率しか占めていないが、総消費量では大きな比率を占めている。マーケターは数人のライト・ユーザーより1人のヘビー・ユーザーを引きつけたいと思うのが普通で、それに従ってプロモーション努力を変えている。

レップス・ビッグ＆トール・ストア

全米に200のユニットを持つ通信販売と小売販売の会社レップスは、レスポンス率や平均購入額などに従って顧客を12のセグメントに細分化している。それによって、年に6通〜8通のダイレクトメールを受け取る顧客、3通〜5通受け取る顧客、1通〜3通しか受け取らない顧客が生じる。レップスは通信販売で少量の製品を買う顧客を、彼らが存在

表9-2

練り歯磨き粉市場のベネフィットによる細分化

ベネフィットのセグメント	デモグラフィックス	行動	サイコグラフィックス	好みのブランド
経済性(安価)	男性	ヘビー・ユーザー	高い自主性、価値志向	安売りブランド
薬効性(虫歯予防)	大家族	ヘビー・ユーザー	健康意識過剰、保守的	クレスト
美白効果(白い歯)	十代、ヤングアダルト	喫煙者	高い社交性、行動的	マクリーンズ、ウルトラブライト
味(味がよい)	子供	スペアミント愛好者	高い自意識、快楽主義	コルゲート、エイム

出典: Russell J. Haley, "Benefit Segmentation: A Decision Oriented Research Tool," *Journal of Marketing*, July 1963, pp. 30-35.

すら知らない近所の店へ呼び寄せようとしている。めったに来店しない顧客には、特定の週末に来店すると15%割引といった特別なインセンティブが提示されることもある。レップスがセグメント別に発送したダイレクトメールへのレスポンス率は6%で、セグメント別発送を行っていない典型的な大手通販業者の75万通に対するレスポンス率0.5%を大きく上回っている[27]。

■図9-2には、一般的な消費財の使用割合が示されている。例えば、調査対象となった家庭の41%がビールを購入している。しかし、ビール総消費量の87%を占めているのはヘビー・ユーザーであり、彼らの消費量はライト・ユーザーの7倍近い。そこで、大半のビール会社は、ミラー・ライトの「味わいに優れ、水腹にならない」のようなアピール法でビールのヘビー・ユーザーを標的にしている。ビールのヘビー・ユーザーのプロフィールは、労働者階級、年齢25歳〜50歳、テレビ、特にスポーツ番組をよく観るというものである。マーケターが価格、メッセージ、メディア戦略を考案するのに、このプロフィールが役立つ。

ソーシャル・マーケティングを行う機関は、ヘビー・ユーザーのジレンマに直面している。家族計画局は子だくさんの貧困家庭を標的にするのが普通だが、このような家庭は産児制限の呼びかけに最も強い抵抗を示す。全米交通安全委員会は安全運転しないドライバーをターゲットにするが、このようなドライバーは安全運転の訴えに対して最も強い抵抗を示す。これらの機関は、強い抵抗を示す少数の重度違反者をねらうか、あまり抵抗を示さない多数の軽度違反者をねらうかを決めなければならない。

ロイヤルティ 消費者は特定のブランド、店舗、企業に対してさまざまな

> 近いうちに、ユーロ・コンシューマーを明らかにできるかもしれない。

図9-2

一般消費財のヘビー・ユーザーとライト・ユーザー

出典：以下を参照されたい。Victor J. Cook and William Mindak, "A Search for Constants: The 'Heavy User' Revisited," *Journal of Consumer Marketing*, Spring 1984, p. 80.

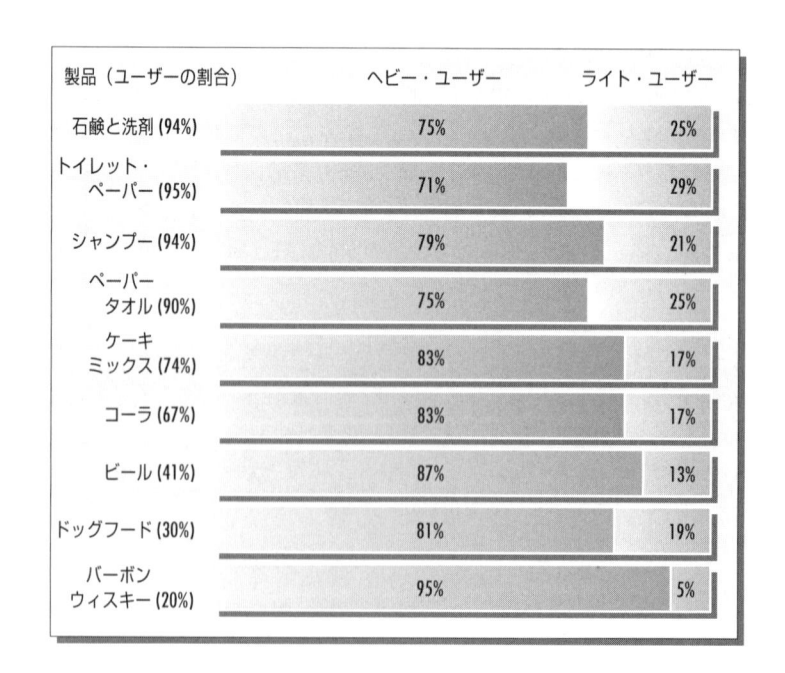

製品（ユーザーの割合）	ヘビー・ユーザー	ライト・ユーザー
石鹸と洗剤 (94%)	75%	25%
トイレット・ペーパー (95%)	71%	29%
シャンプー (94%)	79%	21%
ペーパータオル (90%)	75%	25%
ケーキミックス (74%)	83%	17%
コーラ (67%)	83%	17%
ビール (41%)	87%	13%
ドッグフード (30%)	81%	19%
バーボンウィスキー (20%)	95%	5%

程度のロイヤルティを持っている。購買者は、ブランド・ロイヤルティの状態に従って4つのグループに分けられる。

- **確固たるロイヤルティを示す消費者**　いつも決まった1つのブランドしか買わない消費者。
- **ロイヤルティの対象が複数ある消費者**　2つ～3つのブランドにロイヤルティを示す消費者。
- **ロイヤルティの対象が移り変わる消費者**　あるブランドから別のブランドに目移りする消費者。
- **ロイヤルティがなく移り気な消費者**　どんなブランドにもまったくロイヤルティを示さない消費者[28]。

どの市場も、人数こそ異なるが、この4タイプの購買者で構成されている。**ブランド・ロイヤルティの高い市場**は、確固たるブランド・ロイヤルティを示す購買者の割合が大きい市場である。練り歯磨き粉市場とビール市場は、ブランド・ロイヤルティがかなり高い市場といえる。ブランド・ロイヤルティの高い市場で販売を行う企業は市場シェアの拡大に苦労し、このような市場をねらう企業は参入に苦労する。

ブランド・ロイヤルティの程度を分析することで、企業は多くを学ぶことができる。確固たるロイヤルティを示す消費者を分析すれば、自社製品の強さが明らかになる。ロイヤルティの対象が複数ある消費者を分析すれば、自社ブランドと最も競合しているブランドを特定することができる。自社ブランドから別のブランドに移っていく顧客に注目すれば、自社のマーケティング上の弱みを知り、それを改めることができる。

注意しなければならないことが1つある。ブランド・ロイヤルティが高いように見える購買パターンが、実は習慣、無関心、低価格、他ブランドへのスイッチング・コストの高さ、他ブランドが入手できないことを反映しているだけかもしれない。したがって企業は、観察された購買パターンの背景を慎重に解釈しなければならない。

購買準備段階　市場は、ある製品を買うための準備段階がそれぞれ異なる人々で構成されている。その製品について認知していない者、認知している者、情報を持っている者、関心を持っている者、購入希望を持つ者、購入意図を持つ者に分けられる。各グループの相対的な数が、マーケティング・プログラムの策定に大きく影響する。

保健局が、子宮頸ガンの早期発見のため、女性たちに年1回パップ・テスト（子宮頸ガンの診断テスト）を受けてもらいたいとする。最初はほとんどの女性がパップ・テストを認知していないかもしれない。単純なメッセージを使って、高い認知を獲得する広告にマーケティング努力を注ぐべきである。その後、テストを受けたいと思う女性を増やすために、広告はパップ・テストの利点とテストを受けないことの危険性を活写したものにしなければならない。女性が実際にテストを受ける気になるよう、無料健康診断という特別オファーをすることもできる。

2000年1月1日に出る「ワン・デイ・イン・ピース（せめて一日の平和を）」のプロモーション・カードには、「平和を願って明かりを灯そう」などのスローガンが印刷される予定である。

態度 　市場には5つの態度グループがある。熱狂的、肯定的、無関心、否定的、敵対的である。選挙運動の戸別訪問員は、有権者の態度を見て、その有権者にどの程度の時間を割くかについて決める。熱狂的な有権者には礼を尽くして投票を念押しし、肯定的な傾向を示す有権者には彼らの肯定的態度を強化し、無関心な有権者には彼らの票の獲得を試みる。否定的な有権者と敵対的な有権者の態度を変えることには時間を費やさない。態度とデモグラフィックスとの間に相関関係があれば、政党は投票してくれる可能性が最も高い有権者を効率よく特定することができる。

■ 複数の属性による細分化（ジオクラスタリング）

　マーケターはもはや平均的消費者について語らないし、少数の市場セグメントに分析を限定することもない。むしろ、いくつかの変数を組み合わせて、小規模で定義がより明確な標的グループを特定するようになっている。そのため銀行も、裕福な退職者というグループを明らかにするだけでなく、そのグループ内で、現在の所得、資産、預貯金、リスク選好に基づいてセグメントを識別する。

　複数の属性による細分化で最も有望な方法がジオクラスタリングである。ジオクラスタリングを行えば、従来のデモグラフィックスよりも正確に、消費者と地域エリアを描きだすことができる。クラリタス社はPRIZM（ジップ・マーケットによる潜在的格付け指標）というジオクラスタリング法を開発した。これは全米50万以上の居住エリアをPRIZMクラスターと呼ばれる62のライフスタイル・グループに分類するものだ[29]。このグループ分けには、5つの大きなカテゴリーに含まれる39の要因が考慮されている。その5つとは(1)教育水準と豊かさ、(2)家族のライフサイクル、(3)都市化の程度、(4)人種と民族、(5)移動可能性である。地域エリアはジップ・コード、ジップ＋4、国勢調査単位、ブロックグループによって細分化される。各クラスターには「名門の出自」「勝者の集団」「故郷で暮らす退職者」「ラテンアメリカ系住民」「ショットガンとピックアップ」「田舎の住人」など、それぞれの特徴を示す名称がつけられている。1つのクラスターの住人はみな似たような生活をし、似たような自動車を運転し、似たような職につき、似たような雑誌を読む。以下にPRIZMクラスターを3つ挙げる。

アメリカン・ドリーム
　このセグメントは新興勢力で、上昇志向が強く、多民族からなる大都市モザイクを代表している。このセグメントの人々は輸入車を買い、『エル』誌を読み、ミューズリックスのシリアルを食べ、週末をテニスで過ごし、デザイナーズブランドのジーンズをはく傾向が強い。彼らの平均世帯所得は年4万6000ドルである。

地方都市の給与所得者
　このクラスターには、地方都市のオフィスや工場に勤める若い家族が含まれる。彼らのライフスタイルの特徴はトラック、『トゥルー・スト

ーリー』誌、シェークン・ベーク（即席ケーキの素）、釣り、熱帯魚である。平均世帯所得は年2万2900ドルである。

> **カシミアとカントリークラブ**
> 年齢を重ねたベビーブーム世代は、郊外で裕福な暮らしをしている。メルセデスを買い、『ゴルフ・ダイジェスト』誌を読み、塩の代替調味料を使い、ヨーロッパの保養地へ出かけ、最高級のテレビを買う傾向がある。平均世帯所得は年6万8600ドルである。

他のPRIZMクラスターには、郊外に移住したベビーブーム世代「Kids&Cul-de-Sacs」、ジェネレーションXを指す「若き知識人」、年齢を重ねた田舎のヒッピー「新環境天国」などがある[30]。

マーケターは、PRIZMを使って次のような質問に答えることができる。自社にとって最も価値のある顧客は、どのクラスター（地域エリアやジップコード）に含まれているのか。そのセグメントに自社は今どの程度浸透しているのか。自社の成長可能性が最も高いのは、どの市場、パフォーマンス・サイト、販促メディアを扱った場合なのか。通信販売業者であるスピーゲル社は、ジオクラスタリングの情報を使ってカタログの送り先を探している。現在はユニリーバの一部門であるヘレンカーチスは、スアーブ・シャンプーのマーケティングを行うにあたり、仕事を持つ若い女性の人口密度が高い地域エリアをPRIZMによって特定した。スアーブは安価だが「100万ドルの髪」に見せる、という広告メッセージに最もよく反応するのは仕事を持つ若い女性である。

細分化ツールとしてのジオクラスタリングの重要性は増している。ますます多様化しているアメリカ人をこの手法でとらえることができる上、データベースのコスト削減、パソコンの普及、ソフトウェアの進歩、データの統合、インターネットの発達により、ミクロセグメントへのマーケティングが小企業にも手の届くものになってきた[31]。

> ダブルツリー・ゲスト・スイーツは、西暦2000年を迎える公式ホテリエの地位を獲得した。

複数セグメントの標的化

企業はまず1つのセグメントに対してマーケティングを行い、それをほかのセグメントに拡張していくことが多い。ある小さなテクノロジー企業について考察してみよう。

> **ページング・ネットワーク社**
> 「ページネット」はポケットベル・システムを開発する小企業で、サウスウェスタン・ベルおよび他のベル・グループ企業と競合し、競合他社よりおよそ20%低い価格を設定している。ページネットは競争で優位に立つために、いくつかの細分化戦略を使った。
> 1. ページネットはまず地理的細分化を行い、オハイオ州とテキサス州に標的を定めた。この両地域において、地元の競合他社はページネットの攻撃的価格設定に対して無防備だった。
> 2. ページネットは次に、ポケットベル・サービスのユーザーのプロファイリングを行い、営業担当者、メッセンジャー、サービス担

> 教皇ヨハネ・パウロ2世は、聖地に赴き、キリストの足跡をたどって、ニュー・ミレニアムの到来を祝う予定である。

当者を標的に定めた。またライフスタイルによる細分化を行って、赤ん坊をベビーシッターに預けている親や、家族がポケットベルを持たせたがっている一人暮らしの老人などに標的を広げた。

3. そこでページネットは、Kマート、ウォルマート、ホーム・デポを通じて自社製品を流通させることにした。しかもこれら小売業者に対し、販売したポケットベルの月額使用料収入の権利をページネットに保証する見返りとして、非常に魅力的なディスカウントを行った[32]。

4. ポケットベルでボイスメールが利用できるサービスを最初に提供したのはページネットだった。

1つのセグメントにとどまる購買者は少ない。消費者の多くはいくつかの領域にまたがるクロス・ショッパーである。スーツは値の張るビル・ブラスを身につけているが、下着はウォルマートで買うクロス・ショッパーを考えてみよう。ヘルシー・チョイスの冷凍ディナーを食べた後、デザートにはベン＆ジェリーズのアイスクリームを食べる「クロス・イーター」でもよい。1つの購買行動だけを観察してセグメント構成員の特性を解釈するのは危険である。細分化すると顧客のプロフィール全体はつかめないので、全体を明らかにするには個々の顧客のプロファイリングが必要である。

ビジネス市場の細分化基準

> 平均寿命が伸び続けているため、高齢者には生きていくためのより良い収入源が必要になるだろう。

ビジネス市場も、地理、求めるベネフィット、使用水準など、消費者市場の細分化に用いる変数を使うことができる。しかしビジネス・マーケターは、それ以外にもいくつかの変数を用いることができる。ボノマとシャピロは、■表9-3に示された変数によるビジネス市場の細分化を提唱した。デモグラフィック変数が最も重要で、その後にオペレーティングという変数から購買者の個人的特性という変数までが続く。

■表9-3には、標的セグメントや標的顧客を決定するにあたって、ビジネス・マーケターが自問すべき主な項目が列挙されている。ゴムタイヤ会社はまず、どの業種に製品やサービスを提供するのかを決めなければならない。タイヤの販売先としては、自動車、トラック、農業用トラクター、フォークリフト、航空機などのメーカーが考えられる。標的業種が選択できたら、企業規模によってさらに細分化できる。大口顧客への販売用、小口顧客への販売用に別々の事業部が設立されることもある。デルの組織について考察してみよう。

デル・コンピュータ

デルの事業体としてはまず、一般消費者と中小企業という2つのセグメントを対象とするデル・ダイレクトがある。次に企業顧客を対象とするデル・リレーションシップ・グループがある。その傘下に3つの主要セグメント、すなわち企業グループ（フォーチュン500企業）、大企業顧客（フォーチュン501から2000までの多国籍企業）、優先顧客（従

表9-3

ビジネス市場の主要な細分化変数

デモグラフィック変数
1. 業種：どの業種に製品やサービスを提供すべきか。
2. 企業規模：どの規模の企業に製品やサービスを提供すべきか。
3. 所在地：どの地域に製品やサービスを提供すべきか。

オペレーティング変数
4. テクノロジー：顧客の持つどのようなテクノロジーに焦点を合わせるべきか。
5. ユーザーの状態：ヘビー・ユーザー、ミドル・ユーザー、ライト・ユーザーのいずれに製品やサービスを提供すべきか。
6. 顧客の能力：多くのサービスを必要とする顧客、サービスをほとんど必要としない顧客のどちらに製品やサービスを提供すべきか。

購買アプローチの変数
7. 購買部門を持つ組織：購買組織が高度に集権化した企業、購買組織が分権化した企業のどちらに製品やサービスを提供すべきか。
8. 社内の実権：技術部門が実権を握っている企業、財務部門が実権を握っている企業などのいずれに製品やサービスを提供すべきか。
9. 現在のリレーションシップの性質：現在強いリレーションシップを確立している企業に製品やサービスを提供すべきか、それとも最も望ましい企業をひたすら追求すべきか。
10. 一般的な購入方針：リースを好む企業、サービス契約を好む企業、システム購入を好む企業、非公開入札を好む企業のいずれに製品やサービスを提供すべきか。
11. 購入基準：品質、サービス、価格のいずれを求める企業と取引を提供すべきか。

状況的要因の変数
12. 緊急性：突然の注文に迅速な配達やサービスで応じることを求める企業に製品やサービスを提供すべきか。
13. 特定のアプリケーション：自社製品について用途を限定しないアプリケーションよりも、特定のアプリケーションに焦点を合わせるべきか。
14. 注文の数量：大口注文と小口注文のどちらに焦点を合わせるべきか。

個人的特性の変数
15. 買い手と売り手の類似性：従業員と価値観が自社に類似している企業に製品やサービスを提供すべきか。
16. リスクに対する態度：リスクを受け入れる顧客、リスクを避けようとする顧客のどちらに製品やサービスを提供すべきか。
17. ロイヤルティ：供給業者に対して高いロイヤルティを示す企業に製品やサービスを提供すべきか。

出典：Thomas V. Bonoma and Benson P. Shapiro, *Segmenting the Industrial Market* (Lexington, MA: Lexington Books, 1983).

業員数200人～2000人の中規模企業)がある。この優先顧客がデルで最も成長している部門で、ローラーブレード社やアソシエイテッド・プレス社といった顧客を対象にしている。実際、デルの優先顧客の大部分は小規模企業だと思っている会社が多いはずである。

　ビジネス・マーケターにとって、小規模企業こそ究極の目標となっている[33]。アメリカ中小企業局によると、今やアメリカの国民総生産(GNP)に占める中小企業の貢献度は50%だという。しかもこのセグメントは年率11%の成長を見せており、大企業セグメントの成長率より3ポイントも高い。宗教的といってもよい情熱で、このセグメントを追い求めている企業の一つにIBMがある。

> 2000年以降、コンピュータ・リテラシーが従業員の採用選考の際、最も重視されるスキルの1つとなるだろう。

IBM

年商780億ドルのテクノロジー企業であるIBMが、GMやシティバンクなどといった巨大企業相手のマーケティングで成功していることは、すでに証明済みである。IBMは今や、数百万社にのぼる従業員1000人以下の企業相手にもマーケティングを行えるほど小回りが利くことを証明しようとしている。同社は中小企業専従のフィールド・セールス・フォースを作っただけでなく、電話による販売とサービスに以前より重点を置くようになった。劇的な路線変更である。これまで小企業の大半は、IBMに無視されていると感じていた。小企業セグメントの中で、IBMがターゲットにしたのはマイノリティが所有する企業である。小企業のオーナーには、女性、黒人、アジア系、ヒスパニック系、ゲイやレズビアンが白人男性より多い。IBMは各標的セグメントを担当する役員まで雇っており、この役員たちは全米黒人MBA協会、全米女性起業家協会などの団体とかかわりを持っている[34]。

サービス企業も、小企業顧客へのアプローチを試みている。ノースカロライナ州ラーレイの銀行BB&Tは、特に起業家に対して気さくなアプローチを行う有力な地方銀行であるとして自らをポジショニングした。BB&Tは、ノースカロライナにあるさまざまな企業とそのオーナーを描いた、B-to-B広告キャンペーンを開始した。起業家一人ひとりがBB&Tの小企業顧客であり、この広告は同行による小企業へのコミットメントを強化している[35]。

特定の標的業種と顧客規模に絞った上で、購買基準による細分化を行うこともできる。例えば政府の研究機関は、実験機器の購入にあたって低価格とサービス契約を要求する。大学の研究室はサービスの必要がほとんどない機器を求め、企業の研究室は信頼性が高くて正確な機器を求める。

ビジネス・マーケターは一般に、逐次的細分化プロセスを通じてセグメントを明らかにする。あるアルミニウム会社について考えてみよう。

> このアルミニウム会社はまず、3つのステップからなるマクロ細分化を行った。第1に自動車、住宅、飲料容器のうち、どのエンド・ユーザー市場に製品やサービスを提供するのかを見極めた。住宅市場を選ぶと、第2に最も魅力的な製品アプリケーションとして、半製品、建築コンポーネント、アルミニウム製移動住宅のいずれにするかを決める。建築コンポーネントに焦点を合わせたならば、第3ステップとして今度は最適な顧客規模を考え、大口顧客を選んだ。第2段階はミクロ細分化である。このアルミニウム会社は、購買基準を価格、サービス、品質のいずれにするかで顧客を細分化した。高度なサービスを売り物にする同社は、サービスを重視する市場セグメントへの集中を決めた。

> テリジェントは、「当社こそ、ニュー・ミレニアムの最も効率的な通信サービス」と広告している。

企業購買者は、自社が購買決定プロセスのどの段階にあるかによって異なる便益の束を求める[36]。

1. **初回見込み客** まだ一度も購入したことのない顧客は、自社のビジネスを理解し、納得のゆく説明してくれて、信頼できる売り手から買

うことを望む。
2. **新規顧客**　売り手と購買関係を開始したばかりの顧客は、読みやすいマニュアル、ホットライン、高度なトレーニング、商品知識のあるセールス・レップを求める。
3. **得意客**　リピート客は、メンテナンスと修理のスピード、製品のカスタマイゼーション、高度な技術支援を求める。

これらのセグメントが、それぞれ違うチャネルを好む場合もある。初回見込み客はカタログやダイレクトメールよりも、売り手の営業担当者と取引することを望む。カタログやダイレクトメールからはあまり情報が得られないためである。反対に得意客は、購入をなるべく電子チャネルですませたいと思う。

ランガン、モリアルティ、シュワルツの3人は、スチール・ストラッピングという成熟市場を調査し、4つのビジネス・セグメントを発見した[37]。

1. **型どおりに買う購買者**　当該製品を、自社の業務にとってさほど重要でないと考えている買い手。ルーチン的な購買で製品を入手し、大半は定価を支払ったうえ平均以下のサービスに甘んじている。明らかに彼らは、売り手にとって非常に収益性の高いセグメントである。
2. **比較して買う購買者**　当該製品をある程度重視し、競合他社の製品についても知識がある買い手。少々の割引と若干のサービスを受け、価格が競合他社とかけ離れていない限り満足する。2番目に収益性の高いセグメントである。
3. **取引する購買者**　当該製品を、自社の業務にとって非常に重要だと考えている買い手。価格とサービスに敏感で、約10％の割引と平均以上のサービスを受ける。競合他社の製品についても知識があり、たとえ若干のサービスを犠牲にしても、価格が安ければいつでもそちらにスイッチしてしまう。
4. **条件の厳しい購買者**　当該製品を非常に重要だと考え、最大限の割引と最高のサービスを要求する。代替製品を供給するほかの業者も知っているので強気な交渉をし、少しでも不満があればいつでも他社にスイッチする。大量購入をしてくれるため、売り手にとってはこのような買い手も必要だが、収益性はあまり高くない。

各セグメントはそれぞれ異なる反応を示すので、コモディティ製品の業界に属する企業はこの細分化計画によって、どのセグメントに対して価格やサービスを上げたり下げたりすべきかを判断することができる[38]。

歴史メモ：1741年、スウェーデンのアンダーズ・ベルヒ教授が初めて経済学講座を開講した。

効果的な細分化

すべての細分化が効果的とは限らない。例えば、食卓塩の購買者をブロンドとブルネットの顧客に分けることはできるが、髪の色と塩の購買との間に関連性はない。また、もし塩を買う人がみな毎月同じ量の塩を買い、どの塩も同じであると信じ、塩に対して同じ価格しか支払わないとしたら、マーケティング

の観点から見て、この市場には細分化の意義がほとんどない。

市場細分化が意味を持つのは、市場セグメントに以下の特徴がある場合である。

- **測定可能**　セグメントの規模、購買力、特性が測定できる。
- **利益確保可能**　市場セグメントが、製品やサービスを提供するのに十分な規模と収益性を有している。セグメントは、わざわざそれに適合したマーケティング・プログラムを使って追求するに足る規模の同質集団でなければならない。例えば自動車メーカーが、身長120センチ以下の人を対象に自動車を開発しても割に合わないだろう。
- **接近可能**　セグメントに効果的に到達し、製品やサービスを提供することができる。
- **差別化可能**　セグメントが概念的に区別でき、異なるマーケティング・ミックス要素とプログラムに異なる反応を示す。既婚女性と未婚女性が香水販売に同様の反応を示すようなら、この両者は別々のセグメントを構成することにはならない。
- **実行可能**　セグメントを引きつけ、製品とサービスを提供するのに効果的なプログラムが設計できる。

標的市場の設定

市場セグメントの機会が明らかになったら、企業はそのうちいくつを、またどれをターゲットにするのか決めなければならない。

市場セグメントの評価

多様な市場セグメントを評価する際、企業は2つの要素、すなわちセグメントの全体的魅力と、企業の目的および資源に注目しなくてはならない。企業はまず、ある潜在セグメントが規模、成長性、収益性、規模の経済性、低リスクといった全体的魅力となり得る特性を有しているかどうかを問う必要がある。次に、企業の目的および資源から見て、当該セグメントに投資する意味があるかどうかを考えなければならない。企業の長期的な目的に合わないという理由で、魅力的なセグメントが断念されることもある。競争優位に結びつく価値提供能力を有していない場合、企業はそのセグメントを断念するしかない。

市場セグメントの選択

多様なセグメントを評価したら、企業は■図9-3に示されている標的市場選択の5つのパターンを検討することができる。

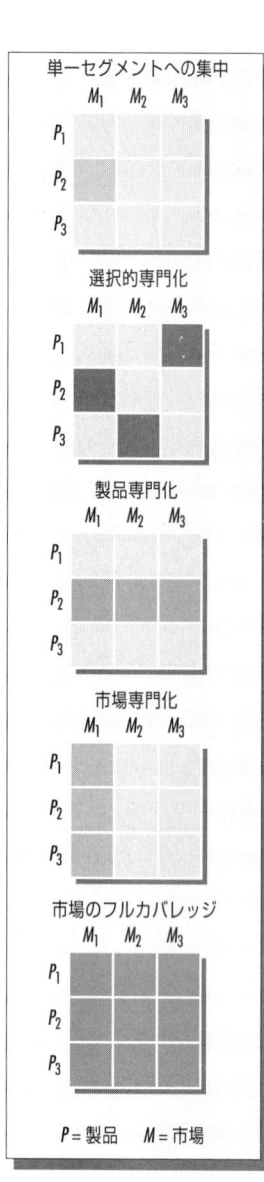

図9-3

標的市場選択の5つのパターン

出典：Derek F. Abell, *Defining the Business: The Starting Point of Strategic Planning* (Upper Saddle River, NJ: Prentice Hall, 1980), ch. 8, pp. 192-96.

■■■ 単一セグメントへの集中

　企業はセグメントを１つだけ選択する場合がある。フォルクスワーゲンは小型車市場に集中し、ポルシェはスポーツカー市場に集中している。集中型マーケティングを通じて、企業はセグメントのニーズに関する豊富な知識を獲得し、市場における強力な存在感を達成する。さらに、自社の製品、流通、プロモーションを専門化することによって、経済的に事業活動を行うことができる。当該セグメントのリーダーシップを握ることができたら、企業の投資収益率は高くなる。

　しかし、集中型マーケティングには高いリスクも伴う。例えば特定の市場セグメントの状況が悪化する場合がある。若い女性が突然スポーツウェアを買わなくなり、ボビー・ブルックスの収益は激減した。あるいは競合他社がそのセグメントに侵入してくる場合もある。こうした理由で、多くの企業は複数の市場セグメントに事業を分散する方を好む。

■■■ 選択的専門化

　この場合、企業は魅力的かつ適切な多数のセグメントを対象として選択する。セグメント間のシナジーはないに等しいかもしれないが、それぞれのセグメントに高い収益性が期待できる。この複数セグメント・カバレッジ戦略には、企業のリスクを分散させるという利点がある。

　若いリスナーと年輩リスナーの両方にアピールしたいラジオ放送局を考えてみよう。エミス・ブロードキャスティングはニューヨークのKISS-FMを所有している。同局は自らを「耳に心地よいR&Bとスタンダード・ソウルの専門局」と位置付け、年輩リスナーにアピールしている。エミスはWQHT-FM（"Hot 97"）も所有しているが、こちらは25歳以下のリスナー向けにヒップ・ホップを流している[39]。

■■■ 製品専門化

　この場合、企業はいくつかのセグメントに売れる１種類の製品を創ることに特化する。例として、自社製品を大学の研究室、政府の研究機関、企業の研究部門に販売している顕微鏡メーカーが挙げられる。この企業は顧客グループ別にさまざまな顕微鏡を作っているが、研究室で使われそうな他の実験器具は製造していない。製品専門化戦略をとることによって、企業は特定の製品エリアで高い評価を築くことができる。リスクとしては、その製品が画期的なテクノロジーに取って代わられる可能性がある。

■■■ 市場専門化

　この場合、企業は特定の顧客グループの数多いニーズを満たす製品やサービスの提供に集中する。例として、大学の研究室のみに多様な製品（顕微鏡、オシロスコープ、ブンゼン・バーナー、フラスコなど）を販売する企業が挙げられる。同社はこの顧客グループに製品やサービスを提供することで高い評価を得て、

最低価格が7000ポンド（1万1500ドル）であるにもかかわらず、ロンドンのサボイ・ホテルは、この名所で1999年の大晦日を過ごす顧客を抽選することになりそうだ。

この顧客グループが利用する別の製品を売り込むこともできる。リスクとしては、顧客グループが予算を削減する可能性がある。

■ 市場のフルカバレッジ

　この場合、企業はすべての顧客グループに、そのグループが必要とするすべての製品を提供しようとする。市場のフルカバレッジ戦略をとることができるのは巨大企業だけである。例としてはIBM（コンピュータ市場）、GM（車輛市場）、コカ・コーラ（飲料市場）が挙げられる。大企業は、大別して2つの方法で全体市場をカバーする。すなわち無差別型マーケティングと差別化型マーケティングである。

　無差別型マーケティングを行う場合、企業は市場セグメント間の違いを無視し、単一の製品やサービスで市場全体を対象とする。購買者間の違いではなく、基本的購買者ニーズに焦点を合わせるのである。企業は最大多数の購買者にアピールする製品やマーケティング・プログラムを設計する。マス流通とマス広告に依存し、人々の頭の中にその製品の抜きん出たイメージを植えつけることをねらう。無差別型マーケティングは「製造でいう規格化とマス生産のマーケティングへの応用」である[40]。製品ラインが少ないため、研究開発、製造、在庫管理、輸送、マーケティング・リサーチ、広告、製品マネジメントにかかるコストが抑えられる。無差別型広告プログラムを用いると、広告コストも下げられる。企業は恐らく、低コストを低価格に反映させ、価格に敏感な市場セグメントを獲得できるだろう。

　差別化型マーケティングを行う際、企業は複数の市場セグメントで事業を展開し、セグメントごとに異なるプログラムを設計する。GMはこのマーケティングを実行し、あらゆる「財力、目的、個性」に合った自動車を生産する、と述べている。IBMは、コンピュータ市場の多様なセグメント向けに、多くのハードウェア・パッケージとソフトウェア・パッケージを提供している。アメリカン・ドラッグの例を考えてみよう。

> 世界中の若者が企業トップや国連事務総長に質問できるインターネットのサイトwww.millenarium.orgには、すでに何万もの質問が寄せられている。

アメリカン・ドラッグ

　アメリカ最大のドラッグストア・チェーンの1つであるアメリカン・ドラッグは、差別化型マーケティング戦略を採用している。同社のマーケティング・チームは、傘下のオスコとセーブオンの数百店舗で、市場別の購買パターンを評価している。スキャナーで読み取った大量のデータを使って、店舗の製品ミックスを微調整し、店舗のレイアウトを刷新し、マーケティング活動を補強して、地元消費者の需要に寄り添って応えてきた。地域のデモグラフィックスに基づき、金物類、電気器具、自動車用備品、調理器具、市販薬、最寄品といった商品の数量と種類を店舗ごとに変えている。「当社は、都市市場に多数の店舗を構えています。例えばアフリカ系やヒスパニック系が顧客の85％を占めるような市場。このような顧客の購買選好と購買動機は、ほかの都市市場とは大きく異なります。……当社の店舗は、この違いを反映さ

せ始めたところです」と、同チェーンの販売マーケティング部長は語っている[41]。

通常、差別化型マーケティングを行った方が、無差別型マーケティングの場合と比べて全体の売上が大きい。しかし、事業に伴うコストも増える。増えると思われるのは以下のコストである。

- **製品改良コスト**　別々の市場セグメントに合わせて製品を改良すると、研究開発、エンジニアリング、特殊工作機械のコストが余分にかかる。
- **製造コスト**　通常、1種類の製品を100個製造するよりも、10種類の製品を10個ずつ製造する方が高くつく。製造準備期間が長くなり、各製品の販売量が少なくなるほど、製品のコストは高くなるのである。しかし各製品が十分に大量販売できれば、製造準備期間が長いことに伴う高コストは、単位換算するとかなり低くなる。
- **管理コスト**　企業は、市場セグメントごとに別々のマーケティング計画を立てなければならない。そのため、マーケティング・リサーチ、予測、販売分析、プロモーション、計画立案、チャネル管理に余分なコストがかかる。
- **在庫管理コスト**　製品の種類が多いほど、在庫管理にコストがかかる。
- **プロモーション・コスト**　企業は、別々の市場セグメントへ到達するために、それぞれ異なるプロモーション・プログラムを作らなければならない。その結果、プロモーション計画立案コストとメディア・コストが上昇する。

差別化型マーケティングを行えば売上もコストも増えるため、この戦略の収益性については一概に論じることはできない。企業は、自社の市場を過度に細分化しないよう注意することが必要である。過度な細分化を行うと、企業は顧客の底辺を広げるため**カウンター・セグメンテーション**をしたくなる。例えばジョンソン・エンド・ジョンソンは、ベビーシャンプーの販売対象に大人も含めることによって標的市場を広げた。スミス・クライン・ビーチャムは、3つのベネフィット・セグメント(口臭防止、歯の美白効果、虫歯予防をそれぞれ求めるセグメント)を同時に引きつけるべく、練り歯磨き粉アクアフレッシュを売り出した。

ツール・ド・フランス2000は、フランス西部のポワティエ近くにあるイメージ・テーマパーク「フューチュロスコープ」がスタート地点、ゴールは例年どおりパリである。

ほかに考慮すべきこと

セグメントの評価と選択にあたっては、ほかに4つの点を考慮しなければならない。すなわち倫理に基づいた標的市場の設定、セグメント相互の関係とスーパーセグメント、セグメント別侵入計画、セグメント間の協力である。

■ 倫理に基づいた標的市場の設定

標的市場の設定が社会的論争を巻き起こすことがある[42]。マーケターが無防

備なグループ（例えば子供）や社会的に恵まれないグループ（例えば都心部の低所得者層）を不当に利用しているのではないか、害になりうる製品を売り込もうとしているのではないか、と懸念されているのである。シリアル産業は、子供向けのマーケティングについて大きな批判を浴びてきた。批判の趣旨は、かわいらしいアニメ・キャラクターの口から強力な呼びかけが発せられると子供には抗しがたい魅力になり、子供が砂糖をまぶしたシリアルを食べすぎたり、栄養の偏った朝食をとることになるのではないか、というものである。玩具のマーケターも同様の批判を受けてきた。マクドナルドなどのチェーン店は、都心部の低所得者層向けに高脂肪、高塩分の食品を売り出したと非難されている。R.J.レイノルズは、低所得のアフリカ系アメリカ人を標的としたメンソール「アップタウン」の発売を発表して批判を浴びた。最近、R.J.レイノルズとブラウン＆ウィリアムソン・タバコ（「クール」の発売元）の内部文書で、両社がいかに16歳～25歳の黒人若年層を、特にメンソールのブランドでターゲットにしているかが明らかになった[43]。G・ハイレマン醸造は、新しい高品質のモルト（アルコール分5.9％）「パワーマスター」で同社のモルト酒「コルト45」をライン拡張して厳しく非難された。モルト酒の消費者は主に黒人である。その黒人を主なターゲットにしたことで、政府関係者、業界リーダー、黒人活動家、そしてマスコミの集中砲火を浴びる羽目になったのである[44]。

> 西暦2000年は、エジプト史にとって7回目のミレニアムになる。

子供や少数民族などの特殊なセグメントをターゲットにする試みが、すべて批判を受けるわけではない。コルゲート・パルモリブの練り歯磨き粉「コルゲート・ジュニア」には、子供に頻繁にかつ長時間かけて歯を磨かせるという特徴がある。ゴールデン・リボン玩具は、少数民族の消費者とアフリカの伝統との橋渡しをする「ハギー・ビーン」という黒人人形を売り出して高く評価され、成功を収めた。少数民族の特殊なニーズに対応している企業はほかにもある。黒人がオーナーを務めるICE劇場は、映画を観にいく黒人の数が増えているにもかかわらず、都心部には映画館が少ないことに気づいた。同チェーンはシカゴのサウスサイドに1館、シカゴの他の地区にも2館、映画館を開館し、1999年には他の4都市でも開館を計画している。ICEは、同社が映画館を経営する地域の黒人社会と協力体制をとっており、地元ラジオ局で映画のプロモーションを行い、館内の売店には黒人に好まれる食べ物をそろえている[45]。このように、標的市場の設定で問題となるのは、**だれ**を標的とするかではなく、**どのように**、**何のために**標的を設定するかなのである。社会的責任を意識したマーケティングでは、企業の利益ばかりでなく、標的となる人々の利益も考慮した標的市場の設定が求められる[46]。

■ セグメント相互の関係とスーパーセグメント

製品やサービスを提供するセグメントを複数選択する場合、企業はコスト、パフォーマンス、テクノロジーにおけるセグメント相互の関係に十分に注意を払わなければならない。固定費（セールス・フォース、店舗）のかかる企業は、コストの一部を吸収するために製品を追加することができる。セールス・フォー

スが問題であれば追加の製品を売り、ファストフード店の店舗が問題であればメニューに新しい品目を加える。範囲の経済性が、規模の経済性と同じくらい重要な場合もある。

企業は、個別のセグメントではなくスーパーセグメントでの事業展開を目指すべきである。**スーパーセグメント**とは、活用可能な類似性を共有している一連のセグメントのことである。例えば交響楽団の多くは、定期的にコンサートを聴きにくる人々だけでなく、幅広く文化に興味を持つ人々を標的にしている。

■ セグメント別侵入計画

企業は、全体的な拡張計画を明かすことなく、各セグメントに参入するのが賢明だろう。その際、次にどのセグメントへ進出するか、競合他社に知られてはならない。セグメント別侵入計画は■図9-4に示されている。A、B、Cの3社は、コンピュータ・システムを航空会社、鉄道会社、トラック輸送会社のニーズへの適合に特化してきた。A社は、航空会社のコンピュータ関連ニーズをすべて満たしている。B社は3つの輸送機関すべてに大型コンピュータ・システムを販売している。C社はトラック輸送会社にパソコンを販売している。

C社は次にどこへ進出するべきだろうか。■図9-4に矢印を付け加え、計画しているセグメント侵入の順序を示した。C社はまず、トラック輸送会社に中型コンピュータを提供する。続いて、トラック輸送会社相手の大型コンピュータ・ビジネスの一部を失うのではないかというB社の懸念を払拭するため、C社は鉄道会社にパソコンを売る。後日、C社は鉄道会社に中型コンピュータを提供する。最後にC社は、トラック輸送会社におけるB社の大型コンピュータのポジションに全面攻撃を仕掛ける。もちろんC社の極秘侵入計画は暫定的なものである。競合他社がねらっているセグメント侵入と対応によって、その計画は変わる可能性が高い。

長期的な侵入計画の立案に失敗する企業が非常に多い。例外はペプシコーラである。コカ・コーラから市場を奪うにあたって、ペプシはまずコカ・コーラの食料雑貨店市場をねらい、次に自動販売機市場をねらい、続いてファストフ

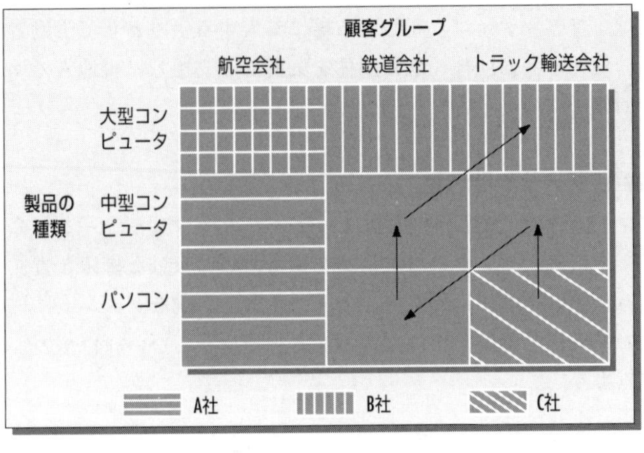

> 1900年は20世紀に入ると思われがちだが、実は19世紀最後の年である。

図9-4

セグメント別侵入計画

ード市場をねらう、という順序で計画を進めた。日本企業も、独自の侵入順序を策定している。まず市場で地歩を築き、次に製品を携えて新しいセグメントに参入する。トヨタはまず小型車(ターセル、カローラなど)市場に参入し、その後中型車(カムリ、クレシダ)に事業を拡大し、最終的に高級車(レクサス)市場に乗り出した。

守りの堅い市場に直面して、企業の侵入計画が挫折することもある。そこで、侵入者は堅い守りを破る手段を考え出さなければならない。**守りの堅い市場へ参入するには、メガマーケティングの手法が必要である。**

- **メガマーケティング**とは、特定の市場に参入したりその市場で事業を行ったりするために、多くの当事者の協力を得ることを目的とした、経済的スキル、心理的スキル、政治的スキル、パブリック・リレーションズ・スキルの戦略的調整のことである。

ペプシは、インド市場に参入するにあたってメガマーケティングの手法を用いた。

> 人気の2000年グッズは、「スター・ウォーズ」のライトサーベル型テレビ・リモコンである。

ペプシコ

コカ・コーラがインドから撤退した後、ペプシはこの巨大市場への参入計画を練った。ペプシはインドの企業グループと協同し、インド国内のソフトドリンク会社と多国籍企業排斥派の議員たちの反対を押し切って、ペプシの参入に対する政府の支持を取りつけた。ペプシはインドに対し、この国がペプシ原液を輸入するコストを賄って余りある量の農産物の輸出を援助する、と申し出た。またペプシは、インドの農村地帯に進出してその地域の経済開発を援助することも約束した。さらに、食品加工技術、パッケージング技術、水処理技術のインドへの移転を申し出た。ペプシは、インドのさまざまな利益団体から支持が得られる便益の束を作り上げた。ペプシは市場参入に必要な通常の4Psに依存するのでなく、政治(Politics)と世論(Public opinion)という2つのPを追加したのである。

市場参入を果たした多国籍企業は、だれからも尊敬される行動をとらなければならない。そのために、シビック・ポジショニングをよく検討する必要がある。例えばオリベッティは、新しい市場に参入する手段として労働者向け住宅を建設し、地元の芸術団体や慈善団体を気前よく支援し、現地人のマネジャーを雇って研修を受けさせた[47]。

> 1998年に最も収益をあげた玩具は、「スター・ウォーズ」のアクション・フィギュアだった。

■ セグメント間の協力

セグメントを管理する最善の方法は、セグメント・マネジャーを任命して、そのマネジャーにセグメントの事業構築をするために十分な権限と責任を与えることである。その一方で、セグメント・マネジャーがセグメントに集中するあまり、他の従業員との協力を拒むことがあってはならない。以下のような状況を考えてみよう。

バクスター

バクスターは製品部門制をとっていて、部門ごとに異なる製品やサービスを病院に提供し、各部門が別個に請求書を発送していた。そのため一部の病院から、バクスターから毎月7通もの請求書を送ってくるという苦情が出た。そこでバクスターのマーケターは各部門を説得し、各部門が請求書をバクスター本社に送り、本社がそれを1通の請求書にまとめて顧客へ発送することになった。

チェース

大半の銀行と同じく、チェースも最初は顧客記録を融資部門、預金部門、信託部門など、部門ごとに保管していた。そのため、顧客の銀行取引の全体像を把握することが難しかった。結局、チェース行内の数部門が、会計システムや情報システムの専門家と緊密な協力体制を取り、部門の壁を取り払った単一の顧客情報システムを作ることで合意した。

参考文献

1. Regis McKenna, "Real-Time Marketing," *Harvard Business Review*, July–August 1995, p. 87.
2. 以下の文献を参照されたい。James C. Anderson and James A. Narus, "Capturing the Value of Supplementary Services," *Harvard Business Review*, January–February 1995, pp. 75–83.
3. 以下の文献を参照されたい。Tevfik Dalgic and Maarten Leeuw, "Niche Marketing Revisited: Concept, Applications, and Some European Cases," *European Journal of Marketing* 28, no. 4 (1994): 39–55.
4. Jeff Gremillion, "Can Smaller Niches Bring Riches?" *Mediaweek*, October 20, 1997, pp. 50–51.
5. Nina Munk, "Why Women Find Lauder Mesmerizing," *Fortune*, May 25, 1998, pp. 97–106.
6. Robert E. Linneman and John L. Stanton Jr., *Making Niche Marketing Work: How to Grow Bigger by Acting Smaller* (New York: McGraw-Hill, 1991).
7. Robert Blattberg and John Deighton, "Interactive Marketing: Exploiting the Age of Addressability," *Sloan Management Review* 33, no. 1 (1991): 5–14.
8. Paul Davidson, "Entrepreneurs Reap Riches from Net Niches," *USA Today*, April 20, 1998, p. B3.
9. 以下の文献を参照されたい。Don Peppers and Martha Rogers, *The One to One Future: Building Relationships One Customer at a Time* (New York: Currency/Doubleday, 1993). 邦訳：『ONE to ONEマーケティング：顧客リレーションシップ戦略』（ドン・ペッパーズ、マーサ・ロジャーズ著、ベル・システム24訳、ダイヤモンド社、1995年）
10. B. Joseph Pine II, *Mass Customization* (Boston: Harvard Business School Press, 1993) 邦訳：『マス・カスタマイゼーション革命：リエンジニアリングが目指す革新的経営』（B・ジョーゼフ・パイン2世著、IBI国際ビジネス研究センター訳、日本能率協会マネジメントセンター、1994年）; B. Joseph Pine II, Don Peppers, and Martha Rogers, "Do You Want to Keep Your Customers Forever?" *Harvard Business Review*, March–April 1995, pp. 103–14.
11. "Creating Greater Customer Value May Require a Lot of Changes," *Organizational Dynamics*, Summer 1998, p. 26.
12. Susan Moffat, "Japan's New Personalized Production," *Fortune*, October 22, 1990, pp. 132–35.
13. Alan R. Andreasen and Russell W. Belk, "Predictors of Attendance at the Performing Arts," *Journal of Consumer Research*, September 1980, pp. 112–20.
14. Catherine Arns, "PC Makers Head for 'SoHo,'" *Business Week*, September 28, 1992, pp. 125–26; Gerry Khermouch, "The Marketers Take Over," *Brandweek*, September 27, 1993, pp. 29–35.
15. コーヒー市場における属性の階層に関する市場構造研究については、以下の文献を参照されたい。Dipak Jain, Frank M. Bass, and Yu-Min Chen, "Estimation of Latent Class Models with Heterogeneous Choice Probabilities: An Application to Market Structuring," *Journal of Marketing Research*, February 1990, pp. 94–101.
16. Kate Kane, "It's a Small World," *Working Woman*, October 1997, p. 22.
17. Leah Rickard, "Gerber Trots Out New Ads Backing Toddler Food Line," *Advertising Age*, April 11, 1994, pp. 1, 48.
18. "Sega to Target Adults with Brand Extensions," *Marketing Week*, March 12, 1998, p. 9.
19. Emily Nelson, "Marketing and Media: Kodak Focuses on Putting Kids Behind Instead of Just in Front of a Camera," *Wall Street Journal*, May 6, 1997, p. B8, Emily Neslon,

19. "Want to Improve Your Photos? Experts Say, First Bring Camera," *Wall Street Journal*, October 3, 1996, p. B1.
20. *American Demographics*, August 1986.
21. Lisa Napoli, "A Focus on Women at iVillage.com," *New York Times*, August 3, 1998, p. D6.
22. 世代についてさらに詳しくは、以下の文献を参照されたい。Michael R. Solomon, *Consumer Behavior*, 3d ed. (Upper Saddle River, NJ: Prentice Hall, 1996), ch. 14; Frank Feather, *The Future Consumer* (Toronto: Warwick Publishing Co., 1994), pp. 69–75.
23. Geoffrey Meredith and Charles Schewe, "The Power of Cohorts," *American Dem-ographics*, December 1994, pp. 22–29.
24. Andrew E. Serwer, "42,496 Secrets Bared," *Fortune*, January 24, 1994, pp. 13–14; Kenneth Labich, "Class in America," *Fortune*, February 7, 1994, pp. 114–26.
25. "Lifestyle Marketing," *Progressive Grocer*, August 1997, pp. 107–10.
26. Junu Bryan Kim, "Taking Comfort in Country: After Decade of '80s Excess, Marketers Tap Easy Lifestyle as Part of Ad Messages," *Advertising Age*, January 11, 1993, pp. S1–S4.
27. Gremillion, "Can Smaller Niches Bring Riches?"
28. この分類は次の文献をもとにしている。George H. Brown, "Brand Loyalty—Fact or Fiction?" *Advertising Age*, June 1952–January 1953, a series. 以下の文献も参照されたい。Peter E. Rossi, R. McCulloch, and G. Allenby, "The Value of Purchase History Data in Target Marketing," *Marketing Science* 15, no. 4 (1996): 321–40.
29. ジオデモグラフィック・データの大手供給業者には、ほかにClusterPlus (by Donnelly Marketing Information Services) およびAcord (C.A.C.I., Inc.) がある。
30. Christina Del Valle, "They Know Where You Live—and How You Buy," *Business Week*, February 7, 1994, p. 89.
31. 以下の文献を参照されたい。Michael J. Weiss, *The Clustering of America* (New York: Harper & Row, 1988).
32. 以下の文献を参照されたい。Norton Paley, "Cut Out for Success," *Sales & Marketing Management*, April 1994, pp. 43–44.
33. Michele Marchetti, "Dell Computer," *Sales & Marketing Management*, October 1997, pp. 50–53.
34. Geoffrey Brewer, "Lou Gerstner Has His Hands Full," *Sales & Marketing Management*, May 1998, pp. 36–41.
35. Jennifer Porter Gore, "Small Business Is Big at BB&T," *Bank Marketing*, August 1998, p. 10.
36. Thomas S. Robertson and Howard Barich, "A Successful Approach to Segmenting Industrial Markets," *Planning Forum*, November–December 1992, pp. 5–11.
37. V. Kasturi Rangan, Rowland T. Moriarty, and Gordon S. Swartz, "Segmenting Customers in Mature Industrial Markets," *Journal of Marketing*, October 1992, pp. 72–82.
38. ビジネス市場への別の興味深いアプローチ方法として、以下の文献を参照されたい。John Berrigan and Carl Finkbeiner, *Segmentation Marketing: New Methods for Capturing Business* (New York: HarperBusiness, 1992).
39. Wendy Brandes, "Advertising: Black-Oriented Radio Tunes into Narrower Segments," *Wall Street Journal*, February 13, 1995, p. B5.
40. Wendell R. Smith, "Product Differentiation and Market Segmentation as Alternative Marketing Strategies," *Journal of Marketing*, July 1956, p. 4.
41. Susan Reda, "American Drug Stores Custom-Fits Each Market," *Stores*, September 1994, pp. 22–24.
42. 以下の文献を参照されたい。Bart Macchiette and Roy Abhijit, "Sensitive Groups and Social Issues," *Journal of Consumer Marketing* 11, no. 4 (1994): 55–64.
43. Barry Meier, "Data on Tobacco Show a Strategy Aimed at Blacks," *New York Times*, February 6, 1998, p. A1; Gregory Freeman, "Ads Aimed at Blacks and Children Should Exact a High Price," *St. Louis Post-Dispatch*, p. B1.
44. N. Craig Smith and Elizabeth Cooper-Martin, "Ethics and Target Marketing: The Role of Product Harm and Consumer Vulnerability," *Journal of Marketing*, July 1997, pp. 1–20.
45. Roger O. Crockett, "They're Lining Up for Flicks in the 'Hood," *Business Week*, June 8, 1998, pp. 75–76.
46. 以下の文献を参照されたい。"Selling Sin to Blacks," *Fortune*, October 21, 1991, p. 100; Martha T. Moore, "Putting on a Fresh Face," *USA Today*, January 3, 1992, pp. B1, B2; Dorothy J. Gaiter, "Black-Owned Firms Are Catching an Afrocentric Wave," *Wall Street Journal*, January 8, 1992, p. B2; Maria Mallory, "Waking Up to a Major Market," *Business Week*, March 23, 1992, pp. 70–73.
47. 以下の文献を参照されたい。Philip Kotler, "Megamarketing," *Harvard Business Review*, March–April 1986, pp. 117–24.

第3部　マーケティング戦略の立案

製品ライフサイクルと製品ポジショニング

CHAPTER 10

KOTLER ON MARKETHING
コトラー語録

製品ライフサイクルではなく、市場ライフサイクルに注意せよ。

Don't watch the product life cycle:
Watch the market life cycle.

本章では、次の問題を取り上げる。

- 企業が利用できる主要な差別化属性は何か。
- 企業はどのように市場で効果的なポジショニングを選択し、伝達するのか。
- 製品ライフサイクルの各段階には、どのようなマーケティング戦略がふさわしいのか。
- 市場の各発展段階では、どのようなマーケティング戦略がふさわしいのか。

企業は常に自社の市場提供物を競合他社から差別化しようと努めている。企業は新しいサービスや保証、ロイヤル・ユーザーに対する特別な報奨、新しい利便性や喜びを考え出す。それが成功すれば、競合他社がその市場提供物を模倣する場合もある。その結果、大半の競争優位は短期間しか持続しない。したがって企業は常に新しい付加価値を備えた特徴とベネフィットを考え出し、選択肢の多さや低価格を求める消費者の注意と関心を勝ち取る必要がある。

　企業は通常、ある製品の寿命が終わるまでに何度もマーケティング戦略を練り直す。経済情勢は変化し、競合他社が新しい攻撃を仕掛け、製品に対する買い手の関心と要求も新たな段階を経ていく。したがって、企業は製品ライフサイクルの各段階に適した戦略を立案しなくてはならない。製品が永遠に生き続けられないことはわかっていても、企業は製品の寿命と収益性を伸ばしたいと願う。本章では、企業が提供物を効果的に差別化してポジショニングし、提供物のライフサイクルを通じて競争優位を獲得する具体的な方法を探る。

差別化の方法

　ソニーは常に新しいベネフィットを考え出している企業の好例である。同社では新製品を開発するとただちに、当該製品を競合他社のものとして考える3つのチームを編成する。1つめのチームは小さな改良を、2つめのチームは大きな改良を、3つめのチームは当該製品の陳腐化を考える。

　ある大手化学メーカーではブレーンストーミング会議を開き、顧客にとっての追加価値を作り出す方法を12通り考え出した。例えば、生産の改良と廃棄物の減少による加工処理コストの削減、委託販売やジャスト・イン・タイムの配達やサイクルタイムの減少による在庫の減少、請求書の作成発送業務の簡略化と電子データ交換による管理コストの削減、顧客企業の従業員にとっての安全性向上、構成部品の代用と供給業者コストの削減による顧客への値下げなどである。ほかの多様化の例については、■マーケティング・インサイト「航空会社が有利なポジションをとろうとするとき、自社のサービスがコモディティではないことを示す」を参照されたい。

　クレゴとシフリンは、顧客が何に価値を置くのかについて調べ、顧客の期待を上回る提供物を考えるべきだと提案している[1]。クレゴとシフリンは、そのプロセスの3段階を示している。

1. **顧客価値モデルを明確にする**　　企業はまず、標的顧客の知覚価値に影響を与えそうな製品およびサービスの要素すべてをリストにする。
2. **顧客価値ヒエラルキーを確立する**　　それから、各要素を基本的、期待どおり、望みどおり、予想を上回る、といった4グループに分ける。高級レストランを例に各グループについて考えてみよう。
   - **基本的**　　料理はそこそこの味で、タイミングよく運ばれる（レストランできちんと行われているのがこれだけなら、顧客は通常、満

足しないだろう）。
- ■ **期待どおり**　良質の食器が使われており、テーブルクロスとナプキンはリネンで、花が飾られ、サービスはほどよく控えめで、料理が美味しく調理されている（こうした要素は提供物を満足のゆくものにしているが、きわめて優れているわけではない）。
- ■ **望みどおり**　レストランは居心地が良く静かで、料理が非常に美味しく、見た目にも工夫されている。
- ■ **予想を上回る**　コースの途中で口直しのシャーベットが出され、最後の料理が終わるとテーブルの上にキャンディーが置かれる。

3. **顧客価値パッケージを決定する**　この段階で企業は、有形・無形の品目、経験、結果をどのように組み合わせて競合他社をしのぎ、顧客の喜びとロイヤルティを勝ち取るべく設計するかについて選択する。

差別化のツール

企業は自社の提供物を差別化するよう努めるべきである。
- ■ **差別化**とは、自社の提供物を競合他社の提供物と識別するために、一連の意味のある違いをデザインすることである。

差別化機会の数は、産業の種類によって異なる。ボストン・コンサルティング・グループは、利用できる競争優位の数と規模に基づき、産業を4種類に分類している（■図10-1）。

1. **大量の製品を扱う産業**　数は少ないものの、かなり大きな競争優位が得られる産業である。建築用器材産業の場合、企業は低コストのポジションあるいは高度に差別化されたポジションを得るために懸命に努力し、そのどちらかに基づいて成功できる。収益性は企業規模や市場シェアと相関関係にある。
2. **行き詰まった産業**　潜在的な競争優位がほとんどなく、しかも一つひとつの競争優位が小さい産業である。製鋼産業の場合、製品差別化や製造コストの削減は難しい。他社より優秀な販売員を雇い、気前よく接待するなどの努力はできるが、そうした優位は小さなものである。収益性は企業の市場シェアとは関係がない。
3. **分裂した産業**　差別化機会は多いものの、競争優位を得る一つひとつの機会は小さい産業である。レストランは多様な方法で差別化できるが、最終的にさほど大きな市場シェアを獲得するには至らない。レストランの規模は収益性とは関係がない。
4. **専門化した産業**　差別化機会が多く、さらに一つひとつの差別化が大きな利益を生む可能性を持つ産業である。特定市場セグメント向けに特殊な機械類を製造している企業のなかには、大企業と同程度の収益をあげられる小企業もある。

	優位獲得のためのアプローチ数	
優位の規模	少ない	多い
大きい	大量の製品を扱う産業	専門化した産業
小さい	行き詰まった産業	分裂した産業

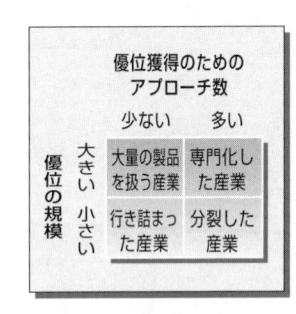

図10-1

ボストン・コンサルティング・グループの競争優位マトリクス

第10章　製品ライフサイクルと製品ポジショニング

MARKETING INSIGHT　マーケティング・インサイト

航空会社が有利なポジションをとろうとするとき、自社のサービスがコモディティではないことを示す

かつて飛行機の旅はコモディティと見なされていた。1978年、規制撤廃により、厳しい競争時代の幕が開いた。また、この規制撤廃は、成り上がり者の「ダビデ(第2代イスラエル王で、ペリシテ人の巨人戦士ゴリアテを倒した)」が航空会社の「ゴリアテ」から自社を差別化し、乗客を奪う道をも開くことになった。とりわけ名を上げるのに成功した航空会社は以下の3社である。

ヴァージン・アトランティック航空

1983年に設立され、因習を打破してきたこの高級志向の航空会社は、一般の予想によると、大西洋横断航路の操業に失敗したフレディ・レイカーによるレイカー航空と同じ運命をたどるだろうと考えられていた。しかし、その15年に及ぶ歴史の中で、ヴァージンは航空業界を揺さぶってきた。価格のみで競争するのではなく、同社はエンターテインメントとリラクゼーションを提供している。座席の背部にビデオをつけたのは同社が初めてであり、機内でマニキュア、マッサージ、マジシャンのサービスを提供している。しかも対象はファーストクラスの乗客だけではない。ヴァージン・コーラからヴァージン・メガストアまで、数多くの企業を所有するヴァージン・グループの会長兼CEOリチャード・ブランソンは、次のように述べている。「我々は運輸業界に参入したかったのではない。今でもエンターテインメント業界にいるつもりだ。7500メートル上空のね」。ヴァージンというブランドは、ブランソンの衝動的で猪突猛進型の性格と重ねて見られており、これもまたヴァージン・アトランティック航空の差別化のポイントとなっている。地球を熱気球で一周しようとするといったブランソンのパブリシティ活動は、同社にある種の名声を与えている。1998年、同社の売上は14億ドルで、収益は1億2900万ドルであった。

サウスウエスト航空

ダラスに本社を置くこの航空会社は、低価格でサービスを最小限に抑えた短距離フライトというニッチを開拓した。1973年にボーイング737ジャンボ旅客機3機でテキサス州の3都市を結んで始まったサウスウエスト航空は、今やアメリカの51都市にまで事業を拡大し、38億ドルの収益を誇っている。同社は比較的小さな空港を利用し、主要なハブ空港を避けることにより、他の航空会社との直接的な競争を避けてきた。低価格によって、普通であればその距離を車で移動するであろう人々の心をとらえた。とはいえ、競合他社でも割安料金で容易に割り込めるため、価格だけでは ↗

ミリンド・ララは、標的市場、製品、流通(チャネル)、プロモーション、価格という5つの面で、企業の潜在的な「策動性」が異なると考えた。策動における企業の自由度は、産業構造とその産業における企業ポジションに影響される。企業は一つひとつの潜在的な策動について収益を見積もる必要がある。最高の収益が見込める策動によって、企業の戦略的レバレッジが確定する。行き詰まった産業に属する企業は策動性と戦略的レバレッジがきわめて小さく、専門化した産業に属する企業は大きな策動性と戦略的レバレッジを享受する。

ここでは企業が自社の市場提供物を、製品、サービス、スタッフ、チャネル、イメージという5つの面でどのように差別化できるかについて考えてみよう(■表10-1)。

差別化できないことを同社は承知している。サウスウエスト航空は「楽しい」航空会社としても有名なのである。同社のCEOは、エルビス・プレスリーの格好で乗客を迎えることで知られている。着陸のアナウンスをしばしば「アンダー・ザ・ボードウォーク」に合わせて歌い、サウスウエスト航空の客室乗務員による安全具の使用説明には必ず、「水上着陸の際には、手で水をかき足で水を蹴り続けて、岸にお戻りください」というふざけた指示が入っている。

ミッドウエスト・エクスプレス航空

1984年に設立されたこの航空会社は、ミルウォーキーに本社を置き、現在はアメリカ国内の18州およびトロントを含む26の目的地に飛んでいる。同社独特のポジショニングは、ファーストクラスなみの高水準サービスを、全乗客に競争力のある価格で提供する点である。全座席が革張りで、座席の幅は競合他社が42.5センチ～45センチなのに対してたっぷり52.5センチある。機内食は陶磁器、ガラスの食器、リンネンのナプキンで出される。また食事のたびにワインかシャンパンのサービスがつく。同社は乗客の機内食に1食あたりおよそ10ドルをかけているが、これは航空業界における平均の2倍である。メニューにはロブスター・テルミドールなどのアントレや、鶏の胸肉のワイルドライス添え、機内で焼いているので非常にやわらかい同社のマーク入りチョコレート・チップ・クッキーなどがある。細部まで行き届いた高水準の配慮により、同社のモットーである「空で最高の心遣い」にふさわしく、ミッドウエスト航空は「最高の航空会社」として航空会社に与えられる数々の賞を獲得している。同社は11年間連続で収益をあげている。

技術の進歩によって、航空会社には将来**ハイテクによる差別化**でさらに別のレベルの競争が加わる可能性がある。例えば、日本航空はテレビゲームを提供しており、シンガポール航空は座席でラップトップ型コンピュータ用の電源を利用できるようにしている。いずれカジノ賭博を提供する航空会社も現れるだろう。唯一の問題は、実際に効果のあるものはすべて模倣することができ、全乗客のコスト負担を上昇させてしまうという点である。

出典：Chris Woodyard, "Southwest Airlines Makes Flying Fun: The Dallas-Based Carrier's Policy Is to Hire Hams and Let Their Personalities Shine Through," *USA Today*, September 22, 1998, p. E4; Chad Kaydo, "Riding High," *Sales & Marketing Management*, July 1998, pp. 64–69; Daniel Pedersen, "Cookies and Champagne," *Newsweek*, April 27, 1998, p. 60; Julia Flynn, "Then Came Branson," *Business Week*, October 26, 1998, pp. 116–20.

製品による差別化

物的製品は、差別化の潜在能力において一様ではない。一方の極には、鶏肉、製鋼、アスピリンなど、ほとんど多様性のない製品がある。しかし、その場合でも何らかの差別化は可能である。フランク・パーデューは自社の鶏肉が他社よりも柔らかいと主張し、価格を10％割高にしている。P&Gの洗濯用洗剤には数種類のブランドがあるが、各ブランドはそれぞれのアイデンティティを持っている。もう一方の極に位置するのが、自動車、商業用ビル、家具といった、高度な差別化が可能な製品である。この場合、売り手には形態、特徴、性能品質、適合品質、耐久性、信頼性、修理可能性、スタイルなど、デザインのパラメーターが豊富にある[2]。

表10-1

差別化の変数

製品	サービス	スタッフ	チャネル	イメージ
形態	注文の容易さ	コンピタンス	カバレッジ	シンボル
特徴	配達	礼儀正しさ	専門技術や専門知識	メディア
性能	取りつけ	安心感	パフォーマンス	雰囲気
適合性	顧客トレーニング	信頼性		イベント
耐久性	顧客コンサルティング	迅速な対応		
信頼性	メンテナンスと修理	コミュニケーション		
修理可能性	多様なサービス			
スタイル				
デザイン				

形態

数多くの製品が、大きさ、形状、物理的な構造といった**形態**で差別化できる。アスピリンのような製品において採用できる形態を考えてみよう。アスピリンは基本的にはコモディティだが、1回の服用量、形状、コーティング、作用時間などによる差別化が可能である。

特徴

ほとんどの製品の場合、製品の基本的な機能を補う多様な**特徴**を加えて提供できる。価値ある新しい特徴を最初に取り入れることは、競争を展開する上で最も効果的な方法の一つである。

企業はどうすれば適切な新しい特徴を見極め、選択できるだろうか。最近買ってくれた購買者に尋ねてもよい。その製品のどこが気に入ったのか。満足度を高めるために追加できる特徴はあるか。そのような特徴1つにつき、いくら支払う意思があるか。ほかの顧客が提案した特徴についてどう思うか。

次にすることは、加える価値がある特徴の決定である。企業は潜在的な特徴一つひとつについて、顧客価値に対する企業コストを計算すべきである。自動車メーカーが、■表10-2に挙げられている3つの改良を考えていると仮定しよう。後部ガラスにデフロスターをつけると、製造段階で1台につき100ドルの追加コストがかかる。平均的な顧客は、この特徴には200ドルの価値があると述べている。したがって、企業コストが1ドル増えるごとに顧客満足を2ドル分増やせる。ほかの2つの特徴も見てみると、企業コスト1ドルにつき最大の顧客価値を生むのは自動変速機のようである。また、各特徴をどれくらいの人が欲しがっているか、各特徴の導入にはどの程度の時間がかかるか、その特徴を競合他社が容易に模倣できるかどうか、についても考慮する必要がある。

さらに企業は、特徴の束あるいはパッケージに関しても考えなくてはならない。日本の自動車メーカーは、しばしば3種類の「内装レベル」で自動車を製造する。それによって、製造コストと在庫コストが下がる。各企業はより高いコストでカスタマイズされた特徴を提供するか、あるいは低コストで標準パッケージを提供するかについて決めなくてはならない。

> 地球温暖化とオゾンの減少もまた、ニュー・ミレニアムにおいて人類へ影響を及ぼす問題である。

表10-2
顧客有効価値の測定

特徴	企業コスト (a)	顧客価値 (b)	顧客価値÷企業コスト (c＝b÷a)
後部ガラスのデフロスター	100 ドル	200 ドル	2
クルーズ・コントロール	600	600	1
自動変速機	800	2400	3

性能品質

　ほとんどの製品は、低い、平均的、高い、優れているという4つのパフォーマンス・レベルのいずれかに落ち着く。**性能品質**とは、当該製品の主要な特徴が機能するレベルのことである。ここで重要な問題は、高い製品パフォーマンスを提供することがより高い収益性を生むかどうかである。戦略計画研究所では、相対的に高い製品品質が与える影響を研究しており、相対的な製品品質と投資収益率（ROI）の間には強い正の相関関係があることがわかっている。高品質の事業単位では、優れた品質のおかげでプレミアム価格を設定できるため、利益が高かった。また、反復購入の多さ、顧客ロイヤルティ、好意的なクチコミから利益を得ており、高品質の事業単位におけるコストは、低品質の事業単位におけるコストに比べてさほど高くはなかった。

　品質が収益性と関係しているといっても、それは可能な限り最高のパフォーマンス・レベルを設計すべきだということにはならない。ひたすらパフォーマンスを向上させ続ければ収益は減少する。標的市場と競合他社のパフォーマンス・レベルに応じて、製造業者は適切なパフォーマンス・レベルを設計すべきである。

　また、企業は性能品質を継続的に管理すべきである。採用できる戦略は3つある。1つめの戦略は、製造業者が製品を継続的に改良するという方法で、しばしば最高の収益と市場シェアを生む。2つめの戦略は、製品品質を一定レベルで維持する方法である。多くの企業は最初に製品を考案した後、大きな欠陥か機会がない限り品質を変えない。3つめの戦略は、製品品質を徐々に低下させる方法である。コストの上昇を埋め合わせるために品質を落とす企業もあるし、現在の収益を増加させるため故意に品質を低下させる企業もある。こうした行動はしばしば長期的な収益性を損なう。シュリッツのケースを見てみよう。

シュリッツ

　1970年代にアメリカ第2位のビール・ブランドであったシュリッツは、短期的な収益を増加させて株主の機嫌をとるために、経営陣が財務優先戦略を採用したことによって、屈辱的な状況に追いやられた。同社はビールの熟成時間を短縮し、以前よりも安価なホップの使用を決定した。初めのうちは収益が増し、株価が急上昇した。しかし、顧客はシュリッツの味が落ちたことに気づき始め、このブランドを見捨てた。そして株価は急落したのである。

テロリズム、大量殺戮兵器の脅威、世界的な金融問題は、ニュー・ミレニアムにおいても世界へ影響を与え続けるだろう。

適合品質

　買い手は製品の適合品質が高いことを期待する。**適合品質**とは、生産された製品の同一性が高く、約束された仕様書に合致している程度のことである。ポルシェ944が、10秒で時速96キロメートルまで加速するように設計されているとしよう。もし組立ラインから送り出されたポルシェすべてがそのとおりに加速すれば、そのモデルは適合品質が高いということになる。適合品質が低い場合の問題は、その製品が一部の買い手を失望させることである。

耐久性

　耐久性とは、自然な状態やストレスの多い状態で当該製品が機能すると期待される耐用期間のことで、特定の製品にとっては貴重な属性である。一般に買い手は、耐久性に優れていると定評のある自動車や台所用機器に対しては多くのお金を出すだろう。しかし、この原則にはいくつか条件がある。価格は過度に割高であってはならない。さらに、パソコンやビデオカメラの場合に見られるように、技術が急速に陳腐化してしまう製品には当てはまらない。

信頼性

　一般に、買い手は信頼性の高い製品に対してはプレミアム価格を支払う。**信頼性**とは、製品がある一定期間内に誤作動したり作動しなくなったりしないという見込みのことである。主要な家電製品を製造しているメイタッグは、信頼できる機器を作っているとの評判がきわめて高い。松下電器はテレビ受信機を製造していたモトローラのクエーザー部門を買収したとき、欠陥の発生を100セットあたり141か所から6か所にまで下げた。

修理可能性

> さらにもう1つの恐怖がある。今から100兆年後、星々は燃え尽きてしまうかもしれない。

　買い手は修理しやすい製品を好む。**修理可能性**とは、製品が誤作動したり作動しなくなった場合における修理の容易さのことである。容易に取り替えがきく標準的な部品で作られた自動車は、修理可能性が高い。ユーザーがコストや時間をさほどかけずに自分で製品を修理できれば、理想的な修理可能性といえるだろう。製品のなかには、修理担当者が電話で問題を解決したり、ユーザーに直し方をアドバイスしたりできるような、診断面での特徴を有するものもある。GEは修理人を派遣して家電製品を修理する前に、電話で問題を解決しようと試みる。問題の50%以上はそれで解決し、顧客の負担する費用が節約できる。コンピュータのハードウェア会社およびソフトウェア会社の多くが、電話、FAX、電子メールで顧客に技術サポートを提供している。シスコが採用している方法を考えてみよう。

>>> シスコシステムズ

　　　インターネット用部品の大手メーカーであるシスコシステムズは、現在では製品の40%以上をインターネットで販売している。同社では製品に関する顧客からの問い合わせに頻繁に答えなくてはならず、テレ

ホン・サポート・システムに大量の人員が必要だった。この問題に対処するため、同社はインターネット上に「よく問い合わせがある質問（FAQ）」のナレッジ・ベースをまとめた。それまで1コールあたり200ドルかかっていた問い合わせの電話は、1か月につき5万件も減り、現在では月に1000万ドルもの節約になっている。新しい問い合わせとその解決法はテクニカル・ライターへ回され、解決法がFAQsに追加される。こうして将来の問い合わせの件数も減らすことができるのである。

■■■ スタイル

　スタイルとは、製品の外観と買い手に与える雰囲気のことである。一般に、買い手は魅力的なスタイルの製品に対しては喜んでプレミアム価格を支払う。自動車の買い手がジャガーに対して高額を払うのは、その独特な外観のためである。アブソルートのウォッカ、スターバックスのコーヒー、アップルのコンピュータ、モンブランの万年筆、ゴディバのチョコレート、ハーレー・ダビッドソンのオートバイといったブランドでは、美的価値が重要な役割を果たしている。

　人目を引くどころか、あくびを催させるような製品があまりにも多い。スタイルには、模倣するのが難しい独自性の創造という優位がある。優れたスタイルが常に高いパフォーマンスを意味するわけではないというマイナス面もある。自動車の外観がきわめて優れていても、修理にかなりの時間を要する場合もある[3]。

　とりわけ食品、化粧品、トイレタリー用品、小型消費者電気器具の場合、パッケージングもスタイルの武器と考えなくてはならない。製品のパッケージは買い手が製品と最初に出会う部分であり、買い手の興味をかきたてたり失わせたりする力を持つ。アリゾナ・アイスティーの場合、パッケージングがまさしく購買の引き金となっている[4]。

アリゾナ・アイスティー

　アリゾナ・アイスティーの傘下であるフェロリト・ブルタジオ＆サンズ社は、きわめて単純な飲料である紅茶を、デザインに凝っためずらしい瓶に入れることで成功を収めている。同社の広口で首の長い瓶は、新しい時代の飲料産業で流行を創り出してきた。そして、顧客はしばしば瓶を手に入れるためだけにこの紅茶を購入する。消費者が瓶を取っておいたり、ランプなどの家庭用品に作り変えて使うことがわかっているので、同社は限定版の瓶を出している。例えば、1998年にはポップ・アーティストであるピーター・マックスの手による4つのデザインで、数量限定のレモンティーの瓶を発表した。将来、そのラベルが絶対複製されないように、印刷用シリンダーを壊すことまでしたという。

「ヨハネの黙示録」を信じる人の多くは、大洪水が人類を滅ぼすと考えている。

デザイン：統合力

　競争が激化するに従って、デザインは製品とサービスを差別化してポジショニングするための強力な武器となる[5]。ハーバード大学のロバート・ヘイズ教授が語った次の言葉は、そのことを最も端的に表している。「15年前、企業は価格を競った。今日は品質を競っている。将来はデザインを競うことになるだろう」。ますますペースの速くなる市場において、価格と技術では十分ではない。多くの場合、デザインが企業に競争力をもたらす要因となるだろう。**デザイン**とは、顧客の要求に応じて、製品の外観と機能に影響を及ぼす特徴全体のことである。とりわけ耐久財、衣料、小売サービス、パッケージ製品の製造とマーケティングにおいて、デザインは重要である。これまで論じてきた品質はすべて、デザインのパラメーターである。デザイナーは、形態、特徴の開発、パフォーマンス、適合性、耐久性、信頼性、修理可能性、スタイルにどの程度投資すべきか考えなくてはならない。企業にとってデザインの優れた製品とは、製造と流通の容易な製品である。顧客にとってデザインの優れた製品とは、目で楽しめて、開けやすく、取りつけ、使用、修理、廃棄が容易なものである。デザイナーはこうしたあらゆる要素を考慮しなければならない。

　ここでは製品が「機能の前に形ありき」を体現している2社を紹介しよう。

アップル・コンピュータ

　コンピュータはベージュ色で箱形でなければならないと言ったのはだれか。アップルの最新型コンピュータであるiMacはまったく違う。iMacの特徴は、洗練された曲線的なモニターとハード・ドライブがオールインワン型ユニットで、半透明の色つきケースに入っている点である。オフィスを乱雑にする重いタワーやデスクトップ・ハード・ドライブはない。フロッピー・ドライブもないが、その理由は単純だ。ソフトウェアはCDやインターネットを通じて流通するようになっており、フロッピーはすたれつつあるとアップルが考えているからである。ワンタッチでインターネットにアクセスできるこのコンピュータは、インターネットの利用を目的にデザインされている（「iMac」の「i」はインターネットを意味している）。1998年の夏に売り出されてからわずか1か月で、iMacは2番目によく売れるコンピュータとなった。iMacを購入した人のうち15％以上が初めてパソコンを買った人で、12％はウィンテル・モデルから買い替えた人であった。マックのコンピュータで利用できるソフトウェアが不足していることを考えると、iMacの人気はひとえにその知的なデザインに人々の心が引きつけられたことを物語っている[6]。

ブラック・アンド・デッカー

　流しの下で蛇口の水漏れの原因を調べているとき、手で持たなくてもよい懐中電灯ほど便利なものがあるだろうか。ブラック・アンド・デッカーのスネークライトは、その名のとおりの外観をしており、ほとんど何にでも取りつけられるため、両手が自由に使える。また、光る

コブラのように立てて、仕事場の照明としても使用できる。平均価格がわずか6ドルという懐中電灯の市場で、消費者はスネークライトに30ドルも支払っている。この製品は産業デザイン優秀賞（IDEA）で金メダルを獲得している[7]。

デザインをスタイルと混同し、デザインとは平均的な製品を流行の包装材で包むことだと考えている企業もある。信頼性とは、製造工程で付加するものではなく、検査中に確信するものだと考えている企業もある。デザイナーはというと、コストに十分な注意を払わず、急進的で市場に受け入れられないデザインを創り出すアーティストだと思われがちである。

衣料や家具におけるイタリアのデザイン、機能性や美的価値や環境への配慮に優れた北欧のデザイン、簡素で丈夫なドイツのデザインなど、デザインで優位を獲得している国もある。ジレットのドイツ子会社であるブラウンは、電気カミソリ、コーヒーメーカー、ヘアドライヤー、フードプロセッサーなどの製品で、デザインを芸術の域にまで高めている。同社のデザイン部門は、エンジニアリング部門や製造部門と同等の地位を享受している。デンマーク企業のバング・アンド・オルフセンは、ステレオ、テレビ、電話のデザインで数々の賞賛を浴びている。

イギリスのデザイン・イノベーション・グループは、製品、エンジニアリング、工業、グラフィックに関する221のデザイン・プロジェクトを調査した。その結果、プロジェクトの90％が収益を生んでおり、製品の市場導入から平均15か月で元金を回収していることがわかった。デザイン・プロジェクトは平均およそ10万ドルのコストがかかり、平均41％の売上増をもたらした。

ニュー・ミレニアムには、都市が海の上に建設されるかもしれない。

サービスによる差別化

物的製品が容易に差別化できない場合、競争に勝つ鍵は、評価されるサービスの付加とサービスの質の向上にあるだろう。主なサービスによる差別化要素は、注文の容易さ、配達、取りつけ、顧客トレーニング、顧客コンサルティング、メンテナンスと修理である。

■ 注文の容易さ

注文の容易さとは、顧客がその企業に注文するのがどれだけ容易かということである。バクスター・ヘルスケアは、病院にコンピュータ端末を支給し、端末から注文を直接送信してもらうことで、注文プロセスを容易にしている。現在、多くの銀行は、顧客が情報を入手して効率よく取引できるよう、ホーム・バンキング用ソフトウェアを提供している。今や消費者はスーパーマーケットへ行かなくても、食品や雑貨を注文して受け取ることさえできるのである。

ピーポッド、ストリームライン、ネットグローサー、サイバーミールズ
現在、インターネットを拠点とする企業数社が、コンピュータで注文を受け、食品を顧客の家の玄関まで配達している。最大のオンライン

食品雑貨店であるピーポッド(www.peapod.com)では、顧客がコンピュータ画面で8000品目のなかから食品を選べ、注文した商品は家まで2時間以内に配達してもらうことができる(■口絵10-1参照)。ボストンのストリームライン(www.streamline.com)の場合、注文した商品は家庭に取りつけられた特別なドア用コンパートメントに入れられるため、顧客が在宅している必要すらない。ネットグローサー(www.netgrocer.com)では、保存の効く食品について、25ドル以上の注文をインターネットで受け付けており、注文を受けた商品はフェデラル・エクスプレスで送られる。サイバーミールズ(www.cybermeals.com)は、注文に応じた食事を地元のレストランに配達させるよう手配している。これらのサイバー企業4社は、買い物やレストランに出かける時間がない人や、わざわざ出かけたくない人々にとって注文の容易さを提供している。

■ 配達

配達とは、製品やサービスがいかにうまく顧客のもとへ届けられるかということであり、配達プロセスにおけるスピード、正確さ、配慮も含まれる。デラックス・チェック・プリンターズ社は、注文を受けた翌日に小切手を発送し、18年間一度も遅れたことがないという点で高い評判を得ている。リーバイ・ストラウス、ベネトン、ザ・リミテッドでは、コンピュータ化された「クイック・レスポンス・システム」を採用し、供給業者、製造工場、流通センター、小売販売店の情報システムを連結している。買い手は配達が遅れないことで定評のある供給業者を選ぶ場合が多い[8]。アトランティック・グループ・ファーニチャーは、スピードを事業の差別化ポイントにしている。

> アトランティック・グループ・ファーニチャーによる調達および
> プロジェクト・マネジメント

ニューヨーク・シティに本社を置く事務用備品ディーラーのアトランティック・グループはコモディティ化されたビジネスを行っており、この業界では、昔から顧客と製造業者によってマージンが削られている。顧客サービスや付加価値で抜きん出ようとしている企業もあるが、アトランティック・グループはさらに一歩進んで、超高速の配達に乗り出した。ディーラーが顧客に会ってから注文を受けるまで、通常は1か月かかる。同社ならそれが1日でできる。最新の産業情報を駆使し、委託したアウトソーシング・パートナー企業、対応の迅速な製造業者、きわめて熱心な従業員が協力してそれを可能にしている。その異常なまでに速いペースを維持すれば、相当の利益が得られることを関係者全員が知っているのである[9]。

■ 取りつけ

取りつけとは、予定された場所で製品を作動させるための作業のことである。

> 遺伝子工学によって人類はどこまで進歩するのだろうか。

重い機器の買い手は十分な取りつけサービスを期待している。消費連鎖におけるこの段階での差別化は、複雑な製品を扱う企業にとって特に重要である。とりわけ標的市場が、画面上の「ディスク・エラー23」といったメッセージに我慢できない技術に疎い人の場合、取りつけの容易さは真のセールスポイントになる。

コンパック・コンピュータ

コンパックはプレサリオ・ラインで、他社に先駆けて初めて取りつけを差別化の対象として利用した。わかりにくい専門用語ばかりの取扱説明書の代わりに、同社は取りつけ方法の10ステップがわかりやすく図解してある1枚のポスターを顧客に提供している。取りつけをより簡略化するため、コード、ケーブル、差し込み口は色分けされている。コンピュータには楽しいビデオと音声による説明がついており、新規ユーザーはそれに従ってセットアップと登録を行えるようになっている(10)。

顧客トレーニング

顧客トレーニングとは、売り手の機器を適切かつ効率よく使用できるように、顧客の従業員を訓練することである。GEは病院に高価なX線装置を販売して取りつけるだけでなく、この装置のユーザーに対して懇切丁寧な教育も行っている。マクドナルドでは新規のフランチャイズ加盟者に対し、イリノイ州オークブルックにあるハンバーガー大学で2週間の研修を受け、チェーン店の適切な管理方法を学ぶよう求めている。

都会人口はニュー・ミレニアムにも増加し続けるだろう。

顧客コンサルティング

顧客コンサルティングとは、売り手が買い手に提供するデータ、情報システム、アドバイス・サービスのことである。付加価値のある最も優れたコンサルティング・サービスを提供している企業の1つに、ミリケン・アンド・カンパニーがある。

ミリケン・アンド・カンパニー

ミリケン・アンド・カンパニーは、工場にタオルを貸し出している産業洗濯業者向けに、店舗用タオルを販売している。このタオルは、物理的には競合他社のタオルとほとんど同じである。しかし同社は他社よりも高い価格をつけ、トップの市場シェアを獲得している。なぜ高い価格をつけられるのだろうか。ミリケン・アンド・カンパニーでは、顧客である洗濯業者へのサービスを継続的に向上し、製品に付加価値をつけているためである。同社では顧客に対して、顧客の販売員の教育、見込み客の紹介、販促資料の提供、オンライン・コンピュータ受注システムや配送最適化システムの提供、市場調査の実施、品質改良ワークショップの主催、自社の販売員の派遣などを行っている。こうした付加サービスにより収益性が高まるため、洗濯業者は喜んで同社

のタオルを購入し、プレミアム価格を支払うのである(11)。

消費者マーケティングでは、ライトエイド・ドラッグストアが消費者コンサルティングを開始して成功を収めている。

> ライトエイド社
>
> 価格を下げずに、入口付近に置いた収益性の高い薬品の売上を増加せよという命令のもと、ライトエイド社は1997年、消費者が薬局窓口でより快適に助言を求められるようにするため、店内用のコミュニケーション・プログラム「ビタミン・インスティチュート」を開始した。現在、同社の薬剤師は、質問を有する消費者のために情報を提供して、消費者が知識を得た上で判断を下すのに力を貸している。「ビタミン・インスティチュート」は大きな成功を収めたが、そのコンセプトは実は昔ながらのものである。同社のアプローチは、薬の副作用や相互作用の可能性について医者よりもよく知っていることさえあった地元の薬屋に、多くの人々が頼っていた「古き良き時代」を連想させる。ライトエイド社のアプローチは、今日のような保険医療団体(HMO)や管理医療の時代には大きな意味を持つのである(12)。

メンテナンスと修理

メンテナンスと修理とは、顧客が購入した製品を良好な作動状態に保つサービス・プログラムのことである。タンデムの遠隔操作による修理能力を考えてみよう。

> タンデム・コンピュータ
>
> タンデムが製造しているのは、アプリケーション用の並列中央演算処理装置(CPU)を搭載したコンピュータであり、この種のコンピュータではダウンタイムが重大な問題となる。顧客のコンピュータを作動させておくため、タンデムは顧客がそのようなサービスを必要だと気づきすらしないうちに修理しようと努める。タンデムのスタッフメンバーは遠隔操作の診断を通して誤作動する部分を究明し、適切な部品と指示を顧客に速達で送る。それから顧客に電話で修理手順を1つずつ丁寧に教える。この方法により、顧客にとって損害の大きいダウンタイムがなくなっただけでなく、タンデムでもコストのかさむ現場の修理部隊が必要なくなったのである(13)。

多様なサービス

企業は別の方法で顧客サービスを差別化してもよいだろう。改良した製品を保証したり、メンテナンス契約を提供したり、報奨を設けたりすることができる。

> バレー・ビュー・センター・モール
>
> ダラスにあるバレー・ビュー・センター・モールは、双方向性のタッチ・パネル式キオスクを利用した顧客に特典を与えるプログラム「スマ

ート・ショッパーズ・クラブ」を発表した。モールに行く人は、デモグラフィックスおよびサイコグラフィックスに関する質問が書かれた簡単な申し込み用紙に記入して会員になる。会員はモールに行ったときに自分のIDナンバーを入力し、小売店割引クーポン、毎週無作為に与えられる賞、イベントのカレンダーなどを受け取る。一方、バレー・ビューに店舗を持つ小売業者は、貴重なマーケティング情報を入手できるのである[14]。

マクミランとマグラスは、企業には消費連鎖のあらゆる段階で差別化機会があると述べている。そして製品がもはや使用されなくなっても、差別化は可能であると指摘する[15]。

キヤノン

キヤノンでは費用を自社負担とし、顧客が使用済みのプリンター用カートリッジを返却できるシステムを開発している。回収した使用済みカートリッジは再生されてまた販売される。このプロセスは、顧客が使用済みカートリッジを返却しやすくしている。顧客はカートリッジを受取人払いの荷物としてユナイテッド・パーセル・サービスの収集所に持ち込むだけでよい。また顧客は、このプログラムの環境に優しい面を気に入り、キヤノンを環境に優しい企業と考えている。

スタッフによる差別化

他社よりもよく教育された従業員を通じて、企業は強い競争優位を獲得できる。シンガポール航空はきわめて高い評判を得ているが、それは客室乗務員によるところが大きい。マクドナルドの従業員は礼儀正しく、IBMの従業員は専門知識が豊富で、ディズニーの従業員は陽気である。GE、シスコ、フリトレー、ノースウエスタン・ミューチュアル生命、ファイザーといった企業のセールス・フォースは、非常に高い評判を得ている[16]。他社よりもよく教育されたスタッフには、6つの特性が見られる。**コンピタンス**：要求される技能と知識を持ち、**礼儀正しさ**：親しみやすく、丁寧かつ親切で、**安心感**：信用でき、**信頼性**：一貫性のある正確なサービスを行い、**迅速な対応**：顧客の要望や問題へ迅速に対応し、**コミュニケーション**：顧客を理解し、わかりやすく伝える努力をしている[17]。

競合他社が製品やサービスをすぐに模倣できる時代にあって、従業員の独特なノウハウを売り物にしている賢い企業もある。

オービス社

1856年に設立されたオービス社は、通信販売業および小売への供給業に従事しており、同業者のL.L.ビーンやエディー・バウアーと競合する「素朴な」衣料、ギフト用品、スポーツ用品を販売している。しかしオービス社は、長い実績のあるフライフィッシングの知識を売り物にすることで差別化している。同社のフライフィッシング・スクールは

2000年、ほぼ400万人の中国共産党党員が、その地位を失うだろうと予想されている。

すべて、カリフォルニアからフロリダにいたる風光明媚な地域にあり、この難しいスポーツを初心者にも親しみやすくしている。同スクールはオービス社の小売販売店の近くにあるが、もちろんそれは偶然ではない。初めてフライフィッシング・スクールを開いた1968年には、同社の売上は100万ドルに満たなかった。現在、同社は3億5000万ドルの売上を誇る。全体の売上の中で実際にフライフィッシング用品が占める割合はごくわずかだが、カタログ・マネジャー兼副社長のトム・ローゼンバウアーは、次のように述べている。「フライフィッシングという財産がなければ、わが社はどこにでもある凡庸な商店になっていただろう[18]」。

チャネルによる差別化

> イギリス北東部では、遺伝学の教育施設としてつくられたDNAセンター「ヘリックス」のオープンでミレニアムを祝う。

企業は流通チャネルのカバレッジ、専門技術や専門知識、そしてパフォーマンスを適切にデザインすることによって、競争優位を獲得することができる。建築機材業界においてキャタピラーが成功を収めた1つの理由は、優れたチャネルを作り上げたことである。同社のディーラーは競合他社のディーラーよりも多くの場所に出向き、一般に他社よりもよく教育されており、信頼感を抱かせる。コンピュータ業界のデルや化粧品業界のエイボンは、質の高い直販チャネルの開発と管理で抜きん出ている。アイアムズのペットフードのケースは、チャネルを選択する際に伝統的チャネルを使わないことがいかに利益を生むのかについて教えてくれる。

アイアムズ・ペットフード

ポール・アイアムズがオハイオ州デイトンに同社を設立した1946年当時、ペットフードは安価で、あまり栄養価が高くなく、もっぱらスーパーマーケットと特殊食材店で売られていた。アイアムズは伝統的チャネルを無視して、地元の獣医やブリーダーやペットショップを利用した。現在のオーナーであるクレイ・マチルが1970年代の初めに同社に参加し、このマーケティング・チャネル戦略を全国に広げた。1982年から1996年にかけて、同社の年間売上は1600万ドルから5億ドルへと急増した[19]。

イメージによる差別化

買い手は企業イメージとブランド・イメージにさまざまな反応を見せる。マールボロが世界中で驚異的な市場シェア（30％前後）を誇っている主な理由は、マールボロの「マッチョなカウボーイ」というイメージが多くの喫煙者の心を共鳴させている点にある。ワインやアルコール飲料の企業も、必死に自社ブランドの独特なイメージを作り出そうとしている。

アイデンティティとイメージは区別する必要がある。アイデンティティとは、

企業がどのように自社や製品を特徴づけるのか、あるいはポジショニングするのかをいう。**イメージ**とは、大衆がその企業や製品をどのようにとらえるかである。イメージは企業がコントロールできない数々の要因に左右される。イメージそのものに命があるという事実は、移り気な若者の市場に魅力を感じさせ続けなくてはならないというナイキの抱える問題に表れている。

■ ナイキとエアウォーク

　ナイキは多くの若い消費者に、シューズとは単なる靴ではなく個性だと納得させることに成功した。戦略があまりにも成功したため、同社のマークは世界で最も認知されたシンボルの一つとなっている。しかし、流行の最先端から主流へと変化した同社の人気は、12歳〜24歳までの核となる重要な消費者の興味を失わせた。もともとスケートボーダーとスノーボーダーの専用シューズとして売り出されたエアウォークなど、別のイメージを有する他のブランドはシェアを伸ばしている。かつて子供たちは、ナイキのシューズが連想させる流行の最先端を行くスポーツのイメージを気に入っていた。エアウォークが型破りの広告で訴求しているのも、まさにそのイメージなのである[20]。

　効果的なイメージには3つの働きがある。1つめは、製品特性と価値提案の確立である。2つめは、製品特性を競合他社のものと混同されないように、独自の方法で伝えることである。3つめは、メンタルなイメージを超えてエモーショナルな力を伝えることである。イメージを機能させるためには、利用できるあらゆるコミュニケーション・ビークルとブランド・コンタクトを通じて、イメージを伝達しなくてはならない。もし「IBMがサービスに本気で取り組んでいる」のなら、このメッセージをシンボル、出版および視聴覚メディア、雰囲気、イベント、従業員の行動などで表現しなくてはならない。

■ **シンボル**

　イメージは強力なシンボルによって増幅できる。企業は、ライオン（ハリス銀行）、リンゴ（アップル・コンピュータ）、ドウボーイ（ピルスベリー）のようなシンボルを選んでもよい。また、新しい香水のパッション（エリザベス・テーラー）やアンインヒビテッド（シェール）のように、有名人と結びつけてブランドを作る場合もある。青（IBM）、黄（コダック）、赤（キャンベルスープ）のように、企業イメージに色を選んだり、特定の音や音楽を選ぶ場合もある。■図10-2には、アメリカで最も高い評価を受けている企業ロゴが紹介されている。

■ **メディア**

　選択されたイメージは、広告およびメディアを使って、ストーリー、ムード、主張など、独特な何かを伝えなくてはならない。年次報告書、パンフレット、カタログ、企業名の入った文房具、名刺などにも、そのイメージは反映されるべきである。

図10-2

アメリカで最も高い評価を受けている企業ロゴ

出典：Rahul Jacob, "Corporate Reputations," *Fortune*, March 6, 1995.

■ 雰囲気

　企業が物理的に占めている空間もまた、強力なイメージを生み出すことができる。ハイアット・リージェンシー・ホテルは、アトリウム調のロビーによって独特なイメージを作り上げた。安全というイメージを伝えたい銀行は、ビルの建築様式、インテリア・デザイン、レイアウト、色、材質、調度によって、このイメージを伝達しなくてはならない。

■ イベント

　企業は主催イベントを通じて、アイデンティティを作り上げることもできる。ミネラルウォーターを販売するペリエは、運動競技場の建設を計画し、健康スポーツ・イベントを主催して有名になった。AT&TとIBMは交響楽の公演と展覧会を主催している。ハインツは病院に、そしてクラフトは「飲酒運転に反応する母の会（MADD）」に寄付を行っている。

　多数の製品イメージを作る手法で、そのイメージを大衆の心に刻み込んでいる例として優れているのは、スイスのスウォッチ腕時計である。

スウォッチ

　1983年、スウォッチの創設者ニコラス・G・ハイエクは、フランクフルトでいちばん背の高い銀行ビルに長さ150メートルの看板をかけ、スウォッチ腕時計を売り出した。2、3週間後には、ドイツ人ならだれでもスウォッチという名前を知っていた。スウォッチは軽量で耐水性と耐衝撃性を備えた電子アナログ腕時計で、ベルトはカラフルなプラスチック製である。有名アーティスト、スポーツ・イベントや宇宙イベント、誕生祭などを記念して、多種多様の文字盤とベルトの製品を出している。価格は40ドルから100ドルまである。この腕時計は、活動的で流行に敏感な若者へアピールするようデザインされている。

　スウォッチ腕時計は、これまでに30か国以上で2億個以上も売れている。宝石店、ファッション・アウトレット、高級百貨店などで販売されている。以下に挙げるのは、同社のプロモーション・スキルとマ

ーチャンダイジング・スキルの例である。
- 同社では1年中新製品を出しているが、限定版の「かっこいい」デザインの腕時計は年に2回しか売り出さない。これはスウォッチ・クラブの会員だけが注文できる。わずか4万個しか製造しなくても、10万人以上のコレクターから注文が殺到することもある。その場合、限定版の製品を買える4万人の幸運なコレクターは、同社により抽選で選ばれることになる。
- 競売会社のクリスティーズは、初期のスウォッチ腕時計のオークションを定期的に開催している。あるコレクターは、比較的めずらしい腕時計1個に6万ドルを払ったこともある。スウォッチが初めて売り出されたのがわずか21年前であることを考えると、同社はきわめて短い時間で「クラシック」の地位を獲得したといえるだろう。
- スウォッチは一部の自社小売店を運営している。かの有名なミラノのモンテ・ナポレオネ通りでは、スウォッチの店が観光客の人気を最も集めている。店の外に人だかりができると、店員が拡声器で4桁の数字を読み上げ、パスポート番号にその4桁の数字が含まれている人だけが店内に入って腕時計を買うことができる。
- 同社は常に革新を続け、最新式の製品に人々を引きつけ続けている。標準的なプラスチック製腕時計と並んで、アイロニー（金属製のスウォッチ）、光を動力源にしたスウォッチ・ソーラー、メロディが流れる目覚し時計スウォッチ・ミュージコールなど、新しく開発した製品もある。世界で初めてポケベル内蔵型の腕時計、ザ・スウォッチ・ザ・ビープを作ったのも同社である。また、「アクセス」コントロール機能を内蔵した腕時計のアクセスも発表し、現在これは世界中のほとんどのスキー場でスキー・パスとして使用できるようになっている。

優れたスタイリング、マーチャンダイジング、プロモーションによって熱狂的な支持層を生み出す同社の方法は、そのままマーケティングの手本となっている[21]。

> 医師はまもなく脊柱損傷の治療法を発見するかもしれない。

ポジショニング戦略の立案と伝達

ある程度であれば、あらゆる製品が差別化できる[22]。しかし、ブランドが有しているすべての差異に意味や価値があるわけではない。確立するに値する差異は、以下の基準を満たしている場合である。
- **重要性**　十分な数の買い手に高く評価されるベネフィットを与える。
- **独自性**　独特な方法で与えられる。

- **優越性** 同じベネフィットを生み出す上で、ほかの方法よりも優れている。
- **先駆性** 競合他社には容易に模倣できない。
- **許容性** 買い手がその差異に対して無理せずに支払える。
- **収益性** 企業はその差異の導入が収益性を増すと考える。

これらの基準を何ら満たせなかった差異によって、差別化を試みている企業は少なくない。シンガポールのウェスティン・スタンフォード・ホテルは、世界で最も高層のホテルであると広告している。しかし、ホテルの建物の高さは多くの旅行客にとって重要ではない。ポラロイドのポラビジョンは独特で先駆的ではあったが、動画撮影できるほかの方法、つまりビデオカメラには劣っていた。ターナー・ブロードキャスティング・システムがスーパーマーケットの店内にテレビモニターを設置し、店のレジに並んでいる退屈した買い物客にケーブル・ニュース・ネットワーク（CNN）を見せたとき、その差異は「優越性」の基準をパスしていなかった。顧客はスーパーマーケットに娯楽の新しい情報源など求めていなかったため、同社の税額は1600万ドルの評価切り下げを受けた。

> ルー・ゲーリッグ病の患者は、ニューロン障害を引き起こす遺伝子を単離する治療法によって、回復が可能になるかもしれない。

しかし、カーペンター、グレーザー、ナカモトによると、ブランドの差別化に無関係な属性で成功する場合もあるという[23]。P&Gは、「特許を取得した独自の製法」で作った「フレーク状になったコーヒーの結晶」によって、フォルジャーズ・インスタント・コーヒーを差別化している。実際には、コーヒーの結晶はすぐに熱湯に溶けてしまうため、粒子の形は無関係である。アルバート・カルバーのアルバート・ナチュラル・シルク・シャンプーは、「ボトルにシルクを入れました」というスローガンを掲げて広告されている。しかし、同社のスポークスマンは、実際のところシルクは髪に何の効果も与えないことを認めている。

市場提供物について、各企業は独自のポジショニングを行う必要がある。
- **ポジショニング**とは、標的市場の心の中に独自の位置を占めるために、企業の提供物とイメージをデザインすることである。

ポジショニングの最終目的は、市場に焦点を当てた価値提案を作り上げること、つまり標的市場がなぜその製品を買うべきなのかに対して説得力のある理由を作り上げることである。■表10-3では、パーデュー、ボルボ、ドミノの3社が標的顧客への価値提案、ベネフィット、価格をどのように決定したかが示されている。

ライズとトラウトによるポジショニング

ポジショニングという語は、マーケティング・コンサルティング会社を共同経営するアル・ライズとジャック・トラウトの2人によって一般に広められた。ライズとトラウトは、既存製品に対して行う創造的な行為がポジショニングであると考えている。

企業と製品	標的顧客	ベネフィット	価格	価値提案
パーデュー（鶏肉）	鶏肉の品質にこだわる顧客	やわらかさ	10%割高	他社よりもやわらかい最高の鶏肉を適度なプレミアム価格で
ボルボ（ステーション・ワゴン）	安全にこだわる「高所得層の」家族	耐久性と安全性	20%割高	家族が乗れる最も安全で耐久性のあるワゴン車
ドミノ（ピザ）	便利さにこだわるピザ好きな人	配達のスピードと品質の良さ	15%割高	注文してから30分以内で玄関に届く、美味しい焼きたてのピザを適度な価格で

表10-3

価値提案の例。需要の種類とマーケティング・タスク

　ポジショニングは製品から始まる。製品とはつまり、商品、サービス、企業、機関などで、人の場合さえある（中略）。しかし、ポジショニングは製品に対して行うものではない。見込み客の心に対して行うものである。つまり、見込み客の心の中に製品をポジショニングするのである。

　一般に、有名な製品は顧客の心の中にユニークなポジションを有しているとライズとトラウトは述べている。ハーツは世界最大のレンタカー会社、コカ・コーラは世界最大の清涼飲料会社、ポルシェは世界最高のスポーツカーの一つであると考えられている。こうしたブランドには上述のように独特なポジションがあり、それを競合他社が自分のものだと主張するのは難しいだろう。競合他社がとりうる戦略は4つある。

　1つめの戦略は、顧客の心の中にある現在のポジションを強化する方法である。エイビスはレンタカー業界でのポジションが2番目であることを認め、「私たちはナンバー2。だからもっと頑張ります」と主張した。セブンアップはコーラ飲料でない点を利用し、自社製品を「アン（非）コーラ」と広告した。2つめの戦略は、空いているポジションを獲得する方法である。スリー・マスケッティアーズ・チョコレート・バーは、ほかのチョコレート・バーに比べて脂肪分が45%も少ないと広告した。ユナイテッド・ジャージー銀行は、大手銀行では融資の準備に比較的時間がかかる点を指摘し、自社を「最も仕事が速い銀行」としてポジショニングした。3つめの戦略は、競争相手をデポジショニングあるいはリポジショニングする方法である。食器類を買うアメリカ人の大半は、レノックスとロイヤル・ドルトンの陶磁器を両方ともイギリス製だと考えていた。ロイヤル・ドルトンはレノックスの陶磁器がニュージャージーで作られている点を指摘し、デポジショニングした。ウェンディーズの有名なコマーシャルに、クララという名の70歳の女性が競合他社のハンバーガーを見て「ビーフはどこにあるの」というものがあったが、この例が示したのは、攻撃がいかにトップ企業に対する消費者の信頼を揺るがすことができるかである。

　広告の過剰な社会では、人々はコーク－ペプシ－RCコーラ、あるいはハーツ－エイビス－ナショナルのように、ブランドを製品ラダーの形で覚えている場合が多いとライズとトラウトは主張している。いちばんよく覚えられるのは、トップ企業である。例えば、「初めて単独飛行で大西洋横断に成功した人はだれ

か」と聞かれたら、皆が「チャールズ・リンドバーグ」と答える。しかし、「2番目に成功した人はだれか」と聞かれるとわからない。企業がナンバー1のポジションを求めて奮闘するのはそのためである。「最大の企業」というポジションを占めることのできるブランドは、たった1つである。2番目のブランドは、新しいカテゴリーを考え出してトップに立つべきである。だからこそセブンアップはナンバー1の「アン(非)コーラ」飲料であり、ポルシェはナンバー1の小型スポーツカーであり、ダイアルはナンバー1のデオドラント・ソープなのである。マーケターはブランドに適した説得力のある重要な属性やベネフィットを見極めるべきである。

4つめの戦略は、閉鎖的クラブの戦略である。例えば、企業はビッグ・スリーのうちの1つであるという考え方をプロモーションできる。このビッグ・スリーという発想は、アメリカで3番目に大きい自動車メーカーであるクライスラーが考え出した(自動車市場でトップの企業は、このようなコンセプトを考案したりしない)。つまり、そのクラブの一員であれば「最高」ということになる。

ライズとトラウトが扱うコミュニケーション戦略は、基本的にブランドを消費者の心の中にポジショニングあるいはリポジショニングするのが目的である。しかし、ポジショニングを行うためには、製品、価格、流通、プロモーションのあらゆる面が、選択されたポジショニング戦略を支える必要がある点は認めている[24]。

> 予防接種がない子供時代を想像してみて欲しい。ミレニアムの子供たちの免疫処置は、バナナやほかの美味しいごちそうに入っているかもしれない。

いくつの差異をプロモーションすべきか

各企業は標的顧客に対していくつの差異(例えば、ベネフィットや特徴)をプロモーションすべきかを決定しなくてはならない。多くのマーケターは、1つの中心的なベネフィットだけをプロモーションすべきだと主張している。ロサー・リーブズは企業が各ブランドについて**ユニークな販売命題(USP)**を構築し、そこから離れないようにすべきだと述べている[25]。クレスト練り歯磨き粉は一貫して虫歯予防をプロモーションし、メルセデスは優れたエンジニアリングをプロモーションしている。ライズとトラウトは、一貫した1つのポジショニング・メッセージがよいとしている[26]。各ブランドは1つの属性を選び出し、その属性では「ナンバー1」であると売り込むべきである。

ナンバー1のポジショニングとしては、「最高の品質」「最高のサービス」「最低の価格」「最高の価値」「最高の安全性」「最も速い」「最もカスタマイズされた」「最も便利」「最先端の技術」などがある。こうしたポジショニングの1つに力を入れ、実際に約束どおりやり遂げれば、恐らく企業はその強みで最も有名になり、顧客の記憶に残るようになるだろう。ホーム・デポは家庭用修理製品の小売業者のなかで「最高のサービス」という評判を獲得している。

ホーム・デポ

同社の創設者でありCEOのバーナード・マーカスは、「バーニーとの

朝食」として知られる激励会議で自社販売員にサービスの信条を説いている。同社には次のような伝説がある。ある時マーカスが店舗の事務所に入っていくと、顧客が返品した商品の山の中にシアーズのクラフツマンのレンチがあった。マーカスはその店の顧客サービス担当従業員を呼び集め、そのレンチを見せて返品を受け付けたのはだれかと尋ねた。ホーム・デポではシアーズのレンチは販売していないためである。ある不安げな従業員が自分の落ち度を認めたが、マーカスはにっこりと笑って、顧客を喜ばせるために普通はやらないことをした素晴らしい例だとほめたたえた。しかし顧客のために格別な努力をする販売員の例は、ポーム・デポではめずらしいことではない。同社の販売スタッフは、タイル貼りや電気器具の取りつけなどの作業について、実地で役立つアドバイスを提供できるよう教育されている。従業員は経験を積んだ商売人であり、配管工、電気工、大工でもあるのだ[27]。

シングルベネフィット・ポジショニングが常に最良であるという考え方にだれもが賛成しているわけではない。もし2社以上が同一の属性について自社が最高であると主張していれば、**ダブルベネフィット・ポジショニング**が必要となる場合もある。事務用備品システム会社のスチールケース社は、どこよりも時間に正確な配達と最高の取りつけサポートという2つのベネフィットを主張している。ボルボは「最高の安全性」と「最高の耐久性」を持つ自動車としてポジショニングしている。

トリプルベネフィット・ポジショニングで成功を収めたケースさえある。スミス・クライン・ビーチャムは、アクアフレッシュ練り歯磨き粉が虫歯予防、さわやかな息、白い歯という3つのベネフィットを提供する製品であると売り込んだ。この場合に難しいのは、アクアフレッシュがこの3つ全部を提供すると消費者に納得させることである。同社はチューブから3色の練り歯磨き粉が出てくる製品を作るという方法をとった。そうすれば3つのベネフィットを視覚的に確認できるためである。こうして同社は「カウンターセグメンテーション」を行い、1つのセグメントではなく3つのセグメントの心を引きつけたのである。

企業が自社ブランドについて謳い文句の数を増やせば、不信感を買い、明確なポジショニングを失う危険性が生じる。一般に企業がポジショニングを行う際には、以下に挙げる4つの大きな誤りを避けなくてはならない。

1. **アンダーポジショニング**　買い手が当該ブランドについて漠然としたイメージしか持たないことに気づいている企業もある。そのブランドは飽和市場にまた1つ入ってきたものとしか見られない。1993年にペプシが透明なクリスタルペプシを市場導入したとき、顧客は何の感銘も受けなかった。消費者は、清涼飲料にとって「透明さ」が重要なベネフィットであるとは考えなかったのである。

2. **オーバーポジショニング**　買い手は当該ブランドについて狭いイメージしか持っていない場合がある。例えば現在、ティファニーでは

> ニュー・ミレニアムには、最も効果的なエイズ・ワクチンが生まれるかもしれない。

1000ドルからの手ごろな価格のダイヤモンド指輪があるにもかかわらず、最低でも5000ドルはするだろうと考えている消費者がいるかもしれない。

3. **混乱したポジショニング** 企業があまりに多くの謳い文句を主張したり、ポジショニングを頻繁に変えたりした結果、買い手は当該ブランドについて混乱したイメージを持ってしまうかもしれない。スティーブ・ジョブズによって発売された高性能で美しいデスクトップ型コンピュータNeXTがそうであった。このコンピュータは当初、学生向けにポジショニングされたが、その後エンジニア向けになり、さらに実業家向けに変更されて、すべて失敗に終わった。

4. **疑わしいポジショニング** 製品特徴や価格やメーカーに関する当該ブランドの主張を買い手が信じられない場合もある。GMのキャデラック部門がシマロンを市場導入したとき、この車はBMW、メルセデス、アウディと競合する高級車としてポジショニングされた。シートは革張りで、荷物棚があり、大量のクロムを使用し、シャーシにはキャデラックのロゴが刻まれていたが、顧客はシマロンを単にシボレーのキャバリエやオールズモビルのフィレンツァを飾りたてた車と見なした。シマロンは「価値の高いものに高価格をつけた」とポジショニングされたが、顧客は「価値の低いものに高価格をつけた」と考えたのである。

ポジショニングの問題が解決できれば、マーケティング・ミックスの問題は解決する。したがって、「高品質のポジション」を獲得するためには、高品質の製品を作り、価格を高く設定し、一流のディーラーを通じて流通させ、質の高い雑誌で広告することが求められる。

企業はどのようにして自社のポジショニングを選べばよいのだろうか。以下の例を考えてみよう。

あるテーマパーク会社が、多数の観光客向けの新しいテーマパークをロサンゼルス地域に建設したいと考えている。この地域には現在、ディズニーランド、マジック・マウンテン、ナッツ・ベリー・ファーム、ブッシュ・ガーデンズ、ニホンジカ公園、マリンランド・オブ・ザ・パシフィック、ライオン・カントリー・サファリという7つのテーマパークがある。

この会社はテーマパークを3つ1組(例えば、ブッシュ・ガーデンズ、ニホンジカ公園、ディズニーランド)にして観光客に提示し、各組で最もよく似ている2つのアトラクションと最も似ていない2つのアトラクションを尋ねた。統計分析によって、■図10-3の**知覚マップ**が作成された。このマップには2つの特徴がある。7つの点は7つの観光客向けアトラクションを表している。点の間隔が近ければ近いほど、観光客は当該アトラクションを類似していると考えていることになる。したがって、ディズニーランドとマジック・マウンテンは似ていると知覚され、ディズニーランドとライオン・カントリー・サファリはきわめ

人口過剰の結果、出産する子供の数を減らすか、子供を持たないと決める女性が増えるだろう。

て異なると知覚されている。

　また知覚マップには、人々が観光客向けアトラクションに求める9種類の満足度も表されている。この満足度は矢印で示されている。マリンランド・オブ・ザ・パシフィックは「最も待ち時間が少ない」と知覚されているため、「待ち時間が少ない」ことを表す仮想上の線の向きに最も近い。また消費者はブッシュ・ガーデンズが最も経済的な選択肢であると考えている[28]。

　この知覚マップによってテーマパーク会社は、利用可能なさまざまなポジショニング戦略を認識できるようになる[29]。

- **属性に基づくポジショニング**　規模やオープンしてからの年数といった属性に基づいてポジショニングする。ディズニーランドは世界最大のテーマパークとして広告できる。
- **ベネフィットに基づくポジショニング**　特定のベネフィットでトップに立つものとしてポジショニングする。ナッツ・ベリー・ファームは19世紀の開拓時代の西部にいるようなファンタジー体験ができるテーマパークとしてポジショニングできるだろう。
- **用途や目的に基づくポジショニング**　何かの用途や目的に最も適しているものとしてポジショニングする。ニホンジカ公園は1時間という短時間で娯楽を楽しみたい観光客向けにポジショニングできる。
- **ユーザーに基づくポジショニング**　一部のユーザー集団に最も適し

図10-3

知覚マップ

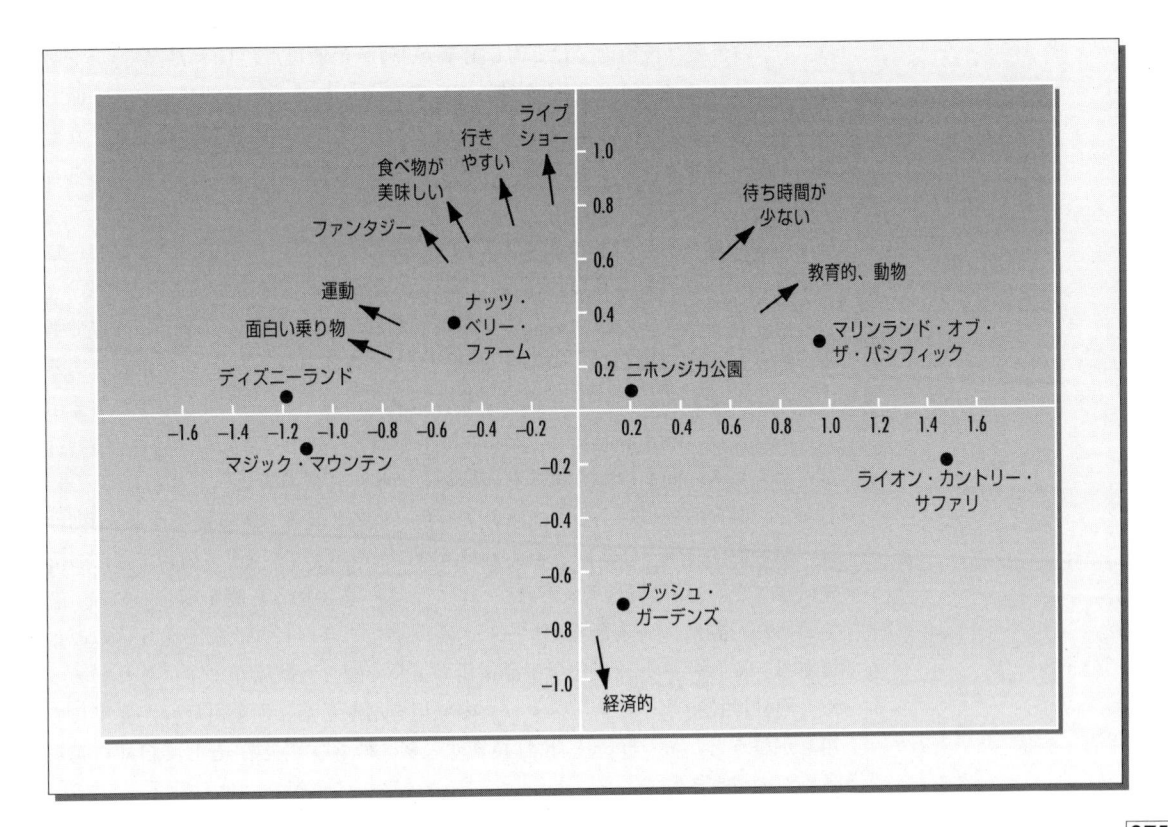

第10章　製品ライフサイクルと製品ポジショニング

ているものとしてポジショニングする。マジック・マウンテンは「スリルを求める人」には最高だと広告できる。

- **競合他社に基づくポジショニング**　何らかの点において、特定の競合他社よりも優れていると主張する。例えば、ライオン・カントリー・サファリはニホンジカ公園よりも動物の種類が豊富であると広告できる。
- **製品カテゴリーに基づくポジショニング**　ある特定の製品カテゴリーの中でトップに立つものとしてポジショニングする。マリンランド・オブ・ザ・パシフィックは、「レクリエーション用テーマパーク」ではなく「教育的施設」としてポジショニングできる。
- **品質あるいは価格に基づくポジショニング**　最高の価値を提供するものとしてポジショニングする。ブッシュ・ガーデンズは、支払った金額に対して「最高の価値」を提供するものとしてポジショニングできる。

> 現在、農業は地球全体の人口を養えるだけの食糧を生産しているが、問題は食糧の均等な分配である。

どの差異をプロモーションすべきか

　ある企業のとりうるポジショニング基準が、技術、コスト、品質、サービスの4つであると仮定しよう（■表10-4）。その企業には大手の競合他社が1社ある。2つの企業は技術面ではともに評価が8（1＝最低得点、10＝最高得点）であるため、どちらも優れた技術を持っていることになる。競合他社はコスト面では当該企業よりも得点が高い（6に対して8）。一方、当該企業は競合他社よりも高い品質を提供している（6に対して8）。そして、サービスについてはどちらも平均以下である。

　当該企業は市場に対する訴求力を向上させるため、コストを下げるかサービスを改善すべきであると思われる。しかし、そのほかに考慮すべき点がある。1つめは、2つの属性の向上について顧客がそれぞれどう感じるかという点である。■表10-4の4列目は、コストとサービスの向上が顧客にとって重要であることを示している。しかし、当該企業はコストとサービスの向上にかかる費用をまかなえるだろうか、また、どれだけ早く顧客に提供できるだろうか。5列目は、サービスの向上に伴うコストの抑制と、サービスのスピードを示している。しかし、競合他社は向上した当該企業のサービスと競争できるだろうか。6列目は、競合他社のサービス向上の能力が低いことを示している。7列目ではこの情報に基づき、2つの属性それぞれについてとるべき適切な行動を示している。最も適した行動は、当該企業がサービスを向上し、サービス改善を売り込むことである。モンサント社が化学製品市場の1つで達した結論がまさにこれであった。同社は技術サービス・スタッフの雇用を増やした。従業員教育が完了して用意が整うと、モンサント社は「技術サービスのトップ企業」として自社を売り込んだのである。

(1)競争優位	(2)企業の評価	(3)競合他社の評価	(4)改良の重要性の評価(H-M-L)*	(5)コストの抑制とスピード(H-M-L)	(6)競合他社による改良能力	(7)推奨される行動
技術	8	8	L	L	M	維持
コスト	6	8	H	M	M	検討
品質	8	6	L	L	H	検討
サービス	4	3	H	H	L	投資

*H=高、M=中、L=低

表10-4

競争優位の選択法

企業のポジショニングを伝達する

　明確なポジショニング戦略を立てたら、企業はそのポジショニングを効果的に伝達しなければならない。ある企業が「最高の品質」戦略を選んだと仮定しよう。品質の伝達は、一般に人々が品質を判断する際に用いる物理的なサインと手がかりを選択することによって行われる。以下にいくつか例を挙げてみよう。

　ある芝刈り機の製造業者は自社の芝刈り機が「強力」であると主張し、音のうるさいモーターを採用している。買い手は音のうるさい芝刈り機の方が静かなものより強力だと考えるからである。

　あるトラック製造業者は自社のシャーシにさび止めの下塗りを施しているが、その理由は下塗りが必要だからではなく、下塗りによって品質へのこだわりを示すためである。

　ある自動車メーカーが製造している車は、ドアを閉めるときにドスンという大きな音がする。ショールームで勢いよくドアを閉めて、その車が頑丈にできているかどうかを試す購買者が多いからである。

　リッツ・カールトン・ホテルでは、3コール以内に電話を取り、心からの「笑顔」を声に込めて応対し、ホテルのあらゆる情報に精通するように従業員を教育することで、顧客に品質の高さを伝えている。

　その他のマーケティング要素によっても品質は伝達される。価格の高さは通常、買い手に品質の優れた製品であることを伝える。製品の品質イメージは、パッケージング、流通、広告、プロモーションにも影響される。ブランドの品質イメージに傷がついたケースを以下に挙げてみよう。

- ある有名な冷凍食品ブランドは、あまりにも頻繁に安売りされたため、高級イメージが損なわれた。
- ある高級ビールは、瓶から缶に変えたときに高級なイメージに傷がついた。
- 高く評価されていたあるテレビは、量販店で取り扱われるようになって品質イメージが損なわれた。

　メーカーの評判も品質の知覚に貢献する。特定の企業は品質にこだわっている。消費者はネスレやIBMの製品は優れた製品だろうと期待する。賢い企業は

品質を買い手に伝え、顧客が満足しなければ「返金する」と保証している。

製品ライフサイクルとマーケティング戦略

> 世界中で10億以上の人々が、安全な飲料水を手に入れられないでいる。

企業の差別化戦略とポジショニング戦略は、製品、市場、競合他社の変化に応じて時とともに変えていかなくてはならない。ここでは製品ライフサイクルの概念と、製品ライフサイクルの各段階で生じる一般的な変化について検討していく。

製品ライフサイクル（PLC）の概念

製品にライフサイクルがあると考えるなら、以下の4点を認めることになる。
1. 製品の寿命は限られている。
2. 製品の売上は4つの段階を経過し、各段階で売り手はさまざまな試練、機会、問題に直面する。
3. 収益は製品ライフサイクルの段階によって上昇したり下落したりする。
4. 製品ライフサイクルの各段階に対応したマーケティング、財務、製造、購買、人的資源の戦略が必要となる。

ほとんどの製品ライフサイクルの曲線は鐘型を描く（■図10-4）。この曲線は一般に、導入期、成長期、成熟期、衰退期という4つの段階に分けることができる[30]。

1. **導入期**　製品が市場に導入され、売上がゆっくりと成長する期間。この段階では、製品の導入に伴う費用が大きいため収益はない。
2. **成長期**　製品が急速に市場に受け入れられ、かなり収益が向上する期間。
3. **成熟期**　製品がすでに潜在的な買い手のほとんどに受け入れられてしまったため、売上の成長が減速する期間。収益は安定するか、競争の激化により減少する。
4. **衰退期**　製品の売上が低下傾向を示し、収益が減少する期間。

PLCの概念は、製品カテゴリー（蒸留酒）、製品形態（無色透明の蒸留酒）、製品（ウォッカ）、ブランド（スミルノフ）の分析に利用することができる。

- **製品カテゴリー**は最も長いライフサイクルを持つ。多くの製品カテゴリーはいつまでも成熟期にとどまり、人口増加率が上昇した場合にのみ成長する。タイプライターや新聞といった主要な製品カテゴリーのいくつかは、製品ライフサイクルの衰退期に入っていると考えられる。また、FAX、移動電話、ミネラルウォーターなどは、明らかに成長期にある。
- **製品形態**はほかに比べると標準的なPLCに従う。手動タイプライター

図10-4

売上と収益のライフサイクル

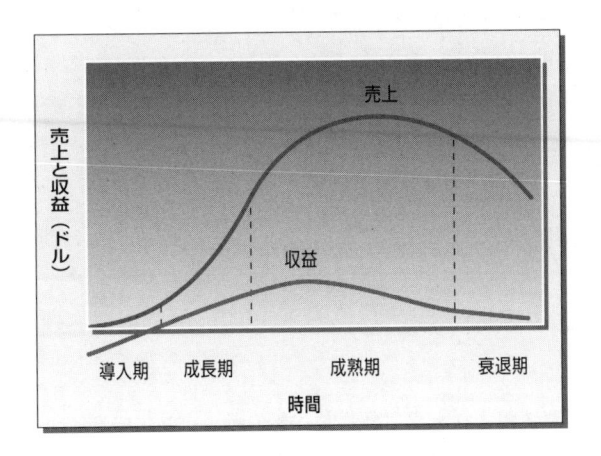

は導入期、成長期、成熟期、衰退期を経過したが、電動タイプライターと電子タイプライターもそれとまったく同じ段階を経た。
- **製品**は標準的なPLCに従う場合もあれば、変形した数種類の型のいずれかに従う場合もある。
- **ブランド**のPLCは短い場合と長い場合がある。多くの新しいブランドはすぐに消えていくが、アイボリー、ジェロー、ハーシーズといった一部のブランドはきわめて長い製品ライフサイクルを持ち、新製品を市場導入する際にはそのブランド名がつけられる。ハーシーズの場合、ハーシーズ・ハグズ、ハーシーズ・アーモンドキス・チョコレート、ハーシーズ・クッキー・アンド・ミント・キャンディー・バーの導入に成功している。ハーシーズでは、そうすることで強力なブランド名を永遠に維持できると考えている。

ニュー・ミレニアムにおいて成功するには、製品を世界的規模で販売しなくてはならない。

他の製品ライフサイクルの型

すべての製品が鐘型のPLCを示すわけではない。研究者たちは、これまでに6種類〜17種類のPLCパターンを確認している[31]。一般的な3つのパターンが■図10-5に示されている。■図10-5(a)は**成長急落成熟パターン**で、台所用小型機器の典型的なパターンである。数年前、電動ナイフが初めて市場導入されたとき、売上は急成長したのち「硬直化した」レベルまで落ちた。硬直化したレベルは、後期採用者が製品を初めて購入し、初期採用者が製品を買い替えることによって維持されている。

■図10-5(b)の**サイクル・リサイクル・パターン**は、しばしば新薬の売上で見られる。製薬会社は新薬を精力的に売り込み、1つめのサイクルが生じる。その後、売上は衰退し始めるが、製薬会社が再びプロモーションを行うことによって2つめのサイクルが生じる（通常は1つめよりも小さく期間も短い）[32]。

もう1つの一般的なパターンは、■図10-5(c)の**波形製品ライフサイクル**である。この場合、新しい製品特徴、用途、ユーザーの発見に基づいて、売上は一連のライフサイクルを経ていく。例えば、ナイロンの場合、時とともにパラシ

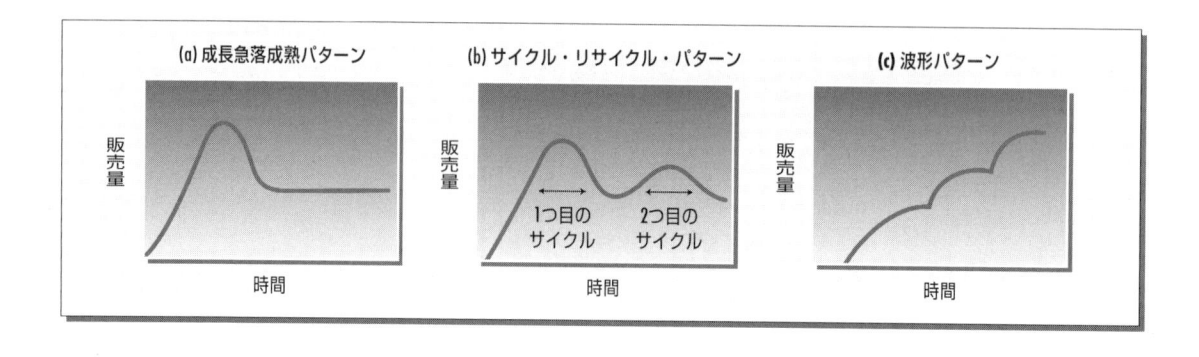

図10-5

一般的な製品ライフサイクルのパターン

ュート、メリヤス類、シャツ、敷物類、船の帆、自動車のタイヤなど、多くの新しい用途が発見され続けているため、売上はこの波形パターンを示す[33]。

スタイル、ファッション、ファッドのライフサイクル

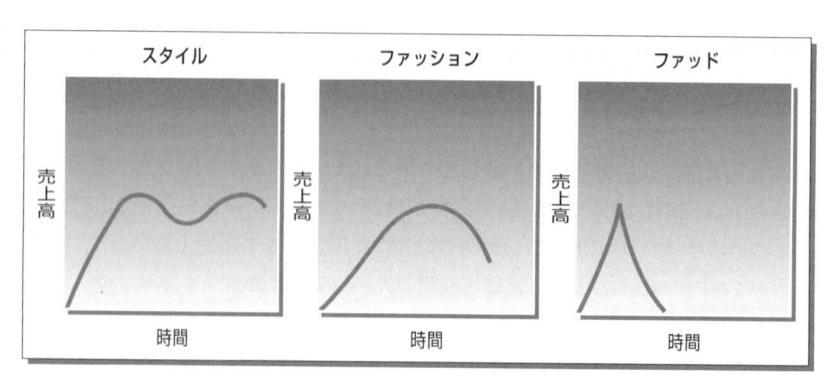

スタイル、ファッション、ファッドという、製品ライフサイクルの特殊な3つのカテゴリーは区別すべきである(■図10-6)。**スタイル**とは、人間の活動分野に表れる基本的で特有の表現形式をいう。スタイルは、家(コロニアル様式、牧場風、ケープコッド様式)、衣服(フォーマル、カジュアル、ファンキー)、芸術(写実主義、超現実主義、抽象主義)などに表れる。1つのスタイルは流行したりすたれたりしながら、何世代にもわたって続く場合もある。**ファッション**とは、特定の分野で現在受け入れられている、あるいは人気のあるスタイルをいう。ファッションは、独自性、模倣、大流行、衰退という4つの段階を経る[34]。

ファッションのライフサイクルの長さを予測するのは難しい。ファッションが終わる理由は、ファッションが購入時の妥協によるものであり、新たな属性を消費者が探し始めるためだとウォッスンは考えている[35]。例えば、自動車は小型になるにつれて快適さが低下するため、大きな車が欲しいと思う買い手の数がしだいに増えていく。さらに、ファッションを採用する人があまりにも多いため、ほかの人々が遠ざかってしまう。ファッションのライフサイクルの長さは、そのファッションが発展する際にどの程度真のニーズに応えており、社会のほかのトレンドと合致し、社会的な規範と価値を満たし、技術的な限界を

図10-6

スタイル、ファッション、ファッドのライフサイクル

超えないかによって決まるとレイノルズは述べている(36)。

　ファッドとは、急速に登場して熱狂的に採用され、すぐにピークに達してたちまち衰退するファッションをいう。受け入れられる期間は短く、刺激を求めている人や自分を他人と区別したいと思っている人など、限られた熱心な支持者だけを引きつける傾向がある。ボディ・ピアスやタトゥーのように、斬新で気まぐれな面を持つ場合も多い。ファッドは通常、強いニーズを満たすことはないため長続きしない。

　マーケティングの成功者は、早い時期にファッドに気づき、それを持久力のある製品に取り入れている。以下に挙げる2つの製品は、企業がファッドのライフサイクルを延ばすことに成功した例である。

ビーニー・ベイビーズ

　タイ社は1993年、ビーニー・ベイビーズを市場導入した。中に豆を詰めたこの小さなぬいぐるみは、価格が5ドル足らずで、子供が自分のこづかいで買えるという基本に立ち返った玩具として、創設者のタイ・ワーナーによってデザインされた。まもなく、このやわらかい小さなぬいぐるみを大人が熱心に集め始め、あまりの売れ行きに店の棚への補充が追いつかなくなった。しかし、やがて同社はビーニー・ベイビーズのブームを維持するには品不足が鍵であると気づいた。同社は小型のギフトショップと専門店に流通を限定することによって、消費者行動を巧みに操るようになった。また、定期的に古いキャラクターを引退させ、代わりに新しいキャラクターを数多く出すことで、さらに積極的に売り込んでいる。1998年には、引退したキャラクターの数が100余り、新しいモデルの数は65であった。引退したキャラクターは、熱心なコレクターから1000ドルもの値がつけられている。新しいモデルや引退が発表されると、同社のウェブサイトへのアクセスが急増する。1998年1月に変更が発表されたときには、同社のホームページ（www.ty.com）へのアクセス件数が3500％も増加した(37)。

トリビアル・パースート

　1982年に国際玩具フェアで登場して以来、トリビアル・パースートは18言語に翻訳されて32か国で6500万セットが売れており、現在でもいちばんよく売れている大人向けのゲームである。パーカー・ブラザーズ社は毎年、最新の質問に更新した新しいゲームを作り、この製品の人気を維持している。また、この製品から派生した製品として、旅行用パック、子供向けの製品、ヴァージン・エンターテインメント・インタラクティブから販売されている対話式のCD-ROM版トリビアル・パースート・ジーナスIVなども作り続けている。トリビアル・パースートには専用のウェブサイト（www.trivialpursuit.com）まで用意されており、最初の2か月間の試用期間中に10万人からアクセスがあった。もしあなたがデートで食事中の会話が続かなくて困っていても、もう心配はいらない。NTNエンターテインメント・ネットワークがお

インターネット・マーケティングは、ヒップホップの衣料に対する消費者の関心を高めるのに一役買っている。

よそ3000か所のレストランにトリビアル・パースートを置いているからである[38]。

マーケティング戦略:導入期

新製品を導入してディーラーの流通販路を満たすには時間がかかるため、この段階における売上の成長はゆっくりとしている。バゼルは成長を遅らせるいくつかの原因を明らかにした。生産能力拡大の遅れ、技術的な問題(「バグの解決」など)、小売販売店に至る十分な流通確保の遅れ、確立された行動を変えることに対する顧客の行動である[39]。高品位テレビのような高価な新製品の売上は、製品の複雑さや買い手の少なさといったさらに別の要因によって遅くなる。

導入期には売上が少なく、流通とプロモーションに多額の費用がかかるため、収益はマイナスになるか、あっても少ない。流通業者の関心を引くためにはかなりの費用が必要となる。また、(1)潜在的な消費者に告知する、(2)製品の試用を促す、(3)小売販売店での流通を確保するなどの必要性があるため、売上に対するプロモーション費の比率は4つの段階のなかで最も高い。企業は最も購買意欲の高い買い手、通常は比較的所得の高い層に焦点を絞って販売する。価格は高くなる傾向にあるが、その理由は、生産高の低さ、生産における技術的な問題、多額のプロモーション費を支えるための高いマージンの必要性、コストの高さ、といったことである。

新製品を市場導入する際、マーケティング担当者は各マーケティング変数(価格、プロモーション、流通、製品品質)に対して高いレベルか低いレベルを設定できる。価格とプロモーションだけを考慮する場合、次に挙げる4つの戦略のいずれかに従うことができる。

1. **急速な上澄み吸収**　新製品を高価格と高いプロモーション・レベルで市場導入する。この戦略は、潜在市場の大部分が製品を認知しておらず、認知した人が製品を手に入れたいと思っていて請求価格を支払うことができ、そして企業が潜在的競争に直面していてブランド選好を確立したい場合に適している。

2. **緩やかな上澄み吸収**　新製品を高価格と低いプロモーション・レベルで市場導入する。この戦略は、市場規模が限られており、市場の大部分が製品を認知し、買い手が喜んで高価格を支払い、潜在的競争が差し迫っていない場合に適している。

3. **急速な浸透**　新製品を低価格と高いプロモーション・レベルで市場導入する。この戦略は、市場が大きく、製品の認知度が低く、ほとんどの買い手が価格に敏感で、激しい潜在的競争があり、企業の生産規模と蓄積された製造経験に伴って単位製造原価が下がっている場合に適している。

4. **緩やかな浸透**　新製品を低価格と低いプロモーション・レベルで市場導入する。この戦略は、市場が大きく、製品の認知度が高く、価格

に敏感で、ある程度の潜在的競争がある場合に適している。
上澄み吸収戦略と浸透戦略については、第17章で詳しく検討する。

先発優位性

新製品の導入を計画する企業は、いつ市場に参入するかを決定しなくてはならない。最初に参入すれば利益はきわめて高いものの、リスクも大きく費用もかかる。企業が優れた技術、品質、ブランドの強さを提供できるなら、後から参入するのも理にかなっている。

製品ライフサイクルが短くなっている時代には、イノベーション期間のスピードアップが不可欠である。多くの業界の競合他社は、ほぼ同時に新しい技術と新しい市場機会を知る。最も早く実用化した企業が、市場で「一番手」の優位を享受できるだろう。遅いよりも早い方が利益が大きい。ある研究によると、予算内で製造され6か月遅れて市場導入された製品は、発売から5年間の収益が平均33%少なく、予算を50%オーバーして遅れずに市場導入された製品は、収益がわずか4%下がっただけであった。

大半の研究では、市場開拓者が最大の優位を獲得するという結果が出ている。市場を開拓したアマゾン・ドットコム、キャンベル、コカ・コーラ、イーストマン・コダック、ホールマーク、ピーポッド・ドットコム、ゼロックスといった企業は、持続的な市場支配に成功した。ロビンソンとフォーネルは、成熟した消費財産業および生産財産業を幅広く研究し、初期追随者や後発参入者よりも市場開拓者の方が大幅に高い市場シェアを獲得していることを発見した[40]。アーバンによる研究も先発優位性を指摘している。2番目の参入者は先発者の市場シェアの71%しか獲得できず、3番目の参入者はわずか58%しか獲得できなかった[41]。カーペンターとナカモトによると、1923年に市場リーダーであった25社のうち19社が、60年経った1983年にも依然として市場リーダーであった[42]。

何が先発優位性の源泉となるのだろうか。研究によると、消費者は先発ブランドを好む場合が多い[43]。先発ブランドを試用し、それが満足する製品であれば、初期ユーザーはそのブランドを好むだろう。また、先発ブランドは製品クラスが持っていなくてはならない属性を確立している。通常、先発ブランドは市場の中間層をねらっているため、多くのユーザーを獲得する。さらに、生産者における優位として、規模の経済性、技術上のリーダーシップ、希少資源の先取り、などの参入障壁もある。

しかし、先発優位性は必然的なものではない。ボウマー（手動計算機）、レイノルズ（ボールペン）、オズボーン（ポータブル・コンピュータ）など、市場開拓者が後発参入者に負けた例もある。シュナースは、模倣者がイノベーターをしのいだ28種類の産業について研究した[44]。そして失敗した先発者にはいくつかの弱点があることに気づいた。新製品があまりに未完成だったり、ポジショニングが不適切であったり、強い需要がないうちに市場導入されている点、製品開発コストによる資源の枯渇、自社よりも大きな参入企業と競争するために

ニュー・ミレニアムでは、エネルギーの管理が不可欠となるだろう。

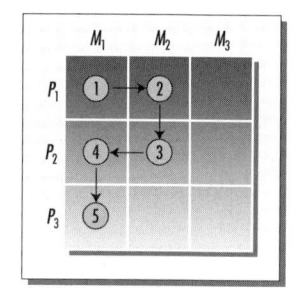

図10-7

長期的な製品市場拡大戦略（P_i＝製品i、M_j＝市場j）

必要な資源の不足、管理能力の欠如や不健全な現状への自己満足などである。成功した模倣者は、先発者よりも価格を下げたり、製品改良を重ねたり、荒々しい市場の力を先発者の追い越しに利用していた。

ゴールダーとテリスは、先発優位性にさらに疑問を投げかけている[45]。2人は**創案者**（最初に新しい製品カテゴリーで特許を取得）、**製品開拓者**（最初に実用モデルを開発）、**市場開拓者**（最初に新しい製品カテゴリーで販売）を区別した。また、生き残れなかった先発者もサンプルに入れた。その結果、先発者が優位を持つ場合はあるものの、それまでいわれていたほど明確なものではないと結論づけた。失敗している市場開拓者はこれまで報告されてきた数よりも多く、また決断力を持って市場に参入して資源を大量に投入すれば、（先発者でなくとも）市場リーダーとなりうる初期追随者は多い。後発参入者が市場開拓者に打ち勝った例として、メインフレーム・コンピュータでスペリーに勝ったIBM、ビデオカセット・レコーダーでソニーに勝った松下、手動計算機でボウマーに勝ったテキサス・インスツルメンツ、CATスキャン装置でEMIに勝ったGEなどが挙げられる。状況さえ整えば、後発参入者は先発優位性を克服できるのである。しかし、ロバートソンとガティグノンによれば、抜け目のない先発者は多様な戦略を使って、後発参入者にリーダーシップを奪われないようにできるという[46]。

先発者はすべての製品市場に同時には参入できないことを認識した上で、多様な製品市場の中で最初に参入可能な市場を具体的にイメージすべきである。市場細分化分析によって、■図10-7で示されているような製品市場セグメントがわかったと仮定しよう。先発者は各製品市場および複数市場を組み合わせた場合の収益可能性を分析し、市場拡大の方針を決定すべきである。したがって、■図10-7における開拓者の計画は、まず最初に製品市場P_1M_1に参入し、それから製品を2番目の市場に移動し（P_1M_2）、さらに2番目の市場向けに2番目の製品を開発して（P_2M_2）競合他社に不意打ちをかけ、2番目の製品を最初の市場に戻し（P_2M_1）、最初の市場向けに3番目の製品を発売する（P_3M_1）というものである。この作戦がうまくいけば、この先発企業は2つのセグメントの大部分を獲得し、これらのセグメントに2つか3つの製品を提供するだろう。

競争サイクル

先発者は、いずれ競合他社が参入してきて、価格と自社の市場シェアを低下させることを知っている。では、それはいつ起こるのだろうか。各段階で先発者は何をすべきだろうか。フレイは、先発者が予期すべき**競争サイクル**には5段階あると述べている（■図10-8）[47]。

- 最初、先発者は**単独の供給業者**であり、100％の生産能力と売上を持っている。新しい競合他社が生産能力を確立し、市販を開始すると**競争の浸透**が始まる。リーダーの生産能力シェアと売上シェアは低下する。さらに多くの競合他社が市場に参入して低価格製品を提供するようになるにつれ、リーダーの提供物の相対的な知覚価値は低下し、プレミ

アム価格を下げざるを得なくなる。
- 急速な成長の間に、生産能力は必要以上に高くなる傾向がある。成長の速度が減速すると、業界の過剰生産能力のためにマージンが低いレベルまで下がる。新しい競合他社は参入しないことを決定し、既存の競合他社は自社のポジションを固めようとする。これがシェアの安定につながる。
- 安定の後にはコモディティ競争が起こる。製品はコモディティと見なされ、買い手はもはやプレミアム価格を支払ってくれなくなるため、供給業者は平均的な収益率しか得られない。この時点で撤退が始まる。他社が撤退していくなかで、先発者がシェアを増やすことを決定する場合もある。

マーケティング戦略：成長期

　成長期は売上が急速に上昇するのが特徴である。初期採用者はその製品を気に入り、さらに新しい消費者が製品を買い始める。利益機会に引かれて、新しい競合他社が市場に参入する。そうした企業は新しい製品特徴を導入して流通を拡張する。

　価格は現状維持か、わずかに低下するが、それは需要がどの程度速く増加するかによって決まる。企業は競争を勝ち抜いて市場の啓蒙を続けるため、プロモーション費を導入期と同じ、もしくはわずかに高いレベルで維持する。売上はプロモーション費に比べてかなり速く上昇するため、プロモーションの対売上比率は下がる。

　成長期にはプロモーション費が大きく分散し、生産者の学習効果により単位製造原価が価格の低下よりも速く下がるため、収益は増加する。企業は新たな

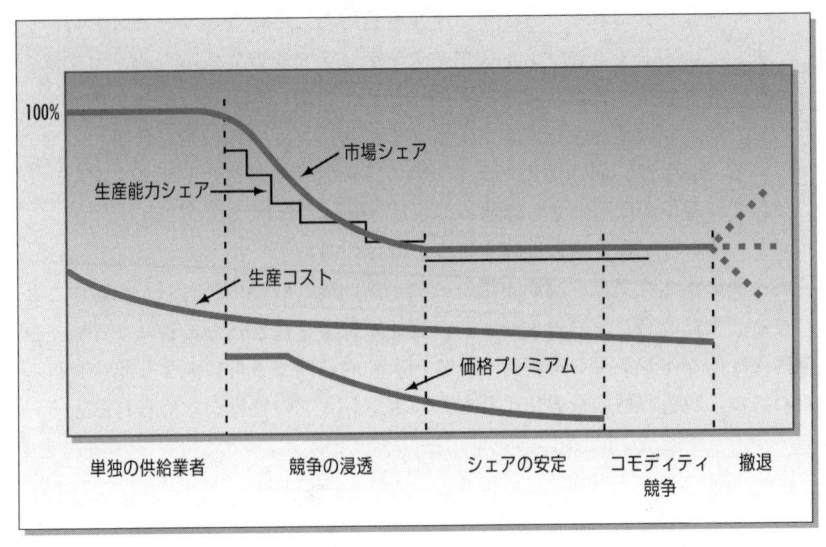

図10-8

競争サイクルの段階

出典：John B. Frey, "Pricing Over the Competitive Cycle," speech at the 1982 Marketing Conference. © 1982, The Conference Board, New York.

戦略を準備しておくために、成長率が加速から減速へと転じる変化に注意しなくてはならない。

成長期には、急速な市場成長をできる限り長く維持するため、企業は次のような戦略を用いる。

- 製品品質を改良し、新しい製品特徴と改良したスタイルを加える。
- 新型モデルとフランカー製品(主要製品を守るための製品で、大きさや味などが違う)を加える。
- 新しい市場セグメントに参入する。
- 流通カバレッジを拡大し、新しい流通チャネルに参入する。
- 製品を認知させる広告から製品を選好させる広告に変える。
- 価格に敏感な新しい層の買い手の関心を引くため価格を下げる。

以上のような市場拡大戦略は、企業の競争ポジションを強化する。ヤフーのケースを考えてみよう[48]。

> ニュージーランドのサウスランドは、ニュー・ミレニアムに行われる「初日の出」の結婚式を広告している。

ヤフー

ウェブ・サーフィンをしていた大学院生らによって1994年に創設されたヤフーは、今やウェブでナンバー1の地位を築き上げている。ヤフーは単なる検索エンジンを超えて、不動産や金融から、ニュース、ショッピング、個人向けの特別なコンテンツまで、あらゆる情報とサービスを提供している。1998年に同社の株は1株200ドルまで急騰し、株式時価総額は91億ドルとなった。しかし、同社が急激な成長を遂げているのと並行して、競争相手も単に手強い存在から恐るべき存在へと変わってきている。インフォシークなど既存のポータルは資金が注ぎ込まれて強大化し、テレビ放送網もサイバースペースへの進出を図っている。マイクロソフト、ネットスケープ、アメリカ・オンライン、GEのNBCなども戦いの準備をしている。ヤフーの戦略は、成長、成長、そして成長である。同社は電話、ポケベル、ポケット型オーガナイザーなど、これまでどのポータルも行ったことがないサービスを約束している。またブランド・アイデンティティを確立するため、ヤフーという名称の使用許可を精力的に与え、目的に合わせて情報を処理し、ウェブのデータをデスクトップまで送るプッシュ技術を使用している。さらに、同社はオンラインでの請求処理や購買サービスを開始して、電子商取引をさらに進めようと計画しており、すでにVISAインターナショナルと協力関係を築き上げている。

成長期にある企業は、高い市場シェアか高い現行収益のどちらかを選ぶことになる。製品改良、プロモーション、流通に資金を注ぎ込むことによって、企業は支配的なポジションを獲得できる。次の成熟期でさらに大きな収益を得るためには、現行収益の最大化よりもこのポジションの獲得が求められる。

マーケティング戦略:成熟期

　ある時点で、売上率の成長が鈍化し、製品は相対的に成熟した段階へと入るだろう。成熟期は通常、導入期や成長期よりも長く続き、マーケティング担当者へ難題を突きつけてくる。ほとんどの製品がライフサイクルの成熟期にあるため、大多数のマーケティング担当者が対処するのは、成熟製品のマーケティングで生じる問題である。

　成熟期は、成長成熟、安成熟定、衰退成熟という3つの期間に分けられる。1番目の成長成熟期に売上の成長率が低下し始め、新たに満たすべき流通チャネルはなくなる。2番目の安定成熟期には、市場飽和のため、1人あたりの売上が横ばいになる。大半の潜在的消費者がすでに製品を試しているため、将来の売上は人口増加と取り替え需要に支配される。3番目の衰退成熟期には、売上が確実に減少し始め、顧客が他の製品や代替製品に流れ始める。

　成長の鈍化により業界では生産能力が過剰となり、それが競争の激化を招く。競合他社は先を争ってニッチを見つけようとし、また頻繁に値下げをする。広告費やプロモーション費が増加され、製品改良やライン拡張のために研究開発予算が増額される。プライベート・ブランド供給のための取引が始まることもある。振り落としが始まり、競争力の弱い競合他社は撤退する。最終的にその産業は、基本的に市場シェアの獲得あるいは維持を重視する基盤のしっかりした競合企業で構成されるようになる。

　当該産業を支配するのは、恐らく品質面でトップの企業、サービス面でトップの企業、コスト面でトップの企業といった少数の巨大企業であり、そうした企業が市場全体に製品を提供し、主に大量生産と低コストによって収益を得る。これらの支配的企業の周囲を、市場の専門家、製品の専門家、カスタマイズ企業といった数多くの市場ニッチャーが取り巻いている。成熟市場で企業が直面する問題は、「ビッグ・スリー」の座を勝ち取って大量生産と低コストで収益をあげるべきか、それともニッチ戦略に従って少量生産と高マージンで収益をあげるべきかという問題である。

　成熟期には、競争力の弱い製品を捨てて、比較的収益の大きい製品や新製品に集中する企業もある。しかしそうした企業は、成熟市場と古い製品がまだ持っている高い潜在性を見逃している可能性もある。自動車、オートバイ、テレビ、腕時計、カメラなど、一般に成熟していると考えられていた多くの産業が、日本人によってそうではないと証明された。日本企業は顧客に新たな価値を提供する方法を見つけ出したのである。消滅しかかっていると思われていたブランドでも、例えば、ジェロー、オバルチン、アーム・アンド・ハマーのベーキングソーダなどは、マーケティング・イマジネーションによって何度も売上を大きく回復させている[49]。シューズ・カテゴリーにおけるハッシュパピーの人気の再燃は、ほとんど忘れられていた古いブランドが復活した例である。

ハッシュパピー

　かつてカジュアルシューズ業界の支配者であったハッシュパピーとい

未来派芸術家のジェームズ・ローゼンフィールドは、1つの時代の終わりを告げる兆しを5つ見ている。「パラドックス」と「振動」、「過負荷」と「ストレス」、「巨大」と「誇大」、「カウント」と「カウントダウン」、「未定」と「浮遊」である。

うブランドは、1980年代に時代遅れとなった。当時、親会社のウルバリン・ワールドは、シューズとはまったく関係のない企業を次々に買収して事業を拡大しすぎていた。それにもかかわらず、同社は広告に大金を注ぎ込み、ハッシュパピーが時代遅れのシューズではないことを消費者に納得させようと試みた。同社は多少の運と抜け目のないマーケティング行動によって、このブランドを忘却の彼方から呼び戻した。1994年にニューヨークのファッションデザイナー、ジョン・バレットがクラシック・スタイルのハッシュパピーを紫、緑、オレンジなどに染めて、自分のファッション・ショーに使った。その後まもなく、男性用服飾品業界の刊行物がハッシュパピーは復活したという見出しを載せた。ここが同社のマーケティングの巧妙さであるが、ウルバリンはパウダー・ブルー、ライム・グリーン、エレクトリック・オレンジといった最新の色を使った新しいハッシュパピーを売り出し、国内で最も前衛的なシューズ店6つに流通を限定したのである。また、価格を40ドルから70ドルに引き上げ、ハリウッドの有名人に製品を無料で大量に贈った。そしてハッシュパピーのシューズが人々の注目を集めたところで、今度は高級百貨店に流通させて広く手に入れられるようにした。1994年には3万足だったハッシュパピーの売上が、わずか2年後には170万足以上まで伸び、同期間の収益は3倍に急増した[50]。

■ 市場の修正

販売量を構成する2つの要素に注目し、成熟ブランドの市場拡大が試みられる場合もある。

$$販売量＝ブランドのユーザー数×ユーザー1人あたりの使用量$$

企業はブランドのユーザー数を以下の3つの方法で拡大できる。

1. **非ユーザーの転換**　空輸貨物サービスの成長の鍵は、新規ユーザーを常に探し続けることにある。航空輸送業者はそうしたユーザーに対して、陸上輸送ではなく航空輸送を利用することで得られるベネフィットを示すことができる。
2. **新しい市場セグメントへの参入**　ジョンソン・エンド・ジョンソンはベビーシャンプーを成人ユーザーへ売り込むことに成功した。
3. **競合他社の顧客の獲得**　ペプシコーラは常にコカ・コーラのユーザーをペプシにスイッチするように促している。

ブランドの現在のユーザーに対して、使用量を増やすよう説得して売上高を増やすこともできる。その場合には次の3つの戦略がある。(1)顧客が製品をより頻繁に使うようにする。オレンジ・ジュースのマーケターは、朝食の時以外にもオレンジ・ジュースを飲むように薦めている。(2)毎回の使用時に製品の使用量を増やすようにする。シャンプーのメーカーなら、シャンプーを使用する場合に1回ではなく2回洗った方がより効果的だと言うかもしれない。(3)製品

未来派芸術家のジェームズ・ローゼンフィールドは、今日の懐古風建築とポストモダニズム建築が、この1世紀間の流行を繰り返していると主張する。

の新しい用途を発見し、その製品をより多様な用途に使うようにする。食品メーカーは消費者に製品の使用範囲を広げてもらうため、製品パッケージに数種類のレシピを載せている[51]。

■ 製品の修正

マーケティング・マネジャーは、品質改良、特徴改良、スタイル改良によって製品特性を修正し、売上を促進しようと努めている。

品質改良の目的は、耐久性、信頼性、スピード、味といった製品の機能的パフォーマンスの向上である。製造業者はしばしば「新しく改良された」製品を市場導入して競争を制することができる。食品雑貨メーカーはこれを「プラスの発売」と呼び、新しい付加物をプロモーションしたり、何かを「より強い」「より大きい」「より優れた」ものとして広告する。品質が改良されて、買い手が改良された品質という主張を受け入れ、かなりの買い手が向上した品質に対してお金を支払う意思がある場合、この戦略は効果的である。しかし、必ずしも顧客が「改良した」製品を喜んで受け入れるとは限らない。その典型的な例がニュー・コークである。

未来派芸術家のジェームズ・ローゼンフィールドは、新年を祝った後で「私たちは世界的規模の二日酔いになり、それからエネルギーのうねりが押し寄せるだろう」と考えている。

コカ・コーラ

甘さの強いペプシコーラとの競争で痛手を受けたコカ・コーラは1985年、古い製法から甘みを強めた製法に変えることを決定し、それをニュー・コークと名づけた。同社は市場調査に400万ドルを注ぎ込んだ。試飲のブラインド・テストでは、コークの愛飲者は新しい甘いコークの方を好むという結果が出ていた。ところが、ニュー・コークの発売は全国的規模の騒動を引き起こすことになった。マーケット・リサーチャーは、味については調査したが、コカ・コーラに対して消費者が抱いている愛着という感情を調査しそこなったのである。「本物」を廃止することに反対した、怒りの手紙、正式の抗議、訴訟を起こすという脅しまでが同社に寄せられた。10週間後、同社はニュー・コークを取りやめ、100年の歴史を持つ製法のコークを「クラシック・コーク」として再導入した。それによって昔ながらのコークは、市場で以前にも増して強固な地位を確立したのである。

特徴改良の目的は、製品の用途を広げたり、安全性や利便性を高めるような新しい特徴(例えば、大きさ、重さ、材料、添加物、付属物)を加えることである。例えば、ピクルスを変えるためにできることはあまりないと思われるだろうが、ブラシックの研究開発部門では何年もかけて主力製品の修正に取り組んだ。

ブラシック・フーズ・インターナショナル

1980年代からピクルスの消費量は1年におよそ2%ずつ減少しているが、新製品の導入に成功してから、売上は長期間にわたって押し上げられている。ブラシックはフォーカス・グループ・インタビューで、人々がハンバーガーやサンドイッチの脇からピクルスのスライスがはみ

MARKETING MEMO

成熟製品症候群の打破

成熟製品を扱うマネジャーが「現状打破」できるアイデアを見極めるためには、体系的な枠組みが必要である。ノートルダム大学の教授ジョン・A・ウィーバーは、成長機会を探る際の手引となる**ギャップ分析**という枠組みを作り上げた。これを成熟期にある飲料製品クールエイドに当てはめて考えてみよう。

1. **産業市場の潜在力の自然な変化**：現在の出生率とデモグラフィックスは、クールエイドの消費量増加に有利になるだろうか。経済的見通しはクールエイドの消費量にどう影響するだろうか。
2. **新規ユーザーあるいは新規ユーザー・セグメント**：ティーンエイジャー、若い独身者、若い親などにアピールするようにクールエイドを作れるか。
3. **革新的な製品差別化**：クールエイドの低カロリーや極甘といった多様なバージョンが作れるか。
4. **新しい製品ラインの付加**：クールエイドという名称は、新しい清涼飲料ラインを市場導入する際に利用できるか。
5. **非ユーザーへの促進**：クールエイドを飲んでみるように、年輩の人々を説得できるか。
6. **ライト・ユーザーへの促進**：子供に毎日クールエイドを飲むようにさせられるか。

出すのを嫌うことがわかった。そこで1990年代半ばに、画期的なピクルスを追求し始めた。最初は平均的なピクルスを水平にスライスすることにし、「サンドイッチ・スタッカーズ」として売り出した。唯一の問題は、ピクルスのスライスにはキュウリのパリパリした部分ではなく種のある柔らかい部分が含まれる点であった。その後、同社は巨大なピクルスの薄切りを作る計画「プロジェクト・フリスビー」に着手した。1998年、何年も研究開発を重ねたあげく、同社は従来のピクルス用キュウリより10倍も大きなキュウリを作り出した。このキュウリを使ったピクルスの薄切りは、ハンバーガーの全面を覆えるほどの大きさで、瓶の中で何重にも積み重ねられている[52]。

この戦略にはいくつかの利点がある。新しい特徴によってイノベーターとしての企業イメージができ、そうした特徴を評価する市場セグメントのロイヤルティを獲得できる。また、パブリシティーの機会が手に入り、セールス・フォースと流通業者に熱意も生まれる。主な弱点は、特徴改良が容易に模倣されてしまう点である。一番手として改良することで競争優位を得られなければ、特徴改良は長期的にみると利益には結びついていない場合もある[53]。

スタイル改良の目的は、製品の美的アピールを増すことである。周期的に導入される自動車の新型モデルは、品質や特徴の競争ではなくスタイルの競争である。パッケージ食品と家庭用品の場合、企業は色や質感の異なる製品を導入し、パッケージ・デザインを刷新する。スタイル戦略は製品に独自の市場アイデンティティを与える場合がある。しかし、スタイル競争には問題もある。第1に、人々が新しいスタイルを気に入ってくれるかどうか、また、どの層の人々が気に入ってくれるかを予測するのは難しい。第2に、スタイルの変化には通常、古いスタイルを捨てる必要があるため、既存顧客を失うというリスクもある。消費者はピーナッツの殻といった一見ささいなものに愛着を感じている場合がある。アメリカでは野球の観戦中に殻つきのピーナッツを食べるのが昔からの伝統である。1986年、メジャー・リーグのシーズン中にニューヨークのシェイ・スタジアムで、場内の販売業者が殻をむいたピーナッツをセロハンのパッケージに入れて売り始めた。売上は15％落ち、消費者は強い不満を訴えた[54]。

マーケティング・ミックスの修正

製品マネジャーは他のマーケティング・ミックス要素を修正して売上を伸ばそうとする場合もある。その場合、以下の質問をしてみるべきである。

- **価格** 値下げは新たな顧客を引きつけるだろうか。もしそうなら、定価を下げるべきか、それとも特別割引、数量割引や早期購買割引、輸送費の吸収、容易な信用販売条件といった形で値下げをするべきか。あるいは価格を上げて、品質の高さを伝えるという方法もある。
- **流通** 既存の販売店で製品サポートとディスプレーを増やすことができるだろうか。より多くの販売店に浸透したり、新しい流通チャネルに製品を導入できるか。グッドイヤーはウォルマート、シアーズ、デ

ィスカウント・タイヤを通じてのタイヤ販売を決定し、1年目で市場シェアを14%から16%まで伸ばしている[55]。

- ■ **広告**　広告費を増加すべきだろうか。広告のメッセージやコピー、メディア・ミックス、広告のタイミング、頻度、規模などの変更も検討すべきである。
- ■ **販売促進**　販売促進にさらに力を入れて、ディール、クーポン、リベート、保証、ギフト、コンテストなどのツールを利用すべきだろうか。
- ■ **人的販売**　販売員の数を増やしたり質を上げるべきだろうか。セールス・フォースの専門化の方針を修正すべきか。販売区域やセールス・フォースへのインセンティブを修正したり、営業訪問の計画を改善することができるかもしれない。
- ■ **サービス**　配達のスピードを上げられるだろうか。顧客に対する技術的な補助を拡大したり、信頼性をより高めることができるかもしれない。

マーケターはしばしば、成熟期ではどのツールが最も効果的かについて議論する。例えば、広告や販売促進の予算を増加したならば、収益を増やせるだろうか。成熟期には消費者の購入習慣や選好が均衡状態に達しているため、販売促進はほかの段階よりも大きなインパクトを与えるが、心理的説得（広告）は金銭的説得（販売促進としてのディール）ほど効果的ではない。現在、多くの消費者向けパッケージ製品は、プロモーション費全体の60%以上を成熟製品の販売促進に使っている。ブランドを固定資産として管理し、広告によって支えるべきだと主張するマーケターもいる。広告費は経常費ではなく設備投資として扱われるべきである。それにもかかわらず、販売促進は即効性があり上司の目に見えやすいため、ブランド・マネジャーは販売促進を利用する。ただし、過剰な販売促進活動は、ブランドのイメージと長期的な収益効率を損なう可能性がある。

マーケティング・ミックスの修正にまつわる主要な問題は、とりわけ値下げと付加サービスにおいて、そうした修正が容易に模倣されてしまう点である。予想したほどの利益をあげられない場合や、相互のマーケティング攻撃が激しくなるにつれて、すべての企業が収益を侵食されてしまう場合もある。■マーケティング・メモ「成熟製品症候群の打破」を参照されたい。

マーケティング戦略：衰退期

大半の製品形態とブランドの売上は、いずれは衰退する。オートミールのようにゆっくり衰退する場合もあれば、自動車のエドセルのように急速に衰退する場合もある。売上がゼロまで急落する場合もあれば、低いレベルで硬直化する場合もある。

売上が衰退する理由は、技術の進歩、消費者嗜好の変化、国内外における競争の激化などさまざまである。いずれにせよ、過剰な生産能力、値下げの拡大、

MARKETING MEMO

7. 各使用時の使用量の増加：1回分のパッケージに入れるクールエイドの量を増やし、価格を上げられるか。
8. 製品と価格の間にあるギャップを埋める：新しいサイズのクールエイドを導入すべきか。
9. 新しい製品ライン要素の創造：新しい味のクールエイドを導入すべきか。
10. 流通カバレッジの拡大：クールエイドの流通カバレッジをヨーロッパと極東まで拡張できるか。
11. 流通強度の拡大：クールエイドを販売しているアメリカ中西部のコンビニエンス・ストアの割合を、70%から90%に上げられるか。
12. 流通ディスプレーの拡大：業者へのオファーによって、クールエイドを陳列する棚スペースを増やせるか。
13. 代替製品のポジションへの浸透：クールエイドが他の清涼飲料よりも美味しいと消費者を納得させられるか。
14. 直接的な競合他社のポジションへの浸透：他ブランドの消費者にクールエイドへのスイッチを説得できるか。
15. 自社のポジションの維持：クールエイドは現在のユーザーをより満足させて、ロイヤルティを維持できるか。

出典：John A. Weber, *Identifying and Solving Marketing Problems with Gap Analysis* (Notre Dame, IN: Strategic Business Systems, 1986).

収益の侵食へとつながる。

　売上と収益が衰退すると、市場から撤退する企業も出てくる。残っている企業は、提供する製品の数を減らすといった試みをする。比較的小さな市場セグメントと弱い取引チャネルから撤退したり、プロモーション費を減らしてさらに価格を下げるなどの場合もある。

　残念ながら、ほとんどの企業は衰えていく製品の扱いに関する方針を十分練っていない。感傷がからんでしまうことも少なくない。

>　製品を死に追いやる、あるいは死なせてしまうのは無策であり、信頼する古い友人と最期の別れをするときのような大きな悲しみを生む。携帯用の六角形プレッツェルは、わが社が最初に作った製品だった。当該製品がなければ、私たちのラインはもはや私たちのラインではなくなるだろう[56]。

　理屈がからんでくる場合もある。経営陣は、景気の上昇、マーケティング戦略の修正、製品の改良によって、製品の売上が向上すると考える。他の製品の売上に貢献しているという真偽の疑わしい理由で、弱い製品が維持される場合もある。たとえ現在は利益をあげていなくても、当該製品の現金支出コストをカバーする場合もある。

　製品を維持する強力な理由がない限り、弱い製品を持ち続けることは企業にきわめて大きなコストを強いる。そのコストは単に目に見える間接費や収益の額ではなく、隠れたコストである場合が多い。弱い製品はしばしば経営陣の時間を消耗し、頻繁な価格調整と在庫調整を要し、セットアップのコストがかさむわりには生産作業時間が短く、健全な製品の収益を増やすためにより有効に使えるはずの広告とセールス・フォースの関心を奪い、顧客に不安を感じさせて企業イメージに影を投げかける可能性もある。最大のコストは恐らく将来にある。弱い製品を排除しなければ、積極的に代替製品を探すのが遅れる。弱い製品にとらわれていると、過去の主力製品が多くて未来の主力製品が少ないという偏った製品ミックスが生み出されてしまう。

　衰えていく製品の扱いには数々のタスクと意思決定が伴う。第1のタスクは弱い製品を見極めるシステムの確立である。多くの企業ではマーケティング、研究開発、製造、財務から人を集めて製品再検討委員会を設置し、当委員会が弱い製品を見極めるためのシステムを作り上げる。コントロール室は各製品について、市場規模、市場シェア、価格、コスト、収益のそれぞれの傾向に関するデータを提供し、そのデータはコンピュータ・プログラムで分析される。疑わしい製品の担当マネジャーは、マーケティング戦略を変更した場合および変更しない場合について、売上と収益は今後どうなるかを評価用紙に記入する。製品再検討委員会は疑わしい製品それぞれに対し、現状維持、マーケティング戦略の修正、打ち切りのいずれかを勧告する[57]。

　衰退市場に他社よりも早く見切りをつける企業もある。多くの場合、その判断は業界の退出障壁の高さに左右される[58]。退出障壁が低ければそれだけその業界から撤退するのが容易になり、残っている企業にとってはとどまって撤退

した企業の顧客を引きつけることができる。例えば、P&Gは、衰退期にある液体石鹸業界にとどまって、他社が撤退するに従って収益をあげていった。

ハリガンは衰退産業の企業戦略に関する研究で、企業がとれる5つの衰退期戦略を明らかにしている。

1. 投資を増やす（市場支配あるいは競争ポジション強化のため）。
2. 業界の不確実性が解決するまで投資レベルを維持する。
3. 収益性の低い顧客層の切り捨てによって投資レベルを選択的に減らし、同時に収益性の高いニッチへの投資を増やす。
4. 早急に現金を回収するため投資分を収穫する（「うまみを搾り出す」）。
5. できる限り有利に資産を処分して、早急に事業の撤退を図る[59]。

適切な衰退期戦略は、産業の相対的な魅力と産業での企業の競争力によって異なる。産業に魅力はないが競争力を有する企業は、選択的な縮小を考えるべきである。産業が魅力的で競争力を有する企業は、投資の拡大を考えるべきである。P&Gは強い市場に位置する期待外れのブランドを、ことあるごとにリステージングしてきた。

『ウォールストリート・ジャーナル』インタラクティブ版、特別1000年版、1000年1月1日月曜日。「展望：短期的な経済成長のため、一部の国々は長年略奪に頼ってきた。」

P&G

P&Gはワンドラという「べたつかない」ハンドクリームを市場導入した。この製品は逆さになった容器に入っており、ハンドクリームが底から出てくるようになっていた。最初の売上は高かったものの、反復購入は期待外れだった。消費者が不満を持ったのは、容器の底がべとべとする点と、「べたつかない」製品では結局あまり効果がないという点だった。同社は2回のリステージングを行った。まずワンドラを縦型の容器に入れて再導入し、それから効果を高めるために成分を変えたのである。その後、売上は上昇した。

P&Gはブランド名を捨てるよりもリステージングする方を好む。同社のスポークスマンは製品ライフサイクルなどというものは存在しないとよく言い、今なお生き残っているアイボリーやキャメイといった多くの「風格のある古い製品」ブランドを引き合いに出す。

企業が収穫か撤退のどちらかを選択しようとしている場合、戦略はまったく違うものになるだろう。**収穫**の場合、製品あるいは事業のコストを徐々に減らしていく一方で、売上の維持に努める必要がある。最初に削減すべきコストは研究開発費と工場設備投資である。また、製品品質を下げ、セールス・フォースの規模を縮小し、末端サービスや広告費を減らす場合もある。企業は顧客、競合他社、従業員に気づかれないように、こうしたコストを削減しようとするだろう。顧客が知ったら供給業者を代えてしまうし、競合他社が知ったら顧客に教えてしまうし、従業員が知ったらほかの仕事を探すだろう。収穫は倫理的に相反する二面性を持つ戦略であるため、実行するのが難しい。しかし、多くの成熟製品にはこの戦略が適している。収穫によって企業は、現在のキャッシュ・フローをかなり増やすことができる[60]。

企業が収穫ではなく事業の撤退をすでに決定している場合、まず買い手を探

すことになるだろう。また、その事業の魅力を高めようと努めただろう。

　成熟製品のリステージングつまり若返りに成功する企業は、もとの製品に価値を付加して成功を収めていることが多い。郵便料金メーターの支配的なメーカーであるピットニー・ボウズ社のケースを考えてみよう。

ピットニー・ボウズ社

　1996年、批評家だけでなくピットニー・ボウズの内部関係者までもが、同社の事業の拠りどころとなっている普通郵便はFAXによってつぶされるだろうと予想した。その後、電子メールがFAXをつぶし、こうした技術的進歩が一体となって同社の収益を激減させるだろうと予想した。しかし実際には、ダイレクトメールとインターネット関連の請求書の急増により、郵便物は減るどころか増えている。それでもピットニーは安閑と構えてはいない。今後はデジタルメーターや、インターネット経由で切手をダウンロードする電子切手が、同社のコア・ビジネスを脅かすことは確実だからである。現在、同社では郵便会社からメッセージ会社への転換を図っている。入ってくる原材料と出ていく製品を顧客が確認し、請求書と印刷したファイルをFAXや電子メールに転送し、文書に影響があったときには追跡するようなソフトウェア製品も開発中である。同社を救ったのは、「オンラインは敵ではなく、広い層に支持されるメッセージ会社になるための手段だ」という考え方である。また、計測技術でも最先端を走り続ける努力をしている。最初の郵便料金メーターの特許を取ってから、同社は常に市場の一角を占めてきた。同社は新しい技術の開拓によって、そのポジションを守ろうとしているのである[61]。

　製品の打ち切りを決定するとき、企業はさらに多くの意思決定を余儀なくされる。流通システムが強力で得意先の残っている製品であれば、恐らく他社に売却できるだろう。

コレコ社、ハスブロ社、キャベツ畑人形

　1980年代半ばにキャベツ畑人形がアメリカで大流行し、3年間にわたってベストセラーとなった。1984年および1985年の売上は5億ドルを超えたが、その後は人気がなくなってほとんど消えてしまった。1989年にコレコ・インダストリーズ社は製造権と販売権をハスブロ・インダストリーズ社に売却することを決定した。ハスブロ社はこの人形を派手に広告し、大型玩具店への出荷を増やして、売上を復活させた[62]。

　買い手が見つからない場合、企業は当該ブランドを早急に清算すべきかそれともゆっくり清算すべきかを決定しなくてはならない。また、従来の顧客のために在庫とサービスをどの程度維持すべきかも決めなくてはならない。

製品ライフサイクルの概念に
対する批判

　製品ライフサイクル（PLC）の概念は、製品と市場のダイナミクスを解釈するために最もよく使われる。プランニング・ツールとしては、マネジャーが製品ライフサイクルの各段階で起こる主要なマーケティングの問題を特徴づけ、主要なマーケティング戦略を立てる際に役立つ。コントロール・ツールとしては、企業が過去に市場導入された類似製品と自社製品のパフォーマンスを比較する際に役立つ。製品ライフサイクルの概念は、予測ツールとしてはあまり役に立たない。売上の変遷パターンは多様で、製品ライフサイクルの各段階の長さがそれぞれ異なるためである。

　製品ライフサイクル理論を批判する者もいる。批判者はライフサイクル・パターンの形や期間があまりにも多様であると指摘する。製品ライフサイクルには生物が持っている条件、つまり逆行しない一連の段階と、各段階の固定した期間が欠けているというのである。また、製品がどの段階にあるのかをマーケターはほとんどわからない。例えば成熟期に入ったように見える製品が、実は売上がもう一度急増する前の安定期に達しただけという場合がある。また、製品ライフサイクルのパターンとは売上の不可避的な推移ではなく、マーケティング戦略の結果だとする非難もある。

> あるブランドが消費者には受け入れられているが、例えば貧弱な広告、主要チェーン店の取り扱い品リストからの削除、大規模なサンプリングに基づく「ミーツー」競合製品の参入といった他の要因のために2年〜3年苦戦していると仮定しよう。経営陣は対応策を考える代わりに、そのブランドが衰退期に入ったのではないかと考え始める。そのためプロモーション費を削って、新しい製品の研究開発に資金をまわす。翌年には、そのブランドの売上はさらに低迷してパニックが増す……製品ライフサイクルとはマーケティング行動の従属変数であり、企業側がマーケティング・プログラムを適合させるべき独立変数ではないのである[63]。

　■表10-5は、製品ライフサイクルにおける4つの段階の特性、マーケティング目的、マーケティング戦略をまとめたものである。

歴史メモ：前ミレニアムに、イスラム教徒の組織がインド北西部を侵略し始めた。当時、現パキスタンのラホールにはイスラム教徒の王朝があった。

市場の発展

　製品ライフサイクルは、市場全体ではなく特定の製品あるいはブランドに起きていることに焦点を当てているため、製品ライフサイクルでわかるのは、市場志向ではなくあくまで製品志向の実態である。市場は新しいニーズ、競合他社、技術、チャネルなどの変化に影響されるため、企業は市場発展の推移を具体的に把握する必要がある。

	導入期	成長期	成熟期	衰退期
特性				
売上	低調	急速に上昇	ピーク	減少
コスト	顧客1人につき高コスト	顧客1人につき平均的コスト	顧客1人につき低コスト	顧客1人につき低コスト
利益	マイナス	上昇	高利益	減少
顧客	イノベーター	初期採用者	追随者	遅滞者
競合他社	ほとんどなし	増加	安定から減少	減少
マーケティング目的	製品認知と製品試用の促進	市場シェアの最大化	市場シェアを守りつつ利益を最大化	支出の減少とブランドの収穫
戦略				
製品	基本製品の提供	製品拡張、サービスと保証の提供	ブランドと製品アイテムの多様化	弱いモデルの段階的除去
価格	コストプラス方式の採用	市場浸透価格	競合他社に匹敵する価格か競合他社をしのぐ価格	値下げ
流通	選択的流通の構築	開放的流通の構築	より進んだ開放的流通の構築	選択的流通への回帰：収益性の低い販売店の除去
広告	初期採用者とディーラーにおける製品認知の促進	マス市場における認知と関心の喚起	ブランドの差異とベネフィットの強調	中核となるロイヤル・ユーザーの維持に必要なレベルまで縮小
販売促進	製品試用の促進を目的とした大規模な販売促進	縮小して大量の消費者需要を利用	ブランド・スイッチングを促進するために拡大	最小レベルまで縮小

出典：Chester R. Wasson, *Dynamic Competitive Strategy and Product Life Cycles* (Austin, TX: Austin Press, 1978); John A. Weber, "Planning Corporate Growth with Inverted Product Life Cycles," *Long Range Planning*, October 1976, pp. 12-29; Peter Doyle, "The Realities of the Product Life Cycle," *Quarterly Review of Marketing*, Summer 1976.

表10-5

製品ライフサイクルの特性、目的、戦略の概略

製品あるいはブランドが市場に存在する限り、ポジショニングは市場の発展速度に合わせて変更されなければならない。■ミレニアム・マーケティング「モンサント社：保守的な化学製品から最先端の『ライフサイエンス』へ」において、急速なリポジショニングを行った企業と、その際に直面した試練を紹介しよう。

市場発展の段階

製品と同様に、市場も出現期、成長期、成熟期、衰退期という4つの段階を経て変化する。

■ **出現期**

市場は実体化する前から潜在市場として存在している。例えば、人々は何世紀もの間、紙と鉛筆を使って計算するよりも速く計算できる方法を求めてきた。このニーズは計算盤、計算尺、大型の加算機などによって不完全ながら満たさ

MARKETING FOR THE MILLENNIUM　ミレニアム・マーケティング

モンサント社：保守的な化学製品から最先端の「ライフサイエンス」へ

セントルイスに本社を置くモンサント社は、不振のプラスチック・繊維業から脱皮し、10年足らずで食品と栄養に力を入れる最先端のバイオテクノロジー会社へとリポジショニングした。1996年、同社のCEOロバート・シャピロは、古くからモンサントの核であった30億ドルの化学製品事業を分離した。現在残っているのは、20億ドルの製薬部門、12億ドルの食品成分部門、そしてシャピロの描く同社のビジョンにとって最も大切な、遺伝子操作を行ったジャガイモなどの30億ドルの農業製品部門である。

合計60億ドルの企業の集合体は、バイオテクノロジー革命を利用できるようにポジショニングされた。世界人口は10年間に8億人の割合で増加しており、2100年には現在の倍の110億人になると予想されている。増加する世界人口の食糧を確保し、世界の栄養水準を上げるためには、バイオテクノロジーが鍵になるとシャピロは考えている。遺伝学的に優れたトウモロコシ、小麦、トマト、大豆などの作物は、一般の作物よりも収穫量が多く、バイオテクノロジーによる食糧供給の向上は、病気の予防と人間の生産性の向上に役立つだろうとシャピロは言う。彼の見解によれば、今後20年間はバイオテクノロジーと遺伝子工学の革命が起こり、それによって製薬、農業、食品栄養の産業が融合して1つのライフサイエンス産業になる。シャピロは多額の資金を投じて、小企業を買収し、アグリビジネス企業と協定を結んでバイオテクノロジーの特許を集めている。

アメリカ金融市場がモンサント社のリポジショニングに興奮していることは間違いない。1997年に同社の株は、ほぼ23倍の価格で売られた。ダウ・ケミカルのように純粋な化学会社の株はわずか10.5倍の価格だった。しかし、モンサント社は不信感を持つ消費者や怒った環境保護論者に立ち向かわなくてはならない。イギリスでは、遺伝子操作を行った作物の市販はまだ承認されていないし、狂牛病で痛い目にあった大衆は遺伝子操作を行った作物など食べたがらないだろう。フランスでは、トウモロコシ以外のあらゆる作物の遺伝子操作が禁止されている。環境保護論者は、除草剤に耐性を持つよう遺伝的に操作された植物が長期的にどのような影響を与えるかについて心配している。1998年の夏、モンサント社はイギリスの新聞の日曜版別刷に全面広告を出し、「私たちは殺虫剤を減らして食物を育てるべきであると考えています」「バイオテクノロジー・プラント(植物)が増えればプラント(工場)は減ります」「未来の世代が飢えに苦しむのをただ心配していても、食糧は確保できません。バイオテクノロジーならできるのです」といったスローガンを掲げた。

それぞれの広告には、遺伝子操作に反対する団体であるグリーンピースやフレンズ・オブ・ジ・アースなどの電話番号やウェブ・アドレスが記されており、読者が自分の考えを決める前に賛否双方の意見を聞くよう促している。同社はバイオテクノロジー革命のパイオニアとして自社をポジショニングしているだけでなく、物議をかもしている刺激的なこの新分野について、社会的な話し合いを進めるリーダー役まで果たしている。

出典：Robert Lenzner and Bruce Upbin, "Monsanto v. Malthus," Forbes, March 10, 1997, p. 58-64; Maria Margaronis, "Greenwashed," The Nation, October 19, 1998, p. 10; Merrill Goozner, "Giant Poised to Enter a New Era Firm Plans to Be at Vanguard of a Revolution in Biotechnology," Chicago Tribune, June 2, 1998, p. 1. 以下の文献も参照されたい。L. Reinhardt, "Environmental Product Differentiation: Implications for Corporate Straetgy," California Management Review, Summer 1998, pp. 43-70.

れた。ある起業家がこのニーズを認識し、ポケットサイズの小型電子計算機という形で技術的なソリューションを想像すると仮定してみよう。まず、物理的な大きさや数学的機能など、製品属性を決めなくてはならない。この起業家は市場志向で考えるタイプなので、潜在的な買い手から話を聞く。そして標的顧客の選好がきわめて多様であることに気づく。4機能(足し算、引き算、掛け算、割り算)の計算機が欲しい人もいれば、より多くの機能(百分率、平方根、対数の計算)が欲しいと言う人もいる。小さなポケットサイズの計算機が欲しい人もいれば、大きな計算機が欲しい人もいる。このように買い手の選好が均一に分散しているタイプの市場を、**拡散選好市場**という。

　起業家の抱える問題は、当該市場に最適な製品をデザインすることである。この場合、選択肢は3つある。

1. 市場の一部の選好に合わせて新製品をデザインする(**単一ニッチ戦略**)。
2. 2つ以上の製品を同時に市場導入して、市場の2つ以上の層を獲得する(**複数ニッチ戦略**)。
3. 市場の中間層向けにデザインする(**マス市場戦略**)。

　小企業には、単一ニッチ市場戦略が最も適している。小企業にはマス市場を獲得して維持できるほどの資源がないからである。規模の大きい企業なら、中程度の機能数を持つ中型製品をデザインしてマス市場をねらってもよいだろう。中心をねらって作った製品は、既存の選好と実際の製品との距離を最小化し、それによって全体的な不満を最小化する。先発企業がマス市場向けに製品をデザインする場合には、製品を市場導入したときから**出現期**が始まる。

歴史メモ：ジンバブエは、アフリカ南東部で1000年から1500年まで栄えた素晴らしい帝国であった。

■ 成長期

　新製品の売上が好調であれば、新たな企業が市場に参入して**成長期**の到来となる。興味深い疑問点は、先発企業が市場の中心にポジションを確立したとすれば、2番目の企業は市場のどこに参入するかである。2番目に参入する企業の選択肢は3つある。

1. 自社ブランドを市場の一角にポジショニングする(単一ニッチ戦略)。
2. 自社ブランドを先発企業の隣にポジショニングする(マス市場戦略)。
3. 市場の空いている部分に2つ以上の製品を別々に売り込む(複数ニッチ戦略)。

　2番目の企業の規模が小さい場合、先発者と真っ向から競争するのは避けて、自社ブランドを市場の一角に売り込むとよい。2番目の企業の規模が大きければ、先発者に対抗する形で中心に自社ブランドを売り込む場合もある。その場合、2つの企業はマス市場のシェアをほぼ均等に獲得できる。2番目に参入した大企業は複数ニッチ戦略をとることもできる。

P&G

　P&Gは基盤のしっかりした大手競合他社のいる市場に参入することがある。同社はミーツー製品や単一セグメント向け製品を市場導入するのではなく、多様なセグメントをねらった一連の製品を導入する。各

参入品がロイヤルティの高い支持者を生み出し、大手競合他社からシェアを奪い取る。やがて大手競合他社は包囲されて収益が減少し、中心から離れたセグメントに新しいブランドを売り込むのが手遅れになる。P&Gは勝利を収めた時点で、今度は大きなセグメント向けのブランドを市場導入するのである。

■ 成熟期

競合企業がすべての主要市場セグメントをカバーして製品を提供するようになると、市場は**成熟期**に入る。実際には、企業は戦いを続けて互いのセグメントを侵略し合うため、その過程で全企業の収益が減少する。市場の成長が鈍化し、市場はさらに小さなセグメントに分かれて激しい**市場分裂**が起こる。この状態を示すのが■図10-9(a)であるが、図中のアルファベットは多様なセグメントに供給する企業を表している。2つのセグメントは小さすぎて利益が出ないため、製品が提供されていない点に注意されたい。

市場分裂の後には、強力にアピールする新しい属性の出現によって**市場統合**が起こる場合が多い。練り歯磨き粉市場では、P&Gが効果的に虫歯の進行を遅らせるクレストを導入した際に市場統合が起こった。消費者が練り歯磨き粉に最も強く求めていたのは虫歯予防効果だったため、歯を白くする効果、汚れ落ちの強さ、セックスアピール、味、口内洗浄効果などを訴えていたブランドは急に隅に追いやられた。■図10-9(b)におけるXの領域が示すように、クレストは市場できわめて大きなシェアを獲得した。

しかし、市場が統合された状態も長くは続かない。成功ブランドを他社が模倣するため、やがて市場はまた分裂するだろう。成熟期の市場は分裂と統合を繰り返している。分裂は競争によってもたらされ、統合はイノベーションによってもたらされる。

■ 衰退期

現在の製品に対する需要が減少し始めると、市場は**衰退期**に入るだろう。社会全体のニーズのレベルが衰退するか、新しい技術が古い技術に取って代わる。したがって、起業家は練り歯磨き粉よりも優れている液体マウスリンスを発明するかもしれない。この場合、最終的に古い技術は消えてなくなり、新しいライフサイクルが出現するだろう。

■ 事例：ペーパータオル市場

ペーパータオル市場の発展を考えてみよう。従来、家庭の台所では綿やリネンの布巾とタオルが使われていた。新しい市場を探していたある製紙会社が、ペーパータオルを開発した。この開発によって潜在市場が明確になった。他の製造業者も市場に参入し、ブランド数が急激に増えて市場分裂が起こった。業界の過剰生産能力のため、製造業者は新しい特徴を探し始めた。ペーパータオルは吸水性が乏しいという顧客の不満を耳にしたある製造業者が、「吸水性に富

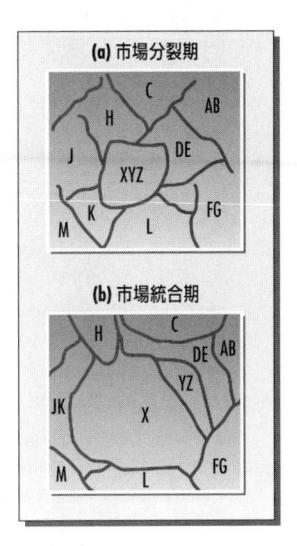

図10-9

市場分裂戦略と市場統合戦略

む」ペーパータオルを導入して市場シェアを伸ばした。この市場統合は長くは続かなかった。競合他社も吸水性のある独自の製品を売り出したため、市場が再び分裂したからだ。それから別の製造業者が「きわめて耐久性に優れた」ペーパータオルを導入したが、すぐに模倣された。また別の製造業者が「けば立たない」ペーパータオルを導入したが、それもたちまち模倣された。このように、ペーパータオルは単一の製品からさまざまな吸水性、強度、用途を持つ製品へと発展した。イノベーションと競争の力によって市場が発展したのである。

属性競争のダイナミクス

競争は継続的に新しい製品属性を生み出す。新しい属性が成功を収めれば、数社の競合他社がすぐにその属性を提供するようになる。ほとんどの航空会社が機内食を提供していることを考えれば、食事はもう航空会社を選ぶ際の基準にはならない。**顧客の期待は進化していく**。この事実から、新しい属性を導入するという点で常にリードを保つことが戦略的にいかに重要かがわかる。新しい属性が成功すれば企業の競争優位を生み、市場シェアと収益は一時的に平均を上回る。市場リーダーはイノベーション・プロセスをルーチン化する必要がある。

顧客が気に入りそうで技術的にも可能な一連の属性を、先を見越して予測できるだろうか。どうすれば新しい属性を見つけ出せるだろうか。そのためのアプローチは4つある。

- 1つめのアプローチは、**顧客調査プロセス**を採用する。企業は消費者に製品に加えて欲しいベネフィットと、各ベネフィットに対する願望レベルを尋ねる。また、新しい各属性の開発コストと、予想される競合他社の反応についても検討する。
- 2つめのアプローチは、**直観プロセス**を用いる。起業家はあまりマーケティング・リサーチをせずに、直観に従って製品開発を行う。自然淘汰によって勝者と敗者が決まる。ある製造業者が市場の求める属性を直観的に察知すれば、その製造業者は頭が切れる、あるいは幸運だと考えられる。
- 3つめのアプローチでは、新しい属性が**弁証法的プロセス**を通じて出現すると考える。イノベーターは大衆と反対の方向に向かわなければならない。例えば、安価な衣料品として登場したブルージーンズは、時間とともにおしゃれな服になって価格が上がった。しかし、この一方向性の動きは、自滅の種を含んでいる。いずれ価格がまた下がるか、ズボン用に別の安い素材を導入する製造業者が出てくる。
- 4つめのアプローチでは、新しい属性が**ニーズ階層プロセス**を通じて出現すると考える（第6章のマズローの理論を参照されたい）。初期の自動車は、基本的な輸送手段を提供し、安全性を重視してデザインされたものだろう。その後は、社会的な受容とステータスのニーズにアピ

歴史メモ：1000年ごろまでは、アフリカとアジアでの国際貿易はアラブが独占し、アフリカ東岸を東アジアや南東アジアとつないでいた。

ールするようになる。さらに後になると、人々の「自己実現」に役立つようにデザインされたものになる。イノベーターの仕事は、市場がより高い階層のニーズを満足させようとする時期を見極めることである。

実際に市場に発表される新しい属性は、単なる理論が示すよりもずっと複雑である[64]。新しい属性を導入する際には、技術と社会的プロセスが果たす役割を過小評価すべきではない。例えば、ノート型パソコンに対する消費者の強い関心は、小型化の技術が十分に発達するまで満たされなかった。インフレーション、品不足、環境保護論、コンシューマリズム、新しいライフスタイルなどの進展につれ、消費者は製品属性を再評価する。インフレーションが小型車への要望を強め、自動車の安全性を求める気持ちが大型車に対する願望を強くする。イノベーターは企業にとっていちばん良い方法を決定するため、マーケティング・リサーチを行って多様な属性の需要潜在力を測定しなければならない。

参考文献

1. Edwin T. Crego Jr. and Peter D. Schiffrin, *Customer Centered Reengineering* (Homewood, IL: Irwin, 1995).
2. この根拠の一部は、下記の文献で論じられている。David A. Garvin, "Competing on the Eight Dimensions of Quality," *Harvard Business Review*, November–December 1987, pp. 101–9.
3. 以下の文献を参照されたい。Bernd Schmitt and Alex Simonson, *Marketing Aesthetics: The Strategic Management of Brand, Identity, and Image* (New York: Free Press, 1997).
4. Gerry Khermouch, "'Zona Sets Collectible Max-packs," *Brandweek*, April 20, 1998, p. 16.
5. 以下の文献を参照されたい。Philip Kotler, "Design: A Powerful but Neglected Strategic Tool," *Journal of Business Strategy*, Fall 1984, pp. 16–21. 以下の文献も参照されたい。Lorenz, *The Design Dimension* (New York: Basil Blackwell, 1986). 邦訳:『デザインマインドカンパニー──競争優位を創造する戦略的武器』(クリストファー・ロレンツ著、紺野登訳、野中郁次郎監訳、ダイヤモンド社、1990年)
6. "Hot R.I.P.: The Floppy Disk," *Rolling Stone*, August 20, 1998, p. 86; Owen Edwards, "Beauty and the Box," *Forbes*, October 5, 1998, p. 131.
7. Joseph Weber, "A Better Grip on Hawking Tools," *Business Week*, June 5, 1995, p. 99.
8. さらに詳しくは下記の文献を参照されたい。George Stalk Jr. and Thomas M. Hout, *Competing Against Time* (New York: Free Press, 1990) 邦訳:『タイムベース競争戦略──競争優位の新たな源泉　時間』(ジョージ・ストーク Jr、トーマス・M・ハウト著、中辻萬治、川口恵一訳、ダイヤモンド社、1993年); Joseph D. Blackburn, *Time-Based Competition* (Homewood, IL: Irwin, 1991); Christopher Meyer, *Fast Cycle Time* (New York: Free Press, 1993); "The Computer Liked Us," *U.S. News & World Report*, August 14, 1995, pp. 71–72.
9. Donna Fenn, "Built for Speed," *Inc.*, September 1998, pp. 61–71.
10. Ian C. MacMillan and Rita Gunther McGrath, "Discovering New Points of Differentiation," *Harvard Business Review*, July–August 1997, pp. 133–45.
11. Adapted from Tom Peters's description in *Thriving on Chaos* (New York: Alfred A. Knopf, 1987), pp. 56–57. 56-57. 邦訳:『経営革命』(トム・ピーターズ著、平野勇夫訳、TBSブリタニカ、1989年)
12. Christine Bittar, "The Rite Stuff," *Brandweek*, September 14, 1998, pp. 28–29.
13. MacMillan and McGrath, "Discovering New Points of Differentiation."
14. 以下の文献を参照されたい。"Club for the Smart," *Marketing News*, May 23, 1994, p. 1.
15. MacMillan and McGrath, "Discovering New Points of Differentiation."
16. 以下の文献を参照されたい。"The 25 Best Sales Forces," *Sales & Marketing Management*, July 1998, pp. 32–50.
17. 同様のリストについて、以下の文献を参照されたい。Leonard L. Berry and A. Parasuraman, *Marketing Services: Competing Through Quality* (New York: Free Press, 1991), p. 16.
18. Susan Greco, "Inside-Out Marketing," *Inc.*, January 1998, pp. 51–59.
19. Erin Davies, "Selling Sex and Cat Food," *Fortune*, June 9, 1997, p. 36.
20. "Four Reasons Nike's Not Cool," *Fortune*, March 30, 1998, pp. 26–27.
21. 以下の文献を参照されたい。"Swatch: Ambitious," *The Economist*, April 18, 1992, pp. 74–75. 以下のサイトを参照されたい。www.swatch.com.

22. Theodore Levitt, "Marketing Success through Differentiation—of Anything," *Harvard Business Review*, January–February 1980.
23. Gregory S. Carpenter, Rashi Glazer, and Kent Nakamoto, "Meaningful Brands from Meaningless Differentiation: The Dependence on Irrelevant Attributes," *Journal of Marketing Research*, August 1994, pp. 339–50.
24. Al Ries and Jack Trout, *Positioning: The Battle for Your Mind* (New York: Warner Books, 1982). 邦訳：『ポジショニング──情報過多社会を制する新しい発想』(アル・ライズ、ジャック・トラウト著、嶋村和恵、西田俊子訳、電通、1987年)
25. Rosser Reeves, *Reality in Advertising* (New York: Alfred A. Knopf, 1960).
26. Ries and Trout, *Positioning*. 邦訳：『ポジショニング──情報過多社会を制する新しい発想』(アル・ライズ、ジャック・トラウト著、嶋村和恵、西田俊子訳、電通、1987年)
27. Michael Treacy and Fred Wiersema, *The Discipline of Market Leaders* (Reading, MA: Addison-Wesley, 1994), p. 181; Walecia Konrad, "Cheerleading, and Clerks Who Know Awls from Augers," *Business Week*, August 3, 1992, p. 51. 邦訳：『ナンバーワン企業の法則──カスタマー・インティマシーで強くなる』(M・トレーシー、F・ウィアセーマ著、大原進訳、日本経済新聞社、1995年)
28. 以下の文献を参照されたい。Robert V. Stumpf, "The Market Structure of the Major Tourist Attractions in Southern California," *Proceedings of the 1976 Sperry Business Conference* (Chicago: American Marketing Association, 1976), pp. 101–6.
29. 以下の文献を参照されたい。Yoram J. Wind, *Product Policy: Concepts, Methods and Strategy* (Reading, MA: Addison-Wesley, 1982), pp. 79–81; David Aaker and J. Gary Shansby, "Positioning Your Product," *Business Horizons*, May–June 1982, pp. 56–62.
30. これ以外にさらに別の段階を指摘している論者もいる。ウォッスンは成長期と成熟期の中間に競争的混乱の段階があると示唆している。以下の文献を参照されたい。Chester R. Wasson, *Dynamic Competitive Strategy and Product Life Cycles* (Austin, TX: Austin Press, 1978). 成熟期とは売上の成長が鈍化して飽和状態になり、売上がピークに達して停滞している段階をいう。
31. John E. Swan and David R. Rink, "Fitting Market Strategy to Varying Product Life Cycles," *Business Horizons*, January–February 1982, pp. 72–76; Gerald J. Tellis and C. Merle Crawford, "An Evolutionary Approach to Product Growth Theory," *Journal of Marketing*, Fall 1981, pp. 125–34.
32. 以下の文献を参照されたい。William E. Cox Jr., "Product Life Cycles as Marketing Models," *Journal of Business*, October 1967, pp. 375–84.
33. 以下の文献を参照されたい。Jordan P. Yale, "The Strategy of Nylon's Growth," *Modern Textiles Magazine*, February 1964, p. 32 ff. 以下の文献も参照されたい。Theodore Levitt, "Exploit the Product Life Cycle," *Harvard Business Review*, November–December 1965, pp. 81–94.
34. Chester R. Wasson, "How Predictable Are Fashion and Other Product Life Cycles?" *Journal of Marketing*, July 1968, pp. 36–43.
35. 同上。
36. William H. Reynolds, "Cars and Clothing: Understanding Fashion Trends," *Journal of Marketing*, July 1968, pp. 44–49.
37. Gary Samuels, "Mystique Marketing," *Forbes*, October 21, 1996, p. 276; Cyndee Miller, "Bliss in a Niche," *Marketing News*, March 31, 1997, pp. 1, 21; Carole Schmidt and Lynn Kaladjian, "Ty Connects Hot-Property Dots," *Brandweek*, June 16, 1997, p. 26. Information also drawn from www.ty.com/.
38. Patrick Butters, "What Biggest Selling Adult Game Still Cranks Out Vexing Questions?" *Insight on the News*, January 26, 1998, p. 39.
39. Robert D. Buzzell, "Competitive Behavior and Product Life Cycles," in *New Ideas for Successful Marketing*, eds. John S. Wright and Jack Goldstucker (Chicago: American Marketing Association, 1956), p. 51.
40. William T. Robinson and Claes Fornell, "Sources of Market Pioneer Advantages in Consumer Goods Industries," *Journal of Marketing Research*, August 1985, pp. 305–17.
41. Glen L. Urban et al., "Market Share Rewards to Pioneering Brands: An Empirical Analysis and Strategic Implications," *Management Science*, June 1986, pp. 645–59.
42. Gregory S. Carpenter and Kent Nakamoto, "Consumer Preference Formation and Pioneering Advantage," *Journal of Marketing Research*, August 1989, pp. 285–98.
43. Frank R. Kardes, Gurumurthy Kalyanaram, Murali Chankdrashekaran, and Ronald J. Dornoff, "Brand Retrieval, Consideration Set Composition, Consumer Choice, and the Pioneering Advantage," *Journal of Consumer Research*, June 1993, pp. 62–75. 以下の文献も参照されたい。Frank H. Alpert and Michael A. Kamins, "Pioneer Brand Advantage and Consumer Behavior: A Conceptual Framework and Propositional Inventory," *Journal of the Academy of Marketing Science*, Summer 1994, pp. 244–53.
44. Steven P. Schnaars, *Managing Imitation Strategies* (New York: Free Press, 1994). 邦訳：『創造的模倣戦略──先発ブランドを超えた後発者たち』(S・P・シュナース著、恩藏直人、坂野友昭、嶋村和恵訳、有斐閣、1996年)
45. Peter N. Golder and Gerald J. Tellis, "Pioneer Advantage: Marketing Logic or Marketing Legend?" *Journal of Marketing Research*, May 1992, pp. 34–46.
46. Thomas S. Robertson and Hubert Gatignon, "How Innovators Thwart New Entrants into Their Market," *Planning Review*, September–October 1991, pp. 4–11, 48.
47. John B. Frey, "Pricing Over the Competitive Cycle," speech presented at the 1982 Marketing Conference, Conference Board, New York.
48. Linda Himelstein, "Yahoo! The Company, the Strategy, the Stock," *Business Week*, September 7, 1998, pp. 66-76.
49. 以下の文献を参照されたい。Joulee Andrews and Daniel C. Smith, "In Search of the Marketing Imagination: Factors Affecting the Creativity of Marketing Programs for Mature Products," *Journal of Marketing Research*, May 1996, pp. 174–87; William Boulding, Eunkyu Lee, and Richard

Staelin, "Mastering the Mix: Do Advertising, Promotion, and Sales Force Activities Lead to Differentiation?" *Journal of Marketing Research,* May 1994, pp. 159–72.

50. John Bigness, "New Twists Revive Past Product Hits," *Houston Chronicle,* October 11, 1998, p. 8; Denise Gellene, "An Old Dog's New Tricks: Hush Puppies' Return in the '90s Is No Small Feet," *Los Angeles Times,* August 30, 1997, p. D1.
51. Brian Wansink and Michael L. Ray, "Advertising Strategies to Increase Usage Frequency," *Journal of Marketing,* January 1996, pp. 31–46.
52. Vanessa O'Connell, "Food: After Years of Trial and Error, a Pickle Slice That Stays Put," *Wall Street Journal,* October 6, 1998, p. B1; "Vlasic's Hamburger-Size Pickles," *Wall Street Journal,* October 5, 1998, p. A26.
53. Stephen M. Nowlis and Itamar Simmonson, "The Effect of New Product Features on Brand Choice," *Journal of Marketing Research,* February 1996, pp. 36–46.
54. Donald W. Hendon, *Classic Failures in Product Marketing* (New York: Quorum Books, 1989), p. 29. 邦訳：『失敗からのマーケティング──その教訓と諸策』（ドナルド・W・ヘンドン著、宮澤永光監訳、同文舘出版、1993年）
55. Allen J. McGrath, "Growth Strategies with a '90s Twist," *Across the Board,* March 1995, pp. 43–46.
56. R. S. Alexander, "The Death and Burial of 'Sick Products,'" *Journal of Marketing,* April 1964, p. 1.
57. 以下の文献を参照されたい。Philip Kotler, "Phasing Out Weak Products," *Harvard Business Review,* March–April 1965, pp. 107–18; Richard T. Hise, A. Parasuraman, and R. Viswanathan, "Product Elimination: The Neglected Management Responsibility," *Journal of Business Strategy,* Spring 1984, pp. 56–63; George J. Avlonitis, "Product Elimination Decision Making: Does Formality Matter," *Journal of Marketing,* Winter 1985, pp. 41–52.
58. 以下の文献を参照されたい。Kathryn Rudie Harrigan, "The Effect of Exit Barriers upon Strategic Flexibility," *Strategic Management Journal* 1 (1980): 165–76.
59. Kathryn Rudie Harrigan, "Strategies for Declining Industries," *Journal of Business Strategy,* Fall 1980, p. 27.
60. 以下の文献を参照されたい。Philip Kotler, "Harvesting Strategies for Weak Products," *Business Horizons,* August 1978, pp. 15–22; Laurence P. Feldman and Albert L. Page, "Harvesting: The Misunderstood Market Exit Strategy," *Journal of Business Strategy,* Spring 1985, pp. 79–85.
61. Claudia H. Deutsch, "Pitney Bowes Survives Faxes, E-Mail and the Internet," *New York Times,* August 18, 1998, p. D1.
62. John Grossmann, "A Follow-Up on Four Fabled Frenzies," *Inc.,* October 1994, pp. 66–67; Conrad Berenson and Iris Mohr-Jackson, "Product Rejuenation: A Less Risky Alternative to Product Innovation," *Business Horizons,* November–December 1994, pp. 51–56.
63. Nariman K. Dhalla and Sonia Yuspeh, "Forget the Product Life Cycle Concept!" *Harvard Business Review,* January–February 1976, p. 105.
64. Marnik G. Dekimpe and Dominique M. Hanssens, "Empirical Generalizations About Market Evolution and Stationarity," *Marketing Science* 14, no. 3, pt. 1 (1995): G109–21.

新製品の開発

CHAPTER 11

本章では、次の問題を取り上げる。

- 新製品を開発する際、企業はどのような難題に直面するのか。
- 新製品の開発を管理するために、どのような組織が必要なのか。
- 新製品開発の主な段階にはどのようなものがあり、どうすればうまくそれらを管理できるのか。
- 新発売された製品の普及率や消費者の採用率には、どのような要素が影響するのか。

KOTLER ON MARKETHING
コトラー語録

最終的に製品のデザインを決めるのはだれか。もちろん顧客である。

Who should ultimately design the product? The customer, of course.

企業が市場を細分化し、標的顧客を選択し、彼らのニーズを明確化し、市場における自社のポジショニングを決定したならば、新製品開発の準備が整う。マーケターは新製品のアイデアを明確化し、評価し、開発の全段階において研究開発部門をはじめ他部門と協力するなど、新製品開発プロセスにおいて重要な役割を果たす。

　いかなる企業であれ、新製品を開発しなければならない。新製品の開発はその企業の将来を決める。代替製品は売上高の維持や向上のために、つくり出されなければならない。顧客は新製品を望んでおり、競合企業はその供給に最善を尽くすだろう。毎年、1万6000件を超える新製品（ライン拡張や新ブランドを含む）が食料雑貨店やドラッグストアに導入される。

　企業は買収や開発によって新製品を加えることができる。買収方法には3つの形態がある。他企業を買収する方法、他企業の特許権を買い取る方法、他企業からライセンスやフランチャイズを買い取る方法である。開発の方法には2つの形態がある。自社内の研究施設で新製品を開発する方法、外部の研究者や新製品開発会社と契約して特定の新製品を開発してもらう方法である。

　ブーズ・アレン＆ハミルトンは新製品を6つのカテゴリーに分類している[1]。

1. **これまでにない新製品**　　まったく新しい市場を創り出す新製品
2. **新しい製品ライン**　　すでに確立されている市場に、企業が初めて参入する新製品
3. **既存製品ラインへの追加**　　自社の現行の製品ライン（パッケージ・サイズ、味など）を補う新製品
4. **既存製品の改良や変更**　　性能の改善もしくは知覚価値を増大させることにより、既存製品の代替となる新製品
5. **リポジショニング**　　新市場もしくは新セグメントをねらった既存製品
6. **コスト削減**　　低コストで同程度の性能を提供する新製品

　これまでになかった真に革新的な新製品は全体の10％に満たない。そのような製品は企業にも市場にとっても新しいので、コストがかさみ、リスクも大きくなる。新製品を開発する活動の大半は既存製品の改良に充てられる。ソニーでは新製品開発活動の80％が、自社の現行品のマイナーチェンジや改良である。

新製品開発における難題

　新製品を開発できない企業は自ら大きなリスクにさらされている。そうした企業の既存製品は、消費者のニーズや嗜好の変化、新しい科学技術、製品ライフサイクルの短縮化、国内外の競争激化といった危機に弱い。

　同時に、新製品開発にもリスクが伴う。テキサス・インスツルメンツの家庭用コンピュータ事業への投資額は、当該事業から撤退するまでに6億6000万ドルにのぼっている。RCAはビデオ・デッキで5億ドル、フェデラル・エクスプレスはザップ・メールで3億4000万ドル、フォードはエドセルで2億5000万ドル、デュポンはコルファムという人工皮革で約1億ドルの損失を出した。英

仏の航空機コンコルドでは、投資金額が回収されることはけっしてないだろうといわれている[2]。

失敗に終わった製品にどれだけの金額が投資されるのかを知るために、無煙タバコのたどった道を見てみよう。

R.J.レイノルズ

1980年代後半までに、R.J.レイノルズ・タバコ（RJR）は減煙タバコのプレミアに3億ドルを超える投資をしていた。しかし、1988年の発売後5か月でプレミアはテスト市場から姿を消した。愛煙家から味を嫌われた上に、火付きも悪かったのである。「プレミアの煙を吸い込もうとするとヘルニアになる」と語ったタバコ産業のアナリストもいる。高くついたプレミアの失敗に懲りず、RJRは別の企画に1億2500万ドルを投資した。1997年、RJRはテネシー州チャタヌーガで無煙タバコのエクリプスをテスト販売した。しかし、エクリプスも愛煙家たちに不評だった。エクリプスは一見、申し分のない代替品に見えた。タバコの葉を燃やす代わりに葉を加熱するだけなので、煙の量は従来の紙巻タバコのわずか10％にすぎない。問題は、愛煙家が煙を好きであるということに尽きる。ある研究によると、タバコを吸わない人がいくら嫌がっても、愛煙家は煙に包まれて「安全な毛布」の中にいることを楽しんでいるのだという。これまでのところ、エクリプスを支持しているのはタバコを吸わない人たちだけである[3]。

新製品の失敗は、不安になるほどの割合で続いている。1997年には、過去最高となる2万5261件のパッケージ商品が新発売された。地方のスーパーマーケットには出回っていないハイテク機器やソフト・プログラムのような製品を除いてこの数字である。しかし驚くのはそれだけではない。失敗する新製品の数の多さにもあ然とさせられる。新製品の試用レポートと情報検索を専門に行うマーケット・インテリジェンス・サービスのジェネラル・マネジャー、トム・ビアハイルの推定によると、最近発売された製品の80％はすでに市場から姿を消している[4]。新製品の発売に2000万ドル〜5000万ドルのコストがかかることを考えると、企業が技術革新を続けることは不思議に思えるだろう。しかし、失敗も1つの目的にかなっている。発明家、起業家、新製品開発チームのリーダーは、何をやってはいけないかについて貴重な教訓を学ぶことができるからだ。この信念を持つマーケティング・コンサルタントのロバート・マクマスは、大半がみじめな失敗作に終わった約8万件の消費財を、ニューヨーク州イサカのなだらかな丘に建つ新製品陳列・研究センターに収集している。■マーケティング・インサイト「失敗の教訓を活かして甘美な成功を：ロバート・マクマスの新製品陳列・研究センター」では、失敗作についての洞察が紹介されている。

では、なぜ新製品は失敗するのか。

- 上級幹部が、市場調査の結果が思わしくないのに自分の気に入ったアイデアを押し通す。

MARKETING INSIGHT　マーケティング・インサイト

失敗の教訓を活かして甘美な成功を：ロバート・マクマスの新製品陳列・研究センター

ロバート・マクマスの新製品陳列・研究センターの中を見てまわっていると、悪夢のスーパーマーケットの中に迷いこんだような気分になる。ガーバーの大人向け食品であるピューレをかけた酢豚とマデイラ風チキン、電子レンジ用アイスクリーム・サンデー、サトウニンジンのチップ、噴霧式のからし、軟膏で有名なベン・ゲイのアスピリン、ミラーの透明ビールなどが並んでいる。リチャード・シモンズのサラダ用ディジョン風ビネグレットソースのスプレー、広口びん入りのニンニクケーキ、ファラのシャンプーなどはどうだろう。こうして陳列されている8万点の製品は大半が失敗作である。製品1つひとつの背後にはお金と夢を浪費した跡が見え隠れしているが、コンシューマリズムの文化遺産を収めたスミソニアン博物館の館長であるコルゲート・パルモリブの前マーケターは、失敗にこそ教わる価値のある教訓が詰まっているとかたく信じている。

新製品陳列・研究センターは、製品の開発者が1時間に何百ドルも支払って訪れ、他人の失敗から学ぶ場所である。マクマスの尋常ならざる陳列品は、40億ドルに及ぶ投資のなれの果てである。そのガラクタのなかから、自他ともに忘れっぽいと認めている産業界のために何十という教訓をマクマスは抽出しているのである。イサカまで足を運べない人々や法外なコンサルタント料金を支払えない人々のために、マクマスは自分の洞察を『What Were They Thinking?（彼らは何を考えていたのか）』という著書に著している。マクマスが述べているマーケティングの教訓をいくつか抜粋する。

- ブランドの価値は長年築き上げてきた評判である。人々はブランドへロイヤルになり、ブランドが常に変わらない属性を提供してくれると信頼している。特質が何も備わっていないものに、ブランド名をつけて信頼を裏切ってはいけない。ベン・ゲイのアスピリンと聞けば、ベン・ゲイの鎮痛軟膏クリームで肌の痛みが和らぐイメージがすぐに浮かぶはずである。それを飲みこむなど想像できるだろうか。ルイス・シェリーのゴルゴンゾーラチーズ・ドレッシング・ノンシュガータイプも、コクのあるキャンディーやアイスクリームで有名なルイス・シェリーにあるまじきものだ。なにしろ砂糖抜きでチーズの入ったサラダ・ドレッシングである。クラッカー・ジャックのシリアル、スマッカーズのプレミアム・ケチャップ、フルーツオブザルームの衣類用洗剤なども名声にあぐらをかいた駄作の例といえる。

- 他社の模倣をしたマーケティングこそ新製品失敗の最大の元凶である。そのような企画はほとんどが失敗する。成功するためにはなみのマーケターの能力を超えた資源と忍耐が必要となる。ペプシコーラはコカ・コーラのライバルとして確固たる地位を確立するまで、何十年もの間きわめて不安

イギリスの新製品スピングリップ・アウトソールは、膝やかかとを損傷から守るために特別に考案された運動靴である。

- アイデアは素晴らしいのだが、市場規模を過大評価している。
- 製品設計が良くない。
- 市場における製品ポジショニングを誤り、効果的でない広告を打ち、高すぎる価格を設定する。
- 開発コストが予定を上回る。
- 競合他社の反撃が予想以上に激しい。

ほかにも新製品開発がうまくいかない要素はいくつかある。

- **特定分野における画期的なアイデアの不足**　鉄鋼や洗剤といった基本製品のいくつかには、改良の余地がほとんど残されていないようで

定な立場にいた。それ以上に重要なのは、ペプシが100年以上の間コークに挑み続けてきた何十もの競争相手のなかで、生き残ってきた数少ない企業の1つであるという事実だ。トカコーラという名称を聞いたことはないだろうか。コココーラ、ヤムヤム・コーラ、フレンチワイン・コーラ、「ロイヤルドリンク」という触れ込みのキングコーラの名称は記憶にあるだろうか。つい最近では、アフリ・コーラがアフリカ系アメリカ人の顧客への取り込みに失敗したし、ケイジャン・コーラもアメリカ西部のガンボ地方で大失敗した。あらゆる条件が同じならば、抜本的な差異のない新製品がいくら登場してきても、すでに確立している製品の圧倒的優位が揺らぐことはない。

- 「サルでもわかる〇〇ガイド」というタイトルをつけた本の成功にだまされてはいけない。自分の欠点を思い出させるような製品に、消費者は手を出さないものである。ジレットの脂っぽい髪用シャンプーが失敗したのは、消費者が自分の髪を脂っぽいと認めたくなかったからである。「脂っぽい髪用」とか「皮膚の弱い人用」などと容器の片隅に小さな文字で印刷されていて、その表記がなければレギュラー品と変わらない製品の方が消費者受けする。消費者は、太りすぎ、口臭が強い、汗っかき、年寄りといったことが頭をよぎるのを嫌がるし、そうした製品を買物カートで運んでいるときに、欠点や弱点が他人に知られてしまうのも嫌がるものだ。

- 消費者が通常購入する製品やサービスや経験と根本的に異なったものもある。あまりにも落差が大きいと消費者はうまくなじめず、革新性が強すぎる製品は発売と同時に消え去ってしまう。トースター・エッグ、きゅうりの発汗抑制スプレー、ヘルスシーのシー・ソーセージがこの例である。革新的なアイデアであるにもかかわらず、そのブランドが培ってきた成果の犠牲になった例もある。キャンディーに対抗して表面をチョコレートでコーティングしたナビスコのオレオ・リトル・ファッジは、奇をてらったものではない。しかし、ナビスコのオレオ・クッキーは、手でわって中身がなめられるのを売りものにしてきた。チョコレートが表面に塗ってあるオレオでは、手がべとべとになってしまう。オレオ・リトル・ファッジは、今までと同じ食べ方ができないと消費者から不満が出たのは当然であった。

出典：Paul Lukas, "The Ghastliest Product Launches," *Fortune*, March 16, 1996, p. 44; Jan Alexander, "Failure Inc." *Worldbusiness*, May–June 1996, p. 46; Ted Anthony, "Where's Farrah Shampoo? Next to the Salsa Ketchup," *Marketing News*, May 6, 1996, p. 13. 印の付いている項目は、以下の資料を参考にして作成した。Robert M. McMath and Thom Forbes, *What Were They Thinking? Marketing Lessons I've Learned from Over 80,000 New-Product Innovations and Idiocies* (New York: Times Business, 1998), pp. 22–24, 28, 30–31, and 129–30.

ある。
- **市場分裂**　競争の激化によって市場分裂が進んでいる。企業はより小さくなった市場セグメントに、新製品を向けなければならない。そのため各製品の売上や利益が小さくなる。
- **社会や政府による規制**　消費者の安全や環境問題を考慮した新製品でなければならない。薬や玩具などの産業では、政府の規制によってイノベーションの歩みが遅くなっている。
- **開発プロセスの高コスト化**　企業は多数のアイデアを創出しなければならないが、開発する価値のある新製品はそのなかでたった1つし

かないのが普通である。その上、企業は研究開発費、製造費、マーケティング費の高騰に悩まされる。

- **資金の不足**　優れたアイデアがありながら、研究や発売に必要な資金を調達できない企業もある。
- **開発時間の短縮化**　新製品開発の速度が遅い企業は、不利な立場に追い込まれる。設計や製造技術のコンピュータ化、戦略上のパートナー、コンセプトの早期評価、先進的なマーケティング計画などによって、企業は開発時間の短縮方法を身につけなければならない。注意怠りない企業は、**コンカレントな新製品開発**の体制をとる。部門横断的なチームが協力して新製品開発を推進し、市場に送り出すのである。コンカレントな新製品開発はリレーというよりもラグビーのようなもので、新製品を前に進めたり後ろに戻したりしながらチーム一丸となってゴールを目指す。工業用制御装置メーカーのアレン・ブラッドリーは、従来のシステムでは6年かかる新型の電気制御装置の開発をわずか2年に短縮した。
- **製品ライフサイクルの短縮化**　新製品が成功すると競合他社はたちまち模倣する。かつてソニーの新製品は発売後3年間、リーダーの地位が安泰だった。昨今では半年もたたないうちに松下電器が追随品を発売するので、ソニーが投資を回収する時間はほとんど残らない。

こうした難題に直面したとき、企業は新製品開発を成功させるためにどのような手を打てばよいだろうか。クーパーとクラインシュミットによると、成功するには独創的で優れた製品であることが最大の要素である。品質上の優位性が高い製品は、優位性が平均的な製品（58％の成功率）、優位性が低い製品（18％の成功率）に比べると、成功率が98％と高い。もう1つの重要な要素は、開発に先駆けて製品コンセプトの明確化を徹底することである。企業は細心の注意を払って標的市場、製品需要、ベネフィットを明確化し、評価する。技術とマーケティングのシナジー、すべての段階における活動の質、市場の魅力度なども成功の要素として挙げられる(5)。

マディークとザーガーはエレクトロニクス産業において成功した新製品を研究し、新製品の成功を解く鍵となる8つの要素を明らかにした。それらは以下のとおりである。顧客ニーズを企業が深く理解しているほど、製品のコスト・パフォーマンスが高いほど、製品が他社より早く導入されるほど、予想される貢献利益が大きいほど、製品の予告に注ぎ込む資金が多いほど、製品の発売資金が多いほど、トップ・マネジメントの支援が大きいほど、部門横断的なチームの絆が強いほど、新製品は成功する傾向にある(6)。

新製品の開発は、研究開発、技術、製造、購買、マーケティング、財務の各部門間のチームワークが発揮されたときに最も効果が高い。製品アイデアはマーケティングの観点による調査が必要であり、製品の開発プロジェクトは部門横断的な専門のチームによって先導されるべきである。日本企業を研究してみると、新製品の成功にはこうしたチームの働きが大きいことがわかる。

イギリスで開発されたゴリックスという新素材は熱を逃がさないように考案されており、ダイビングスーツ、スキーウェア、毛布といった多様な製品への利用が見込まれる。

組織による効果的な調整

新製品成功の鍵を握っているのは、トップ・マネジメントである。新製品開発では、トップ・マネジメントがドメイン、製品カテゴリー、特定の基準を明確化する必要がある。例えば、グールド社は次のような承認基準を確立している。

- 5年以内に導入できる製品であること。
- 少なくとも5000万ドルの市場潜在性と15%の成長率を見込める製品であること。
- 少なくとも売上利益率30%、投資収益率40%をあげられる製品であること。
- 技術リーダーもしくは市場リーダーになれる製品であること。

外科医用のバーチャルCD-ROMがイギリスで開発される予定である。医学界への貢献が期待されるその装置は、医師に「真に迫った」実践の場を提供することになる。

新製品開発の予算

トップ・マネジメントは新製品開発に予算を割り当てなければならない。研究開発の結果には不確定要素が多いので、通常の投資基準を適用するのは難しい。ほんのわずかな成功率に賭けて、できるだけ多くの計画に予算を割り振るという形でこの問題を解決している企業もある。売上高に応じた割合で慣習的に予算配分したり、競合他社に合わせて金額を決めたりする企業もある。成功する新製品がいくつ必要かを決めてから、逆算して投資額を決める企業もある。

新製品の研究開発へのコミットメントでアメリカー有名な企業は、ミネアポリスに本拠を置く3Mである。

3M

ミネソタ・マイニング・アンド・マニュファクチャリング(3M)は、創立当初から革新と即興の企業文化を育ててきた(■口絵11-1参照)。1906年、経営陣は鉱山の操業失敗に直面したが、砂塵や廃物を利用してサンドペーパーの製造を開始した。今日、3Mの製品はサンドペーパー、接着剤、フロッピーディスク、コンタクトレンズ、ポスト・イットなど6万を超えている。3Mは毎年多くの新製品を世に送り出す。売上150億ドルを誇る3Mは、各事業部門において、発売後4年以内の新製品によって最低30%の売上を達成するという意欲的な目標を掲げている[7]。

- 3Mは技術者のみならず全従業員に「プロダクト・チャンピオン」になることを奨励している。同社の15%ルールは、就業時間の15%を上限として全従業員が自分の興味のあるプロジェクトに参加してよいと定めている。ポスト・イット、マスキングテープといった製品やミクロ複写技術はこうした活動から生まれた。
- 有望な新アイデアは、「エグゼクティブ・チャンピオン」が率いる

> 空気汚染を減らすために、大型車両は液化ガス燃料を使用すべきだという声がロンドンであがっている。

- 部門横断的なベンチャー・チームに割り当てられる。
- 3Mは失敗も見越しており、そこから学ぶ。そのことは、「1人の王子様を見つけるためには、たくさんのカエルとキスしなければならない」というスローガンにも表れている。
- 発売後3年以内に国内での売上が200万ドル以上、もしくは全世界での売上が400万ドル以上の新製品を手がけたベンチャー・チームには、毎年ゴールデン・ステップ賞が与えられる。

■表11-1には、企業による新製品開発費の計算方法が示されている。消費者向けパッケージ商品を扱う大企業の新製品開発部門のマネジャーが、64件の新製品アイデアの成果を見直した。4件のアイデアのうちわずか1件、すなわち16件がスクリーニング段階を合格した。この段階でアイデア1件につき1000ドルの調査費がかかっている。16件のうち、半数にあたる8件がコンセプト・テスト段階で生き残る。ここでは1件あたり2万ドルの調査費がかかった。その半数の4件が製品開発段階で生き残り、1件あたり20万ドルかかった。その半数の2件がテスト・マーケティング段階で好成績を収め、1件あたり50万ドルかかった。2件のアイデアをおのおの500万ドルのコストをかけて発売したところ、1件だけが大成功を収めた。こうしてみると、1つのアイデアを成功に導くまでの開発コストは572万1000ドルに及ぶことがわかる。残り63件のアイデアは途中の過程で切り捨てられた。1つの新製品開発にかかった総コストは1398万4400ドルとなる。合格率を向上させたり、各段階におけるコストの低減ができなければ、新しいアイデアを1つ成功させるために約1400万ドルの予算を組まなければならなくなる。今後2年〜3年で4つの新製品を成功させたければ、少なくとも5600万ドル(1400万ドル×4)を新製品開発予算に計上しなければならない。

新製品開発の組織編成

企業は、新製品開発の組織面にも目を向けている[8]。以下に、一般的な組織を紹介しよう。

- プロダクト・マネジャー　多くの企業は、新製品の課題をプロダクト・マネジャーに担当させている。しかし、この体制には欠点がいく

表11-1 1つの新製品を成功させるためにかかる推定コスト(64の新アイデアから始める)

段階	アイデア数	合格率	1アイデアあたりのコスト	総コスト
1. アイデア・スクリーニング	64	1:4	1,000ドル	64,000ドル
2. コンセプト・テスト	16	1:2	20,000	320,000
3. 製品開発	8	1:2	200,000	1,600,000
4. テスト・マーケティング	4	1:2	500,000	2,000,000
5. 全国発売	2	1:2	5,000,000	10,000,000
			5,721,000ドル	13,984,000ドル

つかある。プロダクト・マネジャーは既存ラインの管理に忙しいため、既存ラインの拡張でない限り新製品のことまで考える余裕がない。また新製品の開発や評価に要する特殊なスキルと知識を持ちあわせていない。

- **新製品マネジャー**　クラフトやジョンソン・エンド・ジョンソンには、カテゴリー・マネジャーの下に新製品マネジャーがいる。この職制は新製品の機能を専門に扱う。しかしプロダクト・マネジャーと同様に、現行の製品市場に限定した改良やラインの拡張を中心に考える傾向がある。
- **新製品委員会**　新しい提案の検討や承認を任されたハイレベルのマネジメント委員会を設置している企業も少なくない。
- **新製品開発部門**　大企業では、かなりの権限を持っていてトップ・マネジメントにもアクセスのあるマネジャーが率いる部門を設置している。この部門の仕事は、新しいアイデアの創出とスクリーニング、研究開発部門との共同作業、フィールド・テスト、商品化である。
- **新製品開発ベンチャー・チーム**　3M、ダウ、ウェスティングハウス、ゼネラル・ミルズは、新製品開発事業をベンチャー・チームに任せることが多い。**ベンチャー・チーム**とは関係各部門から招集されて、特定の製品や事業の開発を任されたグループのことである。メンバーは「社内起業家」となって他の業務を免除され、予算、時間枠、「**スカンクワーク**」（革新的な計画や製品製造を任された特別なチーム）の場が与えられる。**スカンクワーク**にはこれと決まった仕事場がなく、時にはガレージなどで社内起業家チームが新製品開発を目指す。■マーケティング・インサイト「新製品開発は技術者だけがするのではない：部門横断的チームの英知」を参照されたい。新製品開発において、部門横断的なチームワークがどれだけ利点を有するかがわかる。

イノベーション・プロセスを管理する最も洗練されたツールは、3Mをはじめとする多くの企業が使用している**ステージ・ゲート・システム**である[9]。イノベーション・プロセスをいくつかの段階（ステージ）に分け、各段階の最期にゲートもしくはチェックポイントを設ける。部門横断的なチームを率いるプロジェクト・リーダーは、各ゲートで次の段階に引き渡しのできる成果を上げていなければならない。事業計画段階から製品開発段階へ移行するためには、消費者のニーズや関心に対する説得力のある市場調査、競合分析、技術評価が必要となる。トップ・マネジメントは当該計画を次の段階に進める価値があるかどうかを判断するために、各ゲートで基準と照らし合わせて評価する。各ゲートで目を光らせている監視人は、進め、捨てろ、保留しろ、戻せ、という4つの選択肢から1つを選ぶことになる。

ステージ・ゲート・システムではイノベーション・プロセスに厳しい規範を設定しているので、関係者全員が各段階を把握でき、段階ごとにプロジェクト・リーダーやプロジェクト・チームの責任の所在が明らかになる。このシステム

数ある環境予測のなかに、世界中の主要な森林が今後数百年以内に消滅するという説がある。

MARKETING INSIGHT　マーケティング・インサイト

新製品開発は技術者だけがするのではない：部門横断的チームの英知

ベストセラー『The Soul of a New Machine』の中でトレーシー・キダーは、緊密なチームワークのとれたデータ・ゼネラルの技術者グループが革新的な新コンピュータを開発した様子を描いている。技術者たちは長い間、製品開発の一翼を担ってきた。独創的な製品を開発するために、技術者や科学者は社外はおろか社内の他部門からさえも孤立して働いていたのである。新製品開発を技術者や科学者に一任することで素晴らしい成果を上げたこともしばしばあったが、この上なく非効率で近視眼的なマーケティングに陥ることも多かった。見込み客のニーズや欲求が全然ないにもかかわらず、技術者が「より良いネズミ取り」を作らねばという使命に燃えてしまうケースである。

他部門から孤立して研究に没頭する技術者が尊敬を集めていた伝統は、1980年代末期から1990年代初頭にかけて、部門横断的な新製品開発チームが誕生したのと同時に崩れた。設計サイクルの短縮、新技術の利用、製品開発コストの低減といった圧力がメーカーに重くのしかかり、製品設計は技術者の単独活動の手を離れて、複数の他部門や主要な供給業者の力を結集したダイナミックなプロセスへと移りつつある。『Design News and Purchasing』誌の読者アンケートによると、回答者の80％が自社の新製品開発には部門横断的なチームが携わっていると答えている。

現在、世界最大の利益をあげている自動車メーカーのクライスラーは、新製品開発チームを最初に取り入れている。1980年代末期からクライスラーは、カーデザイナーと購買部門とでチームを組ませた。その結果、官僚的な階層が製品開発プロセスから切り離された。部門横断的な設計チームの発足以降、クライスラーは新車開発サイクルを40％以上短縮し、経費も大幅に節減できた。例えば、1980年代末には国内自動車メーカーの新車開発には5年かかるのが当然だったが、今日クライスラーは、乗用車とトラックの開発コンセプトから市場投入まで3年以内でやってのけている。ほかの機能部門から主要な人材を集める大きな利点として、知識の幅が広がることも挙げられる。ハーレー・ダビッドソンは設計コンセプトの段階で技術、購買、製造、マーケティング、供給業者の各部門から人を集めてチームを組んだ。ブレーキ・システムのような複雑な部品では、供給業者に開発の主導権がゆだねられている。「こうした専門技術者を社内に新しく雇うよりも、当社のサプライ・ベースにすでにあるコ

を採用している代表的企業としては、モービル、3M、ヒューレット・パッカード、シアトルに本拠を置く小型電子機器メーカーの先発であるフルークなどが挙げられる。デンマークの玩具メーカーであるレゴは毎年、製品ラインの約3分の1を新製品と入れ替えている。1980年代の末以降、新製品を迅速に発売するための体制を整える手段として、レゴはステージ・ゲート・システムを取り入れている[10]。

ここで、開発プロセスの8つの段階で生じるマーケティング上の難題を見てみよう。その8つの段階とは、アイデア創出、アイデア・スクリーニング、コンセプトの開発とテスト、マーケテング戦略の立案、事業分析、製品開発、市場テスト、商品化である。新製品開発プロセスの各段階とそこで求められる意思決定が■図11-1に示されている。

ンピタンスに頼っています」と語るのは、ハーレー・ダビッドソンの開発購買ディレクターのリロイ・ジンダーズである。

部門横断的なチームにこれだけの利点があるといっても、チームを作ってそれをうまく機能させることが簡単だと思ってはいけない。ヘキストの業務担当マネジャーであるドン・H・レスターは、このことを身をもって知っている。レスターは新製品ベンチャー・チームのリーダーとして10年以上の経験を持ち、ベンチャー・チームの人員選考に次のような基準を作っている。

- **望ましいリーダーシップと専門知識のレベル**　新製品コンセプトが複雑であるほど、幅広い専門知識が望まれる。
- **メンバーのスキルと専門知識**　ヘキストでは、化学、工学、市場調査、財務分析、製造などについてスキルや専門知識を持っている人員を新ベンチャー・チームに配している。ただし、企業によって必要とされる専門分野は異なるだろう。
- **特定の新製品コンセプトに対する関心のレベル**　興味があるか、さらにいうと、レベルの高い所有者意識やコミットメントを有しているか(「コンセプト・チャンピオン」であるか)。
- **個人が報われる可能性**　「それをすることで、何が自分のためになるのか」、すなわち当該プロジェクトに参加する各人を動機付けるものは何か。
- **広い意味でのメンバーの多様性**　これには人種、性別、国籍、経験の幅、専門的知識の深さ、人格が含まれる。多様性が増すほど視野が広がるので、チームの意思決定の潜在能力は大きくなる。

出典：Don H. Lester, "Critical Success Factors for New Product Development," Research Technology Management, January–February 1998, pp. 36–43; Tim Minahan, "Harley-Davidson Revs Up Development Process," Design News, May 18, 1998, pp. S18–S23; Tim Minahan, "Platform Teams Pair with Suppliers to Drive Chrysler to Better Designs," Purchasing, May 7, 1998, pp. 44S3–44S7; "Design Teams Bring Radical Change in Product Development," Design News, May 18, 1998, p. S2. 次の文献も参照されたい。Gary S. Lynn, "New Product Team Learning: Developing and Profiting from Your Knowledge Capital," California Management Review, Summer 1998, pp. 74–93.

開発プロセスの管理：アイデア

アイデア創出

　新製品開発プロセスはアイデアを探すことから始まる。トップ・マネジメントは製品、市場の範囲、新製品の目的を明らかにしなければならない。革新的新製品の開発、既存製品の改良、競合製品の模倣などに、どれだけ力を注ぐかも示さなければならない。新製品のアイデアは、顧客、科学者、競争相手、従業員、チャネル・メンバー、トップ・マネジメントといったさまざまな供給源から生まれる。

　マーケティングの考え方では、**顧客のニーズと欲求**がアイデアを探す上で論理的に妥当な出発点である。ヒッペルは、新しい生産財のアイデアの大半が顧

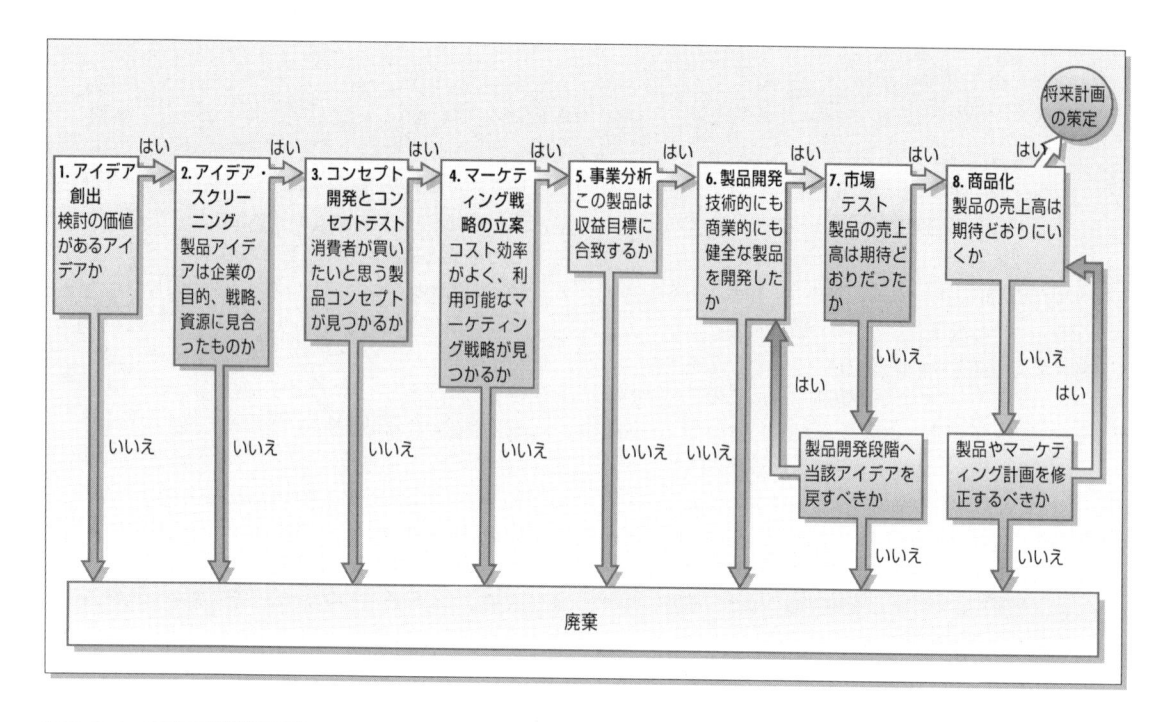

図11-1

新製品開発の意思決定プロセス

```
1. アイデア創出 → はい → 2. アイデア・スクリーニング → はい → 3. コンセプト開発とコンセプトテスト → はい → 4. マーケティング戦略の立案 → はい → 5. 事業分析 → はい → 6. 製品開発 → はい → 7. 市場テスト → はい → 8. 商品化 → はい → 将来計画の策定
```

1. アイデア創出：検討の価値があるアイデアか
2. アイデア・スクリーニング：製品アイデアは企業の目的、戦略、資源に見合ったものか
3. コンセプト開発とコンセプトテスト：消費者が買いたいと思う製品コンセプトが見つかるか
4. マーケティング戦略の立案：コスト効率がよく、利用可能なマーケティング戦略が見つかるか
5. 事業分析：この製品は収益目標に合致するか
6. 製品開発：技術的にも商業的にも健全な製品を開発したか
7. 市場テスト：製品の売上高は期待どおりだったか
8. 商品化：製品の売上高は期待どおりにいくか

いいえ → 廃棄

（6→いいえ）製品開発段階へ当該アイデアを戻すべきか → はい（5へ戻す）／いいえ → 廃棄
（7・8→いいえ）製品やマーケティング計画を修正するべきか → はい（8へ戻す）／いいえ → 廃棄

客から生まれることを示している[11]。技術系の企業は、自社製品を最もよく使い、ほかの顧客より先に改良の必要性に気づいてくれる**リード・ユーザー**を研究することによって多くを学べる。最高のアイデアの多くは、顧客に現行製品の問題点を指摘してもらうことによって生まれている。例えば、3MはSOSとブリロが支配していた、石鹸をしみこませた鋼鉄繊維製タワシのニッチ市場に地歩を築くために、全国の消費者を対象とした8つのフォーカス・グループ調査を行った。現行製品が抱える問題点を消費者に尋ねた結果、最大の不満はこうしたタワシを使うと高価な調理器具に引っかき傷ができることだと判明した。得られた知識をもとにして、スコッチ・ブライトの引っかき傷防止タワシというアイデアが誕生した。この新製品の売上は3Mの予想を25%も上回っている[12]。

成功企業には全従業員に生産工程、製品、サービスの改善提案を奨励する企業文化が根づいている。トヨタでは年間200万件の改善提案（1人あたり35件）が集まり、そのうちの85%以上が実施されているという。コダックなどの企業は、ベスト・アイデアを提案した従業員に賞金、休暇、表彰状などを用意している。

競合他社の製品やサービスを調査することからも優れたアイデアが得られる。流通業者、供給業者、セールス・レップから情報収集ができるし、顧客が競合他社の製品のどこを好みどこを嫌っているのかを調べてもよい。競合他社の製品を購入して分解し、他社製品よりも優れたものを作ることもできる。**セールス・レップ**と**仲介業者**は、この上ないアイデア源である。彼らは顧客とじかに接しているから、競合他社の動向をいち早く察知できるのである。セール

ス・レップ、流通業者、ディーラーを教育して、新しいアイデアの発見に報奨を用意している企業が増えてきている。

　トップ・マネジメントも主要なアイデア供給源の1つといえる。ポラロイドの前CEOであるエドウィン・H・ランドのように、企業のリーダーが自社の技術革新の責任者となって陣頭指揮をした企業もある。また、ヒューレット・パッカードのCEOであるルイス・プラットは、事業部マネジャーがリスクをとって新しい成長機会を創り出せる社内の雰囲気づくりをすることこそ、上級経営者の役割だと信じて疑わない。プラットのリーダーシップのもと、ヒューレット・パッカードは自立性の高いさまざまな社内起業的事業の集合体として組織化されている。

　新製品のアイデア源はほかに、発明家、特許関係の法律事務所、大学や民間の研究所、産業コンサルタント、広告会社、マーケティング・リサーチ会社、業界専門紙などがある。しかし、アイデア源が多岐にわたるとはいえ、そのアイデアに目がとまる機会は、組織内にプロダクト・チャンピオンの役割を担う人間がいるかどうかにかかっていることが多い。盛んにアピールし擁護する人間がいなければ、当該製品アイデアが真剣に取り上げられることはない。■マーケティング・メモ「優れた新製品アイデアを生む10の方法」を参照されたい。

アイデア・スクリーニング

　企業の組織がうまく機能していれば優れたアイデアは集まってくる。名前と電話番号を公開したアイデア・マネジャーに従業員が進んでアイデアを提出するような動機付けをするとよい。アイデアは紙にまとめ、毎週アイデア委員会で審議され、有望、再考、却下のいずれかに分類されなければならない。有望なアイデアについては、その一つひとつを委員会のメンバーが調査した上で結果を委員会に報告する。そこで生き残ったアイデアは徹底的なスクリーニング段階に上げられる。企業はベスト・アイデアを提供した従業員への報奨を惜しんではいけない。

　アイデアをスクリーニングする際、企業は2種類のエラーを犯さないようにしなければいけない。ドロップ・エラーとは、何らかの点で趣旨に合わない優れたアイデアを捨ててしまうことをいう。他人のアイデアに欠点を見つけるのはいたって簡単である（■図11-2）。捨てたアイデアを省みて愕然とする企業もある。ゼロックスはチェスター・カールソンのコピー機に新しい未来を見いだしたが、IBMとイーストマン・コダックにはそれが見えなかった。IBMはパソコン市場の成長性も見誤った。RCAはラジオに活躍の機会が訪れると見抜いたが、ビクター・トーキング・マシーン社には見抜けなかった。マーシャル・フィールドは月賦販売の市場が独特な形で発展する可能性を理解していたが、エンディコット・ジョンソンは理解していなかった。シアーズは値引きの重要性を顧みなかったが、ウォルマートやKマートはそれを大事にした[13]。ドロップ・エラーが多すぎる企業は、その基準が保守的に偏りすぎているのである。

図11-2

新しいアイデアの芽をつむ要因　（上から下へ）

「素晴らしいアイデアがひらめいた」
「ここではうまくいかないかもしれない」
「以前も試したことがある」
「今はその時機ではない」
「できっこない」
「我々のやり方には合わない」
「それがなくてもやってこられた」
「費用がかかりすぎる」
「次回の話題にしよう」

出典：Jerold Panas, Young & Partners, Inc.

MARKETING MEMO

優れた新製品アイデアを生む10の方法

1. 肩のこらないミーティングを開こう。コダックではこれを実践している。形式ばらない雰囲気の中で、顧客グループと企業の技術者、設計者が問題点やニーズを語りあったり、ブレーンストーミングによって解決の可能性を探っている。

2. 日常業務から外れてもよい時間を与えよう。技術者が自分の気に入ったプロジェクトに自由に時間を使えるようにする。3Mでは就業時間の15%を、ローム&ハース社では10%をそれに充てている。

3. 工場見学に訪れる顧客には、必ずブレーンストーミングの会合に参加してもらおう。

4. 顧客を知ろう。自社製品と他社製品のどこを顧客が気に入っているのか、あるいは気に入らないのかを知ろう。

ゴー・エラーは、貧弱なアイデアを開発段階や商品化段階にまで進めてしまうことをいう。このエラーに伴う製品の失敗は3つのタイプに分類できる。**絶対的失敗**はお金の損失であり、売上が変動費をまかなうことができない。**部分的失敗**は損失を出すが、売上によって全変動費と固定費の一部をまかなえる。**相対的失敗**は利益を計上できるものの、目標とする利益率には及ばない。

スクリーニングの目的は貧弱なアイデアを極力早く捨てることである。というのも、開発段階を一歩進むごとに製品開発コストが大幅に上昇するからである。大半の企業は新製品委員会で容易に検討できるよう、新製品アイデアを社内の標準フォームに従って書かせる。このフォームには製品アイデア、標的市場、競争状況などが記載され、市場規模、製品価格、開発の所要時間とコスト、製造コスト、収益率をおおまかに推定して記される。

エグゼクティブ委員会は各アイデアを一定の基準に照らして検討する。その製品はニーズに合っているか。優れた価値を提供できるか。目立つ広告ができるか。自社に必要なノウハウや資金があるか。目標とする売上数量、売上成長、利益を達成することができるか。アイデアが生き残れるかどうかは、■表11–2に示されているようなウエート指数法を用いて評価できる。1列目には新製品の発売が成功するために必要な要素を挙げており、2列目に要素の重要度に応じてウエートが割り振られている。3列目に製品アイデアが0から最高1.0までの尺度で採点されている。最後の列で、要素の重要度に製品の採点を掛けて総合評点を算出する。この例では、製品アイデアの総得点が0.69となり、「良いアイデア」の水準といえる。この基礎的な評価方法の目的は、製品を系統立てて評価し、議論することであって、経営陣が意思決定の資料として使うためのものではない。

新製品アイデアが開発プロセスを進んでいく間、企業はその製品の総合的な成功率を常に評価し直す必要がある。その際、次の公式が利用される。

総合的な成功率 ＝ 技術が完成する確率 × 完成した技術をもとに商品化できる確率 × 商品化して採算がとれる確率

例えば、3つの確率がそれぞれ0.50、0.65、0.74と評価されれば、総合的な成功率は0.24となる。この値に基づいて、企業は開発の続行を認可するかどうか

表11–2 製品アイデアの評価方法

製品の成功要件	相対ウエート (a)	製品の採点 (b)	製品の総合得点 (c = a × b)
製品の独自性や優位性	0.40	0.8	0.32
コスト・パフォーマンスの高さ	0.30	0.6	0.18
マーケティング費用のサポート	0.20	0.7	0.14
強い競合他社の不在	0.10	0.5	0.05
総合	1.00		0.69*

*評価基準：0.00–0.30 下　0.31–0.60 中　0.61–0.80 上　　許容最低限度：0.61

を判断しなければならない。

開発プロセスの管理：コンセプトから戦略へ

コンセプト開発とコンセプト・テスト

　魅力的なアイデアは、テスト可能な製品コンセプトにまで昇華しなければならない。**製品アイデア**とは、企業が市場に製品として提供できる可能性のある候補のことである。**製品コンセプト**とは、アイデアを意味のある消費者の言葉で表現して磨き上げたものである。

■ コンセプト開発

　コンセプト開発を次の例に従って説明しよう。ある大手食品会社が、牛乳に加えると栄養価が増して味もよくなるという粉末のアイデアを得る。これは製品アイデアである。しかし消費者は製品アイデアを買うわけではなく、製品コンセプトを買うのである。

　1つの製品アイデアは、いくつかのコンセプトに変えることができる。第1の問題は、だれがこの製品を使うのかである。粉末は幼児向け、子供向け、ティーンエイジャー向け、若者向け、中年向け、老人向けをねらうことができる。第2の問題は、この製品の主なベネフィットを何にするかである。味、栄養、気分転換、それとも活力か。第3の問題は、この飲み物をいつ飲むものとするかである。朝食時、午前、昼食時、午後、夕食時、夜遅くか。こうした問題に答えながら、企業はいくつかのコンセプトを作ることができる。

- **コンセプト1**　作る手間をかけないで、栄養のある朝食を急いでとりたい大人向けのインスタント朝食用飲料
- **コンセプト2**　日中のおやつ用に、子供が飲む味のよいスナック飲料
- **コンセプト3**　高齢者が夜遅く就寝前に飲む栄養補給剤

　それぞれのコンセプトは、その製品の競合品を特定できる**カテゴリー・コンセプト**を示している。インスタント朝食用飲料ならば、ベーコンエッグ、朝食シリアル、コーヒーとペストリーなどの朝食代替品と競合するだろう。味のよいスナック飲料ならば、清涼飲料や果物ジュースなど、喉の渇きをいやす飲料と競合するはずである。

　インスタント朝食用飲料のコンセプトが最もふさわしいと仮定しよう。次にすべきことは、この粉末製品が他の朝食製品との関係においてどのような位置にあるかを示さなければならない。■図11–3(a)には、コストと準備時間という2つの次元を使った朝食用飲料の**製品ポジショニング・マップ**が示されている。インスタント朝食用飲料は、コストが低く、準備時間が短い。いちばん近い競合品はコールド・シリアルであり、いちばん遠い競合品はベーコンエッグであ

MARKETING MEMO

5. 顧客をこっそり観察する「フライ・オン・ザ・ウォール」「キャンピング・アウト」リサーチを行おう。フルークとヒューレット・パッカードではこれを実践している。
6. 反復ラウンドを利用しよう。顧客グループを一室に集めて、集中的に問題点を探してもらう。隣室に待機してそれを聞いている自社の技術担当者が、解決策をブレーンストーミングする。できあがった解決策はただちにその顧客グループにテストしてもらう。
7. キーワード調査を行おう。世界各国の商業専門紙に毎日丹念に目を通し、新製品の発表などをチェックする。
8. インテリジェンス収集の場としてトレード・ショーを活用しよう。業界の新製品が一堂に会している。
9. 技術者やマーケティング部門の担当者に、供給業の研究室へ出向いて技術者と話をしてもらおう。新しい知見が得られる。
10. 自由に出入りできるアイデア図書館を設置しよう。訪れる従業員はアイデアを吟味したり補ったりできる。

出典：Robert Cooper, *Product Leadership: Creating and Launching Superior New Products* (New York: Perseus Books, 1998).

図11-3

製品とブランドのポジショニング

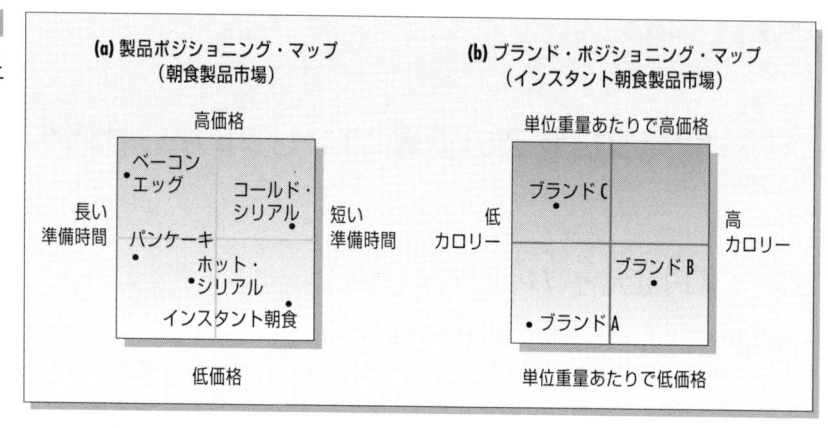

(a) 製品ポジショニング・マップ（朝食製品市場）

- 高価格／低価格
- 長い準備時間／短い準備時間
- ベーコンエッグ
- コールド・シリアル
- パンケーキ
- ホット・シリアル
- インスタント朝食

(b) ブランド・ポジショニング・マップ（インスタント朝食製品市場）

- 単位重量あたりで高価格／単位重量あたりで低価格
- 低カロリー／高カロリー
- ブランドC
- ブランドB
- ブランドA

る。コンセプトを市場に伝達してプロモーションするとき、こうした対比が役に立つ。

次に、製品コンセプトをブランド・コンセプトに変えなければならない。図11-3(b)はブランド・ポジショニング・マップであり、インスタント朝食用飲料の3つの既存ブランドのポジションが示されている。この企業は自社の飲料を作るにあたって、価格とカロリーの設定をしなければならない。新ブランドは中価格かつ中カロリーの市場に設定するか、高価格かつ高カロリーの市場に設定すると独自性が出せるだろう。既存ブランドのすぐ隣に新ブランドをポジショニングするのは、市場シェアを争うことになるので避けるはずである。

■■■ コンセプト・テスト

コンセプト・テストとは製品コンセプトを適切な標的顧客に提示して、その反応を得ることである。コンセプトは象徴的にあるいは物理的に提示することができる。しかし、テストされるコンセプトが最終的な製品ないし経験に似ているほど、コンセプト・テストの信頼性は増す。プロトタイプの作成にはこれまでコストと時間がかなりかかったが、設計や製造のコンピュータ化によって事情は変わった。今日では、コンピュータで実物の代替品（ミニチュアやモデルなど）を設計してから、プラスチックの模型を作成することができる。潜在消費者はプラスチック模型を見て、意見や反応を示してくれる[14]。

企業は製品コンセプトのテストにバーチャル・リアリティも利用している。バーチャル・リアリティ・プログラムでは、現実をシミュレートするためにグローブやゴーグルといったセンサー器具が用いられる。ガッド・インターナショナル社は、シミュル・ショップというリサーチ・ツールを開発した。これはCD-ROMを使って仮想ショッピングを体験できるバーチャル・リアリティ手法で、製品ポジショニング、店舗レイアウト、パッケージ・デザインといった要素に対する消費者の反応をテストできる。シリアルのマーケターが、新しいパッケージ・デザインと店内の陳列棚について、消費者の反応をテストしたいとしよう。仮想ショッピングの被試験者は、標準的なデスクトップ型パソコンを使っ

てシミュル・ショップにアクセスし、ディスプレーに食料品店が現れると架空の買物を始める。クリックして店内に入り、買いたいもののあるコーナーに進む。棚を見まわし、いろいろなシリアルのパッケージを手にとって、ラベルを読む。気になれば自分の背後の棚まで覗くことができる。ガッド社のリサーチ・ディレクターは、次のように説明している。「ユーザーは、私たちがテストしたい製品の陳列場所に来ると、多様なパッケージングや棚のレイアウトやパッケージの色を見ることができます。ユーザーの行動次第では、なぜそうした行動をとったのか本人に質問することもできるのです(15)」。

今日では、**顧客主導のエンジニアリング**を用いて新製品設計を手がける企業が多い。顧客主導のエンジニアリングでは、消費者の選好を最終的な設計に盛り込むことを心がけている。ある企業がワールド・ワイド・ウェブの利用によって顧客主導のエンジニアリングをどのように強化したかについて紹介しよう。

ナショナル・セミコンダクター社

カリフォルニア州サンタクララに本拠を置く同社は、Javaで作られた簡単なマルチメディア・アプリケーションの「アプリット」とパラメータ検索技術を利用して、全製品のデータベースをウェブで利用できる体制を整えている。顧客による検索内容を追跡することによって、ナショナル・セミコンダクター社は顧客が最も重視している性能基準を探り当てることができる。同社のウェブ・サービス担当マネジャーによると、顧客が希望の製品をいつ見つけられたかよりもいつ見つけられなかったかを知る方がより重要である。そうした情報をもとにして、同社は市場のニッチを特定したり、新製品開発の所要時間を短縮したりしている。これは、基本的に質の高い市場調査であり、しかもコストはまったくかからない(16)。

コンセプト・テストにより、当該コンセプトはいっそう磨きをかけられて消費者に提示されることとなる。先ほどの牛乳の例を使って、コンセプトが洗練度を増す様子を見てみよう。

当社の粉末ミックスを牛乳に入れると、インスタント朝食ができます。必要な栄養素をすべて摂取でき、美味しくて手軽に作れます。3つの味（チョコレート、バニラ、ストロベリー）を楽しめて、価格は1箱6袋入りで2ドル49セントです。

この情報を受け取った消費者は次の質問に答える。

質問	測定される製品要素
1. ベネフィットが明確であり、それを信用できますか。	伝達可能性と信用性。得点が低ければ、コンセプトをさらに洗練するか作り変えなければならない。
2. この製品はあなたの問題を解決したりニーズを満たしてくれますか。	ニーズ水準。ニーズが強いほど消費者の関心は高い。
3. 他の現行品はそのニーズを満たし、あなたを満足させていますか。	ギャップ水準。ギャップが大きいほど消費者の関心は高い。ニーズ水準とギャップ水

大きな健康問題の1つである糖尿病にかかる人は、ニュー・ミレニアムの初めには1億4000万人を超えるだろう。植物から採取できるインシュリン代替物の研究によって、斬新かつ優れた治療法がまもなく登場するかもしれない。

準を掛ければニーズ・ギャップ得点が得られる。この得点が高いほど、既存の代替品に満足できない強いニーズを、その製品は満たしてくれると消費者が考えていることになる。

4. 価値に見合った価格ですか。

知覚価値。知覚価値が高いほど消費者の関心は高い。

5. この製品を買いますか（必ず買う、たぶん買う、たぶん買わない、絶対に買わない）。

購入意図。上述の４つの質問に肯定的に答えた消費者は、購入意図が高くなるはずである。

6. この製品の使用者はだれで、いつ、どれくらいの頻度で使いますか。

ユーザー・ターゲット、購入時期、購入頻度。

> もう1つ、臓器のクローン複製がニュー・ミレニアムに実現するかもしれない。

　回答により、当該コンセプトが広くそして強く消費者に訴えているかどうか、新製品と競合する製品は何か、どのような消費者が標的としていちばんふさわしいか、などがわかる。ニーズ・ギャップ水準や購入意図水準を製品カテゴリーのさまざまな基準と照合することによって、当該コンセプトが成功するか、見込みがないか、失敗するかが予測できる。ある食品メーカーは、必ず買うという割合が40％未満のコンセプトを却下している。

コンジョイント分析

　代替可能な製品コンセプトに対する消費者の選好は、**コンジョイント分析**によって測定できる。これは、製品属性の水準を変えていくのに伴って、製品の効用価値がどう変化するかを導き出す手法である。回答者は属性水準を変えた仮の製品を数種類提示され、順位をつけるよう求められる。その結果から、最も訴求力の強い製品、推定市場シェア、推定企業利益が特定できる。

　グリーンとウィンドは、家庭用しみ取りカーペットクリーナーの新製品を例に挙げて、この手法を説明している[17]。新製品のマーケターが、次の５つの設計要素を考慮しているとしよう。

- ３つのパッケージ・デザイン（A、B、C、■図11-4を参照されたい）
- ３つのブランド名（K2R、グローリー、ビセル）
- ３つの価格（1.19ドル、1.39ドル、1.59ドル）
- グッド・ハウスキーピング・シール（商品テストによって品質が保証されたことを示すシール）貼り付けの可能性（あり、なし）
- 返金保証の可能性（あり、なし）

　108種類（３×３×３×２×２）の製品コンセプトが組み合わせ可能であるが、消費者にその全部を順位づけしてもらうには多すぎる。例えば、18種類の対照的なコンセプトに絞れば、消費者は好ましい順にランクづけができるだろう。

　統計学的手法を利用して、５つの各属性について消費者の効用関数を導き出す（■図11-5）。効用関数には０から１までの幅があり、効用が高いほど属性の当該水準に対する消費者選好が強いことを示す。パッケージングを見てみよう。最も好まれるのはパッケージB、次いでC、Aの順位となっている（Aはほとんど効用がない）。ブランド名は好ましい順にビセル、K2R、グローリーである。

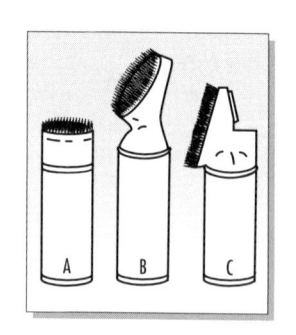

図11-4

コンジョイント分析の見本

図11-5 コンジョイント分析に基づく効用関数

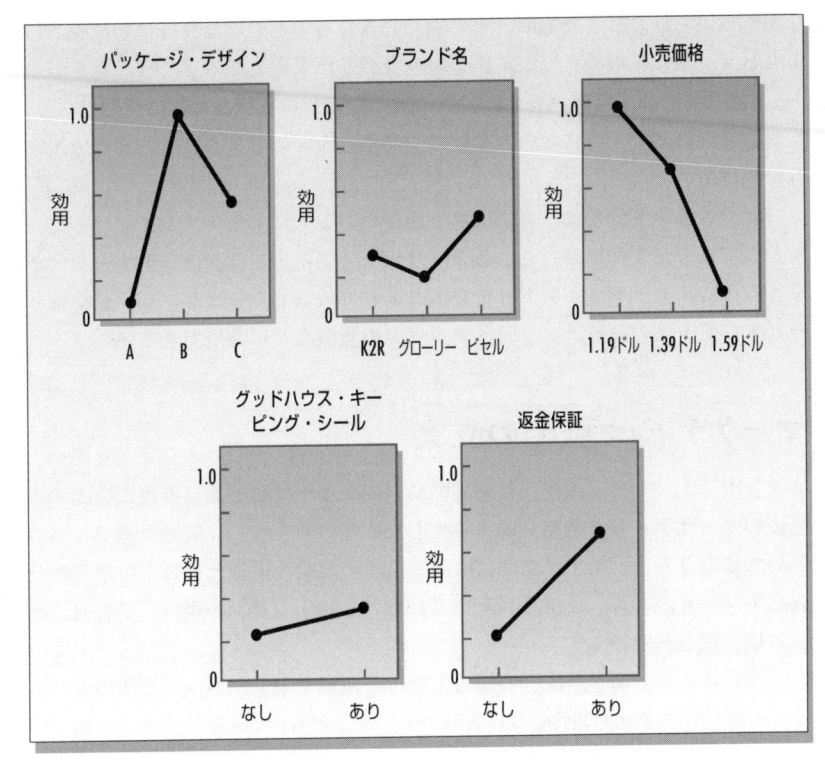

価格が高いほど消費者の効用は低くなっている。グッド・ハウスキーピング・シールは好まれているものの大きな差はなく、わざわざ取得するほどではないようだ。返金保証への要望は強い。こうした結果を統合すると、消費者の最も好む組み合わせは、パッケージ・デザインがB、ブランド名がビセル、価格は1.19ドルで、グッド・ハウスキーピング・シールを貼った、返金保証付きのタイプである。

　消費者にとっての各属性の相対的な重要性、言い換えれば、ある属性に着目したときの最大効用値と最小効用値との差も、決めることができる。差が大きいほど当該属性の重要度は増す。この例で見る限り、価格とパッケージ・デザインが最重要属性であるのは明らかであり、次いで返金保証、ブランド名、グッド・ハウスキーピング・シールの順になっている。

　競合他社の反応についての仮定を踏まえれば、標的顧客から収集した十分な選好データによって、特定の組み合わせが獲得するであろう市場シェアを推定することができる。ただし、コストを考慮に入れると、最大の市場シェアが確実視される組み合わせを発売できない可能性もある。消費者に最も受ける組み合わせが、企業にとって最も利益があるとは限らないからである。

　それぞれのオファーの属性をすべて取り上げるフル・プロファイルではなく、1回に2つの属性を取り上げてデータを収集する方法もある。例えば、回答者に3つの価格水準と3つのパッケージ・タイプの表を見せて、9つの組み合わせの

ニュー・ミレニアムに登場する新薬のなかには、何千人ものアルツハイマー病患者に救いの手を差し伸べると期待される記憶にかかわる薬も含まれている。

なかからいちばん好きなもの、その次に好きなものといった具合に順位をつけてもらう。次に、別の2つの属性を組み合わせた表を見せる。こうしたトレード・オフの手法は、変数が多くて多数の組み合わせが可能なときに便利である。しかし、回答者が一時に2つの変数についてしか評価できないという点で現実性に欠ける。

コンジョイント分析は、コンセプト開発やコンセプト・テストにおけるツールとして最もよく利用されている。マリオット・ホテルは、コートヤード・ホテルの設計にコンジョイント分析を取り入れて成功した。ほかにも、航空機サービス、処方薬の設計、クレジットカードの特徴などに適用できる。

マーケティング戦略の立案

コンセプト・テストの後、新製品開発マネジャーは新製品を市場に導入するためのマーケティング戦略計画を立案しなくてはならない。戦略計画は3つの部分で構成される。第1の部分には標的市場の規模と構造と行動、予定された製品ポジショニング、最初の2年～3年における売上目標、市場シェア目標、利益目標が記される。

> インスタント朝食用飲料の標的市場は、便利で栄養があって値段の安い新しいタイプの朝食を受け入れやすい、子どものいる家庭である。当社のブランドはインスタント朝食のカテゴリーの中で高価格、高品質のところにポジショニングする。初年度の目標は、50万ケースの売上でシェア10%を占め、損失を130万ドル未満に抑えることである。2年度の目標は、70万ケースの売上、14%のシェア、220万ドルの利益である。

第2の部分には予定価格、流通戦略、初年度のマーケティング予算の概略が記される。

> 当該製品にはチョコレート、バニラ、ストロベリーの3種の味を用意し、1箱6袋入りで小売価格を2.49ドルに設定する。48箱で1ケースとし、1ケース24ドルで流通業者に販売する。当初2か月間、ディーラーには4ケース買い上げごとに1ケースを無料サービスし、共同広告アロウワンスを提供する。無料サンプルを戸別配達し、20セント引きクーポン券の新聞広告を出す。販売促進費の予算総額を290万ドルとし、600万ドルの広告予算の割当は、全国広告と地方広告で半々とし、そのうち3分の2をテレビ広告に、残りを新聞広告にまわす。広告コピーは高い栄養価と利便性を前面に打ち出し、広告コンセプトはインスタント朝食を飲んでたくましく成長する少年を軸に展開していく。初年度に10万ドルを投資して、店舗診断を試みたり、消費者パネル情報を用いて、市場の反応と購買率を監視する。

マーケティング戦略計画の第3の部分には長期的な売上目標と利益目標、時間の経過に従ったマーケティング・ミックス戦略が記される。

当社は25%のシェア獲得と12%の税引後投資収益率を目指す。この収益を達成するために、高品質から出発し、技術研究によって時とともに改良を図る。価格は当初高水準に設定し、徐々に下げていって市場を拡大し、競争に対応する。プロモーション費は毎年約20%増加させていき、65対35となっている初年度の広告費と販促費の比率を最終的に50対50とする。マーケティング・リサーチ費は、1年経過の後に年間6万ドルへ減額する。

事業分析

　製品コンセプトを開発し、マーケティング戦略を立案したら、当該事業の魅力度を評価することができる。製品の売上高、コスト、利益を予測して自社の目的にかなうかどうかを決めるのである。もし満足な結果が出れば、製品コンセプトを製品開発段階に進めることになる。新しい情報が入ったら、その時点で事業分析を再検討する。

■■■■ 総売上高の推定

　経営陣は、売上高が満足のいく利益をもたらすかどうかを見積もる必要がある。総推定売上高は初回購入の売上高、買い替え購入の売上高、反復購入の売上高を合計して出す。売上高の推定方法は、製品が1回限りの購入品（例えば、婚約指輪、退職時のマイホーム）、少頻度購入品、多頻度購入品であるかによって違ってくる。1回限りの購入品では、売上高は最初上昇曲線を描き、ピークに達し、潜在購買者の数が減るにつれてゼロに接近する（■図11-6(a)）。もし新規購入者が市場に参入し続けるならば、曲線はゼロまで低下しないだろう。

　自動車、トースター、産業用機器などの少頻度購入品では、製品が物理的に老朽化したり、スタイル、特徴、性能が陳腐化することによって、買い替えのサイクルが生まれる。このような製品カテゴリーの売上高予測は、初回購入の売上高と買い替え購入の売上高を別々に行う必要がある（■図11-6(b)）。

　非耐久消費財や非耐久生産財などの多頻度購入品では、■図11-6(c)のような製品ライフサイクルの売上高を示す。まず初回購入者の数が増加し、その後、購入者が残り少なくなるにつれて減少していく（ただし人口は一定と仮定する）。ある程度の購入者が製品に満足するとして、まもなく反復購入が始まる。やがて売上高曲線は一定の反復購入量を示す安定水準に落ち着く。このころには、当該製品が新製品ではなくなっている。

　新製品の売上高を推定する際、マネジャーの最初の課題は年度ごとの新製品の初回購入数を推定することである。手法は数多くある。買い替え購入の売上高を推定するには、製品の**耐用年数分布**、すなわち、年度ごとに使えなくなる製品数を調べなければならない。この分布の中で耐用年数が最も短い期間は、最初の買い替え購入の売上が発生する時期を示している。実際の買い替えのタイミングは、さまざま要素に影響されるだろう。というのも買い替え購入は、製

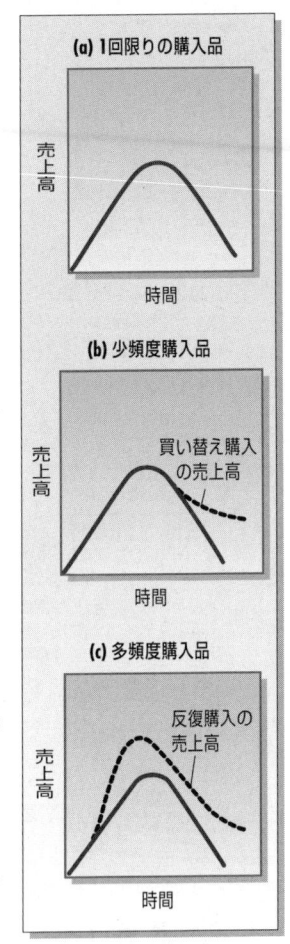

図11-6

3タイプの製品における製品ライフサイクルと売上高

品が実際に使用されるまで推定が難しいからである。そのため、初回購入の推定売上高だけを根拠にして新製品を発売するメーカーもある。

多頻度で購入される新製品については、初回購入の売上高とともに反復購入の売上高も推定しなければならない。反復購入率が高ければ顧客は満足していることになり、初回購入がすべて終了した後でも売上高は高い水準を保つ可能性が高い。1回目の再購入、2回目の再購入、3回目の再購入など、各段階ごとの反復購入率に注目すべきである。製品やブランドによっては、2回〜3回の購入後に捨てられるものもある[18]。

■ コストと利益の推定

売上高の予測が立ったならば、見込まれるコストと利益を見積もるべきである。コストの見積りは研究開発、製造、マーケティング、財務の各部門によって取り組まれる。■表11-3にはインスタント朝食用飲料における今後5年間の売上、コスト、利益の予測が示されている。

1行目は5年間の売上高予測である。初年度には1188万9000ドル（1ケース24ドルを約50万ケース）の売上を見込んでいる。この売上高予測の背景には市場成長率、自社の市場シェア、工場価格についての仮定が含まれている。

2行目は売上原価を示し、ここでは売上高の33%前後を推移している。売上原価は労務費、材料費、1ケースあたりの包装費における平均原価の見積りから求められる。

3行目は予想される粗利益を示しており、売上高から売上原価を引いたものである。

4行目は350万ドルと推定される開発費で、製品開発費、マーケティング・リサーチ費、製造開発費が含まれる。

5行目は5年分のマーケティング費の見積額であり、その内訳は広告費、販促費、マーケティング・リサーチ費に加えて、セールス・フォースの経費、マーケティング管理費となっている。

表11-3

5か年のキャッシュ・フロー計算計画書（単位：千ドル）

	0年度	1年度	2年度	3年度	4年度	5年度
1. 売上高	0	11,889	15,381	19,654	28,253	32,491
2. 売上原価	0	3,981	5,150	6,581	9,461	10,880
3. 粗利益	0	7,908	10,231	13,073	18,792	21,611
4. 開発費	-3,500	0	0	0	0	0
5. マーケティング費	0	8,000	6,460	8,255	11,866	13,646
6. 間接費配賦額	0	1,189	1,538	1,965	2,825	3,249
7. 総貢献利益	-3,500	-1,281	2,233	2,853	4,101	4,716
8. 副次利益	0	0	0	0	0	0
9. 純貢献利益	-3,500	-1,281	2,233	2,853	4,101	4,716
10. 割引貢献利益（割引率15%）	-3,500	-1,113	1,691	1,877	2,343	2,346
11. 割引貢献利益の累計額	-3,500	-4,613	-2,922	-1,045	1,298	3,644

6行目はこの新製品にかかる間接費配賦額で、経営幹部の人件費、光熱費などの負担分である。

7行目の総貢献利益は粗利益から前述の3つのコストを引いたものである。

8行目の副次利益は新製品の導入によって影響を受ける他の自社製品の利益変化を表している。これには2つの要素がある。ドラガロング（つられて生じる）利益は、当該製品をラインに加えたことによって生じる自社の他製品の利益増加分である。カニバライズド利益は、当該製品をラインに加えたことによって生じる自社の他製品の利益減少分である[19]。■表11-3では副次利益をゼロと仮定している。

9行目は純貢献利益を示し、この場合は総貢献利益と同じである。

10行目は割引貢献利益、すなわち年率15%の複利で将来の貢献利益を割り引きした後の現在価値である。例えば、この企業は5年後に471万6000ドルの純貢献利益をあげることにはなる。もしほかの投資によって当該金額の15%の利益をあげることができると仮定すれば、現在における471万6000ドルの価値は234万6000ドルにしかならない[20]。

最後の11行目は割引貢献利益の累計額を示し、10行目の利益を1年ずつ累計したものである。ここで2つの点が検討課題となる。まず最大投資累計額であるが、これはプロジェクトによって生じる最大損失額のことである。この例では、初年度に461万3000ドルの最大損失額となっている。次に回収期間であるが、これは15%の金利を含めて投資した全額の回収を終える期間のことである。この例では、回収期間がおよそ3年半となる。したがって経営陣は、最大限460万ドルの投資をして、3年半という回収期間のリスクをとるかどうかについて意思決定しなければならない。

他の財務的手法を用いても新製品提案の利点は評価できる。最も簡単なのは**損益分岐点分析**で、予定した価格と原価構成で損益分岐点に達するためには何個の製品を売ればよいのかについて推定する。もし損益分岐点に達するまで売上が順調に伸びると見込めれば、そのプロジェクトは製品開発段階へ進めてもよいだろう。

最も複雑な利益推定の手法は**リスク分析**である。この手法では、計画期間内におけるマーケティング環境とマーケティング戦略を仮定した上で、収益性に影響を与える不確実な変数ごとに楽観的、悲観的、確信的という3つの推定をする。その結果をコンピュータでシミュレーションし、収益率の範囲とその確率を示す収益率確率分布を描くのである[21]。

寿命が延びるほど、長生きのみならずより良い生活をするための新薬や新製品の需要が増えてくるだろう。

新製品の管理:開発から商品化へ

製品開発

　事業分析をパスした後、製品コンセプトは研究開発部門もしくは技術部門に引き渡されて具体的な製品として開発される。この時点までコンセプトは言葉で表現されたもの、図に描かれたもの、あるいは模型でしかなかった。開発段階では投資額が飛躍的に増え、以前の段階でかかった費用など微々たるものにしか見えなくなる。この段階では、製品アイデアが技術的にも商業的にも製品として実現可能かどうかが問われる。もし可能でなければ、これまでの過程で得られた有益な情報は別として、累積投資費用は無駄になってしまう。

　標的顧客の要求を実用的なプロトタイプに変える仕事は、**品質機能配置(QFD)** という一連の手法に支援される。この手法では市場調査から得られた要望の高い**顧客属性(CAs)** リストを作成し、それを**技術属性(EAs)** リストに変換して技術者が使えるようにする。例えば、トラックの購入を考えている顧客が、ある加速性能(CA)を要求していると仮定する。技術者はこの要求性能を馬力や他の技術(EAs)に置き換えることができる。この方法を用いると、顧客の要求に応えるのに技術的な置き換えがどれだけ必要で費用がどれだけかかるかを測定できる。QFDの最大の利点はマーケター、技術者、製造部門の間のコミュニケーションがよくなることである[22]。

　研究開発部門は、製品コンセプトの具体的な姿を1つあるいは複数開発することになる。そして、次の3点を満たすプロトタイプを見つけ出さなければならない。製品コンセプト・ステートメントに記載されている主要属性が具現化されていること、通常の使用状態や使用条件下で安全に使えること、予定の製造費の枠内で生産できること、である。

　プロトタイプの開発と製造を成功させるためには数日、数週、数か月あるいは何年もかかる。一般に、新型の商業用航空機の開発には数年を要するが、バーチャル・リアリティの技術を利用すればスピードアップが図れる。製品の設計やテストをシミュレーションできれば即座に代替品を探し出せるので、企業に柔軟性が生まれて新しい情報に対応でき、不確定要素もすぐに解決できる。

> **ボーイング**
>
> 　ボーイングではボーイング777のオールデジタル化にあたって、コンピュータ合成した「人間」を利用している。この「人間」が画面上に現れた3次元の設計図を出入りし、それを見れば、生身の人間による整備でどのような問題があるかが一目瞭然である。こうしたコンピュータによる設計を取り入れると、プロトタイプを実際に使ってみるまで見過ごしたであろう設計ミスを技術者が発見できる。実物のプロトタイプの作成段階で要する時間とコストを節約できるために、ボーイン

製品に新しい用途が見いだされるだろう。避妊薬としては失敗に終わったタモキシフェンだが、乳ガンの発生率を50%減らす可能性があるという研究結果が報告されている。

グの開発プロセスに柔軟性が生まれ、これまでよりも設計上の選択肢がはるかに広がった[23]。

新しい味の製法を作るのにも時間がかかる。マックスウエル・ハウスは、消費者が「大胆で、力強く、深い味わい」のあるコーヒーを望んでいることを知った。研究所の技術陣は4か月以上かけて何種類ものブレンドと風味を試作した結果、要求に合う味を作り出したが、生産原価が高すぎた。そこで目標の製造費の枠内に収まるようコスト低減を図ったが、その変更によって今度は味が中途半端になり、市場での新ブランドの売れ行きはかんばしくなかった。

ワールド・ワイド・ウェブの普及に伴い、プロトタイプをより迅速に作成したり、開発プロセスをより柔軟に行うことが求められている。MITのメディア研究所のリサーチ・アソシエイトであるマイケル・シュレイジは次のように指摘している。「効果的なプロトタイプを作成することは、革新的な組織にとって喉から手が出るほど欲しい貴重な『コア・コンピタンス』である[24]」。このことはマイクロソフトやネットスケープをはじめ、シリコンバレーに数多くあるソフトウェア開発の新進企業にまさしく当てはまる。仕様書最優先の企業では「i」の文字に必ず点をつけ、「t」の文字に必ず横線を入れないと万事次の段階に進まないとシュレイジは語るが、ヤフー、マイクロソフト、ネットスケープといったプロトタイプ最優先の企業では手軽なテストや実験を大切にしている。■ミレニアム・マーケティング「インターネット時代の製品開発：ネットスケープ・ナビゲーター物語」を参照されたい。

研究所の技術陣は、製品の機能持性を設計に盛り込むだけでなく、物理的な手がかりによって心理的な面も伝えなければならない。消費者は多様な色、大きさ、重さにどう反応するだろうか。口内洗浄剤を例にとると、黄色は「殺菌力」を強調し（リステリンの場合）、赤色は「爽快感」を伝え（ラボリスの場合）、緑色や青色は「涼しさ」を訴える（スコープの場合）。マーケターは研究所の技術者に、消費者がどのような属性を求めているか、そしてこうした属性が製品に盛り込まれているかどうかを何によって判断するかといった情報を与える必要がある。

プロトタイプの用意が整ったならば、厳しい**機能テスト**と**顧客テスト**にかけなくてはならない。**アルファテスト**とは実験室で行われる製品テストのことで、使い方に応じて製品がどう機能するかを見る。そのテストを経てプロトタイプを改良したら、**ベータテスト**にかける。これは、顧客の協力を得てプロトタイプを使用してもらい、その結果をフィードバックしてもらうものである。見込み客が均一でないとき、用途が十分に知られていないとき、複数の意思決定者がその製品の購買にかかわっているとき、初期採用者のオピニオンリーダー性が必要なとき、ベータテストはきわめて有用である[25]。市場に出る前に製品がくぐり抜けなければならない機能テストの例をいくつか紹介する。

ショー・インダストリーズ社

ショー・インダストリーズ社では、時給5ドルで雇ったアルバイト職員に5列に並んだカーペット見本の上を1日最高8時間、距離にして平

MARKETING FOR THE MILLENNIUM　ミレニアム・マーケティング

インターネット時代の製品開発：ネットスケープ・ナビゲーター物語

　伝統的な製品開発プロセスは高度に組織化されている。未来の製品は整然とした段階を順次経ながら、設計、開発、生産そして市場導入となる。それに反して、柔軟性のある製品開発では、最終的な製品設計の固定をぎりぎりまで遅らせている。コンセプト開発段階と実行段階（製品コンセプトを実体のあるものに作り上げる段階）の時期が、経時的につながっているのではなくて、同時に重なり合うのである。変更の必要性を受け入れ、変更に伴うコストを減らすことによって、企業は製品開発の途上で生じる新しい情報に対応できるというわけである。

　科学技術、製品特徴、競合状況が予測できるときや発展の歩みが遅いときには、伝統的な開発プロセスがうまく機能する。しかし、変動の激しいビジネス環境の中では、順序正しく手順を踏んでいく手法は非効率どころではすまされない。時代遅れの製品を作り出す危険性さえあるのだ。消費者ニーズに対応できないばかりか、最新の科学技術を利用することもできない。ネットスケープが第2世代のナビゲーター・ウェブ・ブラウザ（ネットスケープの検索ソフトウェア）を開発した当時、まさしくそうした激動する環境に直面していた。業界の巨人マイクロソフトはすでに独自の柔軟な製品開発プロセスを構築し終え、ナビゲーターに対抗する製品の準備に入っていた。

　ネットスケープは1996年1月にナビゲーター2.0を市場に投入し、すぐさま同年8月発売に向けた次期製品ナビゲーター3.0の開発に着手した。ネットスケープの開発陣は技術、マーケティング、顧客サービスの各部門から人材を集め、ただちに最初の試作品を製作した。プロジェクト発足からわずか6週間後の2月14日までに、そのプログラムのベータ0版を開発スタッフのテスト用として社内プロジェクト専用のウェブサイトに公開した。目標機能の多くが未完成だったとはいえ、試作品は新製品の真髄と特徴を存分にとらえていたので、開発グループのメンバーから有意義なフィードバックが得られた。それから2週間足らずの2月22日、同じく社内開発スタッフ専用に最新版ベータ1が公開された。3月初め、製品の大きなバグを解決して、最初の一般公開版ベータ2がネットスケープ・インターネット・ウェブサイトに登場した。一般公開版は、しだいに完成度を増しながら、その後数週間ごとに登場し、8月の正式発売に至った。

　ベータ版の相次ぐ公開はネットスケープにとってきわめて有益だった。開発チームがウェブ・ブラウザの設計に取り組みながら、ユーザーからのフィードバックにも市場の変化にも対応できたからである。ベータ版のユーザーはネットスケープの一般的な利用者層よりも知識があり、貴重な情報源である。開発チームは競合製品にも細心の注意を払った。ネットスケープはマイクロソフトの競合製品、エクスプローラの最新ベータ版の観察を続け、特徴や形式を比較検討した。

　開発期間中に生じるばく大な量の情報をまとめやすくするために、ネットスケープはイントラネット上にプロジェクト用ウェブサイトを設けた。そのサイトには、製品開発計画と設計仕様書が掲載されており、それらは目標日程の変更や新しい特徴が加えられるたびに更新される。チームメンバーが設計の各部分の変更をモニターできるように掲示板もつけられているので、メンバーは仕様特徴の完成に気づいたり、現行版の問題点の記録もできる。ナビゲーターの一般向けベータテストが始まると、イントラネットのこうした特徴はますます重要になる。増える一方の情報をキャッチし、分類し、利用していく必要があるからだ。

出典：Iansiti and Alan MacCormack, "Developing Products on Internet Time," Harvard Business Review, September–October 1997, pp. 108–17.

均23キロメートル、歩調を変えながら歩いてもらう。常連のアルバイト職員のなかには、1週間に3冊のミステリー小説を読む者や2年で約18キログラムやせた者もいる。ショー・インダストリーズは各人の歩数を測定し、2万歩が数年間で平均的に擦り切れる分に相当すると見積もっている。

アップル・コンピュータ

アップル・コンピュータはパワーブックの購入者に最悪の事態が起こることを想定して、すべてのパソコンに過酷極まりない一連のテストを実施している。パソコンをペプシなどの炭酸飲料に浸したり、マヨネーズを塗りたくったり、車のトランク内を想定して摂氏60度以上に加熱したオーブンの中に入れたりしているのである。

ジレット

ジレットでは、各部門から志願した200人が毎朝ひげをそらずに出社する。サウスボストンの製造・研究施設に集まった彼らは、2階にある洗面台と鏡のついた小さなブースに入る。小窓の向こう側にいる技術者の指示に従って所定のカミソリ、シェービング・クリーム、アフターローションを使用し、その結果をアンケート用紙に書き込む。「私たちがカミソリで血を流すから、お客様が家庭でうまくひげをそることができるのです」とジレットのある従業員は語っている[26]。

製品を耐久性に基づいてポジショニングしている企業は、製品の性能テストも広告に利用している。

コレール食器

コーニング社のコンシューマー・プロダクツ部門のコレール食器による意表をついた広告は、高耐久性に焦点を当てている。屋外広告メディア・ネットワークのTDIは、フェニックスで5台の市バスに長さ120センチメートル余り、高さ30センチメートル余りのプレキシガラス製特殊ケースを取り付け、その中にコレール製の皿を1枚置いた。ケースの中の皿は、加速したり減速したりカーブで曲がったりするバスの激しい動きにつられて自由に動く仕組みになっている[27]。

消費者テストには、消費者に研究所へ来てもらうものから見本を送付して家庭で使用してもらうものまで多様な形がある。在宅テストは、アイスクリームの味から新家電製品の評価にいたるまで幅広く利用されている。デュポンが新しい合成カーペットを開発したとき、何軒かの家庭に無料でカーペットを敷いてもらい、使い勝手をレポートしてもらった。

電気自動車のような時代の先端をいく製品のテストには、製品の設計者や技術者なみの創造性がマーケターにも求められる。バルト海に浮かぶ小さなリューゲン島が次世代自動車のテスト会場に選ばれた。旧東ドイツ領有の島の島民58人が、老朽化した燃費の悪い車からBMW、ダイムラー・クライスラー、アウディ各社製の小粋な新型電気自動車に乗り換えた。リューゲン島でのテストでは、さまざまな問題点が露呈した。バッテリー寿命が短いので、移動の距離

南太平洋の小島トンガにあるホテルでは、1999年1月の時点でニュー・ミレニアムを祝うために700室がすでに予約された。

にかかわらず、事前のバッテリー容量のチェックが不可欠であると住民ドライバーは指摘した。さらにバッテリーを充電しても、30分から一晩で寿命が尽きてしまうことも問題だった[28]。

消費者の選好は多様な方法で測定することができる。ある消費者の前にA、B、Cという3つのアイテムが並んでいるとしよう。例えば3種のカメラ、3種の保険プラン、3種の広告である。

- **ランク順位法**では好みに従って消費者に順位をつけてもらう。消費者はAがいちばん好きで次いでB、Cの順と回答するかもしれない。この方法は単純で便利だが、消費者が各アイテムにどれくらい魅力を感じているのか、特に気に入ったアイテムがあるのかどうかが判然としない。アイテムの数が多いときにも使いにくい。
- **一対比較法**では2つ1組にしたアイテムを提示して、1組ごとにどちらが好きかを答えてもらう。消費者はAB、AC、BCといった組み合わせを示され、BよりA、CよりA、CよりBと回答すれば、好きな順はA、B、Cとなる。2つのアイテムの優劣はだれでも比較的簡単につけることができ、消費者は2つのアイテムに集中できるのでアイテム間の相違点と類似点がよくわかる。
- **モナディック評価法**では消費者に一定の尺度における好みに応じて順位をつけてもらう。例えば7ポイント制の尺度を用い、1が大嫌い、4がどちらでもない、7が大好きと決める。消費者がA＝6、B＝5、C＝3と回答したとする。そうするとその人の好みの順位（A、B、Cの順）がわかるし、各アイテムに対する好みの度合いや選好度のおおよその差もわかる。

市場テスト

機能的にも心理的にも性能が満足できる水準であれば、当該製品にブランド名をつけ、パッケージングを整えてから市場テストにかけることになる。市場規模、消費者や販売業者の扱い方、使用、再購入といった反応を探るために、新製品を実際の市場環境に導入する。

すべての企業が市場テストを実施するとは限らない。レブロンの役員は次のように述べている。「大衆向けではなく、高級化粧品を扱っている当社の分野では、市場テストは必要ないでしょう。例えば、リキッド・ファンデーションのような新製品を開発するときでも、市場を熟知しているので売れ行きが予測できます。しかも百貨店には1500人のデモンストレーターを配置してプロモーションをさせますからね」。とはいうものの、大半の企業にとっては市場テストを実施することによって購買者、ディーラー、マーケティング計画の有効性、市場潜在力に関する貴重な情報が入手できる。重要なのは、どのような市場テストを行うかである。

市場テストの量は、一方では投下資本とリスクの、他方では時間的な切迫度

と調査費の影響を受ける。多額の資本を投じた高リスク製品は失敗の可能性が大きいので、市場テストが欠かせない。そのテスト費用は、プロジェクトに投入する総費用のうちのわずかな割合ですむはずである。高リスク製品、例えば新たな製品カテゴリーを作り出すもの(最初のインスタント朝食用飲料)あるいは斬新な特徴を備えたもの(最初のフッソ入り練り歯磨き粉)は、改良型の製品(練り歯磨き粉の別ブランド)よりも市場テストを重ねる必要がある。P&Gは新しく開発したノンカロリー脂肪代替品オレストラの市場テストに2年かけた。アメリカ食品医薬品局は1996年にその製品を認可したが、ごくわずかな割合(推定2%)の消費者が胃の不調と下痢という副作用を訴えた。P&Gは製法を少し手直しした製品で市場テストを実施し、副作用が起きないことを確認したものの、食品医薬品局はオレストラを使用した全製品のパッケージに「この製品にはオレストラが含まれています。人によってはお腹が張り、便意を催しやすくなることもあります。オレストラは何種類かのビタミンと他の栄養素の吸収を妨げます」という注意書きを貼るように要請した[29]。しかし、シーズンの到来直前や競合他社が新ブランドを発売しようとしているといった時間的に切迫している場合には、テストの量が厳しく限定されるかもしれない。企業は製品の失敗よりも、成功確率の高い製品が販売網を失ったり市場に浸透する機会を逃すことを恐れるからである。

次に、消費財市場テストとビジネス財市場テストについて述べる。

■ 消費財の市場テスト

企業は消費財のテストにおいて試用購入、初回反復購入、採用、購入頻度という4つの変数を推定したいと考える。願わくばこのすべての変数が高い水準にあればよいと望んでいる。試用購入する消費者が多いのに、再購入してくれる消費者はわずかといった結果になることもある。あるいは、長期的に使い続ける採用率が高いのに、購入頻度は低いという結果が出る場合もある(例えばグルメ向け冷凍食品)。

ここでは消費財の市場テストに用いられる主な手法を、費用が最も低額なものから最も高額なものまで順を追って紹介する。

セールス・ウェーブ調査 セールス・ウェーブ調査では、最初無料で試用した消費者に、同じ製品あるいは競合他社製品が小額割引された価格で再度提供される。3回から5回ほど提供(セールス・ウェーブ)されることもあり、企業は何人の消費者が再度自社製品を選んだか、どの程度満足してくれたかを知ることができる。この調査では消費者に広告コンセプトを見せて、反復購入にその広告が与える影響を見ることもできる。

この調査は手軽に実施でき、他社に知られる危険性が少なく、パッケージングや広告の最終案を提示しないでもすむという利点がある。しかし、販売促進のためのインセンティブを変えたとき、試用購入率がどう変化するかはわからない。製品を試用する人があらかじめ選定されているからである。さらに、そのブランドが流通でどれだけ力を発揮するのか、陳列棚の好位置を確保する力

ニュージーランドのタイム・ボールト・モニュメントに世界中から観光客が訪れることが期待されている。

がどれほどあるのか、などもわからない。

シミュレーション型テスト・マーケティング　シミュレーション型テスト・マーケティングとは、一定の資格を満たした買物客を30人〜40人選び、特定の製品カテゴリーにおけるブランドの親しみやすさと好き嫌いを質問するものである。被験者に、知名度の高いものと最新のものが含まれている短いコマーシャルか広告チラシを見てもらう。そのうちの1つが当該製品の広告なのだが、被験者には内緒にしてある。その後、小額のお金を渡し、店の中に入って好きなものを買ってもらう。すると、自社の新ブランドや他社のブランドを購入した人数がわかる。また、他社広告と自社広告による試用購入を刺激する効果も比較できる。そして消費者は購入した理由、購入しなかった理由を尋ねられる。新ブランドを購入しなかった人には無料サンプルがプレゼントされる。彼らは数週間後に電話でアンケート調査を受けて、その製品の感想、使用状況、満足度、再購入の意図などを答え、製品の再購入の機会を与えられる。

この方法にはいくつかの利点がある。広告効果、試用購入率、そして時間をかければ反復購入率が、実際のテスト市場を使うよりもはるかに短期間かつ低コストで、かなり正確にわかる。通常のテスト期間はわずか3か月で、費用は25万ドルである[30]。結果は新製品予測モデルに取り込まれ、最終的な売上高予測が算出される。マーケティング・リサーチ会社の報告によると、後に市場導入される新製品の売上高が驚くほど正確に予測できるという[31]。

こんなスローガンはどうだろうか。第3ミレニアムの飲み物

コントロール型テスト・マーケティング　このテスト方法では、調査会社が新製品を無料で陳列してくれるパネル店舗を管理する。新製品を開発した企業は、テストしてみたい店舗数と地域を指定する。調査会社はその製品を参加店に送り、陳列棚の位置、フェイス数やディスプレーやPOPの数、価格表示をコントロールする。売上結果はレジの電子スキャナーで測定される。このテストではローカルな広告とプロモーションの効果も評価できる。

コントロール型テスト・マーケティングにより、企業は購買行動に影響を与える店内要因と限定広告の効果がテストできる。消費者サンプルに後日面接して、製品の印象を調査することもできる。企業は自社のセールス・フォースを使ったり、トレード・アロウワンスを提供したり、販売網を「買い取る」必要がない。しかしこの方法では、新製品を販売業者に売り込む方法についての情報が得られない。製品が公開されてしまうので、特徴が他社に漏れやすいという欠点もある。

テスト市場　消費者向け新製品をテストする究極の方法は、新製品を本格的なテスト市場に投入することである。代表的な都市を2、3選定してセールス・フォースが販売業者に売り込みをかけ、陳列棚の目立つところに製品を置いてもらう。企業は全国展開するときと同じように、テスト市場で本格的な広告とプロモーション・キャンペーンを行う。こうした本番さながらのテストにかかる費用は100万ドルを超えることもあるが、テストする都市の数、期間、収集したいデータ量によってその額は上下する。

テストにあたって、経営陣は次のような点について決定しなければならない。

1. **テストを実施する都市の数** このテストは2つ〜6つの都市で行われることが多い。見込まれる最大損失額が大きいほど、選択すべきマーケティング戦略が多いほど、地域差が大きいほど、競合他社とテスト市場で衝突する機会が多いほど、実施する都市数を多くすべきである。
2. **都市の選択** 企業はテスト都市の選定基準を決める必要がある。多様な産業が根を下ろし、メディアのカバレッジが広く、協力的なチェーンストアが展開していて、競合他社の活動が平均的で、何回もテストが実施されたことのない都市が求められる。
3. **テスト期間** 市場テストはたいてい数か月から1年ほど続く。製品の平均再購入期間が長いほど、反復購入率を観測するためのテスト期間は長くなる。もし競合他社が市場参入をねらっているなら、テスト期間は短縮すべきである。
4. **情報の種類** 倉庫の出庫データは総在庫販売数を示すが、週別の小売販売高はわからない。**店舗監査**では小売販売高や競合他社の市場シェアがわかるが、購買者の特性はわからない。**消費者パネル**ではどのような人がどのようなブランドを購入するか、またそのブランドへのロイヤルティやスイッチ率がわかる。**購買者サーベイ**では消費者の態度、使用状況、満足度を深く調査できる。
5. **行動内容** テスト市場で試用購入率や反復購入率が高ければ、その製品を全国発売することになる。もし試用購入率が高くて反復購入率が低ければ、消費者が十分に満足していないわけであり、製品の設計変更や発売中止が妥当である。試用購入率が低くて反復購入率が高ければ、製品への満足度は大きいわけであり、試用を広めるように努めるとよい。つまり広告や販売促進を強化するのである。試用購入率も反復購入率も低ければ、その製品をあきらめるべきである。

> 自動車にモデルチェンジのサイクルを設けることは、1920年代にGMが取り入れたコンセプトである。

テスト・マーケティングを行うことによって、いくつかのマーケティング計画の影響を評価することができる。コルゲート・パルモリブは新しい石鹸に対するマーケティング効果を調べるために、4都市で異なったマーケティング・ミックスを試した。すなわち、(1)戸別配布の無料サンプルと平均量の広告、(2)無料サンプルと大量広告、(3)クーポン券の郵送と平均量の広告、(4)特典なしで平均量の広告、である。第3案は最大の売上水準ではなかったが、最高の利益を生み出した。

テスト・マーケティングにはさまざまな利点があるものの、今日ではその価値を疑問視する企業も多い。変動の激しい市場では、企業はまず製品を市場に出してしまいたいと考える。テスト・マーケティングはそのスピードに歯止めをかける上、計画が他社につつぬけになってしまう。P&Gは発売予定のダンカン・ハインズ・フロスティング(ケーキやクッキーにかける砂糖)のテストを始めた。その動きを察知したゼネラル・ミルズはベティ・クロッカーを緊急発売し、今では後者の方が当該製品カテゴリーの筆頭ブランドとなっている。そこ

> アメリカの香水メーカーは毎年約100個の新作を売り出すが、売れ行き不振で販売中止になるものがほとんどである。

で、テスト・マーケティングを省いてしまうアグレッシブな企業がしだいに増えてきている。ペプシがミネアポリスでスポーツ飲料のマウンテン・デューをテストしたとき、ゲータレードはクーポン券の配布や広告で猛反撃した[32]。

今日では、テスト・マーケティングを省いて、より早くて経済的な他の市場テストに頼る企業も多い。ゼネラル・ミルズは全国の約4分の1で新製品を発売する方法を選んでいる。それだけ広範な地域では競合他社が対抗手段を講じられないからである。マネジャーたちは小売店のスキャナーデータを見直すことによって、数日のうちに製品の売れ行きを知り、適切な調整をする。コルゲート・パルモリブは「代表的な地域」数か所で新製品を発売し、成功するようならば量産体制に入る方法をとることが多い。

しかし、テスト・マーケティングを省く決定を下す前に、マネジャーはあらゆる角度から考慮すべきである。次に紹介するのは、製法を改良した製品のテストを省いて発売に踏み切った結果、製品の売れ行きが振るわず大損害を被った例である。

ナビスコ・フーズ

テディベアの形をしたグラハム・クラッカーのテディ・グラハムは数種の味をそろえ、マーケティング面で大成功した。そこでナビスコはテディ・グラハムを別の分野に拡大することに決め、1989年にチョコレート、シナモン、蜂蜜という3種類の味のベアーズ・グラハム朝食用シリアルを導入した。ところが、発売された製品の味が消費者に受けず、製品の開発者は製法をただちに手直ししたものの、テストを省略した。結果は惨憺たるものだった。味は向上したかもしれないが、ミルクをかけるとサクサク感が損なわれてしまい、パッケージに印刷された謳い文句のようにはいかなかった。それどころか、シリアルの入った皿の底には、どろどろになったグラハム粉がべっとりとくっつく有様だった。まもなくスーパーマーケットが再仕入れを拒否したので、ナビスコの経営幹部は製法を再度変えても手遅れだと判断した。こうして、市場投入を急いだあまり、有望な新製品が闇に葬られたのである[33]。

ビジネス財の市場テスト

ビジネス財にも市場テストを行う利点がある。高価な工業用品や新しい科学技術は、**アルファテスト**（社内で行うテスト）と**ベータテスト**（社外の顧客によるテスト）を受けるのが一般的である。ベータテストの期間中、メーカーの技術者はテスト顧客の試用状況を見守る。それによって、安全上あるいはサービス上の予期せぬ問題点が見つかり、顧客のトレーニング方法やサービス方法のヒントが得られる。メーカーは、その装置が顧客の業務にどれほどの付加価値をもたらすかについて観察し、価格設定の手がかりにする。テスト終了後は顧客に購入意図などの反応を尋ねる。

テストに参加した顧客にも利点がある。製品の設計にかかわることができる、

アップル・コンピュータが標準型家庭用パソコンを大量生産し始めた1977年に、パソコンの売上が飛躍的に向上した。

競合他社に先駆けて新製品を体験できる、協力の見返りに価格の割引が受けられる、技術上のパイオニアとして自社の評判を高めることができる、などである。メーカーはベータテストの結果を慎重に解釈しなければならない。というのも、被験者となった顧客数が少なく、それも無作為に選ばれたわけでなく、また製品が使われる現場の状況にカスタマイズしてテストが行われるからである。製品に好感を持たなかった被験者が、良くない評判を漏らすというリスクもある。

よく行われるビジネス財のテスト法として、新製品をトレード・ショーに出品することも挙げられる。トレード・ショーに集まった多数の購買者は、数日間で多数の新製品を集中的に検討する。メーカーは新製品に寄せられた購買者の関心度、さまざまな特徴や条件への反応、購入や注文の意図を知ることができる。例えば、各出版社は毎春開くアメリカ書籍商協会の大会で秋に出版予定の書籍を発売する。その場では展示用のダミーの表紙をつけた校正刷り版が陳列される。大手の書店チェーンが有望な新刊の表紙のデザインやタイトルに異を唱えれば、出版社は変更を考える。トレード・ショーに出品すると製品が競合他社にも見られてしまう欠点があるので、トレード・ショー直後に発売を準備しておくべきだろう。

新しい生産財は流通業者やディーラーの展示室でもテストできる。そうした場所では、自社の他製品や他社製品と一緒に並べることもできる。そうすれば実際の販売状況に近い状態での顧客選好や価格について情報が得られる。不利な点は、販売体制が整わないうちに注文が来たり、来場する顧客が標的市場を代表しているとは限らない点である。

メーカーによっては、全国的なテスト・マーケティングに準じた規模でテストを行う。限定した数の製品を渡されたセールス・フォースが、プロモーションの支援を受け、印刷カタログも使って一定の地域で販売するのである。この方法をとると、経営陣はより多くの情報をもとに当該製品の商品化についての意思決定ができる。

商品化

商品化の段階に進むと、開発プロセスで最大の費用がかかることになる。企業はフル生産体制に見合うように、製造契約を結ぶか、自社設備を建設するか、設備を借りなければならない。工場の規模は最重要決定事項となる。安全策をとるなら、売上予測から必要とされるよりも規模の小さい工場を造ることになる。クエーカー・オーツは天然100%朝食用シリアルを発売するとき、この道を選んだ。ところが売上予測をはるかに超える需要があり、約1年間は小売業者に十分な製品の供給ができなかった。クエーカー・オーツはその反響に喜びはしたものの、売上予測が低かったためにかなりの利益を逃してしまった。

もう1つの大きなコストはマーケティング費である。全国規模で新しい消費者向けパッケージ商品を導入するとなると、初年度に2000万ドル～8000万ド

ルの広告費とプロモーション費をかけなければならない。新しい食品の導入には、初年度のマーケティング費が平均すると売上高の57%にのぼる。

映画産業に目を向けると、ハリウッドのいわゆる「超大作」映画では、マーケティング費が制作費をしのぐこともめずらしくない。こうした超大作が夏休みに公開されると、その興行収入で、撮影所がその後に予定している映画の費用をすべてまかなえるといわれている。1987年から1997年の10年間に、平均制作費は2000万ドルから5300万ドルに上昇したが、マーケティング費も670万ドルから2200万ドルへと急騰した。新作映画1本のために、資金とマーケティング努力によって、できることとできないことの例を紹介しよう。

> 1999年、西欧11か国が新通貨のユーロを採用した。

ソニー・ピクチャーズ・エンタテインメント

2つの意味を含ませた「大きさが問題だ」という巨大な屋外広告が、1998年の夏にあちこちに現れたのを覚えているだろうか。しかし、広告されていた映画のタイトルをあなたは忘れてしまったかもしれない。ソニー・ピクチャーズは夏の超大作『ゴジラ』に1億2500万ドルの制作費をかけ、ヒットさせるためのキャンペーン費に約2億ドルを注ぎ込んだ。タコベルなど250にのぼるソニーのマーケティング・パートナーが、バックパックやTシャツなどのゴジラグッズのライセンス権に支払ったのは2億ドルのうち1億5000万ドルにのぼる。大規模な広告キャンペーンが屋外広告やバス、ボタンやTシャツ、テレビやラジオにあふれ返った。こうしたソニーのマーケティング努力にもかかわらず、ゴジラは大失敗した。上映開始から3週間後の総収益は1億1000万ドルで、ソニーの予想の約半分にしかならなかった。批評家の受けが悪く、映画を見た人たちもそれに同調した。しかし、ソニーによる「大きさが問題だ」というキャッチフレーズは、映画のマーケティングについては当たっている。最初の上映を見て爆発的な大ヒット間違いなしとふんだソニーの経営幹部は、さらに多額のマーケティング費を注ぎ込んだ。できるだけ多くの映画ファンを早いうちに劇場に呼び込むことにより、ソニーの賭けは成功した。最終的な総収益は制作やマーケティングに費やした1億7500万ドルを超えそうである[34]。

いつ（タイミング）

新製品の商品化において最も重要なのは、市場に参入するタイミングである。新製品の開発をほぼ完了し、競合他社も開発作業が終わりそうだという情報を得たとする。そこで企業は3つの選択を迫られる。

1. **最初に参入する**　市場へ最初に参入した企業は「先発優位性」を獲得できる。主要な流通業者や顧客をおさえたり、評判の上でリーダーシップが得られるのである。しかし欠陥の除去を十分にせずあわてて市場に参入すれば、製品イメージに傷がつく恐れがある。
2. **同時に参入する**　競合他社と時機を合わせて参入する方法もある。2社が同時に新製品を広告すれば、市場の注目度は増すだろう。

> 前ミレニアムの終わりには、ビザンティン帝国皇帝バシレイオスII世が世界有数の金持ちだった。財産のうち30万ポンドの黄金は土地の没収と絹の独占権で手にしたものだと『ウォールストリート・ジャーナル』のミレニアムレポートが報じている。

3. **遅れて参入する**　競合他社が参入するまで発売を待つこともできる。この場合、競合他社が市場の教育費用を受け持ってくれることになる。他社製品に欠陥が現れた場合に後発組はそれを避けられるし、市場規模もわかる。

　参入時期の決定には、考慮すべきことがほかにもある。新製品が旧来品に置き換わるならば、旧来品の在庫が一掃されるまで導入を待つ方がよいだろう。もしその製品が季節商品ならば、適切な季節の到来を待つべきである(35)。

どこで(地域戦略)

　新製品を1地方限定で発売するのか、単一地域で発売するのか、複数地域で発売するのか、全国市場で発売するのか、あるいは海外市場で発売するのかを決めなければならない。時間をかけて進出計画を展開していくのが一般的である。例えばコカ・コーラは、新しいグレープフルーツ味のノンカフェイン清涼飲料水シトラを全米の約半数の地域で発売した。フェニックス、テキサス州南部、フロリダ州南部でのテスト・マーケティング終了後、1998年1月にダラス、デンバー、シンシナティという複数地域で発売が開始された(36)。地域戦略では企業規模が重要な要素となる。小企業は魅力的な都市を1つ選んで電撃キャンペーンを展開する。そして1度に1都市ずつ順次他の都市へ進出していく。大企業は1つの地域全体に新製品を導入し、次の地域へと地域単位で進出していく。自動車メーカーのように全国的販売網をもつ企業は、新型モデルを全国市場で発売する。

　大半の企業は、まずは国内市場で売れる新製品を設計する。もし国内での売れ行きが好調ならば、必要に応じて若干の手を加えて近隣諸国や海外市場への輸出を考える。クーパーとクラインシュミットによる工業用製品の調査によると、国内市場限定で設計された製品はえてして欠陥率が高く、市場シェアが低く、成長性も低いことがわかった。これに対して、海外市場、少なくとも近隣諸国向けに設計された製品は国内外で大きな利益をあげている。ただし、クーパーとクラインシュミットの研究では、海外向けの設計はわずか17%にすぎなかった(37)。つまり新製品の設計と開発には、世界を見すえた視点を取り入れるべきだということになる。

　進出市場を選ぶときには、候補市場を横軸に、魅力度の評価基準を縦軸にとって表をつくるとよい。その際の主要な評価基準は、市場潜在力、対象地域における自社の評判、新製品供給コスト、メディアにかかる費用、対象地域の他地域への影響、競合他社の浸透度である。

　強力な競合他社の存在は進出戦略に大きな影響を与える。マクドナルドがピザのファストフード店をチェーン展開するとしよう。手強い競争相手のピザハットは東海岸でしっかりと地位を固めている。西海岸では別のピザチェーン店が根を下ろしているが、基盤は弱い。中西部では別の2つのチェーンが戦っている。南部は空白地帯だが、シェイキーズが進出計画を立てている。マクドナルドは進出戦略における地域選定で、複雑な決定を迫られることになる。

歴史メモ：1071年、ノルマン人がイタリアにあったビザンティン帝国最後の都市を征服した。ビザンティン帝国はアナトリアのマンジケルトでセルジューク・トルコに敗れ、それがビザンティン帝国崩壊の引き金となった。

歴史メモ：およそ西暦1000年までにカンボジアでは、アンコールのクメール王国が複雑な灌漑システムと巨大な貯水池を建設していた。そのおかげでモンスーン気候をコントロールすることができた。

　ワールド・ワイド・ウェブによって地球上の広範な地域が結びつくようになり、競争は国境を越えて広がりつつある。国単位どころか地域単位も飛び越えて、世界単位での新製品の同時発売が盛んになってきている。しかし世界同時発売には難題が多い。パソコンのソフトウェアとマルチメディア・ツールの供給で世界トップのオートデスク社は、150か国以上に300万人の顧客を抱えている。CEO兼会長のキャロル・バーツによると、世界同時発売の成功を妨げる最大の障害は、マーケターが方針に全員一致で賛同してくれるかどうかである。そして彼は、次のように説明している。「問題となるのはスピードです。あらゆる材料を迅速に出すことです。マーケターたちを（1つのイメージを使った）外観について同意させ、次に地域特性を加味します。それには多大な集中力が要求されます[38]」。世界同時発売にはばく大な資金も必要となる。イリジウム社の「世界電話」の発売を例に見てみよう。

イリジウム社

　それは、太目のスティックパンほどの太さのアンテナがついた、レンガくらいの大きさの電話である。3000ドルと値は張るが、通信衛星と直結しているので地球上のどこにいても通話ができる。イリジウム社がこの不格好で高価な機器を世界市場に売り出そうとしたとき、無数の難題に直面した。国内の電話システムが不備なブラジルでは、4万6000台の事前販売を見込んだ。中東のイリジウム・ミッドイーストは、砂漠でのタカ狩り用に最適だとして狩猟用品店に商品の陳列を希望した。インドのイリジウム・インディアは、新しいステータス・シンボルを欲しがるだろう金持ちのビジネスマンだけに限定したパーティーを企画した。結局、インターパブリック・グループの1部門であるAPLに依頼して、一夜にしてグローバル・ブランドを作り上げるための一大キャンペーンを展開することになった（■口絵11-2参照）。1億4000万ドルをかけたキャンペーンが45か国で実施された。ダイレクトメールは13の言語に翻訳され、17の航空会社でテレビ広告の放映が予定された。旅行者が自由にこの電話を使用できるイリジウム・ブースが世界中の空港のエグゼクティブ・ラウンジに設置されている。また、世界同時発売の究極のシンボルとして、APLはレーザー技術者を雇って雲の上にレーザー光線でイリジウムのロゴマークである北斗七星を描かせた[39]。

■ だれに（標的市場の見込み客）

　進出市場の中で、いちばん見込みのある顧客群を流通とプロモーションの最初のターゲットにしなければならない。企業は中心となる見込み客の特徴をすでに把握しているだろうが、そうした顧客が次に述べる特性を備えていると理想的である。つまり、製品の初期採用者であること、製品を使用する頻度が高いこと、製品を広告してくれるオピニオン・リーダーであること、そして低いコストで彼らに到達できることである[40]。こうした特性をすべて備えた顧客群

はほとんど存在しない。企業はこうした特性に基づいてさまざまな見込み客群を順位づけし、最も評価の高い見込み客群をターゲットにする。そのねらいは、できるだけ早く売上を上げてセールス・フォースの意欲を高め、ほかの見込み客を引きつけることである。

自社製品をだれが何の理由で買うかを知って驚く企業は多い。電子レンジ用ポップコーンが開発されたとたん電子レンジの売上が爆発的に伸び、CD-ROMのマルチメディア機能が導入されてから家庭用パソコンの売上は急上昇した。

> 2050年までに、インドは中国をしのいで世界一人口の多い国になるだろう。

■ どのように（市場導入戦略）

企業は新製品を進出市場に導入するための行動計画を練らなければならない。価格競争に勝てる価格に抑えた1998年のiMacの発売は、アップル・コンピュータが14年の沈黙を破って再びパソコン事業に本腰を入れたことを如実に物語った。新機種発売に際して、強力なマーケティング・キャンペーンが展開された。

アップル・コンピュータ

ワンタッチでインターネットにアクセスできる、なめらかな卵形のパソコン、iMacの登場はセンセーショナルだった（■口絵11-3参照）。徹底的に秘密裏で開発されたiMacが1998年5月6日にジョブズの手で文字どおりベールをぬぐや、レポーターたちから驚嘆の声が上がった。オンラインでもオフラインでも噂が噂を呼び、ついに8月の発売を迎えた。週末にあたる8月14日、各パソコン小売業者は店の6メートルほど上空にiMacのゴム風船を浮かべ、深夜の狂乱セールに備えた。全国のラジオ局が新発売のカウントダウンを開始し、最後に無料でiMacが当たる抽選会の発表があった。CEOのスティーブ・ジョブズが自ら5枚の「ゴールデン」チケットにサインをし、それをiMacが入っている5個の箱の中に入れた。当選者には今後5年間、毎年1台ずつiMacが無料提供されることになる。アップルの奮闘はさらに続き、自社最大となる1億ドルの広告費をかけてテレビ広告、活字広告、ラジオ広告、屋外広告で強力なプロモーションを展開した。キャンペーンでは、「メンタルフロス」「我思う、ゆえにiMac」といったスローガンとiMacの写真が並べられた[41]。

> もし世界を住民1000人の1つの村と仮定すれば、住民の半数は標準中国語（165）、英語（86）、ヒンズー語とウルドゥー語（83）、スペイン語（64）、ロシア語（58）、アラビア語（37）を話し、残りの半数が200以上のほかの言語を話すことになるだろう。

新製品の発売にかかわる多くの活動を調整するために、クリティカル・パス・スケジューリングのようなネットワーク・プランニング技法を用いることができる。**クリティカル・パス・スケジューリング（CPS）**では、製品の発売と同時に行わなければならない活動やその後継続して必要とされる活動を並べたマスターチャートが作成される。個々の活動に要する時間を推定して、計画立案者はプロジェクト全体が完成する時間を見積もる。クリティカル・パスの活動のいずれかに遅れが生じれば、プロジェクトそのものが遅れることになる。新製品の導入を急ぐ場合は、クリティカル・パスをたどって時間短縮の方法を探す

とよい⁽⁴²⁾。

消費者採用プロセス

　見込み客はどのようにして新製品を知り、試用し、採用したり拒否したりするのだろうか(**採用とは個人がある製品の定期的なユーザーとなる意思決定をいう**)。**消費者採用プロセス**の後に続く**消費者ロイヤルティ・プロセス**は、地位を確立したメーカーが関心を持つプロセスである。

　かつて新製品マーケターは新製品の発売にあたり、**マス・マーケット・アプローチ**を利用していた。ほとんどの人が潜在購買者であるという前提に立って、製品を全地域に流通させ、対象を絞らずに広告したのである。しかしこの手法には大きな欠陥が2つあった。マーケティング費がかさむことと、潜在消費者でない人々に無駄に広告していたことである。この反省から、**ヘビー・ユーザー・ターゲット・マーケティング**の手法がとられるようになった。頻繁に製品を使用する人にまず的を絞ったのである。

　もしヘビー・ユーザーが特定でき、彼らが初期採用者であればこの手法には意味がある。しかし、ヘビー・ユーザーのなかでさえ、新しい製品やブランドに対する興味は人それぞれである。しかも彼らの多くは既存ブランドにロイヤルティを有している。新製品マーケターの多くは、今では、初期採用者となる消費者にねらいを定めている。**初期採用者理論**とは次のようなものである。

- 標的市場の中にいる人々でも、新製品を目にしてから試用するまでの時間に個人差がある。
- 初期採用者には後期採用者と区別される共通の特徴が備わっている。
- 初期採用者に到達するための効率のよい媒体がある。
- 初期採用者はオピニオン・リーダーとなって、ほかの潜在購買者に新製品を「広告」する手助けをしてくれることが多い。

　イノベーションの普及理論と消費者採用理論によって、マーケターは初期採用者を識別することができる。

> もし世界を住民1000人の1つの村と仮定すれば、来年は28人生まれて10人死亡するだろう。

採用プロセスの諸段階

　イノベーションとは、新しいと**知覚される**財、サービス、アイデアをいう。以前からあったアイデアでも、それを新しいと見る人にとってはイノベーションである。イノベーションが社会システムの中で広まるには時間がかかる。ロジャースの定義によると、**イノベーションの普及プロセス**では、「新しいアイデアが発明や創造の源から末端のユーザーや採用者に広まること」である⁽⁴³⁾。消費者採用プロセスでは、イノベーションを初めて耳にしてから最終的に採用するまでに個人がたどる心理的なプロセスに焦点を当てている。

　新製品の採用者は次の5段階を経る。

1. 認知　消費者はイノベーションに気づくが情報に不足している。
2. 関心　消費者はそのイノベーションについて情報を求める。
3. 評価　消費者はそのイノベーションを試用するかどうか考慮する。
4. 試用　消費者はそのイノベーションの価値をより高く評価できるよう、試用する。
5. 採用　消費者はそのイノベーションを本格的かつ定期的に使用すると決める。

　新製品マーケターは、こうした段階を消費者が通過しやすくすべきである。例えば小型皿洗い機メーカーが、消費者の多くが関心の段階で躊躇していることに気づいたとする。不確実性が高かったり投資コストが大きいと消費者は購入しない。しかし、この消費者も月々わずかな料金で試用できれば使おうという気になる。メーカーは試用後に購入できるというオプションをつけることも考慮すべきだろう。一般的な関心度の高い双方向CD-ROMの開発者は、消費者の心がつまづくのは関心と試用の段階であり、採用の段階になかなか進まないと見ている。

コロンビアの麻薬カルテルから中国の三合会にいたるまで、非合法ビジネスにも合法ビジネスなみにコンピュータが不可欠である。

CD-ROM

　1990年代初頭のCD-ROM産業には、だれでも参入できる余地があるように見えた。マルチメディアを開発する人々は、アクションゲーム・ソフトや教育関連ソフトを手始めに、ハイパーテキスト小説からマルチメディア名曲集といった双方向式の製品へとジャンルを問わず移っていった。今日ではこうしたタイトルの売れ行きはかんばしくなく、市場から消えたものもある。売れ行き不振の理由の1つは、ウェブ利用が広まったためである。大半のCD-ROM、特に参考資料タイトルの業者は、ウェブを利用する方がはるかに安上がりだということに気づいたのである。情報をすぐに更新できる上、ユーザーのコミュニティにもリンクできる。CD-ROM業者は細かく分裂した娯楽関連市場で、何百という競争相手と対峙している。もう1つの問題は、品質上に致命的な欠陥のある製品が巷にあふれているという事実である。消費者は多少の品質の悪さには目をつぶるが、技術的な欠陥には我慢できない。『ライオン・キング』の欠陥CD-ROMが小売店に多数返品されてディズニーが集中砲火を浴びたとき、すかさず『ニューヨーク・タイムズ』によってCD-ROMは死んだと報じられた[44]。

採用プロセスに影響を与える要素

　マーケターは採用プロセスにおける次のような特性を認識している。つまり、新製品の試用時期の個人差、個人の影響力の効果、採用率の差、組織による新製品の試用時期の差である。

第11章　新製品の開発

ニュー・ミレニアムにも引き続き、アメリカ国務省と国際的マネー・ロンダリング業者との間で「デジタル化した攻防」が続くだろう。

新製品の試用時期の個人差

ロジャースの定義によると、個人の革新度とは「自分が属している社会システムの他のメンバーよりも、新しいアイデアを相対的に早く採用する程度」である。個々の製品分野に消費のパイオニアや初期採用者が存在する。最初に流行の服を着たり新しい電化製品を買ったりする人もいれば、最初に新薬を処方する医師や最初に新農法を取り入れる農夫もいる。一方、ずっと後になってから採用する人々もいる。そこで■図11-7に示されているような採用者のカテゴリーに人々を分類できる。イノベーションを採用する人の数は最初ゆっくりとスタートし、増加を続け、ピークに達し、未採用者の残りが少なくなるにつれて減少する。

ロジャースは5つの採用者群が、それぞれ価値の志向性において異なるとみている。イノベーターは冒険心にあふれ、新しいアイデアを進んで試す。初期採用者は尊敬を大事にする。彼らは自分のコミュニティにおけるオピニオン・リーダーで、新しいアイデアを早期に、しかし慎重に採用する。前期追随者は慎重である。彼らは新しいアイデアを平均層よりも早く採用するが、オピニオン・リーダーとなることはまずない。後期追随者は懐疑的である。彼らは大多数の人々が試用して初めてイノベーションの採用に踏み切る。最後に、遅滞者は伝統を志向する。彼らは変化に対して疑念を持っており、伝統を大事にする人としか交流せず、イノベーションが伝統に変わるまで採用しない。

この分類を見ると、イノベーションを行う企業はイノベーターや初期採用者の特性をデモグラフィックス上、サイコグラフィックス上、メディア特性上から調査し、対象を彼らに特定してコミュニケーションをとるべきだということがわかる。例えば、革新的な農民は教育レベルが高く、効率を重んじるようである。革新性を好む主婦は社交性に富み、社会的地位も高いのが一般的である。初期採用者の割合が高いコミュニティがあるとする。ロジャースによると、初期採用者は年齢が若くて、社会的地位が高く、高収入を得ていることが多い。彼らは追随者よりもはるかに多くの多元的な情報源を利用している[45]。

図11-7

イノベーションの相対的採用時期を基準にした採用者の分類

出典：Everett M. Rogers, *Diffusion of Innovations* (New York: Free Press, 1983).

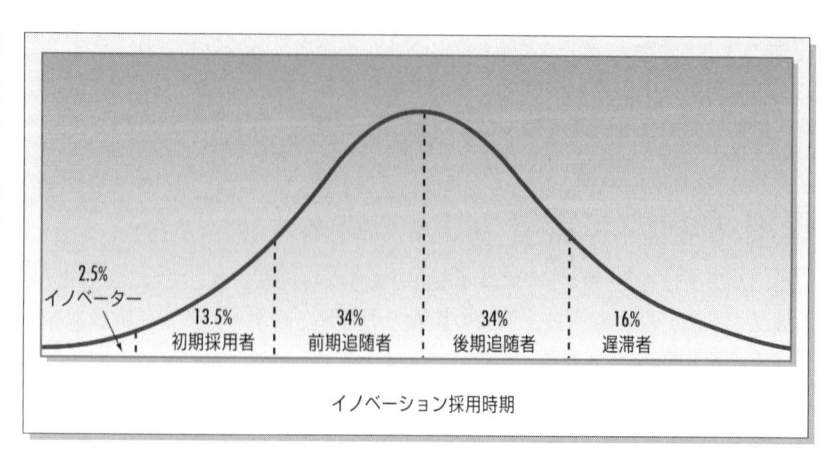

2.5% イノベーター
13.5% 初期採用者
34% 前期追随者
34% 後期追随者
16% 遅滞者

イノベーション採用時期

個人の影響力の効果

個人の影響力とは、ある人が別の人の態度や購買確率に与える効果のことである。個人の影響力は重要な要素ではあるものの、その重要度は状況や人によって大きく変わる。個人の影響力は、採用プロセスにおける評価段階で重要度が高く、初期採用者よりも追随者に与える影響が大きく、リスクを伴う状況下で重要度が増す。

イノベーションの特性と採用率の差

瞬く間に人気の出る製品(ローラーブレードなど)もあれば、長い時間をかけて認められる製品(ディーゼルエンジン車など)もある。イノベーションの採用率には5つの特性が影響を与えることを、家庭用パソコンの例で考えてみよう。

第1の**相対的な優位性**とは、当該イノベーションが既存製品より優れて見える度合いである。所得税の計算や家計簿の記録にパソコンを使う方が楽で簡単だと知覚されるほど、採用時期は早くなるだろう。

第2の**適合性**とは、当該イノベーションが個人の価値観や経験と合致している度合いである。パソコンの場合には、中流の上階層のライフスタイルと非常に適合性がある。

第3の**複雑性**とは、当該イノベーションを理解したり使いこなす際の相対的な難しさの度合いである。パソコンは複雑なので、家庭に浸透するには長い時間がかかりそうである。

第4の**分割可能性**とは、当該イノベーションがある制約のもとで試用できる度合いのことである。購入オプションのついたレンタルパソコンを試用して役に立つとわかれば採用率が高まることになる。

第5は**伝達可能性**、使ってみた場合の良さが、他人の目に見えたり言葉で説明できる度合いである。パソコンは実演できるし説明しやすいので、社会システムの中で普及が速い。

採用率に影響を与えるほかの特性として、コスト、リスク、不確実性、科学的信頼性、社会的承認がある。新製品マーケターはこうした要素をすべて調査し、新製品の設計やマーケティング計画において鍵となる要因に最大の注意を払わなければならない[46]。

組織によるイノベーションの採用時期の差

新しい教育手法を開発した業者は、革新的な学校を見極めたいと考えるはずである。あるいは新しい医療機器を開発したメーカーは、革新的な病院を見極めたいと思うだろう。採用は組織環境(コミュニティの進歩性、コミュニティの収入)、組織自体(規模、利益、変化への圧力)、管理者(教育水準、年齢、洗練度)といった変数に関連する。公立学校などのように政府から資金援助を受けている組織に製品の採用を働きかけようとすると、別の要因もかかわってくる。論議を呼んだり革新性の強い製品の採用を働きかける場合には、一般の人々の反対にあって頓挫することもある。中学校向けのテレビ局、クリストファー・ホ

ニュー・ミレニアムの夜明けを祝う催しが、4500年の歴史を持つクフの大ピラミッドで行われる。

エジプトの大ピラミッドで催される12時間の新年コンサートは、1999年12月31日の日没に始まり1月1日の夜明けに終わる。演目のなかの「太陽の12の夢(*Twelve Sun Dreams*)」というマルチメディア・オペラは、古代エジプトの太陽神ラーに捧げたものだ。

イットルのチャンネル・ワンはまさしくこの例である。

チャンネル・ワン・コミュニケーションズ社とK-IIIコミュニケーションズ社

チャンネル・ワンを覚えているだろうか。全中学校にテレビを無料配置するというクリストファー・ホイットルの遠大な計画のことである。これは夢物語だったのだろうか。教師たちは毎朝12分間ニュース放送を見ることが義務づけられ、その中には2分間の有料広告が含まれていた。口のうまい宣伝マンという印象を持たれたホイットルは、学校でコマーシャルなどもってのほかと考える親や教師たちから猛抗議を受けた。耳ざわりなロック・ミュージックが流れるチャンネル・ワンのニュース放送が、まるでコマーシャルの場面のように見えたこともわざわいした。ホイットルのメディア帝国は1994年にもろくも崩れた。しかし、後日談は興味深い。ホイットルの斬新な企画の失敗から得た教訓を活かして、チャンネル・ワンを買収した別の企業が多くの学校から採用を勝ち取った。その数は、生徒数にしてのべ800万人にのぼり、全国のティーンエイジャーの40%にあたる。

K-IIIコミュニケーションズ社は教師や親の話に耳を傾け、ニュース番組を真面目な内容に変えた。有料広告は残したが、人々の怒りは沈静化した。ある校長は次のように述べている。「コマーシャルでさえ、イメージがどのように作られていくかを話す教材になるのです」。ホイットルは適切な製品アイデアは持っていたかもしれないが、実行に移すときにつまずいたのだ[47]。

参考文献

1. *New Products Management for the 1980s* (New York: Booz, Allen & Hamilton, 1982).
2. Christopher Power, "Flops," *Business Week*, August 16, 1993, pp. 76–82.
3. "Smokeless Cigarettes Not Catching on with Consumers," *Marketing News*, August 4, 1997, p. 21; Robert McMath, "Smokeless Isn't Smoking," *American Demographics*, October 1996.
4. Erika Rasmussen, "Staying Power," *Sales & Marketing Management*, August 1998, pp. 44–46.
5. Robert G. Cooper and Elko J. Kleinschmidt, *New Products: The Key Factors in Success* (Chicago: American Marketing Association, 1990).
6. Modesto A. Madique and Billie Jo Zirger, "A Study of Success and Failure in Product Innovation: The Case of the U.S. Electronics Industry," *IEEE Transactions on Engineering Management*, November 1984, pp. 192–203.
7. Michelle Conlin, "Too Much Doodle?" *Forbes*, October 19, 1998, pp. 54–55; Tim Stevens, "Idea Dollars," *Industry Week*, February 16, 1998, pp. 47–49.
8. 以下の文献を参照されたい。David S. Hopkins, *Options in New-Product Organization* (New York: Conference Board, 1974); Doug Ayers, Robert Dahlstrom, and Steven J. Skinner, "An Exploratory Investigation of Organizational Antecedents to New Product Success," *Journal of Marketing Research*, February 1997, pp. 107–16.
9. 以下の文献を参照されたい。Robert G. Cooper, "Stage-Gate Systems: A New Tool for Managing New Products," *Business Horizons*, May–June 1990, pp. 44–54. 同じ著者による以下の文献も参照されたい。"The New Prod System: The Industry Experience," *Journal of Product Innovation Management* 9 (1992): 113–27.
10. Robert Cooper, *Product Leadership: Creating and Launching Superior New Products* (New York: Perseus Books, 1998).
11. Eric von Hippel, "Lead Users: A Source of Novel Product Concepts," *Management Science*, July 1986, pp. 791–805. 同じ著者による以下の文献も参照されたい。*The Sources of Innovation* (New York: Oxford University Press, 1988); "Learning from Lead Users," in *Marketing in an Electronic Age*, ed. Robert D. Buzzell (Cambridge, MA: Harvard Business School Press, 1985), pp. 308–17.

12. Constance Gustke, "Built to Last," *Sales & Marketing Management*, August 1997, pp. 78–83.
13. Mark Hanan, "Corporate Growth through Venture Management," *Harvard Business Review*, January–February 1969, p. 44. 以下の文献も参照されたい。Carol J. Loomis, "Dinosaurs?" *Fortune*, May 3, 1993, pp. 36–42.
14. "The Ultimate Widget: 3-D 'Printing' May Revolutionize Product Design and Manufacturing," *U.S. News & World Report*, July 20, 1992, p. 55.
15. Tom Dellacave Jr., "Curing Market Research Headaches," *Sales & Marketing Management*, July 1996, pp. 84–85.
16. Dan Deitz, "Customer-Driven Engineering," *Mechanical Engineering*, May 1996, p. 68.
17. 全体的な例は以下の文献から引用した。Paul E. Green and Yoram Wind, "New Ways to Measure Consumers' Judgments," *Harvard Business Review* (July–August 1975), pp. 107–17. Copyright © 1975 by the President and Fellows of Harvard College; all rights reserved. 以下の文献も参照されたい。E. Green and V. Srinivasan, "Conjoint Analysis in Marketing: New Developments with Implications for Research and Practice," *Journal of Marketing*, October 1990, pp. 3–19; Jonathan Weiner, "Forecasting Demand: Consumer Electronics Marketer Uses a Conjoint Approach to Configure Its New Product and Set the Right Price," *Marketing Research: A Magazine of Management & Applications*, Summer 1994, pp. 6–11; Dick R. Wittnick, Marco Vriens, and Wim Burhenne, "Commercial Uses of Conjoint Analysis in Europe: Results and Critical Reflections," *International Journal of Research in Marketing*, January 1994, pp. 41–52.
18. 以下の文献を参照されたい。Robert Blattberg and John Golanty, "Tracker: An Early Test Market Forecasting and Diagnostic Model for New Product Planning," *Journal of Marketing Research*, May 1978, pp. 192–202; Glen L. Urban, Bruce D. Weinberg, and John R. Hauser, "Premarket Forecasting of Really New Products," *Journal of Marketing*, January 1996, pp. 47–60; Peter N. Golder and Gerald J. Tellis, "Will It Ever Fly? Modeling the Takeoff of Really New Consumer Durables," *Marketing Science*, 16, no. 3 (1997): 256–70.
19. 以下の文献を参照されたい。Roger A. Kerin, Michael G. Harvey, and James T. Rothe, "Cannibalism and New Product Development," *Business Horizons*, October 1978, pp. 25–31.
20. 現在価値(V)は、複利(r)で将来の利益(I)を割引したものであり、$V = I_t/(1 + r)^t$という式によって表される。したがって、$4,761,000 ドル/(1.15)^5 = 2,346,000 ドル$となる。
21. 以下の文献を参照されたい。David B. Hertz, "Risk Analysis in Capital Investment," *Harvard Business Review*, January–February 1964, pp. 96–106.
22. 以下の文献を参照されたい。John Hauser, "House of Quality," *Harvard Business Review*, May–June 1988, pp. 63–73. 顧客主導のエンジニアリングは、「品質機能配置」ともいう。以下の文献も参照されたい。Lawrence R. Guinta and Nancy C. Praizler, *The QFD Book: The Team Approach to Solving Problems and Satisfying Customers through Quality Function Deployment* (New York: AMACOM, 1993); V. Srinivasan, William S. Lovejoy, and David Beach, "Integrated Product Design for Marketability and Manufacturing," *Journal of Marketing Research*, February 1997, pp. 154–63.
23. Marco Iansiti and Alan MacCormack, "Developing Products on Internet Time," *Harvard Business Review*, September–October 1997, pp. 108–17; Srikant Datar, C. Clark Jordan, and Kannan Srinivasan, "Advantages of Time Based New Product Development in a Fast-Cycle Industry," *Journal of Marketing Research*, February 1997, pp. 36–49; Christopher D. Ittner and David F. Larcker, "Product Development Cycle Time and Organizational Performance," *Journal of Marketing Research*, February 1997, pp. 13–23.
24. Tom Peters, *The Circle of Innovation*, (New York: Alfred A. Knopf, 1997), p. 96.
25. 同上、p. 99.
26. Faye Rice, "Secrets of Product Testing," *Fortune*, November 28, 1994, pp. 172–74; Lawrence Ingrassia, "Taming the Monster: How Big Companies Can Change: Keeping Sharp: Gillette Holds Its Edge by Endlessly Searching for a Better Shave," *Wall Street Journal*, December 10, 1992, p. A1.
27. Gerry Khermouch, "Plate Tectonics," *Brandweek*, February 12, 1996, p. 1.
28. Audrey Choi and Gabriella Stern, "The Lessons of Rügen: Electric Cars are Slow, Temperamental and Exasperating," *Wall Street Journal*, March 30, 1995, p. B1.
29. John Schwartz, "After 2 Years of Market Tests, Olestra Products Going National; Consumer Advocates Still Concerned About Health Risks," *Washington Post*, February 11, 1998, p. A3.
30. Christopher Power, "Will it Sell in Podunk? Hard to Say," *Business Week*, August 10, 1992, pp. 46–47.
31. 以下の文献を参照されたい。Kevin J. Clancy, Robert S. Shulman, and Marianne Wolf, *Simulated Test Marketing: Technology for Launching Successful New Products* (New York: Lexington Books, 1994); V. Mahajan and Jerry Wind, "New Product Models: Practice, Shortcomings, and Desired Improvements," *Journal of Product Innovation Management* 9 (1992): 128–39; Glen L. Urban, John R. Hauser, and Roberta A. Chicos, "Information Acceleration: Validation and Lessons from the Field," *Journal of Marketing Research*, February 1997, pp. 143–53.
32. Power, "Will It Sell in Podunk," pp. 46–47.
33. Robert McMath, "To Test or Not to Test . . . ," *American Demographics*, June 1998, p. 64.
34. Corie Brown, "The Lizard Was a Turkey," *Newsweek*, June 15, 998, p. 71; Tim Carvell, "How Sony Created a Monster," *Fortune*, June 8, 1998, pp. 162–70.
35. 詳しくは以下の文献を参照されたい。Robert J. Thomas, "Timing—The Key to Market Entry," *Journal of Consumer Marketing*, Summer 1985, pp. 77–87; Thomas S. Robertson, Jehoshua Eliashberg, and Talia Rymon, "New Product Announcement Signals and Incumbent Reactions," *Journal of Marketing*, July 1995, pp. 1–15; Frank H. Alpert

and Michael A. Kamins, "Pioneer Brand Advantages and Consumer Behavior: A Conceptual Framework and Propositional Inventory," *Journal of the Academy of Marketing Science*, Summer 1994, pp. 244–36.
36. Mickey H. Gramig, "Coca-Cola Unveiling New Citrus Drink," *Atlanta Journal and Constitution*, January 24, 1998, p. E3.
37. 以下の文献を参照されたい。Cooper and Kleinschmidt, *New Products*, pp. 35–38.
38. Erika Rasmusson, "Staying Power," *Sales & Marketing Management*, August 1998, pp. 44–46.
39. Quentin Hardy, "Iridium's Orbit to Sell a World Phone, Play to Executive Fears of Being out of Touch: Satellite Consortium Chooses That Pitch for Bid to Build a Global Brand Overnight," *Wall Street Journal*, June 4, 1998 p. A1; Sally Beatty, "Iridium Is Betting Satellite Phone Will Hook Restless Professionals," *Wall Street Journal*, June 22, 1998, p. B6.
40. Philip Kotler and Gerald Zaltman, "Targeting Prospects for a New Product," *Journal of Advertising Research*, February 1976, pp. 7–20.
41. Jim Carlton, "From Apple, a New Marketing Blitz," *Wall Street Journal*, August 14, 1998, p. B1.
42. 詳しくは以下の文献を参照されたい。Keith G. Lockyer, *Critical Path Analysis and Other Project Network Techniques* (London: Pitman, 1984). 以下の文献も参照されたい。Arvind Rangaswamy and Gary L. Lilien, "Software Tools for New Product Development," *Journal of Marketing Research*, February 1997, pp. 177–84.
43. 次の説は以下の文献によるところが大きい。Everett M. Rogers, *Diffusion of Innovations* (New York: Free Press, 1962). 1983年の第3版も参照されたい。
44. Gillian Newson and Eric Brown, "CD-ROM: What Went Wrong?" *NewMedia*, August 1998, pp. 32–38.
45. Rogers, *Diffusion of Innovations*, p. 192. 以下の文献も参照されたい。S. Ram and Hyung-Shik Jung, "Innovativeness in Product Usage: A Comparison of Early Adopters and Early Majority," *Psychology and Marketing*, January–February 1994, pp. 57–68.
46. 以下の文献を参照されたい。Hubert Gatignon and Thomas S. Robertson, "A Propositional Inventory for New Diffusion Research," *Journal of Consumer Research*, March 1985, pp. 849–67; Vijay Mahajan, Eitan Muller, and Frank M. Bass, "Diffusion of New Products: Empirical Generalizations and Managerial Uses," *Marketing Science*, 14, no. 3, part 2 (1995); G79–G89; Fareena Sultan, John U. Farley, and Donald R. Lehmann, "Reflection on 'A Meta-Analysis of Applications of Diffusion Models,'" *Journal of Marketing Research*, May 1996, pp. 247–49; Minhi Hahn, Sehoon Park, and Andris A. Zoltners, "Analysis of New Product Diffusion Using a Four-segment Trial-repeat Model," *Marketing Science*, 13, no. 3 (1994), 224–47.
47. Joshua Levine, "TV in the Classroom," *Forbes*, January 27, 1997, p. 98.

グローバル市場におけるマーケティング

CHAPTER 12

本章では、次の問題を取り上げる。

- 海外進出を決める前に、企業が考慮すべき要素は何か。
- 参入すべき特定の国外市場をどのように選び、評価するか。
- 国外市場に参入するための主な方法は何か。
- 製品とマーケティング・プログラムをどの程度まで各国向けに適合させるべきか。
- 国際的企業活動をどのように運営し、組織すべきか。

KOTLER ON MARKETHING
コトラー語録

ナンバーワンになれない市場にとどまるべきではない。

Your company does not belong in markets where it can't be the best.

コミュニケーション、輸送、金融のフローが速くなり、世界の距離が急速に縮まっている。ある国で開発された製品――グッチのハンドバッグ、モンブランのペン、マクドナルドのハンバーガー、日本の寿司、シャネルのスーツ、ドイツのBMW――が、ほかの国でも熱狂的に受け入れられている。アルマーニのスーツに身を包んだドイツのビジネスマンが、日本食レストランでイギリス人の友人と会い、帰宅後は、ロシアのウォッカを飲みながら、アメリカのメロドラマを見る時代なのである。

1969年以降、世界の富裕国上位14か国の多国籍企業は、7000社から2万4000社へと3倍以上に増えた。実際、これらの多国籍企業は、民間企業の総資産における3分の1を占めており、世界中で6兆ドルの売上をあげている。アメリカの国内総生産に占める国際貿易の割合は、1970年の11%から、今や25%にまで上がっている[1]。

確かに、多くの企業がすでに何十年間も国際的なマーケティングを行ってきた。ネスレ、シェル、バイエル、東芝といった企業は、世界中の消費者にその名が知られている。しかし今日、グローバルな競争は激しさを増しており、国外の競合他社について考えたこともなかった国内企業の領分に、ある日突然、競争相手が姿を現す。新聞を開けば「日本製の家電、オートバイ、コピー機、カメラ、時計がアメリカ製品との競争に勝利」「アメリカ市場における日本車、ドイツ車、スウェーデン車、韓国車の輸入額増加」「繊維と靴の市場は、第三世界からの輸入で損失を計上」といった記事が載っている。バンタム・ブックス、バスキン・ロビンズ・アイスクリーム、ファイアストン・タイヤなど、アメリカの会社と思われている多くの企業は、実は外国企業であり、ドクター・ペッパー社の清涼飲料水や、ピルスベリー社のケーキミックスも外国企業によって生産されている。

> このミレニアムで、コカ・コーラにとって最も急速に成長する市場は中国である。

保護貿易法で国外の競合他社を排除したいと考える企業もあるだろうが、競争に勝つための最良の道は、国内製品を改良し続け、国外市場に進出していくことである。皮肉にも、国外市場に参入して他社と競合する必要性が高まっている反面、そのリスクも増大している。変化する国境、政情不安、為替問題、汚職、技術の侵害といった難問に企業は向き合っていかなければならない[2]。それでも、グローバル産業で販売活動を行っている企業は、事業を国際化する以外に選択の余地はない。そのためには一連の重大な意思決定をしなければならない(■図12-1)。

- **グローバル産業**とは、主な地理的市場または国内市場における企業の戦略的ポジションが、グローバルな関係によって根本から影響を受ける産業のことである[3]。**グローバル企業**とは、複数の国で事業を行い、国内だけで事業を行う競合他社には得られない、研究開発、生産、ロジスティクス、マーケティング、財務におけるコスト面の利点と評判を得る企業のことである。

グローバル企業は世界的な規模で活動を計画し、運営し、調整している。フォードの「ワールド・トラック」は、ヨーロッパで生産した運転台と北米で作ったシャーシを装備し、ブラジルで組み立てられ、アメリカで輸入販売されている。オーティス・エレベーターのドア・システムはフランス製、部品はスペイン製、電子装置はドイツ製、モーターは日本製であり、システム・インテグレーションはアメリカで

行われている。グローバルな販売活動を行うのに、大企業である必要はない。中小企業であれば、グローバル規模でニッチ市場をねらえる。スポーツ・リーグでさえグローバルになりうる。

NBA

NBAのシーズンが終了しても、バスケットボール界のスーパースターは、フロリダへ休養に出かけたりはしない。それどころか、シャキール・オニールは韓国へ、カール・マローンは香港へ、アレン・アイバーソンはチリへと旅立っていく。彼らはばく大なギャラをもらって、コカ・コーラ、リーボック、マクドナルドといったグローバルなスポンサーやNBAによって世界各地に送り込まれ、炭酸飲料、スニーカー、ハンバーガー、バスケットボールを大勢の若いファンに広告する。マイケル・ジョーダンのようになりたいと願う中国の少年は、シカゴ・ブルズのユニフォームに身を包む。NBAは世界中に105名の従業員を抱え、真のグローバルな組織として浮上してきた初のスポーツ・リーグである。NBAの試合は世界各国でテレビ放映され、グローバル企業がスポンサーとして契約している。リーグとパートナー企業はNBA公認のバスケットボール、バックボード、Tシャツ、帽子をアメリカ国外で販売し、およそ5億ドルの売上を達成している[4]。

海外進出すべきか否かの決定

国内市場の規模が十分であれば、大半の企業は国内市場にとどまっていようとする。そうしている限り、マネジャーは他国の言語や法律を学ぶ必要がなく、不安定な通貨を取り扱ったり、不安定な政府や法律を相手にしたり、タイプの異なる顧客のニーズや期待に応えるために製品デザインを変えたりする必要もない。簡単かつ安全に事業を行うことができるのだ。

しかし、企業を国際舞台へ引っ張り出す要素がいくつかある。
- グローバルな競合他社が高品質の製品や低価格で国内市場を攻撃してくる可能性があるので、相手の本国の市場で反撃を加えたい場合。
- 国内市場より利益をあげる機会の大きい国外市場が見つかった場合。
- 規模の経済性を達成するために、顧客ベースを拡大しなければならない場合。
- 単一市場への依存を弱めたい場合。
- 顧客が海外に進出して、国外でのサービスを求められる場合。

海外進出を決める前に、企業はいくつかのリスクを比較検討しなければならない。
- 国外の顧客の選好を理解できず、競争に勝てる魅力的な製品を提供できない恐れがないか。■表12-1には、国際舞台における有名な失策の一覧が示されている。
- 国外の商習慣を理解し、その国の人々とうまくつき合っていく術を心

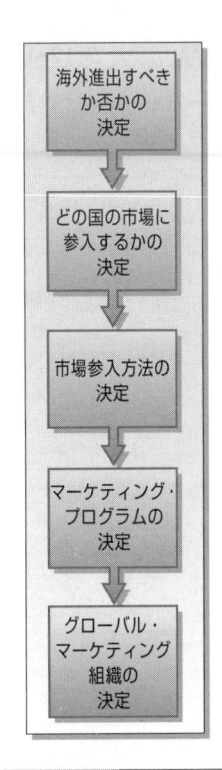

図12-1

グローバル・マーケティングにおける主要な決定

(海外進出すべきか否かの決定 → どの国の市場に参入するかの決定 → 市場参入方法の決定 → マーケティング・プログラムの決定 → グローバル・マーケティング組織の決定)

表12-1

グローバル・マーケティングにおける失敗

- ホールマーク社は、自社のカードをフランス市場に売り出す際に失敗した。フランス人は、カードに印刷されている感傷的な甘ったるい言葉を嫌い、自分でメッセージを書けるカードを好む。
- フィリップスは、狭い日本のキッチンに合わせてコーヒーメーカーのサイズを小さくしたり、日本人の小さな手に合うようにシェーバーを小型化して、ようやく日本で利益をあげるようになった。
- コカ・コーラは、スペインで市場導入した2リットルボトルを撤退させざるを得なくなった。そのサイズのボトルが入るほど大きな冷蔵庫を持っているスペイン人はほとんどいなかったのである。
- ゼネラル・フーズの「タン」が導入当初、フランスで失敗したのは、「朝食のオレンジジュースの代替製品」というポジショニングだったからである。フランス人はオレンジジュースをあまり飲まない上、朝食ではまったく飲まないのである。
- ケロッグの「ポップターツ」がイギリスで失敗したのは、トースターを持っている家庭の割合が、アメリカよりもかなり低く、製品がイギリス人には甘すぎたからだった。
- P&Gの練り歯磨き粉クレストは、当初アメリカと同じキャンペーンを使ってメキシコで売り出され、失敗した。メキシコ人は虫歯予防にはそれほど気を使っておらず、科学的な説明を中心にした広告は彼らには訴えるものがなかったのである。
- ゼネラル・フーズは、日本に箱入りのケーキ・ミックスを導入しようとしてばく大な金を浪費した。わずか3％の家庭しかオーブンを持っていないことを見落としていたのである。その後も、日本の家庭ではご飯を炊いたり保温したりするのに、1日中炊飯器を使っていることに気づかないまま、炊飯器でケーキを作るアイデアを広めようとした。
- S.C.ジョンソンの床磨き用のワックスは、日本に導入された当初はまったく売れなかった。この商品を使うと床が滑りすぎてしまうのだが、ジョンソンは、日本では家の中で靴を履かないことを見落としていたのである。

コカ・コーラは世界中のほぼすべての国で160ブランドの商品を販売し、利益の75％を国外市場から得ている。

得ているか。■表12-2には、数ある難題の一部が示されている。

- 他国の諸規制を軽視して、予想外のコストがかかることにならないか。
- マネジャーに十分な国際経験があるか。
- 商法改正、通貨切り下げ、政治革命、国外企業の財産没収など、相手国の政治経済状況が変化する可能性はないか。

利点とリスクがせめぎ合っているため、大部分の企業は何らかの出来事によって国際市場への参入を余儀なくされるまで、自ら行動を起こそうとはしない。例えば、国内の輸出業者、国外の輸入業者、あるいは外国政府が輸出販売を要請する場合や、企業の生産能力が過剰になって、新しい市場を探す必要が出てくる場合である。

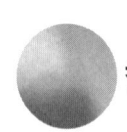

参入市場の決定

海外進出を決める際、企業は国際的なマーケティングの目的と方針を明確にしなければならない。総売上の何割を海外販売で達成したいのか。大半の企業は海外進出を小規模の販売からスタートする。そのまま小規模を維持する計画を立てる企業もあれば、国外事業が国内事業と同程度、あるいはそれ以上に重要になると考えて、大規模な販売計画を立てる企業もある。インターネットを

表12-2

グローバル・マーケティングにおける難題

1.	対外債務	多くの国がばく大な累積対外債務を抱えており、利子を支払うことさえままならない状態である。インドネシア、メキシコ、ロシアなどの国がこれに当てはまる。
2.	不安定な政府	多額の対外債務、高度のインフレ、高い失業率により、いくつかの国の政府は不安定な状態にあり、その国に参入している国外企業は、財産の没収、企業の国有化、利益の国外持ち出しの制限といったリスクにさらされている。そのため多くの企業が、ビジネス・インターナショナルの『Country Assessment Service』、『BERI』、フロスト&サリバンの『World Political Risk Forecasts』といった政治的リスク評価レポートを購入している。
3.	外国為替問題	対外負債が大きく、政治や経済が不安定だと、その国の通貨価値が下がる。国外企業としては、利益をすぐに本国に送ることができる国際通貨で支払いを受けたいところだが、なかなかそうはいかない場合が多い。
4.	現地政府による参入規制と官僚主義	現地政府は外国企業に対して多くの規制を設ける場合がある。例えば、利益の大半が自国の企業に流れるようなジョイント・ベンチャーを要求してきたり、自国民の雇用や技術移転を義務付けたり、利益の本国送金を制限したりする。
5.	関税などの貿易障壁	外国政府は自国の産業を保護するため、高い関税を設けることが多い。また、重要な承認を遅らせたり、査察を行ったり、製品にコストのかかる修正を要求したりと、目に見えない障壁を突きつけてくることもある。
6.	汚職	役人は最低価格で入札した業者ではなく、最高額の賄賂を提供した業者に契約を与えている。1977年に制定された「海外汚職行為防止法」によって、アメリカ企業のマネジャーは贈賄行為を禁止されているが、他国の競合企業は何の制約もなく贈賄行為をしている。先進工業国から成る経済協力開発機構(OECD)では、最近、外国の役人に対する贈賄は犯罪扱いにするべきとの合意に達した。
7.	技術侵害	国外に製造工場をおく企業は、現地雇用のマネジャーが製品の製造方法を習得して独立し、公然と、あるいは密かに競合してくるのではないかと不安に思っている。機械、エレクトロニクス、化学製品、製薬など、さまざまな分野でそのような事態が起こっている。
8.	製品とコミュニケーションの適合に要するコストの高さ	国外に進出する企業は、各市場について慎重に研究し、現地の経済、法律、政治、文化に対して敏感に対応し、製品およびコミュニケーションを各市場向けに適合させなければならない。
9.	変化する国境	国境はマーケティングの基礎である。国境によってその内側で暮す人々の経済行動が支配され、形成されているからである。マーケターにとって、変化する国境は動く標的のようなものだ。

利用した「海外進出」には特殊な課題が出てくる。■ミレニアム・マーケティング「WWW.TheWorldIsYourOyster.com（世界はあなたの思いどおり）：グローバルな電子商取引のすべて」を参照されたい。

企業は少数の国に販売するのか、多数の国に販売するのか、また市場を拡大する速度も決めなくてはならない。タイコ社の例を見てみよう。

ニュー・ミレニアムには、ユーロがドルのように主要な準備通貨になるだろう。

タイコ・トイズ社

タイコ社がヨーロッパ進出を開始したのは1990年のことである。4年前にはアメリカの玩具業界で22位だった同社の地位は、数々の企業買

MARKETING FOR THE MILLENNIUM　ミレニアム・マーケティング

WWW.TheWorldIsYourOyster.com
（世界はあなたの思いどおり）：
グローバルな電子商取引のすべて

わずか数年前のこと、カーディアク・サイエンス社は国外市場への進出をうかがっていた。しかし、何から手をつければよいのかわからなかった。自社の医療機器が売れる市場が国外に存在することは理解していた。しかし、そこへの参入方法を考え出すのは、小さな企業にとって大変なことだった。現在、カーディアク社は収益の85％を国外市場から得ている。医療機器貿易の大部分は、従来はアメリカ政府の援助を受けて発展してきたが、カーディアク社の場合、国外の顧客は同社のウェブサイト・アドレスwww.cardiacsience.comをクリックするだけで心臓細動除去器や心臓モニター装置を見つけており、顧客の数は増え続けている。

サイバー・スペース上の国境は消えつつあり、大企業も中小企業もこの機会に乗じている。グローバルな電子商取引を行っている主なマーケターは、自動車メーカー（GM）から通販会社（L.L.ビーン、ランズエンド）、ランニング・シューズ業界の大手（ナイキ、リーボック）、インターネット界のスーパースター（アマゾン・ドットコム）までと幅広く、特にアマゾンは欧州での書籍ビデオ販売を立ち上げるため、現地企業3社を買収している。

マーケティングは運任せ、という企業もある。そのような企業は、アメリカ市場向けに英語でコンテンツを作り、国外の消費者が偶然サイトを見つけて、何か買ってくれれば万々歳というわけである。ニューヨーク・シティを本拠地とする創業3年の子供向けソフトウェア会社、ハイパースペース・カウガールズは、海外でマーケティング活動をしたわけでもないのに、いくつかの欧州企業と取引を行っている。社長のスーザン・ショーは「海外にはまったく広告を出していません。お客様が見つけてくださるんです」と述べている。ハイパースペース・カウガールズのウェブ・アドレスはwww.hygirls.comである。

グローバル・サイバー・マーケットの仲間入りをしようと、戦略的な意思決定をしたマーケターもいる。国外での新規顧客獲得、国外に在住する現在の顧客へのサポート、国際的供給業者からの資材調達、グローバルなブランド認知の獲得といったそれぞれの目的を実現するために、彼らはウェブサイトやオンライン・サービスを利用している。なかには、最も可能性のある国際市場向けに、特定の国を対象にしたコンテンツやサービスを提供するため、ウェブサイトの内容を——現地の言葉で作るのが理想的であるが——変えている企業もある。リーボックは、多言語——英語、フランス語、ドイツ語、スペイン語、イタリア語——を用いた欧州向けウェブサイトを立ち上げ、各市場におけるブランド認知の向上を目指している。同社のサイト（www.europe.reebok.com）は、スポーツやフィットネスの愛好家をターゲットに作られており、現地のイベント情報なども掲載している。グローバルな電子商取引ブームの到来が予測されるため、いくつかの進取の企業が、外国間のインターネット取引をいっそう手軽かつ効果的に作り変えている。例えば、ディジタル・イクイップメント社やグローバリンク社は、1998年に電子メールとウェブサイトの自動翻訳サービスを始めた。

しかし、ウェブサイトを自動翻訳してもらう前にまずすべきは、オンライン人口が最も多そうな国や地域を見つけることである。今のところ、欧州と日本が最大のターゲットである。インターネット事情では、欧州はアメリカから約4年の遅れをとっているが、急速な追い上げを見せている。オンライン閲覧者の数は、1998年には欧州人口の7％だったが、2001年には13％になると予想されている。いくつかの要因によって、そのスピードはさらに速まるかもしれない。通信規制が緩和されれば、欧州のインターネット利用は急増するだろう。ひょっとすると欧州の動きはさらに速まるかもしれない。彼らは旧システムを更新する必要もないし、インターネット開拓期にいるわけでもない

からだ。安全な取引ができるという点では、欧州はアメリカを一歩リードしている。VISAは、セキュリティ・テストをするための最大の試験場としてECを選んでいる。また、欧州企業は1250億ドルを投じてコンピュータを統一通貨ユーロ導入に対応させたが、この機に、オンライン・ビジネスにも着手している。150年の歴史を持つイタリアのワイン製造業者カサ・ガルシアは、各地の営業所、倉庫、代理店との間で年間3万5000通に及ぶFAXや手紙をやりとりしていたが、現在、それをインターネット利用の通信に変えようとしている。そして、ウェブを利用することで、同社のネットワークは60か国に広がっている。

欧州やアジアにおける電子商取引の発達は頼もしいことであるが、時としてインターネット・マーケターはチャンスを大げさに考えてしまう。香港だけで90以上のプロバイダーが存在するものの、中南米やアフリカの開発途上国にはわずかしか、あるいはまったくプロバイダーがなく、インターネットに接続するには国際電話をかけなくてはならない。もともとインターネットの基盤はアメリカにあるため、国外のレスポンス・タイムは最悪である。たとえ使用に耐える回線があってコンピュータが普及していても、接続料が高ければインターネットの利用は厳しく制限されてしまう。欧州のインターネット使用料は月額75ドルが普通だが、これはアメリカの3倍である。アメリカでは地元の無料回線につなげば、月15ドルで無制限にインターネットを利用できる。

さらに、グローバル・マーケターは、政治的かつ文化的な制約に直面することもある。ドイツでは、商品の発注を受けてから2週間が経過しないと、売主はクレジットカードでの支払いを受け付けることができない。また、コンピュータの画面にかぎ十字を表示することが禁止されている。ということは、アマゾン・ドットコムが、表紙にかぎ十字の描かれたナチスドイツ関連書籍を画面で紹介した場合、法を犯したことになってしまうのだろうか。グローバルな電子商取引で売上税をだれが支払うのかという問題もあいまいなままである。

最後に、グローバル・ビジネスを実行する上で、インターネットが完璧なソリューションを提供してくれるわけではない、ということを認識しておく必要がある。恐らく将来的にもそうだろう。電子メールで最終契約を結ぼうと思う企業はほとんどない。人々はこれからも、国際トレード・ショーで商品の実物を見たり触ったりしたいと思うだろう。インターネットが煩雑な関税手続きや、特定の製品を輸出入する際の規制を克服することもないだろう。また、インターネットには、完全な状態で商品が届くという保証もない。

インターネットにできるのは、国外の顧客に自社の事業を知ってもらうことである。それを実現したのは、高級小売業者でカタログ通販業者でもあるシャーパー・イメージ社である。現在、同社のオンライン・ビジネスのうち、4分の1は国外の顧客からの注文である。同社は世界規模の市場機会に喜びながらも、言語や通貨といった、国外市場に商品を提供する際に生じるロジスティクス上の問題に閉口していることも認めている。

出典：Alice LaPlante, "Global Boundaries.com," *Computerworld*, October 6, 1997, pp. G6–G9; Roberta Maynard, "Trade Links via the Internet," *Nation's Business*, December 1997, pp. 51–53; Michelle V. Rafter, "Multilingual Sites Give Companies Access to Global Revenue Sources," *Chicago Tribune*, May 11, 1998, Business Section, p. 9; Marla Dickerson, "Small Business Strategies; Technology; Foreign Concept; All Those Inflated Expectations Aside, Many Firms Are Finding the Internet Invaluable in Pursuing International Trade," *Los Angeles Times*, October 14, 1998, pp. C2, C10; Stephen Baker, Finally, Europeans Are Storming the Net," *Business Week*, May 11, 1998, p. 48; Eric J. Adams, "Ready, SET, Go!" *World Trade*, April 1997, pp. 34–35; "Reebok Targets Its New Web Site at Euro Markets," *Marketing*, October 1, 1998, p. 16; Peter Krasilovsky, "A Whole New World," Marketing Tools supplement, *American Demographics*, May 1996, pp. 22–25; Richard N. Miller, "The Year Ahead," *Direct Marketing*, January 1997, pp. 42–44; Jack Gee; "Parlez-Vous Inter-Net?" *Industry Week*, April 21, 1997, pp. 78–79.

収とベストセラー商品のおかげで、第4位にまで上昇していた。しかし、国外での売上は依然として総売上の13%にとどまっており、競合他社に大きく水をあけられていた。タイコ社はこの溝を早急に埋め、「トイザらス」のようなグローバル志向の小売業者へより適切に対応したいと考えた。当初の計画は、年に1社の割合でヨーロッパに子会社を設立し、各社が設立1年後に利益を出すというものだった。しかし、タイコ社は事業のスピードアップを図り、1年のうちにイタリア、スペイン、ドイツ、ベルギーの各地で子会社をスタートさせ、さらに、鋳型ミニチュアカーの主要メーカーである香港のユニバーサル・マッチボックス・グループを買収した。海外進出の性急さに国内売上の不振が重なったため、タイコ社の首脳陣はたちまち窮地に陥ってしまった。彼らは広大な帝国を指揮する術をほとんど心得ていなかったのである。1995年の年次報告書によると、3年連続で計上された純損失は、主にヨーロッパの子会社から出ていた。損失を食い止めるために、タイコ社はイタリアの子会社を閉鎖し、ほかのヨーロッパ3社の事業を統合し、ヨーロッパにおける従業員の3分の1を解雇したのだった[5]。

タイコ社と対照的なアムウェイの例を考察してみよう。

アムウェイ

知人どうしの直販ネットワークで知られる消費財の製造販売会社アムウェイは、1971年にオーストラリアへ進出した。地理的には遠いものの、オーストラリアとアメリカの市場はよく似ていた。1980年代になると、アムウェイは10か国以上に進出し、そのころから拡大速度を急に上げ始めた。1997年までに、同社は巨大多国籍企業へと発展し、ハンガリーからマレーシア、ブラジルに広がる250万人の販売員によって年間68億ドルの売上を達成していた。現在、アムウェイは43か国で販売活動を行っている。アムウェイの目標は、今後10年間で、海外市場での売上が総売上の80%を占めるようにすることである。総売上68億ドルの70%を海外市場で稼ぎ出していることを考えれば、この目標は非現実的とも、大それた野望ともいえない[6]。

一般的には、進出する国の数を絞り、それぞれの市場を深く開拓する方が理にかなっている。アヤールとジフは、次のような場合、企業は進出する国を少なくすべきだと述べている。

- 市場参入および市場コントロールにかかるコストが高い場合。
- 製品適合およびコミュニケーション適合にかかるコストが高い場合。
- 最初に参入した国の人口と所得の規模が大きく、市場の成長性が高い場合。
- 相手国の支配的企業が、国外企業の参入を妨げる高い障壁を築いている場合[7]。

また、進出する国のタイプも決めなければならない。企業にとって、海外市場の魅力は、製品、地理、所得および人口、政治情勢などの要素に左右される。

歴史メモ：西暦1000年ごろ、中国人は陶磁器を大量生産していた。

売り手は先入観から、進出先として特定の国や地域を好むかもしれない。大前研一はアメリカ、西ヨーロッパ、極東の「3大市場」で集中的に販売することを勧め、国際貿易の大部分がこれらの市場で占められているからだと指摘している[8]。

大前の考えは、短期的戦略としては理にかなっているが、世界経済を長い目で見れば大失策ともなりかねない。途上国にいまだ満たされていないニーズがあるということは、そこに食品、衣料、住居、家電などの強大な潜在市場が存在していることを意味する。市場でリーダー的地位にある多くの企業は、現在、満たされていないニーズがあふれている東欧、中国、ベトナム、キューバに競って進出している。

近年、地域の経済統合――ブロック圏内の通商協定――が強化されている。つまり、一度に1つの国と取引をするよりも、国外の各地域全体に参入する場合が多いということである。

地域的な自由貿易圏

いくつかの国が自由貿易圏すなわち経済共同体を形成しているが、これは自由な国際貿易が規制されるなかで、共通の目標達成のために組織された国の集合体である。その1つに欧州連合（EU）がある。1957年に創設されたEUは、加盟国間の製品、サービス、金融、労働力の自由な流れを妨げる障壁を軽減し、非加盟国に対する貿易政策をとることによって、単一欧州市場を創ることを目的としていた。現在、EUは共通通貨ユーロを導入している。1998年、共通通貨導入に向けた多年計画の第1段階として、参加11か国が自国の為替レートを固定した（イギリス、デンマーク、スウェーデンは通貨統合参加を見送っている）。参加国の貨幣は最終的にユーロと交換されることになるが、新硬貨・紙幣の流通開始は2002年を予定しており、それまでは企業や個人が貨幣の切り替えを求められることはない。

現在、EUは世界最大の単一市場の1つである。加盟15か国は3億7000万人の消費者を擁し、世界の輸出高の20%を占める。加盟を希望する国が増えているため、21世紀には、28か国4億5000万人を抱えることになるだろう。

欧州統合はアメリカならびに非欧州諸国の企業に大きな貿易機会を提供する反面、脅威も生み出している。統合が進んだ結果、欧州企業は今まで以上に大きくなり、競争力も増すはずである。欧州の共同企業体エアバス・コンソーシアムとアメリカのボーイング社との間で繰り広げられている航空機業界の競争を見れば、それは明らかである。さらに大きな懸念は、欧州内の障壁が低くなった分、外壁が高くなるのではないか、ということである。EU加盟国の企業には多大な恩恵を与えるが、非加盟国の企業には強硬な輸入割当、部品現地調達要求などの非関税障壁を押しつけるという「欧州要塞化」を予測する者もいる。

また、単一欧州を対象に「全ヨーロッパ」向けマーケティング・キャンペーンを企画している企業は、慎重に事を進めなければならない。EUが貿易規制全般

歴史メモ：前ミレニアムの初頭には、水力による最初の羊毛加工工場がミラノで操業されていた。

歴史メモ：11世紀の終わりごろ、イギリスにはすでに職業ギルドがあった。

の標準化とユーロの導入を本当に成功させたとしても、経済共同体の創設で均質な市場が誕生するわけではない。欧州でマーケティング活動を行う企業は、14の異なる言語、2000年の歴史を持つ各国独自の文化、国ごとに異なる膨大な量の規則に直面する。アメリカの大手広告会社レオ・バーネットは、ユナイテッド・ディスティラーズ社のジョニーウォーカーのために、全ヨーロッパ共通のキャンペーンを企画するという目標に挑んだ。同社の経験を考察してみよう。

ジョニーウォーカー

コマーシャルの最終版がオンエアされ、成功を収めたのは、厳しいテストと修正を繰り返した後のことである。「The Water of Life（命の水＝酒）」と題したそのコマーシャルは、パンプローナの牛追い祭に参加する1人の男が、牛に踏みつけられそうになり、間一髪のところで難を逃れ、ジョニーウォーカーの赤ラベルで無事を祝うというものだった。パンプローナを舞台にしたことは、多くの国で人々の怒りを買った。皆、「スペイン人にウィスキーの味がわかるわけがないじゃないか」と思ったのである。ドイツにおいて、コマーシャルはまったく当たらなかった。ドイツ人の目には、牛追い祭は無謀としか映らなかったからである。ジョニーウォーカーの世界ブランド担当ディレクター、ジェニー・ボーンは次のように述べている。「動物愛護団体のために、ドイツでは金魚鉢に入った金魚でさえコマーシャルには使えないんです。だから、牛追いなんて、もっての外なんですよ[9]」。

全ヨーロッパ向け広告として最も成功するのは、視覚に訴える象徴的な広告である。そのような広告は製品と消費者に焦点を絞って、2種類の視聴者——若者と金持ち——のどちらかを対象に制作されている。今後、この2者が「ユーロコンシューマー」になるという点で、マーケット・リサーチャーの意見は完全に一致している。そこにねらいをつけた広告の1例に、タグホイヤーの時計のコマーシャルがある。コマーシャルではサメと競争する水泳選手、巨大なカミソリの刃を飛び越えるハードル選手、ダイナマイトのバトンを持って走るリレー選手が登場するが、これらのイメージはすべて、パフォーマンスを上げるためにスポーツ選手が日常的に行っているマインド・ゲームを表現している。

北米では、アメリカとカナダが1989年に貿易障壁を段階的に撤廃した。1994年1月には北米自由貿易協定（NAFTA）によって、アメリカ、メキシコ、カナダの自由貿易圏が実現した。この協定によって、6兆7000億ドルの製品やサービスを生産し消費する、人口3億6000万人を抱える単一市場が生まれたのである。15年間の協定期間中に、3か国間の貿易障壁と投資制限は取り除かれることになる。NAFTAが締結されるまで、メキシコが輸入するアメリカ製品の平均関税率は13%、メキシコ製品に対するアメリカの平均関税率は6%だった。

その他、ラテンアメリカと南米に自由貿易地域が形成されている。例えば、現在メルコスール（MERCOSUL）によって、ブラジル、コロンビア、メキシコが同盟を結んでおり、チリとメキシコでも自由貿易圏を形成して成果を上げている。ベネズエラ、コロンビア、メキシコの「グループ3」も、自由貿易地域を形

成するために交渉を進めている。いずれはNAFTAがこうした協定を併合して、全アメリカ自由貿易圏に発展しそうである。

アメリカは長い間、ラテンアメリカを自分の縄張りと見なしてきたが、大きな可能性を秘めたこの市場を開拓したのは欧州諸国だった。アメリカ政府はNAFTAの貿易圏をラテンアメリカにまで拡大しようと努めたものの、計画は行き詰まり、その隙に欧州諸国が猛烈な勢いで進出したのである。1995年にMERCOSULがEUと行った貿易額は430億ドルで、アメリカとの貿易額を140億ドル上回っている。ラテンアメリカ諸国が市場の改革と公共事業の民営化に着手すると、インフラ再構築にかかわる有利な契約を獲得しようと、欧州企業は競って押し寄せた。スペインのテレフォニカ・デ・エスパーニャは、すでに50億ドルを費やしてブラジル、チリ、ペルー、アルゼンチンの電話会社を買収している。また欧州企業は、民営部門にも迅速に進出した。ブラジルでは10大企業のうちの7社を欧州企業が所有しているのに対し、アメリカ企業は2社を支配下におくのみである。ラテンアメリカで事業を営む欧州の有名企業には、大手自動車メーカーのフォルクスワーゲンとフィアット、フランスのスーパーマーケット・チェーンであるカルフール、パーソナルケア製品を扱うイギリスとオランダの合弁会社ゲシィ・リーバなどがある。

欧州企業のラテンアメリカ進出を目の当たりにしたアメリカ企業は、米州自由貿易圏設立に向けて、チリを早急にNAFTAに加盟させるよう政府に圧力をかけた。MERCOSULは2億2000万人の消費者を有する巨大市場であるというだけではない。太平洋沿岸に広がるMERCOSULにはアジアを招き寄せる力があり、コストのかからない重要な輸出基盤となりうるのである。しかし、アメリカ国内の労働組合と環境保護団体は米州自由貿易圏がもたらす利益に懐疑的な姿勢を示している。労働組合は、NAFTAによって、製造業の雇用が賃金水準のはるかに低いメキシコに流れているとの印象を持っており、環境保護団体は、米国環境保護庁の厳しい規制の下で事業を行うことを嫌がる企業が、公害規制の緩いメキシコに立地を移転するだろうと指摘している(10)。

NAFTA加盟国、日本および中国からなる環太平洋地域の18か国は、アジア太平洋経済協力会議(APEC)の主催で、環太平洋自由貿易圏設立の可能性を討議した。またカリブ海地域、東南アジア地域、アフリカの一部地域にも経済統合に向けた試みが出てきている。

しかし、どれだけ多くの国と地域が貿易政策や基準を統合させたとしても、それぞれの国には独自の特徴があり、これを理解する必要がある。ある国が国外の製品とサービスを受け入れる準備があるか、国外企業にとって市場が魅力的であるかどうかは、その国の経済的、政治-法的、文化的な環境に左右される。

技術の進歩、とりわけエレクトロニック・バンキングのおかげで、非合法ビジネスの利益も合法ビジネスの利益も、今や電光石火の速さで世界中を巡っている。

次のミレニアムに、最も研究ベースの技術革新を生みそうなのは、日本とスイスである。

潜在市場の評価

ある企業が参入する候補として海外の潜在市場をリストアップしたとする。その中からどのようにして進出市場を選ぶのだろうか。多くの企業は近隣諸国

への進出を選択する。隣の国のことはよくわかっているし、近ければコスト管理もうまく行えるからだ。アメリカにとって最大の市場はカナダであり、スウェーデンの企業が最初に進出したのはスカンジナビア諸国であるが、これは当然のことである。アメリカでは、海外進出する企業が増えているが、多くの企業が最初の進出地として隣国のカナダを選んでいる。

グレート・アメリカン・バックラブ社

ストレスで疲れのたまった顧客にマッサージ・サービスを提供しているグレート・アメリカン・バックラブ社は、カナダの人々もアメリカ人と同じようにストレスで体が疲れているはずだと考え、進出を検討した。同社は、最初の国外支店をオンタリオ州トロントにオープンさせた。フロリダに本社をおくクリアウォーターの社長であるリカルド・コイアは、アメリカに隣接しているというだけで、カナダ人は「ストレス解消をするはめになる」と推察している[11]。

心理的隣接感によって進出先が決まる場合もある。多くのアメリカ企業は、言語、法律、文化が似ていて安心して付き合えるという理由から、ドイツ、フランスといった大きな市場よりも、カナダ、イギリス、オーストラリアを進出先に選ぶ傾向がある。

一般的に、企業は次のような国に進出する傾向がある。(1)市場の魅力度が高い、(2)市場のリスクが低い、(3)自社が競争優位を有している。ここで、大手建設会社ベクテルが、どのように海外市場の評価に取り組んでいるかを見てみよう。

ベクテル

新しい市場へ進出するにあたり、ベクテルではまず詳細な戦略的市場分析を行っている。対象市場の5年から10年先を見越して、4年〜5年後に自社がその市場でどうありたいかを決定するのである。経営陣は市場の全体像を観察し、競合他社のポジション、インフラ、規制および貿易障壁、税制(法人税と個人所得税の両方)を加味して費用便益分析を行う。新しい市場として理想的なのは、自社の製品やサービスに対するニーズがまだ開拓されておらず、自社製品を製造する質のよい熟練労働者を備えており、(政治的にも物理的にも)国外企業を歓迎する環境にある国である。

はたしてベクテルの要件を満たす国は存在するのだろうか。どの国にも長所と短所がある。例えばシンガポールの場合、教育水準が高くて英語を話せる労働力があり、政治的にも安定しており、海外からの投資を奨励する政策をとっているが、人口が少ない。中央ヨーロッパには、熱心かつ知識欲旺盛な労働力を有する国が多いものの、インフラに問題がある。新しい市場を評価する際には、決定された投資で、リスク要素とその他の短所を補えるだけの利益が出るかどうかを判断しなければならない[12]。

1995年に、アメリカは最も技術の進んだ国と見なされていたが、2005年には世界第6位に転落するだろうと予想される。

市場参入方法の決定

特定の国外市場への進出を決めたら、企業は次に、当該市場に最も適した参入方法を決定しなければならない。参入方法には、**間接輸出**、**直接輸出**、**ライセンス供与**、**ジョイント・ベンチャー**、**直接投資**がある。■図12-2には、5つの国外市場参入戦略が示されている。今述べた順にコミットメントやリスクが高くなり、管理しやすく潜在利益も大きくなる。

図12-2 国外市場参入の5つの形式

間接輸出

企業は通常、輸出を通じて国外市場にかかわる。**不定期な輸出**は自発的に、もしくは国外からの注文にやむを得ず対応しなければならなくなり、時に応じて輸出をする消極的なかかわりである。特定市場への輸出を拡大するためにすすんでかかわれば、**積極的な輸出**をすることになる。いずれの場合も、輸出する製品はすべて国内で生産され、国外市場向けに製品仕様を変更する場合もあれば、そうでない場合もある。

一般的に、企業は**間接輸出**、つまり独立した仲介業者を使って輸出を行うところから始める。仲介業者には4つのタイプがある。(1)**国内を本拠とする輸出業者**：製造業者から製品を買って、それを海外に販売する。(2)**国内を本拠とする輸出代理業者**：海外の販売先を探し、その相手と仕入れ交渉をすることで手数料を受け取る。貿易会社はこのタイプに入る。(3)**共同組織**：複数の製造業者に代わって輸出を行い、組織の一部が製造業者の管理下に置かれている。果物、ナッツなどの一次産品の生産者も共同組織を利用している。(4)**輸出マネジメント会社**：手数料をもらって企業の輸出業務をマネジメントする。間接輸出には2つのメリットがある。第1に、企業は輸出部門や国外のセールス・フォースを置いたり、相手国の仲介業者を探す必要がないので、投資が少なくてすむ。第2に、リスクが少なくてすむ。国際的なマーケティングを行っている仲介業者がノウハウやサービスを提供してくれるので、売り手は間違いを犯すことが概して少ない。

直接輸出

企業はいずれ、自ら輸出を行うかもしれない。この場合、投資とリスクはやや高くなるが、期待収益も高くなる。カリフォルニア州バーリンゲームにあるユニバーシティ・ゲームズは、慎重に海外事業へ参入した結果、年間5000万ドルの売上をあげる企業に成長した。

ユニバーシティ・ゲームズ
ユニバーシティ・ゲームズの創設者であり社長でもあるボブ・モーグによれば、同社の国際的販売戦略は、第三者の販売代理店に大きく依

存しており、かなりの柔軟性を持っている。そして彼は、以下のように述べている。「まず参入市場を特定し、その後、現地の販売代理店と組んで新規事業を立ち上げます。そうすると、かなり我々の手で管理できます。オーストラリアでは、ボードゲームの販売数を5000と見込んでいます。生産はアメリカ国内で行いますが、販売数が2万5000に達したら、オーストラリアかニュージーランドの製造業者と下請け契約を結び、現地生産を開始するつもりです[13]」。

直接輸出にはいくつかの方法がある。

- **国内を本拠とする輸出部門の設置** 独立したプロフィット・センターとしての輸出事業部へと発展する可能性もある。
- **国外販売支店または子会社の設立** 販売支店が販売と流通を担当する。倉庫管理やプロモーションも担当する場合がある。展示センターや顧客サービス・センターの機能も持たせることができる。
- **輸出担当セールス・レップの海外出張** 国内にいるセールス・レップを海外へ出張させて事業機会を探らせる。
- **国外の流通業者または販売業者の利用** 現地国内において企業の代理業者として独占的な権限、あるいは限定的な権限を与える。

間接的にしろ、直接的にしろ、多くの企業は、国外に製造工場を作って現地生産を始める前の「事前調査」として輸出を行っている。この戦略が功を奏したのは、カナダのサスカチェワンに本社をおく鉄鋼メーカーIPSCOである。1980年代前半、同社は多大な輸送費にもかかわらず、鋼鉄パイプと平鋼をアメリカに輸出していた。アメリカ国内で自社製品に対するかなり大きな需要があるとわかると、IPSCOは現地で事業を開始したのである[14]。

輸出を始めたり、拡大するのに最適な手段の一つとして、海外のトレード・ショーへの出展が挙げられる。アメリカのソフトウェア会社であれば、自社製品を香港の国際ソフトウェア博覧会に出してもよいだろう。インターネットを利用すれば、トレード・ショーに出展するまでもなく国外のバイヤーや流通業者に商品を紹介することができる。インターネットを介した電子コミュニケーションによって、企業の（特に中小企業の）行動範囲は世界中の市場へと広がっている。インターネットはあらゆる方面で効果的な手段となっている。輸出の情報やガイドラインを無料で入手できるし、市場調査にも使える。また、さまざまな時間帯にいる顧客が、発注や支払いを確実に行えるという点でもインターネットは有効である。■表12-3には、無料で利用できる5つのオンライン輸出情報源が示されている。さらに■マーケティング・メモ「世界に通用する賢いウェブサイト」を参照されたい。国外の顧客をいら立たせるのではなく、引きつけるウェブサイトをつくるための秘けつを紹介している。

> 金融の専門家のなかには、最終的に全世界がユーロを主要通貨として採用すると信じている者もいる。

表12-3

輸出に役立つオンライン情報

無料の貿易・輸出情報を探すのは容易なことではない。まずは下記のウェブサイトから調査を始めてみよう。

- 貿易一般についてのよくある質問とその回答をまとめたQ&A集、および国別・地域別の市場情報：www.ita.doc.gov（米国商務省国際通商局）
- 運転資本、間接融資、融資担保、輸出保険に関する情報：www.exim.gov（米国輸出入銀行）
- 輸出の資金調達に関する情報：www.sba.gov（米国中小企業局）
- 特別な輸出許可を必要とする技術製品に関する情報：www.bxa.doc.gov（米国商務省の部局である輸出管理局）
- 世界各国のトレード・ショーおよび会議に関する情報：www.tscentral.com（トレード・ショー・セントラル社。所在地マサチューセッツ州ウェルズリー）

また、各州の輸出振興事務所にオンライン情報があるかどうか、そのサイトへのリンクは可能かどうか、について問い合わせてみるとよい。

出典："Going Online for Exporting Help," Nation's Business, December 1997, p. 52.

ライセンス供与

　ライセンス供与によって、製造業者はグローバル・マーケティングへ簡単に参入することができる。企業は国外企業とライセンス契約を結び、手数料やロイヤルティと引き換えに、自社の製造方法、商標、特許、営業秘密などの使用権を与える。この方法をとると、企業は低いリスクで国外市場に参入でき、ライセンシーの方も、生産技術や知名度の高い製品、ブランドを手に入れることができる。カリフォルニア州パロアルトのオンライン証券会社、Eトレード・グループは、イスラエルの投資銀行エルサレム・グローバルとライセンス契約を結んだ。イスラエル企業との契約は、ライセンス契約を結んでジョイント・ベンチャーを設立するという戦略の一環であり、その目標は「余分なサービスを排した投資」というEトレード独自のサービスを海外顧客に提供することにある（■口絵12-1参照）。同社はすでにEトレード・オーストラリアを設立しているほか、Eトレード・ドイツ、Eトレード・セントラル・ヨーロッパの設立計画も発表している[15]。

　ライセンス供与には不利になりかねない点もある。企業にとっては、現地に自社の生産設備や販売支店を設立する場合に比べ、ライセンシーの管理はしにくい。また、ライセンシーが大きな成功を収めれば、ライセンスを供与している企業側からすると本来得られたはずの利益を逃していることになるし、ライセンス供与が終了すれば競争相手を創り出してしまったという結果になる場合もある。それを避けるため、企業は（コカ・コーラの例に見られるように）生産に必要だが自社が独占的に有する原料や部品を提供するようにしている。しかし、最良の戦略は企業が常に技術革新をリードし、ライセンシーが自社に依存し続ける形にもっていくことである。

　ライセンス供与の取り決め方にはいくつかの形態がある。ハイアットやマリオットといった企業は、国外のホテルのオーナーと**マネジメント契約**を結び、手数料を取ってライセンス供与している。ライセンス供与する側の企業は一定期

MARKETING MEMO

世界に通用する賢いウェブサイト

慎重な計画もないまま輸出を始めるなど、とんでもないと考えていた多くの企業がウェブサイトを立ち上げている。しかし、実はそのウェブサイトが、世界中の顧客に与える企業イメージを悪くしている。その原因は、欧州の郵便番号を考慮していない住所欄を使っているといった、些細な失敗である場合もあれば、日本の顧客向けに作ったページに翻訳機能がついていないという重大な失敗である場合もある。では、輸出にふさわしいウェブサイトをつくるコツを紹介しよう。

- **顧客が適度なスピードで見られるページをつくる**：インターネットのアクセス・スピードが、いまだに毎秒9600ビットに限定されている国もある。国外のネット上にウェブサイトを置いたり、ミラーサイトを設けるとよいだろう。データを顧客に近いところに置けば、それだけ速く、確実に伝達することができる。また、テキスト・データのみのバージョンを用意することも考慮に入れるべきだろう。ダウンロードに時間のかかる大容量のデータをむりやり押し付けるよりも、テキスト・ベースの情報を用いたパラレル・パスを設計すべきである。

- **アプローチする市場の顧客が、自分の慣れ親しんだ言語、習慣、文化でウェブサイトを体験し、製品を注文できるようにする**：すべての国に特有のURLアドレスが割り当てられているため、電子商取引用のソフトウェアをセットアップしておけば、国外の顧客によるログオンと同時に、そのことを自動的に感知できる。そして、その国の言語を用いた専用ページも自動的につくることができる。通貨換算機能にリンクさせて、毎日、毎時間、製品価格を換算させることができる上、すべての取引を顧客の国の通貨に換算することも可能である。アパレル企業は、国外の顧客が自分の体のサイズがわかるように、サイズ換算表を必ず載せておくべきだ。

- **入力欄にアルファベットで数字を表すことは避ける。また、住所欄はどの国の人が書き込んでも大丈夫なように作っておく**：些細なことに感じるかもしれないが、登録や注文の際に、アクセントなどの句読記号を拒否されると顧客は困惑してしまう。また、住所欄は、どの国の郵便番号でも入力できるようにしておく。多くの国は州コードに相当する記号を持たないので、すべての顧客に入力を求めるような作りにしてはいけない。

- **自社に関する十分な情報を掲載し、問い合わせ先を目立つようにしておく**：企業情報を載せたページは、通常、最もアクセス数の多い場所である。自社の強みについてできる限り詳しい情報を載せておくことは、信頼性を確立するのに良い方法である。特に国外で知名度のない中小企業にとってこれは重要である。また、担当者の名前、電話番号、FAX番号など、問い合わせ用の情報を見えないところに隠しておいてはいけない。目立つ場所にわかりやすく載せておこう。

- **ウェブサイトの作成を技術者任せにしてはいけない**：マーケティング担当者を巻き込めば、伝えたいイメージと一致するウェブサイトを作ることができる。また、ウェブサイトの内容が参入したい市場でインパクトを有するためには、国外の営業部員や供給業者に内容を厳しくチェックしてもらうとよいだろう。

出典：Eric J. Adams, "Electronic Commerce Goes Global," *World Trade*, April 1998, pp. 90–92; Roberta Maynard, "Creating an Export-Friendly Site," *Nation's Business*, December 1997, p. 51; J. D. Mosely-Matchett, "Remember; It's the *World* Wide Web," *Marketing News*, January 20, 1997, p. 16.

間、ライセンシー側の企業の株を買うというオプションが与えられることもある。

別の形態として、現地の製造業者と契約を結んで、自社製品の生産を行う**製造契約**がある。シアーズはメキシコとスペインに百貨店を開店したが、このとき同社は質の高い地元の製造業者を見つけ、店舗で販売する製品の多くを製造させた。製造契約の欠点は、製造プロセス管理が弱まることと、製造業務から得られる利益を失うことである。しかし、利点として、ほかの方法に比べて低

いリスクで事業を始められること、後に現地の製造業者とパートナーシップを組んだり、それらの業者を買収する機会があることが挙げられる。

　最後に、**フランチャイズ契約**によって国外市場に参入する方法がある。これはライセンス供与のより完全な形態である。フランチャイザーは完全なブランド・コンセプトと経営方式を提供し、フランチャイジーがそれに投資をし、一定のライセンス使用料を支払う。マクドナルド、ケンタッキーフライドチキン、エイビスは自社の小売コンセプトをフランチャイズという形で提供することによって、多くの国々に参入した。

　マクドナルドと並んで、ケンタッキーフライドチキンは、半ば閉鎖的だった日本市場に初めて食い込んだファストフード・フランチャイズといえる。

ケンタッキーフライドチキン（KFC）

　日本における最初の反応は上々だったものの、KFCには克服すべき障害がいくつも残っていた。日本人はファストフードやフランチャイズに良い印象を持っておらず、ファストフードを機械で作った人工的なもの、不健康なものと見なしていたのである。KFCの日本での広告を請け負ったマッキャンエリクソン・ジャパンは、KFCブランドに対する信頼感を築く必要があると判断し、すぐにケンタッキーに飛び、カーネル・サンダースの原点として最も信頼できそうなエピソードをコマーシャルとして取り上げた。KFCの企業理念――南部流の手厚いもてなし、古き良きアメリカの伝統、本物の家庭料理――を表現するため、マッキャンエリクソン・ジャパンはまず、典型的なアメリカ南部の母親像を創り出した。そして、フォスターの『ケンタッキーのわが家』をBGMに、カーネル・サンダースの母親が、孫たちに11種類の秘伝スパイスを使ったKFCのチキンを作って食べさせるというコマーシャルができ上がった。この映像は、遠く離れたアメリカ南部の美味しい家庭料理を直接日本の皆さんへお届けします、というイメージを創り出した。結局、日本の人々は、11種類のスパイスを使ったアメリカ製スペシャル・チキンをいくら食べても飽きないほど気に入ってしまったのである。キャンペーンは大成功を収め、8年も経たないうちに、KFCの店舗数は400から1000以上に拡大した。今や『ケンタッキーのわが家』は、多くの日本人が口ずさむことのできる曲になっている[16]。

ジョイント・ベンチャー

　投資家は、国外の投資家とジョイント・ベンチャー会社を設立し、所有権と経営権を共有することもできる。その例を紹介しよう[17]。

- コカ・コーラとネスレは共同で、インスタントのコーヒーおよび紅茶の国際市場開拓をねらった。今のところ、目覚しい売上を出しているのは日本市場だけである。
- P&Gは、イギリスとイタリアの市場で乳児用紙オムツを売るために、

- イタリアの競合他社ファーテルとジョイント・ベンチャーを設立した。
- ワールプール社は、オランダのエレクトロニクス企業グループ、フィリップスの大型家電事業の株を53％取得し、欧州市場に進出した。

経済的理由や政治的理由で、ジョイント・ベンチャーという形態をとることが必要であったり、望ましいことがある。企業が単独で事業を行うには、財務的、物的、経営的な資源が不足しているという場合がある。あるいは、外国政府が参入条件として共同所有を要求することもある。手強い市場にもぐり込むには、巨大企業といえどもジョイント・ベンチャーが必要になる。中国のアイスクリーム市場への参入をねらったユニリーバは、中国国営の投資会社であるサムスターと提携した。このジョイント・ベンチャーのゼネラル・マネジャーは、次のように述べている。「サムスターの力があったからこそ、中国の恐るべき官僚主義を相手に、わずか1年でハイテク工場を作り、創業にこぎつけたのです(18)」。

共同所有には欠点もある。パートナーどうしが、投資やマーケティングなどの方針について意見を異にするかもしれない。一方のパートナーは事業を成長させるために利益の再投資を望み、もう一方は利益の配当を望むかもしれない。AT&Tとオリベッティのジョイント・ベンチャーが失敗に終わったのは、戦略面で両社の折り合いがつかなかったからである。さらに、共同所有の場合、多国籍企業がグローバル・ベースで貫いている独自の製造方針やマーケティング方針を実行できなくなる可能性もある。

直接投資

ミレニアムが近づくにつれ、人々はますますテクノロジー関連の株を買うようになる。

国外市場と最も深くかかわりあう形態は、現地に組立工場や製造工場を持つという直接投資である。企業は、現地企業の株の一部またはすべてを買い取るか、自社の設備を建設する。国外市場が十分に大きければ、現地に生産施設を持つことには多くの利点がある。第1に、安価な労働力や原材料、投資先の外国政府の投資優遇措置、輸送経費節減といった形でコストを低下させることができる。第2に、雇用を創出するので、受け入れ国での企業イメージが向上する。第3に、企業と受け入れ国の政府、顧客、供給業者、流通業者との関係が深まるので、自社製品を現地市場により適合させることが可能となる。第4に、投資を完全にコントロールできるため、長期的な海外事業目的に合致する製造方針やマーケティング方針を展開することができる。第5に、受け入れ国が、国内で購買される商品の原料や部品に国産品を使うよう迫ってきた場合、確実に市場参入ができる。現地との関係を利用して、国外工場で優位に立てた企業の例を紹介しよう。

CPCインターナショナル

CPCは、ヘルマンズのマヨネーズ、クノールのスープといった有名ブランドを製造販売している。同社は、半製品を国外で仕上げたり、完成品を輸出する方法よりも、国外で全面的に製造する方法をとってお

り、現時点では、自社製品を販売している110か国中、62か国で現地生産を行っている。国外で事業を行う場合は、ほとんどの従業員やマネジャーを現地で雇っており、特に、当該市場をよく理解し、その中でうまく戦っていける人材を採用している。また、マーケティングも現地のマネジャーに任せており、ニュージャージー州エングルウッドの本社が干渉することはない。現地スタッフの方が地元の市場に詳しく、戦い方を知っているとの判断からである[19]。

直接投資の主な欠点は、通貨の凍結や切り下げ、市場の悪化、現地政府による資産没収といったリスクにさらされることである。事業の縮小や閉鎖は高くつくことになるだろう。受け入れ国が従業員に対するばく大な解雇手当を要求してくる場合もある。

> インターネットの発達は、電話の発明と同じくらい重要になるかもしれない。

国際化のプロセス

国外貿易に参加する企業が少なすぎると嘆く国は多い。貿易を行う企業が少ないと、国は輸入に回すための外貨を稼げなくなってしまう。自国の企業が輸出をするよう、多くの政府が積極的に輸出促進プログラムを後援している。これらのプログラムの目的は、国際化していくための方法を企業にしっかりと理解してもらうことである。

ヨハンソンとウィーデルスハイム・ポールは、スウェーデン企業の**国際化プロセス**を研究した[20]。その結果、企業は4つの段階を踏むことが判明した。

1. 定期的な輸出業務を行っていない。
2. 独立したレプリゼンタティブ(代理業者)を介して輸出を行う。
3. 販売子会社を設立する。
4. 国外に生産施設を設立する。

最初の課題は企業を1から2の段階に移行させることである。そのためには、輸出を行う最初の決断を世の企業がどのようにして下しているのかを研究するとよい[21]。多くの場合、企業は独立した代理業者を介して近隣諸国や自国と似た環境にある国に参入していく。そして、さらに多くの代理業者と契約を交わして参入国を増やし、その後、代理業者との関係を管理するために輸出部門を設立する。さらに、その企業が参入している輸出市場が大きければ、代理業者との契約をやめて販売子会社を設立する。それによって企業の投資とリスクは増すが、利益をあげる可能性も高まる。この子会社を管理するために、企業は輸出部門を廃止して国際事業部を創設する。国外市場が規模と安定を保っている場合、あるいは受け入れ国が現地生産を迫ってきた場合、企業は次の段階として、その市場に生産施設を設立するが、これによって市場へのコミットメントを深め、利益をあげる可能性がさらに高まることになる。この段階になると、企業は多国籍企業として機能し、原材料調達、資金調達、製造、マーケティングを世界規模で行うようになる。

> 西暦2000年を祝って、イギリスでは、ミレニアム商品と銘打って2000種類の商品が製作される。

マーケティング・プログラムの決定

国際的な企業は、現地の事情に自社のマーケティング戦略をどの程度適合させるかについて決定しなければならない。一方の極にある企業は、**標準化されたマーケティング・ミックスを全世界で採用している。製品、広告、流通チャネルの世界標準を作ることによって、それぞれのコストを最も低く抑えることが可能になる。もう一方の極に位置するのは、適合化されたマーケティング・ミックス**である。この方法では、生産者がそれぞれの標的市場に合わせてマーケティング・ミックスの要素を修正する。■マーケティング・インサイト「標準化と適合化」において、主な論点が検討されている。

この両極の間には、多くの選択肢が存在する。国外市場に参入した企業が製品、プロモーション、価格、流通を適合化する場合、どのような可能性があるかをこれから述べていく。

身元確認には、パスワードや個人識別番号ではなく、自分の目を使うだけでOKという時代がまもなく来るかもしれない。虹彩識別として知られる新しい身元確認法は、虹彩に見られる個人特有のパターンを分析する。

製品

キーガンは製品とプロモーションを国外市場に適合させる戦略を5つに分類した(■図12-3)[22]。

直接導入とは、製品にまったく変更を加えないで国外市場に出すことである。トップ・マネジメントは販売員に「そのままの製品を買ってくれる顧客を見つけろ」と言うのである。しかし、最初のステップとしてまず、国外の消費者がその製品を使うかどうかを調べなければならない。デオドラントを使っている男性の割合は、アメリカでは80%、スウェーデンでは55%、イタリアでは28%、フィリピンでは8%と幅がある。ある国で女性を対象に、どれくらいの頻度でデオドラントを使うかとの質問をしたところ、典型的な回答は「年に1度、ダンスに出かけるときに使う」だった。このような市場にデオドラントを導入する根拠はほとんどないだろう。

カメラ、家電、多くの工作機械では、直接導入が成功を収めた。しかし、まったくうまくいかなかったケースもある。ゼネラル・フーズは、同社の標準的商品である粉末タイプのゼリー「ジェロー」をイギリス市場に導入したが、イギ

図12-3

5つの国際的な製品戦略とプロモーション戦略

		製品を変えない	製品を適合させる	新製品を開発する
プロモーション	プロモーションを変えない	直接導入	製品適合	製品創案
	プロモーションを適合させる	コミュニケーション適合	双方適合	

リスの消費者の好みは固形のウエハースかケーキタイプであることを知らされるはめになった。キャンベルスープは、イギリスに濃縮タイプのスープを導入し、推定3000万ドルの損失を出した。イギリスの消費者は、小さな缶を見て「高い」と感じただけで、水で薄めて作るスープであることに気づかなかったのである。直接導入の魅力は、余分な研究開発費がかからず、製造設備の入れ替えやプロモーションの修正を必要としない点にある。しかし、長期的に見て高くつくものになる。

　製品適合とは、現地の条件や選好に合わせて製品に変更を加えることである。製品適合にはいくつかのレベルがある。まず「西ヨーロッパ・バージョン」といった、自社製品の**地域別**バージョンを作ることが考えられる。フィンランドの大手携帯電話会社ノキアでは、6100シリーズの携帯電話を各主要市場向けにカスタマイズして製造している。開発者は、キーボード操作が問題になるアジア向けの機種には音声認識機能を内蔵させ、雑踏でも音が聞こえるように呼出し音を大きめに設定した。あるいは**国別**バージョンを作る手もあるだろう。日本のミスタードーナツでは、日本人の平均的な手の大きさに合わせて欧米よりも小さくて軽いカップでコーヒーを出しているが、ドーナツの大きさも少し小さめになっている。クラフトは、コーヒーに牛乳を入れて飲む習慣があるイギリス人向け、ブラックで飲むフランス人向け、チコリの味が好きなラテンアメリカ人向けに、それぞれブレンドを変えている。あるいは、ビールならミュンヘン向けの味、東京向けの味など、自社製品の**都市別**バージョンを作ることも考えられるだろう。また、スイスに出すコーヒーであれば、ミグロのチェーン店向けとか、生協のチェーン店向けといった具合に、**小売店別**バージョンを作ることも考えられる。

　製品を現地の好みに合わせることはよくあるが、時には地元の迷信や信仰に合わせなければならない場合も出てくる。風水はその良い例である。

イギリスで発明された「スマートウォーター」を使うと、泥棒を特定でき、盗まれた物が早く見つかるようになるかもしれない。

ハイアット・ホテル

　中国、香港、シンガポールで広く行われている風水、つまりジオラマシー（環境を重視した建築術）の鑑定士は、どのような事業であれ、最も好ましい環境——特に、オフィスビルの立地、机やドアなどの配置——についてアドバイスしてくれる。風水では、水辺に面していて、山の近くに建っているのが良い建物である。また、建物は山の「気」をさえぎる位置にあってはならない。シンガポールのハイアット・ホテルは風水を考慮した設計になっておらず、結局、繁盛させるために設計をし直すはめになってしまった。フロントはドアと外の通りに向かい合う位置にあったが、風水によると、これは財が流れ出る配置とされていた。さらに、ホテルのドアは北西を向いており、これは悪い「気」が入りやすい配置だったのである。鑑定士は、財をとどめて、悪い「気」を近づけないために、建物のデザインを変えるようにとアドバイスした[23]。

　製品創案とは、国外市場向けに新しい製品を創案することである。この戦略

MARKETING INSIGHT　マーケティング・インサイト

標準化と適合化

マーケティング・コンセプトでは、消費者ニーズは多様であり、また標的とする顧客グループ特有のニーズに対応すれば、マーケティング・プログラムはより効果的に機能するとしている。この考え方は、経済的、政治的、文化的に多様な状況を持つ国際市場にも当てはまる。

しかし1983年、ハーバード大学教授セオドア・レビットは『ハーバード・ビジネス・レビュー』誌にこれと真っ向から対立する論文を寄せ、世界標準を支持する知的根拠を披露した。

> 世界は共同市場になりつつあり、人々は——どこに住んでいようと——同じ製品、同じライフスタイルを望んでいる。グローバル企業は、それぞれの国や文化が持つ特異性から離れ、世界共通の欲求を満足させることに意識を集中すべきである。

レビットによれば、新しいコミュニケーション技術や輸送技術の誕生で、世界市場はますます均質化している。インターネットが発達し、ケーブル・テレビや衛星放送が急速な勢いで世界中に普及し、かつては遠く離れていた場所を通信ネットワークが結び付けている。これらの現象はすべて、レビットの予測を現実のものにしつつある。例えば、発展途上国の家庭に、そこでは不釣合いなアメリカのテレビ番組が入り込んだことをきっかけに、消費欲求の一点集中化がもたらされた。その傾向は特に若者の間で顕著である。ディーン・ウィッター・レイノルズの上級エコノミストであるジョセフ・クインランは、新たに生まれたこの消費者層を「グローバルMTVジェネレーション」と呼んでいる。「彼らはお茶よりもコーク、サンダルよりもナイキ、米よりもチキンナゲット、現金よりもクレジットカードを好むのです」とクインランは述べている。テレビやインターネットのチャット・グループの威力で、ファッション・文化的流行はたちまちのうちに変わっていく。新作映画やテレビ番組に関する噂話は、「ain't.it.cool」のサイト（www.ain't.it.cool.com）にアクセスすれば、世界中どこからでも見ることができる。ニーズと欲求の一点集中は、特に若い中産階級の間に、標準化された製品のグローバル市場を創り出した。

レビットによれば、従来型の多国籍企業は、グローバル市場に見られる嗜好の収斂ではなく、特定の市場間に見られる違いに注目する。そして高度に適合化した製品を次々と生産するのだが、効率が悪く、消費者価格が高くなる。

これに対して、レビットが支持するのは、すべての消費者に対して同じ製品を同じ方法で販売するグローバル企業である。これらの企業は、世界中の市場の類似点に注目する。そして適切に標準化された製品とサービスを世界中の市場に送り出すのである。このようなグローバル・マーケターは、製品、流通、マーケティング、およびマネジメントを標準化することで、コストを大幅に削減する。結局、その効率の良さが、より高品質で信頼性のある製品を安く提供することにつながり、消費者にとっての価値を高める。例えばコカ・コーラ、マクドナルド、ナイキ、NBA、ジレットなどは、世界を対象にした製品の販売で成功している企業である。ジレットの例を考察してみよう。

> ジレットの最近の概算によれば、世界中で12億の人々がジレット製品を使っている。ジレットの安全カミソリは——同社の営業利益24億ドルの50％はこの商品が稼ぎ出している——ラテンアメリカ市場の91％、インド市場の69％を支配している。ジレットは、どの市場にも種類を絞った製品を出すことで規模の経済性を享受してきた。現在、「センサー」や新製品の「マッハ3」といった高価格なハイテク製品を、平価の切り下げに苦しむ国々で売るにあたり、ジレットは困難に直面している。それでも、全世界を標的とする戦略を捨

てるつもりはない。

　グローバルな標準化がコスト削減につながることに魅力を覚えた多くの企業が、独自の世界的製品を売り出そうとしてきた。トヨタは「カローラ」を世界向けプラットフォームを使って作り、フォードは世界向けの自動車「フォーカス」を開発中である。こうした製品であっても、多くの場合、ある程度の適合化は必要である。トヨタのカローラは、スタイリングに多少の違いが見られるだろう。マクドナルドのハンバーガーもメキシコではケチャップの代わりにチリソースを使い、コカ・コーラも国によって甘味や炭酸の強さを加減しいる。P&Gは、アメリカではよく売れる家族用の大型パッケージをアジアの消費者が避けることに気づき、極東地域で販売するシャンプーの大部分を1人用の容器にしている。

　多くの企業がコストを抑えるために標準化を目指すのはもっともなことだが、現地の競合他社は、顧客が求めるものをより多く提供しようと、準備を怠っていない。世界規模の番組作りで「グローバルMTVジェネレーション」という呼び名の元になったMTVでさえ、現地の好みに合わせて番組を作り変えている。

　ドイツの「ビバ」、オランダの「ミュージック・ファクトリー」、スカンジナビアの「ZTV」など、欧州に多数現れた音楽番組の打撃を受け、MTVヨーロッパは、全欧州向け番組を打ち切らざるを得なくなった。地元欧州のヒット曲と平行してアメリカやイギリスのポップスを大量に流していたMTVヨーロッパに代わって、MTVイギリス、MTV北ヨーロッパ、MTV中央ヨーロッパ、MTV南ヨーロッパの4つの放送局が、各地域向けの番組を制作し、放送することになった。この4局は、現地市場の音楽的傾向に合わせて番組を修正しているが、それと平行して全ヨーロッパ向けの曲も放送し、もちろん人気アニメ「ビーバス・アンド・バットヘッド」に多くの時間を充てている。

　自社製品は適合化など行わなくても他国に投入できると決め込んでしまわずに、企業は下に挙げた要素で適合できる点はないかを吟味し、どの要素においてコストよりも収益が大きいかを判断すべきである。

- ■ 製品特徴　　■ 色　　　　■ 広告テーマ
- ■ ブランド名　■ 素材　　　■ 広告媒体
- ■ ラベリング　■ 価格　　　■ 広告手法
- ■ パッケージング　■ 販売促進

　ある研究によれば、企業は国外向け製品の8割でマーケティング・ミックスの適合化を行っており、適合化する要素は平均4つである。企業の意志に関係なく、受入国が適合化を要求する場合もある。フランスでは、広告に子供を使うことは許されない。またドイツでは、製品の広告に「最高」という言葉を使うことは禁じられている。

　恐らく、グローバル化に関するレビットの意見は、「グローバル・マーケティング」と言い換えるべきだろう。

　世界的標準化、とは必ずしもいえないのである。

出典：Theodore Levitt, "The Globalization of Markets," *Harvard Business Review*, May–June 1983, pp. 92–102; Bernard Wysocki Jr., "The Global Mall: In Developing Nations, Many Youths Splurge, Mainly on U.S. Goods," *Wall Street Journal*, June 26, 1997, p. A1; "What Makes a Company Great?" *Fortune*, October 26, 1998, pp. 218–26; Lawrence Donegan, "Heavy Job Rotation MTV Europe Sacks 80 Employees in the Name of 'Regionalisation.' Is This the End for Europop as We Know It, Asks Lawrence Donegan," *The Guardian*, November 21, 1997, p. 19; David M. Szymanski, Sundar G. Bharadwaj, and P. Rajan Varadarajan, "Standardization versus Adaptation of International Marketing Strategy: An Empirical Investigation," *Journal of Marketing*, October 1993, pp. 1–17.

> ニュー・ミレニアムにも引き続き躍進しそうなテクノロジー関連企業は、インテル、マイクロソフト、ルーセント・テクノロジーである。

には2つの形態がある。1つは、従来からあり、相手国のニーズにうまく適合する製品を国外市場に再導入する**後方創案**である。ナショナル・キャッシュ・レジスター社は、クランチ式のキャッシュ・レジスターを最新式の半額で再導入し、ラテンアメリカとアフリカで大量に販売した(国際的な製品ライフサイクルを理解するための好例。特定の製品を採用する準備段階は国によって異なるのである)。もう1つは、他国のニーズに合わせて新製品を創造する**前方創案**である。発展途上国では低コストで高タンパクな食品に対する需要が非常に高い。クエーカー・オーツ、スウィフト、モンサントなどの企業は、こういった国々における栄養に対するニーズを研究して新しい食品を作り、その製品を試用購入して受け入れてもらうための広告キャンペーンを展開している。トヨタ自動車は、タイではソルナ、インドネシア、フィリピン、台湾ではトヨタ・ユーティリティ・ビークルなどを生産しているが、これらの乗用車は、市場の好みに合うよう、現地スタッフの助言を得て特別に設計されている[24]。グローバル化における最近の展開として、アメリカ企業では国外市場向けに製品を創案するだけでなく、国際事業の中から製品やアイデアを拝借し、国内市場に導入することもしている。その1例を紹介しよう。ハーゲンダッツでは、アルゼンチン限定商品として「ドルセ・デ・レチェ」というフレーバーを開発した。これは、アルゼンチンでは人気のある、ミルクをカラメルで煮た菓子にちなんで作られた商品だった。1年後、同社は「ドルセ・デ・レチェ」をボストンからロサンゼルス、パリにいたるまでのスーパーマーケットで販売を開始した。国外市場から取り込んだこのフレーバーは、今やアメリカ国内で月に100万ドルの売上を出している。特にマイアミでの人気が高く、ほかのフレーバーの倍の早さで売れている[25]。製品創案は費用のかかる戦略だが、見返りも期待できる。とりわけ国外向けに開発した新商品を自国でヒットさせることができれば、大きな利益があげられるだろう。

　国際貿易における成長株はサービス業である。サービス業の世界市場は商品貿易分野の倍の速さで成長しており、会計、広告、銀行、通信、建築、保険、法律、経営コンサルティング、小売の各業界大手が世界規模での拡大をねらっている。アーサー・アンダーセン、アメリカン・エキスプレス、シティコープ、地中海クラブ、ヒルトン、トーマス・クックなどの企業は世界的に名前が知られている。アメリカのクレジットカード会社は、大西洋の向こうまで進出し、ヨーロッパの人々にクレジットカードを使う楽しさを納得させようとしている。イギリスでは、業界大手のシティバンクとアメリカン・エキスプレスが、バークレーなど国内銀行のかなりの業務を奪っており、すでに市場の7%を支配している[26]。そして多くの小売業者が同じように国外進出をねらっている。アメリカ市場の伸び悩みに直面したウォルマートは、国内ビジネスで得た資金を90億ドルの売上を出している国際事業部に投入し、その成長を活性化させようとした。1997年11月にはドイツの小売業者ワートコーフを買収して、21店舗の大型スーパーマーケットが傘下に加わり、年間14億ドルの売上を出した。その2か月前には、メキシコのジョイント・ベンチャーのパートナー、シフラを買収

しており、ウォルマートはメキシコ最大の小売業者になっている。カナダではディスカウント店のトップに立ち、アルゼンチン、インドネシア、中国にもアウトレットをオープンさせた。1998年の時点で、ウォルマートは世界中の602の小売ユニットで10万5000人の販売スタッフを雇用しており、さらに50店舗〜60店舗の小売ユニットを年内にアメリカ国外でオープンさせる計画を立てていた[27]。国外に事業を拡大しているのは、ブリック・アンド・モルタルだけではない。インターネット書籍販売のアマゾン・ドットコムは、イギリスで2社、ドイツで1社、計3社の企業を買収し、欧州での書籍およびビデオの販売を開始した。

こうした動きと同時に、多くの国が貿易障壁や規制を設けるようになった。ブラジルにおいて、会計士はブラジル国内の大学で取得した職業学位を持っていなければならない。西ヨーロッパの多くの国々は、アメリカのテレビ番組や映画の放映数に制限を設けようとしている。アメリカでは、外国銀行の支店開設を禁じている州が多い。その一方で、アメリカは自国の銀行に門戸を開くよう、韓国に圧力をかけている。関税貿易一般協定（GATT）は、国際サービス分野の自由貿易を促進させようとしているが、進展はかんばしくない。

書籍、ビデオ、CD-ROMを販売する小売業者およびエンターテインメント企業は、中国やシンガポールなどの国々で検閲と戦わなければならない。ボーダーズ・ブックス・アンド・ミュージック社のケースを考察してみよう。

ボーダーズ・ブックス・アンド・ミュージック社

ボーダーズ社は1997年後半にシンガポールに進出した。アジアの通貨危機があり、小売業界はシンガポール史上最悪の落ち込みを見せていたが、それでもボーダーズ社は大成功を収めた。同社が売り出した14万余りのタイトルの大半は、シンガポールではこれまで提供されていなかったものだ。地元の書店は規模があまりにも小さく、西欧諸国の書店ではあたり前となっている品揃えを在庫に持とうとは考えもしなかったのである。しかし、ボーダーズ社はシンガポールの自主検閲規定に従わなければならなかった。同社は、社内および不良図書委員会（CUP）の協力で検閲を行い、わいせつととられる可能性のあるタイトルをCUPに届け出て、出版許可を求めた。検閲官はマルキ・ド・サドの作品とウィリアム・バロウズの『裸のランチ』に異議を唱えたが、それでもボーダーズ社は何とか当局の許容範囲を押し広げることに成功した。そして、性と生殖のコーナーに書架5つ分の本が並び、さらにシンガポール国内では他店で手に入らない同性愛に関する学術書を置く許可も得た[28]。

ここで明らかなのは、国外でビジネスを行っていくには、時には本国で支持されている倫理観や理想を妥協させる必要も出てくるということである。

クライスラーの新型5ドア実用車「PTクルーザー」は最新の形状で、価格は2万ドル以下になる。この自動車は『フォーチュン』が選ぶ「ミレニアム・カー、トップ10」に名を連ねている。

『フォーチュン』の「ミレニアム・カー、トップ10」には、ワンボックスタイプの乗用車、ピックアップタイプの乗用車など、乗用車と実用車を組み合わせたハイブリッド・カーもいくつか入っている。

プロモーション

　企業は自国の市場で実施した広告およびプロモーション・キャンペーンをそのまま採用する場合もあれば、それぞれの現地市場に合わせて広告内容を変更する。**コミュニケーション適合**と呼ばれる方法を取る場合もある。製品とコミュニケーションの両方を適合させる場合は、**双方適合**を行っていることになる。

　広告メッセージを考えてみよう。メッセージの変更には4段階の選択肢がある。1番目は、どの市場にも同じメッセージを用い、言語、名称、色だけを変える方法である。エクソンは、わずかな変更はあったものの「あなたのガソリンタンクにタイガーを」というテーマを採用し、世界的に認知された。広告に使用される色は、その国のタブーに触れないように変更されることがある。紫はミャンマーやラテンアメリカのいくつかの国では死を連想させる色であり、白はインドでは喪の色、緑はマレーシアでは病気を連想させる色とされている。製品名や広告の見出しを変更しなければならない場合もある。クレイロール社がヘア・アイロン「ミスト・スティック」をドイツで売り出したとき、「ミスト」がドイツ語の俗語で「肥やし」を意味することが判明した。案の定「肥やしの棒」を買ってくれるドイツ人はほとんどいなかった。酪農協会はメキシコで「牛乳、飲んでますか」という広告キャンペーンを行ったが、このメッセージをスペイン語にしたところ「授乳、してますか」という意味になってしまった。また、クアーズ・ビールのスローガン「クアーズでリラックス」がスペインで翻訳されると、「お腹を下そう」という意味に取られたこともあった。シボレーの「ノヴァ」は、スペイン語に翻訳すると「走らない」になる。カナダのフランス語圏ケベックでは、洗濯石鹸の「頑固な汚れもきれいに落とす」という広告の翻訳が、「大事な部分を洗う」という意味に取られてしまった[29]。

　2番目は、世界中で同じテーマを用いるものの、それぞれの現地市場に合わせてコピーを変える方法である。キャメイ石鹸のコマーシャルには美女の入浴シーンが登場するが、ベネズエラのバージョンでは浴室の中に男性がおり、イタリアとフランスのバージョンでは男性の手だけが見えていて、日本バージョンでは男性は浴室の外で待っている。デンマークのビール会社カールスバーグは、国どころか、個々の都市、さらにその中の地域に合わせて広告コピーを変えている。151年の歴史を持つ同社のビールは世界140か国以上で飲まれているが、アメリカのビール市場は成熟しており、競争も激しい。そのため、カールスバーグというブランドになじみのない新規顧客を獲得するためには、このようなローカル戦略をとらざるを得なかったのである。すべての広告にはカールスバーグのボトルの同じイメージを登場させ、特定の都市にまつわるユーモラスなメッセージが添えてある。例えば、マンハッタン向けの広告には「一晩中出かけていたのに自動車の盗難防止警報器が鳴らなかった。こんな特別な日はカールスバーグで乾杯」と書かれている[30]。

　3番目は、グローバルな規模で広告のストックを作っておいて、そこからそれぞれの国にふさわしいものを選ぶという方法である。コカ・コーラやグッドイ

ドイツのハノーバーで開かれる「ワールド・フェア2000」には、環境を考えるテーマ・パークが併設される。これは1992年にリオ・デ・ジャネイロで開催された地球サミットのコンセプトを思い出させてくれるだろう。

ヤーはこの方法をとっている。そして4番目は、各国のカントリー・マネジャーに、ガイドラインの範囲内で各国限定の広告を作らせる方法である。クラフトでは、チーズ・ウィズの広告を国ごとに作っている。同製品の家庭への浸透度が国によって異なる——チーズをあらゆるものにのせて食べるプエルトリコでは95%、朝食のトーストに塗って食べるカナダでは65%、同製品がジャンクフードだと見なされているアメリカでは35%——と仮定してのことである。

利用できる広告媒体が国によって異なるので、広告媒体についても国際的な適合が必要になる。ノルウェー、ベルギー、フランスでは、タバコと酒類のテレビ・コマーシャルが禁じられている。オーストリアとイタリアでは、子供を対象にしたコマーシャルに規制が設けられている。サウジアラビアでは、広告に女性を起用することが望ましくない。インドでは広告に税金がかけられる。雑誌は利用可能性と効果に大きな開きの出る媒体である。例えば、雑誌はイタリアではメジャーな媒体であるが、オーストリアではマイナーである。新聞はイギリスでは全国媒体であるが、スペインでは地域媒体にすぎない。

マーケターは、販売促進手法もそれぞれの市場に適合させなければならない。ギリシアではクーポン券を禁じており、フランスでは運任せのゲームをプロモーションに用いることを禁じており、プレミアムや景品は商品価格の5%までという制限がある。問い合わせをするとき、欧州と日本の人々は電話よりも手紙を使う傾向があるが、これはダイレクトメールなどの販売促進キャンペーンへの波及効果を生む可能性がある。このように、世界の市場には多様な選好と制約があるため、国際的な企業は通常、販売促進は現地の責任で行うべきものと考えている。

中央ヨーロッパでは初めての国際商工会議所世界大会が、2000年にブダペストで開催される。

価格

多国籍企業が国外で販売活動を行う場合、価格設定に関するいくつかの問題に直面する。企業は価格エスカレーション、移転価格、ダンピング、グレーマーケットに対処しなければならない。

企業は国外で自社製品を販売する際、**価格エスカレーション**の問題に直面する。グッチのハンドバッグは、イタリアでは120ドル、アメリカでは240ドルで販売されるかもしれない。それはなぜだろうか。グッチは工場の出荷価格に、輸送コスト、関税、輸入業者、卸売業者、小売業者の各マージンを加算しなければならない。通貨騰落のリスクに加えこうした付加コストによって、国外で同じ利益をあげるには、製品価格を国内の2倍〜5倍にしなければならないのである。コスト・エスカレーションは国によって異なるため、それぞれの国でどのように価格設定をするかが問題となる。選択肢は次の3つである。

1. **世界中で統一価格を設定する** コカ・コーラ社は世界中どこの国でもコークを60セントで売りたいと考えるかもしれない。しかし、その場合、コスト・エスカレーションが国によって異なるため、利益率にもかなりの差が出てしまう。また、この戦略では、製品価格は貧しい国

では高すぎ、裕福な国では安すぎることになるだろう。

2. **それぞれの国で市場基準型価格を設定する**　コカ・コーラ社は各国の消費者が負担できる価格を設定するかもしれない。しかし、この戦略では国によって異なる実際原価が無視されてしまう。また、コークを低価格で販売している国の仲介業者が、高価格で販売している国に製品を流してしまう可能性もある。

3. **それぞれの国でコスト基準型価格を設定する**　コカ・コーラ社は原価に対してどこでも同じ標準マークアップを使うかもしれない。しかしこの戦略では、原価の高い国からは撤退することになりかねない。

国外の子会社に出荷する製品に対して**移転価格**(組織内の別ユニットが負担することになる価格)を設定した場合にはまた、別の問題が浮上する。次の例を見てみよう。

> ホフマン・ラロッシュ
>
> 数年前、スイスの製薬会社ホフマン・ラロッシュは、法人税の安いイタリアで大きな利益を出すため、現地の子会社向けに、リブリウム1kgあたりわずか22ドルという低価格を設定した。一方、法人税の高いイギリスの子会社向けには1kgあたり100ドル以上に設定し、本国スイスで利益が出るようにしたのだが、英国専売委員会から税金未納として訴えられ、敗訴した。

子会社向けの価格をあまり高く設定すると、せっかく現地の法人税が安くても、高い関税を支払うことになる。設定価格が低すぎる場合には、**ダンピング**の非難を浴びる恐れがある。市場参入や市場獲得をねらって企業が原価を下回る価格設定をしたり、国内の市場価格より低い価格を設定するのがダンピングである。ゼニス社は、アメリカ市場でテレビをダンピングしたとして日本の製造業者を告訴したことがあった。米国関税局はダンピングの証拠を見つけると、その製造業者にダンピング関税を賦課する。各国の政府は、ダンピングの乱用を常に監視しており、**対等価格**、つまり同一製品か類似製品に競合他社がつけている価格と同じにするよう、企業に強制することが多い。

多くの多国籍企業が**グレーマーケット**に頭を悩ませている。同じ製品が場所によって異なる価格で売られている場合に**グレーマーケット**が生まれる。低価格で製品が売られている国の流通業者が、同じ製品を高価格で売れる国に流して稼ぐ方法を見つけ出すのである。その例を紹介しよう。

> ミノルタ
>
> 輸送コストや関税が低いという理由から、ミノルタでは香港の小売業者に対し、ドイツの小売業者に卸すよりも安くカメラを販売していた。また、ドイツの小売業者は大量仕入れよりもマークアップの大きさを優先していたため、香港の小売業者が受け取るマージンはドイツの小売業者よりも低かった。最終的に、カメラの小売価格は香港で174ドル、ドイツで270ドルとなっていた。この価格差に目をつけたいくつかの香港の卸売業者は、ドイツの小売業者が卸売業者から買う値段よ

ミレニアムの公式サイトは、millennium321.com.またはwww.m321.comである。

りも安く、ミノルタのカメラを流してしまった。そしてドイツの卸売業者は在庫をさばけなくなり、ミノルタに苦情を申し入れた。

　国内ではさばききれない量の製品を仕入れ、それを別の国に再出荷し、価格差を利用して儲ける商売気の旺盛な流通業者に企業はしばしば直面する。このようなグレーマーケットの発生を防ぐため、多国籍企業では、流通業者を管理規制したり、コストの低い流通業者には製品価格を上げたり、対象国によって製品の特性や保証内容を変えたりしている。

　統一通貨単位への移行に伴い、欧州連合のグレーマーケットは消滅するかもしれない。11か国が統一通貨を採用したことで、国どうしの価格差は確実に縮まるだろう。ゲータレードを例にとると、1998年には1本あたりの価格がドイツで3.5エキュー（ECU：欧州通貨単位）だったのに対し、スペインではわずか0.9エキューほどだった。消費者が価格差に気づいてしまえば、企業も統一通貨を採用した国向けの価格を一致させざるを得なくなる。しかし、革新性、特殊性、必要性に富む製品やサービスを提供している企業やマーケターにとって、価格の透明性による影響はほとんどないだろう。例えば、欧州内に350店舗を持つメール・ボクシーズEtc.は、FAXを送る必要に迫られた顧客が「パリはFAX送信料がイタリアよりも高い」という理由で、送信をやめたりはしないと確信している[31]。

　インターネットも国の間の価格差を縮めている。企業がインターネット上で製品を販売する場合、顧客はその製品がほかの国ではいくらで売られているのか簡単に調べることができるので、価格の透明性は高まる。オンライン講習を例にとると、教室で講義を受ける場合、1日あたりの受講料はアメリカ、フランス、タイではかなりの差があるだろう。しかし、オンラインで受講する場合、受講料はほぼ等しくなる[32]。

　近年出てきた、グローバルな価格設定にまつわるもう1つの難問は、生産過剰、安い通貨、強引な輸出政策といった要素を抱える国々が、物価および自国の通貨価値を押し下げていることである。これによって多国籍企業は難題を突きつけられることになる。需要不振や高価格への抵抗感があると、その国の市場で製品を販売することは難しくなる。価格を下げて損失を出すことなく、他企業よりも有利かつ創造的に、これらの問題に対処している企業もある[33]。

GE

　GEの電力システム・ユニットは、市場で大きなシェアを目指すよりも、個々の顧客の支出額における自社製品の占める割合を増やすことに専念した。同社は上位100社までの顧客に対し、「どのようなサービスが必要か。そのサービスを提供するか改善するために、GEは何をすべきか」と質問し、その回答をもとに、不良部品の交換にかかる時間を12週間から6週間に短縮した。また顧客に欧州やアジアの多様な環境でビジネスを行う上でのアドバイスをするようになり、顧客が設備のアップグレードをする際には、しかるべきメンテナンス・スタッフを派遣するようになった。このように、サービスの付加価値を高め、顧客

のコスト削減と効率化に協力した結果、GEはコモディティ価格を設定することなく、むしろ以前よりも大きなマージンを得たのである。

プラクスエア社

コネチカット州ダンベリーの工業ガス供給業者、プラクスエア社の作戦は、価格が下がる前にコストを下げることである。同社の購買チームは、営業部門やマーケティング部門と同様に重要な役割を担うようになった。通信機器や通信サービス、輸送用燃料、コンピュータや事務用品の調達を、それまでは各国の事業所が別々に行っていたが、プラクスエア社は世界規模の調達チームを5つ結成し、情報技術を駆使した調達業務の統合を目指した。最終目標は、より少ない供給業者から、より多くの物品を購入し、大量購入によるできるだけ安い価格を勝ち取ることである。コスト面での結果はまだ出ていないものの、ある調達チームは供給業者のネットワークを1200社から300社に減らした。

> ニュー・ミレニアム以降のインターネット戦略の鍵は、インタラクティブである。

流通チャネル

製品が工場を出ればそれで仕事は終わりと考えている製造業者がアメリカには多いが、国外に出てからの製品の動きに、製造業者は注意を払うべきである。企業は、最終ユーザーのもとへ製品を流通させるという問題を、流通チャネル全体の観点からとらえなければならない。■図12-4には、売り手と最終ユーザーを結ぶ主要な3つのリンクが示されている。1番目のリンクである**販売業者の本社組織**とは、輸出部門ないし国際事業部であり、流通チャネルなどのマーケティング・ミックス要素についての意思決定が行われる。2番目のリンクである**国際流通チャネル**とは、製品を国境まで移動させるチャネルである。ここで決定する事柄には、利用する仲介業者(代理業者、貿易会社)のタイプ、輸送手段(航空便、船便)、資金調達、リスク対策が含まれる。3番目のリンクである**相手国内の流通チャネル**とは、相手国内で製品を輸入地点から最終ユーザーまで移動させるチャネルである。

国内の流通チャネルには、国によって大きな差がある。日本で石鹸を販売するために、P&Gは世界で最も複雑といえる流通システムに対処している。製品は総合卸売業者から製品卸売業者、特定品目卸売業者を経由して、さらに地方卸売商、地域卸売商を経てようやく小売店に到達する。これだけの流通レベルがあるということは、消費者価格は輸入業者の価格の2倍、3倍に跳ね上がることを意味している。熱帯アフリカで石鹸を売ろうと思えば、P&Gは輸入卸売問屋、数件の仲買業者、地元の市場で働く小商人(主に女性)を通すことになる。

もう1つの違いは、国外の小売業者の規模と特徴にある。アメリカでは大規模な小売チェーンが市場を支配しているが、ほかの国々では、小売業の大半が、多数の独立した小規模の小売業者によって営まれている。インドでは、無数の小売業者が小さな店を経営したり、青空市場で販売している。マージンは高い

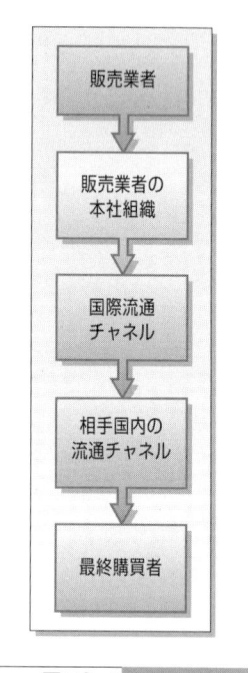

図12-4

グローバル・マーケティングにおける流通チャネルの全体像

(販売業者 → 販売業者の本社組織 → 国際流通チャネル → 相手国内の流通チャネル → 最終購買者)

ものの、実際の販売価格は値切り交渉によって下げられる。人々の所得は低く、買い物は毎日少しずつ、徒歩または自転車で持ち帰れるだけの量しか行われない。そして、大半の家庭には生鮮食料品を保存しておく貯蔵庫や冷蔵庫がない。価格を低く抑えるため、パッケージングのコストも低く抑えられている。インドではタバコが1本から買えるのである。船荷をほどいて細かく仕分けする作業は今も仲介業者の重要な仕事であり、長い流通チャネルを存続させる一因となっている。これが、大規模な小売業者による開発途上国への進出を阻む大きな障害となっている。

グローバル・マーケティング組織の決定

企業は国際的なマーケティング活動を3つの形態——輸出部門、国際事業部、グローバル組織によって管理している。

輸出部門

企業は通常、単純に製品を船積出荷することによって国外市場への参入を始める。国外での売上が拡大すれば、販売担当マネジャーと数名の部下で構成される輸出部門を設ける。売上が増えるに従って、輸出部門は企業が積極的に海外事業を推進できるように、多様なマーケティング・サービスを行う組織へと拡大していく。ジョイント・ベンチャーや直接投資が行われるようになれば、輸出部門はもはや適切な組織ではなくなる。

国際事業部

多くの企業は複数の国際市場と国際事業にかかわっている。国際的な活動に対応するため、企業は遅かれ早かれ国際事業部を創設することになるだろう。国際事業部を率いる事業部長は、目標と予算を設定し、自社の国際的な成長に責任を負う。

国際事業部は、職能別の専門家で構成され、スタッフは多様な事業ユニットにサービスを提供する。事業ユニットにはいくつかの組織形態がある。まず、**地域別組織**の事業ユニットの場合、国際事業部長の下に複数の地域担当副部長をおき、各副部長が北アメリカ、ラテンアメリカ、欧州、アフリカ、中東、極東の各地域を担当する。地域担当副部長の下には国別担当マネジャーがいて、各国のセールス・フォース、支店、流通業者、ライセンシーに責任を持つ。**製品別組織**の事業ユニットの場合、製品グループごとに副部長を置き、各副部長が担当する製品グループの全世界における販売に責任を持つ。副部長は、地域ごとの専門知識を得るために、事業部内のスタッフの地域専門家を活用することもある。事業ユニットが**国外子会社**の形を取る場合、各子会社を率いる社長は、

テクノロジーのおかげでニュー・ミレニアムは詐欺師にとって働きやすい時代になるだろう。しかし、電子メールやFAXなどのあらゆる通信が足跡を残すため、警察も敵を追いやすくなる。

国際事業部長の下に置かれる。

多くの多国籍企業は、国際事業部の組織形態を変えていく。

IBM

IBMの大規模な組織再編成戦略の1つは、23万5000人の従業員を、石油とガス、エンターテインメント、金融サービスなど14の顧客別専門グループに分けることだった。この方式を用いると、IBMのコンピュータを世界規模で導入したいと考える大口顧客は、担当グループの営業本部と1件の契約を結ぶだけでよい。従来のシステムでは、20か国で事業を行っている顧客は事実上、20のIBM支社とコンタクトを取らねばならず、各支社には独自の価格体系とサービス基準があった[34]。

> 歴史メモ：『ウォール・ストリート・ジャーナル』の「ミレニアム・レポート」によれば、ムーア人の指導者アル・マンスール(938-1002)は、世界中で略奪を行い、600万個の金銀財宝を集めた。

グローバル組織

いくつかの企業は真のグローバル組織になっている。グローバル企業では、本社のトップやスタッフが、製造工場、マーケティング方針、財務フロー、ロジスティクス・システムについて、全世界の計画を策定する。グローバルな事業ユニットは、国際事業部のトップではなく、CEOか執行役員会に直属している。経営幹部は、国内専門もしくは国外専門というように片寄らず、世界的な事業運営を教育される。多くの国から経営陣を雇い入れ、最もコストの安い国から部品や原材料を調達し、期待利益が最も大きい国に投資が行われる。

このようなグローバル企業は、機構上の複雑さという問題を抱えている。例えば、ドイツの大型バンキング・システム向けメインフレーム・コンピュータの価格を設定する場合、本社のプロダクト・マネジャー、銀行部門のマーケト・マネジャー、ドイツのカントリー・マネジャーはどの程度影響を及ぼすのだろうか。バートレットとゴーシャルは、多様なアプローチが最もうまく機能する環境を提案した。2人は『*Managing Across Borders*(国境を越えた管理)』の中で、「グローバルな統合」(資本集約的な製造、均質な需要など)に有利に働く要因と、それに対する「一国内の反応」(現地の基準と障壁、現地の特別な選好など)に有利に働く要因について指摘し、3つの戦略を示している[35]。

> 歴史メモ：西暦1000年から1300年にかけて、教会は「神の休戦」というお触れを出すことで生活の安全を保とうとした。そのお触れは、週の一定期間と聖なる季節には、暴力や争い事は控えるように、というものだった。

1. **グローバル戦略**では、世界を単一市場と考える。この戦略がとれるのは、グローバルな統合に向かう要因が強く、一国内の反応に向かう要因が弱い場合である。例えば、規格化されたポケットラジオやCDプレーヤーやテレビを顧客が受け入れてくれるような家電市場には、この戦略が当てはまる。家電市場で松下電器がGEやフィリップスよりも業績を伸ばしたのは、よりグローバルな方法で調整と規格化を行ったからである。

2. **多国籍戦略**では、世界をさまざまな国内機会のポートフォリオと考える。この戦略がとれるのは、一国内の反応に向かう要因が強く、グローバルな統合に向かう要因が弱い場合である。ブランドのついたパッケージ商品(食品、洗剤)がこれに当てはまる。バートレットとゴーシ

ャルによると、ユニリーバが花王やP&Gよりも業績を伸ばしたのは、同社が現地の支社に多くの自由裁量を認めているからである。

3. 「グローカル」戦略では、中心となる要素を標準化し、他の要素を特定地域に合わせる。この戦略は電気通信業界のような産業にとっては理にかなっている。このような業界では、国ごとに設備をある程度適合しなければならないが、供給企業は中心となる構成要素を標準化することもできる。バートレットとゴーシャルによると、NEC（極端にグローバル志向）やITT（極端にローカル志向）よりもエリクソンの方がこの点においてバランスがよい。

最も成功している「グローカル」企業の1つABBは、スウェーデンのアセア社とスイスのブラウン・ボベリ社が合併してできた企業である[36]。

> 歴史メモ：前ミレニアム、平安時代の日本では貴族文化が花開き、今でも日本独自のものと見なされる優美と風情を重んじる生活様式が創り出された。

ABB

ABBは変圧器、電動設備、計測器、自動車部品、空調設備、鉄道設備などの製品を扱っている。年間収益310億ドル、従業員数21万9000人のABBを率いるのはガーラン・リンダールである。同社のモットーは「グローバルに考え、ローカルに行動する」である。同社は、リンダールが言うところの「英語またはブロークンな英語」を公用語として定着させ（ABBのマネジャーは英語に堪能でなければならない）、すべての収支決算において、ドル建てによる報告を義務付けた。ABBが目指しているのは、「グローバルかつローカル」「大規模かつ小規模」「徹底した地方分権と、報告および管理の中央集権化」という、3つの矛盾を調和させることである。シーメンスの本社スタッフが3000人であるのに比べて、ABBの本社スタッフはわずか170人（約19の国籍が集まっている）である。数多い製品ラインは、8つの事業セグメント、65の事業地域、1300のカンパニー、5000のプロフィット・センターに分けられ、平均50人の従業員がプロフィット・センターに所属している。マネジャーは定期的に担当する国が変わり、チームにさまざまな国籍のスタッフを配属することが促進されている。事業のタイプによって、自由裁量の大きいきわめてローカルな事業になる場合もあれば、中央の管理が強いグローバルな事業になる場合もある。

参考文献

1. John Alden, "What in the World Drives UPS?" *International Business*, April 1998, pp. 6–7+.
2. 変化する国境についてさらに詳しくは、以下の文献を参照されたい。Terry Clark, "National Boundaries, Border Zones, and Marketing Strategy: A Conceptual Framework and Theoretical Model of Secondary Boundary Effects," *Journal of Marketing*, July 1994, pp. 67–80.
3. Michael E. Porter, *Competitive Strategy* (New York: Free Press, 1980), p. 275.
4. Marc Gunther, "They All Want to Be Like Mike," *Fortune*, July 21 1997, pp. 51–53.
5. Joann S. Lublin, "Too Much, Too Fast," *Wall Street Journal*, September 26, 1996, p. R8.
6. Yumiro Ono, "On a Mission: Amway Grows Abroad, Sending 'Ambassadors' to Spread the Word," *Wall Street Journal*, May 14, 1997, p. A1.
7. Igal Ayal and Jehiel Zif, "Market Expansion Strategies in Multinational Marketing," *Journal of Marketing*, Spring

1979, pp. 84–94.

8. 以下の文献を参照されたい。Kenichi Ohmae, *Triad Power* (New York: Free Press, 1985). 『トライアド・パワー――三大戦略地域を制す――』（大前研一著、講談社）; Philip Kotler and Nikhilesh Dholakia, "Ending Global Stagnation: Linking the Fortunes of the Industrial and Developing Countries," *Business in the Contemporary World*, Spring 1989, pp. 86–97.

9. John Heilemann, "All Europeans Are Not Alike," *The New Yorker*, April 28–May 5, 1997, pp. 174–81.

10. Emeric Lepoutre, "Europe's Challenge to the US in South America's Biggest Market: The Economic Power of the Mercosur Common Market Is Indisputable," *Christian Science Monitor*, April 8, 1997, p. 19; Ian Katz, "Is Europe Elbowing the U.S. Out of South America?" *Business Week*, August 4, 1997, p. 56.

11. Solange De Santis, "U.S. Companies Increasingly Look to Canada to Make Their Initial Foray into Foreign Lands," *Wall Street Journal*, July 15, 1998, p. A10.

12. Charlene Marmer Solomon, "Don't Get Burned by Hot New Markets," *Workforce*, January 1998, pp. 12–22.

13. Russ Banham, "Not-So-Clear Choices," *International Business*, November–December 1997, pp. 23–25.

14. 同上。

15. "In Brief: e-Trade Licensing Deal Gives It an Israeli Link," *American Banker*, May 11, 1998.

16. Cynthia Kemper, "KFC Tradition Sold Japan on Chicken," *Denver Post*, June 7, 1998, p. J4.

17. Laura Mazur and Annik Hogg, *The Marketing Challenge* (Wokingham, England: Addison-Wesley, 1993), pp. 42–44; Jan Willem Karel, "Brand Strategy Positions Products Worldwide," *Journal of Business Strategy* 12, no. 3 (May–June 1991): 16–19.

18. Paula Dwyer, "Tearing Up Todays' Organization Chart," *Business Week*, November 18, 1994, pp. 80–90.

19. Banham, "Not-So-Clear Choices."

20. 以下の文献を参照されたい。Jan Johanson and Finn Wiedersheim-Paul, "The Internationalization of the Firm," *Journal of Management Studies*, October 1975, pp. 305–22.

21. 以下の文献を参照されたい。Stan Reid, "The Decision Maker and Export Entry and Expansion," *Journal of International Business Studies*, Fall 1981, pp. 101–12; Igal Ayal, "Industry Export Performance: Assessment and Prediction," *Journal of Marketing*, Summer 1982, pp. 54–61; Somkid Jatusripitak, *The Exporting Behavior of Manufacturing Firms* (Ann Arbor, MI: University of Michigan Press, 1986).

22. Warren J. Keegan, *Multinational Marketing Management*, 5th ed. (Upper Saddle River, NJ: Prentice Hall, 1995), pp. 378–81.

23. J. S. Perry Hobson, "*Feng Shui*: Its Impacts on the Asian Hospitality Industry," *International Journal of Contemporary Hospitality Management* 6, no. 6 (1994): 21–26; Bernd H. Schmitt and Yigang Pan, "In Asia, the Supernatural Means Sales," *New York Times*, February 19, 1995, pp. 3, 11.

24. "What Makes a Company Great?" *Fortune*, October 26, 1998, pp. 218-26.

25. David Leonhardt, "It Was a Hit in Buenos Aires—So Why Not Boise?" *Business Week*, September 7, 1998, pp. 56–58.

26. Charles P. Wallace, "Charge!" *Fortune*, September 28, 1998, pp. 189–96.

27. "The Growth of Global Retailers," *The Journal of Business Strategy*, May–June 1998, p. 14.

28. Ben Dolven, "Find the Niche," *Far Eastern Economic Review*, March 26, 1998, pp. 58–59.

29. Richard P. Carpenter and the Globe Staff, "What They Meant to Say Was . . . ," *Boston Globe*, August 2, 1998, p. M6.

30. Carlos Briceno, "Labatt Believes Going 'Glocal' Will Melt the Ice for Carlsberg," *Beverage World*, September 30–October 31, 1988, p. 17.

31. Maricris G. Briones, "The Euro Starts Here," *Marketing News*, July 20, 1998, pp. 1, 39.

32. Elliott Masie, "Global Pricing in an Internet World," *Computer Reseller News*, May 11, 1998, pp. 55, 58.

33. Ram Charan, "The Rules Have Changed," *Fortune*, March 16, 1998, pp. 159–62.

34. Dwyer, "Tearing Up Today's Organization Chart," pp. 80–90.

35. 以下の文献を参照されたい。Christopher A. Bartlett and Sumantra Ghoshal, *Managing Across Borders* (Cambridge, MA: Harvard Business School Press, 1989).

36. Martha M. Hamilton, "Going Global: A World of Difference; DaimlerChrysler Joins Growing List of Titans That Must Find New Ways to Compete," *Washington Post*, May 10, 1998, p. H1; Jeremy Main, "Globe-zilla," *Working Woman*, October 1998, p. 9; Charles Fleming and Leslie Lopez, "The Corporate Challenge—No Boundaries: ABB's Dramatic Plan to Recast Its Business Structure Along Global Lines: It May Not Be Easy—or Wise," *Wall Street Journal*, September 28, 1998, p. R16.

第4部　マーケティング上の意思決定

CHAPTER 13

製品ラインとブランドのマネジメント

本章では、製品に関する次の問題を取り上げる。

- 製品の特性とは何か。
- 企業はどのようにして製品ミックスと製品ラインを作り、管理できるか。
- どうすれば、ブランドについてのより良い決定ができるか。
- パッケージングとラベリングは、マーケティング・ツールとしてどのように利用できるか。

KOTLER ON MARKETHING
コトラー語録

顧客を維持する最善の方法は、より安くより価値あるものを常に提供することである。

The best way to hold customers is to constantly figure out how to give them more for less.

レイ・クロック(マクドナルド)、デイブ・トーマス(ウェンディーズ)、カーネル・サンダース(ケンタッキーフライドチキン)のような実業家に共通しているのは何だろうか。3人とも、ニューヨーク市に本部を置くケーブル・テレビ・ネットワーク、アーツ&エンタテインメント(A&E)のエミー賞受賞番組『バイオグラフィー』で取り上げられるほど、実に興味深い人生を送っている。その番組『バイオグラフィー』で、A&Eは製品やブランドの優れたマネジメントについて教えてくれている。

|アーツ&エンタテインメント・ネットワーク|

A&Eは歴史的人物を紹介する夜の番組『バイオグラフィー』を、自社のトレードマークともいえるマスターブランドに着々と育てている。『バイオグラフィー』は今や、ホームビデオやインターネットから、子供向けの本、カレンダー、CDにまでなっている。第11シーズンに至る現在までに、500人以上が取り上げられている。A&Eの経営幹部は、新しい形態へと製品ラインの拡張を進めている。ホームビデオはその最初の顕著な例といえる。カタログ、オンライン、約500店に及ぶバーンズ&ノーブル書店の専用スペースなどで直接注文を受けており、イエス・キリスト、ジャクリーヌ・オナシス、サンタクロース、トーマス・ジェファーソンが売れている。『バイオグラフィー』のウェブサイトは1996年に開設され、2万2000人の人物データベースを取りそろえるまでになった。今では利用者数がA&E本体のウェブサイトの利用者数を上回り、月に200万人がアクセスする。A&Eの行動は迅速で、ウェブサイトに次いで『バイオグラフィー』の本と、番組中で紹介された音楽家を特集したCDを売り出した。本来のメディアであるケーブル・テレビにおいて、『バイオグラフィー』はいずれゴールデンアワー向けのテレビ映画シリーズへと領域を広げていくだろう。ここに挙げた新製品はすべて、中核製品である夜の番組に多少手を加えたものにすぎない。

視聴率はうなぎ登りである。1997年の視聴率は、前年より17%上昇した。

A&Eのサクセス・ストーリーは、製品という最初の、そして最も重要なマーケティング・ミックス要素がいかに大事かを教えてくれる。どれほど広告しようと、テレビ番組自体が退屈で不愉快でつまらないものならば、消費者は見向きもしないだろう[1]。

製品は、**市場提供物**の鍵となる要素である。マーケティング・ミックスのプランニングは、標的顧客のニーズと欲求に応える提供物を計画することから始まる。顧客は市場に提供された製品を、次の3つの基本要素に照らして判断する。製品特徴と製品品質、サービス・ミックスとサービス品質、価格の妥当性である(■図13-1)。本章では製品、次章ではサービス、その次の章では価格について考察する。競争力があり魅力あふれた製品を生み出すには、この3つの要素をうまく組み合わせる必要がある。

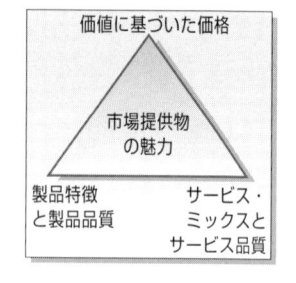

図13-1

市場提供物の構成

製品および製品ミックス

■ **製品**とは、ニーズや欲求を満たすために市場へ提供されるもののことである。

市場に提供される製品には、**有形財**、**サービス**、**経験**、**イベント**、**人**、**場所**、**資産**、**組織**、**情報**、**アイデア**がある。

製品レベル

市場提供物を計画するにあたって、マーケターは5つの製品レベルについて考える必要がある(■図13-2)⁽²⁾。レベルが上がるごとに顧客の価値も上がり、5つのレベルはそのまま**顧客価値ヒエラルキー**を表している。最も基本的なレベルは**中核ベネフィット**であり、顧客が実質的に買っている基本的なサービスやベネフィットを意味する。ホテルの利用客は「休憩と睡眠」を買い、ドリルの購入者は「穴」を買っているのである。マーケターは自らをベネフィットの提供者と考えなければならない。

第2のレベルでは、中核ベネフィットを**基本製品**に転換しなければならない。例えば、ホテルの部屋を構成しているのはベッド、バスルーム、タオル、机、鏡台、クローゼットである。

第3のレベルでは、**期待製品**を用意しなければならない。つまり、購買者がその製品を買い求めるときに通常期待する属性と条件の一式を用意しなければならない。ホテルの宿泊客は、清潔なベッド、洗いたてのタオル、まともに使えるランプ、適度な静けさを期待している。大半のホテルはこのような最低限の期待に沿うものなので、旅行者は通常、最も便利であるか安いという理由でホテルを選ぶ。

第4のレベルでは、顧客の期待を上回る**膨張製品**を用意しなければならない。

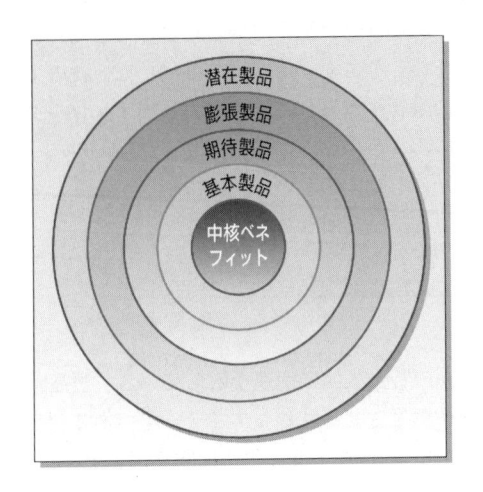

図13-2

5つの製品レベル

ホテルならば、リモコン付きのテレビ、生花、迅速なチェックインとチェックアウト、美味しい食事にルームサービスといったものである。エルマー・ウィーラーはかつて、「ステーキを売るのではない——ジュージューと焼ける音を売れ」と述べている。

今日、競争は主にこの膨張製品のレベルにおいて生じている(発展途上国ではおおむね期待製品のレベルで競争が行われる)。製品の膨張に伴い、マーケターはユーザーの包括的な**消費システム**に目を向ける。消費システムとは、ユーザーが製品を入手し、使用し、修理し、廃棄する方法のことである[3]。レビットは次のように述べている。

> 新たな競争は、企業が工場で生産したものどうしの間で起こるのではなく、工場で生産した製品に付加されたもの、すなわち、パッケージング、サービス、広告、顧客アドバイス、ファイナンシング、配送手配、保管など、人々が価値を認めるものどうしの間で起こっている[4]。

製品膨張戦略については、いくつか留意すべき点がある。第1に、1つ膨張するごとにコストが上乗せされるという点である。マーケターは、顧客がその追加コストを相殺する金額を支払ってくれるかどうか、検討しなければならない。第2に、膨張されたベネフィットはやがて期待されるベネフィットになるという点である。現在のホテル利用者は、リモコン付きテレビにとどまらず、それ以外のアメニティも期待している。第3に、膨張製品の価格を上げれば、競合他社が機能を必要最小限に抑えた製品をはるかに安い価格で提供する可能性があるという点である。例えば、フォーシーズンズやリッツ・カールトンのような高級ホテルが成長するかたわらで、低料金のホテルやモーテル(モーテル・シックスやコンフォート・イン)が、基本製品だけを望む顧客に応じている。

第5のレベルに**潜在製品**がある。このレベルは、製品に将来行われる可能性のある膨張および転換すべてを含む。ここでは、企業が顧客を満足させ、自社製品を特徴づける方法を模索しなければならなくなる。数部屋を専有できるオールスイート型のホテルは、従来のホテル製品からの革新的な転換例といえる。

成功企業は、顧客を**満足させる**ベネフィットだけではなく、**驚かせ喜ばせる**ようなベネフィットを提供物に加えている。喜ばせるためには、期待を上回っていなければならない。そこで、ホテルの部屋には、枕の上にキャンディが置かれていたり、器に果物が盛られていたり、ビデオレコーダーの横にビデオテープが用意されていることになる。例えばリッツ・カールトン・ホテルでは、利用客一人ひとりの好みを覚えておいて、次に利用があるときは、それぞれの客の好みを念頭において部屋を用意している。

> 1999年2月、スイスのダボスで開かれた世界経済フォーラムにおいて、元国務長官ヘンリー・キッシンジャーは、「我々が避けなければならないのは、アメリカとヨーロッパ諸国が競争関係に陥ったり、互いに対立することに自分のアイデンティティを見いだすようになることだ」と述べた。

製品階層

個々の製品はほかの特定製品に関連を有している。製品階層は基本的ニーズから、そのニーズを満足させる特殊なアイテムまである。製品階層は7つのレベルに分けることができる(ここでは生命保険を例に挙げる)。

1. **ニーズ群**　製品群の存在の根底にある中核的ニーズ。例：安心
2. **製品群**　それなりの効果を上げながら中核的ニーズを満たすことができるすべての製品クラス。例：貯金と収入
3. **製品クラス**　一定の機能上の一貫性を持っていると思われる、製品群内の製品グループ。例：金融機関
4. **製品ライン**　製品クラス内にある製品集団。機能が似通っていたり、同一の顧客グループに販売されていたり、同一チャネルで市場に送り出されていたり、一定の価格範囲内に属しているなどの理由で、互いに密接な関係がある。例：生命保険
5. **製品タイプ**　製品ライン内にあるアイテムのグループ。いくつか考えられる製品形態のうち1つを共有する。例：定期生命保険
6. **ブランド**　製品ライン内のアイテムと結びついている名称。そのアイテムの出所や性質を特定するために用いられる。例：プルデンシャル生命保険
7. **アイテム**（**在庫管理単位**あるいは**製品バリアント**とも呼ばれる）　サイズ、価格、外観などの属性により区別できる、ブランドまたは製品ライン内の1つのユニット。例：プルデンシャル生命保険の更新条項付き定期生命保険

製品階層に関してよく用いられる専門用語がほかに2つある。**製品システム**とは、多岐にわたってはいるが互いに関係があり、互いの働きを阻害しないアイテムのグループをいう。ニコンは基本的な35ミリカメラをレンズやフィルターなどの付属品と一緒に売っているが、この集合体が製品システムである。**製品ミックス**（または**製品アソートメント**）とは、特定の売り手が販売する製品とアイテムのすべてをさす。

製品分類

マーケターはこれまで、耐久性、有形性、（消費者あるいは企業にとっての）用途などの特性を基準に製品を分類してきた。個々の製品タイプには、それにふさわしいマーケティング・ミックス戦略がある(5)。

■ 耐久性と有形性

製品は耐久性と有形性に基づいて、3つのグループに分類できる。
1. **非耐久財**　非耐久財とは1回から数回の使用で消耗される有形財のことで、ビールや石鹸がその例である。こうした財は短期間で消費され、また頻繁に購入される。そのため、さまざまな場所で手に入るようにし、マークアップは最小限に抑え、広告に力を入れて消費者に試用してもらい、製品への選好を構築するのがふさわしい戦略である。
2. **耐久財**　耐久財とは度重なる使用に耐える有形財のことをいう。冷蔵庫、工作機械、衣料がその例である。耐久財は通常、他のものに比

ニュー・ミレニアムを目前にして、コカ・コーラのCEOは、悪化する世界経済にうまく対処するには、その状態をあまり意識しないでひたすら長期計画を継続させることだと考えている。

3. **サービス**　サービスは無形で分割不可能で、変動性と消滅性のある製品のことをいう。そのため、通常、他の製品よりも品質管理、供給業者の信用、順応性が必要となる。散髪や修理などがその例である。

消費財の分類

消費者が買い求める多様な財は購買習慣に基づいて、最寄品、買回品、専門品、非探索品の4つに分類できる。

- **最寄品**とは、顧客が通常、頻繁に、すぐに購入し、購入のための努力が最小限の財のことである。例としてはタバコ、石鹸、新聞などがある。

最寄品はさらに細かく分類できる。**恒常商品**とは、消費者が定期的に購入するものをいう。ハインツのケチャップ、クレスト練り歯磨き粉、リッツのクラッカーを購買者は習慣的に買っているだろう。**衝動購買品**とは、計画や探索努力をせずに購入するものをいう。キャンディや雑誌などがレジのすぐ横に置かれているのは、目にとまって初めて買う気になる商品だからである。**緊急商品**とは、急を要するニーズによって購入されるものをいう。激しい雨が降ってきたときの傘、冬に初めて大雪が降ったときのブーツやシャベルなどがその例である。緊急商品のメーカーは、顧客が必要としたときに買ってもらえるように、多くの小売店に商品を備えておく。

- **買回品**とは、顧客が選択し購入する過程で、適合性、品質、価格、スタイルなどを比べて決める財のことである。家具、衣料、中古車、大型家電製品などがこれにあたる。

買回品はさらに細かく分類できる。**同質的買回品**とは、品質の上では似ているが、価格差があるため購入において比較検討するものをいう。**異質的買回品**とは、製品の特徴やサービスに違いがあり、価格よりもそちらが決め手になることがあるものをいう。異質的買回品の売り手は、顧客一人ひとりの好みを満足させるために、幅広い品揃えを実現し、顧客に情報を与えたりアドバイスができるよう、販売員をよく教育しなければならない。

- **専門品**とは、独自の特性やブランド・アイデンティティを備えた財のことで、かなり多くの買い手が特別な努力をしてでも買おうとする。自動車、ステレオ・コンポ、写真機材、男性用スーツがその例である。

メルセデス・ベンツは、関心のある買い手が遠くまで出かけてでも購入するため、専門品であるといえる。専門品では比較が行われない。買い手は、欲しい製品を置いている販売店まで行くための時間を割くだけである。販売店は便利のよい立地を必要とはしないが、買ってくれそうな顧客に場所を知らせておく必要がある。

- **非探索品**とは、消費者がそれについて知らなかったり、通常なら買おうとは思わない財のことである。煙探知機は、消費者が広告を通じて存在を知らされるまで、非探索品であるといえる。知られてはいるが

産業スパイは遅くとも6世紀には存在した。修道士の格好をした2人のビザンティンのスパイが、中が空洞になった杖の中にカイコと桑の葉を入れて中国から持ち出したという。

非探索品である典型的な例が、生命保険、墓地、墓石、百科事典である。非探索品は、広告と人的販売による支援を必要とする。

生産財の分類

生産財は、製造工程へのかかわり方と相対的なコストを基準にして、3つのグループに分類できる。材料・部品、資本財、備品・対事業所サービスである。

- **材料・部品**とは、完全にメーカー製品の一部になる財のことであり、さらに原材料と加工材料・部品の2つに分けることができる。

原材料には大きく分けて2つある。**農畜産物**（小麦、綿、家畜、果物、野菜など）と**天然産物**（魚、木材、原油、鉄鉱石など）である。農畜産物は多くの生産者から供給される。生産者は農畜産物を仲介業者に販売する。仲介業者は財の収集、等級付け、保管、輸送、販売サービスを行う。傷みやすくて旬がある性質上、特殊な販売方法がとられる。またコモディティという特性から、多少の例外はあるが、広告やプロモーション活動をほとんど必要としない。ジャガイモ、プルーン、牛乳などグループ単位で、同じグループに属する製品の広告キャンペーンが展開されることがある。生産者のなかには自分の製品にブランド名をつける者もいる。サンキスト・オレンジ、チキータ・バナナがその例である。

天然産物はその供給が限られている。量が多くて単価が安く、生産者からユーザーのもとに輸送する必要がある。少数かつ大規模な生産者は、産業ユーザーに直接販売することがよくある。ユーザーはその天然産物に依存しているので、長期供給契約を結ぶのが普通である。天然材料は同質であるため、需要喚起活動には限界がある。価格と配送の信頼性が、供給業者を選定する上での主要な要素である。

加工材料・部品は、構成材料（鉄、糸、セメント、ワイヤーなど）と構成部品（小型モーター、タイヤ、鋳物など）の2つに分けることができる。**構成材料**は通常、さらに加工が行われる。銑鉄は鋼鉄になり、糸は布になる。構成材料はその標準化された性質のため、通常、価格と供給業者の信頼性が重要な購入要素になる。**構成部品**はそのままの形で完成品に含まれている。小型モーターなら掃除機の中、タイヤなら自動車に取り付けられるといった具合である。ほとんどの加工材料・部品は、産業ユーザーに直接販売され、1年以上前に注文されることが多い。価格とサービスが主なマーケティング上の考慮点で、ブランディングや広告はあまり重要ではない。

- **資本財**は寿命が長く、最終製品の開発や管理を助ける。これは、装置と付帯設備の2つに分けられる。

装置は、建物（工場、事務所）と固定設備（発電機、穿孔盤、大型コンピュータ、エレベータ）に分けられる。装置は大型購入品で、製造者から直接販売され、長期の交渉期間を経て購買されるのが普通である。製造者のセールス・フォースには必ず技術者が入っている。製造者は指定仕様どおりに設計し、アフターサービスを積極的に行わなければならない。広告は人的販売ほど重要ではない。

1873年、イギリス人スパイがブラジルのジャングルからゴムの木の苗を持ち帰って以来、生ゴムはマレーシアの主要産業となった。1915年になると、マレーシアのプランテーションではブラジルで作られるゴム生産量の3倍近くを生産するようになった。

現在、そして次のミレニアムにおいて、コンピュータを使ったスパイ行為が企業にとって最大のリスクとなるだろう。膨大な企業秘密がデジタル化されて保存されているからである。

付帯設備は移動可能な工場設備、工作機械(手動工具、リフト付きトラック)、事務設備(パソコン、机)のことである。こうした付帯設備は、最終製品の一部になることはない。寿命は装置に比べて短いが、産業用備品よりは長い。付帯設備メーカーのなかには直接販売を行うものもあるが、普通は仲介業者を使う。市場が地理的に散らばっており、買い手の数が多くて1回の注文量は少ないからである。品質、特徴、価格、サービスが主要な考慮点となる。広告よりもセールス・フォースの方が重要な役割を果たす場合が多いが、広告も効果的に利用できる。

- **備品・対事業所サービス**とは、寿命の短い財およびサービスのことで、最終製品の開発や管理を助ける。

　備品には、**産業用備品**(潤滑油、石炭、紙、鉛筆)と**メンテナンス・修理用品**(ペンキ、釘、ほうき)の2種類がある。備品は最寄品と同じで、通常、単純再購買という形で最小限の努力しか伴わずに購入される。単価が安く、顧客が多くて広範囲に散らばっているため、普通は仲介業者を通して販売される。供給業者が標準化しており、ブランド選好もあまり高くないので、価格とサービスが重要な考慮点になる。

　対事業所サービスには、**メンテナンスおよび修理サービス**(窓拭き、タイプライター修理)と、**ビジネス・アドバイザリー・サービス**(法律および経営コンサルティング、広告)がある。メンテナンスおよび修理サービスは通常、契約を結んだ小規模な生産者か、修理をしてもらう設備をもともと作ったメーカーから受ける。ビジネス・アドバイザリー・サービスは通常、供給者の評判やスタッフを基準にして購入される。

製品ミックス

- **製品ミックス**(**製品アソートメント**ともいう)とは、特定の売り手が販売する製品およびアイテムすべてのことである。

コダックの製品ミックスには、2つの強力な製品ラインがある。情報製品と画像製品である。NECの製品ミックスは、通信製品とコンピュータ製品である。ミシュランには3つの製品ラインがある。タイヤ、地図、レストラン評価サービスである。

　1企業の製品ミックスには、ある特定の幅、長さ、深さ、整合性がある。これらのコンセプトについて、P&Gの消費財を例に■表13-1に示す。

- 製品ミックスの**幅**とは、その企業が所有している製品ラインの数をいう。■表13-1には、製品ミックスが5つのラインを有していることが示されている(実際には、P&Gはこのほかにも多くのラインを有している)。
- 製品ミックスの**長さ**とは、製品ミックス内のアイテムの合計数をいう。ライン1つあたりの長さの平均についても調べられる。トータルの長さをラインの数(ここでは5)で割ればよい。

	製品ミックスの幅				
	洗剤	練り歯磨き粉	固形石鹸	使い捨て紙おむつ	トイレットペーパー
製品ラインの長さ	アイボリー・スノー 1930 ドレフト 1933 タイド 1946 チアー 1950 オキシドール 1954 ダッシュ 1954 ボールド 1965 ゲイン 1966 エラ 1972	グリーム 1952 クレスト 1955	アイボリー 1879 カークス 1885 ラーバ 1893 キャメイ 1926 ゼスト 1952 セーフガード 1963 コースト 1974 オイル・オブ・オレイ 1993	パンパース 1961 ラブズ 1976	チャーミン 1928 パフス 1960 バナー 1982 サミット 1100's 1992

表13-1

P&G製品における製品ミックスの幅と製品ラインの長さ(導入された年も表示)

- 製品ミックスの**深さ**とは、製品ライン内の各ブランドについて、提供されているアイテムの数をいう。例えばクレスト(練り歯磨き粉)には3つのサイズがあり、中身は2種類ある(レギュラーとミント)。つまり、クレストには6つの深さがあることになる。P&Gの製品ミックスにおける深さの平均は、各ブランドのアイテム数を平均すれば求められる。
- 製品ミックスの**整合性**とは、最終用途、製造条件、流通チャネルなどにおいて、多様な製品ラインどうしにどれだけ密接なかかわりがあるかをいう。P&Gの製品ラインは、同一の流通チャネルを利用する消費財であるという点で整合性があるが、買い手に違った機能を提供しているという点ではラインの整合性は低いといえる。

　これら4つの製品ミックスの尺度をもとに、企業は事業を4方向に拡張していくことができる。例えば、新たな製品ラインを加えれば、製品ミックスの幅を広げたことになる。それぞれの製品ラインの長さを伸ばしていくこともできる。個々の製品のアイテムを増やして、製品ミックスをさらに深くすることもできる。また、製品ラインの整合性をより追求していくこともできる。

製品ラインの決定

　製品ミックスは多様な製品ラインで構成されている。GEの家電製品部門には、冷蔵庫、料理用レンジ、洗濯機それぞれに製品ライン・マネジャーがいる。ノースウェスタン大学には、医学部、法学部、経営学部、工学部、音楽学部、スピーチ学部、ジャーナリズム学部、教養学部のそれぞれに学部長がいる。

　製品ラインを提供する際に企業は通常、**基本プラットフォーム**と**基本モジュール**を作り、これにさまざまな顧客の要求に応じて追加調整していく。自動車メーカーは、基本プラットフォームに変化を加えてそれぞれの自動車を生産す

る。住宅建設業者は、後から多様な特徴を加えられるモデルハウスを展示する。このモジュール化したアプローチにより、生産コストを抑えながらも多様性を提供することができる。

製品ラインの分析

21世紀のヨーロッパは、いつもアメリカに歩調を合わせて追随するのではなく、もっと自信に満ちて自分の道を歩いているかもしれない。

製品ライン・マネジャーは、導入し、維持し、利益を収穫し、あるいは撤退すべきアイテムを決めるために、自分が管理するラインのアイテムそれぞれの売上高と利益について知っておく必要がある。また、個々の製品ラインの市場プロフィールについても理解しておかなければならない。

売上高および利益

■図13-3は、5つのアイテムからなる製品ラインの売上高と利益に関するレポートである。1つめのアイテムは総売上高に対して50%、総利益に対して30%を占めている。1つめと2つめのアイテムを合わせると、総売上高に対して80%、総利益に対して60%になる。もしこの2つのアイテムが突然、競合他社によって痛手を受けると、当該ラインの売上高と収益性は崩壊する恐れがある。このように、数少ないアイテムに売上が集中するのは、ラインが脆いことを意味する。そのようなアイテムについては、注意深く監視し保護しなければならない。その一方で、5つめのアイテムは売上高、利益ともに製品ライン全体の5%しかない。成長の見込みがなければ、製品ライン・マネジャーはこのアイテムの撤退を検討する可能性もある。

市場プロフィール

製品ライン・マネジャーは、競合他社のラインに対して自社のラインがどのような位置にあるかを、よく調べなければならない。製紙会社Xが有するボール紙における製品ラインについて見てみよう[6]。ボール紙における2つの属性には重さと紙質がある。紙の重さは普通90、120、150、180ウエートに標準化して提供される。紙質には上、中、下の3段階がある。■図13-4には、X社と4つの競合他社、A社、B社、C社、D社の持つ多様な製品ラインのアイテムが、

図13-3

製品ラインの総売上高および総利益に対する製品アイテムの割合

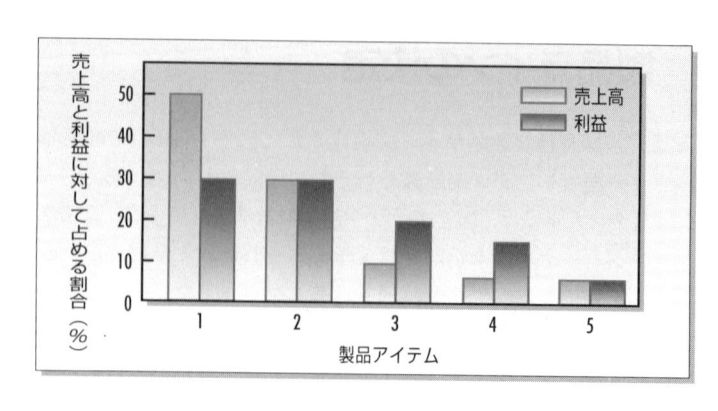

それぞれどのような位置にあるかが示されている。A社は、非常に重くて紙質が中から下に位置する製品アイテムを2つ販売している。B社は、重さ、紙質ともに広い範囲に散らばる4つのアイテムを販売している。C社は3つのアイテムを販売しているが、それらは重くなるにつれ、紙質も上がっている。D社は3つのアイテムを販売している。すべて軽いが、紙質には幅がある。X社は重さ、紙質ともに異なる3つのアイテムを提供している。

製品マップは、製品ラインのマーケティング戦略を考える上で役立つ。これを見れば、どの競合他社のアイテムがX社のアイテムと競合関係にあるかがわかる。例えば、X社の軽くて紙質が中の紙は、D社とB社の紙と競合している。しかし、重くて紙質が中の紙には、直接的な競争相手がいない。また、このマップを見ると、新しいアイテムをどこに位置づければよいかがわかる。いずれのメーカーも重くて紙質が下の紙を出していない。X社が強い潜在需要を見込み、そのような紙を低コストで生産して価格設定できるなら、新しいアイテムをラインに加えることも考えられる。

製品マップを作るもう1つの利点は、市場セグメントを特定できることである。■図13-4によって、重さと品質の点で一般印刷業、POP広告業、事務用品供給業が好む紙のタイプがわかる。例えば、X社は一般印刷業のニーズにはよく応えているが、ほかの2つにはあまり応えていない。

製品ラインの分析を終えたマネジャーは、製品ラインの長さ、ラインの現代化、ラインの特徴づけ、ラインの絞り込みについて検討しなければならない。

製品ラインの長さ

製品ライン・マネジャーは、製品ラインの長さに気を配る。アイテムを増やすことによって利益が伸ばせるなら、製品ラインは短かすぎる。アイテムを削ることによって利益が伸ばせるなら、製品ラインは長すぎることになる。

企業目的は製品ラインの長さに影響を与える。高い市場シェアと市場の成長を追求する企業は比較的長いラインを持ち、高い収益性に重点を置く企業は、精

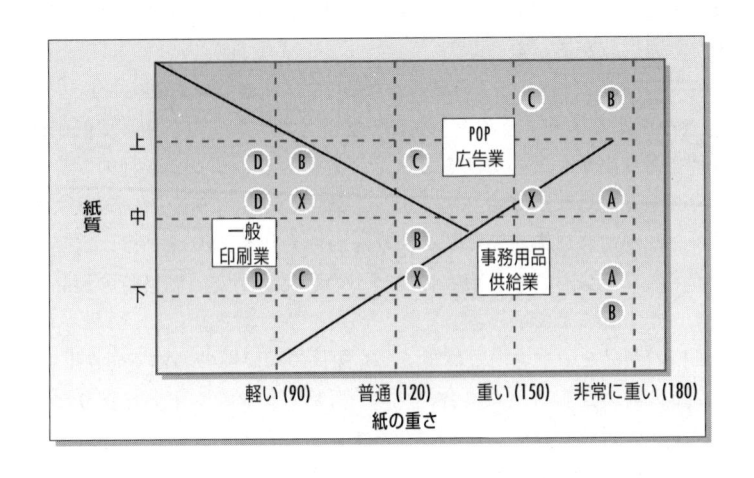

図13-4

紙製品ラインの製品マップ
出典：*Industrial Product Policy: Managing the Existing Product Line* by Benson P. Shapiro. Cambridge, MA: Marketing Science Institute, Report No. 77-110.

> ブランド：最初のソフトドリンク業は1783年にジェイコブ・シュウェップによって興された。彼は人工ミネラルウォーターを売ったのである。

選されたアイテムからなる短めのラインを持つ。

製品ラインは時とともに長くなっていく。余剰の生産能力があると、製品ライン・マネジャーはプレッシャーを感じて新しいアイテムを作る。セールス・フォースや流通業者も、顧客を満足させるためにさらに完備された製品ラインを要求する。しかし、アイテムが増えると、設計とエンジニアリングのコスト、在庫コスト、製造変更コスト、注文処理コスト、輸送コスト、新しいアイテムのプロモーション・コストなど、その分コストも上がる。やがて、どこかの時点でストップの声がかかる。資金ないし生産能力の不足を理由に、トップ・マネジメントは開発を中止させるかもしれない。経理担当役員がラインの中で損失を出しているアイテムの調査を求めるかもしれない。製品ラインの成長の後に大規模な絞り込みが続くパターンが何度も繰り返される。

製品ラインを長くするには、ライン拡張とライン充実という2つの方法がある。

■ ライン拡張

いずれの企業の製品ラインも、必ず市場全体でどこかの位置を占めている。例えば、BMWの自動車は自動車市場の中で高価格帯に位置している。企業が現在の範囲を超えて製品ラインの長さを伸ばすことを**ライン拡張**という。ライン拡張は、下級市場(下方)、上級市場(上方)、あるいはその双方へ向けて行われる。

下級市場への拡張　中級市場に位置する企業は、次に挙げるいずれかの理由によって、低価格のラインを導入したいと思うかもしれない。

1. ウォルマートやベスト・バイなどの大規模小売業者に、バリュー価格の商品を求める買い物客が集まるようになり、下級市場に大きな成長機会がありそうな場合。
2. 中級市場へ進出しようとする下級市場の競合他社との提携を望む場合。また、下級市場の競合他社から攻撃を受けている場合も、下級市場に乗り込んで反撃に出る決断を下すことがよくある。
3. 中級市場が停滞あるいは下降気味であると判断した場合。

下級市場に進出する場合、ネーミングの選択肢は数多くある。例えばソニーには3つの選択肢があった。

1. すべての商品に「ソニー」の名称を使う(ソニーはこれを選んだ)。
2. 「ソニー・バリュー・ライン」のようなサブブランド名を使って低価格商品を売り出す。この方法をとった企業もある。ジレット社のジレット・グッド・ニューズやユナイテッド航空のユナイテッド・エクスプレスなどがこれにあたる。この方法をとった場合のリスクは、高品質のイメージを失ったり、現在のソニーの購買者が安い価格帯の製品にスイッチすることである。
3. 低価格の商品を、ソニーとはまったく関係のない別の名称で売り出す。しかしこの方法をとった場合、ソニーは新しいブランド名を創り出すのに多額の資金を投じなければならず、多くの取引先がソニーの名称

のないブランドを受け入れない可能性もある。

　下級市場への進出にはリスクが伴う。コダックは、低価格ブランドに対抗するためにコダック・ファンタイム・フィルムを市場導入した。ところが、低価格フィルムに対抗できるだけの低価格を設定しなかった。また、リピート客のなかにファンタイムを購入する者が現れ、自社の中核ブランドとのカニバリゼーションが生じた。そのため、コダックはファンタイムを撤退させた。他方、メルセデス・ベンツは10万ドル以上のクラスの自動車を販売する力も損なわずに、3万ドルのCクラスをうまく市場に送り込んだ。ジョン・ディア社は、セイバー・フロム・ジョン・ディアという名のトラクター式芝刈り機を低価格のラインで導入したが、高価なトラクターもジョン・ディアの名称で販売している。

　上級市場への拡張　企業はさらなる成長、高いマージン、あるいは単にフルラインのメーカーというポジショニングだけを求めて、上級市場への進出を望むかもしれない。多くの市場には、コーヒーのスターバックス、アイスクリームのハーゲンダッツ、ミネラルウォーターのエビアンといった非常に高級志向のセグメントがある。日本の大手自動車メーカーはそれぞれ高級車を売り出している。トヨタはレクサス、日産はインフィニティ、ホンダはアキュラである。企業名を車名としてそのまま使ったり一部に入れたりせずに、まったく新しい車名を作り出していることに注目されたい。

　上級市場に進出する際、自社の名称をブランド名に入れている企業もある。ガロはアーネスト・アンド・ジュリオ・ガロ・バリエタルズを売り出し、このシリーズのワイン価格をガロの標準的なワインの2倍に設定した。GEは、上級市場向けの大型家電にGEプロファイルというブランド名を使っている[7]。

　上下双方への拡張　中級市場に位置する企業なら、上下双方へのライン拡張を決定する可能性がある。テキサス・インスツルメンツ（TI）は初めての計算機を、価格も品質も中級の市場で売り出した。やがて、下級市場向けの計算機を加えることでボウマーのシェアを奪い、高級市場ではヒューレット・パッカードと競合する関係になった。この上下双方への拡張によって、TIは早い時点で電卓市場でのリーダーシップを獲得した。

　マリオット・ホテル・グループもホテル製品ラインにおいて、双方への拡張を展開している（■図13-5）。同ホテル・グループの中級クラスのホテルに加えて、上級市場向けにマリオット・マーキスを、下級市場向けにはコートヤードを、エコノミークラスとしてはフェアフィールド・インを導入した。個々のブランドを有したホテルラインは、それぞれ別の標的市場をねらっている。この戦略の主なリスクは、マリオット・チェーンなら低価格帯のホテルでも十分自分の要望を満たしてくれることに気づいて、安いホテルの方に乗り換えてしまう利用者が現れることである。とはいえ、競合他社に顧客を奪われるよりは、たとえクラスを下げられても顧客を維持する方がマリオットにとっては利益になる。

歴史メモ：西暦992年、ビザンティン帝国はベネチア人の商品に課する関税を他の外国商品よりも安くした。

図13-5

双方へのライン拡張：マリオット・ホテルの場合

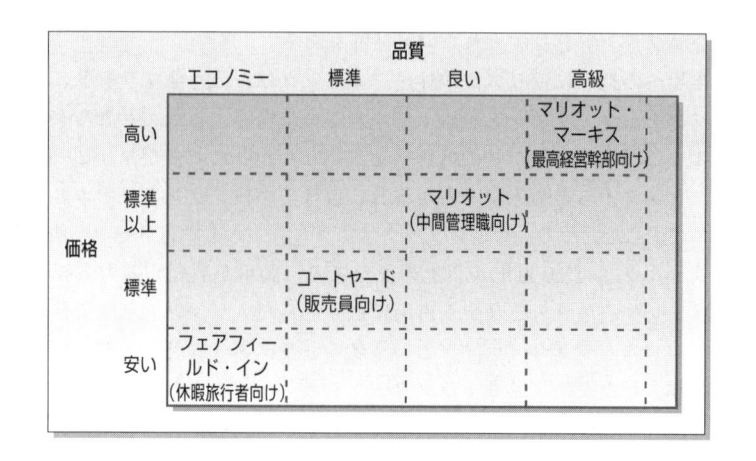

	品質			
価格	エコノミー	標準	良い	高級
高い				マリオット・マーキス（最高経営幹部向け）
標準以上			マリオット（中間管理職向け）	
標準		コートヤード（販売員向け）		
安い	フェアフィールド・イン（休暇旅行者向け）			

ライン充実

　現在の範囲内で新しいアイテムを加えることによっても、製品ラインを拡張することができる。**ライン充実**にはいくつかの動機が考えられる。利益の増大、ラインのアイテム不足のために売上が悪いと不平を言う販売店の不満解消、余剰生産能力の活用、フルライン企業としてのリーダーとなる願望、ラインの穴をふさぐことによる競合他社の締め出し、などである。

　ライン充実が行きすぎると、自社製品がカニバリゼーションに陥ったり、顧客を困惑させる結果を招く。企業は消費者の気持ちになって、個々のアイテムを差別化する必要がある。そのためには各アイテムが、**丁度可知差異**（感知できる最小の差異）を持たなければならない。ウェーバーの法則によると、顧客は絶対的な差異よりも相対的な差異に反応しやすい[8]。長さ2フィートと3フィート、あるいは長さ20フィートと30フィートの板の区別はついても、29フィートと30フィートの区別はつかないのである。新製品にはそれとわかるような違いを持たせなければならない。

　新しいアイテムの候補が市場のニーズを満たすものであって、単に企業側のニーズを満足させるためだけではないことも、企業はチェックしなければならない。フォードに3億5000万ドルの損失をもたらしたエドセルは、市場のニーズからではなく、フォードとリンカーンの間のラインを埋めるというフォード社内のニーズから作られた。

ラインの現代化

　製品ラインは現代化を行う必要がある。1950年代の外観の工作機械では、より新しいスタイルの競合他社のラインに負ける恐れがある。問題は、ラインの見直しを徐々に行うか、一度に行うかである。徐々に行えば、顧客やディーラーがどのように新しいスタイルに馴染んでいくかを観察できる。企業の資金の流出も少なくてすむ。しかし競合他社に変更を知られて、ラインの再設計を始

める機会を与えてしまうことにもなる。

　変化の早い製品市場では、現代化は絶えず行われている。企業は高価値、高価格のアイテムへの**顧客移動**を促すような改良を考える。インテルやモトローラのようなマイクロプロセッサー企業、マイクロソフトやロータスなどのソフトウェア企業は、自社製品をさらに進歩させ、絶えず市場に送り込んでいる。いちばんの要は、そうした改良が早すぎたり（既存ラインの売上にダメージをもたらしてしまう）、逆に遅すぎたり（競合他社が自社よりも進んだ製品で評判を確立してしまう）しないよう、タイミングを計ることにある。

> ブランド：イタリアのベレッター族は西暦1550年から銃を作ってきた。

ラインの特徴づけと絞り込み

　製品ライン・マネジャーは通常、ラインの中から目玉商品を1点ないし数点選ぶ。シアーズならば、特別低価格の洗濯機を広告して顧客を引きつけるだろう。あるいは高級なアイテムを目玉にして、製品ラインに格式を与えようとするかもしれない。ステットソンは、150ドルもする紳士用の帽子の販売を促進している。その帽子を購入する男性は少ないが、これは戴冠用の玉宝のようなもので、ラインのイメージを高める役割を果たしている。

　下級市場か上級市場のどちらかの成績が良く、もう片方が悪いことがある。企業は、売れ行きの鈍い製品の需要を伸ばそうとするだろう。その製品を作っている工場が、需要不足のために遊休している場合はとりわけその傾向が強い。中型コンピュータが大型コンピュータほど売れなかったときのハネウェルがそうだった。しかしこの種のやり方に対しては、競争力の弱い製品にテコ入れするより、売れ筋製品の販売を促進するべきだという反論があるかもしれない。

　製品ライン・マネジャーは、定期的にラインの絞り込みを検討しなくてはならない。製品ラインの利益を減らすような厄介者がいるかもしれないからだ。競争力のないアイテムは、売上分析とコスト分析によって発見することができる。ある化学薬品メーカーはラインを縮小し、217アイテムから93アイテムに減らした。売上数量が最も多く、利益貢献度が最も高く、長期にわたって最も可能性を期待できるアイテムばかりを選んだのである。

　ほかにも、企業に生産能力が不足しているときにラインの絞り込みが行われる。企業は通常、需要が堅調なときには製品ラインを縮め、需要が低調なときにはラインを伸ばす。

● ブランドの決定

　ブランディングは製品戦略上の要である。ブランド製品の開発には多額の長期的な投資が必要で、特に広告、プロモーション、パッケージングには費用がかかる。そこで多くのブランド志向の企業は、下請け契約によって製造を他の企業に任せる。台湾のメーカーは世界中の衣料や家電製品を大量に作っている

が、台湾のブランド名は使っていない。

　その一方で、メーカーはやがて、市場支配力は自社ブランドの構築に依存していることを学ぶようになる。日本や韓国の企業は、多額の資金を注ぎ込んでソニー、トヨタ、ゴールドスター、サムスンなどのブランド名を創り出した。もしこれらの企業が本国で製品を生産しないとしても、ブランド名が顧客のロイヤルティを集め続けるだろう。

ブランドとは何か

　プロのマーケターに最も特有のスキルは、恐らくブランドを創造し、維持し、守り、向上させていく能力だろう。マーケターはよく「ブランディングはマーケティングにおけるアートであり礎だ」と述べる。米国マーケティング協会は、ブランドを次のように定義している。

- **ブランド**とは、個別の売り手もしくは売り手集団の財やサービスを識別させ、競合他社の財やサービスと区別するための名称、言葉、記号、シンボル、デザイン、あるいはそれらを組み合わせたもののことである。

ブランド：1818年、スミルノフ一族はウォッカを製造し始めた。

要するに、ブランドとは売り手やメーカーを明らかにするものである。名称でも商標でもロゴでもシンボルでもかまわない。商標法によって、売り手はブランド名を永久的に使用する独占権を認められている。その点でブランドは、有効期限のある特許や著作権などの他の財産とは異なる。

　ブランドとは、常に一定の特徴、ベネフィット、サービスを売り手が買い手に提供することを約束するものである。良いブランドは品質を保証してくれる。しかしブランドとは、実はより複雑なものである[9]。その意味は6つに分けることができる。

1. **属性**　ブランドは、ある特定の属性を連想させる。メルセデス・ベンツといえば高価で堅牢、高い技術力に耐久性、高い威信を誇る自動車というイメージがある。
2. **ベネフィット**　属性は、機能的および感情的ベネフィットに言い換えられなければならない。「耐久性」という属性は、「数年は車を買い換える必要がない」という機能的ベネフィットに言い換えられる。「高価」という属性は、「この車は自分が偉い人間で、人から崇拝されているような気分にさせてくれる」という感情的ベネフィットに言い換えられる。
3. **価値**　ブランドは、生産者の価値をも物語る。メルセデス・ベンツは高性能、安全、威信の代名詞である。
4. **文化**　ブランドは、特定の文化を象徴している。整然とし、能率的で、高品質なメルセデス・ベンツは、ドイツ文化の象徴である。
5. **パーソナリティ**　ブランドは、特定の個性を伝えることがある。メルセデス・ベンツには人間でいえば厳格な上司、動物でいえば王者た

るライオン、建物でいえば厳粛な宮殿というイメージがある。
 6. **ユーザー**　ブランドは、その製品を購入したり使用する消費者のイメージを伝える。メルセデス・ベンツを運転する人として思い描かれるのは55歳の重役であって、20歳の秘書ではない。

　ブランドを名称としてのみ考えていると、大事な点を見落とすことになる。ブランディングの目標は、当該ブランドに対する肯定的なブランド連想を作り出すことにある。マーケターは、ブランドのアイデンティティをどのレベルに置くかを決定しなければならない。ここで犯す誤りは、属性だけをプロモーションすることである。第1に、買い手はベネフィットほど属性には興味を持っていない。第2に、属性は簡単に競合他社に模倣されてしまう。第3に、現在の属性はやがて魅力を失っていく。

　ただし、1つのベネフィットだけに絞ってブランドをプロモーションするのも危険である。メルセデス・ベンツが主要なベネフィットを「高性能」だけに絞って広告したと仮定しよう。すると、それと同等もしくはそれ以上の性能を有する競合ブランドが現れる。あるいは買い手の方で、高性能であることを他のベネフィットほど重視しなくなるかもしれない。メルセデス・ベンツには、新しいベネフィットのポジショニングに入り込んでいく自由度が必要である。

　ブランドの持つ意味のなかで最も永続性があるのは、価値と文化とパーソナリティである。この3つがブランドの本質を決める。メルセデス・ベンツはハイテク、高性能、成功を象徴している。ブランド戦略において、メルセデス・ベンツはこれを前面に押し出さなければならない。また同じ名称を使って安価な自動車を売り出すことは控えねばならない。長い年月をかけて培われてきたメルセデス・ベンツの価値とパーソナリティが損なわれるからである。

> ブランド：1886年、アトランタの薬剤師が味付き炭酸飲料としてコカ・コーラを売り始めた。

ブランド・エクイティ

　各ブランドが市場で有する力と価値の量はまちまちである。大半の買い手に知られていないブランドもあれば、きわめて高い**ブランド認知**を有するものもある。これ以外に、高い**ブランド受容性**のあるブランド、高い**ブランド選好**を得るブランドもある。そして、高い**ブランド・ロイヤルティ**を誇るブランドがある。H・J・ハインツの前CEOトニー・オライリーは、次のようなブランド・ロイヤルティの基準を提唱している。「私が考える厳しい評価基準は……ハインツのトマトケチャップを買いに来た主婦が、品切れだった場合にその店から出てよそに買いに行くかどうかだ」。

　ハインツの愛用者にオライリーが望むようなブランド・ロイヤルティを有する顧客はそういない。アーカーは、支持ブランドに対する顧客の態度を、低いものから順に、次の5段階に分けた。
 1. 特に価格を理由に、ブランドを変える。ブランド・ロイヤルティはない。
 2. 満足している。ブランドを変える必要はない。
 3. 満足しており、ブランドを変えるとコストがかかる。

4. ブランドを高く評価し、まるで友達のように思っている。
5. ブランドを熱愛している。

ブランド・エクイティは、どれだけの顧客が3、4、あるいは5に属するかに深くかかわっている。またアーカーによると、ブランド・エクイティにはブランドの認知度、ブランドの知覚品質、心理的・感情的な連想の強さ、さらに特許や商標や流通関係などの資産がかかわっている[10]。

豊かなブランド・ポートフォリオを獲得し、育てていくことに成長の基盤を置いている企業がある。グランド・メトロポリタンは多様なピルスベリーのブランド、グリーン・ジャイアント・ベジタブル、ハーゲンダッツ・アイスクリーム、バーガーキングを手に入れた。ネスレはラウントリー(イギリス)、カーネーション(アメリカ)、ストウファー(アメリカ)、ブイトーニ(イタリア)、ペリエ(フランス)を獲得し、世界最大の食品会社になった。ネスレは45億ドルでラウントリーを買収したが、これは簿価の5倍にあたる。評価が明確に定まっていないため、企業は通常ブランド・エクイティを貸借対照表に記載することはない。とはいえ、ブランド・エクイティは明らかにそのブランドが見込む価格プレミアムと関係があり、平均的なブランド以上の価値を生み出す[11]。

1997年時点において世界で最も価値の高い10ブランドを並べると、順にコカ・コーラ、マールボロ、IBM、マクドナルド、ディズニー、ソニー、コダック、インテル、ジレット、バドワイザーになる。コカ・コーラのブランド・エクイティは480億ドル、マールボロは470億ドル、IBMは240億ドルである[12]。

高いブランド・エクイティは、多くの競争優位をもたらしてくれる。

- 消費者のブランド認知およびブランド・ロイヤルティにより、マーケティング・コストがかからない。
- 店にそのブランドが置いてあることを顧客が期待するため、流通業者との交渉において大きな影響力が持てる。
- ほかに比べて高い知覚品質を有しているため、競合他社よりも高い価格設定ができる。
- ブランド名に高い信用があるため、容易にブランドを拡張することができる。
- ブランドが価格競争において防衛力になる。

ブランド・エクイティが低下しないように、ブランド名は慎重に扱われなければならない。そのためには、ブランド認知、ブランドの品質知覚、ポジティブなブランド連想のそれぞれを維持し改善していく必要がある。それには研究開発への投資、巧妙な広告、優れた顧客サービスを続けなければならない。カナダ・ドライとコルゲート・パルモリブは、「ブランド・エクイティ・マネジャー」を作って、ブランドの持つイメージ、連想、品質を守らせ、熱心すぎるブランド・マネジャーが短期的な戦術によってブランドに傷をつけることがないようにしている。そのためブランディングを、ブランドのマネジメントだけに集中できるまったくの別会社にゆだねる企業もある。セジェント社のヘンリー・シルバーマンは、ブランドを所有するのではなく管理するビジネスを始めた。

ブランド：ダイナース・クラブのクレジット・カードは1950年に登場した。

センダント社

　センダント社のヘンリー・シルバーマンほど、熱心にブランドがすべてだと主張し、ブランドを事業の業務面から分離さえできることを示した人物はいない。センダント社は、エコノミータイプのモーテル(デイズ・インやスーパー8)から、かつての大企業(ハワード・ジョンソンやラマダ)、有力な不動産フランチャイズ(センチュリー21やコールドウェル・バンカー)、レンタカー会社のエイビスにいたるまでのブランドを所有し管理している。彼が所有しているのはブランドだけである。別企業が事業の煩雑で現実的な部分を所有し運営している一方で、シルバーマンはブランドを抽出し、刷新し、拡張し、結びつけ、テコ入れすることだけに時間と労力を注いでいる。例えば彼は、センチュリー21のイメージを変えることに成功した。かつてのテレビ広告では、この会社が広大な不動産ネットワークを有していることを強調していた。ところがシルバーマンが行った調査によると、顧客が関心を寄せているのはセンチュリー21がどれだけ大きいかではなく、不動産の営業員とよいリレーションシップを築いていくことだった。シルバーマンはそういった対人的な属性に焦点を当てた新しいキャンペーンを展開し、センチュリー21が得た年間の手数料は2倍に跳ね上がった[13]。

　P&Gでは、うまく管理されているブランドは、ブランドのライフサイクルに従わないと考えている。70年前にブランド・リーダーだったブランドの多くは、現在も変わらずその地位にある。コダック、リグレー、ジレット、コカ・コーラ、ハインツ、キャンベルスープがその例である。

　アナリストによっては、ブランドが企業の製品や設備よりも長い寿命を有していると考えている。彼らはブランドを企業の主要な耐久資産と見なしている。しかし力のあるブランドとは、実はロイヤル・カスタマーの存在を示すものである。したがって、ブランド・エクイティの根底にある基本的な資産は**顧客エクイティ**である。つまり、マーケティング計画の要はロイヤル・カスタマーの**生涯価値**を伸ばすことになり、ブランド・マネジメントが主要なマーケティング・ツールとなるのである。

　残念ながら、ブランドという最大の資産の管理を誤った企業は多い。利益の増大ばかりを追求していると、ブランドの焦点がぼやけてしまいやすい。1994年にクエーカー・オーツに17億ドルで買収された直後のスナップル・ビバレッジ社がそうだった。

スナップル・ビバレッジ社

　スナップル社は強力な大衆向けのマーケティングと、小さな販売店やコンビニエンスストアへの積極的な商品流通によって、人気の高いナショナル・ブランドになった。アナリストによれば、クエーカーはスナップル社の持つ大衆市場へのアピール力を理解していなかったため、広告キャンペーンを変え(お馴染みの丸々と太ったスナップル・レディをやめた)、独自の流通システムを刷新してしまった。結果はすぐ

に現れた。スナップル社は利益と市場シェアを失い始め、多数の競合他社に参入する隙を与えてしまった。クエーカーは市場で苦戦するこのブランドを再生することができず、1997年に3億ドルで売却した[14]。

クツマースキーがさまざまな産業の企業を全国調査したところ、ブランド・エクイティの測定をしている企業はわずか43%にすぎなかった。他方、72%の企業は自社のブランド・エクイティに自信を持ち、2年間は資金的な支援をしなくても大丈夫であると見ており、回答した企業のうち3分の2以上には正式な長期戦略がなかった[15]。また、ブランド・エクイティはメーカーの作る製品についているものと思われがちだが、サービス企業もブランド・エクイティを重視している。ウォール・ストリートの競争が激化すると、金融サービス会社は、投資家を引きつけるためにブランド名に多額の資金を投じる。コカ・コーラが喉の渇いた人にソーダを買って欲しいように、メリルリンチやチェース・マンハッタンは、資産運用のノウハウを知りたい人に電話をかけてきて欲しいのである。1991年以来、金融サービス会社の広告費は127%も跳ね上がった[16]。

ブランディングという難問

ブランド：1777年、フランスでグレイ・プーポンがディジョン・マスタードの製造を始めた。

ブランディングは、いくつかの難問をマーケターに突きつけてくる。主要な意思決定は■図13-6に示されているとおりで、その内容についてこれから述べることにする。

■ ブランディングの決定：ブランドをつけるべきか、つけざるべきか

まず初めに下さなければならない決定は、製品にブランド名をつけるか否かである。以前は、大半の製品にブランド名がなかった。生産者も仲介業者も、供給業者がだれかを明らかにせずに、樽や瓶やケースから商品を出して売っていた。買い手は売り手の誠実さを信用していたのである。ブランディングの元祖と思われるものが確認できるのは中世におけるギルドで、自分たちと消費者を劣悪な品質から守るために、職人は製品の上にトレードマークをつけた。芸術の世界でもブランディングが始まっていた。芸術家は自分の作品に署名をするようになったのである。

図13-6

ブランディングに関する決定の概観

ブランディングの決定	ブランド・スポンサーの決定	ブランド名の決定	ブランド戦略の決定	ブランド・リポジショニングの決定
・ブランド ・ノーブランド	・製造業者ブランド ・流通業者ブランド（プライベート・ブランド） ・ライセンス供与されたブランド	・個別の名称 ・共通のファミリー・ネーム ・異なるファミリー・ネーム ・会社名プラス個別の名称	・ライン拡張 ・ブランド拡張 ・マルチブランド ・新ブランド ・共同ブランド	・リポジショニングを行う ・リポジショニングを行わない

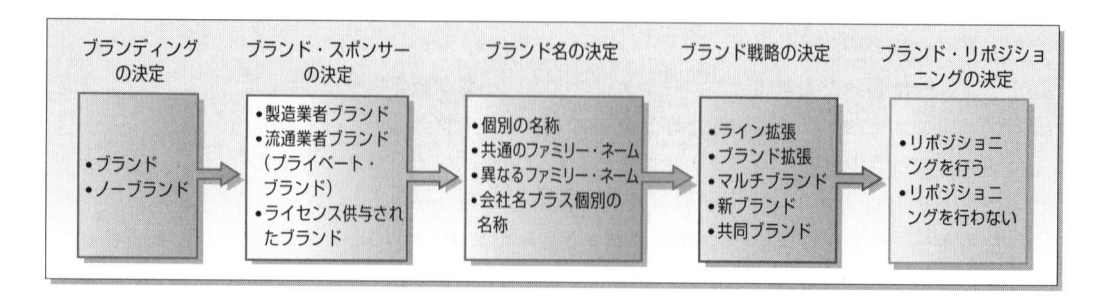

今日、ブランディングの力は非常に大きく、ブランドがついていないものはほとんどない。塩はそれぞれのメーカーの容器に入れられ、オレンジは生産農家の名称をスタンプされ、ナットやボルトは流通業者のラベルを貼ったセロハンに入れられ、点火プラグ、タイヤ、フィルターなどの自動車部品には各自動車部品メーカーのブランド名がついている。鶏肉、七面鳥、サーモンのような生鮮食品も、ブランド名を熱心に広告し販売するようになってきている。

しかし、頻繁に購入される消費財や薬などでは「ノーブランディング」に戻るケースもある。フランスのハイパーマーケットの創始者であるカルフールは、1970年代前半にノーブランド品のラインを導入した。ノーブランド品とは、スパゲッティ、ペーパータオル、桃の缶詰などの一般製品にブランド名をつけずに、簡単な包装で提供している廉価品のことである。これらの商品は全国的に広告されているブランドに比べて20%〜40%、小売業者のプライベート・ブランドに比べて10%〜20%価格が安く、品質は標準かやや低めである。こうした低価格は若干品質の劣る材料、低コストのラベリングとパッケージング、最小限の広告によって可能になっている。

ナショナル・ブランドは、さまざまな方法でノーブランド品と戦ってきた。ラルストン・ピュリナ社は商品の質を高めて、ペットに愛情を注いでおり品質重視の飼い主をターゲットにした。P&Gはバナーという紙製品を発売した。同社の他のラインに比べれば品質はやや劣るものの、ノーブランド品に比べればはるかに品質が高い製品を、競争力のある価格で提供したのである。単に価格を下げることによって、ノーブランド品と競争する企業もある[17]。

ブランドを構築するとコストがかさむのはわかりきっているのに、なぜ売り手は製品にブランドをつけるのだろう。実はブランディングは、売り手にいくつかの利点をもたらすのである。

- ブランド名があると注文を処理しやすくなり、問題が生じたときも見つけやすい。
- ブランド名や商標があると、製品固有の特徴を法的に守ることができる。
- ブランディングによって、ロイヤルで収益性の高い顧客を引きつけられるようになる。このブランド・ロイヤルティのおかげで、売り手は競争をある程度回避できる。
- ブランディングにより、売り手は市場をセグメントに分けることができる。例えばP&Gの場合、単純な衣料用洗剤を1種類だけ販売する代わりに、8つの洗濯用洗剤のブランドを提供している。この8つのブランドはすべて製法を変えており、それぞれ特定のベネフィットを求めるセグメントをねらっている。
- 強力なブランドは企業イメージを作る手助けをし、さらなる新ブランドの立ち上げと流通業者や消費者の支持獲得を容易にする。

ブランドがあれば製品の扱いは容易で、品質が一定に保たれ、買い手の選好を強めることができ、供給業者の識別も簡単になるので、流通業者や小売業者

ブランド：1688年、ロンドンでエドワード・ロイドがコーヒーショップを開店し、この店で海運保険が売買されるようになった。

はブランド名のある製品を求める。消費者もまた、品質の違いがわかり、より効率的な買い物ができるので、ブランド名のある製品を求める。

ブランド・スポンサーの決定

ブランド・スポンサーを決める際、メーカーにはいくつかの選択肢がある。製品は、**製造業者ブランド**(ナショナル・ブランドと呼ばれることもある)、**流通業者ブランド**(再販売業者ブランド、ストア・ブランド、ハウス・ブランド、プライベート・ブランド)、または**ライセンス供与されたブランド名**で売り出されることがある。もう1つの選択肢は、一部の製品を製造業者自らの名称で、一部を再販売業者のブランドで生産する方法である。ケロッグ、ジョン・ディア、IBMは、実質上すべての製品を自社のブランド名で販売している。ハート・シャフナー＆マークスは自社で製造した衣料の一部を、クリスチャン・ディオール、ピエール・カルダン、ジョニー・カーソンなど、ライセンス供与されたブランド名で売っている。ワールプールは自社の名称と流通業者の名称(シアーズ・ケンモア家電)の両方で製造している。

製造業者ブランドが優勢とはいえ、大手の小売業者や卸売業者は引き受けてくれる製造業者と契約して自社ブランドを開発している。シアーズは電池のダイハード、工具のクラフツマン、家電製品のケンモアなど、ブランド選好やブランド・ロイヤルティさえ有するブランド・ネームを創った。ザ・リミテッド、ベネトン、ボディショップ、GAP、マークス＆スペンサーなどの小売業者が販売しているのは、ほとんどすべて自社ブランド商品である。イギリスでは2大スーパーマーケット・チェーンが、それぞれのストア・ブランドのコーラを開発して人気を得た。セインズベリー・コーラ(セインズベリーの製品)とクラシック・コーラ(テスコの製品)である。イギリス最大の食料品チェーン、セインズベリーでは、商品の半分をストア・ブランド品が占めている。同社のマージンはアメリカの小売業者の6倍である。アメリカのスーパーマーケットにおけるプライベート・ブランドの平均売上高は19.7%である。専門家によれば50%がプライベート・ブランドを扱える限界だという。なぜなら、(1)顧客は特定のナショナル・ブランドの方を好み、そして(2)プライベート・ブランドに多くの製品カテゴリーがあるのはあまり現実的とはいえず、また魅力的でもないからである。

では、なぜ仲介業者はわざわざ独自ブランドのスポンサーをするのだろうか。一定の品質を提供する適切な供給業者を探し、大量注文して在庫品に資本を拘束され、プライベート・ブランドの販促費が必要となるにもかかわらず、である。それでもプライベート・ブランドには2つの利点がある。1つには、利益率が高いことである。仲介業者は、低コストでプライベート・ブランドを生産してくれる、余剰生産力のあるメーカーを探す。研究開発、広告、販売促進、物流などにかかる他のコストもはるかに安く上がる。つまり、プライベート・ブランドの持ち主は価格を抑え、なおかつ高いマージンを得ることができるのである。もう1つの利点は、小売業者が競合他社との差別化手段としてユニーク

ブランド：リカーゾリー族が1141年にキャンティ・ワインの製造を始めた。

なストア・ブランドを利用できることである。多くの消費者は、ナショナル・ブランドとプライベート・ブランドを区別することができない。

　製造業者ブランドとプライベート・ブランドを比較すると、小売業者に多くの優位性があり、その市場支配力は急速に強まりつつある。棚スペースが限られているため、現在多くのスーパーマーケットが新しいブランドを受け入れるにあたって、取り扱いコストや在庫コストをまかなうための**棚スペース代**を取っている。大型スーパーマーケット・チェーンのセーフウェイは、小さなピザロールのメーカーから、在庫手数料として2万5000ドルを取っている。小売業者は、特別陳列スペースや店内広告スペースの使用にも料金を課している。その一方で、自社ブランドは通常より目立つようにディスプレーし、在庫も確保している。小売業者は、今や以前より品質の高いストア・ブランドを創り出している。次のケースを見てみよう。

▍ロブロー

　1984年にプレジデンツ・チョイスの食品ラインが登場して以来、「プライベート・ブランド」といえば、ロブローとプレジデンツ・チョイスが即座に頭に浮かぶようになった。トロントに本拠地を置くロブローのスーパーマーケット・チェーンは、ストア・ブランドの力を見せつけた。商標登録されているプレジデンツ・チョイスと「無印」のブランドを使った見事な戦略のおかげで、ロブローのスーパーマーケットはひときわ目立つ存在となり、カナダとアメリカにおいて強大な力を持つようになった。ロブローの所有するストア・グループのなかには、40％以上もプライベート・ブランド品を置いている店がある。冷凍ジャンバラヤ、冷凍ブレッド・プディング、冷凍オードブルなどの新しい製品分野でプライベート・ブランドを市場導入することにより、価格の高いナショナル・ブランドやセカンダリー・ブランドを減らしつつ、商品の種類を増やしている。ストア・ブランドが大成功したので、ロブローは非競合関係にある国外の小売業者にブランドのライセンス供与を行い、その結果驚いたことに、ローカルなストア・ブランドをグローバルなブランドにしてしまった。現在、のべ店舗数1700にのぼる17のスーパーマーケット・チェーンがプレジデンツ・チョイスを扱っている[18]。

　ナショナル・ブランドの製造業者は、力を増していく小売業者ブランドにいらだちをつのらせている。それはケビン・プライスの言葉によく表れている。「10年前まで、小売業者は製造業者のかかとに噛みつこうとするチワワだった。わずらわしいが、多少イライラさせられる程度のものだった。餌をやればどこかへ消えた。それが今ではピットブルになり、製造業者の腕や脚をもぎ取ろうとする。服従のしるしに腹を見せて転がるのを見たいところだが、みな自衛に手いっぱいで、やってみようともしない[19]」。マーケティング・コメンテーターのなかには、プライベート・ブランドがやがて、特に有力な製造業者ブランド以外はすべて倒してしまうだろうと予測する者もいる。

西暦2000年の公式祝典「ビレニアム」はグローバル・ブランドである。

ホンダのミレニアム・モデルS2000は、ホンダの創業50周年を祝うスポーツカーでもある。

以前、消費者はあるカテゴリーのブランドを、自分の好きなブランドをいちばん上に、残りのブランドを気に入っている順に並べるという**ブランド・ラダー**に分類してとらえていた。しかし今日、数多いブランドはいずれもみな同等であるという**ブランド・パリティ**のとらえ方に変わっているようだ[20]。ひいきにしているブランドではなく、平均的なブランドのなかからその日に安く売られているものを選んで購入するのである。クラフトの元役員ジョエル・D・ウィーナーは、次のように述べている。「だれも、チアーの代わりにタイドを使ったら世界が急停止するなんて考えていないんですよ」。DDBニーダム・ワールドワイドの調査では、1975年から1990年にかけて、有名ブランドのパッケージ商品しか買わないと答えた消費者は77％から62％に減少したという。グレー・アドバタイジングの調査によると、消費者の66％が低価格ブランド、特にストア・ブランドに変えたと回答した。

ストア・ブランドの強大化だけが、ナショナル・ブランド衰退の原因ではない。消費者は以前よりも価格に敏感になっている。競合関係にあるメーカーと全国の小売業者がいちばん良いブランドの特性を模倣し複製するようになれば、消費者は品質が均一化することに気づくようになる。クーポンや特別価格を乱発してきたため、それに慣れた消費者は、価格を基準にして購入するようになってしまった。企業が広告費をプロモーション費全体の30％に引き下げたのも、ブランド・エクイティを弱める原因となった。とどまることを知らないブランド拡張とライン拡張のために、ブランドのアイデンティティは曖昧になり、混乱を招くほど大量の製品が氾濫した。必ずしもナショナル・ブランドの勢力を弱めているわけではないが、ブランディングの全容を変えつつある新しい要素の1つが、いうまでもなくインターネットである。ネットスケープやアメリカ・オンラインのような「デジタル生まれの」企業のいくつかは、インターネットを利用して、一見したところ一夜のうちにブランド認知を得ているようである。ほかの企業も巨額の資金を投じてオンライン広告をしているが、ブランド認知への効果のほどは定かではない。■ミレニアム・マーケティング「ワールド・ワイド・ウェブにおけるブランディングの不確かな行く末」を参照されたい。

メーカーは、強いブランド選好を維持するために、消費者向けの広告やプロモーションに多額の資金を投じて反撃してきた。より多くのコストをプロモーションにかけるため、その分メーカー品の価格は高くなってしまう。その一方で大規模流通業者は、十分な棚スペースが欲しければ、より多くのプロモーション費をアロウワンスやディールに配分するようにとメーカーに圧力をかけてくる。いったん折れてしまうと、広告と消費者向けプロモーションに充てられる費用は減り、メーカーのブランドのリーダーシップはらせん降下を始める。これが、ナショナル・ブランドを製造するメーカーの抱えるジレンマである。

取引上のパワーを維持するには、有力ブランドのマーケターは新ブランドの導入、ライン拡張、製品特徴や製品品質の改善を目指して、研究開発に多額の資金を継続的に投じる必要がある。消費者のブランド認知とブランド選好を高

MARKETING FOR THE MILLENNIUM　ミレニアム・マーケティング

ワールド・ワイド・ウェブにおけるブランディングの不確かな行く末

テレビ広告が頭から離れなくなることはないだろうか。あるいは去年のコマーシャルのコピー文句——例えば「世界中にコークをあげたい」や「ポン！ シュー！ ほっと一息」——などといったフレーズが頭にこびりついて離れないという経験はないだろうか。もしあなたがごく普通の人なら、ある程度、テレビ広告を吸収しているはずである。では、インターネットでウェブサーフィンしているとき、最後に見た広告を思い出してみて欲しい。何も思い浮かばないとしても、不思議ではない。ブランド構築のツールとしてインターネットがいかに無力であるかは、今日のマーケターにとって差し迫った問題なのである。

ウェブ広告によってブランドを確立していくという問題はマーケターを混乱に陥れ、P&Gは1998年の夏にこの問題を話し合うサミットを開いた。アメリカ・オンラインやエージェンシー・ドットコムなどのインターネット関連企業からユニリーバやクラフトなどのパッケージ商品の大手企業まで、さまざまな企業から400名を超える経営幹部がシンシナティにあるP&Gの本社に集まった。彼らが目指すのは、インターネットの双方向性を利用したブランドの確立と維持である。マーケターが直面している問題を以下に挙げてみよう。

- **インターネットが持つワン・トゥ・ワンの性質は、大衆のブランド認知を生みださない。** インターネットでは、何百万もの個人的なお喋りが行われているようなものだ。いったいどうすれば、ブランド認知とブランド価値の核ともいえる「コーク・イズ・イット」のような世界共通の言葉を作り出せるだろうか。何百万の人が同時にスーパー・ボウルを見て、同じバドワイザーの広告を30秒見ることとはわけが違う。テレビで成功した戦術が、ウェブ上では失敗に終わった理由はここにある。ベル・アトランティックは、ヤッピーの新婚夫婦であるトニーとリンダを主役にしたメロドラマをオンラインで流し始めた。このサイトは評論家からは絶賛され、ファンも大勢いるが、ベル・アトランティックの調査によれば、このサイトはブランドの広告にはまったくならなかったという。アメリカ・オンラインの営業部長メイヤー・バーロウはこう見ている。「広告の基本的な方法は、切り開くこと、そして入り込むことだった。皆さんの前に飛び出して少し楽しませ、情報を与えることで、皆さんの行動を変えることができれば儲けもの、でした。しかしそれはもはや死んだモデルです。チャンネルが3つと風呂に入ることしか選択の余地がなかった時代ならうまくいった。今の消費者には、数え切れないほどの選択肢がありますからね」。

- **今までのインターネット広告のフォーマットは効果的ではなかった。** P&Gなどはバーロウの考えに反論し、もし帯域幅が増えてハイファイ・サウンドやフルモーション・ビデオが可能になれば、同じように「切り開いて、入り込む」モデルは通用すると主張している。P&Gはインターネットのパブリッシャーに、より大きくて複雑なタイプの広告を要求している。今のところ、インターネット上の広告はまったく目立たない。バナー広告とインタースティシャル広告の2つが最もよく見かけるものだろう。バナー広告とは、長方形の形をした小さな広告で、クリックするとそれについての情報が得られる。ジュピター・コミュニケーションズが行った調査の結果は期待外れである。回答したインターネット・ユーザーの21％がバナー広告をクリックしたことがなく、51％はごくたまにしかクリックしなかったからだ。インタースティシャル広告とは、サイトが画面にロードされる前にブラウザのウィンドウに登場するものだが、ほとんどの消費者は目障りだと感じていることが判明した。

- **デジタル世界の消費者は冷静である。** ウェブ上で広告を大きくしたり派手にしたりしても、広告主は消費者の反発を買うだけのようである。ドン・タプスコットが「ネット世代」と名づけた、ウェブとともに育った世代の子供は広告に対して懐疑

的で、ことにウェブ上の広告には腹を立てるという。さらに重要なのは、デジタル世界の進歩のために、ウェブサーファーは本当の価値だけをもとに製品を選ぶようになり、ブランド連想のような無形のものを選択基準にはしなくなった点である。コンペア・ネットではオンラインで無料の購買ガイドが提供されており、1万点以上の製品の特徴を比べることができる。まもなく、利用者の選好をすべてを知っているソフトボット、ノウボット、あるいはただ「ボット」と呼ばれるショッピング・エージェントが現れるだろう。この疲れを知らない働き者は、ウェブサーフィンにおいて利用者が過去にリクエストした情報を探してくれる。ユーザーのニーズにぴったり合った、完璧なチョコレートチップ・クッキーやラップトップ・コンピュータを見つけてくれるようになる。こうした進歩によって、ブランドの力が急速に弱まっていくのは間違いない。

したがって、電子商取引のスーパースターであっても、ブランディングを依然としてオフラインで行っているのは驚くにはあたらない。シスコは、ウェブのバナーに広告費を使うよりも、『ウォールストリート・ジャーナル』紙で全面広告を出している。デルは1997年に技術者向けの業界誌で5番目に多く広告費を使っており、1億ドル以上の資金を投入したブランディング・キャンペーンを、ほとんどテレビ一本に絞って展開した。テキサスに本拠地を置くオースティンは取引の50％をネット上で行いたいと考えているが、ウェブ上の広告ではそれだけの取引量を確保できないと述べている。

その一方で、ネットスケープ・コミュニケーションズ、アマゾン・ドットコム、ヤフーなどが瞬く間に成功を収めた事実は、顧客ロイヤルティをウェブ上でも育成し、確保できることを物語っている。しかしいったいどのようにすればよいのだろうか。オンラインでコンピュータ・システムを組み立てられるデル・ドットコムや、カスタマイジング・サービスのオプションを多数提供しているヤフー・ドットコムのように、ウェブ上で高いブランド認知を得ている企業はみな、消費者がウェブ上で何かをすることができるサイトを有している。オンラインの世界でブランドを構築していく役目を担っているマーケターは、顧客にオンラインの経験やサービスを提供しなければならない。フォレスター・リサーチ社のジム・ネイルは、「広告によっ

いまま維持するには、強力な「プル」広告を続けなければならない。主要な大規模流通業者と「パートナー」を組んで、ロジスティクス上の経済性を実現し、経費を節約できる競争力のある戦略を共同で研究しなければならない。

しかし、もし企業が小規模であったり創業したばかりで、広告キャンペーンに多額の投資ができなければ、どうすればよいのだろう。とりわけ科学技術系の会社は、従来とは少し違うマーケティング手法でブランド認知の標準レベルを達成するのに長けている。以下に、2つの例を挙げる[21]。

アメリカ・オンライン

アメリカの世帯の半分以上がアメリカ・オンライン（AOL）に親しんでいる。AOLが自社の通信用ソフトを無料で提供しているためである。AOLは消費者に1か月の試用を提供し、過去の数年間は全米をフロッピーディスクで、そして現在はCD-ROMで覆いつくした。同社はまた、意外な場所に製品をもぐり込ませるための契約も結んだ。ライス・シェックス・シリアルの箱、ユナイテッド航空の機内食、オマハ・ス

て誘導された知覚ではなく『経験』によって、ブランド態度が作られていく」と述べている。その方法を唱えた最新の理論が「合理的ブランディング」と呼ばれるものである。情緒に訴えかける従来のブランド・マーケティングと、オンラインのみで提供する実質的なサービスとを結合させるという考え方である。サターンは今でも昔ながらのユーモラスなテレビ・コマーシャルを流しているが、会社のウェブサイトを訪れる閲覧者に的を絞り、派手な広告をほとんどせず顧客の手助けになる各種サービスを行っている。真剣に自動車の購入を考えている買い手のために、車種選び、支払いの計算、ディーラー探しをオンラインで支援している。

とはいえ、合理的ブランディングが何でも解決してくれるわけではない。石鹸やシャンプーを販売する企業は、インターネットを取引手段として使う可能性はあまりない。こうした企業は、エキサイティングなウェブ上での経験やサービスをもたらす製品を持っていないからである。それでも、パッケージ製品の大手企業はあきらめていない。例えばP&Gは少額のオンライン・マーケティング予算の大半を生理用ナプキンのオールウェイズ、タンポンのタンパックス、紙おむつのパンパースに注ぎ込んでいる。こうした製品にはかなり個人的な関心事を抱えた、狭く絞られた標的顧客がいるからである。同社はサイトのPampers.comをパンパース育児研究所にして、新米の親やこれから親になる人にとって関心のある多様な事柄をそこで取り扱っている(■口絵13−1参照)。ユニリーバは、スーパーマーケット・チェーンと協力してインストア・プロモーションを実施するのと同じように、オンラインのスーパーマーケットであるネットグローサーと提携して、オンラインで買い物をする顧客相手にポップアップ式の広告を展開し製品のプロモーションを始めた。1つ消費者が確信できる点は、電子商取引が発展するにつれて、ウェブ上の広告やブランド構築が確実に増えていくことである。

出典：Jeffrey O'Brien, "Web Advertising and the Branding Mission," *Upside*, September 1998, pp. 90–94; Don Tapscott, "Net Culture Reshapes Brand Opportunities," *Advertising Age*, November 10, 1997; Saul Hansell, "Selling Soap Without the Soap Operas, Mass Marketers Seek Ways to Build Brands on the Web," *New York Times*, August 24, 1998, p. D1; Ellen Neuborne, "Branding on the Net," *Business Week*, November 9, 1998, pp. 76–86.

テーキのパッケージの中などである。オンライン・サービスのベネフィットを初心者に説明するのは難しいため、とりあえずは試してもらうというのがいちばんの方法だとAOLは考えている。消費者はいったんAOLを使い始めれば、ユーザー・フレンドリーなプログラムに惹かれて使用契約をするだろうと同社は見ている。もう1つAOLにとって都合がよいのは、消費者の惰性である。そのおかげで、多くの利用者が他のインターネット・サービス・プロバイダーにスイッチせずにすんでいるのである。

サン・マイクロシステムズ

サン・マイクロシステムズはほとんどPR戦争だけによって、同社の最も重要なソフトウェア製品であるJavaを企業社会に知らしめた。同社の強敵であるマイクロソフトに標的を絞って、ゲリラPRを展開したのである。例を挙げよう。以前、同社の「Javaビーンズ」に対抗する技術をマイクロソフトが開発したとき、サン・マイクロシステムズは、い

つどこでマイクロソフトがその製品を導入するかについて調べた。マイクロソフトが発表を行う前日、サン・マイクロシステムズは「なぜマイクロソフトはそんなに怯えているのか」というメモのついた袋入りのコーヒー豆（ビーンズ）を記者に郵送し、マイクロソフトが開発者会議を開いて製品発表を行う場所のすぐ隣のホテルで、Javaビーンズのトレーニング・セミナーを開催し、そこに記者を招待した。サンによれば、この作戦は成功した。250名が集まり、記者の心の中にマイクロソフトの技術力に対する疑いの念を植えつけることができたという。「軍事作戦みたいなものです」と、同社のブランド・マーケティング担当副社長のジョン・ロワコノは述べている。

広告に頼らずブランド認知を確立するヒントを得るには、■マーケティング・メモ「ブランド認知対策：ブランドに力をつける9つの方法」を参照されたい。

MARKETING MEMO

ブランド認知対策：ブランドに力をつける9つの方法

企業がブランド・パワーを意識するようになると、どうすれば自社ブランドに力をつけられるのかと考えるようになる。マネジャーのほとんどが、答えは広告予算を増やすことだと考える。しかし、広告はお金がかかるし、必ずしも効果をもたらすとは限らない。広告は、ブランド認知とブランド選好を高める9つの方法の1つにすぎない。

1. **クリエイティブな広告を制作する**：アブソルート・ウォッカ、ユナイテッド・カラーズ・オブ・ベネトン。
2. **有名なイベントのスポンサーをする**：IBMは絵画展、AT&Tはゴルフ・トーナメントのスポンサーをしている。
3. **クラブを作って顧客にメンバーになってもらう**：ネスレのカサ・ブイトーニ・クラブ、ハーレー・ダビッドソンのHOGクラブ。
4. **一般人を工場や事業所見学に招く**：キャドバリーのテーマパーク、ケロッグのシリアル・シティ。
5. **自社の小売ユニットを創る**：ナイキタウン、ソニー。
6. **喜ばれる公共事業を行う**：ペリエの運動道路、ネスレのネストップ。↗

ブランド名の決定

製品をブランド化するメーカーやサービス企業は、どのようなブランド名を使うかについて決めなければならない。4つの戦略が考えられる。

1. **個別の名称をつける**　ゼネラル・ミルズがこの方法をとっている（ビスクイック、ゴールド・メダル、ベティ・クロッカー、ネイチャー・バレー）。個々に名称をつける戦略の利点は、企業の評判と製品の評判とがすぐに結びつかない点にある。製品が失敗に終わったり、品質が低かったりしたときに、企業の名称やイメージに傷がつかずにすむ。例えばセイコーのような高品質な時計メーカーが、やや品質の劣るラインにパルサーというブランド名をつけて売り出せば、セイコーの名を汚すことはない。この戦略をとると、企業は新製品それぞれに合った名称をつけることができる。

2. **共通のファミリー・ネームを使う**　ハインツとGEがこの方法をとっている。共通のファミリー・ネームにも利点がある。名称を決めるための調査が要らず、ブランド認知を高めるために多額の広告費を使わなくてもよいため、開発コストが少なくてすむ。また、メーカー名が良ければ新製品は売れやすくなる。キャンベルはキャンベルという名称で労せずして新しいスープを売り出し、消費者からすぐに認知された。

3. **全製品に異なるファミリー・ネームを使う**　シアーズがこの方法をとっている（電化製品にはケンモア、工具にはクラフツマン、大型住宅設備にはホマート）。1つの企業がまったく違った製品を生産している場合、すべてに共通のファミリー・ネームを使うのは望ましくない。スウィフト・アンド・カンパニーは、ハム（プレミアム）と肥料（ヴィゴロ）にそれぞれ別のファミリー・ネームをつけた。体重増加用の栄養補助食品を開発したミード・ジョンソン社は、減量用製品のメトレカルと

の混同を避けるために、ニュートリメントという新しいファミリー・ネームを創り出した。同じ製品クラスでも、品質の違うラインには別のファミリー・ネームを創る場合もよくある。大手スーパーマーケットのA&Pでは、一級品のアン・ページ、二級品のサルタナ、三級品のイオナ、とブランドを分けて販売している。

4. **個別の製品名と社名を組み合わせる**　ケロッグがこの方法をとっている(ケロッグ・ライスクリスピー、ケロッグ・レーズンブラン、ケロッグ・コーンフレーク)。このように、各製品の個別のブランド名と会社名を結びつける方法をとるメーカーがある。企業名は新製品が当該企業のものであることを示し、個々の名称は新製品を特徴づける。

ブランド・ネーム戦略を決定したら、次はブランド・ネームの選択という仕事が待っている。人名からとる方法もあれば(ホンダ、エスティ・ローダー)、場所からとる方法(アメリカン航空、ケンタッキーフライドチキン)、品質からとる方法(セーフウェイ、デュラセル)、ライフスタイルからとる方法(ウエイト・ウォッチャーズ、ヘルシー・チョイス)、あるいはゼロから創り出す方法(エクソン、コダック)もある。ブランド・ネームとしての望ましい資質を次に挙げてみよう[(22)]。

- **製品ベネフィットを示す**　例：ビューティ・レスト、クラフツマン、アキュトロン。
- **効果や色といった製品品質を示す**　例：サンキスト、スピック・アンド・スパン、ファイアバード。
- **発音が簡単で、認知しやすく、覚えやすい**　短い名前が良い。例：タイド、クレスト、パフス。
- **独特である**　例：ムスタング、コダック、エクソン。
- **外国や外国語で悪い意味を持たない**　例えば、「ノヴァ」はスペイン語圏において、自動車の名称として向いていない。「ノヴァ」はスペイン語で「走らない」を意味するからである。

通常、企業は候補のリストを作ってそれぞれの名称の長所を議論し、少数に絞った後、標的となる消費者によるテストを経て最終的な決断を下す。今日、多くの企業ではマーケティング・リサーチ会社に名称の開発とテストを行わせている。マーケティング・リサーチ会社は、人間によるブレイン・ストーミング・セッションとともに、連想や音などの性質ごとに目録を作成した膨大なコンピュータ・データベースを使う。ブランド名の調査では**連想テスト**(どんなイメージが思い浮かぶか)、**学習テスト**(どのくらい簡単に発音できるか)、**記憶テスト**(どのくらい記憶に残るか)、**選好テスト**(どの名称が気に入ったか)が行われる。もちろん、他のデータベースを使って、選ばれた名称がすでに登録されていないかどうかを確認しておく必要がある。しかし、このすべてを行うと費用がかかる。サンフランシスコに拠点を置き、この「ブランド名探し」の世界で最も知られている専門業者のネームラボ社は、平均6万ドルの手数料を取るという。ネームラボ社はアキュラやコンパックなどのブランド名の生みの親である。ネー

MARKETING MEMO

7. **何らかの社会的運動を目に見える形で援助する**：ボディショップはホームレスを助けるために援助し、ベン&ジェリーズは収益の7.5%を慈善団体に寄付している。
8. **価値リーダーとして有名になる**：イケア、ホーム・デポ。
9. **企業を代表する強力なスポークスマンかシンボルを創る**：リチャード・ブランソン(ヴァージン)、アニタ・ロディック(ボディショップ)、カーネル・サンダース(ケンタッキーフライドチキン)。

出典：Patricia Nakache, "Secrets of the New Brand Builders," Fortune, June 22, 1998, pp. 167–70.

ニュー・ミレニアムに入る今、最も裕福で発展した先進国では最新のエネルギー源を使っている。しかしその一方で、世界の70％以上の国では、暖房や調理に木材や木炭を使い、動力や耕作用に牛を使っている。

ミング会社でもう1つ有名なのがランドー・アソシエイツで、同じくサンフランシスコにある。こちらの手数料は2万5000ドル～6万ドルである[23]。

多くの企業が、やがては製品カテゴリーの代名詞になるようなユニークなブランド名を築き上げようと努力している。フリジデア、クリネックス、キティー・リター、リーバイス、ジェロー、ポプシクル、スコッチテープ、ゼロックス、ファイバーグラスなどがその例である。1994年にフェデラル・エクスプレスは、マーケティング・アイデンティティを公式にフェデックス(FedEx)に短縮した。フェデックスの名はやがて、翌日配達を意味するようになった。しかし、ブランド名が1つの製品カテゴリーと同一化してしまうと、その名称に対する企業の独占権が脅かされる可能性が出てくる。セロハンとシュレデッド・ウィートは今では特許権が消滅した状態となっており、どのメーカーが使ってもかまわない。

グローバル市場が急速に発展しつつあるため、企業は世界的に通用するブランド名を考え出さなければならない。それは実質的な意味があって、他の言語でも発音しやすい名称である必要がある。コンパックがホーム・コンピュータのラインにつけた「プレサリオ」を気に入っているのは、この名称が、ラテン語の影響を受けた言語間において似通った意味を想起させる点である。フランス語、スペイン語、ラテン語、ポルトガル語では、プレサリオには英語の場合と同じか似通った連想が働く。めくるめく夢の舞台を創り出す不思議な主――「興行主」を思い出させるのである。企業はまた、他国で他社に所有されているからといって名称を変えてはいけない。例えばアンハイザー・ブッシュはバドワイザーという名称をドイツで使うことができない。

> エネルギーの使用は、地球の温暖化現象や大気汚染という重大な結果をもたらしかねない。これらは、次のミレニアムにおける2大環境問題である。

ブランド戦略の決定

ブランド戦略には5つの選択肢がある。**ライン拡張**(ブランド名はそのままで、既存の製品カテゴリーに新しいサイズや味を加える)、**ブランド拡張**(ブランド名を新製品カテゴリーにも使う)、**マルチブランド**(同じ製品カテゴリーに新しいブランド名を導入する)、**新ブランド**(新しいカテゴリーの製品に新しいブランド名をつける)、**共同ブランド**(ブランド名に、2つ以上の有名なブランド名を用いる)の5つである。

ライン拡張 ライン拡張とは、同じブランド名を使って同一の製品カテゴリーに新たなアイテムを加えることである。具体的には、新しい風味、形、色、材料、包装サイズの種類を増やすことをいう。ダノンは、無脂肪の「ライト」ヨーグルト、そして「ミント・チョコレート・クリームパイ」「キャラメル・アップル・クランチ」といったデザートの風味を増やして、ヨーグルト・ラインの拡張を行った。新製品発売の大半は、ラインの拡張によるものである。

現在、多くの企業では**ブランデッド・バリアント**を売り出している。これは、特定の小売業者や流通チャネルに供給される特殊なブランド・ラインである。他社とは違う商品を提供するために、小売業者がメーカーに圧力をかけたことか

ら生まれた。例えばカメラ会社なら、高価なアイテムはカメラの専門店にだけ卸して、価格が低めの商品は量販店に卸すという具合である。バレンティノの場合なら、各百貨店に別々のラインのスーツやジャケットをデザインして供給する形になる[24]。

ライン拡張にはリスクが伴う。そのため、これまでマーケターの間で、激しい議論が戦わされてきた[25]。ライン拡張の欠点は、ブランド名がその特定の意味を失いかねないことである。ライズとトラウトは、これを「ライン拡張の落とし穴」と呼んだ[26]。かつて、コカ・コーラを1本求めると、6.5オンス（約200cc）入りのボトルが出てきたものだった。今では売り手はこう尋ねなければならない。ニュー・コークにしますか、クラシック・コークにしますか、それともチェリー・コークにしますか。レギュラーですか、それともダイエットですか。カフェイン入りですか、それともカフェイン抜きですか。ボトルにしますか、缶にしますか。オリジナル・ブランドのアイデンティティが強すぎるため、ライン拡張はただ混乱を招くだけで、開発コストやプロモーション・コストをカバーできるほど売れないことがある。A-1の鳥肉用ソースは、「A-1」といえば「牛肉」という一般の思い込みがあるために失敗したし、クロロックスの衣料用洗剤は、「クロロックス」といえば「漂白」という連想が働き、消費者は服を色落ちさせたくなかったために不運な結果に終わった。次に紹介する失敗例について考えてみよう。

ナビスコ
ラインを新たに拡張した結果、売れ行きが伸びたとしても、それは同じラインのほかのアイテムを犠牲にしてのことかもしれない。フィグ・ニュートンの姉妹品であるクランベリー・ニュートン、ブルーベリー・ニュートン、アップル・ニュートンはおおいにナビスコの収益を伸ばしたが、オリジナル・ブランドのフィグ・ニュートンは、今ではまるで数種の風味の1つにすぎないように見える。ライン拡張が成功したといえるのは、競合他社のブランドから収益を奪ったときであって、自社の他アイテムを弱めたりカニバライズしてしまったときではない。

しかし、ライン拡張にはメリットもある。まったくの新製品よりもライン拡張品の方が、はるかに生き残る確率は高い。マーケティング担当役員のなかには、ライン拡張は事業を成功させる上で最善の方法だと弁護する者もいる。キンバリー・クラークのクリネックスは、ライン拡張で大きな成功を収めた。「各家庭のそれぞれの部屋にティッシュペーパーを置いてもらおうとしたのです」と、キンバリー・クラークの幹部は語る。「あれば、使われるようになる」という考えから、ローションを浸みこませたタイプ、子供部屋用に箱に童謡の絵を印刷してあるタイプ、通常サイズより60%も大きい男性向けのタイプなど、全部で20種類ものティッシュペーパーが生まれた。

市場で繰り広げられる熾烈な競争によって、競合企業の新商品へ対抗するために、ライン拡張が煽られることもある。ナビスコがスナックウェル・ファッ

歴史メモ：1095年の第1回十字軍をきっかけに、ヨーロッパとアジア間の交易が一新した。

歴史メモ：十字軍によって開かれた貿易の機会を真っ先に利用したのは、ベネチア、ジェノバをはじめとするイタリアの都市国家だった。

トフリー・クッキーで非常な成功を収めたため、競合他社はみな、対抗策として製品ライン拡張を余儀なくされた。レディ、ホーラック、バートは、ライン拡張が成功あるいは失敗する原因を調べた。20年間にわたり34のタバコ・ブランドが行った75のライン拡張について調べた結果、次のことが判明した。強力なブランド、シンボル的ブランド、強力な広告とプロモーションの支援があるブランド、サブカテゴリーに他社よりも早く参入したブランドのライン拡張は、成功しやすい。企業の規模やマーケティング能力も関係があるという[27]。

ブランド拡張　既存のブランド名を利用して、ほかのカテゴリーの新製品を売り出す場合もある。ホンダは、自動車、バイク、噴射式除雪機、芝刈り機、マリーンエンジン、スノーモービルなど、多様な製品すべてに会社名を使っている。そのため、「ガレージに6つのホンダを」と広告することができる。アメリカのファッション専門店GAPは、石鹸、ローション、シャンプー、コンディショナー、シャワージェル、バスソルト、香水などに「GAP」の名称をつけて売っている。コーポレート・ブランド構築の新しいトレンドは、寝具から靴にいたるまで、幅広い製品のメーカーに自社名のライセンスを与えるというものである。こうした企業イメージ・ブランディングという新しいトレンドについて詳しくは、■マーケティング・インサイト「ハーレー・ダビッドソン・アームチェアからコカ・コーラ・フィッシング・ルアーまで：コーポレート・ブランディングの隆盛」を参照されたい。

　ブランド拡張戦略には、ライン拡張と同じ利点が数多くある。ソニーは新しいエレクトロニクス製品の大半にソニーの名称を使っている。そのため、即座に新製品も高品質であると認識される。一方で、ライン拡張と同様、ブランド拡張にもリスクがつきまとう。新製品が買い手の期待を裏切るものであった場合、当該企業の他製品に対する評価にも傷がつく。そのブランド名が新製品には不適当な場合もある。石油会社スタンダード・オイルのスタンダード・オイル・ケチャップ、排水管洗浄剤の会社ドラノのドラノ牛乳、航空機メーカーであるボーイングのボーイング・コロンの購入を考えてみるとよい。あまりにも手を広げすぎると、かえって消費者の心の中にあった特定のポジショニングを失うことになる。消費者の頭の中で特定の製品やよく似た製品とブランドが結びつかなくなることを、**ブランドの希釈化**という。ターゲットを絞るほどブランドは強くなる。ロンドンに拠点を置くヴァージン・グループの会長であり創設者でもあるリチャード・ブランソンは、多様な製品に意欲的にヴァージンの名を冠しているが、彼に反対する人々は、それがヴァージン・ブランドを希釈化させる行為であると考えている。

ヴァージン・グループ

　もともとはミュージック・ストアとして知られ、現在では主に航空会社として有名なヴァージン・グループは、3つの大陸を股にかけ、飛行機から列車、金融サービス、ミュージック・ストア、映画、コーラにまで手を広げている。しかし、マーケティングの専門家や金融アナリストは、ヴァージンの名を数多くの非関連事業に使うことによって、ブ

ランソンはヴァージン・ブランドの力を弱める危険を冒していると警告する。ブランソンにとって、ブランド拡張は不遜な成り上がり者という企業イメージを強化するものである。業界の巨人であるペプシやコカ・コーラにヴァージン・コーラで対抗したように、ブランソンは顧客にとって選択肢の乏しい業界に参入するのが好きである。「払った金額に見合う価値を消費者が受け取っていない業界で独占的にふるまう相手に、わが社のブランドの信用を利用して挑戦する戦略が我々にはある」とブランソンは述べている。しかし、もしブランソンがヴァージン・コーラで収益をあげられなかったり、鉄道会社のサービスを約束どおり向上させることができなかったりすれば、ヴァージンの名称には間違いなく傷がつく[28]。

競合他社は、ブランドの希釈化を利用できる。ハイアットとマリオットの両ホテルチェーンにおける対照的な名称のつけ方を見てみよう。

ハイアットとマリオット

ハイアットはブランド拡張戦略をとっている。ハイアットの名称はさまざまなグレードのホテルに見ることができる。ハイアット・リゾート、ハイアット・リージェンシー、ハイアット・スイート、パーク・ハイアットなどである。マリオットはマルチ・ブランディング戦略を行っている。同社のホテルにはマリオット・マーキス、マリオット、レジデンス・イン、コートヤード、フェアフィールド・インという名称がついている。マリオットが個々のホテルのターゲットを明確に異なるセグメントに絞り、それぞれ特定のブランド名とブランド・イメージを築いているのに対し、ハイアットの利用客には各ホテルの違いがわかりづらい。

ブランド名を別の製品でも使おうと考えている企業は、ブランド連想がどれだけ新製品に整合しているかを考慮しなければならない。ブランド名が新製品と既存製品の両方の売上を伸ばせば、最も成功したといえる。新製品がよく売れて、既存製品の売上にも悪影響が出なければ、まずは合格である。最悪のケースは、新製品が失敗して既存製品の売上にまでその影響が出てしまった場合だ[29]。

マルチブランド 企業が、同じ製品カテゴリーで新たなブランドを加えることはよくある。今までにない特徴を構築しようとする場合もあれば、違う購買動機に訴えかけようとする場合もある。例えばP&Gは、9つのブランドの衣料用洗剤を製造している。マルチブランディング戦略をとれば、流通業者の棚スペースをより多く確保し、**フランカー・ブランド**を作って主力製品を守ることが可能になる。セイコーが、高価格設定の時計（セイコー・ラサール）と低価格設定の時計（パルサー）に別々のブランド名をつけ、脇を固めているのも同じである。また、競合他社を買収する際に、さまざまなブランド名を譲り受けることがある。スウェーデンの多国籍企業エレクトロラックスの家電製品ラインには、これまでに買収した多くのブランド名がずらりと並んでいる（フリジデ

歴史メモ：1114年、フランダース、ドイツ、イタリア、プロヴァンスからの道が交差するフランスのシャンパーニュ地方で見本市が開催されるようになった。

今日では「中東」と「石油」という言葉は同義語のようになったが、その石油がサウジアラビアで発見されたのは、つい最近の1938年である。

第13章 製品ラインとブランドのマネジメント

MARKETING INSIGHT　マーケティング・インサイト

ハーレー・ダビッドソン・アームチェアからコカ・コーラ・フィッシング・ルアーまで：コーポレート・ブランディングの隆盛

BMWは6000万ドルでロールスロイスの名称を──名称だけを──買ったとき、抜け目のない投資家なら必ず知っていることを確信していた。強力なブランド名は、最も価値ある企業の資産の1つ、ということである。企業は今、そのような資産の利用をショールーム、企業案内、文房具、名刺、主力製品だけに限るのは間違っているということに気づき始めている。そして、企業の名称とイメージを売り込むために、ブランドの使用を許可する（ライセンス供与）という方法をとったのである。これが、ピルスベリーの看板キャラクターであるドウボーイの鍋つかみ、コカ・コーラ・ピクニック・バービー、ハーレー・ダビッドソンのアームチェアとベビー服、合衆国政府発行のカモ図柄切手のキーホルダー、マグカップ、折り畳み式ナイフなどの商品を見かけるようになった理由である。

1997年にアメリカとカナダでライセンス供与によってもたらされた小売売上は、732億3000万ドルにのぼる。上に挙げたようなコーポレート・ブランドのライセンス供与によるものは、全体の22％を占める。これは興業資産へのライセンス供与による売上と同額である。コーポレート・ブランドとトレードマークのライセンス供与は、低いリスクで収益とブランド認知度を上げることができるため、ますます盛んになっている。当然、コカ・コーラの成功に刺激を受けて、何百という企業が模倣した。しかし気づいている者は少ないが、コカ・コーラがライセンス供与を始めたのは単に防御策としてであって、ブランド認知を高めるためではなかった。1980年代の初めに弁護士が、コカ・コーラがまだTシャツ市場に乗り出していないのなら、ほかのだれかがそうすることは法的に可能だ、とアドバイスした。そこでコカ・コーラはライセンス供与プログラムを創設した。初めはささやかなものだったが、今では240のライセンシーを抱え、ベビー服からイヤリング、小さなコーク缶の形をしたフィッシング・ルアー、ボクサーショーツにいたるまで1万点以上の製品を管理する一大部門となった。1997年だけでも、5000万点ものコークのライセンス商品が売れた。

大半の企業は長らく、企業名やロゴを入れた販売促進用の商品をディーラーや流通業者に販売していたが、小売で本格的に販売するというのはまったく新しい動きといえる。企業は、今現在のブランド認知を得るためだけではなく、将来のそれを確実なものとするためにこの方向転換を行っている。キャタピラーとジョン・ディアは2社とも狭い市場しか持たない企業だったが、今では多様な製品にライセンス供与をしている。製品の多くは若者向けだが、もちろん彼らはキャタピラー社の土砂を動かす大型機械やジョン・ディアのトラクターの標的市場ではない。例えば、キャタ

ア、ケルヴィネイター、ウェスティングハウス、ザヌシ、ホワイト、ギブソン）。

マルチブランド製品を導入する際の落とし穴は、ブランドの一つひとつがわずかな市場シェアしか握れず、いずれもたいした利益をあげられなくなる可能性があることだ。利益の大きな少数のブランドを構築する代わりに、多数のブランドに資源を分散させることになってしまう。理想的には、1つのカテゴリー内のブランドは、自社ブランドではなく競合他社ブランドのシェアを奪わなければならない。たとえカニバリゼーションが起こっても、マルチブランドによる純利益は必ず増加しなければならない[30]。

新ブランド　新しいカテゴリーで製品を売り出す場合、既存のブランド名がどれもふさわしくないことがある。時計メーカーのタイメックスがもし歯ブ

ピラーはビッグ・スミス・ブランドとキャタピラーの作業着を作るライセンス供与契約を取り交わしたし、玩具会社のマテルと組んでキャタピラーの建設用機械をモデルにした玩具のラインを創り出している。キャタピラーもジョン・ディアも、靴メーカーと契約してワークブーツを売り出している。キャタピラーのブーツは、今では（ハッシュパピーで有名な）ウルバリン・ワールド・ワイド社の人気商品になっている。『ブランド優位の戦略』の著者デービッド・アーカーは、機械メーカーは新しいブランド製品を市場に送り出すことによって若者を取り込むことができる、と述べている。また彼は、ジョン・ディアの歴史を評価している人が「歳をとりつつある」ため、「ジョン・ディアは20代、30代の人々に企業の伝統を理解してもらわなければならない」と指摘している。

企業がブランドを新しい標的市場へ拡大する方法として、ライセンス供与を選ぶ場合もある。ハーレー・ダビッドソンのアームチェアなどというと奇抜な製品という感じがするかもしれないが、これは、バイク市場の9％しか占めない女性へ市場拡大するための戦略なのである。同社はまた、将来ハーレーの購買者となる世代にアピールするために、「非常に女性らしい衣装」を着たバービー人形などの玩具にもライセンス供与を行っている。最終的な目標は、中核市場以外の消費者により多くのバイクを販売することにある。

コーポレート・ブランド名やトレードマークに多額の資金を注ぎ込むメーカー、つまりライセンシーにとって、コーポレート・ライセンス供与はどのような意味があるのだろうか。興業資産や有名人に比べれば、会社の名称ははるかにリスクが低い。スポーツ界の有名人が麻薬で逮捕されたら、その名前を使っていた製品はいったいどうなるだろう。また、ゴジラの映画が失敗したら（実際そうなったが）、ゴジラのバックパックをメーカーはいったいどうしたらよいのだろう。

会社名を使う方がずっと安全な賭けである。多くは何十年も存続しており、顧客に対して素晴らしいアピール力がある。ことにベビーブーム世代の人々にとっては懐かしさが原動力となって、コークのビーチタオルや、コレクションできるグッドヒューマーのトラックのミニシリーズなどに対する購買意欲がかきたてられている。コカ・コーラ、ハーレー・ダビッドソン、ホーメルのライセンス供与を管理しているビーンストーク・グループの副会長セス・M・シーゲルは、「世俗社会に住みながら、みな、自分に感動を与えてくれるアイコンに囲まれているのが好きなんですよ」と述べている。

出典: Constance L. Hays, "No More Brand X: Licensing of Names Adds to Image and Profit," *New York Times*, June 12, 1998, p. D1. 詳しくは、以下の文献を参照されたい。Carleen Hawn, "What's in a Name? Whatever You Make It," *Forbes*, July 27, 1998, pp. 84-88. Carl Quintanilla, "Advertising: Caterpillar, Deere Break Ground in Consumer-Product Territory," *Wall Street Journal*, June 20, 1996, p. B2. 以下の文献も参照されたい。David A. Aaker, *Building Strong Brands* (New York: Free Press, 1995).

ラシを作るにしても、タイメックス歯ブラシという名称にすることはまずないだろう。しかし、アメリカの一般消費者向けパッケージ商品市場で新しいブランド名を確立するとなると、5000万ドル〜1億ドルかかる。

共同ブランド　最近目立つ現象に共同ブランド（二重ブランドともいう）がある。2つ以上の有名ブランドを結合させて1つの商品として提供するものだ。どちらのブランド・スポンサーも、もう一方のブランド名が消費者の選好や購入意図を強めてくれることを期待している。複数の製品が共同のパッケージに入れられる場合、相手のブランドと一緒であることによって新しい顧客の獲得が期待できる。

共同ブランドにはいくつかの形態がある。1つめは**材料の共同ブランド**であ

る。ボルボがミシュランのタイヤを使っていることを広告したり、ベティ・クロッカーのブラウニー・ミックスにハーシーのチョコレート・シロップが入っていたりするのがこれにあたる。2つめは、**同一企業内での共同ブランド**である。ゼネラル・ミルズによるトリックスとヨープレイト・ヨーグルトの広告がこれにあたる。また、GEと日立が日本で電球を売り出したり、シティバンク・Aアドバンテージ・クレジットカードのように、**ジョイント・ベンチャーによる共同ブランド**もある。3つめは**複数スポンサーによる共同ブランド**で、例としてはタリジェントがアップル、IBM、モトローラと技術提携していることが挙げられる(31)。

多くのメーカーは、モーター、コンピュータ・チップ、カーペット用繊維などの構成部品を作っているが、それらの部品は最終ブランド製品に組み込まれる。そうなると、個々の部品のアイデンティティは通常失われてしまう。このような部品を作っているメーカーは、自社ブランドが、最終製品の部品として使われていることを明示したいと望んでいる。部品でありながら独立して消費者に知られる存在となった、数少ない部品ブランドのメーカーに、インテル、ニュートラスウィート、ゴアテックスがある。インテルが展開した消費者向けのブランド・キャンペーンによって、多くのパソコン購買者は「インテル・インサイド」のステッカーが付いているコンピュータ・ブランドだけを購入するようになった(■口絵13-2参照)。その結果、IBM、デル、コンパックなどの大手パソコン・メーカーは、無名の供給業者から同等のチップを購入するよりも、インテルからプレミアム価格でチップを購入するようになった。サール社は、消費者がニュートラスウィートの甘味料を使用している飲料製品を求めるように仕向けた。アウトウェア・メーカーは、素材にゴアテックスを使っていれば高価格を設定することができる。こういった成功例はあるにしても、部品メーカーや材料メーカーの多くにとって、購買者を説得して最終製品に特定の部品や材料や成分が含まれていることを要求してもらうのは、なかなか難しいことのようである。点火プラグがチャンピオン製だから、あるいは座席のカバーがステインマスター製だからといって、自動車を購入する消費者はあまりいないだろう。

> 郵便切手が使われるようになったのは、ごく最近の1840年である。最初の切手はイギリスで発行された「ペニー・ブラック」だった。

ブランドのリポジショニング

現在はブランドのポジショニングがうまくいっていても、新しい競合他社が現れたり消費者選好が変化したりして、後にリポジショニングを行う必要が出てくることもある。次のリポジショニングの例について考えてみよう。

セブンアップ

セブンアップは、口当たりのよいレモン風味の飲み物を好む年輩の消費者に、最もよく購買されるソフトドリンクの1つである。調査によると、ソフトドリンクの消費者の大半はコーラを好むが、いつでもコーラを飲みたいと思うわけではなく、コーラ以外のものを飲んでいる

消費者もたくさんいる。セブンアップは自らを「アンコーラ（コーラではない）」と称し、コーラ以外の市場でリーダーシップをとった。キャンペーンでは「アンコーラ」を、コーラ以外の若者向け清涼飲料として広告した。セブンアップは、平凡などこにでもあるソフトドリンクではなく、コーラと互角に競合するソフトドリンクになったのである。

パッケージングとラベリング

多くの有形製品はパッケージに入れられて、ラベルをつけられる必要がある。コカ・コーラのボトルやレッグスの入れ物のように、世界的に有名なパッケージもある。パッケージング（packaging）は価格（price）、製品（product）、流通（place）、プロモーション（promotion）に続く5つめのPだと主張するマーケターも多い。しかしほとんどのマーケターは、パッケージングとラベリングを製品戦略の一要素として扱っている。

パッケージング

パッケージングを、ここでは次のように定義する。
- **パッケージング**とは、製品の容器をデザインし、作り上げる活動のことである。

ここでいう容器というのがパッケージのことで、素材によって3つのレベルに分けられる。オールドスパイス・アフターシェーブ・ローションは瓶入りで（**1次パッケージ**）、厚紙の箱に入っており（**2次パッケージ**）、それがまた段ボールに6個1組で入っている（**輸送用パッケージ**）。

パッケージングは強力なマーケティング・ツールになった。デザインのよいパッケージは扱いやすく、プロモーションの上でも価値がある。パッケージングがマーケティング・ツールとしてさらに活用されるようになった要素はいくつかある。

- **セルフサービス**　セルフサービス形式で販売される製品が増えている。平均的なスーパーマーケットには1万5000点ほどのアイテムが取りそろえられ、普通の買い物客は1分間に300点のアイテムの前を通り過ぎている。購入した商品の53％が衝動買いであったとすると、効果的なパッケージは「5秒間のコマーシャル」の役目を果たしていることになる。つまりパッケージは多くの販売役割を果たさなければならない。注目を引き、製品の特徴を示し、消費者の信頼を得て、全体的に好ましい印象を与えなければならない。
- **豊かな消費者**　消費者の豊かさが増すと、よりよいパッケージの持つ便利さ、外見、信頼感、格式の高さを得るために、消費者は進んで余分のお金を出す。

| 前ミレニアムに、ビザンティン人はすでに保護貿易を巧みに行っていた。多様な政府独占品を持ち、気に入った相手と貿易協定を結んでいた。

- **企業イメージとブランド・イメージ**　パッケージを見れば、すぐに企業やブランドがわかる。キャンベルスープは、平均的な買い物客が年に76回、お馴染みの赤と白の缶を目にすると見積もっている。これは広告費に換算すれば2600万ドル分に相当する。
- **革新の好機**　革新的なパッケージングは、消費者には大きなベネフィットを、生産者には大きな利益をもたらすことができる。ソフトソープは液体石鹸用のポンプ市場を独占した。ポンプ式の練り歯磨き粉は便利できれいに使えるため、練り歯磨き粉市場の12%を占めている。チーズブロー・ポンズは新製品アジザ・ポリッシング・ペンの発売後、マニキュアの売上を22%上昇させた。

新製品のための効果的なパッケージを開発するには、いくつかの決断を下さなければならない。第1に、そのパッケージが基本的に製品にとってどのようなものであるべきか、また製品のためにどのような役割を果たすべきかという**パッケージング・コンセプト**を確立しなければならない。第2に、サイズ、形、材質、色、表示文、ブランド・マークなどの付加的な要素について決めなければならない。説明文の量、セロハンにするか他の透明フィルムにするか、プラスチックにするかラミネート・フィルムにするかといったことである。いたずら開封防止機能の工夫をするか否かについても決めなければならない。そして、さまざまなパッケージングの要素が全体として調和していなければならない。また、価格や広告などのマーケティング要素の決定とも調和していなければならない。

ニュー・ミレニアムにおいても、国や地域間の通商で今と同じような保護貿易論争が行われるだろう。

パッケージングのデザインが決まったら、テストをする必要がある。**技術テスト**はパッケージが通常のコンディションに耐えられるものかどうか、**外観テスト**は文字が読みやすく色の調和がとれているかどうか、**販売店テスト**は販売店がパッケージを魅力的でしかも扱いやすいと思ってくれるかどうか、**消費者テスト**は消費者の好意的な反応が得られるかどうかを確かめるために行う。

これだけの予防措置をとっていても、パッケージングのデザインに基本的な欠陥が生じることがある。

プランターズ・ライフセイバーズ社

1992年初め、プランターズ社はピーナッツの販売に新しいパッケージング・コンセプトを導入した。真空包装したブリックパックのコーヒー豆が成功したのを模倣して、真空包装のプランターズ・フレッシュロースト・ソルテッド・ピーナッツを売り出したのである。目的は、煎りたてのコーヒー豆から煎りたてのピーナッツという連想が働くのを利用することにあった。確かに消費者には、そうした連想が働いた。しかし、結果は惨憺（さんたん）たるものだった。製品が食料雑貨店の棚に並ぶやいなや、プランターズ社の親会社ナビスコはスーパーマーケットの店長から怒りの電話を受けた。いったいだれが店のコーヒー・ミルを掃除してくれるのか聞きたいというのである。真空包装されたピーナッツをコーヒー豆と間違えた客が、店のコーヒーの豆挽き器に入れたらし

い。この新しいパッケージが出たのは、フレーバー・コーヒーが爆発的に流行していた時期と重なっていた。ピーナッツはごつごつしているため、スーパーマーケットの照明の下ではでこぼこしたパッケージの表面は読みづらい。いうまでもなく、プランターズは真空包装製品を廃止した(32)。

効果的なパッケージングを開発しようとすると、何十万ドルもの費用と何か月もの時間がかかる。パッケージが環境面や安全面に及ぼす影響に対する懸念が大きくなりつつある今、企業はそうした面にも目を向けなければならない。紙やアルミニウムなどの材料不足は、マーケターがパッケージをできるだけ簡素にすべきことを示唆している。多くのパッケージが割れた瓶やつぶれた缶というゴミになり、都会や田園を汚している。こうしたパッケージは、固体廃棄物を処理する際の大きな問題となっている。処理にばく大な労力とエネルギーを要するためである。喜ばしいことに、多くの企業が「グリーンな（環境に配慮した）」方向に転換している。S.C.ジョンソンはシャンプーのアグリー・プラスを、プラスチックが80%カットされたスタンドアップ式の小袋容器に詰め直した。P&Gも、制汗剤のシークレットとシュアを外箱に入れるのをやめ、年間に約1500トンもの厚紙を節約した。

> 歴史メモ：火災・損害保険は、1151年にアイスランドで初めて提供されるようになった。生命保険は、1580年代になって初めてイギリスに登場する。

テトラ・パック社

スウェーデンの多国籍企業テトラ・パック社は、革新的なパッケージングと顧客への配慮で知られている。同社は「無菌」包装を考案し、ミルクやフルーツジュースなどの生鮮液体食品を常温で配送できるようにした。そのおかげで乳製品工場は、冷蔵のトラックや設備に投資しなくてもさらに広い地域に牛乳を配送できるようになった。スーパーマーケットもテトラ・パックの包装製品を普通の棚に並べることができ、コストのかかる冷蔵スペースを使わなくてすむようになった。テトラ社のモットーは次のようなものである。「パッケージは、それにかかったコストよりも多くを節約できるものでなければならない」。テトラ・パック社は、消費者に同社のパッケージングのベネフィットを直接広告し、一方で環境を守るためのリサイクル・プログラムも始めている。

ラベリング

売り手は製品にラベルをつけなくてはならない。シンプルな荷札のようなものから、パッケージの一部を構成するような凝った図柄のものまで、その形はさまざまである。ブランド名だけのラベルもあれば、多くの情報が書き込まれているラベルもある。売り手が簡単なラベルにしたいと思っても、法律によって詳しい情報を載せることが義務づけられている場合もある。

ラベルにはいくつかの機能がある。まず、製品やブランドを明示する働きがある。オレンジにスタンプされているサンキストという名称がその例である。ラ

ベルによって製品の**等級**を表すこともある。桃の缶詰は、ラベルにA、B、Cの等級がつけられている。また、製品についての**説明**をするものもある。製造年月日、製造地、製造者、原材料、使用方法、注意書きなどについてである。そして、魅力的な図柄で製品の**プロモーション**を行う場合もある。

いかなるラベルもやがては時代遅れとなり、刷新する必要が出てくる。1890年代以来アイボリー石鹸のラベルは18回、文字の大きさやデザインを少しずつ変えてきた。ソフトドリンク「オレンジ・クラッシュ」のラベルは、競合他社のラベルがいずれも新鮮な果物の絵になったときにラベルを大幅変更して、売上を伸ばした。競合他社に対抗して、新鮮さを伝える新しいシンボルと、他社よりもはるかに強烈な濃い色を使ったラベルを考案したのである。

パッケージングと同じく、ラベルをめぐる法律上の問題にも長い歴史がある。1914年に制定された連邦取引委員会法は、内容に虚偽があったり、誤解を招いたり、消費者を欺いたりするようなラベルやパッケージは不当競争にあたるとしている。1967年に議会を通過した適正包装表示法は、ラベリング条件を規定し、業界が自発的にパッケージングの基準を設けることを奨励し、特定の業界においては連邦政府機関がパッケージングに規制を設けることを認可している。連邦食品医薬品局(FDA)は加工食品メーカーに、栄養表示を行って、製品中に含まれるタンパク質や脂肪や炭水化物の量、カロリー数、1日あたりの推奨許容量に対するビタミンとミネラルの含有量を明示するよう指示している。近年FDAは、「低カロリー」「高繊維質」「低脂肪」などの表示について、誤解を招く恐れのある使い方をしている場合は何らかの措置を講じて、食品ラベリングによる健康強調表示を大幅に規制し始めた。消費者保護運動家は新たなラベリング法案を加えるように議会へ働きかけている。そのラベリング法とは、**日付表示**(製品の鮮度表示)と**単位価格表示**(標準的な計量単位あたりの製品原価の明示)、**等級表示**(品質レベルの評価)、**成分表示**(主要成分の含有率表示)の実施を求めるものである。

> 歴史メモ：最初の為替契約は、1150年代にジェノバとビザンティウムの間で交わされた。

参考文献

1. T. L. Stanley, "Brand Builders: Bio-Genetics at A&E," *Brandweek*, April 6, 1998, pp. 22–23.
2. この議論はセオドア・レビットによる以下の文献を参考にした。Theodore Levitt, "Marketing Success through Differentiation—of Anything," *Harvard Business Review*, January–February 1980, pp. 83–91. 第1のレベルの中核となるベネフィットは、レビットの説に追加したものである。
3. 以下の文献を参照されたい。Harper W. Boyd Jr. and Sidney Levy, "New Dimensions in Consumer Analysis," *Harvard Business Review*, November–December 1963, pp. 129–40.
4. Theodore Levitt, *The Marketing Mode* (New York: McGraw-Hill, 1969), p. 2.
5. 定義については、以下の文献を参照されたい。*Dictionary of Marketing Terms*, ed. Peter D. Bennett (Chicago: American Marketing Association, 1995). 以下の文献も参照されたい。Patrick E. Murphy and Ben M. Enis, "Classifying Products Strategically," *Journal of Marketing*, July 1986, pp. 24–42.
6. この説明はベンソン・P・シャピロの以下の文献にある。Benson P. Shapiro, *Industrial Product Policy: Managing the Existing Product Line* (Cambridge, MA: Marketing Science Institute, September 1977), pp. 3–5, 98–101.
7. 以下の文献を参照されたい。David A. Aaker, "Should You Take Your Brand to Where the Action Is?" *Harvard Business Review*, September–October 1997, pp. 135–43.
8. 以下の文献を参照されたい。Steuart Henderson Britt, "How Weber's Law Can Be Applied to Marketing," *Business*

Horizons, February 1975, pp. 21–29.

9. 以下の文献を参照されたい。Jean-Noel Kapferer, *Strategic Brand Management: New Approaches to Creating and Evaluating Brand Equity* (London: Kogan Page, 1992), pp. 38 ff; Jennifer L. Aaker, "Dimensions of Brand Personality," *Journal of Marketing Research*, August 1997, pp. 347–56.

10. David A. Aaker, *Building Strong Brands* (New York: Free Press, 1995). 邦訳：『ブランド優位の戦略：顧客を創造するBIの開発と実践』(陶山計介ほか訳、ダイヤモンド社)。以下の文献も参照されたい。Kevin Lane Keller, *Strategic Brand Management: Building, Measuring, and Managing Brand Equity* (Upper Saddle River, NJ: Prentice Hall, 1998). 邦訳：『戦略的ブランド・マネジメント』(恩蔵直人・亀井昭宏訳、東急エージェンシー)

11. Aaker, *Building Strong Brands*. 邦訳：『ブランド優位の戦略：顧客を創造するBIの開発と実践』(陶山計介ほか訳、ダイヤモンド社)。以下の文献も参照されたい。Patrick Barwise et al., *Accounting for Brands* (London: Institute of Chartered Accountants in England and Wales, 1990); Peter H. Farquhar, Julia Y. Han, and Yuji Ijiri, "Brands on the Balance Sheet," *Marketing Management*, Winter 1992, pp. 16–22. ブランド・エクイティは、ブランド名の現在の利用によって増えた利益という収益還元価値のみならず、他の製品へと拡張していく潜在的価値も反映すべきである。

12. Kurt Badenhausen with Joyce Artinian and Christopher Nikolov, "Most Valuable Brands," *Financial World*, September–October 1997, pp. 62–63.

13. Evan Schwartz, "The Brand Man," *Context*, Summer 1998, pp. 54–58.

14. Margaret Webb Pressler, "The Power of Branding," *Washington Post*, July 27, 1997, p. H1.

15. Scott Davis and Darrell Douglass, "Holistic Approach to Brand Equity Management," *Marketing News*, January 16, 1995, pp. 4–5.

16. John F. Geer Jr., "Brand War on Wall Street," *Financial World*, May 20, 1997, pp. 54–63.

17. さらに詳しくは、以下の文献を参照されたい。Brian F. Harris and Roger A. Strang, "Marketing Strategies in the Age of Generics," *Journal of Marketing*, Fall 1985, pp. 70–81.

18. "President's Choice Continues Brisk Pace," *Frozen Food Age*, March 1998, pp. 17–18; Warren Thayer, "Loblaw's Exec Predicts: Private Label to Surge," *Frozen Food Age*, May 1996, p. 1.

19. 以下の文献を参考にした。"Trade Promotion: Much Ado About Nothing," *Promo*, October 1991, p. 37.

20. 以下の文献を参照されたい。Paul S. Richardson, Alan S. Dick, and Arun K. Jain, "Extrinsic and Intrinsic Cue Effects on Perceptions of Store Brand Quality," *Journal of Marketing*, October 1994, pp. 28–36.

21. Patricia Nakache, "Secrets of the New Brand Builders," *Fortune*, June 22, 1998, pp. 167–70.

22. 以下の文献を参照されたい。Kim Robertson, "Strategically Desirable Brand Name Characteristics," *Journal of Consumer Marketing*, Fall 1989, pp. 61–70.

23. John Burgess, "$60,000 for One Good Word; Firms May Pay Through the Nose for a Name," *Washington Post*, October 21, 1996, p. F19.

24. 以下の文献を参照されたい。Steven M. Shugan, "Branded Variants," *1989 AMA Educators' Proceedings* (Chicago: American Marketing Association, 1989), pp. 33–38.

25. Robert McMath, "Product Proliferation," *Adweek (Eastern Ed.) Superbrands 1995 Supplement*, 1995, pp. 34–40; John A. Quelch and David Kenny, "Extend Profits, Not Product Lines," *Harvard Business Review*, September–October 1994, pp. 153–60; Bruce G. S. Hardle, Leonard M. Lodish, James V. Kilmer, David R. Beatty, et al., "The Logic of Product-Line Extensions," *Harvard Business Review*, November–December 1994, pp. 53–62.

26. Al Ries and Jack Trout, *Positioning: The Battle for Your Mind* (New York: McGraw-Hill, 1981). 邦訳：『ポジショニング：情報過多社会を制する新しい発想』(嶋村和恵・西田俊子訳、電通)

27. From Srinivas K. Reddy, Susan L. Holak, and Subodh Bhat, "To Extend or Not to Extend: Success Determinants of Line Extensions," *Journal of Marketing Research*, May 1994, pp. 243–62. 以下の文献も参照されたい。Morris A. Cohen, Jehoshua Eliashberg, and Teck H. Ho, "An Anatomy of a Decision-Support System for Developing and Launching Line Extensions," *Journal of Marketing Research*, February 1997, pp. 117–29; V. Padmanabhan, Surendra Rajiv, and Kannan Srinivasan, "New Products, Upgrades, and New Releases: A Rationale for Sequential Product Introduction," *Journal of Marketing Research*, November 1997, pp. 456–72.

28. Julia Flynn, "Then Came Branson," *Business Week*, October 26, 1998, pp. 116-20.

29. Barbara Loken and Deborah Roedder John, "Diluting Brand Beliefs: When Do Brand Extensions Have a Negative Impact?" *Journal of Marketing*, July 1993, pp. 71–84; Deborah Roedder John, Barbara Loken, and Christohper Joiner, "The Negative Impact of Extensions: Can Flagship Products Be Diluted?" *Journal of Marketing*, January 1998, pp. 19–32; Susan M. Broniarcyzk and Joseph W. Alba, "The Importance of the Brand in Brand Extension," *Journal of Marketing Research*, May 1994, pp. 214-28 (this entire issue of *JMR* is devoted to brands and brand equity).

30. 以下の文献を参照されたい。Mark B. Taylor, "Cannibalism in Multibrand Firms," *Journal of Business Strategy*, Spring 1986, pp. 69–75.

31. Bernard L. Simonin and Julie A. Ruth, "Is a Company Known by the Company It Keeps? Assesing the Spillover Effects of Brand Alliances on Consumer Brand Attitudes," *Journal of Marketing Research*, February 1998, pp. 30–42.

32. Robert M. McNath, "Chock Full of (Pea)nuts," *American Demographics*, April 1997, p. 60.

サービスの設計と マネジメント

CHAPTER 14

本章では、次の問題を取り上げる。

- サービスはどのように定義され、分類されるのか。
- サービスと有形財の違いは何か。
- サービス企業はどのようにして差別化を行い、品質と生産性を改善するのか。
- 製造会社は、顧客支援サービスをどのように改善できるのか。

KOTLER ON MARKETHING
コトラー語録

いかなるビジネスもサービス業である。化学会社ではない。化学サービス業なのである。

Every business is a service business: You are not a chemical company. You are a chemical services business.

マーケティングの理論と実践はまず、練り歯磨き粉、自動車、鉄鋼のような有形財に関して発展した。しかし昨今のメガトレンドの1つに、サービス産業の驚異的な成長がある。アメリカでは現在、労働力の79％、GDPの74％までをサービス業が占めている。労働統計局によれば、2005年までの雇用成長はサービス業が支えるという[1]。こうした変化により、サービス業のマーケティングが抱える特殊な問題に関心が高まりつつある[2]。

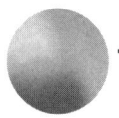

サービス業の性質

サービス業は非常に多岐にわたっている。例えば**公的機関**では、裁判所、職業安定所、病院、融資機関、軍隊、警察、消防署、郵便局、監督官庁、学校がサービス業である。**民間の非営利団体**では、美術館、慈善事業、教会、大学、財団法人、病院がサービス業にあたる。**営利組織**では、航空会社、銀行、ホテル、保険会社、法律事務所、経営コンサルティング会社、医療機関、映画会社、配管工事会社、不動産会社など、その大部分がサービス業に当てはまる。**製造業**で働いている人間も、コンピュータ・オペレータ、会計士、法務スタッフなど、その多くが実はサービスの提供者である。彼らは「サービスの工場」を構成して、「製品の工場」にサービスを提供しているのである。

ここでは、サービスを次のように定義する。

- **サービス**とは、一方が他方に対して提供する行為やパフォーマンスで、本質的に無形で何の所有権ももたらさないものをいう。サービスの生産には有形財がかかわる場合もあれば、かかわらない場合もある。

インターネットでもサービス業が生まれている。少しネット・サーフィンをすれば、仮想のサービス・プロバイダーに出会う。「バーチャル・アシスタント」が文書を作成し、イベントを企画し、雑用事務をこなしてくれる。オンライン・コンサルタントは電子メールでアドバイスをしてくれる。以下に例を挙げてみよう。

マンハッタンズ・ストックオブジェクツ社とバーチャル・グロース社

ニューヨーク・シティに拠点を置くストックオブジェクツ社は、ウェブサイト用のアニメーションや3Dモデルなどのマルチメディア・アイテムのウェブ・ライブラリを販売している。ストックオブジェクツ社は財務上の助けが必要になると、ニューヨークの「シリコン・アレー」企業群の1つであるバーチャル・グロース社に、「バーチャルCFO（最高財務責任者）」というサービスを依頼する。ストックオブジェクツ社のCOO（最高執行責任者）がバーチャル・グロース社の設定したエクセルのテンプレートに財務データを入れると、プログラムが貸借対照表を作成し、キャッシュ・フローを予測してくれるのである。このエクセルのスプレッドシートがバーチャル・グロース社に電子メールで送られる。すると、バーチャル・グロース社の公認会計士がそのデータ

を分析して、ストックオブジェクツ社に戦略のアドバイスをする。バーチャル・グロース社は、ストックオブジェクツ社の他の財務および税務も行っているが、そのサービス料はすべて合わせても月額1700ドルほどである。フルタイムのCFOを雇えば、年間10万ドル以上はかかる[3]。

製造業者や流通業者は、サービス戦略を用いて自らを差別化できる。オレゴン州ポートランドにあるアクメ・コンストラクション・サプライ社は、同社のナイト・オウル・デリバリー・サービスに13万5000ドル以上も投資した。夜のうちにアクメ社員が建設現場に設置された鍵付きボックスに注文品を配達しておき、朝いちばんには資材が使える、というシステムである。同社の地域担当チーム・リーダーは、以下のように述べている。「価格に非常にうるさい人はこういう取引はしません。わが社が提供する価値全体を見てくれる人が使ってくれるのです。これは、競合他社にとっては大変な脅威なのです。我々のデリバリー・ボックスを横目に見ながら営業訪問しなければなりませんからね[4]」。

> ミレニアム・マーケティング：コレクターの収集対象になるようなスペシャル・バージョンを売り出す。ジーンズなら「Made in 2000」というタグをつける。

サービス・ミックスのカテゴリー

企業が市場に提供するものには、しばしばサービスが含まれている。サービスが、提供物の全体のごく一部でしかない場合もあれば、主要な部分を占める場合もある。市場提供物は5つのカテゴリーに分類することができる。

1. **純粋な有形財**　石鹸、練り歯磨き粉、塩のように、提供されるものが主として有形財であり、製品にサービスが伴わないもの。
2. **サービスを伴う有形財**　有形財に1種類もしくは複数のサービスが伴うもの。レビットは、「ノーブランド製品（例えば自動車やコンピュータなど）が技術的に高度になるほど、売上は品質や付随するカスタマー・サービス（例えば、ショールーム、配送、修理・メンテナンス、申請手続き代行、オペレータ教育、設置アドバイス、保証内容の履行など）の有無やその質に左右されるようになる。この意味では、GMはたぶん製品重視というよりはサービス重視である。同社の場合、サービスがなければ売上は落ちるだろう」と述べている[5]。■マーケティング・インサイト「サービスを売って利益を得る」を参照されたい。
3. **有形財とサービスの混合タイプ**　財とサービスが半々を占めるもの。例えば、レストランを利用するのは食べ物とサービスの両方を得るためである。
4. **若干の付随サービスおよび有形財を伴うサービス**　主要なサービスに、付随的なサービスまたはサービス支援製品が伴うもの。例えば、航空機の旅客は輸送サービスを購入する。航空輸送には、食事や飲料、航空券、機内雑誌などの有形財が含まれる。また、このサービスを実現させるには航空機という大きな資本を要する製品も必要である。しかし、主要なアイテムはもちろんサービスである。

> ミレニアム・マーケティング：自社の製品ラインに注意を引きつけるような特別なミレニアム版を売り出す。

MARKETING INSIGHT　マーケティング・インサイト

サービスを売って利益を得る

製品のマージンが小さくなったために、多くの企業はサービスで利益を増やそうとしている。以前は無料で行っていたサービスを有料にしたり、サービス料を値上げしたりといった具合である。最近の自動車ディーラーは、自動車そのものからではなく、融資、保険、修理サービスから利益の大半を得ている。フォード、GM、ホンダなど多くの自動車メーカーは、便利な場所にサービス専門のショップを作るようディーラーに求めている。ディーラーはこのほかにも送迎用の車を出したり、FAXやコンピュータによるサービスを行ったり、自動車関連アイテムの販売店を出したりしている。ニュージャージー州バトラーにある新しいサービス・ショップには、ネイル・サロンまである。a

メーカーがサービス業を展開するには7つの方法がある。

1. **製品をシステム・ソリューションに組み入れる。**化学薬品、コンピュータ、工作機械など、製品をそれだけで売らず、より顧客のニーズに合ったサービス・プログラムの中に製品を組み込んで販売するという方法である。実はこのタイプのサービスが、IBMを黒字転換させた大きな要因である。同社は現在、企業がネットワーク、イントラネット、電子商取引のサイトを運用するためのコンピュータ・システムを立ち上げ、作動させ、維持するサポートをしている。IBMは自社や他社によって製造された設備を販売し、その上でシステムのサービスを行っている。システム・ソリューションからの売上は現在、同社の売上全体の25%を占めている。b

2. **社内サービスを社外サービスとして売り出す。**社内だけで発揮されていたコンピタンスを他社に販売する企業もある。ゼロックスは非常に効果的な社内のセールス・フォース・トレーニング・プログラムを創り出した後、ゼロックス・ラーニング・システムを確立し、他社にトレーニング・システムを販売した。

3. **自社の物理的な設備を使って他社にサービスを提供する。**物理的な設備を管理している企業が、その設備を使って他社にサービスを販売できそうだと気づく場合も多い。ウィスコンシン州ニーナにあるキンバリー・クラーク社は、社用機を運行し、維持している。同社はその能力を活かして、社用機を運行している他社にメンテナンスと点検サービスを提供している。

4. **他社の物理的な設備やビジネス・プロセスの管理を行う。**サーモスタットとエネルギー・システムのメーカーであるジョンソン・コントロールズでは、かつて小部屋に閉じこもってコンピュータと向かい合っていた設計技師が、今では顧客のビルに出向いて、自分が製作にかかわった暖房や冷房装置の管理を行っている。ゼロックスがコピー機メーカーから「ドキュメント企業」への転換を遂げていった陰には、4300もの大企業のコピー作業を引き受けているだけでなく、メールルームそのものを運営し、世界中にばく大な量の書類を発送している事実がある。1992年に始まったゼロックス・ビジネス・サービスは「ゼロックスのアウトソーシング部門」であり、1997年にはマルコム・ボルドリッジ国家品質賞のサービス部門で受賞している。c

5. **融資サービスを販売する。**販売する際、顧客に融資することで利益をあげられると気づく設備会社は多い。GEは冷蔵庫や電球を製造して世界的な大企業になった。しかし現在、同社の事業部門でいちばんの成長株はGEキャピタルであり、クレジットカードからトラックのリース、保険にいたるまで28もの事業を行っている。GEキャピタルは、1997年には400億ドルもの収益をあげてGEの純利益の40%を占め、1990年の29%から著しく伸ばしている。ドイツの大手電機メーカーで

あるシーメンスは、製造業からの収益と同等の収益を利子所得から得ている。現在、同社は社内銀行シーメンス・ファイナンシャル・サービスを設立し、これまでは金食い虫だった財務部をプロフィット・センターに変身させた。[d]

6. **流通サービスに進出する。**メーカーは、自社製品を販売する小売店舗を所有し、運営することもできる。ハート・シャフナー&マークスは本質的に衣料メーカーだが、衣料品の小売チェーン店も展開している。シリアル・メーカーのクエーカー・オーツも、レストラン・チェーンを所有している。多くのメーカーはファクトリー・アウトレット店も持っており、なかにはフラッグシップ店を開くメーカーもある。サラ・リーがその例である。同社はレッグス、ヘインズ、バリ、プレイテックスなどのファクトリー・アウトレット店を203店舗運営しており、1995年から53店舗も増えている。同社はこのほかにもコーチの店舗を53とチャンピオンを42、サラ・リーを13、それからヘインズ・ミル・アウトレットを2店舗所有している。以前は割引販売など鼻先であしらっていたナイキも、自社店舗で割引販売を行うようになった。同社は49のファクトリー・アウトレット店を所有しているほか、11のナイキ・タウンを営業しており、そこではショーケースに商品を陳列して小売価格で販売している。シカゴにあるソニー・ギャラリー（同ギャラリーでは第1号）は、ソニーのイメージを向上させる目的で作られ、ギャラリー内ではソニー製のあらゆる家電製品が販売されている。[e]

7. **インターネットを利用して新しいサービスを提供する。**多くのメーカーがウェブ上で顧客サービスを行っている。パロ・アルトにあるソフトウェア・メーカー、イントゥイットは、同社のデスクトップ・パソコン用ソフトと一体化して動くウェブ・サービスを始めた（www.quicken.com）。同社のクイッケンモーゲージを使うと、クイッケンのユーザーは抵当融資を提供する企業6社の商品について知ることができ、取引も行える。クイッケン・ドットコムでのサービスは今のところすべて無料だが、タックス・テーブルのような営利目的のサービスを加えていく可能性はある。サービスは無料で行われているものの、同社は将来、広告やサービス・パートナーから収益をあげていくだろう。カリフォルニア州キューパティーノにあるコンピュータ・ウイルス撃退ソフト会社、トレンド・マイクロは、同社のPC-Cillinを買った顧客に、年間20ドルでウイルス・ホスピタル・サービスを行っている。顧客は正体のわからないウイルスを、電子メールで24時間いつでも、世界中に配置されたトレンド・マイクロのウイルス専門家に送ることができる。

---

[a] Earle Eldridge, "Car Dealers Build Stand-alone Service Centers," *USA Today*, August 21, 1997, pp. B1–B2.
[b] David Einstein, "Bigger and Bluer than Ever/Resurgent IBM Thrives by Meeting Technology Needs for U.S. Business," *San Francisco Chronicle*, November 30, 1998, p. E1.
[c] Del Jones, "Copying Chores Earn Xerox Recognition," *USA Today*, October 16, 1997, p. B4.
[d] Reed Abelson, "Hints of Change at GE Capital as Financial Companies Lose Favor," *New York Times*, October 2, 1998, p. D1; Laura Covill, "Siemens the Financial Engineer," *Euromoney*, August 1998, pp. 65–66.
[e] Richard Halverson, "Bypassing the Marketers in the Middle," *Discount Store News*, May 11, 1998, pp. 70, 108.
出典：以下の文献も参照されたい。Irving A. Canton, "Learning to Love the Service Economy," *Harvard Business Review*, May–June 1984, pp. 89–97; Mack Hanan, *Profits Without Products: How to Transform Your Product Business into a Service* (New York: Amacom, 1992); Ronald Henkoff, "Service Is Everybody's Business," *Fortune*, June 27, 1994, pp. 48–60.

5. **純粋なサービス**　主としてサービスからなるもの。例としては、ベビー・シッター、心理療法、マッサージなどが挙げられる。

このように、製品とサービスの多様な組み合わせがあるので、さらに細かく区別しなければサービスについての一般化は難しい。とはいえ、ある程度にまとめることはできる。

第1に、サービスは**設備ベース**（自動洗車機、自動販売機）と、**人ベース**（窓の清掃、会計サービス）に分けられる。また、人ベースのサービスは、技術を要さないもの、技術を要するもの、専門的技術を要するものに分けられる。

第2に、サービスは**顧客の同伴**が必要であるものと必要でないものに分けられる。脳外科手術をするには患者がその場にいなければならないが、自動車修理では顧客がその場にいる必要はない。顧客がその場にいる必要がある場合、サービスの提供者は顧客ニーズに気を配らなければならない。美容院なら、室内の装飾に投資したり、BGMを流したり、顧客と軽い会話を交わしたりする。

第3に、サービスは**個人的ニーズ**（対個人のサービス）を満たすものか、**企業のニーズ**（対企業のサービス）を満たすものかによって分類できる。健康診断を行う場合、個人の患者と前払いによる企業の健康管理計画でやってくる患者とでは、医師は違う料金を設定しているだろう。サービスの提供者は通常、顧客が個人か企業かによってマーケティング・プログラムを変えるものである。

第4に、サービスの提供者は**目的**（営利、非営利）と、**所有形態**（民営、公営）によって分けることができる。この2つの特性を掛け合わせると、4タイプの組織が浮かび上がる。民間投資の病院と、民間の慈善病院や復員軍人病院ではマーケティング・プログラムも違ってくる[6]。

> ミレニアム・マーケティング：新年の抱負になぞらえてミレニアムの抱負を示し、将来に向けての希望を発表する。

サービスの特性およびサービス・マーケティングが有する意味

サービスには無形性、不可分性、変動性、消滅性という4つの主要な特性があり、これらの特性はマーケティング・プログラムの設計に大きく影響する。

■ 無形性

サービスは無形である。有形財と違って、購入前には見ることも味わうことも、触れることも聞くことも匂いをかぐこともできない。実際に購入するまでは美容整形の効果はわからないし、精神科医を訪れた患者にしても、この先どのような成果が得られるかを知ることはできない。

このような不安を軽くするために、買い手はサービス品質の印なり証明なりを求める。場所、人、設備、コミュニケーション資料、シンボル、価格など、目に見えるものを頼りに品質を判断しようとする。そこでサービスを提供する側は、「サービスの証明を管理」し、「無形のものを目に見えるようにする」ことが仕事となる[7]。製品のマーケターが抽象的なアイデアを付け加えるのに対し、サービスのマーケターは形のない提供物へ目に見える証拠とイメージを付加す

る。例えば次のような具体的なイメージである。「オールステートの手があなたをしっかり守ります」「岩のような確かさを得ている」（プルデンシャル）。

自らを「処理の速い」銀行と位置づけたい場合はどうだろうか。多様なマーケティング・ツールを使って、このポジショニング戦略を具体化することができるはずである。

1. **場所** 具体的な環境が迅速なサービスを暗示するものでなければならない。外観やインテリアをすっきりとし、デスクの配置や動線などについても念入りに計画しなければならない。順番待ちの行列が長くなりすぎないようにする。
2. **人** 行員は暇になってはいけないが、仕事量をこなすのに十分な人数が必要である。
3. **設備** コンピュータ、コピー機、デスクのような設備は、実質的にも見た目にも「最新式」でなければならない。
4. **コミュニケーション資料** 文章や写真などのコミュニケーション資料は、効率の良さとスピードを物語っていなければならない。
5. **シンボル** 名称とシンボルは、迅速なサービスを連想させなければならない。
6. **価格** 例えば、顧客を5分以上待たせた場合は、その顧客の口座に5ドル振り込むと広告する。

サービスのマーケターは、形のないサービスを具体的なベネフィットに変換できなければならない。ダン・アンド・ブラッドストリートの例を見てみよう。

> ミレニアム・マーケティング：ミレニアムを機に、収益の一部を話題となるような慈善事業に寄付するのもよいだろう。

ダン・アンド・ブラッドストリート（D&B）社

D&Bは、20億ドルの収益をあげている評判の高い企業である。D&Bの有する1100万におよぶアメリカ企業のデータベースは非常に包括的で、同社は買い手と売り手の双方にとってCIA（中央情報局）さながらの存在となっている。例えば同社の抱える600名の販売外交員は、企業が顧客の信用度をはかる手助けをしている。D&Bのマーケティング担当上級副社長は、次のように述べる。「銀行の調査部長に会うとしたら、その銀行が有する顧客のポートフォリオを調査します。そして弊社のデータベースを使って、顧客の信用性と安定性をはじき出すのです。例えば『○○％の顧客がハイ・リスクで、○○％がロー・リスクです』というように[8]」。

■ 不可分性

サービスは一般に、生産と消費が同時に行われる。有形財ではこうはいかない。製造され、在庫され、複数の再販売業者を通じて流通され、その後に消費される。サービスが行われるとき、提供者自身もサービスの一部になる。サービスが提供される場には必ず顧客もいるため、提供者と顧客のインタラクションがサービス・マーケティング固有の特徴といえる。提供する側とされる側の両方が結果に影響を与えるのである。

> 『フォーチュン』誌が挙げている2000年の名車トップ10の第3位は、ボイス・コマンドやハンドル上の制御装置や表示画面のボタンによって操作可能なナビゲーション・システムが搭載された、メルセデス・ベンツのSクラス、フルサイズ・ラグジュアリ・セダンである。

娯楽や専門的サービスの場合、買い手は特定の提供者に強い関心を抱く。ロックバンドのパール・ジャムの具合が悪くなったからといって、ピンチヒッターにマリー・オズモンドを立てたとしたら、それはもう別のコンサートになってしまう。また、F・リー・ベイリーに弁護を頼めないからといって、無名のジョン某に頼むわけにはいかない。このように顧客側に提供者への強い選好がある場合は、価格が引き上げられて、人気のある提供者の限られた時間を振り分けることになる。

サービスが抱えるこのような限界を解決する戦略はいくつかある。例えば、サービスを提供する相手の人数を増やして集団にしてしまうのである。催眠診療は、1対1から少人数相手のもの、そしてホテルの大広間に300人を集めて行うものへと変わった。時間を短くするという方法もある。患者1人に50分かける診療から30分の診療に変えれば、より多くの患者を診ることができる。H&Rブロック社が全国ネットワークになっている同社の租税コンサルタントを教育したように、サービス組織はサービス提供者を訓練してその数を増やし、顧客の信頼を勝ち得ていくこともできる。

変動性

サービスは、だれが、いつ、どこで提供するかに大きく左右されるため、非常に変動性が高い。人当たりのよい医師もいれば、気の短い医師もいるし、特定の手術に非常に長けている外科医もいれば、そうでない外科医もいる。サービスの買い手はこのことをよく心得ていて、サービスの提供者を選ぶ前にしばしば人に相談する。

サービス企業が品質管理を行うには、3つのステップがある。1つめのステップは、雇用と訓練に投資することである。技術の高い専門家を雇うにしろ、技術の低い者を雇うにしろ、サービス業の従業員としてふさわしい者を雇い入れ、行き届いた教育を行うのは非常に大切である。ここに2つの例がある。

> **ホーン・グループ**
>
> カリフォルニアに本社を置くホーン・グループは、シリコン・バレーの大手ソフトウェア・メーカーや技術コンサルタント会社のPRを行っている。創業者のサブリナ・ホーンは、従業員を教育し、意欲と熱意を高めることに多額の資金を投じている。ホーンは教育プログラムを確立しており、例えばランチタイム・セミナーはプレス・リリースの書き方から、顧客の管理方法まで内容が多岐にわたっている。さらに教育を受けたい場合は、奨学金が支給される。また、お楽しみの一環として、ボウリング大会やゴミ集め競争を主催して、従業員の独創性やチームワークを育成し、従業員どうしの仲間意識を高めたり、従業員が一緒に楽しむことのできる場を設けている[9]。

> **ISS インターナショナル・サービス・システム AS**
>
> 労働者の技術が低く、離職率の高さが目立つ清掃サービス業の中にあって、ISSは厳しい従業員教育を行っている。中小企業にサービスを行

国際宇宙ステーションは、「過去最大の国際的な科学技術事業」であるといわれている。この計画には16か国が参加し、完成は2004年になると見られている。

う部門で同社が使用しているプログラムでは、入社6か月間は清掃技術の研修を受ける。化学薬品の安全性についてはもとより、汚れの種類や材質によって薬品を使い分けることを学ぶのである。次に、応用化学から応用経済学へと進む。そこで契約内容を顧客に説明する方法と、顧客の収益性がいかにISSの利益に貢献するかを学ぶ。こうした教育を通して、従業員は顧客と自社両方の収益性に重要な役割を果たしていると自覚するようになる[10]。

2つめのステップは、組織全体のサービス業務プロセスを標準化することである。事柄やプロセスをフローチャートにし、**サービスの設計図を用意する**とよい。起こりうる問題を予測するのがその目的である。■図14-1には、全国的に花の配達を行っている会社のサービス設計図が示されている[11]。顧客は電話をかけ、品物を選び、注文をするだけであるが、その舞台裏で花屋は花を集め、花瓶に入れ、配達し、料金の受け取りを行う。その行為の1つ1つに優劣の差がある。

3つめのステップは、顧客の提案や苦情の受け付け、顧客調査の実施、同業他店との比較によって顧客満足度を把握することである。

ニュージャージー州にあるウッドベリー社のミレニアム・プロジェクトは、創業者であるイギリス人のヘンリー・ウッドが渡米時に乗船したフェニックス号のレプリカを製造し、当時の乗船地と下船地の両方の町の若者を乗せて同じ航路をたどるというものだ。

消滅性

サービスは蓄えておくことができない。医師のなかには、予約時間に来なかった患者から料金を取る者もいるが、それはサービスの価値がその時点にしか存在しないからである。需要が安定していれば、サービスの消滅性は問題にならないが、需要に変動性がある場合は問題が生じる。例えば公共輸送機関は、一日の平均需要ではなく、ラッシュ・アワーの需要に合わせて設備を整えておかなくてはならない。

サッサーは、サービス業において需要と供給の均衡をうまく実現する戦略を紹介している[12]。

図14-1

サービス・パフォーマンス・プロセス・マップ：花の全国配達サービス

出典：G. Lynn Shostack, "Service Positioning Through Structural Change," *Journal of Marketing*, January 1987, p. 39. 米国マーケティング協会の許可を得て掲載。

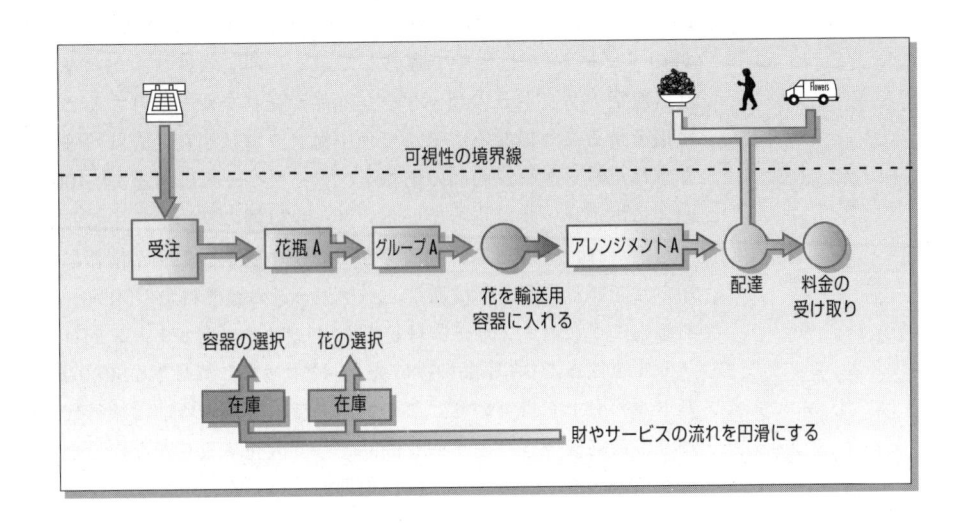

需要面

- **差別化した価格設定**。需要の一部をピーク時からオフ・ピーク時に移す。夕方に映画館の入場料を安くしたり、週末にレンタカーを割安にするのがその例である。
- **オフ・ピーク時の需要開発**。マクドナルドは朝食サービスを始めた。週末のミニバケーション・プランを始めたホテルもある。
- ピーク時に、待っている顧客相手に別のサービスを提供し、**補完的サービスを行う**。例えば、レストランならカクテル・ラウンジ、銀行なら現金自動預け払い機（ATM）を設ける。
- **予約制**にして、需要の多寡をならす。航空会社、ホテル、医師はこの方法を有効に活用している。

供給面

- **パート・タイムの従業員を雇い入れて、ピーク時の需要をさばく**。大学では学生数が増えると非常勤講師を雇用し、レストランではピーク時にパート従業員を入れる。
- **ピーク時専用の手順を導入する**。例えば、ピーク時には必要最低限のサービスしかしなかったり、ピーク時だけ診療補助者がついて医師の手助けをしたりする。
- **消費者の参加を促進する**。カルテを患者自身に記入させたり、品物を顧客に自分で袋に入れさせるなどである。
- **サービス施設の共有**。病院のなかには、共同で医療設備を購入するところもある。
- **将来拡張するための施設開発**。遊園地なら、将来の開発用に周囲の土地を買っておく。

地中海クラブは、サービスの消滅性にまつわる問題を解決するユニークな方法を考え出した。

> ワシントンDCは、ミレニアムとともに市の創設200年祭を催す。

地中海クラブ

1955年に創業された地中海クラブは、何百もの地中海クラブ「ビレッジ」（リゾート）を世界中で運営している。部屋の借り手がいなかったり、航空チケットとのパッケージ商品が売れなかったりすると、同社は損をすることになる。そこで地中海クラブは現在、売れ残って割引きされたパッケージ商品の情報を、データベースにある3万4000名の顧客に電子メールで送っている。メールは週の初めから中ごろにかけて送信され、その週末に利用できる部屋や航空機の座席情報について知らせている。割引率は通常、パッケージの標準料金の30％〜40％である。こうしたオファーに対して平均1.2％の反応があり、同社は電子メールを使った「在庫品の投げ売り」によって、毎月2万5000ドル〜4万ドルの売上を得ている。このプログラムを始める前は旅行代理店に頼り、最終値引きパッケージ商品として販売するしかなかった。地中海クラブのデータベースには、地理的なデータだけでなく、休暇の過

ごし方の選好、スポーツや活動の好み、旅行する時期、既婚・未婚などの情報も含まれている。電子メールを使った現在のオファーは特定顧客をターゲットにしたものではないが、同社は将来、ワン・トゥ・ワンのマーケティング・メッセージを展開していく方針である[13]。

サービス企業のマーケティング戦略

ごく最近まで、サービス企業はマーケティングの利用において製造企業に後れをとっていた。靴の修理店や理髪店など、多くのサービス業は小規模であり、系統立った経営方法やマーケティング技術を用いていない。法律事務所や会計事務所のような専門サービス業において、従来、マーケティングを使うことは専門家らしくないと考えられていた。その他、大学や病院などのサービス業では、需要が非常に高かったり競争がほとんどなかったため、つい最近になるまでマーケティングの必要性はないと思われていた。しかし事情は変わった。米国郵政公社の例を見てみよう。

米国郵政公社(USPS)

1992年に米国郵政公社総裁になったマービン・ラニョンは、同公社の総合的な見直しを敢行した。ラニョンが最も優先したのは、USPSをより市場志向にして郵便量と収益を増加させることだった。それ以来、USPSは引き締まって無駄のないマーケティング・マシンに変わった。成功の鍵となったのはプライオリティ・メール・プログラム、週のうち6日間は3ドル20セントで2ポンド（約900グラム）までの小包を2、3日で届けるというものである。郵便局はフェデックスやUPSなどの競合企業が提供する翌日配送サービスにはかなわないものの、価格面においては積極的に競争している。1998年のテレビ広告では、2社の料金設定の種類が多いにもかかわらず、土曜の配達は行っていないことを冷やかした。この広告のおかげで多数の顧客がUSPSに移り、競合企業は激怒した。フェデックスは、USPSを相手取って不正広告訴訟まで起こした。しかしそれにも臆せず、USPSはプライオリティ・メールの市場拡大に心血を注いでいる。1997年に起きたUPSのストライキの結果、ノードストロームはカタログ商品の配達の大半をプライオリティ・メールに替えた。現在ノードストロームは、顧客への配達の80%と商品返品の100%を郵便局に頼っている[14]。

従来の4つのPによるマーケティング・アプローチは財には有効だが、サービス業の場合はそれ以外の要素にも目を向ける必要がある。ブームスとビトナーは、サービス・マーケティングに必要となる追加的な3つのPを提唱している。人(people)、物的証明(physical evidence)、プロセス(process)である[15]。ほとんどのサービスは人が提供するので、従業員の採用、教育、動機付けによって顧客満足度に大きな差がでる可能性がある。理想をいえば、従業員は有能

ポール・トゥ・ポール2000：12名の若者が、別々のルートをたどって極から極（ポール・トゥ・ポール）へと歩き、1999年12月31日に南極大陸で再会してニュー・ミレニアムの幕開けを迎える。

で気が利き、対応が早く、率先して動くことができ、問題解決能力があって親切な人物がよい。フェデラル・エクスプレスやマリオットでは従業員を信頼して、現場の従業員は顧客の問題を解決するために、1件あたり100ドルまで使うことが許されている。

企業はまた、サービス品質を**物的証明**やプレゼンテーションによって示そうとする。ホテルであれば、清潔さや早さなどのベネフィットについて、ホテル側による顧客価値提案の応対をビジュアル化すべきである。3つめのPであるが、サービスを提供する**プロセス**には多様な選択肢がある。レストランには、カフェテリア、ファスト・フード、ビュッフェ、キャンドルライト・サービスといった、さまざまな形式がある。

サービス・エンカウンターは、いくつかの要素に影響を受ける(■図14-2)。ある顧客が融資を受けるために銀行を訪れたとする(サービスX)。この顧客は他の顧客がそれぞれ別のサービスを待っているのを目にする。また、ビル、内装、設備、備品などの物理的な環境も見る。そして銀行の融資担当者に会って話をする。これらはみな顧客に見えるものだが、目に見える業務を支える全体的な「舞台裏」の生産プロセスや組織システムは目に見えない。このように、サービスの成果や、サービス提供者に顧客が有するロイヤルティは、多くの変数の影響を受けることになる[16]。

この複雑さゆえに、グロンルースはサービスのマーケティングにはエクスターナル・マーケティングのみならず、インターナル・マーケティングとインタラクティブ・マーケティングが必要であると論じている(■図14-3)[17]。**エクスターナル・マーケティング**とは、顧客に提供するサービスを用意し、価格を設定し、流通し、プロモーションを行う通常の業務のことである。**インターナル・マーケティング**とは、顧客に満足してもらえるサービスができるように従業員

ミレニアムの新しい学習教材にスプロケットワークスがある。これは、現実に基づいた双方向的な学習を促すCDセットである。例えばカーソルを「タイム・マップ」の上でドラッグすると、動植物や製品の進化を見ることができる。

図14-2

サービス・エンカウンターの要素

出典:以下の文献に若干の修正を加えた。P. Eiglier and E. Langeard, "A Conceptual Approach to the Service Offering," in *Proceedings of the EAARM X Annual Conference*, ed. H. Hartvig Larsen and S. Heede (Copenhagen: Copenhagen School of Economics and Business Administration, 1981).

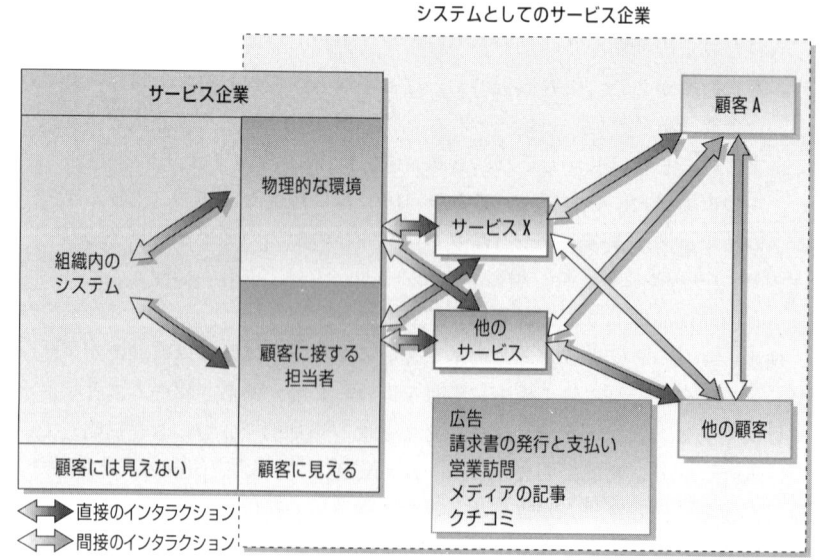

図14-3

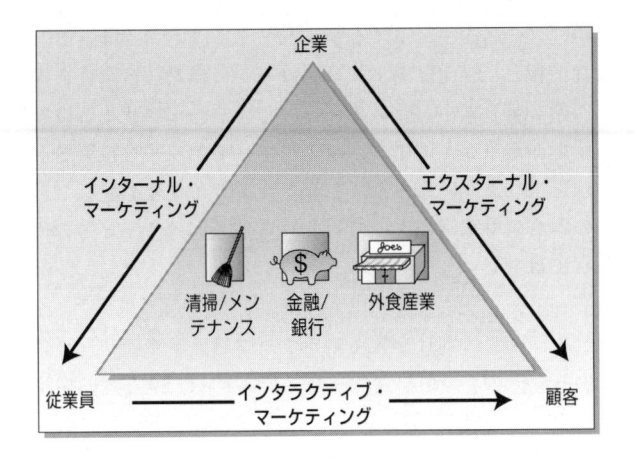

サービス業における3つのマーケティング・タイプ

```
         企業
        /    \
  インターナル・  エクスターナル・
  マーケティング  マーケティング
      /            \
 従業員 ──インタラクティブ・── 顧客
          マーケティング
```

（図内：清掃/メンテナンス、金融/銀行、外食産業）

を教育し、モチベーションを高めることである。ベリーによれば、マーケティング部門にできる最大の貢献は、「社内の人間すべてに、マーケティングを行わせるのに長けていること」であるという[18]。

ラドフォード・コミュニティ病院

イリノイ州ラドフォードにあるコミュニティ病院は、冷めた食事を出されたり、緊急治療室で長く待たされたと苦情を申し立て、認められた患者への賠償金に充てるため、1万ドルの予算を組んだ。このシステムの鍵は、当該予算から支払われずに残った分が、年度末に従業員へ支給されることである。このプランのおかげで、患者にきちんと対応しようという大きな動機が従業員にできた。従業員数100名として、年度末まで賠償金を何も支払わずにすんだ場合、従業員は1人あたり100ドルのボーナスをもらうことになる。このシステムを始めて半年間に病院が患者に支払った賠償金額は、わずか300ドルだった。

インタラクティブ・マーケティングとは、顧客への応対における従業員の手腕のことである。顧客はサービスの良し悪しを**技術的品質**（例：手術は成功したか）だけでなく、**機能的品質**（例：外科医が気遣いを見せ、安心感を与えたか）によっても判断するため[19]、サービスの提供者は「ハイテク」同様に「ハイタッチ」を提供しなければならない[20]。以下にチャールズ・シュワブとアラマークの例を挙げる。

チャールズ・シュワブ

アメリカ最大手のディスカウント証券会社であるチャールズ・シュワブは、ウェブを利用してハイテクとハイタッチを組み合わせた革新的なサービスを考案した。オンライン取引を開始した最初のディスカウント証券会社の1つである同社は、1998年には200万人もの投資家をオンライン取引ネットワークに引きつけた。しかし同社はサービスを最低限に抑えた実質本位のインターネット取引業務にはせず、アナリスト・センターという、市場についてのきわめて詳しい金融情報や会

ミレニアムの新しい脳スキャン技術：脳外科手術の後、脳の各部分はどのように再編成されるのか。

社情報のリソースをウェブで公開している。アナリスト・センターは特に会計情報と、リテイル・ブローカーから得た独自調査を提供している。このアナリスト・センターをはじめ、ウェブサイトに多様な投資ツールを加えることにより、シュワブはオンライン投資アドバイザーの役割を担うようになった。しかしオンライン取引サービスが、シュワブの各支店や電話によって行われる個人向けサービスの代わりになるわけではない[21]。

アラマーク

フィラデルフィアに本社を置くアラマークは、多くのサービス業務を行っている。その1つが給食サービスで、1日に20万食の病院食を供給している。1997年に同社は、病院に対する給食サービスの向上を決定し、患者の選好を病院別、地域別、全国的に調べられる、アラマーク独自のデータベースを作った。集められた情報はただちに分析され、データベースが更新される。その分析結果をもとにして給食が作られるのである。こうしたハイテク面に対してハイタッチ面では、従業員に40時間のトレーニング・セッションを通じて礼儀正しさ、有能さ、機敏さを身につけさせ、調理スタッフを「ホスト」に変身させる。患者の好みに関するデーターベース情報にもとづいてカスタマイズした食事を、訓練の行き届いたスタッフが配膳するとき、アラマークのハイテクとハイタッチは結合する。このシステムの採用によって、食事の配膳時間は以前に比べて大幅に短縮された。退院前のアンケートによると、サービスの改善により、同社は患者の満足度を84%から94%に上昇させた[22]。

サービスによっては、サービスを受けた後も顧客が技術的品質を判断できないものもある。■図14-4には、多様な製品とサービスが評価の難しさを基準にして並べられている[23]。左は**探索特性**——購入前に買い手が評価できる特性——が高い製品。真ん中は**経験特性**——購入後に評価できる特性——が高い製品とサービス。右は**信用特性**——通常は消費後も評価が難しい特性——が高い製品とサービスである[24]。

サービスはおおむね経験特性と信用特性が高いので、購入にはより大きなリスクが伴う。そのため、次のような特徴がある。第1に、サービスの消費者は大体において広告よりもクチコミに頼る。第2に、品質を判断するにあたって、価格、従業員、物質的な手掛かりを重要視する。第3に、満足を与えてくれるサービスの提供者に強いロイヤルティを有する。

ところでサービス企業は、3つの課題に取り組まねばならない——**競争力のある差別化、サービス品質、生産性**である。この3つは互いに影響し合うものだが、分けて考えてみよう。

五感から脳に送られるメッセージをリアルタイムで追跡するため、科学者は現在、磁気脳造影図(MEG)や脳波図(EEG)などの高速機器を使用している。

EDGEのウェブサイトの「過去2000年で最も重要な発明は何か」という質問には、さまざまな回答が寄せられた。なかでも多かったのが、印刷機と電子通信だった。

図14-4

多様な製品の評価
出典：Valarie A. Zeithaml, "How Consumer Evaluation Processes Differ between Goods and Services," in *Marketing of Services*, ed. James H. Donnelly and William R. George, 1981. 米国マーケティング協会の許可を得て掲載。

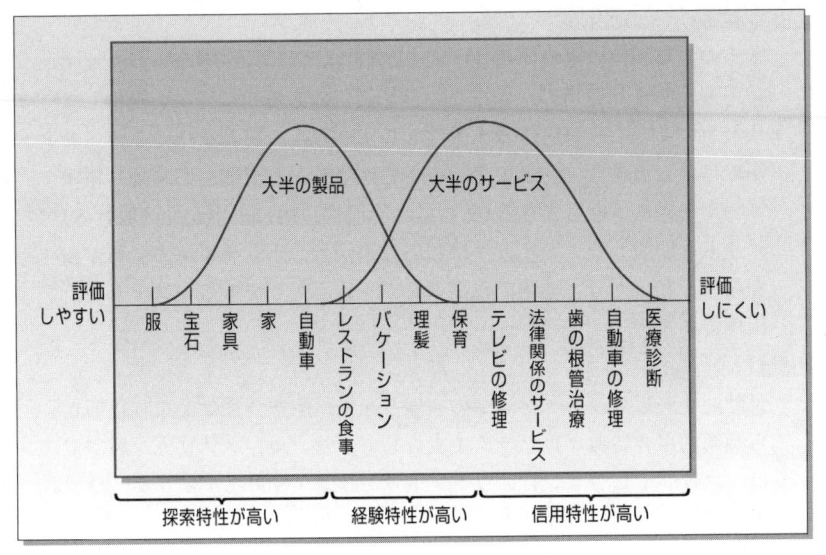

（図：評価しやすい←→評価しにくい。大半の製品／大半のサービス。服、宝石、家具、家、自動車／レストランの食事、バケーション、理髪、保育／テレビの修理、法律関係のサービス、歯の根管治療、自動車の修理、医療診断。探索特性が高い／経験特性が高い／信用特性が高い）

サービスにおける差別化の管理

　サービスのマーケターはサービスを差別化することの難しさに悩むことが多い。通信、輸送、エネルギー、銀行など、いくつかの主要なサービス業で規制が緩和されたことにより、価格競争が激しくなった。格安料金の航空会社が成功したことで、旅客の多くはサービスよりも料金を気にかけていることが明らかになった。また、チャールズ・シュワブがディスカウント証券サービスで成功を続けている事実は、料金を節約できれば、多くの顧客がより定評のある証券会社に対してロイヤルティを持たないということを物語っている。顧客がどこのサービスも同じようなものだと思っている限り、価格ほどにはサービスの提供者に関心がないのである。

　価格競争から抜け出すには、サービスの内容、提供方法、イメージを差別化する必要がある。

『ライフ』誌が掲載した過去1000年間の出来事のトップ100に、小切手勘定の開始と手形交換をする一般銀行の出現が挙がっていた。これらは、1407年にジェノバで創業されたカサ・ディ・サン・ジョルジョの改革によって誕生した。

■ サービスの内容

　差別化の手段として、革新的な特徴をサービス内容に盛り込むという方法がある。顧客が期待している内容を**基本的サービス・パッケージ**と呼ぶが、これに**付随的サービス特徴**を加えるのである。航空業界ではすでに多くの企業が機内上映、機内販売、地上との電話サービス、頻繁利用客特典といった付随的サービス特徴を導入している。マリオットでは、コンピュータ、FAX、電子メールが利用できる設備を必要とするハイテクな利用客向けの部屋を用意している。

　また、多くの企業ではウェブを利用して、以前なら実現不可能だった付随的サービス特徴を提供している。

カイザー・パーマネント

多くの会員制健康医療団体(HMO)と同じように、カイザー・パーマネントも、あまり費用のかからない付加価値のあるサービスを提供しようと急いでいる。HMO最大手であり920万人の患者を抱えるカイザーでは、会員がウェブ上で来院の予約ができ、看護婦や薬剤師に電子メールを送ることもできる（そして、24時間以内に返事が受け取れる）サイトを開設した。カイザーはこのほかにも、オンラインで会員が検査結果を知ったり、薬剤の再調剤を申し込んだりできるシステムを計画中である[25]。

アメリカン航空

付随的サービス・パッケージの一環として、航空会社はかなり以前から頻繁利用客特典プログラムを実施してきた。現在アメリカン航空では、ブロードビジョン社の**ワン・トゥ・ワン・マーケティング・ソフト**を用いた頻繁利用客用サイトに力を入れている。メンバーはここで、自分と家族がいつも利用する空港と航路、座席と食事の好みのプロフィールを作ることにより、予約の手順を簡略化できる。また、アメリカン航空の側ではこのプロフィールを使って、あと2、3週間で学校が休みに入る子供のいる親に、ディズニー・ワールドへの割引航空券を提案することができる[26]。

ただし、画期的サービスは概して簡単に模倣されるという大きな問題がある。それでも、常に画期的サービスを送り出す企業なら、競合他社に対して優位を保っていられる。画期的サービスを提供するという定評が得られれば、最高のサービスを求める顧客をがっちりとつかむこともできる。シティコープは、現金自動預け払い機、全国的な銀行業務、広範囲の財務会計報告とクレジット・カード、変動プライム・レートといったサービスで、銀行業界をリードするイノベーターとしての評判を獲得した。

サービスの提供方法

サービス企業には、サービスの提供者として質の高い従業員を雇い入れて教育する方法（ホーム・デポ、ノードストローム）、より魅力の高い物理的環境を整えてサービスを提供する方法（ボーダーズ・ブックス・アンド・ミュージック、シネプレックス・オデオン）、そして優れたサービス提供プロセスを作り出す方法（マクドナルド）がある。

プログレッシブ保険

クリーブランドに本社を置くプログレッシブ保険は、保険会社に自動車事故の支払い請求をし、支払いを受けるのがいかに大変かを消費者の立場に立って考えた。そこで、その大変さの解決を主軸としたサービス戦略を作り出した。現在同社は、道路に損害賠償解決係員を待機させて、担当地区内で起きた自動車事故の現場にただちに向かわせている。現場に赴いた損害賠償解決係員は必要な情報をすべて記録し、そ

の場で請求を処理してしまうことも多い[27]。

■ サービスのイメージ

シンボルやブランディングによって、企業イメージを差別化する方法もある。シカゴのハリス銀行は、ライオンをシンボルに採用して便箋や広告に使用し、新規の預金者にはそのぬいぐるみをプレゼントしている。その結果、ハリスのライオンは有名になり、ハリス銀行は「強い」というイメージが定着した。また、特定の分野で最高の治療を施すことで、「メガブランド」の評判を獲得している病院もある。メイヨー・クリニック、マサチューセッツ総合病院、スローン・ケッタリングがその例である。こういった病院なら、別の街にクリニックを開き、定評のあるブランドの力で患者を引きつけることもできる。

高いブランド評価を得ているサービス企業の1つであるアメリカン・エキスプレスは、国際的な企業イメージを創り上げることに成功している。

> 今から1000年前、西アフリカのガーナ王国のカリフだったテンカミネンは、世界屈指の富豪だった。テンカミネンの宝庫にあった金は交易によって得られたものであり、それだけの富が築けたのは、主な交易ルートの交差地点にガーナが位置していたためであった。

> ライフ・クロック社はカウント・ダウン・クロックを製造している。それは日時を表示し、メッセージを書き込むことができ、いかなる日へのカウント・ダウンも行える。

アメリカン・エキスプレス

アメリカン・エキスプレスのクレジット・カード部門は、長年「カード界の王」として君臨してきた。「選ばれた人しかメンバーにはなれません」や「アメリカン・エキスプレス、出かけるときは忘れずに」などの広告文句は、豊かな高額所得者向けの市場を開拓した。その多くは毎月必ず支払いをし、高額な年会費を支払うことのできる専門職である。全世界で4150万人という膨大な数の人々が「出かけるときは忘れずに」携帯するという。しかし現在、同社は抜本的な改革を迫られている。VISAやマスター・カードなどのカード会社が、アメックスの市場に食い込み始めているためである。顧客は、高級感よりも航空会社の頻繁利用客特典といったベネフィットがついた、無料のアフィニティ・カードに価値を求めている。これに反撃するため、アメックスは新しいクレジット・カードなどの新商品を山のように開発した。25歳～35歳の高額所得者を標的にした新商品「ブルー・カード」の開発により、同社の国際マーケティング部長のジョン・クルーは、『アドバタイジング・エイジ』で1998年の「マーケターズ・オブ・ザ・イヤー」の1人に選ばれた。同社は、優れたサービス、高級感、価値などといったアメックスを代表するすべての長所を守った上で、若くて新しいもの好きの裕福な消費者にも満足のいくよう、商品を作り変えたのである[28]。

サービス品質の管理

サービス企業として成功するには、常に競合他社よりも高い品質のサービスを提供し、顧客の期待を上回る必要がある。顧客の期待は、過去の経験、クチコミ、広告によって形成される。顧客はサービスを受けた後で、**知覚サービス**と**期待サービス**とを比べるが、そのときに知覚したサービスが期待したサービスより劣っていると、サービスの提供者に対する関心を失う。逆に知覚したサ

国連政府間の気候変動調査団が1995年にまとめた研究結果によると、「現在の地球を観察すれば、人類が地球全体の気候に影響を与えていることがわかる」という。

ービスが期待に見合うかそれを上回れば、その提供者を再び利用する傾向がある。■マーケティング・メモ「顧客の最高の希望を上回る。サービス・マーケティング・チェックリスト」を参照されたい。

　パラスラマン、ザイタムル、ベリーの3人が作ったサービス品質のモデルでは、高いサービス品質を提供するのに必要な重要事項を挙げている[29]。■図14-5のモデルには、サービスの提供を失敗に導く5つのギャップが示されている。

1. **消費者の期待と経営者の知覚ギャップ**　顧客が求めるものを、経営者が常に正確に知覚しているとは限らない。例えば、病院の経営者は患者が美味しい食事を望んでいると考えるかもしれないが、患者の方では看護婦の対応が良いかどうかに関心があるかもしれない。
2. **経営者の知覚とサービス品質の仕様のギャップ**　経営者が顧客の欲求を正しく把握していても、明確な業務基準を定めていない場合がある。例えば、病院の経営者が看護婦に「迅速な」サービスを行うようにとだけ指示し、具体的な数字で明示しないとき、こうしたギャップが生まれる。
3. **サービス品質の仕様とサービスの提供方法のギャップ**　従業員の教育が不十分だったり、従業員に業務基準を満たす能力がなかったり、やる気がなかったりした場合がこれにあたる。あるいは、「ゆっくり顧客の話を聞く」と「応対は迅速に行う」などのように、矛盾する基準に縛られている場合がある。

図14-5

サービス品質モデル

出典：A. Parasuraman, Valarie A. Zeithaml, and Leonard L. Berry, "A Conceptual Model of Service Quality and Its Implications for Future Research," *Journal of Marketing*, Fall 1985, p. 44. 米国マーケティング協会の許可を得て掲載。このモデルは、以下の文献に詳しい。Valarie A. Zeithaml and Mary Jo Bitner, *Services Marketing*, (New York: McGraw Hill, 1996), ch. 2.

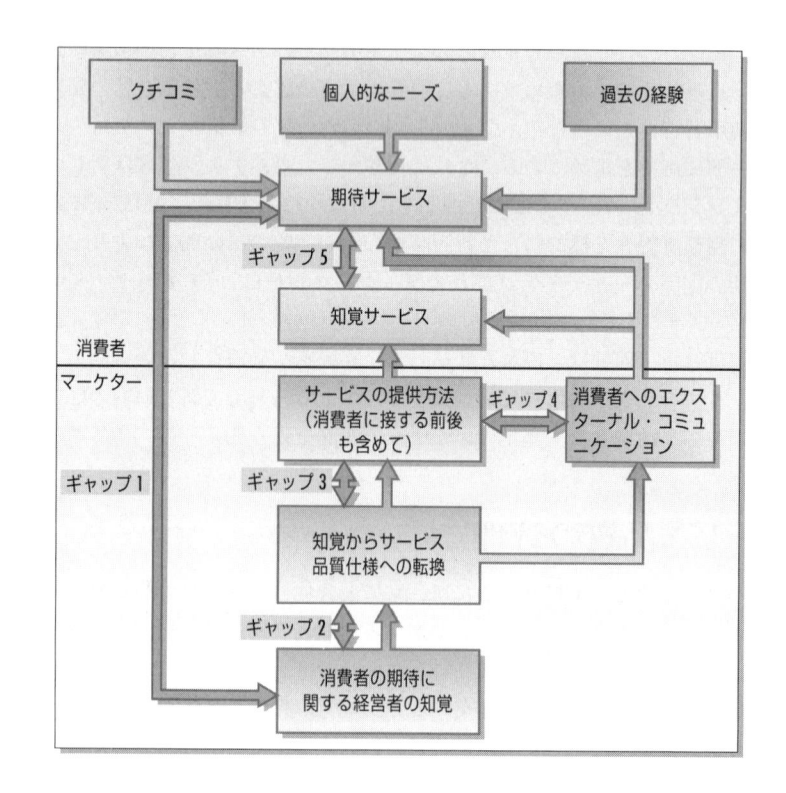

4. サービスの提供方法とエクスターナル・コミュニケーションのギャップ　消費者の期待は、企業の代表者や広告の言葉の影響を受ける。病院のパンフレットに載っている部屋はきれいだったのに、実際に来てみると安っぽくて薄汚かった場合、エクスターナル・コミュニケーションが顧客の期待を間違った方向へと導いたことになる。
5. 知覚サービスと期待サービスのギャップ　消費者がサービス品質を正しく理解できなかった場合にこのギャップは生じる。医師が気遣いを示すために頻繁に患者のもとを訪れているのに、何か深刻な問題があるためだと患者が勘違いした場合がその例である。

> ミレニアムを祝って、ギザのピラミッドは再び建造時のように脚光を浴びるだろう。

パラスラマンらはまた、サービス品質の5つの決定要因を発見した。重要度の高いものから順に並べると、次のとおりである[30]。

1. 信頼性　約束したサービスを確実かつ正確に行う能力。
2. 対応力　顧客を手助けし、機敏な応対をしようという気持ち。
3. 安心感　従業員の知識や丁寧な態度、そして信頼と安心を与える能力。
4. 感情移入　顧客一人ひとりに対する気遣い。
5. 有形物　施設、設備、従業員、コミュニケーション資料など、物質的なものの印象。

さまざまな研究の結果、うまく運営されているサービス企業は次のような共通点を有していることが明らかになった。それは戦略的なコンセプト、トップ・マネジメントが品質に積極的にかかわる伝統、高い基準、サービス・パフォーマンスと顧客から寄せられる苦情のモニター・システム、従業員満足の重視である。

■ 戦略的なコンセプト

一流のサービス企業は「顧客本位」である。このような企業は標的顧客とそのニーズを明確に認識しており、顧客ニーズを満たすための特色ある戦略を作り出している。

■ トップ・マネジメントのコミットメント

マリオット、ディズニー、マクドナルドなどの企業は、サービス品質に対して徹底したコミットメントを有している。経営者は、毎月の財務実績だけでなく、サービス実績(パフォーマンス)についても調べる。マクドナルドのレイ・クロックは、マクドナルド各店のQSCV達成度を頻繁に調査することに力を入れた。QSCVとは品質(quality)、サービス(service)、清潔さ(cleanliness)、価値(value)である。給料小切手に、「お客様からあなたに」という文句を入れている企業もある。ウォルマートのサム・ウォールトンは、従業員に次のような誓約をさせる。「私はここに、3メートル以内に近づいたすべてのお客様に微笑みかけ、相手の目を見て挨拶することをサムに誓います」。

MARKETING MEMO

顧客の最高の希望を上回る。サービス・マーケティング・チェックリスト

顧客の期待こそサービス品質を判断する真の基準である。顧客の期待をうまくコントロールすると、期待を上回るサービスを提供するお膳立てができる。ベリーとパラスラマンは、期待をうまくコントロールして、それを上回るサービスを提供したいと考えるマーケティング・マネジャーに、以下のように自問することを薦めている。

1. **自社のサービスに関する現実的な図を顧客に示しているか。** 顧客に向けて発信する前に、プロモーション・メッセージの的確性を確認しているか。実際に顧客に接する従業員と、顧客に対してサービス内容の約束をしている人間との間でコミュニケーションはとれているか。価格などの手掛かりが顧客の期待に及ぼす影響力を評価できているか。
2. **サービスを適切に提供することが、会社の最優先事項になっているか。** 確かなサービスを提供することにより、顧客の期待をうまくコントロールできるのだと従業員に強調しているか。従業員はきちんと教育されており、失敗をしなければ何らかの報奨を受けられるか。潜在的な欠点を見つけて修正を加えるために、サービス設計の評価を定期的に行っているか。
3. **顧客ときちんとコミュニケーションがとれているか。** 定期的に顧客にコンタクトをとってニーズを確認し、顧客に感謝しているか。従業員をよく訓練して、顧客を気遣い、顧客を尊重していることを態度で示すように指導できているか。
4. **サービスの提供プロセスに、顧客の意表をつくものがあるか。** 従業員は、サービスの提供プロセスに、顧客の期待を上回る絶好のチャンスがあることに気づいているか。優れたサービス提供を促進するための具体的な手段が講じられているか。
5. **従業員はサービスに不都合が生じた場合、顧客に良い印象を与えるチャンスだと考えるか、それとも単に厄介だと感じるだけか。** 従業員による問題処理能力の高度化を奨励するシステムが整っているか。優れた問題処理をした者には報奨を行っているか。
6. **顧客の期待にどれだけ応えているかを常に評価し、改善しているか。** 一貫して十分なサービス・レベルを保っているか。期待されたサービス・レベルを上回るチャンスを活かしているか。

出典：Leonard L. Berry and A. Parasuraman, *Marketing Services: Competing Through Quality* (New York: Free Press, 1991), pp. 72-73. 以下の文献も参照されたい。Leonard L. Berry, *On Great Service: A Framework for Action* (New York: Free Press, 1995), 同著者の *Discovering the Soul of Service* (New York: Free Press, 1999).

高い基準

優れたサービス提供者は、高いサービス品質基準を掲げている。例えばスイス航空では、利用客の96％以上に同社のサービスを「良い」または「素晴らしい」と評価してもらうことを目指している。シティバンクは、電話を10秒以内に取り、顧客からの手紙には2日以内で回答するようにしている。このような基準は、きわめて高く設定しなければならない。98％の精度基準なら十分に思えるかもしれないが、その計算でいくと、フェデラル・エクスプレスは毎日6万4000個の貨物を紛失し、各ページに10のスペルミス、1日に40万件の処方箋ミス、1年のうち8日は飲料水が安全ではなくなることになってしまう。ここが、「まあまあ」のサービスを提供する企業になるか、完全無欠の「画期的な」サービスを提供する企業になるかの分かれ道になる[31]。

■■■ モニター・システム

　一流のサービス企業は、自社と競合他社両方のサービス・パフォーマンスを定期的に監査している。その方法はさまざまで、購買比較、顧客を装ったゴースト・ショッピング、顧客アンケート、提案および苦情カード、サービス監査チーム、社長への手紙などがある。GEは、年間70万通の回答用カードを一般家庭に送り、同社のサービス担当者の働きぶりを評価するよう依頼している。シティバンクはART（正確性accuracy、対応力responsiveness、迅速性timeliness）に照らして従業員を常にチェックしている。ファースト・シカゴ銀行は毎週、サービス・パフォーマンスを顧客志向の評価基準でチャート化した、パフォーマンス調査プログラムを使っている。■図14-6には、ファースト・シカゴ銀行の電話での顧客サービスにかかる平均的な時間がチャート化されている。パフォーマンスが最低許容レベルを下回った場合は、必ず何らかの措置を講ずる仕組みになっている。同行はまた、時とともに目標パフォーマンスを上げている。

　サーベイ調査など、顧客からのフィードバック・システムを作る場合、マーケターは適切な質問をしなければならない。それについては、ユナイテッド・パーセル・サービスがいち早く気づいている。

ユナイテッド・パーセル・サービス(UPS)

　UPSはこれまで、時間どおりの配達こそ顧客にとって最大の関心事だと考え、時間動作研究に基づいて品質を定義していた。貨物をより早く顧客に届けるために同社は、ある市内のアパートメントのブロックではエレベーターが開くまでにどのくらい時間がかかるか、チャイムが鳴ってから人が応対に出るまでにどのくらいかかるかなど、実に細かく調べ上げていた。そのため、サーベイ調査では配達時間は予定どおりだったか、よりサービスをスピードアップできるか、などと顧客に質問していた。ところが、どうすればサービスを改善できるかについて、より広い質問をしたところ、顧客が何より求めているのは、配達員がもっと親身に接してくれることであると判明した。配達員があれほど急がずに質問に答えてくれれば、貨物の発送について有効なアドバイスがもらえるはずだ、というのである[32]。

　サービスは、顧客から見た重要性と企業のパフォーマンスによって判断することができる。重要性－パフォーマンス分析は、サービスにまつわる諸要素を

■ 図14-6

顧客サービス・パフォーマンスの追跡

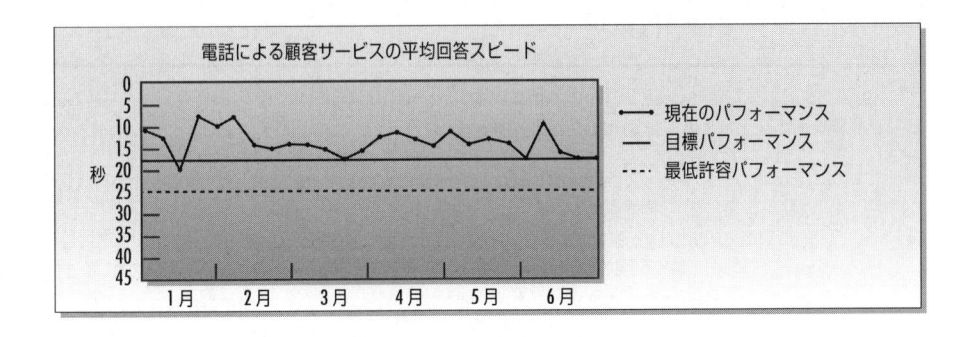

評価し、どのような行動が求められているのかを特定するのに使われる。■表14-1では、自動車ディーラーのサービス部門を重要性とパフォーマンスに基づき、顧客が14のサービス要素（属性）について評価している。例えば、「きちんとしたサービスを行う」（属性1）の重要性は3.83で、パフォーマンスの方は2.63とあり、顧客が非常に重要視しているのに適切なサービスが提供されていないことを示している。

14の要素の評価は■図14-7にあるとおりで、4つの部分に分けられている。左上のAは、重要なサービス要素であるにもかかわらずパフォーマンスが顧客の望むレベルに達していないもので、要素1、2、9がこれに当てはまる。ディーラーはこの3つの要素について、サービス部門のパフォーマンスを改善しなければならない。右上のBは、重要なサービス要素であり、なおかつサービス・パフォーマンスも良いもので、現在の高いパフォーマンスを保っていくことが望まれる。左下Cはあまり重要でないサービス要素で、パフォーマンスは良くも悪くもないが、とりたてて気にかける必要のないものである。右下のDはあまり重要でないサービス要素だが、「メンテナンス通知の発送」のパフォーマンスは非常に良い。メンテナンス通知の経費を減らし、余った経費を企業にとって重要な要素のパフォーマンス改善に充てるとよいだろう。それぞれの要素について競合他社のパフォーマンス・レベルを調べれば、分析の質を向上させることもできる[33]。

顧客の苦情処理

顧客の不満調査によると、顧客の25％が買ったものに不満を感じているが、

表14-1 顧客による重要度とパフォーマンス達成度（自動車のディーラー）

属性番号	属性内容	重要度[a]	パフォーマンス達成度[b]
1	一度で完全なサービスを行う	3.83	2.63
2	苦情への迅速な対応	3.63	2.73
3	迅速な保証	3.60	3.15
4	必要なことなら何でもしてくれる	3.56	3.00
5	必要なときにすぐサービスをしてくれる	3.41	3.05
6	丁寧で親しみのあるサービス態度	3.41	3.29
7	約束の時間に車の用意ができている	3.38	3.03
8	必要な業務だけを行う	3.37	3.11
9	安いサービス料金	3.29	2.00
10	サービス業務の後の片づけ	3.27	3.02
11	家からの利便性がよい	2.52	2.25
12	職場からの利便性がよい	2.43	2.49
13	送迎サービス車	2.37	2.35
14	メンテナンス通知の発送	2.05	3.33

[a] 4段階評価「非常に重要(4)」「重要(3)」「あまり重要ではない(2)」「まったく重要ではない(1)」。
[b] 4段階評価「非常に良い(4)」「良い(3)」「普通(2)」「悪い(1)」。「どちらともいえない」という選択肢も入れた。

図14-7

重要性−パフォーマンス分析

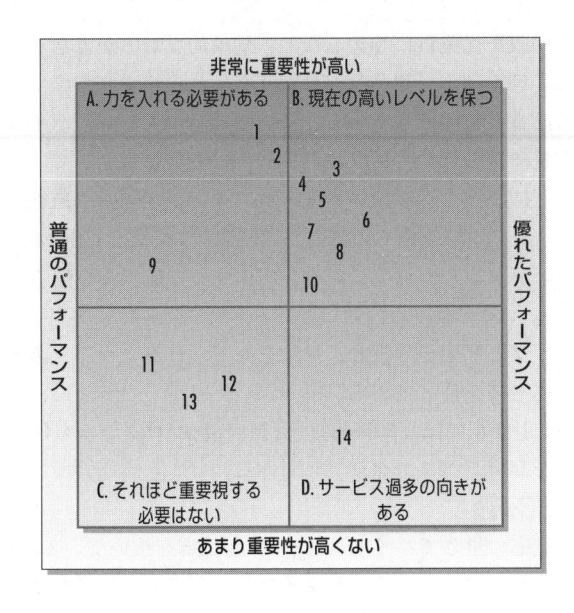

```
                非常に重要性が高い
      A. 力を入れる必要がある  B. 現在の高いレベルを保つ
                    1
                    2        3
                           4
                           5      6
  普通のパ                   7    8         優れたパ
  フォーマンス         9        10           フォーマンス

                 11
                    12
                 13
                              14
      C. それほど重要視する   D. サービス過多の向きが
         必要はない           ある
                あまり重要性が高くない
```

苦情を言うのはわずか5%にすぎない。あとの95%は、わざわざ苦情を言うほどでもないと感じているか、苦情の申し立ての方法や、だれに対して苦情を言えばよいのかがわからないのである。

また、苦情の申し立てをする5%のうち、満足な問題解決を得られるのは半分ほどしかいない。しかし、顧客の問題を満足のいく形で解決するのは非常に重要なことである。なぜなら満足した顧客は、製品が良かったことを平均3人に話すが、不満のある顧客は、平均11人に不平を洩らすからである。不平を聞いた人がそれぞれさらに別の人に話していけば、悪い噂を耳にする人数は飛躍的に増えていく。

ところが、苦情がうまく処理されれば、その顧客は不満を感じたことのない顧客よりも企業に対してロイヤルティを有するようになる。大きな苦情を申し立てた顧客の34%は、苦情が処理されれば再び同じ企業を利用し、小さな苦情ならこの確率は52%に跳ねあがる。苦情が迅速に処理された場合、52%（大きな苦情）および95%（小さな苦情）の顧客が再び同じ企業を利用する[34]。

タックスとブラウンによると、不満があれば苦情を申し立てるよう顧客に奨励したり、問題が生じた場合はその場で事態を収拾できるよう従業員にエンパワーメントしたりしている企業では、失敗をカバーする系統立ったアプローチがない企業に比べて、はるかに高い収益をあげているという[35]。2人は、苦情処理に優れた企業の共通点を挙げている。

- 従業員によるサービス・リカバリーも考慮に入れた教育プログラムと雇用基準を開発している。
- 納得のいく解決と顧客満足に重点を置いた、サービス・リカバリー用ガイドラインを設定している。
- 苦情の申し立てを阻んでいる障害を取り除き、不都合に対して賠償金

第14章 サービスの設計とマネジメント

を支払う権限を従業員に与えるなど、効果的な対応ができる態勢を整えている。例えば、ピザハットはピザを入れる箱すべてにフリーダイヤルの電話番号を印刷している。苦情の電話が入ると、ボイスメールの形で店長に送られ、店長は48時間以内に顧客に電話して、苦情を処理することになっている。ヴァージン・アトランティック航空では、ロンドンのヒースロー空港への到着が数時間遅れると、CEOのリチャード・ブランソン自らが謝罪に赴き、将来使える航空券を配ることがある。

- 苦情のタイプと原因を分析し、対策を立てられるように、顧客と製品のデータベースを持っている。

ハイアット・ホテルでは、効果的な「評判回復」プログラムを作って、こうした基準の多くを高いレベルでクリアしている。

ハイアット・ホテル

苦情への対応の早さでハイアット・ホテルは群を抜いている。例えば、デンバーのハイアットにチェックインしたものの、部屋が気に入らないビジネスマンがいた。部屋に入ってすぐテレビをつけると、画面にまず映し出されたのは顧客アンケートだった。リモコンを使って、彼は自分の評価を入力した。すると驚きもし、また嬉しかったことには、それから5分もしないうちにホテルのマネジャーから電話があり、満室のため部屋の変更はできないので、別の形で不都合の埋め合わせをするという申し入れがあったのである。このように、ハイアットのマネジャーは顧客アンケートを系統的に分析して、従業員がすぐさま問題に対処できる態勢を整えている。お金を入れても物が出てこない自動販売機であろうと、部屋のかび臭い匂いであろうと、ハイアットは、顧客の要望を教育の行き届いた従業員に迅速に伝え、処理させることができるホテルなのだ[36]。

■ 従業員満足と顧客満足

経営がうまくいっているサービス企業は、経営者と従業員の関係が、従業員と顧客の関係に影響すると考えている。経営者はインターナル・マーケティングを実施し、従業員を支援して、優れたパフォーマンスに対しては報奨を与えている。また定期的に、従業員の仕事に対する満足度も調べている。カール・アルブレヒトによると、不満のある従業員は「テロリスト」になる危険性があるという。ローゼンブラスとピーターズは『*The Customer Comes Second*』の中で、本当に顧客を満足させたいなら、顧客ではなく従業員を大切にしなければならない、とまで述べている[37]。スーパーマーケット・チェーンのセーフウェイは、カスタマー・フレンドリー政策を始めた結果、従業員の多くにストレスを溜め込ませてしまい、この事実に気づいた。

セーフウェイ

1990年代、スーパーマーケット・チェーンのセーフウェイはスーペリ

ミレニアム・トレンド：卓上型ビデオ。ホーム・ムービー制作用のこの新しい技術により、ビデオカメラとパソコンを接続し編集した映像を、ビデオテープやCDに入れたり、ウェブ上で公開できるようになる。

ミレニアム・トレンド：ファイザーやメルクのような薬品メーカーの株価は上がっていくものと予想される。

ア・サービスという非常に積極的なプログラムを設定し、従業員が顧客に対して親切にするよう要求した。規定の中から例を挙げると、すべての顧客とアイ・コンタクトをとり、微笑みかけ、一人ひとりに挨拶をする。製品のサンプルを提供し、ほかに買ってもらえそうな品目を提案する、などである。規定を守っていることを確かめるために、同社は「ミステリー・ショッパー」を送り込み、ひそかに従業員の成績をつけさせた。評価の低かった従業員は研修に送られて、親切な応対をする訓練を受ける。調査してみると、顧客はこのプログラムを喜んでいたが、多くの従業員はストレスを溜め込み、プログラムが原因で辞める者もいた。20年間も同社に務めながら、プログラムからくるフラストレーションのせいもあって辞職した、ある第二世代のレジ係は、このプログラムを「非常に不自然でわざとらしい」と述べている。不満を訴える従業員は、企業のフレンドリー政策のために本音を無視しなければならないとこぼす。例えば、全身で「放っておいてくれ」と言っている不機嫌そうな顧客にも、規定で挨拶しなければならない。このプログラムは、間違った親切と本当の親切についての大激論をインターネット上に巻き起こした。「セーフウェイの作り笑い」というタイトルのあるインターネット・ディスカッション・グループでは、2対1で同プログラム反対派の方が多かった[38]。

従業員に満足を与える上で重要なのは、社外での生活を手助けすることである。従業員が家族と過ごす時間を大切にしているため、企業はよりフレキシブルなスケジュールを提供している。コネチカット州のユニオン・トラスト銀行は、子供が学校から帰ってくる時間には働きたくないという要望に応えて便宜を図り、幼い子供を持つ母親を従業員として抱えることに成功している[39]。

ミレニアム製品(イギリスの場合):タイヤのチューブで作ったハンドバック。

生産性の管理

サービス企業には、コストを抑えながら生産性を増やさなければならないという大きなプレッシャーがある。サービスの生産性を伸ばすには7つの方法がある。

1つめは、サービス提供者のスキルを上げるという方法である。厳しい採用基準と教育によって、スキルの高い従業員を雇い、育成していくことができる。

2つめは、品質をある程度犠牲にして、サービスの量を増やすという方法である。一部のHMOで働く医師は、患者1人に充てる時間を減らし、診察する患者の数を増やすようになった。

3つめは、設備を整えたり、生産の標準化を図ったりして「サービスの工業化」を行うという方法である。レビットは、サービス産業が「製造姿勢」を導入するよう提案している。その好例として、「工業的なハンバーガー」を生み出したマクドナルドによる、ファストフード販売への組立ライン・アプローチがある[40]。ハイアットは、チェックインとチェックアウトを簡単にするセルフサービス機

歴史メモ:現在ではすっかりおなじみのプラスチックは、1868年にJ・W・ハイアットによって発明された。

の設置を試験中である。サウスウエストをはじめとする航空会社では、ATMのような機械を使って、旅客が自分で航空券を買って搭乗できるようにしている。カナダのトロントにほど近いショウルディス病院は、サービスの工業化を行うことにより患者をヘルニア患者だけに絞り、平均7日だった入院期間を半分に短縮した[41]。

　4つめは、事態を解決する製品ソリューションの発明によって、特定サービスへのニーズを減らしたりなくしたりするという方法である。テレビが家庭外での娯楽の代わりになったのも、洗っただけで着られるシャツが現れてクリーニングに出す必要がなくなったのも、抗生物質の発明によって結核療養所の必要性が減ったのも、その例といえる。

　5つめは、より効果的なサービスを考え出すという方法である。禁煙を指導するクリニックは、先々高い医療サービスを受ける必要性を減らしてくれるかもしれない。また、**法律家補助員（パラリーガル）**を雇えば、より費用のかかる法律専門家の世話になる必要性が減る。

　6つめは、企業の労働力の代わりに顧客自身の労働力を使うよう顧客に動機付けるという方法である。郵便局に持っていく前に社内で郵便物を分類する企業は、郵便料金を安くしてもらえる。セルフ・サービスのサラダ・バーがあるレストランでは、「給仕」の仕事を顧客の仕事にしている。

　7つめは、技術の力で顧客がより良いサービスを利用できるようにしたり、サービス担当者の生産性を上げたりするという方法である。ウェブサイトを活用して顧客の自立を促している企業は、作業負荷を減らしたり、貴重な顧客データを獲得したり、自社の行っている業務の価値を上げたりできる。■ミレニアム・マーケティング「顧客エンパワーメントの科学技術」を参照されたい。

　科学技術は、サービス担当者の生産能力に大きな威力を発揮する。次の例を見てみよう[42]。

歴史メモ：ベーグルは、1610年にポーランドで考え出された。

サン・ディエゴ・メディカル・センター

現在、カリフォルニア大学サン・ディエゴ・メディカル・センターの呼吸器療法士は、コートのポケットに小型コンピュータを入れて持ち歩いている。以前はナース・ステーションでカルテが届くのを待たなければならなかったが、今では携帯用コンピュータで情報を呼び出し、中央コンピュータからデータを引き出すことができるようになった。おかげで、直接患者に接して治療できる時間が増えた。

シスコシステムズ

シスコシステムズはルーター、交換デバイス、リレー、インターネット・ソフトウェアなど、インターネット関連製品を作っている。FAQ（よくある質問とその回答集）のナレッジ・ベースを利用すれば、顧客はシスコシステムズの従業員と話をしなくても答えを得ることができる。このシステムにより同社は月あたり、以前受けていた電話の70%にあたる5万件を減らし、1000万ドルを節約した（1件あたり200ドル）。電話応対にあたる従業員数は、1000名から700名に減っている。電話

で受けた新しい質問の内容と解決法は、テク・ライター（ポリッシュ＆パブリッシュ）に回されてナレッジ・ベースに入力され、今後かかってくる電話の件数を減らしている。

とはいえ、生産性を追求するあまり、サービスの知覚品質を下げることがあってはならない。方法によっては標準化を推し進めたせいで、カスタマイズしたサービスを顧客に提供できなくなってしまうこともある。「ハイタッチ」が「ハイテク」に取って代わられるのである。例えば、バーガーキングは「お客様だけのハンバーガーを」というキャンペーンを行い、マクドナルドに挑戦した。これによってバーガーキングの生産性はいくぶん落ちたが、顧客は「自分だけの」ハンバーガーを食べられるようになった。

製品サポート・サービスの管理

ここまではサービス産業に焦点を当ててきたが、製品ベースの業界も、サービスが重要であることに変わりはない。小型電化製品、オフィス機器、トラクター、大型コンピュータ、航空機などの設備メーカーはみな、**製品サポート・サービス**を提供しなければならない。事実、この製品サポート・サービス分野は、競争優位を得るための主な戦場になりつつある。キャタピラー・トラクターやジョン・ディアなどの設備会社は、これらのサービスから利益の50％を得ている。グローバル市場では、良い製品を作っていてもローカル・サービスが整っていないと非常に不利である。スバルはオーストラリア市場に進出した際、オーストラリアン・フォルクスワーゲンのディーラー・ネットワークを使用する契約を交わし、そこで部品やサービスを提供した。

歴史メモ：大量生産を可能にした流れ作業は、ヘンリー・フォードの発案によるものではなかった。米国自動車殿堂によると、フォード社のマネジャーだったクラレンス・W・エイブリーによって開発されたようである。

高品質のサービスを提供する企業は、あまりサービス志向ではない競合他社よりも業績が良い。それは■表14-2を見ればわかる。戦略計画研究所が、「相対的知覚サービス品質」の評価に従って、3000社のなかから上位3分の1と下位3分の1を選び出している。表によれば、サービスの良い企業は優れたサービス品質を強みに高めの料金設定をし、成長が早く、利益も多い。

企業はサービス・サポート・プログラムを作るにあたって、顧客ニーズを慎重に特定しなければならない。次の3つは、典型的な顧客の悩みである[43]。

表14-2

サービス品質が相対的なパフォーマンスに与える影響

	サービス品質の高い 上位3分の1	サービス品質の低い 下位3分の1	ポイント差
競合他社に対する価格指数	7%	-2%	+9ポイント
年間の市場シェアの変化	6	-2	+8
年間売上の伸び	17	8	+9
売上利益率	12	1	+11

出典：Phillip Thompson, Glenn Desourza, and Bradley T. Gale, "The Strategic Management of Service and Quality," *Quality Progress*, June 1985, p. 24.

MARKETING FOR THE MILLENNIUM　ミレニアム・マーケティング

顧客エンパワーメントの科学技術

インターネットで可能になったアプリケーションがビジネス・モデルの大転換を促すには、高性能であったり複雑であったりする必要はない。電子メールがその証拠である。顧客が情報を得たり、顧客どうしで交流したり、企業と交流したりするのが可能になったことで真の価値が加わった。

コンテンツの作成

顧客がコンテンツを自作できるようにすると、事業の価値も上がり、企業の作業負荷が減る。パーソナライズされたアプリケーションを使うことにより、顧客が製品の価値を上げることができる。これは、価値の貢献とも呼ばれる。また、ナレッジベースを共有すると、学習量が増え、サイクル・タイムが速くなる。

実例　ジオシティーズはユーザーに無料ホームページを提供し、有料でホームページを更新させたり、小さな電子商取引のサイトを追加させたりしている。トラベロシティでは現在、顧客が動画を操作できるクイックタイムVRやlivePixを使って、ウェブ上で休暇旅行先をプレビューし、思いどおりの旅を創り出すことができる。エース・ハードウェアのサイトは、ペンキ・カルキュレーターを売り物にしている。これを使えば、予定の内装に何ガロンのペンキを購入すればよいのかがわかる。

コラボレーション

コラボレーション・ツールを使えば、顧客が協力して何かを作ったり学んだりできる。フォーラムや掲示板は、コミュニティを作る助けとなる。会議ツールや伝言ツールは活動をグローバル化した。グループ・ゲームや評価システムは、電子商取引のサイトの持ち主に情報を提供している。投票、調査、コラボラティブ・フィルタリングによって、ワン・トゥ・ワン・マーケティングが促進されている。

実例　Eトレード社のEトレード・ゲームの参加者は、実際にお金をリスクにさらすことなく、いちかばちかの取引をし、スリル満点の競争を経験できる。ゲームをしている間に、製品の選好に関する情報が会社に送られる。ピクチャー・ネットワーク・インターナショナル社のバーチャル・ライトボックスを使うと、在庫の写真を購入する前に、デザイナーとクライアントがイメージとレイアウトを一緒に考えることができる。

教育

必要とされる教育を行い、迅速に情報を送ることは企業の利益になる。それは結果的にユーザーのパフォーマンスを改善し、サポートするからである。それらが

過去1000年の間に、休暇の長さはヨーロッパの農民がとっていた年間4か月〜5か月から、現在アメリカの労働者の大半がとっている2週間へと減ってきた。

- **性能の信頼性**と**故障の頻度**。コンバインの故障が年に1度くらいなら我慢するかもしれないが、2度、3度となるとそうもいかない。
- **作業休止時間の長さ**。休止時間が長くなると、それだけコストも高くなる。顧客は売り手の**サービス・ディペンダビリティ**をあてにしている。サービス・ディペンダビリティとは、機械の修理を迅速に行う、それができなければ、せめて代替品を提供する売り手の能力のことである[44]。
- **メンテナンスや修理にかかる現金支払費用**。定期的なメンテナンス費と修理費にどれくらいかかるか、ということである。

これらの要素すべてを考慮に入れた上で、買い手は売り手を選ぶ。その際、買い手は**ライフサイクル・コスト**を推定しようとする。ライフサイクル・コスト

適切に行われれば、ユーザーはそのサービスをあてにするようになり、必ず戻ってくる。

　実例　ZDネットやフェニックス大学の取り組みを見ると、どこまで実際の教育と同じものを提供したり、さらに改良を加えたりできるかについて理解することができる。多様で特殊なクラス、自分のペースでできる学習、電子メールだけを使ったインストラクターからの指導と、工夫はさまざまである。

商取引

円滑な商取引を創り出してくれるオンライン取引が理想である。幅広い商品から選べて、豊富な情報の助けも借りられ、いざこざもお世辞もないサイトがあれば、それは理想的な商店街といえる。

　実例　カスタムディスク・ドットコムでは、何千曲もの歌のなかから好きなものを選び、自分だけのオーディオCDを作ることができる。カスタムディスク社はユーザーからトラックあたりの使用料を取り、ユーザーの音楽の好みに関する情報を集めている。

コントロール

ウェブサイトに他のデバイスを取りつけてエージェントやセンサーを使えば、現実世界の機械装置やプロセスを管理することができる。まもなく、カメラやリモート・センサーなど、あらゆるものの間で対話が可能になり、すべてウェブ上でコントロールできるようになる。

　実例　Y2Kリンクス・ドットコムは、ニューロスタジオで生み出されたエージェントの「ミリー」を使い、2000年のバグに関するユーザーからの質問に答えている。ハッブルのウェブサイトでは、ウェブ・ブラウザを通して小学生が巨大な望遠鏡を操作することができる。

新しいプラットフォーム

PDA、携帯電話、ダッシュボード・コンピュータが他のアプリケーションすべてをコントロールするだけの力と機動性を備える日は近いだろう。新しい情報家電とスマートカードにより、顧客によって操作されるアプリケーションが将来出てくるのは確実である。

　実例　オーディブル・ドットコムは、オーディオ・ブック用の小型携帯オーディオ・リーダーを売り出した。ネットスケープの社長ジム・バークスデールは、顧客をインターネット・バンキングに誘導するために、銀行がウェブ通信内蔵の電子小切手帳を無料で提供するようになるだろうと予測している。

出典：*"The Technologies of Customer Empowerment," New Media*, October 1998, p. 36.

とは、式にすると次のようになる。

　　ライフサイクル・コスト＝製品の購入コスト＋｛(メンテナンス＋
　　　　　　　　　　　　　　　修理コスト) －下取り価格｝

　買い手は売り手を選ぶ際に、こういったハード・データについて尋ねるものである。

　ところで、信頼性、サービス・ディペンダビリティ、メンテナンスの重要度は一様ではない。コンピュータが1台しかないオフィスでは、1台が壊れてもほかにも使えるコンピュータがあるオフィスに比べて、製品の高い信頼性と迅速な修理サービスが必要になる。航空会社であれば、飛行中は100％の信頼性が求められる。このように信頼性が重要な場合、メーカーやサービス企業は保証を提供して販売を促進する。■マーケティング・インサイト「保証を提供して販

MARKETING INSIGHT　マーケティング・インサイト

保証を提供して販売を促進する

売り手はみな、買い手の平均的もしくは妥当な期待を満たす法的責任を負っている。期待された製品パフォーマンスをメーカーが履行することを、正式には**保証（ワランティ）**という。保証の対象になっている製品は、メーカーへの返品、修理センターでの修理や交換や返金が可能である。明示されているか否かにかかわらず、保証は法的な履行義務を伴っている。

多くの売り手は、製品パフォーマンスが満足のいくものでない場合は返品を認めるという総体的な約束——つまり、**保証（ギャランティ）**を提供している（返金保証など）。保証内容は明示され、履行されやすいものでなければならず、また、企業側の賠償は迅速に行われなければならない。さもないと、買い手は不満を抱いてクチコミで悪い噂を広めたり、訴訟を起こす場合もある。ドミノ・ピザの例を考えてみよう。電話注文を受けてから30分以内にピザを届けることを保証したドミノ・ピザは、驚異的な成長を遂げた。遅れた場合は、料金が無料になるというものである（後に、請求代金から3ドル引きに改められた）。ところが同社はこの保証をやめなければならなくなる。1989年、猛スピードで走っていた同社の配達員の自動車にはねられた女性に、セント・ルイス裁判所が7800万ドルの賠償金の支払いを認めたためである。

今日、多くの企業は「総体的もしくは完全な満足」を与えることを約束しているが、それ以上具体的なことには触れていない。例えば、P&Gは次のような広告を出している。「何らかの理由でご満足いただけない場合は、お取り替え、交換、返金いたします」。奇抜な約束をして、それを効果的な販売ツールとして利用し、競合他社を引き離す企業もある。

- GMのサターンでは、購入後30日以内なら、買い手が満足できない場合は返品できる。
- ハンプトン・インではゆっくり休める夜を保証しており、もしそれが果たされなければ、利用客は料金を支払わなくてもよい。
- アウトドア用品店のL.L.ビーンは、顧客に「あらゆる方法で、100％の満足をいつまでもお届けいたします」と約束している。ブーツを買ってから2か月経ち、かかとがすり減りやすいとわかった場合、同社は返金もしくは別の商品との取り替えに応じてくれる。
- A.T.クロス社は、クロス・ペンに一生涯の保証をしている。故障した場合、同社に郵送すれば（封筒はクロスの筆記具を販売している店に置いてある）、ペンは無料で修理されるか取り替えてもらえる。
- フェデラル・エクスプレスは、「確実に、翌朝の10時半までに」配達することを約束して、利用者 ↗

世界で最も古いレストランは、中国の開封で1153年にオープンし、現在でも営業している。

売を促進する」を参照されたい。

優れたサポートを提供するために、メーカーは、顧客が最も高く評価しているサービスと、各サービスの相対的な重要度を知っておかなければならない。医療機器のような高価な設備のメーカーは、設備の設置、スタッフの教育、メンテナンスおよび修理サービス、ファイナンシングのような**購入と使用を楽にするサービス**を提供して購買を促進する。**価値を増大させるサービス**を付加する場合もある。大手オフィス備品メーカーのハーマン・ミラーは、買い手に次のような約束をしている。(1) 5年間の保証、(2)設置後の品質監査、(3)持ち込み日の保証、(4)システム製品におけるトレード・イン・アロウワンス。

製品サポート・サービスは多岐にわたっており、手数料の請求方法もさまざまである。ある有機薬品専門会社は、まず標準的な製品と基本レベルのサービスだけを提供する。追加サービスを望む顧客は、割増料金を支払うか、年間の

の心をつかんだ。

- シカゴで建設用品を扱っているオークリー・ミルワーク社は、急ぎの注文にカタログ商品が間に合わなかった場合、顧客にその商品を無料で提供することを保証している。顧客には嬉しいこの保証のおかげで、販売地域の住宅着工件数が41％も減っていたにもかかわらず、1988年から1991年にかけて、同社の売上は33％上昇した。
- 工作機械メーカーのオークマ・アメリカ社は、工作機械用修理部品を**24時間発送保証**している。もし24時間以内に発送されなければ、顧客は製品を無料でもらえる。
- 害虫駆除会社のBBBKは次のような保証をしている。(1)害虫を根絶するまでは、料金を支払わなくてよい。(2)駆除に失敗した場合は全額返金され、別の駆除会社への支払いに回すことができる。(3)もしクライアントの建物に泊まっている客が害虫を見つけた場合、BBBKが代わって客室の料金を支払い、客に謝罪の手紙を出す。(4)クライアントの施設が営業停止になった場合、罰金はBBBKがすべて支払い、損失もカバーし、加えて5000ドルを支払う。こうしてBBBKは競合他社の5倍もの料金を請求することができ、高い市場シェアを誇っている。同社が保証のために支払った額は、売上の0.4％ほどにしかならない。
- マサチューセッツ州ネイティックにあるスクルーバダブ・オート・ウォッシュでは、スクルーバダブ・クラブのメンバーになると（5ドル95セント払うと会員証が発行され、特典を受けられる）、洗車をしてから24時間以内に雨か雪が降った場合、無料で洗い直しができる。

保証は、次に挙げる2つの場合に最も効果を上げる。1つめは、企業や製品がよく知られていない場合。例えば、しつこい汚れもきれいに落とすという液体洗剤を販売する企業があり、「ご満足いただけない場合は返金いたします」と保証すれば、その言葉に安心して顧客は製品を購入するだろう。2つめは、自社製品の品質が競合他社の品質を上回っている場合である。競合他社が同等の保証を行えないのがわかっているため、他社よりも優れたパフォーマンスを保証することによって利益をあげることができる。

出典：詳しくは、以下の文献を参照されたい。"More Firms Pledge Guaranteed Service," *Wall Street Journal*, July 17, 1991, pp. B1, B6; Barbara Ettore, "Phenomenal Promises Mean Business," *Management Review*, March 1994, pp. 18–23. 以下の文献も参照されたい。Christopher W. L. Hart, *Extraordinary Guarantees* (New York: Amacom, 1993); Sridhar Moorthy and Kannan Srinivasan, "Signaling Quality with a Money-Back Guarantee: The Role of Transaction Costs," *Marketing Science* 14, no. 4 (1995): 442–46.

購入量を増やせばよい。そうすると、追加サービスがついてくる。この変形バージョンとして、バクスター・ヘルスケアは、購入金額に応じて増えるカスタマー・ボーナス・ポイント（「バクスター・ダラーズ」）という戦略を展開している。このボーナス・ポイントを使って、さまざまな追加サービスを受けることができる。また、多くの企業が提供しているもう1つの方法は、期間やサービス内容を各種取りそろえた**サービス契約**である。この方式では、基本的なサービス・パッケージに追加する希望のサービス・レベルを、顧客が自分で選ぶことができる。

　企業は製品設計とサービス・ミックスの決定を結びつけて計画する必要がある。設計のマネジャーと品質保証のマネジャーが、新製品開発チームに加わるべきである。製品設計が良ければ、後に必要となるサービス量が減るからである。キヤノンのホームコピー機は使い捨てのトナー・カートリッジを使用して

最初の福引きは1530年、フィレンツェで行われた。

いるため、出張サービスを大幅に削減している。コダックと3Mは、ユーザーが中央診断施設に「プラグ・イン」できる設備を設計した。中央診断施設がテストを行って壊れている箇所を見つけ出し、電話線を通じて設備を修理してくれる。

販売後のサービス戦略

> ソニーのウォークマンは、1999年で20歳になった。

大半の企業が顧客サービス部門を有しているが、その質は実にさまざまである。極端な例を挙げれば、顧客からの電話を担当者や担当部署に回すだけで、フォローをほとんどしないところもあれば、その反対に、顧客からの要望、提案、苦情にまでも熱心に耳を傾け、迅速に処理するところもある。

ほとんどの企業は、いくつかの段階を経てサービスの提供方法を発展させていく。メーカーは通常、自社内に部品・サービス部門を設置するところから出発する。製品から離れることなく、その製品の問題を知りたいと考えているからである。また、社外の人間を教育するのは費用と時間がかかるし、部品とサービス事業から大きな利益をあげられることもわかっている。必要な部品を供給するメーカーが自社だけである限り、プレミアム価格を求めることができる。実際、多くの設備メーカーが製品価格は低く設定しておいて、その分を取り戻すために部品とサービスの料金を高く設定している。したがって、競合メーカーは同じかよく似た部品を作り、顧客や仲介業者に安い価格で販売するのである。メーカーは競合他社が作った部品を用いると危険だというが、必ずしもそのとおりとは限らない。

次の段階として、メーカーはメンテナンスや修理サービスを指定の流通業者やディーラーに託すようになる。このような仲介業者はメーカーに比べて顧客により身近な存在で、営業拠点も多く、迅速な対応ができる。そのためメーカーは、部品ではなお利益をあげるとしても、サービスによる収益は仲介業者に譲ることになる。やがて、独立したサービス企業が進出し始める。現在、自動車サービスの40％は、フランチャイズに加盟している自動車ディーラー以外の独立サービス・ステーションや、マイダス・マフラー、シアーズ、JCペニーのようなチェーン店で行われている。こうした独立したサービス組織は、大型コンピュータや通信機器などのさまざまな設備製品をも取り扱っており、通常、メーカーや指定業者に比べて料金が安かったり、サービスが早かったりする。

最終的には、かなり大口の顧客のなかに、メンテナンスと修理の仕事を自社で行うところが出てくる。パソコンやプリンターなどの関連機器が何百とある企業なら、自社でサービス担当者を雇う方が安上がりだと気づくかもしれない。このような企業は、サービスを自社で行っているのだから、そのぶん価格を引き下げるようにとメーカーに要求するようになる。

顧客サービスの主なトレンド

レレは、顧客サービス分野の主なトレンドをいくつか挙げている[45]。

1. 設備メーカーは、他の分野のメーカーに比べて、信頼性が高く修理のしやすい製品を作る。電気機器から電子機器へと移行したのがその理由の1つで、この移行により、故障が減って修理もしやすくなった。メーカーはモジュール方式と使い捨てを加えてセルフサービスを促進している。
2. 顧客側の製品サポート・サービスについての知識が向上し、「サービスのばら売り」を迫っている。顧客は、サービス要素の一つひとつに価格をつけてもらい、欲しいものだけを選びたいのである。
3. 顧客は設備ごとに別々のサービス業者と取引することを嫌がるようになっている。現在、メーカーとは別の独立サービス組織が、幅広い種類の設備に対応している[46]。
4. 特別な契約料金を支払えば特定の期間メンテナンスと修理サービスを無料で受けられる**サービス契約（保証延長サービスともいう）**は、重要性を失いつつある。今では、アフター・サービスの開始前に、16万キロの保証がついている新車も現れている。使い捨てや故障のない設備が増えると、購入価格の2%〜10%ものサービス料を毎年払おうとは思わなくなるものだ。
5. 顧客サービスの選択肢が急速に増えており、その結果、サービス料金やサービスによる収益は低く抑えられている。設備メーカーは、サービス契約には頼らず設備だけで収益をあげる方法を徐々に考えていかなくてはならない。

マネー・ロンダリング（資金洗浄）は、コンピュータ技術ではごく当然のように対応できる。

参考文献

1. Ronald Henkoff, "Service Is Everybody's Business," *Fortune*, June 27, 1994, pp. 48–60.
2. 以下の文献を参照されたい。G. Lynn Shostack, "Breaking Free from Product Marketing," *Journal of Marketing*, April 1977, pp. 73–80; Leonard L. Berry, "Services Marketing Is Different," *Business*, May–June 1980, pp. 24–30; Eric Langeard, John E. G. Bateson, Christopher H. Lovelock, and Pierre Eiglier, *Services Marketing: New Insights from Consumers and Managers* (Cambridge, MA: Marketing Science Institute, 1981); Karl Albrecht and Ron Zemke, *Service America! Doing Business in the New Economy* (Homewood, IL: Dow Jones–Irwin, 1986); Karl Albrecht, *At America's Service* (Homewood, IL: Dow Jones–Irwin, 1988); Benjamin Scheider and David E. Bowen, *Winning the Service Game* (Boston: Harvard Business School Press, 1995).
3. Anne Zeiger, "The Many Virtues of 'Virtual Services,'" *Business Week*, September 14, 1998, pp. ENT18–ENT20.
4. John R. Johnson, "Service at a Price," *Industrial Distribution*, May 1998, pp. 91–94.
5. Theodore Levitt, "Production-Line Approach to Service," *Harvard Business Review*, September–October 1972, pp. 41–42.
6. サービスのさらに詳しい分類については、以下の文献を参照されたい。Christopher H. Lovelock, *Services Marketing*, 3d ed. (Upper Saddle River, NJ: Prentice Hall, 1996). 以下の文献も参照されたい。John E. Bateson, *Managing Services Marketing: Text and Readings*, 3d ed. (Hinsdale, IL: Dryden, 1995).
7. 以下の文献を参照されたい。Theodore Levitt, "Marketing Intangible Products and Product Intangibles," *Harvard Business Review*, May–June 1981, pp. 94–102; Berry, "Services Marketing Is Different."
8. Geoffrey Brewer, "Selling an Intangible," *Sales & Market-*

ing Management, January 1998, pp. 52–58.
9. 同上.
10. "Business: Service with a Smile," The Economist, April 25, 1998, pp. 63–64.
11. 以下の文献を参照されたい。G. Lynn Shostack, "Service Positioning Through Structural Change," Journal of Marketing, January 1987, pp. 34–43.
12. 以下の文献を参照されたい。W. Earl Sasser, "Match Supply and Demand in Service Industries," Harvard Business Review, November–December 1976, pp. 133–40.
13. Carol Krol, "Case Study: Club Med Uses E-mail to Pitch Unsold, Discounted Packages," Advertising Age, December 14, 1998, p. 40.
14. Anthony Palazzo, "Postal Service Sees Shipping Customers in Internet Retailers—Trying to Capitalize on Needs of High-Tech Marketers, 'Snail Mail' Meets E-Mail," Wall Street Journal, March 20, 1998, p. B7; Bill McAllister, "FedEx Delivers Blow to Ad Campaign by Postal Service," The Washington Post, December 9, 1998, p. C11.
15. 以下の文献を参照されたい。B. H. Booms and M. J. Bitner, "Marketing Strategies and Organizational Structures for Service Firms," in Marketing of Services, eds. J. Donnelly and W. R. George (Chicago: American Marketing Association, 1981), pp. 47–51.
16. Keaveneyは、顧客がサービス業者を変える原因となる行動で、サービス企業が避けるべきものを800以上挙げている。これらの行動は8つのカテゴリーに分類できる。価格、不便さ、中核サービスにおける失敗、サービス・エンカウンターの失敗、従業員の応対の悪さ、倫理上の問題などである。以下の文献を参照されたい。Susan M. Keaveney, "Customer Switching Behavior in Service Industries: An Exploratory Study," Journal of Marketing, April 1995, pp. 71–82. 以下の文献も参照されたい。Michael D. Hartline and O. C. Ferrell, "The Management of Customer-Contact Service Employees: An Empirical Investigation," Journal of Marketing, October 1996, pp. 52–70; Lois A. Mohr, Mary Jo Bitner, and Bernard H. Booms, "Critical Service Encounters: The Employee's Viewpoint," Journal of Marketing, October 1994, pp. 95–106; Linda L. Price, Eric J. Arnould, and Patrick Tierney, "Going to Extremes: Managing Service Encounters and Assessing Provider Performance," Journal of Marketing, April 1995, pp. 83–97.
17. Christian Gronroos, "A Service Quality Model and Its Marketing Implications," European Journal of Marketing 18, no. 4 (1984); 36–44. グロンルースのモデルは、サービス・マーケティング戦略におおいに貢献した。
18. Leonard Berry, "Big Ideas in Services Marketing," Journal of Consumer Marketing, Spring 1986, pp. 47–51. 以下の文献も参照されたい。Walter E. Greene, Gary D. Walls, and Larry J. Schrest, "Internal Marketing: The Key to External Marketing Success," Journal of Services Marketing 8, no. 4 (1994): 5–13; John R. Hauser, Duncan I. Simester, and Birger Wernerfelt, "Internal Customers and Internal Suppliers," Journal of Marketing Research, August 1996, pp. 268–80.
19. Gronroos, "Service Quality Model," pp. 38–39.
20. 以下の文献を参照されたい。Philip Kotler and Paul N. Bloom, Marketing Professional Services (Upper Saddle River, NJ: Prentice Hall, 1984).
21. Laurie J. Flynn, "Eating Your Young," Context, Summer 1998, pp. 45–47; see also Mark Schwanhausser, "Schwab Evolves in the Web Era," Chicago Tribune, October 12, 1998, Business Section, p. 10; John Evan Frook, "Web Proves It's Good for Business," Internet Week, December 21, 1998, p. 15.
22. 以下の文献を参照されたい。Marlene Piturro, "Getting a Charge Out of Service," Sales & Marketing Management, November 1998, pp. 86–91.
23. 以下の文献を参照されたい。Valarie A. Zeithaml, "How Consumer Evaluation Processes Differ between Goods and Services," in Donnelly and George, eds., Marketing of Services, pp. 186–90.
24. Amy Ostrom and Dawn Iacobucci, "Consumer Trade-offs and the Evaluation of Services," Journal of Marketing, January 1995, pp. 17–28.
25. Heather Green, "A Cyber Revolt in Health Care," Business Week, October 19, 1998, pp. 154–56.
26. Robert D. Hof, "Now It's Your Web," Business Week, October 5, 1998, pp. 164–76.
27. Ian C. MacMillan and Rita Gunther McGrath, "Discovering New Points of Differentiation," Harvard Business Review, July–August 1997, pp. 133–45.
28. Suzanne Bidlake, "John Crewe, American Express Blue Card," Advertising Age International, December 14, 1998, p. 10; Sue Beenstock, "Blue Blooded," Marketing, June 4, 1998, p. 14; Pamela Sherrid, "A New Class Act at AMEX," U.S. News & World Report, June 23, 1997, pp. 39–40.
29. A. Parasuraman, Valarie A. Zeithaml, and Leonard L. Berry, "A Conceptual Model of Service Quality and Its Implications for Future Research," Journal of Marketing, Fall 1985, pp. 41–50. 以下の文献も参照されたい。Susan J. Devlin and H. K. Dong, "Service Quality from the Customers' Perspective," Marketing Research: A Magazine of Management & Applications, Winter 1994, pp. 4–13; William Boulding, Ajay Kalra, and Richard Staelin, "A Dynamic Process Model of Service Quality: From Expectations to Behavioral Intentions," Journal of Marketing Research, February 1993, pp. 7–27.
30. Leonard L. Berry and A. Parasuraman, Marketing Services: Competing Through Quality (New York: Free Press, 1991), p. 16.
31. 以下の文献を参照されたい。James L. Heskett, W. Earl Sasser Jr., and Christopher W. L. Hart, Service Breakthroughs (New York: Free Press, 1990).
32. David Greising, "Quality: How to Make It Pay," Business Week, August 8, 1994, pp. 54–59.
33. John A. Martilla and John C. James, "Importance-Performance Analysis," Journal of Marketing, January 1977, pp. 77–79.
34. 以下の文献を参照されたい。John Goodman, Technical Assistance Research Program (TARP), U.S. Office of Consumer Affairs Study on Complaint Handling in America, 1986; Albrecht and Zemke, Service America! 邦訳：『サ

ービス・マネジメント革命：決定的瞬間を管理する法』（K. アルブレヒト、R. ゼンケ著、八木甫訳、HBJ出版局、1988年）; Berry and Parasuraman, *Marketing Services*; Roland T. Rust, Bala Subramanian, and Mark Wells, "Making Complaints a Management Tool," *Marketing Management* 1, no. 3 (1992): 41–45; Stephen S. Tax, Stephen W. Brown, and Murali Chandrashekaran, "Customer Evaluations of Service Complaint Experiences: Implications for Relationship Marketing," *Journal of Marketing*, April 1998, pp. 60–76.

35. Stephen S. Tax and Stephen W. Brown, "Recovering and Learning from Service Failure," *Sloan Management Review*, Fall 1998, pp. 75–88.
36. Robert Hiebeler, Thomas B. Kelly, and Charles Ketteman, *Best Practices: Building Your Business with Customer-Focused Solutions* (New York: Arthur Andersen/Simon & Schuster, 1997), pp. 184–185. 邦訳：『ベスト・プラクティス：成功企業に学ぶ顧客戦略』（ロバート・ヒーブラー、トーマス・B・ケリー、チャールズ・ケッテマン著、高遠裕子訳、TBSブリタニカ、1999年）。
37. 以下の文献を参照されたい。Hal F. Rosenbluth and Diane McFerrin Peters, *The Customer Comes Second* (New York: William Morrow, 1992).
38. Kirstin Downey Grimsley, "Service with a Forced Smile; Safeway's Courtesy Campaign Also Elicits Some Frowns," *Washington Post*, October 18, 1998, p. A1.
39. Myron Magnet, "The Productivity Payoff Arrives," *Fortune*, June 27, 1994, pp. 79–84.
40. Theodore Levitt, "Production-Line Approach to Service," *Harvard Business Review*, September–October 1972, pp. 41–52; 同著者による以下の文献も参照されたい。"Industrialization of Service," *Harvard Business Review*, September–October 1976, pp. 63–74.
41. 以下の文献を参照されたい。William H. Davidow and Bro Uttal, *Total Customer Service: The Ultimate Weapon* (New York: Harper & Row, 1989).
42. Nilly Landau, "Are You Being Served?" *International Business*, March 1995, pp. 38–40.
43. 以下の文献を参照されたい。Milind M. Lele and Uday S. Karmarkar, "Good Product Support Is Smart Marketing," *Harvard Business Review*, November–December 1983, pp. 124–32.
44. サービス評価にサービス遅滞がもたらす影響に関する調査は、以下の文献を参照されたい。Shirley Taylor, "Waiting for Service: The Relationship Between Delays and Evaluations of Service," *Journal of Marketing*, April 1994, pp. 56–69; Michael K. Hui and David K. Tse, "What to Tell Consumers in Waits of Different Lengths: An Integrative Model of Service Evaluation," *Journal of Marketing*, April 1996, pp. 81–90.
45. Milind M. Lele, "How Service Needs Influence Product Strategy," *Sloan Management Review*, Fall 1986, pp. 63–70.
46. However, see Ellen Day and Richard J. Fox, "Extended Warranties, Service Contracts, and Maintenance Agreement—A Marketing Opportunity?" *Journal of Consumer Marketing*, Fall 1985, pp. 77–86.

価格設定戦略と価格プログラム

CHAPTER 15

本章では、次の3つの問題を取り上げる。

- 新製品や新サービスの価格設定はどのようにすべきか。
- 変化する状況や機会に、価格をどう適合させるべきか。
- 企業はどの時点で価格を変更すべきか、また競合他社の価格変更にはどう対応すべきか。

KOTLER ON MARKETHING
コトラー語録

価格に頼って売ってはならない。
価格を売るのである。

You don't sell through price.
You sell the price.

すべての営利組織および多くの非営利組織が、製品やサービスに価格を設定している。価格といっても多様な形がある。

日常生活のあらゆる場面で価格は私たちにかかわっている。住んでいるアパートには「家賃」、受けている教育に対しては「授業料」、医者や歯科医には「診察料」を支払う。飛行機、鉄道、タクシー、バスの利用には「運賃」が請求される。電気、ガス、水道にも「使用料」という名の価格がある。銀行からお金を借りれば「利子」が請求される。フロリダのサンシャイン・パークウェイで自動車を走らせる価格は「通行料」であり、自動車の保険を引き受けてくれる会社は「保険料」を請求する。同業組合が集めた「組合費」をいかがわしい人物が横領するのを手伝う見返りに「賄賂」を受け取った官僚の話をして、講演のゲスト講師は「謝礼金」を求める。あなたが所属するクラブや団体は、臨時支出のために特別な「分担金」を課すかもしれない。あなたが契約している弁護士は「依頼料」を請求するだろう。経営幹部の「価格」は「給料」、販売員の価格は「歩合」、労働者の価格は「賃金」ということになる。最後に、経済学者は同意しないかもしれないが、「所得税」とは金を稼ぐという特権に支払う価格であると感じている人は多いだろう[1]。

歴史の大半を通じて、価格は買い手と売り手の交渉によって決められていた。すべての買い手向けに1つの価格をつけることは、19世紀末に大規模小売業の発達とともに生まれた、どちらかといえば現代的な考え方である。F.W.ウールワース、ティファニー、ジョン・ワナメーカーなどの企業は「厳密な単一価格政策」を広告した。販売している品目数が多く、管理している従業員数も多かったからである。

ちょうど百年後の今日、インターネットは固定価格のトレンドを覆し、交渉価格設定の時代に私たちを連れ戻そうとしている。インターネット、企業ネットワーク、無線装備は、世界中の人や機械や企業をつなげ、かつてなかった形で売り手と買い手を結びつけている。コンペア・ネットやプライススキャン・ドットコムのようなウェブサイトで、買い手は製品や価格を短時間で簡単に比較することができる。eベイ・ドットコムやオンセール・ドットコムのようなオンライン・オークション・サイトのおかげで、買い手と売り手は何千もの品目について——最新のコンピュータからアンティークのブリキ機関車まで——簡単に価格交渉ができるようになった。同時に、新しい技術によって顧客の購買習慣や選好——支出限度までも——の詳細なデータを集めることが可能となり、売り手は製品や価格を調整することができる[2]。

従来、価格は買い手の選択における大きな決定要素だった。これは貧しい国、貧困なグループ、コモディティ・タイプの製品についてはまだ当てはまる。ここ数十年で非価格要素が購買者行動に重要な役割を果たすようになってきたものの、価格は依然として企業の市場シェアや収益性を決定する最も重要な要素の1つである。今日の消費者や企業の購買担当者は、価格情報や価格ディスカウンターとの接触が増えている。消費者は慎重に買い物をするようになり、小売業者は値下げせざるを得なくなっている。小売業者は製造業者に価格を下げるように圧力をかける。その結果、市場では大幅な値引きと販売促進が目立つようになった。

価格は収益を生み出すマーケティング・ミックス要素である。それ以外の要素は

変化:1999年12月20日、150年間ポルトガルの海外領土だったマカオは中国の支配下に戻る。

コストを生む。価格は最も融通のきく要素でもある。製品特徴やチャネルと異なり、すぐに変えることが可能だ。その一方で、価格競争は企業が直面する最大の問題である。しかし多くの企業が価格設定をうまく扱えていない。最も一般的な誤りは次のようなものだ。コストを重視しすぎた価格設定をしてしまう、市場の変化に合わせた価格改定をあまり行っていない、価格を市場ポジショニング戦略の本質的な要素としてではなく他のマーケティング・ミックスと別個につけてしまう、それぞれ異なる製品アイテム、市場セグメント、購買機会に対応した多様性を価格に持たせていない。

　企業の価格設定の扱いはさまざまである。中小企業では社長が価格設定をし、大企業では部門のマネジャーや製品ラインのマネジャーが価格設定をすることが多い。大企業であっても、トップ・マネジメントがおおまかな価格設定の目的と方針を決め、下位のマネジメント層によって提案された価格を承認することが多い。価格設定が重要要素となる産業(航空機、鉄道、石油)の企業では、価格設定部門を設けて価格を設定したり、他の部門による適切な価格決定を支援している。価格設定部門はマーケティング部、財務部、またはトップ・マネジメントの直属となる。その他、価格設定に影響を与えるのは、販売部長、製造部長、財務部長、会計士である。

価格設定

　企業に価格設定の必要が生じるのは、新製品を開発するとき、従来の製品を新しい流通チャネルや地域に導入するとき、新しい契約業務に入札するときである。

　製品を品質面、価格面でどこにポジショニングするのかを決定しなければならない。自動車市場など一部の市場には、8つの価格ポイントが見られる。

セグメント	例(自動車)
究極	ロールスロイス
ゴールド・スタンダード	メルセデス・ベンツ
贅沢(ぜいたく)	アウディ
特殊なニーズ	ボルボ
中級	ビュイック
気楽／便利	フォード・エスコート
私も欲しい、ただしもっと安い物を	ヒュンダイ
価格のみ	キア

　価格-品質セグメントの間には競争がある。■図15-1には、9つの価格-品質戦略が示されている。対角線上の戦略1、5、9はすべて、同一市場で共存することができる。つまり、ある企業が高品質製品を高価格で提供し、もう1つの企業が中品質製品を中価格で提供し、また別の企業が低品質製品を低価格で提供する。この3社の競合企業は、市場が3つの買い手グループ、つまり品質を重視するグループ、価格を重視するグループ、品質と価格のバランスを重視す

変化：1999年12月31日、アメリカはパナマ運河の支配権をパナマ共和国に譲渡する。

図15-1

9つの価格−品質戦略

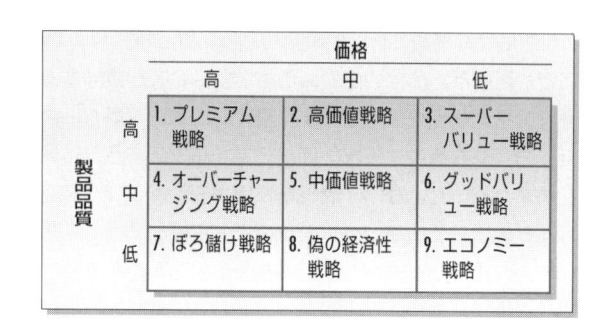

		価格		
		高	中	低
製品品質	高	1. プレミアム戦略	2. 高価値戦略	3. スーパーバリュー戦略
	中	4. オーバーチャージング戦略	5. 中価値戦略	6. グッドバリュー戦略
	低	7. ぼろ儲け戦略	8. 偽の経済性戦略	9. エコノミー戦略

るグループで構成されている限り、共存できる。

戦略2、3、6は、対角線上のポジションを攻撃する方法である。戦略2は「私たちの製品は製品1と同様の高品質ですが価格は抑えています」と訴える。戦略3も同じであるが、さらに低価格を提供する。品質に敏感な顧客がこれらの競合他社のいうことを信じれば、彼らから買ってお金を節約するだろう（企業1の製品に衒示的なアピールがない限り）。

4、7、8のポジショニング戦略では、品質に比べて高値をつけすぎていることになる。顧客は「ぼられた」と感じ、苦情を申し立てたり、悪い噂を広めたりするだろう。

企業は価格設定方針を決める際に、多くの要因を考えなくてはならない。ここでは6段階の手順を説明する。(1)価格設定目的の選択、(2)需要の決定、(3)コストの見積もり、(4)競合製品のコスト、価格、オファーの分析、(5)価格設定方法の選択、(6)最終価格の選択である（■図15-2）。

価格設定目的の選択

企業はまず、市場提供物をどこにポジショニングするのかについて決定する。企業の目的が明確であるほど、価格は設定しやすい。企業は価格設定を通じて5つの主要な目標、すなわち生存、最大経常利益、最大市場シェア、最大上澄み吸収、製品品質のリーダーシップ、のいずれかを追求することができる。

企業が設備過剰、激しい競争、消費者欲求の変化に悩んでいるなら、生存が主要な目的となるだろう。利益は二の次である。価格が変動費と一部の固定費をカバーする限り、企業は倒産をまぬがれる。しかし、生存は短期の目的である。長期的にみると、価値を付加する方法を身につけなければ、企業は消えていくことになる。

多くの企業は、経常利益の最大化を目指して価格の設定をする。このような企業は、いくつかの価格候補の需要とコストを見積もり、経常利益、キャッシュ・フロー、もしくは投資収益率を最大化する価格を選ぶ。この戦略は、企業が需要とコストの関数の知識を有していると仮定してのものだが、実際には、これらを見積もることは難しい。現在の財務上のパフォーマンスを重視しすぎると、他のマーケティング・ミックス変数の効果、競合他社の反応、価格に対す

図15-2

価格設定方針の決定

1. 価格設定目的の選択
2. 需要の決定
3. コストの見積り
4. 競合製品のコスト、価格、オファーの分析
5. 価格設定方法の選択
6. 最終価格の選択

る法的制約を無視することによって、長期的なパフォーマンスを犠牲にしてしまう恐れがある。

　市場シェアを最大化したい企業もある。そのような企業は、販売量が多ければ単位コストは下がって長期的な利益が高くなると考える。そこで市場が価格に敏感だという前提のもとに最低価格を設定する。テキサス・インスツルメンツ(TI)はこの**市場浸透価格設定**を実行している。TIは大工場を建設し、価格をできるだけ低く設定し、大きな市場シェアを獲得し、コストを削減し、コストの低下に従ってさらに価格を下げる。次に示すのは、低価格設定に都合のよい条件である。(1)市場が価格に非常に敏感で、低価格によって市場の成長が促される。(2)生産を重ねるにつれて、生産コストと流通コストが下がる。(3)低価格が実在の、および潜在的な競合他社を牽制する。

　市場の「上澄み吸収」をするために、高い価格設定を好む企業も多い。インテルは上澄み吸収価格設定を最も巧みに実行している企業である。

> インテル
>
> 　あるアナリストはインテルの価格設定戦略を次のように述べている。「この巨大なチップ・メーカーは、新しくてマージンのより高いマイクロプロセッサーを12か月ごとに導入し、旧型はより低い価格ポイントの需要に応えるために、食物連鎖の下方に送り込まれる」。インテルが新しいコンピュータ・チップを導入するとき、1000ドルという高価格をつけるが、それでも市場の特定セグメントにとっては購入価値のある価格だ。最高級のパソコンやサーバーを購入する顧客は、それらを動かす新しいチップに飛びついてくる。当初の販売が減速し、競合他社が同様のチップを導入して脅威になり始めると、インテルは次に控える価格に敏感な顧客層を引きつけるため価格を下げる。チップは1個あたり200ドル近くまで値下げされ、人気の高いマス市場向けプロセッサーになる。この上澄みを吸収する方法でインテルは、多様な市場セグメントから最大収益を得ている[3]。

　上澄み吸収は次の条件下ならば妥当である。(1)十分な数の買い手が、現時点において高い需要を有している。(2)少量生産の単位コストがそれほど高くなく、大量生産の利点を得られない。(3)当初の高価格につられて、競合他社が市場に参入してこない。(4)高価格が優れた製品というイメージを伝達する。

　企業が市場において製品品質のリーダーを目指す場合もある。メイタッグの例を考えてみよう。

> メイタッグ
>
> 　メイタッグは長らく高品質の洗濯機を作っており、競合他社の製品よりも高く価格設定している(同社は「より長持ちするように作りました」というスローガンを使い、広告には、だれも修理依頼の電話をしてこないため電話の前で居眠りしているメイタッグの修理担当者を登場させた)。メイタッグは今なおプレミアム・ブランドの力を利用してはいるが、現在は戦略を変え、革新的な特徴とベネフィットを強調して

いる。同社は購入サイクルを「消耗したから買い換える」から「欲しいから買う」に変えようとしている。その目的は、たとえ今所有している機器がまだ動いていても、最高級の特徴を持つメイタッグの電化製品をプレミアム価格で顧客に買わせることである。価格に敏感な消費者を引きつけるため、メイタッグの新しい広告では、洗濯1回あたり300ドル〜400ドルの衣類を守ってくれるのだから、洗濯機には高めの価格を支払うだけの価値がある、と訴えている。例えば、メイタッグが発売した新しいヨーロッパ・スタイルの洗濯機は800ドルであり、この価格は通常販売されている洗濯機の2倍である。しかし水と電気の消費量が少なく、衣類をあまり傷めないため、衣類の寿命を伸ばしてくれると同社のマーケターは主張している[4]。

非営利組織や公共機関は、別の価格設定目的を採用するかもしれない。大学は残りのコストについては個人の寄付と政府の補助金に頼らなければならないことを承知の上で、**部分コストの回収**を目指すかもしれない。また非営利の病院は、価格設定をする際、**フル・コストの回収**を目指すかもしれない。非営利の劇場は、制作物に劇場の最大座席数を確保するだけの価格をつけるかもしれない。ソーシャル・サービス機関は、クライアントの所得に応じた**ソーシャル・プライス**を設定するかもしれない。

目的の具体的な内容はさまざまであろうが、価格を戦略ツールとして使う企業は、単純にコストや市場に合わせて価格を設定している企業より利益をあげているだろう。企業が価格設定によってどのように目的を達成しているかについては、■マーケティング・インサイト「パワー・プライサーズ：賢明な企業は、事業戦略を達成するために価格をどう使うか」を参照されたい。

> ワールド・ミレニアム・スナップショット・プロジェクトの意図は、1999年12月31日、真夜中の鐘が鳴ったときに撮影された写真から大規模でインタラクティブな「完全像」を作ることである。

需要の決定

価格はそれぞれ異なる水準の需要をもたらし、したがって企業のマーケティング目的に異なった影響を及ぼす。各価格水準とそれに対応する需要の関係は、**需要曲線**に表される（■図15-3(a)）。通常、需要と価格は反比例する。価格が高いほど需要は低くなる。高級品の場合、需要曲線は時として右上がりの曲線を描く。ある香水メーカーは価格を上げたことによって、逆に売上を伸ばした。価格が高ければ品物も良いのだと考える消費者がいるからである。しかし、価格設定があまりに高すぎると、需要水準は下がってしまう。

■ 価格感受性

需要曲線が示すのは、それぞれの価格水準に対する市場の推定購買量である。需要曲線には、異なった価格感受性を持つ多くの個人の反応が表れている。需要を見積もるための第1のステップは、価格感受性を低下させる要因について理解することである。ネイグルは9つの要因を明らかにしている。

> 中国の太陰暦の4698年にあたる辰年は、2000年2月5日に始まる。

1. **ユニーク価値効果**　　製品の個性が明確なほど、買い手の価格感受性

図15-3

非弾力的需要と弾力的需要

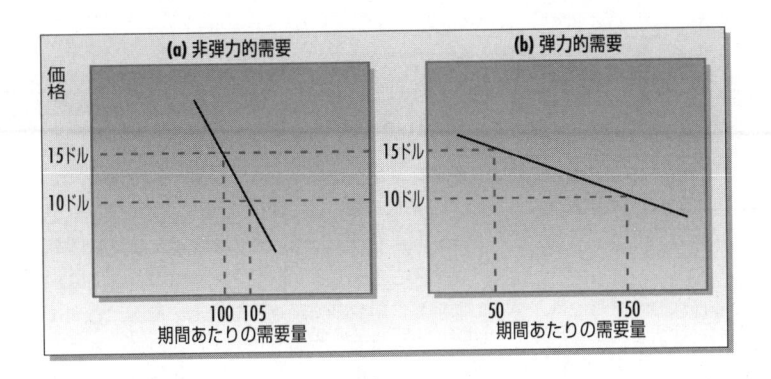

は低くなる。
2. **代替認知効果** 代替品の認知が低いほど、買い手の価格感受性は低くなる。
3. **比較困難効果** 代替品の品質を容易に比較できないとき、買い手の価格感受性は低くなる。
4. **総支出効果** 総所得に対して当該製品への支出の割合が低いほど、買い手の価格感受性は低くなる。
5. **最終ベネフィット効果** 最終製品の総コストに占める割合が小さいほど、買い手の価格感受性は低くなる。
6. **コスト共有効果** コストの一部を他の関係者が負担するとき、買い手の価格感受性は低くなる。
7. **埋没投資効果** 当該製品を以前買った資産と関連して使用できるとき、買い手の価格感受性は低くなる。
8. **価格品質効果** 当該製品がより高い品質、高級感、独自性を有していると思われるほど、買い手の価格感受性は低くなる。
9. **在庫効果** 当該製品を保管できないとき、買い手の価格感受性は低くなる[5]。

規制緩和やインターネット上で瞬時に価格の比較ができる技術などの要因によって、製品は消費者にとってコモディティとなり、価格感受性も高まった。多数の競合他社が実質的に同じ製品をほぼ同じか低い価格で売っている現在、マーケターは自社の提供物を差別化するために以前にも増して努力しなければならない。企業はこれまで以上に、顧客や見込み客の価格感受性と、人々が価格と製品特性のどちらについて妥協しようと考えているのかを理解する必要がある（■口絵15-1参照）。マーケティング・コンサルタントのケビン・クランシーの言葉を借りれば、価格感受性のみを標的にしている企業は「テーブルにお金を置きっぱなしにしている」ようなものだ。キロワットはあくまでキロワットで変えようがないと考えそうなエネルギー市場ですら、一部の電力会社はこの事実に目覚めつつある。そのような企業はエネルギーを購入し、それにブランドを付与し、市場導入し、顧客に独自のサービスを提供している。グリーン・マウンテン・パワーの例を考えてみよう。

MARKETING INSIGHT　マーケティング・インサイト

パワー・プライサーズ：賢明な企業は、事業戦略を達成するために価格をどう使うか

企業のマネジメント全般と社内の多様な機能分野に携わっている経営幹部は、常に価格設定は大きな頭痛の種、しかも日に日に悪化していく頭痛の種だ、とぼやく。降参して「コストを決定し、業界の昔からのマージンを取ろう」「市場が価格を決める。我々はそれに対応する方法を考え出さなければならない」などといった「戦略」に甘んじる企業が多い。

だが、それとは別の姿勢をとる企業もある。彼らは重要な戦略ツールとして価格を使う。このような「パワー・プライサーズ」は、利益に対する価格の素晴らしい威力に気づいているのである。これから紹介するいくつかの企業は、パワー・プライシング戦略のおかげで他社に差をつけることに成功した。

- **価格設定とマーケティング戦略**　スウォッチによる時計の価格設定は、価格設定と全体的なマーケティング戦略を統合した典型例である。スウォッチのデザイン研究室長は、基本モデルの価格が40ドルで変わらない理由を次のように説明している。「単純な価格、純粋な価格のためです。価格は、私たちが伝達しようとしている他の属性の鏡となります。価格は、私たちの製品が世の中に出回っている他の製品とは違うことを示す助けになるのです。スウォッチは手ごろな価格というだけではなく、親しみやすいのです。スウォッチを買おうと決めるのは簡単なことです。生活に溶けこめるほど簡単な意思決定なのです」。40ドルという価格メッセージは、37.50ドルとは異なるし、通常20％オフで売られている定価50ドルの製品のメッセージとも違ったものになる。時計のデザインや広告と同じように、40ドルという不変の価格は「あなたの判断は間違っていませんよ。安心して楽しんでください」と伝えている。
- **価格設定と価値**　製薬会社グラクソは、市場にすでに出ているタガメットを攻撃するために、潰瘍薬ザンタックを導入した。従来の考え方でいけば「2番目に参入した者として」、グラクソはタガメットより10％低い価格を設定しなければならない。しかしCEOのポール・ギロラムには、薬物相互作用や副作用が少ないために服用しやすいザンタックは、タガメットより優れていることがわかっていた。市場へ適切に伝えれば、この優位点はプレミアム価格の根拠となる。グラクソはザンタックをタガメットよりはるかに高価格で導入し、それでも市場リーダーのポジションを獲得した。
- **セグメント・バリューに基づいてカスタマイズされた価格とサービス**　バグズ・バーガーズ・バグ・キラーの料金は、商業用ビルのねずみ退治でしのぎを削っている他社の5倍近い。バグズがこれだけのプレミアム価格をつけられるのは、市場でも特に品質に敏感なセグメント（ホテルやレストラン）に集中し、顧客が最も価値を置いているもの、つまり害獣の抑制よりも駆除を保証したためである。この選ばれたセグメントに提供する優れた価値に基づいて、価格設定がなされた。それにより、サービス技術者に優れた駆除サービスの訓練をし、動機付けとなるだけの報奨を与えることも可能になった。このように、提供される価値が価格を導き出し、それがまた、価値の提供に必要な活動の資金を供給する形になっている。
- **セグメント・コストと競合状況に基づいてカスタマイズされた価格**　『フォーチュン』誌は、プログレッシブ保険を自動車保険業界における「価格設定のプリンス」と命名した。同社はどこよりも上手に損失データを収集し、分析している。顧客タイプ別のサービス・コストがどれだけ要するかを知っているおかげで、プログレッシブは他社が引き受けたがらないリスクの高い、しかし利益も高い顧客と取引ができる。他社と競争せずに、コストを徹底的に把握していることで、プログレッシブはこうした顧客を対象に大きな利益をあげている。

出典：Robert J. Dolan and Hermann Simon, "Power Pricers," Across the Board, May 1997, pp. 18–19.

グリーン・マウンテン・パワー(GMP)

バーモント州の小規模な電力会社であるGMPは、キロワット時でさえ差別化できるという固い信念で、規制緩和された消費者向けエネルギー市場にアプローチしている。同社は徹底したマーケティング・リサーチを行い、環境について懸念しているだけでなく、自分の態度をお金で支持したいと考えている見込み客の大規模なセグメントを発見した。GMPは「環境に優しい」電力の供給者なので——電力の大部分は水力発電による——顧客はGMPの電力を購入することで環境に対する負荷を軽減する機会が持てる。同社はすでにマサチューセッツ州とニュー・ハンプシャー州で住宅用電力販売の試験プロジェクトに参加しており、価格感受性の高い消費者に重点を置く「より安い」ブランドとの競争に勝利している[6]。

需要曲線の見積り

大半の企業は自社の需要曲線を明らかにしようと試みる。その方法はいくつかある。

第1のアプローチは、過去の価格、販売量、およびこの2つの関連を評価するための他の要素を統計学的に分析することである。データは縦(時間の経過)でも横(同時期の別の場所)でもよい。正しいモデルを作り、適切な統計手法でデータを当てはめるにはかなりのスキルを要する。

第2のアプローチは、価格実験を行うことである。ベネットとウィルキンソンはディスカウント・ストアで売られている製品の価格を系統的に変え、その結果を観察した[7]。あるいは、似たような地域で価格を変えてみて、売上にどのように影響するかを観察してもよい。

第3のアプローチは、買い手に何種類かの価格を提示して、それぞれの価格で商品をいくつ購入したいと思うか答えてもらうことである[8]。ただし、企業に高めの価格設定をさせないために、買い手は高く提示された価格での購買数を実際より少なく答える傾向がある。

価格と需要の関係を測定する際、マーケット・リサーチャーは需要に影響するであろうさまざまな要因を制御しなくてはならない。競合他社の反応は重要な要因である。また、企業が価格以外のマーケティング・ミックス要素を変えてしまうと、価格変更の効果だけを抽出することは難しいだろう。ネイグルは価格感受性と需要を見積もるさまざまな方法についてまとめている[9]。

需要の価格弾力性

マーケターは価格変化に需要がどれだけ敏感か、言い換えればどれだけ弾力性があるかを知っておかなければならない。■図15-3に示されている2つの需要曲線を考えてみよう。需要曲線(a)では、価格が10ドルから15ドルに上がると、需要は105から100へと比較的小さく下降する。需要曲線(b)では、同じ価格の上昇が、150から50へと大きな需要の低下を引き起こす。需要が価格の小

> イスラム暦の1421年が始まるのは、2000年4月6日である。

さな変化ではあまり変わらない場合、需要は**非弾力的**であるという。需要が大きく変化すれば、需要は**弾力的**である。

　需要は、次の条件下で弾力性が低くなる傾向にある。(1)代替製品や競合他社が少ないか、存在しない。(2)価格を高くしても買い手がすぐには気づかない。(3)買い手がなかなか購買習慣を変えたり、より低い価格を探したりしない。(4)買い手が、高価格には品質の違いや通常のインフレーションなど、正当な理由があるのだろうと考えている。需要が弾力的なら、売り手は価格の引き下げを考えるだろう。価格を下げた方が総収益は増える。これは、数量の増加によって生産コストと販売コストが異常に上がらない限り、有効である[10]。

　ニューヨーク・メトロポリタン・トランジット・オーソリティが行った地下鉄運賃改定では、顧客の価格弾力性が考慮されなかった。1997年にニューヨーク州知事は、翌年から、ニューヨーク地下鉄の乗客は日ごと、週ごと、または月ごとの乗車パスを購入でき、1回の乗車ごとに運賃を支払わなくてもよくなると発表した。乗車パスを購入すると、乗客には割引が受けられるというベネフィットもある。例えば月単位の乗車パスを使う場合、最低47回パスを使えば得になる。しかし『バロンズ』の記者は、需要が最も弾力的な人々、つまり最も地下鉄を使わない郊外のオフ・ピーク時の乗客には特別運賃のベネフィットがない、と指摘した。ここで記者が価格弾力性の点から区分した、ニューヨーク・シティで地下鉄を利用する乗客のセグメントを紹介しよう。通勤客の需要曲線はきわめて非弾力的である。運賃がどう変わろうと、通勤客は職場と自宅の間を往復しなければならない。ある程度弾力的な需要曲線を描くのは、都市に住んでいて、運賃が下がったら地下鉄を他の用途にも使うかもしれない通勤客などである。オフ・ピーク時の乗客の需要曲線は最も価格弾力性がある。運賃が下がれば、地下鉄をこれまでよりも頻繁に使う可能性があるのはこのグループだからである[11]。

　価格の弾力性は、価格変化の大きさや方向に左右される。小さな価格変化では無視してよいかもしれないが、大きな価格変化では重要なものとなるかもしれない。値下げと値上げではまた異なるかもしれない。また、長期的な価格弾力性と短期的な価格弾力性でも異なるだろう。買い手は価格が上がった後も、値上げに気づかない、上昇の幅が小さい、他のことに気をとられている、新しい供給業者を選ぶのに時間がとられる、といった理由で現在の供給業者から買い続けるかもしれない。しかしいずれは供給業者を変える可能性がある。この場合、需要は短期より長期においてより弾力的である。その逆もある。買い手は、値上げがあると供給業者をいったん変え、後で戻ってくることもある。短期と長期で弾力性が違うということは、時が経過するまで価格変化の全体的な効果が売り手にはわからない、ということを意味する。

ユダヤ暦の5761年の新年祭第1日が始まるのは、2000年9月30日である。

コストを見積もる

　需要は、企業がその製品につけることのできる価格の上限を設定する。コストは下限を設定する。企業としては、製品の生産コスト、流通コスト、販売コストをカバーし、その労力やリスクに見合う妥当な収益を生み出す価格にしたい。

■■■ コストのタイプと生産水準

　企業のコストには、固定費と変動費がある。**固定費**（間接費ともいう）とは、生産高や売上高によって変化しないコストのことである。企業は生産高にかかわらず賃貸料、光熱費、利息、給料などを毎月支払わなくてはならない。

　変動費は生産水準に直結して変化する。例えば、テキサス・インスツルメンツ（TI）が生産する電卓には、プラスチック、マイクロプロセッシング・チップ、パッケージングなどのコストが含まれている。これらのコストは、生産される1単位あたりが一定になる傾向がある。このコストが変動費と呼ばれるのは、総コストは生産された単位数によって変化するからである。

　総コストとは、生産水準にかかわらず固定費と変動費を合計したものである。**平均コスト**とは特定の生産水準における1単位あたりのコストをいう。これは総コストを生産高で割った額に等しい。経営陣は、最低でも特定の生産水準の総生産コストをカバーする価格をつけたいと考える。

　適切な価格設定をするためには、コストが生産水準によってどのように変化するのかを知る必要がある。

　1日1000台の電卓を生産する固定規模の工場を建てた、TIのような企業のケースを考えてみよう。1日に生産される台数が少なければ、1台あたりのコストは高い。生産が1日1000台に近づくほど、平均コストは下がる。なぜなら固定費がより多くの台数に分散し、1台が負担する固定費は減少するからである。1000台を超えると平均コストが増える。工場の効率が悪くなるためである。労働者は使いたい機械の前に列を作らなければならず、機械の故障も頻繁に起こり、労働者がお互いに邪魔をし合うようになる（■図15-4(a)）。

　TIが1日に2000台売れると思うなら、より大規模な工場の建設を考えるべきである。その工場では機械や労働力の配分をより効率良くし、1日に2000台生産する単位コストは、1日1000台生産する単位コストよりも少なくなるだろう。これを示すのが■図15-4(b)の長期平均コスト曲線である。■図15-4(b)を見ると3000台の生産能力を有する工場はさらに効率が良い。しかし1日4000台を生産する工場は、規模の不経済性が増すため効率が落ちる。管理する労働者の数が多すぎ、ペーパーワークで業務のスピードが落ちてしまうのである。■図15-4(b)には、需要がこの生産水準を支えられる限り、生産工場の最適規模は1日3000台であることが示されている。

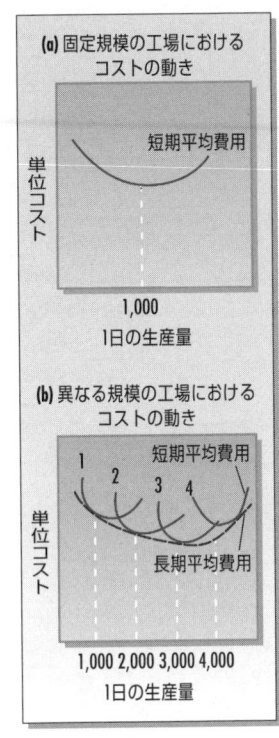

図15-4

期間あたりの異なる生産水準における単位コスト

(a) 固定規模の工場におけるコストの動き
単位コスト／短期平均費用／1,000／1日の生産量

(b) 異なる規模の工場におけるコストの動き
単位コスト／短期平均費用 1 2 3 4／長期平均費用／1,000 2,000 3,000 4,000／1日の生産量

生産の蓄積

　TIが1日に3000台の電卓を生産する工場を操業しているとする。TIが電卓の生産経験を重ねるにつれて、その方法は改善されていく。労働者は効率的な方法を覚え、資材の流れはより円滑になり、調達コストが下がる。その結果、■図15-5に示されているように、生産経験が蓄積されるにつれて平均コストは下がる。そこで、最初の10万台の電卓を生産する平均コストは1台あたり10ドルである。20万台の電卓を生産すると、平均コストは9ドルに下がる。生産経験の蓄積がさらに2倍の40万台になると、平均コストは8ドルになる。この生産経験の蓄積による平均コストの低下は、**経験曲線**または**学習曲線**で示される。

　今度はこの業界でTI、A社、B社の3社が競合していると仮定しよう。TIはこれまでに40万台生産し、最低コストの8ドルで生産している。3社すべてが電卓を10ドルで売るとすると、TIは1台あたり2ドルの利益、A社は1台あたり1ドル、B社は損益ゼロである。TIにとって賢い行動は価格を9ドルに下げることだろう。そうすることによってB社は市場から追い出され、A社も撤退を考えるだろう。TIはB社が(そして恐らくA社が)手放した分の取引を自分のものにできる。その上、価格に敏感な顧客が下がった価格を目当てに市場に入ってくる。生産台数が40万台を超えると、TIのコストは急速に下がっていき、価格が9ドルでも十分な利益を確保できる。TIはこの攻撃的な価格戦略を繰り返し使って、市場シェアを獲得し、他社を業界から追い出してきた。

　しかし、経験曲線による価格設定には大きなリスクがある。攻撃的な価格設定は製品に安っぽいイメージを与えるかもしれない。またこの戦略は、競合他社が弱くて、反撃しないことを前提としたものである。そしてこの戦略に従うと、市場リーダー企業は需要に応えるために工場を次々に建設していくが、その間に、古い技術にとどまったままの市場リーダー企業よりも低いコストで生産できる革新的な低コスト技術を競合他社が開発するかもしれない。

　概して経験曲線による価格設定は、製造コストに焦点を当てている。しかしマーケティング・コストを含めあらゆるコストは、学習の向上とともに低下していく。3社がそれぞれテレマーケティングに向けて巨額の投資をしているとすると、テレマーケティングを最も長く使っている企業が最も低いテレマーケティング・コストを達成することになる。他のコストが3社すべて同じだとし

図15-5

累積生産量と単位コスト：経験曲線

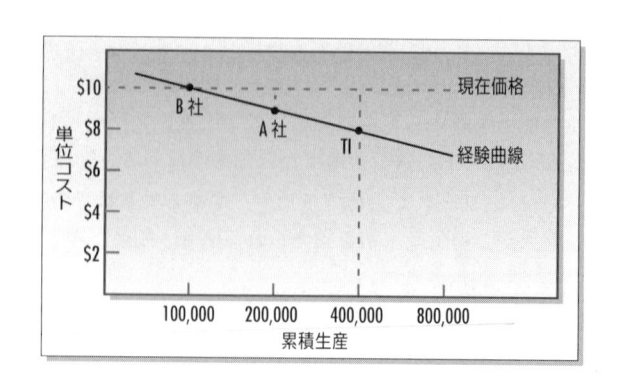

て、この企業は製品に多少低い価格をつけてもなお同じ収益を得ることができる(12)。

■ 差別化されたマーケティング・オファー

　今日の企業はそれぞれタイプの異なる買い手に、自社のオファーや条件を適合させようとしている。そこで製造業者は小売チェーンごとに個々の条件で交渉する。ある小売業者は在庫を低く抑えるために毎日の配達を望むかもしれないし、別の小売業者はより低い価格を得るために週2度の配達を承諾するかもしれない。その結果、製造業者のコストは小売チェーンごとに異なり、利益も異なってくる。各小売業者と行う取引の真の収益性を見積もるために、製造業者は**標準原価会計**ではなく**活動基準原価（ABC）会計**を用いる必要がある(13)。

　ABC会計では、異なる顧客への対応に伴う真のコストが明らかにされる。変動費も間接費も顧客ごとに検討しなくてはならない。コストを正しく測定できない企業は、利益も正しく測定することができない。そのような企業はマーケティング努力の配分を誤りやすい。顧客との関係で生じる真のコストを見極めれば、請求内容をよりうまく顧客に説明できるのだ。

■ ターゲット・コスティング

　ここまでは生産規模と経験によってコストが変化することを見てきた。コストは企業の設計者、エンジニア、購買担当者によるコスト削減努力によっても変化する。日本企業は、**ターゲット・コスティング**と呼ばれる方法を使っている(14)。彼らはまず市場調査をして、新製品に求められている機能を確定する。次に、新製品の訴求力と競合他社の価格を考慮して、売れそうな価格を決定する。この価格から望ましい利益マージンを差し引くと、達成しなければならないターゲット・コストが残る。それからコスト要素──デザイン、エンジニアリング、製造、販売──の一つひとつを検討し、さらに細かい構成要素に分割する。部品の再設計、機能の排除、供給業者のコスト削減に関する方法を考え、最終的な推定コストをターゲット・コストの範囲内に収めようとする。それがうまくいかなければ、ターゲット価格で売ってターゲット利益を得ることができないという理由で、製品の開発を中止する場合もある。しかしうまくいけば、ほぼ確実に利益があがる。

> 歴史メモ：1900年、4月15日から11月12日までパリで開催された万国博覧会には5000万人以上が訪れた。

競合他社のコスト、価格、オファーの分析

　市場の需要や企業のコストで決定された可能な価格の範囲内で、企業は競合他社のコストと価格、競合他社がとりうる価格面での反応を計算に入れなければならない。自社のオファーが主要な競合他社のオファーと類似していたら、価格を競合他社に近いものにしないと売上は落ちるだろう。自社のオファーが劣っていれば、競合他社以上の価格はつけられない。自社のオファーが優れてい

れば、競合他社よりも高価格をつけることができる。ただし、競合他社が自社の価格に応じて価格変更する可能性があることを念頭に置いておかなければならない。

価格設定方法の選択

3つのC——顧客の需要表(customers' demand schedule)、コスト関数(cost function)、競合他社の価格(competitors' prices)——が明らかになれば、企業が価格を選択する準備は整ったことになる。■図15-6には価格設定における3つの主要な考慮点がまとめられている。コストは価格の下限を規定し、競合他社の価格や代替品の価格はオリエンティング・ポイントを規定する。製品独自の特徴に対する顧客の評価は、価格の上限を規定する。

企業は、これら3つの考慮点に基づいた価格設定方法を選択する。以下で6つの価格設定方法を見てみよう。その6つとは、マークアップ価格設定、ターゲットリターン価格設定、知覚価値価格設定、バリュー価格設定、現行レート価格設定、入札価格設定である。

■ マークアップ価格設定

最も基本的な価格設定方法は、製品のコストに標準的なマークアップを加えることである。建設会社はプロジェクトの総コストの見積りに、利益分の標準マークアップを加えて入札を提出する。弁護士や会計士は通常、かかった時間と経費に標準マークアップを乗せた額を請求する。防衛関連の請負業者はコストに標準マークアップを乗せた額を請求する。

トースター・メーカーが、次のようなコストと売上を予想していると仮定しよう。

単位あたりの変動費	10ドル
固定費	300,000ドル
推定販売台数	50,000台

このメーカーの単位コストは次のように算出される。

$$\text{単位コスト} = \text{変動費} + \frac{\text{固定費}}{\text{販売台数}} = 10\text{ドル} + \frac{300,000\text{ドル}}{50,000} = 16\text{ドル}$$

次に、メーカーが20%のマークアップを獲得したいと仮定したならば、メーカーのマークアップ価格は次のように算出される。

$$\text{マークアップ価格} = \frac{\text{単位コスト}}{(1-\text{期待利益率})} = \frac{16\text{ドル}}{1-0.2} = 20\text{ドル}$$

このメーカーはディーラーにトースター1台あたり20ドルを請求して、1台あたり4ドルの利益を得るだろう。次にディーラーがトースターにマークアップを乗せる。ディーラーが販売価格の50%の利益を得たければ、そのトースターに100%のマークアップを乗せて40ドルの価格をつけるだろう。

マークアップは一般に、季節商品(売れなかった場合のリスクをカバーするた

図15-6

価格設定のための3Cモデル

[図: 高価格(この価格では需要は見込めない) / 製品独自の特徴に対する顧客の評価 / 競合他社の価格と代替製品の価格 / コスト / 低価格(この価格では利益は見込めない)]

め）、専門品、回転の遅いアイテム、保管コストと出荷コストの高いアイテム、処方薬のように需要が非弾力的なアイテムの場合に高くなる。残念なことに、保険対象外の個人やメディケアに頼っている高齢者など、処方薬の代金を支払う余裕のない人々が、マークアップを最も負担する傾向にある。処方薬の場合、一般薬（ブランド名のないもの）に、非常に高いマークアップが乗せられている。

一般薬

ドラッグストアや薬局では、一部の一般薬の価格に1000％以上ものマークアップを乗せている。例えば、抗精神病薬ハルドールの一般薬版は薬局で平均18.08ドルで売られているが、これは一般薬メーカーの販売価格0.62ドルの2800％以上である。抗ウイルス薬の一般薬版ゾビラックスは、薬局で平均61.64ドルで売られているが、これはメーカー価格7.22ドルの8倍である。薬局は相当な利益をとっているばかりか、親切なふりをして顧客にお金を節約するため一般薬を使うよう薦めている。確かに、この値段でも一般薬はブランド・ネームのついた同等の薬よりは安い。薬局側に言わせれば、一般薬の高いグロス・マージンだけでは全容がわからないという。病院に行ってバンドエイドをもらう患者が、バンドエイドの分だけを請求されるわけではないように、薬局の顧客も薬剤師の時間を確保し薬局を維持するための経費を支払わなければならないのである[15]。

この標準マークアップ法を使うことは、論理的に筋が通っているだろうか。一般的にいって、ノーである。現在の需要、知覚価値、競合他社を無視した価格設定方法では、最適な価格がつけられない。マークアップ価格設定が成功するのは、マークアップ価格が実際に予想どおりの販売水準をもたらす場合だけである。

新製品を導入する企業は、できるだけ早くコストを回収したいと考えて高い価格をつけることが多い。しかし高いマークアップ戦略は、競合他社が低い価格設定をした場合に致命的になりかねない。オランダの電機メーカーであるフィリップスがビデオディスク・プレーヤーの価格設定をしたときがそうだった。フィリップスはビデオディスク・プレーヤー1台ごとに利益を得ようとした。しばらくすると日本の競合他社が低価格を設定し、急速に市場シェアを獲得することに成功した。おかげで日本企業のコストも大幅に下がった。

それでも、マークアップ価格設定は多くの理由から人気がある。第1に、売り手は需要を見積もるよりもはるかに容易にコストを決定することができる。価格とコストを結びつけることによって、売り手は価格設定の業務を単純化することができる。第2に、当該業界の全企業がマークアップ価格設定方法を使用している場合、価格は類似する傾向にある。したがって、価格をつける際に需要の変化に注意を払わなければ、価格競争は最小限になる。第3に、コストプラス型価格設定は買い手と売り手の双方に公平であると感じている人が多い。売り手は、買い手の需要が非常に高くなってもそれを利用せずに、適正な投資収益率を得ることになる。

歴史メモ：今世紀、日本の大阪で催された大阪万博（エキスポ70）は最も入場者が多かった。3月15日から9月13日までに6420万人が訪れている。

ターゲットリターン価格設定

　ターゲットリターン価格設定では、目標とする投資収益率（ROI）を生む価格を決定する。ターゲット価格設定を採用している企業にGMがある。同社は15%〜20%のROIを達成するように自動車の価格を設定している。この価格設定方法は、投資に対して適正な収益を得なければならない公共事業でも使用されている。

　先ほどのトースター・メーカーが事業に100万ドルを投資して、20%のROI、具体的には20万ドルを獲得する価格設定を望んでいるとしよう。ターゲットリターン価格は次の式から算出される。

$$\text{ターゲットリターン価格} = \text{単位コスト} + \frac{\text{期待収益} \times \text{投下資本}}{\text{販売台数}}$$

$$= 16\text{ドル} + \frac{0.20 \times 1,000,000\text{ドル}}{50,000} = 20\text{ドル}$$

　コストと推定販売台数が正確であれば、メーカーはこの20%のROIを実現するだろう。しかし、販売台数が5万台に届かなかったらどうだろう。メーカーは**損益分岐点チャート**を作って、違う販売水準であればどうなるかを知ることができる（■図15-7）。販売量に関係なく固定費は30万ドルである。数字では示されていないが、変動費は販売量とともに上昇する。総コストは固定費と変動費の合計である。総収益曲線はゼロから始まり、1台売れるごとに上昇する。

　総収益曲線と総コスト曲線は3万台のところで交わる。これが**損益分岐点販売量**である。この販売量は次の式で求めることができる。

$$\text{損益分岐点販売量} = \frac{\text{固定費}}{\text{価格} - \text{変動費}} = \frac{300,000\text{ドル}}{20\text{ドル} - 10\text{ドル}} = 3\text{万台}$$

　もちろんメーカーは、市場が5万台を20ドルで買ってくれることを期待している。その場合、100万ドルの投資で20万ドルが得られる。しかし価格弾力性と競合他社の価格に左右される部分も大きい。残念ながら、ターゲットリターン価格設定はこれらの考慮点を無視しがちである。メーカーは別の価格も検討し、それらの価格が販売量と利益に与える影響を見積もらなければならない。またメーカーは、固定費と変動費を下げる方法も調べるべきだろう。コストが下がれば必要な損益分岐点販売量も減るからである。

知覚価値価格設定

　顧客の**知覚価値**を基準に価格を設定する企業が増えている。企業は売り手のコストではなく、買い手の知覚価値を価格設定の鍵として考えている。このような企業は、買い手のマインドの中に知覚価値を築くために、広告やセールス・フォースなどの他のマーケティング・ミックス要素を使っている[16]。

　デュポンは知覚価値価格設定を用いている代表的な企業である。同社はカーペット用の新しい人工繊維を開発したとき、カーペット・メーカーに、新繊維1ポンドあたり1.40ドル支払っても、目標利益をあげられると説明した。デュポンはその1.40ドルを**使用価値価格**と呼んでいる。しかし新素材1ポンドあた

『フォーチュン』誌が挙げている2000年の名車トップ10の第2位は、屋根の取り外しが可能なV8エンジン2座席型のフォード社サンダーバードである。

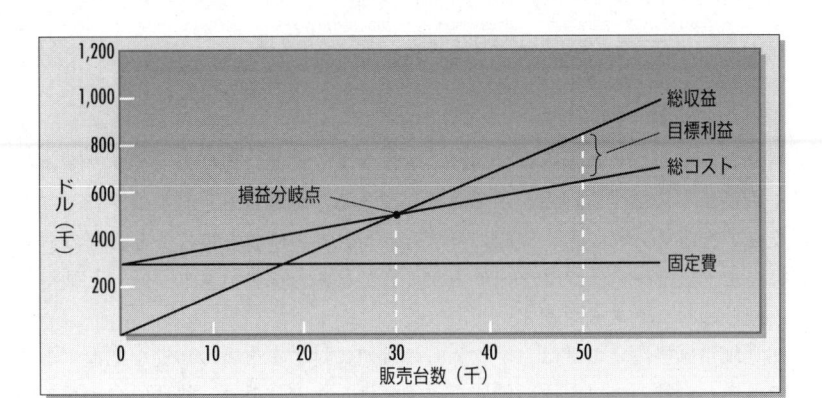

図15-7

目標利益価格と損益分岐点販売量を決定するための損益分岐点チャート

（グラフ：総収益、目標利益、総コスト、固定費、損益分岐点。縦軸：ドル（千）0〜1,200、横軸：販売台数（千）0〜50）

り1.40ドルという価格設定に、カーペット・メーカーは冷淡だった。そこでデュポンはカーペット・メーカーに新繊維を採用させるために、価格を1.40ドルより低く設定した。同社は製造コストを価格設定には直接使わず、ただ当該価格で利益が出せるかどうかを判断するためにのみ製造コストを考慮した。

デュポンはまた、同社の化学製品を大型の提供物に使って、それがコモディティではなく、顧客の問題に対するソリューションとして見てもらえるようにした。次の点を考えてみよう。

属性	標準オファー	プレミアム・オファー	付加価値
品質	100万あたり10未満の不純物	100万あたり1未満の不純物	1.40ドル
配達	2週間以内	1週間以内	0.15ドル
システム	化学製品のみ供給	総合システムを供給	0.80ドル
革新性	低レベルの研究開発サポート	高レベルの研究開発サポート	2.00ドル
再トレーニング	購入時にトレーニング	要求に応じて再トレーニング	0.40ドル
サービス	ホーム・オフィスでの購入を通じて実施	地元で実施可能	0.25ドル
価格	1ポンドあたり100ドル	1ポンドあたり105ドル	5.00ドル

化学製品は標準オファーもしくはプレミアム・オファーの1部分である。プレミアム・オファーを望む顧客は、1ポンドあたり100ドル支払う代わりに105ドル支払う。顧客が付加価値をあまり求めない可能性もある。デュポンはプレミアム・オファーを**分割**して、顧客が選んだ付加価値にのみ価格を請求している。

キャタピラーも、建設機械の価格設定に知覚価値を用いている。同社がトラクターの価格に10万ドルをつけ、競合他社が同等のトラクターに9万ドルの価格をつけたとする。見込み客がキャタピラーのディーラーに、同社のトラクターに1万ドル多く支払う理由を尋ねたら、ディーラーは次のように答える。

90,000ドルは、競合他社のトラクターとまったく同等であった場合の価格。
7,000ドルは、キャタピラーの優れた耐久性に対する価格プレミアム。
6,000ドルは、キャタピラーの優れた信頼性に対する価格プレミアム。
5,000ドルは、キャタピラーの優れたサービスに対する価格プレミアム。
2,000ドルは、キャタピラーの部品の他社より長い保証期間に対する価格プレミアム。

アメリカでは、2000年11月7日にニュー・ミレニアム最初の大統領が選出される。

110,000ドルは、キャタピラーの優れた価値に対する通常価格。
-10,000ドルは、割引分。
10万ドルが、最終価格である。

キャタピラーのディーラーは、同社のトラクターが競合他社のトラクターより多くの価値を提供する理由を示すことができる。顧客は1万ドルのプレミアムの支払いを求められても、実際には2万ドル分多い価値を得ることになる。顧客はキャタピラーのトラクターの方が総合的にみた稼動コストが低いと納得して、同社のトラクターを選ぶ。

知覚価値価格設定の鍵は、オファーの価値に対する市場の知覚を把握することである。自社のオファーの価値を過大評価した売り手は、製品に高すぎる価格をつけてしまう。過小評価すれば、本来つけられたはずの額よりも低く請求するだろう。市場の知覚価値を確定して効果的な価格設定をするための指針として、市場調査が必要である[17]。

> 歴史メモ：今日の世界で最も貧しい国々の1つであるマリ共和国は、かつては最も大きくて豊かな国の1つだった。1324年、マリの支配者であったマンサ・ムーサは贅沢なメッカ巡礼の旅をし、彼がカイロに落とした金の量があまりにも多かったため、何年もの間、金属の価格が下がった。

■ バリュー価格設定

最近、一部の企業がバリュー価格設定を採用するようになった。高品質の提供物にきわめて低い価格をつける方法である。バリュー価格設定は、価格によって高価値のオファーを提示すべきだということを示している。

コンピュータ業界は、最先端技術を搭載したコンピュータを最高価格で売ろうとする段階から、基本的な特徴だけを搭載したコンピュータを低価格で売り出す段階に移ってきている。

モノレール・コンピュータ社

1996年、ほとんど無名に近い企業であるモノレール・コンピュータ社は、価格に敏感なユーザーに訴えるために999ドルという低価格でコンピュータを売り出した。数か月のうちに、コンパック、パッカード・ベル、NECがその例にならい、1000ドル以下のコンピュータ市場が生まれた。これらの企業は小売価格を平均400ドル押し下げた。現在は無名の新興企業であるEマシーンズが、さらなるバリュー価格設定を約束している。同社のEタワーはモニターなしで500ドルを切る価格で売られ、年収2万5000ドル〜3万ドルで、まだコンピュータを持っていない世帯の55%にアピールするデザインとなっている。しかしその低価格にもかかわらず、Eタワーには相当なパワーがある。ナショナル・セミコンダクター社のサイリクス・マイクロプロセッサー、2ギガバイトのハード・ドライブ、32メガバイトのメモリー、CD-ROMドライブなどが装備されているのだ[18]。

最近、P&Gは使い捨て紙おむつのパンパースとラブズ、液体洗剤のタイド、コーヒーのフォルジャーズを値下げしてバリュー価格をつけ、業界に動揺を引き起こした。かつて、ブランドにロイヤルな家庭は、P&G製品にプライベート・ブランドや低価格ブランドと比べて年間725ドルも高いプレミアムを支払わなければならなかった。バリュー価格を提供するために、P&Gは大掛かりな見直

しを行った。開発、製造、流通、価格、導入、販売の方法を再設計し、サプライ・チェーンのあらゆる地点でより高い価値を提供できるようにした[19]。バリュー価格設定は、単に競合他社と比べて低い価格設定をするだけの問題ではない。品質を犠牲にせず低コストで生産できるようになるため、全業務のリエンジニアリングを行い、価値意識の高い大勢の顧客を引きつけるために大幅な値下げをするということなのだ。

バリュー価格設定の重要なタイプに、**エブリデイ・ロー・プライシング(EDLP)** がある。これは小売レベルで行われる。EDLPの価格設定方針をとる小売業者は、一時的な価格割引をせず、日常的に一定した低価格をつけている。この一定の価格によって、週ごとの価格の定まらない状態がなくなり、販売促進を優先した競合他社の「ハイ・ロー」プライシングとは対照的に際立つことができる。**ハイ・ロー・プライシング**では、小売業者によって普段は高めの価格がつけられ、一時的にEDLPの水準を下回る低価格をつけるプロモーションが頻繁に行われる[20]。

近年、GMのサターンのディーラーからノードストロームのような高級百貨店までさまざまな現場で、ハイ・ロー・プライシングはEDLPに取って代わられている。しかしEDLPの第一人者は、間違いなくウォルマートである。この言葉を作り出したのもウォルマートといってよい。毎月の少数の特売品を除いて、ウォルマートは主要なブランドを毎日低価格で販売することを約束している。ウォルマートのある経営幹部は、以下のように述べている。「これは短期戦略ではありません。真剣に取り組む意欲が必要であり、どこよりも低く経費割合を抑えて運営できなくてはなりません」。

小売業者がEDLPを採用する理由はいろいろあるが、最も重要な理由は、絶えず販売促進を行うのは高くつく上に、毎日の店頭価格の信頼性に消費者が疑問を抱くようになるためである。また消費者にはこれまでのように、スーパーマーケットの特売品をチェックしたり、クーポンを切りぬくような時間や忍耐がなくなってきている。

それでも、プロモーションが購買意欲を喚起して買い物客を引きつけることは否定できない。そのため、EDLPが必ず成功するという保証はない。スーパーマーケットが対抗店や代替チャネルとの競争激化に直面している今日、買い物客を引きつける鍵は、広告やプロモーションを増やし、ハイ・ロー・プライシングとEDLPを組み合わせた戦略を使うことであることに彼らの多くが気づいている[21]。

▪現行レート価格設定

現行レート価格設定では、主として競合他社の価格に基づいて価格が決められる。主要な競合他社より高い、低い、あるいは同じ価格を設定するかもしれない。鉄鋼、紙、肥料のようなコモディティを販売する寡占業界では、同一価格を設定するのが普通である。中小企業は「リーダーに従い」、自社の需要やコストが変わったときよりも市場リーダーの価格が変わったときに価格を変更す

歴史メモ：1150年ごろ完成したカンボジアのアンコール・ワットは、世界最大の宗教建造物である。

歴史メモ：1610年、オランダの東インド会社がヨーロッパに初めて茶を持ち込んだ。

る。わずかなプレミアムか割引を価格に盛り込む企業もあるが、差額は一定に保っている。小規模のガソリン小売店は通常、大手の石油会社よりもガロンあたり2、3セント低い価格をつけているが、その差額を上下させることはない。

現行レート価格設定は非常に人気がある。コストの測定が困難であったり、競合他社の反応が不確実である場合、企業は現行価格が適切な解決策だと考える。現行価格は、適正な収益をもたらし業界の調和を守るような価格であるという点で、業界の知恵を反映していると考えられている。

■ 入札価格設定

競合他社を志向した価格設定は、企業が仕事を獲得するために入札に参加する場合によく使われる。企業は自社のコストや需要との厳密な関係よりも、予想される競合他社の価格設定をもとにして価格を決める。契約を勝ち取るには通常、より低い価格で入札を提出しなければならない。一方で、コストよりも低く価格を設定するわけにはいかない。

この2つの相反する力の効果は、入札の予想利益で表すことができる（■表15-1）。9500ドルで入札すれば、利益は低い（100ドル）が契約を勝ち取る確率は高い（81％）とする。予想利益は、企業の利益に入札を獲得する確率を掛けて算出する。そこでこの入札の予想利益は81ドルとなる。1万1000ドルで入札すれば利益は1600ドルになるが、契約を獲得する確率は下がって1％になるかもしれない。予想利益はたった16ドルとなる。論理的に考えて妥当な入札の基準は、予想利益を最大化する価格を入札することだろう。■表15-1では、最良の入札価格が1万ドルとなっている。この場合の予想利益は216ドルである。

予想利益を使った価格設定は、入札の多い企業には向いている。確率のバランスをとることで、企業は長期的には最大の利益を達成するだろう。ただし、入札の回数が少なかったり、特定の契約を獲得したい企業は、予想利益の基準を使う利点があまりない。例えば、この基準では、確実性0.10の1000ドルの利益と、確実性0.80の125ドルの利益の区別ができない。もちろん、生産を継続したい企業は、確実性0.10よりも確実性0.80の方を選ぶだろう。

最終価格の選択

価格設定の方法は、企業が最終価格を選択しなければならない範囲を絞ってくれる。価格を選択する際、企業は付随する要素を考慮しなければならない。す

> 世界人口は1000年から1998年までの間に、3億人から59億人に増加した。

表15-1

予想利益への異なる入札の効果

企業の入札	企業の利益	この入札を獲得する確率（仮定）	予想利益
9,500ドル	100ドル	0.81	81ドル
10,000	600	0.36	216
10,500	1,100	0.09	99
11,000	1,600	0.01	16

なわち、心理的価格設定、価格に対する他のマーケティング・ミックス要素の影響、企業の価格設定方針、他の関係者に対する価格の影響である。

▪▪▪▪ 心理的価格設定

多くの消費者は、価格を品質の目安に利用している。フライシュマンがジンの価格を1本4.50ドルから5.50ドルに上げたとき、ジンの売上は、落ちるのではなく上がった。イメージ価格設定は、香水や高級車など購買者の自意識に訴える製品で特に効果的である。1本100ドルの香水の中に入っている香りの値打ちは10ドルかもしれないが、香水を贈る人は、贈る相手に対する心遣いを伝えるために100ドル支払うのである。

自動車の価格と知覚品質は影響し合う[22]。高い価格設定の自動車は高品質であると知覚される。同様に、高品質の自動車は実際よりも高い価格設定がされているように知覚される。真の品質について価格以外の情報が手に入れば、価格は品質の目安としての重要度が低くなる。そのような情報が手に入らないと、価格は品質の証として作用する。

ある特定製品を見るとき、買い手のマインドの中には、現在の価格、過去の価格、あるいは購入状況を意識して形成された参照価格が存在する。売り手はこの参照価格を操作することがよくある。例えば、自社製品を高価な製品と同じ範疇にポジショニングして、同じ製品クラスに属しているという印象を与えることができる。百貨店では婦人服を価格帯で分けた別々の売り場で販売しており、これによって高額製品の売り場にある服は品質も高いと思われるわけである。メーカー希望小売価格を高く設定して製品本来の価格はより高いことを示唆したり、競合他社の価格がより高いことを指摘したりすることによっても、消費者の参照価格に影響を与えることができる[23]。

価格は端数で終わらなくてはならない、と思っている売り手が多い。300ドルの価格帯より200ドルの価格帯に入る価格として、ステレオ・アンプが300ドルではなく299ドルと価格設定されているのをよく目にするだろう。端数で終わると割引やバーゲンをしている印象を伝えることができる、という見方もできる。しかし低価格イメージではなく高価格イメージを望むなら、端数で終わる戦術は避けねばならない。

▪▪▪▪ 他のマーケティング・ミックス要素の影響

最終価格の設定では、競合製品の品質と広告を考慮しなければならない。ファリスとレイブステインは、227の消費財企業について相対価格、相対品質、相対広告予算の関係を考察し、次のことに気づいた。

- 相対品質が平均的で相対広告予算が高いブランドには、プレミアム価格をつけることができる。消費者は明らかに、知らない製品よりも知っている製品により高い価格を支払いたいと考える。
- 相対品質が高く、相対広告予算も高いブランドには、最も高い価格をつけることができる。逆に、品質と広告予算が相対的に低いブランド

ミレニアム・ソサエティ（www.millenniumsociety.org）は、1999年の大晦日の国際的な祝典で2000年を迎えるために創設された、最初にして最大の組織である。

第15章 価格設定戦略と価格プログラム

には、最も低い価格をつけることになる。
- 価格と広告予算の正の相関関係は、市場リーダーによる製品ライフサイクルの最終段階で最も明確に確認することができる[24]。

企業の価格設定方針

価格は企業の価格設定方針と一致していなければならない。多くの企業は、方針を作ったり、価格の決定や承認を行うために価格設定部門を設けている。その目的は、販売員の推定価格が顧客にとって妥当であり、かつ企業にとって利益をもたらすものにすることである。

他の関係者に対する価格の影響

経営陣は、予定した価格に対する他の関係者の反応を考慮しなければならない。流通業者やディーラーは、それについてどう感じるだろうか。セールス・フォースは、その価格で売りたいと思うだろうか。競合他社はどう反応するだろうか。供給業者は企業の価格を知って供給品の価格を上げるだろうか。政府が介入して、その価格を妨害するだろうか。

最後に、マーケターは価格設定を規制する法律を知っておく必要がある。アメリカ合衆国の法律では、売り手は競合他社と相談せずに価格を設定しなければならないとされている。つまり**価格協定**は違法である。多くの連邦や州の法令は、人を欺く価格設定から消費者を保護している。例えば、企業がわざと高い「通常」価格を設定しておいて、それから以前の通常価格に近い価格を「セール」だと告知するのは違法である。

> 来たるミレニアムは、全世界の人々が祝う初めての千年紀となるだろう。

価格適合

企業は通常、単一価格を設定するよりも、地理的需要やコスト、市場セグメントの要求、購買のタイミング、受注水準、納品の頻度、保証、サービス契約などの要素を反映した価格設定構造を設ける。割引、アロウワンス、プロモーション支援の結果、企業が販売する製品の単位ごとの利益が同じということはめったにない。以下でいくつかの価格適合戦略を見てみよう。すなわち地理的価格設定、価格割引とアロウワンス、販促型価格設定、差別的価格設定、製品ミックス価格設定である。

地理的価格設定（現金、カウンタートレード、バーター）

地理的価格設定とは、所在地や国の異なる顧客に対して製品を別々に価格設定することである。例えば、遠隔地の顧客に対して、高い輸送コストをカバーするために高価格を請求すべきだろうか、それとも取引をより多く獲得するた

めに低価格を請求すべきだろうか。もう1つの論点は、支払い方法である。買い手が購入に必要なハード・カレンシー（外国の通貨に交換可能な通貨）を十分に持っていない場合は、重大な問題となる。このような際、別の物品で支払うことを希望する買い手が多い。これを**カウンタートレード（見返り貿易）**という。アメリカ企業は取引を獲得するためにカウンタートレードを強いられることが多い。カウンタートレードは世界貿易の恐らく15%〜25%を占め、その形態はいくつかある[25]。バーター（物々交換）、埋め合わせ取引、買い戻し協定、相殺である。

- **バーター**　現金や第三者が介在しない、商品どうしの直接交換のことである。1993年にフランスの大手衣料メーカーのエミネンスS.A.は、5年間のバーター取引を始めた。それは2500万ドル相当のアメリカ製の下着とスポーツウェアを、多様な財やサービス、例えば国際輸送や東ヨーロッパの雑誌の広告スペースなどと引き換えに、東ヨーロッパの顧客に提供するというものだった。
- **埋め合わせ取引**　売り手が支払いの一部を現金で、残りを製品で受け取ることである。イギリスの航空機メーカーはブラジルに航空機を販売し、支払いの70%を現金で、残りをコーヒーで受け取った。
- **買い戻し協定**　売り手が工場、設備、技術を他の国に販売し、支払いの一部として提供設備で製造された製品の受け取りに同意することである。アメリカの化学メーカーはインド企業のために工場を建て、支払いの一部を現金で、残りをその工場で製造された化学薬品で受けた。
- **相殺**　売り手が支払いの全額を現金で受けるが、決められた期間内に受け取った金額の大部分をその国で費やすことに同意することである。例えば、ペプシコは同社のコーラ・シロップをロシアに売ってルーブルで支払いを受け、そのうち一定割合の額でロシアのウォッカを購入し、アメリカ国内で販売する契約をしている。

より複雑なカウンタートレード取引では、関係者が複数になる。例えば、ダイムラー・ベンツはルーマニアに30台のトラックを販売し、引き換えに150台のルーマニア製のジープを受け取り、そのジープをバナナと引き換えにエクアドルへ販売し、そのバナナを今度はドイツのスーパーマーケット・チェーンにドイツ・マルクで販売した。この迂回取引によって、ダイムラー・ベンツは最終的にドイツ通貨での支払いを得る。このような取引は、企業内のカウンタートレード部門によって行われている。バーター企業やカウンタートレード専門の企業に取引を補佐してもらう企業もある。

> 「2000年は強力な磁石のように人類に働きかけている。……感情を増幅し、変化を加速し、意識を高め、我々は自分自身、価値観、社会制度を振り返らざるを得なくなる」――ジョン・ネイスビット『メガトレンド2000』11ページ。

> 2000年4月22日、150か国の3億人以上が史上最大の「地球の日」に参加することになっている。

価格割引とアロウワンス

大半の企業は、早期支払い、大量購入、オフシーズン購入に報いるべく定価を修正し、**割引**や**アロウワンス**を提供する（■表15-2）。これは慎重に行わないと、企業の利益が計画を大幅に下回ることになりかねない[26]。

第15章　価格設定戦略と価格プログラム

表15-2		
価格割引とアロウワンス	現金割引	現金割引とは、即座に支払いをする買い手に対して価格を割り引くことである。典型的な例は、「2/10、ネット30」で、支払い期限が30日以内であっても買い手が10日以内に支払いをすれば、2％の割引を受けられるというものである。このような割引は多くの業界で慣習的に行われている。
	数量割引	数量割引とは、大量購入した買い手に対して価格を割り引くことである。典型的な例は「100単位以下は1単位あたり10ドル、100単位以上なら1単位あたり9ドル」という割引である。数量割引はすべての顧客に平等に提供しなければならず、大量販売に伴う買い手のコスト節約分を超える割引をしてしまってはならない。数量割引には、非累積的基準（発注1件ごとの数による）と累積基準（一定の期間内に発注された数による）がある。
	機能割引	機能割引（取引割引とも呼ばれる）とは、販売、保管、記録など特定の機能を果たすチャネル・メンバーに製造業者が提供する割引である。製造業者は取引チャネルによって、別々の機能割引を提供することがあるが、同じ取引チャネル内では同じ機能割引を提供しなくてはならない。
	季節割引	季節割引とは、オフシーズンに製品やサービスを購入する買い手に対して行う値引きである。スキー製造業者なら、早めの注文を促すために小売業者に対して春と夏に季節割引を提供するだろう。ホテル、モーテル、航空会社は売上が鈍る時期に季節割引を行っている。
	アロウワンス	アロウワンスとは、再販売業者に特別プログラムへ参加してもらうための特別支払いである。**トレードイン・アロウワンス**とは、新品を購入するときに古い製品を下取りに出した場合に提供される割引である。トレードイン・アロウワンスは耐久財カテゴリーでよく使われている。**プロモーション・アロウワンス**とは、広告や販売支援プログラムへの参加の見返りにディーラーに提供される報酬、または値引きである。

『ポジショニング』などのマーケティング実務書を著しているジャック・トラウトによると、いくつかのカテゴリーは、常に安売りをすることによって、自滅してしまう傾向がある。ミンクのコートやマットレスは定価に近い価格で売られることはまずないようだし、自動車メーカーは喜んでリベートを受けている。そのため市場は何もせずただ有利な取引を待てばよい、とトラウトは述べている。割引価格設定は、多くの企業で当然の慣行になっている。世界で最も人気のあるブランド、ペプシとコカ・コーラでさえ価格戦争を始め、結局、自社のブランド・エクイティの価値を下げてしまった。ジャック・トラウトの割引についての指南が■マーケティング・メモ「割引の7か条」に紹介されている。

販促型価格設定

早期の購入を刺激するための価格設定テクニックはいくつかある。

- ■ **目玉商品価格設定** スーパーマーケットと百貨店は、在庫品の回転率を加速させるために有名ブランドの価格を下げることがよくある。これらのブランドの製造業者は通常、自社製品が目玉商品に使われることを嫌がる。目玉商品にされるとブランド・イメージが損なわれ、定価をつけている他の小売業者から不満が出るからである。製造業者は、小売価格維持法を求めるロビー活動によって仲介業者の目玉商品価格設定を阻止しようとしたが、これらの法律はすでに廃止されている。

- **特別催事価格設定**　売り手はより多くの顧客を引きつけるために、特定の季節に特別価格を設定する。例えば、毎年8月には新学期セールが行われる。
- **現金リベート**　自動車メーカーなどの消費財企業は、特定期間内での製品購入を促すために現金リベート（払戻し）を提供する。リベートは、定価を下げずに在庫を処分するのに役立つ。
- **低金利融資**　価格を下げる代わりに、顧客に低金利融資を提供する方法もある。自動車メーカーは3%の融資や、時として顧客を引きつけるため無金利融資を謳っている。
- **長期支払い**　特に抵当銀行や自動車メーカーのような売り手は、ローンの期間を長くして月々の支払い額を低くしている。顧客はローンのコスト（すなわち利率）よりも、月々の支払いをする余裕があるかどうかを気にすることが多い。
- **保証とサービス契約**　無料または低コストの保証やサービス契約を加えることによって、販売を促進することができる。
- **心理的割引**　これは意図的に高い価格を設定し、その後で大幅な値下げをして製品を提供する戦略である。例えば「元々のお値段359ドルを、299ドルに値下げしました」というものである。違法の割引戦術は、連邦取引委員会や商業改善協会で問題にされる。しかし通常価格からの割引は、合法的な販促型価格設定の形である。

販促型価格設定戦略はゼロサム・ゲームになることが多い。この戦略がうまくいくと、競合他社が模倣して戦略の効果がなくなる。うまくいかなければ、製品品質やサービスを確立したり、広告によって製品イメージを強化するといった、長期的な効果のあるマーケティング・ツールに注ぎ込めたはずの企業資金を浪費することになる。

差別的価格設定

企業は顧客、製品、場所の差異に応じて基本価格を調整する。**差別的価格設定**では、2種類以上の価格で製品やサービスが販売されるが、価格差はコスト差に基づいたものではない。差別的価格設定にはいくつかの形態がある。

- **顧客セグメント別価格設定**　同じ製品もしくはサービスに、顧客によって異なった価格が設定される。例えば、博物館の入場料は通常、学生や高齢者には低く設定されている。
- **製品形態別価格設定**　製品のバージョンによって異なった価格が設定されるが、これはコスト差に対応したものではない。エビアンは48オンスボトルのミネラルウォーターに2ドルの価格をつけているが、これは1.7オンスで6ドルのモイスチャー・スプレーと同じ水とパッケージである。製品形態別価格設定によって、エビアンは、ある形態では1オンスあたり3ドルを、別の形態では1オンスあたり0.04ドルを請求

MARKETING MEMO

割引の7か条

- ほかの皆が行っているからという理由で、割引を提供するなかれ。
- 自分なりの割引を創造すべし。
- 在庫品を一掃するか、追加取引を発生させるために、割引を使うべし。
- 取引に期限を設けるべし。
- 最終顧客が割引を得られるようにすべし。
- 成熟市場では生き残るためにのみ割引すべし。
- できるだけ早く割引をやめるべし。

出典：Jack Trout, "Prices: Simple Guidelines to Get Them Right," *Journal of Business Strategy*, November–December 1998, pp. 13–16.

2000年は、400で割り切れるので閏年である。通常、世紀の変わり目の年は閏年ではない。

- **イメージ別価格設定**　イメージの違いに基づいて、同じ製品に水準の異なる価格設定をしている企業もある。香水メーカーが瓶に香水を入れてそれに名称とイメージをつけ、1オンスあたり10ドルの価格を設定したとする。同じ香水を違う瓶に入れ、別の名称とイメージをつけて、1オンスあたり30ドルの価格を設定することもできる。
- **場所別価格設定**　提供するためのコストがどの場所でも同じであっても、場所によって異なった価格を同じ製品に設定することである。例えば映画館では、観客に人気のある座席の料金が高く設定されている。
- **時期別価格設定**　季節、月、日、さらには時間によって価格を変えることをいう。公共企業では企業利用者対象の料金を1日の時間帯によって、また週末と平日で変えている。時期別価格設定の中でも特殊な形態に**収穫価格設定**があり、ホテルや航空会社で予約率を高めるためにしばしば利用されている。例えば、観光船は乗船率を確保するために、航海の2日前に価格を下げるかもしれない。

差別的価格設定が効果を発揮するためには、特定の条件が必要である。第1に、市場がセグメント化でき、また各セグメントで需要水準が異なっていなくてはならない。第2に、低価格で購入しているセグメントの構成員が、高価格を支払っているセグメントに対して製品を再販売できてはならない。第3に、高価格が設定されているセグメントにおいて、競合他社が自社より低価格を設定できてはならない。第4に、市場のセグメント化や管理のコストが、価格差によってもたらされる追加収益を超えてはならない。第5に、差別的価格設定を行うことによって顧客の恨みや反感を買ってはならない。第6に、差別的価格設定は合法でなければならない[27]。

いくつかの産業では規制緩和の結果、差別的価格設定が増えている。航空会社は同じ便でも、座席のクラス、1日の時間帯（早朝、夜）、曜日（平日、週末）、季節、乗客の会社、過去の利用状況、身分（子供、軍人、高齢者）などによって運賃を変えている。航空会社は、できるだけ多く収益をあげるために収穫価格設定を使っている。

大半の消費者は、自分がどの程度、差別的価格設定の標的であるかに恐らく気づいてもいないだろう。例えば、ビクトリアズ・シークレットのようなカタログ小売業者は通常、商品は同じで価格だけが異なるカタログを発送している。お金をよく使う地域に住んでいる消費者は、高めの価格しか目にしないはずである。オフィス用品のスーパーストアであるステープルズも、価格設定の異なるオフィス用品カタログを発送している。

コンピュータ技術のおかげで、差別的価格設定が実践しやすくなっている。例えば、ウェブ上で顧客の動向を監視し、顧客別にオファーや価格をカスタマイズできるソフトウェアが出ている。ただし、このような新しいソフトウェアによって、買い手の方も、瞬時に価格を比較して売り手を選別できるようになった。この問題については、■ミレニアム・マーケティング「デジタル選別：イン

今後20年の間に、注射可能な老化対抗薬が老化プロセスを停止させるだろう。若返りすら可能かもしれないと、一部の研究者や未来学者は予言している。

MARKETING FOR THE MILLENNIUM　ミレニアム・マーケティング

デジタル選別：インターネットは売り手と買い手の双方にとって、価格設定に革命を起こしている

電子商取引はほぼ間違いなく、今日、最も人気が高いウェブの利用法である。しかし、インターネットは単に新しい「マーケットスペース」という以上の存在である。インターネットをベースにした技術は現実に市場のルールを変えつつある。ちょうど固定的な価格設定の最初の兆候が、1870年代のアーロン・モンゴメリー・ワードの通信販売ビジネスで見られたように、それから100年余り経った現在、再び流動的な価格設定に回帰しようとする兆候がインターネットに現れつつある。インターネットが可能にした売り手による買い手の選別、買い手による売り手の選別について、以下に短いリストを紹介しよう。

売り手に可能になったこと

第1に、顧客の行動を監視し、個人向けにオファーを調整することである。ショッピング・エージェント・ソフトウェアや価格比較ウェブサイトによって消費者は公示価格を知ることができるが、消費者が新しい技術を用いて入手する特別な取引も生まれつつある。例えば、サンフランシスコに本拠を置く新興企業のパーソニファイのソフトウェアを使うと、ウェブ上で営業する商店はそのウェブサイトに来る個人客を識別できる。このソフトウェアはウェブ・ユーザーの「クリックの流れ」、つまりウェブサイトを閲覧する道筋を明らかにする。そのユーザーの行動をもとに、特定製品と特定価格の買い手に瞬時に的を絞ることができる。ウェブを訪れた人の行動が価格に敏感なようであれば、その人には低めの価格が提供される。しかし買い手は用心しなければならない。マイクロソフトにはパーソニファイに相当する探索ソフトウェアがあるが、ビル・ゲイツは近いうちにウェブサイトが個々の消費者を識別し、過去にいくら払ったかを記憶し、その履歴をもとにカスタマイズされた価格を請求するようになる、と予言している。

第2に、特定顧客に特別価格へのアクセス権を与えることである。確かにウェブ上では価格の透明性が増すが、売り手は特別取引を隠す方法をすでに見つけている。音楽アルバムをオンラインで販売するCDナウは、通常より安い価格で買える特別なウェブサイトのアドレスを特定顧客に電子メールで知らせている。この秘密のアドレスを知らなければ、定価を支払うことになる。マイクロソフト・オフィスはiヴィレッジ・ソフトウェアをプロモーションに使っている。マイクロソフトのサイトを経由してiヴィレッジのウェブサイトに入った人には、より安い価格でマイクロソフトのプログラムの追加製品を提供しているのだ。コンピュータ技術のおかげで、地方の食品店でも特定顧客により安い価格を提供できるようになった。レジスターが買い物カートの中身をもとに、カスタマイズされたクーポン券を印刷してくれるのである。

第3に、需要の変化に応じてすぐに価格を変更することである。コカ・コーラには、次のような大胆なアイデアがある。なぜ缶コーラの価格がいつでも同じでなければならないのか。寒い雨の日よりも暑い夏の日に、人々は冷たいコーラにお金を支払うのではないだろうか。この飲料界の巨人は「スマート」自動販売機の実験を始める予定である。この自動販売機はコカ・コーラ社内のコンピュータ・ネットワークと接続されていて、遠隔地の在庫を監視し、状況に応じて価格を変更できる。コーラの価格が急に上がったら消費者は抗議するかもしれないが、自動販売機が20セント引きの特別プロモーションを電光表示すれば、寒い日に冷たいソーダを買う気になるのは十分ありうることである。このコンセプトがあまりに空想的に聞こえるなら、次のことを考えてみるとよい。ビジネス・マーケターはすでに、自社と供給業者と顧客をつなぐ私的なネットワーク、エクストラネットを使っている。これによって在庫、コスト、需要をいつでも正確に把握し、瞬時に価格を調整することができる。

売り手と買い手の双方に可能なこと

オンライン・オークションで価格を交渉したり、物品交換を交渉したりすることである。余っている品物や少し使っただけの品物を数百点売りたかったら、売り

たい旨をwww.eBay.com.に掲示すればよい。ビンテージものの野球カードをバーゲン価格で購入したければ、www.azww.comのボークハウツ・コレクティブルズ・モールにアクセスすればよい。オークション技術を使ってインターネットで売られる品物やサービスの金額は、2002年には1290億円になると予測されている。これはインターネット上の全取引の29%に相当する。数千あるといわれるインターネット・オークション・サイトのなかでもオンセールとeベイは最大で、多くのインターネット・ビジネスとは異なり、実際に収益をあげている。1995年に事業を始めて以来、オンセールには400万件以上もの入札がある。eベイでは、登録している100万人のユーザーが1000以上のカテゴリーの70万点を競り落としている。最近にわかに、数百年前からある値切り交渉がはやり始めたが、それはインターネットが交渉を経済的にしたからだ。実店舗の世界では、個々の買い手と価格交渉をすれば売り手にとってコストがかかりすぎる。インターネット上では、1取引あたりのコストが格段に安いので、1品目数千ドルではなく数ドル単位でオークションすることも現実に可能となり、むしろその方が利益があがるほどにさえなった。ホーム・ショッピング・ネットワーク社は3000点のコスチューム・ジュエリーに2.10ドル以上、3000件の入札を受け入れるよう、自社のコンピュータをプログラムできる。過剰在庫を処分できるので、売り手にとってオークションは好ましい。オンライン・オークションの売上の68%を占めるビジネス・マーケターも、時間の節減を意識した取引を提供し、新製品につけようと思っている価格ポイントへの関心を測定するために、オンライン・オークションを利用している。買い手は単純に、自分で見つけたバーゲン品を気に入るものだ。eベイという会社はそもそも、同社のオーナーがガールフレンドのためにビンテージもののペッツの容器をウェブ上で探したことから始まったのである。

買い手に可能なこと

第1に、何千もの売り手を瞬時に価格で比較することである。価格の透明性はウェブの流行語である。消費者はもはや店を比較することに時間やエネルギーを費やす必要がない。新しい技術によって、マウスをクリックするだけで価格が比較できるようになった。価格比較サイトは毎日のように生まれている。基本的にこれらのサイトは、コンピュータの膨大な製品情報データベースに頼っている。プライススキャンは1日に9000人の訪問者を呼び寄せているが、その大半は企

ターネットは売り手と買い手の双方にとって、価格設定に革命を起こしている」を参照されたい。

　差別的価格設定のなかには違法なものもある（売り手が同じ取引グループ内で、異なる価格条件を提示するなど）。しかし、別々の小売業者に対して、同じ製品を異なる量または異なる品質で売っているためコストが変わる、と売り手が証明できる場合、価格差別は合法である。**略奪的価格設定**――競合他社を破滅させる意図で、コスト以下で販売すること――は違法である。

　略奪的価格設定は違法だと考えられているものの、裁判所は合法的な虚構と見なしている。理論的には違法だが、証明することがほぼ不可能なためである。しかし新しい世代の経済学者は、特にソフトウェアに関して略奪的価格設定は不正かつ違法だと論じている。経済学者ブライアン・アーサーズによると、消費者が1つの標準に集まる傾向の強い業界、例えばコンピュータ業界で、略奪的価格設定企業がいったん決定的な主導権を握ったら、たとえその企業が価格

業購買者である。コンペア・ネットでも何千点もの製品について価格比較ができる。インテリジェント・ショッピング・エージェント、ソフトウェア・ショッピング・ロボット（「ボッツ」と呼ばれている）は、価格比較をさらに推し進めている。マイサイモン、ジャングリー、ジャンゴのようなボッツは、およそ900ある商店から製品と価格と評価を探し出す。商店側はボッツや価格比較サイトの使用を腹立たしく思っているので、自社のウェブサイトへのアクセスを封鎖している者も多い。しかし、驚くべき数の小売業者がボッツ企業を買収している。彼らの目標は、より高度なショッピング・エージェントを開発してインターネット・スーパーストアの創造を助けることである。

第2に、自分が払ってもよい価格を提示して、応じてもらうことである。今後、インターネットで創業する企業の多くが、プライスラインのビジネスモデルにならうだろうことは疑いない。プライスライン・ドットコムでは、旅行者が航空券を間際に予約すれば、ワシントンD.C.からサンフランシスコまで通常料金1200ドルの航空券を、400ドルで手に入れることができる。18の航空会社に入札機会を販売している複雑なソフトウェアを使って、プライスラインは1日に約1000枚の航空券の売買を仲介している。創設者ジェイ・ウォーカーは、自動車、ホテル、家屋の抵当権に電子商取引の商法を持ち込んだ。プライスラインのようなサービスを使うことにより、消費者は自分で価格を決めることができる。売り手にとってもプライスラインは利用価値がある。航空会社は空席の需要を満たすことができるし、もちろんホテルも空室の販売機会を喜ぶだろう。

出典：Amy E. Cortese, "Good-Bye to Fixed Pricing?" *Business Week*, May 4, 1998, pp. 71–84; Scott Woolley, "I Got It Cheaper than You," *Forbes*, November 2, 1998, pp. 82–84; Scott Woolley, "Price War!" *Forbes*, December 14, 1998, pp. 182–84; Michael Krauss, "Web Offers Biggest Prize in Product Pricing Game," *Marketing News*, July 6, 1998, p. 8; Julie Pitta, "Competitive Shopping," *Forbes*, February 9, 1998, pp. 92–95; Matthew Nelson, "Going Once, Going Twice .s.s." *InfoWorld*, November 9, 1998, pp. 1, 64; Leslie Walker, "The Net's Battle of the Bots," *Washington Post*, December 10, 1998, p. B1; Heather Green, "A Cybershopper's Best Friend," *Business Week*, May 4, 1998, p. 84; Rebecca Quick, "Buying the Goods—The Attack of the Robots: Comparison-Shopping Technology is Here—Whether Retailers Like It or Not," *Wall Street Journal*, December 7, 1998, p. R14.

を上げたとしても、競合企業が主導権を奪うことは不可能に近い。マイクロソフトに対するアメリカ政府の反トラスト訴訟では、実際に訴訟の焦点となっているのは別の申し立てであるが、略奪的価格設定と考えられている同社の戦術に注目が集まった。

マイクロソフト

このソフトウェアの巨人は特定市場の支配にねらいを定めると、抵抗できない魅力のあるオファー、つまり無料の製品で顧客を獲得することが多かった。1996年、マイクロソフトは同社のウェブ・ブラウザであるインターネット・エクスプローラーを配布し始めた。場合によっては、人々に使ってもらうために、無料のソフトウェアやマーケティング支援を提供するという形の「支払い」までしたと言われる。その戦略は、ネットスケープ・コミュニケーションズから市場支配力を奪い取るのに決定的だった。ネットスケープは絶えず価格設定構造を修正

したが、「無料よりも良いものを」は売り文句としての訴求力が弱かった。現在、ほとんどのマイクロソフトの無料サンプルは、企業間コンピュータ市場のシェアを獲得するための努力の一環として提供されている。例えば、同社は無料のウェブ・サーバーのソフトウェアを、ウィンドウズNTネットワーク・オペレーティング・システムを購入した顧客に提供している。ネットスケープはより高性能なバージョンの同じソフトウェアを4100ドルで売っている。しかし、競合他社がマイクロソフトに略奪者というレッテルを貼る理由は、無料サンプルそのものではなく、同社が不当に大きな市場シェアを獲得した後で価格を市場水準以上に上げることである。ウィンドウズ・オペレーティング・システム(インターネット・エクスプローラーがセットで入っている)に対して同社がPCメーカーに請求する卸し値は、ここ7年間で2倍になっている[28]。

製品ミックス価格設定

価格設定の論理は、製品が製品ミックスの一部であるときには修正されなければならない。この場合、企業はミックス全体で利益を最大化するような価格を模索する。多様な製品が需要とコストに相互関係があり、競争の度合いも異なるため、価格設定は難しい。製品ミックス価格設定には6つの状況がある。すなわち、製品ラインの価格設定、オプション製品の価格設定、キャプティブ製品の価格設定、2段階価格設定、副産物の価格設定、製品バンドルの価格設定である。

> 次のミレニアムには100歳まで生きることが当然になり、一生を通じて健康でいることも可能になるだろう、と懐疑的な科学者ですら考えている。

製品ラインの価格設定

企業は通常、単一の製品ではなく製品ラインを開発し、段階的な価格を導入する。

インテル

1997年の秋、インテルは自社の製品ラインを、安いPC、中階層の「パフォーマンス」PC、強力な企業向けサーバーなどの特定市場をねらった、マイクロプロセッサ別のセグメントに分けた。この戦略によってインテルは、低価格PCに搭載されるわずか86ドルのセレロンのような薄利製品と、最高2000ドルにもなるペンティアムII Xeonワークステーションやサーバー・チップのような金のなる木とのバランスをとることができる。同社で最も利益の大きなチップは、ミッド・レンジのペンティアムIIであり、1500ドル以上に価格設定されているPCの97%に使われている[29]。

多くの業界において、売り手は確立された価格ポイントを自社の製品ラインに適用している。ある男性用衣料品店が200ドル、350ドル、500ドルという3つの価格水準のスーツを販売すると仮定しよう。顧客は恐らくこの3つの価

ポイントをそれぞれ低品質、中品質、高品質のスーツと結びつけて考える。売り手の仕事は、価格差を納得させるような知覚品質の差を確立することである。

■ オプション製品の価格設定

多くの企業が主製品とともに、オプションの製品やサービスを提供している。自動車を購入しようとする人は、パワーウィンドウ、窓ガラスの曇り取り除き機能、調光器、長期の保証を注文することができる。これらのオプションの価格設定は難しい問題である。自動車メーカーはどのアイテムを標準価格に含め、どのアイテムをオプションとして提供するかを決めなければならない。長年にわたってアメリカの自動車メーカーは、ショールームに人々を呼び寄せるために、ごく基本的な機能だけを備えたモデルを1万ドルで広告してきた。そのエコノミー・モデルは多くの特徴を削ぎ落としているので、大半の購入者は結局、1万3000ドル支出してショールームを出ることになる。

レストランも同じような価格設定の問題を抱えている。レストランには食事だけでなく酒類も注文できるところがある。多くのレストランでは酒類を高く、食事を低く価格設定している。食事の収益でコストをまかない、酒類で利益をあげる。給仕が顧客に飲み物の注文を強く薦めることが多いのはそのためである。酒を飲む人々を引きつけるために、酒類を低く、食事を高く価格設定しているレストランもある。

■ キャプティブ製品の価格設定

付随的な製品、つまり**キャプティブ製品**が必要とされる製品もある。カミソリ・メーカーやカメラ・メーカーは製品自体の価格を低く設定し、カミソリの刃やフィルムに高いマークアップを乗せることが多い。

危険なのは、**アフターマーケット**(主製品に対する付随的な供給品の市場)でキャプティブ製品に高すぎる価格を設定することだ。例えばキャタピラーは、部品やサービスを高く価格設定したことによって、アフターマーケットで高い利益を得ている。この慣行によって「海賊」が現れた。「海賊」は部品を偽造し、その部品を時として、コストの節約分を顧客へ還元しない「いんちき」修理工に販売する。その一方で、キャタピラーの売上は落ちてしまう[30]。

■ 2段階価格設定

サービス企業ではよく**2段階価格設定**を取り入れている。サービスの価格を固定料金と変動料金に分けるのである。電話会社は月額料金(固定料金)に一定の地域を超える通話に対する料金(変動料金)を加算して請求する。遊園地では入場料のほかに、最低回数を超える分の乗り物の利用料金がかかる。サービス企業もキャプティブ製品の価格設定と同様の問題を抱えている。つまり、固定料金と変動料金をそれぞれいくらに設定するかを決めなければならない。固定料金はサービスの利用を促すように低く設定され、利益は変動料金から得ることになる。

アメリカにおける平均寿命は、1900年には47歳だったのが、1999年には約76歳に伸びている。

■ 副産物の価格設定

製品のなかには加工肉、石油製品、化学製品などのように副産物を生み出すものもある。もし特定の顧客グループにとって副産物に価値があれば、その価値に応じて価格をつけるべきである。競争によってやむなく主製品に低価格をつけることになっても、副産物から収入が得られれば足しになる。

企業は時として自社の副産物にどれだけ価値があるかを知らないことがある。ズードゥー・コンポスト社が登場するまで、多くの動物園は、副産物の1つ（動物が出す厩肥）が絶好の追加収益源になりうることに気づかなかった[31]。

■ 製品バンドルの価格設定

売り手は自社の製品をまとめてセット価格で販売することがよくある。自動車メーカーは、すべてのオプションを別々に購入するよりも低い価格でオプション・パッケージを提供するかもしれない。劇場はシーズン・チケットに、すべての上演作品を別々に購入するよりも安い価格を設定するだろう。顧客はすべての構成要素の購入を当初は計画していないかもしれない。価格バンドルによる節約は、顧客にバンドルを購入する気にさせるだけの価値がなくてはならない[32]。

バンドル全体は要らないという顧客もいるだろう。医療機器の供給業者が、無料の配達とトレーニングをオファーに含めていると仮定しよう。顧客によっては、無料の配達やトレーニングは要らないから、代わりに価格を安くしてくれと要求するかもしれない。その顧客は売り手にオファーの「アンバンドル」または「リバンドル」を要求しているのである。もし供給業者が配達しないことによってコストを100ドル節約でき、顧客に対して価格を80ドル下げることができれば、利益は20ドル増えてしかも顧客に喜んでもらえる。

価格変更の実施と反応

企業はしばしば値下げや値上げを実施しなければならない状況に直面する。

値下げの実施

企業が値下げに至る事情はいくつかある。1つは**過剰生産能力**である。企業は取引を増やしたいが、販売努力や製品改良などの方法ではそれができない。そこで攻撃的な価格設定に頼ることになる。しかし、値下げの実施によって、その企業は価格戦争の引きがねを引いてしまう恐れがある。もう1つの事情は、**市場シェアの落ち込み**である。例えばGMは、日本の競合他社が侵略してきた時期に、西海岸で小型車の価格を10％引き下げている。

企業は、**コストの引き下げによる市場支配**をねらい、値下げを実施することもある。最初から競合他社よりも低コストで価格を下げることもあれば、まず

値下げによって市場シェアを獲得し、コストの低下を期待することもある。しかし、値下げ戦略にはいくつかの罠がある。

- **低品質の罠** 顧客から品質が低いと思われてしまう。
- **脆弱な市場シェアの罠** 低価格は市場シェアを獲得するが、市場のロイヤルティを獲得するわけではない。より低い価格の企業が登場すれば、顧客はそちらに乗り換えるだろう。
- **浅いポケットの罠** より高い価格を設定している競合他社の方が、現金準備高が大きいために、値下げしても長く持ちこたえる力を有しているかもしれない。

企業は**経済不況**の時期には値下げが求められるかもしれない。不況の間、消費者は支出を減らすからである。企業の反応として考えられる行動が■表15-3に示されている。

> ローマ教皇庁の聖年ウェブサイト(www.jubil2000.org)では現在、ラテン語以外に7か国語で情報を提供している。

値上げの実施

値上げが成功すると、利益を大幅に上げることができる。例えば、企業の利益率が売上の3%だとすると、販売量に影響がなければ、1%の値上げは33%の利益増につながる。この状況は■表15-4に示されている。企業が10ドルの価格をつけて100単位売り、コストが970ドルかかったとすると、30ドルつまり売上の3%の利益が残る。価格を10セント上げ(1%の値上げ)、販売量が同じであると仮定すると、利益は33%増える。

値上げの主な要因は**コスト増**である。生産性の向上を超えてコストが上昇す

表15-3

マーケティング・ミックスの選択肢

戦略的オプション	理由	結果
1. 価格と知覚品質を維持する。選択した顧客の絞り込みを行う。	企業はロイヤルティの高い顧客を維持し、ロイヤルティの低い顧客は競合他社に譲りたいと思っている。	市場シェアが減る。収益性が低下する。
2. 価格と知覚品質を上げる。	コスト上昇分をカバーするために価格を上げる。高くなった価格を正当化するために品質を改善する。	市場シェアが減る。収益性は維持する。
3. 価格を維持し、知覚品質を上げる。	価格を維持して知覚品質を上げる方が安くつく。	市場シェアが減る。収益性は短期的に低下するが、長期的には上昇する。
4. 価格を部分的に下げ、知覚品質を上げる。	顧客にある程度の値下げを提供するが、製品の価値が上がったことは強調しなければならない。	市場シェアの維持。収益性は短期的に低下するが、長期的には上昇する。
5. 全面的に価格を下げ、知覚品質を維持する。	価格競争を牽制し、阻む。	市場シェアの維持。収益性は短期的に低下する。
6. 全面的に価格を下げ、知覚品質を下げる。	価格競争を牽制し、阻むとともに利益率を維持する。	市場シェアの維持。マージンの維持。収益性が長期的に低下する。
7. 価格を維持し、知覚品質を下げる。	マーケティング費を削減してコスト上昇に対処する。	市場シェアが減る。マージンの維持。収益性が長期的に低下する。
8. エコノミー・モデルを導入する。	市場が求めているものを提供する。	カニバリゼーションは起こるが、総販売量は増える。

ると、利益率は圧迫され、企業は定期的に値上げを行わなければならなくなる。企業は今後のインフレや政府の価格統制を予測して、実際のコスト上昇分以上に価格を引き上げることが多い。これを**予測価格設定**という。企業は長期的な価格契約の締結を躊躇する。

値上げのもう1つの要因は、**過剰需要**である。企業が顧客ニーズをすべて満たせないときに、価格を引き上げたり、製品の出荷制限をしたり、あるいはその両方を行う。値上げには次のような方法がある。それぞれ買い手に対する影響は異なっている。

- **見積り遅延価格設定** 製品が完成するか納入されるまで最終価格を設定しない。見積り遅延価格設定は、工業建築や重機など生産の所用時間が長い業界で一般に行われている。
- **エスカレーター条項** 顧客に、現在の価格と納品までに生じる物価上昇分の全部または一部の支払いを求める。エスカレーター条項では、ある特定の物価指数を値上げの根拠にする。エスカレーター条項は、継続期間の長い産業プロジェクトの契約に多く見られる。
- **アンバンドリング** 価格は維持するが、これまでのオファーに含まれていた要素、例えば無料配達や無料取付を取り除くか、それに別途価格をつける。多くのレストランは、ディナーコース全体の価格設定から**アラカルト**の価格設定に変えている。インフレ率の高い国のジョークに、現在の自動車価格にはタイヤやハンドルが含まれていない、というものがある。
- **割引の縮小** 通常の現金割引と数量割引を提供しないよう、セールス・フォースに指示をする。

企業は、一度に価格を大幅に上げるか、数回に分けて少額ずつ上げるか決めなくてはならない。スーパーカッツ・ストア(フランチャイズ・チェーンの美容院)でコストが上昇したとき、経営陣は10ドルだったヘアカット料金をただちに12ドルに上げるか、今年は11ドルにして次の年に12ドルにするかを議論した。一般的に、急な値上げより定期的な少額ずつの値上げの方が消費者には好まれる。

顧客に値上げを伝えるにあたって、企業は不当に高価格をつけているというイメージを避けなければならない。また、だれが値上げの衝撃に耐えるかを考える必要もある。顧客はよく覚えているものだ。市況が衰えたとき、顧客は不

表15-4

値上げ前後の利益

	前	後
価格	10ドル	10.10ドル(1%の値上げ)
販売単位数	100	100
収入	1000ドル	1010ドル
コスト	−970	−970
利益	30ドル	40ドル($33\frac{1}{3}$%の利益増加)

当に高価格をつけていると知覚した企業にそっぽを向いてしまう。朝食用シリアル企業のケロッグの例を見てみよう。

ケロッグ

1980年代を通じて、ケロッグは朝食用シリアルの価格を押し上げ、同社の株価は急騰した。同社は働く女性の増加に伴って、シリアルの価格上昇を気にする家庭は少なくなるだろう、と主張し値上げを正当化した。その戦略はしばらくの間は有効だったが、1990年代の初頭、1箱のコーンフレークへの出費を人々が気にし始め、ケロッグの勢いは衰え出した。ケロッグはコスト削減と工場閉鎖で対応した。シリアルの価格も多少値下げした。しかしその対応で利益が薄くなる一方、企業の思惑ほど売上は伸びなかった(33)。

こうしたイメージを避けるテクニックはいくつかある。1つに、値上げが正当であるという印象を与え、顧客には前もって値上げを通知して、買いだめしたり他の製品と比較する猶予を与えなければならない。大幅な値上げの場合は、納得できる言葉で説明することが必要である。もう1つに、間接的な値上げをするのも良い方法である。例えば、割引の廃止、最小注文量の引き上げ、低マージン製品の生産削減などである。また長期プロジェクトの契約や入札では、認知されている全国物価指数の上昇などの要素をもとにしたエスカレーター条項を取り入れるべきである(34)。

コスト増や過剰需要に値上げをせずに対応することもできる。例えば、次のような方法がある。

- 価格を上げる代わりに製品の量を減らす(ハーシー・フーズはキャンディ・バーの価格は維持したがサイズを小さくした。ネスレはサイズを維持し、価格を上げた)。
- コストの安い原料または素材に切り替える(多くのキャンディ・バー・メーカーは、ココアの値上げに対抗するため、本物のチョコレートの代わりに合成チョコレートを用いている)。
- コストを下げるために製品の特徴を縮小したり取り除いたりする(シアーズは電気器具の設計を見直すことで、ディスカウント・ストアで売られている製品と競争できる価格設定を可能にした)。
- 取付や無料配達などの製品サービスを廃止するか縮小する。
- コストの安い包装素材を使ったり、パッケージ・サイズを大きくする。
- 提供しているサイズやモデルの数を減らす。
- エコノミー・ブランドを新たに作る(食料品店のジュエルは、ナショナル・ブランドより10%～30%安いノーブランド品を170品目売り出した)。

ミレニアム製品:リビング・ラバーはムードリング(液晶クォーツの性質を利用し、はめている人の心の動きで色が変わるとされている指輪)のように作用する新織地である。身につけると、その有機体素材は熱に反応して色を変える。

価格変更への反応

どのような価格変更も、顧客、競合他社、流通業者、供給業者、そして政府からさえも反応を引き起こすことがある。

顧客の反応

顧客は価格変更の裏にある動機にしばしば疑問を持つ[35]。値下げは何とおりかに解釈される。当該アイテムはまもなく新しいモデルに取って代わられようとしている、当該アイテムには欠陥があってよく売れない、企業が財政難である、価格はさらに下がるだろう、品質が悪くなっている、など。

通常、販売を抑制する値上げも、そのアイテムは「売れ筋」で非常に価値がある、という肯定的な意味を顧客に伝えることがある。

顧客は、高いコストの製品や頻繁に購入する製品について、最も価格に敏感である。逆に、めったに買わない低いコストの品目に高い価格がついていてもあまり気づかない。価格よりも、製品の寿命が終わるまでの入手、使用、サービスの総コストを気にする顧客もいる。総コストが低いことを顧客が納得してくれれば、競合他社より高い価格をつけても買ってもらうことができる。

競合他社の反応

価格変更を考えている企業は、競合他社の反応を考慮しなければならない。競合する企業の数が少なく、製品が同質で、買い手に情報が行き届いている場合、競合他社は価格変更に最も反応しやすい。

競合他社の反応はどうすれば予測できるだろうか。1つの方法は、価格変更に決まった反応の仕方をすると仮定することである。もう1つの方法は、競合他社が価格変更のたびに新たな挑戦と受け止め、そのときどきの自社の利得に従って反応すると仮定することである。この場合、競合他社の利得が何かを探り出す必要がある。現在の財務状況、最近の売上、顧客ロイヤルティ、企業目標を調査すべきだろう。競合他社が市場シェアの目標を持っているなら、価格変更に対抗する可能性は大である。もし競合他社が利益最大化を目標としているなら、広告予算の増加あるいは、製品品質の向上という形で反応するだろう。

競合他社は値下げについて異なった解釈をするので、問題は複雑である。例えば市場シェアの拡大をねらっている、業績が悪いために売上を増やそうとしている、あるいは、業界全体に値下げをさせて総需要を刺激しようとしている、などの解釈がある。

競合他社の価格変更への対応

競合他社が実施した値下げに、企業はどのように反応すべきだろうか。製品の同質性が非常に高い市場では、企業は膨張製品を推進する方法を探すべきである。しかしそれが見つからなければ、値下げに同調せざるを得ないだろう。競

ミレニアム製品をもう1つ：「蝶の羽根」の虹色の光沢を持つ新織地は、光干渉技術を航空宇宙産業で応用したものである。

「ミレニアム織地」を開発したニュージャージー州クリフトンのソマーズ・プラスチック・プロダクツは、「あなたの想像力の色素」というフレーズを売りにしている。

合他社が同質製品市場で価格を上げた場合、値上げが産業全体のメリットにならない限り、他の企業は対抗しないかもしれない。対抗しないことによって、その競合他社は値上げを撤回しなければならないだろう。

異質製品市場では、企業にはより広い選択の幅がある。次の点を考慮する必要がある。(1)なぜその競合他社は価格を変えたのか。市場シェアの拡大をねらっているのか、過剰生産能力を活用するためか、コスト条件の変化に対応するためか、それとも業界全体の価格変更を期待しているのか。(2)価格変更は一時的なものなのか、永久的なものなのか。(3)価格変更に反応しなかった場合、自社の市場シェアや利益にどのような影響があるのか。他の各社は反応するのか。(4)起こりうる反応それぞれに対して、価格変更した競合他社と他の各社はどう対応するつもりだろうか。

市場リーダーは、市場シェアを獲得しようとする下位企業の攻撃的な値下げに直面することが多い。価格を武器に、富士フイルムはコダックを、ビックはジレットを、コンパックはIBMを攻撃している。ブランド・リーダーも、低い価格設定のプライベート・ストア・ブランドから攻撃を受ける。ブランド・リーダーはいくつかの対抗策を有している。

- **価格を維持する**　リーダーは以下の点を確信するなら、価格や利益率を維持してもよい。すなわち、(1)もし価格を下げたら失う利益が大きすぎる、(2)それほどの市場シェアを失わない、(3)必要なときには市場シェアを取り戻せる、である。良い顧客を維持し、利益のあがらない顧客を手放すことができる、とリーダーは考えるわけである。しかし価格を維持するのが得策でないという見方もある。つまり、攻撃企業が自信をつけてしまう、リーダーのセールス・フォースの士気が下がる、リーダーが思った以上にシェアを失う、という可能性もある。リーダーはパニックに陥り、シェアを回復しようと価格を下げ、市場でのポジションを取り戻すのが思っていたより難しいことに気づく。
- **価格を維持して、価値を加える**　リーダーは、製品、サービス、コミュニケーションを改善することができる。価格を下げて低い利益率で調整するより、価格を維持して知覚品質を改善するために費用を使う方が安上がりな場合もある。
- **値下げする**　リーダーが競合他社の価格に合わせて価格を下げることもできる。それができるのは、(1)数量が増えればコストが下がる、(2)市場が価格に敏感なので市場シェアを失う恐れがある、(3)一度失った市場シェアを取り戻すのが難しい、といった場合である。この行動をとると短期的には利益を削ることになるだろう。
- **値上げして品質を改善する**　リーダーは価格を上げ、攻撃してくるブランドを挟み撃ちするために新しいブランドを導入してもよい。

> **ヒューブライン**
>
> ヒューブラインがこの戦略を使ったのは、アメリカのウォッカ市場の23%を占有する自社のスミルノフ・ウォッカが、競合ブランドである

2000年に開かれる会議のために、企業は例年より大規模で力の入った行事を企画している。「過去を振り返り、未来を見つめるには絶好の機会ですからね」と語るのは、ホテルと会議センターを兼ねるミレニアム・ブロードウェイのマーケティング・マネジャーである。

ウルフシュミットに攻撃されたときだった。ウルフシュミットは、1瓶あたり1ドル安く価格設定してきた。ヒューブラインはスミルノフの価格を1ドル下げる代わりに1ドル上げ、増えた収益を広告に注ぎ込んだ。それと同時に、ヒューブラインは別のブランドであるレルスカを導入してウルフシュミットと競争させ、さらにもう1つ、ポポフというブランドを導入してウルフシュミットより低価格で売った。この戦略はウルフシュミットの挟み撃ち攻撃に成功し、スミルノフはエリートのイメージを高めた。

- **低価格のファイター・ブランドを市場導入する**　製品ラインに低価格のアイテムを加えるか、別個に低価格のブランドを作る。イーストマン・コダックはファンタイムという低価格の期間限定フィルムを導入した。ミラー・ビールはレッドドッグという低価格ブランドを導入した。

> フランスの未来学者バートラン・ド・ジュブネルは、未来に起こりうる事柄を表す「フューチュリブルズ」という造語を生み出した。

最良の反応は、状況によって異なる。企業が考慮しなければならないのは、製品がライフサイクルのどの段階にあるか、企業のポートフォリオにおいて製品の重要度はどのくらいか、競合他社の意図と資源は何か、市場の価格感受性と品質感受性はどのくらいか、数量によってコストはどう変わるか、企業にとって別の機会は何か、である。

企業の選択肢を徹底的に分析してあっても、いざ攻撃されたときには実行できないかもしれない。企業は数時間か数日のうちに決断力を持って反応しなくてはならないだろう。競合他社による価格変更の可能性を予測して、不慮の事態に備える方が賢明かもしれない。■図15-8には、競合他社が価格を下げたときに使われる、**価格反応プログラム**が示されている。価格変更に同調する反応プログラムは、価格変更がある程度の頻度で起こり、迅速に反応することが重要となるような産業において効果的である。例えば、精肉、材木、石油といった産業である。

図15-8

競合他社の値下げに合わせた価格反応プログラム

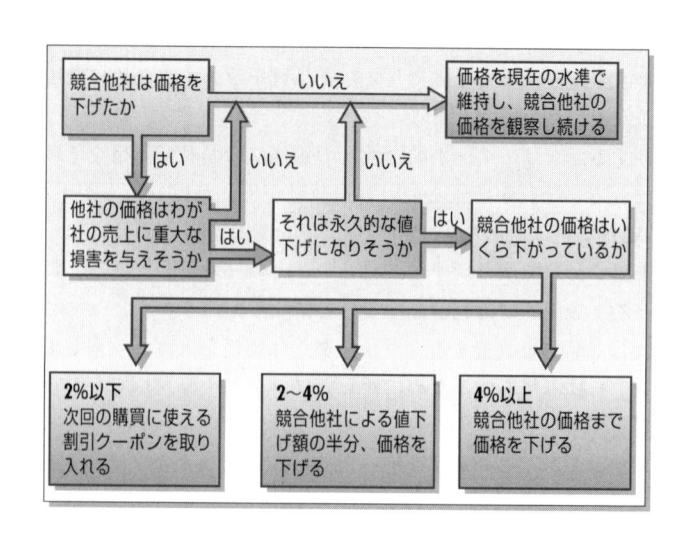

参考文献

1. David J. Schwartz, *Marketing Today: A Basic Approach*, 3d ed. (New York: Harcourt Brace Jovanovich, 1981), p. 271.
2. Amy E. Cortese, "Good-Bye to Fixed Pricing?" *Business Week*, May 4, 1998, pp. 71–84.
3. Andy Reinhardt, "Pentium: The Next Generation," *Business Week*, May 12, 1997, pp. 42–43; David Kirkpatrick, "Intel's Amazing Profit Machine," *Fortune*, February 17, 1997, pp. 60–72.
4. Steve Gelsi, "Spin-Cycle Doctor," *Brandweek*, March 10, 1997, pp. 38–40; Tim Stevens, "From Reliable to 'Wow,'" *Industry Week*, June 22, 1998, pp. 22–26.
5. Thomas T. Nagle and Reed K. Holden, *The Strategy and Tactics of Pricing*, 2d ed. (Upper Saddle River, NJ: Prentice Hall, 1995), ch. 4. 本書は、価格決定論を扱った優れた論文である。
6. Kevin J. Clancy, "At What Profit Price?" *Brandweek*, June 23, 1997, pp. 24–28.
7. 以下の文献を参照されたい。Sidney Bennett and J. B. Wilkinson, "Price-Quantity Relationships and Price Elasticity Under In-Store Experimentation," *Journal of Business Research*, January 1974, pp. 30–34.
8. John R. Nevin, "Laboratory Experiments for Estimating Consumer Demand—A Validation Study," *Journal of Marketing Research*, August 1974, pp. 261–68; Jonathan Weiner, "Forecasting Demand: Consumer Electronics Marketer Uses a Conjoint Approach to Configure Its New Product and Set the Right Price," *Marketing Research: A Magazine of Management & Applications*, Summer 1994, pp. 6–11.
9. Nagle and Holden, *The Strategy and Tactics of Pricing*, ch. 13.
10. 弾力性研究の概要については、以下の文献を参照されたい。Dominique M. Hanssens, Leonard J. Parsons, and Randall L. Schultz, *Market Response Models: Econometric and Time Series Analysis* (Boston: Kluwer Academic Publishers, 1990), pp. 187–91.
11. Gene Epstein, "Economic Beat: Stretching Things," *Barron's*, December 15, 1997, p. 65.
12. 以下の文献を参照されたい。William W. Alberts, "The Experience Curve Doctrine Reconsidered," *Journal of Marketing*, July 1989, pp. 36–49.
13. 以下の文献を参照されたい。Robin Cooper and Robert S. Kaplan, "Profit Priorities from Activity-Based Costing," *Harvard Business Review*, May–June 1991, pp. 130–35. For more on ABC, see ch. 24.
14. 以下の文献を参照されたい。"Japan's Smart Secret Weapon," *Fortune*, August 12, 1991, p. 75.
15. Elyse Tanouye, "Drugs: Steep Markups on Generics Top Branded Drugs," *Wall Street Journal*, December 31, 1998, p. B1.
16. Tung-Zong Chang and Albert R. Wildt, "Price, Product Information, and Purchase Intention: An Empirical Study," *Journal of the Academy of Marketing Science*, Winter 1994, pp. 16–27. 以下の文献も参照されたい。G. Dean Kortge and Patrick A. Okonkwo, "Perceived Value Approach to Pricing," *Industrial Marketing Management*, May 1993, pp. 133–40.
17. 企業が顧客価値の評価に利用している9つの方法の実証的研究については、以下の文献を参照されたい。James C. Anderson, Dipak C. Jain, and Pradeep K. Chintagunta, "Customer Value Assessment in Business Markets: A State-of-Practice Study," *Journal of Business-to-Business Marketing* 1, no. 1 (1993): 3–29.
18. Roger Crockett, "PC Makers Race to the Bottom," *Business Week*, October 12, 1998, p. 48.
19. Bill Saporito, "Behind the Tumult at P&G," *Fortune*, March 7, 1994, pp. 74–82.
20. Stephen J. Hoch, Xavier Dreze, and Mary J. Purk, "EDLP, Hi-Lo, and Margin Arithmetic," *Journal of Marketing*, October 1994, pp. 16–27; Rajiv Lal and R. Rao, "Supermarket Competition: The Case of Everyday Low Pricing," *Marketing Science* 16, no. 1 (1997); 60–80.
21. Becky Bull, "No Consensus on Pricing," *Progressive Grocer*, November 1998, pp. 87–90.
22. Gary M. Erickson and Johny K. Johansson, "The Role of Price in Multi-Attribute Product-Evaluations," *Journal of Consumer Research*, September 1985, pp. 195–99.
23. K. N. Rajendran and Gerard J. Tellis, "Contextual and Temporal Components of Reference Price," *Journal of Marketing*, January 1994, pp. 22–34.
24. Paul W. Farris and David J. Reibstein, "How Prices, Expenditures, and Profits Are Linked," *Harvard Business Review*, November–December 1979, pp. 173–84. 以下の文献も参照されたい。Makoto Abe, "Price and Advertising Strategy of a National Brand Against Its Private-Label Clone: A Signaling Game Approach," *Journal of Business Research*, July 1995, pp. 241–50.
25. 以下の文献を参照されたい。Michael Rowe, *Countertrade* (London: Euromoney Books, 1989); P. N. Agarwala, *Countertrade: A Global Perspective* (New Delhi: Vikas Publishing House, 1991); Christopher M. Korth, ed., *International Countertrade* (New York: Quorum Books, 1987).
26. 以下の文献を参照されたい。Michael V. Marn and Robert L. Rosiello, "Managing Price, Gaining Profit," *Harvard Business Review*, September–October 1992, pp. 84–94. 以下の文献も参照されたい。Gerard J. Tellis, "Tackling the Retailer Decision Maze: Which Brands to Discount, How Much, When, and Why?" *Marketing Science* 14, no. 3, pt. 2 (1995); 271–99.
27. 違法な価格差別の具体的なタイプについては、以下の文献を参照されたい。Henry Cheesman, *Contemporary Business Law* (Upper Saddle River, NJ: Prentice Hall, 1995).
28. Mike France, "Does Predatory Pricing Make Microsoft a Predator?" *Business Week*, November 23, 1998, pp. 130–32. 以下の文献も参照されたい。Joseph P. Guiltinan and Gregory T. Gundlack, "Aggressive and Predatory Pricing: A Framework for Analysis," *Journal of Advertising*, July 1996, pp. 87–102.
29. Andy Reinhardt, "Who Says Intel's Chips Are Down?" *Business Week*, December 7, 1998, pp. 103–4.

30. 以下の文献を参照されたい。Robert E. Weigand, "Buy In-Follow On Strategies for Profit," *Sloan Management Review*, Spring 1991, pp. 29-37.
31. Susan Krafft, "Love, Love Me Doo," *American Demographics*, June 1994, pp. 15-16.
32. 以下の文献を参照されたい。Gerald J. Tellis, "Beyond the Many Faces of Price: An Integration of Pricing Strategies," *Journal of Marketing*, October 1986, p. 155. この優れた論文では、他の価格設定戦略についても論じられている。
33. "Costly Cornflakes," *New York Times*, January 12, 1999, p. A1.
34. Eric Mitchell, "How Not to Raise Prices," *Small Business Reports*, November 1990, pp. 64-67.
35. 以下の文献は特に優れている。Kent B. Monroe, "Buyers' Subjective Perceptions of Price," *Journal of Marketing Research*, February 1973, pp. 70-80.

第5部　マーケティング・プログラムのマネジメント

マーケティング・チャネルのマネジメント

CHAPTER 16

本章では、製造業者の観点から次の問題を取り上げる。

- マーケティング・チャネルが果たす役割とは何か。
- 企業はチャネルを設計し、管理し、評価し、修正するとき、どのような決定をしなければならないか。
- チャネル・ダイナミクスには、どのようなトレンドが生まれつつあるか。
- チャネル・コンフリクトをどうすれば管理できるか。

KOTLER ON MARKETHING
コトラー語録

チャネルは効率性、コントロールの容易性、適応性によって選ぶべきである。

Channels should be chosen according to their efficiency, controllability, and adaptability.

大半の製造業者は、最終消費者に製品を直接販売することはない。製造業者と最終消費者の間には一連の仲介業者が存在し、さまざまな機能を果たしている。これら仲介業者がマーケティング・チャネルを構成している（取引チャネル、卸売チャネルとも呼ばれる）。

卸売業者や小売業者といった仲介業者は商品を買い、権利を得て再販売する。彼らは**マーチャント**と呼ばれる。そのほかにも、ブローカー、製造業者のセールス・レップ、販売代理業者が顧客を探し、場合によっては交渉するが、彼らには商品に対する権利はない。彼らは**エージェント**と呼ばれる。さらに運送会社、独立倉庫、銀行、広告会社は流通プロセスを補佐するが、商品の権利を得たり、購入交渉や販売交渉をすることはない。彼らは**ファシリテイター**と呼ばれる。

- **マーケティング・チャネル**とは、製品やサービスの入手または消費を可能とするプロセスにかかわる、相互依存的な組織集団のことである[1]。

マーケティング・チャネルの決定は、経営陣にとって最も重要な決定の1つである。チャネルの選択は、他のマーケティングの決定すべてに密接に影響を及ぼす。企業の価格設定は、大規模量販店を使うか、高級専門店を使うかによって違ってくる。企業のセールス・フォースや広告に関する決定は、ディーラーがどの程度の教育と動機付けを必要とするかに左右される。さらに企業のチャネル決定は、他社との比較的長期のコミットメントも伴う。自動車メーカーが独立ディーラーと契約して自社の自動車を販売する場合、メーカーは次の日にその契約を取り消して、系列の直営店に替えることはできない。コーリーは次のように述べている。

> 流通システムは……重要な社外資源である。通常はこれを構築するのに数年かかり、簡単には変えられない。製造、研究、技術、現場の販売員や設備などといった社内資源の要とともに重要な位置にある。流通システムは、流通を生業としている多くの独立企業と彼らが対応している特定市場に対して、企業が大きくコミットをしていることを意味するものだ。また、広範な長期的リレーションシップの基盤を構成している政策と実践へのコミットメントを表すものでもある[2]。

第17章では、小売業者、卸売業者、物流業者の観点から、マーケティング・チャネルの問題を検討する。

マーケティング・チャネルが果たす役割とは何か

なぜ生産者は販売業務の一部を仲介業者に委託するのだろうか。委託するということは、製品をどのように、だれに売るかコントロールする権利を放棄するということである。しかし生産者は、仲介業者を使うことでいくつかの利点が得られる。

- 多くの生産者はダイレクト・マーケティングを行う財源が不足している。例えばGMは北米だけで8100以上のディーラーを通して自動車を売っている。GMでさえ、ディーラーを買収して自前の店舗にするた

めの資金を捻出するのは困難だろう。
- ダイレクト・マーケティングが不可能なケースもある。ウィリアム・リグレー・ジュニア社は、世界中に小さなガム小売店を作ったり、通信販売でガムを販売するのが現実的だとは思わないだろう。ガムをほかのこまごまとした数多くの製品と一緒に販売しなければならず、結局、ドラッグストアや食品雑貨店事業を展開するようになってしまうだろう。リグレー社は、個人経営の流通組織からなる広範なネットワークを通して販売する方が簡単だと考えているのである。
- 独自のチャネルを有している生産者は、主力事業への投資を増やすことで利益をあげられる場合が多い。企業の収益率が製造で20％、小売ではわずか10％なら、自社で小売を行う意味はない。

仲介業者は通常、効率的に標的市場へ製品を広く行き渡らせている。仲介業者はその人脈、経験、専門性、事業規模を駆使して、企業が自社で小売を行う場合よりも高い成果を発揮する。スターンとエルアンザリーは、次のように述べている。

> 仲介業者は財やサービスの流れを円滑にする。……これは生産者による財やサービスの組み合わせと、消費者に求められる組み合わせの食い違いを埋めるために必要な手続きである。この食い違いは、生産者が限られた種類の財を大量に生産する一方で、消費者は多種類の製品を少しずつ欲しがるために生じる[3]。

■図16-1には、仲介業者を使うことで効果の出るコスト削減の主な例が示されている。(a)は、3つの生産者がそれぞれ3つの顧客にダイレクト・マーケティングを行っている様子を示している。このシステムでは9回の別個の接触が必要となる。(b)では、3つの生産者が1つの流通業者を通して3つの顧客と接触している。このシステムなら6回の接触ですむ。このようにして生産者は、接触数と作業量を減らすことができる。

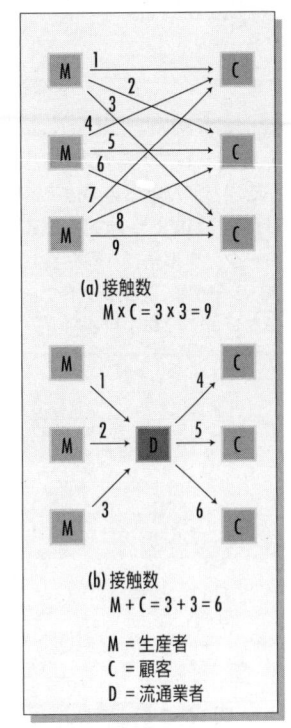

図16-1

流通業者はどのように作業量を減らすか

チャネル機能とフロー

マーケティング・チャネルは製品を生産者から消費者へ移転する仕事を果たす。それによって製品やサービスと、それを求める人々を隔てる時間、場所、所有の隔離が解消される。マーケティング・チャネルのメンバーは多くの重要な機能を果たしている。

- 見込み客、既存顧客、競合他社などマーケティング環境要因に関する情報を集める。
- 購買を刺激するために説得力のあるコミュニケーションを開発し、広める。
- 価格やその他の条件について合意にこぎつけ、所有権や占有権の譲渡を達成する。
- 製造業者に注文する。

- マーケティング・チャネルの各段階で在庫品にかかる費用をまかなう資金を調達する。
- チャネル業務を行う上でのリスクを引き受ける。
- 有形製品の継続的な保管と輸送を行う。
- 銀行やその他の金融機関によって買い手の支払いを助ける。
- 組織ないし個人間における実際の所有権譲渡を監督する。

企業から顧客への**前方向フロー**を構成する機能(物流、所有権、プロモーション)もあれば、顧客から企業への**後方向フロー**を構成する機能(注文、支払い)もある。さらに双方向の機能(情報、交渉、ファイナンス、リスク負担)もある。■

図16-2には、フォークリフト・トラックのマーケティングにおける5つの流れが示されている。これらの流れを1つの図の中で重ね合わせると、単純なマーケティング・チャネルでさえ実は非常に複雑なものであることが明確にわかる。有形製品やサービスを販売する製造業者には、3つのチャネルが必要となる。**販売チャネル、配送チャネル、サービス・チャネル**である。デル・コンピュータは販売チャネルに電話とインターネット、配送チャネルにエクスプレス・メール・サービス、サービス・チャネルに地元の修理担当者を使っている。

問題は多様なチャネル機能が必要かどうかではなく(多様なチャネル機能は不可欠である)、むしろだれがそれを行うかである。すべてのチャネル機能には3つの共通要素がある。すなわち、少ない資源を使いこなせること、専門化によって機能を高められること、チャネル・メンバー間でのシフトが可能なことである。製造業者が機能を仲介業者にシフトさせることによって、製造業者のコストと価格は下がるが、仲介業者は引き受けた業務分をカバーする料金を上乗

予測:「ミレニアム・フィーバーでいちばん儲けるのはアメリカ商標局だろう」。ビーンストーク・グループ共同会長セス・シーゲル、『ブランドウィーク』、1999年1月4日付。

図16-2

フォークリフト・トラックのマーケティング・チャネルにおける5つの流れ

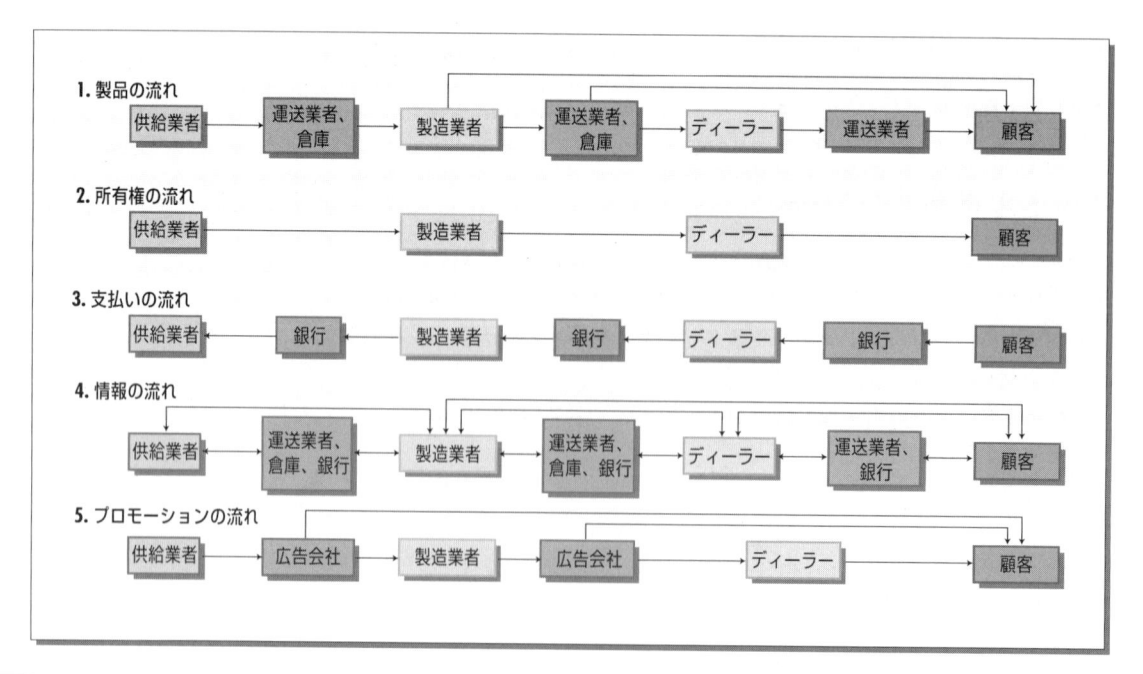

1. 製品の流れ: 供給業者 → 運送業者、倉庫 → 製造業者 → 運送業者、倉庫 → ディーラー → 運送業者 → 顧客
2. 所有権の流れ: 供給業者 → 製造業者 → ディーラー → 顧客
3. 支払いの流れ: 供給業者 ← 銀行 ← 製造業者 ← 銀行 ← ディーラー ← 銀行 ← 顧客
4. 情報の流れ: 供給業者 ↔ 運送業者、倉庫、銀行 ↔ 製造業者 ↔ 運送業者、倉庫、銀行 ↔ ディーラー ↔ 運送業者、銀行 ↔ 顧客
5. プロモーションの流れ: 供給業者 → 広告会社 → 製造業者 → 広告会社 → ディーラー → 顧客

せしなればならない。仲介業者の方が製造業者より効率的なら、消費者価格はより下げられる。消費者自身が一部の機能を果たせば、低価格を享受できるはずである。

マーケティング機能とは、ある時間にその機能を果たす機構よりも基本的なものである。チャネル機構が変わるとすればそれは主に、標的顧客に商品提供する経済機能をより効率的に結合したり分離したりする方法が見つかった、ということなのである。

チャネルの段階数

生産者と最終消費者はどのチャネルにも存在するので、仲介業者の段階数でチャネルの長さが規定される。■図16-3(a)には、それぞれ異なる長さの消費財のマーケティング・チャネルが示されている。

ゼロ段階チャネル(ダイレクト・マーケティング・チャネルともいう)では、生産者が最終消費者に直接販売する。主な例は訪問販売、ホームパーティ(頒布会)、通信販売、テレマーケティング、テレビ・ショッピング、インターネット販売、製造業者の直営店などである。エイボンの販売員は訪問販売で化粧品を売り、タッパーウェアの販売員はホームパーティでキッチン用品を販売する。フランクリン・ミントはコレクター向けの商品を通信販売で販売し、シアソンレーマンの株式仲買人は電話を利用して見込み客を新規顧客に変える。エクササイズ器具の生産者はテレビ・コマーシャルや1時間の「インフォマーシャル(情報広告)」で商品を販売し、シンガーは自社の直営店でミシンを販売している。

1段階チャネルには小売業者のような販売に携わる仲介業者が1つ入っている。**2段階チャネル**には2つの仲介業者が入っている。消費財市場における仲介業者は通常、卸売業者と小売業者である。**3段階チャネル**には3つの仲介業者が

予測:「1999年に栄誉を勝ち取るのは、何が自社ブランドなのか、標的顧客はだれなのかを厳しく考える小売業者だろう」。イギリスのセーフウェイ・ストアのコミュニケーション担当部長ケビン・ホーキンズ、『マーケティング』、1999年1月7日付。

図16-3

消費財と生産財のマーケティング・チャネル

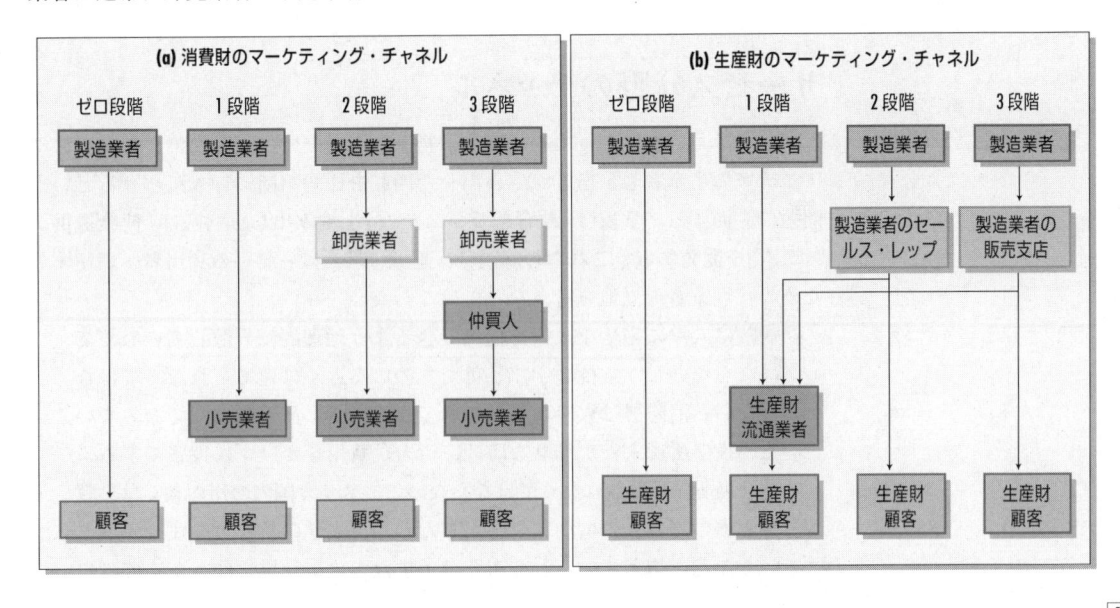

(a) 消費財のマーケティング・チャネル / (b) 生産財のマーケティング・チャネル

入っている。精肉業界では卸売業者が仲買人に販売し、仲買人が小規模小売業者に販売する。さらに長いマーケティング・チャネルもある。日本では食品の流通に6段階も経る場合がある。生産者からすれば、チャネルの段階数が多くなるほど最終消費者の情報を得たり、チャネルをコントロールすることが困難になる。

　■図16-3(b)には、生産財市場における一般的なチャネルが示されている。生産財の製造業者は、自社のセールス・フォースを使って企業顧客に直接販売することができる。または企業顧客に販売してくれる生産財流通業者に販売することができる。あるいは製造業者のセールス・レップや販売支店を通して企業顧客に直接販売するか、そこから生産財流通業者を通して間接的に販売する方法もある。ゼロ段階チャネル、1段階チャネル、2段階チャネルは生産財マーケティング・チャネルのごく一般的な形である。

　チャネルは通常、製品の前方向の動きを表す。バックワード・チャネルについては、ジークムントとスタントンが次のように説明している。

> 廃棄物のリサイクルはエコロジーの主要な目標である。技術的にリサイクルは可能だが、流通チャネルのモノの流れを逆にすること、つまり廃棄物を「逆方向」チャネルを通じて流すことは大変な仕事である。既存のバックワード・チャネルは未発達であり、資金的なインセンティブも不十分である。消費者が役割を転換して、生産者、つまり逆の流通プロセスにおける最初の原動力になるための動機付けをしなければならない[4]。

　バックワード・チャネルでの役割を果たしている仲介業者もいくつかある。製造業者の回収センター、コミュニティ・グループ、ソフトドリンクの仲介業者などの伝統的な仲介業者、廃品収集専門業者、リサイクリング・センター、ゴミリサイクル・ブローカー、中央処理倉庫などである[5]。

サービス分野のチャネル

　マーケティング・チャネルの概念は物財の流通だけに限らない。サービスやアイデアの生産者も、自分が生み出した商品を標的集団に行き渡らせるという問題に直面する。学校は「教育普及システム」を編み出し、病院は「健康提供システム」を開発する。これらの施設は、地域に散らばっている利用者へ到達するための代理業者や立地を考えなくてはならない。

> 病院は人々に完全な医療を提供できるよう地理的に分散していなくてはならないし、学校は学ぶ子供たちのいる近くに建てられなくてはならない。消防署は火事現場に急行できる場所に置かれなくてならないし、投票所は人々が無駄な時間、労力、費用をかけずに投票できるような場所に設置されなくてはならない。アメリカ国内の州の多くは、教育水準の高い人の増加に対応するために、大学の新校舎を建設するという問題を抱えている。都市では子供たちの遊び場を作らなくてはな

予測:「最も重要な問題はブランドの戦いである。大企業は信用を繰り返し売り物にするだろう。彼らのほとんどは自らをリポジショニングしている」。イギリスのアビー・ナショナルのマーケティング担当部長サラ・ウェラー、『マーケティング』、1999年1月7日付。

らない。多くの人口過密な国では産児制限用の診療所を配置して、人々が避妊具や家族計画の知識を得られるようにしなくてはならない[6]。

インターネット技術の発達により、銀行、保険、旅行、株式売買などのサービス産業が新しいチャネルを通じて行われるようになるだろう。

マーケティング・チャネルは「人」のマーケティングでも変化し続けている。1940年以前、プロのコメディアンは7つのチャネルを通じて観客の前に出ることができた。演芸場、特別イベント、ナイトクラブ、ラジオ、映画、カーニバル、そして劇場である。演芸場は姿を消し、代わりにコメディ・クラブやケーブル・テレビ局が誕生した。政治家も自分のメッセージを有権者に伝えるためのチャネル・ミックス——マスメディア、政治集会、談話会、テレビのスポット広告、FAX、ウェブサイトなど——を選ばなくてはならない[7]。

チャネル設計の決定

新しい企業は概して、限られた市場で販売する地元の事業としてスタートする。この場合、既存の仲介業者を使うことが多い。地元市場における仲介業者の数は限られており、製造業者の販売代理業者、卸売業者、小売業者、運送会社、倉庫業者がいくつかあるというのが普通である。こういった状況ではいちばん良いチャネルを決めることよりも、自社のラインを扱ってもらえるよう仲介業者を説得することの方が問題かもしれない。

企業は成功すると、新しい市場へ手を広げていく。違う市場では違うチャネルを使うべきかもしれない。小さな市場では企業が小売業者に直接販売すればよいが、大きな市場では流通業者を通す必要があるかもしれない。地方では商品全般を扱う業者と仕事をし、都市ではラインを限定して扱う業者と取引することになるかもしれない。地域によっては独占的なフランチャイズを認めたり、自社製品の扱いを希望する小売店すべてと取引したりするかもしれない。また国によっても、国際的な販売代理業者を使ったり、現地企業とパートナーを組む場合がある[8]。要するにチャネル・システムは、その土地の機会や条件に応じて発展していくのである。

チャネル・システムの設計には、顧客ニーズを分析し、チャネル目的を確立し、主なチャネル候補を見極め評価することが必要となる。

> 予測:「デモグラフィックスに基づけば、数百万人ものベビーブーマーが引退し始める2011年の頭までは、豊かさの成長が続くと期待できる」、『米国人口統計』、1999年1月。

顧客が望むサービス水準の分析

マーケティング・チャネルを設計する際、マーケターは標的顧客が望むサービス水準を理解しなくてはならない。チャネルは5つのサービスを提供できる。

1. **ロットの大きさ** 顧客がチャネルを通して1回に買い物をする量の単位。ハーツはレンタル用の自動車を購入するとき、大きなロットサイズで買えるチャネルを好むが、個人の家庭は1ロット1台で買えるチ

ャネルを望む。
2. **待ち時間** チャネルの顧客が製品を受け取るまでに待つ平均時間。顧客は早く製品を届けてくれるチャネルを好むものである。
3. **空間的利便性** 当該マーケティング・チャネルで顧客がどれだけ製品を買いやすいかという程度。例えばシボレーはディーラーの数が多いため、キャデラックより優れた空間的利便性を提供している。シボレーは市場を分散させているので、顧客は自動車を購入し修理する際の運搬コストや探索コストを節約できる。
4. **製品の多様性** マーケティング・チャネルが供給する品揃えの幅。選択の幅が広いほど欲しいものが見つかるチャンスは増えるため、顧客は品揃えが豊富であることを好む。
5. **サービスのバックアップ** チャネルから提供される付属のサービス（貸付、配送、取付、修繕）。サービスのバックアップが優れているほど、チャネルが提供する仕事も多くなる[9]。

マーケティング・チャネルを設計する者には、優れたサービスを提供するほどチャネル・コストを上げ、顧客価格の上昇に結びつくことがわかっている。ディスカウント・ストアの成功は、多くの消費者がお金を節約できればサービスは少なくてもよいと思っていることの表れである。

目的の設定と制約

2000年から2009年までの年代をどう呼ぶかがいまだに問題である。

チャネル目的は、標的とするサービス水準によって定義されなければならない。バックリンによると、競争状態においては通常、チャネルはその機能を調整して、求められるサービス水準を満たしつつチャネル・コストを最小限に抑えるはずである[10]。たいてい、異なるサービス水準を望む市場セグメントがいくつか特定できる。効果的に計画を立てるには、どの市場セグメントを対象とするのか、それぞれの市場セグメントで使う最適なチャネルは何かを決定しなければならない。

チャネル目的は製品の特性によって変わる。腐敗しやすい製品には、より直接的なマーケティングが必要だし、建築材などのかさばる製品には、生産者から消費者へ出荷する際の距離や量を最小限に抑えるチャネルが求められる。特注機械のような規格外の製品や特殊なビジネス形態の場合は、企業のセールス・レップが直接販売する。暖冷房システムのような設置やメンテナンス・サービスを必要とする製品では、企業もしくは独占的なフランチャイズ・ディーラーによって販売とメンテナンスが行われる。発電機やタービンのような単位価値の高い製品は、仲介業者より企業のセールス・フォースを通して販売されることが多い。

チャネルの設計にあたっては、異なるタイプの仲介業者の長所と短所を考慮しなくてはならない。例えば、製造業者のレプリゼンタティブは複数のクライアントに総コストが配分されているため、1顧客あたり低いコストで接触でき

る。しかし各顧客への販売努力は企業のセールス・レップには及ばない。チャネルの設計は競合他社のチャネルにも影響を受ける。

　チャネルの設計はより広い環境に適応させるべきである。経済状態が悪いときには、必要性の低いサービスの経費が製品の最終価格に上乗せされないよう、生産者は最短のチャネルを使って製品を市場に出そうとする。法の規制と制約もチャネルの設計に影響を及ぼす。アメリカの法律では、実質的に競争を低下させたり独占につながる可能性があるチャネル協定は好ましくないとしている。

主なチャネル候補の特定

　企業は標的市場とポジショニングを決めたら、チャネル候補を特定すべきである。チャネル候補を決めるには3つの要素がある。利用できる仲介業者のタイプ、必要な仲介業者の数、チャネル・メンバーのそれぞれの条件と責任である。

■ 仲介業者のタイプ

　企業はチャネル業務を遂行するために、利用できる仲介業者のタイプを特定する必要がある。以下に2つの例を挙げてみよう。

　試験器の製造業者によって、可動部品のついた機械の接続不良を探知する低周波デバイスが開発された。この企業の経営幹部は自社製品が航空機、自動車、鉄道、製缶、建築、石油など、電気、火力、蒸気エンジンが使われているあらゆる業界で売れると考えた。しかしこの会社のセールス・フォースは小規模なため、問題はどうすれば効果的にこれらの業界に到達できるかだった。次のようなチャネル候補が浮上した。

- **自社のセールス・フォース**　自社のダイレクト・セールス・フォースを拡大する。セールス・レップにテリトリーを割り当て、その地域の見込み客すべてに接触させる。または、産業別のセールス・フォースを作る。
- **代理業者**　地域別または産業別に、代理業者を雇い、新製品を販売する。
- **生産財流通業者**　地域別、産業別に新製品を購入し取り扱ってくれる流通業者を見つけ、彼らに独占的に流通を任せ、適切なマージン、教育、プロモーション支援を行う。

　消費者向けエレクトロニクス企業がセルラー自動車電話を製造している。この企業のチャネル候補は次のようになる。

- **OEM市場**　自動車メーカーに売り、オリジナル機器として装備してもらうことができる。**OEM**はoriginal equipment manufacture（相手先ブランド製品生産者）の略である。
- **自動車ディーラー市場**　自動車ディーラーに販売してもよい。

歴史メモ：前ミレニアムの変わり目に、古代スカンジナビア人の探検家はニューファンドランドに到達しており、ボストン地区にも上陸していたかもしれない。

- **自動車用機器ディーラー**　ダイレクト・セールス・フォースか流通業者を通じて、自動車用機器ディーラーに販売することができる。
- **自動車電話専門ディーラー**　ダイレクト・セールス・フォースかディーラーを通じて、自動車電話専門ディーラーに販売することができる。
- **通販市場**　通販カタログを通して販売することができる。

　企業は革新的なマーケティング・チャネルを探すべきである。コーン・オルガン社は百貨店やディスカウント・ストアでオルガンを販売することによって、小さな楽器店に置くよりも注目を集めている。ブック・オブ・ザ・マンス・クラブは郵送で本を販売する。そのほかにもレコード・オブ・ザ・マンス・クラブ、キャンディ・オブ・ザ・マンス・クラブ、フラワー・オブ・ザ・マンス・クラブ、フルーツ・オブ・ザ・マンス・クラブなど多くがこれに追随した。

　主要なチャネルを使うのが困難だったり、コストがかかるために、従来とは異なるチャネルを選ぶことがある。利点は、そのチャネルに最初に参入するので競争が少ないことである。USタイム社はタイメックスという安価な腕時計を通常の宝石店で販売しようとしたが、急成長していた量販店に変えた。エイボンは通常の百貨店に食い込めなかったため訪問販売を選び、百貨店を通じて販売する他社よりも高い利益をあげた。

チオド・キャンディ社

　1980年代にチオド・キャンディ社は、スーパーマーケットの棚スペースをめぐる争いで大手キャンディ・メーカーのE.J.ブラック社に敗れつつあったため、1988年には代わりの流通チャネルを探し始めた。その結果、当時としては斬新だった会員制ウェアハウス・ストアを見つけ出した。会員制ストアは棚スペース代もとらず、新しい製品でも受け入れてくれたのである。これらの店は大型パッケージを求めていたので、チオド社はペニーキャンディを2ポンド入れられるプラスチック容器を開発した。まもなく会員制ストアのバイヤーは、これを1度に8000個以上注文するようになった[11]。

仲介業者の数

　企業はチャネルの各段階で使う仲介業者の数を決めなくてはならない。排他的流通、選択的流通、開放的流通の3つの戦略がある。

　排他的流通とは、仲介業者の数を厳しく限定することである。生産者が再販売業者によるサービスとその水準をコントロールしたいときに使われる。これには、**排他的ディーラー協定**、つまり再販売業者が競合他社のブランドを取り扱わないという契約を伴うことが多い。排他的流通によって、生産者はより知識を持ち努力を集中した販売をしてもらうことができる。これには生産者と再販売業者の間でより強いパートナーシップが必要とされ、新車、大型電化製品、婦人服などの流通に使われる。

> 999年という年は、西ヨーロッパのキリスト教徒が力を結集してバイキング、マジャール人、ムーア人に対抗した歴史の転換期である。

選択的流通とは、特定製品を扱いたいと希望している仲介業者のなかから数社を選んで用いることである。すでに定評のある企業や、流通業者を探している新しい企業が使う方法である。多すぎる販路に販売労力を分散させなくてすみ、開放的流通よりコントロールしやすく、低いコストで適度な市場カバレッジを得られる。世界最大のスポーツシューズ・メーカー、ナイキは選択的流通の良い例である。

■ ナイキ社

　ナイキはスポーツシューズとスポーツウェアを6種類の店舗で販売している。(1)スポーツシューズのニューモデル計画を発表する、ゴルファーのプロショップのようなスポーツ専門店。(2)幅広い種類の製品を扱う一般スポーツ用品店。(3)最新モデルのみを扱う百貨店。(4)値引きモデルに特化した量販店。(5)主要都市のナイキタウンなど、最新モデルに重点を置きながら全ラインを取り扱うナイキの直営店。(6)傷物や見切り品をストックしているファクトリー・アウトレット店。またナイキは自社製品を扱える店の数を制限している。例えばジョージア州ニュートン郡では、ベルクス百貨店とザ・ロッカールームでしかナイキ製品を販売していない[12]。

　開放的流通とは、製造業者ができるだけ多くの小売店に財やサービスを配荷することである。この戦略は、タバコ、石鹸、スナック菓子、ガムなど消費者がどこででも手に入れられることを求める製品に使われる。

　製造業者は販売領域を広げて売上を伸ばすために、常に排他的流通や選択的流通から開放的流通に移行したがっている。この戦略は短期的には有効かもしれないが、長期的には失敗することが多い。もしビル・ブラスが現在の高級小売店から量販店に進出したら、ディスプレー、付随サービスのレベル、価格設定に対するコントロールをある程度失うことになる。製品がコストの低い小売店に入ってくると、他の小売業者も価格を下げることになり、結果的に値引き競争が起こる。買い手はビル・ブラスの服のランクを低く見るようになり、製造業者の価格コントロール力は落ちることになる。

■■■ **チャネル・メンバーの条件と責任**

　生産者は参加しているチャネル・メンバーの権利と責任を決めなくてはならない。それぞれのチャネル・メンバーを尊重して扱い、利益に結びつく機会を与えなくてはならない[13]。「取引関係ミックス」の主な要素は価格政策、販売条件、テリトリー権、それぞれのメンバーが行う特定サービスである。

　価格政策とは、仲介業者にとって公平で十分な価格リストと、値引きおよびアロウワンスの計画を生産者が確立することである。

　販売条件とは、支払い条件と生産者の保証のことである。ほとんどの生産者は流通業者に対して、早期決済と引き換えに現金割引を認める。また、欠陥商品が出たり価格が下がったりした場合の保証をするかもしれない。値下げに対する保証は、流通業者にとって大量仕入れをするインセンティブとなる。

ミレニアムが近づいて人々が不安を感じていることから、イギリスのある教授がPMT(プレ・ミレニアル・テンション)という新語を作った。

第16章　マーケティング・チャネルのマネジメント

流通業者のテリトリー権とは、流通業者のテリトリーと、生産者が他の流通業者に権利を与える条件を明確にさせることである。流通業者は通常、自社が販売をしたか否かにかかわらず、自分のテリトリー内のすべての売上に対する権利を完全に得られるものと思っている。

相互のサービスと責任義務とは、特にフランチャイズと排他的チャネルにおいて慎重に決めなければならない条件のことである。マクドナルドはフランチャイズ店に建物、プロモーション支援、販売記録システム、教育、管理全般、技術援助などを提供する。その代わりにフランチャイズ店は、設備について会社の基準を満たし、新しいプロモーション計画に協力し、求められた情報を提供し、指定された業者から食材を買わなくてはならない。

主要候補の評価

各チャネル候補は**経済性**、**コントロール力**、**適応性**の基準から評価されなくてはならない。以下の状況を考えてみよう。

> メンフィスの家具メーカーが、製品を西海岸の小売業者に販売したいと考えている。メーカーは2つの候補のどちらかに決めようとしている。
> 1. 10人のセールス・レップを新しく雇い、サンフランシスコの販売店で働いてもらう。セールス・レップには基本給と歩合を支払う。
> 2. 小売業者と広く取引のあるサンフランシスコの販売代理業者を使う。代理業者には30人のセールス・レップがおり、彼らには売上をベースとした歩合を支払う。

経済性基準

それぞれの候補は販売水準とコスト水準が異なる。第1段階は自社のセールス・フォースと販売代理業者のどちらがより売上を伸ばせるのかを見極めることである。マーケティング・マネジャーは概して自社のセールス・フォースの方が販売力が高いと考えている。セールス・フォースは自社製品に努力を集中するし、その製品を販売するための教育をよく受けており、自分の将来が会社の成功にかかっているため、より積極的である。また、多くの顧客はその企業と直接取引をしたいと考えるので、うまくいくのである。

しかし販売代理業者の方がよく売れるという考え方もできる。第1に、代理業者のセールス・レップはわずか10人ではなく、30人もいる。第2に、代理業者のセールス・フォースは歩合の水準によっては自社のセールス・フォースと同じくらい熱心になる場合もある。第3に、当該企業の販売員よりも、複数の製造業者の製品を扱っている代理業者との取引を望む顧客もいる。第4に、代理業者は取引先が幅広く、市場の知識も豊富である。自社のセールス・フォースは、ゼロからスタートしてそこまで到達しなければならない。

次の段階は、それぞれのチャネルで異なった量を販売した場合の販売コスト

2000年元旦の午前3時59分46秒に、ニュージーランドの東750キロ沖にあるチャタム諸島の一部、ピット島で夜が明けるだろう。ピット島は地球上の人が居住しているところで最初に日の出を見られる場所となる。

マギ2000の旅：教会史専門のある教授が、9月にイラクから始めて新年にベツレヘムに到着する予定で、東方の三博士と同じ道をたどる巡礼の旅を率いる。

図16-4

自社のセールス・フォースと製造業者の販売代理業者を対象にした損益分岐表

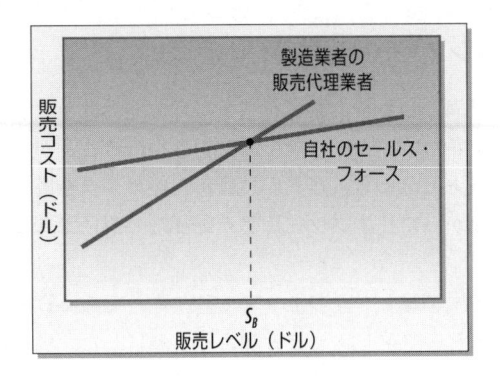

を見積もることである。■図16-4にはコスト計画が示されている。代理業者との契約にかかる固定費は、自社の販売店を設立する場合の固定費より低い。しかし代理業者の販売員は自社の販売員より多くの歩合をもらうため、代理業者のコストは急激に上がる。

最後の段階は売上とコストを比較することである。■図16-4に示されているように、2つのチャネルとも販売コストが同等になる販売レベル（S_B）がある。販売量がS_B以下ならチャネルは代理業者の方が良く、S_B以上なら自社の販売店の方が良い。これがわかれば、小さな企業や大企業でも、狭いテリトリーでは代理業者を使う傾向があるのも納得できよう。この場合、販売量が少なくて自社の販売員を養えないからである。

■ コントロール力基準

販売代理業者を使うとコントロールの問題が出てくる。販売代理業者は自社の利益を最大限にしようとする独立企業である。代理業者は大量に買ってくれる顧客に集中し、製品自体は重視しないかもしれない。また、代理業者は製品の技術的な詳細を熟知していなかったり、販促資料を効果的に使いこなせないかもしれない。

■ 適応性基準

チャネルを開発するには、メンバーが一定期間、互いにある程度のコミットメントを持たなくてはならない。しかしこのコミットメントは、生産者の市場変化に対応する能力をどうしても低下させる。変化が激しく不安定な製品市場において、生産者には適応性の高いチャネル構造とチャネル方針が必要である。

● チャネル・アレンジメントの決定

チャネル候補を決定したら、それぞれの仲介業者を選択し、教育し、動機付け、評価しなくてはならない。チャネルの構成は時とともに修正すべきである。

チャネル・メンバーの選択

　生産者が条件を満たした仲介業者を引きつける能力はさまざまである。トヨタは新レクサスで新しいディーラーを多数引きつけることができた。しかしポラロイドがスタートしたとき、写真店には新しいカメラを置いてもらえず、量販店を使うしかなかった。エプソンはどうだったのか見てみよう。

> **エプソン**

　コンピュータ用プリンターのトップ・メーカーである日本のエプソンは、製品ラインにコンピュータを加えることにした。現在の流通業者には不満があり、新しいタイプの小売店に対する彼らの販売能力も信用できなかったため、同社は新しい流通業者を密かに募集した。エプソンはリクルーティング会社ヘルゲンラザーに次のような指示を出した。

- 家庭用什器(テレビ)か白物家電(冷蔵庫)のどちらかで、2段階流通(工場から流通業者、流通業者からディーラー)の経験を持つ候補者を探す。
- 候補者は自分の販売営業所を作り上げる意思と能力のある、CEOタイプでなくてはならない。
- 年間8万ドルの給料とボーナス、事業を始めるのに37万5000ドルを候補者に支払う。候補者各自は自己資金2万5000ドルを出すことで、事業の所有権を与えられる。
- エプソン製品だけを扱うが、他社のソフトウェアを仕入れてもよい。各販売店は教育担当マネジャーを雇い、完全に設備の整ったサービス・センターを運営する。

　リクルーティング会社が募集広告を『ウォール・ストリート・ジャーナル』に出したところ、1700通の応募があったが、そのほとんどは条件を満たしていなかった。次にリクルーティング会社はイエローページを使って、既存の流通業者の名前を調べ、ナンバー2の立場にいるマネジャーに電話をかけた。面接をし、多くの作業を経て、適任者のリストができ、最も条件にかなう12人の候補者を選ぶことができた。

　最後にエプソンは、従来の流通業者との契約を解消する必要があった。流通業者には契約解消の90日前にその通知を出した。しかしこれだけのステップを踏んだにもかかわらず、エプソンはコンピュータ・メーカーとしては成功しなかった[14]。

　仲介業者を募るのが簡単であろうとなかろうと、生産者は少なくとも優秀な仲介業者の特性が何かを明確にしなくてはならない。事業経験の年数、ほかに扱っている製品、成長と収益の実績、支払い能力、協調性、評判から判断するだろう。仲介業者が販売代理業者なら、生産者はほかに扱っている製品の数と特徴、セールス・フォースの規模と質を見るだろう。また仲介業者が排他的流通を望む百貨店であれば、生産者は立地、将来の成長可能性、顧客層を調べる

ミレニアムのウッドストックは5日間のロック、ジャズ、クラシックの祭典であり、カイロ近くのスフィンクスとピラミッドを見上げる場所で1999年の大晦日にスタートする。

ことになる。

チャネル・メンバーの教育

　企業は流通業者やディーラーの教育プログラムを慎重に計画し、実行しなければならない。仲介業者は最終ユーザーからその企業の一部とみなされるからである。再販売業者の教育プログラムの例をいくつか見てみよう。

　マイクロソフトは社外のサービス技術者に、研修コースを修了し、検定試験を受けることを求めている。この試験に合格した者は**マイクロソフトの公認専門家**として正式に認められ、業務を促進するためにこの肩書きを使うことが許される。

　コピー機メーカーの三田コーポレーションは、特製のCD-ROMを使ってディーラーを教育している（■口絵16-1参照）。ディーラーのセールス・レップはコピー機販売の全ステップをひととおりたどる。CD-ROMは対話式になっているので、架空の顧客に話しかけて販売の実演をし、反論に応じ、購入をもちかけることができる。セールス・レップの言動には点数がつけられ、CD-ROMから改善案が出される仕組みになっている。

　フォードは衛星基地の**フォードスター・ネットワーク**を経由して、6000人以上の現場ディーラーに教育プログラムと技術情報を発信している。各ディーラーのサービス技術者は会議テーブルにつきモニターを見ながら、自動車に搭載された電気系統の修理手順などに関するインストラクターの説明を聞いたり、質問をしたりする。

ニューヨーク・シティの1999年の大晦日は、史上最大規模の花火を呼び物にする。「それはマンハッタン島全体を覆ってしまうだろう。5つの行政区すべてを、である」とグルッチ花火のフェリックス・グルッチは述べている。

チャネル・メンバーの動機付け

　企業は最終ユーザーの目で仲介業者を検討する必要がある。企業は仲介業者のニーズを明確にし、**チャネル・オファリング**を調整して、彼らにより高い価値をもたらすことができるような**チャネル・ポジショニング**を構築しなければならない。また教育プログラム、市場調査プログラム、その他の**能力開発プログラム**を提供して、仲介業者の業績を向上させていくべきである。企業は、仲介業者が最終ユーザーを満足させるためにともに努力していくパートナーであるという考えを、常に伝えなくてはならない。

ブルースキー・ブルーイング社

　小規模ビール・メーカーであるブルースキー・ブルーイング社は事業を始めたとき、自社製品の販売契約をした大小の流通業者に魅力的なインセンティブを与えた。製品が売れ始めたら、流通業者は短期間のインセンティブ・プログラムの目標を達成した見返りとして300ドルの革ジャケットをもらえた。さらに流通業者は、ブルースキーのロゴをあしらった手彫りで手描きの木製タップ・ハンドルを得意客に提供

する資格を与えられた⁽¹⁵⁾。

最高の仕事をしてもらうためにチャネル・メンバーを刺激するには、まず彼らのニーズと欲求を理解することから始めなくてはならない。マクビーは仲介業者を理解するために次のような提案をまとめた。

（仲介業者は概して）顧客にとって購買代理人であることが多く、生産者にとって販売代理人であることは二の次である。……仲介業者が関心を持っているのは、購入意思のある顧客に製品を販売することである。

（仲介業者は）自分が提供できるものをすべて、組み合わせて売れるアイテムの集合にまとめ、パッケージ化された品揃えとして個々の顧客に販売しようとする。個々のアイテムではなく、品揃えに対する注文を獲得しようと努力している。……

インセンティブが与えられない限り、（仲介業者は）ブランド別の販売記録をつけないだろう。……製品開発、価格設定、パッケージング、プロモーション計画に使える情報は（仲介業者の）標準化されていない販売記録の中に埋もれており、時として意図的に生産者へ知らされないこともある⁽¹⁶⁾。

生産者が流通業者を管理するスキルには大きな幅がある。次の各タイプのパワーを利用して、協力を得ることができる。

- **強制**パワーとは、仲介業者が協力的でないとき、製造業者が資源を回収するか、契約を解消すると言って相手を脅かす力のことである。これは製造業者に対する仲介業者の依存度が高い場合には有効である。しかし、この力を行使すると仲介業者を怒らせ、相手に反発される可能性もある。
- **報酬**パワーとは、特定の業務や機能を果たしたことに対して、製造業者が仲介業者に臨時の手当を与える力のことである。おおむね報酬の力は強制の力より良い結果を生むが、過大評価されてしまう可能性もある。仲介業者が製造業者に従うのは、納得の上ではなく、特別手当のためである。彼らは製造業者が特定のことを望むときには、必ず報酬を期待するようになるかもしれない。後で報酬を出すのをやめたら、仲介業者は怒るだろう。
- **正当性**パワーとは、製造業者が契約書に明記されている行為を求めるときに行使される力のことである。例えばGMがディーラーに、フランチャイズ契約の一部として一定レベルの在庫を持つよう要求する場合である。製造業者は、自分にはこれを要求する権利があり、仲介業者はそれに従う義務があると考えている。仲介業者が製造業者を合法的なリーダーとして認めている限り、正当性の力は機能する。
- **専門**パワーとは、仲介業者が尊重する専門的な知識を製造業者が持っている場合に適用される力のことである。例えば、製造業者が販売リードの作成や流通業者の販売教育のために、非常に高度なシステムを

1999年大晦日、英国航空のコンコルドでロンドンからニューヨークへ飛んだ乗客は、ミレニアムをヒースロー空港、上空、そしてJFKで3度祝うことになる。

太平洋のキリバス共和国は標準時間帯を変えたため、新年を世界で最初に迎えることができる。しかし科学者はこれを証明するのを拒否した。また、その共和国のミレニアム島は無人である。

有しているとする。このシステムがないと仲介業者の業績が上がらない場合には効果的な力である。しかし仲介業者が一度その専門知識を身につけてしまえば、この力の効力は弱くなる。仲介業者に協力させ続けるために、製造業者は常に新しい専門知識を開発していかなければならない。

- 準拠パワーとは、製造業者が非常に尊敬されており、仲介業者が製造業者とのつながりを誇りに思っている場合に発生する力のことである。IBM、キャタピラー、ヒューレット・パッカードのような企業は高い準拠パワーをもっている。製造業者は準拠パワー、専門パワー、正当性パワー、報酬パワーの順でうまく協力を得られる。一般的に強制パワーを使うのは避けるべきである[17]。

仲介業者は協力、パートナーシップ、または流通プログラミングに基づいた関係を目指している[18]。多くの生産者は最大の課題が仲介業者の**協力**を得ることだと考えている。生産者は高いマージン、特別割引、プレミアム、共同広告アロウワンス、ディスプレー・アロウワンス、販売コンテストといった前向きな動機付けをよく使う。時には、マージンを減らす、配達を遅らせる、契約を取り消すなどと脅かすネガティブな制裁を利用することもある。このようなアプローチの弱点は、生産者が未熟な刺激-反応の考えを利用していることである。

より高度な企業は流通業者と長い**パートナーシップ**を築き上げようとする。製造業者は市場カバレッジ、在庫レベル、マーケティング開発、集客力、技術的なアドバイスやサービス、マーケティング情報という形で流通業者に望むものを明確に伝えている。製造業者はこれらの方針に合意してくれる仲介業者を探し、方針を守ってもらうために報酬計画を導入する場合もある。パートナーシップの構築に成功した例を次に挙げる。

- ティムケン社(ローラーベアリング)は、セールス・レップに流通業者へのマルチレベルの訪問をさせている。
- デュポンは、定期的に流通業者のマーケティング運営委員会を招集している。
- デイコ社(強化プラスチック、ゴム製品)は、流通業者の経営幹部とデイコ社の経営幹部を20人ずつ集めて年1回、1週間の研修を行っている。
- バニティ・フェア、リーバイ・ストラウス、ヘインズは、ディスカウント店や百貨店と「クイック・レスポンス」のパートナーシップを築いた。
- ラスト・オレウムは、四半期ごとにマーケティング・プログラムのメニューを紹介し、流通業者は自分のニーズに合うプログラムを選んでいる。

最も進んだ供給-流通業者管理は**流通プログラミング**である。これは、製造業者と流通業者双方のニーズに合った垂直的マーケティング・システムを計画

> 今世紀、ミレニアム最後の皆既日食は1999年8月11日に起こり、歴史上最も多くの人が見ることができる。

し、専門的に管理することである。製造業者は社内に**流通業者リレーション・プランニング部門**を設立する。この部署の仕事は、流通業者のニーズを明らかにし、マーチャンダイジング計画を立てて、それぞれの流通業者ができるだけ効率的に運営できるよう手助けすることである。この部署と流通業者は共同でマーチャンダイジング目標、在庫レベル、空間的・視覚的マーチャンダイジング計画、販売教育要件、広告プロモーション計画を立案する。このねらいは流通業者を、第一に買い手側に立って（製造業者との厳しい交渉を通じて）利益をあげるという考え方から、売り手側に立って（高度な垂直的マーケティング・システムの一部として）利益をあげるという考え方に変えることである。クラフトとP&Gの2社は、優れた流通業者リレーション・プランニングを有している。

　流通業者やディーラーを、パートナーではなく顧客と考えてしまっている製造業者があまりにも多い。これまでは製造業者と流通業者を別の組織として扱ってきた。しかし多くの製造業者は他の製造業者が作った関連製品の流通業者であり、流通業者のなかにも自社でブランドを持っていたり、自社ブランドの製造契約をしているところがある。■マーケティング・インサイト「他の名称、ブランド、レーベルによるジーンズ」では、ジーンズ産業における上のような状況を解説しているが、これは他業界でもよく見られることである。

> この最後の皆既日食では、幅112キロの月の影がヨーロッパと中東を横切り、イギリスからインドまで伸びるだろう。

チャネル・メンバーの評価

　生産者は販売割当の達成、平均在庫レベル、顧客への配送時間、破損品または紛失商品の処理、プロモーションや教育プログラムへの協力といった基準に照らして、仲介業者の業績を定期的に評価しなくてはならない。

　生産者は時に、仲介業者への支払いが実際の業績に比べて高すぎると感じることがあるだろう。ある製造業者は仲介業者の在庫費用を補償費していたが、実際には在庫品が生産者の経費で公共倉庫に保管されていることが判明した。生産者は機能割引を始めるべきである。この場合、取引チャネルのサービス業務に対して所定の額が支払われる。成果を上げていない仲介業者には指導、再教育、再動機付け、あるいは契約解消をしなければならない。

チャネル・アレンジメントの修正

　生産者は定期的にチャネル・アレンジメントを見直し、修正しなければならない。流通チャネルが計画どおりに機能しなくなったり、消費者の購買パターンが変わったり、市場が拡大したり、新しい競争者が台頭してきたり、革新的な流通チャネルが現れたり、製品が製品ライフサイクルの後期に入ったりしたら、修正が必要になってくる。

　製品ライフサイクル全体を通して効果が持続するようなマーケティング・チャネルは存在しない。初期の買い手は高付加価値のあるチャネルに喜んで金を支払うが、後期の買い手は低コストのチャネルに切り替えてしまう。小型のオ

MARKETING INSIGHT　　マーケティング・インサイト

他の名称、ブランド、レーベルによるジーンズ

小売業者と製造業者は、ブランドのタイプが利益に大きな影響を与えるため、ブランドのタイプの区別を重視している。そこでイメージや流通チャネルによってブランドを差別化しようと努力する。ジーンズはアメリカのワードローブの主要製品（年間106億ドルの産業）であり、ナショナル・ブランド、デザイナー・レーベル、プライベート・レーベル、ストア・ブランドという4つのクラスに分類される。

ナショナル・ブランドは製造業者がその権利を所有しており、全国的に広告され販売される。最初に全国的認知を得たアパレル・ブランドの1つが、1870年代のリーバイ・ストラウスのデニム・ジーンズだった。ナショナル・アパレル・ブランドは今世紀になっても増え続けたが、1980年代にはこれらのブランドの売上が飛躍的に伸びた。ナショナル・ブランド・ジーンズの例を挙げれば、いまだにベストセラーとなっているリーバイス、ラングラーやリー（ともにVF社の製品）、ゲスなどがある。リーバイスは1980年代と1990年代に、カジュアル・パンツのノンデニム製品（ドッカーズ）とドレス・パンツのノンデニム製品（スレイツ）によって大きな成功を収めた。

ナショナル・ブランドのサブカテゴリーであるデザイナー・レーベルは、デザイナーの名前をそのまま使い、国内でも国外でも通常は高価格（100ドル以上）で売られる。アパレル産業における現在の大手デザイナーは、ラルフ・ローレン、カルバン・クライン、トミー・ヒルフィガー、そしてダナ・キャランであり、いずれも独自のジーンズ製品を有している。カルバン・クラインの国内売上はリーバイスに次いで第2位である。「カルバンズ」は当時10代のブルック・シールズに「私とカルバンズの間に何があるかわかるかしら。何もないのよ」と言わせた1978年の有名な広告以来、市場リーダーの座を維持している。ヒューゴ・ボスのような国外のデザイナー・レーベルもアメリカに入ってきている。リズ・クレイボーンやグロリア・バンダービルトのような一線を退いたデザイナーでさえ、いまだに人気のジーンズ製品を有している。

プライベート・レーベルは小売業者が権利を持ち、その小売業者の店にしか置かれていない。例えば、キャシー・リー・ギフォードはウォルマート、ジャクリン・スミスはKマート、バッジの子供向けラインはフェデレーテッド・ストア、キャニオン・リバー・ブルースはシアーズ、そしてオリジナル・アリゾナ・ジーンズ社の製品はJCペニーでそれぞれ販売されている。アリゾナ・ジーンズの「ゾーンズ」が10代に圧倒的に受けたことで、ペニーは1997年のジーンズ売上で第3位に躍り出た。またこれに対抗して、最大の競合他社であるシアーズがキャニオン・リバー・ジーンズを開発した。

小売店（ストア）ブランドは、店舗やカタログの商品に独占的レーベルとして使われているチェーン店の名称である。例えばGAP、ザ・リミテッド、Jクルー、L.L.ビーン、ランズエンドなどである。GAPは1991年に初めて、完全なストア・ブランドのジーンズ製品を売り出し成功した。ストア・ブランドの売上は1996年には5.8ポイント、1997年にはさらに5ポイント伸びている。

ブランドのタイプによって利益も異なる。プライベート・レーベルの価格は通常、ナショナル・ブランドより低く、デザイナー・ブランドよりはるかに低い。一方、ストア・ブランドの価格はナショナル・ブランドの価格に近く、プライベート・レーベルより高いのが普通である。利益率は必ずしも販売価格に比例しているわけではない。ストア・ブランドの利益率はナショナル・ブランドより5%〜15%良いことが多い。

出典：＂True Blue,＂ *Esquire*, July 1, 1994, p. 102; George White, ＂Wall Street, California; Fashion Pushes Sales Forward,＂ *Los Angeles Times*, September 8, 1998, p. B1; Sharon Haver, ＂Shedding Light on Denim's Dark Past,＂ *Rocky Mountain News*, May 28, 1998, p. 6D; Stacy Perman, ＂Business: Levi's Gets the Blues,＂ *Time*, November 11, 1997, p. 66.

フィス用コピー機は、最初は製造業者の販売員が直接販売するが、その後オフィス機器のディーラーによって販売され、さらに時を経て量販店で販売され、現在は通販やインターネットで販売されている。

ミランド・レレは■図16-5のグリッド図において、パソコンとデザイナー服のマーケティング・チャネルが、製品ライフサイクルの各段階でどのように変化してきたかを示している。

- ■ **導入期** 画期的に新しい製品やファッションは、トレンドを見つけ、初期採用者を引きつける専門的チャネル(趣味の店、ブティック)を通して市場に参入する傾向がある。
- ■ **急成長期** 関心が高まるにつれ、大規模チャネル(専門チェーン店、百貨店)が取り扱うようになるが、前のチャネルより数は少ない。
- ■ **成熟期** 成長が鈍化するにつれ、より低コストのチャネル(量販店)に移行する競合他社が出てくる。
- ■ **衰退期** 衰退が始まると、さらに低コストのチャネル(通信販売会社、オフプライス・ディスカウンター)が現れる[19]。

参入障壁が低くて競争が激しい市場では、最適なチャネル構造は時とともに変化せざるを得ない。既存の構造は最適な構造に向かって必然的に変わっていく。変化に伴って個々のチャネル・メンバーを加えたり削ったり、ある市場チャネルを採用したり廃止したり、製品を販売するまったく新しい方法を開発したり、ということが必要になってくる。

チャネル・メンバーを加えたり削ったりするには、詳しい分析が求められる。企業の利益は、仲介業者がいるか否かでどう変わるだろうか。自動車メーカーがあるディーラーを切ろうと決める場合は、そのディーラーの売上分を引き、他のディーラーの損失や利益の可能性を見積もらなければならない。

生産者は売上の悪い仲介業者をすべて切ろうと考えることもある。次の例を考えてみよう。

> ナビスター

ナビスターはあるとき、ディーラーの5%が年間3台～4台以下のトラ

図16-5

チャネルの付加価値と市場成長率

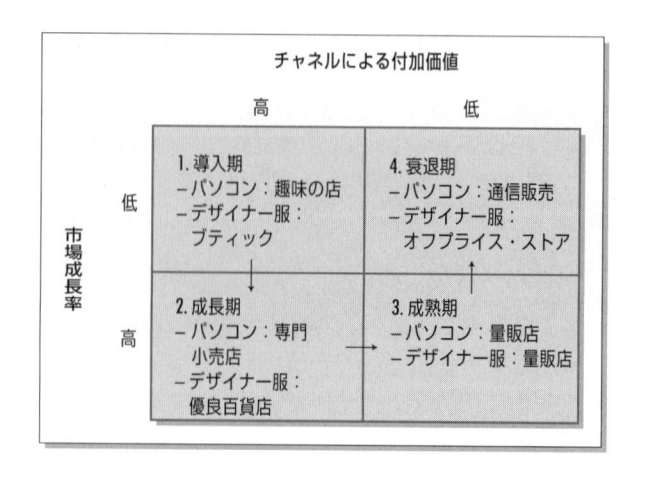

	チャネルによる付加価値	
市場成長率	高	低
低	1. 導入期 －パソコン：趣味の店 －デザイナー服：ブティック	4. 衰退期 －パソコン：通信販売 －デザイナー服：オフプライス・ストア
高	2. 成長期 －パソコン：専門小売店 －デザイナー服：優良百貨店	3. 成熟期 －パソコン：量販店 －デザイナー服：量販店

ックしか販売していないことに気づいた。ディーラーの売上より彼らにかかるコストの方が高いということになる。しかしこれらのディーラーを切ると、システム全体に影響を及ぼしかねない。生産台数を減らせば1台あたりにかかる間接費が増え、トラックを生産する単位コストが高くなってしまう。一部の従業員は暇になり、機械が遊ぶことになる。ビジネスの一部が競合他社に奪われ、他のディーラーが不安になるだろう。これらの要素をすべて考慮に入れなければならない。

最も難しい決定はチャネル戦略全体を見直すことだろう[20]。流通チャネルは時間の経過とともに目に見えてすたれていく。売る側の現在の流通システムと、標的顧客のニーズや要望を満足させる理想のシステムの間にギャップが生じてしまうのである。その例は枚挙にいとまがない。エイボンによる化粧品の訪問販売は、女性の社会進出とともに修正しなくてはならなかったし(■口絵16-2参照)、現場のセールス・フォースだけに頼っていたIBMは、低価格パソコンの出現で方針を修正しなければならなかった。

スターンとスターディバントは、うまく機能していない流通システムを標的顧客の理想のシステムに近づけるため、**顧客主導の流通システム設計**という優れた構造を提唱している[21]。基本的に企業は、標的顧客が求めるサービス、既存のチャネル・システムが提供しているサービス、そして経営陣が現在の制約下で実行可能と考えるサービスのそれぞれの間におけるギャップを縮めなければならない。そのためには6つのステップがある。

1. チャネル・サービスに関する標的顧客の知覚価値、ニーズ、要望を調査する。
2. 自社と競合他社が所有する既存の流通システムについて、顧客の要望に対するそれぞれのパフォーマンスを調査する。
3. 修正が必要なサービス・ギャップを見つける。
4. 修正を制限している主な制約を明らかにする。
5. 「会社経営に結びついた」チャネル・ソリューションを設計する。
6. 変更された流通システムを実行する。

『USAトゥデイ』の「ミレニアムの顔」では、この1000年を代表する人々のトップ40がランク付けされている。

チャネル・ダイナミクス

流通チャネルは絶えず変化する。新しい卸売業者や小売業者が現れ、新しいチャネル・システムが発展する。垂直的マーケティング・システム、水平的マーケティング・システム、マルチチャネル・マーケティング・システムの最近の成長に目を向け、これらのシステムがどのように協力し、衝突し、競争していくのかを見てみよう。

垂直的マーケティング・システム

最近のチャネル開発で最も重要なものの1つが、垂直的マーケティング・システムである。**伝統的マーケティング・チャネル**は独立した生産者、卸売業者、小売業者で構成されている。それぞれが別個の事業者で、たとえその目的がシステム全体の利益を減少させることになっても、各自が自分の利益を最大化しようとする。いかなるチャネル・メンバーも他のメンバーを完全にコントロールすることはない。

対照的に、**垂直的マーケティング・システム (VMS)** は、生産者、卸売業者、小売業者が統合されたシステムとして活動する。1つのチャネル・メンバー、いわゆる**チャネル・キャプテン**が他のメンバーを所有していたり、フランチャイズを与えたり、あるいは皆に協力させる強大なパワーを有している。チャネル・キャプテンは生産者、卸売業者、小売業者のいずれの場合もある。VMSは、強いチャネル・メンバーがチャネル行動をコントロールし、独立したチャネル・メンバーが自分の目的を追求するために起こるコンフリクトを排除しようとした結果、生まれた。彼らは規模、重複サービスの排除、交渉力によって経済効果を達成する。VMSはアメリカの消費財市場で支配的な流通形態となっており、全体市場の70%～80%を占めている。VMSのタイプには企業型、管理型、契約型の3つがある。

> 『USAトゥデイ』が挙げたミレニアムの立役者第1位は印刷機を発明したヨハネス・グーテンベルグ、第2位はクリストファー・コロンブスである。

企業型VMS

企業型VMSでは、1つの所有権の下に生産から流通までの一連の段階が結合されている。垂直統合は、チャネルを高い水準でコントロールしたい企業に好まれる。例えばシアーズは販売商品の50%以上を、一部または全部を所有している企業から仕入れている。塗料メーカーのシャーウィン・ウィリアムズは、2000もの小売店舗を所有し運営している。ジャイアント・フード・ストアは製氷工場、ソフトドリンク・ボトリング工場、アイスクリーム工場、そしてベーグルからバースデーケーキまでありとあらゆる製品をジャイアント・ストアに供給するベーカリーを運営している。

管理型VMS

管理型VMSでは、メンバーの規模や力によって生産から流通までの一連の段階が調整される。有力なブランドを製造しているメーカーは、再販売業者から強い協力と支援が得られる。コダック、ジレット、P&G、キャンベルスープはディスプレー、棚スペース、プロモーション、価格政策について再販売業者に高レベルの協力を求めることができる。

> 『USAトゥデイ』が挙げた「ミレニアム最高の悪人」はアドルフ・ヒットラーである。

契約型VMS

契約型VMSは生産から流通までの各段階が別々の独立企業によって構成されているが、単独では達成できない経済効果や販売成果を上げるために、契約

ベースで統合されている。ジョンストンとローレンスはこれを「付加価値パートナーシップ」(VAP)と呼んでいる[22]。契約型VMSは今の経済で最も重要な動きの1つであり、契約型VMSには3つのタイプがある。

1. **卸売業者が主宰するボランタリー・チェーン** 大型チェーンと対抗するために、独立小売業者を卸売業者が組織化した自主チェーンのことである。卸売業者は、独立小売業者が販売方法を標準化したり、チェーン店と十分に対抗できるような購買効率を達成するためのプログラムを開発する。
2. **小売業者協同組合** 小売業者が主導的に新しい事業体を組織し、卸売から場合によっては生産まで手がける。小売業者協同組合のメンバーは組合から製品を仕入れ、共同広告を企画する。利益は仕入れ量に比例してメンバーに分配される。メンバー以外の小売業者も協同組合を通して仕入れることはできるが、利益の分配はない。
3. **フランチャイズ組織** フランチャイザーと呼ばれるチャネル・メンバーが、生産から流通までのプロセスの各段階を統合している。フランチャイジングはここ数年で急成長した小売業態となっている。基本的な考えは古いが、フランチャイズ形態の中にはまったく新しいものもある。

伝統的なシステムはメーカー支援による**小売フランチャイズ**である。例えばフォードは、ディーラーに自動車を販売するためのライセンスを与えている。このディーラーは、販売やサービスに関するフォード側の条件に応じた独立実業家である。もう1つは**メーカー支援による卸売フランチャイズ**である。例えばコカ・コーラは、さまざまな市場のボトラー(卸売業者)にライセンスを与えている。ボトラーはシロップ濃縮液を購入し、これをソーダ化して瓶詰めし、地元市場の小売業者に販売する。新しく出てきたシステムは**サービス業者支援による小売フランチャイズ**である。消費者に効率よくサービスを提供するために、サービス会社がシステム全体を組織するものだ。例えばレンタカー事業(ハーツ、エイビス)、ファストフード事業(マクドナルド、バーガーキング)、モーテル事業(ハワード・ジョンソン、ラマダ・イン)などがある。

■ 小売業における新しい競争

VMSに参加したことがない多くの独立小売業者は、特殊な市場セグメントに対応する専門店を作ってきた。その結果、大規模な垂直的マーケティング組織と、独立専門店に小売業は二極化した。この動きによって製造業者に問題が生じた。製造業者は独立仲介業者と密接に結びついており、簡単には関係を解消できない。しかしいずれは、それほど魅力的な条件でなくても、成長著しいVMSと提携せざるを得ない。しかもVMSには、大手製造業者をさしおいて、独自の生産を確立するかもしれないという脅威が常に存在している。**小売業における新しい競争は、もはや独立した事業単位間のものではなく、中央本部によってプログラムされたネットワーク・システム(企業型、管理型、契約型)間のもの**

『USAトゥデイ』の「ミレニアムの顔」トップ40の第37位と第38位は、それぞれフランクリン・D・ルーズベルトとウィンストン・チャーチルである。

となっている。このシステムどうしが、最高のコスト経済性と顧客対応を達成するために互いにしのぎを削っている。例えば価値重視の消費者を標的にするため、GAPはオールド・ネイビー・クロージング社を設立し、大きな成功を収めた。その後、GAPよりも高級な市場を獲得するため、バナナ・リパブリック・チェーンを買収した。現在、同社は3つの価格レベルすべてにおいて大きな市場シェアを握っている[23]。

水平的マーケティング・システム

もう1つのチャネル開発は、**水平的マーケティング・システム**である。これは関連のない複数の企業が、新たな市場機会を開拓するために、資源またはプログラムを統合するものである。多くのスーパーマーケット・チェーンは地元の銀行と提携して、店内で銀行業務を提供している。それぞれの企業は単独では資本、ノウハウ、生産能力あるいはマーケティング資源が不足していたり、リスクを恐れていたりする。そこで企業は一時的あるいは恒久的に一緒に仕事をしたり、ジョイント・ベンチャーを行ったりする。アドラーはこれを共生マーケティングと呼んでいる[24]。以下にいくつか例を挙げてみよう。

H&Rブロック社とGEICO

納税手続きを支援する法務チェーンのH&Rブロック社は、保険会社のGEICOと提携し、自動車保険情報をブロック社の顧客に提供している。GEICOは個人自動車保険グループで全米第7位の大手である。ブロック社の顧客は専用のフリーダイヤルにより、GEICOに自分の自動車保険の保証範囲を相談することができる。

サラ・リー・インティメーツ社とウォルマート

サラ・リー社とウォルマートは10年前から提携し、当初の1億3400万円から10億円の共同事業に成長した。両社とも商品、オペレーション、MIS（経営情報システム）のチームを持ち、マーケティング担当役員をこの提携事業に専念させている。彼らは定期的にミーティングを開いて問題を解決し、共同の市場シェア目標を計画している。これにはマーケティング情報、在庫レベル、販売記録、価格変更などの「社外秘」情報を共有する必要がある[25]。

マルチチャネル・マーケティング・システム

従来、多くの企業が単一のチャネルを通して単一の市場に製品を販売していた。今日では、顧客セグメントやチャネルの可能性が増えたため、マルチチャネル・マーケティングを採用するようになった企業が多い。マルチチャネル・マーケティングとは、1つの企業が複数の顧客セグメントへ到達するために、2つ以上のマーケティング・チャネルを使うことである。いくつか例を挙げてみ

『USAトゥデイ』の「ミレニアムの顔」トップ40の中には、ベートーベンとバッハの2人の作曲家が挙げられている。

マスメディアでは、食傷するほどミレニアムが取り上げられている。200時間以上のテレビ番組、50近くの特集雑誌、数え切れないほどの新聞記事、おびただしいウェブサイトやインターネット投票において、ミレニアムが話題になっている。

よう。

パーカー・ハニフィン社

パーカー・ハニフィン社（PHC）は林業、漁業、航空機産業の顧客に空気ドリルを販売している。PHCは1つの生産財流通業者を通して販売する代わりに、**林業機器流通業者、海洋流通業者、生産財流通業者**という3つのチャネルを確立した。各流通業者の販売対象は別々の標的セグメントであるため、コンフリクトはほとんど生じないようである。

ステイル社

ステイル社は3種類の動力のこぎりを製造している。1つめは家屋の修繕用で、一般家庭や小規模請負業者向けののこぎりである。ホーム・デポやロウズなどの**ホーム・インプルーブメント・センター**で販売される。2つめは住宅建築を専門とする、もう少し規模の大きい請負業者を対象とした専門業者用チェーンソーである。**請負業者用サプライ流通業者**を通じて販売されている。3つめは商業建築物を建設する大規模請負業者が使う、コンクリートや鉄桁を切断するトップエンドのこぎりである。**特殊切断工具流通業者**のみを通じて販売されている。いずれの場合も、ステイル社はディーラーの条件、支援プログラム、インセンティブ、パッケージング、価格を差別化しなければならない。

チャネルを増やすと、3つの重要なベネフィットが得られる。第1に、市場カバレッジが広がる。現在のチャネルでは届かない顧客セグメントに到達するため、チャネルを増やすことが多い。第2に、チャネル・コストが下がる。既存顧客グループへの販売コストを下げるために、新しいチャネルを加えることがある（小規模の顧客には訪問ではなく電話で販売する）。第3に、カスタマイズされた販売ができる。顧客の要望に合った販売特徴を有するチャネルを追加することがある（より複雑な機器を販売するためにテクニカル・セールス・フォースを加える）。

新しいチャネルを増やすことで得るものはあるが、その代償もある。新しいチャネルは往々にしてコンフリクトやコントロールの問題を引き起こす。2つ以上のチャネルが同じ顧客を奪い合うことになるかもしれない。新しいチャネルの独立性が高く、協力させるのが難しいこともある。

企業は前もって、チャネル構造をじっくり考えておく必要がある。モリアーティとモランは、■図16-6のようなハイブリッド図を使ったチャネル構造の計画を提案している[26]。図はマーケティング・チャネル（行）と、需要発生業務（列）を示している。マーケティング・チャネルが1つだけでは効率が良くない理由を示すのに、この図は有効である。ダイレクト・セールス・フォースだけを使う場合、販売員はリードを見つけ、適格かどうかを見極め、事前販売を行い、販売を成立させ、サービスを提供し、顧客の成長を管理しなくてはならない。しかし、販売員にはコストの高い時間を販売の成立に集中してもらい、その前段階の業務は会社で行う方が効率的だろう。企業のマーケティング部門がテレマーケティング、ダイレクトメール、広告、トレード・ショーによってリードを

> 産業で使われる多くの新しい素材や織地は、華やかなファッション界へ移行している。

図16-6

ハイブリッド図

出典：Rowland T. Moriarty and Ursula Moran, "Marketing Hybrid Marketing Systems," *Harvard Business Review*, November–December 1990, p. 150.

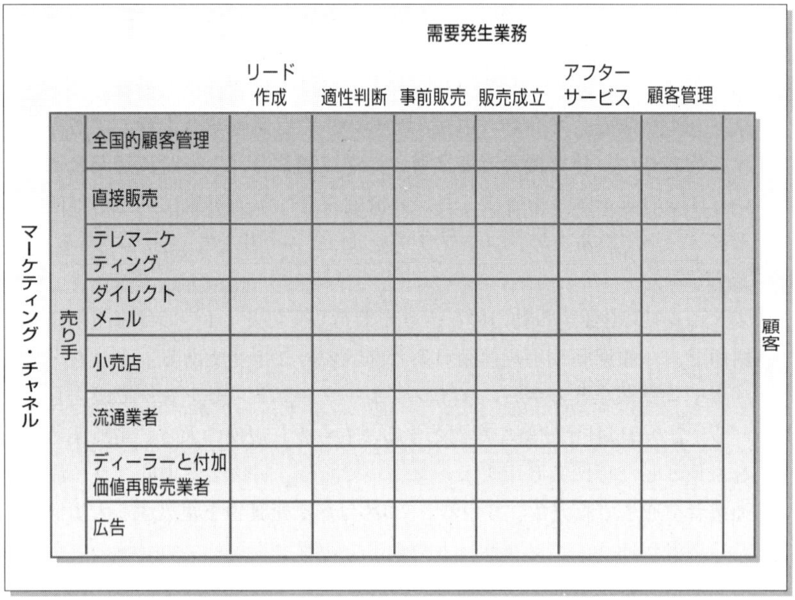

	需要発生業務					
マーケティング・チャネル	リード作成	適性判断	事前販売	販売成立	アフターサービス	顧客管理
全国的顧客管理						
直接販売						
テレマーケティング						
ダイレクトメール						
小売店						
流通業者						
ディーラーと付加価値再販売業者						
広告						

売り手 → 顧客

作成する。営業訪問が必要か、また適度な購買力があるかをチェックする適性判断の技術を使って、リードの優先度はランク分けされる。マーケティング部は事前販売キャンペーンを行い、広告、ダイレクトメール、テレマーケティングによって見込み客に製品情報を流す。見込み客が製品について知り、取引の話ができるようになったところで、販売員が訪問する。コストのかかるセールス・フォースは主に契約をまとめたり、将来の販売のための顧客管理に使う。このマルチチャネル構造は、コストとコンフリクトを最小限に抑えつつ、市場カバレッジ、カスタマイゼーション、そしてコントロールの最適化を実現する。

規模の異なる顧客へ販売するには別々のチャネルを使うべきである。大規模の顧客にはダイレクト・セールス・フォース、中規模の顧客にはテレマーケティング、小規模の顧客には流通業者を使うことができる。こうすれば、それぞれの顧客に適切なコストで対応できる。しかし、だれが**顧客の所有権**を持つかをめぐってコンフリクトの度合いが高まると、別々のチャネルを使う利点は弱まってしまう。例えば、テリトリーベースのセールス・レップが、マーケティング・チャネルに関係なく、担当地域における全売上の権利を求めるかもしれない。

個々の企業の役割

企業はチャネル・システムにおける自分の役割を明確にしなければならない。マキャモンは5つの役割を定義している[27]。

1. **インサイダー**は、有力チャネルのメンバーである。インサイダーは希望する供給源と自由に接触でき、業界で一目置かれている。既存のチャネル管理がこのまま続くことを望んでおり、業界の行動規範の遵守

1999年3月4日より7月まで、約120の新素材がニューヨークの「マテリアル・コレクション・ワン99-00」で展示される。

を先頭に立って主張する。
2. **ストライバー**は、インサイダーになろうとしている企業である。希望する供給源にあまり接触できず、供給が不足しているときにはそれがハンディキャップになる。インサイダーになりたいので、業界の行動規範を忠実に守る。
3. **コンプレメンター**は、有力チャネルのメンバーではない。チャネルの中で他のメンバーが通常果たしていない機能を果たし、市場の小さなセグメントに対応し、少量の商品を扱う。現在のシステムの恩恵を受けており、業界の行動規範を尊重する。
4. **トランジエント**は、有力チャネルの外にいて、メンバーになろうとはしない。機会の発生に伴って、市場の参入と退出を繰り返す。視野が短期的で、業界の行動規範を守るインセンティブをあまり持たない。
5. **アウトサイド・イノベーター**は、真の挑戦者であり支配的チャネルの破壊者でもある。チャネルのあり方を変えるような新しいシステムの開発を試みる。これが成功すれば、大規模なチャネルの再編成を引き起こすことになる。■ミレニアム・マーケティング「カーマックスはどのようにして自動車業界を変えたのか」を参照されたい。

コンフリクト、協力、競争

チャネルがどれほどうまく設計され、管理されていても、独立事業体の利害が一致しないという理由だけで簡単にコンフリクトは生じるものだ。チャネルの中でどのようなタイプのコンフリクトが生じるのか。チャネル・コンフリクトが起こる原因は何なのか。コンフリクトを解決するために何ができるのか。この3つの問題を考察しよう。

「マテリアル・コレクション・ワン99-00」では、産業用メッシュ、熱塑性プラスチック、ホログラフィー・ファイバー、ハニカム、抗菌壁紙などが展示される。

■ コンフリクトと競争のタイプ

製造業者が、卸売業者と小売業者で構成される垂直的チャネルを確立したとする。製造業者はチャネル内で協力して、それぞれのメンバーが大きな利益を得ることを望んでいる。しかし垂直的チャネル・コンフリクト、水平的チャネル・コンフリクト、マルチチャネル・コンフリクトが起こる可能性がある。**垂直的チャネル・コンフリクト**とは、同じチャネル内の段階の違うメンバーどうしで起こるコンフリクトのことである。GMはサービス、価格設定、広告の方針を強制しようとしてディーラーとコンフリクトを起こし、コカ・コーラはドクターペッパーとも契約したボトラーと衝突した。■マーケティング・インサイト「消費者向けパッケージ商品業界における垂直的チャネル・コンフリクト」を参照されたい。

水平的チャネル・コンフリクトとは、チャネル内の同じ段階のメンバーにおけるコンフリクトのことである。シカゴのフォード車ディーラーは同じ地区の他のフォード車ディーラーに、広告と価格設定が攻撃的すぎると苦情を申し立

MARKETING FOR THE MILLENNIUM ミレニアム・マーケティング

カーマックスはどのようにして自動車業界を変えたのか

中古車を買おうとしている人はだれでも、中古車購入を危険でリスクの多い取引だと考えている。中古車売り場に足を踏み入れ、販売員と目を合わせた瞬間、もう警戒しなければならない。ぼられる、保証がほとんどない、あるいは自動車に問題がたくさん隠されているかもしれないからだ。この業界の体質と基準を変えるべく、2つの企業が登場した。1993年、電子製品の大手小売業者だったサーキット・シティが自動車スーパーストアのカーマックスを創設して、中古車ビジネスに新風を吹き込んだ。自動車スーパーストアの1号店はバージニア州リッチモンドに開店し、現在は13店舗あり、2002年までには90店舗が目指されている。

カーマックスは何が違うのか。カーマックスは500台前後の中古車を置いている店舗を、主要ハイウエーに近い都市郊外の広い土地に建てた。顧客は新車のディーラー店に似た魅力的な展示場に入る。子供を連れていたら、玩具やゲームが完備された付き添いのいる託児所で預かってもらえる。販売員は顧客がどのような自動車を探しているのかを把握して、コンピュータ・キオスクに案内する。コンピュータのタッチ・パネルを使って、販売員は顧客の条件にマッチする自動車の全在庫リストを検索する。それぞれの自動車のカラー写真が、特徴および定価とともに画面に表示される。値段交渉は行われない。売れた自動車の値段ではなく台数で歩合をもらっている販売員には、高い自動車を購入するよう客をプッシュするインセンティブはないからだ。自動車を選ぶときに、顧客はカーマックスの商品に110か所の点検と必要な修理が施されていることを教えてもらう。しかも5日間の返金保証と30日間の総合保証が受けられる。融資を希望すれば20分以内で手配してくれる。自動車を購入するのに全部で1時間もかからない。

なぜ中古車ビジネスの合理化に関心が集まるのか。第1に、新車の価格がこの10年間でほぼ2倍になったため、多くの購入者が節約のため中古車を購入するようになった。特に最近の車は性能がよく、耐久性も高い。第2に、カーレンタル業の急成長によって中古車の供給が増大した。第3に、新車の購入者より中古車の購入者の方が債務不履行の割合が少ないため、銀行が中古車購入者には喜んで低コストの融資を提供している。第4に、新車の純利益130ドルに対して中古車は265ドルと、中古車の方が利益が多いと報告されている。これらの理由から、カーマックスではこのビジネスを「中古車」ではなく「セカンドカー」または「新車に近い車」のビジネスと呼んでいる。

カーマックスの成功で競合他社も参入してきた。ブロックバスター・ビデオの創設者ウェイン・ヒューゼンガが、1995年後半にオートネイションを設立している。同社は2000年までに90店舗を計画している。さらに複数のブランドをそろえた新車ディーラー店のチェーンをつくり、今や3300億円の新車市場の1%のシェアを握っている。ヒューゼンガは自動車業界の過剰生産能力を利用して、自社ブランド車の提供まで考えている。韓国の自動車メーカーを使って自社の自動車を生産するつもりである。

出典: Gabriella Stern, "q'Nearly New' Autos for Sale: Dealers Buff Up Their Marketing of Used Cars," *Wall Street Journal*, February 17, 1995, p. B1; Gregory J. Gilligan, "Circuit City's CarMax Superstores Pass $300 Million in Yearly Sales," *Knight-Ridder/Tribune Business News*, April 5, 1997, p. 19.

てた。ピザ・インのフランチャイズ店は他の店が中身をごまかしたり、サービスが悪いままなので、ピザ・イン全体のイメージを傷つけていると抗議した。ベネトンは多数の店を近接して作りすぎたため、各店の利益が減ったと非難された。

マルチチャネル・コンフリクトとは、製造業者が同じ市場で2つ以上のチャネルを使って販売する場合に起こるコンフリクトのことである。リーバイ・ストラウスが通常の専門店というチャネルに加えて、シアーズとJCペニーを使ってジーンズを販売しようとして、専門店から苦情が出た。ラルフ・ローレンやアン・クラインなどの衣料メーカーが直営店を開いたときには、彼らのブランドを置いていた百貨店が動揺した。グッドイヤーが人気のあるタイヤのブランドをシアーズ、ウォルマート、ディスカウント・タイヤで販売しようとして、独立ディーラーが怒った（最終的には、他の小売店で販売していない限定モデルのタイヤを供給することで、ディーラーをなだめることができた）。マルチチャネル・コンフリクトは、あるチャネルのメンバーが低価格を獲得したり（大量仕入れによるもの）、低いマージンしかもらえなかったりした場合に特に激化する。

■ チャネル・コンフリクトの原因

チャネル・コンフリクトの原因を明確にすることが大切である。解決が簡単なものもあれば、難しいものもある。

主な原因は**目標の不一致**である。例えば製造業者が低価格政策で早く市場へ浸透したい一方、ディーラーは高いマージンで仕事をし、短期的な利益を望んでいるかもしれない。コンフリクトが**役割と権利の不明確さ**から生じることもある。IBMは自社のセールス・フォースを通じてパソコンを大口顧客に販売し、ライセンス供与されたディーラーも大口顧客に販売しようとしている。この場合、テリトリーの境界と売上の権利においてコンフリクトがよく生じている。

新しいチャネルを加えることによって、企業はチャネル・コンフリクトの発生に直面する。IBMでは、次の3つのチャネル・コンフリクトが起こった。

1. **全国的顧客マネジャーと現場のセールス・フォースにおけるコンフリクト** 全国的顧客マネジャーは、依頼すればすぐに現場の販売部員が担当テリトリー内の特定顧客を訪問してくれると思っている。複数の顧客マネジャーからこのような訪問要請があると、販売員の通常の訪問スケジュールが大幅に乱れ、歩合に響く。販売員は自分の利害と相容れなければ、顧客マネジャーに協力しない。

2. **現場のセールス・フォースとテレマーケターにおけるコンフリクト** 企業が小規模な顧客へ販売するためにテレマーケティング業務を始めることに対し、販売員が怒る場合もある。企業側は、テレマーケターを使うことで、販売員がより歩合を稼げる大口顧客に販売する時間ができると説明するが、それでも販売員は抗議する。

3. **現場のセールス・フォースとディーラーにおけるコンフリクト** ディーラーのなかには、IBMからコンピュータを購入し、ターゲットとする買い手が欲しがる専門ソフトをつけて再販売する付加価値再販売業者がいる。買い手のなかにはコンピュータ小売店があり、これは小型機器を飛び込みの取引や中小企業に販売する優れたチャネルである。ディーラーは専門ソフトのインストールと教育、より良いサービ

未来学者のフレデリック・ポールによると、空港、交通渋滞、コンピュータ、テレビ、病院は22世紀半ばかそれ以前に姿を消すという。

ポールによれば、垂直または短距離離陸飛行機の登場と、高速地上輸送や飛行船に取って代わられ、ジェット機旅行が急激に衰退することによって、空港は消える。

MARKETING INSIGHT　マーケティング・インサイト

消費者向けパッケージ商品業界における垂直的チャネル・コンフリクト

長い間、消費者向けパッケージ商品の製造業者は、小売業者に比べて強いマーケット・パワーを享受してきた。このパワーはプル戦略に負うところが大きい。製造業者はブランド選好を形成するためにばく大な広告費を使い、結果的に小売業者は彼らのブランドを扱うしかなかった。しかしいくつかの変化により、小売業者にパワーが移ってきている。

1. 大規模小売業者の成長と、その集中的な購買力の増大（スイスではミグロとコープの2つの小売業者が、小売食品の全売上の70％を占めている）。
2. 製造業者ブランドに対する競争力を持った、評価が高く低価格のストア・ブランドを小売業者が開発していること。
3. 新しいブランドすべてを並べられる十分な棚スペースの不足（アメリカの平均的なスーパーマーケットが扱っているアイテムは2万4000点である。これに対して製造業者は毎年1万点の新製品を送り込んでいる）。
4. 自社ブランドの陳列を求めている製造業者に対して、大規模小売業者がより多くのトレード・プロモーション資金を要求していること。
5. 製造業者が自社ブランドを売り込むための広告費が減ったこと、および大衆に到達するためのメディア・チャネルが侵食されていること。
6. 小売業者のマーケティングや情報が高度化したこと（バーコード、スキャナー・データ、電子データ交換、直接製品収益性分析の利用）。

小売業者のパワーの増大は、店に新製品を置いてもらいたい製造業者に**棚スペース代**、スペース・コストをまかなう**ディスプレー代**、納品遅れや不完全な注文への**罰金**、製造業者に返品するコストをまかなう**返品料**を課すようになったことからうかがえる。

製造業者は自社製品が国内で第2位か第3位に入らなければ、撤退した方がよいことを悟りつつある。小売業者は食品カテゴリーにおいてわずか4種類のブランドしか扱う気がなく、しかもそのうち2種類は自社ブランドであるため、ナショナル・ブランドのトップ2だけがここに入り込めることになる。マイナーなブランドはストア・ブランドへ転換するしかない。

製造業者はどうすれば小売業者と対等のパワーを取り戻せるか、あるいは維持できるかを考えている。製造業者が独自の小売店を持てないのは明らかである。トレード・プロモーションにこれ以上費用をかけるわけにもいかない。市場リーダー企業は自社のパワーを維持するために、次のような戦略をとっている。

1. カテゴリーで第1位か第2位になる可能性のあるブランドに集中し、品質、特徴、パッケージング ↗

ス、そしてIBMのダイレクト・セールス・フォースよりも安い価格を提供する。こうしたディーラーが大口顧客に売り込もうとすると、ダイレクト・セールス・フォースは腹を立て、大口顧客を対象に販売するディーラーをIBMが使わないように申し入れる。しかしIBMとしては、成功しているディーラーを切り捨ててしまっては大きな損失になる。そこで代案として、IBMは販売員の担当顧客に積極的なディーラーが販売した売上の一部の権利を、その販売員に与えることにした。

考えの違いからコンフリクトが生じることもある。製造業者は短期間の経済見通しを楽観的にとらえ、ディーラーに大量在庫を抱えさせたい一方、ディーラーは悲観的な見通しを立てているかもしれない。

仲介業者による製造業者への**強い依存**のためにコンフリクトが起こることもある。自動車ディーラーのような独占的ディーラーの運命は、製造業者の製品

を改良をするための研究を重ねる。
2. 積極的なライン拡張プログラムと、慎重なブランド拡張プログラムを維持する。ストア・ブランドと競争させるためのファイター・ブランドを開発する。
3. ブランド愛顧を確立し維持するため、ねらいを絞った広告にできる限り費用を注ぎ込む。
4. 各主要小売チェーンを違いが明確な標的市場として扱い、ターゲットとしたそれぞれの小売業者から利益をあげられるよう、商品や販売システムを調整する。彼らを戦略的パートナーとして扱い、製品、パッケージング、サービス、ベネフィット、電子的連携を柔軟にカスタマイズする。
5. 高い品質レベルのサービスと新しいサービスを提供する。時間どおりの正確で完全な注文品の配達、注文処理時間の短縮、緊急配達にも応じる能力、マーチャンダイジング・アドバイス、在庫管理サポート、注文処理や支払いの簡素化、注文や発送状況に関するリアルタイム情報へのアクセスなどである。
6. 予測の大きな間違いにつながる取引交渉、先物買い、商品の地理的分散に代わるものとして、エブリデイ・ロー・プライシングの採用を考える。
7. 従来とは異なる小売店を積極的に開拓していく。例えば会員制ウェアハウス・クラブ、ディスカウント店、コンビニエンス・ストア、ダイレクト・マーケティングなどである。

　顧客である小売業者と強いつながりを築こうとしている機敏な製造業者は、**効率的消費者対応(ECR)**と呼ばれるシステムを実施している。これには4つのツールがある。1つめは**活動基準原価会計**であり、製造業者が小売チェーンの要求に対応するために費やした資源のコストを計算し、説明することが可能になる。2つめは**電子データ交換(EDI)**であり、製造業者の在庫管理、発送、プロモーション能力を向上させる。3つめは**継続補充プログラム(CRP)**であり、製造業者にとって販売店の実際の需要と予測される需要に基づいた製品補充が可能になる。4つめは**一貫クロスドック補充**であり、小売業者の流通センターへ大量に出荷し、ここでの保管時間のロスをほとんどゼロにして、個々の販売店へ再出荷することが可能になる。ECRをマスターしている製造業者は競合他社に差をつけることができる。

詳しくは、以下の文献を参照されたい。"Not Everyone Loves a Supermarket Special: P&G Moves to Banish Wildly Fluctuating Prices That Boosts Its Costs," *Business Week*, February 17, 1992, pp. 64-68; Gary Davies, *Trade Marketing Strategies* (London: Paul Chapman, 1993).

や価格設定に直接左右される。このような状況では、コンフリクトが発生する可能性が高い。

■ チャネル・コンフリクトの管理

　チャネル・コンフリクトのなかには、環境変化にダイナミックに適応する結果へとつながる建設的なものもある。しかしコンフリクトがあまりに激しいと、チャネルは正常に機能しなくなってしまう。課題はコンフリクトをなくすことではなく、これをうまく管理していくことだ。効果的なコンフリクト管理にはいくつかのメカニズムがある[28]。

　重要なメカニズムは**高い目標**の選定である。それが生き残りであれ、市場シェア、高品質、顧客満足であれ、チャネル・メンバーはともに追求する基本目標について合意する。より競争力のあるチャネルの出現、法規制、顧客の要望

変化など、チャネルが外部の脅威にさらされたときに、この行動がとられる。

チャネル内の複数の段階で**人員の交換**をしてみるのも有益な方法である。GMの経営幹部が短期間ディーラー店で働き、ディーラー店のオーナーはGMのディーラー政策部門で働くような場合である。うまくいけば、お互いの考え方の理解が深まる。

委員の追加任命は、諮問委員会や取締役会などに他の組織のリーダーを参加させることによって、彼らの協力を得る方法である。これを実行する組織がリーダーを尊重し、彼らの意見に耳を傾ける限り、新委員の選出によってコンフリクトを軽減することができる。しかし組織がリーダーの支持を得るためには、政策や計画について妥協しなければならない場合もある。

業界団体内および業界団体間の共同メンバーシップを奨励すると、多くのことが達成できる。例えば、全米食品製造業者とフードチェーンの代表である食品マーケティング協会の間にはうまい協力体制ができており、ここから統一商品コード(UPC)が生まれた。恐らく両団体とも、食品製造業者と小売業者の問題を考え、整然と解決しているのだろう。

コンフリクトが長期に及んだり、手におえなくなったら、外交的手段、調停、あるいは仲裁に頼らなければならない。**外交的手段**とは、関係者双方から個人またはグループを出し、コンフリクトを解決するために話し合いを持つことである。**調停**とは、中立の専門家に関係者双方の利害を調停してもらうことである。**仲裁**とは、双方が1人ないし複数の仲裁者にそれぞれの言い分を提出し、仲裁者の決定を受け入れることである。

チャネル関係における法的かつ倫理的問題

ほとんどの場合、企業は自社に合ったチャネルをどう開発しようと法的に自由である。しかし実際には、競合他社のチャネル利用を妨げるような排他的な戦術を、法律は阻止しようとする。以下に、排他的取引、排他的テリトリー、抱き合わせ購入契約、ディーラーの権利といった各行為の合法性について考えてみよう。

歴史メモ：クメール族の支配者でありアンコール・ワットの建造者でもあるスールヤバルマン二世は、1150年ごろ死去したが、当時最も裕福であった。その黄金の財宝は貿易によって築かれた。

排他的取引

多くの生産者は、自社製品のために排他的なチャネルを開発しようとする。生産者が自社製品を特定の小売店にしか置かない戦略を**排他的流通**といい、ディーラーに競合他社の製品を扱わないよう要求することを**排他的取引**という。この排他的な取り決めからは、生産者とディーラーの双方がベネフィットを得る。生産者は自社にロイヤルティを持ち信頼のおける小売店を獲得し、ディーラーは特別な製品の安定供給と、生産者による強力なサポートを確保できる。排他的な取り決めは、それによって競争が大幅に弱まったり独占体制を作り出す傾向がない限り、また生産者とディーラーの双方が自発的に取り決めへ参加して

いる限り、合法である。

■排他的テリトリー

排他的取引は排他的テリトリー契約を伴うことが多い。生産者が特定地域で他のディーラーへ販売しないことに同意する場合と、ディーラーが自分のテリトリーでしか販売しないことに同意する場合がある。前者はディーラーの熱意とコミットメントを高め、法的にもまったく問題はない。生産者にとって、希望以外の小売店で製品を売らなければならないという法的義務はないからである。しかし、生産者がディーラーにテリトリー外で販売させないようにする後者は、法的に大きな問題となる。例えば、カリフォルニア州サンタアナのGTバイシクルは、巨大チェーンのプライス・コストコを相手取って訴訟を起こした。プライス・コストコは、2600台の高価なマウンテンバイクを大幅に値引きして販売し、GTのほかのディーラーを怒らせたのである。GTはもともとこのマウンテンバイクはロシアのディーラーに売ったもので、ロシア国内だけで販売されるはずだったと申し立てている。ディスカウント店が仲介業者と結託して、ほかでは入手できないはずの商品を手に入れた不正事件だというのがGTの言い分である[29]。

■抱き合わせ購入契約

強いブランドを所有する生産者は、同じラインにおける他製品の全部または一部を抱き合わせてディーラーに販売することがある。これは**フルライン購入強制**と呼ばれる。このような抱き合わせ購入契約は必ずしも違法ではないが、競争を大幅に弱める傾向があれば、アメリカでは違法となる。

■ディーラーの権利

生産者はディーラーを自由に選ぶことができるが、ディーラーとの契約を解消する権利は制限されている。一般に生産者は「正当な理由」があればディーラーを切ることができる。しかし、ディーラーが排他的取引や抱き合わせ購入契約のような法律的に疑わしい取り決めへの協力を断った場合、それを理由に契約を解消することはできない。

■参考文献

1. Louis W. Stern and Adel I. El-Ansary, *Marketing Channels*, 5th ed. (Upper Saddle River, NJ: Prentice Hall, 1996).
2. E. Raymond Corey, *Industrial Marketing: Cases and Concepts*, 4th ed. (Upper Saddle River, NJ: Prentice Hall, 1991), ch. 5.
3. Stern and El-Ansary, *Marketing Channels*, pp. 5–6.
4. William G. Zikmund and William J. Stanton, "Recycling Solid Wastes: A Channels-of-Distribution Problem," *Journal of Marketing*, July 1971, p. 34.
5. バックワード・チャネルについて詳しくは、以下の文献を参照されたい。Marianne Jahre, "Household Waste Collection as a Reverse Channel—A Theoretical Perspective," *International Journal of Physical Distribution and Logistics* 25, no. 2 (1995): 39–55; and Terrance L. Pohlen and M. Theodore Farris II, "Reverse Logistics in Plastics Recycling," *International Journal of Physical Distribution and Logistics* 22, no. 7 (1992): 35–37.
6. Ronald Abler, John S. Adams, and Peter Gould, *Spatial*

Organizations: The Geographer's View of the World (Upper Saddle River, NJ: Prentice Hall, 1971), pp. 531–32.
7. 以下の文献を参照されたい。Irving Rein, Philip Kotler, and Martin Stoller, *High Visibility* (New York: Dodd, Mead, 1987).
8. サービス志向の企業が国際市場への参入をどのように選択するかについては、以下の文献を参照されたい。M. Krishna Erramilli, "Service Firms' International Entry-Mode Approach: A Modified Transaction-Cost Analysis Approach," *Journal of Marketing*, July 1993, pp. 19–38.
9. Louis P. Bucklin, *Competition and Evolution in the Distributive Trades* (Upper Saddle River, NJ: Prentice Hall, 1972). 以下の文献も参照されたい。Stern and El-Ansary, *Marketing Channels*.
10. Louis P. Bucklin, *A Theory of Distribution Channel Structure* (Berkeley: Institute of Business and Economic Research, University of California, 1966). 邦訳：『流通経路構造論』（ルイス・P・バックリン著、田村正紀訳、千倉書房、1977年）
11. Teri Lammers Prior, "Channel Surfers," *Inc.*, February 1995, pp. 65–68.
12. Will Anderson, "Vendor Irate at Jersey Decision," *Atlanta Journal and Constitution*, October 17, 1996, p. R1; William McCall, "Nike Posts $72M Loss," The Associated Press, December 12, 1998; Philana Patterson, "Athletic Shoe Industry Hurt When Buyers Drag Feet," *Star Tribune*, December 26, 1997, p. 7B.
13. リレーションシップ・マーケティングとマーケティング・チャネルの管理については、以下の文献を参照されたい。Jan B. Heide, "Interorganizational Governance in Marketing Channels," *Journal of Marketing*, January 1994, pp. 71–85.
14. Arthur Bragg, "Undercover Recruiting: Epson America's Sly Distributor Switch," *Sales and Marketing Management*, March 11, 1985, pp. 45–49.
15. Vincent Alonzo, "Brewski," *Incentive*, December 1994, pp. 32–33.
16. Philip McVey, "Are Channels of Distri-bution What the Textbooks Say?" *Journal of Marketing*, January 1960, pp. 61–64.
17. これらの力の基本は、以下の文献で解説されている。John R. P. French and Bertram Raven, "The Bases of Social Power," in *Studies in Social Power*, ed. Dorwin Cartwright (Ann Arbor, MI: University of Michigan Press, 1959), pp. 150–67.
18. 以下の文献を参照されたい。Bert Rosenbloom, *Marketing Channels: A Management View*, 5th ed. (Hinsdale, IL: Dryden, 1995).
19. Miland M. Lele, *Creating Strategic Leverage* (New York: John Wiley, 1992), pp. 249–51. この事実は、小型冷蔵庫や電子レンジ付き小型冷蔵庫のメーカーにも見受けられた。
20. この問題に関する優れたレポートについては、以下の文献を参照されたい。Howard Sutton, *Rethinking the Company's Selling and Distribution Channels*, research report no. 885, Conference Board, 1986, 26 pp.
21. Stern and El-Ansary, *Marketing Channels*, p. 189.
22. Russell Johnston and Paul R. Lawrence, "Beyond Vertical Integration—The Rise of the Value-Adding Partnership," *Harvard Business Review*, July–August 1988, pp. 94-101. 以下の文献も参照されたい。Judy A. Siguaw, Penny M. Simpson, and Thomas L. Baker, "Effects of Supplier Market Orientation on Distributor Market Orientation and the Channel Relationship: The Distribution Perspective," *Journal of Marketing*, July 1998, pp. 99–111; Narakesari Narayandas and Manohar U. Kalwani, "Long-Term Manufacturer—Supplier Relationships: Do They Pay Off for Supplier Firms?" *Journal of Marketing*, January 1995, pp. 1–16.
23. David A. Aaker, "Should You Take Your Brand to Where the Action Is?" *Harvard Business Review*, September 1, 1997, p. 135.
24. Lee Adler, "Symbiotic Marketing," *Harvard Business Review*, November–December 1966, pp. 59–71; and P. "Rajan" Varadarajan and Daniel Rajaratnam, "Symbiotic Marketing Revisited," *Journal of Marketing*, January 1986, pp. 7–17.
25. Robin Lewis, "Partner or Perish," *WWD Infotracs: Strategic Alliances*, February 24, 1997, p. 4.
26. 以下の文献を参照されたい。Rowland T. Moriarty and Ursula Moran, "Marketing Hybrid Marketing Systems," *Harvard Business Review*, November–December 1990, pp. 146-55. 以下の文献も参照されたい。Gordon S. Swartz and Rowland T. Moriarty, "Marketing Automation Meets the Capital Budgeting Wall," *Marketing Management* 1, no. 3 (1992).
27. Bert C. McCammon Jr., "Alternative Explanations of Institutional Change and Channel Evolution," in *Toward Scientific Marketing*, ed. Stephen A. Greyser (Chicago: American Marketing Association, 1963), pp. 477–90.
28. この項は以下の文献から引用した。Stern and El-Ansary, *Marketing Channels*, ch. 6.
29. Greg Johnson, "Gray Wail; Southern California Companies Are Among the Many Upscale Manufacturers Voicing Their Displeasure About Middlemen Delivering Their Goods into the Hands of Unauthorized Discount Retailers," *Los Angeles Times*, March 30, 1997, p. B1. 以下の文献も参照されたい。Paul R. Messinger and Chakravarthi Narasimhan, "Has Power Shifted in the Grocery Channel?" *Marketing Science* 14, no. 2 (1995): 189–223.

小売業、卸売業、および マーケット・ロジスティクスのマネジメント

CHAPTER 17

本章では、マーケティングの仲介業者ごとに次の問題を取り上げる。

- このセクターを占有するのは主にどのような種類の組織か。
- このセクターの組織はどのようなマーケティング決定を下すのか。
- このセクターの主なトレンドは何か。

KOTLER ON MARKETHING
コトラー語録

小売業、卸売業、およびロジスティクス組織には、それぞれ独自のマーケティング戦略が必要である。

Retailers, wholesalers, and logistical organizations need their own marketing strategies.

前章では、マーケティング・チャネルの構築と管理を目指す製造業者の視点から、マーケティングの仲介業者を見てきた。本章ではこれら仲介業者、つまり小売業者、卸売業者、ロジスティクス組織について、独自のマーケティング戦略を必要とし、策定する存在として検討する。仲介業者によっては、取引先の製造業者を支配するものもある。多くの仲介業者が戦略的プランニング、先進的な情報システム、高度なマーケティング・ツールを用い、マージンではなく投資収益率に基づいてパフォーマンスを測定する。市場をセグメント化し、ターゲットとポジショニングを精緻化し、市場の拡大と多様化を積極的に追求している。

小売業

■ 小売業とは、個人用途、非業務用途で最終消費者に財またはサービスを直接販売することにかかわる、すべての活動を指す。売上高が主に小売から発生する事業体が、**小売業者**または**小売店**である。

最終消費者に販売する組織はいずれも、製造業者、卸売業者、小売業者のいかんを問わず、小売を行っている。財やサービスが販売される方法(対面、通信販売、電話、自動販売機、インターネット)や販売される場所(店舗、路上、消費者の自宅)は問わない。

小売業者の種類

小売組織は実に多彩で、新しい業態が次々と現れている。店舗小売業、無店舗小売業、その他の小売組織がある。

今日、消費者は、さまざまな形態の店舗で財やサービスを買い求めることができる。最も重要な小売業者の種類は、■表17-1に示されているとおりである。恐らく、いちばんよく知られている小売業態は百貨店であろう。高島屋や三越といった日本の百貨店は毎年、何百万人もの買い物客を集めている。このような店はアート・ギャラリー、料理教室、子供の遊び場などを備えている。

小売業態は成長から衰退の段階を経る。これは**小売業のライフサイクル**と呼ばれる[1]。ある業態が登場すると、加速度的な成長期間を享受して成熟期を迎え、やがて衰退する。旧来の業態は成熟期までに何年もかかったが、新しい業態ははるかに短期間で成熟期に達する。百貨店は成熟期を迎えるまでに80年を要したが、ウェアハウス型の小売店は10年で成熟した。

新しい小売業態が登場して、旧来の業態を脅かす理由は**小売の輪**の仮説で説明できる[2]。従来の小売業態は一般に、サービスを増やし価格を上げることでコストをまかなう。こうして高くなったコストは、低価格で少ないサービスを提供する新興業態にとっての好機となる。

サービス・レベルや特定のサービスに対する消費者選好は多種多様で、これに対応すべく新しい業態が登場する。小売業者は、次に挙げる4つのレベルの

『ライフ』誌の『ミレニアムの出来事トップ100』に、コカ・コーラの発明とマーケティングが挙げられている。

	表17-1
	主な小売業者の種類

専門店 狭い製品ラインを扱い、その中で深い品揃えを提供している。衣料品店、スポーツ用品店、家具店、花屋、書店などがある。衣料品店は**単一ライン店**、紳士服店は**限定ライン店**、紳士用仕立てシャツ店は**超専門店**に分類できる。アスリーツ・フット、トール・マン、ザ・リミテッド、ザ・ボディショップなどがある。

百貨店 複数の製品ラインを扱うが、代表的なものとして衣料品、調度品、家庭用品がある。それぞれの製品ラインは、専門の仕入れ担当者やマーチャンダイザーが管理する独立部門として運営される。シアーズ、JCペニー、ノードストローム、ブルーミングデールズなどがある。

スーパーマーケット 食料品や日用雑貨品を中心に消費者のトータルなニーズに対応する、低コスト、低マージン、大量販売、セルフサービスの比較的大規模な小売業態。スーパーマーケットは、売上のわずか1％、純資本の10％の営業利益しかあげられない。クロガー、セーフウェイ、ジュエルなどがある。

コンビニエンス・ストア 限られた製品ラインを扱い、回転の良い最寄品をそろえた、比較的小規模の店舗。住宅地の近隣に立地し、長時間営業、年中無休、高めの価格設定で経営される。テイクアウトのサンドイッチ、コーヒー、ペストリーなどを扱う店も多い。セブン・イレブン、サークルKなどがある。

ディスカウント・ストア 低マージンと大量販売により、従来の小売店よりも低価格で標準的品揃えを提供する。真のディスカウント・ストアは**常に**低価格を提供し、商品の大半はナショナル・ブランドである。ディスカウント販売は、スポーツ用品店、電器店、書店など専門店に移行している。ウォルマートやKマートなどの**総合ディスカウント・ストア**、サーキット・シティやクラウン・ブックストアズといった**専門ディスカウント・ストア**がある。

オフプライス・ストア 通常の卸売価格より安く仕入れ、低い小売価格で提供する。製造業者や他の小売業者から流れてきた売れ残り品、過剰在庫品、セカンド品が多い。
ファクトリー・アウトレットは製造業者が所有し直営する店舗で、通常は製造業者の過剰在庫品、生産中止の製品、セカンド品を扱う。ミカサ、デクスター、ラルフ・ローレンなどがある。
独立型オフプライス・ストアは起業家が所有し経営しているか、大手小売業者の1事業部として運営される。フィレーンズ・ベースメント、ローマンズ、T.J.マックスなどがある。
ウェアハウス・クラブ（ホールセール・クラブ）は有名ブランドの限られた品揃えを扱い、食料品や家電製品など多様な品物を格安価格で販売する。年会費25ドル〜50ドルの会員制。ウェアハウス・クラブは中小企業、公共機関、非営利組織、大企業の団体会員にも対応する。間接費のあまりかからない巨大倉庫のような施設で営業し、最低限のサービスしかしない。販売価格は、スーパーマーケットやディスカウント・ストアの価格を20％〜40％下回る底値だが、配達をせず、クレジット・カードによる支払いも受け付けない。サムズ・クラブ、マックス・クラブ、プライス・コストコ、BJズ・ホールセール・クラブなどがある。

サービスから1つを提供する存在として、自らをポジショニングできる。

1. **セルフサービス** セルフサービスはディスカウント販売の鍵である。出費を減らすために、探索−比較−選択というプロセスを自ら行うことをいとわない顧客は多い。
2. **セルフセレクション** 顧客は自分で商品を探すが、補助を頼むこともできる。顧客の取引は販売員に商品の代金を支払うことで完了する。
3. **限定サービス** 買回品の品揃えが多く、顧客はより多くの情報と補助を必要とする。店舗はサービス（クレジットや返品特典など）も提供する。
4. **フルサービス** 販売員は、探索−比較−選択というプロセスのどの段階でも顧客を補助する態勢にある。販売員による応対を好む顧客はこの種の店舗を選ぶ。専門品の比率が高く、商品の回転が遅く、サー

表 17-1
主な小売業者の種類（続き）

スーパーストア　平均3300平方メートルの売り場面積で、日常使われる食料品と非食料品を扱い、消費者のトータルなニーズに対応する。通常、クリーニング、ドライ・クリーニング、靴の修理、小切手の現金化、請求書の支払いなどのサービスを提供する。「カテゴリー・キラー」と呼ばれる新しいグループは、特定のカテゴリーで深い品揃えを提供し、知識豊富なスタッフを配置している。ボーダーズ・ブックス・アンド・ミュージック、ペッツマート、ステープルズ、ホーム・デポ、イケアなどがある。

コンビネーション・ストアはスーパーマーケットの店舗が、成長中の一般薬および処方薬の分野に多角化した形態である。コンビネーション型のフード・アンド・ドラッグ・ストアは平均5100平方メートルの売り場面積を有する。ジュエル、オスコなどがある。

ハイパーマーケットはおよそ7400平方メートルから2万平方メートルの売り場面積を有し、スーパーマーケット、ディスカウント・ストア、ウェアハウス・クラブを合わせたような店舗。日用品だけでなく家具、家電製品、衣料品など幅広い製品をそろえている。包装せずに陳列し、店員は最低限しか手を貸さない。その代わり、重い家電製品や家具を自分で運ぶのをいとわない顧客にディスカウントを提供する。ハイパーマーケットはフランスで始まった。カルフール、カシノ、ピルカ、コンチネンテ、アルカンポ、マイヤーズなどがある。

カタログ・ショールーム　マークアップが高く回転が早いブランド品を幅広くそろえ、しかもディスカウント価格で販売する。顧客はショールームのカタログから製品を注文し、店内の製品引渡し場所で注文した製品を受け取る。サービス・マーチャンダイズなどがある。

出典：詳しくは、以下の文献を参照されたい。Leah Rickard, "Supercenters Entice Shoppers," *Advertising Age*, March 29, 1995, pp. 1-10; Debra Chanil, "Wholesale Clubs: A New Era?" *Discount Merchandiser*, November 1994, pp. 38-51; Julie Nelson Forsyth, "Department Store Industry Restructures for the 90s," *Chain Store Age Executive*, August 1993, pp. 29A-30A; John Milton Fogg, "The Giant Awakens," *Success*, March 1995, p. 51; and J. Douglas Eldridge, "Nonstore Retailing: Planning for a Big Future," *Chain Store Age Executive*, August 1993, pp. 34A-35A.

ビスが豊富なことに加えて、人件費が高いので、結果的に高コストの小売業となる。

　これらの異なるサービス・レベルと異なる品揃えの幅を組み合わせると、■図17-1に示されているとおり、小売業が利用できるポジショニング戦略は大きく4つに分けられる。

1. **ブルーミングデールズ**　幅広い品揃えと高い付加価値を特色とする店。この区分の店は店舗設計、製品品質、サービス、イメージに細心の注意を払う。利益率が高いので、数多く売れれば利益は非常に大きくなる。

2. **ティファニー**　狭い品揃えと高い付加価値を特色とする店。このような店は高級イメージを高め、高い利益率と少量販売で運営する傾向にある。

3. **サングラス・ハット**（図では、ケニー・シュー）　狭い製品ラインと低い付加価値を特色とする店。このような店は、店舗設計を統一し、仕入れ、マーチャンダイジング、広告、流通を中央集権化して、コストと価格を低く抑える。

4. **ウォルマート**　幅広い製品ラインと低い付加価値を特色とする店。お買い得品を提供する店というイメージを確立するため、価格を低く抑えることに注力する。低い利益率は販売量の多さで補う。

　財とサービスの大部分(97%)は店舗で販売されているが、**無店舗小売業**が、店

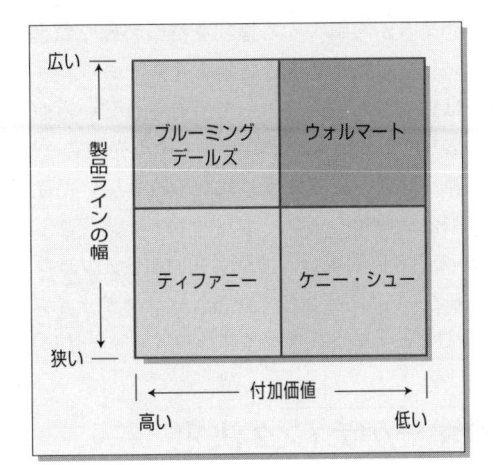

図17-1
小売業のポジショニング・マップ
出典：William T. Gregor and Eileen M. Friars, "Money Merchandising: Retail Revolution in Consumer Financial Service" (Cambridge, MA: The MAC Group, 1982).

（製品ラインの幅：広い↔狭い、付加価値：高い↔低い）
- ブルーミングデールズ
- ウォルマート
- ティファニー
- ケニー・シュー

舗小売業をはるかにしのぐ勢いで成長しており、全消費者購入の12%以上を占めている。2000年までには一般商品の半分までもが無店舗小売業を通じて販売されるようになると見る向きもある。無店舗小売業は主に4つのカテゴリー、すなわち直接販売、ダイレクト・マーケティング、自動販売、購入サービスに分けられる。

1. 直接販売は90億ドル産業であり、600以上もの企業が訪問販売やホームパーティ形式による販売を行っている。エイボン、エレクトロラックス、サウスウエスタン・カンパニー・オブ・ナッシュビル（聖書）は、1対1の訪問販売で知名度が高い。タッパーウェアやメアリー・ケイ・コスメティックスは1対複数で販売される。販売員が友人を招いているホストの自宅を訪れ、製品のデモンストレーションをして注文をとるのである。アムウェイが先鞭をつけたマルチ（ネットワーク）マーケティングでは、企業がディストリビューターとして活動する独立事業者を募集する。ディストリビューターは顧客への直接販売による収益と、自分が勧誘したディストリビューターによる売上の一部を合わせた報酬をもらう。

2. ダイレクト・マーケティングは、ダイレクトメールとカタログ販売（ランズエンド、L.L.ビーン）にルーツがある。テレマーケティング（1-800-FLOWERS）、テレビ・ホーム・ショッピング（ホーム・ショッピング・ネットワーク、QVC）、オンライン・ショッピング（アマゾン・ドット・コム、オートバイテル・ドットコム）がこれにあたる。

3. 自動販売は、タバコ、清涼飲料、キャンディ、新聞のような衝動買い品だけでなく、靴下、化粧品、食品、ペーパーバックなど多彩な商品にも利用されている。自動販売機は、工場、オフィス、大型小売店、ガソリンスタンド、ホテル、レストランなどさまざまな場所に設置され、セルフサービスで常に新鮮な商品を24時間販売する。

4. 購入サービスとは、会員権と引き換えに割引を提供することに合意し

『ライフ』誌の『出来事トップ100』の第49位は、体内の血液循環を心臓が制御する仕組みを説明したウィリアム・ハーベイの学説。

た、特定の小売業者から購入する権利を持つ特殊な顧客——通常は大企業の従業員——を対象とする無店舗小売業である。

小売店舗の多くは独立した個人によって所有されているが、何らかの形で企業が経営する小売業も増えている。組織としての小売業者には、規模の経済性、大きな購買力、広範なブランド認知度、教育の行き届いた従業員という強みがある。小売組織の主要な種類——コーポレート・チェーン・ストア、ボランタリー・チェーン、小売業者協同組合、消費者共同組合、フランチャイズ組織、複合小売業——は、■表17-2に示されている。フランチャイズについては、■マーケティング・インサイト「フランチャイズ・フィーバー」に詳しい。

小売業者のマーケティング決定

今日の小売業者は、顧客を引きつけて逃がさないようにする新しいマーケティング戦略を探し求めている。これまでは、便利な立地、ユニークな品揃え、競合他社より豊富で優れたサービス、あるいは店のクレジット・カードで顧客を引きつけてきた。だが、こうした事情はすっかり変わった。現在、カルバン・クライン、イゾッド、リーバイスといったナショナル・ブランドは、百貨店やメーカー直営店だけでなく量販店やオフプライス・ディスカウント・ストアでも見られるようになった。売上を重視するあまり、ナショナル・ブランドのメーカーは自社ブランド商品を至るところに置くようになった。その結果、小売店舗の品揃えは変わりばえのしないものになっている。

表17-2　主な小売組織の種類

コーポレート・チェーン・ストア　本部によって所有され管理された2つ以上の店舗で、類似した製品ラインを販売し、集中的な仕入れとマーチャンダイジングを行う。特に百貨店、バラエティ・ストア、食料品店、ドラッグストア、靴店、婦人衣料品店で優位性を発揮している。規模が大きいため、低価格での大量仕入れが可能になり、価格設定、プロモーション、マーチャンダイジング、在庫管理、売上予測の専門家を雇うことができる。タワー・レコード、ファイヴァ、ポタリー・バーンなどがある。

ボランタリー・チェーン　卸売業者が主宰して独立小売店をグループ化し、共同仕入れと共通のマーチャンダイジングを展開する。インディペンデント・グローサーズ・アライアンス（IGA）、トゥルー・バリュー・ハードウェアなどがある。

小売業者協同組合　独立した小売業者が集中仕入れ組織を設立し、プロモーションを共同で行う。アソシエイテッド・グローサーズ、ACEハードウェアなどがある。

消費者協同組合　小売組織を顧客が所有する。消費者協同組合では、居住者が資金を出して店舗を開設し、方針を議決し、管理するグループを選出して、後援に対する配当金を受ける。

フランチャイズ組織　製造業者、卸売業者、サービス業者などが**フランチャイザー**となり、独立事業者を**フランチャイジー**として契約を交わして作られた組織。フランチャイジーはフランチャイズ・システムの1店舗ないし複数の店舗を所有し運営する権利を購入する。フランチャイズ組織は多様な製品やサービスの分野に見られる。マクドナルド、サブウェイ、ピザハット、ジフィー・ルーブ、マイネケ・マフラーズ、セブン-イレブンなどがある。

複合小売業　単一資本のもとに複数の小売業態を統合し、流通と管理を共有化する。アライド・ドメックPLCはダンキンドーナツとバスキン・ロビンズのほか、多数のイギリスの小売業と、ワインおよび酒類を扱うグループを運営している。

サービスの違いもなくなってきた。百貨店の多くがサービスを削減する一方で、ディスカウント・ストアはサービスを拡充している。顧客は以前より賢くなり、価格により敏感になった。顧客からすれば、同じブランドの製品が2つあれば高い方にお金を支払う道理はなく、ましてサービスの質に差がなければなおさらである。また、今では銀行のクレジット・カードが大半の店で使えるので、特定の店のクレジット・カードがもはや必要なくなっている。

ディスカウント・ストアや専門店との競争が激しくなり、百貨店は盛り返しの闘いを仕掛けている。以前は都心部に店舗を構えていたが、駐車場が広くとれ、世帯収入のより高い郊外のショッピング・センターに支店を開く百貨店が多くなっている。このほかにも、セールの回数を増やしたり、店舗改装、通信販売、テレマーケティングを試みる百貨店もある。スーパーストアとの競争に直面したスーパーマーケットはより大規模な店舗をオープンし、多彩なアイテムを取り扱い、施設を改良している。さらにスーパーマーケットはプロモーション費を増やし、プライベート・ブランドに力を入れて、マージンを増やそうとしている。

以下では、標的市場、品揃えと調達、サービスと店舗の雰囲気、価格、プロモーション、そして立地に関する小売業者のマーケティング意思決定について検証する。

> 『ライフ』誌の『出来事トップ100』の第50位は、1088年にボローニャで法科大学として始まった大学の誕生。

■■■■ 標的市場

小売業者にとって最も重要な意思決定は、標的市場に関するものである。標的市場を明確にし、その輪郭が描けて初めて、製品の品揃え、店内装飾、広告のメッセージと媒体、価格、サービス・レベルについて、首尾一貫した意思決定を下すことができる。

一部の小売業者は、自らの標的市場を実にうまく定義している。

ウォルマート

1962年、サム・ウォールトンは弟とともに、アーカンソー州の田舎町ロジャーズに最初のウォルマート・ディスカウント・ストアをオープンした。アメリカの小さな町で、衣料品から自動車用品、小型家電機器にいたるまで何でも格安価格で販売する、広大な倉庫型の店舗だった。最近になって大都市にも出店するようになり、現在ではアメリカ国内で2363のディスカウント・ストアを経営している。そのなかには454のスーパーセンター、444のサムズ・クラブ、41の流通センターもある。年間売上高は1170億ドルを超え、小売業としては世界最大、全産業のなかでも世界第11位の大企業となっている。「ウォルマート・ネイバーフッド・マーケット」としてスーパーマーケット兼薬局ビジネスにも進出しつつある。ウォルマートの成功の鍵は、アメリカの典型的な田舎町をターゲットにし、顧客の声に耳を傾け、従業員をパートナーとして扱い、慎重に仕入れて、経費を厳しく引き締めたことである。「満足を保証します」「より安く提供します」という表示が店舗の入

MARKETING INSIGHT　マーケティング・インサイト

フランチャイズ・フィーバー

かつて独立事業経営者のなかでは新参者と見られていたフランチャイズは、今やアメリカにおける全小売売上の35％を占めており、2000年には50％に伸びると専門家は見ている。それも大げさな話ではない。最近ではどこの街角を歩いても、郊外で自動車を走らせても、必ずといってよいほどウェンディーズ、マクドナルド、ジェフィー・ルーブ、セブン・イレブンなどの看板が目に入ってくる。

フランチャイズ・システムとは、どのような仕組みになっているのだろうか。個々のフランチャイズ店は密接な関係で結ばれた事業グループを形成し、フランチャイザーと呼ばれる事業の設立者が組織立った事業運営の計画、指導、管理を行う。一般に、フランチャイズには次の3つの特徴がある。

1. **フランチャイザーは、商標あるいはサービス・マークを所有し、フランチャイジーにその使用権を与える代わりにロイヤルティの支払いを受ける。**
2. **フランチャイジーは、システムに加盟する権利と引き換えに加盟料を支払う。** ただしこの加盟料は、フランチャイジーの投資額の一部にすぎない。創業コストとして設備や備品のレンタル料、リース料、また通常は定期的なライセンス使用料がかかる。マクドナルドの場合、フランチャイジーが投資する創業コストは67万2000ドルにのぼるといわれる。さらにフランチャイジーはマクドナルドに売上高の4％にあたるサービス料と毎月のレンタル料を支払う。
3. **フランチャイザーは、フランチャイジーに事業を運営するためのマーケティングとオペレーション・システムを提供する。** マクドナルドでは、フランチャイジーにイリノイ州オーク・ブルックにある自社の「ハンバーガー大学」で研修を受けさせる。ここでフランチャイジーは3週間にわたって事業の経営方法を学ぶ。また、フランチャイジーは規定された食材の仕入れ手順を守らなければならない。

フランチャイズという事業形態は、フランチャイザーとフランチャイジーの双方にメリットがある。フランチャイザーは、新たなテリトリーを確保したことになる。加えて、ばく大な購買力を手にすることができる。さらに、フランチャイジーが地域社会や土地柄に精通していること、従業員が「雇われた人間」としてではなく、むしろ企業家として高い志を持ってよく働くことも、フランチャイザーにとってのメリットである。フランチャイジーも、知名度が高く世間に認知されたブランド名を持つ確かな事業を展開できるというメリットを得られる。金融機関からの融資も受けやすく、マーケティングや広告から立地の選択、人員確保

り口に高々と掲げてあり、顧客はしばしば「歓迎担当者」に迎えられる。ウォルマートはよく、小売業のパイオニアと称される。EDLPと、EDI（電子データ交換）による在庫のスピーディな補充は、他の小売業者のベンチマークになり、また、アメリカの巨大小売業として初めて世界進出に乗り出した。すでに、アルゼンチン、ブラジル、中国、韓国、メキシコに600以上の店舗を持ち、その数は増加しつつある[3]。

ザ・リミテッド

レスリー・H・ウェクスナーは、1963年に5000ドルの借金をしてザ・リミテッドを設立した。ファッションに強い関心のある若い女性を対象に、1軒の店舗からスタートしたのである。店のあらゆる要素、つまり衣料品の品揃え、備品、音楽、色、店員は、標的消費者にマッチするように考え尽くされていた。ウェクスナーはその後も数多くの店を

まで支援を受けられる。

最近、フランチャイズが急増した結果、国内市場がしだいに飽和状態になりつつある。フランチャイジーが親会社を相手取り、米連邦取引委員会に苦情申し立てをするケースが大幅に増えた。最もよくある苦情は、フランチャイザーが別の店舗をオープンさせ、すでに営業しているフランチャイジーのテリトリーを「侵略」することである。このほかにも、聞かされた以上に倒産率が高かったことや、最初に言われたほど支援が受けられないという苦情も挙がっている。

規模を大きくすることでベネフィットが得られるフランチャイザーと、自分のフランチャイズ店で利益をあげることでしかベネフィットを得られないフランチャイジーの間には、コンフリクトが絶えない。フランチャイザーが成長しながらフランチャイジーも収益を得ることのできる新しい方向性をいくつか紹介しよう。

- **外部の大手企業との戦略的アライアンス** 例えば、フィルム・メーカーのフジUSAはスピード写真現像のモト・フォト社と提携し、自社のフィルムをモト・フォト社の店舗で扱ってもらうようになった。これによりフジはモト・フォト社の400か所の店舗を通じてたちまち市場に浸透し、モト・フォト社のフランチャイジーもフジ・ブランドの認知度と広告到達度を利用することができた。
- **海外進出** ファストフードのフランチャイズ店は、世界中に広く普及した。現在マクドナルドは、アメリカ国外に1万600店舗を有し、同社の売上と利益の60％近くを海外店舗が占めるまでになっている。世界第2位のピザ・チェーンであるドミノ・ピザは、ほぼ60か国に店舗を有している。ウェンディーズ・インターナショナルは海外に600以上の拠点を構え、カナダ最大のドーナツ・チェーンであるティム・ホートンズも所有している。
- **非従来型の立地** フランチャイズ店は空港、スポーツ競技場、大学のキャンパス、病院、カジノ、テーマパーク、会議場、川船にまで進出している。

出典：Norman D. Axelrad and Robert E. Weigand, "Franchising—A Marriage of System Members," in *Marketing Managers Handbook*, 3d ed., eds. Sidney Levy, George Frerichs, and Howard Gordon (Chicago: Dartnell, 1994), pp. 919–34; Meg Whittemore, "New Directions in Franchising," *Nation's Business*, January 1995, pp. 45–52; "Trouble in Franchise Nation," *Fortune*, March 6, 1995, pp. 115–29; Carol Steinberg, "Millionaire Franchisees," *Success*, March 1995, pp. 65–69; and Deepak Agrawal and Rajiv Lal, "Contractual Agreements in Franchising: An Empirical Investigation," *Journal of Marketing Research*, May 1995, 213–21.

オープンしたが、10年経つと当初の顧客は「若い」グループの中にはもういなかった。「若者」を新たに獲得するために、ウェクスナーは、リミテッド・エクスプレスを設立した。その後数年間にウェクスナーは、標的消費者をかなり絞ったチェーン店を開業したり買収したりしたが、そのなかには、レイン・ブライアント、ビクトリアズ・シークレット、ラーナー、バス＆ボディワークスがある。現在、ザ・リミテッドはアメリカ国内に5400の店舗を有し、世界的な通販事業も展開している。1998年の売上高は90億ドルを上回った[4]。

小売業者は、定期的にマーケティング・リサーチを実施して、標的顧客に到達し、満足を与えているかどうかについて確認しなければならない。それと同時に、特に担当地域の社会経済的なパターンが異なる複数の販路を管理する場合には、小売業者のポジショニングにはある程度の柔軟性が必要である。

> 歴史メモ：トランジスター時代は、1947年12月23日、ニュージャージー州のベル研究所で最初の半導体増幅器のデモンストレーションとともに始まった。今やこの装置は、プラグや電池のついた品ならどんなものにも入っている。

品揃えと調達

　小売業者の**品揃え**は、標的市場の買い物客の期待に沿うものでなければならない。また小売業者は、品揃えの**幅**と**深さ**を決定しなければならない。例えばレストランの場合、狭くて浅い品揃え（小さなランチ・カウンター）、狭くて深い品揃え（デリカテッセン）、広くて浅い品揃え（カフェテリア）、あるいは広くて深い品揃え（大きなレストラン）のいずれかを提供できる。本当に難しいのは、店の品揃えを決めてからであり、製品差別化戦略の策定が課題となる。次にいくつかの可能性を示してみよう。

- **競合する小売業では手に入らない独占的なナショナル・ブランドを販売する**　　サックスは、有名な国際的デザイナーのドレスを独占的に販売する権利を手に入れた。
- **商品の大半をプライベート・ブランドにする**　　ベネトンとGAPは自社の店舗で販売するほとんどの衣料を自らデザインしている。スーパーマーケットやドラッグ・チェーンでも、プライベート・ブランドを販売しているところが多い。
- **大規模な販売促進の催しを呼び物にする**　　ブルーミングデールズは、インドや中国など外国の商品を特集した、店舗全体で1か月間行う催しを呼び物にしている。
- **意外性のある商品を売ったり、品揃えを常に変える**　　ベネトンは商品の一部分を毎月入れ替え、顧客が頻繁に店舗を訪れたくなるようにしている。ローマンズは投売り品（現金が必要なため、オーナーがすぐに売却しなければならない商品）、過剰在庫品、閉店処分品によって、意外性のある品揃えを提供している。
- **最新の商品をいちばん先に販売する**　　シャーパー・イメージは、世界中の電器機具をいち早く紹介することにかけて、他の小売業をリードしている。
- **カスタマイズ・サービスを提供する**　　ロンドンのハロッズは、既成のメンズウェア以外に、オーダー・メードのスーツ、シャツ、ネクタイを顧客に提供している。
- **高度に標的を絞った品揃えを提供する**　　レイン・ブライアントは、大柄な女性向けの商品を販売している。ブルックストーンは、「大人のためのおもちゃ店」で買い物をしたい人向けの、めずらしい道具や機器を提供する[5]。

　品揃え戦略を決定したら、仕入れ元、仕入れ方針、仕入れの手続きを確立しなければならない。スーパーマーケット・チェーンの本部では、専門のバイヤー（マーチャンダイズ・マネジャーとも呼ぶ）がブランドの品揃えを担当し、販売員のプレゼンテーションを受ける。チェーンによっては、バイヤーに新しいアイテムを受け入れたり却下したりする権限を持たせている。あるいはバイヤーの権限が「明らかに仕入れないアイテム」や「明らかに仕入れるアイテム」の審査に限定されているチェーンもある。その中間のアイテムは仕入委員会に持

歴史メモ：1095年に始まった十字軍は、新しい交易路、新しい製品、新しい発想とともに、ヨーロッパに商業の拡大をもたらした。

ち込んで承認を得るのである。

　アイテムがチェーン・ストアの仕入委員会で承諾されても、チェーン内の個別の店舗が販売しない場合もある。アイテムの3分の1は必ず在庫になければならないが、3分の2は各店舗マネジャーの裁量で在庫を持つことになる。

　製造業者にとっては、自社の新製品を店の棚に置いてもらうことが大きな課題である。製造業者から全国のスーパーマーケットに持ち込まれる新アイテムは週に150〜250もあるが、そのうち70％以上は店舗のバイヤーに却下されている。製造業者は、バイヤー、仕入委員会、店舗マネジャーの受け入れ基準を知る必要がある。A.C.ニールセンが店舗マネジャーにインタビューしたところ、(重要度の順番で)顧客受容の確実性、入念に準備された広告と販促計画、取引に対する潤沢なインセンティブに影響を受けやすいことが判明した。

　小売業者は需要予測、商品選択、在庫管理、売り場配分、ディスプレーの技術を急速に向上させつつある。コンピュータを使って、在庫の追跡、経済的な注文量の算出、商品の発注、納入業者と製品に費やしたコストの分析を行っている。スーパーマーケット・チェーンはスキャナー・データを使って、店舗ごとにマーチャンダイズ・ミックスを管理している。

　店舗は、**直接製品収益性（DPP）**を使って、製品が倉庫に到着してから顧客が店舗で購入するまでの取り扱いコスト(受け取り、倉庫への移動、事務処理、選択、チェック、出荷、保管費用)を測定している。DPPを導入した再販売業者は、製品の粗利がDPPにあまり関係ないことを知って驚くことになる。かさの大きい製品は、取り扱いコストが高いために利益が低くなり、かさの小さい製品に比べて、棚スペースあたりの利益が低い場合がある。

　納入業者は今後ますます知識の豊富なバイヤーと渡り合っていくことになる。■表17-3には、納入業者が小売業者に対して魅力を高めるためのマーケティング・ツールが示されている。GEによるディーラーへの対応方針の改善例について考えてみよう。

GE

　1980年代後半になるまで、GEはディーラーに自社の家電を販売させるという従来の体制で運営されていた。この方式は、大量の在庫を抱える余裕がなく、複数ブランドを扱う大規模ディーラーとの価格競争に対抗できない小規模の独立ディーラーにとって特に問題だった。そこでGEは、この方式に代わる「ダイレクト・コネクト」システムと呼ばれるモデルを考案し、GEのディーラーはディスプレー用のモデルだけを持てばよく、受注を「バーチャル在庫」に頼れるようにした。ディーラーは1日24時間GEの注文処理システムにアクセスしてそのモデルが手に入るかどうかをチェックでき、発注すると翌日配達されてくる。ディーラーはGEから最も有利な価格で仕入れることができ、融資も受けられる。最初の90日間は利息もかからない。この見返りにディーラーは、GEの9つの主要製品カテゴリーを販売し、売上高の半分はGE製品であげ、帳簿をGEに公開して監査を受け、電子振替決算シス

表 17-3

納入業者のマーケィング・ツール

1. 共同広告　　納入業者が、自社製品にかかる小売業者の広告コストを一部負担する。
2. プレチケッティング　　納入業者が各製品の定価、製造業者、サイズ、製品番号、色を記載したタグをつける。このタグは小売業者が商品を再発注する際に役立つ。
3. 在庫ゼロの購買　　納入業者が在庫を抱え、注文があれば短時間で商品を届ける。
4. 自動再発注システム　　納入業者が、商品の自動再発注の方式とコンピュータ・リンクを提供する。
5. 広告支援　　納入業者が体裁のよい写真や放送用の原稿などを提供する。
6. 特別価格　　納入業者が店舗全体でのプロモーションを支援する。
7. 返品と交換の特典
8. 商品の値下げのためのアロウワンス
9. 店舗内デモンストレーションの後援

テムで毎月GEに支払いをすることを約束しなければならない。GEディーラーの利益率はうなぎのぼりに上昇し、GEにとっても、自社製品の販売に熱心かつGEに依存する度合いの高いディーラーを確保できた。GEは、小売レベルでの自社商品の売上がわかるようになり、生産スケジュールをいっそう正確に立てられるようになった[6]。

サービスと店舗の雰囲気

小売業者は顧客に提供する**サービス・ミックス**も決定しなければならない。

- 購買前のサービスには、電話と郵便による注文の受け付け、広告、ウィンドウと店内のディスプレー、試着室、営業時間、ファッション・ショー、下取りがある。
- 購買後のサービスには、発送、配達、ギフト包装、調整と返品、手直しと仕立て、設置、名入れがある。
- 補助的なサービスには、一般的な情報、小切手の現金化、駐車場、レストラン、修理、店内装飾、クレジット、化粧室、託児サービスがある。

サービス・ミックスは店舗の差別化を図る主要なツールの1つである。

店舗の雰囲気も店舗にかかわるもう1つの要素である。どの店にも物理的なレイアウトがあり、そのレイアウト次第で店内を動き回るのが面倒になったり楽になったりする。どの店にもその店なりの「表情」がある。店には標的市場にふさわしく、顧客の購入意欲を喚起するような、計算された雰囲気がなければならない。斎場は静かで荘厳で穏やかな雰囲気でなければならない。ダンス・クラブは明るく、にぎやかで、わくわくする場でなければならない。ビクトリアズ・シークレットの店舗は「小売の劇場」というコンセプトに則っている。顧客は、背景に流れる華麗な音楽とかすかな花の香りでロマンス小説の世界に入り込んだように感じる。スーパーマーケットは、音楽のテンポを変えると店内での平均滞在時間と平均支出額が変わることに気づいている。高級百貨店のなかには、特定の売り場で香水の香りを漂わせているところもある。レストランも「パッケージ化された環境」を演出している[7]。

カジュアル・ダイニング

オリーブ・ガーデン（■口絵17-1参照）、レッド・ロブスター、T.G.I.フライデーズ、アウトバック・ステーキハウスなどのカジュアル・ダイニング（気軽な食事形式）レストランが370億ドルものビジネスになっている一方、大げさな仕掛けの「テーマ・レストラン」は苦境に陥っている。テーマ・チェーンの大手であるファッション・カフェとプラネット・ハリウッドの2社は、店舗を閉鎖している。これは、顧客に再来店を促すには舞台装置以上のものが必要だという教訓のようである。つまり、味が良くなければならないし、価格が適正でメニュー内容は常に更新されるべきである。また食事客は、気軽で家族的な雰囲気を求めている[8]。

モール・オブ・アメリカ

アメリカ最大のショッピングモールである、ミネアポリス近郊のモール・オブ・アメリカは、およそ2万8000平方メートルの遊園地を併設したスーパーリージョナル・モールである。1992年にオープンし、今では400以上の店舗が入って、1万2000人以上を雇用するまでになっている。4つの大手百貨店——ノードストローム、メイシーズ、ブルーミングデールズ、シアーズ——を配置し、世界中から貪欲な買い物客を集めるようになった。年間3500万人〜4000万人の来客があり、付近にあるホテルやモーテルの7000もある客室が満室になるほどである。モール・オブ・アメリカの目玉は14のディスプレーを持つジェネラル・シネマ、アンダーウォーター・ワールド、対話形式のダイムラー・クライスラー・ショーケース、ゴルフ・マウンテン、レインフォレスト・カフェと多彩で、さらにはチャペル・オブ・ラブまであり、これまで1000組以上がここで結婚式を挙げている[9]。

世界を人口1000人の村とすると、3分の1以上が子供で、65歳以上はわずか60人になる。また、清潔で安全な水が飲めるのは、3分の1にすぎない。

■ 価格の決定

価格はポジショニングの重要な要素であり、標的市場、製品とサービスの品揃え、競争相手などを考慮して決定されなければならない。小売業者はだれしもマージンを大きくして販売数量を増やしたいと願うものだが、この2つはまず同時には達成できない。小売業者の多くが**マージンを上げて販売数量を少なくする**（高級専門店）か、**マージンを下げて販売数量を多くする**（量販店やディスカウント・ストア）かのどちらかを追求することになる。2つのグループのそれぞれに、さらに段階が存在する。例えば、ビバリーヒルズのロデオ・ドライブにあるビジャンでは、紳士用スーツが1000ドル、靴は400ドルが最低価格で、販売数量は少ないものの1点の販売からあがる利益は大きい。その対極として、ニューヨーク・シティのスーパーディスカウンターであるオッド・ロット・トレーディングがある。この店は通常のディスカウンターよりも低価格ではんぱ物や見切り品を販売している。

小売業者は、価格戦術に対しても注意を払わなければならない。多くの小売

業者がいくつかのアイテムに低価格をつけ、集客のための「目玉商品」あるいは「おとり商品」として使う。時には全店セールを行うこともある。また、回転の遅い製品の値下げ販売を企画することもある。例えば靴の小売業者の場合、通常のマージンで製品の50％を販売し、40％のマージンで製品の25％を、残りの25％の製品は原価で販売することを考えるかもしれない。

一部の小売業者は、「セールス価格設定」をやめて、EDLPを選択している。EDLPによって広告コストは低下し、価格は安定し、公正さと信頼のイメージが高まり、小売収益も高まる。GMのサターン部門は自社の自動車について、定価を低くし、ディーラーによる値引きはしないと明言している。ウォルマートもEDLPを実施している。EDLPを実施しているスーパーマーケット・チェーンは、セールス価格を実施しているチェーンより高い利益をあげていることを示す研究がフェザーによって指摘されている[10]。

> 歴史メモ：石油が世界の主要燃料になったのは、ようやく今世紀に入ってからである。現在では、世界で消費される全エネルギー源の47％を占めるまでになっている。

■ プロモーションの決定

小売業者は、集客や購入につながるさまざまなプロモーション・ツールを使う。広告を打ち、特別セールを実施し、クーポンを発行し、来店頻度の高い買い物客への報奨プログラムや店内での試食を行い、陳列棚やレジでクーポンを配布する。各小売業は、自社のイメージ・ポジショニングを支援し強化するプロモーション・ツールを使わなければならない。高級店は、『ヴォーグ』や『ハーパーズ』のような雑誌に趣味のよい全面広告を載せる。販売員を入念に教育して顧客への対応、顧客ニーズの理解、苦情処理を身につけさせる。オフプライス・ストアは、特売やお買い得の印象を高めるように商品を配置する一方で、サービスや販売にかかる労力を抑えている。

■ 立地の決定

小売業者がよく挙げる成功の鍵として、「立地がすべて」というのがある。一般に顧客は最寄の銀行やガソリンスタンドを選ぶ。百貨店チェーン、石油会社、ファストフード・フランチャイザーは、立地の選択に細心の注意を払う。具体的には、店舗を国内のどの地域にオープンするかを決め、次に特定の都市を選び、さらに特定の場所に絞り込むことになる。スーパーマーケット・チェーンが、中西部での営業を決定したとする。中西部の中でも、シカゴ、ミルウォーキー、インディアナポリスの3都市を選ぶ。さらにシカゴ地区の中で、主に郊外の14か所に的を絞る、という具合である。最近、立地選びに見事な手腕を発揮しているのは、オフプライス・ストアのT.J.マックスと玩具店の巨人トイザらスである。この2社は新たな店舗の大半を若い家族が急増している地域に立地させている。

小売業者は店舗を都心の商業地区、リージョナル・ショッピング・センター、コミュニティ・ショッピング・センター、ショッピング・ストリップ、あるいは大型店舗内に入れるという選択肢がある。

■ **市街地の商店街** 最も古く、最も通行量の多い市街地。「ダウンタウ

ン」と呼ばれることが多い。店舗や事務所の賃料は通常高い。ほとんどのダウンタウン地区は、1960年代に人々が郊外に移り住むようになって打撃を受け、その結果、小売施設は衰退した。しかし1990年代に入って、デンバー、クリーブランド、シアトル、フィラデルフィアなど多くの都市で、ダウンタウンのアパートメント、店舗、レストランがちょっとしたブームになりつつある。

- **リージョナル・ショッピング・センター** 40～200の店舗を擁する大規模な郊外のショッピングモール。通常、半径10 km～30 kmに住む顧客を対象とする。一般にモールは、JCペニーやロード&テイラーのような全国的に有名なアンカー・ショップを1つか2つと、多数の小型店舗（大半はフランチャイズ店）を擁している。モールの魅力はゆったりとした駐車場、ワンストップ・ショッピング、レストラン、娯楽設備にある。成功したモールは高い賃料と店舗売上の一部を手に入れる。

- **コミュニティ・ショッピング・センター** アンカー・ショップを1つ、小さな店舗を20～40擁する小型のショッピングモール。

- **ストリップ・モール（ショッピング・ストリップとも呼ぶ）** 通常、店舗が1つの長い建物に集まったもの。周辺地域の食料品、金物、クリーニング、靴の修理、ドライクリーニングなどのニーズに対応する。自動車で5分～10分の範囲に住む顧客を対象とする。

- **大型店舗内** 知名度の高い特定の小売業——マクドナルド、スターバックス、ネーサンズ、ダンキンドーナツ——は、大型店舗、空港、学校、百貨店などの施設内の売店コーナーとして、新たに小規模な店舗を配置している。

通行量の多さと高い賃料との関連を考慮して、小売業者は出店に最も有利な立地を決定する必要がある。交通量測定、消費者の買い物習慣調査、競合他社の立地分析など、立地を評価する方法はいろいろある[11]。立地決定のためのモデルもいくつか構築されている[12]。

小売業者は特定店舗の売上効力を、(1) 1日に通過する人数、(2) 入店する人の割合、(3) 入店して買い物をする人の割合、(4) 1回の買い物の平均金額、という4つの指標を用いて評価できる。

小売業のトレンド

競争戦略を策定する際に、小売業者と製造業者が考慮すべき動向をここで要約してみよう。

1. 新しい小売業態や組み合わせが絶えず登場している。銀行の支店がスーパーマーケット内に開店されている。ガソリンスタンドに飲食店が入り、ガソリンスタンドよりも大きな利益をあげている。書店にはコーヒーショップが設置されるようになった。旧来の小売業態も再登場している。1992年、ショーナと

ニュー・ミレニアムにどのエネルギー源が選択されるのかは、まだわからない。1つの可能性としては、宇宙船に搭載されている燃料電池またはイオン推進システムが考えられる。

歴史メモ：アフリカにおけるヨーロッパの最初の交易基地は、15世紀半ばにポルトガル人によって開設された。

ランディ・ヘニジャーはモール・オブ・アメリカに行商の屋台を登場させた。現在、全国の主なショッピングモールの4分の3に屋台があり、普段着からコンドームまで、あらゆるものを売っている。業績のよい屋台は月に3万ドル〜4万ドルを売り上げ、12月ともなると売上はゆうに7万ドルを超える。開店の平均コストはわずか3000ドルと少なく、小売業を目指す起業家が大きな投資をせずに第一歩を踏み出す後押しをしている。ショッピングモールにとっては、小型の小売店を誘致し、季節商品を展示し、常設テナントの見込みを立てる方法になっている。

2. 新しい小売業態は寿命が短い。たちまち模倣され、すぐに目新しさを失ってしまう。

3. 電子時代は、無店舗小売業を大きく成長させた。消費者は郵便、テレビ、コンピュータ、電話を通じて商品やサービスのオファーを受けると、すぐにフリーダイヤルに電話をするかコンピュータで反応することができる。

4. 今日の競争はますます、タイプの異なる店舗どうしの争いになっている。ディスカウント・ストア、カタログ・ショールーム、百貨店がすべて同じ消費者を求めて競争している。チェーン・スーパーストアと小規模な個人商店間の競争は特に熱をおびている。チェーンは大量仕入れ力があるおかげで、個人商店よりも良い条件を享受でき、売場面積が広いのでカフェや化粧室を設置する余裕もある。スーパーストアの開店によって近隣の個人商店が廃業に追い込まれている場所も多々ある。書籍販売業では、バーンズ&ノーブルやボーダーズ・ブックス・アンド・ミュージックが多くの小規模書店を廃業に追いやっている。しかし小さな企業がすべてにおいて歩が悪いわけではない。多くの小さな個人小売業は、顧客をよりよく理解し、よりきめ細やかなサービスを提供することで成功を収めている。

5. 今日の小売業者は、量販店と専門店に二極化しつつある。一方において、超大型小売業が台頭している。優れた情報システムと仕入力を持ったこれらの巨大小売業は、大幅な値引きを提供できる[13]。このような小売業者は、高度なマーケティング情報と物流システムを活用し、優れたサービスと大量の製品を多くの消費者に魅力的な価格で提供する。その過程で、1つの大規模小売業者に依存しているため立場の弱くなった小規模製造業者と、競争するだけの資金力や仕入力を持たない小規模小売業者は閉め出される。多くの小売業者は、有力な製造業者に製造する商品、価格設定とプロモーションの方法、出荷の時期と方法、生産やマネジメントの再編成や改善まで指示する。製造業者に選択肢はほとんどなく、拒否すれば市場の10%〜30%をみすみす失うことになるのである。

他方、「カテゴリー・キラー」からの挑戦はことに熾烈を極めている。玩具(トイザらス)、日用大工用品(ホーム・デポ)、オフィス用品(ステープルズ)など、1つの製品カテゴリーに集中した巨大小売業者は、各カテゴリー内で大きなシェアを獲得し、その結果、製造業者の数が減ってきている。トイザらスが玩具小売の20%を押さえているため、10年前には5%以上のシェアを持つ製造業者

歴史メモ：北ヨーロッパ内および北ヨーロッパとその他の地域との交易を促進したハンザ同盟は、13世紀後半にドイツ人商人によって創設された。

は存在しなかったが、今では6つの製造業者が業界を支配するようになった。

6. シアーズやメイシーズのような百貨店はかつて、ワンストップ・ショッピングの便利さで消費者から重宝されていた。しかし百貨店は徐々に、数店舗の百貨店と多彩な専門店および十分な駐車場を擁するショッピングモールに取って代わられつつある。今では、食料品のアイテムと食料品以外の商品を組み合わせたスーパーセンター(Kマート、ウォルマート)が、ワンストップ・ショッピングの新しい業態を示している。

7. マーケティング・チャネルはますます専門的に管理され、計画されるようになっている。小売組織は、ライフスタイルの異なるグループをターゲットとした新しい業態をこれまで以上に設計し、開業しつつある。百貨店のような1つの業態に固執することなく、小売業態のミックスに移行している。■ミレニアム・マーケティング「ワーナー・ブラザーズ・スタジオ・ストア：ライセンス供与で稼ぐ」を参照されたい。

歴史メモ：13世紀半ば、フィレンツェは商業と産業の一大中心地となった。

8. テクノロジーは、競争のツールとして必須になりつつある。小売業者はコンピュータを使ってより正確な予測、在庫コストの管理、供給業者へのオンライン発注、店舗間での電子メールの送受信、店舗内の顧客への販売までも行っている。チェックアウト・スキャニング・システム[14]、資金の電子振替、EDI[15]、店舗内テレビ、先進的な商品取り扱いシステムも採用されつつある。

革新的なスキャニング・システムであるショッパー・トラックは、店舗内の人の流れをとらえるレーダーのようなシステムである。これを使ったニュージャージーのサックス・フィフス・アベニューでは、午前11時から午後3時の間に買い物客が急増することに気づいた。買い物客の流れをよりうまくさばくために、同店舗では店員の昼食時間を変更した。ピア・ワン・インポートも同じシステムを使って、新聞広告の来店客数への影響をテストした。小売業者は、人の流れと売上データを組み合わせることで、ひやかしの客を買い物客に変える力が当該店舗にどれだけあるか確認できるとしている[16]。

9. ユニークな業態と強力なブランド・ポジショニングを持つ小売業者が、次々に海外進出を果たしている[17]。マクドナルド、ザ・リミテッド、GAP、トイザらスは、その素晴らしいマーケティング手腕で世界的にも傑出している。利益を伸ばそうと海外進出を意欲的に進めているアメリカの小売業者が増えている。しかしアメリカの小売業者は、世界進出においてヨーロッパや極東に大きく遅れをとっている。ヨーロッパの小売業者の40％、極東の小売業者の31％に比較すると、世界的に事業展開しているアメリカの小売業者は、わずか上位18％にすぎない。海外に拠点を置くグローバルな小売業者には、イギリスのマークス＆スペンサー、イタリアのベネトン、フランスのカルフール・ハイパーマーケット、スウェーデンのイケア家具店、日本のヤオハン・スーパーマーケットがある[18]。

歴史メモ：カカオ豆、つまりチョコレートは、1502年にコロンブスによってヨーロッパにもたらされた。

10. コーヒーハウス、喫茶店、ジュース・バー、書店、ビール・パブなど人の集まる場を提供する施設が目覚ましい増加を見せている。デンバーにある2軒のタタード・カバード書店は、フォーク・ダンスから女性の会合まで年間250

MARKETING FOR THE MILLENNIUM　ミレニアム・マーケティング

ワーナー・ブラザーズ・スタジオ・ストア：ライセンス供与で稼ぐ

映画、テレビ、音楽の登場人物を、魅力的な新しい製品ラインに変容させることにかけて、ワーナー・ブラザーズに匹敵するのはディズニーしかない。衣類からアクセサリー、アニメーション・アート、ビデオ、ギフト品、調度品にいたるまで、スタジオ・ストアはバッグス・バニーなどのルーニー・トゥーンズのキャラクター、バットマン、ラグラッツ、マテルのホット・ウィールといった、おなじみのキャラクターであふれるカラフルな店構えである。

エンターテインメント関連商品の小売パイオニア、ワーナー・ブラザーズは世界13か国に185のスタジオ・ストアを有する。アメリカ国外のスタジオ・ストアには、株式の大半を所有し、運営するパートナー企業がついている。スタジオ・ストアはライセンス供与によるブランドの拡張方法を示すお手本といえる。

ルーニー・トゥーン・トイ・ファクトリーから出荷された玩具は、あらゆる場所に流通している。ライセンス供与された商品の多くは、ワーナー・ブラザーズの子会社であるジャイアント・マーチャンダイジングか、ワーナー・ブラザーズのコンシューマ・プロダクト部門から供給される。同部門は現在、DCコミックス、ウィザード・オブ・オズ、ハンナ・バーベラ、ルーニー・トゥーンズなど3700以上のライセンシーを有している。価格は大半が中程度だが、熱狂的なコレクター向けの非常に高価なアイテムも少数ある。映画フィルム用の缶に入ったTシャツなど、気の利いたパッケージのアイテムが多い。バッグス・バニーの肖像が描かれたアメリカの郵便切手まで販売されている。

特別イベントが定期的に、特にニューヨーク・シティの本店で催されている。人気テレビ番組「バフィー・ザ・バンパイア・スレイヤー」のデービッド・ボーリアナズが登場したときは、3000人のファンが集まり、バフィーTシャツの在庫は2時間で売り切れた。

スタジオ・ストアは、わくわくできる場、家族ぐるみで楽しめるエンターテインメント、そしてもちろん楽しい気分を家まで持ち帰りうるようなライセンス供与による数多くの商品を提供している。また、スタジオ・ストアは、ワーナー・ブラザーズの映画、テレビ番組、音楽を目の前で見せてくれる、説得力のある広告にもなっている。

出典：Warner Bros. Web site, "Warner Bros. Studio Store Throws a Bash to Celebrate Marvin the Martian's 50th Year on Earth," *Business Wire*, July 26, 1998; "Warner Bros. Products and ENIC Announce Partnership," *Business Wire*, April 6, 1998; Dan Fost, "That's Entertainment," *Marketing Tools*, June 1, 1998, p. 36.

ものイベントを主催している。ニューヨークのジップ・シティ・ブリューイングやシアトルのトロリーマン・パブなどのビール・パブは、テイスティングとひとときを過ごす場を提供している。子供の遊戯場チェーンであるディスカバリー・ゾーンは、子供たちが何も壊すことなく大暴れでき、ストレスのたまった親がおしゃべりのできる室内スペースを提供している。また、今やどこでも見かけるようになったコーヒーハウスやエスプレッソ・バーもある。例えばスターバックスは、1989年の2500店から、1999年には1万店になると予測されている[19]。またバーンズ＆ノーブルは、かつてはつまらなかった書籍売場を楽しみにあふれる広場に変えたといえる。

バーンズ＆ノーブル

バーンズ＆ノーブルは、今やアメリカ最大の書籍販売業者であり、ア

メリカで販売される本のうち8冊に1冊は同社が販売していることになる。これほどまでの規模になったのは、店舗を魅力的にし、コミュニティ・イベント、文芸イベント、公共の休憩室、カフェ、子供向け朗読会、居心地のよい読書エリア、落ちついた音楽、書籍・雑誌・音楽の膨大な品揃えを提供したためである。バーンズ＆ノーブルは、アメリカ国内に1000店以上の店舗を有している。その半分は独立した店舗で、残りはショッピングモールにある。インターネットでも、アマゾン・ドットコムに次ぐ大手である。ウェブ上で成功した理由として、魅力的で活気のあるホームページと、AOLやマイクロソフト・ネットワークなど主要なサイトとのリンクが挙げられる[20]。

卸売業

- **卸売業**は、再販売あるいは業務での使用を目的として購入する相手に、製品やサービスを販売するすべての活動のことである。主に生産にかかわる製造業者と農業生産者は卸売業者には含まれず、また小売業者も除かれる。

卸売業者（流通業者とも呼ぶ）は多くの面で小売業者と異なっている。第1に、卸売業者はプロモーション、雰囲気、立地にはあまり注意を払わない。最終消費者ではなく、企業顧客と取引するためである。第2に、卸売業者の取引は普通、小売業者の取引よりも規模が大きく、卸売業者は小売業者よりも広い地域を対象とする。第3に、卸売業者と小売業者では法律上、税制上の扱いも異なる。

そもそも卸売業者を使う理由は何だろうか。製造業者はなぜ直接、小売業者あるいは最終消費者に販売しないのだろうか。一般的に、卸売業者が使われるのは、次の機能の1つ以上をより効率的に果たせる場合である。

- **販売とプロモーション**　卸売業者のセールス・フォースは、製造業者が多くの小口顧客に比較的低コストで到達するのを助ける。卸売業者は、遠く離れた製造業者より買い手との接触が多く、買い手からの信頼も厚い。
- **仕入れと品揃え**　卸売業者は顧客が求める製品を選択し、取りそろえることができるので、顧客の手間を大幅に省くことができる。
- **小口分割**　卸売業者は大量のロットで仕入れ、それを小口に分割することによって、顧客のコストを節約する。
- **保管**　卸売業者が在庫を持つので、供給業者と顧客双方における在庫コストと在庫リスクを軽減する。
- **輸送**　卸売業者は生産者よりも買い手に近いところにいるため、買い手への配送が迅速にできる。
- **ファイナンシング**　卸売業者は顧客に対しては信用売りを認めることで、供給業者に対しては先行注文と期日どおりの支払いをすること

歴史メモ：16世紀にチョコレート、コーヒー、ゴム、タバコがヨーロッパにもたらされた。バナナは東南アジアからアメリカに入り、その後ヨーロッパに持ち込まれた。

で、資金の融通を行う。
- **リスク負担**　卸売業者は所有権を取得し、盗難、破損、腐敗、陳腐化によって発生するコストを負担して、リスクを吸収する。
- **市場情報**　卸売業者は供給業者と顧客に対して、競合他社の活動、新製品、価格動向などの情報を提供する。
- **マネジメント・サービスとコンサルティング**　卸売業者は店員を教育したり、店舗のレイアウトやディスプレーを手伝ったり、会計システムと在庫管理システムを確立したりして小売業者の業務を改善することがよくある。教育や技術サービスの提供によって企業顧客を支援する場合もある。

卸売業の成長とタイプ

香辛料の交易は途方もない富をもたらした。1621年、西インド諸国で300ドル以下で買い付けられた香辛料が、ヨーロッパでは200万ドルで売れた。

　アメリカの卸売業は、過去10年間に5.8％の率で成長している[21]。これを説明する要因はたくさんある。主要な買い手から離れた場所にある大規模工場の増加、実際の注文に対応した生産ではなく注文に先立つ生産の増加、中間の生産者や利用者の段階数の増加、数量、パッケージ、形状について中間および最終の利用者ニーズに製品を対応させる必要性の高まりなどである。卸売業者の主な種類は■表17-4に示されているとおりである。

卸売業者のマーケティング決定

　卸売流通業者は近年、新たに発生する競争、要求の厳しい顧客、新たな技術、大手の企業購買者や機関購買者や小売業者による直接購買の増加といった問題に直面しており、適切な戦略的対応を策定しなければならなくなっている。大きな動きの1つとして、在庫と受け取り勘定の管理を改善して、資産の生産性を向上させるようになっている。また、標的市場、品揃えとサービス、価格、プロモーション、立地に関する戦略的意思決定を改善する必要もある。

■ 標的市場

　卸売業者は標的市場を明確にする必要がある。標的グループの選択基準として、顧客の規模（例えば規模の大きな小売業者）、顧客のタイプ（例えばコンビニエンス・フード・ストア）、サービスに対するニーズ（例えば信用売りを求める顧客）などがある。標的グループの中で収益性の高い顧客を見極め、その顧客に対してより魅力的な提供物を設計すれば、より良いリレーションシップを築くことができる。自動再発注システムの提案、マネジメント教育と助言システムの確立、あるいはボランタリー・チェーンの主催という方法がある。利益のあがらない顧客に対しては、大口注文を要求したり、小口注文にサービス料を請求するなどして、取引を減らすことができる。

	表 17-4
	主な卸売業者の種類

マーチャント・ホールセラー　製品の所有権を取得する独立事業者。取引の種類に応じて、仲買人、卸売業者、工具類卸売業者と呼ばれる。フルサービスと限定サービスの2つのカテゴリーに分類される。

フルサービスの卸売業者　在庫を持ち、セールス・フォースを抱え、クレジットを供与し、配送を行い、経営を援助する。フルサービスの卸売業者には2種類がある。(1) **卸売商**は主に小売業者を対象とし、フルサービスを提供する。**総合製品卸売商**は複数の製品ラインを扱う。**総合ライン卸売商**は1つまたは2つの製品ラインを扱う。**専門卸売商**は1つの製品ラインの一部分のみを扱う。(2) **生産財卸売業者**は、小売業者ではなく生産者に対して販売し、在庫負担、クレジット供与、配送など複数のサービスを提供する。

限定サービスの卸売業者　供給業者や顧客に限られたサービスを提供する。**現金持帰り卸売業者**は回転の速い限られた製品ラインを扱い、小口の小売業者に対して現金販売を行う。**トラック卸売業者**は主に半生鮮食品の限られた製品ラインを、スーパーマーケット、小さな食料品店、病院、レストラン、工場の従業員食堂、ホテルに販売・配送する。**ドロップ・シッパー**は、石炭、材木、重機などのバルク産業に対応する。注文を受けると、契約の条件と期日に合わせて製品を顧客に直接配達できる生産者を探す。ドロップ・シッパーは、受注してから顧客に納品されるまでの期間の所有権を持ち、リスクを負担する。**ラック・ジョバー**は、食料雑貨店やドラッグストアを顧客とし、主に非食料品を扱う。配送トラックを店につけ、配送係が製品を棚に並べ、価格を設定し、鮮度を保ち、店頭ディスプレーを行い、在庫記録をつける。ラック・ジョバーが製品の所有権を保持し、小売業者には顧客が購入した製品についてのみ代金を請求する。**生産者協同組合**は農産物を集めて地元の市場で販売する。利益は年末にメンバー間で分配される。**メールオーダー卸売業者**は、小売業者、企業顧客、機関顧客に宝石、化粧品、専門食品などの小物のカタログを送る。主な顧客は遠隔地の企業である。セールス・フォースは持たない。注文品は郵便やトラックなどの輸送手段で配達される。

ブローカーと代理業者　商品の所有権を持たず、果たす機能も少ない。主な機能は仕入れと販売を支援することであり、販売価格の2%〜6%の手数料を得る。一般に製品ラインまたは顧客タイプで専門化している。

ブローカー　買い手と売り手を引き合わせて交渉をまとめることが主な仕事である。雇い主となった買い手または売り手から手数料を受け取る。在庫を持たず、ファイナンシングも行わず、リスクも負わない。最も身近な例には食品ブローカー、不動産ブローカー、保険ブローカー、証券ブローカーがある。

代理業者　ブローカーより長期的に買い手もしくは売り手の代理を務める。**生産代理業者**は、補完的な製品ラインを扱っている複数の生産者の代理を務める。各生産者と文書で正式に価格政策、テリトリー、注文処理手順、配送サービス、保証、手数料を取り決める。アパレル、家具、エレクトロニクス製品のような製品ラインでよく利用される。大半の生産代理業者は零細であり、熟練した販売員が2人〜3人いるだけである。**販売代理業者**は、契約に基づき生産者の全製品を販売する権限を有する。繊維、産業機械や設備、石炭やコークス、化学品や鉄鋼品などの製品分野を扱う。**仕入代理業者**は一般に買い手と長期的な関係を持ち、買い手に代わって製品を購入する。受け取り、検品、保管、輸送を行うことも多い。**問屋**は製品を実際に仕入れて販売交渉をする。農産物市場で自ら販売することを望まず、生産者協同組合に属さない農業生産者によってよく使われる。

製造業者や小売業者の販売支店と営業所　独立の卸売業者ではなく、売り手や買い手自身の販売支店や営業所が行う卸売活動のことである。つまり、販売や仕入専門の支店や営業所である。販売支店と営業所は、生産者が在庫管理を改善したり、販売とプロモーションを強化するために設置する。販売支店は在庫を持ち、材木や自動車などの業界で見られる。営業所は在庫を持たず、乾物や雑貨などの業界に多く見られる。仕入事務所はブローカーや代理業者と同じような役割を果たす小売業者の仕入組織の一部である。多くの小売業者が大きな市場センターに仕入事務所を設置している。

その他の卸売業者　特定の経済セクターには、専門化した卸売業者が見られる。農産物仲買業者(多数の農場から生産物を仕入れる)、石油のバルク・プラントやターミナル(多数の油井から原油をまとめる)、オークション会社(自動車、設備などをディーラーや他の企業向けにせりに出す)がある。

> ノキア・コーポレーションは1865年に木製品の製造から始まったが、1世紀たった今日、携帯電話を製造している。

品揃えとサービス

　卸売業者の「製品」とは品揃えである。卸売業者はフルラインをそろえ、即時の納品に対応できる在庫を保有すべきだという大きなプレッシャーをかけられている。しかし、膨大な在庫を持てば利益がなくなる恐れがある。卸売業者は現在、製品ラインの数を再検討して、収益性の高い製品ラインだけに絞り込もうとしている。また、顧客との強固なリレーションシップを築く上で、どのサービスが最も重要か、どのサービスを省き、どのサービスに対して料金を請求すべきかも検討している。重要なのは、標的顧客から最も評価されるサービス・ミックスを見いだすことである。

価格の決定

　卸売業者は通常、製品の仕入れコストに対して、経費をカバーするために標準的な率、例えば20%のマージンを付加する。したがって、経費がグロス・マージンの17%であれば、残りの3%が純利益率となる。食料雑貨卸売業では、平均的な純利益率がおおむね2%以下である。卸売業者は現在、新たな価格設定アプローチを試みている。重要な新規顧客を獲得するためにいくつかの製品ラインの純利益率を下げる場合もあるし、供給業者の売上を増加させる機会につながるのであれば、供給業者に特別な値引きを要求することもできる。

> 1994年までに、アメリカの飲食店で購入された10回分の食事のうちの1回は、自動車の中で食べられるようになった。

プロモーションの決定

　卸売業者は、主に自らのセールス・フォースにプロモーションの目的達成を頼っている。大半の卸売業者は、1人の販売員が1人の顧客に対応するのが販売だと考えており、チームの努力で重要な顧客に販売し、リレーションシップを築き、サービスを提供することだとは考えていない。小売業者が活用するイメージ構築手法のなかには、卸売業者が採用できるものもある。卸売業者はまた、広告、販売促進、パブリシティを含む全体的なプロモーション戦略を策定する必要がある。供給業者のプロモーション材料やプロモーション・プログラムもいっそう活用しなければならない。

立地の決定

　かつて、一般的に卸売業者は賃借料や税金が安い地域に立地し、建物や設備にはほとんど投資しなかった。荷役運搬システムや注文処理システムは、技術的にみて時代遅れのものであることが多かった。今日では、先進的な卸売業者は**自動倉庫システム**の開発で荷役の手順やコスト構造を改善し、最新の情報システムを使って供給能力を高めている。ここで2つの例を以下に示そう[22]。

マケッソン

　アメリカとカナダで最大の医薬品卸売業者であるマケッソンは病院、医師、老人ホーム、薬局など多彩な顧客向けの医療品や医薬品の在庫を持ち、管理している。顧客である薬局には小売チェーン(ライトエイドやCVSなど)、仕入れグループ、独立の組織が含まれる。サービスを

向上させるために、注文用のソフトウェア・アプリケーションを薬局に提供している。薬剤師が出した注文は即座に処理される。マケッソンの倉庫担当者が注文に応じ、コンピュータ化されたシステムによって自動的に請求明細が作成され、箱詰めされ、出荷プラットフォームに運ばれて翌日配送される。このシステムは、製薬メーカーへの補充ストックの注文も自動的に行う（■口絵17-2参照）。

グレインジャー

W.W.グレインジャーは、企業向けの機器、部品、備品などを扱う北米最大手の卸売業者であり、520支店を通じて20万品目を提供している。全国流通センターを1つ、地域流通センターを2つ、地区流通センターを6つ設置し、製品がいつでも入手可能で、迅速にサービスを行えるようにしている。衛星ネットワークでリンクされた流通センターによって、顧客に対応するまでの時間が短縮され、売上が伸びた。グレインジャーは、ウェブサイトからの24時間オンライン注文も受け付けている。

グリニッチ・ミレニアム・ドームの展示ゾーンの1つに、お金と金融が私たちの生活をどう変えたかを示す「トランザクション」がある。

卸売業のトレンド

　製造業者には、卸売業者を使わない、あるいは効率の悪い卸売業者を効率の良い業者に代えるなど、常に選択肢がある。卸売業者に対する製造業者の主な不満には、次のようなものがある。製造業者の製品ラインを積極的にプロモーションせず、注文取りしかしていない。在庫を十分に置かず、顧客の注文に素早く対応できない。製造業者に市場、顧客、競合他社の最新情報を提供してくれない。能力の高いマネジャーを雇ったり、自社のコストを下げたりしない。請求するサービス料が高すぎる。

　大手の製造業者や小売業者が積極的に直接取引を行うようになり、卸売業者は衰退しつつあるようにさえ思われる。しかし優れた卸売業者はその危機に立ち向かって、事業の再構築に取りかかった。供給業者と標的顧客の変化するニーズに、自らのサービスを適合させた卸売業者が成功している。彼らは、チャネルに付加価値をつける必要に気づいたのである。また、最新の荷役運搬技術や情報システムに投資するなどして、業務コストを削減することも避けられなくなっている。

　ナラスとアンダーソンは、大手の生産財の卸売業者にインタビューして、彼らが製造業者とのリレーションシップを強化する4つの方法を発見した。

1. マーケティング・チャネルで自社に期待される機能について、製造業者と明確な合意を持とうとした。
2. 製造業者の工場を訪問したり、製造業者の組合会議やトレード・ショーに参加して、製造業者が要求する条件への理解を深めた。
3. 数量目標を満たし、支払い請求を即座に処理し、製造業者に顧客情報をフィードバックするなど、製造業者へのコミットメントを高めた。

MARKETING MEMO

高パフォーマンス流通卸売業者の戦略

ラッシュ、ジッゾ、ケンダーディンは、北米の136の卸売業者を研究し、進歩的な卸売業者は、次の5つの方法で自らの改革を行っているという結論を出した。

1. **中核事業の強化**：いくつかの卸売業者は周辺事業を整理し、中核事業に改めて集中した。特定の製品ラインの流通について、製造業者や小売業者にはその効率性を模倣できない専門技術の開発に成功した。

2. **グローバル市場への進出**：卸売業者は特に化学、エレクトロニクス、コンピュータの分野で、カナダやメキシコばかりかヨーロッパやアジアにまで進出している。製造業者の多くは、自社のネットワークを確立するよりも卸売業者のネットワークを使って海外進出する方を好む。

3. **より良いものをより安く提供**：卸売業者は、バーコード、スキャニング、完全自動化倉庫、EDI、最新の情報技術などに多額の投資をしている。これによって自社では投資できない、あるいはしたくない製造業者や小売業者に対応できるようになった。　↗

4. 製造業者を支援する付加価値サービスを割り出し、提供した(23)。

　勢いのあった卸売業界も、次の世紀にさしかかって、大きな課題に直面している。時代を経ても変わらないトレンドの1つである値上げに対する強い抵抗と、コストと品質に基づく供給業者の選別は、卸売業界にとって依然として大きな影響力を有している。また、製造業者が仲介業者を管理または所有する垂直統合を目指す傾向は依然として強い。■マーケティング・メモ「高パフォーマンス流通卸売業者の戦略」で、成功している卸売業者の戦略がいくつか紹介されている。

マーケット・ロジスティクス

　商品を顧客に届けるプロセスは、これまで**物流**と呼ばれていた。物流は工場から始まる。マネジャーが倉庫（保管場所）と、最終目的地に希望の時間あるいは最低コストで商品を運ぶ運送業者を選択する。

　近年、物流は**サプライ・チェーン・マネジメント**というより広義の概念に拡大している。サプライ・チェーン・マネジメントは、物流より早い段階から始まる。適切なインプット（原材料、部品、設備）を調達し、それを完成製品へと効率的に転換し、最終目的地に発送する。さらに視野を広げると、企業の供給業者が、インプットとなる原材料をどのように調達しているのかについて研究する必要が出てくる。サプライ・チェーンの視点は、企業が優れた供給業者や流通業者を見分け、生産性を向上するのに役立つ。これが最終的には企業のコストを下げることになる。

　残念ながらサプライ・チェーンの観点から見ると、市場は単なる目的地点にすぎない。企業は自社の標的市場の要件をまず考慮し、そこからさかのぼってサプライ・チェーンを設計した方が、より効果的である。この観点を**マーケット・ロジスティクス**という。

■ **マーケット・ロジスティクス**とは、顧客の要件を満たしかつ利益をあげるために、生産地点から使用地点までの原材料と最終製品の物的な流れを計画し、実行し、コントロールすることである。

これはデマンド・チェーンの検討にもつながる。以下にデマンド・チェーンの考え方の例をいくつか示そう。

■ ソフトウェア会社は通常、ソフトウェアのディスクとマニュアルを作成し、パッケージングしてから、卸売業者に出荷することを本分とし、卸売業者がそれを小売業者に出荷し、小売業者は顧客に販売する。顧客はソフトウェア・パッケージを家やオフィスに持ち帰り、ソフトウェアを自分のハードディスクにダウンロードする。マーケット・ロジスティクスは、この流れに疑問を呈する。より優れた提供システムが2つある。1つめは、ソフトウェアを顧客のハードディスクにダウンロードするように注文する方法である。2つめは、コンピュータ・メーカ

ーがソフトウェアをコンピュータにロードしておく方法である。この2つの方法を用いると、膨大な数のディスクやマニュアルの印刷、梱包、出荷、在庫の必要がなくなる。同様の方法は、音楽、新聞、ビデオゲーム、映画などの音声、テキスト、データ、画像を提供する製品にも応用できる。

- ドイツの消費者は以前、清涼飲料を1瓶単位で購入していたが、一度に6本パックを買ってもよいという意見が出はじめた。小売業者もこの意見に賛同した。6本パックなら瓶を棚に並べるのも容易な上、一度に購入してもらえる本数も多くなるからである。ある清涼飲料メーカーは、店舗の棚に収まる6本パックの設計に取りかかった。さらに、6本パックを効率的に店舗の搬入室に運搬できるようなケースやパレットが設計された。工場の生産過程も、6本パックを生産するように設計し直され、購買部門は新素材の入札を発表した。新しい6本パックが市場に出ると、このメーカーの市場シェアは大幅に拡大した。
- 世界最大の家具小売チェーンであるイケアは、品質の良い家具を競合他社よりも大幅に安い価格で販売できる。イケアのコスト削減にはいくつかの理由がある。(1)大量に仕入れるので、メーカーに価格を下げさせることができる。(2)家具が組み立て形式の設計になっているため、畳んだ状態で出荷でき、運搬費がはるかに安い。(3)顧客が家具を自分で家に持ち帰るため、配送費を節約できる。(4)顧客が家具を自分で組み立てる。(5)イケアは競合他社とは対照的に、低いマージンで大量に販売する営業スタイルをとっている。これらすべてがあいまって、イケアは同等の家具に対して競合他社よりも20％安い価格設定ができるのである。

マーケット・ロジスティクスには、**統合型ロジスティクス・システム(ILS)** が必要である。これは情報技術(IT)に支援された原材料管理、原材料フロー・システム、物流のことである。フェデックス・ロジスティクス・サービスやライダー・インテグレーテッド・ロジスティクス(■口絵17-3参照)のような専門の物流業者が、このようなシステムの設計や管理に参加することがよくある。ボルボはフェデックスと共同で、トラック部品の在庫を完備する倉庫をメンフィスに設置した。部品が緊急に必要になったディーラーがフリーダイヤルに電話すると、部品は同日中に輸送され、その晩には空港またはディーラーのオフィス、場合によっては路上の修理現場に配達される。

情報システム、特にコンピュータ、店頭の端末、共通製品コード、衛星によるトラッキング、EDI、電子資金転送(EFT)は、マーケット・ロジスティクスの管理に欠くことのできない役割を果たす。こうした技術によって企業は、例えば「その製品は明日、午前10時に25番ドックに到着します」といった確約をすることができ、その約束を情報機器によって管理できるようになった。次の2つの例を考えてみよう。

MARKETING MEMO

4. **TQMへのコミットメント**：進歩的な卸売業者は、売上や製品の動向を測定するだけでなく、顧客の知覚を向上させるためのプロセスの管理に移行している。例えば供給業者の製品の品質評価を行い、付加価値を高めるといったことである。卸売業者が欠陥ゼロの顧客サービスに移行するなか、製造業者と小売業者は、顧客を満足させる自社の能力にも貢献するこの傾向を歓迎している。

5. **マーケティング・サポートの理念**：卸売業者は、自らの役割が単に供給業者や顧客の利益に貢献するだけでなく、マーケティングの価値連鎖において貴重なメンバーとして行動することによって、この両者にマーケティング・サポートを提供することだと認識している。

出典：Robert F. Lusch, Deborah Zizzo, and James M. Kenderdine, "Strategic Renewal in Distribution," *Marketing Management* 2, no. 2 (1993): pp. 20-29. 同じ著者による以下の文献も参照されたい。*Foundations of Wholesaling—A Strategic and Financial Chart Book*, Distribution Research Program (Norman, OK: College of Business Administration, University of Oklahoma, 1996).

> ニュー・ミレニアムの課題：世界中で低下傾向にある識字率の向上。

スーパーバリュー

スーパーバリューは、ミネソタ州イーデンプレーリーに拠点を置く大手の乾燥食品卸売－小売業者である。同社は「クロス・ドッキング」を試みている。これは、供給業者のトラックから配送センターを経て店舗に向うトラックまで、製品を輸送ケースや保存ケースに入れずに移動させるシステムである。作業や時間を省ける見込みに魅力を感じたスーパーバリューは、紙製品やミルクやパンなど、いくつかの高ボリューム製品をクロス・ドッキングしている。乾燥食品の12％が今ではクロス・ドッキングされている。アラバマ州アニストンにあるハイテク流通センターで、すでにスーパーバリューは業務の効率化やコスト削減というメリットを享受している[24]。

カッター&バック

カッター&バックは、1990年に設立された高級ファッション・スポーツウェアの会社である。1993年、同社はゴルフのプロショップ市場に参入し、順調な成長を見せていた。1996年までにカッター&バックは、契約倉庫に問題があることを認識していたが、この問題は社内に刺繍(ししゅう)設備がないことで、さらに深刻になった。ニットシャツの約半分は特注の刺繍を必要としたが、14もの刺繍業者と取引していたため、ロジスティクスのスケジュールと管理が難しかった。そこでカッター&バックは巨額の投資をして自社の倉庫を建設し、この倉庫に刺繍用機械を導入した。特に刺繍物の所要時間が短くなり、事業と利益率は大きく拡大した[25]。

> 歴史メモ：12世紀ごろ、十字軍の関与もあって交易が世界中に広がりはじめ、広大な地域間で思想が行き来するようになった。

　マーケット・ロジスティクスにはいくつかの活動がある。起点となるのは売上予測である。企業はこれに基づいて流通、生産、在庫レベルのスケジュールを立てる。生産計画によって、調達部門が発注しなければならない原材料がわかる。これら原材料は企業向け輸送を通じて届けられ、搬入エリアに入り、原材料庫に保存される。原材料は最終製品に変換される。最終製品の在庫は顧客の注文と製造活動を結合する部分である。顧客の注文は最終製品在庫のレベルを下げ、製造活動は在庫のレベルを上げる。最終製品は組み立てラインを出ると、梱包、構内倉庫、出荷室での処理、社外への輸送、現場倉庫、顧客への配送とサービスという過程を経る。

　経営陣は、製品コストの30％～40％にもなるマーケット・ロジスティクスの総コストに関心を持つようになっている。例えば1993年にアメリカ企業は、国内総生産の10.5％に相当する6700億ドルを商品の包装、梱包、積載、積み下ろし、仕分け、再積載、輸送に費やしている。食料品業界だけでも、マーケット・ロジスティクスを改革すれば、年間の営業経費の10％つまり300億ドルを削減できる。典型的な朝食用シリアル1箱は工場を出てから、卸売業者、物流業者、ブローカー、コンソリデーターなどの迷路を通過してスーパーマーケットに到達するまでに、104日かかっている[26]。このような非効率を目のあたりにすると、マーケット・ロジスティクスを「コスト削減における最後のフロンテ

ィア」と専門家が呼ぶのもうなずける。マーケット・ロジスティクスのコストが低くなれば、価格が安くなるかマージンが高くなる。あるいはこの両方が実現する。コストが高くなることはあるが、入念に計画されたマーケット・ロジスティクスのプログラムは、競争の激しいマーケティングにおいて有力なツールとなりうる。マーケット・ロジスティクスを改善して、より良いサービス、より短いサイクル・タイム、より安価な価格を提供すれば、企業はさらに顧客を引きつけることができる。

マーケット・ロジスティクスが適切に設定されないとどうなるだろうか。商品を時間どおりに供給できなければ顧客を失う。コダックは店舗に十分な数のカメラを届ける前に、新しいインスタント・カメラの全国規模の広告キャンペーンを始めてしまった。このカメラが手に入らないと知った顧客は、代わりにポラロイド・カメラを購入した。モッシモは業績を改善するために、ロジスティクス・システムを改革しなければならなかった。

歴史メモ：1903年、オーバル・ライトが初めて飛行機で空を飛んだ。

モッシモ

デザイナーのモッシモ・ジャヌーリは、男性用と女性用のスポーツウェアに自分のサインを入れたコレクションを、ネクタイ、女性用ボディウェア、男女共用のサングラスなどとともにモッシモ・ブランドで販売している。ロサンゼルスに拠点を置く彼の会社は、全国の百貨店や専門店に製品を販売している。最近、高い間接費を削減してデザインに力を入れるため、モッシモはディスプレー印刷の子会社ジャンニーコを、サンフランシスコに拠点を置き、ライセンス供与されたブランドとプライベート・ブランドを扱うアパレル・メーカーであるウィンターランドに売却した。この取引の一環としてウィンターランドは、モッシモのTシャツやスウェットシャツをすべて製造することになった。この契約は両者に恩恵をもたらした。ジャンニーコが開発した最新の設備、倉庫、コンピュータ化された在庫システムは、バックストリート・ボーイズ、エリック・クラプトン、レッド・ツェッペリンなど数多くの音楽グループとライセンス契約したアパレルを扱う、より規模の大きなウィンターランドの業務にいっそうの効率化をもたらすはずだ[27]。

マーケット・ロジスティクスの目的

多くの企業が、マーケット・ロジスティクスの目的を「適切な商品を適切な場所に、適切な時間に、最も少ないコストで運ぶことだ」と述べている。残念ながら、この目的は現実的な指針を示していないに等しい。どのようなマーケット・ロジスティクス・システムも、顧客サービスの最大化と配送コストの最小化を同時に実現することはできない。最大の顧客サービスをするということは、大量の在庫を抱え、最高の輸送手段を使い、複数の倉庫を持つことを意味し、これらはすべてマーケット・ロジスティクスのコストを引き上げる。

マーケット・ロジスティクスの各マネジャーに、担当するロジスティクスのコストを最小化するよう要求したところで、マーケット・ロジスティクスの効率はよくならない。マーケット・ロジスティクスのコストは相互に作用するもので、しかも相反する関係にあることが多い。例えば次のとおりである。

　輸送マネジャーは、鉄道の方が低コストですむため、航空輸送よりも鉄道輸送を選択する。しかし、鉄道は速度が遅いために運転資本の拘束時間が長くなり、顧客の支払いも遅くなり、さらにはより迅速なサービスを提供する競合他社に顧客を奪われてしまうことにもなりかねない。

　出荷部門は安いコンテナを使って、出荷コストを最小化しようとする。しかし、安いコンテナを使うと商品の破損率が高くなり、顧客に嫌われる。

　在庫マネジャーにとって、在庫は少ないほどよい。しかし在庫を少なくすると、在庫切れ、繰り越し注文、事務作業、臨時生産、コストの高い速達便での出荷が増えてしまう。

マーケット・ロジスティクスの各活動は強いトレードオフの関係にあるので、意思決定はシステム全体を眺めて行う必要がある。出発点は、顧客が何を求め、競合他社が何を提供しているのかを研究することである。顧客は時間どおりの納品、緊急ニーズに応じる供給業者の意欲、商品の慎重な取り扱い、不良品の引き取りと迅速な再供給に応じる供給業者の姿勢に注目している。

次に、これらのサービスの相対的な重要性を検討しなければならない。例えばサービスと修理の時間は、コピー機の購入者にとって非常に重要である。ゼロックスは「アメリカ合衆国内のどこでも、サービス要請を受けてから3時間以内に故障した機械を元に戻す」というサービス提供の基準を構築した。そして、この確約を実行するために人員、部品、拠点を備えたサービス部門を設立した。

競合他社のサービス基準も考慮する必要がある。通常は競合他社のサービス基準に匹敵するか、それを上回ろうとするものだ。しかし目的は、売上ではなく利益を最大にすることである。企業は、より高いレベルのサービスを提供するためのコストにも注目しなければならない。サービスを削減して価格を下げる企業もあれば、より多くのサービスを提供してプレミアム価格を請求する企業もある。

最後に、市場に対して一定の確約を表明しなければならない。コカ・コーラは「消費者が飲もうと思ったときに手の届く場所にコークを置く」ことを目指している。さらに徹底して、サービス要素ごとに基準を設定している企業もある。

　ある機器メーカーは次のようなサービス基準を設けた。ディーラー注文のうち少なくとも95％は、注文を受けてから7日以内に納品する。ディーラーの注文を99％ミスしないで処理する。注文状況についてのディーラーの問い合わせには3時間以内に答える。輸送中の商品損傷が1％を超えないようにする。

マーケット・ロジスティクスの目的に対して企業は、その目的を達成するため

通信サービス会社のニュー・ミレニアム・コンサルティングは、コンサルティングと継続的な顧客サポート・サービスを提供し、電話、コール・センター、ボイスメール、対話型の音声応答、ビデオ会議のシステム設計と設置を支援している。

のコストが最小になるシステムを設計しなければならない。マーケット・ロジスティクス・システムには、以下のようなコストが発生する。

$$M = T + FW + VW + S$$

M = 提案されたシステムの総マーケット・ロジスティクス・コスト
T = 提案されたシステムの総運送コスト
FW = 提案されたシステムの倉庫の総固定コスト
VW = 提案されたシステムの倉庫の総変動コスト（在庫を含む）
S = 提案されたシステム下での、平均的な納品の遅延による総売上損失額

マーケット・ロジスティクス・システムの選択には、提案されたいくつかのシステムにかかる総コスト（M）を検討し、それを最小化するシステムを選択することが必要になる。Sの測定が困難な場合には、顧客サービスのターゲット・レベルにおける$T + FW + VW$の最小化を目指すべきである。

> ルーラル・コネクションズはミレニアム・コミュニケーションズと合併して、より高速のアクセスと情報を提供するインターネット・サービス会社、MILLCOMMを設立した。

マーケット・ロジスティクスの決定

マーケット・ロジスティクスについて、主に4つの決定を行わなければならない。(1)どのように注文を取り扱うべきか（注文処理）、(2)どこに在庫を置くべきか（保管）、(3)どれだけ在庫を持つべきか（在庫）、(4)どのように商品を出荷すべきか（輸送）、である。

■ 注文処理

今日、ほとんどの企業は受注から入金までのサイクル、つまり受注から納品を経て入金までにかかる時間を短縮しようとしている。このサイクルには、販売員による注文の伝達、注文の受理と顧客の信用調査、在庫と製造のスケジューリング、注文品と送り状の発送、入金など、多くの段階がある。このサイクルにかかる時間が長いほど、顧客の満足度と企業の利益が低下する。しかし、企業は大きな進歩を遂げつつある。例えばGEは、受注と同時に顧客の信用状況をチェックし、当該アイテムが在庫にあるかどうかを調べる情報システムを運用している。コンピュータが出荷指示を出し、顧客に請求書を発行し、在庫記録を更新し、在庫品追加の生産指示を出し、顧客の注文が処理中である旨のメッセージをセールス・レップに返送する。このすべてを15秒足らずで行うのである。

サラ・リー

大手企業サラ・リー社の一部門であるサラ・リー・ブランデッド・アパレルによれば、供給業者と情報を共有しようというデイトン・ハドソンの意欲の高さは競合他社と一線を画しているという。デイトン社のグローバル・マーチャンダイズ・システム（GMS）は予測、注文、ト

レンド分析など、60以上のアプリケーションを伴うサプライ・チェーン・システムである。ターゲットなどデイトン社の子会社は、サラ・リー・ブランデッド・アパレルに一定数のスウェットシャツをスタイル以外何も指定することなく注文できる。ターゲットは納品日が近づくと、色やサイズのトレンドを分析する。その予測に基づいてサラ・リーは試験的なロットを製作し、ターゲットがその販売を開始する。濃紺のスウェットシャツの売れ行きが良ければ、ターゲットはそれに沿って注文を調整する。この結果、サラ・リーとターゲットの双方が在庫を削減でき、値下げしなければならない回数も少なくなった[28]。

■ 保管

どの企業も、製品が売れるまでの間それを保管しておかなくてはならない。生産と消費のサイクルが一致することはめったにないからだ。保管機能によって、生産と市場が必要とする数量の食い違いを埋めることができる。企業は保管場所の数を決めなくてならない。保管場所の数が多ければ顧客へより迅速に配達できる。しかし、それだけ保管コストがかかることになる。

在庫の一部を工場内または工場近辺に保管し、残りを別の場所にある倉庫で保管することもある。企業は自前の倉庫を持つこともあるし、公共の倉庫を借りることもある。**貯蔵倉庫**は中・長期間にわたって製品を保管することを目的とし、**流通倉庫**はさまざまな工場や供給業者から製品を受け入れ、できるかぎり速やかに配送することを目的としている。例えば、ナショナル・セミコンダクター社は、6つの貯蔵倉庫を閉鎖して、シンガポールに中央流通倉庫を設置した。これによって同社の標準納品時間は47％短縮され、流通コストは2.5％低下し、売上は34％増加した[29]。

スピードの遅いエレベーターと非効率なマテリアル・ハンドリング方法を用いた古い多層階の倉庫は、中央コンピュータに管理された最新のマテリアル・ハンドリング方法を有する新しい単層階の**自動倉庫**の攻勢を受けている。自動倉庫ではコンピュータが注文を読み取り、フォークリフトや電動引き揚げ装置に指示してバーコードに従って商品を集め、出荷ドックまで運び、送り状を発行する。このような倉庫では労働者のけがが減り、人件費も削減され、盗難や破損も減少して在庫管理が改善された。ヘレンカーチス社では、3200万ドルを投じて旧式の6つの倉庫を新しい施設に建て換え、配送コストを40％削減している[30]。

■ 在庫

在庫レベルは、マーケット・ロジスティクスの重要な決定事項である。販売員は、自社が十分な在庫を確保し、すべての顧客の注文に即座に応じて欲しいと願うものだ。しかし、これは費用効果が高いとはいえない。**顧客へのサービス・レベルが100％に近づくにつれ、在庫コストは急速に増加する**。管理者は在庫を増やして注文処理時間を早くすることで、どれだけ売上と利益が伸びる

> 国際的な流通業者であるミレニアム・ケミカルズ社は、世界最大のテレピン油製造会社である。

かを判断した上で、決定を下さなければならない。

在庫戦略に関する決定とは、いつ、どれだけ注文するかということである。まず、在庫が減ったとき、どの在庫レベルで新たに注文するかを管理者は知る必要がある。この在庫レベルを**注文(再注文)ポイント**という。20の注文ポイントとは、在庫が20個になったときに再注文するという意味である。注文ポイントは、品切れのリスクと過剰在庫のコストのバランスをとるレベルに設定される必要がある。

次に、どれだけ注文するかという決定がある。注文量が大きくなれば、注文回数は少なくなる。企業は注文処理コストと在庫保管コストのバランスをとる必要がある。製造業者にとっての**注文処理**コストとは、アイテムあたりの**セットアップ・コスト**とランニング・コスト（生産時のオペレーティング・コスト）である。セットアップ・コストが低ければ、製造業者はアイテムを頻繁に製造でき、アイテムごとの平均コストが安定し、ランニング・コストに等しくなる。しかしセットアップ・コストが高い場合、長時間操業による生産と、在庫の増加によって、製造業者は単位あたりの平均コストを削減できる。

注文処理コストを**在庫保管コスト**と比較する必要がある。保管在庫の平均が大きくなると、在庫保管コストが高くなる。この保管コストには倉庫料、資本コスト、税金と保険料、原価償却費と陳腐化が含まれる。保管コストは在庫の価値の30％にも及ぶことがある。つまり、会社に保管在庫を増やしてもらおうとするマーケティング・マネジャーは、在庫を増やすことによって上昇する粗利益が、在庫保管コストの増加分を上回ることを示す必要がある。

最適注文量は、異なる注文レベルでの注文処理コストと在庫保管コストの合計を測定することによって決定できる。■図17-2には、単位あたりの注文処理コストが、注文された単位数とともに低下することが示されている。これは注文コストがより多くの単位数に分散されるためである。単位あたりの在庫保管コストは、注文された単位数とともに増加するが、これは仕入れた製品が在庫として残る期間が長くなるためである。2本のコスト曲線を垂直方向に合計したものが、総コスト曲線である。総コスト曲線のいちばん低い点を横軸に投影すると、最適注文量 Q^* が判明する[31]。

ジャスト・イン・タイム生産方式は、在庫計画の慣行を変える。ジャスト・イン・タイム(JIT)生産とは、必要なときに供給品が工場に入るよう手配することである。供給業者の信頼性が高ければ、製造業者は在庫レベルを非常に低くしても、顧客の注文処理基準を満たすことができる。以下の例について考えてみよう。

> **テスコ**
>
> イギリス最大のスーパーマーケット・チェーンであるテスコは、革新的なJITマーケット・ロジスティクス・システムを構築した。同社の経営陣は、コストのかかるバックルームの倉庫スペースを大幅に削減したいと考えていた。同社は補充ストックを1日2回納品することでこれを実現した。通常であれば冷凍商品、保冷商品、標準商品の配達のた

ニュー・ミレニアムには、レーザー治療や新しい感光薬などの新技術によって、加齢による失明は過去の遺物になるだろう。

過去のミレニアムには天然痘が克服された。ポリオは、ニュー・ミレニアムに克服される最初の病気になるだろう。

図17-2

最適注文量の決定

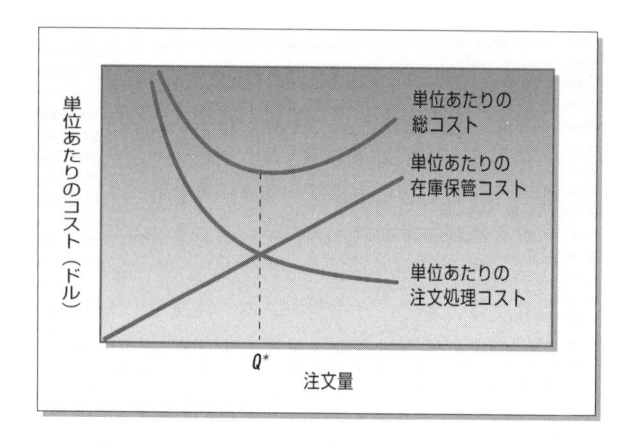

（図：縦軸「単位あたりのコスト（ドル）」、横軸「注文量」。曲線は「単位あたりの総コスト」「単位あたりの在庫保管コスト」「単位あたりの注文処理コスト」を示し、最適点 Q^* が記されている）

めに3台のトラックが必要であったが、コンテナ内を3つに仕切ったトラックを新たに設計し、3種類の商品を1台で運搬できるようにした。

■ 輸送

マーケターは、輸送についての意思決定にも関心を払わなければならない。輸送手段の選択は、製品の価格設定、時間どおりの配送、納品時の製品状態に影響を与え、そのすべてが顧客の満足度に影響するのである。

倉庫やディーラーや顧客に製品を出荷するにあたって、鉄道、船舶、トラック、パイプライン、航空機の5つの輸送手段から選択が可能である。荷主は、速度、頻度、信頼性、能力、利用可能性、追跡可能性、コストといった基準を考慮する。速度では航空機とトラックがいちばん良い。目標が低コストであるなら、船舶かパイプラインが優る。

コンテナリゼーションによって、荷主が2つ以上の輸送手段を組み合わせる傾向が高まっている。**コンテナリゼーション**とは、2つの輸送手段間の移送を容易にする箱またはトレーラーに商品を入れることである。**ピギーバック**とは鉄道とトラックを併用することで、**フィッシーバック**は船舶とトラック、**トレインシップ**は船舶と鉄道、**エアトラック**は航空機とトラックの併用をいう。それぞれの組み合わせに利点がある。例えば、ピギーバックはトラックのみの輸送より安く、しかも融通が利き利便性も高い。

輸送手段の決定に際して荷主には、プライベート、契約、公共という3つのキャリアの選択肢がある。荷主がトラックや航空機を所有している場合には、荷主が**プライベート・キャリア**になる。**契約キャリア**とは、契約ベースで他社に輸送サービスを販売する独立組織である。**公共キャリア**とは、あらかじめ定められた地点間で一定のスケジュールに基づいたサービスを提供する組織であり、すべての荷主が標準価格で利用できる。

> 民族の移動は、特に政情不安定な地域でニュー・ミレニアムにも続くだろう。

組織にとってのマーケット・ロジスティクスの教訓

マーケット・ロジスティクスでの経験から、経営者はいくつかの教訓を得ている。第1に、企業はすべてのロジスティクス要素が一点に集まるポイントに上級副社長を任命しなければならない。この上級副社長は、コストと顧客満足の基準に基づき、ロジスティクスのパフォーマンスに対する責任を持つ。ねらいはロジスティクスを管理して、妥当なコストで高い顧客満足を達成することである。以下に2つの例を挙げてみよう。

> 地球上で最初に日が昇る場所の1つ、ニュージーランドのサウスランドは、2000年を迎えるためのミレニアム特別祝典を準備中だ。

デイリゴールド

シアトルに本社を置く乳製品の協同組合であるデイリゴールドは、アメリカ北西部では最大手の牛乳と乳製品の加工業者である。同社は、生乳を国内市場と海外市場で販売できる製品に加工する。年間1000万の注文を取り扱い、複雑な価格決定要件を抱えていた。デイリゴールド社の情報システム担当役員であるジョージ・ライアソンは、注文処理システムを変更して顧客サービスを改善するために、新しいソフトウェア・システムを導入し、注文入力から注文確認までの平均時間を1時間～8時間からなんと5分～10分に短縮した。ライアソンは、この効率化がソフトウェアのコスト償却以上のものをもたらすと予測している[32]。

シアーズ

シアーズ・ローバックはシアーズ・クレジットという巨大な信販会社を保有している。シアーズ・クレジットは6000万人ものクレジットカード所有者を抱え、シアーズの店舗で販売される全商品の50%以上の支払いに対応している。顧客へのサービスを高めるためにシアーズは、第三者のクレジットカード取り扱いサービス会社であるトータル・システムズ・サービス(TSYS)と戦略的提携を結んだ。シアーズ・クレジットの社長アラン・J・レイシーは、支払い不履行口座を迅速かつ効率的に追跡することによって回収率を上げるTSYSの能力を力説する。レイシーは、ロジスティクスへの絶え間ない目くばりが、事業の規模にかかわらず、収益の向上につながることを十分認識している[33]。

マーケット・ロジスティクス戦略は単にコストだけでなく、ビジネス戦略をもとに策定されなければならない。ロジスティクス・システムを情報集約型にし、重要なすべての当事者間に電子的なリンクを確立する必要がある。また企業は、競合他社のサービス基準に匹敵するかそれを上回るべく、自社のロジスティクス目標を設定し、関連するチームのメンバーをすべて計画立案プロセスに関与させなければならない。

参考文献

1. William R. Davidson, Albert D. Bates, and Stephen J. Bass, "Retail Life Cycle," *Harvard Business Review* (November–December 1976), pp. 89–96.
2. Stanley C. Hollander, "The Wheel of Retailing," *Journal of Marketing*, July 1960, pp. 37–42.
3. Bill Saporito, "And the Winner Is Still ... Wal-Mart," *Fortune*, May 2, 1994, pp. 62–70; Lorrie Grant, "An Unstoppable Marketing Force: Wal-Mart Aims for Domination of the Retail Industry—Worldwide," *USA Today*, November 6, 1998, p. B1.
4. Hoover's Company Capsules, 1999.
5. Laurence H. Wortzel, "Retailing Strategies for Today's Marketplace," *Journal of Business Strategy*, Spring 1987, pp. 45–56.
6. 以下の文献を参照されたい。Michael Treacy and Fred Wiersema, "Customer Intimacy and Other Discipline Values," *Harvard Business Review*, January–February 1993, pp. 84–93.
7. さらに詳しくは、以下の文献を参照されたい。Philip Kotler, "Atmospherics as a Marketing Tool," *Journal of Retailing*, Winter 1973–1974, pp. 48–64; Mary Jo Bitner, "Servicescapes: The Impact of Physical Surroundings on Customers and Employees," *Journal of Marketing*, April 1992, pp. 57–71. 以下の文献も参照されたい。B. Joseph Pine II and James H. Gilmore, *The Experience Economy* (Boston: Harvard Business School Press, 1999).
8. Shannon Stevens, "The Return of Red Lobster," *American Demographics*, October 1998; Chelsea J. Carter, "Theme Restaurants Face Trouble," Associated Press, December 17, 1998.
9. Mall of America Web site; Kristen Ostendorf, "Not Wed to Tradition," Gannett News Service, January 5, 1998.
10. Frank Feather, *The Future Consumer* (Toronto: Warwick Publishing, 1994), p. 171. 以下の文献も参照されたい。Stephen J. Hoch, Xavier Dreeze, and Mary E. Purk, "EDLP, Hi-Lo, and Margin Arithmetic," *Journal of Marketing*, October 1994, pp. 1–15.
11. R. L. Davies and D. S. Rogers, eds., *Store Location and Store Assessment Research* (New York: John Wiley, 1984).
12. 以下の文献を参照されたい。Sara L. McLafferty, *Location Strategies for Retail and Service Firms* (Lexington, MA: Lexington Books, 1987).
13. Jay L. Johnson, "Supercenters: An Evolving Saga," *Discount Merchandiser*, April 1995, pp. 26–30.
14. 以下の文献を参照されたい。Catherine Yang, "Maybe They Should Call Them 'Scammers,'" *Business Week*, January 16, 1995, pp. 32–33; Ronald C. Goodstein, "UPC Scanner Pricing Systems: Are They Accurate?" *Journal of Marketing*, April 1994, pp. 20–30.
15. EDIシステム成功の鍵となる要素については、以下の文献を参照されたい。R. P. Vlosky, D. T. Wilson, and P. M. Smith, "Electronic Data Interchange Implementation Strategies: A Case Study," *Journal of Business & Industrial Marketing* 9, no. 4 (1994): 5–18.
16. "Business Bulletin: Shopper Scanner," *Wall Street Journal*, February 18, 1995, p. A1.
17. 小売の動向についてさらに詳しくは、以下の文献を参照されたい。Louis W. Stern and Adel I. El-Ansary, *Marketing Channels*, 5th ed. (Upper Saddle River, NJ: Prentice Hall, 1996).
18. Shelley Donald Coolidge, "Facing Saturated Home Markets, Retailers Look to Rest of World," *Christian Science Monitor*, February 14, 1994, p. 7; Carla Rapoport with Justin Martin, "Retailers Go Global," *Fortune*, February 20, 1995, pp. 102–8.
19. Gherry Khermouch, "Third Places," *Brandweek*, March 13, 1995, pp. 36–40.
20. I. Jeanne Dugan, "The Baron of Books," *Business Week*, June 29, 1998; Hoover's Company Profiles, 1999.
21. 以下の文献を参照されたい。Bert McCammon, Robert F. Lusch, Deborah S. Coykendall, and James M. Kenderdine, *Wholesaling in Transition* (Norman: University of Oklahoma, College of Business Administration, 1989).
22. Hoover's Company Profiles, 1999, and company Web sites.
23. James A. Narus and James C. Anderson, "Contributing as a Distributor to Partnerships with Manufacturers," *Business Horizons*, September–October 1987. 以下の文献も参照されたい。James D. Hlavecek and Tommy J. McCuistion, "Industrial Distributors—When, Who, and How," *Harvard Business Review*, March–April 1983, pp. 96–101.
24. Susan Reda, "Crossdocking: Can Supermarkets Catch Up?" *Stores*, February, 1998.
25. Diane Mayoros, "Cutter & Buck Chairman & CEO Interview," *Wall Street Corporate Reporter*, August 6, 1998.
26. Ronald Henkoff, "Delivering the Goods," *Fortune*, November 28, 1994, pp. 64–78.
27. "Mossimo Signs Manufacturing Agreement with Apparel Maker Winterland," Business Wire, October 4, 1998.
28. Tom Stein and Jeff Sweat, "Killer Supply Chains—Six Companies Are Using Supply Chains to Transform the Way They Do Business," *Information Week*, November 11, 1998, p. 36.
29. Henkoff, "Delivering the Goods," pp. 64–78.
30. Rita Koselka, "Distribution Revolution," *Forbes*, May 25, 1992, pp. 54–62.
31. 最適注文量は数式 $Q^* = 2DS/IC$ から算出される。D = 年間需要、S = 1件あたりの発注コスト、I = 1単位あたりの年間在庫コスト。これは経済一注文量定式として知られ、一定の発注コスト、追加単位を在庫するコスト、既知の需要、非数量割引を推定する。詳しくは、以下の文献を参照されたい。Richard J. Tersine, *Principles of Inventory and Materials Management*, 4th ed. (Upper Saddle River, NJ: Prentice Hall, 1994).
32. "Darigold Selects IMI to Enhance Order Fulfillment and Customer Service," Business Wire, February 2, 1998.
33. Sears Press Release, "Sears Announces Strategic Alliance with Total Systems, Inc." May 14, 1998.

統合型マーケティング・コミュニケーションのマネジメント

CHAPTER 18

本章では、次の3つの問題を取り上げる。

- コミュニケーションはどのように作用するのか。
- 統合型マーケティング・コミュニケーション・プログラムの開発に関する主なステップは何か。
- マーケティング・コミュニケーション計画にはだれが責任を持つべきか。

KOTLER ON MARKETHING
コトラー語録

統合型マーケティング・コミュニケーションは、マーケティング・プロセス全体を受け手の視点から見る方法である。

Integrated marketing communications is a way of looking at the whole marketing process from the viewpoint of the receiver.

現代のマーケティングは、ただ良い製品を開発し、魅力的な価格を設定して、顧客に入手しやすくするだけでは不十分である。企業は、利害関係者や一般大衆とコミュニケーションする必要がある。すべての企業は、コミュニケーターとプロモーターとしての役割も果たさなくてはならない。企業にとって問題となるのは、コミュニケーションすべきかどうかではなく、何を、だれに、どれくらいの頻度で伝えるかということなのである。

マーケティング・コミュニケーション・ミックスは、主に5つのコミュニケーション方法からなる。

1. **広告**　　明示された広告主による、アイデア、財、サービスに関する有料の非人的な提示とプロモーション。
2. **販売促進**　　製品やサービスの試用、購入を促進するためのさまざまな短期的インセンティブ。
3. **パブリック・リレーションズおよびパブリシティ**　　企業のイメージや個々の製品に対するプロモーションと保護のために計画されたさまざまなプログラム。
4. **人的販売**　　見込み客との対面による接触であり、プレゼンテーション、質問への返答、注文獲得を目的としている。
5. **ダイレクト・マーケティング**　　郵便、電話、FAX、電子メール、インターネットを使い、特定の顧客や見込み客との直接的なコミュニケーションを行い、また直に反応を求めること[1]。

続く各章では、広告、販売促進、パブリック・リレーションズを、そしてセールス・フォースと人的販売を、さらにダイレクト・マーケティングとオンライン・マーケティングを取り上げる。

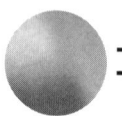

コミュニケーション・プロセス

コミュニケーションの新しいとらえ方として、販売前、販売、消費、消費後の各段階において行われる企業と顧客との対話であるという考え方がある。企業は「どうしたら顧客に到達できるか」だけでなく、「どうしたら顧客から自社に到達してもらえるか」も問わなければならない。

■表18-1のリストには、さまざまなコミュニケーション手段が示されている。情報技術が発達したおかげで、人々は従来のメディア(新聞、ラジオ、電話、テレビ)のほかに、新たなメディア(コンピュータ、FAX、携帯電話、ポケットベル)によってコミュニケーションを行うことができる。技術の進歩によって、コミュニケーションに要するコストは低下し、企業によるコミュニケーションの形はマス・コミュニケーションからターゲット・コミュニケーションやワン・トゥ・ワンの対話へと移っている。

しかし、コミュニケーションは■表18-1に挙げられているような個別のコミュニケーション・ツールを超えたものである。製品のデザインや価格、パッケ

広告	販売促進	パブリック・リレーションズ	人的販売マーケティング	ダイレクト・
印刷広告、放送広告	コンテスト、ゲーム、賞金、くじ	プレスキット	実演販売	カタログ
パッケージ・デザイン	プレミアム、景品	講演	販売会	郵便
パッケージ内の広告	サンプリング	セミナー	インセンティブ・プログラム	テレマーケティング
映画	見本市、トレード・ショー	年次報告	サンプル	電子ショッピング
パンフレット、チラシ	製品発表会	慈善的寄付	見本市、トレード・ショー	テレビ・ショッピング
ポスター、ビラ	デモンストレーション	スポンサー		FAX
名簿、名鑑	クーポン	刊行物		電子メール
広告の転載	リベート	コミュニティ・リレーションズ		ボイスメール
屋外広告	低利の融資	ロビー活動		
ディスプレー広告	接待	アイデンティティ・メディア		
店頭ディスプレー	トレードイン・アロワンス	機関誌		
視聴覚資料	コンティニュイティ・プログラム	イベント		
シンボル、ロゴ	抱き合わせ販売			
ビデオテープ				

表18-1

一般的コミュニケーション手段

ージの形態や色、販売員のマナーや服装、店舗の装飾、便箋・封筒類、これらすべてが購買者に何かを伝えるのである。あらゆるブランド・コンタクトが顧客に印象を与え、企業に対する見方を強くも弱くもする。一貫したメッセージと戦略的なポジショニングを伝えることができるように、マーケティング・ミックスを統合しなければならない。

まず初めに、標的顧客が製品や企業とどのようにかかわりあってゆくのかを予測する。例えば、新しくコンピュータを購入しようと考えている人は、だれかに相談する、テレビ広告を見る、記事を読む、インターネットで情報を探す、店で製品を調べるといった行動をとるだろう。マーケターは、どういった経験や印象が、購入プロセスの各段階に最も影響を及ぼすかを見極める必要がある。これを理解すれば、コミュニケーション費用をより効果的に配分することができる。

コミュニケーションを効果的に行うためには、効果的コミュニケーションの基本要素を知る必要がある。■図18-1には9つの要素からなるコミュニケーション・モデルが示されている。まず、コミュニケーションの主な要素である**発信者**と**受信者**が存在する。主なコミュニケーション・ツールとして**メッセージ**と**メディア**があり、主なコミュニケーション機能として**エンコーディング、デコーディング、反応、フィードバック**が存在する。そして**ノイズ**(意図したコミュニケーションを妨害する恐れのある、ランダムなメッセージや競合他社のメッセージ)がある[2]。

このモデルは効果的コミュニケーションのための主要な要素を表している。発信者は到達したい視聴者がだれで、どのような反応を得たいのかを決定しな

1995年までに、アメリカの銀行業務の90％が電子化された。

図18-1

コミュニケーション・プロセスの要素

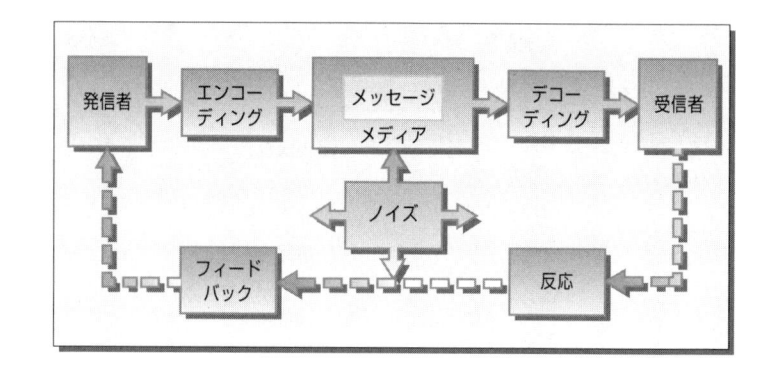

[図: 発信者 → エンコーディング → メッセージ／メディア → デコーディング → 受信者、ノイズ、フィードバック、反応]

ければならない。標的視聴者がメッセージを普通どのようにデコーディングするかを理解した上で、メッセージをエンコーディングしなければならない。そのメッセージを、標的視聴者へ効果的に到達する媒体を通じて伝え、視聴者の反応を観察するためにフィードバック・チャネルを開発しなければならない。

　発信者がエンコーディングするプロセスと受信者がデコーディングするプロセスがぴったり一致するとき、メッセージは力を発揮する。発信者の経験と受信者の経験に共通部分が多いほど、メッセージはより効果的になる。しかし、ある特定の社会集団(広告業者など)が、他の社会集団(工場労働者など)とコミュニケーションを行うわけだから、コミュニケーターにとって難しい課題となる。

　発信者の仕事は受信者にメッセージを理解してもらうことだが、標的視聴者が意図したメッセージを受けとらない場合もある。その理由は次の3つのいずれかである。

> EUは2002年までに、新ユーロ硬貨と紙幣を導入する予定である。

1. **選択的注意**　人々は1日に1600もの商業的メッセージにさらされているが、そのうち視聴者の目にとまるのは80ほどであり、何らかの反応を引き起こすのはそのうち12程度にすぎない。大胆な見出しの広告が効果的なのはこの選択的注意のためで、例えば「億万長者になる方法」といった見出しは視聴者を強く引きつけるだろう。

2. **選択的歪曲**　受信者は、入ってくる情報を自分の思考様式に適合させるものである。情報を付け足してメッセージを解釈したり(**増幅**)、メッセージに含まれているいくつかの情報に注意を払わなかったりする(**均一化**)。そのため、情報を正確に理解してもらうために、シンプルかつ明快で関心を引くメッセージを繰り返し伝えるよう心がけなければならない。

3. **選択的記憶**　メッセージが視聴者に届いたとしても、長く記憶に残るのはそのメッセージのほんの一部分である。対象への最初の態度が肯定的で、その後も受信者がそれを支持する考えを繰り返せば、メッセージは受け入れられ、記憶に残るだろう。反対に最初の態度が否定的で受信者が反論を繰り返すようなら、メッセージは拒否され、この場合も記憶に残ることになる。受信者に納得してもらうには、受信者に繰り返し考えてもらうことが大切であるため、納得は自己説得によ

るところが大きい(3)。

　コミュニケーターは、説得しやすいかどうかという観点から視聴者の特徴をつかみ、それをもとにメッセージやメディアを決定する。一般に学歴の高い人や知識階級の人は説得しにくいといわれるが、確かではない。外部の基準に従って行動を決定する人、明確な自己概念を持っていない人、あるいは自分にあまり自信のない人などは、比較的説得しやすいようである(4)。

　フィスクとハートレーはコミュニケーション効果に影響を及ぼすいくつかの一般的な要素をまとめている。

- 受信者からみてコミュニケーション・ソースの独占性が強いほど、受信者はコミュニケーション・ソースを支持する傾向にある。
- 受信者がすでに有している意見、考え、気質とメッセージが調和するとき、コミュニケーション効果は絶大である。
- 受信者の価値観の中心から外れており、なじみが薄くて重要でない事柄にも、コミュニケーションによって目を向けさせることができる。
- 発信源が専門的で、ステータスが高く、客観的で、好感が持てると思われているとき、とりわけ発信源に権威があり、受信者が発信源に共感できるとき、より効果的なコミュニケーションを行うことができる。
- 社会状況、社会団体、または準拠集団は、コミュニケーションを仲介し、コミュニケーションが受け入れられるかどうかに影響する(5)。

『ライフ』の「ミレニアムの出来事トップ100」に1917年のロシア革命が挙げられている。

効果的なコミュニケーションの開発

　効果的なコミュニケーションの開発には8つのステップがある。まず、(1)標的視聴者の明確化、(2)コミュニケーション目的の決定、(3)メッセージの作成、(4)コミュニケーション・チャネルの選択、(5)コミュニケーションの総予算の決定、(6)コミュニケーション・ミックスの決定、(7)コミュニケーション結果の測定、(8)統合型マーケティング・コミュニケーション・プロセスの管理である。

標的視聴者の明確化

　まず、明確な標的視聴者を念頭に置かなければならない。視聴者は、見込み客、現在のユーザー、購買決定者、あるいは購買影響者かもしれない。個人、グループ、特定の集団、あるいは一般大衆かもしれない。何を、どのように、いつ、どこで、だれに向かって発信するかは、標的視聴者によって大きく変わってくる。

歴史メモ：18世紀末まで中国から大量のお茶を輸入していたイギリスは、貿易不均衡改善のため中国にアヘンを売ることを決定した。

■ イメージ分析

　視聴者を分析するには、現在の企業と製品、そして競合他社のイメージを評

価することが大切である。

- **イメージ**とは、特定の対象物に対して人が有する考え、意見、印象を総合したものであり、対象物に対する人の態度や行動はその対象物へのイメージによって大きく変わってくる。

第1のステップとして、標的視聴者がその対象物をどの程度知っているかを、**知名度スケール**で測定する。

聞いたことがない	聞いたことだけはある	少し知っている	よく知っている	非常によく知っている

もし回答者のほとんどが最初の2項目に丸をつけたら、さらに知ってもらうことが課題となる。

回答者が製品のことを知っている場合、製品についてどう思っているのかを、**好感度スケール**で測定する。

大嫌い	嫌い	どちらでもない	好き	非常に好き

もし回答者のほとんどが最初の2項目に丸をつけたら、マイナス・イメージを払拭する努力が必要となる。

2つのスケールを組み合わせると、コミュニケーションにおける問題点の本質を知ることができる。ある地域の4つの病院A、B、C、Dの地元における知名度と好感度を調査したと仮定しよう。■図18-2には、その調査結果が示されている。イメージが最も良いのはA病院で、住民の大部分がA病院を知っており、好感を持っている。B病院は、あまり知られていないが、知っている住民からは好感を持たれている。C病院はイメージは悪いが、(病院にとってありがたいことに)あまり存在を知られていない。D病院はイメージが悪い上に、みんなに存在を知られている。

各病院はそれぞれ違ったコミュニケーションを行う必要がある。A病院は良い評判と知名度の維持に努めなければならない。B病院はより多くの人々の関心を獲得する必要がある。C病院は評判が悪い原因を見つけ出し、知名度の低いうちに方策を講じて質を改善すべきである。D病院は広告を控えて質を改善し、その後で人々にアピールすべきである。

各病院は人々が抱いているイメージを具体的に調査する必要がある。こうした調査で最もよく使用されるのが**SD法**である[6]。この方法では次のようなステップを踏む。

1. **関連基準の作成**　まず調査員は人々に、対象を評価する際の基準をいくつか挙げてもらう。「あなたは何を基準に病院を選びますか」との問いに、「医療の質」という答えが返ってきたら、この基準を「質の悪い医療」と「質の良い医療」の二極に分け、さらにその中間を5つか7つの段階に分ける。■図18-3は、そのほかにいくつかの基準を加えて示した表である。

2. **関連基準の削減**　回答者が煩わしく感じないよう基準は少数にとど

歴史メモ：1190年ごろ、ヨーロッパに伝わった海洋羅針盤は中国で開発された。

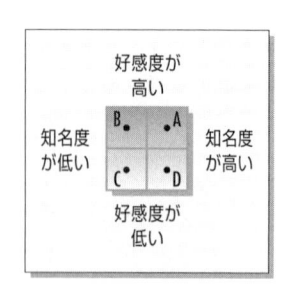

図18-2

知名度と好感度の分析

図18-3

3つの病院のイメージ（SD法）

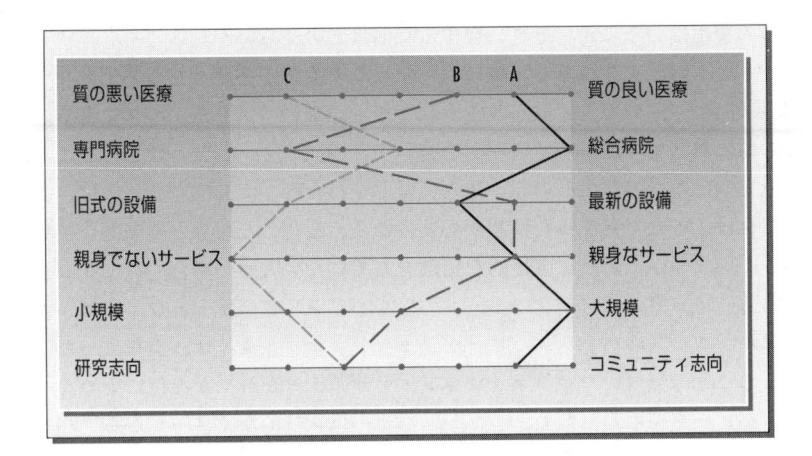

質の悪い医療	—	質の良い医療
専門病院	—	総合病院
旧式の設備	—	最新の設備
親身でないサービス	—	親身なサービス
小規模	—	大規模
研究志向	—	コミュニティ志向

めるべきである。スケールには3つのタイプがある。

- 評価スケール（良い－悪い）
- 効力スケール（強い－弱い）
- 活動スケール（積極的－消極的）

これらのスケールを指針として、情報収集にあまり役立たないスケールを省くことができる。

3. **調査の実施**　回答者に1回につき1つの対象を評価してもらい、それを対象の数だけ繰り返す。このとき、否定的な項目が二極スケールの同じ側に並ばないよう、ばらばらに配置する。

4. **結果の平均の算出**　■図18-3は病院A、B、C（Dは除外）に対する回答者のイメージを平均した結果である。各病院の平均的なイメージが縦の「平均線」で示されている。A病院は規模が大きく現代的であり、また、親切で優れているというイメージである。それとは対照的に、C病院は規模が小さく時代遅れで不親切、質の悪い病院というイメージである。

5. **イメージの幅の考慮**　ここに表されるイメージは平均線であるから、イメージの幅を示すことはできない。すべての人がB病院に対し、図のとおりのイメージを抱いているのだろうか、あるいはより多様性があるのだろうか。図のとおりであれば、イメージは非常に**特定的**であるということになるし、多様性があれば非常に**拡散的**だということになる。グループによって見解が異なるため、拡散的なイメージを好む企業や組織もある。

現在のイメージと望ましいイメージが違っているとすれば、経営陣は望ましいイメージを明確に描くべきである。例えば、C病院が医療と設備とスタッフの態度に対するイメージを改善しようとする場合、どのイメージ・ギャップから埋めるべきかを決定しなければならない。スタッフの態度の改善（スタッフ訓練プログラム）が先か、設備の改善（刷新）が先か。それぞれのギャップを埋める

歴史メモ：1100年ごろ、北方からタタール人、次いで蒙古人の侵入を受けた中国の宋王朝は火薬砲を開発した。

第18章　統合型マーケティング・コミュニケーションのマネジメント

『ライフ』の「ミレニアムの出来事トップ100」における第3位は宗教改革である。

ための費用はいくらか。それに要する時間はどのくらいか。

イメージの改善を試みる組織には、かなりの忍耐が必要となる。イメージは「粘着性がある」ので、組織が改善された後も以前のイメージがつきまとう。人は対象に対して一度あるイメージを持つと、当該イメージと一致するところに注意を向けるものだ。その思い込みに疑問を持たせ、心を開かせるには、これまでとはまったく異なった情報が必要になる。変化した対象と継続的な接触を持っていないか、新たに直接的な接触をしていない人々の場合、特にその必要がある。ミシガン州ロックフォードのウルバリン・ワールド・ワイドは、カジュアルシューズのハッシュパピーがファッショナブルなイメージを失ったときにこのことに気づいた。ファッション・デザイナーが鮮やかな色に染めたハッシュパピーを採用したため、ハッシュパピーは正統的なイメージからアバンギャルドなイメージへと変わった。そして「生まれ変わった」ハッシュパピーの需要に火がついた。1994年には3万足にも満たなかった売上が、1996年には170万足にまで伸びたのである[7]。

コミュニケーション目的の決定

標的市場が決まり、そこでの評価を確認したら、視聴者からどのような反応を求めるかを決めなくてはならない。マーケターが求めるのは**認知的、情動的、行動的**反応のいずれかである。つまり、マーケターは消費者の心に何かを送り込むか、態度を変えさせるか、行動を起こさせることを望む。消費者反応の段階にはいくつかのモデルがある。■図18-4は、最も一般的な4つの反応ヒエラ

図18-4

反応ヒエラルキー・モデル

出典：(a) E.K. Strong, The Psychology of Selling (New York: McGraw-Hill, 1925), p. 9; (b) Robert J. Lavidge and Gary A. Steiner, "A Model for Predictive Measurements of Advertising Effectiveness," Journal of Marketing, October 1961, p. 61; (c) Everett M. Rogers, Diffusion of Innovation (New York: Free Press, 1962), pp. 79-86; (d) 多数ある。

段階	AIDA モデル[a]	効果のヒエラルキー・モデル[b]	イノベーションの採用モデル[c]	コミュニケーション・モデル[d]
認知段階	注目	知名 ↓ 理解	知名	露出 ↓ 受容 ↓ 認知的反応
情動段階	関心 ↓ 欲求	好意 ↓ 選好 ↓ 確信	関心 ↓ 評価	態度 ↓ 意図
行動段階	行為	購買	試用 ↓ 採用	行動

ルキー・モデルをまとめたものが示されている。

　このモデルは消費者が購入に至るまでに、認知、情動、行動の段階を通過すると仮定している。この「知り、感じ、行動する」という流れが見られるのは、自動車を購入するときのように、視聴者が製品カテゴリーに高関与であり、そのカテゴリー内の製品品質を大きく異なると知覚している場合である。次に「行動し、感じ、知る」という流れは、アルミニウム製の羽目板を購入する場合のように、関与は高いが、製品における知覚差異が低いときに当てはまる。3つめの「知り、行動し、感じる」という流れは、塩を購入するときなど、視聴者の関与が低く、製品の知覚差異も低い場合に見られる。適切な流れを選択すれば、マーケターはコミュニケーション計画が立てやすくなる(8)。

　購買者がある製品カテゴリーに高い関与を有しており、カテゴリー内の製品における知覚差異が高いと仮定し、**効果のヒエラルキー・モデル**（■図18-4の2列目）を説明してみよう。

- **知名**　標的視聴者の大部分が製品について知らない場合、まず視聴者に製品を認知させなければならない。製品の名前を繰り返すだけのシンプルなメッセージで、名前を知ってもらうだけでもよいだろう。例えば、アイオワ州のポッツビルという小さな大学がネブラスカ州から学生を募集したいとする。ポッツビル大学はネブラスカ州では無名である。ポッツビル大学に興味を持ちそうなネブラスカ州の高校2年生と3年生が3万人存在すると仮定し、これらの学生の70％に、1年以内に名前を認知させるという目標を立てる。
- **理解**　標的視聴者は製品を認知しているが、その製品について詳しいことは知らないかもしれない。ポッツビル大学は、私立の4年制大学であること、英文学と外国語と歴史のカリキュラムが充実していることを知ってもらいたい。そのためにはポッツビル大学について、標的視聴者のうちどれくらいの人が、どの程度のことを知っているのかを調べる必要がある。もし理解度が低ければ、コミュニケーション目的として製品理解を選択することになる。
- **好意**　標的視聴者が製品を理解している場合、製品についてどう思っているのだろうか。もしポッツビル大学に対し好意的でないようなら、その理由を突きとめなければならない。その原因が現実の問題に根ざすのであれば、キャンペーンだけでは解決しない。大学は悪いところを改善してから、新しくなった大学をアピールすべきである。よいパブリック・リレーションズには「良い行動、その次に良い言葉」が必要なのである。
- **選好**　標的視聴者が製品に対して好意を持っているが、他の製品にもっと好意を持っているとする。この場合、製品の品質、価値、性能などの特性をアピールして消費者の選好を獲得しなければならない。キャンペーン後の視聴者の選好を測定すれば、キャンペーンが成功したかどうかを確認することができる。

アメリカは2000年2月29日を、国際子供の日と定めた。

2004年、完成予定の国際宇宙ステーションは、夜空で月と金星に次いで明るく輝くことになる。

- **確信** 標的視聴者がある特定の製品に選好を有しているが、購入すべきかどうか迷っているとする。この場合、関心を寄せている学生にポッツビル大学が最高の選択であると確信させなければならない。
- **購買** 最終段階は、標的視聴者の何人かが確信を持ったが、購入に踏み切れないでいる場合である。彼らはより多くの情報を待っているかもしれないし、購入を先に延ばそうと考えているかもしれない。こうした消費者を最終段階へと導くために、製品を低価格で提供したり、プレミアムをつけたり、製品を試用してもらったりしなければならない。ポッツビル大学の場合、高校生を招待してキャンパスを案内し、講義に参加してもらうのもよいし、一部の学生に奨学金制度を導入するのもよいだろう。

国際宇宙ステーションは時速およそ2万9000 km、90分で地球を一巡りする。

メッセージの作成

視聴者からの望ましい反応を明確にしたら、次は効果的なメッセージ作りである。理想的には、メッセージによって製品への注目を引き、**関心**を持たせ、**欲求**を喚起し、**行為**を引き起こすべきである（**AIDA**モデルについては、■図18-4を参照）。実際には認知から購入まで消費者を導くメッセージは少ないが、AIDAモデルは良いコミュニケーション特質を示唆している。

メッセージを作成するには、何を（メッセージの内容）、いかに論理的に（メッセージの構成）、いかに象徴的に（メッセージのフォーマット）、だれが言うか（メッセージの発信源）という4つの問題を解決しなければならない。

■ メッセージの内容

メッセージの内容を決めるには、アピール、テーマ、アイデア、あるいは**ユニークな販売命題**を見つけ出さなければならない。アピールには理性的、情緒的、倫理的に訴える3種類の方法がある。

理性的アピールとは、視聴者自身の利益になると訴えることである。製品が特定の便益を生み出すことを示すのである。例としては、製品の品質、経済性、価値、性能を示すメッセージが挙げられる。企業の購買担当者には、理性的アピールが最も効果的だといわれている。彼らは製品について知識があり、価値を見極める訓練を受けており、自分の選択について報告し説明する義務があるからだ。一般消費者も高価な品物を購入する場合には、情報を収集してベネフィットを評価する傾向がある。

情緒的アピールでは、否定的あるいは肯定的な感情をかき立てて、購買の動機付けをしようとする。マーケターは適切な**情緒的な販売命題（ESP）**を見つけなければならない。製品が競合他社の製品と似ていても、広告できるような他社とは違うイメージを有しているかもしれない（ロールスロイス、ハーレー・ダビッドソン、ロレックスなど）。恐怖心、罪悪感、羞恥心に訴えて何かをさせたり（歯を磨く、年に1度の健康診断を受ける）、やめさせる（喫煙、飲みすぎ、食

べすぎ）場合もある。恐怖心へのアピールは強く訴えすぎなければ効果がある。調査結果によると、恐怖心へのアピールがあまりに強すぎたり、逆に弱すぎたりすると、適度なアピールほどの効果が期待できない。発信源の信頼性が高く、呼び起こされた恐怖心が和らぐことを請け合うとき、恐怖心へのアピールはうまく働く[9]。

　ユーモア、愛、プライド、喜びのような肯定的な情緒的アピールを用いることもある。ただし、同じメッセージをストレートに伝えるよりもユーモラスに伝える方が効果的であるとはいい切れない。ユーモラスなメッセージを支持する人は、普通のメッセージよりも視聴者の注意を引き、広告主の好感度や信頼度を高めると主張する。しかし一方では、ユーモアは製品への理解を妨げ、製品の影を薄くし、忘れられるのが早いという考え方もある[10]。次に挙げるのは、ユーモアを取り入れたメッセージの成功例と失敗例である。

> 国際宇宙ステーションの公式最低寿命は10年である。

ジョー・ボクサー

　1978年、カルバン・クラインは新ラインの白のブリーフを男性モデルにはかせ、全米の屋外広告で宣伝した。以来、それまで固定需要商品だったこのアイテムはファッション・アイテムとなり、ほかの有名デザイナーも23億ドル市場の一部を求めて、ブリーフのウエストのゴムバンドにこぞって自分の名前を入れた。有名ブランドの競合する市場でいかに目立つか。ジョー・ボクサーは1985年にユーモア路線を選択し、投入資金を1000ドルから1億ドルに増加した。それ以来、製品が他社のものと一線を画していたばかりでなく（メイシーズで最初に販売されたのは、取り外し可能なアライグマのしっぽがついた赤の格子縞のブリーフだった）、広告や販売促進活動もまたユニークだった。とっぴなウェブサイトwww.joeboxer.com（スローガンは、清潔な下着を着よう）には、1か月に100万件以上のアクセスがある。ヴァージン・アトランテイック航空とタイアップしたプロモーションは有名で、ジョー・ボクサーを5枚買った人にロンドンへの往復チケットをプレゼントした。プロモーションの結果、ジョー・ボクサーはどの店でも売り切れ、ジャンボジェット機5便が満席になった[11]。

フェデックス

　フェデックスは航空特急便会社としてアメリカでは最大手であるが、国際的な大企業ではない。同社はこれまで、愉快なテレビ広告で知られていた。例えば、小包の追跡をする秘書の姿を上司が真似するテレビ広告は有名である。しかし、ユーモアがグローバルに通用するとは限らないことに同社は気づいた。フェデックスは最初のグローバル・キャンペーンで「世界の動きに合わせて」のキャッチフレーズのもと、世界をまたにかける起業家に的を絞った。例えば、ミラノのドレス・メーカーが日本の結婚式に参加し、花嫁がそのドレス・メーカーの作ったドレスを着ているという広告がある。4500万ドルを投じた同キャンペーンは20か国で展開された。テレビ広告は以前のようにそれぞれ

の国向けに作ったものではなく、ほとんど同じものが放映された。マーケティング担当副社長のデイビッド・ショーンフェルドはこのアプローチ変更を次のように説明している。「我々が伝えなければならない最も重要なメッセージは、フェデックスがグローバル・カンパニーになったということです。グローバルなテーマが過去の特定的なメッセージに取って代わったのです。ユーモラスな広告は当初の目的どおりの成果を上げましたが、広告の目的をずっと変えずにいられる企業はありませんからね[12]」。

倫理的アピールは、何が正しく妥当であるかという視聴者の感覚に向けられている。倫理的アピールは、社会的な主義主張に対する人々の支持を促すために使われることが多い。例としては「沈黙＝死」という、Act-Up (the AIDS Coalition to Unleash Power：エイズ患者との連携と発言の呼びかけ)のスローガンが挙げられる。

視聴者の信じているものとわずかに矛盾したメッセージの方が印象に残る場合もある。視聴者がすでに信じていることを主張するメッセージは、せいぜい視聴者の確信を深めるだけにすぎない。反対にメッセージが矛盾しすぎていると、視聴者の反感と不信を招くことになる。

さまざまな国で製品を販売する企業は、メッセージも変える必要がある。世界中でヘアケア製品を販売しているヘレンカーチスは、メッセージをそれぞれの国に合わせて作成している。例えば、イギリスの中流階級の女性は頻繁に髪を洗うが、スペインの女性はそれほど頻繁には洗わない。また、日本の女性は髪を保護する脂分を失わないように、洗いすぎを避ける。■ミレニアム・マーケティング「グローバルな広告とプロモーションへの挑戦」を参照されたい。

■ メッセージの構成

メッセージを効果的にするには、内容とともに構成も大切である。エール大学のホブランドの調査では、メッセージの内容と結論への導き方、一面的主張と二面的主張、プレゼンテーションの順序に注目している。

初期の実験では、視聴者自身に結論を出してもらうのではなく、最初から視聴者に結論を示してしまう広告を支持する結果が出た。しかし後の調査では、最も効果的な広告はまず問題を提起し、そして読者や視聴者自身に結論を出してもらう形であることが判明している[13]。結論へ導く方法では、コミュニケーターが信頼されていない場合や、問題が単純すぎたりきわめて個人的な事柄である場合に否定的な反応を引き起こす恐れがある。またあまりに明確な結論を出してしまうと、アピール力や受け入れられる幅を限定してしまう。もしフォードがムスタングを若者向けと限定して売り込んでいたら、中高年層はムスタングの購買を躊躇したかもしれない。**刺激のある曖昧さ**とでもいうものが、対象市場を広げ、自発的な購買を促すこともある。

製品を賞賛する**一面的プレゼンテーション**の方が、製品の欠点にも触れる**二面的プレゼンテーション**よりも効果的に思えるものだ。しかし、特に否定的な

> ミレニアムの犯罪：電子化された銀行業務はコンピュータで簡単に操作できる。銀行は知らないうちに犯罪行為に利用される恐れがある。

> 『フォーチュン』のミレニアムの名車トップ10のうち数台はSUVハイブリッド車である。

イメージを克服したいときには、二面的メッセージの方が適切な場合もある。この考えに基づいて、ハインツは「ハインツ・ケチャップはスローなのが良い」という広告を、リステリンは「1日に2度、まずいリステリンを」という広告を出した[14]。二面的メッセージは、教育水準の高い視聴者や、製品に当初反感を持っている人々に効果を発揮する[15]。

最後に、メッセージが示される順序も重要である[16]。一面的メッセージの場合、最初に強烈なメッセージを示すことで注目と関心を引くことができる。この方法は、視聴者がメッセージを最後まで見ようとしないことが多い新聞などのメディアを使うときに有効である。しかし列車や飛行機の乗客のように嫌でも放送を聞かされる視聴者に対しては、重要なメッセージを山場に据える方が効果的である。二面的メッセージの場合、視聴者が製品に当初は反感を持っているなら、製品の欠点に触れることから始め、最後に製品の強みを持ってくるだろう[17]。

■ メッセージのフォーマット

メッセージには効果的なフォーマットも必要である。印刷広告では見出し、コピー、イラスト、色を決めなければならない。メッセージがラジオで放送される場合は、言葉、音、声質を選ぶ必要がある。中古車を広告する「声」と、新型キャデラックを広告する声とでは変える必要がある。メッセージをテレビで放映したり、直接見せる場合は、上記のすべての要素に加えてボディ・ランゲージも計画しなければならない。製品を紹介する者は、表情、ジェスチャー、服装、姿勢、ヘアスタイルにも気を配らなければならない。メッセージを製品やパッケージにつける場合は、色、質感、匂い、大きさ、形に気をつけなければならない。

色は、食べ物の選好において特に重要な役割を果たす。女性にそれぞれ茶、青、赤、黄色の容器から注いだコーヒーを試飲してもらったところ（どの容器のコーヒーも同じだが、女性には知らされていなかった）、75%の女性が茶色の容器のコーヒーを濃すぎると感じ、85%近くの女性が赤色の容器のコーヒーがいちばん香りが良いと判断した。

■ メッセージの発信源

魅力や人気のある発信源によって伝えられたメッセージは、多くの人の注意を引くとともに強く記憶に残るものである。広告主が有名人を代弁者として使うのはこのためで、有名人の起用は、製品の重要な属性を彼らが体現してくれる場合に効果がある。代弁者の信頼性もまた重要で、信頼度の高い発信源によって伝えられたメッセージにはより説得力がある。例えば医師は信頼度が高いので、製薬会社は自社製品のベネフィットを医師に証明してもらおうとする。麻薬撲滅運動家が元麻薬常習者をしばしば代弁者として使うのは、子供たちにとって先生に言われるよりも説得力があるからだ。

発信源の信頼性にはどのような要素があるのだろうか。その主なものは専門

MARKETING FOR THE MILLENNIUM　ミレニアム・マーケティング

グローバルな広告とプロモーションへの挑戦

現在、グローバル・コミュニケーション・プログラムの開発に取り組んでいる多国籍企業は、次の4つの事柄を考慮しなければならない。第1に製品がそれを売り込む国に適切であるか、第2に標的市場セグメントは法律上、慣習上問題がないか、第3に対象とする国々すべてに広告のスタイルが受け入れられるか、第4に広告は本社で制作すべきか、現地で制作すべきか、である。

1. **製品**　イスラム教の国では、ビール、ワインなどのアルコール類を広告したり販売したりすることが禁じられている。タバコは多くの国で厳しい規制を受ける。現在イギリスではタバコの広告を禁止するばかりでなく、タバコ会社がスポーツ競技のスポンサーになることも禁じようという動きが出てきている。化粧品を世界基準で規制しようというフィレンツェ規制も現在討議中である。この規制は製品のラベリング、安全性、動物実験、最新の成分表といった多様な事柄に関係するため、広告主に深刻な影響を及ぼすことになるだろう。

   エイボンの中国支社は、消費者への直接販売を中国政府に禁じられ、小売店販売に切り替えた。この結果エイボンは、ダイレクト・マーケターから小売業者という企業イメージを作るために新たな広告とプロモーション・キャンペーンを展開した。

2. **市場セグメント**　コカ・コーラは、多様な国々の市場セグメントに合わせて多様なコマーシャルを制作している。ローカル・セグメントとグローバル・セグメントのマネジャーは、どの広告がどのセグメントに効果的かを決定する。最近、喋るクマとオオカミに変身する男を使ったロシア市場向けの一連の広告がアメリカで放映された。通常とは逆の順序になるこの試みについて、コカ・コーラ北欧地区部長マイケル・オニールは「グローバル企業であるコカ・コーラにふさわしいアプローチであり、人々に、自国の文化と異なる文化に触れる素晴らしい機会を提供した」と述べている。

   アメリカの多くの玩具メーカーにとって驚きだったのは、ノルウェーやスウェーデンなど多くの国々が12歳以下の子供向け玩具のテレビ広告を禁じていることだった。スウェーデンはさらに、EU各国にこの規制を広げるためのロビー活動を行っている。こうした動きへの対策として、マクドナルドはスウェーデンにおいてファミリーレストランとして広告されている。

3. **スタイル**　広告のスタイルも重要である。比較広告は、アメリカやカナダではごく普通に受け入れられているが、イギリスではあまり使われず、日本では受け入れられない。インドとブラジルで

度、信用度、好感度の3つである[18]。**専門度**とは、コミュニケーターが持つ専門的知識のことで、これが広告文句に信ぴょう性を与える。**信頼度**は、発信源がどれだけ客観的で正直だと受け止められるかにかかっている。見ず知らずの人や販売員よりも友人の方が信用があり、製品を推奨するのに報酬を受けている人よりも受けていない人の方が信用できる[19]。**好感度**は発信源の魅力に左右される。正直さ、ユーモア、ナチュラルさなどの特性があると発信源の好感度は上がる。この3つの要素を兼ね備えている人物なら信頼性抜群の代弁者となるだろう。

視聴者がメッセージと発信者に対して肯定的な場合、あるいは両方に否定的な場合、メッセージと発信者への評価は一致しているといえる。では、視聴者

は法で禁じられている。他社製品との味を比較したペプシコの広告は、日本のテレビ局の多くに拒否され、訴訟問題にまで発展した。中国には、テレビ広告とラジオ広告に対する検閲制度がある。例えば、「ベスト」という言葉の使用は禁じられており、また「社会の習慣を乱す」広告や、女性を「不適切」に表現している広告も禁止されている。スニッカーズはアメリカ用に制作したテレビ広告を、ほとんど手を加えずにロシアで放送して失敗した。その後、ロシアの漫画がスニッカーズをこきおろし、スニッカーズというブランド名はロシアでは物笑いの種となってしまった。

4. **ローカルかグローバルか**　現在、すべての市場で同じ広告を使ってグローバルなブランド・イメージを確立しようという多国籍企業が増えている。フェデックスは「世界の動きに合わせて」のキャッチフレーズのもと、最初のグローバル・キャンペーンを行った。スウェーデンの遠距離電話通信会社の最大手エリクソンは1億ドルを投じ、「あなたの声を世界に」をキャッチフレーズに007のジェームズ・ボンドを起用したグローバル・テレビ・キャンペーンを行った。ダイムラーとクライスラーが合併して世界第5位の自動車メーカーになったとき、100か国以上で3週間にわたる広告キャンペーンを展開した。12ページにわたる雑誌広告、9回の新聞の見開き広告、24ページのパンフレットが企業、政府機関、組合のリーダー、ニュース・メディアに送られた。「並外れたものを目指せ」をキャンペーンのキャッチフレーズとし、双方の従業員がともに働く姿を大きく紹介した。しかし、企業がいくら規格化を目指しても、法的規制によって適合を余儀なくさせられることもある。コカ・コーラのインド子会社は、ハリウッドの旅プレゼントといった懸賞をつけることを禁止された。それは消費者にギャンブルのための購買を促し、インドの伝統的な商慣習を乱すという理由のためである。

出典：Brian S. Akre, "Employees and a Pair of Dummies Star in DaimlerChrysler's First Ad Campaign," *AP Online*, November 15, 1998; Richard C. Morais, "Mobile Mayhem," *Forbes Magazine*, July, 6 1998, p. 138; Patti Bond, "Today's Topic: From Russia with Fizz, Coke Imports Ads," *Atlanta Journal and Constitution*, April 4, 1998, pp. E2; "Working in Harmony," *Soap Perfumery & Cosmetics*, July 1, 1998, p. 27; Rodger Harrabin, "A Commercial Break for Parents," *Independent*, September 8, 1998, p. 19; T. B. Song and Leo Wong, "Getting the Word Out," *The China Business Review*, September 1, 1998; "U.K. Tobacco Ad Ban Will Include Sports Sponsorship," *AdAgeInternational.com*, May 1997; "Coca-Cola Rapped for Running Competition in India," *AdAgeInternational.com*, February 1997; Avon Campaign Repositions Company in China," *AdAgeInternational.com*, July 1998; Christian Caryl, "We Will Bury You . . . With a Snickers Bar," *U.S. News & World Report*, January 26, 1998, p. 50; Naveen Donthu, "A Cross Country Investigation of Recall of and Attitude Toward Comparative Advertising," *Journal of Advertising*, 27 (June 22, 1998): 111.

が発信者に対してとる態度と、メッセージに対してとる態度が反対の場合、どういうことが起こるだろうか。ある主婦が、自分の嫌いなブランド商品を、好感を持っている有名人が推奨するのを聞いたと仮定しよう。オズグッドとタンネンバウムは、**2つの異なる評価が徐々に適合の方向へと向かう態度変容が現れる**、と分析している[20]。主婦の心の中では、コミュニケーターである有名人に対する評価がいくらか下がるか、ブランドに対する評価が少し上がることになるわけである。もし同じ有名人が別の嫌いなブランドを推奨していたら、彼女はその有名人をついに否定的な目で見るようになり、2つのブランドに対する否定的な見方は変わらないという結果になるだろう。この**適合性の原理**によれば、コミュニケーターはブランドに対する否定的な感情を自分の持っている

良いイメージで和らげることができるが、その過程で自分の評判を下げてしまう恐れもある。

歴史メモ：1000年ごろ、中国の鉄の精錬工業は世界で最も進んでいた。

コミュニケーション・チャネルの選択

コミュニケーターは、メッセージを伝達するための効率的なコミュニケーション・チャネルを選択しなければならない。例えば、製薬会社の販売員は多忙な医師に10分程度しか時間を割いてもらうことができないだろう。プレゼンテーションは簡潔でかつ説得力のあるものでなければならない。このため製薬会社の営業訪問には非常に費用がかかり、コミュニケーション・チャネルの拡大が余儀なくされてきた。医学誌に広告を載せ、ダイレクトメールを送り（オーディオテープやビデオテープを含む）、サンプルを無料で配り、テレマーケティングさえ行わなければならない。また医学会議のスポンサーになり、週末に多くの医師を招待する。午前中は著名な医師による製品の推奨を聞いてもらい、午後はゴルフとテニスで楽しんでもらう。夜はテレビ会議を開き、医師を呼んで専門家と一般的な問題について議論を交わしてもらう。小規模なグループでランチやディナーをともにする機会を設けることもある。医師に自社の治療薬を選んでもらうために、こうした多様なチャネルを使用するのである。

コミュニケーション・チャネルには**人的**と**非人的**の2種類があり、それぞれが多くのサブチャネルを有している。

人的コミュニケーション・チャネル

人的コミュニケーション・チャネルでは、複数の人々が、直接コミュニケーションを行い、対面により行うこともあれば、電話や電子メールを通じて行うこともある。人的コミュニケーション・チャネルは、相手にじかに呼びかけてフィードバックを得られるところが長所である。

人的コミュニケーション・チャネルはさらに、企業チャネル、専門家チャネル、社会的チャネルに分けることができる。**企業チャネル**とは、企業の販売員が標的市場の購買者に接触することをいう。**専門家チャネル**とは、企業とは関係のない専門家が標的購買者に情報を伝えることをいう。**社会的チャネル**とは、隣人、友人、家族、同僚が標的購買者に情報を伝えることをいう。ヨーロッパ7か国で7000人の消費者を対象に行われた調査では、60％の人々が、新しいブランドを使用するようになるのは家族や友人の影響だと答えている[21]。

現在多くの企業が「クチコミ」効果に大きな関心を寄せている。企業は、製品やサービスを推薦してもらうために社会的チャネルを刺激する方法を模索している。レジス・マッケンナは、例えばソフトウェア会社が新製品を発売する場合には、まず、クチコミ効果が期待できる業界紙、オピニオン・リーダー、金融アナリストに対してプロモーションを行い、続いてディーラー、最後に消費者へ売り込むべきだと提案している[22]。MCIはフレンズ・アンド・ファミリー・プログラムを通して消費者の心をつかんだ。ユーザーの紹介でその友人や

家族がMCIに加入すると、両方に電話料金の割引という特典がつくからである。■マーケティング・メモ「クチコミ情報源を作って取引を生み出す方法」を参照されたい。

　人的コミュニケーション・チャネルは、次の2つの場合に特に大きな影響力を持つ。1つは、高価でリスクが大きく、めったに買わない製品を購入する場合で、購買者は貪欲に情報を求める傾向がある。もう1つは、製品がユーザーのステータスや趣味を反映する場合で、購買者は恥をかかないですむよう他人に意見を求めるものである。

　企業は、人的コミュニケーション・チャネルをうまく機能させるためにいくつかの段階を踏まなければならない。

- **影響力のある個人や企業を見極め、彼らに積極的に売り込む**[23]　生産財の販売において、新しい機械を採用する際、業界全体が市場リーダーに倣うだろう。
- **特定の人々に魅力的な条件で製品を提供し、オピニオン・リーダーを作る**　新製品のテニスラケットなら、まず高校のテニスチームのメンバーに特別低価格で提供する。あるいはトヨタなら、満足度の高い顧客に依頼して見込み客に製品を推薦してもらい、謝礼としてちょっとした品物を贈るのもよいだろう。
- **ローカルラジオ番組のパーソナリティー、学級長、女性団体の会長など、各コミュニティで影響力のある人物に働きかける**　フォードがサンダーバードを発表した際、エグゼクティブに招待状を送って試乗できる機会を提供した。これによって1万5000人が試乗し、そのうちの10％が購入を考えると答え、84％が友人に薦めるつもりだと答えた。
- **影響力のある人々、または信望のある人物を起用して製品を推奨してもらう**　クエーカー・オーツは、ゲータレードのコマーシャル制作のためにバスケットボール界のスター、マイケル・ジョーダンに数百万ドルを支払っている。ジョーダンは世界的な一流スポーツ選手であるから、彼とスポーツドリンクとの組み合わせには信頼性があり、消費者とりわけ子供たちへの影響力は絶大である。
- **「話題性」の高い広告を制作する**　話題性の高い広告には、流行語になるようなスローガンが含まれていることが多い。1980年代半ばに、ウェンディーズの「ビーフはどこ？」キャンペーン（クララという初老の女性がパンの山のどこにハンバーガーが隠れているのかと尋ねる広告）が話題になった。ナイキの広告「Just do it」は、決心したり行動を起こすことができない人々を励ます言葉となった。
- **クチコミ・チャネルを作って取引を開拓する**　専門家がクライアントに頼んで自分のサービスを推奨してもらうことはよくある。歯科医なら、信頼を得ている患者に頼んで友人や知人に薦めてもらい、後でその患者に礼をするとよい。
- **電子フォーラムを開く**　例えばトヨタ車のオーナーが、アメリカ・

MARKETING MEMO

クチコミ情報源を作って取引を生み出す方法

医師、配管工、ホテル、弁護士、会計士、建築家、保険会社、インテリア・デザイナー、金融コンサルタントを選ぶとき、私たちはよく友人、親戚、知人、専門家に意見を求める。信頼がおける場合には、おおむねその薦めに従うものである。このとき推薦者は、サービスを求める側の役に立ったばかりでなく、間接的にサービス提供者の役にも立ったことにもなる。このため、サービス提供者は**クチコミ情報源**の開拓に強い関心を示している。

推薦情報源またはクチコミ情報源の開拓には2つの大きな利点がある。

- **クチコミ情報源は信頼性がある**：クチコミはただ1つの、消費者の消費者による消費者のためのプロモーション方法である。自社と取引していることを自慢してくれるような、ロイヤルティが高く満足した顧客を持つことは企業の夢である。満足している顧客は再度買ってくれるだけでなく、企業を広告してくれる、歩く広告塔なのである。
- **クチコミ情報源は低コストである**：満足している顧客と関係を維持し、情報を伝えてもらうのにそれほどコストはかからない。推薦者へのお礼としては、より良いサービス、ディスカウント、景品を提供するとよいだろう。

マーケティングに関する著書で知られるマイケル・カファーキーの「クチコミ・マーケティングのコツ」というウェブサイトは、クチコミ情報源のネットワーク作りについて、多様な方法を提案している。ここにそのうちの5つを紹介する。

1. **製品やサービスの製造プロセスおよび提供プロセスに顧客を参加させる**：この個人的な体験により顧客に肯定的な感情が生まれ、顧客がほかの人に薦めるきっかけとなる。
2. **推薦状を依頼する**：推薦状が手に入れば、それは完全にコントロールできる物いわぬセールス・フォースとなる。推薦状は、他の顧客がすんなり理解し受け入れることのできる言葉で話しかける。推薦状を手に入れる戦略の1つは、顧客からの感想を呼びかける用紙で推薦状となるようなフィードバックを収集し、顧客の了解を得てそれを引用すればよい。
3. **顧客にさまざまな実話を伝える**：実話は感情的レベルでのコミュニケーションであるため、評判を広めるのに有効な手段である。企業のパンフレットやニューズレターで紹介するのが効果的である。
4. **上顧客に情報を提供する**：上顧客が興味を持つような情報を提供することによって、彼らから高いロイヤルティと信用を得ている企業もある。企業は、上顧客に関係があり信用の源となるトピックを選択することで、彼らに最新情報を与えることができる。自社のウェブサイトにこうした情報を掲載するのもよい。
5. **苦情処理を迅速に行う**：否定的な情報がクチコミで広がるのを防ぐためには、迅速な対応が必要である。製品やサービスへの否定的な印象は何年も消えずに残る恐れがあるからだ。苦情を受けたら、従業員は必ず自分にこう問いかけて欲しい「どうすればこのお客様に満足して帰ってもらえるだろうか」。

出典：Scott R. Herriott, "Identifying and Developing Referral Channels," *Management Decision* 30, no. 1 (1992): 4–9; Peter H. Riengen and Jerome B. Kernan, "Analysis of Referral Networks in Marketing: Methods and Illustration," *Journal of Marketing Research*, November 1986, pp. 37–78; Jerry R. Wilson, *Word of Mouth Marketing* (New York: John Wiley, 1991); Cafferky's Free Word-of-Mouth Marketing Tips, 1999, available at www.geocities.com/wallstreet/cafferkys.

オンラインのようなオンライン・サービスを利用している場合、ネット上で情報交換ができる。

■ 非人的コミュニケーション・チャネル

非人的コミュニケーション・チャネルには、メディア、雰囲気、イベントがある。

メディアとは、印刷媒体(新聞、雑誌、ダイレクトメール)、放送媒体(ラジオ、

テレビ)、電子媒体(オーディオテープ、ビデオテープ、ビデオディスク、CD-ROM、ウェブページ)、ディスプレー媒体(屋外広告、看板、ポスター)のことである。非人的コミュニケーション・チャネルの大半は有料メディアである。

　雰囲気とは、購買者の気持ちを購入に傾かせるための「パッケージされた環境」のことである。例えば法律事務所は、「安定」と「成功」を伝えるために東洋の絨毯(じゅうたん)とオーク製の調度で装飾される[24]。高級ホテルは、優雅なシャンデリアや大理石の円柱などホテルを豪華に見せる品々を使い、高級感を演出する。

　イベントとは、標的視聴者に特別なメッセージを伝えるために企画された催しのことである。例えば、標的視聴者と効果的にコミュニケーションをとるために、記者会見を開いたり、開店式を催したり、スポーツ大会のスポンサーになったりする。

　人的コミュニケーションの方がマス・コミュニケーションよりも効果的な場合が多いが、マスメディアが人的コミュニケーションのきっかけを作る主要な手段となる場合もある。マス・コミュニケーションは、2段階のコミュニケーション・プロセスを通して人々の態度や行動に影響を与える。コミュニケーションはまず、ラジオ、テレビ、印刷媒体から**オピニオン・リーダー**に流れ、次にオピニオン・リーダーからメディア情報にあまり関与していない人々に流れる。この2段階のコミュニケーション・プロセスからいくつかのことがわかる。第1に、マスメディアの世論への影響は、一般に考えられているほど直接的でも力強くも自動的でもないということだ。意見を求められたり、自分の意見をほかの人々に伝える人々がオピニオン・リーダーとして、マスメディアと視聴者の仲立ちをしているのである。第2に、マスメディアからの情報の「浸透」効果で消費スタイルが変わるわけではないということだ。人々は主に、自分の属する社会グループの中で互いに影響しあい、そのグループのオピニオン・リーダーからアイデアを得る。第3に、マス・コミュニケーターはオピニオン・リーダーに向けてメッセージを送り、ほかの人々にメッセージを伝えさせるべきであるということだ。製薬会社が新薬を売り出す場合には、まず最も影響力のある医師に対してプロモーションを行うべきである。

　現在、コミュニケーション・リサーチャーは、社会の仕組みを個人間のコミュニケーションという形でとらえ、社会をメンバーがさかんに交流している小集団で構成されている**クリーク**とみなしている[25]。クリークのメンバーは同質性が高いため、効果的なコミュニケーションが行われるが、外からの新しい情報が入りにくいという側面もある。そこでクリーク間で情報を交換しあえるような、開かれたシステムを作り出さなければならない。その際、連絡役と橋渡し役が必要となってくる。**連絡役**とは自分はどちらにも属さずに、2つ以上のクリークを仲介する人のことである。**橋渡し役**とは、あるクリークに属していて、他のクリークの人間とかかわりを有する人のことである。

マーケティング・コミュニケーションの総予算の決定

マーケティングに関する決定で最も難しいものの1つは、プロモーションにどれだけ経費をかけるべきかということである。百貨店王のジョン・ワナメーカーはかつて、「広告の2分の1が無駄であることはわかっているが、どちらの半分が無駄なのかがわからない」と述べている。

産業や企業によって、プロモーションに使う費用は大きく異なる。プロモーションへの支出は、化粧品業界で売上の30%〜50%、産業機械業界では5%〜10%ほどだろう。同じ産業の中でも、プロモーション支出の少ない企業もあれば、多い企業もある。フィリップ・モリスは多額の資金を投入している。ミラーとセブンアップを買収してからは、プロモーションの総予算も増大した。ミラーへの支出を増やしたことにより、市場シェアは数年のうちに4%から19%に伸びた。

企業はプロモーション予算をどのように決定するのだろうか。ここではよく使われる4つの方法を検証する。その4つとは、支出可能額法、売上高比率法、競争者対抗法、目標基準法である。

支出可能額法

多くの企業は、支出可能な範囲内にプロモーション予算を設定する。次に紹介するのはある企業の経営幹部の言葉である。「なに、簡単だよ。まず経理担当のところへ行って、今年はプロモーションにいくら出せるんだと尋ねる。担当者が150万ドルだと答える。その後、ボスが私のところへやってきて、今年はどのくらいがよいだろうと尋ねる。そこで私はこう答える、『そうですね、だいたい150万ドルほどでしょうか』」[26]。

しかしこの予算設定の方法は、投資としてのプロモーションの役割とプロモーションが売上に直接与える効果を完全に無視している。またプロモーションの年間予算が予定できないため、長期的なマーケティング計画を立てるのが難しい。

売上高比率法

歴史メモ：前ミレニアムのアフリカ東海岸の貿易商人は、遠隔貿易で栄えていた。

売上実績または予想売上高、あるいは単位売上価格に対して、一定の比率でプロモーション予算を設定する企業も多い。ある鉄道会社の役員が述べている。「毎年、12月1日に次年度の予算を決めます。この日、12月の予想収益を予算に加え、その2%を次年度の広告費とします」[27]。自動車メーカーは通常、製品の予定価格をもとにした一定比率をプロモーション予算にしている。石油会社は、自社が設定した1ガロンの単価に対する比率で予算を設定する。

売上高比率法を支持する人々はいくつかの利点を挙げる。まず、プロモーション予算が企業の「ふところ具合」で変化すること。経費はビジネス・サイクルにつれて変わる企業の売上と密接に連動すべきだ、と信じる財務部長には満足

のいく方法なのである。次に経営陣がプロモーション費、販売価格、1単位あたりの利益を関連づけて考えるようになる。さらに、競合他社が売上高に対し同程度の比率でプロモーション予算を設定しているならば、安定を保つことができる。

しかし、こうした利点があるにしても、売上高比率法はあまり適切な方法とはいえない。なぜなら、この方法は販売促進の結果として売上があるのではなく、売上が販売促進を決めるという理屈になるからである。つまり、予算を市場機会によってではなく、どれだけ資金が使えるかによって立てることになる。また景気循環対抗策としてのプロモーションや、積極的な資金投入といった冒険もできない。予算がその年の売上高で変動するので、長期計画を立てるのも難しい。この方法では、過去の例や競合他社を参考に比率を決定するしかなく、論理的根拠がない。また、それぞれの製品や販売地区にふさわしいプロモーション予算の決定ができない。

▮▮▮▮ 競争者対抗法

プロモーション予算を競合他社の支出に合わせて設定する企業もある。ある企業の役員が取引先の消息筋に次のように尋ねたとしよう。「総売上高の何割くらいを広告予算に充てたらよいだろう。よその建設会社がどれくらいにしているか知っているかい[28]」。これが競争者対抗法の考え方で、この役員は競合他社に合わせることで、自社の市場シェアを維持できると信じているのである。

この方法を支持する考え方は2つある。第1に、競合他社の予算は業界の知恵の集積であるということ。第2に、経費を競合他社と同じにすることで、プロモーション戦争を防げるということである。

しかし、どちらの考え方も妥当ではない。プロモーション予算の設定について、競合他社の考えが自社より良いと信じる根拠はどこにもない。企業の評判、財源、機会、目的はそれぞれ大きく異なるので、他社のプロモーション予算は参考にならない。また、競争者対抗法に基づいて予算を立てればプロモーション戦争を防げるという証拠もないのである。

▮▮▮▮ 目標基準法

目標基準法では、特定のプロモーション目標を設定し、目標達成のために必要なタスクを決定し、そのタスクに必要なコストを見積もる。こうして見積もられたコストの総額が、プロモーション予算となる。

次に挙げるのはウーレが示した、目標基準法による広告予算の設定の具体例である。ヘレンカーチスが女性用ふけ防止シャンプーであるクリアーを売り出すと仮定している[29]。

1. **市場シェア目標の設定**　同社は潜在的ユーザーを5000万人と推定し、市場の8％、つまり400万人を引きつけることを目標にする。
2. **広告によってメッセージが到達すると思われる市場比率の決定**　メッセージを80％（4000万人）に伝えることを目標にする。

ミレニアム・マーケティング用語：「prosumer」はconsumerとproducerを組み合わせた造語で、自分で消費する物を自分で生産する人のことである。

ミレニアムの製品：近づいてくる緊急車両の方向を、ドライバーにより的確に知らせることができる新型サイレン。

3. **メッセージを認知し、製品を試用する見込み客比率の決定**　認知した見込み客の25%（1000万人）がクリアーを試してくれれば、そのうちの40%（400万人）がロイヤル・ユーザーになるという計算する。これが市場目標となる。

4. **試用率1%あたりの広告効果の決定**　標的視聴者の1%につき40回の広告効果（露出）で25%の試用率が生まれると計算する。

5. **GRPの決定**　GRPとは、標的人口の1%に対し1回の露出に要する費用を1単位としたものである。人口の80%に40回の露出を目指すので、3200単位となる。

6. **GRPに基づいた必要広告予算の決定**　標的人口の1%に広告を1回露出するには平均3277ドルかかる。したがって、3200単位では1048万6400ドル（＝3277ドル×3200）が市場導入の年に必要となる。

目標基準法では、支出額、露出回数、試用率、固定客数の関係を明確に説明することが経営陣に求められる。

大きな問題となるのは、製品改良、低価格の設定、より良いサービスの提供などのマーケティング・ツールに対し、プロモーションにどれくらいの比重を置くべきかということである。その答えは、製品がライフサイクルのいかなる段階にあるのか、コモディティなのか明確に差別化された製品なのか、日用品なのか「売らなければならない」ものなのか、といった事柄に左右される。理論的には、最終プロモーション予算からの限界収益と、プロモーション以外の予算からの限界収益が等しくなるよう、プロモーション総予算を決定すべきである。しかし、これを実行するのは容易ではない。

マーケティング・コミュニケーション・ミックスの決定

ミレニアムの変化：ロンドンでは、タクシーの中でも車内の動力源を使ってラップトップ・コンピュータを使用することが可能になる。

企業は、広告、販売促進、パブリック・リレーションズとパブリシティ、セールス・フォース、ダイレクト・マーケティングという5つのプロモーション・ツールにプロモーション予算の総額を配分しなくてはならない。同じ業界でも、企業によってプロモーション予算の配分は大きく異なる。例えば、エイボンはプロモーション資金の大半を人的販売に費やすが、レブロンは広告に多額の資金を投じている。エレクトロラックスが電気掃除機の大部分を訪問販売で販売するのに対し、フーバーは広告に強く依存している。

企業は常に、プロモーション・ツールを取り替えながら効率性を追求している。例えば、現在は多くの企業がフィールド・セールスの一部を広告、ダイレクトメール、テレマーケティングといったツールに置き換えるようになった。ある自動車ディーラーは5人の販売員を解雇し、値下げして、売上を爆発的に伸ばした。また、販売促進に費やす資金も広告に比例して増加している。マーケティングでは、この置き換え可能なプロモーション・ツールをうまく調和させなければならない。企業がどのようにプロモーション予算を設定するのか、そ

の実例は■マーケティング・インサイト「企業はどのようにしてマーケティング・コミュニケーション予算を設定し配分するのか」を参照されたい。

プロモーション・ツール

プロモーション・ツールにはそれぞれ固有の特徴があり、コストも異なる[30]。

■ 広告

広告には多様な形態と用途があり、一般化するのは難しい[31]。しかし次のような特質を挙げることができる。

- **公共性** 広告には公共性があるため、製品が標準的で正規のものであるというイメージを与える。多くの人が同じメッセージを受け取るので、購買者には購買動機が公に理解してもらえることがわかっている。
- **普及性** 広告によって売り手はメッセージを何度も繰り返すことができる。また購買者はさまざまな競合他社のメッセージを受けて比較することができる。大々的な広告を行えば、売り手の規模、パワー、成功ぶりについて肯定的な印象が伝わる。
- **表現の多様性** 写真、音、色を巧みに使って会社や製品を演出できる。
- **非人格性** 視聴者は広告に注意したり、応えたりする義務を感じない。広告は視聴者との対話ではなく、視聴者を前にした独白である。

広告は、長期的な製品イメージを作りたいとき（コカ・コーラの広告のように）にも、売上をすぐに伸ばしたいとき（シアーズの週末セール広告のように）にも使うことができる。また、広い地域に分散した購買者に効率よくメッセージを届けることができる。テレビ広告などは多額の予算を必要とするが、新聞広告など少ない予算ですむものもある。広告は存在するだけでも売上に影響する。また消費者は、さかんに広告されたブランドが「グッドバリュー」を提供してくれると信じる場合もある。

3つの新しい形態の広告にも注目しなければならない。**アドバトリアル**は、記事の体裁をした広告のことで、一見しただけでは新聞や雑誌の記事と見分けがつかない。**インフォマーシャル**は、30分間のテレビ番組のようなテレビ・コマーシャルであり、製品の説明や実演を行う。視聴者は電話で製品を注文することができるので、視聴者の反応をじかに得ることができる。**バナー**はウェブページ上の小さな看板で、バナーをクリックすると企業情報や製品情報を知ることができる。

■ 販売促進

販売促進のツールは、クーポン、コンテスト、プレミアムなど多種多様だが、次の3つの利点がある。

歴史メモ：1861年、北アメリカでミルトン・ブラッドレーがゲーム事業に乗り出す。

歴史メモ：1688年、ドン・ペリニョンがシャンパンを発明。

MARKETING INSIGHT マーケティング・インサイト

企業はどのようにしてマーケティング・コミュニケーション予算を設定し配分するのか

マーケティング・コミュニケーション予算がどのように設定され、広告、販売促進、流通業者向けプロモーションに配分されるのかを、ロウとモーアは消費財企業の経営陣を対象に調査している。ブランド・チームが結成され、徹底した市場分析を行ったのち、マーケティング目的と全体戦略を立てる。そして全体戦略をもとにブランドの売上と利益の予測を立てると、広告、消費者向けプロモーション、流通業者向けプロモーションへの最初の予算配分を行う。前年度の予算配分に倣うことが多いが、このやり方は社会状況に変化がないときには良いものの、状況が急速に変化している場合は適当でなく、新たな配分を考える必要がある。ブランド計画は経営陣のトップに提出され、その際に変更を求められる場合もある。そして修正された計画が実行に移される。

ブランド・マネジメントは、競合他社や消費者の動向に応じて年度内に調整される場合もある。年度末に近づいても利益目標に達しない場合は、広告からより強力な販売促進に切り替えられることもある。

ロウとモーアは1998年の調査から次のような発見をしている。

- ブランドが製品ライフサイクルの成熟期に入ってくると、広告予算が徐々に減らされ、プロモーション予算が増やされる。
- 自社ブランドが競合他社との差別化に成功していれば、プロモーションより広告に多くの予算が配分される。
- 短期的な結果が重視される場合、広告よりプロモーションに多くの予算が配分される。
- 小売業者が影響力を持っている場合、広告よりプロモーションに多くの予算が配分される。
- 経験豊富なマネジャーほど、消費者向けプロモーションや流通業者向けプロモーションより広告に多く予算を配分する傾向がある。

出典：以下の文献を参照されたい。George S. Low and Jakki J. Mohr, "The Advertising Sales Promotion Trade-Off: Theory and Practice" (Cambridge, MA: Marketing Science Institute, Report No. 92-127, October 1992); 同じ著者の、"Brand Managers' Perceptions of the Marketing Communications Budget Allocation Process" (Cambridge, MA: Marketing Science Institute, Report No. 98-105, March 1998). 以下の文献も参照されたい。Gabriel J. Beihal and Daniel A. Sheinen, "Managing the Brand in a Corporate Advertising Environment: A Decision-Making Framework for Brand Managers," *Journal of Advertising* 17 (June 22, 1998): 99.

- **コミュニケーション**　消費者の注意を引きつけ、購入につながる情報を提供する。
- **刺激**　特典などで購入意欲を刺激したり、消費者に付加価値を提供することによって購入の動機付けを行う。
- **勧誘**　今、製品を買いなさい、と購入を促す。

企業はより強くて早い購買者の反応を作り出すために販売促進ツールを使う。販売促進は、製品を演出したり、落ち込んでいる売上を引き上げるなど、短期間に効果を上げたい場合に使うことができる。

パブリック・リレーションズとパブリシティ

パブリック・リレーションズとパブリシティには3つの特性がある。

- **高い信頼性**　新聞記事や特集記事の方が、広告よりも権威があり信頼される。

- **購買者の警戒心を解く**　販売員や広告を避けたがる見込み客に到達できる。
- **演出**　企業や製品を演出することができる。

マーケターは、パブリック・リレーションズを十分に活用しない傾向がある。しかし、綿密なパブリック・リレーションズ・プログラムをプロモーション・ミックスの他の要素とうまく組み合わせて使えば、大きな効果を上げられる可能性がある。

> 歴史メモ：1862年、パスツールが細菌を発見。さまざまな医学の進歩への道を開いた。

人的販売

人的販売は、購入プロセスの後半の段階、特に購買者の選好、確信、行動を作り上げる際に最も効果的なツールである。人的販売には3つの特性がある。

- **対面**　人的販売は、2人以上の間に直接的でインタラクティブなリレーションシップを築くため、相手の反応をじかに見ることができる。
- **親交**　人的販売によって、単なる仕事上の関係から個人的な深い友情まで、多様な関係が生じる可能性がある。また、セールス・レップは顧客の利益を心がけるようになる。
- **反応**　購買者には、販売員の話を聞いたことで多少の義務感が生じる。

> 歴史メモ：1959年、バービー人形が市場に登場。

ダイレクト・マーケティング

ダイレクト・マーケティングには、ダイレクトメール、テレマーケティング、インターネット・マーケティングなど多くの形態があり、次の4つの特徴を備えている。

- **非公共性**　メッセージは通常、特定の個人に向けられる。
- **カスタマイズ**　メッセージをねらった個人に合わせて作ることができる。
- **即時性**　メッセージを即座に伝えることができる。
- **双方向性**　メッセージを相手の反応に応じて修正することができる。

マーケティング・コミュニケーション・ミックスの要素

プロモーション・ミックス戦略を策定するとき、企業は製品市場のタイプ、プッシュ戦略を使うかプル戦略を使うか、消費者の購買準備段階、製品ライフサイクルの段階、企業の市場地位などの要素を考慮しなければならない。

製品市場のタイプ

各プロモーション・ツールの重要性は、消費財市場と生産財市場とで異なる（■図18-5参照）。消費財企業は、販売促進、広告、人的販売、パブリック・リ

レーションズの順に資金を注ぎ込む。一方、生産財企業は、人的販売、販売促進、広告、パブリック・リレーションズの順に資金を投じる。一般に、人的販売は高価でリスクの高い製品に、少数の大手企業が競合する市場で使われる。

生産財市場において、広告は営業訪問ほどは使われないが、それでも重要な役割を果たす。広告は生産財市場では次のような機能を持つ。

- **認知の確立** 広告は、企業と製品について知ってもらうきっかけとなる。
- **理解の構築** 製品に新しい特徴があれば、その説明に広告は有効である。
- **効率的なリマインド** 見込み客が製品について知っているが購入段階には至っていない場合、リマインダー広告の方が営業訪問よりも経済的である。
- **リードの誘発** 小冊子を提供したり企業の電話番号を伝えるなどの広告活動は、購買者とセールス・レップを結びつけるきっかけとなる。
- **正統性の付与** セールス・レップは、自社の広告が掲載されている新聞や雑誌のページの切り抜きを使って、会社の正統性をアピールすることができる。
- **安心感の創出** 製品の使用方法を思い出させたり、購買者に買って良かったと安心させることができる。

生産財市場で広告が重要な役割を果たすことは、多くの調査にも裏づけられている。モリルの調査によると、人的販売に広告を組み合わせたことで売上が23％伸び、売上に対するプロモーション費は20％減少した[32]。フリーマンは、広告と人的販売それぞれがより経済的に機能するプロモーション資金の配分法を考案した[33]。レビットの調査でも、広告が生産財市場で次のような重要な役割を果たすことが示されている。

1. 企業の評判が良いほどセールス・フォースは好意的に話を聞いてもらえ、早期に製品を購入してもらえる機会に恵まれる。企業の評判を高める企業広告は、セールス・レップの活動を円滑にする。
2. 有名企業のセールス・レップは、プレゼンテーションさえ適切であれば有利である。しかし、あまり知られていない企業のセールス・レップには、巧みなプレゼンテーションが要求される。
3. 製品が複雑でリスクが高く、企業の購買担当者が専門的な訓練を受けていない場合は、企業の評判がものをいう[34]。

リリアンによる生産財マーケティング活動の調査プロジェクト「アドバイザー」は、次のように報告している[35]。

- 平均的な生産財企業は、マーケティング予算を売上高の7％と設定しているが、広告にはその予算のわずか10％しか使っていない。残りの予算は、セールス・フォース、トレード・ショー、販売促進、ダイレクトメールに費やしている。
- 製品の質が高かったり、独自性が強かったり、頻繁に購入される物で

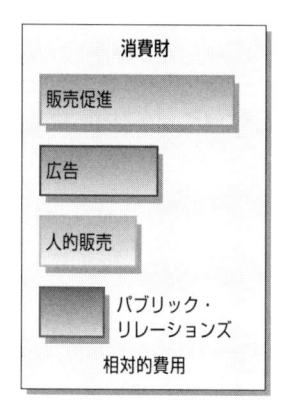

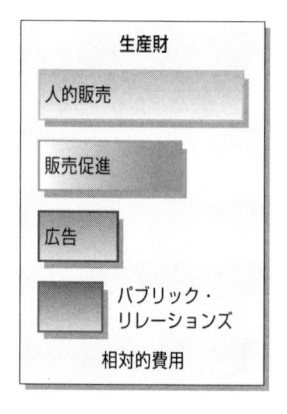

図18-5

消費財市場と生産財市場における相対的プロモーション・ツール費用

歴史メモ：1928年、ウォルト・ディズニーがミッキー・マウスを発表した。

ある場合、また顧客の増加が見込まれる場合、生産財企業は広告に平均以上の資金を投じる。
- 顧客が広い地域に分散している場合や、顧客の増加率が高い場合、生産財企業は平均以上のマーケティング予算を設定する。

　人的販売は消費財マーケティングにも大きく貢献する。しかしセールス・フォースの役割を軽視する消費財企業は、毎週ディーラーから注文を取り、製品が棚に十分並んでいるかを確認させる程度にしかセールス・フォースを使っていない。「販売員の仕事は棚に製品を並べることであり、広告によってその製品が売れてゆく」という考え方なのである。しかし、よく訓練された消費財企業のセールス・フォースは、4つの重要な役割を果たすことができる。

1. **在庫ポジションの増加**　自分が担当するブランドの在庫を増やし、より広い棚スペースを充てるようディーラーに説得することができる。
2. **熱意の高揚**　広告と販売促進をうまく使って、ディーラーの熱意を高めることができる。
3. **ミッショナリー・セリング**　より多くのディーラーと契約を結ぶことができる。
4. **上顧客の管理**　自分の責任で上顧客との取引を増やすことができる。

歴史メモ：1912年、北大西洋でタイタニック号が沈没。1998年、映画『タイタニック』が大ヒットした。

■■■■■ プッシュ戦略対プル戦略

　企業が売上を伸ばすのにプッシュ戦略とプル戦略のどちらを選ぶかで、プロモーション・ミックスは大きく変わってくる。**プッシュ戦略**とは、製造業者がセールス・フォースと対流通業者プロモーションを使って、最終消費者まで製品を流し、プロモーションし、販売するよう仲介業者を促すことである。カテゴリー内のブランド・ロイヤルティが低く、ブランド選択が店舗で行われ、衝動買いをする製品で、製品のベネフィットがよく理解されている場合、プッシュ戦略は特に適している。**プル戦略**とは、製造業者が広告と対消費者プロモーションを利用して、消費者が仲介業者に製品を求めるように仕向け、それによって仲介業者に注文させることである。関与水準とブランド・ロイヤルティが高く、ブランド間での知覚差異が大きく、店舗に行く前にブランドを選択している場合、プル戦略は特に適している。同じ業界の企業でも、プッシュ戦略とプル戦略のどちらに重点を置くかはさまざまである。例えば、リーバブラザーズはプッシュ戦略に、P&Gはプル戦略に依存している。

■■■■■ 購買者の準備段階

　プロモーション・ツールの費用効果は、購買者が現在どの準備段階にいるかによって異なる。■図18-6では、4つのプロモーション・ツールの費用効果が比較されている。広告とパブリシティは、製品の認知段階で最も重要な役割を果たす。顧客の理解段階では主に広告と人的販売が、確信の段階では人的販売

デモグラフィックス：1850年から1997年にかけて、アメリカの1世帯あたりの平均人数は5.5人から2.6人に減少した。

が効果を発揮する。最終的に販売を成立させるのは、主に人的販売と販売促進である。再注文の段階でも人的販売と販売促進が影響を与えるが、リマインダー広告もその助けとなる。

製品ライフサイクルの段階

　各プロモーション・ツールの費用効果は、製品ライフサイクルの段階によっても異なる。

- 導入期では、広告とパブリシティが最も費用効果が高く、人的販売は製品を置いてもらう流通業者の獲得に、販売促進は試用を促すのに役立つ。
- 成長期では、クチコミ効果で需要に勢いがあるため、すべてのプロモーション・ツールを縮小することができる。
- 成熟期では、販売促進、広告、人的販売の順で効果を発揮し、それぞれ重要度も増す。
- 衰退期では、販売促進が依然として重要で、広告とパブリシティは縮小され、販売員は製品にほとんど注意を向けなくなる。ライフサイクルの導入期に使われるプロモーション・ミックスの興味深い例を、ベスト・フレンズ・ペットケア社に見ることができる。

ベスト・フレンズ・ペットケア

　ベスト・フレンズ・ペットケアは16の州で28のペットケア・センターを経営している。グルーミング、デイケア、エクササイズといったサービス、さらに一泊用の施設を備えた犬と猫のためのホテルである。同社は新店舗をオープンする際、テレビ広告を流し、ダイレクトメールを送り、人々を招待して最新式の設備を見学してもらうことにしている。コネチカット州ミルフォードの開店式では、犬の映画スター、ベートーベンを招き、来店者は自由にベートーベンと写真が撮れるというプロモーションを行った。このプロモーション効果により、当日は7000人が来店した。来店者には専門的に訓練されたスタッフが施設内

図18-6

購買者の準備段階に対応した各プロモーション・ツールの費用効果

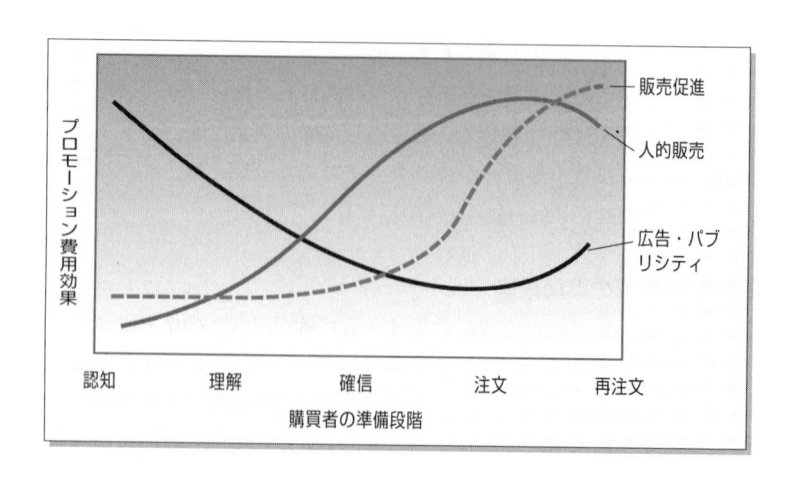

を案内し、人的販売による積極的なアプローチを行った。ベスト・フレンズはマーケティング資金を最大限に活用するために、協調成長戦略を採用している。5、6の店舗でお金を出し合えば、豊富な資金による広告やプロモーションが可能になるからである[36]。

■ 企業の市場地位

市場リーダーは販売促進よりも広告を使った方が利益をあげることができる。逆に、下位企業には販売促進の方が有効である。

結果の評価

プロモーション計画を実行したら、メッセージ効果を評価しなければならない。標的視聴者を何人か選び、メッセージに気づいたか、メッセージを覚えているか、何回メッセージを見たか、メッセージのどの部分を思い出すか、メッセージをどう思ったか、メッセージを見る前と見た後では製品や企業に対する意見が変わったか、などの質問をする。また、何人が製品を購入したか、気に入ったか、ほかの人に製品の話をしたか、といったメッセージの結果生じる行動面の反応も評価する。

■図18-7では、フィードバック評価の好例が示されている。全体市場の消費者の80%がブランドAを認知し、そのうちの60%が試用しているが、満足したのは20%にすぎない。この調査結果は、ブランドAを認知させる段階ではコミュニケーション計画が成功したが、製品が消費者の期待に応えていないことを示している。対照的に、ブランドBを認知したのは全体市場の消費者の40%で、試用したのはそのうちの30%だけだが、試用した人の80%は製品に満足している。この場合、ブランド力を利用したコミュニケーション・プログラムを強化する必要がある。

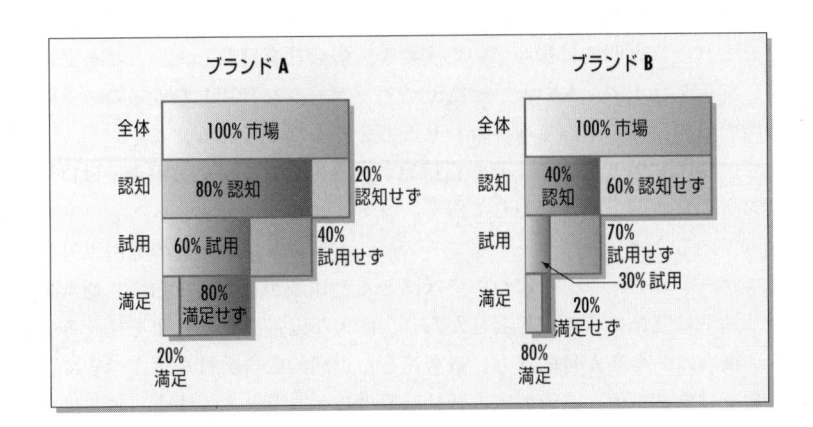

図18-7

2つのブランドに対する消費者の反応

統合型マーケティング・コミュニケーションの調整と管理

アーサー・シュレジンジャー・ジュニアによる『セカンド・ミレニアムの10人の偉人』には、シェークスピア、ニュートン、ダーウィン、コペルニクス、ガリレオ、アインシュタイン、リンカーン、グーテンベルクが挙がっている。

今日、マス市場が多数のミニ市場に分裂し、それぞれの市場がそれぞれのアプローチを必要としている。また新しいタイプのメディアが続々と登場し、消費者は賢くなった。しかしながら、多くの企業がいまだに少数のコミュニケーション・ツールに頼ってコミュニケーション目的を達成しようとしている。コミュニケーション・ツール、メッセージ、視聴者の幅が大きく広がった現在、企業は**統合型マーケティング・コミュニケーション（IMC）**へ移行すべきである。全米広告業協会（AAAA）の定義によると、IMCとは、

> マーケティング・コミュニケーション計画に対する一つのコンセプトであり、マス広告、ダイレクト・レスポンス、販売促進、パブリック・リレーションズといった多種多様なコミュニケーション・チャネルの戦略的役割を生かす包括的な計画の付加価値を認め、これらのチャネルを組み合わせて個々のメッセージを継ぎ目なく統合することにより、明確で一貫した最大限のコミュニケーション効果を生みだすことである。

ここで、創造的なIMCの例を紹介しよう。

ワーナー・ランバート

ワーナーはアレルギー患者に対し、抗ヒスタミン剤ベナドリールのプロモーションを行った。同社は広告とパブリック・リレーションズによってブランド認知を高め、また各地域の花粉情報を伝えるフリーダイヤルの番号を広告した。このフリーダイヤルに1回以上電話すると、製品の無料サンプル、クーポン、製品のベネフィットについての詳細な資料、さらにアレルギーに上手に対処する方法やアドバイスを盛り込んだニューズレターがもらえる仕組みになっていた[37]。

大手消費財企業の経営陣とマーケティング担当幹部を調査した結果、70％以上がIMCのコンセプトを支持していた。オグルヴィー＆メイザー、ヤング＆ルビカム、サーチ＆サーチといった大手広告会社は、総合的なサービスを提供するために、販売促進、パブリック・リレーションズ、ダイレクト・マーケティングをそれぞれ専門的に扱っていた主要な広告会社を買収した。ところが期待に反して、クライアントの大半はIMCのパッケージを利用しなかった。それぞれ専門の広告会社を選んで取り合わせる方を好んだのである。

なぜ、IMCに対してこのような抵抗感があるのだろうか。大手企業は自社のブランド・マネジャーと協力して働く、コミュニケーション・スペシャリストを雇っている。コミュニケーション・スペシャリストは、自分の専門以外のコミュニケーション・ツールについてはほとんど知識がない。さらに、通常スペシャリストにはひいきの広告会社があり、巨大な広告会社に仕事を任せるのを嫌う。彼らは、企業が目的ごとに最も適した専門的広告会社を選ぶべきで、大手の傘下にある二流、三流の広告会社は避けるべきだと主張する。彼らは、広

MARKETING MEMO

IMC のためのチェックリスト

経営陣の理解を得たマーケターは、IMC 達成のための提案をまとめ始める。この提案には、次の考慮点が入っていることが多い。

- **企業全体のコミュニケーション関連予算を検討する**：各予算とタスクの明細を出し、これをまとめて総合的な予算作成プロセスに入れる。製品、プロモーション・ツール、ライフサイクルの段階、予想結果それぞれについて、すべてのコミュニケーション関連支出を再検討する。
- **成果を評価する共通基準を設ける**：コミュニケーション活動を評価するシステムを開発する。IMC は消費者の購買行動を変えるための戦略であるから、その行動を評価し、コミュニケーションが最終収支決算に及ぼした影響を確かめなければならない。投資収益率も、企業のコミュニケーション努力を追跡するか、整理統合された顧客データを通して評価することができる。
- **データベースの開発と収益管理を通して自社の利害関係者を理解する**：コミュニケーション計画の各段階に、顧客、従業員、投資家、仕入れ元などすべての利害関係者を入れる。
- **消費者と企業や製品との接点をすべて明確にする**：これによって、どの場面でどのコミュニケーションを行えば、企業のメッセージが最も効果的に伝わるかを決定する。製品パッケージ、小売店ディスプレー、株主総会、スポークスマンなど、各接点におけるコミュニケーション効果を評価する。コミュニケーションが顧客の望む時間、場所、方法で確実に行われるよう努力する。
- **企業の経営能力に影響を与える内外の動向を分析する**：コミュニケーションが最も有効な分野を探す。それぞれのコミュニケーション機能の長所と短所を見極める。これらの長所と短所をもとにプロモーション戦略を開発する。
- **各ローカル市場向けの経営計画とコミュニケーション計画を立てる**：これらを統合してグローバル・コミュニケーション戦略を作り上げる。
- **コミュニケーション活動に責任を持つ役員を任命する**：計画機能を中央に集中し、共通の評価基準を設定することにより、効率を高める。
- **すべてのコミュニケーション・メディアを通じて、テーマ、トーン、質に矛盾のないメッセージを作る**：この一貫性が大きな効果を生み、各機能の役割が不必要に重複するのを防ぐ。資料を制作する際は、それが標的視聴者に対してどう使われるかを考慮する。それぞれが会社独自の最も大事なメッセージとセールスポイントを伝えるようにする。
- **チームプレーヤーだけを起用する**：新しい統合的な考え方をするように訓練された従業員は、特定の機能だけにこだわらないようになる。グループ全体にかかわる責務をこなし、顧客ニーズによりよく答えられるような新しい仕事に積極的に取り組む。
- **企業の経営プロセスに IMC を組み込む**：IMC の経営参加によって、経営活動が企業の目標達成に向けて完全に統合される。統合型戦略によって、各コミュニケーション機能が効率化され、企業ミッションの成功に貢献する力となるのである。

出典：Matthew P. Gonring, "Putting Integrated Marketing Communications to Work Today," *Public Relations Quarterly*, Fall 1994, pp. 45–48.

告会社が今でも広告主のプロモーション予算の大部分を広告予算に注ぎ込んでしまうと考えているからである。

しかし、IMC がより一貫性の強いメッセージを作り出し、より大きな販売効果を生むのは確かである。IMC を実行すると、無数の企業活動によって作られた自社のブランドイメージとメッセージを統合するという責任を、これまで存在しなかった責任者にゆだねることになる。IMC によって企業はこれまで以上に、適切な場所で、適切な時期に、適切なメッセージを、適切な顧客に届ける

変化：働く女性の数は、1890年に370万人おり、全労働人口の17%であったが、1990年までに5670万人に増加し、全労働人口の45.3%を占めるようになった。

ことができるようになる(38)。ノースカロライナ州の電力会社であるデューク電力は、トップ・マネジメントの号令で統合型コミュニケーションズ・プロジェクトチーム（ICPT）を設立し、IMCがいかに有益であるかを知ることになった。

デューク電力

IMCを開発するため、デューク電力は企業役員への長時間インタビュー、顧客調査、出版物調査、他社への「ベスト・プラクティス」インタビューを行った。このプロセスから、ICPTはデュークに対して4つの提言をした。(1)会社の評判を企業資産として管理すること。(2)コミュニケーションのあらゆる側面を管理する統合型コミュニケーション・プロセスを開発し、実行すること。(3)顧客は特別に計画されたプログラムよりも従業員の態度に反応するので、全従業員にコミュニケーション教育を実施すること。(4)顧客の関心を予想し、顧客満足と顧客維持を促進するために、戦略上役立つデータベースを開発し強化すること。これらの提言のもと、ICPTは企業の経営プロセスと直結した統合型コミュニケーション・プロセスを開発した(39)。

IMCは、マーケティング・プロセスの特定部分に焦点を当てるのではなく、プロセス全体を視野に入れた活動である。■マーケティング・メモ「IMCのためのチェックリスト」を参照されたい。

参考文献

1. 定義は以下の文献を参考にした。Peter D. Bennett, ed., *Dictionary of Marketing Terms* (Chicago: American Marketing Association, 1995).
2. 広告コミュニケーション用に開発されたこれ以外のコミュニケーションモデルについては、以下の文献を参照されたい。Barbara B. Stern, "A Revised Communication Model for Advertising: Multiple Dimensions of the Source, the Message, and the Recipient," *Journal of Advertising*, June 1994, pp. 5–15.
3. 以下の文献を参照されたい。Brian Sternthal and C. Samuel Craig, *Consumer Behavior: An Information Processing Perspective* (Upper Saddle River, NJ: Prentice Hall, 1982), pp. 97–102.
4. しかしコックスとバウアーによる調査では、自信および説得可能性の曲線的な関係が示され、自信の弱い人々が最も説得されやすいとなっている。Donald F. Cox and Raymond A. Bauer, "Self-Confidence and Persuasibility in Women," *Public Opinion Quarterly*, Fall 1964, pp. 453–66; Raymond L. Horton, "Some Relationships between Personality and Consumer Decision-Making," *Journal of Marketing Research*, May 1979, pp. 233–46.
5. 以下の文献を参照されたい。John Fiske and John Hartley, *Reading Television* (London: Methuen, 1980), p. 79. 説得の専門知識の効果については、以下の文献も参照されたい。Elizabeth J. Wilson and Daniel L. Sherrell, "Source Effects in Communication and Persuasion Research: A Meta-Analysis of Effect Size," *Journal of the Academy of Marketing Science*, Spring 1993, pp. 101–12.
6. 以下の文献において、SD法が研究されている。C. E. Osgood, C. J. Suci, and P. H. Tannenbaum, *The Measurement of Meaning* (Urbana: University of Illinois Press, 1957).
7. John Bigness, "Back to Brand New Life," *Chicago Tribune*, October 4, 1998; Chris Reidy, "Putting on the Dog to be Arnold's Job," *Boston Globe*, August 28, 1998.
8. 以下の文献を参照されたい。Michael L. Ray, *Advertising and Communications Management* (Upper Saddle River, NJ: Prentice Hall, 1982).
9. 以下の文献を参照されたい。Michael R. Solomon, *Consumer Behavior*, 3d ed. (Upper Saddle River, NJ: Prentice Hall, 1996). 恐怖へのアピールに関する研究論文の文献案内がpp. 208-10に掲載されている。
10. Kevin Goldman, "Advertising: Knock, Knock. Who's There? The Same Old Funny Ad Again," *Wall Street Journal*, November 2, 1993, p. B10. 以下の文献も参照されたい。Marc G. Weinberger, Harlan Spotts, Leland Campbell, and Amy L. Parsons, "The Use and Effect of Humor in Different Advertising Media," *Journal of Advertising Research*, May–June 1995, pp. 44–55.
11. William Kissel, "The Bottom Line," *Los Angeles Times*, July 9, 1998, p. 1; Joe Boxer Web site; David B. Wolfe, "Boomer Humor," *American Demographics*, July 1998.

12. "FedEx Will Quit Joking Around Overseas," *Los Angeles Times*, January 21, 1997, p. B20.
13. 以下の文献を参照されたい。James F. Engel, Roger D. Blackwell, and Paul W. Minard, *Consumer Behavior*, 8th ed. (Fort Worth, TX: Dryden, 1994).
14. 以下の文献を参照されたい。Ayn E. Crowley and Wayne D. Hoyer, "An Integrative Framework for Understanding Two-Sided Persuasion," *Journal of Consumer Research*, March 1994, pp. 561–74.
15. 以下の文献を参照されたい。C. I. Hovland, A. A. Lumsdaine, and F. D. Sheffield, *Experiments on Mass Communication*, vol. 3 (Princeton, NJ: Princeton University Press, 1948), ch. 8; Crowley and Hoyer, "An Integrative Framework for Understanding Two-sided Persuasion." 別の視点について、以下の文献を参照されたい。George E. Belch, "The Effects of Message Modality on One- and Two-Sided Advertising Messages," in *Advances in Consumer Research*, eds. Richard P. Bagozzi and Alice M. Tybout (Ann Arbor, MI: Association for Consumer Research, 1983), pp. 21–26.
16. Curtis P. Haugtvedt and Duane T. Wegener, "Message Order Effects in Persuasion: An Attitude Strength Perspective," *Journal of Consumer Research*, June 1994, pp. 205–18; H. Rao Unnava, Robert E. Burnkrant, and Sunil Erevelles, "Effects of Presentation Order and Communication Modality on Recall and Attitude," *Journal of Consumer Research*, December 1994, pp. 481–90.
17. 以下の文献を参照されたい。Sternthal and Craig, *Consumer Behavior*, pp. 282–84.
18. Herbert C. Kelman and Carl I. Hovland, "Reinstatement of the Communication in Delayed Measurement of Opinion Change," *Journal of Abnormal and Social Psychology* 48 (1953): 327–35.
19. David J. Moore, John C. Mowen, and Richard Reardon, "Multiple Sources in Advertising Appeals: When Product Endorsers Are Paid by the Advertising Sponsor," *Journal of the Academy of Marketing Science*, Summer 1994, pp. 234–43.
20. C. E. Osgood and P. H. Tannenbaum, "The Principles of Congruity in the Prediction of Attitude Change," *Psychological Review* 62 (1955): 42–55.
21. Michael Kiely, "Word-of-Mouth Marketing," *Marketing*, September 1993, p. 6.
22. 以下の文献を参照されたい。Regis McKenna, *The Regis Touch* (Reading, MA: Addison-Wesley, 1985); Regis McKenna, *Relationship Marketing* (Reading, MA: Addison-Wesley, 1991).
23. マイケル・カファーキーは、クチコミを刺激するために企業が到達したいと考えている4種類の人々を定義している。すなわち、オピニオン・リーダー、買い物の達人、影響者、製品愛好家である。**オピニオン・リーダー**は、ファッションリーダーのように限定された社会グループの中で広く尊敬されている人々のことである。自分に関係のある分野の社会ネットワークが広く、情報源としての信頼性が高く、よく喋る傾向がある。**買い物の達人**は時間をかけて市場に出回っているお買い得品の知識を手に入れる。**影響者**は社会的にも政治的にも活動的な人々である。世の中で起きていることを知ろうとし、出来事に影響を与えようとする。**製品愛好家**は、例えば美術品愛好家、ハイファイオーディオ愛好家、コンピュータの達人のように、ある製品カテゴリーに詳しいことで周囲に知られている。以下の文献を参照されたい。*Let Your Customers Do the Talking* (Chicago: Dearborn Financial Publishing, 1995), pp. 30–33.
24. 以下の文献を参照されたい。Philip Kotler, "Atmospherics as a Marketing Tool," *Journal of Retailing*, Winter 1973–1974, pp. 48–64.
25. 以下の文献を参照されたい。Everett M. Rogers, *Diffusion of Innovations*, 4th ed. (New York: Free Press, 1995).
26. Quoted in Daniel Seligman, "How Much for Advertising?" *Fortune*, December 1956, p. 123. プロモーション予算の設定を論じた良書として、以下の文献を参照されたい。Michael L. Rothschild, *Advertising* (Lexington, MA: D. C. Heath, 1987), ch. 20.
27. Albert Wesley Frey, *How Many Dollars for Advertising?* (New York: Ronald Press, 1955), p. 65.
28. 同上、p. 49.
29. 以下の文献を参考にした。G. Maxwell Ule, "A Media Plan for 'Sputnik' Cigarettes," *How to Plan Media Strategy* (American Association of Advertising Agencies, 1957 Regional Convention), pp. 41–52.
30. Sidney J. Levy, *Promotional Behavior* (Glenview, IL: Scott, Foresman, 1971), ch. 4.
31. B-to-B 広告の効果についての調査は比較的数が少ない。以下の文献を参照されたい。Wesley J. Johnson, "The Importance of Advertising and the Relative Lack of Research," *Journal of Business & Industrial Marketing*, 9, no. 2 (1994): 3–4.
32. *How Advertising Works in Today's Marketplace: The Morrill Study* (New York: McGraw-Hill, 1971), p. 4.
33. Cyril Freeman, "How to Evaluate Advertising's Contribution," *Harvard Business Review*, July–August 1962, pp. 137–48.
34. Theodore Levitt, *Industrial Purchasing Behavior: A Study in Communication Effects* (Boston: Division of Research, Harvard Business School, 1965).
35. 以下の文献を参照されたい。Gary L. Lilien and John D. C. Little, "The ADVISOR Project: A Study of Industrial Marketing Budgets," *Sloan Management Review*, Spring 1976, pp. 17–31; Gary L. Lilien, "ADVISOR 2: Modeling the Marketing Mix Decision for Industrial Products," *Management Science*, February 1979, pp. 191–204.
36. Danielle McDavitt, "Best Friends Pet Care CEO—Interview," CNBC–Dow Jones Business Video, October 19, 1998.
37. Paul Wang and Lisa Petrison, "Integrated Marketing Communications and Its Potential Effects on Media Planning," *Journal of Media Planning* 6, no. 2 (1991): 11–18.
38. 以下の文献を参照されたい。Don E. Shultz, Stanley I. Tannenbaum, and Robert F. Lauterborn, *Integrated Marketing Communications: Putting It Together and Making It Work* (Lincoln-wood, IL: NTC Business Books, 1992); Ernan Roman, *Integrated Direct Marketing: The Cutting-Edge Strategy for Synchronizing Advertising, Direct Mail, Telemarketing, and Field Sales* (Lincoln-wood, IL: NTC Business Books, 1995).

39. Don E. Schultz, "The Next Step in IMC?" *Marketing News*, August 15, 1994, pp. 8-9. 以下の文献も参照されたい。Birger Wernerfelt, "Efficient Marketing Communication: Helping the Customer Learn," *Journal of Marketing Research*, May 1996, pp. 239-46.

CHAPTER 19

広告、販売促進、パブリック・リレーションズ

KOTLER ON MARKETHING
コトラー語録

最高の広告は満足した顧客がしてくれる。

The best advertising is done by satisfied customers.

本章では、次の問題を取り上げる。

- 広告プログラムの作成にはどのようなステップがあるのか。
- 販売促進の使用が増えているのはなぜか。また、販売促進についての意思決定はどのようになされるのか。
- 企業はパブリック・リレーションズの可能性をどう活かすことができるのか。

本章では、広告、販売促進、パブリック・リレーションズという3つのプロモーション・ツールの性質と利用法を説明する。その効果を測定するのは必ずしも容易ではないが、マーケティング活動には非常に有益なものである。

広告プログラムの作成と管理

ここでは広告を次のように定義する。

- **広告**とは、スポンサー名を明らかにして行われる、アイデアや財やサービスの非人的なプレゼンテーションとプロモーションのうち、有料の形態をいう。

広告主には、営利企業だけでなく、博物館、慈善団体、政府機関もあり、ターゲットとする大衆に向けて直接メッセージを発信している。コカ・コーラというブランドへの選好を確立させるにも、麻薬を使ってはいけないことを教えるにも、広告はメッセージを広める上でコスト効率のよい方法である。

広告の扱い方は企業によってさまざまである。中小企業では、広告は販売部門かマーケティング部門の一員が担当しており、担当者は広告会社と協力する。一方、大企業では広告部門を設置を行っているところが多く、そのマネジャーがマーケティング担当副社長に報告を行っている。広告部門の仕事は、予算を編成し、広告戦略を策定し、広告とキャンペーンを承認し、ダイレクトメール広告やディーラー・ディスプレーなどの形態の広告を取り扱うことである。外部の広告会社を利用して、広告キャンペーンの考案、媒体の選定や購入をサポートしてもらう企業も多い。

マーケティング・マネジャーは広告プログラムを作成する際、常に標的市場と購買者の動機を明らかにしなくてはならない。そして5つの重要な決定を下すことになる。これは5つのMと呼ばれ、**目的**(Mission)＝広告の目的は何か、**予算**(Money)＝どれくらいの予算が必要なのか、**メッセージ**(Message)＝どのようなメッセージを送ればよいのか、**媒体**(Media)＝どのような媒体を使えばよいのか、**評価**(Measurement)＝結果をどう評価すればよいのか、の5つを指す。この5つは■図19-1にまとめられている。詳細は次の項で論じていく。

> ミレニアムに向けてのグッドイヤーの目標は、タイヤ・メーカーのトップの地位を奪還することである。

広告目的の設定

広告目的は、標的市場、マーケット・ポジショニング、マーケティング・ミックスに関する意思決定に基づいて定めるべきである。

広告には、特定のコミュニケーション目的と販売目的を数多く盛り込むことができる。コーレイは著書『目標による広告管理』(八巻俊雄訳、ダイヤモンド社)[1]の中で、広告の目的となりうる52の項目を挙げ、それぞれの目的を測定可能な特定の目標にするDAGMER(著書の頭文字から)と呼ばれる方法を説明している。**広告目標**(または広告目的)とは、一定期間に特定の標的視聴者を対

```
┌─────────────────────────────────────────────────────────────────┐
│                              メッセージの決定                       │
│                              ・メッセージの作成                    │
│                   予算の決定  ・メッセージの評価                   │
│                   考慮すべき要素： と選択                          │
│         目的の設定 ・製品ライフサイクル ・メッセージの実施         │
│                    の段階    ・社会的責任の再検討    キャンペーンの評価│
│         ・売上目標 ・市場シェアと消費者                 ・コミュニケーション効果│
│         ・広告目的  基盤                               ・売上効果   │
│                   ・競争とクラッター                              │
│                   ・広告のフリクエンシー 媒体の決定                │
│                   ・製品の代替性   ・リーチ、フリクエン           │
│                                    シー、インパクト              │
│                                    ・主要媒体のタイプ            │
│                                    ・特定の媒体ビークル          │
│                                    ・媒体のタイミング            │
│                                    ・媒体の地域的配分            │
└─────────────────────────────────────────────────────────────────┘
```

図19-1

広告の5つのM

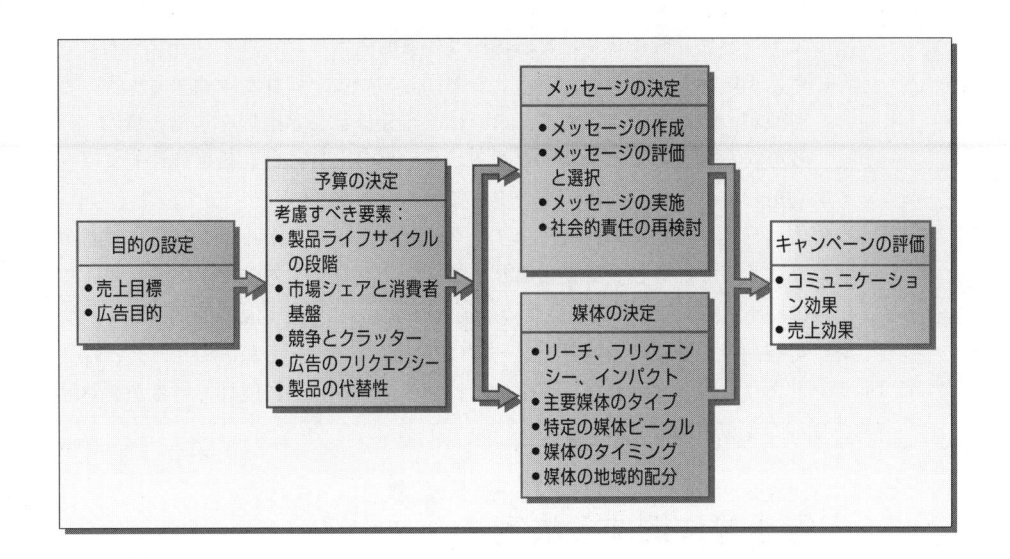

象に行われる達成すべき特定のコミュニケーション・タスクのことである。コーレイが挙げた例によると次のようになる。

> 全自動洗濯機を所有する3000万人の主婦のうち、Xというブランドを泡立ちが少ない洗濯用洗剤として認識し、洗浄力が高いと説得される人の数を、1年間で10%から40%に増加させる。

広告目的は、そのねらいを情報提供、説得、リマインドのどれに定めるかによって分類できる。

- **情報提供型広告**は、製品カテゴリーの導入段階によく使われる。ここでの目的は、まず製品に対する需要そのものを生み出すことにある。例えばヨーグルト業界は、最初にヨーグルトの栄養上のベネフィットを消費者に伝えなければならなかった。

- **説得型広告**は、競争段階で重要になってくる。この場合、企業の目的は特定ブランドの選択的需要を生み出すことである。例えばシーバスリーガルは、ほかのスコッチウイスキーのブランドより味がよく高級であると消費者を説得しようとしている。説得型広告のなかには、**比較広告**を用いるものもある。これは、2つ以上のブランドの属性を明確に比較するものである[2]。バーガーキングはマクドナルドを攻撃するため、比較広告を用いた(バーガーキングのハンバーガーは直火で焼いているが、マクドナルドは油で揚げている)。シェリングプラウは、「ニュー・オキュクリアはビザ・インより3倍も効き目があり、長持ち」と謳った。ただし、広告は自社ブランドの優位性を主張するものであって、競合他社の弱点を攻撃するものであってはならない。ブランドを認知させて好感を持たせるということを同時にできる比較広告が最高なのである[3]。

- **リマインダー型広告**は成熟期に入った製品にとって重要である。コ

カ・コーラの費用をかけた四色刷りの雑誌広告は、コカ・コーラを人々に思い出させて買わせることを意図している。これと関連する広告形態が、**強化型広告**である。これは、自分は正しい選択をしたと購入者を安心させることを目的とする。自動車の広告には、新車の性能に満足している顧客の様子を表現しているものが多い。

広告の目的は、現在のマーケティング状況の徹底分析から生まれる。製品が成熟期に入っており、企業が市場リーダーで、ブランドの使用が停滞している場合には、さらに使ってもらうための刺激を与えることが適切な目的となる。反対に新製品で、企業は市場リーダーではないが、ブランドが市場リーダーのブランドよりも優れていれば、市場に自社ブランドがいかに優れているかを納得させることが適切な目的となる。

> 未来形で考えたい方は、www.futurist.com（未来学者、グレン・ヒエムストラ主催）へアクセスしてみよう。

広告予算に関する決定

広告費に適切な額を使っているかどうかは、どのようにすればわかるのだろうか。広告費が少なすぎれば効果はわずかであろうし、反対に多すぎたとすれば、より良い使い方ができたはずということになる。大手消費財メーカーは、広告費をかけなかったのが原因で失敗することがないよう、一種の「保険」として費用をかけすぎてしまうと批判され、生産財メーカーは、企業や製品のイメージを構築することの効果を過小評価して、広告に費用をかけなさすぎると批判されることがある[4]。

広告には将来へと続く継続的な効果がある。広告費は経常費として扱われるが、実は投資の側面もあり、**ブランド・エクイティ**と呼ばれる無形資産を築く。500万ドルを資本設備に投じ、その設備が5年間の減価資産とみなされると、1年目には購入コストの5分の1しか減価償却されない。しかし、同じ500万ドルを新製品発売のための広告に使うと、1年目にしてすべてのコストを費用として計上しなければならない。このため企業の公式利益は減少し、企業が1年間に発売できる新製品の数も限られてしまうのである。

広告予算の設定には、次の5つの特定要素を考慮する必要がある[5]。

- **製品ライフサイクルの段階**　消費者の認知と試用を促進するため、新製品には通常、多額の広告予算が充てられる。一方、すでに確立しているブランドについては、売上に占める広告費の割合は小さい。
- **市場シェアと消費者基盤**　市場シェアの高いブランドがその維持を目指す場合、売上に占める広告費の割合は小さくなるのが普通である。市場拡大によってシェア獲得を目指す場合には、必要な広告費は大きくなる。コスト効率からいえば、高シェアのブランドの方が低シェアのブランドよりも、消費者に到達するための経費は少なくてすむ。
- **競争とクラッター**　競合企業が多く、他社が広告費に巨額を投じている市場では、ブランドを認知してもらうために多額の広告費を投入しなければならない。自社ブランドと直接競合しない広告による単純

なクラッターの場合でさえ、広告費の増大が必要になってくる。
- ■ **広告のフリクエンシー**　ブランド・メッセージを消費者に理解してもらうために繰り返す広告の数も、広告予算に重要な影響を持つ。
- ■ **製品の代替性**　コモディティの部類にあるブランド（タバコ、ビール、ソフトドリンク）は、差別化されたイメージを確立するため広告に力を入れなければならない。また、ブランドに独自の物理的なベネフィットや特徴がある場合も、広告が重要になる。

マーケティングの専門家は、上記の要素を考慮した広告予算設定モデルを数多く構築してきた。ビデールとウルフのモデルでは、売上反応率が高いほど、売上減衰率（顧客が広告やブランドを忘れる比率）が高いほど、未開拓の販売可能性が高いほど、巨額の広告費が必要となる[6]。しかしこのモデルでは、競合他社の広告量や自社の広告効果といった、その他の重要な要素が無視されている。

ジョン・リトルは、広告予算の設定に適応管理法を提案した[7]。まず、企業が最新情報に基づいて広告費率を設定したと仮定する。そしてこの比率を、任意の$2n$のサブ市場を除く全市場に適用する。nのテスト市場では通常より低率の広告費を支出し、もう1つのnでは通常より高率の広告費を支出する。この手順によって、低、中、高、それぞれの広告費率から算出される売上高の平均値が出る。この平均売上高から、売上反応関数の最新のパラメーター値が推計される。この最新の売上反応関数が、次期における最良の広告費率の決定に使われるのである。この実験を繰り返すことによって、広告費は最適値に近づいていく[8]。

3MのアイデアボードIBを使うと、企業幹部は自分の考えていることをインターネット経由で迅速に記録したり共有したりできる。

広告メッセージの選択

広告キャンペーンは独創性がものをいう。ウィリアム・バーンバッハは以下のように述べている。「事実だけでは十分でない。……シェークスピアは実に陳腐な筋書を用いたにもかかわらず、作品に込められたメッセージは素晴らしかったではないか」。ここで、次の例を考えてみよう。

タコベル

1994年にタコベルは、ファストフード・チェーンの第4位にランクされていたが、減収傾向にあった。そこで、1997年に同チェーンはおしゃべりするチワワが出演するテレビ・コマーシャルを始めた。お腹をすかせたチワワがスペイン語で、「タコベルが食べたいよ（Yo Quiero Taco Bell）」と訴える姿が人気を呼んだ。このキャンペーンの成功により、同チェーンのターゲットとなる18歳から35歳までの客層に受け、Tシャツ、マグネット、帽子、おしゃべり人形などのチワワ・グッズが次々と登場し、タコベルの増収に貢献したのである。1匹の小さな犬がタコベルの売上を4.3％も伸ばし、1997年の売上は45億ドルにも達した。タコベルは現在、年間2億ドルを広告に投じており、この人気あるキャンペーンをずっと続けていきたいと考えている[9]。

広告に費やす金額よりも独創性という要素が重要なことは明らかである。広告はまず注目されなければ、売上の伸びに貢献することはできない。しかし警告もある。独創的な広告だけでは十分ではないということだ。それがマイルズ社のアルカセルツァー錠剤のケースに表れている。

アルカセルツァー

アルカセルツァーの胃腸薬（制酸剤）は、史上最も独創性が高いといわれる広告の恩恵を受けてきた。1969年に同社は、有名な「刑務所コマーシャル」を流し始めた。それは、俳優ジョージ・ラフトに率いられた260人の受刑者が刑務所内の食事に抗議し、ブリキのカップでテーブルをたたきながら、「アルカセルツァー」と繰り返すというものである。その後、さらに有名なテレビ・コマーシャルが2本流された。そのひとつ「ハネムーン」では、新婦に牡蛎（かき）の煮物やマシュマロ・ミートボールのような料理を出された夫が、アルカセルツァーに救われる。このコマーシャルは「辛いミートボールだな」という台詞で人々の記憶に残った。同社は「試してごらん、気に入るよ」「全部食べちゃったなんて信じられない」「ポトポト、シュワッシュワッ、ああ、すっきり」などの台詞を使って、有名なアルカセルツァーのテレビ・コマーシャルを送り出し続けた。しかし、ここ2、3年ほど、ペプシドやザンタックなどの新製品が発売されて胃腸薬のカテゴリーは従来の倍に増え、1998年のアルカセルツァーの市場シェアは4.2％と、1968年の25％から大幅に減少した[10]。

独創的なメッセージ戦略の策定には、4つの段階を踏まなければならない。すなわち、メッセージの作成、メッセージの評価と選択、メッセージの実施、社会的責任の再検討である。

広告メッセージの作成

製品の「ベネフィット」を伝達するメッセージは、製品コンセプトの一環として作成されなければならない。しかし通常、たくさんのメッセージ候補には幅がある。時が経つにつれて、特に消費者が製品から新しいベネフィットや従来とは異なるベネフィットを求めている場合には、マーケターがメッセージの変更を考える可能性もある。

広告アピールの候補を生み出すにはいくつかの方法がある。消費者、ディーラー、専門家、競合他社から意見を聞いて、**帰納的**に生み出されることが多い。レオ・バーネットは次のように提唱している。「販売対象としている人々と実際に顔を突き合わせてじっくりとインタビューすることである。この人はどんな人なのだろうか、この製品に対してどんな使い方をし、それがどんな意味を有するのだろうか、と心に描くようにするのである[11]」。

広告メッセージの作成に**演繹的**なフレームワークを用いる人もいる。マロニーがあるフレームワークを提案している[12]。マロニーによると、購買者は製品から4つのタイプの見返り、つまり理性的満足、感覚的満足、社会的満足、自

ミレニアム製品：消費者はまもなく溶剤の入っていない「エコ・ペンキ」を買うことができるようになるだろう。

己の満足のうちのいずれかを期待している。購買者は、製品使用結果の経験、製品使用中の経験、製品使用に付随する経験から、これらの見返りを思い描くことになる。4タイプの見返りに3タイプの使用経験を組み合わせると、12種類の広告メッセージが生まれる。例えば「衣類をより清潔に」というアピールは、製品使用結果から生じる理性的満足を約束している。「美味しいライトビールで心からの満足を」というフレーズは、製品使用中の経験と結びつけて感覚的満足を約束している。

　広告主は広告テーマを選択する前に、いくつの候補を作るべきなのだろうか。候補となる広告が多いほど、素晴らしいものができる可能性も高くなる。しかし候補広告の制作に時間をかけるほど、それだけコストもかさむ。現在の委託システムの下では、広告会社は広告を数多く制作したり、予備調査をしたりすることに経費を使いたがらない。幸い初期段階の広告制作コストは、コンピュータのおかげで大幅に下がっている。広告会社の制作部門は、スチール、画像イメージ、活字タイプなどをコンピュータ・ファイルから引き出し、短時間で多数の候補を作り上げることができるのである。

■ メッセージの評価と選択

　良い広告というのは通常、1つの核となる販売命題に焦点を合わせている。トウィドは、メッセージは**興味深さ**、**独自性**、**信頼性**という観点から評価されるべきであると示唆している[13]。以下にその例を挙げてみよう。

小児麻痺救済募金活動

　小児麻痺救済募金活動では、先天的欠損症撲滅資金を調達するために広告テーマを探していたが、ブレーン・ストーミングのセッションから、メッセージがいくつか生まれた。それぞれのメッセージについて、若い親のグループに、興味深さ、独自性、信頼性の点から100点満点で評価してもらった。例えば「毎日700人の子供が先天的欠損症をもって生まれてきます」というメッセージには、興味深さ70点、独自性62点、信頼性80点の点数がつけられた。一方、「あなたの赤ちゃんが先天的欠損症をもって生まれてくるかもしれません」というメッセージについては、興味深さ58点、独自性51点、信頼性70点がつけられた。最初のメッセージが2番目のメッセージに比べ、すべての点において優れている、と評価されたのである[14]。

　広告主は市場調査を通して、標的視聴者に最も効果的なアピールを決定しなければならない。

■ メッセージの実施

　メッセージの影響力は、語られる内容だけでなく、表現方法にも左右される。**理性的ポジショニング**を目的とする広告もあれば、**情緒的ポジショニング**を目指すものもある。アメリカで典型的な広告は、「衣類をより清潔に」や「効き目すばやく」など、明確な特徴またはベネフィットを紹介し、理性に訴えるようデ

ザインされている。これに対して日本の広告は、より間接的で情緒に訴える傾向がある。例えば日産インフィニティの広告は、自動車ではなく美しい自然の情景を見せて、情緒的な連想や反応の創出をねらいとしている。

　広告のインパクトは、見出しやコピーの選択によっても変わる。ラリタ・マンライは、同じ自動車について広告を2つ制作した。1つめの広告には「新しい車です」という見出しを、2つめの広告には「あなたのための車ですか」という見出しをつけた。2つめの見出しには、**ラベリング**と呼ばれる広告戦略が用いられており、それは消費者をそのタイプの製品に興味を持つタイプの人という分類をする手法である。1つめの広告が自動車の特徴を表し、2つめの広告が自動車のベネフィットを表しているという点でも、この2つの広告には違いがあった。これをテストしてみると、製品の総合的な印象、製品購入への関心、友人に推薦する可能性という点で、2つめの広告の方がはるかに優っているという結果が出た[15]。

　メッセージの実施は、洗剤、タバコ、コーヒー、ウォッカなど、類似性の高い製品には決定的となる。アブソルート・ウォッカの成功例を見てみよう。

> ミレニアム製品：「クアンテル・クリップボックス」は、コンピュータ用ディスクに画像を保存するビデオユニットである。

アブソルート・ウォッカ

　ウォッカは一般にコモディティとして扱われているが、ウォッカ市場のブランド選好とブランド・ロイヤルティは驚くほど高い。そのほとんどはイメージによるものである。アメリカ市場に参入した1979年当時、スウェーデンのブランドであるアブソルート・ウォッカは、予想に反して7000ケースしか売れなかった。しかし1991年までには、200万ケースを上回る販売数を達成した。アブソルートはアメリカ市場の65%を占め、最大の売上を誇る輸入ウォッカとなったのである。売上は世界規模で拡大していった。成功の秘密は、ターゲッティング、パッケージング、広告戦略にあった。まず、アブソルートは洗練され、上昇志向があり、裕福な人々にねらいを定めた。そしてスウェーデン人の素朴さを連想させる、変わった形のボトルにウォッカを入れた。このボトルが重要な意味を持つものとなり、常に広告の中心に据えられたのである。広告には「アブソルート・マジック（完璧な魔法）」とか「アブソルート・ラーセニー（完全犯罪）」など、製品名のもじりが使われた。ウォーホル、ヘリング、シャーフといった著名な芸術家がアブソルートの広告をデザインし、ボトルのイメージは常にうまく表現されていた。さらに、アブソルートは有名な作家にブランドにまつわる短篇を依頼した。こうした広告は、『アトランティック』『ニューヨーカー』『ヴァニティ・フェア』のような雑誌の読者にアピールするようデザインされている[16]。

　広告キャンペーンの準備にあたって、広告主は通常、望ましい広告の目的、内容、裏づけ、トーンを明記した**コピー戦略ステートメント**を準備する。「1869年ブランド・ビスケット」と呼ばれるピルスベリー製品の戦略ステートメントを紹介しよう。

> **ピルスベリー**

広告の**目的**は、ピルスベリーの1869年ブランド・ビスケットはホームメイドと同じくらい美味しい缶入りビスケットである、と消費者に納得させることである。広告の**内容**は、次のような製品特性を強調することにある。すなわち、外見、食感、味がホームメイドのビスケットと同じであること。「ホームメイド・ビスケットと同じくらい美味しい」という主張の裏づけは2つある。1つめは、1869年ブランド・ビスケットはホームメイド・ビスケット用の特別な小麦粉を使って作られているが、これは通常の缶入りビスケットでこれまで使われたことがないこと、2つめは、伝統的なアメリカのビスケットの作り方を用いていることである。広告の**トーン**はニュース報道調であるが、アメリカのビスケット作りを懐古するような温かい雰囲気に和らげられている。

広告制作者はメッセージの実施に適切な**スタイル**、**トーン**、**言葉**、**フォーマット**を見つけなければならない。

メッセージの表現にはさまざまな実行スタイルが可能である。生活の一場面、ライフスタイル、ファンタジー、ムードやイメージ、ミュージカル、シンボル・キャラクター、技術的専門知識、科学的証拠、立証(テスティモニアル)などである。■マーケティング・インサイト「戦略としての有名人の推奨」は、テスティモニアル広告に焦点を当てている。次の例とともに参考にされたい。

> **ロゲイン**

ロゲインの男性用エクストラ・ストロングの広告は、従来の育毛剤より平均45％以上の効果を保証する立証広告である。テレビ・コマーシャルでは、著名なスポーツ選手が推薦の言葉を述べている。例えば、グリーンベイ・パッカーズのコーチ、マイク・ホルムグレンが、パッカーズの試合中にサイドラインを歩きながら、「毎週日曜日、6万人もの観衆が私の頭に注目している」と言う。そして、はげた部分が目立つ自分の古い写真を鼻で笑った後で、ホルムグレンは言い添えるのである。「髪の毛をことごとく勝ち取ったのだ」と。また、バスケットボール・チームであるユタ・ジャズのスター、カール・マローンは、ロゲインのエクストラ・ストロングを5か月間使い、効果があったと広告で述べている。メーカーのファーマシア・アンド・アップジョンは広告費を1997年の3000万ドルから1998年には約5500万ドルに増額した[17]。

広告担当者は適切な**トーン**を選択しなければならない。P&Gのトーンは、一貫して肯定的である。つまり同社の広告は、自社製品についてきわめて肯定的に伝え、メッセージから注意をそらしてしまうようなユーモア表現は避けている。これとは対照的に、事務用品の大型スーパーマーケットであるステープルズの広告は、製品そのものよりもユーモラスな状況に重点を置いている。

覚えやすくて注意を引く**言葉**も広告には必要である。次の表の左側に挙げたテーマは、右側の独創的な言い廻しがなければ、はるかに印象の弱いものとなっていたはずである[18]。

ミレニアム製品：マーケターは、「エレクトリック・ペーパー」を使って、製品を「輝かせる」ことができるようになるだろう。

MARKETING INSIGHT マーケティング・インサイト

戦略としての有名人の推奨

はるか昔から、マーケターは有名人を自社製品の推薦人として起用してきた。有名人をうまく選べば、製品やブランドに注意を引くことができるのである。ヨーク公妃サラ（ファギーというあだ名の方が有名）が、ウェイト・ウォッチャーズのおかげでほっそりした姿を見せたものなどは、よい例であろう。あるいは、ビル・コスビーが子供を楽しませながらボール一杯のジェローを食べてしまうコマーシャルに代表されるように、有名人独特のオーラがブランドに乗り移ることもある。

有名人の選択は重要である。認知度が高く、好印象を有しており、製品イメージにふさわしくなければならない。スポーツキャスターのハワード・コーセルは知名度が高いが、さまざまなグループから悪印象をもたれていた。ブルース・ウィリスは知名度も高いし、好感度もたいへん高いが、世界平和会議の広告にはふさわしくないだろう。アンディ・グリフィス、メリル・ストリープ、オプラ・ウィンフリーは、知名度や好感度（芸能界ではQファクターといわれる）が抜群であるため、幅広い製品の広告に登場しそうだ。

スポーツ選手の起用は、スポーツ用品、スポーツ飲料、スポーツウェアの広告に特に効果的である。かつてシカゴ・ブルズでスターだったマイケル・ジョーダンは、最も推薦者に値するスポーツ選手だろう。控えめに見積もっても、ジョーダンは1990年代の10年間に2億4000万ドルのコマーシャル収入を得ている。いちばん有名なのは恐らくナイキのスポーツシューズとウェアの広告であろうが、これによるナイキの収益は52億ドルにのぼる。ジョーダンが販売を促進したメーカーは多数ある。ウィルソン、コカ・コーラ、MCI、ジョンソン・プロダクツ、マクドナルド、クエーカー・オーツ、レイオウバックなどが、その例として挙げられよう。ジョーダンのイメージが広告に表れただけでなく、Tシャツ、玩具、ゲームなど無数の関連商品の販売を通して、メッセージが広がっていったのである。しかしジョーダンは、拍子抜けするほど控えめである。ジョーダンいわく、「皆に大きな影響を与えているなんて、まったく思ったことはない。楽しんでいるのさ。でも大きな責任も感じている。軽々しくは扱っていないよ」。

メッセージのテーマ	独創的なコピー
セブン・アップはコーラではない。	「アンコーラ」
自分で自動車を運転する代わりに、バスに乗ってください。	「バスに乗って、運転は私たちに任せて下さい」
電話帳で買い物をして下さい。	「指を歩かせよう」
お貸しする自動車の台数が少ないぶん、さらにお客様へのサービスに力を入れます。	「もっと頑張ります」
レッドルーフ・インは安価な宿泊を提供します。	「レッドルーフ・インで安く泊まろう」

独創性が特に要求されるのは見出しである。次の6つが基本的な見出しのタイプである。**ニュース**（「景気の急上昇とインフレがやってくる。そのとき、あなたにできること」）。**問いかけ**（「最近やってみた？」）。**物語調**（「ピアノの前に座ると笑われましたが、さて、弾きはじめると…」）。**命令**（「3つ全部試してから買いなさい」）。**ワン・ツー・スリー法**（「所得税を節約する12の方法」）。**手段・

起用した有名人がスキャンダルやトラブルに巻き込まれることを、広告主は最も心配している。アメリカン・フットボールのヒーローだったO・J・シンプソンは、1994年に妻の殺害容疑で告発されるまで20年もの間、ハーツ・レンタカーのコマーシャルに出演していた。ペプシは児童への性的虐待で起訴されたマイケル・ジャクソンを降板させた。シビル・シェパードは牛肉を食べなくなったと認め、ビーフ・カウンシルを困らせた。

このようなリスクから広告主を守るための保険も登場している。ある保険会社は「死亡、身体障害、不名誉」保険を提供し、有名人の失敗や弱点による損害をカバーしようとしている。広告主は有名人以外の選択肢として「スポークス・キャラクター」を利用することもできる。オーエンス・コーニングはここ20年ほどピンクパンサーを使って断熱製品を広告しているし、メトロポリタン生命はピーナッツのキャラクターを保険の販売促進に使っている。自衛手段としてこのほかに考えられるのは、すでに亡くなった有名人を使うことである。驚異的な技術のおかげで、視聴者はスクリーンの伝説となった人々、例えばジョン・ウェインがクアーズのビールを放り投げたり、フレッド・アステアがダート・デビルの掃除機と踊っている姿を目にすることができるのである。

有名人のなかには自分から広告をかってでる人もいる。牛肉にはうるさいオプラ・ウィンフリーと、ジャンクフード中毒のロージー・オドネルと、恰幅のいい『トゥデイ・ショウ』の天気予報士、アル・ローカーが、食肉を使用していないハンバーガー、ボカ・バーガーをノーギャラで推奨したことがある。また、政府の食品医薬品局が長きに及んだ処方薬に関するテレビ・コマーシャルへの規制を緩和した後、ABCの『グッドモーニング・アメリカ』の司会を務めたことのあるジョーン・ランデンが、クラリティンという処方薬初のテレビ・コマーシャルに出演している。

出典：Irving Rein, Philip Kotler, and Martin Scoller, *The Making and Marketing of Professionals into Celebrities* (Chicago: NTC Business Books, 1997); Roy S. Johnson and Ann Harrington, "The Jordan Effect," *Fortune*, June 22, 1998, pp. 130–38. Milt Freudenheim, "Influencing Doctor's Orders," *New York Times*, November 17, 1998, p. C1.

対象・理由（「なぜ買わずにはいられないのか」）。

広告のサイズ、色、イラストなどの**フォーマット**によって、広告の影響力はコスト同様に異なってくる。広告デザインをわずかに変えただけで、効果が大きく変わる場合がある。大きな広告は注目を集めやすいが、コストに見合うとは限らない。また、四色刷りのイラストは広告効果が高いが、それだけコストもかかる。さまざまな要素の比較優位性を考慮に入れると、より良い広告ができあがるだろう。電子的に目の動きを測定する最新の研究によれば、優位性の高い要素を戦略的に入れた広告が消費者の注意を引くことができるという。

多くの研究者が指摘しているように、印刷広告では**イラスト、見出し、コピー**の順に重要である。読者がまず目をとめるのはイラストである。したがって、イラストには注意を引きつけるだけの強烈さがなければならない。次に見出しは、コピーを読もうという気を起こさせなければならないし、コピーそのものもうまく作られていなければならない（■口絵19-1参照）。しかしきわめて優れた広告であったとしても、それに気づくのは対象視聴者の半分以下である。見出しのテーマを思い出すのは約30%、広告主の名前を憶えているのは25%、コ

> ミレニアム製品：「ソーラー・オフィス」は建物の一面に工夫を施して、自家発電をする。

第19章　広告、販売促進、パブリック・リレーションズ

ピーをほぼ全文読むのは10%にも満たないといわれている。普通の広告はこの結果にすら到達しない。

ある産業を研究したところ、想起や認知に関して平均以上の成績を上げた広告には次のような特徴があった。それは革新性（新しい製品または新しい用途）、「ストーリー・アピール」（注目される仕掛け）、使用前と使用後のイラスト、デモンストレーション、問題解決、ブランドの象徴となるにふさわしいキャラクターの登場、である[19]。

近年のさえない広告とスローガンの氾濫は、批評家を嘆かせている。特に無意味な「it」が氾濫している。例えば「Coke is it」や、ナイキの有名な「Just do it」、さらにひどいのは短命に終わったミラー・ライトの広告、「It's it and that's that」などが挙げられる[20]。なぜ、これほど多くの広告がみな同じように見えたり聞こえたりするのだろうか。なぜ、広告会社はより独創性を発揮できないのだろうか。広告会社フーテ・コーン・アンド・ベルディングの前社長であるノーマン・W・ブラウンは「独創性でなく、安心を求める企業が多いから」だと述べている。

ミレニアム製品：「ミレニアム・キャッチャーズ・マスク」は、野球で最も危険なポジションの安全を守るのに最適である。

■ 社会的責任の再検討

「独創的な」広告といえども、社会的規範と法的規範を絶対に踏み越えてはならない。マーケターの多くは、オープンかつ正直に消費者とのコミュニケーションをとろうとしているが、それでも濫用が起こるため、広告を管理する法律や規制が数多く制定されてきたのである。

アメリカの法の下では、企業は虚偽広告や消費者を欺く広告を避けなければならない。広告主は、実際にはそうでないのにある製品が病気を治すといった、事実に反する主張をしてはならない。また、紙やすりの代わりに砂で覆ったプレキシガラスを使って、カミソリの刃が紙やすりをそげるという実演をするなど、事実に反する証明をしてはならない。実際にだまされる人はいなくても、その恐れのある広告を制作することはアメリカ国内では違法である。例えば、床用ワックスが半年ももつなどという広告は、普通の条件下で可能でないのなら許されないし、ダイエット・ブレッドの広告も、薄切りにしただけでカロリーが低くなったと訴えることは認められない。問題は、詐欺と「大げさな称賛」、つまり信じる人を見込んでいない単純な誇張とをどう見分けるかである。

アメリカの販売業者は法律上、おとり広告、つまり虚偽の主張で購買者を引きつける広告を禁じられている。ミシンが149ドルで広告された場合を考えてみよう。消費者が広告された商品を買おうとしたら、販売業者はそれを拒むことはできない。商品特性をわざと劣ったもののように偽ったり、実物とは違うものを見せたり、消費者が納得できないような配達日を提示したりして、高額商品にすり替えようとすることはできないのである[21]。

広告主は社会的な責任を果たすために、エスニック・グループ、人種的マイノリティ、特定の領域に関心を持つグループの感情を損なわないよう、配慮しなければならない。次に挙げる例について考えてみよう[22]。

- ナイネックスのコマーシャルはうさぎの毛を青く染めていたため、動物権利保護団体から批判された。
- ゴキブリの死骸の間をぬってタップダンスを踊るという、ブラック・フラッグの殺虫剤のコマーシャルは、退役軍人会の抗議により、変更された。
- カルバン・クラインのアパレル広告はやせすぎのモデル、ケイト・モスを出演させていたため、拒食症を引き起こすマーケティングへのボイコット団体から攻撃されることとなった。

社会的責任を基準として広告キャンペーンを制作し始めた企業もある。

エシカル・ファンド

エシカル・ファンドの株式を購入すると、同社のファンド・マネジャーが、兵器、タバコ、原子力などの製造業者、公正な雇用が実現されていない企業、環境問題に無頓着な企業、反動的な政権を支持しているような企業などには投資しないことがわかるだろう。エシカル・ファンドの断固とした広告キャンペーンには、児童労働や喫煙が原因と疑われるガンで死んでゆく人々の姿が掲げられている。広告は「あなたのお金が何に使われているか知っていますか」と問いかけている。

バンクーバーを拠点とするエシカル・ファンドの社長、ジョン・リンスウエートは、同社が調査に力を入れていることを主張する。同社の倫理基準に合わない企業を排除するため徹底した調査を行う一方で、財務的に健全な投資先を確保している。エシカル・ファンドはここ10年で、1億ドルから20億ドル以上の資産をもつまでに成長した[23]。

媒体選択と効果測定

メッセージを選択したら、広告主の次なる仕事は広告メッセージを伝える媒体を選択することである。このためには次のステップを踏まなければならない。(1)理想的なリーチ(到達範囲)、フリクエンシー(露出頻度)、インパクトの決定、(2)主な媒体タイプの選択、(3)媒体ビークルの選択、(4)媒体タイミングの決定、(5)媒体の地域的配分の決定、である。そして最後に、上記の決定を評価しなければならない。

リーチ、フリクエンシー、インパクトの決定

- **媒体選択**とは、標的視聴者に理想的な頻度で露出するために、最も費用効果の高い媒体を見つけることである。

理想的な露出頻度とは何か。広告主は標的視聴者から一定の反応、例えば一定水準の製品試用を求めているはずである。製品の試用率は、視聴者のブランド

認知水準に左右される。■図19-2(a)に示されるように、視聴者のブランド認知水準が増加するほど、製品の試用頻度は逓増すると仮定しよう。広告主が、例えばT^*という試用頻度を望んでいるなら、A^*の水準までブランドを認知させなければならない。

次の仕事は、A^*水準までブランドを認知させるにはどの程度の露出(E^*)が必要になるかを決定することである。視聴者の認知に対する露出効果は、露出のリーチとフリクエンシーとインパクトに左右される。

- **リーチ**(R)　特定の期間内に少なくとも1度、特定の媒体スケジュールにさらされた個人または世帯の数のこと。
- **フリクエンシー**(F)　平均的な人または世帯が、特定期間内にメッセージにさらされる回数のこと。
- **インパクト**(I)　特定の媒体を通じたメッセージ露出の質的価値のこと(したがって、『ポリス・ガゼット』誌よりも『グッド・ハウスキーピング』誌の食品広告の方がインパクトが大きい)。

■図19-2(b)は、視聴者の認知とリーチとの関係を表したものである。露出のリーチ、フリクエンシー、インパクトが高くなるほど、視聴者の認知水準も高くなる。媒体計画担当者は、この3要素のなかでのトレード・オフが重要であることを認識しなければならない。広告予算が100万ドルあり、平均的な媒体の1000回あたりの露出コストが5ドルであると仮定しよう。これを用いると、広告主はのべ2億回の露出(100万ドル ÷ [5ドル/1000])を購入することができる。広告主が平均的なフリクエンシーを10回求めるとするならば、与えられた予算の枠内では、2000万(2億 ÷ 10)人にリーチできる。しかし、広告主がそれよりも質の高い媒体を使用し、1000回あたりの露出コストが10ドルになれば、フリクエンシーが同じ場合には1000万人にしかリーチできない。

リーチ、フリクエンシー、インパクトの関係は、次のような概念でとらえられる。

- **全露出回数**(E)　これはリーチに平均フリクエンシーを乗じたもので、$E = R \times F$となる。これは、**グロス・レイティング・ポイント**(gross

ミレニアム製品:「ミレニアム・ウインター・スポーツ・ヘルメット」は、従来より衝撃に強いプラスチックでできている。

図19-2

試用、認知、露出の関係

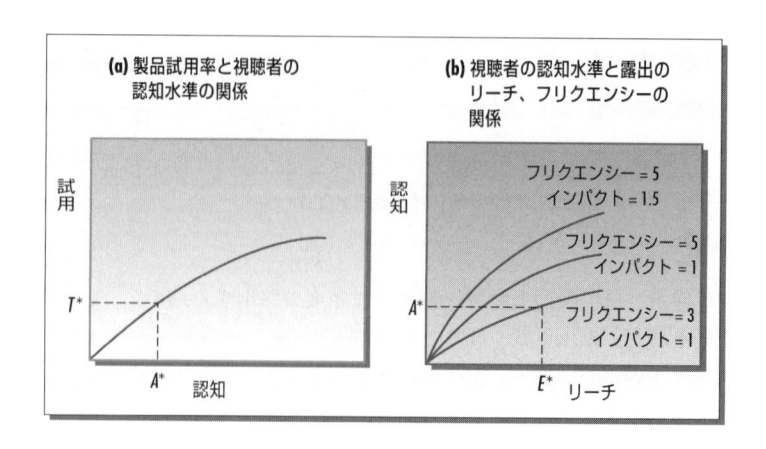

rating point：GRP）とも呼ばれる。かりに媒体のキャンペーン計画が、平均フリクエンシー3で全世帯の80％に到達するなら、この場合のGRPは240（＝ 80 × 3）となる。これとは別の媒体キャンペーン計画のGRPが300である場合、こちらの方がウエートが重いといえるが、このウエートがリーチとフリクエンシーにどのように振り分けられているかはわからない。

ミレニアム製品：「イージークリート」は水平のブラインドで、子供がひっかからないようにセットすることができる。

- **ウエートづけされた露出回数（WE）** リーチに平均フリクエンシーと平均インパクトを乗じたものである。つまり、$WE = R \times F \times I$となる。

媒体計画担当者は、与えられた広告予算の枠内で最も費用効果の高いリーチ、フリクエンシー、インパクトの組み合せを考え出さなければならない。新製品、フランカー・ブランド、有名なブランドの拡張製品、またはあまり買われていないブランドを売り出す際、不確定な標的市場に参入する際などには、リーチが最も重要となる。フリクエンシーが重要となるのは、強力な競合他社がいる場合、説明が複雑な場合、消費者の抵抗が強い場合、購買サイクルが頻繁な場合である[24]。

広告主の多くは、広告が効果を上げるには露出の多い方がよいと考えている。反復が少なすぎると、ほとんど気づかれないため無駄になる。その一方で、フリクエンシーが多い場合の効果を疑問視する見方もある。同じ広告を何度か見た後、視聴者はそれに影響されるか、いら立つか、注意を向けるのをやめるか、といったいずれかの行動をとることになる。クラグマンによると、広告露出は3回で十分であるとされている。

　1回目の露出は非常に独特なものであり、ほとんどの反応が「これは何だろう」という形の認知反応である。2回目の露出は刺激となり、ある程度の効果を生む。視聴者が1回目でメッセージを見逃した場合は、1回目の露出と同じ認知反応がもたらされるだろう。さらに多いのは、「これは何だろう」から「何のためのものだろう」という評価反応への移行である。評価に基づいた購買意思決定がまだ行われていない場合は、3回目の露出がリマインダーとなる。しかし3回目の露出から、関心が消えたり注意がそれていくこともある[25]。

3回の広告露出で十分だとするクラグマンの説には、条件がある。実際に3回の効果、つまり**広告露出**があるとは、その人物が同じ広告を3回見るという意味である。この露出を**媒体露出**と混同してはいけない。ある雑誌読者の半数しか雑誌広告を見ない場合や、読者が1誌おきにしか広告を見ないのなら、その広告露出は媒体露出の半分しかないことになる。リサーチ・サービスの大半は、広告露出ではなく媒体露出を評価したものである。メディア戦略家は、クラグマンのいう3回の「ヒット」を実現するためには、3つ以上の媒体露出を買わなければならないのである[26]。このほかにも、反復を論じる上で欠かせない要素に忘却がある。「反復」には、メッセージを記憶によみがえらせるという役割がある。ブランド、製品カテゴリー、メッセージの忘却率が高くなるほど、反復

も頻繁になされなければならない。しかし、反復だけでは十分ではない。広告は使い古され、視聴者は関心を持たなくなる。広告主は手垢にまみれた広告に頼ろうとせず、常にフレッシュな作品を広告会社に求めていかなければならない。例えばデュラセルでは、基本広告のバリエーションを40以上も作成し、そのなかから選ぶことができる。

媒体タイプの選択

媒体計画担当者は主な媒体のタイプごとにリーチ、フリクエンシー、インパクトを知っておかなければならない。■表19-1には、主な媒体の長所と短所がまとめられている。

媒体計画担当者が媒体を選択する際、次の要因を考慮する。

- **標的消費者の媒体選択様式** 例えばラジオとテレビは、ティーンエイジャーに到達するには最も効果的な媒体である。
- **製品特性** 婦人服はカラー印刷雑誌での広告が最適であり、ポラロイドカメラはテレビ広告がいちばんよい。媒体タイプは、デモンストレーション、視覚化、説明、信ぴょう性、色などそれぞれの特色を有

表19-1 主な媒体タイプのプロフィール

媒体	長所	短所
新聞	柔軟性、タイムリー、地元市場をよくカバーする、幅広い受容、高い信用度	短命、再生の質が悪い、回覧読者が少ない
テレビ	映像・音・動きを統合、五感に訴える、高い注目度とリーチ	きわめて高コスト、雑多な広告が氾濫、露出が短い、対象の選択が困難
ダイレクトメール	対象を選べる、柔軟性、同一媒体で広告競争がない、パーソナル化	比較的高コスト、「くずかご行き」のイメージ
ラジオ	大衆に届く、地理的・人口動態的に選択できる、低コスト	聴覚のみに訴える、テレビより注意を引きにくい、視聴者が一定でない、露出が短い
雑誌	地理的・人口動態的に選択できる、高い信用度と信望、高い再生の質、寿命が長い、回覧読者が多い	広告が出るまでのリードタイムが長い、無駄がある、掲載位置の保証がない
屋外広告	柔軟性がある、繰り返し露出される、低コスト、競争が少ない	対象の選択が困難、クリエイティブ面で限界がある
イエローページ	地域市場を隅々までカバーする、高い信用度、リーチが幅広い、低コスト	競争が激しい、広告が出るまでのリードタイムが長い、クリエイティブ面で限界がある
ニューズレター	対象の選択が容易、完全に管理できる、対話の機会がある、比較的低コスト	コストがかさむ恐れあり
パンフレット	柔軟性がある、完全に管理できる、メッセージを演出できる	作りすぎが無駄につながる
電話	利用者が多い、個人的接触の機会がある	ボランティアを使わないかぎり、比較的高コスト
インターネット	対象を選択できる、対話の機会がある、比較的低コスト	比較的新しい媒体であるため、国によっては利用者が少ない

している。

- **メッセージ**　翌日の大々的なセールを発表するメッセージならラジオ、テレビ、または新聞でなければならないし、技術データをたくさん盛り込んだメッセージには専門誌かダイレクトメールが必要だろう。
- **コスト**　テレビ広告には多額の費用がかかるのに対し、新聞広告はわりあい少額ですむ。ただし重要なのは、1000人あたりの露出費用である。

媒体のインパクトとコストは、定期的に見直す必要がある。長年にわたってテレビがメディア・ミックスの主役だった。しかし最近、コマーシャルの氾濫（広告主は多数の短いコマーシャルを、視聴者に向けて流すようになった）、ジッピングとザッピング、ケーブル・テレビやビデオの増加によるテレビ視聴者数の減少によって、テレビの効果が薄れてきたことが指摘されている。しかも、テレビ広告費が他の媒体に比べると大きく上昇したこともあって、企業のなかにはテレビ・コマーシャル一本やりをやめ、印刷広告とテレビ・コマーシャルを組み合わせて成果を上げているところもある。

媒体を見直す必要があるもうひとつの理由は、アドバトリアルやインフォマーシャルといった**新たな媒体**が、続々と出現しているからである。アドバトリアルは印刷広告で、内容が編集記事風であるため新聞や雑誌の内容と区別しにくい。インフォマーシャルは一見するとテレビの30分番組に似ているが、製品広告である。ここ10年ほどの間に広告主は、屋外媒体の広告費を大幅に増やした。屋外広告は、地元の重要な消費者セグメントに到達するには優れた方法である。またケーブル・テレビは、今やアメリカの大半の家庭に普及し、年間の広告収入は数十億ドルにものぼる。ケーブル・システムのおかげで、選択したグループに到達しやすくなったのである。

他の有望な新しい媒体は、店舗そのものである。ディスプレイや特価札など従来の販売促進ビークルを使うのに加えて、スーパーマーケットのなかには、企業ロゴを掲げるための店舗スペースを有料で提供したり、トーキング・シェルフで実演したり、消費者利益につながる情報（「カリフラワーはビタミンCが豊富です」）や広告（「今週はホワイトスターのツナが20セント引き」）を流すコンピュータ・ディスプレー付きの「ビデオカート」を導入したりしているところがある。

広告は、ベストセラーのペーパーバック、スポーツ・アリーナ、映画館、映画のビデオにも登場している。企業の年次報告書、データ・シート、カタログ、ニューズレターといった印刷物にも、広告が増えている。企業が毎月送付してくる請求書にも広告が同封されているし、顧客拡大のため自社製品の広告テープやビデオを郵送する企業もある。以下にその他の新しい媒体をいくつか紹介しよう。

- **デジタル・マガジン（デジジン）**　『トラブル・アンド・アティチュード』『ワード』『ローンチ』などの誌名がつけられた最近の雑誌は、ニュ

> アメリコープスは西暦2000年までに、ボランティアの数を倍にしようとしている。

議会図書館は来たるミレニアムに、所蔵資料の一部をオンライン公開する予定である。

ーススタンドではなくインターネットで手に入る（■口絵19-2参照）。デジジンは印刷された雑誌に比べ、創刊・運営ともにはるかに安上がりである。18歳〜34歳の男性向けに体裁のよい出版物を創刊しようとすると、少なくとも1000万ドルかかる。しかしデジジンなら20万ドル〜50万ドルで創刊できる。しかし、価格設定と広告収入の獲得がこれからの課題である。

- ■ **双方向テレビ**　コンピュータと電話とテレビを組み合わせることによって、視聴者がテレビ経由で番組や情報サービスと双方向のコミュニケーションをとることが可能になった。消費者は、ホーム・ショッピング・ネットワークでは電話で注文できるのに対して、双方向テレビではコンピュータのキーボードを操作して、テレビ画面に出ている売り手と直接コミュニケーションをとることができる。ただし、双方向テレビの技術は今のところまだ試験段階である。

- ■ **FAXオン・デマンド**　ビジネス・マーケターに最もよく使われている。FAXオン・デマンドの技術を用いて、企業はFAXの技術プログラムに情報を保存できる。情報が必要な顧客はフリーダイヤルの電話番号に電話すると、FAXプログラムが自動的に5分以内に情報を送ってくる。顧客は毎日24時間、情報にアクセスできる。このサービスはわずか1000ドルで開始することができ、ビジネス・マーケターは、切手代の節約のためだけにでも投資する価値があると感じている。

ミレニアム製品（イギリス版）：スピングリップ・アウトソールは、足をひねることによる怪我を減らすようにデザインされたスポーツシューズ用の靴底である。

ラストとオリバーは、新たな媒体が増加したことによって伝統的なマスメディア広告の寿命が縮んだと見ている。生産者と消費者間の直接対話が増加し、両者に利益をもたらしているという。生産者は従来より多くの顧客情報を獲得でき、それを製品やメッセージにより良い形で反映させることができる。顧客の方では広告メッセージを受け取るか否かを選択できるため、今まで以上の主導権を獲得することになる[27]。■ミレニアム・マーケティング「ウェブ上の広告：企業が大儲けのチャンスを獲得」を参照されたい。

おびただしい数の媒体から、媒体計画担当者はまず主な媒体への予算配分を決定しなければならない。例えば、ピルスベリーは新しいビスケットを市場導入する際に、昼間のネットワーク・テレビに300万ドル、女性誌に200万ドル、20の主要市場の日刊紙に100万ドル、そしてインターネットのホームページのメンテナンスに5万ドルを割り当てることができる。

媒体ビークルの選択

媒体計画担当者は各媒体タイプのなかから、最も費用効果の高い媒体ビークルを選択しなければならない。ネットワーク・テレビで30秒のコマーシャルを流そうとすると、『ロー・アンド・オーダー』のようなゴールデンタイムの高視聴率番組では15万4000ドルを支払わなくてはならない。『フレイジャー』や『ER』のような特に人気のある番組の場合は65万ドル、スーパーボウルのよう

なイベントの場合は1300万ドルかかる[28]。計画担当者は、各媒体の視聴者の規模、構成、媒体コストについての推計を出している媒体調査会社の資料に頼らなければならない。

視聴者規模には、いくつかの尺度がある。
- **発行部数**　広告が掲載される媒体の発行部数。
- **視聴者**　媒体ビークルに露出される人数（媒体ビークルが回覧される性質のものであれば、視聴者は発行部数よりも多くなる）。
- **有効視聴者**　視聴者のうち、標的視聴者の特性を有している人の数。
- **有効広告露出視聴者**　標的視聴者特性を有し、かつ実際に広告を見た人の数。

媒体計画担当者は、媒体ビークルごとに**1000人あたりの到達コスト**を計算しなければならない。『ニューズウィーク』に掲載する四色刷りの全面広告が8万4000ドルかかり、読者数が3000万人だとすると、広告を1000人に見せるコストはおよそ28ドルになる。同じ広告を『ビジネス・ウィーク』に掲載した場合、広告費は3万ドルしかかからないが、読者数も77万5000人しかいないので、1000人あたりのコストはおよそ39ドルになる。媒体計画担当者は1000人あたりのコストによって各雑誌をランクづけし、標的消費者1000人あたりの到達コストが最も少ない雑誌を選択するのである。雑誌社自体が広告主に向けて「読者プロフィール」をまとめることもよくある。年齢、収入、居住地域、既婚か未婚か、趣味など、その雑誌を読む読者の特徴をまとめるのである。

1000人あたりの到達コストの選択基準には、いくつかの調整が必要である。第1に、**視聴者の質**を考慮すべきである。例えばベビーローションの広告の場合、100万人の若い母親が読んだのであれば100万の露出価値があるが、同じ100万人でも高齢の男性が読むのであれば露出価値はゼロであろう。第2に、露出価値は**視聴者が広告に注目する確率**によっても異なる。『ヴォーグ』の読者は、『ニューズウィーク』の読者よりも広告を見る確率が高い。第3に、雑誌の**記事の質**（プレステージや信頼性）も露出価値に影響を与える。第4に、雑誌の広告掲載方針や追加サービス（地域別や職業別編集、リードタイムの条件など）も考慮すべきである。

媒体計画担当者は、媒体の効果に対してより高度な尺度を用いるようになり、それを数値モデルに適用して最適の媒体ミックスを導き出している。広告会社の多くは、コンピュータ・プログラムを使って最初の媒体を選択し、独自の要素をもとにさらに改良を加えている[29]。

媒体タイミングの決定

媒体を選択する際には、マクロスケジュール問題とミクロスケジュール問題に取り組まなければならない。

マクロスケジュール問題とは、季節や景気循環に応じて広告スケジュールを決定することである。例えば、売上の70%が6月～9月に集中している製品が

MARKETING FOR THE MILLENNIUM　ミレニアム・マーケティング

ウェブ上の広告：企業が大儲けのチャンスを獲得

インターネット上の広告が急成長する前兆は至るところにあった。1997年、オンラインの広告収入は9億650万ドルに達し、2000年には43億ドルに到達すると予想されている。ウェブの利用者数も同様に拡大してきた。今日ではアメリカ人の25％が毎日インターネットを利用しており、この数は増え続けている。

ウェブ上の広告は、企業のメディア・ミックスの重要な部分を占めるようになるだろう。多くの企業が巨額の広告予算をインターネットに注ぎ込んでいる。オンライン書店のアマゾン・ドットコムはアメリカ・オンライン（AOL）と1900万ドルの契約を結び、AOLのホームページに広告スペースを借りた。AOLのホームページ上でクリックすれば、アマゾン・ドットコムのウェブサイトに直接行くことができる。

しかし、広告費をウェブに注ぎ込むのをためらっている企業も多い。その理由は2つの基本的な疑問、つまりどれくらいの人がウェブサイトを見るのか、どんな人がウェブサイトを見るのかに対して、確信の持てる答えが得られていないからである。このような疑問を残したままでは、インターネット上の広告効果を放送媒体や印刷媒体と比較することもままならない。この問題は、情報・娯楽後援広告連合（CASIE）や相互広告局（IAB）といった業界団体が現在検討中である。

一部の広告主にとって、なぜインターネットがそれほど魅力的になっているのだろうか。ウェブに関するいくつかの事実がこの疑問に答えてくれるだろう。

- 消費者は、連続コメディー番組を最後まで見たり、自分のひいきとするチームの負けを見るよりも、サイバースペースを訪れるようになっている。このトレンドは、P&G、ユニリーバ、ジレットなどの企業をはじめ、マス・マーケティングを行っている多くの企業にとって、直接の脅威となっている。その多くが広告予算の80％もテレビ・コマーシャルに費やしているのである。
- 広告が消費者の方にやってくるというよりも、消費者が広告の方へ向かっている。ヨーヨーダインという企業を例に考えてみよう。ヨーヨーダインの顧客には、H&Rブロック、リーダーズ・ダイジェスト、MCIなどがある。ヨーヨーダインは、顧客のウェブサイトに人を集めるようなゲームやコンテストを企画している。参加者は自分の電子メール・アドレスを提供して、ウェブサイトか広告を選ばなければならない。これによって、広告主は詳しい消費者情報を得ることができる。ヨーヨーダインは最近ヤフーに買収されたが、1997年

あるとする。この場合、企業は季節の変化に合わせるか、逆にするか、年間を通じて均等にするか、3とおりの広告費の配分が考えられる。大半の企業は季節の変化に応じた方針を採用しているが、次のような例もある。

　　数年前、あるソフトドリンク・メーカーがオフシーズンの広告に費用を注ぎ込んだ。結果としてそのブランドは、オフシーズンの消費を増やし、シーズン中の売上を損なうこともなかった。ほかのソフトドリンク・メーカーもこれに倣い、最終的には年間を通じて従来よりバランスのとれた消費パターンを形成することができた。従来の広告の集中は思い込みにすぎなかった。

季節的な広告方針を評価する方法として、フォレスターは「インダストリアル・ダイナミクス」を提唱した[30]。フォレスターによると、広告は消費者の認知に少し時間を置いて影響を与え、消費者の認知が企業の売上にまた時間を置

には100万人の消費者を参加させている。
- いずれ強力な検索エンジンによって、消費者がすべてのウェブを横断して製品やお買い得品を検索できるようになるだろう。ウェブ・ジャングリーとC2Bテクノロジーズは、このような検索エンジンを開発している電子商取引企業である。ジャングリーの目標は、これまでになかった規模で、消費者が同業他店を比較できるようにすることである。一方、C2Bのショッピング・プラットホームは、ウェブ上の買い物客に100万点近い製品情報を提供し、何百もの小売業者と接続させる。このような豊かな鉱脈を見逃す広告主がいるだろうか。
- インターネットの出現によって、売り手はオン・デマンドで製品をつくり、在庫を最小限に抑えることができるようになった。デルは、顧客にサウンド・カード、ビデオボード、ビデオモニター、スピーカー、メモリー容量などを、自社のウェブサイトのメニューから選ばせている。現在、デルはウェブサイト経由で1日に600万ドル相当の製品を販売し、2000年末までに売上の半分がウェブを通じたものになると予想している。
- インターネットは地理的要因に左右されない。アマゾン・ドットコムの売上の20％は海外向けであるのに対して、実店舗を持つ書店は3、4km四方の地域しかカバーできない。

しかし、ウェブは単に別の媒体であるというだけではない。従来とはまったく異なる媒体なのである。日常生活に邪魔されずにすむ場でもある。オンラインの広告主は、かつては流通チャネルを通じて製品を売り込むプッシュ機能について語ることが多かった。しかしウェブの機能はプッシュというよりもプルである。オンラインの消費者はサイバースペースから欲しいものだけを引き出し、あとは無視することができるのだ。ウェブ上の広告主には、消費者に自社のメッセージを引き出したいと思わせるほどの創造性がなければならない。

出典：Gary Hamel and Jeff Sampler, "The E-Corporation: More than Just Web-based, It's Building a New Industrial Order," *Fortune*, December 7, 1998, p. 80; Kim Cleland, "Marketers Want Solid Data on Value of Internet Ad Buys," *Advertising Age*, August 3, 1998, p. S18; Xavier Dreze and Fred Zufryden, "Is Internet Advertising Ready for Prime Time?" *Journal of Advertising Research* 38, no. 3 (1998): 7–18.

いて影響を与え、さらに売上が次の広告費に時間を置いて影響を与える。このようなタイムラグの関係を調べていくと、コンピュータ・シュミレーション・モデルに定式化できるという。このモデルで、いくつかのタイミング戦略をシュミレーションし、企業の売上高、コスト、利益にそれぞれどのような影響を与えるかを評価することができる。ラオとミラーもラグ（遅延）のモデルを作成し、ブランドのシェアと市場ごとの広告費やプロモーション費との関係を明らかにした。2人は15地域の5つのリーバ・ブランドについて、このモデルを使って市場シェアとテレビ、印刷物、値引き、トレード・プロモーションに充てられる費用とを関連づけることに成功した[31]。

またクーエンは、購入頻度が高く、季節的に需要が偏り、低コストの食品雑貨に関して、どのように広告のタイミングを設定すべきかについて検討するモデルを作成した[32]。これによると、適切なタイミング・パターンは、広告の繰

越効果の度合いと、顧客のブランド選択における習慣的行動の度合いとに左右される。**繰越効果**とは、時間の経過とともに広告の効果が薄れていく比率をいう。繰越効果が1か月あたり0.75ということは、過去における広告の現在の効果が前月の75%の水準であるという意味である。**習慣的行動**は、広告の水準とは関係なく、どれくらいのブランド支持者がいるかをいう。例えば0.90という高い習慣的行動であるとすれば、購入者の90%が、次回も同じブランドを購入するということである。

クーエンによると、広告の繰越効果も習慣的購買行動もない場合には、広告予算の編成に売上高比率法を使ってもかまわないとしている。広告費の最適なタイミング・パターンは、予想される業界売上の季節変動パターンと一致する。しかし、広告の繰越効果や習慣的購買行動がある場合には、広告のタイミングを計って売上をリードする方がよい。広告費は売上がピークになる前に大量投入するべきなのである。リードタイムが長いほど繰越効果が高くなる。また、広告費が安定しているほど習慣的購買行動が多くなる。

ミクロスケジュール問題とは、広告効果を短期間で最大限にするように広告費を配分するというものである。

ある企業が9月の1か月間に30回のラジオ広告を購入すると仮定しよう。その場合に可能な広告のタイミング・パターンが■図19-3に示されている。左側は、その月の一期間に広告メッセージを集中させるか(「爆発的」広告)、1か月を通して連続的に分散するか、断続的に分散するかを表し、上は、広告メッセージを一定に流すか、しだいに増やすか、しだいに減らすか、変動させるかを表す。

最も効果的なパターンは、製品特性、標的顧客、流通チャネルなどのマーケティング要素とコミュニケーション目的との関係によって異なる。次のケース

図19-3

広告タイミングのパターン

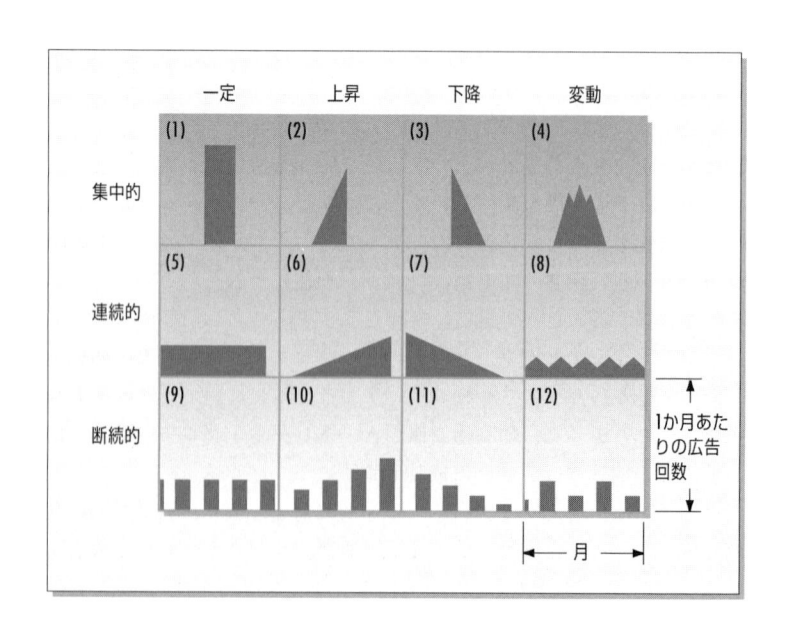

を考えてみよう。

ある小売業者が、スキー用品のセールをシーズンに先駆けて行うことをアナウンスしたがっている。その小売業者は、標的購買者がメッセージを1度か2度だけ聞けばよいと考えている。目的はリーチの最大化であって、フリクエンシーではない。そこで、広告は販売日だけに集中して一定のレベルで流すこと、ただし視聴者の重複を避けるために1日に何回か時間を変えて行うことを決定した。この場合、パターン(1)を使うことになる。

自動車のマフラー製造販売業者が企業名の浸透を望んでいる。しかし現在、道路を走っている自動車のうち、新しいマフラーを必要とするのはわずか3％〜5％にすぎないため、連続的な広告をする気はない。そこで断続的な広告を選ぶことにした。また、金曜日が給料日であることから、その日の広告を増やすことにした。この場合はパターン(12)を使うことになる。

タイミングのパターンには、次の3つの要素を考慮に入れなければならない。第1に、新しい購買者が市場に参入してくる比率を表す**顧客回転率**である。この比率が高いほど広告は連続的に行うべきである。第2は、平均的な購買者が一定期間内に製品を購入する**購入頻度**である。購入頻度が高いほど広告も連続的に行うべきである。最後に、購買者がブランドを忘れる**忘却率**である。前者2つ同様、忘却率が高いほど広告も連続的に行わなければならない。

広告主は新製品導入の際に、広告を連続的にするか、集中的にするか、断続的にするか、波状的にするかを選ばなければならない。**連続的**とは、所定期間を通じて均等な露出を計画することである。一般的に連続的広告が用いられるのは、購入頻度が高いアイテムの場合、市場が拡大している場合、購買者カテゴリーが非常に明確な場合である。**集中的**とは、ある期間1回に広告費を全額投入することである。これは、販売シーズンが年に1回しかない製品や、長期休暇向けの製品の場合に適している。**断続的**とは、休止期間を置きながら何度かに分けて広告することである。購買頻度が相対的に低い季節的なアイテムで、資金が限られている場合に用いられる。**波状的**とは、低水準の広告を維持しながら、重点的な波をつくって定期的に補強することである。これは、連続的な広告と断続的な広告の良さを活かした折衷案的なスケジュール戦略である[33]。視聴者が広告メッセージをより深く理解すると同時に、広告費も節約できると考えられている。

アンハイザー・ブッシュ

アンハイザー社が調査したところ、バドワイザーの広告を特定市場で大幅に減らしても、少なくとも1年半の間は販売に悪影響が出なかったことが判明した。同社は広告停止後の6か月間、集中的に広告を出し、以前の成長率を取り戻した。この調査によってバドワイザーは波状的広告戦略を採用した。

ミレニアム製品（イギリス版）：タイヤの内側のチューブが、ハンドバッグ、家具、絵画の額、洋服などに再生される。

ミレニアム製品（イギリス版）：1996年に発売されたエリーゼは、ロータスのこれまでで最も成功したスポーツカーのひとつである。ミニより軽く、1リットルあたり約20キロ走り、発車から6秒以内に100キロ近くまで加速できる。

地理的配分の決定

　企業は時間的な広告予算配分だけでなく、地理的な予算配分も決定しなければならない。企業が「全国的展開」を目指すのであれば、全国ネットのテレビ・コマーシャルを流すか、全国に流通している雑誌に広告を打てばよい。一方、「地域的展開」を目指すなら、特定市場のローカル・テレビでコマーシャルを流すか、地域限定版の雑誌に広告を打つべきであろう。このような市場を**支配的影響地域**（areas of dominant influence：ADIs）、または**計画的マーケティング地域**（designated marketing areas：DMAs）と呼び、広告は都市の中心から半径約65キロ～100キロまでの市場に到達する。企業は地方紙、ラジオ、屋外広告を使って「地域的購買」を作り出す。次のケースを考えてみよう。

ピザハット

　ピザハットは自社のフランチャイジーから4％の広告料を徴収し、広告費の半分を全国的な媒体に、あとの半分は地域的な媒体や地元の媒体に費やしている。全国規模の広告は地域によって浸透率に差があるので、無駄になっている部分もある。したがって、全国的に見るとピザハットがピザのフランチャイズ市場で30％のシェアを有しているとしても、ある都市でのシェアは5％かもしれないし、別の都市では70％かもしれない。市場シェアが高い都市のフランチャイジーは、その地域への広告費を増額することを望んでいる。しかしピザハットには、地域ごとに広告を行って全国をカバーするだけの資金はない。全国的な広告は確かに効率的であるが、地方による差異は考慮に入っていないのである。

広告効果の評価

歴史メモ：1162年にヘンリー2世は十字軍支援を目的とした税金を徴収したが、聖地ではテンプル騎士団とホスピタル騎士団が国王の銀行の役割を果たした。

　広告の計画と管理の良し悪しは、広告効果測定によって決まる。しかし、広告効果の基本的研究はほとんどないに等しい。フォレスターの言葉を借りると、「広告費の上手な使い方を検討するために費やされているのは、総広告費の恐らくたった0.2％にすぎない」のが現状である[34]。

　広告効果測定はその大半が、特定の広告やキャンペーンを対象とするものである。広告会社が事前のテスト広告にその費用の大半を使うため、広告効果の評価に使われる費用はほんのわずかしかない。広告会社が提案したキャンペーンは、まずいくつかの都市でテストされ、全国展開がなされる前にその効果が評価されなければならない。ある企業が自社の新キャンペーンをまずフェニックスでテストした。キャンペーンは大失敗で、その企業は全国展開するはずだった費用を無駄にせずにすんだ。

　広告主の多くは広告のコミュニケーション効果、つまり、広告が消費者の認知、理解、選好に対してどのような影響を与えるかを測定しようとする。同時に、広告の売上効果も測定したいと考えている。

コミュニケーション効果の調査

コミュニケーション効果の調査では、広告が効果的に伝達できているかどうかを調べる。これは**コピー・テスト**と呼ばれ、広告を媒体にのせる前と、印刷したり放送した後に行うことができる。

広告の事前テストには次の3つの方法がある。**直接評価法**では、消費者にいくつかの広告を評価してもらう。これは、広告の注目、通読、認知、情動、行動への効果の強さを評価しようとするものである（■図19-4）。現実の効果を測定するには不完全な方法ではあるが、高い評価を受けた広告は高い効果が見込まれる。**ポートフォリオ・テスト**は、消費者に必要なだけ時間をかけて広告サンプルを見たり聞いたりしてもらった後、すべての広告とその内容を思い出してもらうというものである。その際にインタビュアーの助けを借りても借りなくてもかまわない。どれだけ思い出せたかによって、広告が目立つか、メッセージが理解・記憶されているかがわかる。**ラボ・テスト**では装置を使って、広告に対する、心拍、血圧、瞳孔の広がり、発汗などの生理現象を測定する。このようなテストによって、広告の注目喚起力は測定できるが、信念、態度、意図に対する効果を測定することはできない。いくつかの広告リサーチ・テクニックが、■表19-2に紹介されている。

ヘイリー、スタッフォローニ、フォックスによると、現在のコピー・テスト法が一般に定着したため、かえって、それらの限界が見えるようになったという。コピー・テストは過度に合理的かつ言語的であり、主として回答者の反応に頼りすぎている。マーケターは広告の非言語的要素を重点的に考慮していかなければならない。非言語的要素は、消費者行動に非常に強い影響を及ぼすことができるからである[35]。

広告主は、事後テスト、つまり、終了したキャンペーンの全体的なコミュニケーション効果の測定にも関心を寄せている。ある企業がブランド認知率を20%から50%へと引き上げようとしたものの、30%までしか到達できなかった場合、その企業の広告費が不十分であった、広告そのものがよくなかった、その他の要素が見落とされていた、などといった原因が考えられる。

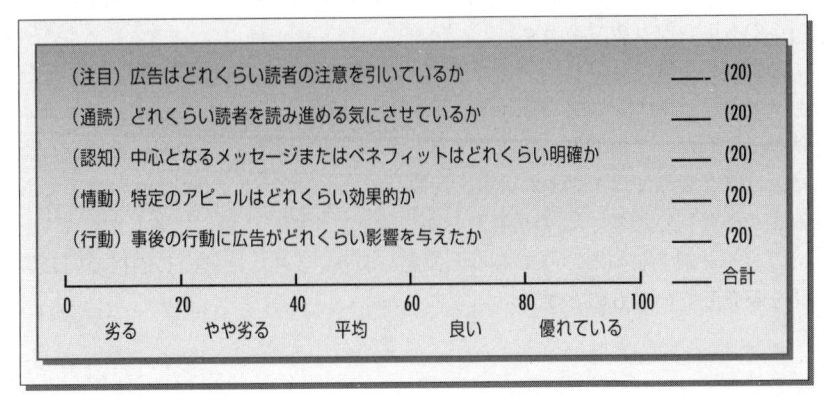

図19-4

簡易版広告評価シート

（注目）広告はどれくらい読者の注意を引いているか	___ (20)
（通読）どれくらい読者を読み進める気にさせているか	___ (20)
（認知）中心となるメッセージまたはベネフィットはどれくらい明確か	___ (20)
（情動）特定のアピールはどれくらい効果的か	___ (20)
（行動）事後の行動に広告がどれくらい影響を与えたか	___ (20)
	___ 合計

0	20	40	60	80	100
劣る	やや劣る	平均	良い	優れている	

表 19-2

広告リサーチ・テクニック

印刷広告　スターチ社とギャラップ・アンド・ロビンソン社は、印刷広告の事前テスト・サービスによく利用されている。雑誌にテスト広告が掲載され、消費者に配布される。その後読者に連絡が来て、インタビューが行われる。想起テストおよび認知テストで、広告効果を判断する。スターチ社は次の3つの「読者数スコア」を作成している。(1)**注目**：雑誌広告を見たことを思い出せる読者の数、(2)**認知または連想**：広告と製品および広告主とを正確に結びつけられる人の数、(3)**通読**：広告に書かれていたことの半分以上を読んだ人の数、である。また、スターチ社はその年の製品クラス別や、雑誌ごとの男女別に、平均的な「読み取り」スコアを示すデータを提供しているので、広告主はこれを使って自社の広告を他社の広告と比較することができる。

放送広告　**家庭内テスト**：ビデオテープが標的消費者の家庭に持ち込まれ、消費者はそれでコマーシャルを視聴する。

　トレーラー・テスト：買い物客はショッピングセンターのトレーラーの中で製品を見せられ、買物シミレーションとして一連のブランドを選ぶ機会を与えられる。それから一連のコマーシャルを見て、ショッピングセンター内で利用できるクーポンが配られる。何に引き替えたかを見ると、コマーシャルがどれだけ消費者の購買行動に影響を与えたのかがわかる。

　シアター・テスト：消費者が劇場に招待され、未公開の新テレビシリーズと一緒に何本かのコマーシャルを見せられる。番組が始まる前に、消費者にカテゴリーごとに好きなブランドを言ってもらう。視聴後、再び同じ質問がされる。選好が変わった場合は、コマーシャルに説得力があったとみなすことができる。

　オンエア・テスト：通常のテレビ・チャンネルを使って行われる。回答者はテスト・コマーシャルの間、指定された番組を見るために募集されたか、指定された番組を見たことがあるという条件で選ばれている。番組が終わると、コマーシャルを思い出せるかどうか質問を受ける。

歴史メモ：1166年の中国では、ハイパー・インフレーションが原因となり紙幣の価値がなくなった。

売上効果の測定

　広告によってブランド認知が20％高まり、ブランド選好が10％高まった場合、売上はどのくらい伸びるのだろうか。一般に、広告の売上効果はコミュニケーション効果よりも測定が難しい。売上は、競合他社の行動はもちろん、製品特徴、価格、入手可能性など多くの要因に影響されるからだ。このような要因が多少なりともコントロールできれば、売上に対する効果測定も容易になる。ダイレクト・マーケティングが売上へ及ぼす影響の測定が最も簡単で、ブランド広告や企業イメージ広告などではそれが最も困難である。

　一般的に企業は、自社の広告費が過剰であるのか不足であるのかを知りたがっている。このような疑問に答えるために、■図19-5に示されている定式を用いるのも1つの方法である。

　企業の広告費シェアは広告ボイス・シェアを生む。これは消費者のマインド・シェアとハート・シェアを獲得し、最終的に市場シェアをもたらす。ペッカムは数年にわたって消費財の広告ボイス・シェアと市場シェアの関係を研究した結果、既存製品では1対1の比率、新製品では1.5ないし2.0対1.0の比率であることを発見した(36)。この情報を念頭に置き、すでに市場に定着している3企業のデータが下記のとおりであると仮定しよう。3社はほぼ同じ価格で同じ製品を販売しているものとする。

	(1) 広告費	(2) 広告ボイス・シェア	(3) 市場シェア	(4) 広告効果 [(3)÷(2)] *
A	2,000,000 ドル	57.1	40.0	70
B	1,000,000 ドル	28.6	28.6	100
C	500,000 ドル	14.3	31.4	220

* 広告効果比率100は効果的な広告費レベルである。100以下は相対的に非効果的な広告レベルであり、100以上は非常に効果的な広告レベルである。

　企業Aは業界の総広告費350万ドルのうち200万ドルを費やしているため、A社の広告ボイス・シェアは57.1％である。しかし、市場シェアは40％にすぎない。市場シェアを広告ボイス・シェアで割った広告効果比率は70％であり、これは、A社が広告費を過剰に費やしているか支出ミスをしていることを示唆している。B社は総広告費の28.6％を費やしており、市場シェアも28.6％であるため、広告費は効率よく費やされている。C社は総広告費のわずか14.3％しか費やしていないが、市場シェアは31.4％ある。したがって、広告費はきわめて効率的に費やされており、広告費を増やすべきであろう。

　リサーチャーは、歴史的データまたは実験的データの分析によって、売上への影響を測定しようとしている。**歴史的アプローチ**は、最新の統計技術を用いて、過去の売上と広告費を比較する方法である。パルダは、1908年から1960年にかけてのリディア・ピンカムの広告費が、同社のベジタブル・コンパウンドの売上にどのような効果を与えたかを研究した[37]。パルダは短期と長期に分けて広告の限界売上効果を算出した。短期的に見ると、1ドルの追加という限界広告費によって売上はわずか50セントしか伸びていない。このことは、ピンカムが広告費を過剰に使っていることを示唆している。しかし長期的な限界売上効果を見ると、3倍にもなっていた。また、全期間を通じた広告費の税引き後の限界投資収益率は37％と算出された。

　モンゴメリーとシルクは、製薬業界で用いられている3つのコミュニケーション・ツールの売上効果を推計している[38]。ある製薬会社は、コミュニケーション予算の38％をダイレクトメールに、32％をサンプルとパンフレットに、29％を雑誌広告に支出している。しかし売上効果調査によると、予算配分の最も低い雑誌広告が最高の継続的効果を示しており、以下、サンプルとパンフレット、ダイレクト・メールの順となっている。

　売上効果を測定するために用いられるもうひとつの方法が、**実験計画法**である。ここにその一例を挙げておこう。

デュポン
　デュポンは広告実験を計画した企業の先駆けである。同社のペイント事業部は、56の販売地域を市場シェアが高い、平均的、低いという3つのカテゴリー・グループに分け、各グループの3分の1には通常の広告費を、3分の1には通常の2.5倍の広告費を、そして残りの3分の1には4倍の広告費を、それぞれ投入した。そしてこの実験の終わりに、デュポンは広告費を上げることによってどの程度売上が増加するのか

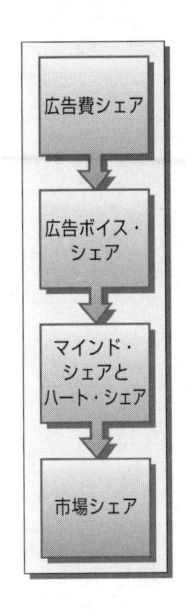

図19-5

広告の売上効果の測定式

を推計した。すると、広告費を高くした場合、売上の増加率は逓減すること、市場シェアの高い地域ほど売上が伸びないことが明らかになった[39]。

広告予算を地理的に配分する場合、市場規模、広告への反応、媒体効率、競争、利益率の地域差を考慮しなければならない。アーバンは広告予算配分にこれらの地理的変数を使用し、媒体配分モデルを作成した[40]。コミュニケーション効果測定法だけでなく、広告費の売上効果を測定しようとする企業が増えている。ミルワード・ブラウン・インターナショナルは長年にわたってイギリスで追跡調査を行い、広告が自社ブランドに利益をもたらしているかどうかの判断材料を広告主に提供している[41]。

最近の調査に対する要約

調査の専門家によってまとめられた、マーケターに役立つ一般的な結論を紹介しておこう[42]。

- **ブランド・スイッチに与える広告のインパクト** 　テリスは家庭で頻繁に購買される消費財の主要12ブランドを分析した結果、広告はそのブランドにロイヤルティを持つ購買者の購買量を増加させる効果はあるが、新たな購買者を獲得する効果はあまりないという結論を出した。広告には消費者のロイヤルティに結びつく累積効果は見られないようである。むしろ製品特性、ディスプレー、そして特に価格が、広告よりも強いインパクトを消費者の反応に与えている[43]。しかし、この結論は広告業界に受け入れられたわけではなく、テリスのデータや測定方法を攻撃する者もいた。調査会社のIRIが実施した確認実験によると、広告効果にはタイムラグがあるため、わずか1年間の結果のみが用いられた場合には、広告のインパクトが過小評価されることが判明した。

- **環境の効果** 　メッセージが環境と一致する場合には、広告効果は高まる。陽気なテレビ番組では、「ハッピーな」コマーシャルを流した方が、悲観的なコマーシャルを流すより効果が高いだろう[44]。また、視聴者は好きな番組でコマーシャルが流されると、そのテレビやラジオの広告を信頼し、ブランドを好意的に受け止める傾向がある[45]。

- **肯定的なメッセージ対否定的なメッセージ** 　消費者は、肯定的なメッセージより否定的なメッセージに反応することがある。例えばクレジットカード会社が、3か月間カードを使わなかった顧客に連絡を取った場合を考えてみよう。一部の顧客には、カードを利用することで得られるベネフィットを伝えるメッセージを送り、別のグループにはカードを利用しないことで被る損失を伝えるメッセージを送った。すると、損失を強調するタイプのメッセージの方がインパクトが強かった。否定的なメッセージを受け取ったカード利用者がカードを使い始める比率は、肯定的なメッセージを受け取った利用者の2倍にものぼり、ま

歴史メモ：十字軍への融資によって、西ヨーロッパの銀行業が再び活性化した。

た利用額も肯定的なメッセージを受け取った利用者の2倍だった(46)。

● 販売促進

販売促進はマーケティング・キャンペーンの中心である。販売促進をここでは次のように定義する。

- **販売促進**とは、消費者や流通業者に対して、特定の製品やサービスの購入頻度を高めたり購入量を増加させる、主として短期的なインセンティブ・ツールの集まりのことである(47)。

広告が購入の**理由**を提供するのに対して、販売促進は購入への**インセンティブ**を提供する。販売促進には**消費者向けプロモーション**(サンプル、クーポン、現金払戻し、値引き、プレミアム、賞品、御愛顧報奨、無料試用、保証、提携プロモーション、クロス・プロモーション、店頭ディスプレー、デモンストレーション)、**流通業者向けプロモーション**(値引き、広告アロウワンスとディスプレー・アロウワンス、無料商品提供)、**企業向けセールス・フォース・プロモーション**(トレード・ショーやコンベンション、売上コンテスト、ノベルティ)がある。

販売促進ツールは、製造業者、卸売業者、小売業者、業界団体、非営利組織など、ほとんどの組織で用いられている。例えば教会がビンゴ・ゲーム、劇場パーティー、感謝のディナー、ラッフル(くじ)などを後援することもよくある。

10年前には広告費と販売促進費の割合は6対4だった。今日では多くの消費財メーカーの販売促進費は、プロモーション予算の65%～75%を占めている。ここ20年間で、年間予算に占める販売促進費の割合は増加の一途をたどった。

販売促進は特に消費者市場で急増しているが、その要因はいくつかある(48)。企業内の要因としては、(1)経営トップが販売促進を販売ツールとして効果的であると認めるようになったこと、(2)多くの製品マネジャーが販売促進ツールを使いこなせるようになったこと、(3)製品マネジャーに対する売上増の圧力が高まっていること、が挙げられる。社外的な要因としては、(1)ブランドの数が増えたこと、(2)競合他社が頻繁に販売促進を行っていること、(3)ブランドの差別化が難しくなったこと、(4)消費者の低価格志向が強くなったこと、(5)流通業者が製造業者に対してさらなる割引を要求するようになったこと、(6)コストの上昇、媒体のクラッター、法的規制の強化などによって広告効率が低下したこと、がある。

販売促進媒体が急成長したことによって、広告のクラッターと同様、**販売促進の氾濫**が起こっている。消費者の関心が薄れ始めると、クーポンなどのプロモーション媒体が購買を誘発する力も落ちてくる。製造業者はこのような状況を克服するために、例えば現在より高額のクーポンを提供したり、より目立つ店頭ディスプレーやデモンストレーションを用いる方策を検討しなければならない。

> 歴史メモ：1194年、リチャード獅子心王は、10万ポンドの身代金を払って解放された。

販売促進の目的

　販売促進ツールは目的によって異なる。無料の試供品は消費者に試用を促すためのものであるし、無料の経営相談サービスは小売業者との長期的なリレーションシップを構築するために行われる。

　売り手はインセンティブ・ツールを使って、新たな試用者を引きつけ、ロイヤルティの高い顧客に報い、購入頻度の少ない顧客の再購入率を増やそうとする。新たな試用者には3つのタイプがある。同一カテゴリー内の別のブランド・ユーザー、他カテゴリーの製品ユーザー、使用ブランドを頻繁にスイッチするブランド・スイッチャー、である。販売促進ではこのうち、ブランド・スイッチャーを引きつけることが多い。それは、別のブランド・ユーザーや別のカテゴリーの製品ユーザーは、必ずしもこのような販売促進に気づいたり影響されたりするとは限らないからである。ブランド・スイッチャーは、低価格、グッドバリュー、あるいはプレミアムを求めている。ただし、販売促進によって彼らをロイヤルティの高い顧客に変えることはできないだろう。ブランドの差異がない市場で行われる販売促進は、短期的には売上を伸ばすことができるが、長期的な市場シェアの拡大にまでは至らない。反対に、ブランドの差異が大きい市場では、販売促進によって市場シェアを永続的に変えることも可能である。

　現在、マーケティング・マネジャーの多くは、まず流通業者向けプロモーション予算を見積もってから、消費者向けプロモーション予算を見積もり、残りを広告費に充てている。しかし、広告予算を販売促進予算の後に決定することは危険である。なぜなら、広告はブランド・ロイヤルティ構築の役割を果たすからである。販売促進がブランド・ロイヤルティを低下させるか否かについては、見解が分かれている。販売促進は、絶え間ない値引き、クーポン、ディール、プレミアム、品質の喧伝によって、購買者のマインド内で製品の価値を下げたり、定価などあってないようなものであると思わせたりする恐れもある。しかし結論を急ぐ前に、**価格プロモーション**と**付加価値プロモーション**の違いを明らかにする必要がある。次の例を見ると、あるタイプの販売促進は実際にブランド・イメージを高めることがわかるだろう。

- 一般液体洗剤パインソルの製造元が「パイン・バレーのパインソル」という懸賞を行った。パイン・バレーは連続テレビ番組『オール・マイ・チルドレン』の舞台になった場所である。懸賞に当選すると、ロサンゼルスへ行ってスターに会い、4日間の撮影見学ができる。普通の洗剤と豪華スターとの組み合せが、パインソルのブランド・イメージを高めた。
- 芝刈り機と除雪機の大手メーカーであるトロ社が、9月始めに除雪機を販売したいと考えた。ほとんどの顧客が初雪まで購入を控えることがわかっていたため、同社はトロ社雪保険を除雪機の販売とセットにした。つまり、9月に除雪機を購入した人に対して、雪が1月までに降らなければ50ドルを払い戻すと約束したのである。この販売促進はトロ

歴史メモ：通貨価値が下落したため、1124年のクリスマスに開かれたウインチェスターの巡回裁判で、造幣局長官がみな右腕を切り落とされた。

社のブランド・イメージを損なうことなく、むしろイメージを高める結果となった。

- ハーゲンダッツは、スウィート・チャリティーという値引きの販売促進を実施した。これは、価格の割引分を公共テレビの支援に使うというものである。これによってハーゲンダッツは「芸術の後援者」となり、企業イメージが高まった。
- アカイ社はステレオ装置とテレビを製造している日本のメーカーである。同社は付加価値販売促進を実施することで、インドのテレビ市場のリーダーとなった。具体的には、カラーテレビを購入した人に対して、白黒テレビを高価格で下取りすることにした。また、テレビ購入者に時計や電卓やラジオなどの景品をつけた。このような着実な促進活動のおかげで、アカイ社はインドで非常に人気のあるブランドとなり、これに対してソニーなどの競合企業は同じ方法を用いることができなかった。

しかし通常、ブランドが価格プロモーションをあまりにも頻繁に実施しすぎると、消費者はブランドの評価を下げ、主にセール時にしか購入しなくなる。したがって、有名なブランド・リーダーが年間30％以上の期間、プロモーションを実施することはリスクがある[49]。有力ブランドが頻繁な値引きを実施しないのは、そのほとんどが現在の顧客を維持するだけだからである。インスタント・コーヒーの消費者2500人を対象としたブラウンの研究によると、次のような結論が出ている。

- 販売促進は広告よりも、売上への反応が早く出て、その評価もしやすい。
- 販売促進は成熟市場において、新規顧客や長期的な顧客を生むものではない。販売促進は主に値引きを好む消費者を引きつけるが、彼らは別の値引きがあるとブランドを簡単にスイッチしてしまうからである。
- ブランド・ロイヤルティの高い顧客は、販売促進合戦によって購買パターンを変えることがない。
- 広告はブランド・ロイヤルティを高める可能性がある[50]。

価格プロモーションが、製品カテゴリー全体の販売量を長期的に増やすことのないことも証明されている。

市場シェアが小さい企業は販売促進を用いた方が有利である。市場リーダーに広告予算では太刀打ちできないからである。アロウワンスを支払わなければ棚スペースは獲得できないし、インセンティブを与えなければ消費者の試用を促すこともできない。価格競争はシェア拡大をねらう弱小ブランドが仕掛けることが多いが、製品カテゴリーのリーダー企業には有効な手段とはいえない。リーダー企業が成長するには、製品カテゴリー自体が拡大しなければならないからである[51]。

結局のところ日用消費財メーカーの多くは、販売促進を意図する以上に使わ

MARKETING MEMO

ブランド・ビルダーとしての販売促進

ブランド認知の構築には長いプロセスが必要である。現時点でのブランドの業績で、将来におけるブランドの業績がわかる。販売促進は、値引き、他ブランドとの抱き合わせ、クーポンなどのインセンティブのいずれであれ、短期的なものである。販売促進をブランド構築の効果的なツールにするコツを紹介しよう。

- ■ **販売促進の理由づけをする**：新規店舗のオープンや企業の記念日といった祝いごとは、プロモーション実施のふさわしい理由となり、ブランド・ネームを前面に押し出すことができる。反対に春や新学期の時期などは、一般的すぎて適していない。
- ■ **プロモーションをブランド・イメージと結びつける**：設立日や記念日が最適である。例えばハーゲンダッツは7月9日の前後にプロモーションを行うことができる。ドゥルセ・デ・レチェ・アイスクリームのフレーバーと名前の由来がアルゼンチンにあるため、アルゼンチンの独立記念日と重ねることができるのである。↗

ざるを得ないと感じている。ケロッグやクラフトなどの市場リーダーは、広告予算を増額することで「プル」マーケティングに戻ろうとしている。過剰な販売促進がブランド・ロイヤルティの低下を招き、消費者の価格感度を高め、ブランドの品質に対するイメージを低下させ、短期的なマーケティング計画を重視させるようにしてしまったと彼らは考えている。

しかしファリスとクウェルチは、販売促進が、消費者だけでなく製造業者にとっても数多くの重要なベネフィットをもたらすものであると、この考えに対して異を唱えている[52]。販売促進によって短期的な需要と供給の変動を調整でき、いつでもディスカウントできるので、定価をどれだけ高く設定できるかをテストすることも可能である。消費者に対して、現在使用している製品に執着せずに新製品の試用を促せる。エブリデイ・ロー・プライシングや価格プロモーションを行う店など、小売業態に多様化をもたらし、消費者の価格に対する意識も高めた。製造業者は定価での販売より売上を伸ばすことができ、消費者セグメントによってプログラムを適合させることもできる。消費者自身も、特価品を利用することで賢い消費者になれたという満足感を得ている。

販売促進における主要な決定

販売促進を使うにあたって、目的の設定、ツールの選択、プログラムの作成、プログラムの事前テスト、実施とコントロール、そして結果の評価を行わなければならない。

■ 目的の設定

販売促進の目的は、より基本的なプロモーション目的から生まれる。そしてプロモーション目的は、当該製品に対する基本的なマーケティング目的から生まれるものである。特定の販売促進の目的は、標的市場によって異なる。消費者が対象であれば、購入量の増加、非使用者の試用促進、競合ブランド使用者の勧誘などが目的となる。小売業者が対象の場合は、新製品の取扱いと在庫レベルの上昇、オフシーズンの仕入れの促進、関連商品の仕入れの奨励、競合他社によるプロモーションの相殺、ブランド・ロイヤルティの構築、新しい小売販路への参入が目的である。セールス・フォースを対象とするプロモーションでは、新製品や新モデルへの支援の奨励、潜在的顧客の発掘、オフシーズンの販売強化を目的としている[53]。■マーケティング・メモ「ブランド・ビルダーとしての販売促進」を参照されたい。

■ 消費者向けプロモーション・ツールの選択

プロモーション企画担当者は、市場タイプ、販売促進の目的、競合状況、そして各ツールの費用効果を考慮に入れなければならない。

主な消費者向けプロモーション・ツールは■表19-3にまとめられており、**製造業者プロモーションと小売業者プロモーション**とに区別することができる。

製造業者プロモーションには、自動車業界でよく用いられる現金払戻し、試乗や購入につながるような景品、高い下取り価格の設定がある。小売業者プロモーションには、値引き、製品特徴の広告、クーポン、コンテスト、プレミアムがある。また、消費者のブランドに対する理解を深めさせる「消費者愛顧の確立」を目指す販売促進ツールと、そうでないものとの区別もできる。前者では、無料サンプルのような品物を用いて販売メッセージを送ったり、メッセージを入れたクーポンを配ったり、製品に関連したプレミアムをつけたりする。消費者愛顧を確立しない販売促進ツールとしては、値引きパック、製品とは無関係のプレミアム、コンテストや懸賞、現金払戻し、アロウワンスが挙げられる。

販売促進は広告と一緒に使うと最も効果が高いようだ。ある研究によると、価格プロモーションだけを用いた場合、販売量は15%しか伸びなかったのに対して、製品の特徴を示す広告と一緒に使ったところ、19%も伸びたという。さらに店頭ディスプレーを加えると、販売量の増加率は24%に達するという結果が出ている(54)。

大企業の多くには販売促進マネジャーがいて、ブランド・マネジャーは適切なプロモーション・ツールの選択を補佐している。次の例は、ある企業がどのように適切なプロモーション・ツールを決定したのかを示している。

> ある企業が新製品を市場導入し、半年間で20%の市場シェアを獲得した。新製品の浸透率(標的市場内でそのブランドを最低1回は購入した人の比率)は40%だったが、再購入率(そのブランドを複数回購入した人の比率)は10%だった。この企業は、よりブランド・ロイヤルティの高い顧客を創出しなければならない。インパックによるクーポンは再購入させるのに適切だろう。しかし再購入率が、例えば50%という高率であれば、この企業は新規顧客の獲得を目指さなければならない。その場合は、郵送クーポンが適切であろう。

流通業者向けプロモーション・ツールの選択

製造業者は数多くの流通業者向けプロモーション・ツールを用いている(■表19-4参照)。意外なことかもしれないが、プロモーション総額のうち、消費者向けプロモーション(27.9%)よりも流通業者向けプロモーション・ツール(46.9%)の方が占める割合の方は高い。残り25.2%は媒体広告費である。マネジャーが流通業者に便宜を図るのは、次の4つの理由による。

1. **小売業者や卸売業者にブランドの取り扱いを説得する**　棚スペースが限られているため、製造業者は、値引き、アロウワンス、返品(買戻し)保証、無料商品、あるいは早期の支払い(スロッティング・アロウワンス)によってスペースを確保し、確保後はスペースの維持を図る。

2. **小売業者や卸売業者に通常以上の仕入れを説得する**　製造業者は数量アロウワンスを提供し、流通業者に倉庫や店頭へ置く量を増やしてもらう。自社製品を「詰め込む」ことで、流通業者が販売に積極的になると考えている。

MARKETING MEMO

■ **売上増加やコミュニケーションのツールとしてプロモーションを扱う**：プロモーションはブランドが発することのできる数多くの声のひとつである。その声が語ることが正しければ、ブランド認知を高めることができる。例えば、バイエルのアスピリンはクーポンを使って値引きを実施し、バイエルというブランド名の強化にプロモーションを利用することができる。

出典：Jacques Chevron, "Branding and Promotion: Uneasy Cohabitation," *Brandweek*, September 14, 1998, p. 24.

歴史メモ：1970年に世界の10大銀行はすべてアメリカの銀行だった。1990年には10行中6行が日本の銀行になった。

表19-3

主な消費者向けプロモーション・ツール

サンプル　無料の製品またはサービスのこと。宅配、郵送、店頭配布、他の製品への添付、などによって提供され、広告で希望者を募ることもある。例：リーバブラザーズは自信作の新しいサーフ洗剤を、4300万ドルかけてアメリカ国内の5分の4の家庭に配布した。

クーポン　特定の製品を購入すると一部返金される証書のこと。郵送、他の製品への添付、雑誌や新聞広告への折り込みによって配布される。利用率は配布方法によって異なる。クーポンは成熟期のブランドの売上を刺激したり、新しいブランドの初期試用を促進するのに効果がある。例：P&Gがフォルジャーズ・ブランドのコーヒーをピッツバーグ市場に参入させる際、1ポンド缶1つにつき35セントのディスカウント・クーポンを当該地域の家庭に郵送し、さらに10セントのディスカウント・クーポンを缶の中に入れた。

現金払戻し（リベート）　購入時ではなく、購入後に値引きを行うこと。消費者が製造業者に「購入の証拠」を送ると、製造業者は購入価格の一部を郵送で返金する。例：トロは除雪機の特定モデルについて、購入者の住んでいる地域の積雪量が平年以下であれば払戻しをするという、巧妙なプロモーションをシーズンオフに実施した。

値引き製品パッケージ（値引きディール）　製品の通常価格から値引きをすること。ラベルやパッケージに表示される。単一のパッケージを割引価格（2個で1個分の価格など）で販売する**割引パック**と、2個の関連製品（歯ブラシと歯磨き粉など）を一緒にした**組み合わせパッケー**ジもある。例：消臭剤メーカーは、スプレータイプ、カーペット用脱臭剤、固形タイプなど、いくつかのタイプの消臭剤を組み合わせて販売することがある。

プレミアム（景品）　特定の製品を購入するインセンティブとして、比較的低価格または無料で提供される商品のこと。**ウィズ・パック・プレミアム**で景品をパッケージの内部に入れたり外部に添付したりするほか、パッケージ自体をプレミアムにすることもできる。箱の上ぶたやバーコードといった購入を証明するものを送ってきた消費者に、プレミアムを郵送する**フリー・イン・ザ・メール・プレミアム**もある。消費者のリクエストに応じて、通常の小売価格より安く販売するという**セルフリクィデーティング・プレミアム**もある。例：クエーカー・オーツは、ケネルレーション・ドッグフードのパッケージに500万ドル相当の金貨と銀貨を入れた。

賞（コンテスト、懸賞、ゲーム）　買物をした人に現金、旅行、商品などを勝ち取るチャンスを提供すること。**コンテスト**では、消費者が作品を提出し、審査員団が最優秀作品を選ぶ。**懸賞**は、消費者を抽選に応募させる。**ゲーム**は、消費者が買物をすると賞品付きのビンゴや穴埋め問題をプレゼントする。例：イギリスのあるタバコ会社は、自社商品に最高で1万ドル獲得のチャンスがある宝くじを入れた。

3. **小売業者に対して、広告、ディスプレー、値引きなどによる自社ブランドのプロモーションを奨励する**　製造業者は最前列のディスプレー、棚スペースの増加、値引き表示などを求めて、実績に基づいたアロウワンスを提供している。

4. **小売業者とその販売員に対して製品の積極販売を奨励する**　製造業者は報奨金、販売助成金、ブランド認知プログラム、売上コンテストなどを提供して、小売業者の販売努力を勝ち得ようと競い合っている。

製造業者は、自社の思惑以上に流通業者向けプロモーションに費用を使っている。大規模小売店の影響力が増すとともに、消費者向けプロモーションや広告を犠牲にして、流通業者向けプロモーションを増やさざるを得なくなっている(55)。このような小売業者は、製造業者のプロモーション資金に依存している。製造業者はアロウワンスの提供をやめてしまうと、小売業者の支援を失うことになるのである。

企業のセールス・フォースとブランド・マネジャーは、流通業者向けプロモーションをめぐって衝突することが多い。流通業者向けプロモーション費を増

表 19-3

主な消費者向けプロモーション・ツール（続き）

御愛顧報奨 特定の企業または企業グループを利用する頻度によって、現金などの報奨を与えること。例：多くの航空会社では、頻繁利用客のための特典プランを実施している。マリオット・ホテル・チェーンは、ホテルの宿泊客にポイントを与える特別顧客プランを始めた。

無料トライアル 自社製品に関心を持っている人々に購入を奨励すべく、無料で試用してもらうこと。例：自動車のディーラーは無料で試乗してもらって購入意欲をかきたてようとし、アメリカ・オンラインはソフトウェアの無料トライアルを実施している。

製品保証 明示されている場合も暗黙の場合もあるが、保証期間内に限り、製品の品質、修理、返金を保証するというもの。例：クライスラーが5年間の自動車保証を始めた際、保証期間がGMやフォードよりかなり長かったため消費者の注目を集めた。シアーズは自動電池を永年保証することで、確実に購入者に高品質を印象づけている。

タイイン・プロモーション 複数のブランドまたは企業が消費者の注目を引くため、クーポンや払戻しやコンテストを共同で行うこと。複数のセールス・フォースが小売業者に対してこのようなプロモーションをプッシュし、ディスプレーや広告のスペースを増やすよう圧力をかける。例：MCIは、粉末の清涼飲料クリスタル・ライトの缶、テイスターズ・チョイス・コーヒーの缶、そしてキーブラー・クッキーとクラッカーの箱に10分間無料の長距離電話サービスの広告を印刷した。

クロス・プロモーション あるブランドを競合しない別のブランドの広告に使うこと。例：「ナビスコのクッキーにはハーシーのチョコレートチップが使われています」という広告をし、箱の中にハーシー製品に使えるクーポンを入れる。

購買時点(POP)ディスプレーとデモンストレーション 購入あるいは販売時点で実施するディスプレーやデモンストレーションのこと。製造業者から何百と届くディスプレーや看板やポスターを使いたがらない小売業者は多い。そのため製造業者は、POPの材料を改良したり、テレビや印刷物で提供するメッセージと連動させたり、設置を自社で行うことを申し出たりするようになった。例：レッグスのパンティストッキングはPOP材料の史上最も創造的なものであり、このブランドが成功したのも、これによるところが大きかった。

出典：“Consumer Incentive Strategy Guide,” *Incentive*, May 1995, pp. 58–63; William Urseth, “Promos 101,” *Incentive*, January 1994, pp. 53–55; William Urseth, “Promos 101, Part II,” *Incentive*, February 1994, pp. 43–45; Jonathan Berry, “Wilma! What Happened to the Plain Old Ad?” *Business Week*, June 6, 1994, pp. 54–58; Kapil Bawa, Srini S. Srinivasan, and Rajendra K. Srivastava, “Coupon Attractiveness and Coupon Proneness: A Framework for Modeling Coupon Redemption,” *Journal of Marketing Research*, November 1997, pp. 517–25.

やさなければ現地の小売業者は製品を置いてくれない、というセールス・フォースに対して、ブランド・マネジャーは限られた資金を消費者向けプロモーションや広告に費やしたいと考えている。セールス・フォースは本部にいるブランド・マネジャーより現地市場をよく知っているため、企業はセールス・フォ

表 19-4

主な流通業者向けプロモーション・ツール

値引き（仕切り割引、品目割引） 限定期間内に購入されたものについて、1件ごとに定価から直接割引をすること。これによってディーラーの大量購入や通常なら買わない新製品の仕入れを促進する。ディーラーはこの割引を即時利益、広告資金、顧客に対する値下げ用資金に充てることができる。

アロウワンス 小売業者が何らかの方法で製品を呼び物とすることに合意した見返りに一定額を提供するもの。**広告アロウワンス**とは、小売業者が製品を広告したことに対して報酬を払うことをいい、**ディスプレー・アロウワンス**とは、特別な陳列を行ったことに対して報酬を払うことである。

無料商品 一定量を購入したり、特定のフレイバーやサイズを大きく取り上げてくれる仲介業者に、製品を余分に提供すること。製造業者は小売業者に売上奨励金や、企業名の入った無料のノベルティを提供することもある。

出典：Betsy SPethman, “Trade Promotion Redefined,” *Brandweek*, March 13, 1995, pp. 25–32.

ースに相当額の資金を与えてきた。

製造業者は流通業者向けプロモーションを管理するのに、いくつかの問題を抱えている。まず第1に、小売業者が合意したとおりのことを実践してくれているかどうかを製造業者が監視するのは難しい。そのため、アロウワンスを支払う前に実施証明を求める製造業者も増えている。第2に、多くの小売業者が**前倒購入**をするようになってきた。つまり、契約期間内に販売できる以上の製品を購入してしまうのである。1ケース10%引きのアロウワンスが提供されると、小売業者は12週間分かそれ以上の数量を仕入れてしまう。製造業者は増産を計画し、その分増えたシフトや残業のコストを負担しなければならない。第3に、小売業者による**横流し**が増えている。小売業者は製造業者がディールを提供した地域で必要以上の製品を仕入れ、余剰分をディールのない地域の店に流しているのである。製造業者は値引き販売の量を制限したり、注文より少ない量を生産・配達したりして前倒購入や横流しに対応し、生産をスムーズにしようとしている[56]。

結局、製造業者は流通業者向けプロモーションが悪夢と化したと感じている。ディールが重なって管理が複雑化し、減収にもつながることが多い。ケビン・プライスはこれを次のように描写している。

> 10年前まで、小売業者は製造業者のかかとに噛みつこうとするチワワだった。わずらわしいが、多少イライラさせられる程度のものだった。餌をやればどこかへ消えた。それが今ではピットブルになり、製造業者の腕や脚をもぎ取ろうとする。服従のしるしに腹を見せて転がるのを見たいところだが、みな自衛に手いっぱいで、やってみようともしない。……流通業者向けプロモーションの管理は今では社長の管轄事項になってしまった[57]。

企業向けセールス・フォース・プロモーション・ツールの選択

企業は、企業顧客やセールス・フォースに対するプロモーション（■表19-5）に毎年数十億ドルも費やしている。これは取引のきっかけ作り、購入の刺激、顧客報奨、セールス・フォースの動機付けなどに使われている。企業は、企業向けプロモーション・ツールそれぞれに毎年ほぼ一定の予算を設定する。

販売促進プログラムの作成

販売促進プログラムの計画にあたって、マーケターは複数の媒体を併用して総合的なキャンペーン・コンセプトを作るようになっている。ケリー・E・スミスによると、完全な販売促進プログラムは次のようなものである。

> ある高級ビールのブランドが居酒屋の客を引きつける目的でスポーツ・トリビア・ゲームを利用する場合に、次のようなプロモーションが考えられる。消費者に到達するテレビ、卸売業者にインセンティブを与えるためのダイレクトメール、店頭の小売支援、顧客の問い合わせ用の電話、電話での問い合わせを処理するサービスセンター、デー

もし世界が人口1000人の村だったら、そのうち1人がHIV感染者であろう。

表19-5
主な企業向けセールス・フォース・プロモーション・ツール

トレード・ショーとコンベンション　業界団体は毎年、トレード・ショーやコンベンションを企画している。特定の業界向けの製品やサービスを販売している企業は、スペースを買ってブースやディスプレーを設置し、自社製品のデモンストレーションを行う。毎年5600以上のトレード・ショーが開催され、約8000万人が来場する。トレード・ショーの来場者数は2000人〜3000人のこともあれば、レストランやホテル業界が開催する大規模なもので7万人以上になることもある。新しい取引のきっかけを得る機会、既存顧客との接触、新製品紹介、新規顧客との出会い、既存顧客への販売増大、印刷物やビデオなど視聴覚資料を使っての顧客の啓発など、売り手として出展のベネフィットは大きい。

　ビジネス・マーケターは、年間のプロモーション予算の約35%もトレード・ショーに使うことがある。どのトレード・ショーに参加すべきか、それぞれのトレード・ショーにいくらかけるべきか、注目を浴びるような目立つ展示にするにはどうすればよいか、販売につなげるのに有効なフォローアップには何があるのかなど、決定しなければならない事項も多い。

売上コンテスト　一定期間に売上実績を伸ばすようセールス・フォースやディーラーの意欲をかき立てることを目的とし、優秀者には賞品を与える。大半の企業では、自社のセールス・フォースに対して年に1度もしくはより頻繁に売上コンテストを開催している。最高の成績をあげた者には、旅行、賞金、賞品のほか、受賞者が好きな賞品に交換できるポイントなどが贈られる。売上コンテストが最も効果を発揮するのは、達成可能な数値化した売上目標(新規顧客の開拓もしくは既存取引の活性化など)を与えられ、みな平等のチャンスがあると考えられるときである。

ノベルティ　企業名と住所が明記された便利で低コストのアイテムのことで、販売員が見込み客や顧客に配る。広告メッセージが入っていることもある。ボールペン、カレンダー、メモ帳などがよく利用されている。ある統計によると、製造業者の86%以上が販売員にノベルティを持たせているという。

タ登録のためのオペレーター、すべてを結びつけるコンピュータのソフトウェアとハードウェア。……企業にとって、製品販売を浸透させるためだけでなく、顧客データを確認したり、次の販売につなげたり、データベースを構築してクーポンや試供品やリベートの広告を配布したりするためにも、電話を用いたプロモーションが欠かせない[58]。

　特定のインセンティブの利用を決定する際、考慮しなければならないことがいくつかある。第1に、インセンティブの**規模**を決める必要がある。プロモーションを成功させるには最低限のインセンティブが必要である。インセンティブのレベルを上げるほど売上の反応もよくなるが、その上昇率は徐々に下がっていく。

　第2に、参加の**条件**も設定しなくてはならない。インセンティブの対象は不特定多数の場合もあれば、選ばれた集団だけの場合もある。購入の証拠となるシールかバーコードを持ってきた人だけにプレミアムを提供したり、特定地域の人、従業員の家族、特定の年齢以下の人には懸賞を提供しないこともある。

　第3に、プロモーションの**期間**を決定しなければならない。期間が短かすぎると、期間内に購入しない見込み客の多くを失うことにもなりかねない。しかし期間が長すぎると、プロモーションの「限定感」が失われることになる。ある研究者によると、3か月に3週間ほどが頻度としては最適であり、最適期間は平均的な購買サイクルと同じだという[59]。もちろん、最適プロモーション・サイクルは製品カテゴリーや個々の製品によって異なる。

　第4に、**配布方法**も選択しなければならない。15セントの割引クーポンはパ

> もし世界が人口1000人の村だったら、670人が大人で、そのうち半分が文字が読めないことになる。

ッケージに入れたり、店頭、郵送、広告で配布できるが、配布方法によってリーチ、コスト、インパクトは異なってくる。

第5に、プロモーションの**タイミング**である。例えばブランド・マネジャーは、年間プロモーションのスケジュールを決めなければならない。ここで決めたスケジュールを、生産、販売、流通の各部署が使うことになる。

最後に**販売促進の総予算**を決定しなければならない。予算の作成には、プロモーションを個別に選択してからその総コストを見積もる積み上げ方式がある。個々のプロモーション・コストは、管理コスト(印刷、郵送費、取引促進費など)とインセンティブ・コスト(買戻しコストを含む、プレミアムまたは値引きコスト)に予測販売量を掛けて算定する。クーポンを使う場合は、消費者のほとんどが交換に来ないという事実を考慮に入れてコストを計算することになる。また、イン・パック・プレミアムでは、パッケージの値上げによって相殺されることになる、プレミアムの調達コストとパッケージング・コストを考えなければならない。

これより一般的な予算設定に、総プロモーション予算を慣習的に決められた比率で配分していくという方法がある。例えば、練り歯磨き粉では総予算の30％、シャンプーでは50％などというものである。この比率は、市場とブランドによって異なり、製品ライフサイクルの段階や競合他社のプロモーション支出にも影響される。

■ 販売促進プログラムの事前テスト

大半の販売促進プログラムは経験に基づいて策定されるが、そのツールは適切か、インセンティブ・サイズは最適か、提供方法は効率的かを判断するために、事前テストを実施すべきである。ストラングによれば、販売促進は通常、すぐにしかも費用をかけずにテストすることができるので、大企業が全国規模のプロモーションを行う場合、限定市場でいくつかの戦略候補をテストすべきだという[60]。消費者にいくつかの販売促進をランク付けしてもらったり、特定地域で試用テストを実施することもできる。

■ 販売促進プログラムの実施とコントロール

マーケティング・マネジャーは、個々の販売促進について実施計画とコントロール計画を準備しなければならない。実施計画には、準備期間と実施期間が含まれる。**準備期間**とは、開始前にプログラムを準備するのに必要な時間のことである。(1)パッケージの変更や配布物・郵送物についての初期計画、デザイン、承認、(2)広告や店頭販売資料の準備、(3)現場のセールス・レップへの告示、(4)各流通業者に対する割当の確立、(5)特別なプレミアムやパッケージング材料の購入および印刷、(6)特定日の発売に向けて在庫を確保しておくための生産、(7)小売業者への配布、などを行わなければならない[61]。

実施期間とは、プロモーション開始から、約95％の販促品が消費者の手に渡るまでをいう。

■ 販売促進結果の評価

　製造業者が販売促進の効果を測定するには、売上データ、消費者調査、実験という3つの方法がある。

　1つめの方法には、インフォメーション・リソーシズやニールセン・メディア・リサーチといった企業から入手できるスキャナー販売データの使用がある。プロモーションを利用した人々のタイプ、プロモーション実施前に購入したもの、プロモーション実施後の対象ブランドや他ブランドへの態度変容、などが分析される。例えば、ある企業の市場シェアが、販売促進の実行前は6%で、実施中は10%に跳ね上がったものの、実施直後に5%に落ち、その後7%まで回復したとする。このプロモーションが新規顧客を引きつけ、既存顧客の購買も増加させたのは確かである。プロモーション終了後に売上が低下したのは、消費者が手持ちの製品を使い切るまで購入を控えるためである。長期的に見て7%まで上昇したのは、ある程度の新規ユーザーを獲得したということになる。

　一般的には、販売促進によって競合他社の顧客に自社のより優れた製品を試用してもらい、その結果ブランドをスイッチさせられれば、販売促進は最も成功したといえる。自社製品が優れていなければ、ブランド・シェアはプロモーション前の水準に戻ってしまうだろう。販売促進によってコストがカバーされる場合もあるが、赤字になってしまう可能性が高い。1000件の販売促進を調査したところ、利益をあげたのはわずか16%しかなかった[62]。

　より多くの情報が必要であれば、**消費者調査**によって、プロモーションを記憶した消費者数、プロモーションに対する消費者の感想、利用者数、その後の購入への影響力などの情報が得られる[63]。また、インセンティブの価値、期間、配布方法といった要因を変えた**実験**によっても、販売促進を評価することができる。例えば、クーポンを全消費者世帯の半数に配布してスキャナー・データを使えば、このクーポンが即時のまたは将来の購買につながるかどうかを追跡できる。このような情報は、プロモーションによる収益の増加を計算する際に用いられる。

　経営陣は、各プロモーション・コストのほかに追加コストを覚悟しなければならない。第1に、プロモーションによって消費者が広告より値引きに影響されて購入するようになり、長期的にブランド・ロイヤルティの低下をもたらすことがある。第2に、販売促進は想像以上に費用がかかる場合がある。購入見込みのない消費者への配布も避けられない。第3に、臨時の増産、セールス・フォースにかかる余分の労力、販促要求処理などの費用も考えなければならない。最後に、ある種の販売促進は小売業者を不快にし、取引アロウワンスを要求されたり、協力を拒否されたりする可能性もある[64]。

もし世界が人口1000人の村だったら、その大部分がクリスチャンで(329人)、クリスチャンの大半がカトリック教徒(187人)ということになる。

パブリック・リレーションズ

コーヒーは1727年にブラジルで初めて栽培された。

企業は、顧客や供給業者やディーラーだけでなく、利害関係のある大衆と建設的な関係を築かなければならない。ここでは利害関係集団を次のように定義する。

- **利害関係集団**とは、企業の目標達成能力に対して、実際にまたは潜在的に利害関係または影響力をもつ集団のことである。**パブリック・リレーションズ（PR活動）**とは、企業イメージや個々の製品をプロモーションしたり保護するように企画された、さまざまなプログラムのことをいう。

利害関係集団は企業の目標達成能力を促進することもあれば、妨げることもある。パブリック・リレーションズはマーケティングの世界ではままこ扱い、つまり、より重要なプロモーション計画の付け足しのような扱いを受けることが多かった。しかし賢明な企業は、重要な利害関係集団との良好な関係構築に着手しており、そうした企業のほとんどはパブリック・リレーションズ（PR）部門を置いている。PR部門は組織の利害関係集団の態度を観察し、良好な関係構築のために情報を流したりコミュニケーションをとったりしている。企業にとってマイナスとなるできごとが公表されると、PR部門は火消し役を務める。最良のPR部門は、経営トップがポジティブなプログラムを採用し、問題のある活動を排除するよう助言する。こうして、会社にとってマイナスになるような情報が最初から発生しないようにするのである。PR部門は次の5つの機能を果たしている。

1. **報道対策**　企業を良く見せる形でニュースや情報を公表すること。
2. **製品パブリシティ**　特定製品のパブリシティを支援すること。
3. **コーポレート・コミュニケーション**　社内・社外のコミュニケーションを通じて、企業への理解を促進すること。
4. **ロビー活動**　法規制への影響をねらって議員や官僚との関係を確立し維持すること。
5. **コンサルティング**　社会問題や企業のポジションおよびイメージに関して、経営陣にアドバイスすること。製品事故に際してのアドバイスも含まれる[65]。

マーケティング・パブリック・リレーションズ

マーケティング・マネジャーとパブリック・リレーションズ担当者は、必ずしも同じ考え方をしているわけではない。マーケティング・マネジャーの方が利益志向が強く、反対にパブリック・リレーションズ担当者は、コミュニケーションの準備や普及が自分の仕事であると思っている。しかし、このような違

いはなくなりつつある。**マーケティング・パブリック・リレーションズ（MPR）**に目を向け、企業や製品のプロモーションとイメージ作りを直接的に支援しようという企業が多くなっている。したがって、財務パブリック・リレーションズやコミュニティ・パブリック・リレーションズと同じように、MPRも特定の部門、つまりマーケティング部門のために働いている(66)。

MPRはかつてパブリシティと呼ばれていた。**パブリシティ**とは、印刷物や放送媒体などのスペースを無料で確保して、製品、サービス、アイデア、場所、人、組織などを広告する、つまり「売り込む」活動だった。しかしMPRは、単なるパブリシティの枠組みを越え、次のような重要な役割を果たしている。

- **新製品発売の支援**　ミュータント・ニンジャ・タートルズ、パワーレンジャー、ビーニー・ベイビーズといったおもちゃの驚異的な売上は、賢明なパブリシティの効果によるものである。
- **成熟商品のリポジショニングの支援**　ニューヨーク市が「アイ・ラブ・ニューヨーク」キャンペーンを実施するまで、1970年代を通して同市の評判は非常に悪かった。
- **製品カテゴリーに対する関心の構築**　企業や業界団体はMPRを使って、卵、牛乳、牛肉、じゃがいもなどの消費が低下している商品への関心を再構築したり、紅茶、豚肉、オレンジジュースなどの消費拡大をしてきた。
- **特定の標的集団への影響**　マクドナルドは、ラテン系およびアフリカ系のアメリカ人コミュニティと良好な関係を築くため、特別な地域イベントを後援している。
- **社会問題に直面した製品の弁護**　タイレノール・カプセルから毒物が発見された事件が2件あったにもかかわらず、ジョンソン・エンド・ジョンソンが販売中止を免れたのは、MPRをうまく使ったのが大きな要因である。
- **自社製品に好意的に反映するような企業イメージの構築**　アイアコッカのスピーチや自伝のおかげで、クライスラーはまったく新しく良好な企業イメージを手に入れた。

マス広告の効果が弱まっているため、マーケティング・マネジャーはMPRに注目するようになっている。アメリカの286人のマーケティング・マネジャーを対象にした調査では、4分の3の企業がMPRを使っているとの回答があった。MPRは、新製品でも既存製品の場合でも、ブランドの認知と理解を高めるのに最も効果があるという。また、地元のコミュニティを網羅し、特定のエスニック・グループといった集団への到達にも効果を発揮する。広告より費用効果が高いというケースもある。しかし、MPRは広告と共同で計画すべきである。MPRには多額の予算が必要であるが、それは広告費から支出される場合があるからだ(67)。またマーケティング・マネジャーは、パブリック・リレーションズの材料をよりうまく使いこなすスキルを身につけなければならない。ジレットはその点において最先端をゆく企業である。同社では各ブランド・マネジャー

ニュー・ミレニアムの初めての公式コンサートは、ニュージーランドのギズボーンで開催される。ギズボーンでは、毎日地球上で最初に日の出を見られるというのが謳い文句になっている。ここで2000年1月1日午前12:01にデビッド・ボウイが歌う。

がMPRの予算構想を持ち、使わない場合はその説明をしなければならない。

独創的なパブリック・リレーションズは、広告よりはるかに少ないコストで人々の意識に影響を与える。企業は媒体のスペースや時間に対してではなく、話題を生み出して広めたりイベントを管理したりするスタッフに対してお金を使うことになる。企業が興味深い話題を提供すればニュース・メディアが取り上げてくれるため、数百万ドルもかけて行う広告と同じ効果を発揮することができる。例えばボディショップは、広告にまったくといっていいほどお金をかけていない。成功したのはほとんどすべてパブリシティのおかげである。MPRは広告より信頼性が高い。専門家の指摘によると、消費者は広告を見るより記事を読んだときの方が5倍も影響を受けやすいという。

次に、独創的なMPRの例を紹介する。

インテルとペンティアム・チップ

1994年に、インテル製ペンティアム・コンピュータのユーザーが、チップに問題があることに気づき始めた。ところがこのときインテルは、コンピュータを複雑な数学的演算(欠陥に影響される唯一のオペレーション)に利用していると証明できないかぎり、チップの交換には応じないとした。しかし、消費者の不満を受けて、インテルのMPR担当者が「ワン・ツー・パンチ」を用いて収拾に乗り出した。世界中のペンティアム・リプレイスメント・サービス・センター・ネットワーク(要求があれば無料で交換品を提供する)を開始し、企業および個人のペンティアム・ユーザーに対して徹底したワン・トゥ・ワンのマーケティングでフォローした。インテルは、大企業や個人を区別することなく顧客一人ひとりに到達しようとした。企業内に総動員をかけ、大勢の従業員に電話を持たせて顧客の問い合わせに対応させた。さらに、マーケティング・チームを全国に派遣して企業顧客を訪ねさせ、ペンティアム・チップを交換させた。個人消費者に対しては、1994年のクリスマスセールの数週間、自社の従業員を小売店に派遣することまでした。このような徹底したMPRキャンペーンの結果、インテルは、ほんの2、3週間前には危機に瀕していた評判を回復しえたのである[68]。

マイクロソフトとウィンドウズ95

マイクロソフトのウィンドウズ95発売キャンペーンは、MPRの成功例である。発売日の1995年の8月24日まで有料広告をまったく出さなかったにもかかわらず、だれもがその日を知っていたのである。『ウォール・ストリート・ジャーナル』によると、同年の7月1日から8月24日までの間、ウィンドウズ95を扱った見出しは3000件、記事は6852件、実に300万語以上にのぼったという。世界中にいるマイクロソフトのMPRチームは、できるだけ注目を浴びるようなパブリシティを実施した。トロントにあるCNタワーから183メートルもの垂れ幕を掲げ、エンパイア・ステート・ビルを赤・黄・緑のウィンドウズ95のロゴで覆ってしまった。『ロンドン・タイムズ』にお金を払って150万部

を無料で配布させたりもした。その結果、発売開始から1週間で、アメリカ国内だけで1億800万ドルもの売上を達成した。単価90ドルの製品としては悪くない数字である。広告に何百万ドルという費用をかけるより、事前に適切なパブリック・リレーションズを行った方が効果的であるのは明らかである。

ローマでミレニアムを祝う公式行事は、1999年12月24日から2001年の1月6日までの54週間にも及ぶ。

マーケティング・パブリック・リレーションズにおける主要な決定

MPRのタイミングと方法を考える際、経営陣は目的を設定し、メッセージと媒体ビークルを選択し、慎重に計画を実施し、結果を評価しなければならない。主なMPRツールが■表19-6に示されている[69]。

■ MPRの目的設定

MPRには次のような目的が考えられる。

- **認知の構築** メディアに話題を提供し、製品、サービス、人物、組織、アイデアに注目させる。
- **信頼性の向上** 記事という形で企業メッセージを伝えることによって、信頼性を加える。
- **セールス・フォースやディーラーへの刺激** セールス・フォースやディーラーの意欲を盛り上げることができる。新製品が発売前に話題になれば、セールス・フォースが小売業者に売りやすくなる。

表19-6

主なMPRツール

刊行物	企業は標的市場に到達し影響を及ぼすために、刊行物に頼るところが大きい。刊行物には、年次報告書、パンフレット、記事、ニューズレター、雑誌、視聴覚資料がある。
イベント	企業は新製品や企業活動に注目を集めるために、特別なイベントを設定する。例えば、記者会見、セミナー、屋外イベント、トレード・ショー、コンテスト、競技会、記念日のほか、標的顧客に到達するためにスポーツや文化活動の後援も行う。
ニュース	パブリック・リレーションズの専門家の主要な任務の1つに、企業、製品、従業員について好意的なニュースを見つけ出したり、生み出したりすることがある。ニュースにするには話題を考え、調査し、プレスリリースを書かなければならないが、担当者にはそれ以上のスキルが求められる。報道関係者にプレスリリースを受け入れさせたり会見に出席させたりするには、マーケティングと対人関係のスキルが必要となる。
スピーチ	スピーチも製品や企業のパブリシティになる。大勢の聴衆を前にしたリー・アイアコッカのスピーチにはカリスマ性があり、クライスラーの売上に一役買った。企業の幹部が媒体からの質問に応じたり、業界団体や販売会議で講演する機会はますます増えており、企業イメージを高めるチャンスにもなっている。
社会貢献活動	企業は社会活動に費用や時間を割くことで、評判を高めることができる。大企業は幹部にコミュニティ行事への支援を奨励している。このほかに、特定の社会活動への寄付もある。このようなコーズリレーテッド・マーケティングは、社会的な信用を得るために多くの企業に用いられるようになっている。
アイデンティティ媒体	感覚を刺激するものが氾濫する社会では、企業は少しでも人々の注目を集めるべく競い合っている。特に、すぐにそれとわかるような視覚に訴えるアイデンティティを求めている。これには企業ロゴ、文房具、パンフレット、看板、書類、名刺、建物、ユニフォーム、服装などがある。

- **プロモーション・コストの引き下げ**　MPRはダイレクト・メールや媒体広告よりもコストがかからない。プロモーション予算が少ない企業ほど、マインド・シェアをつかむためにパブリック・リレーションズを用いることが多い。

これとは別に、各MPRキャンペーンに特定の目的を設定するべきである。

> **カリフォルニアのワイン醸造業組合**
>
> カリフォルニアのワイン醸造業組合は、ダニエル・E・エデルマンというPR会社に依頼し、パブリシティ・キャンペーンを始めた。このキャンペーンでは、ワインは豊かな生活の楽しみの1つであることをアメリカ人に納得させ、カリフォルニア・ワインのイメージを高め、市場シェアを拡大することを目指していた。このため、次のようなパブリシティ目的が設定された。(1)ワインに関する記事を企画して、一流の雑誌や新聞に掲載する。(2)ワインの健康上の効用について、医療関係者に伝える。(3)ヤング・アダルト市場、大学生市場、政治団体、エスニック・コミュニティに対して、それぞれ特別のパブリシティを考案する。

パブリック・リレーションズ担当者は、今後もマスメディアを通じて標的顧客に到達し続けるだろうが、その一方で、MPRにダイレクト・レスポンスが得られるマーケティングのテクニックや技術を取り入れ、標的視聴者一人ひとりに到達するようにもなるだろう。パブリック・リレーションズの専門家、トーマス・L・ハリスは、パブリック・リレーションズとダイレクト・レスポンス・マーケティングを協調させて、特定のマーケティング目的を達成する方法を提案している[70]。

- **媒体広告が始まる前に市場の期待を作り上げる**　例えば新製品発売の発表は、パブリシティを獲得し製品を演出する絶好の機会である。
- **核となる顧客基盤を構築する**　マーケターは、消費者ロイヤルティを維持することの価値を強く認識するようになっている。既存顧客の維持は新規顧客の獲得に比べ、はるかに安くすむからである。
- **消費者とワン・トゥ・ワンの関係を構築する**　マーケターは、直通電話やフリーダイヤル、インターネットなどを使って、個々の消費者との関係を構築し維持できる。
- **満足した顧客を推薦者に変える**　顧客のデータベースとプロフィールを使って、満足した顧客を役割モデルや製品の代弁者にすることも可能である。
- **有力者に影響を与える**　教師、医師、薬剤師などの権威的な人物には影響力があるが、ほかにも顧客とワン・トゥ・ワンのリレーションシップを持つ人、例えば美容師や個人トレーナーなどにも影響力がある。

メッセージと媒体ビークルの選択

パブリック・リレーションズ担当者は、対象製品について語るための興味深

い話題を見つけたり生み出さなければならない。比較的知名度の低い大学が知名度を上げたがっていると仮定する。MPR担当者は利用できる話題を探し出そうとするだろう。めずらしい経歴の教員はいないか、めずらしいプロジェクトに取り組んでいる者はいないか、新しい科目やめずらしい科目はないか、キャンパス内で興味を引くようなイベントを行っていないか、などである。

興味深い話題が十分になければ、ニュースとなるイベントを大学主催で行う提案をしなければならない。ここでは、ニュースになることが重要である。大きな学術会議を主催したり、専門家や有名人を講演者として招いたり、記者会見を開いたりすることも、パブリック・リレーションズに含まれる。それぞれのイベントが、多様な視聴者に向けた話題作りの機会なのである。

イベントの開催は、非営利団体の募金活動を広告する際、特に重要な方法である。募金担当者は、多種多様なイベントを考え出してきた。記念日、展覧会、オークション、慈善の夕べ、ビンゴ・ゲーム、本の販売、ケーキの販売、コンテスト、ダンス、ディナー、バザー、ファッション・ショー、めずらしい場所でのパーティー、電話キャンペーン、がらくた市、旅行、長距離行進などである。長距離行進といったある種のイベントを開催すると、そこからヒントを得た競合者が、読書マラソン、バイク・マラソン、ジョギング・マラソンなどと形を変えて実施する[71]。

営利団体もイベントを使って製品やサービスに注目してもらおうとする。富士フイルムは自由の女神像の修復工事の完成を祝う期間中、自社の気球を飛ばし続け、同じ場所で常設写真展を始めていた競合他社のコダックをしのぐ結果を出した。アンハイザー・ブッシュはブルックリンで開催されたブラックワールド・チャンピオンシップ・ロデオを主催し、5000人以上の観客を集めた。P&Gは同社の洗剤名を冠した、バリー・マニロウのコンサート・ツアーを後援した。同社は中年女性の興味を引きつけようとしたのである。バリー・マニロウのファンである中年女性は、同社の洗剤の標的市場でもあった。

MPRのプロは、豚肉、にんにく、じゃがいもなどのありふれた製品についてさえ、話題を探し出したり、作り出したりできるものである。キャット・フードの例を次に挙げておこう。

9ライブズ・キャットフード

スターキスト・フーズの9ライブズは、キャットフードのトップ・ブランドである。このブランド・イメージは、「猫のモリス」を中心にしている。広告会社のレオ・バーネットは、モリスを本物の、生きて実在する猫にして、飼い主や愛好家が親近感を抱くようにしようと考えた。そこでPR会社と連携し、次のようなアイデアが提案され実施されることになった。(1)モリスの「そっくりさん」コンテストを9つの主要市場で行う。(2)『モリス物語』という本を出版する。(3)モリス賞を創設し、各地のキャット・ショーで優勝した猫の飼い主にブロンズ像を授与する。(4)『アダプト・ア・キャット・マンス』という番組のスポンサーになり、モリスを正式な「スポークス・キャット」とする。(5)「モリ

ダライ・ラマはミレニアムを祝うために世界音楽フェスティバルを計画している。五大陸にまたがるツアーは10月にロサンゼルスで始まり、2000年4月にニューデリーのグローバル・フェスティバルで幕を閉じる。

ス・メソッド」という猫の飼育法のパンフレットを配布する。以上のパブリシティのおかげで、キャットフード市場でのブランド・シェアは着実に増加した。

■ パブリック・リレーションズ計画の実施

　パブリック・リレーションズの実施には慎重を期さなければならない。話題を媒体に出す際の問題を取り上げてみよう。非常に大きな話題は媒体に掲載されやすいが、ほとんどの話題はそれほどでもないので、忙しい編集者の目にはとまらないかもしれない。パブリック・リレーションズ担当者の強みは、媒体編集者との個人的な人間関係である。パブリック・リレーションズ担当者は、自社の話題を継続して取り上げてもらうために、媒体編集者を満足させるべき市場の1つとして見ている。

■ パブリック・リレーションズ結果の評価

　MPRがいかに利益に貢献したかを測定するのは難しい。それは、ほかのプロモーション・ツールとともに使われているからである。ほかのツールに先立って使えば、効果を評価することは容易になる。MPRの効果測定に最も頻繁に用いられるのが、露出数、認知・理解・態度変容、売上や利益への貢献の3つである。

　MPR効果の最も簡単な測定方法は、媒体に掲載された**露出**の数である。パブリック・リレーションズ担当者は製品に関するニュースが掲載されたすべての媒体がわかるスクラップ・ブックと、次のような要約をクライアントに渡す。

　　メディアのカバレッジは次のとおりである。350の出版物に1インチコラムのニュースや写真が3500件、のべ発行部数は7940万部。290のラジオ局で放送時間は合計2500分、推定視聴者数は6500万人。160のテレビ局で放送時間は合計660分、推定視聴者数は9100万人。以上の時間とスペースを広告として購入した場合の推定金額は、104万7000ドルに相当する[72]。

　露出の測定はあまり十分な方法とはいえない。実際にメッセージを読み、視聴し、思い出す人が何人いて、どのような感想を持ったかがわからないからである。また、多様な媒体の読者や視聴者は重複するため、実質的な到達視聴者数も不明である。パブリシティの目標はフリクエンシーでなくリーチであるため、重複していない露出数がわかる方が有益だろう。

　これよりも優れた方法は、MPRキャンペーンの結果生じた製品の**認知、理解、態度変容**を測定することである（他のプロモーション・ツールの効果を考慮に入れた上で）。例えば、ニュース項目を思い出せる人の数、それを他人に話した人の数（クチコミ）、それを聞いて考えを変えた人の数などである。ジャガイモ委員会のキャンペーンでは、「じゃがいもはビタミンとミネラルが豊富である」という声明に賛成と答えた人の数が、キャンペーン前の36％から、キャンペーン後は67％に増えている。製品への理解が大幅に深まったことを示している。

2000年の1月1日に世界中の24の時間帯すべてで、「グレート・ミレニアム・グローバル・シングアロング」が催されるだろう。

可能であれば、最も優れた方法は売上と利益への影響を測定することである。例えば9ライブズの売上は、「猫のモリス」PRキャンペーン終了時には43%も増加していた。しかし、広告や販売促進も増加しているので、その効果も考慮に入れなければならない。総売上高が150万ドル伸び、このうち15%がMPRの効果であると経営陣が推定したと仮定すると、MPRの投資収益率は次のようになる。

売上増加高の合計	1,500,000 ドル
パブリック・リレーションズによる推定売上増加(15%)	225,000
製品売上の貢献差益(10%)	22,500
MPRプログラムの直接経費の合計	−10,000
パブリック・リレーションズ費による貢献差益	12,500 ドル
MPRの投資収益率(12500ドル/10,000ドル)	125%

マーケティング・パブリック・リレーションズが企業のコミュニケーションに果たす役割は、将来さらに大きくなるだろう。

参考文献

1. 以下の文献を参照されたい。Russell H. Colley, *Defining Advertising Goals for Measured Advertising Results* (New York: Association of National Advertisers, 1961). 邦訳：『目標による広告管理』(ラッセル・H・コーレイ著、八巻俊雄訳、ダイヤモンド社、1966年)
2. 以下の文献を参照されたい。William L. Wilkie and Paul W. Farris, "Comparison Advertising: Problem and Potential," *Journal of Marketing*, October 1975, pp. 7–15.
3. 以下の文献を参照されたい。Randall L. Rose, Paul W. Miniard, Michael J. Barone, Kenneth C. Manning, and Brian D. Till, "When Persuasion Goes Undetected: The Case of Comparative Advertising," *Journal of Marketing Research*, August 1993, pp. 315–30; Sanjay Putrevu and Kenneth R. Lord, "Comparative and Noncomparative Advertising: Attitudinal Effects under Cognitive and Affective Involvement Conditions," *Journal of Advertising*, June 1994, pp. 77–91; Dhruv Grewal, Sukumar Kavanoor, and James Barnes, "Comparative Versus Noncomparative Advertising: A Meta-Analysis," *Journal of Marketing*, October 1997, pp. 1–15; Dhruv Grewal, Kent B. Monroe, and P. Krishnan, "The Effects of Price-Comparison Advertising on Buyers' Perceptions of Acquisition Value, Transaction Value, and Behavioral Intentions," *Journal of Marketing*, April 1998, pp. 46–59.
4. 以下の文献を参照されたい。David A. Aaker and James M. Carman, "Are You Overadvertising?" *Journal of Advertising Research*, August–September 1982, pp. 57–70.
5. 以下の文献を参照されたい。Donald E. Schultz, Dennis Martin, and William P. Brown, *Strategic Advertising Campaigns* (Chicago: Crain Books, 1984), pp. 192–97.
6. M. L. Vidale and H. R. Wolfe, "An Operations-Research Study of Sales Response to Advertising," *Operations Research*, June 1957, pp. 370–81.
7. John D. C. Little, "A Model of Adaptive Control of Promotional Spending," *Operations Research*, November 1966, pp. 1075–97.
8. これ以外の広告予算の設定モデルについては、以下の文献を参照されたい。Gary L. Lilien, Philip Kotler, and K. Sridhar Moorthy, *Marketing Models* (Upper Saddle River, NJ: Prentice Hall, 1992), ch. 6.
9. "The Best Awards: Retail/Fast-Food," *Advertising Age*, May 18, 1998, p S8; Karen Benezra, "Taco Bell Pooch Walks the Merch Path," *Brandweek*, June 8, 1998, p. 46; Bob Garfield, "Perspicacious Pooch Scores for Taco Bell," *Advertising Age*, March 9, 1998, p. 53.
10. Michael Wilke, "Carville, Matalin Talk Up Alka-Seltzer Brand," *Advertising Age*, November 23, 1998, p. 26.
11. 以下の文献を参照されたい。"Keep Listening to That Wee, Small Voice," in *Communications of an Advertising Man* (Chicago: Leo Burnett Co., 1961), p. 61.
12. John C. Maloney, "Marketing Decisions and Attitude Research," in *Effective Marketing Coordination*, ed. George L. Baker Jr. (Chicago: American Marketing Association, 1961), pp. 595–618.
13. Dik Warren Twedt, "How to Plan New Products, Improve Old Ones, and Create Better Advertising," *Journal of Marketing*, January 1969, pp. 53–57.
14. 以下の文献を参照されたい。William A. Mindak and H. Malcolm Bybee, "Marketing Application to Fund Raising," *Journal of Marketing*, July 1971, pp. 13–18.
15. Lalita Manrai, "Effect of Labeling Strategy in Advertising: Self-Referencing versus Psychological Reactance," (Ph.D. dissertation, Northwestern University, 1987).
16. James B. Amdorfer, "Absolut Ads Sans Bottle Offer a Short-

Story Series," *Advertising Age,* January 12, 1998, p. 8.

17. Yumiko Ono, "Bulletins from the Battle of Baldness Drug—Sports Figures Tout Rogaine for Pharmacia," *Wall Street Journal*, December 19, 1997, p. B1.
18. L. Greenland, "Is This the Era of Positioning?" *Advertising Age*, May 29, 1972.
19. David Ogilvy and Joel Raphaelson, "Research on Advertising Techniques That Work—And Don't Work," *Harvard Business Review*, July–August 1982, pp. 14–18.
20. Joanne Lipman, "It's It and That's a Shame: Why Are Some Slogans Losers?" *Wall Street Journal*, July 16, 1993, p. A4; Paul Farhi, "The Wrong One Baby, Uh-Uh: Has Madison Avenue Lost It?" *Washington Post*, February 28, 1993, p. C5.
21. 詳しくは、以下の文献を参照されたい。Dorothy Cohen, *Legal Issues in Marketing Decision Making* (Cincinnati, OH: South-Western, 1995).
22. Kevin Goldman, "Advertising: From Witches to Anorexics: Critical Eyes Scrutinize Ads for Political Correctness," *Wall Street Journal*, May 19, 1994, p. B1.
23. 以下の文献を参考にした。Sandra Cordon, "Where High Road Meets Bottom Line: Ethical Mutual Funds Avoid Companies Deemed Socially Irresponsible," *The London Free Press*, October 9, 1998, p. D3.
24. Schultz et al., *Strategic Advertising Campaigns*, p. 340.
25. 以下の文献を参照されたい。Herbert E. Krugman, "What Makes Advertising Effective?" *Harvard Business Review*, March–April 1975, p. 98.
26. 以下の文献を参照されたい。Peggy J. Kreshel, Kent M. Lancaster, and Margaret A. Toomey, "Advertising Media Planning: How Leading Advertising Agencies Estimate Effective Reach and Frequency" (Urbana: University of Illinois, Department of Advertising, paper no. 20, January 1985). 以下の文献も参照されたい。Jack Z. Sissors and Lincoln Bumba, *Advertising Media Planning*, 3d ed. (Lincolnwood, IL: NTC Business Books, 1988), ch. 9.
27. Roland T. Rust and Richard W. Oliver, "Notes and Comments: The Death of Advertising," *Journal of Advertising*, December 1994, pp. 71–77.
28. Gene Accas, "Prime Prices Fall with Shares," *Broadcasting & Cable*, September 28, 1998, p. 36; "Hilfilger Hikes Ads to New Level: First Designer to Go Super Bowl Route," *Daily News Record* 28, no. 7 (January 16, 1998): 2.
29. 以下の文献を参照されたい。Roland T. Rust, *Advertising Media Models: A Practical Guide* (Lexington, MA: Lexington Books, 1986).
30. 以下の文献を参照されたい。Jay W. Forrester, "Advertising: A Problem in Industrial Dynamics," *Harvard Business Review*, March–April 1959, pp. 100–10.
31. 以下の文献を参照されたい。Amber G. Rao and Peter B. Miller, "Advertising/Sales Response Functions," *Journal of Advertising Research*, April 1975, pp. 7–15.
32. 以下の文献を参照されたい。Alfred A. Kuehn, "How Advertising Performance Depends on Other Marketing Factors," *Journal of Advertising Research*, March 1962, pp. 2–10.
33. 以下の文献も参照されたい。Hani I. Mesak, "An Aggregate Advertising Pulsing Model with Wearout Effects," *Marketing Science*, Summer 1992, pp. 310–26; Fred M. Feinberg, "Pulsing Policies for Aggregate Advertising Models," *Marketing Science*, Summer 1992, pp. 221–34.
34. Forrester, "Advertising," p. 102.
35. Russell I. Haley, James Staffaroni, and Arthur Fox, "The Missing Measures of Copy Testing," *Journal of Advertising Research*, May–June 1994, pp. 46–56. (コピー・テスティングについても、同誌を参照されたい)
36. 以下の文献を参照されたい。J. O. Peckham, *The Wheel of Marketing* (Scarsdale, NY: privately printed, 1975), pp. 73–77.
37. Kristian S. Palda, *The Measurement of Cumulative Advertising Effect* (Upper Saddle River, NJ: Prentice Hall, 1964), p. 87.
38. David B. Montgomery and Alvin J. Silk, "Estimating Dynamic Effects of Market Communications Expenditures," *Management Science*, June 1972, pp. 485–501.
39. 以下の文献を参照されたい。Robert D. Buzzell, "E. I. Du Pont de Nemours & Co.: Measurement of Effects of Advertising," in his *Mathematical Models and Marketing Management* (Boston: Division of Research, Graduate School of Business Administration, Harvard University, 1964), pp. 157–79.
40. 以下の文献を参照されたい。Glen L. Urban, "Allocating Ad Budgets Geographically," *Journal of Advertising Research*, December 1975, pp. 7–16.
41. 以下の文献を参照されたい。Nigel Hollis, "The Link Between TV Ad Awareness and Sales: New Evidence from Sales Response Modelling," *Journal of the Market Research Society*, January 1994, pp. 41–55.
42. 以下の文献を参照されたい。David Walker and Tony M. Dubitsky, "Why Liking Matters," *Journal of Advertising Research*, May–June 1994, pp. 9–18; Abhilasha Mehta, "How Advertising Response Modeling (ARM) Can Increase Ad Effectiveness," *Journal of Advertising Research*, May–June 1994, pp. 62–74; Karin Holstius, "Sales Response to Advertising," *International Journal of Advertising* 9, no. 1, (1990): 38–56; John Deighton, Caroline Henderson, and Scott Neslin, "The Effects of Advertising on Brand Switching and Repeat Purchasing," *Journal of Marketing Research*, February 1994, pp. 28–43; Anil Kaul and Dick R. Wittink, "Empirical Generalizations About the Impact of Advertising on Price Sensitivity and Price," *Marketing Science* 14, no. 3, pt. 1, (1995): G151–60; Ajay Kalra and Ronald C. Goodstein, "The Impact of Advertising Positioning Strategies on Consumer Price Sensitivity," *Journal of Marketing Research*, May 1998, pp. 210–24.
43. Gerald J. Tellis, "Advertising Exposure, Loyalty, and Brand Purchase: A Two-Stage Model of Choice," *Journal of Marketing Research*, May 1988, pp. 134–44. 以下の文献も参照されたい。"It's Official: Some Ads Work," *The Economist*, April 1, 1995, p. 52; Dwight R. Riskey, "How TV Advertising Works: An Industry Response," *Journal of Marketing Research*, May 1997, pp. 292–93.
44. 以下の文献を参照されたい。Michael A. Kamins, Lawrence J. Marks, and Deborah Skinner, "Television Commercial

Evaluation in the Context of Program Induced Mood: Congruency versus Consistency Effects," *Journal of Advertising*, June 1991, pp. 1–14.
45. 以下の文献を参照されたい。Kenneth R. Lord and Robert E. Burnkrant, "Attention versus Distraction: The Interactive Effect of Program Involvement and Attentional Devices on Commercial Processing," *Journal of Advertising*, March 1993, pp. 47–60; Kenneth R. Lord, Myung-Soo Lee, and Paul L. Sauer, "Program Context Antecedents of Attitude Toward Radio Commercials," *Journal of the Academy of Marketing Science*, Winter 1994, pp. 3–15.
46. 以下の文献を参照されたい。Yoav Ganzach and Nili Karashi, "Message Framing and Buying Behavior: A Field Experiment," *Journal of Business Research*, January 1995, pp. 11–17.
47. Robert C. Blattberg and Scott A. Neslin, *Sales Promotion: Concepts, Methods, and Strategies* (Upper Saddle River, NJ: Prentice Hall, 1990). このテキストでは、セールス・プロモーションに関する最も包括的で分析的な議論がなされている。
48. Roger A. Strang, "Sales Promotion—Fast Growth, Faulty Management," *Harvard Business Review*, July–August 1976 pp. 116–19.
49. プロモーションがトップ・ブランドの消費者愛顧を侵食するかどうかについての研究をまとめたものとして、以下の文献を参照されたい。Blattberg and Neslin, *Sales Promotion*.
50. Robert George Brown, "Sales Response to Promotions and Advertising," *Journal of Advertising Research*, August 1974, pp. 36–37. 以下の文献も参照されたい。Carl F .Mela, Sunil Gupta, and Donald R. Lehmann, "The Long-Term Impact of Promotion and Advertising on Consumer Brand Choice," *Journal of Marketing Research*, May 1997, pp. 248–61; Purushottam Papatla and Lakshman Krishmamurti, "Measuring the Dynamic Effects of Promotions on Brand Choice," *Journal of Marketing Research*, February 1996, pp. 20–35.
51. F. Kent Mitchel, "Advertising/Promotion Budgets: How Did We Get Here, and What Do We Do Now?" *Journal of Consumer Marketing*, Fall 1985, pp. 405–47.
52. 以下の文献を参照されたい。Paul W. Farris and John A. Quelch, "In Defense of Price Promotion," *Sloan Management Review*, Fall 1987, pp. 63–69.
53. セールス・プロモーションの目的設定モデルについては、以下の文献を参照されたい。David B. Jones, "Setting Promotional Goals: A Communications Relationship Model," *Journal of Consumer Marketing* 11, no. 1 (1994): 38–49.
54. 以下の文献を参照されたい。John C. Totten and Martin P. Block, *Analyzing Sales Promotion: Text and Cases*, 2d ed. (Chicago: Dartnell, 1994), pp. 69–70.
55. 以下の文献を参照されたい。Paul W. Farris and Kusum L. Ailawadi, "Retail Power: Monster or Mouse?" *Journal of Retailing*, Winter 1992, pp. 351–69.
56. 以下の文献を参照されたい。"Retailers Buy Far in Advance to Exploit Trade Promotions," *Wall Street Journal*, October 9, 1986, p. 35; Rajiv Lal, J. Little, and J. M. Vilas-Boas, "A Theory of Forward Buying, Merchandising, and Trade Deals," *Marketing Science* 15, no. 1 (1996), 21–37.
57. "Trade Promotion: Much Ado About Something," *PROMO*, October 1991, pp. 15, 37, 40.
58. 以下の文献から引用した。Kerry E. Smith, "Media Fusion," *PROMO*, May 1992, p. 29.
59. Arthur Stern, "Measuring the Effectiveness of Package Goods Promotion Strategies". (このペーパーは以下の場で配布された。Association of National Advertisers, Glen Cove, NY, February 1978)
60. Strang, "Sales Promotion," p. 120.
61. Kurt H. Schaffir and H. George Trenten, *Marketing Information Systems* (New York: Amacom, 1973), p. 81.
62. 以下の文献を参照されたい。Magid M. Abraham and Leonard M. Lodish, "Getting the Most Out of Advertising and Promotion," *Harvard Business Review*, May–June 1990, pp. 50–60.
63. 以下の文献を参照されたい。Joe A. Dodson, Alice M. Tybout, and Brian Sternthal, "Impact of Deals and Deal Retraction on Brand Switching," *Journal of Marketing Research*, February 1978, pp. 72–81.
64. セールス・プロモーションに関する書籍には、以下のものがある。Totten and Block, *Analyzing Sales Promotion: Text and Cases*; Don E. Schultz, William A. Robinson, and Lisa A. Petrison, *Sales Promotion Essentials*, 2d ed. (Lincolnwood, IL: NTC Business Books, 1994); John Wilmshurst, *Below-the-Line Promotion* (Oxford, England: Butterworth/Heinemann, 1993); Robert C. Blattberg and Scott A. Neslin, *Sales Promotion: Concepts, Methods, and Strategies* (Upper Saddle River, NJ: Prentice Hall, 1990). セールス・プロモーションに対する専門システムのアプローチについては、以下の文献を参照されたい。John W. Keon and Judy Bayer, "An Expert Approach to Sales Promotion Management," *Journal of Advertising Research*, June–July 1986, pp. 19–26.
65. 以下の文献を参考にした。Scott M. Cutlip, Allen H. Center, and Glen M. Broom, *Effective Public Relations*, 8th ed. (Upper Saddle River, NJ: Prentice Hall, 1997).
66. 以下の文献を参照されたい。Thomas L. Harris, *The Marketer's Guide to Public Relations* (New York: John Wiley, 1991). 以下の文献も参照されたい。*Value-Added Public Relations* (Chicago: NTC Business Books, 1998)
67. Tom Duncan, *A Study of How Manufacturers and Service Companies Perceive and Use Marketing Public Relations* (Muncie, IN: Ball State University, December 1985). 広告効果とパブリック・リレーションズ効果の比較の方法については、以下の文献を参照されたい。Kenneth R. Lord and Sanjay Putrevu, "Advertising and Publicity: An Information Processing Perspective," *Journal of Economic Psychology*, March 1993, pp. 57–84.
68. Kate Bertrand, "Intel Starts to Rebuild," *Business Marketing*, February 1995, pp. 1, 32; John Markoff, "In Aboutface, Intel Will Swap Its Flawed Chip," *New York Times*, December 21, 1994, p. A1; T. R. Reid, "It's a Dangerous Precedent to Make the Pentium Promise," *The Washington Post*, December 26, 1994, p. WBIZ14.
69. コーズリレーテッド・マーケティングについてさらに詳し

くは、以下の文献を参照されたい。P. Rajan Varadarajan and Anil Menon, "Cause-Related Marketing: A Co-Alignment of Marketing Strategy and Corporate Philanthropy," *Journal of Marketing*, July 1988, pp. 58–74.

70. 以下の文献を参考にした。Thomas L. Harris, "PR Gets Personal," *Direct Marketing*, April 1994, pp. 29-32.

71. 以下の文献を参照されたい。Dwight W. Catherwood and Richard L. Van Kirk, *The Complete Guide to Special Event Management* (New York: John Wiley, 1992).

72. Arthur M. Merims, "Marketing's Stepchild: Product Publicity," *Harvard Business Review*, November–December 1972, pp. 111–12. 以下の文献も参照されたい。Katerine D. Paine, "There Is a Method for Measuring PR," *Marketing News*, November 6, 1987, p. 5.

セールス・フォースの
マネジメント

CHAPTER 20

本章では、セールス・フォースに関する3つの主な問題を取り上げる。

- セールス・フォースのデザインにあたって企業が決定すべきことは何か。
- セールス・フォースの募集、選定、トレーニング、監督、動機付け、評価は、どのように行うのか。
- 販売員の販売スキル、交渉スキル、リレーションシップ・マーケティングの遂行スキルを向上させるにはどうすればよいのか。

KOTLER ON MARKETHING
コトラー語録

製品よりもまず顧客を大切にする販売員は成功する。

The successful salesperson cares first for the customer, second for the products.

アメリカ企業は年間1400億ドル以上を人的販売に費やしている。プロモーション費の中でも人的販売費はずば抜けて高い。1100万人以上ものアメリカ人が販売ないし販売関連の仕事についている[1]。

セールス・フォースは営利団体だけでなく、非営利団体にも存在する。大学は新しい学生を引きつけるためにリクルーターを使い、教会は信者委員会を使って新しい信者の勧誘に努める。米国農業普及局は農家に専門家を派遣して、新しい農法を薦める。病院や博物館は資金調達担当者を使って寄付者と連絡をとったり、寄付金を集めたりする。

セールス・レップという呼称は幅広いポジションを指す。マクマリーは仕事内容の創造性に応じて、販売職を6つに分類した[2]。

1. **配達員**　製品(牛乳、パン、燃料、石油など)の配達を主な業務とする販売員
2. **オーダー・テイカー**　内部の業務(カウンターの後ろに立って注文を聞くなど)を主に行う販売員、または外部の業務(スーパーマーケットのマネジャーを訪問して石鹸の注文を受けるなど)を主に行う販売員
3. **ミッショナリー**　注文を獲得することを期待されていない、あるいはその権限を持たないが、顧客あるいは見込み客と良好な関係を築いたり、彼らに知識を与える販売員(製薬会社のプロパーなど)
4. **専門家**　高レベルの専門知識を有する販売員(取引先企業のコンサルティングを主な業務とするセールスエンジニアなど)
5. **需要喚起者**　創造的な方法を駆使して有形製品(掃除機、冷蔵庫、羽目板、百科事典)あるいは無形製品(保険、広告サービス、教育)を売り込む販売員
6. **問題解決者**　自社の製品もしくはサービス(コンピュータ、通信システムなど)に関して顧客が抱えている問題の解決を専門とする販売員

マーケティング・ミックスにおけるセールス・フォースの重要性に疑いの余地はない。しかしセールス・フォースの維持にかかる高額なコスト(給与、コミッション、ボーナス、旅費・交通費、給与外手当)は上昇の一途をたどっており、企業は神経をとがらせている。1人の販売員が営業訪問を1回行うのにかかる平均コストは250ドル〜500ドルで、成約までには通常4回の訪問が必要となる。つまり1件の取引を成立させるためには、1000ドル〜2000ドルの費用がかかる計算になる[3]。取引先に赴いての販売活動にかかる費用を削減するために、ダイレクトメールや電話による販売活動を企業側が試みるのも当然のことといえよう。それと同時に企業は販売員の選定、トレーニング、監督、動機付け、報酬をより効果的なものにし、セールス・フォースの生産性向上を図っている。

ニュー・ミレニアムに向けての抱負を光ディスクに記録するという計画がある。その光ディスクを収めた「ビレニアム・タイムカプセル」を人工衛星に積み込み、打ち上げて軌道に乗せるのである。

セールス・フォースのデザイン

販売員は企業と顧客をつなぐ架け橋の役割を担っている。多くの顧客にとってセールス・レップは企業の代表である。また顧客に関する重要情報を企業に持ち帰るのもセールス・レップである。したがって、企業はセールス・フォースのデザイン、つまりセールス・フォースの目的、戦略、組織、規模、報酬の設定を入念に行う必要がある（■図20-1）。

セールス・フォースの目的と戦略

企業はセールス・フォースが達成すべき目的を具体的に明示する必要がある。昔はひたすら「売って売って売りまくれ」というのが販売の常識だった。IBMの販売員は「金属製品」を売り込み、ゼロックスの販売員は「箱」を売り込んだ。販売員には販売割当があり、販売割当を達成する、あるいはそれ以上に売る販売員が優秀であるとされた。その後、顧客の抱える問題の原因を究明し、ソリューションを提供するのが優秀な販売員であるという考え方が生まれた。最初から特定の製品を売り込もうとするのではなく、自社がいかに相手の利益向上に貢献できるかを見込み客に説明するのである。「利益を上げるためのパートナー」として、顧客企業と自社とが手を組めるよう橋渡しをするのが販売員の仕事なのである。

いかなる状況下であれ、販売にあたっては次の作業のいずれかが必要である。

- **販売機会の把握** 見込み客、あるいは**販売機会**を探す。
- **ターゲットの設定** 見込み客と既存顧客との間で販売時間の配分を行う。
- **情報伝達** 製品とサービスに関する情報を伝達する。
- **販売** アプローチ、プレゼンテーション、反論への対処、成約を行う。
- **サービス** 顧客に対し多様なサービス（問題点に関するアドバイス、技術面での支援、資金調達の手配、迅速な納品）を提供する。
- **情報収集** 市場調査や情報収集を行う。
- **製品割当** どの顧客に優先的に品薄の製品を回すのかについて決定する。

企業はセールス・フォースに達成して欲しい目的を具体的に明示する必要がある。つまり「セールス・レップの時間の80％を既存顧客に、20％を見込み客に充てる」「85％の時間を従来の製品に、15％の時間を新製品に充てる」といった具合である。こうした基準を設けなければ、セールス・レップは従来の製品を既存の得意先に売り込むことだけに時間を費やし、新製品の販売や新規顧客の獲得をおろそかにしかねない。

セールス・レップの仕事内容は、経済の状況に左右される。景気がよく製品が足りないくらいの時期であれば、販売員は何の苦労もなしに仕事ができる。企

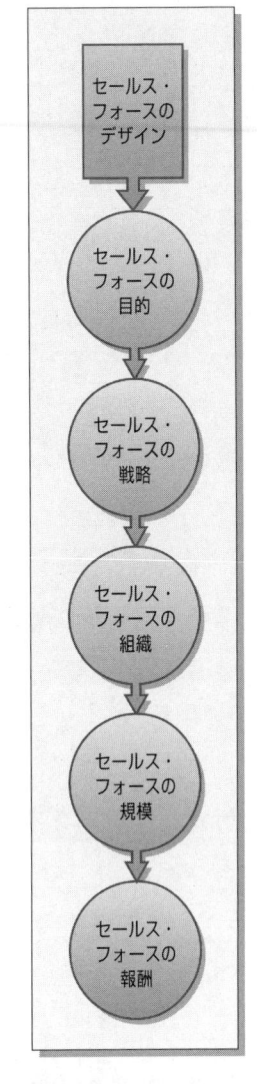

図20-1

セールス・フォースのデザイン

業によっては販売員の削減という結論を性急に下すこともあるだろう。だがこうしたやり方は販売員の担っているほかの役割を見落としている。製品割当、不満を持っている顧客との話し合い、品不足を解消するための企業側の計画の伝達、余剰製品の販売なども販売員の仕事なのである。

製品が余っている時期には、顧客に自社製品を選んでもらうため販売員は精力的に活動する。企業は販売員を売上だけでなく、顧客を満足させ利益を生み出す能力によって評価するようになってきた。ここに2つの例を挙げよう。

ティファニー

「ティファニー」と聞けばだれもが高価な宝飾品を思い浮かべるが、このイメージは同社による小売マーケティングのあらゆる側面で培われている。店頭でティファニーの製品を購入するという行為は投資に等しい。そのため経営陣は店舗のスタッフに対し、単に販売の仕事に徹するのではなく、顧客のコンサルタントとなれるよう訓練をしている。顧客の多くは宝飾品の専門家ではないため、販売員の持つ商品知識は顧客サービスの重要な一要素となっている。石の品質とカット、それぞれの石にふさわしいさまざまな台、幅広い価格帯のなかでの選択肢に関するアドバイスや情報などを顧客に提供するための訓練を販売員は受けている。たとえステーショナリーやスカーフといった値の張らない製品であっても、「高級感あふれるティファニーで買い物をした」という経験自体に大きな意味があることを販売員は知っている。そして満足度の高い顧客はリピーターとなって再度来店してくれるのである。

店頭のスタッフに加え、ティファニーには155名の法人担当の外部販売員がいる。法人担当販売員は最初に6週間〜8週間のトレーニングを受け、販売スキル、専門知識、商品知識をマスターした者だけが顧客との取引を許される[4]。

マリオット・ロッジング

ビジネス旅行者にとって宿泊費は、繰り返し発生する大きな負担となっている。そのためマリオットは、ホテル滞在を費用効果の高いものにすることによって、顧客である企業を引きつけようと努めている。こうした顧客企業を担当する販売員の報酬の一部は、顧客との長期的なリレーションシップの構築に基づいて支払われている。キー・アカウント（大口顧客）を担当するマネジャーは、値引き以外にも顧客を満足させる方法をいくつか有している。キー・アカウント・マネジャーはマリオットの販売員として問題の解決にあたり、顧客の要求に応じていかなる特別なサービスでも提供する責任を負う。顧客企業の事業内容を理解することによって、顧客担当マネジャーは出張プランの作成をサポートすることができる。全社的な協力体制のもとで、顧客担当マネジャーはマリオットの持つあらゆるサービスを提供できるのである[5]。

イギリスのミレニアム・ドームのボディ・ゾーンを形作る坐像の高さは、自由の女神をしのぐ。

企業はセールス・フォースを戦略的に展開しなければならない。そうしてこそ申し分のないタイミングと方法によって適切な顧客を訪問できる。セールス・レップと顧客との関係には次の5タイプがある。

- **セールス・レップと買い手**　セールス・レップが見込み客あるいは顧客と直に、あるいは電話で話し合う。
- **セールス・レップと買い手グループ**　セールス・レップが買い手グループのできるだけ多くのメンバーと懇意になる。
- **販売チームと買い手グループ**　販売チームが顧客企業の買い手グループのメンバーと緊密に連携して動く。
- **協議による販売**　セールス・レップが自社の専門家を同行させて主な問題点や販売機会について話し合う。
- **セミナーによる販売**　販売チームが顧客企業のために最新技術について説明セミナーを開く。

今日のセールス・レップは、「アカウント・マネジャー」として売り手と買い手の双方に利益をもたらす橋渡し役を担っている。販売活動におけるチームワークの必要性は高まっており、他部署からのサポートが欠かせなくなっている。全国規模の取引や大口の販売がかかっている場合には、トップ・マネジメントの助けも必要となる。また技術系社員は、製品購入前のアドバイスからアフターサービスにいたるまで、技術的な情報とサービスを提供する。カスタマーサービス担当者は製品の設置やメンテナンスなどのサービスを提供し、事務系社員は販売分析、注文処理の促進、秘書業務などを行う。デュポン社の販売チームによる取り組みはよい成功例である。トウモロコシ農家が散布回数の少ない除草剤を欲しがっていると聞いたデュポン社は、化学者、販売部門とマーケティング部門の幹部、そして意見調整のスペシャリストを集めたチームを結成し、問題解決にあたった。その結果生まれた製品は、販売初年度にして5700万ドルというトップ・セールスを記録したのである[6]。

標的市場を維持するために販売員は、販売データを分析し、市場の将来性を予測し、市場情報を収集し、マーケティング戦略および計画を練らなければならない。セールス・レップにはマーケティング・アナリストとしてのスキルが必要で、特に高いレベルでの販売管理にはその能力が不可欠となる。販売だけではなくマーケティングにも理解の深いセールス・フォースの方が、長い目で見ると効果が高いとマーケターは考えている。

販売にあたっては、2つのやり方がある。直接的なセールス・フォースを用いるか、契約に基づくセールス・フォースを用いるかである。**直接的な（社内の）セールス・フォース**は、その企業専従で働くフルタイムもしくはパートタイムの従業員で構成される。このなかには事務所で電話セールスを行って見込み客の訪問に応対する**内部販売員**と、外回りをして顧客を訪ねる**外部販売員**が含まれる。**契約に基づくセールス・フォース**は、メーカーの販売員、販売代理店、ブローカーなど、売上に応じてコミッションが支払われる販売員で構成される。

ミレニアム・ドームのボディ・ゾーンの頭部展望台からは、360度のパノラマが見渡せる。

セールス・フォースの組織

セールス・フォースの戦略と組織は互いに密接な関係にある。企業が1種類の製品ラインを1つの業界にのみ販売し、顧客の所在地が分散している場合は、地域別販売組織が用いられる。一方、タイプの異なる顧客に多種類の製品を販売する場合は、製品別販売組織あるいは市場別販売組織が用いられる。■表20-1には、最も一般的なセールス・フォース組織がまとめられている。■マーケティング・インサイト「メジャー・アカウント・マネジメント──その定義と機能」では、メジャー・アカウント・マネジメントという特殊な販売組織について述べられている。

表20-1

セールス・フォースの組織

地域別販売組織 地域別販売組織においては、各セールス・レップがそれぞれ特定地域を割り当てられる。この販売組織には多くの利点がある。販売員の責任が明確になること、販売員が担当地域での取引や顧客とのリレーションシップ構築にさらに熱心になること、限定された地域内だけを移動するので交通費も比較的少なくてすむことなどである。

販売地域の規模 販売地域は担当者の販売機会またはワークロードが均一になるように設計できる。**販売機会が均一**であればセールス・レップに対する報酬の公平性が保たれるうえ、企業にとってもセールス・レップの業績評価の目安になる。しかし地域によって顧客の集中度が異なるため、均一の販売可能性を持つ地域の規模はさまざまである。セールス・レップが担当地域に十分集中できるよう、**ワークロードを均一化**して地域を設定することも可能である。

販売地域の形状 販売地域は郡や州といった小さな単位を組み合わせて、所定の販売機会またはワークロードに達するよう設定される。販売地域の設計は、山や川といった自然の障害物、隣接地域との両立性、交通手段の適切性などを考慮して行われる。販売地域の形状によってコスト、顧客への対応、セールス・レップの仕事への満足感が左右されることがある。現在では販売地域の設計にコンピュータ・プログラムを利用できるようになった。これにより顧客の密集度、ワークロードあるいは販売機会の均一化、最短の移動時間といった基準が最適化された販売地域を設定できるようになった。

製品別販売組織 セールス・レップは製品知識だけでなく、製品部門や製品管理についても通じていなければならない。そのため多くの企業が製品ラインごとにセールス・フォースを組織している。特に製品が多品種にわたっており、相互関連性が低く、そのうえ技術的に複雑である場合、製品知識は必須である。コダックは大量に流通するフィルム製品を扱うセールス・フォースと、技術サポートを必要とする複雑な製品を扱うセールス・フォースを使い分けている。

市場別販売組織 顧客あるいは業界別にセールス・フォースを組織している企業も多い。業界ごと、あるいは顧客ごとに別々のセールス・フォースが設けられる。IBMはニューヨークに金融業界専門の営業所を設置した。デトロイトにはGM専門の、ディアボーン近郊にはフォード専門の営業所がある。市場別に専門化する利点は、それぞれのセールス・フォースが特定の顧客ニーズに精通できる点である。問題点は顧客が広い地域に分散しているため移動負担が大きいことである。

複雑な販売組織 企業が多種類の製品を広範囲に散在する多様なタイプの顧客に販売するときには、販売組織も複数のタイプが組み合わされることが多い。セールス・レップは地域と製品、地域と市場、あるいは製品と市場ごとに専門化される。そのためセールス・レップは1つあるいは複数のライン・マネジャーとスタッフ・マネジャーに報告することになる。例えばモトローラでは、4種類のセールス・フォースを管理している。(1)戦略市場セールス・フォース：大口顧客を担当するテクニカル・エンジニア、アプリケーション・エンジニア、クオリティ・エンジニア、サービス担当者で構成される。(2)広範囲セールス・フォース：さまざまな地域に分散している何千もの顧客を訪問する。(3)流通業者セールス・フォース：モトローラの流通業者を訪問し指導を行う。(4)内部セールス・フォース：テレマーケティングを行い、電話やFAXで注文を受ける。

市場で定評を得ている企業であれば、市場や経済状況の変化に応じて販売組織の見直しをしなければならない。その好例にIBMがある。

IBM

IBMがコンピュータ業界の市場シェアを失ったのには2つの理由がある。1つは、パソコンの将来性を見誤ったことである。もう1つは、顧客との交流を怠った画一的なマーケティングと販売組織が足かせになったことである。IBMの世界的なマーケティング組織および販売組織は地理的に構成されており、セールス・レップは多業種にわたる顧客を抱えていた。かつてIBMのセールス・レップは「コンピュータやIBMの製品について教えてくれる」と評判だった。しかしIBMの画一的なプレゼンテーションは、コンピュータに詳しくなり始めた顧客を遠ざけるようになった。IBMのセールス・レップはメインフレームから安価なコンピュータ・ネットワークへと移行しようとしているGTEに、自社のメインフレームを押しつけてGTEの懸念に耳を貸そうとしなかった。その結果GTEはIBMを離れ、ヒューレット・パッカードの製品を採用した。結局IBMは、失った市場シェアとセールス・フォースのばく大な維持費を目の当たりにして、販売およびマーケティング活動を全面的に見直し、再編成することを決めたのである。その方法は以下のようなものであった[7]。

- 1990年から1994年にかけて、販売およびマーケティング部門の人員を15万人から7万人に削減した。さらに豪奢なオフィスを閉鎖して質素な倉庫ビルに事務所を移転し、在宅勤務者も増やした。
- かつて販売員の報告先は地域マネジャーであったが、現在では地域担当幹部に対して担当業界別に報告を行っている。また業界別の14のライン（金融業、石油産業、小売業など）を縦割り管理できるよう組織改革を行った。
- セールス・フォースには、業界のスペシャリストと製品のスペシャリストがいる。例えばある幹部がサンフランシスコのバンク・オブ・アメリカを訪問したとする。もし銀行側がソフトウェアを導入して問題解決にあたろうとしていることがわかれば、その地域のソフトウェア担当のスペシャリストを呼んで製品を売り込めばよいのである。
- 販売員は単にオーダー・テイクや製品のプッシュだけを行うのではなく、積極的にコンサルタントとしての役割を担うようになった。販売員のミッションは顧客の抱える問題を解決することであり、そのためには競合他社の技術を推奨することもいとわない。
- 顧客はIBMとの取引方法を選べるようになった。IBMのビジネス・コンサルタント、製品のスペシャリスト、システム・インテグレーターの訪問を希望する顧客もいれば、電話で商談をすませたいと考える顧客もいるからである。

ニュー・ミレニアムに向けて、パリは「化粧直し」の真っ最中である。ノートルダム寺院、ポンピドウ芸術文化センター、そしてオペラハウスが再び美しい姿を取り戻しつつある。

MARKETING INSIGHT　マーケティング・インサイト

メジャー・アカウント・マネジメント ——その定義と機能

メジャー・アカウント（キー・アカウント、ナショナル・アカウント、グローバル・アカウント、ハウス・アカウントとも呼ばれる大口顧客）とは特別な配慮を必要とする選ばれた顧客のことである。さまざまな地域に多くの部門を持つ重要顧客は**メジャー・アカウント契約**を提示され、統一価格と全部門への同一サービスの提供という恩恵を受けることができる。メジャー・アカウント・マネジャー（MAM）は、担当地域を回って企業を訪問するセールス・レップを監督する。共同事業にかかわる大口顧客には**メジャー・アカウント・プログラム**で対応する。これはさまざまな部門から集められた人材が、全面的な協力体制をとるというものである。非常に大規模な顧客には**戦略的アカウント・マネジメント・チーム**が結成される。これもさまざまな部門から人材を集めたものだが、メンバーは顧客企業の専従担当者になったり、その企業に出向することが多い。例えば、P&Gはウォルマートとの提携の際に、ウォルマートの本拠地であるアーカンソー州ベントンビルに戦略的アカウント・マネジメント・チームを常駐させた。その結果、両社はサプライ・チェーンの改善によって300億ドルもの費用を節約したうえ、利益率が約11％上昇したのである。

大口顧客を複数抱えている企業は**メジャー・アカウント・マネジメント部門**を設置していることが多い。平均的な企業はおよそ75のキー・アカウントを管理している。ゼロックスのような大企業の場合、その数は250にものぼる。ゼロックスではキー・アカウント担当販売員に加え、各顧客に1人ずつ「フォーカス・エグゼクティブ」を任命している。「フォーカス・エグゼクティブは顧客企業の幹部とのリレーションシップを築くことによって、販売面からだけでなく、顧客企業の全体像を理解できるようになる（ゼロックスのグローバル・アカウント・マーケティング担当幹部）」。一般的なメジャー・アカウント・マネジメント部門において、平均的なMAMは9社を担当している。報告の流れを見ると、MAM→国内セールス・マネジャー→マーケティングおよび販売担当副社長→CEOという順になっている。

メジャー・アカウント・マネジメントが重要視されるようになったのには、多くの理由がある。M&Aによって顧客の集中化が進み、少数の顧客が大きなシェアを占めるようになってきたことがその1つである。つまり上位20％の大口顧客が売上高の80％以上を占めるようなケースが生じるわけである。また顧客の多くが特定の製品を集中的に購入するため、取引の交渉は顧客にとってより有利なものになる。企業側もこうした大口顧客に対し、よりきめ細やかな配慮をする必要が出てくる。さらに製品の複雑化により購買プロセスにかかわる顧客側の部門数が増大するため、一般の販売員のスキル、権限、担当能力では大口顧客に対処しきれなくなるのである。

メジャー・アカウント・プログラムの構築においては、以下の点が問題となる。まずメジャー・アカウン↗

セールス・フォースの規模と報酬

販売戦略と組織が決定したら、次はセールス・フォースの規模を考えることになる。セールス・レップは企業で最も生産性が高いと同時に最もコストのかかる資産の1つである。セールス・レップの数を増やせば売上は伸びるがコストも増加する。

目標とする顧客数が決定したら、**ワークロード・アプローチ**を用いてセールス・フォースの規模を設定する。ワークロード・アプローチは次の5つのステップで構成されている。

トの選定とその管理、次にMAMの選定、監督、評価、MAMのための組織設計、そして社内でのメジャー・アカウント・マネジメントの位置づけである。

大口顧客の選定には、多くの基準が存在する。(特に収益性の高い製品を)大量に購入してくれる顧客、集中的に購入してくれる顧客、複数の地域でハイレベルなサービスを必要としている顧客、価格に敏感な顧客、そして長期にわたるパートナーシップを望んでいる顧客が大口顧客に選定される。

MAMには多くの仕事がある。まず取引先との唯一の接点として役割を果たすこと、顧客とのビジネスの開拓と拡大、顧客企業の意思決定プロセスの理解、付加価値のある販売機会の発見、他社と競合できるような情報の提供、取引の交渉、そしてカスタマー・サービスの編成である。またMAMには、顧客の要求に応じて自社のスタッフ(販売員、研究開発部員、製造スタッフなど)を動員し、グループを結成する能力も必要である。MAMの評価は通常、顧客との取引におけるシェア拡大、年間の利益および売上目標の達成度に基づいて行われる。

企業が犯しがちなミスは、最も生産性の高い販売員をMAMに任命することである。だが販売員とMAMに要求されるスキルはまったく違う。あるMAMは次のように語っている。「私は顧客にとって販売員ではなく『マーケティング・コンサルタント』でなければならない。私は会社の能力を売っているのであって、製品を売っているのではないのだ」。

大口顧客は製品の購入量に応じて一般顧客よりも有利な価格を提示されるのが普通である。だがこのインセンティブだけに頼っていては顧客ロイヤルティを維持することができない。なぜなら、競合他社にいつ価格面で負けるかわからない上に、コストの増大によって値上げを余儀なくされる危険性も常に存在するからである。大口顧客は値引きよりも付加価値のある取引を望んでいることが多い。例えば専任の担当窓口、請求書の一本化、特別な保証、コンピュータによる連絡や情報交換、優先的な納品、迅速な情報公開、製品のカスタマイズ、効率的なメンテナンスと修理およびアップグレードのサービスなどがそれにあたる。こうした実務的な条件に加えてMAMとの気持ちのつながりという面も無視できない。顧客のビジネスを尊重し、彼らの成功に注意を配るようなMAMやセールス・レップは、顧客との友好的なリレーションシップを構築し、ロイヤル・カスタマーであろうという気持ちを顧客に芽生えさせる。

出典：John F. Martin and Gary S. Tubridy, "Major Account Management," in *AMA Management Handbook*, 3d ed. ed. John J. Hampton (New York: Amacom, 1994), pp. 3-25–3-27; Sanjit Sengupta, Robert E. Krapfel, and Michael A. Pusateri, "The Strategic Sales Force," *Marketing Management*, Summer 1997, pp. 29–34; Robert S. Duboff and Lori Underhill Sherer, "Customized Customer Loyalty," *Marketing Management*, Summer 1997, pp. 21–27; Tricia Campbell, "Getting Top Executives to Sell," *Sales & Marketing Management*, October 1998, p. 39. More information can be obtained from NAMA (National Account Management Association), www.nasm.com.

1. 年間売上高に応じて顧客を規模クラス別に分ける。
2. 望ましい訪問頻度(顧客1件あたりの年間訪問回数)をクラスごとに決定する。
3. 各規模クラスの顧客数に、各規模クラスに必要とされる年間の訪問回数を掛ける。
4. セールス・レップ1人あたりの平均年間訪問回数を決定する。
5. 1年間に必要とされる総訪問回数をセールス・レップの平均年間訪問回数で割り、必要なセールス・レップ数を決定する。

例えば、ある会社がAクラスの顧客1000件とBクラスの顧客2000件を国内

ミレニアム・ドームのシリアス・プレイ・ゾーンは、全展示のなかで最もテクノロジーを活用した部分である。展示物だけでなく、「遊び」の要素の持つ力や新しいレジャーの可能性を強調した乗り物にもマルチメディアが多用されている。

に抱えていると仮定しよう。Aクラスの顧客には年間36回の訪問を行う必要があり、Bクラスの顧客には年間12回の訪問が必要である。この場合、セールス・フォースが1年間に行わなければならない訪問回数は6万件である。セールス・レップが年に平均1000回の訪問を行うとすると、この会社ではフルタイムのセールス・レップが60人必要ということになる。

販売部門は最も維持費のかかる部門の1つであるため、現在多くの企業がセールス・フォースを縮小している。オーストラリアにあるコカ・コーラ社のフランチャイジーであるコカ・コーラ・アマティルの例を考えてみよう。

> カナダのトロントで企画されている「ヒューマンカインド2000：人類の未来のためのグローバル・サミット」には、20世紀の代表的な思想家の参加が予定されており、そのなかには存命のノーベル賞受賞者全員が含まれている。

コカ・コーラ・アマティル

アマティルのセールス・フォースは小さなミルクバー（ミルク飲料、サンドイッチ、アイスクリームなどを販売する簡易レストラン）を訪問して販売活動を行っていた。ミルクバー担当販売員は1日に30件も営業訪問をすることがあり、1件あたり1つの注文を取り、新製品を1つ紹介するのが精一杯だった。セールス・レップにミルクバーを訪問させるのにかかる費用（給与、営業車維持費、電話代、事務所経費など）を見直してみたところ、時間的にも金銭的にも大きな無駄のあることが判明した。現在、アマティルでは小口顧客にはテレマーケティングで対応し、外部販売員は大口顧客に専念できるようになっている。それぞれのミルクバーは決められた曜日にアマティルからの電話を受けるか、自分で電話をして注文することができるようになった。これにより注文1件あたりのコストは大幅に削減され、小口顧客に適した対応ができるようになった。

優秀なセールス・レップを引きつけるには、企業が魅力的な報酬体系を備えていなくてはならない。販売員は固定給、成果報酬、そして年功給を求めている。これに対して経営陣が望んでいるのは管理が容易で無駄がなく、わかりやすい給与体系である。経営陣の目的がセールス・レップの目的と対立することもある。報酬体系が業界によって、あるいは同じ業界内でさえ大きく異なっているのも不思議ではない。

経営陣は報酬のレベルや要素を決定し、効果的な報酬体系を構築しなければならない。報酬のレベルは販売業務の内容や要求される能力に対応した「その時々の相場」に沿うものでなければならない。例えば、一般的なアメリカのセールス・マネジャーとマーケティング・マネジャーの1998年における平均年収は11万ドルであった[8]。販売員に対する報酬の相場が決まっていれば、企業はそれに応じた報酬を支払うしかない。しかしこのような相場が確定していることはまれである。セールス・フォースの報酬レベルに関するデータが公表されることはめったになく、内容的にも綿密さに欠けることが多いからだ。

次に経営陣が決定しなければならないのは、販売員の報酬における4要素、すなわち固定額、変動額、経費、給与外手当である。**固定額**とは給与のことで、販売員の安定した収入への要望を満たすものとなる。**変動額**とは販売成果に基づいたコミッション、ボーナス、利益分配のことで、販売員の意欲を促し、より

大きな努力をした販売員に報いたり士気を高めるものである。**経費**は仕事に関連した費用(交通費、宿泊費、食事代、接待費)をセールス・レップに払い戻すものである。**給与外手当**とは、有給休暇、病気あるいは災害に伴う給付金、年金、生命保険のように、保障と仕事への満足感を提供するものである。一般的には販売員の総収入の70%を固定給とし、残りの30%を他の報酬要素に割り振ることが多い。実際の販売活動以外の業務が高い割合を占めるような仕事や、販売活動が専門的かつ複雑でチームワークを必要とするような仕事の場合は、固定給が重視される。逆に変動給が重視されるのは、売上にサイクルがあったり、個人の努力によって売上が左右されるような仕事である。

世界の動き:グリーンランドの氷河は予想以上のスピードで溶け出しており、地球温暖化の徴候を見てとれる。

固定給と変動給の組み合わせによって、3つの基本的なタイプの報酬体系ができる。完全給与制、完全コミッション制、給与・コミッション制である。完全給与制か完全コミッション制のいずれかを採用している企業は全体の4分の1にすぎない。残りの4分の3の企業は、固定額と変動額の割合は大きく異なるものの、給与・コミッション制を採用している[9]。

完全給与制はセールス・レップに安定した収入をもたらす。セールス・レップは販売活動以外の業務にも積極的となり、無理な顧客開拓をしなくなる。企業側からすれば管理が簡略化され、転職も減少する。完全コミッション制は優秀なセールス・レップを引きつけ、士気を高め、監督の必要性も少ないうえ、販売コストをコントロールすることができる。給与・コミッション制は両者の利点を生かし、かつ問題点を抑えている。

給与・コミッション制を採用した報酬体系では、変動額の部分をさまざまな戦略的目標の達成に対する報酬として利用することができる。企業によっては総利益、顧客満足、顧客維持といった要素を売上高よりも重視するという新しい傾向が出てきている。例えば、現在IBMでは顧客調査によって顧客満足度を測定し、その結果を販売員の給与に反映させている[10]。

セールス・フォースの管理

セールス・フォースの目的、戦略、組織、規模、報酬が決まったら、次にセールス・レップの募集、選定、トレーニング、監督、動機付け、評価を行う。これらの決定には多様な方針や手順がある(■図20-2)。

セールス・レップの募集と選定

セールス・フォースの運営を成功させる鍵は、優秀販売員の選定である。上位27%のセールス・レップ(販売員)が売上の52%をもたらしているという調査データもある。販売成果の差にとどまらず、選定に失敗すると大きな費用がかかる。全業種における年間の平均離職率は20%に近い。販売員が辞めた場合、新しい販売員を探してトレーニングするための費用に売上損失分を加えると、5

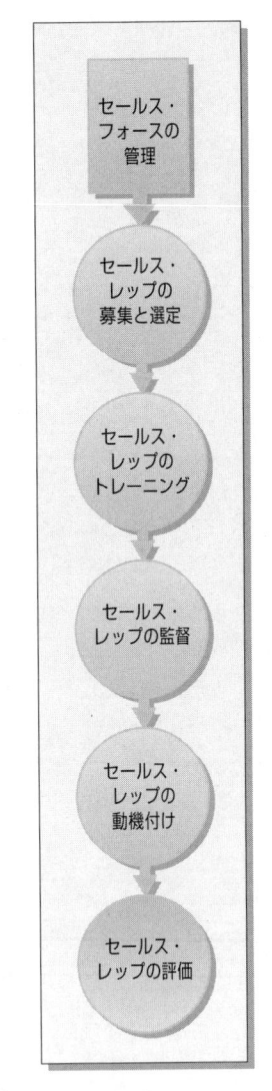

図20-2

セールス・フォースの管理

(フロー図: セールス・フォースの管理 → セールス・レップの募集と選定 → セールス・レップのトレーニング → セールス・レップの監督 → セールス・レップの動機付け → セールス・レップの評価)

万ドル～7万5000ドルにもなる。しかも新規採用者の多いセールス・フォースは生産性も低い[11]。

販売員が辞めることによって生じる損失は総コストの一部にすぎない。新規採用者の年収を5万ドルとすると、福利厚生、諸経費、監督、事務所のスペース、備品、アシスタントなどのためにさらに5万ドルが必要になる。したがって新規採用者は、販売経費の10万ドルを上回る総利益が出る程度の売上を達成しなければならない。総利益が10%だとすると、採算を合わせるためには少なくとも100万ドルの売上が必要となるのである。

販売員に求められる特性がわかっていれば、企業にとっては選定が楽になる。手始めに理想の販売員像を顧客に聞いてみるのもよいだろう。誠実で信頼でき、知識が豊富でなおかつ親切な販売員を、多くの顧客が求めている。採用候補者の選定にあたってはこうした特性を重視すべきであろう。

もう1つの方法は、社内で最も成功している販売員に共通する特性を見つけることである。チャールズ・ガーフィールドの行った成功者に関する研究によれば、最も優秀な販売員の特性とは、リスクを恐れないこと、使命感が強いこと、問題解決に積極的であること、顧客を大切にすること、訪問プランを慎重に練ることである[12]。ロバート・マクマリーは「優秀な販売員は生まれつきの『口説き上手』である。そして成功したい、人の心をつかみたいという欲求が非常に強い」と述べている[13]。マクマリーは次の5つの特性を挙げている。「エネルギッシュであること、自信にあふれていること、たくさん稼ぎたいという欲求が常にあること、常に惜しみない努力をすること、そして反論、抵抗、障害の克服にやりがいを感じていること」である[14]。メイヤーとグリーンバーグが挙げた特性は、非常に簡潔だ。「優秀な販売員は基本的に2つの特性を備えている。まず**感情移入**、つまり顧客の身になって考える能力に長けていること。そして**エゴ・ドライブ**、すなわち『何がなんでも売るぞ』という個人的な欲求である[15]」。

選定基準を決めたら、いよいよ採用を行うことになる。人事部門は、今いる販売員からの推薦、職業斡旋機関の利用、求人広告の掲載、大学生との接触など、多様な方法で採用候補者を探す。残念なことに、一生の仕事として販売の道に進む学生は少ない。販売は稼ぐための仕事であって専門職ではなく、不安定で出張も多いという考えを持つ学生が多いのである。このような否定的な考え方に対処するために、募集企業では高額な初任給や昇給額を提示したり、大手アメリカ企業における社長の実に4分の1以上が、マーケティング部門か販売部門出身であるという事実を売り込んだりしている。選定手順には1回限りの非公式な面接から、時間をかけた試験や面接までさまざまな形態があり、応募者だけでなくその配偶者をも対象とする場合がある[16]。配偶者に出張の多い夫または妻をサポートする心の準備がなければ、採用を見合わせるためである。

多くの場合、企業は応募者に正式な試験を受けさせる。試験結果は本人の性格、推薦状の有無、職歴、面接結果と並ぶ判断材料の一部にすぎない。しかしIBM、プルデンシャル、P&G、ジレットなどでは、試験の点数が採用基準にお

いてかなりのウエートを占める。ジレットによれば、試験を実施することによって離職率が42％減少し、試験の成績は配属後の販売実績とも比例しているという。

セールス・レップのトレーニング

　新人セールス・レップ（販売員）を採用後すぐに製品サンプル、注文書、担当地域の指示書を持たせて販売の現場に送り込む企業は多いが、その販売成績は惨憺たるものである。ある大手食品会社の副社長は1週間かけて、某大手スーパーマーケットの多忙なバイヤーに対する自社販売員のプレゼンテーションを50回観察した。その観察結果は、次のようなものである。

　　販売員のほとんどは準備不足で基本的な質問に答えることができず、営業訪問によってどのような目的を達成したいのかすら明確にわかっていない。しかも彼らは、営業訪問が研究を尽くした上でのプロのプレゼンテーションであるとは考えていない。彼らには多忙なバイヤーのニーズや欲求がまるでわかっていない(17)。

　今日の顧客が販売員に求めているのは、豊富な製品知識を持っていること、業務改善のヒントを与えてくれること、効率的に物事を進めてくれること、そして信頼が置けることである。こうした要求に応えるために、企業は販売員のトレーニングに多額の資金を投入せざるを得なくなってきた。

　今日、新人販売員は数週間～数か月のトレーニングを受けることが多い。生産財企業の平均的なトレーニング期間は28週間で、サービス業では12週間、消費財企業では4週間となっている。トレーニング期間は販売業務の複雑さや新人販売員のタイプによって異なる。IBMの新人販売員は最初の段階から徹底的にトレーニングされ、その後も毎年、総労働時間の15％を新たなトレーニングに費やしている。

　販売員のトレーニングにはいくつかの目標がある。
- 販売員は自社のことを知り、帰属意識を持つ必要がある。
- 販売員は自社製品に関する知識を持つ必要がある。
- 販売員は顧客や競合他社の特性を知る必要がある。
- 販売員は効果的なプレゼンテーションの方法を知る必要がある。
- 販売員は現場での作業手順と責任を理解しておく必要がある。

　新しいトレーニング法も続々と生まれている。ロール・プレイング、感受性訓練、カセットテープ、ビデオテープ、CD-ROMを利用した訓練、学習プログラム、販売に関する映画などである。IBMは「インフォ・ウィンドウ」と呼ばれるパソコンとレーザーディスクを組み合わせた自己学習システムを採用している。これはある業界の購買担当幹部を演じる俳優を相手に、営業訪問の練習ができるというものである。俳優の演じる購買担当幹部は、トレーニング下にある販売員の売り込み方によって異なる反応を示すようになっている。

　セールス・オートメーション技術によって、販売員は事務所を離れて現場を

1980年代半ば、世界中の国々で官民が一丸となって自国をブランド化しようとする傾向が始まり、ニュー・ミレニアムにも持ち越されようとしている。チリ・ワイン・マルケ、アドバンス・オーストラリア、ニュージーランド・ウェイ、スコットランド・ザ・ブランドなどがこれにあたる。

ビジネスの国際化とグローバル化はニュー・ミレニアムに入ってもとどまることはないだろう。これにより近年、パン・ヨーロッパの出版物やテレビ番組といった、エリート層を対象にした新しいビジネスメディアが台頭し始めた。

回ることが多くなった。そのため彼らをトレーニングするのにこれまでの方法では費用がかかりすぎるという問題が出てきた。販売員はほとんど事務所におらず、社内にいようが地方にいようが、ペーパーワークと情報整理に追われていることが多い。しかし技術の進歩により、販売員はより効率的かつ生産的にトレーニングを受けられるようになった。今や多くの企業がCD-ROMによるインタラクティブ・トレーニングを採用している。例えばタンデム・コンピュータズの販売員の間では、会社から送られてくるプリントやトレーニング用の資料を読みきれないという不満の声が上がっていた。だが今日では、販売員それぞれが小さなトレーニング・ルーム、すなわちCD-ROMを入れたノート・パソコンを携帯できるようになっている[18]。

セールス・レップの監督

新人セールス・レップ（販売員）には、担当地域、報酬、トレーニングだけでなく、監督も必要である。どの程度細かく販売員を監督するかは企業によって大きく異なる。報酬の大部分をコミッションで受け取っている販売員は、通常それほど細かく監督されることはない。だが訪問先が決められており、固定給をもらっている販売員は厳しく監督されることが多い。

■ 顧客訪問の基準

1980年代初頭、平均的な販売員の1日あたりの訪問回数は5回だった。だが1989年には1日あたり4.2回に減り、最近のマグロウ・ヒル社の調査では4回にまで落ち込んでいる[19]。電話、FAX、電子メールが活用されるようになったこと、自動注文システムが使われるようになったこと、そして市場調査情報の充実によって飛び込み営業が減ってきたことがその原因である[20]。

企業は顧客に対して、1年間に何回の訪問を行うべきなのだろうか。マギーは類似したタイプの顧客を3つのグループに分け、販売員に訪問させる実験を行った。第1グループには、1か月5時間以下、第2グループには5時間～9時間、第3グループには9時間以上の訪問を行った。その結果、訪問回数が多いほど売上も伸びたが、コストに見合うだけの成果があったかどうかという点では疑問が残った。また今日の販売員は、利益性の高い大口顧客よりもあまり儲からない小口顧客の対応に時間を割くことが多いという事実が、その後の調査で明らかになった[21]。

■ 見込み客訪問の基準

企業の多くが販売員に対して、新規顧客の開拓に費やすべき時間を明確に示している。スペクター・フレイトは販売員に対し、総労働時間の25%を見込み客に費やすことと、3回訪問して見込みがなければ訪問をやめるよう指導している。

企業が見込み客に関する基準を決めるのには多くの理由がある。まず、こう

パン・ヨーロッパ最大のニュース専門テレビ局は、1日150万人もの視聴者を持つCNNIである。

した基準がなければ、多くの販売員は取引高がわかっている既存顧客への対応に時間の大部分を費やしてしまう。また見込み客は取引に結びつかない可能性があるため、販売員が取引のある既存顧客に頼ってしまうこともある。企業によっては、ミッショナリー・セールス・フォースに新規顧客の開拓を任せているところもある。

販売時間の効率的な利用

調査によれば、優秀な販売員は時間を効率的に管理している人だという[22]。プランニング・ツールのなかでも、受注手続きを自動化したコンフィギュレーター・ソフトは特に効果的である。この時間節約に役立つソフトを開発したのは、マサチューセッツ州バーリントンにあるコンセントラ社である。

コンセントラ社

販売員がコンフィギュレーター・ソフトを活用することによって、顧客はウェブサイトと同じように企業の持つあらゆる資源にアクセスできる。販売員は訪問先で、自社の技術者と設計者によってあらかじめインプットされた製品仕様書を顧客側の技術者に見せることができ、自分自身は専門知識を身につける必要がない。また本社から送られてくる価格情報にもアクセスできる。販売員は、製品のカスタマイズや納期といった顧客側の懸念事項をインプットすることもできる。コンフィギュレーター・ソフトはこうした情報をまとめあげて、ものの数分のうちに注文書を完成させてしまう。例えば、配送や支払いの条件に変更が必要な場合でも、販売員は契約書に迅速かつ簡単に反映させることができる。コンフィギュレーター・ソフトには、時間節約のほかにもミスをなくすことによって信用を得るという利点がある。取引にかかわっているすべての人、すなわちセールスエンジニア、販売員、顧客の3者が共通の情報源から同じ情報を同時に共有できるため、伝達過程でミスが発生しないのである。コンセントラ社の顧客によれば、このソフトの導入によって売上が増加し、キャンセルは減少したという[23]。

もう1つのツールは**時間・職務分析**である。これによって自分がどのように時間を使っているかがわかり、生産性の向上に役立つ。販売員は次のように時間を使っている。

- **準備**　情報を収集し、営業訪問の戦略を立てる。
- **移動**　仕事によっては移動時間が総労働時間の50%以上にもなる。移動時間はより高速の交通機関を利用することによって短縮できるが、それによってコストも増加する。
- **食事と休憩**　労働時間の一部は食事と休憩に充てられる。
- **待ち時間**　顧客の事務所で待たされている時間は、営業戦略を練るか報告書でも書いていない限り不就労時間となってしまう。
- **販売**　顧客と対面して、あるいは電話で販売を行う。

パン・ヨーロッパのマーケティングの成功要素は、グローバル戦略と地域性、すなわち国際的な雰囲気に、地域密着型のプログラムおよび広告を加えることである。

歴史メモ：世界初の免税店は1947年、アイルランドのシャノン空港にオープンした。

- **事務処理作業**　報告書や請求書を作成し、販売会議に出席し、生産、配送、請求、販売実績などについて他の従業員と話し合う。

これだけたくさんやることがあっては、実際に顧客と顔を合わせて販売する時間が総労働時間のわずか25％にすぎないのも不思議ではない[24]。企業は、常にセールス・フォースの生産性を上げる方法を模索している。販売員を対象とした電話セールスのトレーニング、記録フォームの単純化、コンピュータを利用した営業訪問と経路の計画立案、顧客情報や競合他社情報の提供などがそれにあたる。

外部セールス・フォースの時間不足を解消するために、多くの企業が内部セールス・フォースの規模と職務内容を拡大してきた。ナラスとアンダーソンによる電子機器販売会社135社を対象にした調査では、セールス・フォースにおける内部販売員の割合は平均して57％にも達することが明らかになった[25]。内部販売員の増加の原因は、外回りによる販売コストの上昇と、コンピュータや最新通信機器の利用が増えている点にあるとマネジャーは語っている。

内部販売員は3つに分類される。まず、専門的な情報を提供し、顧客からの問い合わせに応じる**テクニカル・サポート担当者**がいる。コンピュータ会社やオンライン・サービス業者に電話したとき、電話口に出てくるのが彼らである。次に、外部販売員の事務的なバックアップをする**販売アシスタント**がいる。事前に電話をしてアポイントメントを確認し、信用調査をし、納品をフォローアップし、顧客からの問い合わせに答えるのが販売アシスタントの仕事である。最後に、電話を使って新しい見込み客を開拓し、見込み客の評価をしたり、売り込みをかけたりする**テレマーケター**がいる。外部販売員が1日に4件の顧客訪問しかできないのに対し、テレマーケターは50件の顧客と接触することができる。他部門の製品を同時に販売すること、注文のアップグレード、新製品の紹介、新規顧客の開拓と既存顧客の再活性化、あまり重要視されていない顧客への配慮、ダイレクトメールによる見込み客のフォローアップと評価も、テレマーケターの仕事である。

内部セールス・フォースのおかげで外部販売員は、大口顧客への販売、潜在的な大口顧客の開拓と売り込み、顧客企業への自動発注システムの導入、一括注文とシステム契約の獲得に、より多くの時間を割くことができる。内部販売員は在庫確認、注文のフォローアップ、小口顧客の電話勧誘を行う。外部販売員の給与の大部分がインセンティブ・ベースで支払われるのに対し、内部販売員には固定給もしくは固定給とボーナスが支払われる。

販売員に劇的なまでの大転機をもたらしたものがもう1つある。それは新しいハイテク機器、すなわちデスクトップ・パソコン、ノート・パソコン、ビデオデッキ、ビデオディスク、自動ダイヤル装置、電子メール、FAX、テレビ会議、そしてテレビ電話である。販売員は今まさに「電子化」しているのである。販売情報や在庫状況の伝達が格段に速くなっただけでなく、セールス・マネジャーや販売員のために、コンピュータ化された特別な意思決定サポート・システムのCD-ROMも開発されている（■口絵20-1参照）。セールス・オートメー

歴史メモ：1453年、コンスタンティノーブルはオスマントルコに占領され、ヨーロッパにおける香辛料の値段が高騰した。

歴史メモ：1923年、ハイパー・インフレーションによって、ドイツマルクの為替相場が1ドルあたり4.2兆ドイツマルクにまで高騰した。

ションが販売の生産性を向上させる仕組みについては、■ミレニアム・マーケティング「顧客との交流を促進するオートメーション」を参照されたい。

セールス・レップの動機付け

　経営陣から特に叱咤激励されなくても最善を尽くすセールス・レップ（販売員）もいる。こうした販売員にとっては、販売が世界で最も魅力的な仕事なのだろう。野心に満ち、何でも自発的に始めることができる人々なのだ。しかし残りの大多数の販売員には、励ましと特別なインセンティブが必要である。特に外回りの販売員にこの要素は欠かせない。

- 外回りの販売はフラストレーションがたまる仕事である。外回りの販売員は1人で仕事をすることが多く、労働時間も不規則で、出張で家を空けることも多い。競合他社の攻撃的な販売員に対抗しなければならず、買い手に対して弱い立場にある。顧客獲得に必要な権限がないことも多い。また、獲得に向けて懸命に努力してきた大口注文をみすみす失うこともある。
- 金銭面での見返りや社会的評価という特別なインセンティブがないために、能力を発揮していない販売員は多い。
- 販売員は家族の病気、配偶者との不仲、借金といった個人的な問題を抱えている場合がある。

　販売員の動機付けに関する問題については、チャーチル、フォード、ウォーカーの研究がある[26]。彼らの基本モデルによれば、販売員は動機が大きければ大きいほど努力する。努力が大きければ販売実績も上がる。販売実績が良くなれば報酬も上がり、それによって本人の満足度も高まる。高い満足度は新たな動機付けにつながる。このモデルは次のことを示している。

- **セールス・マネジャーは販売員に対し、一生懸命働くか、トレーニングを受けて能率的に仕事をこなせば、販売成績を上げられることを理解させなければならない。**しかし経済状況や競合他社によって売上が左右される場合、この相関関係は成立しない。
- **セールス・マネジャーは販売員に対し、努力すればそれに見合うだけの報酬が得られるということを理解させなければならない。**しかし報酬の根拠が不明だったり、少額すぎたり、販売員の望む形で支給されない場合、この相関関係は成立しない。

　どのような形態の報酬が重視されるかについても調査が行われた。最も重視される報酬はお金で、昇進、自分自身の成長、達成感がこれに続く。最も重視されない報酬は、他人からの好意や尊敬、安定性、社会的評価である。言い換えれば、販売員の動機付けにいちばん有効なのはお金と昇進のチャンス、そして人間的成長への欲求が満たされることであり、逆に他人からの賛辞や安定性にはあまり効果がない。だが動機付けの重要度はデモグラフィック特性によって変化することもわかっている。

歴史メモ：1929年10月29日の「ブラック・マンデー」に、アメリカで世界大恐慌の発端となった株式の大暴落が起こった。

歴史メモ：ダウ・ジョーンズ平均株価指数が1929年の株式大暴落以前の値に戻ったのは、実に1954年のことであった。

MARKETING FOR THE MILLENNIUM　ミレニアム・マーケティング

顧客との交流を促進するオートメーション

ウェブサイト、ノート・パソコン、ソフトウェア、プリンター、モデム、FAX・コピー機、電子メール、携帯電話、ポケベルといった数々のハイテク手段のおかげで、販売員が顧客との交流に使える時間は増えた。販売員はハイテクによって浮いた時間を使って、売り手と買い手の双方により実りのある新しいリレーションシップを築き上げている。販売員が顧客ニーズを察知してそれに最も近い製品やサービスを提供する、というのが以前の販売スタイルだったが、現在はリレーションシップ・マーケティングという新しい方法に取って代わられている。リレーションシップ・マーケティングにおいて、販売員は顧客との長期的なパートナーシップを構築する。すなわち双方が協力してニーズを特定し、それを満たすようカスタマイズされた製品とサービスの開発、メンテナンス、アップデートを行うのである。

販売員にとって最も役に立つ電子ツールは企業のウェブサイトで、特に新規顧客を開拓するためのツールとして非常に効果的である。企業のウェブサイトを見ればその企業と個々の顧客との関係がよくわかり、営業訪問をかけるべき顧客を探し出すことができる。ウェブサイトのおかげで自ら名乗りを上げている見込み客への接触が可能となるのである。ビジネスの種類によっては、最初の注文がオンラインで舞い込むことさえあるかもしれない。複雑な取引では、サイトにリンクされた電子メールのアドレスなどを通じて買い手が売り手に連絡をとることもできる。液体の濾過・浄化機器を扱うポール社は、電子メールをすべて本社に届くようにして、見込み客が担当販売員に直接連絡をとれるようにしている。ウェブサイトのおかげで質の高い見込み客が大量に生み出されたため、ポール社は名刺や広告にホームページのアドレスを掲載することにした。

だがウェブサイトを利用した販売や販売サポートが、だれにでも成功をもたらすとは限らない。工業製 ↗

「過去1000年の歴史を作り上げるのに重要な役割を果たしてきたのは、税金である。重税や容赦ない税の取り立てが選挙の敗北をもたらし、創意工夫をこらした脱税方法が編み出され、血なまぐさい暴動が起きたのだ」(1999年1月11日付『ウォールストリート・ジャーナル』のミレニアム・レポートより)

- 1社での販売経験が長く、大家族を抱える年長の販売員は、金銭的な報酬を最も重視する。
- 独身あるいは結婚していても家族の規模が小さく、高学歴の若い販売員は、次元の高い報酬(評価、好意や敬意、達成感)を重視する。

販売員のインセンティブは国によっても異なる。アメリカの販売員の37%がお金を最重視するのに対し、同じ考えを持つカナダの販売員は20%にすぎない。収入額に最も左右されないのは、オーストラリアとニュージーランドの販売員である[27]。

■ 販売割当

多くの企業は、販売員に対し年間販売目標額を販売割当として設定している。販売割当は売上高、販売量、利益、販売努力や販売活動、製品の種類に対して設定される。割当達成度に応じて報酬が与えられることも多い。

販売割当は年間マーケティング計画に基づいて決められる。まず販売予測を立て、この予測に基づいて経営陣が生産、要員数、必要資金の計画を作成する。次に地域やテリトリーの販売割当が設定されるが、販売予測よりも高く設定されることが多い。これはセールス・マネジャーや販売員に最善を尽くす意欲を

品を扱うグレインジャーの試みは最初はうまくいかなかった。ウェブ・アカウントに登録した顧客は全体の1%以下にすぎず、ウェブサイトでの売上も1998年度の総収益の1%以下だった。経営陣が自社製品はオンラインでの販売には向いていないと判断した。同社の製品を購入する購買担当者の多くが、いまだオンラインの波に乗っていない管理人や工場長だったからである。グレインジャーは電子商取引へは徐々に参入することにし、同社と関連のある顧客が訪れそうなサイトにバナーを張ることから始めた。

こうした事例を見ていると、販売目的でウェブサイトを活用しようとしている企業のためのガイドラインが必要なことがわかる。テキサス・インスツルメンツのウェブ・チームは、特に企業間取引においてウェブサイトが効果を上げられるようにルールを設定した。同社は標的市場のインターネット利用状況を注意深く評価するよう薦めている。見込み客に美しいグラフィックは必要なのか、それともデータのダウンロード速度の方が重要なのか。どのブラウザが好まれているのか、そのブラウザから自社のウェブサイトへは接続可能なのか。国際市場が対象なら、ウェブサイトは英語以外の言語にも対応していなければならない。ウェブサイトを効果的な販売ツールとするためには、インターネットとサイトのコンテンツに関する専門家が欠かせない。顧客に気に入ってもらうためには、情報を常に更新し、技術的にもコミュニケーション・スタイルの観点からもアクセスしやすく、かつ魅力的なウェブサイトにしなければならない。インターネット販売はリレーションシップ・マーケティングを支えている。わざわざ出向く必要のない問題を解決してくれるインターネット販売によって、販売員は直接話し合う必要のある問題により多くの時間を割けるのである。

出典：Charles Waltner, "Pall Corp. Wins Business with Info-Driven Web Site," *Net Marketing*, October 1996; Beth Snyder, "Execs: Traditional Sales Still Key," *Net Marketing*, May 1998; John Evan Frok, Grainger's Buy-in Plan," *Business Marketing*, November 1998, pp. 1, 48; Ralph A. Oliva, "Rules of the Road Add to Success," *Marketing Management*, Summer 1997, pp. 43–45.

持たせるためである。もし販売員が割当を達成できなくても、企業としては販売予測額を達成できるわけである。

各地域のセールス・マネジャーは、当該地域の販売割当を販売員に割り振る。販売割当の設定方法には3つの考え方がある。まず**高レベルの割当**では、一般的レベルよりも高いが達成不可能ではない程度の値が設定される。これは、割当を高く設定すれば販売員はより懸命に努力するはずだという考え方に基づいている。**中レベルの割当**では、販売員の大多数が達成可能な値が設定される。販売員が妥当と受け入れて目標を達成し、さらに自信をつけるには最適の方法である。**能力別の割当**では、能力の高い一部の販売員には、高レベルの割当が、残りの販売員には中レベルの割当が設定される。

一般的には、各販売員の昨年度売上に、担当地域の販売予想額と昨年度実績との差額の一部を加算した総額が、販売割当の最低ラインとされている。プレッシャーに強い販売員には加算額を大きくするとよい。

■■■■■ 補足的インセンティブ

企業はセールス・フォースの意欲を向上させるために、さまざまなインセンティブを用いている。定期的に開かれる**販売ミーティング**もその1つで、ほか

の販売員との交流、日常の仕事からの解放、「会社のお偉方」と会って話をするチャンス、自分の気持ちを吐き出し、会社との一体感を持つ機会を提供する。販売ミーティングは教育、コミュニケーション、動機付けのための重要なツールなのである。

セールス・フォースに期待以上の販売努力をさせるため、企業は**販売コンテスト**を主催することもある。販売コンテストは十分な人数の販売員に受賞のチャンスを与えるものでなくてはならない。IBMではセールス・フォースの約70％に「100％クラブ」という販売コンテストへの参加が認められている。その報奨は表彰ディナーを含む3日間の旅行および青と金のバッジである。コンテストの時期が前もって知らされることはない。事前に日程を知っていれば、販売を先延ばしにしたり、顧客に架空の契約を迫って売上を水増しする販売員が出てくる恐れがあるためだ。

販売コンテストは、一定期間内における特定製品の売上を評価することもあれば、より概括的に四半期における売上トップの販売員を表彰する場合もある。いずれにしろ報酬は、販売員の業績にふさわしいものでなければならない。高給の販売員や収入の大半をコミッションが占めている販売員の場合、報奨金よりも相当額の旅行やトロフィーや記念品を好む傾向がある。オキデータの例を見てみよう。

> 歴史メモ：消しゴムつきの鉛筆が初めて登場したのは、18世紀末のことである。

オキデータ

ニュー・ジャージー州マウント・ローレルのオキデータ・プリンターズは、会社による評価こそが報奨の存在意義であると考えている。販売コンテストで勝ち取った記念品を使うたびに、販売員は成功の喜びをかみしめることができる。同社の「プレジデント・クラブ」もまた魅力的なインセンティブである。年間の販売目標を達成した販売員とその配偶者は、世界の一流観光地へ5日間の旅行をプレゼントされるからだ。『インセンティブ』誌による販売員を対象としたアンケートでは、オキデータのインセンティブが販売員の動機付けに効果的であることが実証された。回答者のうち年収10万ドル以上の販売員は、コンテストの賞品のなかでも他の表彰者とのグループ旅行を好むという。他のトップ販売員の功績を認め、親交を深めることには重要な意味があるのだ[28]。

販売員のためのインセンティブとして今までにないスタイルの報酬を取り入れ、大きな成功を収めている企業もある。

クリエイティブ・スタッフィング

クリエイティブ・スタッフィングという人材派遣会社の創業者兼オーナーであるアン・マシャードは、販売員とそれ以外のスタッフの両方を報奨の対象としている。その内容は豪華ディナー、パーティー、運転手つきのショッピング三昧、花束、高級リゾート地での会合、料理教室、特別休暇などである。これだけの報酬を開発し運営するためには、専門部署が必要なのではないかと考える人もいるだろう。だが従

業員に好みの報酬を選ばせて、その報酬獲得のために従業員がどれだけ努力できるかを知ることこそ、マシャードの意図するところなのである。あとはただ従業員の選んだ報酬を承認すればよい。「自分で報酬と目標を選ぶことによって、従業員は力を発揮するのです」とマシャードは語っている[29]。

セールス・レップの評価

ここまでは、経営陣が会社側の期待をセールス・レップ（販売員）にいかに伝えるか、その期待に応えてもらうためにどのような動機付けをしているかというフィードフォワードを述べてきた。このプロセスには適切なフィードバックが必要である。フィードバックとは、業績評価に必要な情報を販売員から定期的に得ることである。

歴史メモ：中国で開発された火薬技術がヨーロッパに初めて登場したのは、1324年のメッツ包囲でのことだった。

情報源

経営陣が販売員についての情報を得るにはいくつかの方法がある。最も重要な情報源は販売報告である。ほかには個人的な観察、顧客からの手紙や苦情、顧客調査、ほかの販売員との会話などからも情報が得られる。

販売報告は将来的な**活動計画**と、**完了した活動の記録**とに分けられる。活動計画の最も良い例は、販売員が1週間～1か月前に提出する**作業計画**である。作業計画には予定している訪問先やその経路が記される。この報告書によって販売員は活動の計画を立て、スケジュールを組むのである。また、経営陣は販売員の所在を知ることができ、計画と実績を比較する根拠にもなる。そして販売員は「作業計画を立て、その計画を実行する」能力を評価されるのである。

企業が販売員に年間の**地域マーケティング計画**を立案させ、そのなかで新規顧客の開拓計画や既存顧客からの売上拡大計画の概要を書かせることも多い。こうした報告を行うことにより、販売員はマーケット・マネジャーやプロフィット・センターとしての役割を担うことになる。セールス・マネジャーはこの地域計画に目を通し、アドバイスをし、販売割当の設定を行う。

販売員は完了した仕事を**訪問報告書**に記録する。販売員は経費、新規ビジネス、喪失ビジネス、地域のビジネスと経済状況についても報告する。

こうした報告書からセールス・マネジャーは、セールス・フォースの成果を評価するための重要な指標となる、次のようなデータを得るのである。(1)販売員1人あたりの1日の平均訪問回数、(2)訪問1件あたりの平均時間、(3)訪問1件あたりの平均収益、(4)訪問1件あたりの平均コスト、(5)訪問1件あたりの接待費、(6)訪問100件あたりの成約率、(7)期間内の新規顧客数、(8)期間内の喪失顧客数、(9)総売上高に占める販売コスト率、といったデータである。

「ポール・トゥ・ポール・ミレニアム・トレッキング」：9か月間に及ぶこのトレッキングを通じて、参加する12人の若者は多くの国々の若者と交流することになるだろう。

正式な評価

セールス・フォースの報告書などの情報は、評価のための生データとなる。評

価を行うにはいくつかの方法がある。1つめは、現在と過去の業績の比較である（■表20-2）。

セールス・マネジャーはこの表から販売員について多くの情報を得ることができる。合計純売上高（3行目）は毎年伸びているが、必ずしもこの販売員の仕事内容が良くなっているとは限らない。製品別内訳を見れば、この販売員が製品Aよりも製品Bを多く売っていることがわかる（1行目と2行目）。だがこの2製品の割当達成率を見ると（4行目と5行目）、製品Bの売上増は製品Aの販売を犠牲にした上で達成されたものである可能性が出てくる。粗利益（6行目と7行目）を比較すると、製品Bよりも製品Aの利益率の方が高いことがわかる。つまり売上は大きくてもマージンの小さい製品に力を入れ、より利益率の高い製品を犠牲にしたとも考えられるのである。この販売員は1998年から1999年にかけて1100ドルの売上増を達成したが（3行目）、総売上高に対する粗利益は580ドル減少している（8行目）。

販売経費（9行目）はコンスタントに上昇しているが、総売上高に占める販売経費比率は低く抑えられている（10行目）。販売経費の上昇は、訪問回数（11行目）の増加ではなく新規顧客の開拓（14行目）によるものと思われる。この販売員は、新規顧客の開拓にばかり力を入れたために既存顧客を喪失した可能性がある。実際この1年間に喪失した顧客数（15行目）は上昇している。

最後の2行は顧客1件あたりの売上高ならびに粗利益の水準と傾向を示している。これらの数値は会社全体の平均値との比較によって、さらに深い意味を

表 20-2

販売員の成績評価表

担当地域：ミッドランド
販売員：ジョン・スミス

	1996	1997	1998	1999
1. 純売上高　製品A	251,300 ドル	253,200 ドル	270,000 ドル	263,100 ドル
2. 純売上高　製品B	423,200	439,200	553,900	561,900
3. 合計純売上高	674,500	692,400	823,900	825,000
4. 割当達成率　製品A	95.6	92.0	88.0	84.7
5. 割当達成率　製品B	120.4	122.3	134.9	130.8
6. 粗利益　製品A	50,260 ドル	50,640 ドル	54,000 ドル	52,620 ドル
7. 粗利益　製品B	42,320	43,920	55,390	56,190
8. 合計粗利益	92,580	94,560	109,390	108,810
9. 販売経費	10,200 ドル	11,100 ドル	11,600 ドル	13,200 ドル
10. 総売上高に占める販売経費率(%)	1.5	1.6	1.4	1.6
11. 訪問回数	1,675	1,700	1,680	1,660
12. 訪問1件あたりのコスト	6.09 ドル	6.53 ドル	6.90 ドル	7.95 ドル
13. 平均顧客数	320	24	328	334
14. 新規顧客数	13	14	15	20
15. 喪失顧客数	8	10	11	14
16. 顧客1件あたりの平均売上高	2,108 ドル	2,137 ドル	2,512 ドル	2,470 ドル
17. 顧客1件あたりの平均粗利益	289 ドル	292 ドル	334 ドル	326 ドル

持つ。顧客1件あたりの平均粗利益が全社平均値よりも低ければ、この販売員は力を入れるべき顧客を間違えているか、顧客との接触に十分な時間をかけていないということになる。年間訪問回数(11行目)を比較すれば、この販売員の訪問回数が平均よりも少ないかどうかがわかる。担当地域の面積が他の地域と変わらないのであれば、この販売員は仕事をさぼっているか、販売計画や経路の作成能力に欠けているか、もしくは特定の顧客に時間を割きすぎているということになる。

　この販売員は売上を伸ばすことは得意なようだが、顧客から高い評価を得ているわけではなさそうである。競合他社の販売員よりも少々要領がよいか、担当している製品がよいか、あるいは自分と取引したがらない顧客の代わりに新規顧客を開拓しているのだろう。顧客満足度を測定するのに、製品や顧客サービスだけでなく販売員に対する評価も考慮する企業が増えてきている。製品やサービスや販売員に対する顧客の意見調査は、郵便や電話でのアンケートによって行われる。

　自社、製品、顧客、競合他社、地域、職務などに関する販売員の知識も、評価の対象となる。一般的マナー、身なり、話し方、性格といった個人的特性も評価される。セールス・マネジャーは、動機付けや規約遵守の面においても問題がないかどうかを評価する[30]。

　またセールス・マネジャーは、販売員が法律の知識を有しており、かつそれを遵守しているかどうかもチェックする。例えば販売員が顧客に嘘をついたり、製品購入のメリットについて虚偽の説明をすることは法律で禁じられている。アメリカの法律では、販売員の説明は広告の表示内容と合致していなければならない。また法人相手のセールスにおいて、販売員は購買担当者や購入に影響を与える者に対し贈賄をしてはならない。贈賄や産業スパイによって競合他社の技術や取引上の秘密を盗んだり、利用したりすることも禁じられている。また、販売員は事実と異なる説明によって、競合他社や競合製品の信用を損なってはならない[31]。

歴史メモ：1901年12月12日、ニューファンドランドの受信施設の椅子に座っていたマルコーニは、かすかな音を3度耳にした。これが大西洋を越えて届いた世界最初の無線信号であった。

人的販売の原則

　人的販売は昔からある技術で、人的販売についての文献や原則は数多く生み出されてきた。有能な販売員は本能だけに頼って仕事をしているわけではない。分析手法と顧客管理のトレーニングを受けているのである。ここでは人的販売の主なポイントを3つ挙げよう。まず販売のプロとしての技術、交渉、そしてリレーションシップ・マーケティングである[32]。■図20-3には、これら3つのポイントが図式化されている。

プロの技術

　今日の企業は、販売員に販売技術を教えるために年間数億ドルも費やしている。毎年、『売上を増やすためにはこんな質問をしよう』『まっすぐに突き進むセールス』『売上を伸ばし行き詰まらないための秘策』『セールスに成功する10の戦略』『説得術の極意』『販売入門書では教えてくれないこと』『成約、成約、成約！　売上をあげるには』『こうすれば明日の朝、成功者になれる』『サムライ・セールス』『一流のセールスとは』といった興味をそそられるタイトルの販売に関する本やカセットやビデオが何百万部と売れている。なかでもロングセラーとして読まれている本の1冊に、デール・カーネギーの『人を動かす』がある。

　販売トレーニングにおいては例外なく、販売員を消極的な「オーダー・テイカー」から積極的な「オーダー・ゲッター」へと変身させるためのアプローチがとられている。オーダー・テイカーは、顧客というものは自分のニーズをよくわかっていて余計な口出しを嫌い、慇懃で自己主張しない販売員を好むものだという信念に基づいて仕事をする。販売員をオーダー・ゲッターにするためのトレーニングには2つの基本アプローチ、すなわち販売志向アプローチと顧客志向アプローチがある。**販売志向アプローチ**は、顧客に大きなプレッシャーをかけるステレオタイプな販売技術を用いた訓練であり、百科事典や自動車の営業でよく使われる。この販売形式は、顧客というものはプレッシャーをかけなければ物を買おうとせず、巧妙なプレゼンテーションに弱く、いったんサインさせてしまえば後悔しようとしまいとこちらのものだという考え方を前提としている。

　顧客志向アプローチは、顧客の抱える問題を解決できる販売員を養成するものである。販売員は顧客のニーズを特定すべく彼らの話に耳を傾け、質問し、問題解決に役立つ適切な製品を選び出す。ここではプレゼンテーション技術よりも顧客ニーズの分析能力が重視される。このアプローチにおいては、潜在的な顧客ニーズが販売機会につながるということ、そして顧客は優れた提案を高く評価し、長期的視野に立って顧客の利益を考えてくれる販売員に恩義を感じるということを前提としている。問題解決型の販売員は、押し売り型販売員やオーダー・テイカーよりもマーケティング・コンセプトに合致している。

　どのような状況に対しても万能なアプローチなど存在しない。だが効果的な販売プロセスにおける主要な段階は、多くのトレーニング・プログラムに共通している。■図20-4には、これらの段階が図式化されている。次に、これらの段階を企業相手の販売に応用する過程について述べよう[33]。

販売機会の把握と評価

　販売プロセスの第1段階は、販売機会の把握とその評価である。昔からほとんどの企業が、見込み客の発見を販売員に任せていた。しかし現在では、企業が見込み客の発見と評価を行い、販売員はその貴重な時間を自分の最も得意とする仕事、すなわち販売に充てられるようになった。企業は以下の方法で見込

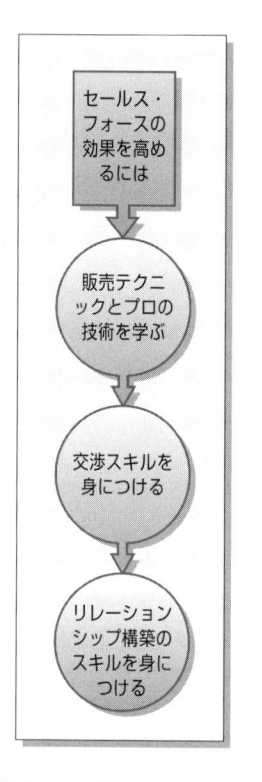

図20-3

セールス・フォースの管理：さらに効果を高めるには

- セールス・フォースの効果を高めるには
- 販売テクニックとプロの技術を学ぶ
- 交渉スキルを身につける
- リレーションシップ構築のスキルを身につける

み客を開拓する。
- 新聞、人名録、CD-ROMなどの情報源から名前を探し出す。ダン・アンド・ブラッドストリート、R.L.ポーク、TRWといった商業名簿の販売会社からも企業や業界の情報を得ることができる。
- トレード・ショーにブースを出し、来場者に立ち寄ってもらう。
- 既存顧客に見込み客を紹介してもらう。
- 供給業者、ディーラー、競合関係にないセールス・レップ、銀行員、業界団体の幹部など、新たな紹介元を開拓する。
- 見込み客が所属する組織や団体にコンタクトをとる。
- 見込み客に直接話をしたり、手紙を書いたりして関心を引く。
- 電話、郵便、インターネットを使って販売機会を探す。
- さまざまな会社をアポイントメントなしに訪問する(飛び込み営業)。

　企業が販売機会を評価するには、まず見込み客に郵便や電話で接触し、相手の関心の高さや財務能力を見極めることが必要である。見込み客は「非常に有望」「可能性あり」「見込みなし」の3種類に分けられる。「非常に有望」な見込み客は外回りのセールス・フォースへ渡され、「可能性あり」の見込み客はテレマーケティング部門でフォローアップする。それでも見込み客との契約が完了するまでに、4回程度の訪問を繰り返さなければならないのが一般的である。

　企業によっては、見込み客に対する独自の販売アプローチを開発することもある。ジョン・ディアの例を見てみよう。

ジョン・ディア社

　1993年、農業機具の需要低迷と競合他社の激しい攻勢に悩まされていたディア社の幹部は、新しい戦略を編み出した。それは組み立てラインで働く時間給従業員に、見込み客の開拓とアプローチを任せるというものであった。経験が長く専門知識も豊富な従業員を選出し、彼らにアメリカ全土の産業トレード・ショーでディーラーや農場経営者へ自社の農業機具を売り込ませた。また彼らは地方の農場に飛び込み営業を行い、経営者の抱える問題について話し合った。この「新顔の販売員」はディア製品の製造過程を正直にとことん説明してくれる、という印象を顧客に与えた。高度な製造方法と総合的な品質管理プログラムを知り抜いた「新顔の販売員」が見込み客を説得したところで、最適なタイミングでセールス・レップを派遣して、さらなるプレゼンテーションをさせたり成約に持ち込ませればよいのである[34]。

事前アプローチ

　見込み客を訪問する前に、販売員は相手企業(ニーズは何か、購入の意思決定にかかわっているのはだれか)と購買担当者(個人的特性と購入スタイル)について可能な限り知っておく必要がある。販売員は定評のある情報源(ムーディーズ、スタンダード・アンド・プアーズ、ダン・アンド・ブラッドストリート)で調べたり、知人などに情報を求めたりすることもできる。また見込み客の評価、

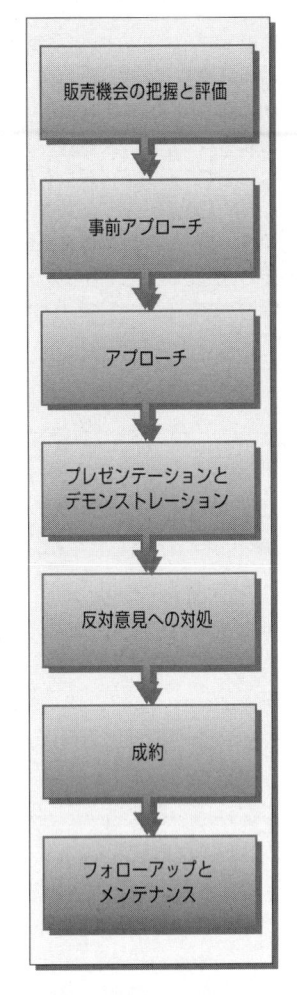

図20-4

効果的販売のための主要な段階

[フローチャート:
販売機会の把握と評価 → 事前アプローチ → アプローチ → プレゼンテーションとデモンストレーション → 反対意見への対処 → 成約 → フォローアップとメンテナンス]

歴史メモ：前ミレニアム初頭、古代アフガニスタンのガズナ朝は君主マフムードによって治められていた。マフムードは世界で最も贅沢の限りを尽くした人物の1人で、取り巻きの詩人の口いっぱいに真珠を詰め込んだことさえある。

情報収集、その場での成約など訪問の目的も定めておくべきだろう。もう1つの作業は直接訪問、電話、手紙といった**アプローチ**のなかから最善のものを決定することである。特定の時間に忙しい見込み客も多いので、タイミングは慎重に考慮されなければならない。最後に、販売員は顧客に対する全体的な戦略を考えなければならない。

アプローチ

販売員は、買い手と最初から良好なリレーションシップを築くにはどのような第一印象を演出したらよいかを知っておくべきである。買い手と同じような服装をするのも1つの方法だ（例えば、カリフォルニアのオフィスではワシントンDCよりもカジュアルな服装が一般的である）。礼儀正しい態度で買い手の話を熱心に聞き、相手を無遠慮に見つめるような悪い癖が出ないよう気をつける。切り出しの言葉は「スミスさん、ABCカンパニーのアリス・ジョーンズです。弊社も私もお会いいただけたことに感謝しています。今日の機会があなたと御社にとって実り多く価値あるものになるよう、最善を尽くします」といった前向きなものがよい。この言葉に続いて、いくつか鍵となる質問をし、相手の話に熱心に耳を傾けてニーズを理解する。

プレゼンテーションとデモンストレーション

次に、販売員は買い手に製品の「話」をするわけだが、ここで基本となるのがAIDA、すなわち相手の注目（attention）を引き、関心（interest）を抱かせ、欲求（desire）をかきたて、行為（action）を起こさせるやり方である。ここで販売員が用いるのはFABVアプローチ、すなわち**特徴**（feature）、**利点**（advantage）、**ベネフィット**（benefit）、**価値**（value）を伝えるアプローチである。特徴とはチップの処理速度やメモリー容量といった、製品の物理的特徴を意味する。利点とは当該製品の特徴が顧客にもたらす恩恵のことである。ベネフィットとは当該製品がいかに経済面、技術面、サービス面、社会面においてベネフィットを生み出すかということである。価値とは当該製品のもたらす付加価値（金銭的なものが多い）のことである。販売員は、概して製品特徴ばかりを説明し（製品志向アプローチ）、製品の生み出すベネフィットや価値についての説明（顧客志向アプローチ）が不十分であることは多い。

販売のプレゼンテーションには3種類ある。最も伝統的なアプローチは**缶詰型アプローチ**、すなわち重要ポイントを網羅した暗記型のセールス・トークである。このアプローチは買い手というものは受身であり、適度に刺激となる言葉、図、言い方、行動を使えば購買意欲をかきたてられるものだという考え方に基づいている。**定型アプローチ**も同じく、最初に買い手のニーズと購買スタイルを見極めた上で、定型化したアプローチを試みるものである。

ニーズ充足型アプローチは、最初はもっぱら顧客に話をさせて、真のニーズを探るものである。販売員は経験豊かなビジネス・コンサルタントとして、顧客のために費用削減案や売上向上計画を考え出さなければならない。

パンフレット、フリップチャート、スライド、映画、カセットテープ、ビデオテープ、製品見本、コンピュータ・シミュレーションのような補助材料のデモンストレーションによって、販売プレゼンテーションの効果はさらに高まる。視覚的な補助材料によって、顧客はその製品がどのように作動するのかを見ることができ、製品に関する他の情報を得ることもできる。パンフレットやチラシを渡しておけば、顧客はあとでゆっくり製品情報を知ることができる。グループを対象としたプレゼンテーションでは、フリップチャートの代わりにパワーポイントなどのソフトウェアが使われるようになった。こうしたプログラムのおかげで、プロがデザインしたような映像をディスプレーに映し出したり、プレゼンテーションを聞いている顧客のノート・パソコンにその映像をダウンロードしたりすることが可能となった。ジョンソン・エンド・ジョンソンの高度滅菌機器部門では、5機のヘッドホンを備えた小型のビデオプレーヤーを使って視覚に訴えるプレゼンテーションを行っている。このビデオ機器一式は、ブリーフケース大の箱に詰めて簡単に持ち運べるようになっている。顧客はコンピュータ・アニメーションを通じてスターナッド滅菌システムの仕組みを学べる。滅菌システム自体も携帯できるものだが、アニメーションによって、実物のシステムを前に説明を受けるよりも多くの情報を楽しみながら得られるようになっている[35]。

■■■■■ 反対意見への対処

　顧客はプレゼンテーションの間や注文を促されたときに、必ずといってよいほど反対意見を出してくる。**心理的抵抗**には、干渉されることへの抵抗、今までの供給源やブランドへの選好、無関心、何かをやめることへのためらい、販売員との間の不愉快な雰囲気、先入観、決断を下したくないという気持ち、お金がかかりすぎるのではないかという不安などが含まれる。これに対して**論理的抵抗**とは、価格、納期、特定製品、あるいは企業そのものに対する不満のことである。こうした反対意見に対処するとき、販売員は肯定的なアプローチをとるべきである。買い手に反対意見を明確にしてくれるよう頼み、買い手が自分自身で反対意見に対する答えを見つけられるような質問をする。そして反対意見が間違っていることを示し、反対意見を購入理由に変えてしまうのである。反対意見への対処スキルは、交渉スキルの一種だといえる。

■■■■■ 成約

　反対意見への対処の次は、契約の成立である。商談を成約まで持っていけなかったり、うまく処理できない販売員もいる。そうした販売員は自信がなかったり、注文を促すことに後ろめたさを感じていたり、商談成立の適切な心理的タイミングをとらえ損ねていたりする。販売員は、体の動き、コメント、質問といった買い手からの成約の信号を見極める方法を知る必要がある。成約のテクニックはいくつかある。そのテクニックとは、注文してくださいと頼んだり、合意点を再確認したり、注文書作成の手伝いを申し出たり、買い手が望む型を

「科学技術の存在がなかったら、コカイン産業が生まれることはなかっただろう」──ロイ・ゴッドソン（ナショナル・ストラテジー・インフォメーション・センター）

『フォーチュン』誌の「ミレニアムの名車トップ10」において第4位と第9位を飾ったBMW X5とリンカーン・ブラックウッドは、どちらもSUVハイブリッド車である。

確認したり、色やサイズなどを選ばせたり、今注文しないと損であると伝えたりすることなどである。特別価格、増量、記念品など、成約に伴う特典を買い手に提示することもある。

■ フォローアップとメンテナンス

顧客満足を確実にして継続的な取引を望むなら、フォローアップとメンテナンスが必要になる。成約直後に販売員は、納期や購入条件など顧客にとって重要な事項の詳細を確認しておくべきである。最初の注文を受けたらフォローアップのための訪問を予定し、納品時に製品の設置、説明、サービスが適切に行われたかどうかを確認する。問題があればこの訪問によって明らかになるし、販売員の配慮を顧客に確信してもらうことができ、販売後に顧客の心に生じた不安が解消される。販売員は顧客のためのメンテナンスおよび今後の展開の計画立案を行う必要がある。

> 歴史メモ：エジプトや北アフリカの国々は、第2ミレニアムの前半（1000年〜1500年ごろ）においてイスラムおよび地中海の歴史の中で中心的な役割を果たした。

交渉

B-to-B販売には、交渉スキルが必要となる。価格などの諸条件について両社が合意に達する必要があるからだ。販売員は利益を損なう大幅な譲歩を避けながら、注文を獲得しなければならない。

マーケティングは取引活動と取引が成立する諸条件に深いかかわりがある。**ルーチン型取引**では価格や流通方式があらかじめ決められており、諸条件もそれにならったものとなる。**交渉型取引**では価格などの諸条件は当事者間の話し合いによって決められ、長期的な拘束力のある合意事項について交渉が行われる。最も頻繁に交渉されるのは価格だが、契約の終了時期、製品やサービスの質、購買量、ファイナンシング・リスク負担・プロモーション・権利に関する責任、製品の安全性などについても交渉が行われる。

交渉において良い成果を出すために、マーケターはある種の特質とスキルを身につけていなければならない。最も重要なのは事前準備、計画作成能力、交渉事項についての知識、プレッシャーや予測不能な状況下における迅速かつ明晰な思考能力、自分の考えをうまく言葉で表現する能力、相手の話を聞く能力、判断力と一般常識、誠実さ、相手を説得できる能力、そして忍耐力である[36]。

> ミレニアム製品――イギリス版：JCBテレトラックはフォークリフトに代わる新しい伸縮式アームを発売した。

■ 交渉が必要な状況

リーとドブラーは、契約を成立させるために交渉を行うべき状況として次の4つを挙げている。

1. 価格のみならず品質やサービスにも多くの要素が絡んでいる場合。
2. 取引のリスクを正確に予測できない場合。
3. 購入製品の生産に時間がかかる場合。
4. 頻繁に変更の指示があり、生産の中断が多い場合[37]。

交渉は**合意可能ゾーン**が存在する場合に行われるべきである[38]。合意可能ゾ

ーンとは、当事者双方にとって受け入れ可能な結論が同時に重なり合っている状態をいう。■図20-5には、この概念が示されている。2人の当事者が価格を交渉していると仮定しよう。売り手にはこれ以上は値引できないという**留保価格** s がある。最終的な価格 x が s よりも低ければ合意しない方がよいが、x がわずかでも s より高ければ、売り手側は黒字となる。当然、売り手は買い手と良好な関係を保ちながら、できるだけ多くの利益を得ようとする。同様に買い手にもこれ以上は支払えないという留保価格 b がある。x が b よりも高ければ合意しない方がよいが、x がわずかでも b より安ければ、買い手側は黒字となる。もし売り手の最低価格 s が買い手の最高価格 b より低ければ、そこには合意可能ゾーンが存在し、最終価格は両社の話し合いによって決定される。

相手の留保価格を知り、売り手は留保価格を実際よりも高く見せ、買い手は実際よりも低く見せるのが、交渉を成功させるコツである。買い手と売り手がどこまで自分の留保価格をオープンにするかは、両担当者の人柄、交渉の状況、将来の関係への期待度によって異なる。

歴史メモ：今日、私たちが石鹸を使えるのは、ニコラス・ルブランが1791年に行った実験のおかげである。

交渉戦略の策定

交渉においては、相手と会う前に戦略を立てておき、交渉の場ではうまく駆け引きをして自分に有利な決断を下すべきである。

■ **交渉戦略**とは、自らの目的を達成するために総合的なアプローチをすることである。

交渉者によっては、相手に対して「強く当たる」戦略を貫くことがあるが、一般的には「穏やかな」戦略の方が良い結果に結びつくといわれている。フィッシャーとユーリーは著書の中でもう1つの戦略である「徳義のある交渉」を提唱している。■マーケティング・メモ「徳義のある交渉に基づくアプローチ」を参照されたい。

交渉者は取引の過程で多様な戦術を使う。戦術とは、取引の過程における特定のポイントで遂行される作戦をいう。■表20-3には、典型的な戦術が挙げら

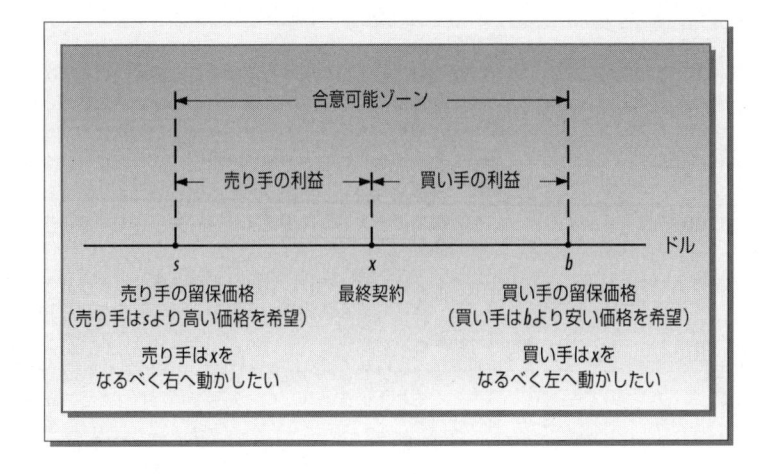

図20-5

合意可能ゾーン

出典：*The Art and Science of Negotiation*, by Howard Raiffa, Cambridge, MA: The Belknap Press of Harvard University Press, copyright 1982 by the President and Fellows of Harvard College. 出版社の許可を得て掲載。

れている。フィッシャーとユーリーは徳義のある交渉戦略を考案し、それに基づいた戦術的なアドバイスをしている。相手の方が優勢な場合は、自分のBATNA、すなわち「交渉を経ていたる合意に代わる次善の策（Best Alternative to a Negotiated Agreement）」が何かを知ることである。合意に至らないときにとるべき道を見つけておくことによって、企業はオファーを判断する基準を設けることができる。BATNAを知ることによって、企業は自分より優位にある相手からの理不尽な要求を受け入れずにすむのである。

　もう1つの交渉戦術は、欺こうとしたり交渉をねじ曲げたりして取引を支配する相手への対応である。もし相手が「要求を飲めないなら取引はご破算だ」と言ってきたり、こちらを逆光で相手の表情が見られない席に座らせた場合、どのように対処すべきだろうか。交渉担当者は相手の戦術を把握し、そのことを

表20-3　典型的な取引戦術

大げさなほど熱心にふるまう	自分が心からこの仕事を愛しているということを派手に主張する。それによって相手は「この人なら信用できそうだから、言うとおりにしよう」と考えるかもしれない。
大きな鍋	交渉条件には十分な余裕を持たせよう。最初は要求を高く設定する。何度か譲歩をしたとしても、最初に要求を低く設定するよりは大きな利益が残るはずである。
一流のものを味方にする	一流の人物やプロジェクトを味方につけよう。その人物やプロジェクトの高名さを利用して、相手にあまり注文をつけさせないためである。
干上がった井戸	席を立ち、「これ以上は譲歩できません」と宣告する。
限られた権限	誠実な態度で交渉し、いざ契約書にサインする段になって、「上司に相談しないと、私の一存では決められません」と言う。
競わせる／オークション	競合する数社の販売員に、自分が全員と交渉中だということを知らせる。同じ時間に全員のアポイントメントをとりつけ、待たせておく。
1人ずつ征服する	相手側のチームと交渉する場合、メンバーの1人に自分からアプローチして製品を売ろう。きっとほかのメンバーにも売れるよう取り計らってくれるはずである。
姿を消す／時間を稼ぐ	しばらく交渉の場から姿を消す。状況が好転したらまた戻り、交渉を続ける。姿を消している時間は長くてもよいし（出張で不在にすると告げる）、短くてもよい（トイレに立って考えをまとめる）。
柳に風	相手の言葉にむきになったり反論したりしない。相手の強引な言動や重圧に反応しない。柳に風とばかりただじっと座って、ポーカーフェイスを崩さない。
忍耐力	相手より辛抱強く待つことができたら、より大きな勝利を手にできるだろう。
歩み寄りを提案する	自分が最初に歩み寄りを提案すれば、失うものも最小限に抑えられる。
観測気球を上げる	自分が考えている、あるいはどうやらこうなりそうだという結論を、信頼できる情報筋から流し、その反応を見てから決断を下す。
不意打ち	戦略を思い切り違う方向へ突然転換して、相手を動揺させる。間違っても相手に悟られたり、先手を打たれたりしないよう気をつけること。

MARKETING MEMO

徳義のある交渉に基づくアプローチ

「ハーバード・ネゴシエーション・プロジェクト」として知られるリサーチ・プログラムの中で、ロジャー・フィッシャーとウィリアム・ユーリーは、徳義のある交渉の重要ポイントを4つ挙げている。

1. **問題から個人的な感情を切り離す**：当事者双方はお互いの見解や、その見解がどの程度強い感情に基づいているかを理解しておく必要があるが、焦点は双方の利益であって個人的な意見の相違ではない。相手の反論に積極的に耳を傾け、問題に取り組むことによって、双方にとって満足のいく結論に達するチャンスが高まる。
2. **立場の優位性よりも利益を重視する**：立場の優位性と利益の違いは、解決策と望む結果、あるいは手段と目的の違いに似ている。相手より優位に立つことよりも利益を得ることに集中すれば、共通の利益を達成するための手段を互いに納得の上で見つけ出すことができる。
3. **双方の利益となる選択肢を作り出す**：小さなパイを奪い合うよりも、さらに大きなパイを探すことを考えよう。双方にメリットがある別の選択肢を探すことによって、共通の利益とは何かがわかるようになる。
4. **客観的な基準を主張する**：どちらの立場にも偏らない公正かつ客観的な基準に基づいた合意内容を主張しよう。こうしたアプローチをとることによって、どちらかが一方的に屈服させられるような事態を避け、双方が納得した基準に則った公正な解決策にたどり着くことができる。

出典：Roger Fisher and William Ury, *Getting to Yes: Negotiating Agreement Without Giving In*, rev. ed. (Boston: Houghton Mifflin, 1992), p. 57. 邦訳：『ハーバード流交渉術』（ロジャー・フィッシャー、ウィリアム・ユーリー著、金山宣夫、浅井和子訳）

あからさまに問題提起してしまうべきである。そして相手の戦術が正当か、望ましいことかどうかを問いかける。つまりそのことを交渉するのである。交渉が決裂したときこそBATNAの出番である。相手がこうした手段を使うのをやめるまで、交渉の席につかないようにする。卑怯な手段に対抗するには、同じような戦術を使って反撃するよりも、防御の原則に従う方が実りがある。

リレーションシップ・マーケティング

これまで述べてきた人的販売と交渉の原則は**取引志向**である。なぜならその目的が顧客との具体的な商談を成立させることであるからだ。しかし多くの場合、企業は目先の販売だけを求めているのではなく、顧客との長期的なリレーションシップの構築を望んでいる。企業は自社に顧客のニーズを満たす優れた能力があるということを示したいと考えている。ニール・ラッカムは**SPIN式販売**(Situation＝状況、Problem＝問題、Implication＝示唆、Need-Payoff＝解決)と呼ばれる手法を開発した。口のうまい販売員はもはや過去の話で、今は的を射た質問をし、相手の話に耳を傾けて理解しようとする姿勢を持った販売員の時代なのである。ラッカムは販売員に対して、見込み客へ次の4種類の質問をするよう指導している。

1. **状況質問**　事実を尋ねたり買い手の現在の状況を探る質問。例えば、「御社ではお客様にインボイスを発送するのにどのようなシステムを

> 歴史メモ：1832年、世界初の電動機と発電機が発表された。

お使いですか」。

2. **問題質問** 顧客の抱える問題、困難、不満についての質問。例えば、「システムのどの部分でエラーが発生するのですか」。
3. **示唆質問** 顧客の抱える問題、困難、不満が引き起こす事態や影響に関する質問。例えば、「この問題によって、従業員の方々の能率はどれくらい影響を受けているのですか」。
4. **解決質問** 提案したソリューションの価値や有益性についての質問。例えば、「当社がエラーの80％を削減できましたら、どれだけのコストを節約できると思われますか」。

ラッカムによれば、特に複雑な製品やサービスを扱う企業の販売員は、**事前準備をして**、顧客の抱える問題や要求を**調査し**、自社の優れた能力を**提示して**、長期的リレーションシップを**獲得する**という段階を踏むべきである。このアプローチは、企業の関心が目先の販売追求から顧客と長期的リレーションシップの構築へ移ってきたことを示している[39]。

今日の企業はトランザクション・マーケティングを離れ、**リレーションシップ・マーケティング**を重視するようになっている。最近は顧客の規模が大きく、世界的に事業が展開されていることも多い。そうした顧客は製品とサービスをセットにして世界各地に販売し、配送してくれる供給業者を好む。また国内外の各地で発生する問題を迅速に解決し、顧客のチームと密接に連携して製品やプロセスの改善を行ってくれる供給業者をひいきにする。残念ながら、ほとんどの企業ではこうした要求に応える体制が整っていない。製品を別々に販売するセールス・フォースが、協調して動くことはなかなか難しい。技術者が顧客の教育に時間を使いたがらない場合もある。

セールス・フォースのチームワークこそが顧客を獲得し維持するための鍵になりつつあること、その一方で、チームワークを大切にしろと言うだけでは何の効果もないことを企業も理解している。報酬システムを見直して、複数の部門やセールス・フォースが分担して同じ顧客を担当している場合にも、しかるべき評価を与えることが必要だろう。またセールス・フォースのための目標設定や評価基準の改善も必要である。トレーニング・プログラムの中でチームワークの大切さを重点的に教えると同時に、個人のイニシアチブを尊重することも忘れてはならない[40]。

リレーションシップ・マーケティングは、重要な顧客に集中的かつ継続的な注意を向ける必要があることを前提にしている。主要顧客を担当している販売員は、単に顧客が注文してくれそうなときに訪問すればよいというわけではない。注文のないときでも訪問し、顧客をディナーに招待し、彼らのビジネスに役立つような提案をすることも必要である。主要顧客から目を離さず、彼らの抱えている問題を理解して、あらゆる面で顧客の役に立てるようにしなければならない。

リレーションシップ・マネジメント・プログラムが適切に実施されていれば、組織は製品管理と同じだけ顧客管理を重視するようになる。それと同時に企業

MARKETING INSIGHT　マーケティング・インサイト

リレーションシップ・マーケティングをいつ、どのような場面で活用すべきか

バーバラ・ジャクソンによれば、リレーションシップ・マーケティングはどのような状況に対しても万能なわけではないが、適切に使えば非常に効果的である。トランザクション・マーケティングは、例えば、コモディティのバイヤーなど限られた期間内の成約を前提とし、スイッチング・コストが低い顧客に適している。鋼鉄のバイヤーは複数の製鋼業者のなかから、最も条件の良い業者を選ぶことができる。対応が丁寧で迅速な会社だからといって、次も選んでもらえるとは限らない。条件に競争力がなければならない。

これとは逆に、リレーションシップ・マーケティングへの投資が実を結ぶのは、長期的な関係が見込め、かつスイッチング・コストが高い顧客、例えばオフィス・オートメーション・システムのバイヤーを対象とした場合である。恐らく大型システムの購入に際して、顧客は慎重に競合する数社をリサーチし、行き届いた長期的なサービスと最先端の技術を提供してくれる企業を選ぶだろう。顧客と供給業者の双方が、この関係に多くの費用と時間を注ぎ込む。顧客は別の業者にスイッチすることはコストがかかる上にリスクも大きいと考えるようになり、売り手もこの顧客を失うのは大変な痛手だと思うようになる。リレーションシップ・マーケティングは、ジャクソンが言うところの「失ったら最後、永久に戻ってこない顧客」に対して実施した場合、非常に大きな効果がある。

一度失ったらその顧客は永久に戻ってこないという状況において、「内向き志向」の供給業者と「外向き志向」の供給業者では異なった戦略をとることになる。内向き志向の業者の戦略とは、顧客が別の業者にスイッチしにくくすることである。内向き志向の業者は競合製品とは規格の合わない製品システムを開発し、在庫管理と配送が容易になる顧客専用の発注システムを導入させる。これに対して外向き志向の業者は、顧客企業のシステムと同じ規格で、しかも設置が容易で覚えやすい製品システムを設計する。顧客は多額の経費を節約できる上に、システムの改良も約束されている。

アンダーソンとナラスによれば、トランザクション・マーケティングとリレーションシップ・マーケティングの違いは、業種ではなく特定顧客の要求の違いからくるものだという。質の高いサービスを重視し、その業者と長く取引関係を続ける顧客もいれば、コストを最優先し、その時々でいちばん安い業者を選ぶ顧客もいる。コスト優先の顧客の場合、企業はサービスを減らすことを条件に値引きに応じて顧客を引きとめることが可能である。あるいは送料やトレーニングを無料にすることもできる。こうした顧客はリレーションシップを構築するパートナーではなく、単なる販売先として扱われることになる。値引きした分、あるいはそれ以上に、売り手企業も自社のコストを削減すれば、トランザクション・マーケティング志向の顧客からも利益はあげられる。

出典：Barbara Bund Jackson, *Winning and Keeping Industrial Customers: The Dynamics of Customer Relationships* (Lexington, MA: D. C. Heath, 1985); James C. Anderson and James A. Narus, "Partnering as a Focused Market Strategy," *California Management Review*, Spring 1991, pp. 95–113.

が理解しておかなければならないことが1つある。確かにリレーションシップ・マーケティングは時代の潮流となりつつあるが、どのような状況に対しても万能なわけではないということだ。結局、リレーションシップ・マネジメントを行うことによって利益をもたらしてくれるセグメントや顧客を判断するのは、企業だということである。■マーケティング・インサイト「リレーションシップ・マーケティングをいつ、どのような場面で活用すべきか」を参照されたい。

参考文献

1. 以下の文献を参照されたい。Rolph Anderson, *Essentials of Personal Selling: The New Professionalism* (Upper Saddle River, NJ: Prentice Hall, 1995); Douglas J. Dalrymple, *Sales Management: Concepts and Cases*, 5th ed. (New York: John Wiley, 1994).
2. 以下の文献を参考にした。Robert N. McMurry, "The Mystique of Super-Salesmanship," *Harvard Business Review*, March–April 1961, p. 114. 以下の文献も参照されたい。William C. Moncrief III, "Selling Activity and Sales Position Taxonomies for Industrial Salesforces," *Journal of Marketing Research*, August 1986, pp. 261–70.
3. 営業訪問のコスト推定については、以下の文献を参照されたい。*Sales Force Compensation* (Chicago: Dartnell's 27th Survey, 1992), and *Sales & Marketing Management*'s 1993 sales manager's budget planner (June 28, 1993), pp. 3–75.
4. Sarah Lorge, "A Priceless Brand," *Sales & Marketing Management*, October 1998, pp. 102–10.
5. Sanjit Sengupta, Robert E. Krapfel, and Michael A. Pusateri, "The Strategic Sales Force," *Marketing Management*, Summer 1997, p. 33.
6. Christopher Power, "Smart Selling: How Companies Are Winning Over Today's Tougher Customer," *Business Week*, August 3, 1992, pp. 46–48.
7. Ira Sager, "The Few, the True, the Blue," *Business Week*, May 30, 1994, pp. 124–26; Geoffrey Brewer, "IBM Gets User-Friendly," *Sales & Marketing Management*, July 1994, p. 13.
8. セールス・レップの給与の推定については、以下の文献を参照されたい。*Sales & Marketing Management*, October 1998, p. 98.
9. Luis R. Gomez-Mejia, David B. Balkin, and Robert L. Cardy, *Managing Human Resources* (Upper Saddle River, NJ: Prentice Hall, 1995), pp. 416–18.
10. "What Salespeople Are Paid," *Sales & Marketing Management*, February 1995, pp. 30–31; Power, "Smart Selling," pp. 46–48; William Keenan Jr., ed., *The Sales & Marketing Management Guide to Sales Compensation Planning: Commissions, Bonuses & Beyond* (Chicago: Probus Publishing, 1994).
11. George H. Lucas Jr., A. Parasuraman, Robert A. Davis, and Ben M. Enis, "An Empirical Study of Sales Force Turnover," *Journal of Marketing*, July 1987, pp. 34–59.
12. 以下の文献を参照されたい。Charles Garfield, *Peak Performers: The New Heroes of American Business* (New York: Avon Books, 1986) 邦訳:『成功者たち:米国ビジネス界のピーク・パフォーマーズ』(チャールズ・ガーフィールド著、相原真理子訳、平凡社、1988年); "What Makes a Supersalesperson?" *Sales & Marketing Management*, August 23, 1984, p. 86; "What Makes a Top Performer?" *Sales & Marketing Management*, May 1989; Timothy J. Trow, "The Secret of a Good Hire: Profiling," *Sales & Marketing Management*, May 1990, pp. 44–55.
13. McMurry, "The Mystique of Super-Salesmanship," p. 117.
14. 同上、p. 118.
15. David Mayer and Herbert M. Greenberg, "What Makes a Good Salesman?" *Harvard Business Review*, July–August 1964, pp. 119–25.
16. James M. Comer and Alan J. Dubinsky, *Managing the Successful Sales Force* (Lexington, MA: Lexington Books, 1985), pp. 5–25.
17. 1964年4月26日〜29日にシカゴで開催されたスーパーマーケット・インスティテュートの第27回会議におけるドナルド・R・コーの講演より引用。以下の文献も参照されたい。Judy Siguaw, Gene Brown, and Robert Widing II, "The Influence of the Market Orientation of the Firm on Sales Force Behavior and Attitudes," *Journal of Marketing Research*, February 1994, pp. 106–16.
18. Robert L. Lindstrom, "Training Hits the Road," *Sales & Marketing Management*, June 1995, pp. 10–14.
19. *Sales Force Compensation* (Chicago: Dartnell's 25th Survey, 1989), p. 13.
20. 以下の文献を参照されたい。John F. Magee, "Determining the Optimum Allocation of Expenditures for Promotional Effort with Operations Research Methods," in *The Frontiers of Marketing Thought and Science*, ed. Frank M. Bass (Chicago: American Marketing Association, 1958), pp. 140–56.
21. Michael R. W. Bommer, Brian F. O'Neil, and Beheruz N. Sethna, "A Methodology for Optimizing Selling Time of Salespersons," *Journal of Marketing Theory and Practice*, Spring 1994, pp. 61–75.
22. 以下の文献を参照されたい。Thomas Blackshear and Richard E. Plank, "The Impact of Adaptive Selling on Sales Effectiveness Within the Pharmaceutical Industry," *Journal of Marketing Theory and Practice*, Summer 1994, pp. 106–25.
23. "Automation Nation," *Marketing Tools*, April 1997; Scott Hample, "Made to Order," *Marketing Tools*, August 1997.
24. "Are Salespeople Gaining More Selling Time?" *Sales & Marketing Management*, July 1986, p. 29.
25. James A. Narus and James C. Anderson, "Industrial Distributor Selling: The Roles of Outside and Inside Sales," *Industrial Marketing Management* 15 (1986): 55–62.
26. 以下の文献を参照されたい。Gilbert A. Churchill, Jr., Neil M. Ford, and Orville C. Walker Jr., *Sales Force Management: Planning, Implementation and Control*, 4th ed. (Homewood, IL: Irwin, 1993). 以下の文献も参照されたい。Jhinuk Chowdhury, "The Motivational Impact of Sales Quotas on Effort," *Journal of Marketing Research*, February 1993, pp. 28–41; Murali K. Mantrala, Prabhakant Sinha, and Andris A. Zoltners, "Structuring a Multiproduct Sales Quota-Bonus Plan for a Heterogeneous Sales Force: A Practical Model-Based Approach," *Marketing Science* 13, no. 2 (1994): 121–44; Wujin Chu, Eitan Gerstner, and James D. Hess, "Costs and Benefits of Hard-Sell," *Journal of Marketing Research*, February 1995, pp. 97–102.
27. "What Motivates U.S. Salespeople?" *American Salesman*, February 1994, pp. 25, 30.
28. Kenneth Heim and Vincent Alonzo, "'Tis Is What We

29. "A Gift for Rewards," *Sales & Marketing Management*, March 1995, pp. 35–36.
30. 以下の文献を参照されたい。Philip M. Posdakoff and Scott B. MacKenzie, "Organizational Citizenship Behaviors and Sales Unit Effectiveness," *Journal of Marketing Research*, August 1994, pp. 351–63.
31. 詳しくは、以下の文献を参照されたい。Dorothy Cohen, *Legal Issues in Marketing Decision Making* (Cincinnati, OH: South-Western, 1995).
32. 今日のセールス・レップとセールス・マネジャーに求められるスキルについては、以下の文献を参照されたい。Rolph Anderson and Bert Rosenbloom, "The World Class Sales Manager: Adapting to Global Megatrends," *Journal of Global Marketing* 5, no. 4 (1992): 11–22.
33. ここでの議論の一部は、以下の文献に基づいている。W. J. E. Crissy, William H. Cunningham, and Isabella C. M. Cunningham, *Selling: The Personal Force in Marketing* (New York: John Wiley, 1977), pp. 119–29.
34. Norton Paley, "Cultivating Customers," *Sales & Marketing Management*, September 1994, pp. 31–32.
35. "Notebook: Briefcase Full of Views: Johnson and Johnson Uses Virtual Reality to Give Prospects an Inside Look at Its Products," *Marketing Tools*, April 1997.
36. 詳しくは、以下の文献を参照されたい。Howard Raiffa, *The Art and Science of Negotiation* (Cambridge, MA: Harvard University Press, 1982); Max H. Bazerman and Margaret A. Neale, *Negotiating Rationally* (New York: Free Press, 1992). 邦訳：『マネジャーのための交渉の認知心理学：戦略的思考の処方箋』（マックスH. ベイザーマン、マーガレットA. ニール著、奥村哲史訳、白桃書房、1997年）; James C. Freund, *Smart Negotiating* (New York: Simon & Schuster, 1992); Frank L. Acuff, *How to Negotiate Anything with Anyone Anywhere Around the World* (New York: American Management Association, 1993); Jehoshua Eliashberg, Gary L. Lilien, and Nam Kim, "Searching for Generalizations in Business Marketing Negotiations," *Marketing Science* 14, no. 3, pt. 1 (1995): G47–G60.
37. 以下の文献を参照されたい。Donald W. Dobler, *Purchasing and Materials Management*, 5th ed. (New York: McGraw-Hill, 1990).
38. 合意可能ゾーンはライファ著『*Art and Science of Negotiation*』において考案された。
39. Neil Rackham, *SPIN Selling* (New York: McGraw-Hill, 1988). 同著者による以下の文献も参照されたい。2番目に挙げる著書は、ジョン・ビンセンティスとの最新の共著書である。*The SPIN Selling Fieldbook* (New York: McGraw-Hill, 1996); *Rethinking the Sales Force* New York: McGraw-Hill, 1996.
40. 以下の文献を参照されたい。Frank V. Cespedes, Stephen X. Doyle, and Robert J. Freedman, "Teamwork for Today's Selling," *Harvard Business Review*, March–April 1989, pp. 44–54, 58. 以下の文献も参照されたい。Cespedes, *Concurrent Marketing: Integrating Product, Sales, and Service* (Boston: Harvard Business School Press, 1995).

CHAPTER 21

ダイレクト・マーケティングとオンライン・マーケティングのマネジメント

本章では、次の問題を取り上げる。

- ダイレクト・マーケティングの利点は何か。
- 企業は競争優位を確立するために、統合型ダイレクト・マーケティングをどのように使うことができるのか。
- 顧客データベースは、ダイレクト・マーケティングをどのように支援するのか。
- ダイレクト・マーケターは、個々の見込み客や顧客に到達するためにどのチャネルを使うのか。
- オンライン・チャネルは、どのようなマーケティング機会を提供するのか。
- ダイレクト・マーケティングとオンライン・マーケティングは、どのような公共問題や倫理問題を引き起こしているのか。

KOTLER ON MARKETHING
コトラー語録

今日のマーケティングは市場からサイバースペースに移行しつつある。

More of today's marketing is moving from the marketplace into cyberspace.

近年、メディアの驚異的な発達によって、多くの企業が仲介業者を通さず、顧客に直接製品やサービスを販売できるようになった。既存のメディア——活字、放送、カタログ、ダイレクトメール、電話——を補足するものとして、FAX、電子メール、インターネット、オンライン・サービスがある。企業はこうした媒体を活用して、現在の顧客に製品を直接売り込んだり新たな見込み客を見つけたりしている。ダイレクト・マーケティングのおかげで、企業は製品のターゲットを絞り込み、さらに正確な結果を予測することができる。

ダイレクト・マーケティングの成長とベネフィット

　ダイレクト・マーケティング協会(DMA)はダイレクト・マーケティングを次のように定義している。

- **ダイレクト・マーケティング**とは、単一もしくは複数の広告媒体を使って、測定可能な反応ないし取引を場所を問わずに達成するための、双方向マーケティング・システムである。

この定義のポイントは、一般的に顧客からの注文という形で表れる反応を測定できるということである。そのためダイレクト・マーケティングは、**ダイレクトオーダー・マーケティング**とも呼ばれる。

　今日、多くのダイレクト・マーケターがダイレクト・マーケティングにより幅広い役割を求めている。それは顧客との長期的なリレーションシップの構築（**ダイレクト・リレーションシップ・マーケティング**）である[1]。ダイレクト・マーケターは、顧客データベースに入っている得意客にときおり、バースデーカード、情報誌、景品を送る。航空会社やホテルをはじめ各業界の企業は、上得意報償プログラムや会員制度を設けることで、顧客との間に強力なリレーションシップを築いている。

ダイレクト・マーケティングと電子ビジネスの成長

　カタログ、ダイレクトメール、テレマーケティングといった従来のダイレクト・マーケティング・チャネルを通じて発生する売上高の伸びは著しい。アメリカの場合、小売による売上高の伸びは毎年3％前後だが、1997年、カタログとダイレクトメールによる売上高は約7％も伸びている。内訳は、消費者市場が53％、ビジネス市場が27％、各慈善団体の募金が20％である。カタログとダイレクトメールによる売上高は年間3180億ドル以上と見られている。1人あたりの年間売上高は年間630ドルになる[2]。

　ダイレクト・マーケティングの驚異的な成長には多くの要因がある。マーケットの「脱マス化」によって、特定の嗜好を持つマーケット・ニッチの数が増えた。自動車の維持コスト、交通渋滞、見つけるのにひと苦労する駐車場所、な

かなか取れない買い物の時間、店舗サービスの縮小、レジでの長い行列。こうした悪条件が人々を自宅でできる通信販売に向かわせている。消費者は、ダイレクト・マーケターの年中無休かつ24時間受付のフリーダイヤル、顧客サービスに対する積極姿勢を評価している。フェデラル・エクスプレス、エアボーン、UPSが翌日宅配システムを確立したことで、注文は早く簡単にできるようになった。しかも多くのチェーンストアが回転のよくない専門品を扱わなくなったため、ダイレクト・マーケターがこの手の品を対象顧客に直接売り込む機会が生まれた。顧客データベースやコンピュータ機能の発達によって、ダイレクト・マーケターは売りたい製品に適した見込み客を特定することができるようになった。セールス・フォースを通じてビジネス市場に到達するコストは高く、しかも上昇する一方であるため、ビジネス・マーケターはダイレクトメールやテレマーケティングへと方向転換しつつある。

エレクトロニック・コミュニケーションは驚異的な成長を遂げている。1997年、インターネット人口は全世界で1億人だった（うち6700万人がアメリカにいた）。インターネット・トラフィックは100日ごとに倍増している。ウェブサイトの数は現在150万を超えている。マッキンゼー社の計算によると、電子商取引の売上高は2002年までに3270億ドルに達する可能性があるという[3]。「情報スーパーハイウエー」の誕生によって商業革命が起こりつつある。**電子ビジネス**とは、買い手と売り手が電子的手段を使って行う調査やコミュニケーションのことであり、場合によっては相互の取引も含まれる。**電子市場**とはスポンサー付きのウェブサイトのことで、(1)売り手が提供している製品やサービスの内容が示され、(2)買い手が情報を調べ、必要としているものや欲しいものを特定し、クレジット・カードで注文することのできる場である。その後、製品は物理的に（例えば顧客の自宅や職場に）、または非物理的に（例えばソフトウェアはダウンロードによって顧客のパソコンに）配達される。

ダイレクト・マーケティングのベネフィット

顧客にとってダイレクト・マーケティングにはさまざまなベネフィットがある。ホーム・ショッピングは楽しくて便利であり、面倒でない。消費者にとっては、時間の節約になり、商品選択の幅も広がる。通販カタログやオンライン・ショッピング・サービスを見て、さまざまな商品を比較した上で買い物ができる。自分用としても贈答用としても商品を注文できる。企業顧客にとっても、わざわざ販売員に会う時間をとらずに、製品やサービスについての知識を得られるので都合がよい。

売り手にとってもベネフィットがある。ダイレクト・マーケターは、ほとんどあらゆる種類の顧客グループ――左利きのグループ、肥満者のグループ、富裕層など――の名前を掲載した郵送名簿を購入できる。つまり標的を絞り込み、個々の消費者のニーズに合わせたメッセージを発信できるのである。ピエー

スポーツ・スーパーストア・オンラインは、ミレニアム・スポーツが提供している別のオンライン・サービスである『USAトゥデイ』オーナーズ・ボックスと提携し、同じサイトで小売サービスとスポーツ情報を提供している。

ル・パサバンは次のように述べている。「我々はメモリに何百ものメッセージを保存することになろう。12 ないし 20 ないし 50 の特性を持った 1 万世帯を選び出し、各家庭の事情に即した内容の手紙を送るようになるだろう(4)」。ダイレクト・マーケターは各顧客と継続的なリレーションシップを築くことができる。新生児の親のもとには、子供の成長に合わせて定期的に新製品の衣料や玩具などのカタログが送られてくる。ネスレのベビー・フード部門では、若い母親のデータベースを継続的に作成し、子供の成長段階に合わせて、個人向けに包装されたプレゼントと助言を送っている。

　ダイレクト・マーケティングは、適切なタイミングを見計らって見込み客にアプローチできる。しかも資料の送り先は商品に関心を持つ層なので、実際に目を通してもらえる割合が高い。ダイレクト・マーケティングでは、異なる媒体やメッセージを実験的に使用して費用効果の最も高いアプローチを探すことができる。また、ダイレクト・マーケターの提供物や戦略を競合他社に知られる心配が少ない。最後に、ダイレクト・マーケターはキャンペーンに対する反応を測定し、どのやり方が最も効果的だったのかを判断できる。

統合型ダイレクト・マーケティングのさらなる活用

　ダイレクト・マーケティングとオンライン・マーケティングが流行しているとはいえ、いまだコミュニケーション・ミックスやプロモーション・ミックスの補助手段と位置づけている企業も多い。コミュニケーション予算の大半は広告部門と販促部門にまわるが、こうした部署では戦々恐々と自部門の予算を守ろうとする。セールス・フォースにとってもダイレクト・マーケティングの存在は脅威である。ダイレクト・メーラーやテレマーケターに、小口顧客や見込み客を奪われるからだ。

　しかし、各企業はマーケティング・コミュニケーションを統合することの重要性を認識しつつある。なかにはCIO（最高情報責任者）に加えて、CCO（最高コミュニケーション責任者）を任命するところも出てきた。CCOの役目は、広告、販売促進、パブリック・リレーションズ、ダイレクト・オンライン・マーケティングの各スペシャリストを監督することである。適正なコミュニケーション予算を決定し、それを各コミュニケーション・ツールにうまく配分することがCCO任命の目的である。こうした新しい動きは、**統合型マーケティング・コミュニケーション（IMC）**、**統合型ダイレクト・マーケティング（IDM）**、**マキシマーケティング**などと呼ばれている(5)。

　キャンペーンを企画する際、多様なコミュニケーション・ツールをどのように統合したらよいだろうか。マーケターがツールを1つだけ使って、見込み客に「単発」アプローチをして売り込みを図っていると想像してみよう。**単一媒体、単一段階キャンペーン**の例としては、料理器具の売り込みにカタログを1度だけ郵送する方法がある。**単一媒体、複数段階キャンペーン**ならば、同じ見込み

ディズニーはウェブ・ネットワークとGOネットワークを制作中だ。これによって、ディズニーの既存サイトをインフォシークに結びつけることがねらいである。

客に続けて郵送する。例えば雑誌の発行元が同じ世帯に対して4回までリニューアル通知を送るようなことである。さらに強力なアプローチが**複数媒体、複数段階キャンペーン**である。以下の流れを見てみよう。

　　新製品についてのニュース・キャンペーン→反応メカニズムを備えた
　　有料広告→ダイレクトメール→広い範囲へのテレマーケティング→営
　　業訪問→継続的コミュニケーション

　例えば、コンパックは新しいノート・パソコンを市場導入するとき、まずニュースを流してユーザーの関心を引き起こすかもしれない。次に全面広告を打ち、『コンピュータの買い方』といった無料小冊子の配布を告知する。反応を示したユーザーに小冊子を郵送するのだが、その際、店頭に出る前に特別奉仕価格で新製品をご提供しますという殺し文句を添える。小冊子を受け取ったユーザーの4%が実際に注文したとしよう。コンパックのテレマーケターは残りの96%に電話して、再び案内をするだろう。それを受けて6%が新たに注文したとする。さらに残りの人々に対して営業訪問をかけるか、地元の小売店でデモンストレーション販売を行う。たとえ見込み客にそのとき購入意思がなくても、コミュニケーションは継続する。

　アーナン・ローマンによると、一定の時間枠内で複数の媒体を活用する**レスポンス・コンプレッション**という手法によって、企業側のメッセージが消費者に受け止められる確率や与えるインパクトは増すという。基本的な考え方は、コスト以上の売上や利益をあげるべく、タイミングを正確に測ってメッセージを継続的に発信してゆくことである。ローマンは一例として、シティコープによるホーム・エクイティ・ローンの売り出しキャンペーンを挙げている。単なる「郵便とフリーダイヤル」ではなく、同社は「郵便・クーポン・フリーダイヤル・広い範囲へのテレマーケティング・印刷広告」を使った。後者のキャンペーンはいっそうコストがかかるが、ダイレクトメールのみの場合と比べて新規顧客の数を15%増やしている。ローマンは以下のように締めくくっている。

　　2%のレスポンスが期待できる郵便物を1通送ったあと、フリーダイヤルから注文できるようにフォローした場合、レスポンス率は通常50%〜125%上がる。緻密に統合された広い範囲へのテレマーケティング活動によって、レスポンス率をさらに500%上げることができる。当社の場合、「通常ビジネス」メールに双方向マーケティング・チャネルを加えることで、2%のレスポンス率が突如13%以上に上がった。統合型メディア・ミックスにメディアを加えるためのコストは、高いレスポンス率を考えると、注文1件あたり取るに足らないものだといえる。(中略)マーケティング・プログラムにメディアを加えることによってトータルのレスポンス率は上がるだろう。さまざまな人々がさまざまな刺激に反応することを期待できるからだ[6]。

　ラップとコリンズのモデルでは、ダイレクト・マーケティングの技法をマーケティング・プロセス全体の推進力にしている[7]。彼らのモデルは顧客データベースの作成を薦め、ダイレクト・マーケティングをマーケティング・プロセ

2000年のディズニー・ウェブネットワークの計画には、映画やテレビの提供も含まれている。

歴史メモ：フォードの大量生産組み立てラインは、フレデリック・W・テイラーの「科学的経営」手法とほぼ同時期に登場した。

スの主戦力とすることを説いている。マキシマーケティングでは、見込み客へのアプローチ、販売、リレーションシップ構築といった多くのステップを踏む。詳しくは■マーケティング・インサイト「統合型マーケティングのための『マキシマーケティング』モデル」を参照されたい。

シティコープ、AT&T、IBM、フォード、アメリカン航空は、長年にわたって統合型ダイレクト・マーケティングを活用し、顧客と実りあるリレーションシップを築いてきた。サックス・フィフス・アベニュー、ブルーミングデールズ、フレデリックス・オブ・ハリウッドといった小売店は、定期的にカタログを送付して店内販売の補強に努めている。L.L.ビーン、エディー・バウアー、フランクリン・ミント、シャーパー・イメージなどのダイレクト・マーケティング企業は、ダイレクト・マーケティングのメールオーダーと電話注文のビジネスで大成功を収め、ダイレクト・マーケターとして強いブランド・ネームを築いた後、小売店舗をオープンした。

顧客データベースとダイレクト・マーケティング

ドン・ペパーズとマーサ・ロジャースはマス・マーケティングとワン・トゥ・ワン・マーケティングの主な違いを挙げている（■表21-1）[8]。個々の顧客を知っている企業は、製品、アプローチ、メッセージ、出荷方法、支払方法をカスタマイズし、それによって最大のアピール効果を上げることができる。今日、各企業が顧客データベースを作成している。

■ **顧客データベース**とは、個々の顧客や見込み客に関する大量のデータを系統的にまとめたものである。このデータは最新情報で、容易に利

表21-1 マス・マーケティングとワン・トゥ・ワン・マーケティング

マス・マーケティング	ワン・トゥ・ワン・マーケティング
平均的顧客	個別顧客
顧客の匿名性	顧客プロフィール
標準的製品	カスタマイズされた提供物
大量生産	カスタマイズ生産
大量流通	個別販売
マス広告	個別メッセージ
マス・プロモーション	個別インセンティブ
一方向メッセージ	双方向メッセージ
規模の経済性	範囲の経済性
市場シェア	顧客シェア
全顧客	収益性の高い顧客
顧客誘引	顧客維持

出典：Don Peppers and Martha Rogers, *The One-to-One Future* (New York: Doubleday/Currency, 1993). これに関する以下のウェブサイトも参照されたい。www.1to1.com/articles/subscribe.html.

MARKETING INSIGHT　マーケティング・インサイト

統合型マーケティングのための「マキシマーケティング」モデル

ラップとコリンズの提唱するマキシマーケティング・モデルには9つの段階がある。

1. **マキシマイズ・ターゲッティング**とは、マーケターがオファーに最も反応してくれそうな見込み客のタイプを定義し、見つけることである。マーケターはメーリングリストを購入するか顧客データベースを調べて、関心度、支払能力、購買意欲の面から顧客を探す。「ベスト・カスタマー」とは、定期的に買い物をしてくれて、あまり返品をせず、苦情を言わず、期限どおりに支払いをしてくれる顧客である。マス・マーケターであればテレビ、新聞の折り込みチラシ、雑誌のインサート・カードといったマスメディアでのダイレクト・レスポンス広告によって、見込み客を「釣り」に行くことができる。
2. **マキシマイズ・メディア**によって、ダイレクト・マーケターは爆発的に種類が増えたメディアを検討し、便利な双方向コミュニケーションと結果の測定が可能なメディアを選択できる。
3. **マキシマイズ・アカウンタビリティ**では、1000回の露出あたりのコストではなく見込み客の反応1件あたりのコストを基準に、キャンペーンの成果を検討する。
4. **マキシマイズ・アウェアネス**とは、あふれる情報のなかで一歩抜きん出て見込み客の心をとらえ、納得も得られるメッセージを探すことである。その手段として、消費者の理性面にも感情面にもアピールする「全能」広告が挙げられる。
5. **マキシマイズ・アクティベーション**とは、広告によって実際に購買させるか、少なくとも見込み客を購買準備段階のより高い段階に移動させなければならないことをいう。アクティベーションの一例としては、「資料をご請求下さい」や「返信クーポンの締め切りは9月30日です」といった広告文句がある。
6. **マキシマイズ・シナジー**とは、広告に2つの機能を同時に課すことである。例えば、認知を広めると同時にダイレクト・レスポンスをねらったり、他の流通チャネルを開拓したり、他の広告主とコストを分担したりする場合などがある。
7. **マキシマイズ・リンケージ**とは、総予算の相当部分を使って有望見込み客を顧客に変えるという形で、広告を販売に結びつけることをいう。
8. **マキシマイズ・セールス**では、データベースが作成され、マーケターはクロスセリング、アップグレーディング、新製品の紹介によって、既知の顧客と継続的に直接取引を行う。データベースに顧客情報を常に入力して内容の充実化を図り、自社独自の有力な広告媒体を作り上げることが求められる。
9. **マキシマイズ・ディストリビューション**とは、チャネルを増やして見込み客や顧客へのコンタクトを行いやすくすることである。例えば、ダイレクト・マーケターが小売店を開いたり、既存の小売店において棚スペースを確保したりする場合、あるいはゼネラル・フーズのようなメーカーが最高級ブランドのコーヒーを消費者へ直販することに決めた場合がこれにあたる。

出典：Stan Rapp and Thomas L. Collins, *Maximarketing* (New York: McGraw-Hill, 1987). マキシマーケティングで成功している企業や具体例については、同著者による以下の文献も参照されたい。*Beyond Maximarketing: The New Power of Caring and Daring* (New York: McGraw-Hill, 1994). 邦訳：『マルチメディア時代のマーケティング革命――先進企業はここまでやっている』（旭通信社訳、ダイヤモンド社、1994年）

用することができ、リード（見込み客のリスト）の作成および適性調査、製品ないしサービスの販売、顧客とのリレーションシップ維持に活用される。**データベース・マーケティング**とは、顧客との接触や取引を目的として顧客データベースやその他のデータベース（製品、供給業者、再販売業者に関するもの）を作成し、維持し、活用するプロセスのことをいう。

顧客メーリングリストと顧客データベースを混同している企業は多い。**顧客メーリングリスト**は、単に氏名、住所、電話番号を記載したものである。顧客データベースはそれよりはるかに多くの情報を含んでいる。ビジネス・マーケティングにおいて、顧客プロフィールには次のような情報が盛り込まれている。顧客が購入した製品やサービス、過去の購買量、価格、利益率、購買チーム・メンバーの氏名（に加えて年齢、誕生日、趣味、好きな食べ物）、現在の契約状況、顧客のビジネスにおいて自社が占めているシェアの推定、競合他社、顧客への販売とサービスにおける競争上の強みと弱みの評価、適切な購買活動のパターンと方針などである。消費者向けマーケティングにおける顧客データベースの内容は、個人についてのデモグラフィックス（年齢、収入、家族構成、誕生日）、サイコグラフィックス（活動、関心事、思想傾向）、過去の購買状況などの関連情報である。例えば、カタログ販売会社であるフィンガーハットは、大規模な顧客データベースに、3000万世帯の一つひとつについて約1400の情報を有している。

データベース・マーケティングを最もよく使うのは、ビジネス・マーケターやサービス小売業者（ホテル、銀行、航空会社）である。それに比べて、パッケージ製品小売業者（ウォルマート、ウォールデンブックス）や、消費者向けパッケージ製品企業においては頻度が低い。ただし、一部の企業（クエーカー・オーツ、ラルストン・ピュリナ、ナビスコなど）では試みられている。洗練された顧客データベースは企業にとって、競争上の強みをもたらす資産なのである。

データベースで情報武装した企業は、マス・マーケティング、セグメント・マーケティング、ニッチ・マーケティングを行う場合よりも、標的市場をはるかに正確に絞り込むことができる。顧客を小さなグループに分類し、それぞれに対してきめ細かいマーケティング・アプローチやコミュニケーションを行うことが可能だ。例えばランズエンドは顧客とその過去の購買状況について膨大な情報を持っており、これを**データ・ウェアハウス**と名づけている。同社はIBMに依頼して**データ・マイニング**と呼ばれる技法を使って顧客をセグメントに分類してもらった。IBMは、5200の**市場セル**を特定した。ある市場セルは青いシャツと赤いネクタイを買った850人の顧客からなる。これを知ってランズエンドは、彼らがダーク・ブルーのジャケットを買いたいと思う可能性を考え、彼ら向けに特別な提案をした。こうした提案の仕方によって、100万人の顧客に過去の購買パターンに関係なく画一的な提案をする場合よりも高いレスポンス率を期待できる。

ドネリー・マーケティング社が毎年行うプロモーションの調査によると、製

現代の製造作業は、コンピュータ化されたツールを操作する熟練労働者に依存している。組み立てラインはワーク・ステーションになった。

予測：児童労働は廃止の努力がなされているにもかかわらず、ニュー・ミレニアムにもなくならないだろう。

造業者と小売業者の56%はデータベースを作成済みもしくは作成中で、10%が計画中だという。85%の企業が、ニュー・ミレニアムを勝ち抜くためにデータベース・マーケティングは必須だと答えている[9]。

企業のデータベース活用法は4とおりある。

1. **見込み客の特定**　　多くの企業は自社の製品ないしオファーを広告してリードを作成する。広告には通常、返信用はがきやフリーダイヤルといったレスポンスの手段がついている。データベースはこうしたレスポンスをもとに作られる。企業はデータベースを分類して有望な見込み客を特定し、顧客になってもらえるよう、郵便、電話、訪問によって接触を図る。

2. **どの顧客にどのような提案をすべきかの判断**　　企業は、特定のオファーのターゲットとして理想的な顧客を定めた基準を設ける。次に顧客データベースから、理想のタイプに最も近い人々を探し出す。ザ・リミテッド、フェデラル・エクスプレス、バンク・オブ・アメリカ、USウエストなどの企業は、膨大なデータ・ウェアハウスを作成し、それをもとに利益の出る顧客かそうでないかを正確に把握している。データを駆使し、個々の顧客がもたらしてくれそうな利益に対して、その顧客を維持するのに必要なマーケティングやサービスのコストはいくらか、といった複雑な収支勘定を行っている。次に遠距離通信会社であるUSウエストのケースを挙げよう。

USウエスト

年に2度、USウエストは顧客リストを精密に調査して、今以上に利益が出そうな顧客を探す。データベースには、顧客一人ひとりの通話パターンについて200もの観察結果が入っている。デモグラフィック・プロフィール、市内通話と長距離通話との比率、ボイスメールの有無を確認し、顧客の潜在的な電話料金を推定する。次に、顧客の電話料金の予算のうち、どの程度が実際に使われているのかを調べる。それを知った上で、USウエストはこの顧客に対するマーケティング費用の限度額を定める[10]。

　　反応率を測ることで、対象顧客の的中率を上げてゆくことができる。何らかの販売がなされると、自動的な活動が後に続く。すなわち、1週間後に礼状の送付、5週間後に新たな案内、（顧客から反応がない場合は）10週間後に電話で特別割引の案内、という具合である。

3. **顧客のロイヤルティ向上**　　企業は顧客の選好を覚えておき、顧客に適した景品、割引クーポン、興味を持ってもらえそうなカタログなどを送付することによって、関心と好意を獲得できる。次にその例を紹介する。

フィンガーハット

データベース・マーケティングや顧客とのリレーションシップ構築をうまく活かすことで、通信販売会社フィンガーハットは全米屈指のダ

イレクトメール・マーケターとなった。同社は顧客データベースに、年齢、既婚・未婚、子どもの数などのデモグラフィック情報を入れているほか、趣味、関心事、誕生日も調べている。すべての顧客に同じカタログや案内状を送るのではなく、顧客一人ひとりが買いそうなものをもとにきめ細かな提案をし、データベースを活用して長期にわたるリレーションシップを築いている。賞金が当たるくじを毎年実施したり、景品を送ったり、支払請求を先送りするといった定期・不定期のプロモーションによって、顧客と継続的な接触を保っている。今日、同社はデータベース・マーケティングをウェブサイトに応用している。

> 歴史メモ：記録に残る史上最初の競馬は、12世紀のイギリスで実施された。

マース

マースは、菓子ばかりかペットフードでも業界第1位である。ドイツでは、全国の獣医に接触を図り、また『猫の飼い方』と題した無料の小冊子を配布することで、猫を飼っているほぼ全世帯の名前を集めた。小冊子の希望者にはアンケート用紙への記入を求め、猫の名前、年齢、誕生日も把握した。マースは毎年ドイツ全国の猫にバースデーカードを送っているが、その際、新製品のサンプルや割引クーポンを同封している。猫の飼い主はもちろん喜んでいる。

4. **顧客の購買促進**　企業はオートマチック・メーリング・プログラムをインストール（オートマチック・マーケティング）し、誕生日や記念日のカード、クリスマス・シーズンの買い物案内、シーズンオフのディスカウント情報を送っている。データベースによって、顧客の興味をそそる、もしくは時機を得た案内をすることができる。次に実例を挙げよう。

ストリームライン社

ボストンに本社を置くオンライン宅配サービス会社であるストリームラインは、地元の食料品店、ビデオ店、クリーニング店と契約して、顧客から送られた買い物リストを見て注文や宅配を行っている。だが、同社はそこからさらに踏み込んだ業務を始めた。顧客が何をいつ購入するかについてのデータベース作成である。過去の購買パターンに基づいてソフトがプロフィールを作成し、記録を見てある品目について顧客のストックが底を尽きそうであれば、自動的に電子メールで案内を送っている。この案内状を見たユーザーはストリームラインを通じてさらに注文しようという気になる。その結果、1年間に平均6000ドルを使う同社の顧客は9割以上の確率で戻ってくる[11]。

データベース・マーケティングには多額の投資が必要である。企業はコンピュータのハードウェア、データベース・ソフトウェア、解析プログラム、コミュニケーション・リンク、熟練した人員の確保に投資しなくてはならない。データベース・システムは扱いが簡単で、主要なマーケティング・グループに利用できるものでなければならない。管理の行き届いたデータベースならば、コストを上回る利益をあげてくれるだろう。ロイヤル・カリビアン社は、自社の

客船に空きがある場合、データベースを使って急遽クルージングのパック旅行を提供する。客船の空室数が減ればそれだけ利益が増すからである。

しかし、データベース・マーケティングは慎重に行わないと、トラブルも多くなる。CNA保険では、プログラマー5人で9か月にわたり、過去5年間の苦情データをコンピュータに入力してみたが、明らかになったのはデータのコード化にミスがあったということだけだった。たとえ正しくコード化されたとしても、データを絶えず更新しなくてはならない。顧客は引っ越したり、解約したり、興味の対象を変えたりするからである。

顧客のプライバシーもデータベース・マーケターにとって重要な問題である。例えば、長年にわたってプライバシー問題の第一人者と目されているアメリカン・エキスプレスは、特定の顧客取引に関する情報を販売しない。だがナレジベース・マーケティング社との提携を発表した際、消費者から非難の集中砲火を浴びることになった。アメックス・カードを受け付けているすべての業者が、1億7500万人のアメリカ国民のデータにアクセスできることになるからである。アメックスは提携を取りやめた。アメリカ・オンラインもプライバシー擁護問題に敏感な人々からの非難を受け、加入者の電話番号販売計画を取りやめた[12]。

ダイレクト・マーケティングの主要チャネル

ダイレクト・マーケターは、いくつものチャネルを通じて見込み客や顧客に到達することができる。チャネルには訪問販売、ダイレクトメール、カタログ・マーケティング、テレマーケティング、テレビなどのダイレクト・レスポンス・メディア、キオスク・マーケティング、オンライン・チャネルがある。

訪問販売

ダイレクト・マーケティングのなかで最も歴史が古く、その原型といえるのは訪問販売である。現在、大半の生産財企業は見込み客を見つけ、顧客になってもらい、取引を拡大してゆく仕事の大部分を、専門のセールス・フォースに頼っている。あるいはメーカーのセールス・レップや代理業者に直接販売業務を依頼している。多くの消費財企業ではそれに加え、ダイレクト・セールス・フォースを使っている。保険外交員、株式仲買人、さらに、エイボン、アムウェイ、メアリー・ケイ、タッパーウェアといったダイレクト・セールス企業に勤務する販売員などである。

歴史メモ：最初の公立美術館は、1683年にオックスフォードに建設されたアシュモール美術館である。

歴史メモ：1893年にトーマス・エジソンが最初の映画スタジオを完成させた場所は、ニュージャージー州ウェスト・オレンジにある彼の実験室だった。

ダイレクトメール

　ダイレクトメール・マーケティングとは、特定住所の人にオファーや案内状などを送ることである。選び抜いたメーリング・リストを使って、ダイレクト・マーケターは毎年、何百万通もの封書、チラシ、折り込みといった「羽の生えた販売員」を送っている。見込み客や顧客にオーディオテープ、ビデオテープ、CD、フロッピー・ディスクを送っているダイレクト・マーケターもいる。ノルディック・トラック・カーディオバスキュラー・エクセサイザーを製造した企業は、器具の使用法と健康への効用を説明した無料ビデオを配布している。フォードは、コンピュータ関係の出版物へ掲載した広告にレスポンスをしてきた消費者に、「ディスク・ドライブでテスト・ドライブ」と題したフロッピー・ディスクを送っている。フロッピーには、フォード車の技術上の仕様や魅力的な写真、そして、ユーザーからよく聞かれる質問への答えが入っている。

　ダイレクトメールがよく使われているのは、標的市場を選べて、個々の顧客向けに案内ができ、融通がきき、初期のテストやレスポンスの測定が可能だからである。マスメディアに比べると消費者1000人あたりの到達コストは高いが、アプローチした消費者が顧客になってくれる確率もはるかに高い。1993年にはアメリカ人の45%以上がダイレクトメールによって品物を買った。同年、慈善団体はダイレクトメールを通じて500億ドル以上の募金を集めた。寄付金集めに良質のダイレクトメールが威力を発揮する例として、業績不振だった公共放送局を立て直すインディアナポリスのキャンペーンを挙げよう。

WFYIテレビ（インディアナ州インディアナポリス）

　インディアナポリスの公共放送局WFYI立て直しのために広告会社ヤング・アンド・ララモアが制作した派手な図柄入り募金要請メールの効果は、内部関係者の予想を大きく上回った。立て直し大キャンペーンによって、5年で500万ドル集める計画のところ、最初の9か月で350万ドルを集めた。送ったメールはわずか500通なので、1通につき7000ドルを集めたことになる。ヤング・アンド・ララモアは、同局の財政事情における逼迫ぶりをあからさまに訴える大胆な作戦に出た。1回目のメールにはボール紙、ゴム印、ダクトテープを使った。銀白色の打ち抜かれたテレビの絵を添えたメッセージは次のように伝えている。「1969年、インディアナポリスは公共テレビ局のない全米最大の都市でした」。ページをめくると次のキャッチコピーがある。「再びそうなってしまいそうです」。テレビにはダクトテープを巻いてある。次のパンフレットには局の18年間にわたる年表を載せた。線の上には黒で出来事や業績について、下には赤で機材の故障について書かれている。1996年の部分にくると、損失は怒って書きなぐったような判読不能の赤インクの染みになっていた[13]。

　最近まで、メールは紙が中心で、郵政公社、電信サービス業社、またはフェデラル・エクスプレス、DHL、エアボーンのようなメール配達をする営利企業

歴史メモ：グレゴリオ歴が1582年に施行されたとき、人々は10月4日に床について、起きたときには10月15日になっていた。

が扱っていた。しかしその後、メール配達の新たな形態が3種類登場した。

1. **FAXメール**　　FAXによって、紙に書いたメッセージを電話回線を通じて相手に送ることができるようになった。最近のコンピュータにもFAX機能がある。FAXメールは送受信がほぼ同時にできる。マーケターはFAXメールを送って、見込み客や顧客に案内、特売情報、イベント情報を知らせるようになった。企業や個人のFAX番号は刊行されているディレクトリで調べることができる。

2. **電子メール**　　電子メールのおかげで、メッセージやファイルを自分のコンピュータから相手のコンピュータに直接送ることができるようになった。メッセージはほとんど瞬時に届き、受信者がコンピュータを立ち上げてそのメッセージを読むまで保存される。マーケターは電子メール・アドレスに、特売情報やオファーなどのメッセージを送るようになった。送り先は、少数の個人の場合と大きなグループの場合がある。

3. **ボイスメール**　　ボイスメールは電話のアドレスに声のメッセージを受信し保存するシステムである。電話会社は、このサービスを留守番電話に代わるものとして売り出している。多数の電話番号にダイヤルし、受け手のボイスメール・ボックスに売り込みメッセージを残すプログラムを設定したマーケターもいる。

効果的なダイレクトメール・キャンペーンを行うために、目的、標的とする市場と見込み客、オファーの内容、キャンペーンのテスト手段、成功の基準を決めなくてはならない。

■■■■ 目的

ほとんどのダイレクト・マーケターは見込み客からの注文を目的としている。キャンペーンの成功の度合いはレスポンス率によって判断される。レスポンス率が2％あれば通常は良好とされるが、この数字は製品カテゴリーや価格によって異なる。

ダイレクトメールにはほかにも目的がある。リードを作成すること、顧客とのリレーションシップを強化すること、その後のオファーを知らせて顧客の関心を持続させることである。

1999年、歴史のある小売業者125社をアーンスト・アンド・ヤングが調査したところ、調査対象の76％がワールド・ワイド・ウェブ上で販売しているか、近くそうする予定だったという。この数字は前年に比べて40％も増加していた。

■■■■ 標的市場と見込み客

ダイレクト・マーケターは見込み客や顧客のなかから、購入の能力、意欲、意志において最も期待できる人々の特徴を見極める必要がある。ボブ・ストーンは、顧客のランク付けと選別にRFM方式(**recency**＝近来、**frequency**＝頻度、**monetary amount**＝金額)の適用を薦めている。つまり、最高の標的顧客は最近、何度も、高価な買い物をした人ということである。RFMの度合いに応じてポイントをつけてゆくと、顧客の点数が算出される。点数が高い人ほど顧客として魅力的な存在ということになる[14]。

年齢、性別、収入、教育水準、過去のメールオーダーによる購買状況などの変数をもとに見込み客を特定することもできる。各人の購買機会はセグメント化の目安となる。子供ができてまもない親は、子供服や玩具の市場を訪れることになる。大学1年生はコンピュータや小型テレビを購入するだろう。新婚夫婦は新居、家具、家電製品、銀行ローンを求めているかもしれない。セグメント化に役立つもう1つの目安に、消費者のライフスタイルが挙げられる。コンピュータおたく、料理好き、アウトドア派などである。ビジネス市場について、ダン・アンド・ブラッドストリート社が豊富なデータをそろえた情報サービスを提供している。

B-to-Bダイレクト・マーケティングでは、「見込み客」が1人ではなく、意思決定者や意思決定に影響を与える複数の人々を含む集団や委員会であることが多い。企業購買者を対象としたダイレクトメール・キャンペーンを成功させる秘けつについては、■マーケティング・メモ「もし顧客が委員会だったら……」を参照されたい。

標的市場が決まったら、ダイレクト・マーケターは、具体的な顧客の名前を手に入れなければならない。この時点で、メーリングリストの入手とメーリングリスト・データベースの作成が必要になる。企業の最良の見込み客は、自社製品を過去に購入した顧客である。何らかの無料サービスを広告することで、それ以外の見込み客の名前も得られる。名簿業者から名簿を購入することもできる。ただしこの種のリストには、名前の重複、不完全なデータ、転居前の住所掲載など問題が多い。良質のリストには、デモグラフィック情報やサイコグラフィック情報が加えられている。ダイレクト・マーケターは通常、サンプルに使う名前を購入して試験的に売り込みをしてから、本格的に名前を購入する。

■ オファーの要素

ナッシュによれば、オファー戦略は5つの構成要素——製品、提案、媒体、流通方法、創造的戦略からなるという[15]。幸いすべてをテストすることが可能だ。

この5つに加えて、郵便物自体の5つの構成要素——封筒、セールスレター、広告パンフレット、返信用紙、返信用封筒についても決めなくてはならない。研究成果をいくつか挙げてみよう。

- 封筒は、できればカラーのイラスト、コンテスト、プレミアム、特典を謳ったキャッチコピーのような、開けてみたくなる要素を有しているといっそう効果があるだろう。きれいな色の記念切手が貼ってあったり、住所がタイプ打ちか手書きであったり、封筒の大きさや形が定形外であるのもよい。『ハーパーズ』誌は封筒に刺激的な一文を載せることで有名だ。「政府によるあなたの取引銀行のマル秘国有化計画」「キリスト教徒の独身者を対象としたデートに関するアンケート」「オリバー・ノース中佐の世界」「ウォール街がエイズで儲ける方法」などである。他社の封筒にも、ボードルーム社のコピーライターだった故メル・マーティンの言葉を借りれば、「魅力的な文句」がついている。ボード

MARKETING MEMO

マーケティング　　　　　　　　　　　　　　　　　　　　　　　　　　　　　　メモ

もし顧客が委員会だったら……

データベース・マーケティングとダイレクト・メールには多くの利点がある。その1つは、フォーマットやオファーを標的視聴者に合わせてメッセージを売り込めることである。ビジネス・マーケターは企業の意思決定者や影響者宛てに、相互関連性を備え内容の充実した一連の郵便物を作成できる。顧客が委員会である場合に販売の成功度を高めるためのヒントを以下に挙げた。

- リードとフォローアップの郵便物を作成する際に忘れてならないのは、大半の企業宛ての郵便物は標的視聴者に届く前に1度か2度、場合によってはそれ以上ふるいにかけられるということである。これを念頭において郵便物の文面やデザインを考えること。
- 委員会のメンバー一人ひとりに送る一連の郵便物について、計画を立てて予算を組むこと。こうした対象にメッセージを届けるには、タイミングと複数回の露出が重要である。顧客が購買に「慎重」であるほど、コンタクトを繰り返すことによって相手の前にいる必要がある。
- 可能であれば必ず、名前と肩書きを明記して個人宛てに郵便物を送ること。宛先に肩書きのある手紙ならば、相手が転職していない限り社内の郵便仕分け係はそこへ回してくれる。
- 標的視聴者全員に対して、郵便物のフォーマットやサイズを同じにする必要はない。高級そうな封筒であれば社長やCEOに届く確率は高いかもしれないが、ほかの影響者宛てにそれほど高価にも個人向けにも見えないフォーマットを使っても、届く確率は変わらないだろう。
- 委員会に、同社のほかの責任者ともコミュニケーションをとっていると伝えること。
- 意思決定に影響を与える人を立てること。最大の支援者になってくれることもある。
- 複数の視聴者とコンタクトをとっている場合、それぞれの購買目的と反対意見を予測し、それらに対処すること。
- データベースやメーリングリストを使っても重要な顧客全員とコンタクトがとれない場合は、だれかに助けを求めること。助けを求めた相手に、対象となる人に自分が伝えたい情報を伝えてもらうよう頼む。転送メモ、および受け取る視聴者に合わせた売り込みメッセージを添えた別の封筒を同封してもよいだろう。
- リードの作成を目的とする郵便物を送る際、興味を持ちそうだったり購買の決断に関与しそうな人の名前と肩書を必ず聞くこと。その情報を自分のデータベースに入力し、その人々とは何らかの形で必ずコンタクトを取る。
- 同じ趣旨の手紙に何種類も別バージョンを作成し、オファーをさまざまに変えるのは、確かに労力（と費用）が必要だと思われるかもしれない。だがその見返りは大きい。例えば、最終意思決定者が払戻しの計算に関心を持つ一方で、他の幹部が安全性、利便性、時間の節約といった日常的なベネフィットの方に関心を抱くことは、十分ありうる。標的視聴者に適したオファーを提供すること。

出典：Pat Friesen, "When Your Customer Is a Committee . . . ," *Target Marketing*, August 1998, p. 40.

ルーム社のプロモーション用の封筒には、印象的な一句が長年使われていた。「クレジットカード会社があなたに知らせないこと」や「飛行機の中でけっして食べてはいけないもの」などである[16]。

- セールスレターには個人的な挨拶文を入れ、太字の見出しをつけるべきである。便箋は上質なものを使い、文面は簡潔であることが望ましい。パソコンで打った手紙は印刷されたものより効果的であることが多い。また含みのある追伸があると、責任ある地位を示す肩書きのついた人の署名がある場合と同様、レスポンス率は高くなる。

- 多くの場合、きれいな色の広告パンフレットが手紙に添えられていると、コストを補ってあまりあるほどレスポンス率は上がるものである。
- 返信用紙にフリーダイヤル番号が載っており、ミシン目入りの受領控えと、問い合わせには必ず対応するという通知がついていれば、好結果を期待できる。
- 受取人支払いの返信用封筒が同封されていれば、レスポンス率は大幅に上がるだろう。

要素の有効性テスト

　ダイレクト・マーケティングの大きな利点の1つは、製品の特徴、キャッチコピー、価格、広告媒体、メーリングリストといったオファー戦略における各要素の効果を実際の市場でテストできることである。

　キャンペーンの長期にわたる影響力から考えると、レスポンス率は控えめな数字であるということを覚えておくべきだ。サムソナイトのスーツケースを広告するダイレクトメールを受け取った人のうち、注文したのはわずか2%だったとする。（ダイレクトメールを見る人は多いので）スーツケースの存在を知った人の割合ははるかに多かったはずであり、数パーセントは後日（通信販売ないし店舗で）買おうと決めたのかもしれない。なかにはダイレクトメールを見て、同社のスーツケースを話題に出してくれた人がいるかもしれない。プロモーションの影響力をより包括的に推定するために、ダイレクト・マーケティングによる製品の認知度、購入意欲、クチコミへの影響を評価している企業もある。

キャンペーンの評価：生涯価値

　企画中のキャンペーンの総費用を計算することで、損益分岐点となるレスポンス率がどれくらいかを推定できる。推定されたレスポンス率は返品や返済不能負債を除いた正味のものでなければならない。返品はそれがなければ効果があったはずのキャンペーンを台なしにしかねない。ダイレクト・マーケターは返品の主な原因を分析する必要がある（発送の遅れ、欠陥品、運搬中の破損、広告内容より質が劣る、注文した品とは違っているなど）。

　過去のキャンペーンを細かく分析することで、成果は着実に改善される。あるキャンペーンで損失を出した場合でも、必ずしも失敗だったと考えなくてもよい。次のような例がある。

> 　ある会員制組織が新規会員募集キャンペーンに1万ドルをかけ、100人の新会員を迎えたとする。年会費は1人70ドルである。キャンペーンは1万ドルマイナス7000ドル、つまり3000ドルの損失であったかに見える。だが、もし新会員の80%が2年目も会員登録を更新すれば、組織は労せずして5600ドルの収入を得ることになる。これで1万ドルの投資に対し、7000ドルプラス5600ドル、つまり1万2600ドルを得たことになる。長期的観点に立った収支計算をするには、会員のうち毎年何パーセントが会員登録を更新し、何年在籍するのかを知る必要が

ある。

　この例が示しているのは**顧客の生涯価値**という概念で、すでに第2章で検討した[17]。顧客の究極的な価値は、特定の売り込みメールに反応した購買という形では表れない。むしろ顧客の生涯価値とは、将来的な顧客の全購買金額から、顧客の獲得と維持に要するコストを除いた正味の期待利益を指す。平均的な顧客について、顧客としての「平均寿命」、毎年の平均支出額、平均的な粗利益を計算し、そこから顧客の獲得と維持に要する平均コストを引く（機会費用分をきちんと差し引く）。データ・コンサルト社は、わずか3、4度の取引で顧客の生涯価値を推定できると述べている。この情報があれば、コミュニケーションの内容と頻度を調整することができる。

　顧客の生涯価値を評価すれば、企業はより魅力的な顧客とのコミュニケーションに力を注げる。具体的には、製品を実際に「販売する」というより、むしろ企業や製品に対する関心を持続してもらうために、無料のニューズレター、小冊子、パンフレットを送付したりする。この活動によって顧客とのリレーションシップはいっそう強まるだろう。

カタログ・マーケティング

　企業が選択した宛先に製品カタログを送ることをカタログ・マーケティングという。送るものは、フルライン商品カタログ、消費者向け専門品カタログ、ビジネス・カタログで、たいてい印刷物だがCD、ビデオ、オンラインの場合もある。JCペニーやスピーゲルは総合商品カタログを送っている。サックス・フィフス・アベニューはアッパー・ミドルクラス市場に専門衣料カタログを送っている。カタログを通じて、エイボンは化粧品を、W.R.グレースはチーズを、イケアは家具を販売している。無数の中小企業も専門品カタログを発行している。グレインジャーやメルクのような大企業は企業の見込み客や顧客にカタログを送っている。

　カタログは巨大ビジネスである。総取引額870億ドルのカタログ産業は、1993年から1998年に毎年8%の急成長をしている。新しい消費者カタログが毎年どれくらい発行されているのかに関する正確な数字は不明だが、カタログ業界の幹部によると、1996年から1998年にかけて200誌～300誌が新しく発行されているという。ダイレクト・マーケティング協会の計算では、各種合わせて現在1万点ほどのメールオーダー・カタログがあるという。カタログでよく買い物をする人には、クリスマスシーズンに1週間で70冊のカタログが送られることもある。しかし消費者の郵便受けに入ってくるカタログの数だけが、この産業の成長ぶりを物語っているわけでない。カタログ会社はインターネットにも大きく後押しされており、75%のカタログ会社がインターネット上で商品を紹介し注文を受けている。1995年に開設されたランズエンドのウェブサイトには、今や年に18万件に及ぶ電子メールでの問い合わせが寄せられている。この数字は、ハガキや封書によるレスポンスをしのいでいる[18]。

カタログ・ビジネスで成功を収めるために、企業はさまざまな点で高い能力を求められる。まず重複や支払いの焦げ付きをほぼゼロに抑えるために顧客リストを管理する能力、慎重に在庫を管理する能力、返品率を低くするために良質の商品を提供する能力、そして明確な企業イメージを演出する能力である。一部の企業は自社のカタログについて、多様な形態で差別化を図っている。文体や情報面で特徴を出したり、商品見本を添えたり、特別なホットラインを設けて問い合わせに応じたり、上得意客に景品を送ったり、福祉事業に利益の一部を寄付したりしている。ウィスコンシンに本社を置くランズエンドのカタログは、競合他社と一線を画している。

ランズエンド

1985年、ランズエンドは、ギャリソン・キーラーやデビッド・マメットなどの有名作家によるエッセイや情報を盛り込んだストーリーを掲載し始めた。教養のある顧客に対応するためである。その結果できた「雑誌風カタログ」のおかげで、読者は次のカタログを心待ちにするようになった。同社は、クリスマスシーズンなどに顧客の郵便受けにあふれ返るカタログのなかで際立った存在となることに成功したのである。同社のカタログ・コピーもまた、製品の細部まで徹底的にこだわっている点で異色のものとなっている。同社の制作担当部長は次のように述べている[19]。「より多くのお客様に製品を知っていただければ、それだけで当社には好都合なのです」。

印刷カタログに加えて、ニーマン・マーカスやスピーゲルなどの通販会社は、得意客や見込み客にビデオ・カタログを送ったり、カタログをインターネットに掲載したりしている。インターネットを使えば印刷費と郵送費を大幅に節約できる[20]。

アジアやヨーロッパの消費者もカタログ・ブームの一翼を担っている。1990年代、L.L.ビーン、ランズエンド、エディー・バウアー、パタゴニアといったアメリカのカタログ販売会社が日本に進出し、大成功を収めた。総額200億ドルという日本のメールオーダー市場において、外国製のカタログ——ほとんどアメリカ製だが一部ヨーロッパ製——は、わずか数年で5%のシェアを獲得した。L.L.ビーンの海外売上高の90%は日本が占めている。アメリカ企業が日本で成功した1つの理由は、特定グループをターゲットにして良質の商品を提供したことである。ここ数十年、日本の消費者は自国のカタログに目もくれなかった。安物のドレスやネックレスからおむつやドッグフードまで、ありとあらゆるものが雑然と載っているだけだったからである。また、アメリカ製のカタログには、日本ではめずらしいものが2つあった。生涯有効かつ例外規定なしの保証書とトップ・モデルの写真である。

ティファニー、パタゴニア、エディー・バウアー、ランズエンドなどの消費者向けカタログ会社は、ヨーロッパにも進出している。ビジネス・マーケターもしかりだ。国外(おもにヨーロッパ)市場における販売で収益をあげた企業には、バイキング・オフィス・プロダクツ、コンピュータやネットワーク関連機

1999年2月、ビクトリアズ・シークレットがオンラインで毎年恒例のファッションショーを開いたところ、75万人の視聴者からサイトへのアクセスがあった。

器のカタログ販売会社であるブラック・ボックス、医学・歯学・獣医学関連の製品を扱うヘンリー・シェインなどがある。バイキングの場合、1997年の第1四半期における売上高増加分の62％は海外事業によるものだ。一方、アメリカ国内での収益増加はわずか8％にすぎない。バイキングが成功したのは、アメリカと異なりヨーロッパにはスーパーストアが少なく、メールオーダーが非常に受け入れられやすかったからである。ブラック・ボックスが海外で伸びた原因は顧客サービス重視の方針であり、これはヨーロッパにおいてめずらしい特色だ。今や80か国近くで操業しているブラック・ボックスは、技術的なサポートをし、注文の89％を同日中に出荷し、自社製品に対して2年から無制限の品質保証をしている[21]。

いうまでもなく、全カタログをオンラインやインターネットで公表することにより、カタログ販売会社は全世界の消費者にとって以前よりも身近な存在となった。これは多額の印刷費や郵送費の節約にもなるが、オンラインならではのサービスを提供できるようにもなった。エディー・バウアーのオンライン・カタログは、まだ印刷カタログに取って代わるまでに至っていないが、消費者に「試着」のチャンスを与えている。

> フォレスター・リサーチによると、1998年12月に最もアクセス数の多い小売サイトのトップ25に登場したのは、従来からある小売業者のなかでバーンズ＆ノーブルとメイシーズだけだったという。

エディー・バウアー

シアトルを本拠地とするカジュアル衣料メーカーのエディー・バウアーは、インターネット上で自社ブランドを確立しようとしており、最近、消費者が「バーチャル試着室」に入れるようにした（■口絵21-1参照）。エディー・バウアー・ドットコムにアクセスすると、小売業者のカタログや実店舗にあるのと同じようなカーキやデニムやニットのベーシックな衣料が見られる。しかし、サイトは単なる電子広告パンフレットではない。あの休日用のセーターとカーキの服とを合わせたらどう見えるだろう、スポーツジャケットに格子縞のパンツを合わせてみたい、そんなふうに消費者が思った場合、品物をクリックしドラッグするだけで組み合わせを見ることができる。ウェブサイトにアクセスする消費者の半数はエディー・バウアーでの買い物経験がないため、オンラインでの経験は同社との大事な最初の出会いとなる。バーチャル試着室はほかの特別サービスと並んで、この出会いを記憶に残るものにしてくれる[22]。

テレマーケティング

テレマーケティングとは、電話オペレーターを使って、顧客を新たに開拓したり、満足度を確認するために現在の顧客とコンタクトを取ったり、注文を受け付けたりすることである。日常業務として注文の受付をする場合はテレセールスと呼ばれる。多くの顧客が日常的に電話で商品やサービスを注文する。最近、電話によるホーム・バンキングが生まれている。1989年、イギリスのミッドランド銀行が設立したファースト・ダイレクト社は、全業務を電話（その後、

FAXやインターネット・チャネルも加えた)で行っており、支店や物理的な店舗がない。85万人の顧客と毎月新たに加わる1万2500人の顧客を抱える同社は、金融企業の将来あるべき姿を示している(23)。

テレマーケティングはダイレクト・マーケティングの主要ツールとなった。1998年、テレマーケターは消費者や企業に対して総額4820億ドルの製品とサービスを売り上げた。1世帯あたり年間平均19件のテレマーケティングの電話を受け、注文するために16回電話をしていることになる。

一部のテレマーケティング・システムは完全に自動化されている。オートマチック・ダイヤリング・アンド・レコーデッド・メッセージ・プレイヤーズ(ADRMP)は、自動的に番号をダイヤルし、声で作動する広告メッセージを流し、留守番電話かオペレーターへの転送によって顧客からの注文を受け付けている。

テレマーケティングは消費者市場だけでなくビジネス市場においても利用度が上がっている。ラーレー・バイシクル社はテレマーケティングを使うことによって、ディーラーとのコンタクトに必要な人的販売の割合を減らしている。最初の年に販売員の出張費は50%減り、四半期の売上は34%も伸びた。テレビ電話の使用に伴ってテレマーケティングは改善され、今後コストのかかる外回りの営業訪問を、ゼロにすることはないだろうがいっそう減らしてゆくだろう。顧客と1度も顔を合わせたことがないまま5桁ないし6桁の売上を達成する販売員の数は増える一方だ。売り手と買い手が電子商取引に慣れるにつれて、出張費は減ってゆくだろう。

効果的なテレマーケティングの条件は、テレマーケターの人選を誤らないこと、十分に教育をすること、業績を上げるためのインセンティブを与えることである。テレマーケターには耳に快い声と熱心さが要求される。女性の方が男性より製品の売り込みで成果を上げている。テレマーケターはまず台本で訓練された後、より柔軟に対応する場面を経験してゆく。あまり有望でない見込み客との会話の終わらせ方も覚えなければならない。電話をかける時間帯にも注意を要する。企業の見込み客にコンタクトをとるには昼近くか午後がよく、家庭には午後7時から9時ごろがよい。テレマーケターの監督者は、最初に注文をとった者や業績トップの者を表彰して、モチベーションを高めることができる。プライバシーの問題や1件のコンタクトにかかるコストを考えると、正確な名簿を選ぶことが重要である。

> ミレニアムに向けて:フォレスター・リサーチの予測によると、小売の売上高に占めるワールド・ワイド・ウェブのシェアは、1998年の1%から2003年には6%に伸びるだろう。

> ウェブ上で成功している小売業者は「スリー・クリック・ルール」を守っている。すなわち買い物客がマウスのクリック3回以内で製品にたどり着けるということだ。

ダイレクト・レスポンス・マーケティングのための媒体

ダイレクト・マーケターはあらゆる主要メディアを利用して、潜在的な買い手に直接訴えている。新聞や雑誌にはあふれるほどの広告が載っている。読者は、書籍、衣料、電化製品、旅行などの商品やサービスを、広告に掲載されているフリーダイヤルから注文できる。ラジオからは終日コマーシャルが流れて

くる。ダイレクト・マーケターは3通りの使い方で、テレビをダイレクト・セールスの促進に用いている。

1. **ダイレクト・レスポンス広告**　典型例はギンス社製ナイフのダイヤル・メディアによる広告である。この広告は7年間続いて300万セット近くを販売し、4000万ドルの売上をあげた。30分ないし60分のインフォマーシャルを用意する企業もある。インフォマーシャルは、禁煙、育毛、減量などについてのドキュメンタリー番組に似ており、製品やサービスを使って満足した人々の証言を紹介し、注文したりより詳しい内容を知りたい人のためにフリーダイヤル番号を伝えている。クライスラーは「クライスラー・ショーケース」という30分のインフォマーシャルを流し、クライスラーの由緒ある歴史、新製品であるクライスラー300M、LHS、コンコードのデザイン、性能、ハンドリング、優れた特徴をしつこいほど強調した。このインフォマーシャルは、ユナイテッド航空の機内放送SkyTVと全米のケーブル・テレビで放映された。インフォマーシャルは大方の人々が考えるよりはるかに実効性があり、贅沢品の販売にも用いられて成功している。インフォマーシャルは製品に対する思い入れや、使って良かった点の説明を、何百万人もの見込み客に伝える。しかも見込み客1件、あるいは受注1件あたりのコストは、ダイレクトメールや印刷広告と同じかそれ以下である。1998年、インフォマーシャルによる売上は15億ドルと推定された。わずか1年で1億2000万ドルの伸びである。小売店でも入手できる製品を含むと、その金額は2倍〜5倍となる[24]。

2. **ホーム・ショッピング・チャンネル**　一部のテレビ・チャンネルは財とサービスの販売専門チャンネルである。1日24時間放送しているホーム・ショッピング・ネットワーク(HSN)では、番組司会者が宝石、電気スタンド、コレクター向けの人形、電動器具といった商品をバーゲン価格で紹介している。視聴者が欲しい商品をフリーダイヤルで注文すると、48時間以内に自宅に届く。1993年には2200万人以上がホーム・ショッピング番組を視聴し、1300万人近くが商品を購入している。

3. **ビデオテキストと双方向テレビ**　この場合、消費者のテレビがケーブルもしくは電話回線で売り手のカタログとつながっている。注文の際、買い手は売り手のシステムにつながっている特殊なキーボードを使う。現在、テレビ、電話、コンピュータを双方向テレビに統合する研究が盛んに進められている。

ウォール街の予測によると、最初に参入して、適切な手法を確立した電子商取引小売業者は、ウェブ上での販売を当面は制するだろうとのことだ。

キオスク・マーケティング

　一部の企業がキオスクと呼ばれる「顧客注文受け付け機」(実物の商品を出す自動販売機とは区別される)を設計し、店頭や空港などに設置している。フロー

シャイム・シュー社が一部の店舗に置いた機械の場合、顧客はドレスシューズでもスポーツシューズでも自分の好みのタイプを、色やサイズとともに入力する。条件に合った靴の写真が画面上に出る。もし店に在庫がなければ、顧客は付属の電話をかけ、クレジットカードの番号と送り先の住所を打ち込むことができる。

21世紀のマーケティング：電子商取引

最新のダイレクト・マーケティング・チャネルは電子チャネルである。**電子商取引**という用語は、さまざまな電子プラットフォームを表す。例えば、電子データ交換(EDI)を経由して供給業者に注文を送信すること、FAXや電子メールで取引を行うこと、ATM(自動現金預払い機)やEFTPOS(販売時電子式資金取引)やICカードで簡単に支払いをすませたり電子マネーを手に入れたりすること、インターネットやオンライン・サービスを利用することなどである。これらの共通点は、物理的な「マーケットプレース」に対して「マーケットスペース」でビジネスを行っていることだ[25]。

電子ビジネスの背景にあるのは2つの現象、すなわち、**デジタル化**と**コネクティビティ**である。デジタル化とは、テキスト、データ、音、画像を「ビット」の流れに転換し、ある場所から別の場所へそれらを瞬時に送ることである。コネクティビティとは、ネットワークを構築することであり、世界中のビジネスの相当部分が人間と企業をつなぐネットワーク上で行われている。このネットワークは、企業内の人々をつなぐ場合は**イントラネット**、企業を供給業者や顧客とつなぐ場合は**エクストラネット**と呼ばれる。コンピュータのユーザーを巨大な「情報ハイウエー」とつなげばインターネットとなる。

インターネット上で消費者がよく購入する商品は、コンピュータのハードウェアやソフトウェア、航空券、書籍、音楽関連だった。電子商取引は食品、花、ワイン、衣料、電化製品の分野でも盛んになりつつある。インターネット上でのビジネス取引は、量もはるかに多く、財やサービスの種類も多岐にわたっている。インターネットにおける金融取引(証券取引、ホーム・バンキング、保険販売)の拡大ぶりは目覚ましい。フォレスター・リサーチ社の予測によると、電子商取引は2002年までに3270億ドルに達するという[26]。次に、電子商取引のチャネルについて2つのタイプを見てみよう。

> 電子商取引問題：ネットサーフィンをするものの、買い物を実店舗ですませる顧客にはどう対処すべきか。

1. **コマーシャル・チャネル**　さまざまな企業がオンラインで情報サービスとマーケティング・サービスを開始している。消費者はサービス契約を結んでアクセスし、月額料金を支払う仕組みである。知名度ナンバーワンのオンライン・サービス・プロバイダーで業界の巨人といえるのは、およそ1400万人の加入者を誇るアメリカ・オンラインだ。加入者245万人のマイクロソフト・ネットワーク(MSN)や100万人のプロディジーは、はるかに遅れをとっている[27]。こうしたチャネルが

提供するのは、情報（ニュース、図書館、教育、旅行、スポーツ、参考書）、エンターテインメント（娯楽となる人や物、ゲーム）、買い物サービス、対話の機会（掲示板、フォーラム、チャットルーム）、電子メールである。

2. **インターネット**　インターネットは地球規模のコンピュータ・ネットワークで、これによって脱中央集権化したグローバル・コミュニケーションが瞬時に可能となった。インターネットがこれほど急激に普及した要因は、ユーザーにとって使いやすいワールド・ワイド・ウェブ、およびネットスケープ・ナビゲーターやマイクロソフト・インターネット・エクスプローラーなどのウェブ・ブラウザ・ソフトが近年発達したことにある。ユーザーはネットサーフィンをして、完全に統合された文章、グラフィック、画像、音などを体験することができる。また電子メールを送って、意見交換をし、商品を買い、ニュース、レシピ、美術、ビジネス情報にアクセスすることもできる。インターネット自体は無料だが、個々のユーザーはインターネット・サービス・プロバイダーに接続料を支払わなければならない。

ニュー・ミレニアムに世界で最も認知度の高いブランドは何か。ある調査によればマクドナルドだそうだ。

オンライン消費者

　概してインターネット・ユーザーは人口全体からすると年齢が若く、経済的に豊かで、教育水準が高く、男性の割合が多い。だがインターネット・ユーザーが増えるにつれて、サイバースペース人口は主流かつ多様になってきている。若いユーザーの利用目的で多いのは、エンターテインメントと他者との交流である。それでもユーザーの45%は40歳以上であり、投資などのより実用的な目的で利用している。インターネット・ユーザーは一般に情報を重視し、単なる販売目的のメッセージに対して否定的反応を示す傾向にある。どのような製品やサービスについて、どんな条件で、どのようなマーケティング情報を得たいかは、彼らが決めている。オンライン・マーケティングでは、マーケターではなく消費者が対話を許可しコントロールするのである。

　ヤフー、インフォシーク、エキサイトといったインターネットの「検索エンジン」によって、消費者はさまざまな情報源にアクセスでき、買い物の知識を増やし見る目を養うことができる。情報の豊かな新しい時代に、買い手は次のような能力を獲得した。

1. 製造業者や小売店に頼らず、さまざまなブランドについて、コスト、価格、特徴、品質などの客観的な情報を得られる。
2. 広告や情報を自分からメーカーに要求できる。
3. 欲しい製品やサービスを自分でデザインできる。
4. ソフトウェア・エージェントを使って、複数の売り手からのオファーを探したり募ったりできる。

　買い手がこうした能力を新たに獲得したことはつまり、情報時代の取引プロ

歴史メモ：マクドナルド第1号店は1940年、カリフォルニア州サンバーナディーノにオープンした。1955年、レイ・クロックが店の権利を買い取ってチェーン店化した。

第21章　ダイレクト・マーケティングとオンライン・マーケティングのマネジメント

セスでは顧客が主導権を持ち優位に立っていることを意味している。マーケターや代理業者は劣勢に立たされ、顧客に取引への参加を呼びかけられるのを待っている有様だ。マーケターが取引プロセスに参入してからも、顧客が契約のルールを決め、エージェントや仲介業者のサポートを得てマーケターとの距離を保っている。どのような情報が必要か、どのような提案に興味があるか、どの程度の価格なら支払う気があるかを決めるのはすべて顧客である。多くの面で、顧客が主導権を持ち支配するマーケティングは、昔ながらのマーケティング慣行を根本から覆している。

人々がインターネットを利用して、自動車を買ったり住宅抵当ローンを借りたりする様子を見てみよう。

エドマンズ(www.edmunds.com)

このサイトが提供するのは、自動車の購入に関する公平な第三者情報と助言である。次に、そのプロセスを紹介しよう。

- 自動車の買い手はエドマンズのサイト上にある車について、特徴、品質、ディーラーのコストとマージンを比較することから、情報探索と評価のプロセスに入る。いくつかの型やモデルに情報探索の対象を絞り、並べて比較をすることができる。メーカーと協力しているエドマンズに、候補とした型やモデルの情報が入った、カスタマイズされたパンフレットを送付してもらうことができる。

- 候補の自動車を購入ないし所有している他の消費者とやりとりできるエドマンズ・タウン・ホールのディスカッション・エリアにアクセスして、助言を求めることができる。特定の売り手から嫌な思いをさせられた人の苦情を載せたウェブサイトにアクセスすることもできる（例として、www.fordsucks.com や www.bmwlemon.com などを参照されたい）。

- 近い将来、買い手は予約した上で場所や時間を前もって決め、さまざまなブランドやモデルを試乗することができるようになる（スポンサーはエドマンズ、およびカーマックスやオートネーションのような提携企業である）。ディーラーからのプレッシャーを感じたり、特定ブランドのディーラーのもとに足を運んだりする必要もなく、好みのブランドを目の前に並べて、実物を確かめることができるようになるだろう。予約をしておけば、望みのモデルに間違いなく試乗できる。

- ブランドや型が決まったら、欲しい特徴やオプションを考え、エドマンズと提携しているオートバイテル(www.autobytel.com)にエージェントとなってくれるよう依頼することができる。オートバイテルは何軒かの地元のカーディーラーに連絡し、特定の車種の「有望な」見込み客がいることを伝え、ビジネスへの参加を呼びかける。

- 買い手はエドマンズのほかのビジネス・パートナーを活用するこ

ミレニアムに向けて：1999年3月以来、ウェブ版『ニューヨーク・タイムズ』は毎週月曜に電子商取引レポートを発表している。

とで、取引を完了させることができる。前もってネーションズ・バンクから融資を受ける資格を得ておいたり、ワランティ・ゴールドから期間を延長した保証を得たり、GEICOから車両保険を買ったり、J.C.ホイットニーで買った付属品を自動車に搭載したりすることができる。

ホームオーナー（www.homeowner.com）

住宅購入を考えている人は、住宅ローンの金利や利率の傾向を調べ、金融関連のツールを使ってローンの分析をし、ローンの利率の動向を教えてくれる電子メール・サービスを契約することができる。さまざまな企業によってオンラインで提供されている住宅ローンに申し込むと、1営業日内に返事がもらえる。さらに、特定の場所や地域の不動産業者に接続することもできる。

オンライン・マーケティング：プラス面とマイナス面

オンライン・サービスはなぜこれほど一般的になったのか。潜在顧客にとって3つの大きな利点があるからである[28]。

1. **利便性**　1日24時間、どこにいても商品を注文できる。自動車に乗り、駐車場を探し、店内の通路を延々と歩いて商品を見つけ検討する、といった手間を省ける。
2. **情報**　職場や家庭から一歩も出ることなく、企業、製品、競合製品、価格について比較できる情報を豊富に入手できる。
3. **煩わしさの軽減**　販売員と対面したり、しつこいセールストークや人情に訴える泣き言などを無理して聞いたり、列に並んだりする必要がない。

オンライン・サービスはマーケターにも多くの利点をもたらす。

- **市場への迅速な対応**　製品を追加したり価格や説明を変えることがすぐにできる。
- **コスト削減**　店舗の維持費、家賃、保険、設備のコストを負担する必要がない。カタログを印刷して郵送するよりはるかに安くデジタル・カタログを作成できる。
- **リレーションシップの構築**　消費者との対話から多くのことを学ぶことができる。また、役に立つレポート、ソフトウェアの無料デモ商品、ニューズレターの無料サンプルをダウンロードすることができる。
- **ユーザー調査**　自社のオンライン・サイトにどれくらいの人がアクセスし、サイトのどの部分で足を止めたのかを知ることができる。これをもとにオファーや広告の内容を改善できる。

明らかな傾向として、マーケターはオンライン・チャネルを増やして、探索、到達、コミュニケーション、販売に役立てるようになっている。オンライン・

ミレニアムに向けて：アマゾン・ドットコムが先駆けとなった一種の加入者紹介ビジネスに参入するウェブ事業者の数が増えている。紹介してもらった顧客との間で取引が成立した場合、紹介者のウェブサイトに歩合を支払うというものだ。

ミレニアムに向けて：アマゾン・ドットコムには今や23万人、CDナウには20万7000人の加入者がいる。

マーケティングには少なくとも5つの大きな利点がある。第1に、企業の規模を問わず利用できること。第2に、印刷媒体や放送媒体とは違い、広告スペースに制限がないこと。第3に、情報のアクセスおよび検索が、翌日配達郵便はもちろん、FAXと比べてさえ速いこと。第4に、世界中のどこからでもいつでもだれでもサイトにアクセスできること。最後に、自分1人で迅速に買い物ができることである。

　しかし、オンライン・マーケティングはすべての企業や製品に適しているわけではない。インターネットが製品やサービスに有益なのは、買い手が注文の利便性（例えば書籍や音楽関連）か、低コスト（例えば証券取引やニュース閲覧）を求めている場合である。また、買い手が商品の特徴や類似品との差を知りたい場合（例えば自動車やコンピュータ）にも有益である。購入する前に自分の手で触れたり確かめたりする必要がある製品には、あまり役立たない。だがこれにも例外はある。デルやゲートウェイに、高価なコンピュータを前もって実物を見たり操作を試したりせずに注文するようになるとは、だれが予想しただろう。花やワインも実物を見ないままオンラインで注文することが当然になっている。次の例について考えてみよう。

カリクス・アンド・カローラ（C&C）

　C&Cは花の直接小売企業であり、創業者は先見の明のある起業家ルース・M・オウェイズである。顧客は四色刷りのカタログから生花やブーケを選んで1-800-877-0998に電話するか、C&Cのウェブサイト（www.calyxandcorolla.com）上で注文すればよい。このサイトでもブーケを掲載している（■口絵21-2参照）。注文はただちにC&Cネットワークの栽培家25人のだれかに送られ、栽培家は花を摘んで包装し、フェデラル・エクスプレスに配達してもらう。届いた花は、実店舗を構えた小売業者から注文された花より新鮮で、ほぼ10日以上も長持ちする。オウェイズは成功の要因として、最新の情報システムと、フェデックスや栽培家との強力な提携を挙げている。

バーチャル・ヴィンヤード（www.virtualvin.com）

　バーチャル・ヴィンヤードは、名ソムリエであるピーター・グラノフとシリコンバレーのエンジニアであるロバート・オルソンのアイデアから生まれた。このサイトの基本思想は、職人が生産していて手に入りにくいワイン、食品、贈答品を容易に見つけて買えるようにすることである。バーチャル・ヴィンヤードには、カリフォルニアやヨーロッパにある100か所のワイナリーで醸造されたワイン300種、70の製造元で作られた200種の食品や贈答品がそろっている。「炭素浸漬」とはどういうことか聞きたくても聞く勇気のない人にもワインを親しみやすいものにしている。バーチャル・ヴィンヤードは毎月ワインクラブを主催している。サイトには「ワイン通」や「食通」によるQ&Aコラム、ワインと食品との取り合わせヒント、各ワインの味わいの特徴を視覚的に示した「ピーターのワインテイスティング・チャート」が載せ

られている。最近は、自分のペースで受講できるワイン玩味コースがオンラインで提供されている。これは、ウェブサイト上にトレーニングコースを設けているデジタルシンク社の主催である。もちろん、受講生は自分でワインを用意しなければならない[29]。

オンライン・マーケティングの実行

マーケターがオンライン・マーケティングを実行する手順は次のようになる。インターネット上にウェブサイトを開設する。オンライン広告を出す。フォーラム、ニュースグループ、掲示板、ウェブ・コミュニティに参加する。そして、電子メールやウェブキャスティングを利用する。

■■■■ ウェブサイトの開設

何千もの企業がインターネット上にサイトを設け、その多くがユーザーに多様なサービスを提供している。

企業がウェブサイトを開設するには2通りの方法がある。商業オンライン・サービスからスペースを購入するか、自社のウェブサイトを開くかである。前者の場合、オンライン・サービスにおけるコンピュータの記憶スペースを有料で借りるか、自社のコンピュータとオンライン・サービスのショッピング・モールをつなぐことが必要だ。例えば、JCペニーはアメリカ・オンライン、コンピュサーブ、プロディジーとリンクしている。一般に、オンライン・サービスが店舗を設計し、企業は家賃としての年会費とオンラインからの売上の一部を支払う。

また、ウェブデザイン・エージェンシーの助けを借りて、自社のウェブサイトを開いている企業も何万とある。この種のサイトには基本的に2つの形がある。

1. **コーポレート・ウェブサイト**　企業は自社の歴史、ミッション、理念、製品とサービス、所在地についての基本情報を提供する。また現在の活動、財務データ、採用情報を公開することもある。サイトの目的は顧客からの質問に電子メールで答えたり、顧客との関係を密にしたり、自社のイメージアップを図ったりすることである。**消費者主導**の双方向コミュニケーションができるように工夫されている。皮肉なことに最近の研究によると、行動が速く、インターネット革命の推進役となったシリコンバレーの企業は、基本的な企業情報を提供する点で立ち遅れている。シェリー・テイラー・アンド・アソシエイツは、シスコ、ヤフー、エキサイトなどのテクノロジー企業の法人ウェブサイト50件を調査し、顧客、投資家、就職希望者にとって、コンタクトや情報収集のしづらいサイトが多いことを究明した。就職希望者に対して親切な対応をしている企業が大半ではあったが、調査対象企業のほぼ半数がオンラインでの願書提出を認めておらず、84％が求人情報を

電子メール・マーケティングに向けて：あるインターネット・コンサルティング会社によると、2000年までに全電子商取引サイトの半数近くが電子メールの登録をするという。

電子メール・マーケティングに向けて：電子メールによるマーケティング・キャンペーンには別の利点もある。さまざまな電子メールが1つの大きな電子メールリストに送られ、48時間以内に結果がわかる仕組みだ。

掲示した日を明記していなかった。マーケターのための教訓は、企業名、電話番号、日付を伝えるといった基本をおろそかにせず、顧客がオンラインで製品を買いやすいように工夫することである(30)。

2. **マーケティング・ウェブサイト** このサイトの目的は、見込み客や顧客に、マーケティングによって購入をはじめとする具体的行動を促すことである。サイトには、カタログ、買い物のヒント、そしてクーポン、セールス・イベント、コンテストなどのプロモーション情報が掲載されている。アクセスしてもらうために、企業は印刷媒体や放送媒体に広告を出したり、他のサイトのバナー広告で自社のウェブサイトを知らせている。

サイトを設計する際に重要なのは、一見して魅力的で、何度もアクセスしたいと思わせるほど面白いものにすることである。初期のサイトは文章が多かった。しかし、徐々に視覚的に洗練されてゆき、今や文章、音、アニメーションが組み合わされている（www.gap.com や www.1800flowers.com などを参照されたい）。リピート・アクセスを促すために、企業は最新ニュース、特集、コンテストのお知らせ、特別オファーを載せている。うまく設計された企業ウェブサイトの例を次に挙げる。

クリニーク(www.clinique.com)

このサイトでは、化粧品についての情報、美容のヒント、新製品の案内、価格情報、肌のタイプを測るツール、掲示板、ブライダル・ガイド、ゲストの専門家によるアドバイスを載せている。オンライン・ショッピングもできる。

ガーデン(www.garden.com)

これは「ガーデン・プランナー」のサイトで、アクセスした人は自分の理想とする庭を設計し保存することができる。その庭のデザインを見て、サイトは実際に必要な植物や用具を提案する。オンライン・ショッピングとフェデックスによる宅配も可能である。

電子商取引という怪物を真に背後で操っているのは、ビジネス・マーケティングである。シェブロン、フォード、GM、メルクなど、少なくとも50社の大企業がウェブによる調達システムに多額の投資をして、法人購買を自動化した。その結果、かつては100ドルかかったインボイスの作成が、今やわずか20ドルですむ。GEは現在、すべてのパートナー企業に自社のウェブ調達ネットワークであるトレーディング・プロセス・ネットワーク(TPN)への参加を求めている。これによって2003年までに年間2億ドルのコスト削減ができる。企業がインターネット上で購買を始めれば、インターネット上で販売している企業が多大の利益をあげることは容易に想像がつくだろう。シスコ、デル、イングラム・マイクロ、インテルは、ウェブサイトで何十億ドルも売り上げており、将来的にほぼすべての企業間取引をインターネット上で行う基盤を整えている。ウェブはまた、ビジネス・サイバーバザールにとって申し分のない媒体でもある。サイバーバザールのサイトでは、生産財の売り手と買い手が地理上の境界線を越

えて取引をすることができる。次に実例を挙げよう。

メディカル・エクイップネット

1996年、シンシア・シュースターがメディカル・エクイップネットを開設した。これは、医療器具市場の企業、診療所、病院が中古あるいはリニューアルした医療器具を売買できる交換センターである。この中古品市場は取引志向が強く（価格重視）、各地に分散しているので、サイトはコスト効率の高い新たな販売チャネルを設けたことになる。このサイトを利用して医療器具を販売した企業は、利益が大幅に伸びている。例えば1998年、カリフォルニア州ロサレメドスにあるピラミッド・メディカル社は、メディカル・エクイップネットで推定100万ドル相当の製品を販売した[31]。

ウェブサイトを開設する際、企業は設計をしっかりすること、また豊富な情報を提供できるようにすることを忘れてはならないが、同時に、知らぬうちにネットサーファーや潜在顧客を、サイバースペース内で立ち往生させてしまってはいけない。大半のマーケターは、すべてのプロモーション資料に同じURL（ウェブサイト・アドレス）を記載している。しかし、特定の製品情報を求めてサイトを訪れた人が、企業の理念、歴史、最高経営幹部の履歴といった項目のなかで迷子になってしまうことが多い。あるいは、探している製品にたどり着くために数多くのページを進んでいかなければならないため、顧客は途中で興味をなくして出ていってしまうかもしれない。この問題をきっかけに、多くの企業は「ミクロサイト」を作るようになった。これは、特定の内容もしくは製品のための小型専門サイトである。大規模な映画スタジオは新作映画を紹介するに際して、ユーザーをスタジオのメイン・ウェブサイトではなく、作品別のサイトに招いている。今日では、他の企業も次のような場合にはミクロサイトを使っている。新製品の発表、プロモーション・キャンペーン、各種コンテスト、人材募集、非常事態における情報伝達、バナー広告をクリックしたユーザー向けの製品の情報、メディアとの交渉などである。特定の詳細な情報を迅速かつ簡単に伝達できるようにするため、企業はミクロサイトの制作を考えるべきである[32]。

真の電子商取引革命は、小売ではなくB-to-B販売で起こっている。1998年では、アメリカの全インターネット小売業者の収益を合わせても、たった1社のB-to-B販売会社シスコシステムズの収益に届かない。

オンライン広告

企業がオンライン広告を出す方法は3通りある。まず大規模な商業オンライン・サービスが提供する特別セクションに、案内広告を載せることができる。また、営利目的のインターネット・ニュースグループに広告を掲載する方法もある。さらに、加入者がオンライン・サービスやウェブサイトをサーフィンしているときに出てくる有料のオンライン広告を使ってもよい。オンライン広告には、バナー広告、ポップアップ・ウィンドウ、「ティッカー」（ディスプレーを横切るバナー）、「ロードブロック」（全画面の広告で、ほかの画面へ移るにはクリックしなければならない）がある。

ウェブ広告は2桁の伸びを示している。1998年、オンライン広告への支出額

はおよそ20億ドルと推定された。他の広告媒体と比べればコストは高くない。例えば、ESPネット・スポーツゾーン(www.espnetsportszone.com)にウェブ広告を掲載すれば、50万人以上のネットサーファーがアクセスし、週に2000万件の「ヒット」があり、コストは年間30万ドル程度である。オンライン広告を販売するために、ヤフーはサイバースペース販売員を100人雇っている。彼らの仕事は、特定の興味の持ち主や特定の地域に住んでいる人々とコンタクトをとるためにオンライン広告をどう使うかについてデモンストレーションすることである。

しかし、ネットサーファーはほとんどのバナー広告に目もくれない。ひとつの目安は「クリックスルー率」である。何人のユーザーが広告にマウスのカーソルを合わせ、情報を得ようとするかを示す数字だ。確率が1%を切ると、広告主はサイトを選び間違えたのではないかと不安になる。広告主からは広告効果のより良い測定法を求める声が高い。ウェブ広告はほとんどの広告主のプロモーション・ミックスにおいて、いまだ小さな役割を果たしているにすぎない[33]。

フォレスター・リサーチの推定によると、インターネットにおけるビジネス市場の売上高は、2002年までに1兆3000億ドルに達するという。

■ フォーラム、ニュースグループ、掲示板、ウェブ・コミュニティ

企業は特定の興味を持つグループにアピールするインターネット・フォーラム、ニュースグループ、掲示板に参加したり、そうしたサイトのスポンサーになる場合がある。**フォーラム**は商業オンライン・サービスにあるディスカッション・グループである。フォーラムではライブラリー、リアルタイムにメッセージ交換をするための「チャットルーム」、案内広告のディレクトリさえ運営することもある。アメリカ・オンラインには約1万4000のチャットルームがあるという。同社は最近「バディ・リスト」を導入した。これはメンバーに対し、友人がオンラインにいるときに通知し、メッセージを交換できるようにするものである。

ニュースグループは、フォーラムのインターネット版である。ただし対象は、特定の話題についてメッセージを掲示したり読んだりする人に限られる。インターネット・ユーザーがニュースグループに参加する場合、登録は不要である。何千もあるニュースグループはあらゆる話題を扱っている。健康食品、盆栽の手入れ、メロドラマの展開に関する意見交換などである。

掲示板(BBS)は、特定の話題ないしグループに対象を絞った専門的なオンライン・サービスである。6万を超すBBSが、旅行、健康、コンピュータ・ゲーム、不動産などの話題を扱っている。マーケターはニュースグループやBBSに参加できるが、営利目的だと思われることを避けた方がよい。

ウェブ・コミュニティは、営利目的のスポンサーを得ているウェブサイトである。メンバーがオンラインに集まり、共通の関心事について意見交換する。その一例であるアグリカルチャー・オンライン(www.agriculture.com)は、農業従事者などが生産物の価格、最近の農場のニュース、あらゆるタイプのチャットルームを見ることのできる場を提供している。このサイトは月に500万ものヒットがある。ペアレント・スープ(www.parentsoup.com)は、子供を持つ親

の20万人以上が参加しているオンライン・コミュニティで、親たちはオンラインで情報収集したり、チャットしたり、関連サイトにリンクしたりする。

オンラインの買い物客は、製品情報を受け取るばかりでなく、自分から発信するようになりつつある。彼らはインターネット上の共通の利益者グループに加わり、製品関連の情報交換をしている。その結果、購買に重要な影響を及ぼすものとして「クチコミ」に「ウェブコミ」が加わった。

■■■■■ 電子メールとウェブキャスティング

企業は、ポイントキャスト（www.pointcast.com）やイフュージョン（www.ifusion.com）のようなウェブキャスティング・サービスと契約することもできる。これはカスタマイズされた情報を顧客のパソコンに自動的にダウンロードしてもらうサービスである。加入者は月額料金を支払って、見たいチャンネルや知りたい情報（ニュース、企業情報、エンターテインメントなど）を指定できる。後はウェブキャスターが自動的に送ってくれた興味のある情報を見るだけである。「プッシュ」プログラミングと呼ばれるこの方法を、オンライン・マーケターは、要求する手間をかけさせずに加入者へ情報や広告を提供する機会ととらえている。ただし、ウェブキャスターは加入者に「ジャンクメール」ばかりを流さないよう、注意しなければならない[34]。

企業は見込み客や顧客に、電子メールで質問、提案、さらに苦情を送るよう呼びかけてもよい。顧客サービス担当者はこうしたメッセージにすぐに対応できる。また、企業はインターネットをベースとした電子メーリングリストを作成することもできる。このリストを使って、顧客にニューズレター、購入実績に基づいた特別製品やプロモーションのオファー、サービス要件や保証書更新の通知、特別イベントの案内を送ることができる。

しかし、電子メールをダイレクト・マーケティングの媒体として使う際には、「スパマー」だという悪評を立てられないよう、細心の注意が必要である。スパムとは迷惑な電子メールのことである。日ごろからジャンクメールを送りつけられている消費者は、電子メールのボックスに迷惑な売り込みのメールが入っているのを見て腹を立てることが多い。実際スパムの数はおびただしい。ユースネットのグループ全体で、1日平均50万通のメッセージがやりとりされており、そのうちの約30万通はスパムである。問題が深刻化してきたので、AOLとコンピュサーブはともに、悪名高いスパム業者の1つであるサイバー・プロモーションズを相手どって訴訟を起こした。サイバー・プロモーションズはさまざまな企業や団体の電子メール広告を大量に発信していた。訴訟の結果、連邦政府と一部の州が、スパムの垂れ流しを制限ないし禁止する法案を提出している。

しかし、スパマーと思われる恐れはあっても、一部のマーケターは電子メール・マーケティングの可能性を貪欲に利用しようとしている。またその方法に抜け目がない[35]。■ミレニアム・マーケティング「『当社のプロモーション用広告文句を聞くには、ここをクリック』：電子（E）メールでDメールのルールを書

B-to-B電子商取引の実利的なプラス面は、机上事務を減らせることである。取引の関係者が少数ですむからだ。

ミレニアムに向けて：今や電子商取引はビッグ・ビジネスとなったので、ヤフーやアメリカ・オンラインといったサイトの間で特に激しい顧客確保争いが始まっている。

MARKETING FOR THE MILLENNIUM　ミレニアム・マーケティング

「当社のプロモーション用広告文句を聞くには、ここをクリック」：電子(E)メールでDメールのルールを書き換える

　電子メールでマーケティングの広告文句を送る企業は、危ない綱渡りをしているようなものである。1度のミス——要求していない顧客に電子メールを送りつけるなど——で、一夜にして企業の評判は地に落ちる恐れがある。しかし、電子メールによるキャンペーンをうまく利用すれば、顧客とのリレーションシップを築けるだけでなく、利益もあげられる。それも「Dメール」、つまりダイレクトメール・キャンペーンにかかるコストのほんの一部ですむのである。

　このような綱渡りを始める企業が増えてきた。電子メール・マーケティングがいくつか具体的なベネフィットをもたらしてくれるからである。インターネット上では、何百万人もの見込み客や顧客へ瞬時にアクセスできる。調査によると、インターネット・ユーザーの80％は36時間以内に電子メールを返信するという。平均的なダイレクトメール・キャンペーンへのレスポンス率が2％であるのとは対照的だ。また、オンライン・マーケティングの他の形態と比較しても、電子メールは圧倒的に優れている。「クリックスルー」率を考えてみよう。クリックスルーとは、サイトのバナー広告のリンクであれ、電子メールに添付されたリンクであれ、ユーザーがリンクをたどっていって、企業のホームページかセールス・サイトにたどり着くことをいう。バナー広告からのクリックスルー率は1％以下に落ち込んでいる。一方、電子メールからのクリックスルー率は現在80％前後である。さらにコストの問題もある。紙、印刷、郵送料は、高い上に年々値上がりしている。マイクロソフトはかつて、紙を使ったキャンペーンに毎年およそ7000万ドルを費やしていた。今やこのソフトウェア界の巨人は毎月2000万通もの電子メールを出しているが、以前の紙を使った方法と比べてはるかに安上がりになっている。

　しかし、落とし穴がある。高いクリックスルー率を達成したり、受け手にすぐ（無理なら、ともかく）反応してもらうために、マーケターは電子メール・マーケティングの鉄則に従わなくてはならない。それは、消費者の許可を得ることである。ウェブにおけるダイレクト・マーケティングのパイオニアであり、ヨーヨーダイン社（最近ヤフーに買収された）のCEOであるセス・ゴーディンは、パーミッション・ベース・マーケティングという用語を提案して、新たな電子メール・マーケティングのモデルを構築しようとしている。ゴーディンによれば、消費者は押しつけがましい売り込み文句にうんざりしている。パーミッション・ベース・マーケティングならこの問題を解決できる。インターネットの双方向性のおかげで、送りつけられたメールに対して発言できるからである。ゴーディンはパーミッション・ベース・マーケティングをデートにたとえている。もし企業が「初対面」で消費者に好印象を与えられれば、信頼を勝ち得て、その後のオファーも受け入れようという気になってもらえるわけである。

　電子メール・キャンペーンにパーミッション・ベース・マーケティングを利用して成功した企業に、イオメガがある。人気のジップ・ドライブに代表されるコンピュータの記憶装置関連の周辺機器メーカーである。イオメガは何度か電子メール・キャンペーンを実施しているが、必ず登録済み顧客のインストール・ベースを出発点にしている。この特選リストから、同社は電子メール送信を許可してくれた相手にのみメールを送っている。すすんで受信を認めてくれた顧客に対象を絞ることで、企業はインターネット上で排除されずにすみ、肯定的な反応を得たり売上を伸ばしたりするチャンスを増やせる。

　ジャンクメールを大量に送られて腹を立てた消費者はそれらのメールをゴミ箱に捨てるだけだろうが、オンラインでは怒った消費者が反撃に出るかもしれない。友人（アドレスリストに載っていればだれにでも

送れる）やほかのウェブサイトにすぐさま電子メールを送るか、その企業に抗議するウェブサイトを開設するかして、怒りのおさまらない消費者は不愉快な企業のイメージにほとんど瞬時に打撃を与えることができる。このため、電子メール・マーケティングで広告活動を効果的に行っている企業は、「オプトイン」（電子メール広告の受信を希望する）だけでなく、受信者にいつでも「オプトアウト」（受信をやめる）の機会を与えている。例えばイオメガの場合、メール受信の承諾者として記録されている人々に送られたものも含めて、電子メールにはひとつ残らずオプトアウトの機能を設けている。

それでも、許可を求めたりオプトアウトを提供することは、電子メール・マーケティング・キャンペーンを成功に導く一因にすぎない。まずオファー自体に価値がなければならない。電子メール・マーケティングのパイオニア企業が守っているその他の重要なガイドラインの例を以下に記す。

- **顧客に応答したくなるきっかけを与えよ。** ヨーヨーダイン社はネットサーファーに、電子メールで送られた広告文句やオンライン広告を読みたくなるような、強力なインセンティブを与えている。この革新的なダイレクト・マーケティング企業は、電子メールによる雑学クイズ、スカベンジャー・ハント、その場で結果がわかるくじ引きを実施して、顧客を引き付けている。これまでに百万人を超えるネットサーファーが、スプリント、リーダーズ・ダイジェスト、メジャーリーグ・ベースボールなどの企業から発信される製品情報の渦に進んで身を投じている。カリブ海旅行や高額賞金といった景品を射当てるためである。
- **電子メールの内容を個人向けにせよ。** 過去の購買記録や顧客とのやり取りに基づいて、企業は電子メールの内容を各個人向けにすることができる。顧客としても自分の事情に適した広告の方が受け入れやすい。インターネット書店のアマゾン・ドットコムは、過去に購買された本の種類から判断して得意客に出版情報を送る戦略によって、固定客を確保している。IBMの「お客様向けニュース・ダイジェスト」は、顧客のオフィスの電子メールに直接配信され、「顧客によって選ばれたニュース」のみを伝える。契約している顧客は、内容一覧表にリストアップされたトピックから興味があるものを選んで見るのである。
- **顧客がダイレクトメールから得られないものを提供せよ。** ダイレクトメール・キャンペーンは、計画、実行、発送にずいぶん時間がかかる。電子メール・キャンペーンはより迅速にできるので、新鮮さが鍵となる情報を提供することができる。ウェブサイトの旅行専門サイトであるトラベロシティは、フェアー・ウォッチャーズと題した電子メールを頻繁に流し、最新の安売り航空券を広告している。地中海クラブはデータベースに入っている3万4000人の顧客に、売れ残ってディスカウントされた休暇パック旅行の情報を電子メールで送っている。

もしマーケターがこうした「ルール」をすべてわきまえてビジネスをすれば、電子メールを指折りの強力で新しいマーケティング媒体とすることができそうだ。

出典：Nicole Harris, "Spam That You Might Not Delete," *Business Week*, June 15, 1998, pp. 115–18; Matt Barthel, "Marketer: Banks Miss Web's Real Strength—Relationships," *American Banker*, October 21, 1998, p. 19; Jay Winchester, "Point, Click, Sell," *Sales & Marketing Management*, November 1998, pp. 100–101; Michelle L. Smith "One to One: Put the Customer in the Information Driver Seat and Build Better Relationships," Direct Marketing, January 1998, pp. 37–39; Roberta Fusaro, "More Sites Use E-mail for Marketing," *Computerworld*, October 19, 1998, pp. 51–54; Mary Kuntz, "Point, Click—And Here's the Pitch," *Business Week*, February 9, 1998, pp. ENT8–ENT10.

き換える」を参照されたい。

オンライン・マーケティングの可能性と課題

　熱心な支持者によれば、オンライン・マーケティングは、経済のさまざまな領域に根本的な変化をもたらすという。消費者が直接注文できるようになれば、旅行代理店、株式仲買人、保険外交員、カーディーラー、書店主といった特定のグループは大打撃を受けるだろう。こうした中間商人はオンライン・サービスによって**脱仲介業者のあおりを食らうはずだ**[36]。その一方で、**仲介業者の再形成**が、**インフォメディアリー**と呼ばれる新しいオンライン仲介業者の登場という形で始まるだろう。これは、消費者にとって買い物をしやすくしたり、安く品物を入手できるように補助するサービスである。次に実例を3つ挙げよう。

> **マイサイモン(www.mysimon.com)**
> 　このウェブサイトは、最高の掘り出し物を求める消費者向けの賢いショッピング・エージェントという役目を引き受けている。対象カテゴリーは書籍、玩具、コンピュータ、電化製品などである(■口絵21-3参照)。デジタルカメラが欲しければ、マイサイモンにアクセスし、カメラをクリックし、次にデジタルカメラをクリックし、さらに(例えば)フジのMX700をクリックする。後はいくつかのショップから提示されている値段を見比べて、いちばん安いところで購入するだけである。

> **プライスライン(www.priceline.com)**
> 　このウェブサイトでは、自動車を買おうとする人が、希望の型、モデル、価格、オプション、引き渡し日、最大走行距離を指定できる。プライスラインはこの見込み客の希望をFAXで複数のディーラーに伝え、その返事のなかから客の希望に最も適したものを通知する。客はそれから購入するかどうかを最終的に決める。サイトにはサービス料として顧客が25ドル、ディーラーは75ドル支払う。

> **ライフショッパー(www.lifeshopper.com)**
> 　このウェブサイトでは、消費者が希望する生命保険のタイプを指定できる。ライフショッパーは各保険会社から提示された条件価格を消費者に通知する。

　オンライン・マーケティングの熱心な支持者は、オンライン・マーケティングが世界の商業を変革すると考えている。オンライン・マーケターはグローバル市場に到達することができる。今日、アマゾン(www.amazon.com)の書籍の20％は海外の読者が購入している。インターネットのおかげで中小企業の国際化が加速されるだろうと、クウェルチとクラインは確信している[37]。規模の経済性によるメリットは消えてゆき、グローバルな広告コストは下がり、専門的な製品やサービスを提供する中小企業が大規模な世界市場に参入できるようになるだろう。

一方で、オンライン・マーケティングをもう少し醒めた目で見ている人々は、オンライン・マーケターが直面する多くの問題点を指摘している。

- **限られた消費者による商品の認知と購買**　ウェブサイトのユーザーが楽しんでいるのは、物を購入することよりもネットサーフィンをすることである。ネットサーファーのなかで、買い物をしたり、旅行情報のような有料サービスを受けるためにサイトを定期的に利用している人は、およそ18%にすぎない。現在、オンラインで購買しているのは個々の消費者ではなく企業である。

- **デモグラフィックスおよびサイコグラフィックスの偏り**　オンライン・ユーザーは全体人口の中で、収入に恵まれた技術志向の強い層であり、コンピュータ、電化製品、金融サービスには申し分のない見込み客だが、大半の商品には当てはまらない。

- **無秩序とクラッター**　インターネット上には何百万ものウェブサイトと膨大な量の情報が存在する。ネットサーフィンにはフラストレーションがつきまとう。気づかれないまま埋もれてしまうサイトも多く、アクセスされたサイトでも8秒以内に相手の関心を引かなければ、次のサイトに移動されてしまう。

- **セキュリティ**　消費者にとっては、違法な侵入者にクレジットカード番号を知られてしまうことが何より怖い。企業にとっての心配の種は、スパイや妨害目的でコンピュータ・システムに侵入されてしまうことである。インターネットのセキュリティは改善されつつあるものの、新たなセキュリティ・システムの開発と新たな暗号解読システムの開発の間でイタチごっこが続いている。

- **倫理上の問題**　消費者はプライバシーを気にかけている。消費者の名前や情報を無断で販売する企業もある。1997年、連邦取引委員会の発表によると、674の商業用ウェブサイトを調査したところ、92%が個人情報を収集していたが、その使い道を公表していたのはわずか14%だった。それ以来、政府の介入を恐れて、プライバシー問題に対する方針を打ち出すウェブ事業者の数が増えた。もう1つのプライバシー問題は、オンライン・マーケターによる「クッキー」の使用が広まっていることである。クッキーとはテキスト・ファイルの一種で、ユーザーがウェブサイトを再び訪れた際、その人の身元を確認してくれる。ユーザーにとってはクッキーのおかげで、ウェブサイトにアクセスするたびに身分を明かし自分のパスワードを打ち込む手間を省けるが、ウェブ上での行動をすべてクッキーに監視されることにもなる。消費者がそれぞれの製品を見るのにどれぐらいの時間をかけたかについて、クッキーはウェブ事業者に報告する。これによってマーケターはウェブ・ウィンドウ・ショッピングをするユーザーの動きを追い、サイトに戻ってきてくれたとき、その人の好みに的を絞ったプロモーションをする[38]。倫理上の問題としてはさらに、インターネットが低所

得者層を見捨てて高所得者層に対して買い物の便宜を図る、ということも挙げられる。前者は高級品を購入するためにインターネットへアクセスすることが少ないからである。

- **消費者の反撃**　ウェブはかつてないほど大量の商品情報を提供するだけでなく、不満や怒りを適切かつ効果的に表現する方法を与えることによって、消費者にパワーを持たせた。告発サイトは、たいてい腹を立てた消費者や退職した従業員によって開設され、BMW、アップル・コンピュータ、ユナイテッド航空、バーガー・キングなど幅広い分野の有名企業を標的にしている。「くたばれスナップル」や「ムカツクぜ、ウォルマート」といったページが何百万ものユーザーの目に触れる。内容には事実もあろうが、根拠のない噂が広まる恐れもある。一部の企業、特に有力な大企業がこの手のページを黙殺している一方で、懸念を抱いて調査会社に監視を依頼している企業もある[39]。

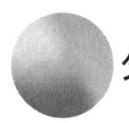

> ミレニアムに向けて：アルタ・ビスタのマーケティング部長は次のように述べている。「スティッキーな（顧客を逃がさない）サイトの最良の基盤は、ずばり速い検索エンジンだ」。

ダイレクト・マーケティングにおける公共的問題・倫理的問題

通常、ダイレクト・マーケターと顧客は、相互にプラスとなるリレーションシップを保っている。しかしマイナス面が現れる場合もある。

- **いらつき**　ダイレクト・マーケティングの強引な売り込みが増えてくると、気を悪くする人は多い。大きな音量でいつまでも押しつけがましくダイレクト・レスポンスを促すテレビ・コマーシャルは嫌われている。特に嫌がられるのは、夕食時や深夜の電話セールス、訓練をあまり受けていない販売担当者、自動ダイヤル装置付き発信機がかけてきたコンピュータによる売り込み電話である。

- **姑息なやり方**　一部のダイレクト・マーケターは、衝動買いに走りがちな、またはあまり目が肥えていないタイプの買い手につけこんでいる。テレビの買い物番組やインフォマーシャルは最も責められるべき対象かもしれない。登場するのは、口のうまい進行役、綿密に舞台効果をねらった演出、商品がどれほど大きく値下げされたかのアピール、「品数に限りがあります」という決まり文句、気軽に購入できることの強調である。これだけ並べられれば視聴者も購入する気になってしまう。

- **欺瞞と詐欺**　消費者を欺くために広告パンフレットをデザインしたり、キャッチコピーを作ったりするダイレクト・マーケターも存在する。製品のサイズ、性能、「小売価格」を誇張したりする場合である。政治資金調達の担当者はときおり、公文書に見せかけた封筒、にせの新聞の切り抜き、作り物の勲章や表彰状といった小道具を用いる。非営利団体のなかには、調査をしているようなふりをして、実際は寄付者を探すための誘導質問をしているところもある。連邦取引委員会には

不正な投資勧誘やいかがわしい慈善活動について、毎年何千件もの苦情が寄せられている。購買者がだまされたことに気づいて当局に訴えたころには、だました側がまんまと逃げてしまっている。

- **プライバシーの侵害**　消費者が郵便や電話で商品を注文したり、スイープステークスに参加したり、クレジットカードの取得を申し込んだり、雑誌の購読契約をしたりするたびに、必ずといってよいほど氏名、住所、購買行動が複数の企業データベースに記録されている。マーケターが消費者の生活を知りすぎているのではないか、しかもその知識を悪用するのではないか、と懸念する声もある。カタログ販売会社のフリーダイヤルをよく利用する消費者の名前を、仮にAT&Tがマーケターに売ってもよいのか。最近クレジットカードの申し込みをしてきた人々のリストを、信販会社が作成し販売することは許されるのか。各州が運転免許の所持者について、名前、住所、さらに身長、体重、性別を有料で公開し、アパレル関連の小売業者がそれをもとに個別の売り込みを図ることは正しいのか。

ダイレクト・マーケティング産業の関係者はこうした問題に取り組もうとしている。放置しておけば、企業に対する消費者の不信感は強まり、レスポンス率は低下し、さらに厳しい規制を州政府や連邦政府に求める動きが出てくるだろう。結局、大半のダイレクト・マーケターは消費者が求めているものと同じもの、つまり企業の提案に聞く耳を持っている消費者のみをターゲットにした誠実で内容の濃いマーケティング・オファーを求めている。

参考文献

1. ダイレクトオーダー・マーケティングおよびダイレクト・リレーションシップ・マーケティングという用語は、ダイレクト・マーケティングの下位集合として用いられている。詳しくは、Stan Rapp and Tom Collins in *The Great Marketing Turnaround* (Upper Saddle River, NJ: Prentice Hall, 1990). 邦訳：『個人回帰のマーケティング──究極の「顧客満足」戦略』(スタン・ラップ、トーマス・コリンズ著、江口馨訳、ダイヤモンド社、1992年)を参照されたい。
2. 数値は1997年のもので、以下の協会より提供された。National Mail Order Association, tel: 612-788-1673.
3. 最新の統計については、以下のウェブサイトにアクセスされたい。www.commerce.net/nielsen/.
4. Pierre A. Passavant, "Where Is Direct Marketing Headed in the 1990s?" 1989年5月4日、フィラデルフィアで行われた講演。
5. Don E. Schultz, Stanley I. Tannenbaum, and Robert F. Lauterborn, *Integrated Marketing Communications* (Lincolnwood, IL: NTC Business Books, 1993). 邦訳：『広告革命　米国に吹き荒れるIMC旋風──統合型マーケティング・コミュニケーションの理論』(ドン・E・シュルツ、サタンレー・I・タネンバーム、ロバート・F・ローターボーン著、有賀勝訳、電通、1994年); Ernan Roman, *Integrated Direct Marketing: The Cutting Edge Strategy for Synchronizing Advertising, Direct Mail, Telemarketing, and Field Sales* (Lincolnwood, IL: NTC Business Books, 1995); Stan Rapp and Thomas L. Collins, *Maximarketing* (New York: McGraw-Hill, 1987), and *Beyond Maximarketing: The New Power of Caring and Daring* (New York: McGraw-Hill, 1994). 邦訳：『マルチメディア時代のマーケティング革命──先進企業はここまでやっている』(スタン・ラップ、トーマス・L・コリンズ著、旭通信社訳、ダイヤモンド社、1994年)
6. Roman, *Integrated Direct Marketing*, p. 3.
7. Rapp and Collins, *Maximarketing*.
8. 以下の文献を参照されたい。Don Peppers and Martha Rogers, *The One-to-One Future* (New York: Doubleday/Currency, 1993) 邦訳：『One to Oneマーケティング──顧客リレーションシップ戦略』(ドン・ペパーズ、マーサ・ロジャーズ著、ベル・システム24訳、ダイヤモンド社、1995年)
9. Jonathan Berry, "A Potent New Tool for Selling: Database Marketing," *Business Week*, September 5, 1994, pp. 56–62; Vincent Alonzo, "'Til Death Do Us Part," *Incentive*, April 1994, pp. 37–41.

10. "What've You Done for Us Lately?" *Business Week*, September 14, 1998, pp. 142–48.
11. Nicole Harris, "Spam That You Might Not Delete," *Business Week*, June 15, 1998, pp. 115–18.
12. Bruce Horovitz, "AmEx kills database deal after privacy outrage," *USA Today*, July 15, 1998, p. B1.
13. Debra Ray, "'Poor Mouth' Direct Mail Brochure Nets $3.5 Million in Contributions," *Direct Marketing*, February 1998, pp. 38–39.
14. Bob Stone, *Successful Direct Marketing Methods*, 6th ed. (Lincolnwood, IL: NTC Business Books, 1996). 以下の文献も参照されたい。David Shepard Associates, *The New Direct Marketing*, 2nd ed. (Chicago: Irwin, 1995); Amiya K. Basu, Atasi Basu, and Rajeev Batra, "Modeling the Response Pattern to Direct Marketing Campaigns," *Journal of Marketing Research*, May 1995, pp. 204–12.
15. Edward L. Nash, *Direct Marketing: Strategy, Planning, Execution*, 3d ed. (New York: McGraw-Hill, 1995).
16. Rachel McLaughlin, "Get the Envelope Opened!" *Target Marketing*, September 1998, pp. 37–39.
17. 以下の文献も参照されたい。Richard J. Courtheoux, "Calculating the Lifetime Value of a Customer," in Roman, *Integrated Direct Marketing*, pp. 198–202; Rob Jackson and Paul Wang, *Strategic Database Marketing* (Lincolnwood, IL: NTC Business Books, 1994), pp. 188–201. 邦訳：『戦略的データベース・マーケティング：顧客リレーションシップの実践技法』(ロブ・ジャクソン、ポール・ワン著、日紫喜一史訳、ダイヤモンド社、1999年)
18. Bruce Horovitz, "Catalog Craze Delivers Holiday Deals," *USA Today*, December 1, 1998, p. 3B.
19. Erika Rasmussen, "The Lands' End Difference," *Sales & Marketing Management*, October 1998, p. 138.
20. 以下の文献も参照されたい。Janice Steinberg, "Cacophony of Catalogs Fill All Niches," *Advertising Age*, October 26, 1987, pp. S1–S2.
21. Mari Yamaguchi, "Japanese Consumers Shun Local Catalogs to Buy American," *Marketing News*, December 2, 1996, p. 12; Cacilie Rohwedder, "U.S Mail-Order Firms Shake Up Europe—Better Service, Specialized Catalogs Find Eager Shoppers," *Wall Street Journal*, January 6, 1998; Kathleen Kiley, "B-to-b Marketers High on Overseas Sales," *Catalog Age*, January 1997, p. 8.
22. De'Ann Weimer, "Can I Try (Click) That Blouse (Drag) in Blue?" *Business Week*, November 9, 1998, p. 86.
23. 以下の文献を参照されたい。David Woodruff, "Twilight of the Teller?" *Business Week*, European Edition, July 20, 1998, pp. 16–17.
24. "Infomercial Offers Multiple Uses," *Direct Marketing*, September 1998, p. 11; Tim Hawthorne, "When and Why to Consider Infomercials," *Target Marketing*, February 1998, pp. 52–53.
25. 以下の文献を参照されたい。Jeffrey F. Rayport and John J. Sviokla, "Managing in the Marketspace," *Harvard Business Review*, November–December, 1994, pp. 75–85. 同著者による以下の文献も参照されたい。"Exploiting the Virtual Value Chain," *Harvard Business Review*, November–December 1995, pp. 141–50.
26. フォレスター・リサーチ社は、2002年の購買額について次のような将来予測を一部発表した。耐久消費財、990億ドル。事務用品、電化製品、科学系器具、890億ドル。旅行、74億ドル。コンピュータのハードウェアおよびソフトウェア、38億ドル。書籍、音楽、エンターテインメント、38億ドル。以下の文献を参照されたい。H. Green and S. Browder, "Cyberspace Winners: How They Did It," *Business Week*, June 22, 1998, pp. 82–85.
27. "Making AOL A-O.K.," *Business Week*, January 11, 1999, p. 65; MSN and Prodigy statistics from Jupiter Communications survey, February 1998.
28. 以下の文献を参照されたい。Daniel S. Janal, *Online Marketing Handbook 1998 Edition: How to Promote, Advertise and Sell Your Products and Services on the Internet* (New York: John Wiley, 1998).
29. Gerald D. Boyd, "Cyberspace Caters to Wine Buffs," *San Francisco Chronicle*, May 8, 1998, p. 4.
30. Don Clark, "Study Finds Many Tech Firms' Web Sites Lack Basic Information for Customers," *Wall Street Journal*, August 19, 1998, p. B5.
31. Melanie Berger, "It's Your Move," *Sales & Marketing Management*, March 1998, pp. 44–53.
32. Greg Hansen, "Smaller May Be Better for Web Marketing," *Marketing News*, January 19, 1998, pp. 10, 13. ウェブサイトに視聴者を引きつける方法については、以下の文献に詳しい。Richard T. Watson, Sigmund Akselsen, and Leyland F. Pitt, "Attractors: Building Mountains in the Flat Landscape of the World Wide Web," *California Management Review*, Winter 1998, pp. 36–56.
33. 以下の文献を参照されたい。George Anders, "Internet Advertising, Just Like Its Medium, Is Pushing Boundaries," *Wall Street Journal*, November 30, 1998, p. 1.
34. 以下の文献を参照されたい。Mary J. Cronin, "Using the Web to Push Key Data to Decision Makers," *Fortune*, September 29, 1997, p. 254.
35. Jay Winchester, "Point, Click, Sell," *Sales & Marketing Management*, November 1998, pp. 100–101.
36. 以下の文献を参照されたい。Joseph Alba, John Lynch, Barton Weitz, Chris Janiszewski, Richard Lutz, Alan Sawyer, and Stacy Wood, "Interactive Home Shopping: Consumer, Retailer, and Manufacturer Incentives to Participate in Electronic Marketplaces," *Journal of Marketing*, July 1997, pp. 38–53.
37. J. A. Quelch and L. R. Klein, "The Internet and International Marketing," *Sloan Management Review*, Spring 1996, pp. 60–75.
38. Nick Wingfield, "Making the Sale—A Marketer's Dream: The Internet Promises to Give Companies a Wealth of Invaluable Data About Their Customers. So, Why Hasn't It?" *Wall Street Journal*, December 7, 1998, p. R20.
39. Stephanie Armour, "Companies Grapple with Gripes Posted on Web," *USA Today*, September 16, 1998, p. 5B.

CHAPTER 22

トータル・マーケティングのマネジメント

KOTLER ON MARKETHING
コトラー語録

マーケティング組織は、顧客インタラクションの管理から、顧客に接するあらゆるプロセスの統合にいたるまで、その役割を見直す必要に迫られるだろう。

The marketing organization will have to redefine its role from managing customer interactions to integrating all the company's customer-facing processes.

本章では、次の問題を取り上げる。

- 企業組織におけるトレンドはどうなっているのか。
- 企業の中で、マーケティングと販売はどのように位置づけられるのか。
- 企業の中で、マーケティング部門は他の部門とどのような関係にあるのか。
- より強い顧客志向の社風を構築する上で、どのような手段がとれるのか。
- マーケティングの実行力を向上させるためには、どうしたらよいのか。
- マーケティング活動を監査し改善する場合、どのようなツールが使えるのか。

本章では、マーケティングの戦略的および戦術的マネジメントから、その**実践**に目を向けよう。企業はマーケティング活動をどのように組織し、実行し、評価し、管理しているのかを検討する。

企業組織におけるトレンド

グローバル化、規制緩和、コンピュータとテレコミュニケーションの発達、市場分裂といったビジネス環境の大変動に直面すると、企業は事業とマーケティングのあり方を再構築する必要に迫られる。急速に変化する環境への企業の主な対策には、次のようなものがある。

- **リエンジニアリング**　顧客価値の構築プロセスを管理するチームを任命し、**職能**間に存在する部門の壁を取り払うよう努める。
- **アウトソーシング**　財やサービスを社外の業者に求めた方がコストを削減できる場合、外注をより積極的に推進する。
- **ベンチマーキング**　業績を改善するために、「ベスト・プラクティス企業」を研究する。
- **供給業者とのパートナーシップ**　供給業者の数を絞り、より大きな付加価値を生み出す供給業者との連携を強化する。
- **顧客とのパートナーシップ**　顧客とより緊密に協力して、顧客にとっての価値を高める。
- **合併**　規模の経済性と範囲の経済性を高めるために、同業他社を買収するか、または同業他社と合併する。
- **グローバル化**　「グローバルに考える」ことと「ローカルに活動する」ことの両面でいっそう努力する。
- **フラット化**　組織階層の数を減らし、顧客との距離を縮める。
- **集中化**　最も収益性の高い事業と顧客を見極め、そこに力を集中させる。
- **エンパワーメント**　スタッフがよりいっそうアイデアを出し、イニシアチブを取ることを奨励し、またその権限を与える。

こうしたトレンドすべては間違いなく、マーケティングの組織と実践に影響を及ぼすことになるだろう。

　組織内でマーケティングが果たす役割も変わらなければならない。マーケターは従来、中間商人の役割を果たしていて、顧客のニーズを理解し、顧客の声を組織内のさまざまな部門に伝える任務を負っていた。そして報告を受けた各部門が実際に顧客のニーズへ対応してきたのである。こうしたマーケティング機能についての考え方の根底には、他の職能部門では顧客との直接対話が難しい、という想定がひそんでいた。しかし、ネットワーク化された企業では、特に電子メディアを通じて、すべての部門が顧客と対話することが可能である。もはやマーケティング部門だけが顧客と対話する時代ではない。むしろ、マーケ

ティング部門は顧客と接するすべてのプロセスを統合し、顧客が企業と接触するときの応対が一貫しているようにすべきである。

マーケティングの組織と役割の変化をスポーツになぞらえることもできる。■マーケティング・インサイト「マーケティング組織をスポーツになぞらえる」を参照されたい。

> トレンド：最初にコクーニング（フェイス・ポップコーンの命名）というトレンドに目をつけたのは、1985年の『アメリカン・デモグラフィックス』である。ちょうどそのころ、ベビーブーム世代が親となり、家庭人となりつつあった。

マーケティング組織

時を経るうちに、マーケティングは単なる販売部門からさまざまな活動の複合体へと発達した。企業の中でマーケティング部門はどのように発展してきたのか、どのように組織されているのか、どのように他部門と連携しているのか、といった点について見ていこう。

マーケティング部門の発展

マーケティング部門は6つの段階を経て発展してきた。いかなる企業もいずれかの段階にあるはずだ。

■ 第1段階：単純な販売部門

概して小企業では、販売担当副社長がセールス・フォースを監督し、自らも販売の現場に立つ。マーケティング・リサーチや広告が必要になったときは、販売担当副社長が社外に依頼する（■図22-1(a)）。

■ 第2段階：マーケティング機能を備えた販売部門

企業の規模が大きくなるにつれ、ある特定機能を付け加えたり拡張したりする必要が出てくる。例えば、西海岸での事業展開を計画している東海岸の会社は、顧客ニーズや市場可能性を知るためにマーケティング・リサーチを行わなければならないだろう。企業名や製品を当該地域で広告することも必要になる。販売担当副社長はそうした活動を進めるために、マーケティング・リサーチ・マネジャーと広告マネジャーを雇うことになるだろう。このような活動と他のマーケティング機能を監督させるために**マーケティング・ディレクター**を配置することも考えられる（■図22-1(b)）。

■ 第3段階：独立したマーケティング部門

企業がさらに成長すると、マーケティング・リサーチ、新製品開発、広告ならびに販売促進、顧客サービスにいっそうの投資をするのは当然のことである。しかし多くの場合、販売担当副社長は時間と資源をもっぱらセールス・フォースへ注ぎがちである。いずれCEOは独立したマーケティング部門を設立し、マーケティング担当副社長を販売担当副社長と同様、社長もしくは筆頭副社長に

> トレンド：1989年と1990年の『アメリカン・デモグラフィックス』は、テレビ、ラジオ、雑誌、新聞に続く第5のコミュニケーション・メディアの出現を予言した。結局、それはインターネットであった。

第22章　トータル・マーケティングのマネジメント

直属させた方がよいと考えるだろう(■図22-1(c))。この段階では、販売とマーケティングは別々の機能であり、緊密に協力し合って仕事を進めることが期待される。

このような組織を構築することによって、CEOは事業機会と問題について、よりバランスのとれた見方ができるようになる。仮に売上高が下降し始めたと仮定しよう。販売担当副社長は、販売員の増員、販売報奨金のアップ、販売コンテストの開催、販売員のトレーニングの強化を提案するか、あるいは製品を売りやすくするために値下げを進言するかもしれない。それに対してマーケティング担当副社長は、市場に影響を及ぼしている要因を分析しようとするだろう。対象としているセグメントと顧客層は適切か、標的顧客は自社製品と競合他社の製品についてこれまでと違う見方をしているのではないか、製品の特徴、スタイル、パッケージング、サービス、流通、プロモーションを変えるべきではないか、といったことを分析するのである。

第4段階：現代的なマーケティング部門

販売担当副社長とマーケティング担当副社長は協力して仕事を進めるべきであるが、その関係はしばしば緊張し、不信感が生じることも多い。販売担当副社長はマーケティング・ミックスにおいてセールス・フォースが軽んじられることに憤慨し、マーケティング担当副社長は販売以外の活動により多くの予算を充てたいと考える。

マーケティング・マネジャーの仕事は事業機会を見極め、マーケティングの戦略とプログラムを準備することである。販売員はそうしたプログラムを実行する責任を負っている。マーケターはマーケティング・リサーチに頼り、市場セグメントの特定と理解に努め、計画に時間をかけ、長期的視野で考え、利益をあげ、市場シェアを高めることを目指している。これに対して販売員は、現場の経験に頼り、買い手一人ひとりの理解に努め、実地の販売に時間を費やし、短期的にものを考え、販売割当を達成すべく努力している。

販売部門とマーケティング部門との軋轢（あつれき）が限度を超える場合には、マーケティング活動を販売担当副社長の管理下に置く、筆頭副社長に軋轢の調整を指示する、あるいはマーケティング担当副社長にセールス・フォースを含むすべての管理を任せる、といった方策がとられるだろう。3つめの方策は、現代的なマーケティング部門の基礎となっている。マーケティングおよび販売担当の筆頭副社長が指揮をとり、配下にはセールス・マネジメントを含めあらゆるマーケティング機能を担当する各マネジャーが配置されることになる(■図22-1(d))。

第5段階：効果的なマーケティング企業

優秀なマーケティング部門を抱えている企業がマーケティングに失敗することもありうる。マーケティングの成否は、他の部門が顧客をどのように見ているかに大きく左右される。従業員がマーケティング部門を指して「マーケティングはあそこの仕事だ」と言っているような企業は、効果的なマーケティング

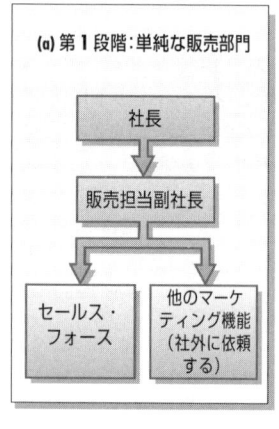

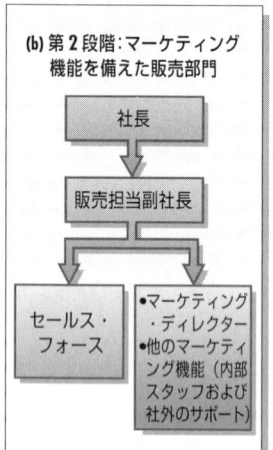

図22-1

マーケティング部門の発展段階

(a) 第1段階：単純な販売部門
社長 → 販売担当副社長 → セールス・フォース / 他のマーケティング機能(社外に依頼する)

(b) 第2段階：マーケティング機能を備えた販売部門
社長 → 販売担当副社長 → セールス・フォース / ・マーケティング・ディレクター ・他のマーケティング機能(内部スタッフおよび社外のサポート)

を実行していないということである。全従業員が顧客のおかげで自分の仕事があるのだと認識したとき、初めて企業は効果的なマーケティング企業となる[1]。

■第6段階：プロセスと成果に基礎を置く企業

多くの企業は現在、組織の重心を部門から主要なプロセスへと移行させつつある。新製品開発、顧客獲得と顧客維持、注文処理、顧客サービスといった基本的なビジネス・プロセスを円滑に実行する上で、部門別に分かれた組織は障壁とみなされる傾向がますます強まっている。顧客にかかわるプロセスの成果を獲得するために、企業は部門を越えたチームを統率するプロセス・リーダーを置くようになっている。それにより、マーケティング担当者と販売員がより多くの時間をプロセス・チームの一員として過ごすようになってきている。その結果、マーケティング担当者は自分の属するチームの仕事が本務で、マーケティング部門の仕事は兼務ということもあるだろう。各チームは、マーケティング担当者の人事考課を定期的にマーケティング部門へ報告する。マーケティング部門は、マーケティング担当者を養成し、新たなチームに配属し、総合的な人事考課をする（■図22-1(e)）。

マーケティング部門の組織化

現代的なマーケティング部門は多様な形態をとるが、大きく分類して、職能、販売地域、製品、顧客市場のいずれかを基準として組織化されている。

■職能別組織

最も一般的な形態のマーケティング組織は、さまざまな職能ごとにスペシャリストを配置し、その上に立つマーケティング担当副社長が活動全体を統括するというものである。■図22-2には5人のスペシャリストが示されている。これ以外にも、顧客サービス・マネジャー、マーケティング計画マネジャー、物流マネジャーが加わることもある。

マーケティング部門内で仕事上の円滑な協力関係を築くのは、かなりの難題である。セスペデスは、**販売**、**顧客サービス**、**製品マネジメント**、という3グループの密接な連携を薦めているが、それはこれらが一体となって顧客満足に大きく影響するからである。セスペデスは、これら3つの主要なマーケティング・グループ間で緊密な関係を築くための方法をいくつか提案している[2]。

職能別マーケティング組織の主な利点は、管理上の単純さにある。しかし、この形態は製品や市場が増えるにつれ、効率が悪くなってゆく。第1に、職能別組織は特定の製品や市場を対象としたとき、不適切なプランニングをすることがある。だれからも好まれない製品は無視されてしまうのである。第2に、各職能別グループは、他のグループと予算や地位をめぐって競うことになる。マーケティング担当副社長は常に、競争する職能別スペシャリストの要求を検討し、利害調整という困難な問題に立ち向かわなければならない。

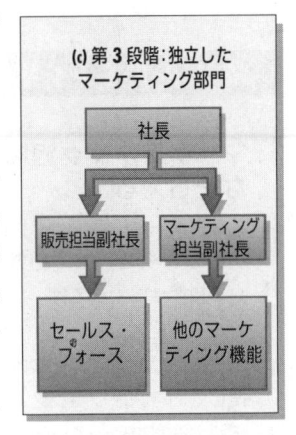

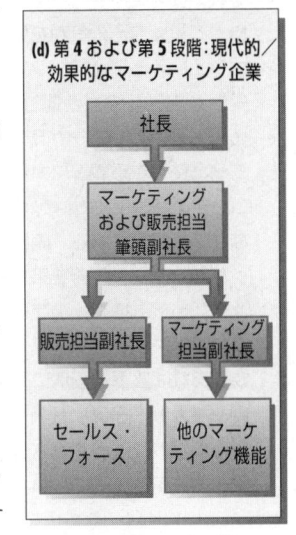

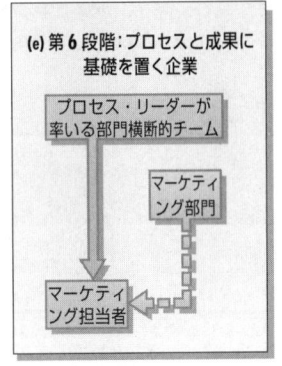

図22-1

マーケティング部門の発展段階

MARKETING INSIGHT　マーケティング・インサイト

マーケティング組織をスポーツになぞらえる

企業のマーケティング目標を達成する際のチームワークの重要性については、これまでもおおいに論じられてきた。経営コンサルトのマイケル・ハマーはフットボールにたとえて、比較的フラットな組織の価値を指摘している。オフェンスとディフェンスの選手はそれぞれの役割を持っているが、チームメイトとの協力があって初めてその役割を果たすことができる。監督はオフェンスとディフェンスそれぞれのコーチの補助を受け、チームの試合運び全体を監督する。それに加え、各選手のコーチがそれぞれ個別に指導している。刻一刻変化する戦況に対応するため、各選手は複数のコーチの指示に従わなければならない。時には自発的な判断も要求される。同様に、企業のマネジャーも部下がそれぞれの任務を果たすように指導する。マネジャーが部下よりも仕事を遂行する能力が高い必要はない。それよりも、マネジャーは仕事全体を統括し、必要があれば部下を個別に励まし、指導する立場にあることが大事だ。フットボールのチームと同様、効率的な組織であろうとするなら、マネジメントの階層をあまり厚くすべきではない。そうでないと、経営トップは現場の仕事から離れすぎてしまうため、監督することができなくなる。

戦略コンサルタントのエイドリアン・J・スライウォツキーも、マーケティングをスポーツになぞらえている。彼によると、フットボールは1960年代と1970年代のビジネスに相当するという。フットボールのペースは試合中は速いが、プレーとプレーの間のかなり長い休止期間中は静かなものである。同様に、ある事業で成功を収めた大企業は、じっくり時間をとって次の事業に備えた。スライウォツキーは1980年代におけるビジネス・ペースの加速をバスケットボールにたとえている。新製品を市場に出すスピードは、とりわけ新たな電子機器の製造業者にとって、いっそう重要性を増した。そして、チェスのような頭脳ゲームの1990年代がやってきた。一手一手が戦略的な意味を持つが、次の一手よりも重要なのが駒の置き方のパターンに精通することである。各駒の位置が変わる可能性を心得ており、駒を動かす別の選択肢を持っていれば、変化する状況に対応することが可能になる。現代では、勝者になろうとする真摯なビジネスマンは、新たな競技のルールと戦法を学び、新技術を練習する万能選手のように、駒の動かし方と筋力の双方を鍛える必要がある。

出典：Michael Hammer, "Beyond the End of Management," in *Rethinking the Future*, ed. Rowan Gibson (London: Nicholas Brealey, 1996), pp. 94–105; Adrian Slywotsky, *Value Migration: How to Think Several Moves Ahead of the Competition* (Boston: Harvard Business School Press, 1996), pp. 7–8, 18–19.

地域別組織

全国市場で販売を行っている企業は、セールス・フォースを(時としてマーケティングなど他の機能も)地域ごとに組織することが多い。全国セールス・マネジャーの監督下に4人の地方セールス・マネジャーを配置し、その下にそれぞれ6人の地域マネジャー、その下にそれぞれ8人の地区セールス・マネジャー、さらにその下にそれぞれ10人の販売員を配置する、という具合である。

販売量が多く、特徴のある市場の販売活動を支援するために、**地域市場スペシャリスト**(地域担当マーケティング・マネジャー)を配置する企業もある。そのような市場の1つに、46％の世帯がラテン・アメリカ系であるマイアミが挙げられる。隣接するフォート・ローダーデールのラテン・アメリカ系世帯は6.7％

図22-2

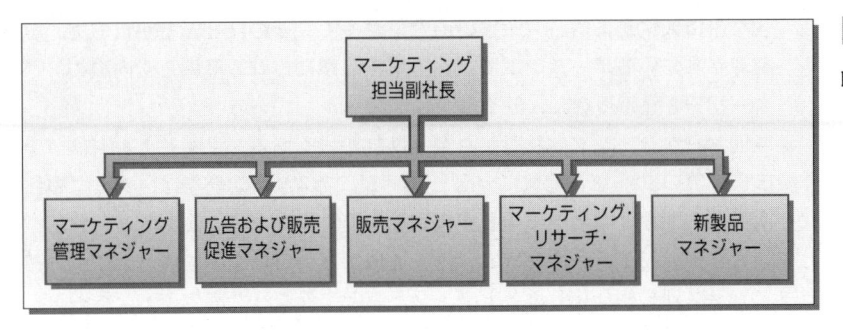

職能別組織

```
                    マーケティング
                    担当副社長
   ┌─────────┬─────────┬─────────┬─────────┐
マーケティング  広告および販売  販売マネジャー  マーケティング・  新製品
管理マネジャー  促進マネジャー          リサーチ・      マネジャー
                                        マネジャー
```

にすぎない。マイアミ担当のマーケティング・マネジャーは、当地の顧客と取引の性質を熟知しており、本部のマーケティング・マネジャーがマーケティング・ミックスをマイアミ向けに調整するのを助け、当該企業の全製品をマイアミで販売するための年度計画と長期計画を策定する。

　地域化やローカル化を促進してきたいくつかの要因がある。アメリカのマス市場は、例えばベビーブーマー、高齢者、アフリカ系アメリカ人、シングル・マザーなど、デモグラフィック特性ごとのおびただしいミニ市場へ徐々に細分化してきている[3]。情報技術とマーケティング・リサーチ技術の進歩もまた地域化に拍車をかけている。小売店のスキャナーが読み取ったデータによって、製品の販売成績が即座にわかり、地域ごとの課題と事業機会を特定できるようになった。小売業者にとっても、自分のいる都市や地域の消費者を標的とした地域別プログラムはおおいに歓迎するところである。小売業者の要望に添うべく、メーカーは現在、地域ごとのマーケティング計画を策定するようになっている。

キャンベルスープ

　キャンベルスープは多くの地域別ブランドを開発し、成功を収めてきた。南西部ではスパイスの利いた農場風の豆のスープ、南部ではクレオール風スープ、ラテン・アメリカ系住民の多い地域ではアズキのスープといった具合である。地域ごとの嗜好に合わせたブランドは、キャンベルの年間売上高の向上に大きく貢献している。そればかりか、キャンベルは国内市場を22の地域に分割し、各地域に現地のプログラム策定を任せている。全マーケティング予算の15%〜20%は現地のマーケティングに割り振られている。各地域では、キャンベルの販売マネジャーと販売員が、地元のニーズと事情に合わせた広告とプロモーションを考案している。

　国際市場においても、キャンベルは地域特性に応じた活動を展開している。1991年に営業を開始した香港支社はアジア市場向けの調理法を開発し、ラテン・アメリカで販売しているスープはスパイスの風味を売り物にしている。パッケージングと広告も地域や国ごとの特性に応じて変えている。例えば、徒歩で買い物をする消費者が多い日本では、缶の使用は避けている。逆にメキシコでは、大家族が多いため大

きな缶に人気がある。スープの消費量が多く、そのほとんどが自宅で調理されているポーランドでは、手早く簡単に作れる濃縮した内臓のスープを8種類用意し、働く母親にアピールしている[4]。

地域別マーケティングへ移行した企業はほかにもある。マクドナルドは、今や全広告予算の50%を各地域に分配している。アメリカン航空は、シカゴの住民と南西部の住民とでは冬季の航空機利用頻度に大きな違いがあることを認識している。アンハイザー・ブッシュは、地域ごとの市場を民族別およびデモグラフィックス別に細分化し、各セグメントごとに異なった広告キャンペーンを展開している。

地域化に伴い、ブランチ化が行われる場合もある。**ブランチ化**とは、地域や地区の営業所に権限を委譲し、フランチャイズに近い形で活動させることである。IBMは各支社のマネジャーに「自らの裁量で事業を展開せよ」という指示を出した。各支社はプロフィット・センターに近くなり、地域マネジャーは従来よりも多くの戦略上の自由裁量とやりがいを手に入れている。

地域化は、世界規模で事業を展開している多国籍企業にも採用されつつある。クエーカー・オーツはブリュッセルにヨーロッパ本部を設立し、ブリティッシュ・ペトロリアム社はアジアや中東地域における事業の統括地としてシンガポールを選んだ[5]。シティバンクも次のような変革を遂げている。

シティバンク

世界的な銀行であるシティバンクにとって、グローバル展開している重要な顧客企業へのサービス提供法は、かねてからの懸案事項であった。解決策は次のとおりである。世界的な顧客企業1件1件にペアレント・アカウント・マネジャー(PAM)を任命し、ニューヨークの本部に置く。各PAMはさまざまな国に駐在しているフィールド・アカウント・マネジャー(FAMs)との間にネットワークを構築し、取引先がサービスを必要とするときは、FAMsに対応をゆだねるのである。

■ 製品(ブランド)マネジメント組織

多様な製品ブランドを生産する企業では、製品(またはブランド)マネジメント組織を確立することが多い。製品マネジメント組織は職能別マネジメント組織に取って代わるのではなく、並立する形になる。製品マネジャーは複数の製品カテゴリー・マネジャーを監督し、製品カテゴリー・マネジャーは個別の製品およびブランド・マネジャーを監督する。製品マネジメント組織は、製品の種類が多岐にわたっていたり、製品数が多すぎて職能別組織では対処しきれなかったりする場合に効力を発揮する。クラフト社はポスト事業部で製品マネジメント組織を採用している。複数の製品カテゴリー・マネジャーが、それぞれシリアル、ペットフード、飲料を担当する。そしてシリアル製品グループ内にはさらに個別のサブカテゴリー・マネジャーが置かれ、それぞれ栄養補助シリアル、子供向け加糖シリアル、ファミリー向けシリアル、混合シリアルなどを担当する。

製品マネジャーやブランド・マネジャーの任務は次のとおりである。
- 長期的で競争力のある製品戦略の構築
- 年間マーケティング計画の作成と販売予測
- 広告会社やマーチャンダイジング代理業者と連携したコピー、プログラム、キャンペーンの立案
- セールス・フォースと流通業者に対する製品販売意欲の喚起
- 製品の性能、顧客とディーラーの態度、新たな問題と機会に関する継続的な情報収集
- 変化する市場ニーズに合わせた製品の改良提案

こうした任務は、消費財のマネジャーでも生産財のマネジャーでも同じである。ただし、消費財のマネジャーの方が扱う製品数は少なく、広告と販売促進により多くの時間を費やす傾向がある。また、比較的若く、MBAの学位を持っている者が多い。生産財のマネジャーは顧客および研究スタッフや技術スタッフと過ごす時間が多く、製品の技術的側面や設計改善の可能性について考え、セールス・フォースや顧客の購買担当者と緊密に連携して仕事を進めることが多い。

製品マネジメント組織にはいくつかの利点がある。製品マネジャーは、担当製品に対応した費用効果の高いマーケティング・ミックスの開発に集中できる。職能別スペシャリストが集まった委員会よりも、市場で生じた問題に迅速に対処することができる。どの製品にも部下のだれかが必ず責任を負っているから、弱小ブランドがおろそかにされることは少なくなる。また、企業活動のほとんどすべての領域に関与するため、幹部候補生を訓練する場としても申し分がない(■図22-3)。

しかし、製品マネジメント組織にはいくつかの欠点もある。第1に、対立と不満の温床になりやすい。多くの場合、製品マネジャーはその職責を効果的に遂行するための十分な権限を与えられておらず、広告、販売、製造などの他部門の協力を得るために説得という方法に頼らざるをえない。周囲からは「ミニ社長」と呼ばれるが、実のところ低レベルの調整役扱いされることが多く、大量の事務処理に忙殺される。業務を遂行するために、往々にして人の頭越しに事を運ばざるを得ない。

第2に、製品マネジャーは製品のエキスパートにはなるが、マーケティングのさまざまな機能に精通することは滅多にない。そのため製品マネジャーは、あるときはエキスパートのようにふるまい、あるときは本物のエキスパートの前で小さくなる。製品の売上が広告など特定の専門機能に依存しているとき、製品マネジャーの仕事はやりにくくなる。

第3に、製品マネジメント組織はしばしば高コストとなる。初めは主要製品のそれぞれに製品マネジャーが1人配置されるのだが、ほどなく弱小製品にまでマネジャーが配置されるようになる。製品マネジャーは概して仕事を過剰に抱えているから、右腕となるブランド・マネジャーの配置を切望する。やがて2人ともオーバーワークとなり、経営陣を説得してアシスタント・ブランド・マ

詩、民話、神話、伝説、年代記をもとに、陰謀と殺人と個性的な人物に彩られた前ミレニアムのヨーロッパ像を描いた書として、ジェームズ・レストンの『The Last Apocalypse: Europe at the Year 1000 A.D.』は傑作である。

ニック・ハンナは著書『The Millennium』の中で、999年は借金の帳消し、囚人の釈放、不義の告白の年であったと述べている。

図22-3

製品マネジャーと他部門との相互関係

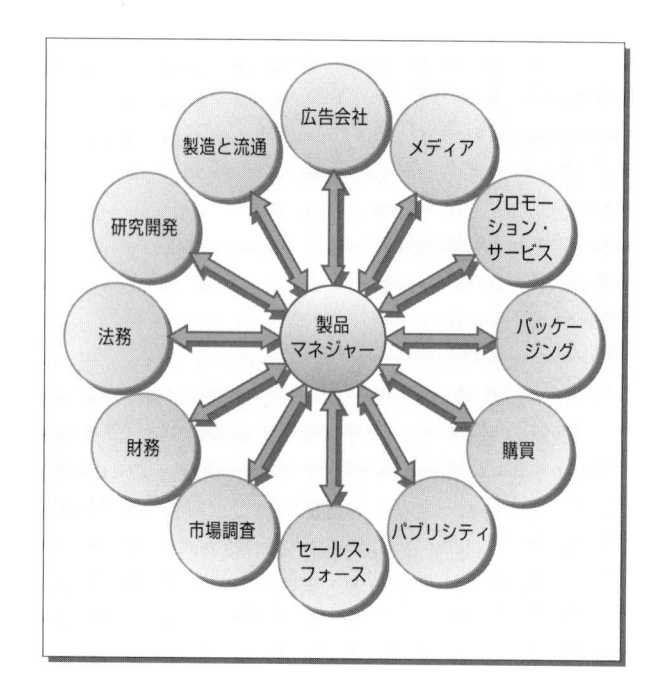

ネジャーを配置してもらうことになる。こうして人員が増えるにつれ、人件費がかさんでいく。一方で、企業はコピー、パッケージング、メディア、販売促進、市場調査、統計分析などの職能別スペシャリストの増員を続ける。やがて企業は、大規模でコストのかかる組織構造を背負い込むことになる。

第4に、ブランド・マネジャーは通常ごく短い期間だけブランドを担当し、数年でほかのブランドの担当に変わるか、他社に移る。担当期間が短いためマーケティングの計画も短期志向となり、長期的に売れるブランドを育てる上で困難をきたすことになる。

第5に、市場の分裂によって、本部が全国的な戦略を立てることが困難になっている。ブランド・マネジャーは、地元の流通業者の意に沿うように仕事を進め、地域担当のセールス・フォースに依存しなければならない。

ピアソンとウィルソンは、製品マネジメント組織がうまく機能するための5つのステップを提案している[6]。

1. 製品マネジャーの役割と責任の明確化。
2. 製品マネジャーの業務枠組みを定めるための、戦略構築プロセスと戦略評価プロセスの確立。
3. 製品マネジャーと職能別スペシャリストの役割を決める際の、コンフリクトが起こりそうな分野への配慮。
4. 製品マネジメントと職能別ライン・マネジメント間での利害の衝突を上層部に伝達するフォーマルな体制の構築。
5. 製品マネジャーの責任において業績を評価するシステムの構築。

ピアソンとウィルソンの考えに代わる第2の案は、製品マネジャーから製品

チームに移行することである。製品マネジメントにおける製品チームの構造には、次の3つがある（■図22-4）。

1. **垂直型製品チーム**　製品マネジャー、副製品マネジャー、製品アシスタントで構成される（■図22-4(a)）。製品マネジャーは、リーダーとして他チームのマネジャーとの折衝にあたり、協力を得る。副製品マネジャーは、リーダーの仕事を補佐するとともに、事務処理の一部を担当する。製品アシスタントは、事務処理の大半と定型的な分析に従事する。

2. **三角型製品チーム**　製品マネジャーと2名の専門知識を持つ製品アシスタントで構成される。製品アシスタントの1人はマーケティング・リサーチを担当し、もう1人はマーケティング・コミュニケーションを担当する（■図22-4(b)）。ホールマーク社は、市場マネジャー（リーダー）、マーケティング・マネジャー、流通マネジャーで構成される「マーケティング・チーム」を採用している。

3. **水平型製品チーム**　製品マネジャーと、マーケティングなどの機能別組織に属する複数のスペシャリストで構成される（■図22-4(c)）。3Mではチーム・リーダーならびに販売、マーケティング、研究所、技術、経理、マーケティング・リサーチといった各組織からの代表者が参加しているチームを作っている。ダウ・コーニング社は5人～8人でチームを編成し、各チームが特定の製品、市場、プロセスを担当している。

第3の案は、弱小製品担当の製品マネジャーのポストをなくし、1人のマネジャーに複数の製品を担当させることである。この手法は、複数の製品が同じようなニーズを対象としている場合に適している。化粧品会社は美容というただ1つの大きなニーズに対応しているので、製品ごとに専属の製品マネジャーを置く必要はない。日用雑貨品会社は、頭痛薬、練り歯磨き粉、石鹸、シャンプーのそれぞれに専属の製品マネジャーを置く必要がある。製品の使用目的もアピールも異なるからである。

第4の案は、**カテゴリー・マネジメント**を導入し、自社ブランドを管理するため製品カテゴリーごとに力を集中することである。2社の例を挙げよう。

GM

　GMでは、製品は自動車の型によって分類され、各事業部は特定の市場セグメントに向けて諸モデルを提供する。キャデラックは、いうまでもなく自動車業界を代表するステータス・シンボルである。ビュイックは、医師や弁護士のような知的専門職につく人々をターゲットとしている。ポンティアックとオールズモビルはスポーティーなイメージを求めるドライバー向けで、シボレーは移動の実用的手段として自動車を求める一般的なドライバーを対象としている。こうした区別は、アルフレッド・スローンの「あらゆる所得の層に応じた自動車を」という理念に基づいている。しかし時が経つにつれ、各事業部は標的顧客

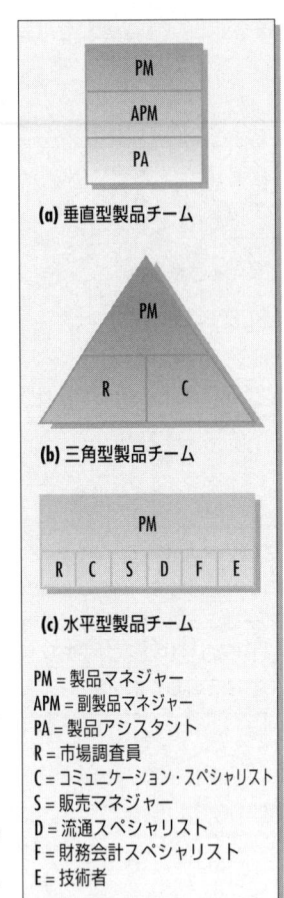

(a) 垂直型製品チーム　PM / APM / PA

(b) 三角型製品チーム　PM / R / C

(c) 水平型製品チーム　PM / R C S D F E

PM＝製品マネジャー
APM＝副製品マネジャー
PA＝製品アシスタント
R＝市場調査員
C＝コミュニケーション・スペシャリスト
S＝販売マネジャー
D＝流通スペシャリスト
F＝財務会計スペシャリスト
E＝技術者

図22-4

製品チームの3つの型

を見失い、全自動車市場向けのフルライン型自動車を開発するようになった。1994年にロナルド・ザレッラがGMの北米グループのマーケティング担当副社長に就任したとき、彼の任務は5つの事業部の5つのブランド・イメージを再構築することだった。ザレッラの指揮のもと、ブランド・マネジャーとビークルライン担当役員が各ブランドを率いるようになった。ブランド・マネジャーの仕事は、ブランドの市場を把握し、製品の技術とデザイン、広告、マーチャンダイジング、価格設定など全マーケティング活動が確実に標的へ向けられるよう監督することである。ビークルライン担当役員は、標的顧客のニーズに合った自動車ラインの開発を監督する。ビュイック・スカイラーク、ロードマスター、シボレー・カプリスのような各事業部のイメージにそぐわないモデルは生産中止となった[7]。

クラフト

クラフトは、各ブランドが組織内の資源を争い市場シェアを追求する古典的なブランド・マネジメントから、カテゴリーに基盤を置く組織へと転換を果たした。カテゴリー・ビジネス・ディレクター(あるいは「製品統括者」)が、マーケティング、研究開発、消費者プロモーション、財務の代表者からなる機能横断的なチームを率いている。カテゴリー・ビジネス・ディレクターは、広範囲の職務と決算上の責任を担っている。もはや単なるマーケターとはみなされず、次期の広告計画だけでなく、機会の発見やサプライ・チェーンの効率性向上にも責任を負っている。クラフトのカテゴリー・チームは、各製品カテゴリーを担当するプロセス・チームならびに主要顧客を担当する顧客チームと連携して仕事にあたっている(■図22-5)[8]。

カテゴリー・マネジメントは万能薬ではない。これもまた製品主導のシステムなのである。最近コルゲート社は、ブランド・マネジメント(コルゲート・ブランドの練り歯磨き粉)からカテゴリー・マネジメント(すべての練り歯磨き粉製品)へと転換し、さらに「顧客ニーズ・マネジメント」(口内ケア)と呼ばれる新たな段階へと進んだ。この最終段階で、ようやく基本的な顧客ニーズに焦点を当てた組織となったのである[9]。

■ 市場マネジメント組織

多くの企業が多種多様な市場に向けて製品を販売している。キヤノンはFAXを一般消費者、企業、官公庁といった異なる市場に販売している。U.S.スチール社は鋼鉄を鉄道会社、建設会社、公益事業に販売している。顧客が明確に選好別や購買方法別のユーザー・グループに分けられる場合には、市場マネジメント組織が望ましい。この組織では、**全市場マネジャー**が複数の**市場マネジャー**(**市場開発マネジャー**、**市場スペシャリスト**、あるいは**産業スペシャリスト**とも呼ばれる)を統括する。市場マネジャーは必要に応じて職能別組織を利用する。重要な市場を担当する市場マネジャーには、職能別スペシャリストが直属

ミレニアムを祝う：アバークロンビー＆ケント社によるツアーは、ヨルダンの古代都市ペトラのベドウィン・テントにおける饗宴で幕を閉じる。

[図: プロセス・チーム（各製品カテゴリーに専念）、カテゴリー・チーム（各製品カテゴリーに専念）、顧客チーム（各大口顧客に専念）の構成図]

プロセス・チーム：財務、品質、プロセス・チーム・リーダー、技術、原材料マネジャー、工場マネジャー

カテゴリー・チーム：マーケティング情報、研究開発、カテゴリー販売ディレクター、カテゴリー・ビジネス・ディレクター、財務、消費者プロモーション、ブランド・マネジャー

顧客チーム：カテゴリー・プランナー、顧客カテゴリー・マネジャー、サプライ・チェーン・スペシャリスト、顧客ビジネス・マネジャー、小売販売マネジャー、スペース・マネジメント・スペシャリスト、販売情報スペシャリスト

図22-5

クラフトにおけるチーム型管理

出典：Michael George, Anthony Freeling, and David Court, "Reinventing the Marketing Organization," *The McKinsey Quarterly* no. 4, (1994): 43–62.

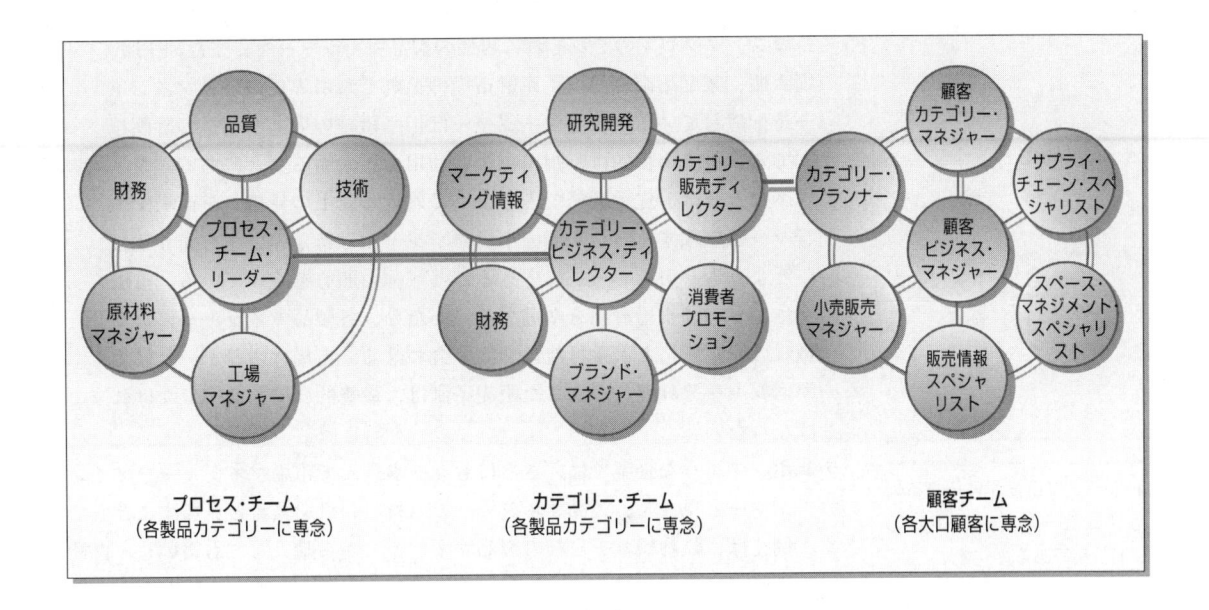

することさえある。

　市場マネジャーはスタッフであり（現場の従業員とは異なる）、製品マネジャーと同じような職務を担い、担当市場における長期計画と年次計画を策定する。そして市場の将来像と、市場に投入すべき新製品を分析する。マネジャーの成果は、担当市場の成長性と収益性によって判断される。市場マネジメント組織には、製品マネジメント組織と同じ利点と欠点がある。最大の利点は、マーケティング機能や地域や製品それ自体に重点を置くのではなく、顧客グループそれぞれのニーズに応じてマーケティング活動を組織できることだ。

　多くの企業が市場に合わせて組織の再構築を進め、**市場本位の組織**へと転換しつつある。ゼロックスは地域別の販売から産業別の販売への転換を果たし、IBMは最近23万5000人の従業員を14の顧客志向の事業部へと配置し直している。ヒューレット・パッカードは、販売員が担当産業内での取引に集中できる体制を構築した。

　いくつかの研究によって、市場本位の組織が有する有効性が確認されている。スレーターとナーバーは市場志向度の測定基準を開発し、市場志向が事業の収益性に及ぼす効果を分析した。その結果、コモディティ事業と非コモディティ事業の双方において、市場志向は非常に有効であることが明らかになった[10]。

■ マトリックス組織

　多くの製品を多くの市場に販売している企業は、**マトリックス組織**を採用することが多い。デュポンの例を見てみよう。

デュポン

　デュポンはマトリックス組織（■図22-6）の開発におけるパイオニアである。同社の織物繊維部門は、レーヨン、アセテート、ナイロン、オ

1999年8月に起こる今世紀最後の皆既日食を観測するのに最高の地は、トルコ、イラク、イランである。

ーロン、ダクロンのそれぞれに専任の製品マネジャーを、また紳士服、婦人服、家庭用調度品、生産財市場のそれぞれに専任の市場マネジャーを配置している。製品マネジャーは担当繊維の売上と利益の計画を立てる。彼らの目的は、担当繊維の利用を拡大することにある。製品マネジャーは、提示価格での各市場における売上の見積りを市場マネジャーに依頼する。しかし、市場マネジャーは特定の繊維を売り込むことよりも、市場ニーズに応えることへ強い関心を抱いている。市場マネジャーは市場計画を準備するにあたり、各製品マネジャーに担当繊維の予定価格と入手可能性を問い合わせる。市場マネジャーと製品マネジャーそれぞれが立てた販売予測は、最終的に同じ数字でなければならない。

デュポンのような企業では、さらにもう一歩進んで市場マネジャーをメインのマーケターと見なし、製品マネジャーを原材料の供給業者と見なすこともできる。例えば、織物繊維を自社の製品マネジャーから購入してもよいし、自社の繊維価格が高すぎる場合には外部の供給業者から購入してもよいといった権限を、紳士服の市場マネジャーに与えるのである。このシステムを採用すれば、デュポンの製品マネジャーはいっそう効率的に仕事をするようになるはずだ。仮にデュポンの製品マネジャーが競合する納入業者の公正な価格設定レベルに対抗できないとしたら、デュポンはその繊維の生産を続けるべきではないのかもしれない。

マトリックス組織は、多数の製品を多数の市場で販売する企業にとって望ましいと思われる。難点は、コストがかかり、しばしばコンフリクトを生むということである。多数のマネジャーを抱えるので人件費がかさみ、権限と責任をどこに所属させるべきかという問題も生じる。ジレンマはいくつも存在するが、そのうちの2つを示そう。

1. **セールス・フォースをどのように組織すべきなのか。**レーヨンやナイロンなどの繊維に対して、別個のセールス・フォースを置くべきか。それとも紳士服や婦人服など、市場ごとにセールス・フォースを組織すべきなのか。あるいはセールス・フォースを専門別に分けるべきでは

> 北米で次に日食が見られるのは、ニュー・ミレニアムの2017年である。

図22-6

マトリックス組織

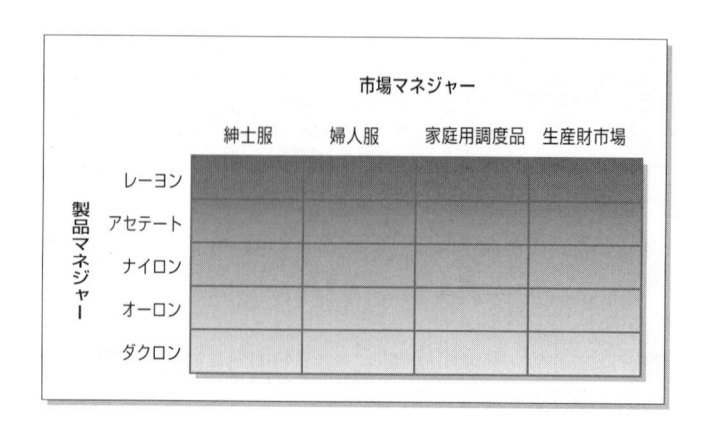

ないのか(マーケティングの考え方に従えば、セールス・フォースは製品別ではなく市場別に組織すべきである)。
2. 個々の製品や個々の市場向けの価格をだれが設定すべきなのか。ナイロン担当の製品マネジャーにすべての市場のナイロン価格を設定する最終的な権限を持たせるべきか。もし紳士服担当の市場マネジャーが、特別な値引きをしない限り当該市場ではナイロンが売れないと思ったら、どうなるのだろうか(それでも筆者の考えでは、価格設定の最終的な権限は製品マネジャーが持つべきである)。

> 歴史メモ：最初の国際自動車レースは1900年6月14日、フランスのパリーリヨン間で行われた。

　1980年代初頭までに、多くの企業がマトリックス・マネジメントに見切りをつけた。しかし、マトリックス・マネジメントは再び注目されるようになり、1人のチーム・リーダーに直属する専従の専門家集団からなる「ビジネス・チーム」という形態で今日、最盛期を迎えている。昔との大きな違いは、現在の企業がマトリックスの成功する条件下、つまり機能横断的な、ビジネス・プロセスに焦点を合わせた、フラットで小規模なチームを重視するという適切な条件下で、組織を構築している点である(11)。

■ 事業部組織

　多数の製品と多数の市場を抱える企業が成長すると、大所帯の製品グループや市場グループを独立した事業部に変えることが多い。事業部は内部に独自の部門とサービスを設立する。そうなると、どのマーケティング・サービスとマーケティング活動を企業本部に残すのかという問題が生じてくる。
　事業部制をとっている企業は、この問題に対してさまざまな結論を出している。

- **企業本部によるマーケティングの放棄**　企業によっては、本部にマーケティングのスタッフを置いていない。本部レベルでのマーケティングは必要がないと考えているのである。その代わり、各事業部が独自のマーケティング部門を有している。
- **企業本部による適度なマーケティング**　一部の企業は本部に少数のマーケティング・スタッフを置き、いくつかの機能を担当させている。主として、(1)トップ・マネジメントが全社的な事業機会を評価する際の補佐、(2)事業部への必要に応じた専門的助言の提供、(3)マーケティング機能の乏しい事業部の支援、(4)企業全体へのマーケティング・コンセプトの周知徹底、といった仕事を行っている。
- **企業本部による強力なマーケティング**　一部の企業では、本部のマーケティング・スタッフが上記の業務に加えて、専門化された広告、販売促進、マーケティング・リサーチ、販売管理といったさまざまなマーケティング業務を、各事業部のために行っている。

　これら3つのうち、いずれか1つを企業が好んで採用する傾向はあるだろうか。答えはノーである。最近になって初めて本部にマーケティング・スタッフを置いた企業もあれば、本部のマーケティング部門を拡張した企業もある。逆

に、本部のマーケティング部門の規模と領域を縮小ないしは完全に廃止した企業もある。

企業本部のマーケティング・スタッフが役に立つかどうかは、企業の発展段階によって異なってくる。大半の企業では、初めのうち各事業部のマーケティング機能が弱いため、本部にマーケティング・スタッフを設置し、社内研修などを通じて彼らに各事業部を支援させることが多い。本部のマーケティング・スタッフの一員が、事業部のマーケティング部門の責任者として異動することもある。事業部のマーケティング部門が強力になるにつれ、本部のマーケティング部門の関与する余地は少なくなる。そうすると企業によっては、本部のマーケティング部門は役割を終えたと判断し、廃止する場合もある[12]。

マーケティング部門と他部門との関係

原則として、企業の諸機能は全社的な目的達成に向けて協力し合う必要がある。しかし現実には、部門間に根深い競争意識や不信感が生じることも多い。部門間の対立は、企業利益をめぐる意見の相違から芽生えることもあれば、部門利益と企業利益の食い違い、固定観念と偏見から生じることもある。

一般的に企業の各機能は、顧客満足に対して潜在的な影響力を有している。マーケティングの考え方では、すべての部門が「顧客志向で考え」、顧客のニーズと期待に応えるため力を合わせなければならない。マーケティング部門はこのことを企業全体に納得させなければならない。マーケティング担当副社長には2つの任務がある。すなわち、(1)企業内部のマーケティング活動を統括すること、(2)マーケティング部門と財務部門や業務部門などが協力し、顧客志向で仕事を進めるよう調整することである。

しかし、マーケティング部門が他の部門に対してどの程度まで影響力と権限を持つべきかについては、共通理解がほとんどない。一般的に、マーケティング担当副社長は権限の行使よりも説得によって仕事を進めることが多い。多くの場合、マーケティング以外の部門は、顧客利益のために自らの業務内容を修正することに抵抗する。各部門が企業の課題と目標をそれぞれの視点から判断するのは避けられないし、その結果、利害の対立が必然的に生じる。各部門の関心事について簡単に検討することにしよう。

研究開発部門

研究開発部門とマーケティング部門との協力関係が弱いために、しばしば新製品を成功させる活力がそがれてしまう。多くの点で両部門は異なる価値基準を持っている[13]。研究開発部門は、科学的好奇心と世俗への無関心に誇りを抱く科学者と技術者で構成され、短期的な利益には頓着せずに困難な技術上の問題に取り組み、監督や説明責任から拘束されずに仕事をすることを望んでいる。マーケティング部門および販売部門は、現実の市場を理解していることに誇り

歴史メモ：最初のツェッペリン飛行船の飛行は、1900年7月2日に行われた。この飛行船は高度300メートルを18分間飛行した。

『USA トゥデイ』のインフォメーション・ネットワークが選んだこの1000年間の1000人のランキング中、上位40人に女性はただ1人、イギリスのエリザベス1世である（第31位）。

を持つビジネス本位のスタッフで構成され、売り込みやすい特徴を持った新製品との出会いを切望し、製品コストへの注意に義務感を抱いている。マーケティング担当者は、研究開発担当者が顧客の要求に応じて設計することをないがしろにして、技術的な側面ばかり重視していると考えている。研究開発担当者は、マーケティング担当者が小細工をろうする行商人で、製品の技術的な特徴へは目を向けず、売上のことしか頭にないと考えている。

バランスのとれた企業とは、研究開発部門とマーケティング部門とが、市場志向の革新的な新製品を成功させる責任を分かち合っている企業のことである。研究開発部門は技術革新だけでなく、製品の市場導入を成功させることにも責任を持たなければならない。マーケティング部門は新製品のセールスポイントだけでなく、顧客のニーズと選好を正確に把握することにも責任を持たなければならない。

グプタ、ラージ、ウィルモンは、研究開発部門とマーケティング部門とのバランスのとれた連携は、革新的な新製品の成功と強い相関関係にあると結論づけている[14]。研究開発部門とマーケティング部門の連携を推進するには、いくつかの方法がある[15]。

- 共同セミナーを開催し、お互いの目標、業務スタイル、課題に対する理解と尊重を醸成する。
- 新しいプロジェクトがスタートするごとに、研究開発担当者とマーケティング担当者を含む職能別チームを発足させ、プロジェクトの完了まで一緒に仕事をさせる。研究開発部門とマーケティング部門は、開発目標とマーケティング計画を共同で策定する。
- 技術的なマニュアル作成への関与、トレード・ショーへの参加、製品を市場に投入した後の顧客に対するマーケティング・リサーチ、さらには販売そのものにいたるまで、販売プロセスへの研究開発担当者の参加を奨励する。
- 明確な手続きに則って上層部に報告し、対立を解決する。ある企業では、研究開発部門とマーケティング部門が同一の副社長の監督下にある。

メルク社は、マーケティング部門と研究開発部門の強いつながりを認識している企業である。

> 歴史メモ：ジークムント・フロイトの『夢判断』は1900年に刊行された。

メルク社

メルク社における各部門の緊密な協力関係は、ウェブサイト上の説明から明確に伝わってくる。「メルク社は、人間と動物のための健康製品と健康サービスを発見し、開発し、製造し、販売する研究集約型の世界的企業です」。同社の研究の重点は処方薬の開発——メルクは処方薬の販売に関して世界最大の企業である——にあり、マーケティング活動の多くは医薬情報の普及にかかわっている。同社の刊行物には、一巻ものの専門事典である『The Merck Index』、世界で最も広く用いられている医学教科書といわれる『The Merck Manual』、その簡易版で

ある『The Merck Manual of Medical Information — Home Edition』『The Merck Veterinary Manual』がある。それに加えて、医学専門誌に論文を発表していることが、同社の研究活動のパブリシティとなっている。競合他社と同様、メルク社も自社の薬品の有効性を伝えるべく、広告用のパンフレットとビデオテープを医師などの保健関係の専門家に配布している。通常、一般消費者がメルク社の処方薬を選ぶわけではないので、一般消費者に対する広告は選択的に行われている。例えば、偏頭痛の治療薬であるマクサルトは、一般消費者への直接販売が行われていない。しかし、禿頭の治療薬を探している男性は、テレビ・コマーシャルでよく見かけるプロペシアの処方を医師に頼むことが多い[16]。

■ 技術部門

技術部門の任務は、新製品と新しい生産プロセスを設計する実用的な方法を見つけることである。技術者は、技術的な質の高さ、コストの節減、製造の簡素化に関心がある。マーケティング担当役員との間に対立が生じるのは、マーケティング側から複数のモデルの生産、それも多くの場合は標準部品ではなく、特定用途向けの部品を備えたモデルの生産を要求されたときである。技術者の目には、マーケティング担当者が製品本来の目的を忘れて「付属品やオプション機能」を欲しがっているように見える。技術者はマーケティング担当者について、技術のことを何もわかっておらず、常に優先順位を変えるため、全面的な信用は置けない相手だと考えがちである。こうした問題は、マーケティング担当役員が技術畑出身で、技術陣との意思疎通がうまくいけば、かなり回避できる[17]。

■ 購買部門

購買部門の任務は、適切な品質および適切な量の資材や部品を、可能な限り低コストで仕入れることである。ところが、マーケティング部門の幹部が製品ラインに複数のモデルの製造を要求するために、少数の品目を大量に仕入れることができず、多数の品目を少量ずつ買わなければならなくなっていると、購買部門では考えている。また、マーケティング部門が資材や部品の品質に高すぎる要求を出してくるとも考えている。さらには、マーケティング部門の予測が不正確なため、不利な価格であわてて発注する必要が生じたり、過剰在庫を抱えたりするはめになっているので、購買部門は反感を抱いている。

■ 製造部門

製造部門の任務は、工場を円滑に運営し、適切な製品を適切な量、適切な時期に、適切なコストで製造することである。彼らの拠点は工場であり、機械の故障、在庫切れ、労働争議といった問題に直面している。製造部門の人間は、マーケティング担当者が工場の経済状態と運営の実体をほとんどわかっていない

『USAトゥデイ』が選んだこの1000年を作った男女の上位40人のうち、12人が13世紀〜16世紀の人物であった。

と感じている。マーケティング担当者は、不十分な生産能力、生産の遅延、品質管理と顧客サービスのお粗末さに不満を漏らす。しかしマーケティング担当者の側も、不正確な販売予測を出し、製造の難しい機能を提案し、法外な工場サービスを勝手に約束してしまうことが多い。

マーケティング担当者には工場の抱える問題が見えない。しかし、製品をただちに必要としていたり、欠陥商品を買ってしまったり、工場サービスを受けられなかったりする顧客の問題の方はよく見える。厄介なのは、意思の疎通が不十分だという点にとどまらず、利害が対立しているという点にある。

こうした対立を解決する方法は、企業によってさまざまである。**製造主導型企業**では、全努力が円滑な生産と低コストの実現に向けられる。このような企業は、単純な製品、限られた製品ライン、大量生産を志向する。性急な生産強化につながる販売キャンペーンは、最小限に抑えられる。繰越注文をした顧客は、しばらく待たされることになる。

マーケティング主導型企業は、顧客満足のために格別の努力をする。ある大手の日用雑貨品会社では、マーケティング担当者が采配を振り、製造担当者はたとえ時間外労働のコストがかさみ、納期が厳しくても、それに従わなければならない。その結果、製造コストは高く、また変動しがちであり、製品品質にもばらつきが出ることになる。

企業はバランスのとれた運営体制を築き、製造部門とマーケティング部門の共同によって自社の最大利益を決定すべきである。解決策として、お互いの観点を理解するための共同セミナーの開催、共同委員会の設置や橋渡し役の配置、人事交換プログラムの実施、最も収益性の高い運営方法を決定するための分析的方法の導入が挙げられる[18]。

企業の収益力は、効果的な協力体制を構築できるかどうかにかかっている。マーケティング部門は、製造部門の新たな戦略──融通の利く工場、自動化とロボット化、ジャスト・イン・タイム方式、トータル・クオリティ・マネジメント──のマーケティング上の可能性を理解する必要がある。製造部門の戦略は、企業が低コスト、高品質、多品目、迅速なサービスのどれを武器にするのかによって変わってくる。潜在顧客が工場の運転状況の見学を希望する可能性があるという意味で、製造部門はマーケティング・ツールにもなる。

■ 業務部門

製造という用語は、物理的な製品を生産する産業で用いられる。それに対して、**業務（オペレーション）**という用語は、サービスを生み出し提供する産業で用いられる。ホテルを例にとってみると、業務部門はフロント、ドアマン、ウエーター、ウエートレスで構成される。マーケティング部門はサービスのレベルについて顧客に約束をするため、マーケティング部門と業務部門が共同で仕事に当たることはきわめて重要である。もし業務部門のスタッフに顧客志向の気持と熱意が欠けていたら、クチコミで悪い評判が広まり、ついには経営が立ちゆかなくなるだろう。時として業務部門のスタッフは自分の都合を中心に考

1999年の大晦日に、米国公共放送（PBS）は世界中のあらゆる時間帯から24時間生放送を行う。60以上の衛星を結び、2000台以上のカメラを使うこの放送は、ニュージーランドで始まり、アラスカ沖合のアリューシャン列島で終わる。

1999年の半ばまでに、800万人以上の人がオンラインで『タイム』誌の「今世紀の人」に投票した。

え、並のサービスを提供しようとするかもしれないが、マーケティング担当者は顧客の便宜を第一に考え、最高のサービスを提供してもらいたいと期待している。マーケティング担当者は、現場のサービス担当者の能力と心理をよく理解し、彼らの接客態度と能力を向上させるべく継続的に努力しなければならない。

財務部門

財務部門の幹部は、さまざまなビジネス行動がどの程度の利益をもたらすかを見抜く能力があると自負している。マーケティング部門の幹部は、広告、販売促進、セールス・フォースに多大な予算を要求するが、支出によってどれほどの収益が見込めるのかを証明できない。財務部門の幹部は、マーケティング部門が自分に都合のよい販売予測をしているのではないか、支出と収益の関係をよく考えていないのではないか、そして、利益を生み出すための価格設定をせず、注文を取るため簡単に値引きしてしまうのではないか、と考えている。「マーケティング担当者は製品の価値はよく知っているが、コストについては何も知らない」と、財務担当者は主張するのである。

これに対して、マーケティング部門の幹部は財務部門のことを「コストについては熟知しているが、製品の価値については何も知らない」と見ていることがある。財務部門は財布のひもが固すぎ、長期的な市場発展への投資を拒んでいると考えている。財務部門がマーケティング費を投資ではなく費用と見ており、あまりにも保守的でリスクを嫌うために多くの事業機会が失われていると、マーケティング部門の幹部は考えるのである。この対立の解決策は、マーケティング担当者に今まで以上の財務トレーニングを、財務担当者に今まで以上のマーケティング・トレーニングを受けさせることである。財務部門の幹部は、戦略的マーケティングを支援するため、財務に関する手法と理論を活用する必要がある。

経理部門

経理担当者はマーケティング担当者を、販売レポートを期日までに提出しないだらしのない人種だと見ている。また、経理担当者が顧客に対して特別割引をするのを嫌っているが、これは割引のために特別な経理手続きをする必要が生じるからだ。マーケティング担当者は、経理担当者が異なる製品に対して一律の固定費用を割り振ってくるのが気に入らない。ブランド・マネジャーは、担当のブランドは見かけよりも収益性が高いはずで、間接費を多く分担させられているのが問題なのだと考えるかもしれない。またマーケティング部門は、経理部門に市場セグメント、重要顧客、個々の製品、チャネル、担当地域、注文の大小などを区分して、売上と利益の特別レポートを作成してもらいたいと考えている。

ケーブル・テレビの歴史チャンネルは「すべてのミレニアムのためのチャンネル」と自称している。

■ **信用調査部門**

　信用調査部門は潜在顧客の信用販売の状況を査定し、不安のある顧客に対する信用販売を拒否ないしは制限する。信用調査担当者は、マーケティング担当者が支払い能力の怪しい相手でも構わず製品を販売しようとすると考える。これに対して、マーケティング担当者は信用審査の基準が厳しすぎると考えていることが多い。「不良貸付ゼロ」方針のために多くの販売機会と利益を失っているのではないかと考えるのである。一生懸命に顧客を開拓したあげく、その相手に売ってはいけないと聞かされるのはたまらないと思っている。

全社的なマーケティング志向を構築するための戦略

　自社が真に市場志向および顧客志向であるとはいえず、製品志向あるいは販売志向であることに気づき始めている企業は多い。そうした企業、例えばバクスター、GM、シェル、JPモルガンなどは、自らを真に市場志向の企業に再編成しようと努力している。これは簡単な仕事ではない。CEOが演説して「顧客志向で考えよ」と全従業員に説いたところで実現できるものではないだろう。企業の姿勢を変えるには、職務と部門の定義、責任、インセンティブ、関係を変えなければならない。■マーケティング・メモ「チェックリスト：真に顧客志向の企業における各部門の特徴」は、企業のどの部門が真に顧客志向であるかを評価するためのチェック項目一覧である。

　市場志向および顧客志向の企業を構築するために、CEOはどのような手段をとることができるだろうか。

1. **上級経営陣に対する顧客志向の必要性の説得**　CEOが自ら顧客志向への断固たる姿勢を模範として示し、同じように行動する従業員には報奨を与える。
2. **上級マーケティング・オフィサーとマーケティング・タスク・フォースの結成**　タスク・フォースにはCEO、販売、研究開発、購買、製造、財務、人事の各部門の副社長、そして他の必要な人材を所属させる。
3. **社外による支援と指導の獲得**　コンサルティング会社は、企業がマーケティング志向に転換する際の支援をかなり経験している。
4. **報奨の評価と制度の変更**　購買部門と製造部門がコストを低く抑えることで報奨を得ている限り、顧客により良いサービスを提供するためであってもコストがかさめば抵抗するだろう。財務部門が短期的な利益に重点を置いている限り、顧客を満足させ定着させるための大きな投資に反対するだろう。
5. **マーケティングを専門とする有能な人材の採用**　マーケティング部門を管理するだけでなく、他部門の副社長から尊敬を受け、彼らに影響を与えられる有能なマーケティング担当副社長が企業には必要である。数多くの事業部を抱える企業は、強力なマーケティング部門を本

ミレニアム製品：ニュージャージー州フェアフィールドのギャラクシー・グラス＆ストーン社が開発したファッション素材としてのガラス。ガラスの薄板の間に特殊なフィルムが埋め込まれ、透明もしくは半透明になるようにしてある。

MARKETING MEMO

マーケティング　　　　　　　　　　　　　　　　　　　　　　　　　　　　　　　メモ

チェックリスト：真に顧客志向の企業における各部門の特徴

研究開発部門
- ＿＿＿顧客に会い、問題点についての意見を聞いている。
- ＿＿＿新プロジェクトにマーケティング、製造など他部門がかかわることを歓迎する。
- ＿＿＿競合他社の製品を徹底的に調べ(ベンチマーキング)、最高の品質を追求している。
- ＿＿＿プロジェクトの進行に伴い、顧客の反応と意見を求めている。
- ＿＿＿市場からのフィードバックに基づき、絶えず製品を改善し磨きをかけている。

購買部門
- ＿＿＿相手から売り込んでくる供給業者だけを選ばず、積極的に自分から最良の供給業者を探し求めている。
- ＿＿＿数を絞って信頼できる質の高い供給業者と長期にわたる関係を築き上げている。
- ＿＿＿価格を抑えるための品質面での妥協はしない。

製造部門
- ＿＿＿顧客に呼びかけて工場を見学してもらう。
- ＿＿＿顧客が自社製品をどのように利用しているかを調べるため、顧客の工場を訪問している。
- ＿＿＿約束の納期に間に合わせることが重要であれば、残業をいとわない。
- ＿＿＿製品をより速く低コストで生産する方法を絶えず探求している。
- ＿＿＿常に製品品質を向上させ、欠陥製品ゼロを目指している。
- ＿＿＿利益があがる場合は、顧客による「カスタマイゼーション」の求めに応じる。

マーケティング部門
- ＿＿＿明確に特定した市場セグメントにおける顧客のニーズと欲求を研究している。
- ＿＿＿対象セグメントの長期的な収益可能性に応じてマーケティング努力を割り当てている。
- ＿＿＿対象セグメントごとに顧客を引きつける提供物を開発している。
- ＿＿＿企業イメージと顧客満足を継続的に検証している。
- ＿＿＿顧客ニーズに合う新製品、製品改良、サービスのアイデアを絶えず収集し、評価している。
- ＿＿＿企業の全部門と全従業員が顧客志向の考え方と実践ができるように感化している。

販売部門
- ＿＿＿顧客の業界について専門的な知識を有している。
- ＿＿＿顧客に「ベスト・ソリューション」を提供すべく努力している。
- ＿＿＿守ることのできる約束しかしない。
- ＿＿＿製品開発担当者に顧客のニーズとアイデアをフィードバックしている。
- ＿＿＿同じ顧客と長くつきあっている。

ロジスティクス部門
- ＿＿＿サービスの提供期限に厳しい基準を設け、それを遵守している。
- ＿＿＿質問に答え、苦情を処理し、問題を相手の満足する形でタイミングよく解決できる、知識豊富で親身な顧客サービス部門を運営している。

経理部門
- ＿＿＿製品、市場セグメント、地理(地域および販売担当区域)、注文の大小、個々の顧客ごとに、定期的な「収益性」のレポートを作成している。
- ＿＿＿顧客ニーズに合わせて送り状を作成し、顧客からの問い合わせには丁寧かつ迅速に回答している。

財務部門
- ＿＿＿マーケティングの費用(例えばイメージ広告)は長期的に見て顧客の選好とロイヤルティを獲得するための投資であると理解し、支援している。
- ＿＿＿顧客の財政的な要求に合わせた支払いパッケージを用意している。
- ＿＿＿信用販売の可否について迅速に判断を下している。

PR部門
- ＿＿＿自社にとって有利なニュースを広め、不利なニュースには「ダメージ・コントロール」を行っている。
- ＿＿＿社内で顧客や一般大衆の代弁者となり、よりよい企業方針と実践を求めている。

他の対顧客スタッフ
- ＿＿＿有能で、礼儀正しく、明るく、信用でき、信頼でき、対応が早い。

部に設立することで大きなベネフィットを得られるだろう。

6. **強力な社内マーケティング訓練プログラムの開発**　企業の経営陣、各事業部のゼネラル・マネジャー、マーケティング担当者および販売担当者、製造担当者、研究開発担当者などを対象とした優れたマーケティング訓練プログラムを設計すべきである。GE、モトローラ、アーサー・アンダーセンはこうしたプログラムを実施している。

7. **現代的なマーケティング計画システムの導入**　マーケティング計画の構成は、マネジャーに市場環境、事業機会、競争動向などの要因について考えさせるものにすべきだ。それによって、マネジャーは個々の製品と市場セグメントに対する戦略を練り、売上予測および収益予測を立て、実績に対して説明責任を負うのである。

8. **年度ごとのマーケティング功労者表彰プログラムの制定**　模範となるようなマーケティング計画を開発したと自負する事業単位は、計画と成果についての報告書を提出する。最優秀チームは特別セレモニーで表彰を受ける。こうすれば、優秀な計画が「マーケティング思考の手本」として他の事業単位にも浸透するだろう。アーサー・アンダーセン、ベクトン・ディキンソン、デュポンがこのようなプログラムを実施している。

9. **製品中心企業から市場中心企業への再編成の検討**　市場志向の企業となるには、個々の市場ニーズに専心する組織を作り、その組織に各市場セグメントと主要顧客が求める製品の企画と提供を統括させなければならない。

10. **部門中心からプロセス－成果中心への転換**　成功要因となる基本的なビジネス・プロセスを明確に規定したのち、プロセスを再構築し実行するプロセス・リーダーと部門横断的なチームを任命する。

　デュポンは内部志向から外部志向への転換に成功した。CEOであるリチャード・ヘッカートのリーダーシップのもと、デュポンでは「マーケティング・コミュニティ」を築くために数々の創意工夫が凝らされた。いくつかの事業部が市場の系列に沿って再編成された。そしてマーケティング・マネジメント・トレーニング・セミナーが連続して開催され、のべ300人の幹部、2000人の中間管理職、1万4000人の従業員が参加した。マーケティング功労者表彰プログラムが制定され、革新的なマーケティング戦略を開発し、サービスの向上に寄与した世界各地の32人の従業員が表彰された[19]。顧客こそがビジネスの土台であり、未来なのだという事実を管理職に受け入れさせるには、多大なプランニングと忍耐が必要である。だが、それは実行可能なのである。

マーケティングの実行

マーケティング・マネジャーは、効果的にマーケティング計画を実行するにはどうすればよいのだろうか。ここでは、マーケティングの実行を次のように定義する[20]。

- **マーケティングの実行**とは、マーケティング計画を具体的な職務に割り振り、計画で謳われた目的の達成に向けて職務が確実に遂行されるよう取り計らうプロセスのことである。

立派な戦略的マーケティング計画も、確実に実行されなければほとんど価値がない。次の例を考えてみよう。

ある化学会社は、顧客がどの競合他社からも良いサービスを受けていないことに気づいた。この会社は、顧客サービスを戦略の要と決定した。しかしこの戦略は失敗し、事後分析で実行段階にいくつもの障害があったことが明らかになった。顧客サービス部門は依然として上層部から軽視されており、人員も不十分で、無能な管理職の掃き溜めとして使われていたのである。その上、報奨制度も相変わらずコストの節減と当面の収益性に重点を置いたままだった。この会社は、戦略を実行するのに必要な構造改革を怠っていたのである。

戦略は「何を」と「なぜ」という問題であり、実行は「だれが」「どこで」「いつ」「どのように」という問題である。戦略の各段階において、現場では実行を戦術的に割り振る必要がある。その点で、戦略と実行は密接に関連している。例えば、ある製品から「利益をあげよ」というトップ・マネジメントの戦略的な決断が下ったら、それを具体的な活動や職務に変換しなければならない。

ボノマは、マーケティング計画を実行するための4つのスキルを挙げている。

1. **診断するスキル** マーケティング計画が期待していた結果を出せないとき、販売率が低かったのは戦略に問題があったせいなのか、それとも実行段階に問題があったせいなのかを診断する。また実行段階だとしたら、どこで狂いが生じたのかも診断する。
2. **問題の存在する企業内レベルを特定するスキル** マーケティング実行上の問題は、3つの段階で起こりうる。すなわち、マーケティング機能のレベル、マーケティング計画のレベル、マーケティング方針のレベルである。
3. **実行するスキル** 計画を成功に導くため、マーケティング担当者にはほかのスキルも必要である。予算配分のスキル、効果的な組織を作るための組織化のスキル、関係他部門にやるべきことを動機付ける意思疎通のスキルである。
4. **評価するスキル** マーケティング担当者には、マーケティング活動の成果を評価するための監視スキルも必要である[21]。

非営利組織のマーケティング計画の実行に必要なスキルも、営利企業の場合

ミレニアム製品:「マテリアル・コネクション」コレクションの、虹のように色合いが変化する黄色いワッフル地のクッション。このクッションのゲル状の詰め物は1インチ(2.5センチ)四方あたり800ポンド(約360 kg)の重さに耐えられる。

と同じである。このことは、アルビン・エイリー・ダンス・シアターが証明している。

アルビン・エイリー
　多くの非営利の文化団体と同様、1958年にアルビン・エイリーが旗揚げしたこの劇団は、劇場を満員にする力を有しているにもかかわらず、常に赤字で興行していた。作品を上演するコストは、当然のことだが、チケット販売の収益だけでは賄いきれない。エイリーには劇団を運営していく上で欠かせない要素の1つである資金調達の才能もなければ、興味もなかった。看板ダンサーのジュディス・ジェイミソンは1989年、エイリーの死後にディレクターの地位を引き継ぎ、財政状況を一変させた。彼女の成功は、仲間を動機付けてマーケティング努力を実行させたことによるところが大きい。1993年には全国芸術振興助成基金からの助成金を受け、劇団は1年以内に赤字を半減させた。それ以来、劇団の芸術面のプロ精神に匹敵するような優れたマーケティングとマネジメントの専門知識を有する幹部スタッフとサポート・スタッフが、黒字の維持に成功している。エイリー劇団では、経験豊富なマーケターのいる2つのグループが計画を実行している。1つは理事会であり、メンバーの多くは大手金融機関の役員やその配偶者である。もう1つは、エイリー劇団との関係を自らのマーケティングに利用している企業から募ったメンバーで構成されている。例えば、ヘルスサウス社はエイリー劇団のダンサーに無料で理学療法を提供しているが、その結びつきは、自社のスポーツ医学クリニック・チェーンをマーケティングする上で役に立っている。ジャガー社は、エイリー劇団がジャガーを公用車にしていることや、広告に劇団を使用する権利と劇団のメーリングリストの利用便宜を与えられた見返りとして、多額の寄付をしてきた。観客の半数近くがアフリカ系アメリカ人、43%が19歳〜39歳であるエイリー劇団は、提携企業に有望市場へのアクセスを提供しており、その見返りに熱心な支援を受けているのである[22]。

評価とコントロール

　マーケティング計画の実行段階で起こるさまざまな不測の事態に対処するため、マーケティング部門はマーケティング活動を絶えず監視し、コントロールしなければならない。その必要性にもかかわらず、多くの企業のコントロール手順は不適切なものである。多様な産業の大小さまざまな75の企業を調査した結果、おもに次のようなことが明らかになっている。
- 小企業ほど、明確な目標設定や業績を測定するシステムの構築が不十分である。
- 調査対象企業のうち、個々の製品の収益性を把握している企業は半数

『ザ・フューチャリスト』でフレデリック・ポールは、コンピュータとテレビが合体して壁掛けディスプレーとなることを予言している。コンピュータ、テレビ、ビデオとして使われ、使用しないときはディスプレー・セーバーが壁の装飾となるのである。

に満たない。約3分の1の企業には、売れ行き不振の製品を究明して排除するための定期的な見直し手順がない。
- 半数近くの企業は、製品価格の同業他社との比較、物流コストの分析、返品原因の分析、広告効果の正式な評価、セールス・フォースの訪問報告書の検討をしていない。
- 多くの企業で、コントロール・レポートの作成に4週間〜8週間かかっており、内容が不正確なこともある。

■表22-1には、企業に必要な4種類のマーケティング・コントロール、すなわち年間計画コントロール、収益性コントロール、効率性コントロール、戦略コントロールが示されている。

年間計画コントロール

年間計画コントロールの目的は、年間計画で定めた売上や利益などの目標達成を確実にすることである。年間計画コントロールの要は、**目的に基づく管理**である。これには4つのステップがある（■図22-7）。第1に、経営陣が月間あるいは四半期の目標を設定する。第2に、経営陣が市場における業績を監視する。第3に、重大な業績の偏りが生じた場合、経営陣が原因を究明する。第4に、経営陣は目標と業績のギャップを埋めるために、修正措置をとる。

このコントロール・モデルは、組織のあらゆるレベルに適用できる。トップ・マネジメントは年間の売上高と利益の目標を設定し、その目標は下位のマネジメント・レベルそれぞれの具体的な目標に変えられる。製品マネジャーは、売上高とコストの具体的な水準の達成をゆだねられる。地域および地区の販売マ

表22-1 マーケティング・コントロールの種類

コントロールの種類	主たる責任者	管理の目的	アプローチ
I. 年間計画コントロール	トップ・マネジメント 中間管理職	計画どおりの成果が出ているかどうかの検証	・売上分析 ・市場シェア分析 ・売上高マーケティング費比率分析 ・財務分析 ・市場ベース・スコアカード
II. 収益性コントロール	マーケティング管理者	収益をあげている分野と損失を出している分野の検証	・製品ごとの収益性 ・地域ごとの収益性 ・顧客ごとの収益性 ・セグメントごとの収益性 ・取引チャネルごとの収益性 ・注文量ごとの収益性
III. 効率性コントロール	現場およびスタッフ部門の管理職 マーケティング管理者	マーケティング費用の効率性と効果の評価および改善	・セールス・フォースの効率性 ・広告の効率性 ・販売促進の効率性 ・流通の効率性
IV. 戦略コントロール	トップ・マネジメント マーケティング監査官	企業が市場、製品、チャネルについて最善の事業機会を追求しているかどうかの検証	・マーケティング効果の見直し ・マーケティング監査 ・マーケティング上の優劣の見直し ・倫理的責任および社会的責任の見直し

ネジャーと各セールス・レップも、具体的な目標を割り当てられる。トップ・マネジメントは定期的に実績を調査し、分析にあたる。

マネジャーは、5つのツールを使って計画の遂行状況をチェックする。それは、売上分析、市場シェア分析、売上高マーケティング費比率分析、財務分析、市場ベース・スコアカード分析である。

■ 売上分析

売上分析とは、売上目標に照らして売上実績を測定し、評価することである。これには2つの方法が用いられる。

売上差異分析は、売上目標と実績のギャップが生じるに至ったさまざまな要因を比較する分析である。例えば年間計画で、第1四半期にある製品を単価1ドルで4000個販売し、4000ドルの売上を出す目標を立てたと仮定しよう。四半期が終わってみると単価80セントで3000個しか売れず、総売上が2400ドルだったとする。売上実績の差異は1600ドル、つまり目標売上高の40%にあたる。この差異のうちどの程度が価格引き下げによるものであり、どの程度が販売数量の不振によるものだろうか。その答えは次の計算で明らかになる。

価格引き下げによる差異 = (1ドル − 0.8ドル) × 3000 =　600ドル　　37.5%
数量の不振による差異　 = 1ドル × (4000 − 3000)　 = 1000ドル　　62.5%
　　　　　　　　　　　　　　　　　　　　　　　　　　1600ドル　 100.0%

つまり、3分の2近くの差異が数量目標を達成できなかったことに起因するのである。この企業は、目標の販売数量を達成できなかった理由を綿密に検討すべきである。

ミクロ売上分析は、売上目標を達成できなかった個々の製品や地域などを見ていくものである。例えば、3つの地域で販売を展開し、目標の販売数量がそれぞれ1500、500、2000であったと仮定しよう。実際の販売数量は、それぞれ1400、525、1075であったとする。目標の販売数量と比べて、地域1は7%のマイナス、地域2は5%のプラス、地域3は46%のマイナスである。つまり、地域3が損失の大半を生み出していることになり、販売担当副社長は地域3を調査すべきである。地域3のセールス・レップが怠けているのか、あるいは個人的な問題を抱えているのか、強力な競合他社が参入したのか、この地域の経済情勢が停滞しているのかなど、業績不振の原因を探ることが必要である。

■ 市場シェア分析

売上を見るだけでは、競合他社と比べてどの程度の実績を上げているのかは明らかにならない。それを把握するため、経営陣は市場シェアを調査する必要がある。市場シェアを測定する尺度は3つある。**全体市場での市場シェア**は、当該企業の売上が市場全体の売上に占める比率のことである。**対象市場での市場シェア**は、対象市場において当該企業の売上が占めている比率のことである。**対象市場**とは、当該企業の製品を購入する能力と意思のあるすべての消費者を指す。対象市場における市場シェアは、全体市場での市場シェアよりも常に大き

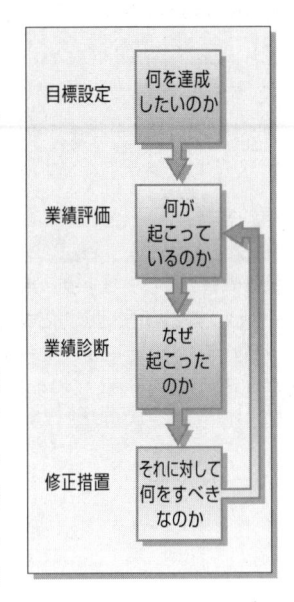

図22-7

コントロール・プロセス

（目標設定：何を達成したいのか → 業績評価：何が起こっているのか → 業績診断：なぜ起こったのか → 修正措置：それに対して何をすべきなのか）

くなる。対象市場で100％を占めても、全体市場では比較的小さなシェアしか占めていないことも起こりうる。相対的市場シェアは、最大の競合他社との比較で算出した比率である。このシェアが100％を超えていれば、当該市場のリーダーということである。相対的市場シェアがきっかり100％の企業は、その市場で首位を争っていることになる。相対的市場シェアの上昇は、その企業が先頭を行く競合他社に追いつこうとしていることを意味する。

しかし、市場シェア分析から結論を導き出す際には、次のような制限が加わることを覚えておかなくてはならない。

- **外的要因がすべての企業へ同じように影響するとは限らない。** 喫煙の有害な影響に関するアメリカ公衆衛生局局長の報告は、タバコの総売上を低下させたが、すべてのタバコ会社が同じように打撃を受けたわけではなかった。
- **企業の業績は、全企業の業績の平均との比較で判断すべきであるとは限らない。** 企業の業績は、最大のライバルと目する競合他社の業績との比較において判断すべきである。
- **新たな企業が参入してくると、既存の全企業の市場シェアが低下する場合もある。** 市場シェアが低下したからといって、他社よりも事業内容の質が悪いとは即断できない。シェアの低下は、新規参入企業がどの程度まで自社固有の市場へ打撃を与えるかに左右される。
- **市場シェアの低下が、利益を伸ばすために意図的に仕組まれる場合もある。** 例えば、経営者は利益をあげるために、収益性の低い顧客や製品を見限る場合がある。
- **市場シェアは、小さな原因で変動する場合もある。** 例えば、大口の取引が月の最終日に発生するか、翌月の初日に発生するかで、市場シェアが影響を受ける場合もある。市場シェアの変動が、マーケティングにおいて常に重要な意味を持つわけではないのである[23]。

管理者は、製品ライン、顧客タイプ、地域といった分類ごとに、市場シェアの変動を慎重に解釈しなければならない。4つの要素で考えると、市場シェアの変動を分析するのに有効である。

$$\text{全体的市場シェア} = \text{顧客浸透度} \times \text{顧客ロイヤルティ} \times \text{顧客選択度} \times \text{価格選択度}$$

- **顧客浸透度**とは、消費者全体のうち、当該企業から製品を買っている顧客の割合である。
- **顧客ロイヤルティ**とは、他社製品を含めた同種製品の全購入量のうち、当該企業の製品の購入量が占める割合のことである。
- **顧客選択度**とは、平均的な企業から平均的な顧客が購入する量に対して、当該企業から平均的な顧客が購入する量の割合である。
- **価格選択度**とは、全企業の平均価格に対する、当該企業の平均価格の割合である。

ここで企業の市場シェアが低下したと仮定しよう。全体的市場シェアの等式

> 未来学者のフレデリック・ポールは、声で操作でき、身につけられるコンピュータ・キーパッドの出現を予測している。

から4つの解釈が考えられる。1つめは、当該企業が顧客の一部を失ったということである(顧客浸透度の低下)。2つめは、既存顧客が当該企業の製品を以前ほど買わなくなったということである(顧客ロイヤルティの低下)。3つめは、当該企業の顧客の購入量が減ったということである(顧客選択度の低下)。4つめは、当該企業の製品価格が競合他社と比べて下がったということである(価格選択度の低下)。

■ 売上高マーケティング費比率分析

年間計画コントロールでは、売上目標達成のために支出を増やしすぎないよう監督することが必要だ。最も重要な尺度は、**売上高マーケティング費比率**である。ある企業では、この比率は30%であり、5つの売上高費用比率から構成されている。すなわち、セールス・フォース人件費比率(15%)、広告費比率(5%)、販売促進費比率(6%)、マーケティング・リサーチ費比率(1%)、販売管理費比率(3%)である。

経営陣はこれらの比率を監視しなければならない。これらの比率は通常、無視してよいほどの小さな変動を示すが、この変動が通常の範囲を逸脱した場合は注意しなければならない。各比率の期間ごとの変動は、**コントロール・チャート**に記すことで追跡できる(■図22-8)。この図は、売上高広告費比率が通常(100回のうち99回は)8%～12%の間で変動することを示している。しかし、第15期の比率は変動幅の上限を超えてしまった。この現象については、(1)この企業は今でも経費コントロールを的確に行っており、この現象はめずらしい偶発的事件である、(2)この企業は広告費のコントロールができなくなっており、原因を究明すべきである、という2つの仮説を立てることができる。環境変化が起こったのかどうかを調査しないと、現に変化が起こっているにもかかわらず、企業はそれに気づかないで対応が遅れるという危険性がある。環境調査を行った場合でも、何も発見されず時間と労力の無駄に終わる危険性もある。

歴史メモ：ブラウニー・ボックス・カメラは1900年、イーストマン・コダックによってアメリカで売り出された。

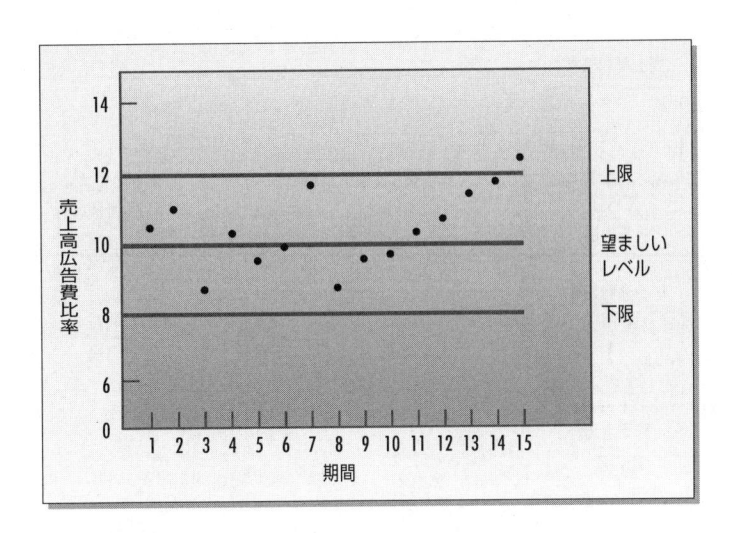

図22-8

コントロール・チャート・モデル

経営陣は通常の限度内での変動だけでなく、連続的な動きについても監視すべきである。■図22-8において、売上高費用比率のレベルが第9期から連続して上昇し続けていることに注目されたい。6期連続して上昇する確率は、わずか64分の1にすぎない[24]。このような異常な動きについては、第15期の観察結果を待たずに調査を行うべきであった。

財務分析

売上高費用比率の分析は、企業がどこでどのように利益をあげているのか、という全体的な財務分析の枠組みの中で行われるべきである。マーケティング担当者は売上の増大を図るだけではなく、収益性の高い戦略を構築するために、財務分析を利用するようになっている。

経営陣は財務分析によって、当該企業の**純資産利益率**に影響を与える諸要因を明らかにする[25]。主要な要因は■図22-9に示されているが、ある大手チェーンストアの例を具体的な数字で示してある。この小売業者は12.5%の純資産利益率をあげている。これは、**総資産利益率**と**財務レバレッジ**の積である。したがって純資産利益率を改善するためには、総資産に対する純利益の比率を高めるか、純資産に対する総資産の比率を高めなければならない。企業は資産の構成(例えば現金、売掛金、在庫、工場設備、備品)を分析し、資産管理を改善できるかどうかを検討すべきである。

総資産利益率は、**売上高利益率**と**総資産回転率**の積である。■図22-9の売上高利益率は低く、総資産回転率は小売業の通常の水準にあるように見える。業績改善のためにマーケティング担当役員がとりうる方法としては、(1)売上高の増加ないしはコスト削減による売上高利益率の向上、(2)売上高の増加、あるいは現段階における販売の負担となる資産(在庫、売掛金など)の削減による総資産回転率の向上、の2つがある[26]。

図22-9

純資産利益率の財務モデル

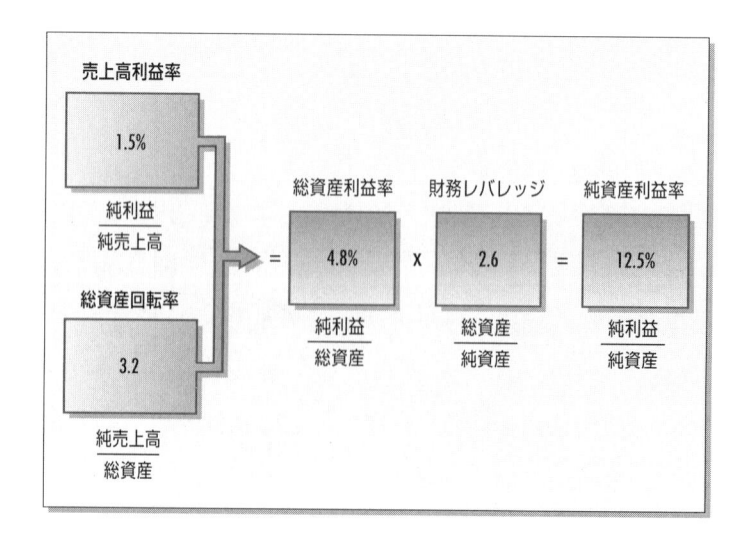

■ 市場ベース・スコアカード

　大半の企業の業績測定システムは、財務的な業績に重点を置いており、定性的な分析を犠牲にしている。そこで企業は、業績を反映するとともに市場の変化を早期に警告してくれる、市場ベース・スコアカードを2種類準備するのが賢明である。

　顧客パフォーマンス・スコアカードによって、毎年の業績を顧客志向の尺度で記録することができる。具体的には次のような尺度がある。

- 新規顧客
- 不満を持つ顧客
- 喪失顧客
- 標的市場の認知
- 標的市場の選好
- 相対的な製品品質
- 相対的なサービス品質

各尺度には基準を設け、結果が許容範囲を逸脱した場合には対策を講ずるべきである。

　2つめの尺度は、**利害関係者パフォーマンス・スコアカード**である。企業は、業績に重大な利害関係と多大な影響力を持つ、さまざまな関係者の満足度を調査する必要がある。関係者とは、従業員、供給業者、銀行、流通業者、小売業者、株主を指す。ここでも各グループごとに基準を設け、1つないし複数のグループによる不満の度合いが高まったときは、対策を講ずるべきである[27]。ヒューレット・パッカードのプログラムを見てみよう。

> オンライン経済に関する書物：チャック・マーティン著『*Net Future*』、ドナルド・タプスコット編『*Blueprint to the Digital Economy*』。

ヒューレット・パッカード

　ヒューレット・パッカードの各事業部は、18～20の「ビジネスの基本」を監視する顧客ベース・スコアカードによって業績評価を行っている。顧客満足度や期日どおりの配送といった項目については全事業部を評価対象にし、その他の指標については、各事業部の業務の性質に応じて調査する。この評価によって、マーケティング戦略が売上高と収益に及ぼす効果を測定し、業務での改善が数字面での改善をもたらすと見込まれる領域を明らかにするのである。

　自社の成功度の評価を顧客志向の基準に合わせることで、ヒューレット・パッカードは1990年代にグローバル・アカウント・マネジメント（GAM）プログラムを開発するに至った。巨大な国際的企業が、コンピュータ関連製品の購入の重点を、強力なハードウェアから生産性の高いソフトウェアへと転換し、さらには世界規模の事業にかかわる問題への電子的なソリューションを求めるようになった。これに対してヒューレット・パッカードが出した答えは、問題解決のパートナー兼アドバイザーになることであった。このGAMシステムによって、ヒューレット・パッカードのトップ・マネジャーと顧客企業との関係が強まった。販売担当上級役員がグローバル・アカウント・マネジャー

に任命され、世界規模の顧客企業の本部で現場サービスを提供している。顧客の情報担当役員が顧客企業のニーズの全体像を伝え、グローバル・アカウント・マネジャーが解決策を見つける援助をするのである[28]。

収益性コントロール

「聖地2000」の期間中に、400万人以上の巡礼者がベツレヘムなどの聖地を訪れる見込みである。

ある銀行が収益性に関する調査を行い、次のような驚くべき結果を出している。

各企業の製品の20%～40%は利益をあげておらず、顧客の実に60%が損失の原因となっていることが明らかとなった。

大半の企業では、顧客との取引の過半数は採算がとれておらず、30%～40%はごくわずかな利益しかあげていない。ほんの10%～15%の取引がまとまった利益をあげているケースが多い。

地方銀行の支店システムの収益性について調査したところ、驚くべき結果が出た。……銀行の支店の30%は採算がとれていなかったのである[29]。

企業が製品、地域、顧客グループ、セグメント、流通チャネル、注文量別に収益性を測定する必要があるのは明らかである。そうした情報があれば、どの製品やマーケティング活動を拡張すべきか、縮小すべきか、あるいは削除すべきかを決定できる。

マーケティング収益性分析

マーケティング収益性分析のステップについて、次の例を用いながら説明していこう。

ある芝刈り機メーカーのマーケティング担当副社長は、金物店、園芸用品店、百貨店の3種類の小売チャネルで芝刈り機を販売した場合の収益性を判断したいと考えている。■表22-2には、この企業の損益計算書が示されている。

ステップ1：職能別経費の明確化　販売、広告、梱包と配送、請求および集

表22-2
単純化された損益計算書（ドル）

売上高		60,000
売上原価		39,000
粗利益		21,000
経費		
給与	9,300	
賃借料	3,000	
消耗品費	3,500	
		15,800
純利益		5,200

金といった活動によって■表22-2に挙げた諸経費が生じると仮定しよう。最初の課題は、それぞれの活動にどれだけの経費がかかったのかを明確にすることである。

給与の大部分はセールス・レップに対するものであり、残りは広告マネジャー、梱包要員および配送要員、経理担当者に対するものだと仮定しよう。総経費9300ドルの内訳は、それぞれ5100ドル、1200ドル、1400ドル、1600ドルであったとする。■表22-3には、4つの活動への給与配分が示されている。

■表22-3には、3000ドルの賃借料を4つの活動に配分した場合も示されている。セールス・レップはオフィスの外で働くため、販売活動には賃借料が配分されない。建物と設備の賃借料の大半は、梱包および配送に振り向けられる。消耗品の勘定は、プロモーション用資料、梱包資材、配送用燃料、事務用品の費用をまとめたものであり、この3500ドルが各活動に再配分される。

ステップ2：各販売チャネルへの職能別経費配分　次の作業は、どれだけの職能別経費が各販売チャネルに配分されているかを明確にすることである。販売活動を見てみよう。販売活動は、各チャネルで行われた販売のための訪問回数で測定される。その数値は、■表22-4の販売の縦列に示されている。期間中、総計で275回の販売訪問が行われている。総販売経費が5500ドルであるから（■表22-3）、訪問1回あたりの販売経費は平均20ドルとなる。

広告費は、各チャネルに対して行った広告回数に応じて配分される。全部で100回広告が行われているので、1回あたりの平均広告費は31ドルである。

梱包費用および配送費用は各チャネルの受注数に応じて配分される。請求費用および集金費用も同様に配分される。

ステップ3：チャネル別の損益計算書の作成　以上の作業が終われば、チャネルごとの損益計算書が作成できる（■表22-5）。金物店は総売上高の半分を

「オデッセイ2000」は、54か国、3万キロを走る世界一周自転車旅行である。

表22-3
通常経費の職能別経費への配置（ドル）

通常経費	合計	販売	広告	梱包・配送	請求・集金
給与	9,300	5,100	1,200	1,400	1,600
賃借料	3,000	—	400	2,000	600
消耗品費	3,500	400	1,500	1,400	200
	15,800	5,500	3,100	4,800	2,400

表22-4
職能別経費を各チャネルに配分する根拠（ドル）

チャネル・タイプ	販売	広告	梱包・配送	請求・集金
金物店	200	50	50	50
園芸用品店	65	20	21	21
百貨店	10	30	9	9
	275	100	80	80
職能別経費	5,500	3,100	4,800	2,400
÷単位数	275	100	80	80
単位あたり経費	20	31	60	30

表22-5

チャネル別の損益計算書（ドル）

	金物店	園芸用品店	百貨店	企業全体
売上高	30,000	10,000	20,000	60,000
売上原価	19,500	6,500	13,000	39,000
粗利益	10,500	3,500	7,000	21,000
経費				
販売（訪問1回あたり20ドル）	4,000	1,300	200	5,500
広告（1回あたり31ドル）	1,550	620	930	3,100
梱包・配送（注文1回あたり60ドル）	3,000	1,260	540	4,800
請求（注文1回あたり30ドル）	1,500	630	270	2,400
総経費	10,050	3,810	1,940	15,800
純利益または損失	450	(310)	5,060	5,200

占めているので（6万ドル中の3万ドル）、売上原価の半分を負うことになる（3万9000ドル中の1万9500ドル）。したがって、金物店からの粗利益は1万500ドルとなる。この数値から金物店のチャネルが使った諸経費を差し引かなければならない。■表22-4によると、全部で275回の販売訪問のうち200回が金物店に対して行われている。訪問1回あたり20ドルかかる計算であるから、金物店には4000ドルの販売経費がかかっている。また、■表22-4には金物店に対して50回の広告が行われたことも示されている。1回の広告費が31ドルであるから、金物店には1550ドルの広告費がかかったことになる。金物店にかかった他の経費の算定も同様に行った結果、金物店には1万50ドルの総経費がかかっていることがわかる。粗利益からこの経費を差し引くと、金物店チャネルを通じての販売利益はわずか450ドルということになる。

同様の分析を他のチャネルに対しても行うと、この企業は園芸用品店を通じての販売で損失を出しており、百貨店を通じての販売で利益のほとんどを得ていることがわかる。売上総額だけでは各チャネルの純利益を正確に判断できないことに注目されたい。

修正措置の決定

この企業が、園芸用品店や、場合によっては金物店での販売も中止し、百貨店に販売を集中させる結論を出すとしたら、それは早計というものである。まず、次のような問題を解明する必要がある。

- 消費者はどの程度、ブランドよりも小売店のタイプによって購入を決めているのか。
- 3つのチャネルの重要性について、市場の動向はどうなっているのか。
- 3つのチャネルに向けた自社のマーケティング戦略はどの程度有効なのか。

これらの問題に対する解答をもとに、マーケティング担当者は5つの代替案を検討することができる。

「レッツ・トーク2000」は、日刊の「トーク2000」フォーラムのダイジェスト版であり、毎月電子メール・ボックスに配信してもらうことができる。

- 小口注文の処理に特別料金を請求する。
- 園芸用品店と金物店に対して、これまで以上にプロモーション支援を行う。
- 園芸用品店と金物店に対する訪問回数と広告量を削減する。
- チャネルそのものを切るのではなく、各チャネル内の最も収益性の低い小売店との取引をやめる。
- 何もしない。

　一般的に、マーケティング収益性分析は、多様なチャネル、製品、地域といったマーケティング要素の相対的な収益性を示すものである。収益性の低いマーケティング要素を切り捨てることが最善の方策であると証明しているわけでもないし、限界収益点のマーケティング要素を放棄すれば利益の改善が見込めると示しているわけでもない。

直接原価計算と全原価計算

　情報ツールの例に漏れず、マーケティング収益性分析も、その方法と限界をマーケティング担当役員がどの程度理解しているかによって、活かせることもあれば判断を誤ることもある。先の芝刈り機メーカーは、各チャネルへの諸経費の配分基準を恣意的に選んでいる。例えば、原則的には「販売労働の時間数」の方が原価の算定基準としてより正確であるのに、「販売訪問の回数」が販売原価の配分に用いられている。その方が記録と計算が容易なためである。

　収益性分析にかかわるもう1つの判断要素は、さらに重要である。それは、マーケティング要素の実績を評価する際に、**全原価**を対象とするのか、それとも**直接原価と追跡可能な原価**のみを対象とするのかという問題である。先の芝刈り機メーカーの例では、マーケティング活動にうまく当てはまる単純な原価のみを考えることで、この問題を回避していた。しかし、これは現実に収益性を分析する上では避けられない問題である。次の3種類の原価を区別しなければならない。

1. **直接原価**　マーケティング活動そのものに直接配分できる原価である。例えば、販売手数料は、販売地域、セールス・レップ、顧客の収益性分析において直接原価として扱われる。広告費は、各広告がただ1つの製品の販売を促進している限りは、製品の収益性分析において直接原価として扱われる。それ以外の特定の目的にかかわる直接原価としては、セールス・フォースの給与や旅費交通費がある。
2. **追跡可能な共通原価**　マーケティング要素に対して間接的にしか配分されないが、当然必要と考えられる費用もある。先ほどの例では、賃貸料が共通原価ということになる。
3. **追跡不可能な共通原価**　これは、マーケティング活動に配分される原価のうち、恣意性の高いものをいう。例えば、「企業イメージ」への支出を全製品に均等に配分するのは、すべての製品が同じように企業イメージの恩恵にあずかるわけではない以上、恣意的ということにな

クラブ2000 (www.clubw2000.com) は2000年にまつわる商品を作っており、2000年関連の旅行、ソフトウェア、フェスティバルの情報パッケージを会員に販売している。

ろう。また、売上高に比例して配分したとしても、各製品の売れ行きは企業イメージ以外にも多様な要素が絡み合ってのものであるから、やはり恣意的ということになるだろう。同様に、トップ・マネジメントの給与、税金、利息などの間接費もここに分類される。

マーケティング原価分析に直接原価を含めることに異論の余地はないだろう。だが、追跡可能な共通原価を含めることには、いささか議論の余地がある。というのは、マーケティング活動の規模によって変動する原価と、変動しない原価とを同じものとして扱うことになるからである。仮に芝刈り機メーカーが園芸用品店での販売から撤退したとしても、賃貸料の支払い額は変わらないだろう。この場合、園芸販売店へ販売することによる損失（310ドル）がなくなったからといって、すぐに利益が増加することにはならない。

最大の争点となるのは、追跡不可能な共通原価をマーケティング活動に配分すべきかどうかという問題である。この配分方式は**全原価アプローチ**と呼ばれ、これを支持する人々は、真の収益性を算出するためには全原価を最終的にどこかへ配分しなければならないと主張する。しかしこの主張は、財務報告のための会計と経営判断のための会計を混同している。全原価アプローチには、3つの大きな欠点がある。

1. 追跡不可能な共通原価の配分が恣意的なものである以上、算定方法を変えれば、さまざまなマーケティング活動の相対的な収益性が大きく変動することになりかねない。
2. 恣意性があるため、マネジャーによっては自分の業績が不当な評価を受けていると思い、意欲を失う危険がある。
3. 追跡不可能な共通コストを計算に含めることによって、実際の原価管理が弱まる恐れがある。直接原価と追跡可能な共通原価を扱っている限りは、業務管理者は効率的に仕事ができる。ところが、ここに追跡不可能な共通原価が加わると、恣意的な原価配分に時間と労力を奪われ、管理可能な原価管理がおろそかになりかねない。

多くの企業が、さまざまな活動の真の収益性を数量的に把握するため、マーケティング収益性分析や、その応用である活動基準原価（ABC）会計を採用することに関心を示すようになっている。クーパーとカプランは、ABCを利用すれば「マネジャーは製品、ブランド、顧客、施設、地域、流通チャネルがどのように収益をあげ、資源を消費しているのかについて明確な全体像がつかめる」と述べている[30]。それによってマネジャーは、収益性を改善するために、さまざまな活動を実行する上で必要とされる資源を削減したり、資源の生産性を上げたり、より低価格で仕入れたりする方法を検討することができる。あるいは、多大な資源を消費する製品の価格を上げることもできる。ABCの導入によって、管理者は労働力と資材の標準原価のみを用いた全原価の配分を考えるのではなく、各製品や顧客などの要素を支える実際原価の把握へ注意を向けるようになる。

『*Millennium's End*』はテンポの速いテクノスリラーのロール・プレイング・ゲームである。

効率性コントロール

収益性分析によって、ある製品、ある地域、もしくはある市場における収益が不調であると判明したと仮定しよう。そのマーケティング要素について、セールス・フォース、広告、販売促進、流通をより効率的に管理する方法はあるのだろうか。

企業によっては、マーケティングの効率性を高めるために、**マーケティング・コントローラー**の職を設置している。マーケティング・コントローラーは経理部から任命されるが、主にマーケティング活動にかかわる仕事のみに携わる。ゼネラル・フーズ、デュポン、ジョンソン・エンド・ジョンソンのような企業では、マーケティング・コントローラーは、マーケティングの支出と成果についての高度な財務分析を行っている。収益計画が厳守されているかどうかを調査し、ブランド・マネジャーの予算作成を助け、プロモーションの効率性を測定し、メディア制作費用を分析し、顧客別および地域別の収益性を評価し、マーケティング担当者に対してマーケティングにかかわる意思決定の背後にある財務上の意味について教育を施すのである[31]。

> ニュー・ミレニアム・デザインは、「ワールド・カウントダウン2000」の商標でカジュアル衣料を販売している。

■ セールス・フォースの効率性

販売マネジャーは、担当地域の効率性を示す次のような主要指標を監視する必要がある。

- 販売員1人あたりの1日の平均訪問回数
- 1回の訪問の平均時間
- 販売訪問1回あたりの平均収益
- 販売訪問1回あたりの平均コスト
- 販売訪問1回あたりの接待費
- 販売訪問100回あたりの受注率
- 期間内の新規獲得顧客数
- 期間内の顧客喪失数
- 全売上高に占めるセールス・フォースのコスト

セールス・フォースの効率性を調査してみると、改善の余地が見つかる場合が多い。GEは、販売員の顧客訪問回数が多すぎることに気づき、各事業部のセールス・フォースの規模を縮小した。また、ある大手航空会社は販売員が営業とサービスの2つの業務を担当していることに気づき、サービス業務をより賃金の低い事務員に任せることにした。別の企業は時間分析や職務分析を行い、無駄に失われる時間の比率を少なくする方法を発見している。

> 1966年に設立された世界未来協会（www.wfs.org）は今日、80か国に3万人以上の会員を擁している。

■ 広告の効率性

多くのマネジャーは、広告に費やした金額の見返りにどれだけのものを得ているかを測定するのはまず不可能だと思い込んでいる。しかし、少なくとも次の統計値の推移はつかむようにすべきである。

- 媒体ビークルが到達する標的購買者1000人あたりの広告費
- 各印刷広告に気づいたり、見たり、製品と連想を結びつけたり、大部分を読んだりした視聴者の比率
- 広告の内容と効果に関する消費者の意見
- 広告の実施前後における消費者の製品に対する態度変容の測定
- 広告によって喚起された問い合わせの数
- 問い合わせ1件あたりのコスト

製品ポジショニングの改善、目標の明確化、広告メッセージの事前テストの実施、媒体選択を目的としたコンピュータ技術の活用、より良い媒体の開拓、広告実施後の効果測定テストなど、多様な措置を講ずることによって、広告効率は改善できる。

販売促進の効率性

販売促進とは、買い手の関心を刺激し、製品の試用を刺激するための工夫である。販売促進の効率を高めるために、経営陣は個々の販売促進活動に要したコストと、売上高に与えた効果を記録すべきである。また次の統計値に注目する必要がある。

- 特別割引によって販売した売上高の比率
- 売上高に対するディスプレー・コストの比率
- クーポンの償還比率
- デモンストレーションによって発生した問い合わせの数

販売促進マネジャーは、それぞれの販売促進の成果を分析し、最も費用効率の高いプロモーションの使用を製品マネジャーに薦めるべきである。

流通の効率性

経営陣は、在庫管理、倉庫配置、輸送方法において経済性の高い流通のあり方を追求する必要がある。問題は、販売量が右肩上がりに上昇すると、流通効率が下降することである。ピーター・センゲは、販売量の急激な増加によって納期遅れが生じる状況を描いている(■図22-10)[32]。このようなことが起こると、顧客の間で評判が悪くなり、やがて売上が落ちてしまう。これに対し、経営陣はセールス・フォースへのインセンティブを増やして受注を増やそうとする。セールス・フォースは受注の増加に成功するが、再び納期を守れない状況に陥ってしまう。経営陣は真の障害を見極め、生産と流通能力を増大させるために投資する必要がある。

戦略コントロール

企業は折にふれ、全体的なマーケティングの目標と効果を厳しく再検討する必要がある。マーケティング効果の見直しとマーケティング監査を行い、定期的に市場に対する戦略的アプローチを再評価すべきである。またそれに加えて、

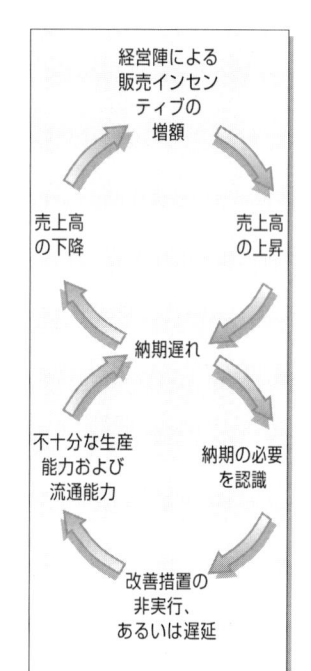

図22-10

注文と流通効率のダイナミック・インタラクション

出典:Peter M. Senge, *The Fifth Discipline.* © 1990 by Peter M. Senge. バンタム・ダブルディ・デル出版グループの一部門であるダブルディの許可を得て掲載。

マーケティング上の優劣の見直しと倫理的責任および社会的責任の見直しを実施してもよいだろう。

■ マーケティング効果の見直し

次に紹介するのは実例である。

ある大手の産業機器メーカーの社長が各事業部の年間事業計画を点検すると、マーケティングにおける欠陥がいくつか見つかったので、マーケティング担当副社長を呼び、次のように言った。

私は各事業部のマーケティングの質に不満を感じている。事業部ごとに相当のばらつきがある。どの事業部のマーケティングが優れ、どこが平均的で、どこが劣っているのかを明確にしてもらいたい。各事業部が顧客志向のマーケティングを理解し実践しているのかどうかを知りたい。そこで、事業部ごとにマーケティングの得点をつけてもらいたい。欠陥のある事業部については、マーケティングの効果を改善するための今後数年間の計画を立ててもらいたい。そして来年には、欠陥のある各事業部が改善しつつある証拠を見せてもらいたい。

マーケティング担当副社長はこれに同意し、まずは各事業部の売上高の伸び率、市場シェア、収益性における実績の評価を判断基準にしようと考えた。つまり、優れた実績をあげた事業部はマーケティング部門が優秀であり、実績の悪い事業部はマーケティング部門が劣っていると考えたのである。

しかし、優れた実績をあげたのは、たまたまその事業部が販売した時期と場所が良かったからにすぎないという可能性もある。優れたマーケティング計画があったにもかかわらず、実績をあげられなかった事業部があるかもしれない。

マーケティング効果は、企業あるいは事業部が、マーケティング志向の5つの主要な特性をどの程度示しているかに表れている。その5つの特性とは、**顧客志向の理念、統合されたマーケティング組織、適切なマーケティング情報、戦略志向、オペレーションの効率**である（■マーケティング・メモ「マーケティング効果見直しの基準」を参照されたい）。大部分の企業および事業部には「良」から「可」の成績がつくはずである[33]。

■ マーケティング監査

マーケティング上の弱点を発見した企業は、マーケティング監査と呼ばれる徹底的な調査を実行すべきである[34]。

■ **マーケティング監査**とは、企業または事業単位のマーケティング環境、目的、戦略、活動について、包括的、系統的、独立的、定期的に検討することである。問題領域と事業機会を明らかにし、マーケティングの業績を改善するための行動計画を提案するために行われる。

では、マーケティング監査の4つの特性を検討してみよう。

1. **包括的**　マーケティング監査は、問題の生じた部分だけではなく、主

MARKETING MEMO

マーケティング メモ

マーケティング効果見直しの基準
（各質問に対し答えを1つ選ぶこと）

顧客志向の理念

A. 選択した市場のニーズと欲求に応えるために企業を設計することの重要性を認識しているか。
- 0点　基本的に、既存製品や新製品を相手かまわず販売することを中心に考えている。
- 1点　広範囲の市場とニーズに対応して同じ効果を上げようと考えている。
- 2点　企業にとっての長期的な成長と収益の可能性を見込んで明確に選択した、市場および市場セグメントのニーズと欲求に応えようと考えている。

B. 市場内の異なるセグメントに対して、多様な製品とマーケティング計画を開発しているか。
- 0点　していない。
- 1点　ある程度行っている。
- 2点　おおいに行っている。

C. 事業を計画するにあたり、マーケティング・システム全体（供給業者、チャネル、競合他社、顧客、環境）を視野に入れているか。
- 0点　入れていない。当面の顧客に販売ないしサービスすることに集中している。
- 1点　ある程度入れている。チャネルについて長期的に見ているが、労力の大半は当面の顧客への販売ないしサービスに向けられている。
- 2点　入れている。マーケティング・システム全体を見通し、システムの一部の変化が企業にとって脅威とも機会ともなることを認識している。

統合されたマーケティング組織

D. 高いレベルで主要なマーケティング機能の統合と管理が行われているか。
- 0点　行われていない。販売などのマーケティング機能が上部で統合されておらず、非生産的な対立がある。
- 1点　ある程度行われている。構造上は主要なマーケティング機能が統合されコントロールされているが、調整と協力が十分とはいえない。
- 2点　行われている。主要なマーケティング機能が効果的に統合されている。

E. マーケティング管理者が、研究、製造、購買、ロジスティクス、財務の各部門の管理者と連携して仕事をしているか。
- 0点　行っていない。マーケティング部門から他の部門へ出す要求やコストは非合理的だとの不満が聞かれる。
- 1点　ある程度行っている。部門間の関係は友好的だが、各部門が自らの利益を追求して行動する傾向が強い。
- 2点　行っている。各部門が協力して効果を高め、企業全体の利益を目指して問題の解決に当たっている。

F. 新製品開発プロセスはどの程度うまく組織化されているか。
- 0点　体制が明確に組織化されておらず、うまく機能していない。
- 1点　体制は公式には存在するが、機能性が十分とはいえない。
- 2点　体制が明確に組織化され、チームワークの原則に従って作動している。

適切なマーケティング情報

G. 顧客、購買行動の影響要因、チャネル、競合他社に関するマーケティング・リサーチが最後に行われたのはいつか。
- 0点　数年前。　1点　2、3年前。　2点　最近。

H. さまざまな市場セグメント、顧客、地域、製品、チャネル、受注量別の売上の可能性と収益性について、経営陣はどの程度知っているか。
- 0点　まったく知らない。　1点　ある程度知っている。　2点　熟知している。

I. さまざまなマーケティング費の費用効果を測定し改善するために、どのくらい努力しているか。
- 0点　ほとんど努力していない。　1点　ある程度努力している。　2点　相当努力している。

MARKETING MEMO

戦略志向

J. 正式なマーケティング計画をどれだけ作成しているか。
　　0点　正式なマーケティング計画を作成していない。
　　1点　年間マーケティング計画を作成している。
　　2点　詳細な年間マーケティング計画とともに、毎年改訂される戦略的な長期計画を作成している。

K. 現在のマーケティング戦略の質はどの程度か。
　　0点　現在の戦略は明確でない。
　　1点　現在の戦略は明確であり、従来の戦略を踏襲している。
　　2点　現在の戦略は明瞭かつ革新的であり、データに基づいた合理的なものである。

L. 不測の事態に対する考え方と対応策はどうなっているか。
　　0点　不測の事態についてほとんど考えていない。
　　1点　不測の事態についてある程度考えているが、公式の対応策はほとんど用意していない。
　　2点　最も重要な不測の事態とは何かを明確に示し、対応策を準備している。

オペレーションの効率

M. どの程度マーケティング戦略が末端まで伝達され実行されているか。
　　0点　ほとんど実行されていない。
　　1点　ある程度実行されている。
　　2点　完全に実行されている。

N. マーケティング資源を有効に使っているか。
　　0点　使っていない。マーケティング資源が不十分である。
　　1点　ある程度有効に使っている。マーケティング資源は十分であるが、適切に活用しているとはいえない。
　　2点　有効に使っている。マーケティング資源が十分あり、有効に活用している。

O. 経営陣に、状況の変化へ迅速かつ効果的に対応する能力が十分備わっているか。
　　0点　ない。販売情報と市場情報が遅れがちで、対応策を打ち出すのに時間がかかる。
　　1点　ある程度はある。販売および市場についての最新の情報にそこそこ通じているが、対応策を打ち出す時間にはばらつきがある。
　　2点　ある。最新の情報を収集するシステムを構築しており、迅速に対応策を打ち出す。

総得点

上記の基準の使い方は次のとおりである。各質問に当てはまる答えの欄をチェックする。点数をすべて合計すると、総得点は0点から30点の間となる。その得点によって、マーケティング効果を判断することができる。

　　　0点～5点　　不可
　　　6点～10点　　劣
　　11点～15点　　可
　　16点～20点　　良
　　21点～25点　　優
　　26点～30点　　秀

出典：Philip Kotler, "From Sales Obsession to Marketing Effectiveness," *Harvard Business Review*, November–December 1977, pp. 67–75. Copyright © 1977 by the President and Fellows of Harvard College; all rights reserved.

要なマーケティング活動すべてを対象とする。セールス・フォース、価格設定など、一部のマーケティング活動のみを対象とするものは、**機能別監査**と呼ばれる。機能別監査は有効であるが、時として経営陣の判断を誤らせることがある。例えば、セールス・フォースの離職率が高い場合、それは訓練や報酬が不十分なためではなく、当該企業の製品や販売促進活動が劣っていることによるのかもしれない。包括的なマーケティング監査を行った方が、問題の真の原因を究明するのに有効な場合が多い。

2. **系統的**　マーケティング監査では、企業のマクロマーケティング環境およびミクロマーケティング環境、マーケティングの目的と戦略、マーケティング・システム、個々のマーケティング活動について系統的に検討を行う。その結果、最も改善を必要とする分野が明らかになり、企業全体のマーケティング効果を改善するための短期的ならびに長期的な修正行動計画の中に組み込まれるのである。

3. **独立的**　マーケティング監査には6つのやり方がある。すなわち、自己監査、相互的監査、トップ・マネジメントによる監査、社内監査部門による監査、タスク・フォースによる監査、外部監査である。自己監査では、各マネジャーがチェックリストを使って自らの業務の評価を行うのだが、客観性と中立性に欠けている[35]。3Mは社内監査部門を活用し、要請に応じて各事業部に対するマーケティング監査を行う体制をとっている[36]。しかし一般的にいえば、監査に必要な客観性を持ち、さまざまな企業で広汎な経験を積み、当該産業分野にもある程度通じており、監査に時間と観察眼を全面的に注入できる外部のコンサルタントに依頼するのが最善の方法である。

4. **定期的**　一般的に、売上高の下降やセールス・フォースの士気の低下といった問題が生じたときに、初めてマーケティング監査が行われることが多い。しかし、企業危機は、業績が良好なときにマーケティング業務の点検を怠ったことにも起因する。定期的なマーケティング監査は、苦境にある企業と同様、業績が順調な企業にとっても有益なのである。

　マーケティング監査は、企業側の幹部と監査官が会議を行い、監査の目的、範囲、程度、情報源、報告形式、時間枠などを明確に定めるところから始まる。監査時間とコストを最小限に抑えるために、面接対象者、質問事項、時間と場所などについて詳細な計画が作成される。マーケティング監査の鉄則は、データと意見の収集を対象企業のマネジャーだけに頼ってはいけない、ということである。顧客やディーラーなどの社外のグループに対しても面接を行わなければならない。多くの企業は、自社が顧客やディーラーにどう見られているのかを明確に自覚していないし、顧客のニーズと価値判断を的確に理解していないのである。

　マーケティング監査では、企業が直面しているマーケティング状況の6つの

ニュー・ミレニアムには、これまで以上の長寿が実現する見込みである。次の世紀の半ばまでには、60万人以上のアメリカ人が100歳の誕生日を迎えると推定される。

歴史メモ：蓄音機に耳を傾ける犬の商標「ヒズ・マスターズ・ボイス（飼い主の声）」は、1900年に初めて使われた。

大きな構成要素を調査する。■表22-6には、主要な質問項目が示されている。

■■■■■ マーケティング上の優劣の見直し

優れた業績をあげている企業のベスト・プラクティスと比較して、自社の業績を評価するという方法もある。■表22-7の3つの列はそれぞれ、企業とマーケティング実践例の「不可」「良」「優」を示している。自社の現在の状況について、各列の該当箇所をチェックする。それによって、自社の短所と長所が明らかになり、市場で真に傑出した存在となるためにはどの方向に進むべきかがわかるだろう。

歴史メモ：パリ万国博覧会は、1900年4月14日に始まった。

■■■■■ 倫理的責任および社会的責任の見直し

企業は、自らが倫理的および社会的に責任あるマーケティングを本当に行っているかどうか検証する必要がある。ビジネスを成功させ、常に顧客と株主の期待に応えるためには、ビジネスとマーケティングに高い行動基準を採用して実行することがきわめて重要である。世界的に高い評価を得ている企業は、自らの利益ではなく人々の利益に奉仕せよ、という規範に従っている。■ミレニアム・マーケティング「マーケティングにおける公正な労働の実践」を参照されたい。

ビジネスのさまざまな状況は日常的に厳しい倫理上のジレンマをもたらすため、ビジネス活動はしばしば非難にさらされる。ビジネス・パーソンの責任に関するハワード・ボウエンの古典的な問いに立ち帰ってみよう。

> 例えば訪問販売のように、人の私生活に踏み込んで販売を行うべきだろうか。派手な広告、抽せん券、賞品、呼び売りなど、お世辞にも趣味がよいとはいえない多様な戦術を使うべきだろうか。「高圧的」戦術で購入する気にさせるべきだろうか。次から次へと新型製品を市場に出し、製品が陳腐化する速度に拍車をかけるべきだろうか。人々に訴えかけて、物質主義と消費主義と「隣の人に遅れをとりたくない」気持が蔓延するように仕向けるべきなのだろうか[37]。

企業の業績を測る尺度が利益の数字だけであってはならないのは明らかだ。ビジネスのさまざまな面で倫理上の問題が考慮されなければならない。販売においては賄賂や企業秘密の不正な取得といった問題、広告においては虚偽の誇大広告という問題、チャネルにおいては排他的取引や談合という問題、製品においては品質と安全性、保証、特許権の保護という問題、パッケージングにおいては正確なラベル表示と乏しい資源の使用という問題、価格においては価格操作、価格差別、再販売価格維持という問題、競争においては市場参入の妨害、意図的に相手を破滅させるための競争といった問題が存在する。

社会的責任を有するマーケティングの水準を上げるためには、3方向からの力が必要である。第1に、社会が法律を整備して、非合法的、反社会的、競争抑止的なマーケティング活動を可能な限り明確に識別できるようにしなければならない。第2に、各企業が倫理規定を明文化して末端まで周知徹底し、倫理

表22-6

マーケティング監査の構成要素

第1部　マーケティング環境監査

マクロ環境

デモグラフィックス	企業にとって機会や脅威となる主要なデモグラフィックス上の変化とトレンドは何か。そうした変化に対して、企業はどのような対応策をとったか。
経済	所得、物価、貯蓄、信用度に、企業へ影響を与えるような変化が起こっているか。そうした変化に対して、企業はどのような対応策をとったか。
自然環境	企業が必要とする天然資源とエネルギーのコストと入手可能性について、どんな展望があるか。公害と環境保護における企業の役割についてはどうか。企業はこれまでどのような対応策をとってきたか。
技術	製品技術と製造技術における主要な変化は何か。そうした技術における企業の立場はどうなっているか。
政治	法律や規則の変化でマーケティングの戦略と戦術に影響を及ぼしそうなものはあるか。マーケティング戦略に影響する政治上の変動はあるか。
文化	企業や製品に対する一般市民の反応はどうか。顧客のライフスタイルと価値観に、企業に影響を及ぼしそうな変化はあるか。

タスク環境

市場	市場の規模、成長、地理的分布、収益性に何が起こっているか。主要な市場セグメントは何か。
顧客	顧客ニーズと購買プロセスはどうなっているか。顧客と見込み客は、評判、製品品質、サービス、セールス・フォース、価格について、自社と競合他社をどのように評価しているか。それぞれの顧客セグメントは、どのように購買決定を行っているのか。
競合他社	主要な競合他社はどこか。その目的、戦略、強み、弱み、規模、市場シェアはどのようなものか。競争に影響を与えそうな動きは何か。自社製品の代替品になりそうなものはあるか。
流通とディーラー	製品を顧客に届けるための主要な取引チャネルは何か。それぞれのチャネルの効率性と成長可能性はどうか。
供給業者	主要な原材料調達の見通しはどうなっているか。供給業者にはどのようなトレンドがあるか。
ファシリテイターとマーケティング会社	輸送サービス、倉庫施設、資金源の展望はどうか。広告会社とマーケティング・リサーチ会社は、どの程度有効に機能しているか。
利害関係集団	どの集団が機会や問題を提示しているか。各集団と効果的につきあうために自社はどのような措置を講じてきたか。

第2部　マーケティング戦略監査

事業ミッション	事業ミッションが市場志向の観点から明確に述べられているか。それは実行可能なものか。
マーケティングの目的と目標	企業およびマーケティングの目的と目標が明確に設定され、マーケティング計画と業績評価の指針となっているか。マーケティングの目的は適切か。
戦略	管理者は、目的を達成するための明確なマーケティング戦略を提示しているか。その戦略には説得力があるか。製品ライフサイクルの段階、競合他社の戦略、経済状況に照らした適切な戦略を遂行しているか。市場細分化に用いている基準は最善のものか。各セグメントを評価し最善のものを選ぶための明確な基準を持っているか。各標的セグメントの概要を正確に把握しているか。各標的セグメントに対して効果的なポジショニングとマーケティング・ミックスを行っているか。マーケティング資源をマーケティング・ミックスの主要な要素へ適切に配分しているか。

第3部　マーケティング組織監査

組織構造	マーケティング担当副社長は、顧客満足に影響するような企業活動に対して十分な権限と責任を持っているか。マーケティング活動は、マーケティング機能、製品、セグメント、エンド・ユーザー、地域ごとに適切に構築されているか。

表22-6

マーケティング監査の構成要素(続き)

職能効率	マーケティング部門と販売部門の間に十分なコミュニケーションと協力関係があるか。製品マネジメント・システムは効果的に機能しているか。製品マネジャーは利益の計画が立てられるか、それとも売上高のみか。マーケティング部門に、さらに訓練や動機付けや監督や評価を必要とするグループはあるか。
インターフェイス効率	マーケティング部門と製造、研究開発、購買、財務、経理、法務の各部門の間に注意を要する問題はないか。

第4部 マーケティング・システム監査

マーケティング情報システム	マーケティング・インテリジェンス・システムは、正確かつ十分で時宜を得た情報を流しているか。企業の意思決定者は十分なマーケティング・リサーチを要求し、その結果を活用しているか。市場評価と販売予測に最善の方法を利用しているか。
マーケティング計画システム	マーケティング計画システムはよく理解され、有効に使われているか。マーケティング担当者は意思決定サポート・システムを利用できるか。計画システムによって出される売上目標額や販売割当は妥当なものか。
マーケティング・コントロール・システム	コントロールの手順は年間計画の目標を達成する上で適切か。管理者は定期的に製品、市場、地域、流通チャネル別の収益性を分析しているか。マーケティングのコストと生産性は定期的に検討されているか。
新製品開発システム	新製品のアイデアを集め、創出し、スクリーニングするための組織構造になっているか。新製品のアイデアへ投資する前に、適切な調査と分析を行っているか。適切な製品テストと市場テストを行っているか。

第5部 マーケティング生産性監査

収益性分析	自社のそれぞれの製品、市場、地域、流通チャネルの収益性はどうなっているか。いずれかの事業セグメントに参入すべきか、拡大すべきか、縮小すべきか、撤退すべきか。
費用効果分析	費用がかかりすぎていると思われるマーケティング活動はあるか。費用を削減することは可能か。

第6部 マーケティング機能監査

製品	製品ラインの目的は何か。現在の製品ラインは目的を達成しているか。製品ラインを拡張すべきか、それとも縮小すべきか。段階的に生産を中止すべき製品はどれか、追加すべき製品はあるか。自社と競合他社の製品の品質、特徴、スタイル、ブランド名などに対する買い手側の知識と態度はどうか。製品およびブランド戦略で改善すべき部分はどこか。
価格	価格設定の目的、方針、戦略、手順はどうか。どの程度、コスト、需要、競争上の基準に基づいて価格を設定しているのか。顧客は、価格を製品の価値に見合うものと見ているか。需要の価格弾力性、経験曲線効果、競合他社の製品価格と価格設定方針がわかっているか。価格方針は、流通業者とディーラーのニーズ、供給業者、政府の規制とどの程度調和しているか。
流通	流通の目的と戦略はどのようなものか。市場の到達範囲とサービスは適切か。流通業者、ディーラー、メーカーのセールス・レップ、ブローカー、代理業者などはどれだけ効果的か。流通チャネルの変更を検討すべきか。
広告、販売促進、パブリック・リレーションズ、ダイレクト・マーケティング	広告の目的は何か。広告に対する支出額は適切か。顧客や利害関係集団はその広告についてどう思っているか。媒体選択は成功しているか。社内の広告担当者は適任か。販売促進の予算は適切か。試供品、クーポン、ディスプレー、販売コンテストのような販売促進のツールを効果的かつ十分に活用しているか。ダイレクト・マーケティング、オンライン・マーケティング、データベース・マーケティングを十分に活用しているか。
セールス・フォース	セールス・フォースの目的は何か。企業の目的を達成するのに十分なだけの規模か。セールス・フォースは正しく組織されているか。現場のセールス・レップを指揮するのに十分な販売マネジャーが配置されているか。セールス・フォースは高い士気、能力、努力を示しているか。販売割当と業績評価の手順は適切か。競合他社のセールス・フォースと比較して自社のセールス・フォースはどうか。

表22-7

マーケティング上の優劣の見直し：ベスト・プラクティス

不可	良	優
製品主導	市場主導	市場誘導
マス市場志向	セグメント志向	ニッチ市場志向、顧客志向
製品の提供	膨張製品の提供	顧客ソリューションの提供
並みの製品品質	並み以上の製品品質	抜群の製品品質
並みのサービス品質	並み以上のサービス品質	抜群のサービス製品
最終製品志向	中核製品志向	コア・コンピタンス志向
機能志向	プロセス志向	結果志向
競合他社への反応	競合他社をベンチマーク	競合他社を凌駕
供給業者の搾取	供給業者の選択	供給業者とのパートナーシップ
ディーラーの搾取	ディーラーの支援	ディーラーとのパートナーシップ
価格主導	品質主導	価値主導
並みのスピード	並み以上のスピード	抜群のスピード
階層	ネットワーク	チームワーク
垂直的統合	フラットな組織	戦略的提携
株主主導	利害関係者主導	社会主導

「我々は次々に危機に足をすくわれ、後で振り返れば1000年という時の流れの中では取るに足りない小さなことに思い煩い、そして恐らく、数十年、数百年後の世界を形作ることになる概念や流れやパターンを見そこなってしまうのだろう」——クリス・ハワード『Canadian Business』

的に行動する伝統を築き、従業員に倫理上および法律上の指針を守る責任を負わせる必要がある。第3に、個々のマーケティング担当者が、顧客や利害関係者との関係において、「社会的良心」を実践することが求められる。

ニュー・ミレニアムは、企業にとって機会の宝庫である。太陽エネルギー、コンピュータ・ネットワーク、ケーブル・テレビ放送と衛星テレビ放送、遺伝子工学、テレコミュニケーションなどの技術的な発展は、これまでの世界を一新しそうである。その一方で、社会経済環境、文化環境、自然環境の諸要因によって、マーケティングとビジネスは新たな制限を受けることになるだろう。社会的責任を果たしつつ新たな解決策と価値を打ち出せる企業は、成功する公算が最も大きい。ワーキング・アセット社の例を見てみよう。

ワーキング・アセット社

ワーキング・アセット社の長距離電話サービスは、AT&T、MCI、スプリントのような大手の通信事業者と互角に競争している。低料金、光ファイバーによる音の明瞭さ、有能なオペレーター、便利なコーリング・カードなどが競争の武器であるが、それらに加えて、同社は選択した市場ニッチにユニークなアピールをしている。例えば、「あなたの声を伝えます」の広告メッセージは、進歩的な主義主張の支持者を自任する人々に向けたものである。毎月の請求書には2つの最新の社会問題に関する情報と、問題解決に影響力を持つ人々の名前と電話番号が記されており、その有力者にかける電話は無料だと呼びかけている。顧客が料金を支払えば、文面があらかじめ印刷された手紙をワーキング・アセットから有力者に送ってもらうこともできる。また同社は、毎月の利用料金の1％を非営利団体に寄付する契約を結びませんかと、顧

MARKETING FOR THE MILLENNIUM　ミレニアム・マーケティング

マーケティングにおける公正な労働の実践

あらゆる価格帯の衣料、アクセサリー、靴の製造からマーケティングにいたるまで、アパレル産業にとってグローバル化は厳然たる事実である。製品のラベルにはアメリカ合衆国の企業名が書かれているが、実際には海外、それも多くは中南米と環太平洋地域の発展途上国で製造されている。1990年代半ばに一連の報道がなされたことで、低賃金、過重労働、時として未成年労働者が搾取工場でこれらの製品を作っているのだという事実に、市民の注目が集まった。ナイキのスポーツ・シューズを製造するアジア工場についての否定的な報道が頻繁に行われた結果、ナイキは問題の工場を調査する独立委員会を発足させた。いったん懐疑的になった消費者の多くは、調査結果に対しても疑いの目を向け続けた。富豪のスポーツ選手はナイキの広告に出演していっそう裕福になっているというのに、工場労働者には生活するにも事欠く賃金しか与えない会社の高い製品を購入したくはないという意見が、ナイキの地元における新聞の投書欄に寄せられた。ホンジュラスで生産されているある衣料の製品ラインがきっかけとなって、テレビのトークショーのホステスであるキャシー・リー・ギフォードも同じように悪い意味での注目を浴びた。

1996年8月、服飾メーカー、小売店、労働組合、人権擁護団体を含む18の組織の代表が、アメリカのアパレル産業向け製品を作っている工場の労働条件について自主的な基準を設けるべく、ホワイトハウス・アパレル産業連合に結集した。その席で、強制労働と14歳未満の子供の雇用禁止、少なくとも現地国の法律に従った最低賃金、週に最低1回の休日と最大60時間の労働、いやがらせと虐待からの保護、労働者の組合結成と団体交渉の権利の認知など、多くの申し合わせがなされた。メーカー、組合、人権擁護団体の代表で構成される監視グループが協定の遵守の徹底を図り、基準を満たした企業には「搾取していません」のラベルを冠する資格が与えられることになった。

1998年、連合のタスク・フォースは、監督機関として公正労働協会を設立する計画を発表した。しかし同年の終わりまでに、この計画は重要な支えを失うことになる。連合の一部メンバーが、協定の遵守を監視する基準と手順の詳細を詰める交渉から除外されていると不満を訴えたのである。アパレル業界の労働組合UNITEは、抗議の意味で連合を脱退した。一方、ホワイトハウス連合の進捗具合にしびれを切らしたアメリカ・アパレル製造業者協会（AAMA）は、同じような基準と独自の認証機関を持つ、責任あるアパレル生産（RAP）というプログラムを創設した。試験的なプログラムが合衆国、アジア、中南米の30の工場で始まるとともに、AAMAに属する工場と属していない工場の双方に対して、認証の取得を呼びかけた。

UNITEとその賛同者が恐れたのは、メーカー側は表面的な改善しか行わず、認証や「搾取していません」のラベルは信用できないのではないかというものだったが、両者の意見の不一致によって、かえって両者とも同じ確信を抱いていることが明らかとなった。つまり、労働者は各企業の重要な利害関係者として認められなくてはならない、ということである。公正な労働の実践は、企業倫理の問題であるとともに、重要なマーケティングの問題でもあるのだ。

出典：Vanessa Groce, "Chronicle," *Earnshaw's Infants', Toddlers', and Girls' and Boys' Wear Review*, October 1996, p. 36; Steven Greenhouse, "Voluntary Rules on Apparel Labor Prove Hard to Set," *New York Times*, February 1, 1997, pp. A1, A7; "No Sweat? Sweatshop Code is just first step to end worker abuse," *Solidarity*, June–July, 1997, p. 9. 以下のウェブサイトも参照されたい。UNITE, Corporate Watch; the American Apparel Manufacturers Association.

客に対して呼びかけている。環境保護への関心を標的市場に訴えるため、同社は再生紙と大豆をベースにしたインクを使い、紙を1トン消費するごとに木を17本植えている。ワーキング・アセット社はビジネスのあらゆる場面で、市場倫理に調和した、企業市民としてのプログラムを一貫して実践しているのである。それだけでは利用する気にならないという顧客向けには、やはり進歩的主張を支持するベン＆ジェリー社の冷凍デザート1年分の無料引換券を提供している。ワーキング・アセット社の理想主義は、ビジネスの実利面でも望ましい効果を上げている。同社は5年間連続して『Inc.』誌の急成長企業のリストに登場し、『フォーチュン』『ニューズウィーク』『ニューヨーク・タイムズ』『ワシントン・ポスト』によって特集記事が組まれている。

参考文献

1. 以下の文献を参照されたい。Frederick E. Webster Jr., "The Changing Role of Marketing in the Corporation," *Journal of Marketing*, October 1992, pp. 1-17. 以下の文献も参照されたい。Ravi S. Achrol, "Evolution of the Marketing Organization: New Forms for Turbulent Environment," *Journal of Marketing*, October 1991, pp. 77-93; John P. Workman Jr., Christian Homburg, and Kjell Gruner, "Marketing Organization: An Integrative Framework of Dimensions and Determinants," *Journal of Marketing*, July 1998, pp. 21-41.
2. 以下の文献を参照されたい。Frank V. Cespedes, *Concurrent Marketing: Integrating Product, Sales, and Service* (Boston: Harvard Business School Press, 1995), and *Managing Marketing Linkages: Text, Cases, and Readings* (Upper Saddle River, NJ: Prentice Hall, 1996).
3. Robert E. Lineman and John L. Stanton Jr., "A Game Plan for Regional Marketing," *Journal of Business Strategy*, November-December 1992, pp. 19-25.
4. Scott Hume, "Execs Favor Regional Approach," *Advertising Age*, November 2, 1987, p. 36; "National Firms Find that Selling to Local Tastes Is Costly, Complex," *Wall Street Journal*, February 9, 1987, P. B1; Paul A. Herbig, *Handbook of Cross-Cultural Marketing* (New York: International Business Press, 1998), pp. 45-46.
5. ". . . and Other Ways to Peel the Onion," *The Economist*, January 7, 1995, pp. 52-53.
6. Andrall E. Pearson and Thomas W. Wilson Jr., *Making Your Organization Work* (New York: Association of National Advertisers, 1967), pp. 8-13.
7. Dyan Machan, "Soap? Cars? What's the Difference?" *Forbes*, September 7, 1998; Bill Vlasic, "Too Many Models, Too Little Focus," *Business Week*, December 1, 1997, p. 148.
8. Michael George, Anthony Freeling, and David Court, "Reinventing the Marketing Organization," *The McKinsey Quarterly* no. 4 (1994): 43-62.
9. 詳しくは、以下の文献を参照されたい。Robert Dewar and Don Schultz, "The Product Manager, an Idea Whose Time Has Gone," *Marketing Communications*, May 1989, pp. 28-35; "The Marketing Revolution at Procter & Gamble," *Business Week*, July 25, 1988, pp. 72-76; Kevin T. Higgins, "Category Management: New Tools Changing Life for Manufacturers, Retailers," *Marketing News*, September 25, 1989, pp. 2, 19; George S. Low and Ronald A. Fullerton, "Brands, Brand Management, and the Brand Manager System: A Critical-Historical Evaluation," *Journal of Marketing Research*, May 1994, pp. 173-90; Michael J. Zenor, "The Profit Benefits of Category Management," *Journal of Marketing Research*, May 1994, pp. 202-13.
10. Stanley F. Slater and John C. Narver, "Market Orientation, Customer Value, and Superior Performance," *Business Horizons*, March-April 1994, pp. 22-28. 以下の文献も参照されたい。Frederick E. Webster, *Market-Driven Management: Using the New Marketing Concept to Create a Customer-Oriented Company* (New York: John Wiley, 1994); John C. Narver and Stanley F. Slater, "The Effect of a Market Orientation on Business Profitability," *Journal of Marketing*, October 1990, pp. 20-35; Bernard Jaworski and Ajay K. Kohli, "Market Orientation: Antecedents and Consequences," *Journal of Marketing*, July 1993, pp. 53-70; Rohit Deshpand and John U. Farley, "Measuring Market Orientation," *Journal of Market-Focused Management* 2 (1998): 213-32.
11. Richard E. Anderson, "Matrix Redux," *Business Horizons*, November-December 1994, pp. 6-10.
12. マーケティング組織について詳しくは、以下の文献を参照されたい。Nigel Piercy, *Marketing Organization: An Analysis of Information Processing, Power and Politics* (London: George Allen & Unwin, 1985); Robert W. Ruekert, Orville C. Walker, and Kenneth J. Roering, "The Organization of Marketing Activities: A Contingency Theory of Structure and Performance," *Journal of Marketing*, Winter

1985, pp. 13–25; Tyzoon T. Tyebjee, Albert V. Bruno, and Shelby H. McIntyre, "Growing Ventures Can Anticipate Marketing Stages," *Harvard Business Review*, January–February 1983, pp. 2–4; Andrew Pollack, "Revamping Said to be Set at Microsoft," *New York Times*, February 9, 1999, C1.

13. Gary L. Frankwick, Beth A. Walker, and James C. Ward, "Belief Structures in Conflict: Mapping a Strategic Marketing Decision," *Journal of Business Research*, October–November 1994, pp. 183–95.

14. Askok K. Gupta, S. P. Raj, and David Wilemon, "A Model for Studying R&D–Marketing Interface in the Product Innovation Process," *Journal of Marketing*, April 1986, pp. 7–17.

15. 以下の文献を参照されたい。William E. Souder, *Managing New Product Innovations* (Lexington, MA: D. C. Heath, 1987), ch. 10 and 11; William L. Shanklin and John K. Ryans Jr., "Organizing for High-Tech Marketing," *Harvard Business Review*, November– December 1984, pp. 164–71; Robert J. Fisher, Elliot Maltz, and Bernard J. Jaworski, "Enhancing Communication Between Marketing and Engineering: The Moderating Role of Relative Functional Identification," *Journal of Marketing*, July 1997, pp. 54–70.

16. David J. Morrow, "Struggling to Spell R-E-L-I-E-F," *New York Times*, December 29, 1998, pp. C1, C18; "JAMA Study Shows Merck-Medco's Partners for Healthy Aging Program Significantly Reduces the Use of Potentially Harmful Medication by Seniors," *Business Wire*, October 12, 1998.

17. 以下の文献を参照されたい。Robert J. Fisher, Elliot Maltz, and Bernard J. Jaworski, "Enchancing Communication Between Marketing and Engineering," *Journal of Engineering*, July 1997, pp. 54–70.

18. 以下の文献を参照されたい。Benson P. Shapiro, "Can Marketing and Manufacturing Coexist?" *Harvard Business Review*, September–October 1977, pp. 104–14. 以下の文献も参照されたい。Robert W. Ruekert and Orville C. Walker Jr., "Marketing's Interaction with Other Functional Units: A Conceptual Framework and Empirical Evidence," *Journal of Marketing*, January 1987, pp. 1–19.

19. Edward E. Messikomer, "DuPont's 'Marketing Community,'" *Business Marketing*, October 1987, pp. 90–94. 企業をマーケティング志向の組織へ変革させる方法については、以下の文献を参照されたい。George Day, *The Market-Driven Organization: Aligning Culture, Capabilities and Configuration to the Market* (New York: Free Press, 1999).

20. マーケティング計画の作成と実行について詳しくは、以下の文献を参照されたい。H. W. Goetsch, *Developing, Implementing & Managing an Effective Marketing Plan* (Chicago: American Marketing Association; Lincolnwood, IL: NTC Business Books, 1993).

21. Thomas V. Bonoma, *The Marketing Edge: Making Strategies Work* (New York: Free Press, 1985). この項の多くはボノマの著作をもとにした。

22. Emily Denitto, "New Steps Bring Alvin Ailey into the Business of Art," *Crain's New York Business*, December 7, 1998, pp. 4, 33.

23. 以下の文献を参照されたい。Alfred R. Oxenfeldt, "How to Use Market-Share Measurement," *Harvard Business Review*, January–February 1969, pp. 59–68.

24. 数値が上昇するか下降するか、その確率は2分の1である。したがって、6回続けて上昇する確率は、2分の1の6乗、すなわち64分の1となる。

25. もうひとつの選択肢をとるなら、企業は**株主価値**に影響する要因に重点を置く必要がある。マーケティング計画の目標は株主価値を増やすことである。株主価値とは、企業の現在の活動によって将来得られるであろう収入の**現在価値**である。**収益率分析**は通常、1年のみの成果に焦点をしぼる。以下の文献を参照されたい。Alfred Rapport, *Creating Shareholder Value*, rev. ed. (New York: Free Press, 1997).

26. 財務分析について詳しくは、以下の文献を参照されたい。Peter L. Mullins, *Measuring Customer and Product Line Profitability* (Washington, DC: Distribution Research and Education Foundation, 1984).

27. 以下の文献を参照されたい。Robert S. Kaplan and David P. Norton, *The Balanced Scorecard* (Boston: Harvard Business School Press, 1996). 邦訳:『バランス・スコアカード——新しい経営指標による企業変革』(ロバート・S・キャプラン、デビッド・P・ノートン著、吉川武男訳、生産性出版、1997年)

28. Richard Whiteley and Diane Hessan, *Customer Centered Growth* (Reading MA: Addison Wesley, 1996), pp. 87–90; Adrian J. Slywotzky, *Value Migration: How to Think Several Moves Ahead of the Competition* (Boston: Harvard University Press, 1996), pp. 231–35.

29. The MAC Group, *Distribution: A Competitive Weapon* (Cambridge, MA: MAC Group, 1985), p. 20.

30. 以下の文献を参照されたい。Robin Cooper and Robert S. Kaplan, "Profit Priorities from Activity-Based Costing," *Harvard Business Review*, May–June 1991, pp. 130–35.

31. Sam R. Goodman, *Increasing Corporate Profitability* (New York: Ronald Press, 1982), ch. 1. 以下の文献も参照されたい。Bernard J. Jaworski, Vlasis Stathakopoulos, and H. Shanker Krishnan, "Control Combinations in Marketing: Conceptual Framework and Empirical Evidence," *Journal of Marketing*, January 1993, pp. 57–69.

32. 以下の文献を参照されたい。Peter M. Senge, *The Fifth Discipline: The Art and Practice of the Learning Organization* (New York: Doubleday Currency, 1990), ch. 7. 邦訳:『最強組織の法則——新時代のチームワークとは何か』(ピーター・M・センゲ著、守部信之訳、徳間書店、1995年)

33. この評価法について詳しくは、以下の文献を参照されたい。Philip Kotler, "From Sales Obsession to Marketing Effectiveness," *Harvard Business Review*, November–December 1977, pp. 67–75.

34. 以下の文献を参照されたい。Philip Kotler, William Gregor, and William Rodgers, "The Marketing Audit Comes of Age," *Sloan Management Review*, Winter 1989, pp. 49–62. Copernicanの Copernican Decision Navigator で別の興味深いアプローチが入手できる。電話番号(617) 630-8705。

35. マーケティング自己監査のための有用なチェックリストを得るには、以下の文献を参照されたい。Aubrey Wilson, *Aubrey Wilson's Marketing Audit Checklists* (London: McGraw-Hill, 1982). 邦訳:『マーケティング・チェック

リスト――変化対応戦略成功の秘訣』(オーブリー・ウィルソン著、川勝久、松野弘訳、プレジデント社、1986年);以下の文献も参照されたい。Mike Wilson, *The Management of Marketing* (Westmead, England: Gower Publishing, 1980). マーケティング監査ソフトウェア・プログラムについては、以下の文献に詳しい。Ben M. Enis and Stephen J. Garfein, "The Computer-Driven Marketing Audit," *Journal of Management Inquiry*, December 1992, pp. 306–18.

36. Kotler, Gregor, and Rodgers, "The Marketing Audit."
37. Howard R. Bowen, *Social Responsibilities of the Businessman* (New York: Harper & Row, 1953), p. 215. 以下の文献も参照されたい。N. Craig Smith and Elizabeth Cooper-Martin, "Ethics and Target Marketing: The Role of Product Harm and Consumer Vulnerability," *Journal of Marketing*, July 1997, pp. 1–20.

クレジット

■第1章
□絵1-1　© Disney Enterprises, Inc.
19ページ■図1-4　ハーバード・ビジネス・スクール出版の許可を得て掲載。

■第2章
□絵2-1　デル・コンピュータ社の厚意による。
□絵2-2　ロジスティクス社
53ページ■図2-2　アーサー・D・リトル社の許可を得て掲載。
59ページ■図2-3　© 1985 by Michael E. Porter、フリープレスの許可を得て掲載。
67ページ■図2-5　レキシントン・ブックスの許可を得て掲載。

■第3章
□絵3-1　© 1998 by Andersen Consulting, all rights reserved.
88ページ■図3-2　エルゼビア・サイエンス社の厚意を得て掲載。
91ページ■図3-3　© 1986 by West Publishing Company, all rights reserved、許可を得て掲載。
95ページ■図3-5　『ハーバード・ビジネス・レビュー』の許可を得て掲載。
105ページ■図3-8　© 1982 by Thomas J. Peters and Robert H. Waterman Jr.、ハーパーコリンズ社の許可を得て掲載。
109ページ■図3-9　© 1988 by McKinsey & Co., Inc.

■第4章
□絵4-1　Compliments of Focus Suites of Philadelphia.
□絵4-2　サイバー・ダイアログ・プロダクツ社。

■第5章
□絵5-1　コルゲート・パルモリブ社の厚意による。
□絵5-2　ハーレー・ダビッドソンの厚意による。
□絵5-3　（左右とも）Mendoza Dillon & Associates.
□絵5-4　GAPの厚意による。
□絵5-5　（左）Paul Howell/Liaison Agencyの厚意による。（右）Dan Lamont/Matrix Internationalの厚意による。

■第6章
□絵6-1　ネットノワールの厚意による。
□絵6-2　Bozzell Worldwideの厚意による。
230ページ■図6-6　米国マーケティング協会の許可を得て掲載。

■第7章
257ページ■図7-2　『エコノミックジャーナル』（日本経済通信社）の許可をえて掲載。

■第8章
264ページ■図8-1　© 1985 by Michael E. Porter、フリープレスの許可を得て掲載。
291ページ■図8-7　戦略計画研究所の厚意による。

■第9章
334ページ■図9-2　Journal of Consumer Marketingの許可を得て掲載。
342ページ■図9-3　プレンティス・ホールの許可を得て掲載。

■第10章
□絵10-1　ピーポッドの許可を得て掲載。
368ページ■図10-2　（上左）インテル社のロゴ、（上右）ラバーメイドのロゴはラバーメイド社の登録商標、（中右）ユナイテッド・パーセル・サービス（UPS）のロゴ、（下右）プロクター・アンド・ギャンブル（P&G）のロゴ、（下左）3M社のロゴ、いずれも『フォーチュン』の厚意により掲載。
385ページ■図10-8　© The Conference Board、許可を得て掲載。

■第11章
□絵11-1　3M
□絵11-2　Ammirati Puris Lintas, Inc.の厚意による。
□絵11-3　Apple
417ページ■図11-2　Jerold Panas, Young & Partners,

Inc. の許可を得て掲載。
444ページ■図11-7　フリープレスの許可を得て掲載。

■**第12章**
□絵12-1　Ｅトレード・グループの厚意による。

■**第13章**
□絵13-1　© The Procter & Gamble Company. 許可を得て掲載。
□絵13-2　インテル社の厚意による。
493ページ■図13-4　Marketing Science Institute の許可を得て掲載。

■**第14章**
533ページ■図14-1　米国マーケティング協会の許可を得て掲載。
536ページ■図14-2　Copenhagen School of Economics and Business Administration の許可を得て掲載。
539ページ■図14-4　米国マーケティング協会の許可を得て掲載。
542ページ■図14-5　米国マーケティング協会の許可を得て掲載。

■**第15章**
□絵15-1　デル・コンピュータ社の厚意による。

■**第16章**
□絵16-1　Mita Copystar America, Inc., all rights reserved. 許可を得て掲載。
□絵16-2　Avon
626ページ■図16-6　『ハーバード・ビジネス・レビュー』の許可を得て掲載。

■**第17章**
□絵17-1　オリーブ・ガーデンの厚意による。
□絵17-2　マケッソンHBOCの厚意による。
□絵17-3　ライダー・システムズの厚意による。
639ページ■図17-1　MACグループの許可を得て掲載。

■**第18章**
676ページ■図18-4　以下の許可を得て掲載。(a) マグロウヒル、(b) *Journal of Marketing*、(c) フリープレス（© 1962 by Everett M. Rogers）。

■**第19章**
□絵19-1　ユナイテッド・パーセル・サービス・オブ・アメリカの厚意による。
□絵19-2　Word.com の厚意による。

■**第20章**
□絵20-1　シマンテック社の厚意による。
781ページ■図20-5　© 1982 by the President and Fellows of Harvard College. Belknap Press of Harvard University Press の許可を得て掲載。

■**第21章**
□絵21-1　エディー・バウアーの厚意による。
□絵21-2　カリクス・アンド・カローラの厚意による。
□絵21-3　マイサイモンの厚意による。

■**第22章**
839ページ■図22-5　*The McKinsey Quarterly* の許可を得て掲載。
864ページ■図22-10　© 1990 by Peter M. Senge, バンタム・ダブルディ・デル出版グループの一部門であるダブルディの許可を得て掲載。

人名 ● 索引

■ア

アイアコッカ、L　743
アイアムズ、ポール　366
アイバーソン、アレン　451
アーカー、デービッド　517
アーサーズ、ブライアン　588
アステア、フレッド　713
アーバンスカ、ワンダ　179
アンダーソン、C　785
ウィーナー、ジョエル・D　506
ウィーバー、ジョン・A　390
ウィリス、ブルース　712
ウィンフリー、オプラ　712
ウェクスナー、レスリー・H　642
ヴェッダー、エディ　193
ウェラー、サラ　606
ウェルチ、ジャック　304
ウォーカー、ジェイ　589
ウォーホル、アンディ　5, 710
ウォリントン、スティーブ　318
ウォールトン、サム　277, 543, 641
ウッド、ヘンリー　533
エイブリー、クラレンス・W　551
エイリー、アルビン　851
エジソン、トーマス　108, 800
エリザベス1世　842
オウェイズ、ルース・M　814
オズモンド、マリー　532
オスル、アーノルド　320
オドネル、ロージー　713
オニール、シャキール　202, 451
オニール、マイケル　682
オライリー、トニー　499
オルソン、ロバート　814

■カ

カッツマン、ジョン　300
ガードナー、ジョン　2
カーネギー、デール　776
ガーフィールド、チャールズ　764
カプラン、スタンリー・H　300
カールソン、チェスター　417
カレボー、ジャン　215
キダー、トレーシー　414
キッシンジャー、ヘンリー　486
ギフォード、キャシー・リー　873
キャンプ、ロバート・C　276
キーラー、ギャリソン　806
ギロラム、ポール　568
クインラン、ジョセフ　470
グーテンベルグ、ヨハネス　622
グラノフ、ピーター　814
クランシー、ケビン　567
グリフィス、アンディ　712
クルー、ジョン　541
グルッチ、フェリックス　615
クロック、レイ　484, 543, 811
ゲイ、マーヴィン　219
ケネディ、ジョン・F　187
ケリー、ジム　106
コイア、リカルド　460
コーガン、フランク　255
コスビー、ビル　712
コーセル、ハワード　712
コッチ、ジム　3
ゴッドソン、ロイ　779
ゴーディン、セス　820
ゴドウィンソン、ハロルド　193
コリンズ、トーマス・L　795
コロンブス、クリストファー　622

■サ

サド、マルキ・ド　473
ザレッラ、ロナルド　838
サンダース、カーネル　484, 511
シェア、マイケル　255
ジェイミソン、ジュディス　851
シェパード、シビル　713
シェール　367
シーゲル、セス・M　517, 604
ジャクソン、バーバラ　785
ジャクソン、マイケル　713
ジャヌーリ、モッシモ　661
シャピロ、ロバート　397
ジャム、パール　532
シュウェップ、ジェイコブ　494
シュースター、シンシア　817
ジュブネル、バートラン・ド　598
シュレイジ、マイケル　429
シュレジンジャー・ジュニア、アーサー　698
ショー、スーザン　454
ジョーダン、マイケル　193, 202, 218, 451, 685, 712
ジョブズ、スティーブ　374, 441
ジョプリン、ジャニス　175
ショーンフェルド、デイビッド　680
シルバーマン、ヘンリー　501
シンプソン、O・J　713
シンプソン、チャールズ　28
ステンバーグ、トム　276
ストリープ、メリル　712
ストールカンプ、トーマス　242
スミス、アダム　45
スミス、ケリー・E　738
スミス、フレッド　84
スライウォツキー、エイドリアン・J　832
スールヤバルマン二世　632
スローン、アルフレッド　837
征服王ウィリアム　193

■タ

ダビドフ、フィル　269
タプスコット、ドナルド　857
タプスコット、ドン　177, 507

ダライ・ラマ 747
チャーチル、ウィンストン 623
ディケンズ、チャールズ 2
テイラー、フレデリック・W 794
デビート、ダニー 219
デュプレ、デービッド 243
テーラー、エリザベス 367
デル、マイケル 52
テンカミネン 541
トーマス、デイブ 484
トラウト、ジャック 584
ドラッカー、ピーター 10, 44, 107
トランプ、イバナ 219

■ナ
ナイト、フィル 6
ナラス、ジェームズ 785
ネイスビット、ジョン 170, 583
ネイル、ジム 508
ノース、オリバー 802

■ハ
ハイエク、ニコラス・G 368
パサバン、ピエール 791
パスツール、ルイ 743
パーツ、キャロル 440
パッカード、デイビッド 31
ハーツバーグ、フレデリック 215
パーデュー、フランク 32, 355
バーナード、ヴィレム 218
バーニック、ハワード 305
ハーベイ、ウィリアム 639
ハマー、マイケル 832
パーミター、トム 106
ハリス、トーマス・L 746
バレット、ジョン 388
バロウ、メイヤー 507
バロウズ、ウィリアム 473
ハワード、クリス 872
バンクス、タイラ 220
ハンソンブラザース 219
ハンナ、ニック 835
バーンバッハ、ウィリアム 707
ビアハイル、トム 407
ヒエムストラ、グレン 706
ピーターズ、トム 5, 206

ヒットラー、アドルフ 622
ビートルズ 193
ヒューゼンガ、ウェイン 628
フィッシャー、ロジャー 781
フォスター 465
フォード、ヘンリー 23, 314, 551
ブライアン、ジョン 86
プライス、ケビン 505, 738
ブラウン、ノーマン・W 714
プラット、ルイス 417
ブランソン、リチャード 6, 354, 461, 511, 514, 548
プレスリー、エルビス 193
フロイト、ジークムント 214, 843
ベイカー、ミラード 318
ヘイズ、ロバート 360
ベイリー、F・リー 532
ベゾス、ジェフリー 14, 266
ヘッカート、リチャード 849
ペッカム、J・O 728
ヘニジャー、ショーナ 649
ヘニジャー、ランディ 649
ベリー、ハリー 202
ベルヒ、アンダーズ 341
ヘンリー2世 726
ホイットル、クリストファー 446
ボウイ、デビッド 743
ボウエン、ハワード 869
ホーキンズ、ケビン 605
ポップコーン、フェイス 170, 172, 829
ポール、フレデリック 629, 852, 854
ホーン、サブリナ 532

■マ
マーカス、バーナード 372
マクニーリ、スコット・G 300
マクマス、ロバート 408
マクマリー、ロバート 764
マクローリン、ジュディ 269
マシャード、アン 772
マズロー、アブラハム 215
マチル、クレイ 366
マックス、ピーター 359
マッケンナ、レジス 323, 684

マーティン、チャック 857
マーティン、メル 802
マニロウ、バリー 747
マフムード、ガズナ朝 778
マメット、デビッド 806
マルコーニ 775
マローン、カール 451
マンスール、アル 480
ミルン、A・A 182
紫式部 194
モーグ、ボブ 461
モス、ケイト 219, 715
モリスン、フィリップ・V 235
盛田昭夫 30, 84

■ヤ
ヤング、スティーブ 220
ユーイング、パトリック 219
ユーリー、ウィリアム 781
ヨーク公妃サラ 712
ヨハネ・パウロ2世 307, 338

■ラ
ライアソン、ジョージ 667
ライト、オーバル 661
ライムス、リアン 219
ラウターボーン、ロバート 22
ラップ、スタン 795
ラニョン、マービン 535
ラフト、ジョージ 708
ララ、ミリンド 354
ランデン、ジョーン 713
ランド、エドウィン・H 417
リチャード獅子心王 731
リトル、アーサー・D 51, 273
リンスウエート、ジョン 715
リンダール、ガーラン 481
リンドバーグ、チャールズ 372
ルーズベルト、フランクリン・D 623
ルブラン、ニコラス 781
レイシー、アラン・J 667
レストン、ジェームズ 835
レビット、セオドア 470
レブソン、チャーリー 6
レベリング、フランク 179

ロイド、エドワード　503
ローカー、アル　713
ローゼンバウアー、トム　366
ローゼンフィールド、ジェームズ
　　　　　387, 388, 389

ロディック、アニタ　36, 511
ロドマン、デニス　220
ローマン、アーナン　793
ロワコノ、ジョン　510

■ワ
ワーナー、タイ　381

企業名・組織名・ブランド名 ● 索引

1-800-777-クラブ社　179
1-800-FLOWERS　639
1869年ブランド・ビスケット　711
3M　口絵11-1, 55, 64, 85, 104, 185, 302, 304, 411, 413, 414, 416, 556, 837, 868
3Mのアイデアボード IB　707
9ライブズ・キャットフード　747
A&P　511
ABB　33, 481
ABアストラ社　107
ACT!　口絵20-1
Act-Up (the AIDS Coalition to Unleash Power：エイズ患者との連携と発言の呼びかけ)　680
ADIテクノロジー社　260
AOL → アメリカ・オンライン(AOL)社
AT&T　33, 54, 103, 107, 172, 185, 243, 368, 466, 510, 794, 825
autobytel.com　268
B1G2　316
BB&T　340
BBBK　555
BJズ・ホールセール・クラブ　637
BMW　374, 431, 450, 824
BMW X5　779
C2B　723
carpoint.com　268
CDucTive　323
CDナウ　15, 813
CIAワールド・ファクトブック　136
CNA保険　799
CNN　15
CNNI　766
CPCインターナショナル　466
CVS　656
DDBニーダム・ワールドワイド社　255, 506
DHLワールドワイド・エキスプレス社　179, 800
DWI　139
edmunds.com　268
EMI　384

ERG社　103
ESPネット・スポーツゾーン　818
GAP　口絵5-4, 182, 283, 504, 514, 619, 624, 644, 651
GCエレクトロニクス社　256
GE　50, 58, 68, 87, 91, 244, 290, 358, 363, 365, 384, 477, 480, 491, 495, 510, 518, 545, 645, 663, 849
GEICO　624, 813
GEインフォーメーション・サービス(GEIS)　244
GEキャピタル　528
GEプラスチックス　68
GM　24, 77, 168, 207, 243, 285, 297, 299, 307, 322, 340, 344, 374, 435, 454, 527, 528, 579, 592, 602, 616, 627, 632, 648, 737, 758, 816, 837, 847
GTバイシクル　633
H&Rブロック社　104, 624, 722
HDM　106
HOGクラブ　510
IBM　55, 58, 65, 77, 86, 103, 108, 168, 217, 247, 282, 299, 316, 339, 340, 344, 365, 367, 368, 377, 384, 417, 480, 500, 504, 510, 518, 528, 597, 617, 629, 755, 758, 759, 763, 764, 765, 772, 794, 821, 846
ICE劇場　346
ICI　220
iMac　360, 441
Inc.　874
IPSCO　462
ISSインターナショナル・サービス・システムAS　532
ITT　481
J&J　58
Java　299
JCBテレトラック　780
JCペニー　556, 619, 629, 637, 649, 805, 815
JLGインダストリーズ社　247
JNCO　283
JPモルガン　847
K2R　422
KISS-FM　343

lifequote.com　268
MBNA　63
MCIコミュニケーションズ　138, 171, 684, 712, 722, 737
MILLCOMM　663
Millennium's End　862
MIT、メディア研究所　429
monster.com　268
MTV　471
NBA　451, 470
NBC　145
NEC　85, 481, 490, 578
NeXT　374
NTNエンターテインメント・ネットワーク　381
owners.com　268
P&G　2, 33, 50, 132, 186, 275, 283, 293, 355, 393, 398, 433, 435, 452, 465, 471, 478, 481, 491, 501, 503, 507, 554, 578, 618, 622, 695, 711, 722, 736, 747, 760, 764
PC-Cillin　529
previewtravel.com　268
QVC　639
RCA　104, 406
RCコーラ　371
REI（レイ）　14
S&Sサイクル　303
SAMI/バーク　133
SOS　416
Sports Illustrated for Kids　207
SRIインターナショナル　210
SRIコンサルティング　212
T.G.I.フライデーズ　647
T.J.マックス　637, 648
TBWA Chiat/Day　205
TRW　777
UNITE　873
UPS→ユナイテッド・パーセル・サービス
『USAトゥデイ』　623, 842, 844
USウエスト　797
USタイム社　610
USビジネス・アドバイザー　136
VF社　619
VISAインターナショナル　103, 386, 455
WFYIテレビ（インディアナ州インディアナポリス）　800
WOW!　294
WQHT-FM　343

Y2Kリンクス・ドットコム　553
ZDネット　553

■ア

I.J.ケース　296
アイアムズ・ペットフード　366
iヴィレッジ・ソフトウェア　587
アイスハウス・ビール　305
I-トレード　136
アイビレッジ・ドットコム　329
アイボリー　379, 393, 491, 522
アイボリー・スノー　491
アイワ　118
アヴェダ　37
アウディ　374, 431, 563
アウトバック・ステーキハウス　647
アカイ社　733
アキュポール　162
アキュミン　323
アキュラ　495, 511
『アクア』　316
アクアフレッシュ　345, 373
アクメ・コンストラクション・サプライ社　527
アグリカルチャー・オンライン　818
アーサー・アンダーセン　472, 849
アジザ・ポリッシング・ペン　520
アスコム・タイムプレックス社　128
アスペクト・テレコミュニケーションズ社　71
アスリーツ・フット　637
アソシエイテッド・プレス社　339
アダプテック社　244
アーツ＆エンタテインメント・ネットワーク（A&E）　484
アップタウン　346
アップル・コンピュータ　口絵11-3, 73, 104, 303, 359, 360, 367, 431, 436, 441, 518, 824
アップル・ニュートン　513
アドヴァンタ・カメラ　198
アドバンス・オーストラリア　765
アドバンスト・トラベル・マネジメント（ATM）社　254
アトランティック・グループ・ファーニチャー　362
アドルフ・クアーズ　305
アナリスト・センター　537
アナレン・マイクロウェーブ社　243
アーネスト・アンド・ジュリオ・ガロ・バリエタルズ　495

アバークロンビー＆ケント社　838
アーバン・スポーツ・ネットワーク　202
アビー・ナショナル　276
アブソルート・ウォッカ　359, 510, 710
アフロネット　202
アベダ　317
アボット・ラボラトリーズ　104
アマゾン・ドットコム　14, 266, 383, 454, 508, 639, 722, 813, 823
アーム・アンド・ハマー　284, 387
アムウェイ　456, 639, 799
アメリカ・アパレル製造業者協会(AAMA)　873
アメリカ・オンライン(AOL)社　190, 386, 506, 507, 508, 722, 737, 810, 815, 818, 819
アメリカ企業管理職協会　136
アメリカ書籍商協会　437
アメリカ中小企業局　339
アメリカの貿易／輸出／ビジネス統計　136
アメリカ連邦政府ゲートウェイ　333
アメリカン・エキスプレス　103, 133, 138, 276, 472, 541, 799
アメリカン・エキスプレス・トラベル・リレイテッド・サービス社　255
アメリカン・エキスプレス・フィナンシャル・アドバイザー社　178
アメリカン・キャン　290
『アメリカン・デモグラフィックス』　829
アメリカン・ドラッグ　344
アメリカン航空　33, 68, 69, 133, 511, 540, 794, 834
アメリコープス　719
アメリトレード　269
アモコ　145
アライアンス・ヘルスケア社(元、バクスター・ヘルスケア社)　128
アライドシグナル社　255, 279
アラマーク　538
アリージャンス・ヘルスケア社　258
アリス・チャーマーズ　271
アリゾナ・アイスティー　280, 359
R.L. ポーク　777
R.J. レイノルズ・タバコ(RJR)　346, 407
アルカセルツァー　708
アルカンポ　638
アルタ・ビスタ　824
アルバート・カルバー　305
アルバート・ナチュラル・シルク・シャンプー　370

アルビン・エイリー・ダンス・シアター　851
アレン・ブラッドリー　274
アン・クライン　629
アン・ページ　511
アンインヒビテッド　367
アンクル・ベンズ社　240
アン(非)コーラ　371
アーンスト・アンド・ヤング会計事務所　52, 801
アンセット・オーストラリア航空　103
アンダーウォーター・ワールド　647
アンダーセン・ウィンドウズ　319
アンダーセン・コンサルティング(現、アクセンチュア)　口絵3-1, 106, 277
アンハイザー・ブッシュ社　3, 305, 512, 725, 747, 834
E.J. ブラック社　610
イオナ　511
イオメガ　820
イケア　3, 33, 70, 103, 511, 638, 651, 659, 805
イージークリート　717
イーストマン・コダック→コダック社
イゾッド　640
Eタワー　578
Eトレード　口絵12-1, 184, 269, 463
Eトレード、ゲーム　552
イフュージョン　819
eベイ・ドットコム　562, 588
イリジウム LLC社　259
イリジウム社　口絵11-2, 440
イリノイ・ツールズ・ワークス(ITW)　305
イングラム・マイクロ　816
飲酒運転に反対する母の会　193
インダス・インターナショナル社　68
インターナショナル・ゲーミング・テクノロジー(IGT)　286
インターナショナル・ハーベスタ社　103, 291
インターネット・エクスプローラ　292, 430
インターネット・トラベル・ネットワーク　269
インディアナ大学　28
インテル社　口絵13-2, 247, 250, 368, 472, 497, 500, 518, 565, 590, 744, 816
イントゥイット　529
インフィニティ　495, 710
インフォシーク　386, 811
インフォメーション・リソーシズ社　130, 145, 741
ヴァージン・アトランティック航空　3, 354, 511
ヴァージン・グループ　354, 514

ヴァージン・コーラ　354
ヴァージン・メガストア　354
ヴァリグ・ブラジル航空　103
ウィスク　276
ヴィトロ　107
ウィリアム・リグレー・ジュニア社　603
ウィルソン　712
ウィンター・マーケット　189
ウィンドウズ95　744
ウィンドウズNT　590
ウェイト・ウォッチャーズ　511, 712
ウェスティン・スタンフォード・ホテル　370
ウェスティングハウス　58, 413, 516
ウェズリアン大学　28
ウェブTV　24
ウェルマン社　188
ウェンディーズ　371, 484, 642, 685
ウェンディーズ・インターナショナル　643
『ヴォーグ』　721
ウォートン・エコノメトリック社　161
『ウォール・ストリート・ジャーナル』　328, 744
ウォールデンブックス　796
ウォルト・ディズニー・ワールド　4
ウォルト・ディズニー社 → ディズニー
ウォルマート　33, 55, 60, 127, 153, 283, 289, 295, 317, 338, 390, 417, 472, 494, 543, 579, 619, 624, 629, 637, 638, 641, 648, 651, 760, 796
ウォルマート・ネイバーフッド・マーケット　641
ウルバリン・ワールド・ワイド社　388, 517, 676
ウルフシュミット　598
A.C.ニールセン　130, 645
A.T.クロス社　305, 554
エア・カナダ　103
エアウォーク　367
エアバス・コンソーシアム　457
エアボーン　791, 800
英国航空　297
英国専売委員会　476
エイビス　285, 297, 302, 371, 465, 501, 623
エイボン　口絵16-2, 229, 605, 610, 621, 639, 690, 799, 805
エイボン、中国支社　682
エキサイト　811, 815
エクスペディア　268
エクソン　186, 275, 474, 511
エクリプス　407

エコ・ペンキ　708
エージェンシー・ドットコム　507
エシカル・ファンド　715
S.C.ジョンソン　452, 521
S.C.ジョンソン・ワックス社　247
エース・ハードウェア　552
エスティ・ローダー　27, 317, 511
H・J・ハインツ　499
エディー・バウアー　口絵21-1, 365, 794, 806, 807
エデュケーショナル・テスティング・サービス（ETS）　301
エドガー　136
エドセル　391, 406, 496
エドマンズ　12, 812
エビアン　495, 585
F.W.ウールワース　562
エプソン　614
エベレックス　270
エミス・ブロードキャスティング　343
エミネンスS.A.　583
M.A.C.ライン　317
エラ　491
エリクソン　283, 481, 683
エリーゼ　725
『エル』　336
L.L.ビーン　65, 276, 365, 454, 554, 619, 639, 794, 806
エルク・マウンテン・エール　305
エルサレム・グローバル　463
エール大学　28, 271
エレクトリック・ペーパー　711
エレクトロニック・エンバシー　136
エレクトロニック・データ・システムズ（EDS）　106
エレクトロラックス　33, 515, 639, 690
エンディコット・ジョンソン　417
オイル・オブ・オレイ　491
欧州委員会　189
オーエンス・コーニング　713
オキシドール　491
オキデータ　772
オキュクリア　705
オークマ・アメリカ社　555
オークリー・ミルワーク社　555
オグルヴィ＆メイザー　698
オスコ　344, 638
オストリッチズオンライン・ドットコム　318
オズボーン　383

オックスフォード・リミテッド　29
オッド・ロット・トレーディング　647
オーディブル・ドットコム　553
オートデスク社　440
オートネーション　812
オートバイテル　639, 812
オバーリン大学　28
オバルティン　387
オービス社　365
オピニオン・リサーチ社　163
オラクル　184
オランダ、東インド会社　579
オリジナル・アリゾナ・ジーンズ社　619
オリジナル・スピン　323
オリジンズ　37
オリーブ・ガーデン　口絵17-1, 647
オリベッティ　466
オールズモビル　330, 837
オールド・ネイビー・クロージング社　624
オールドスパイス　519
オレアン　294
オレオ・リトル・ファッジ　409
オレストラ　433
オレンジ・クラッシュ　522
オンセール　562, 588

■カ
カイザー・パーマネント　540
ガイダント社　287
花王　481
カークス　491
カシオ　270
カシノ　638
カスタマー・オペレーション・グループ　54
カスタム・フット　323
カスタム・リサーチ　77
カスタムディスク・ドットコム　553
カッター＆バック　660
ガッド・インターナショナル社　420
カーディアク・サイエンス社　454
カーティス・キャンディ社　332
カテラ　206
ガーデン　816
カトラー・ハンマー社　237
カナダ・ドライ　500

カナディアン・パシフィック・ホテルズ（CPホテルズ）　48
カーニバル・フード・ストア　201
カーネーション　500
ガーバー　85, 327, 408
カフェ・ロス・ニグロス　202
カプラン・エデュケーショナル・センターズ　300
カーマックス　2, 628, 812
カミンズ・エンジン　276
カムリ　348
カリクス・アンド・カローラ（C&C）　口絵21-2, 814
カリフォルニア・レーズン諮問委員会　219
カールスバーグ　474
カルバン・クライン　283, 619, 640, 679, 715
カルフール　459, 503, 638, 651
ガロ　495
カローラ　322, 348, 471
環境保護局　229, 279
カンパニー・リンク　136
キア　563
議会図書館　720
キティ・リター　512
ギブソン　516
キーブラー　270, 737
キャタピラー社　17, 243, 271, 283, 293, 295, 516, 551, 577, 591, 617
ギャップ → GAP
キャデラック　77, 206, 301, 374, 608, 681, 837
キャドバリー　510
キャニオン・リバー・ブルース　619
キヤノン　33, 297, 365, 555, 838
キャバリエ　374
キャベツ畑人形　394
キャメイ　393, 474, 491
ギャラクシー・グラス＆ストーン社　847
ギャラップ・アンド・ロビンソン社　728
キャンベルスープ社　252, 325, 367, 383, 469, 501, 510, 520, 622, 833
きゅうりの発汗抑制スプレー　409
キンコーズ・コピーセンター　181
ギンス社　809
キンバリー・クラーク社　126, 513, 528
クアーズ・ビール　474, 713
クアンテル・クリップボックス　710
クイッケンモーゲージ　529
『クィンス』　316

クエ

クエーカー・オーツ　437, 472, 529, 685, 712, 736, 796, 834
クエーザー部門　358
クオート・コム　136
グッチ　450
グッドイヤー　261, 390, 474, 629, 704
クノール　466
クライスラー　57, 242, 372, 414, 473, 683, 737, 743, 745, 809
クライスラー・コンコード　809
クライスラー300M　809
クライスラーLHS　809
クラウン・ブックストアズ　637
クラーク・エクイップメント　271
グラクソ　568
クラシック・コーク　389
クラシック・コーラ　504
クラッカー・ジャックのシリアル　408
クラブ2000　861
クラフツマン　504
クラフト社　67, 318, 413, 469, 475, 506, 507, 618, 734
クラフト社、ポスト事業部　834
クラリティン　713
グランド・メトロポリタン　500
クランベリー・ニュートン　513
グランマズ・ブランドのクッキー　270
クリエイティブ・スタッフィング　772
クリスタルペプシ　373
クリスチャン・ディオール　504
クリスティーズ　369
クリーナー・バイ・ネーチャー　186
クリニーク　317, 816
クリネックス　512
グリーム　491
グリーン・ジャイアント・ベジタブル　500
グリーン・マウンテン・パワー（GMP）　569
グリーンピース　397
クールエイド　391
グールド　274
グレー・アドバタイジング　506
グレイ・ブーポン　502
クレイ・リサーチ社　282
クレイロール社　474
グレインジャー　657, 771, 805
クレシダ　348

クレスト練り歯磨き粉　294, 308, 372, 399, 452, 488, 491
グレート・アメリカン・バックラブ社　460
グレート・ユニバーサル・ストアーズ　276
クロガー　637
クローガー社　330
グローバリンク社　454
グローバル・テクノロジーズ社　186
グローリー　422
グロリア・バンダービルト　619
クロロックス　513
K-IIIコミュニケーションズ社　446
ゲイン　491
ゲシィ・リーバ　459
ゲータレード　436, 477, 685
ゲートウェイ2000社　260, 322, 814
ケニー・シュー　638
ケーブル・ニュース・ネットワーク（CNN）　370
ケーブルトロン・システムズ社　259
Kマート　153, 283, 417, 619, 637, 651
ケムステーション社　324
ケルヴィネイター　516
ゲールズ協会事典　136
ケロッグ　452, 504, 510, 511, 595, 734
ケンタッキーフライドチキン（KFC）　465, 484, 511
ケンモア　504
ゴアテックス　518
公正労働協会　873
コカ・コーラ　126, 145, 148, 266, 283, 285, 287, 300, 314, 344, 347, 383, 389, 408, 439, 451, 452, 465, 470, 474, 476, 487, 499, 500, 501, 516, 584, 587, 623, 627, 682, 691, 705, 712
コカ・コーラ・アマティル　762
コーク　308, 371
国際日用品美術館　227
国勢調査局　136
国連　136
コースト　491
コダック社　55, 85, 198, 241, 261, 276, 283, 285, 328, 367, 383, 417, 490, 495, 500, 501, 511, 556, 597, 598, 622, 661, 747, 758, 855
ゴディバ、チョコレート　308, 359
コートヤード・ホテル　424, 495, 515
コーニング社　107
コーヒーステーション　288

コーペラティブ・ウィジンブワーズ・ヴェレニジング
　　　　　　　（KWV）　218
コーベル社　181
コマースネット　136
コマツ　271, 296
ゴヤ・フーズ　201
ゴリックス　410
コルゲート　297
コルゲート・ジュニア　346
コルゲート・パルモリブ社　口絵5–1, 171, 306, 346,
　　　　　　　435, 500, 838
ゴールデン・リボン玩具　346
コルト45　346
コールドウェル・バンカー　501
ゴールドスター　498
ゴルフ・マウンテン　647
コルファム　406
コレコ社　394
コレル　57
コレール食器　431
コーン・オルガン社　610
コーン・フレイクス　303
コンコルド　407
コンセントラ社　767
コンチネンテ　638
『コンテント』　316
コンパック・コンピュータ　363, 511, 518, 578, 597, 793
コンピュサーブ　815, 819
コンピュータ・サイエンシーズ社　106
コンフィギュレーション・エージェント　236
コンフォート・イン　486
コンペア・ネット　14, 508, 562, 589

■サ
ザ・ボディショップ　6, 36, 637
ザ・リミテッド　362, 504, 619, 637, 642, 651, 797
ザ・ロッカールーム　611
サイバー・ダイアログ　口絵4–2, 138
サイバー・プロモーションズ　819
サイバーミールズ　361
サウスウエスタン・カンパニー・オブ・ナッシュビル
　　　　　　　639
サウスウエスタン・ベル　337
サウスウエスト航空　103, 354, 550
サーキット・シティー　637
サークルK　637

サターン　48, 73, 554, 579, 648
サーチ＆サーチ　698
サックス・フィフス・アベニュー　644, 651, 794, 805
ザップ・メール　406
ザヌシ　516
サーフ　276, 736
サマセット・スクウェアの商店　169
サミット　491
サムズ・クラブ　637
サムスター　466
サムスン（三星）　107, 498
サムソナイト　804
サラ・リー・インティメーツ社　624
サラ・リー・ブランデッド・アパレル　663
サラ・リー社　86, 201, 529, 663
サール社　518
サルタナ　511
サン・ディエゴ・メディカル・センター　550
サン・マイクロシステムズ　299, 509
サンキスト　521
サングラス・ハット　638
ザンタック　568, 708
サンダーバード　576, 685
サンディエゴ動物園　54
ジ・アライアンス・フォー・コンバージング・テクノロジ
　　　　　　　ーズ　177
G・ハイレマン醸造　346
C/ネット　136
シアーズ・クレジット　667
シアーズ・ローバック　口絵5–3, 61, 69, 168, 176, 283,
　　　　　　　307, 390, 417, 497, 504, 510, 556, 595, 619,
　　　　　　　629, 637, 647, 651, 667, 691, 737
シアソンレーマン　605
J・D・パワーズ社　49
J.I.ケース社　291
J.C.ホイットニー　813
シェイキーズ　439
ジェイン・バイ・サザビー　317
Jクルー　619
シェークン・ベーク　337
ジェネラル・シネマ　647
ジェフィー・ループ　642
シェブロン　816
シエラ・クラブ　183
シェリー・テイラー・アンド・アソシエイツ　815
シェリングブラウ　282, 705

シェ

シェル　275, 450, 847
シェル石油　15
ジェロー　308, 379, 387, 468, 512
ジオシティーズ　552
シグナ　48
シークレット　521
シスコシステムズ　236, 245, 358, 365, 508, 550, 815, 816
ジップ・シティ・ブリューイング　652
シティコープ　472, 540, 793
シティバンク　318, 340, 472, 544, 545, 834
シティバンク・Aアドバンテージ・クレジットカード　518
シトラ　439
シネプレックス・オデオン　540
シーバスリーガル　208, 705
シフラ　472
シボレー　229, 281, 331, 608, 837
シボレー・カプリス　838
シマロン　374
シミュル・ショップ　420
シーメンス　103, 107, 481, 529
シモンズ・マーケット・リサーチ社　178
ジャイアント・フード・ストア　622
ジャイアント・マーチャンダイジング　652
シャーウィン・ウィリアムズ　622
ジャガー　281, 359, 851
ジャガイモ委員会　748
シャネル　450
シャーパー・イメージ社　455, 644, 794
ジャングリー　723
シュア　521
ジュエル　595, 637, 638
シュタイナー・オプティカル　319
ジュピター・コミュニケーションズ社　268, 507
シュリッツ　357
ショー・インダストリーズ社　429
ジョー・ボクサー　679
商業改善協会　585
小児麻痺救済募金活動　709
情報・娯楽後援広告連合（CASIE）　722
ショウルディス病院　550
食品医薬品局（FDA）　188, 433, 522
食品マーケティング協会　632
ジョージ・キリアン　305
ジョージア・パシフィック　290

ジョーズ・ダイナー　200
ジョニー・カーソン　504
ジョニーウォーカー　458
ジョン・ディア社　296, 495, 504, 516, 551, 777
ジョン・ハンコック相互生命保険会社　178
ジョン・ワナメーカー　562, 688
ジョンソン・エンド・ジョンソン　282, 283, 287, 304, 316, 345, 388, 413, 743, 779, 864
ジョンソン・プロダクツ　712
シルバー・タブ　205
ジレット　275, 283, 285, 298, 361, 431, 470, 494, 500, 501, 597, 622, 722, 743, 764
ジレット・グッド・ニューズ　494
シンガー社　180
シンガポール航空　355
新製品陳列・研究センター　407
シンドリンガー・アンド・カンパニー　162
シンプレックス・ナレッジ社　169
スアーブ　299
スイス航空　544
スウィフト・アンド・カンパニー　472, 510
スウォッチ　72, 368, 568
スカイ・イズ・ザ・リミテッド社　198
スカンジナビア航空　103
スキン・ソー・ソフト　229
スクルーバダブ・オート・ウォッシュ　555
スコッチテープ　512
スコットランド・ザ・ブランド　765
スコープ　429
スター・アライアンス　103
スタイガー　291
スターキスト・フーズ　747
スタジオ・ストア　652
スターチ社　728
スタティックガード　305
スターバックス・コーヒー　359
スターバックス・コーヒー社　288, 495, 649, 652
スタンダード・アンド・プアーズ　777
スタンダード・オイル　514
スチールケース社　373
スティルウォーター・テクノロジーズ社　235
ステイル社　625
ステインマスター　518
ステットソン　497
ステープルズ　638, 650, 711
ズードゥー・コンポスト社　592

ストウファー 500
ストックオブジェクツ社 526
ストリームライン社 14, 361, 798
ストロー・ブルワリー 305
スナップル・ビバレッジ社 501
スニッカーズ 683
スネークライト 360
スーパー8 501
スーパーカッツ・ストア 594
スーパーバリュー 660
スバル 551
スピーゲル社 337, 805, 806
スピングリップ・アウトソール 408, 720
スプリント 104, 821
スプリント・ヘルスケア・システムズ 144
スプリント社 179
スプロケットワークス 536
スペリー 384
スポーツ・スーパーストア・オンライン 791
スマッカーズ、プレミアム・ケチャップ 408
スマート・ショッパーズ・クラブ 364
スミス・クライン・ビーチャム 345, 373
スミルノフ 378, 597
スリー・マスケッティアーズ 371
スローン・ケッタリング 541
セイコー 288, 510
セイコー・ラサール 515
セイバー・フロム・ジョン・ディア 495
セインズベリー 504
セインズベリー・コーラ 504
セガ、ジェネシス 300
セガ・スポーツ 327
ゼスト 491
ゼネラル・フーズ 452, 468, 863
ゼネラル・ミルズ 34, 157, 290, 413, 435, 510, 518
ゼネラル・モーターズ → GM
セーフウェイ 505, 511, 548, 637
セーブオン 344
セーフガード 491
セブン・イレブン 637, 642
セブンアップ 371, 518, 688
ゼロックス 31, 48, 58, 77, 104, 253, 276, 283, 297, 383, 417, 512, 528, 755, 760, 839
ゼロックス・ラーニング・システム 528
センサー 470
センダント社 501

センチュリー21 501
セント・ジュード・メディカル 85
全米牛乳加工業者の教育プログラム 口絵6-2, 219
全米広告業協会(AAAA) 698
全米交通安全委員会 334
全米購買管理者協会(NAPM) 236
全米黒人MBA協会 340
全米食品製造業者 632
全米女性起業家協会 340
全米バスケットボール協会(NBA) 183
戦略計画研究所 290, 306, 551
ソヴィンテル 107
相互広告局(IAB) 722
ソニー 24, 30, 33, 84, 104, 118, 266, 352, 384, 494, 498, 500, 510, 733
ソニー、ウォークマン 556
ソニー・ギャラリー 529
ソニー・バリュー・ライン 494
ソニー・ピクチャーズ・エンタテインメント 438
ソニック 116
ゾビラックス 575
ソフトソープ 520
ソーラー・オフィス 713

■タ
タイコ・トイズ社 453
タイ航空 103
タイ社 206, 381
タイド 491, 578
ダイバースバーグ 189
ダイハード 504
『タイム』 845
タイム・ワーナー 10
ダイムラー 57, 683
ダイムラー・クライスラー社 57, 431, 647
ダイムラー・ベンツ 583
タイムワーナー 275
タイメックス 516, 610
ダイレクト・マーケティング協会(DMA) 207, 790
タイレノール 743
ダウ・ケミカル 33, 85, 185, 397, 413
ダウ・コーニング社 837
高島屋 636
タガメット 568
ターゲット・ストア 153, 664
タコベル 75, 438, 707

タセ

ターセル　348
タタード・カバード書店　651
ダッシュ　491
タッパーウェア　605, 639, 799
ダナ・キャラン　619
ターナー・ブロードキャスティング・システム　370
ダニエル・E・エデルマン　746
ダノン　512
W.R. グレース　805
ダブルツリー・ゲスト・スイーツ　337
ダラス・セミコンダクタ社　299
タリジェント　518
タリーズコーヒー　288
タン　452
ダン・アンド・ブラッドストリート(D&B)社　531, 777, 802
ダンカン・ハインズ・フロスティング　435
ダンキンドーナツ　288, 649
タンデム・コンピュータ　364
ダンリー・コマツ　324
チアー　491
チェース・エコノメトリック社　162
チェース・マンハッタン　349, 502
チオド・キャンディ社　610
地質調査部　279
チーズ・ウィズ　475
チーズブロー・ポンズ　520
地中海クラブ　33, 472, 534, 821
チャーチ・アンド・ドワイト社　284
チャーミン　491
チャールズ・シュワブ　269, 537
チャンネル・ワン・コミュニケーションズ社　446
調達局　260
チリ・ワイン・マルケ　765
ディア・アンド・カンパニー　63, 291
ティアッツィ　288
T型フォード　314
デイコ社　617
ディジタル・イクイップメント社　454
ディジョン・マスタード　502
デイズ・イン　501
ディスカウント・タイヤ　390, 629
ディスカバリー・ゾーン　652
テイスティーオス　303
ディズニー　口絵1-1, 33, 104, 182, 365, 500, 543, 792, 793

ディズニーズ・デイリー・ブラスト　207
ディズニーランド　374
ディーゼル・ジーンズ　175
デイトン・ハドソン　663
ティファニー　373, 562, 638, 756, 806
ティム・ホートンズ　643
ティムケン社　617
デイリゴールド　667
テキサス・インスツルメンツ(TI)　23, 58, 77, 99, 171, 274, 288, 384, 406, 495, 565, 571, 771
デクスター社　22, 637
テクノル・メディカル・プロダクツ　304
デザイン・イノベーション・グループ　361
デジタル・ヴァックス　104
デジタルシンク社　815
テスコ　139, 504, 665
データ・コンサルト社　805
データ・ゼネラル　414
データ・リソーシズ社　161
テディ・グラハム　436
テトラ・パック社　521
テトラ・フード　319
デューク電力　700
デュポン社　61, 85, 188, 242, 406, 431, 576, 617, 729, 757, 839, 849, 864
デュラセル　511, 718
デラックス・チェック・プリンターズ社　362
デル・コンピュータ　口絵2-1, 口絵15-1, 14, 50, 52, 68, 273, 322, 338, 518, 604, 814, 816
デル・ドットコム　508
デルタ航空　212, 315
デルファイ・オートモーティブ・システムズ　299
デルモンテ　290
テレビザ・エス・エー　71
テレフォニカ・デ・エスパーニャ　459
電子レンジ・ポップコーン　271
天然100%朝食用シリアル　437
トイザらス　456, 648, 650, 651
東芝　450
『トゥルー・ストーリー』　336
ドゥルセ・デ・レチェ・アイスクリーム　734
ドクターペッパー社　450, 627
トースター・エッグ　409
トータル・システムズ・サービス(TSYS)　667
ドネリー・マーケティング社　796
トプシー・テイル　55

トーマス　136
トーマス・クック　472
トミー・ヒルフィガー　283, 619
ドミノ・ピザ　370, 554, 643
トムズ・オブ・メイン　308
トヨタ　20, 33, 155, 229, 271, 297, 322, 348, 471, 495, 498, 614, 685
トヨタ・ユーティリティ・ビークル　472
ドラノ　514
『トラブル・アンド・アティチュード』　719
トラベロシティ　268, 552, 821
トリビアル・パースート　381
トール・マン　637
ドレイクス　301
トレーディング・プロセス・ネットワーク（TPN）　816
ドレフト　491
トレンド・マイクロ　529
トロ社　732
トロ社雪保険　732
トロピカーナ　300
トロリーマン・パブ　652
ドン・ペリニョン　691

■ナ
ナイキ　55, 218, 306, 367, 454, 470, 529, 611, 685, 712, 714, 873
ナイキタウン　510
ナイト・オウル・デリバリー・サービス　527
ナイネックス　715
ナショナル　371
ナショナル・キャッシュ・レジスター社　472
ナショナル・ゲイ・ニューズペーパー・ギルド　178
ナショナル・セミコンダクター社　243, 244, 421, 578
ナショナル・トレード・データ・バンク　136
ナッツ・ベリー・ファーム　374
ナットウエスト・マーケット社　255
ナビスコ・フーズ　270, 409, 436, 513, 520, 737, 796
ナビスター　620
ナレッジベース・マーケティング社　799
ニオン・トラスト銀行　549
ニコン　487
日産　48, 172, 271, 495, 710
日本航空（JAL）　245, 355
ニホンジカ公園　374
ニーマン・マーカス　130, 806
ニュージーランド・ウェイ　765

ニュージーランド航空　103
『ニューズウィーク』　721, 874
ニュートラスウィート　518
『ニューヨーク・タイムズ』　812, 874
『ニューヨーク・デイリー・ニュース』紙　256
ニールセン・メディア・リサーチ　133, 161, 743
任天堂　300
ネーサンズ　649
ネーションズ・バンク　813
ネスレ　331, 377, 450, 465, 500, 510, 595, 792
ネットグローサー　361, 509
ネットスケープ・コミュニケーションズ　292, 386, 429, 506, 508, 589
ネットスケープ・ナビゲーター　430, 811
ネットノワール　口絵6-1, 202
ネームラボ社　511
ネルソンズ・クリーク　218
ノヴァ　474
ノキア　33, 283, 469, 656
ノースウエスタン・ミューチュアル生命　365
ノースウエスタン大学　491
ノースウエスト航空　289
『ノックスビル・ニュース・センチネル』紙　256
ノードストローム　33, 183, 535, 540, 579, 637, 647
ノベル　57
ノルディック・トラック・カーディオバスキュラー・エクセサイザー　800

■ハ
ハイアット・ホテル　463, 469, 515, 548, 549
ハイアット・リージェンシー・ホテル　368
ハイアット法律サービス　104
バイエル　450
パイオニア・ハイブレッド社　249
バイキング・オフィス・プロダクツ　806
ハイスター　271
ハイパースペース・カウガールズ　454
バイブル・ブレッド　198
パインソル　732
ハインツ、ケチャップ　488
ハインツ社　68, 258, 275, 288, 290, 368, 501, 510, 681
バーガー・キング　185, 824
パーカー・ハニフィン社（PHC）　130, 625
パーカー・ブラザーズ社　381
バーガーキング　285, 500, 551, 623, 705
ハギー・ビーン　346

バグズ・バーガーズ・バグ・キラー　568
バクスター・ヘルスケア社(現、アライアンス・ヘルスケア社)　128, 258, 349, 361, 555, 847
バークレイコールズ　276
ハーゲンダッツ　308, 472, 495, 733, 734
ハーゲンダッツ・アイスクリーム　500
ハーシー・フーズ　379, 518, 595, 737
ハーシーズ・アーモンドキス・チョコレート　379
ハーシーズ・クッキー・アンド・ミント・キャンディー・バー　379
ハーシーズ・ハグズ　379
バージニア・スリム　328
バス＆ボディワークス　37, 643
バスキン・ロビンズ・アイスクリーム　302, 450
ハスブロ社　394
パーソナル・ペア　323
パーソニファイ　587
パタゴニア　806
バーチャル・ヴィンヤード　15, 814
バーチャル・グロース社　526
ハーツ・レンタカー　285, 302, 371, 607, 623, 713
パッカード・ベル　578
ハッシュパピー　387, 676
パーデュー・チキン・ファーム　32, 35, 370
ハート・シャフナー＆マークス　504
ハードロック・カフェ　5
バドワイザー　302, 500, 512
バナー　491
パナソニック　118
バナナ・リパブリック　624
バニティ・フェア　617
ハネウェル　101, 299, 497
『ハーパーズ』　802
ハーバード大学　28
バービー人形　693
バービーのお友だち　323
パフス　491
パブリック・インタレスト、科学センター　194
パブリック・レジスターズ・アニュアル・レポート・サービス　136
ハーマン・ミラー　554
パーム・コンピューティング社　270
パーム・パイロット　270
ハリス銀行　541
ハリファックス・ダイレクト　276
パリブルーズ　283

パルサー　510
ハルドール　575
ハーレー・ダビッドソン　口絵2-2, 3, 72, 172, 303, 308, 359, 414, 510, 678
バレー・ビュー・センター・モール　364
ハロッズ　644
『バロンズ』　570
ハワード・ジョンソン　501, 623
パワーブック　431
パワーレンジャー　743
パンアメリカン航空　297
バング＆オルフセン　33
バング・アンド・オルフセン　361
バンク・オブ・アメリカ　797
ハンザ同盟　650
バーンズ＆ノーブル　14, 266, 484, 650, 652, 807
バンスキスSA　103
バンダイ　174
バンタム・ブックス　450
ハンツ　288
バンドエイド　575
ハンバーガー大学　363
パンパース　491, 578
パンパース育児研究所　口絵13-1, 509
ハンプトン・イン　554
ピア・ワン・インポート　651
ピエール・カルダン　504
ビクター・トーキング・マシーン社　417
ピクチャー・ネットワーク・インターナショナル社　552
ビクトリアズ・シークレット　643, 646, 806
ピザ・イン　628, 705
ピザハット　71, 439, 726
ビジネス・コンパス　136
ビジネス・リサーチャーズ・インタレスツ　136
ビジャン　647
ビセル　422
日立　171, 296, 518
日立データ・システムズ　130
ピーツ・ウィキッド・エール　305
ビック　285, 298, 597
ピットニー・ボウズ社　394
ビーニー・ベイビーズ　206, 381, 743
ビーフ・カウンシル　713
ピーポッド　口絵10-1, 14, 361, 383
ビュイック　563, 837
ビュイック・スカイラーク　838

ヒューゴ・ボス　619
ヒューズ環境システム　186
ヒューブライン　597
ヒューレット・パッカード社　58, 104, 254, 307, 414,
　　　495, 617, 839, 857
ヒュンダイ　563
ピラミッド・エール　305
ピラミッド・メディカル社　817
ビル・ブラス　338
ピルカ　638
ピルスベリー社　367, 450, 500, 711, 720
ヒルトン・ホテル　325, 472
ビレニアム教育財団　299
ビーンストーク・グループ　517
ファイアストン・タイヤ　450
ファイザー　188, 203, 365, 548
ファイバーグラス　512
ファースト・シカゴ銀行　545
ファースト・ダイレクト社　807
ファッション・カフェ　647
ファーテル　466
ファーマシア・アンド・アップジョン　711
ファラ、シャンプー　408
ファンタイム・フィルム（コダック）　495, 598
フィアット　459
フィグ・ニュートン　513
ブイトーニ（イタリア）　500
フィードバック・プラス　130
フィネス　299
フィリップ・モリス　290, 688
フィリップス　6, 24, 103, 118, 452, 466, 480, 575
フィレーンズ・ベースメント　637
フィレンツァ　374
フィンガーハット　796, 797
フェアヴュー　218
フェアフィールド・イン　495, 515
フェイマス・スモーク・ショップス　70
フェデックス（FedEx）　512, 535, 679
フェデックス・ロジスティクス・サービス　659
フェデラル・エクスプレス　77, 84, 169, 308, 406, 512,
　　　544, 554, 791, 797, 800, 814
フェデレーテッド・ストア　619
フェドワールド　136
フェニックス大学　553
フェルプス・ドッジ社　237
フェロリト・ブルタジオ＆サンズ社　280, 359

フォーカス　471
フォークリフト・トラック　604
フォーシーズンズ　200, 486
『フォーチュン』　568, 874
フォード　237, 242, 255, 281, 285, 297, 328, 331, 406,
　　　450, 471, 496, 528, 615, 623, 680, 685, 737,
　　　758, 794, 816
フォード・エクスプローラー　330
フォード・エスコート　563
フォーラム・コーポレーション　48, 63
フォルクスワーゲン　20, 72, 175, 343, 459, 551
フォルジャーズ　370, 578, 736
フォレスター・リサーチ社　14, 71, 212, 244, 508, 807,
　　　808, 810, 818
富士フイルム　285, 597, 747
フジUSA　643
ブーズ・アレン・アンド・ハミルトン社　106
ブック・オブ・ザ・マンス・クラブ　610
ブッシュ・ガーデンズ　374
フーテ・コーン・アンド・ベルディング　714
フーバー社　126, 136
フューチャー・エレクトロニクス社　61
フューチャー研究所　162
フューチャーズ・グループ　162
プライオリティ・メール　535
フライシュマン　581
プライス・コストコ　633, 637
プライススキャン　562
プライスライン　589, 822
ブラウン　361
ブラウン＆ウィリアムソン・タバコ　346
プラクスエア社　68, 478
ブラシック・フーズ・インターナショナル　389
ブラック・アンド・デッカー　172, 360
ブラック・フラッグ　715
ブラック・ボックス　807
ブラック・ワールド・トゥデイ　202
プラネット・ハリウッド　5, 647
フランクリン・ミント　605, 794
ブランクロード・ブルワリー　305
プランターズ・ライフセイバーズ社　520
フリジデア　512, 515
ブリタニカ大百科事典　266
ブリティッシュ・コロンビア・テレコム　139
ブリティッシュ・テレコム　171
ブリティッシュ・ペトロリアム社　834

フリ

フリトレー社　193, 365
不良図書委員会（CUP）　473
ブリロ　416
プリンストン・レビュー　300
プリンストン大学　28
フルーク　414
ブルーシールド・オブ・カリフォルニア社　236
ブルースキー・ブルーイング社　615
フルーツ・リングズ　303
フルーツオブザルーム、衣料用洗剤　408
プルデンシャル　764
ブルーベリー・ニュートン　513
ブルーミングデールズ　183, 637, 638, 644, 647, 794
ブルームバーグ・パーソナル　136
ブレインリザーブ社　172
プレサリオ　363, 512
プレジデンツ・チョイス　505
フレッシュ・フィールズ　192
フレデリックス・オブ・ハリウッド　794
プレミア　407
フレンズ・オブ・ジ・アース　183, 397
プロクター・アンド・ギャンブル → P&G
プログレッシブ保険　317, 540, 568
フローシャイム・シュー社　809
ブロックバスター・エンターテインメント社　325
プロディジー　810, 815
プロテイン・ポリマー・テクノロジーズ社　106
プロトン・ワールド・インターナショナル　103
フロリダ大学ゲーンズビル校　29
ブンゼン・バーナー　343
ペアレント・スープ　329, 818
米国公共放送（PBS）　845
米国農業普及局　754
米国マーケティング協会　136, 498
米国郵政公社（USPS）　535, 800
ベイリー・コントロールズ社　61
米連邦取引委員会　643
ヘインズ　617
ヘキスト　415
ベクテル　460
ベクトン・ディキンソン　849
ベジタブル・コンパウンド　729
ページング・ネットワーク社　337
ベスト・バイ　494
ベスト・フレンズ・ペットケア　696
ヘストン　291

ベッツ・ラボラトリーズ社　61
ペッツマート　638
ベッヒャー　319
ベティ・クロッカー　435, 518
ベネトン　362, 504, 628, 644, 651
ペプシ　308, 371, 436
ペプシコ　270, 347, 348, 583, 683
ペプシコーラ　266, 285, 297, 300, 388, 408, 584
ペプシド　708
ペリエ（フランス）　500, 510
ベル・ラボラトリーズ社　188
ベルエアー／エンプレス・トラベル　268
ベルクス百貨店　611
ヘルゲンラザー　614
ヘルシー・チョイス　338, 511
ヘルスサウス社　851
ヘルシー、シー・ソーセージ　409
ヘルマンズ　466
ヘレンカーチス　299, 337, 680, 689
ベン＆ジェリーズ　6, 36, 338
ベン・アンド・ジェリー　511
ベン・ゲイ、アスピリン　408
ベンチャー　207
ベンツ　208
ペンティアム・チップ　744
ペンティアム II Xeon　590
ヘンリー・シェイン　807
ボーイング社　58, 68, 428, 457, 514
ポイントキャスト　819
ボウマー　383, 384, 495
ボカ・バーガー　713
ボークハウツ・コレクティブルズ・モール　588
ボシュロム　281
ボーズ社　247
ポスト・イット　411
ボストン・コンサルティング・グループ（BCG）　88, 353
ボストン・ビール社　3
ボーダーズ・ブックス・アンド・ミュージック社　266, 473, 540, 638, 650
ポップターツ　452
ボディショップ　504, 511, 744
ポートランド州立大学　28
ボードルーム社　802
ボビー・ブルックス　343
ポプシクル　512
ホフナー　319

ホフマン・ラロッシュ　172, 476
ポポフ　598
ホマート　510
ホーム・ショッピング・ネットワーク（HSN）　588, 639, 809
ホーム・デポ　372, 511, 540, 638, 650
ホームオーナー　813
ポラビジョン　370
ポラロイド　54, 370, 614, 661
ポラロイドカメラ　718
ホリデイイン　47
ホール・フーズ・マーケット　192
ポルシェ　73, 85, 343, 372
ポルシェ944　358
ポール社　770
ボールド　491
ボルボ　11, 370, 518, 563, 659
ホールマーク・カード社　201, 383, 452, 837
ホワイト　516
ホワイトハウス・アパレル産業連合　873
ホーン・グループ　532
ホンダ　20, 48, 49, 235, 308, 495, 506, 511, 514, 528
ポンティアック　322, 837

■マ

マイクロソフト　56, 108, 283, 292, 299, 304, 386, 429, 430, 472, 497, 509, 587, 589, 615, 744, 820
マイクロソフト・インターネット・エクスプローラー　811
マイクロソフト・オフィス　587
マイクロソフト・ネットワーク（MSN）　810
マイクロン　250
マイサイモン　口絵21-3, 822
マイダス・マフラー　556
マイヤーズ　638
マイルズ社　708
マウンテン・デュー　436
マークス＆スペンサー　33, 504, 651
マクダネル・ダグラス　58
マクドナルド　13, 33, 44, 104, 185, 283, 285, 292, 346, 363, 439, 450, 451, 465, 470, 484, 500, 534, 540, 543, 549, 551, 612, 623, 642, 649, 651, 682, 705, 712, 743, 811, 834
マグロウ・ヒル社　766
マグロウヒル・リサーチ　163
マケッソン・コーポレーション　口絵17-2, 73, 656

マーケット・インテリジェンス・サービス　407
マーケット・リサーチ・アンド・インフォメーション・センター（MRIC）　132
マサチューセッツ総合病院　541
マジック・マウンテン　374
マーシャル・フィールド　417
マース　798
マッキャンエリクソン・ロンドン　211
マッキンゼー・アンド・カンパニー　54, 105, 106, 791
マックス・クラブ　637
マッシー・ファーガソン社　291
松下電器　266, 358, 384, 480
マッド　283
マッハ3　470
マッハ3・カートリッジ　285
マテリアル・コネクション　850
マテル社　168, 174, 323, 325, 517
マリオット　69, 74, 463, 515, 536, 543
マリオット・コートヤード　74
マリオット・ホテル　33, 276, 424, 495
マリオット・ホテル、バケーション・クラブ・インターナショナル　138
マリオット・ホテル・チェーン　737
マリオット・ロッジング　756
マリンランド・オブ・ザ・パシフィック　374
マールボロ　366, 500
ミカサ　637
ミシガン大学サーベイ・リサーチ・センター　162
ミシュラン・タイヤ社（フランス）　284, 490, 518
ミスタードーナツ　469
ミセス・ダッシュ　305
三田コーポレーション　口絵16-1, 615
三越　636
ミッドウエスト・エクスプレス航空　355
ミッドランド銀行　807
三菱　271
ミード・ジョンソン社　510
ミニ　725
ミニッツメイド　300
ミネトンカ　306
ミノルタ　476
ミューズリックスのシリアル　336
ミュータント・ニンジャ・タートルズ　743
ミューチュアル・オブ・ニューヨーク（MONY）　202
ミラー、透明ビール　408
ミラー、ライトビール　297, 714

ミラー・ビール　299, 598
ミラー社　175, 302, 305, 688
ミリケン・アンド・カンパニー　33, 61, 73, 189, 363
ミルトン・ブラッドレー　691
ミルワード・ブラウン・インターナショナル　730
ミレニアム・インスティチュート　145
ミレニアム・ウインター・スポーツ・ヘルメット　716
ミレニアム・ヴュー社　251
ミレニアム・キャッチャーズ・マスク　714
ミレニアム・ケミカルズ社　664
ミレニアム・コミュニケーションズ　663
ミレニアム・コンサルティング　662
ミレニアム・スポーツ　791
ミレニアム・ソサエティ　581
ミレニアム・チーム　314
ミレニアム・ブロードウェイ　597
ミレニオ　177
ムスタング　328, 680
ムーディーズ　777
メアリー・ケイ・コスメティックス　639, 799
メイシーズ　647, 651, 679, 807
メイタッグ　358, 565
メイヨー・クリニック　541
メジャーリーグ・ベースボール　821
メゾモルフォシス・ドットコム　318
メディカル・エクイップネット　817
メトロヘルス・システムズ　144
メトロポリタン・トランジット・オーソリティ　570
メトロポリタン生命　713
メリルリンチ　502
メール・ボクシーズ Etc.　279, 477
メルク社　107, 182, 548, 805, 816, 843
メルセデス・ベンツ　175, 291, 301, 330, 372, 374, 488, 495, 498, 563
モッシモ　661
モットーマン社　235
モーテル・シックス　486
モト・フォト社　643
モトローラ　54, 77, 84, 255, 276, 283, 358, 497, 518, 758, 849
モトローラ・オートモーティブ・エレクトロニクス社　247
モノレール・コンピュータ社　578
モービル　414
モリー・マクバター　305
モール・オブ・アメリカ　647, 650

モールデン・ミルズ　189
モンゴメリー・ウォード　283
モンゴメリー・セキュリティ社　128
モンサント社　58, 376, 397, 472
モンブラン　359, 450

■ ヤ

ヤオハン　651
ヤフー　184, 386, 429, 508, 811, 815, 818, 819
ヤング＆ルビカム　698
ヤンケロヴィッチ・モニター社　193
U.S. スチール社　19, 838
ユナイテッド・エクスプレス　494
ユナイテッド・カラーズ・オブ・ベネトン　510
ユナイテッド・ジャージー銀行　371
ユナイテッド・パーセル・サービス（UPS）　口絵19–1, 74, 365, 368, 535, 545, 791
ユナイテッド航空　103, 268, 494, 824
ユニバーサル・マッチボックス・グループ　456
ユニバーシティ・ゲームズ　461
ユニリーバ　337, 466, 481, 507, 509, 722
ヨセミテ国立公園　8
ヨーヨーダイン社　722, 820
ヨーロッパ経済委員会　259
ヨーロピアン・オーガナイゼーション・フォー・クオリティ　77
ヨーロピアン・ファウンデーション・フォー・クオリティ・マネジメント　77

■ ラ

ライオン・カントリー・サファリ　374
ライダー・インテグレーテッド・ロジスティクス　口絵17–3, 659
ライトエイド社　317, 364, 656
ライフ・クロック社　541
ライフショッパー　822
ラウントリー（イギリス）　500
酪農協会　474
ラスト・オレウム　617
ラドフォード・コミュニティ病院　537
ラーナー　643
ラーバ　491
ラバーメイド　84, 172, 368
ラブズ　491, 578
ラボリス　429
ラマダ　316, 623

ラルコープ・ホールディング社　303
ラルストン・ピュリナ社　503, 796
ラルフ・ローレン　619, 629, 637
ラーレー・バイシクル社　808
ラングラー社　61, 619
ランズエンド　139, 454, 619, 639, 796, 805, 806
ランドー・アソシエイツ　512
リー　619
リグレー　501
リズ・クレイボーン　619
リステリン　429, 681
リーダーズ・ダイジェスト　722, 821
リチャード・シモンズ　408
リッツ、クラッカー　488
リッツ・カールトン・ホテル　77, 377, 486
リディア・ピンカム　729
リトルデビー　301
リーバイ・ストラウス社　61, 205, 283, 323, 325, 362, 512, 617, 619, 629, 640
リーバブラザーズ　276, 695, 736
リビング・ラバー　595
リーボック　451, 454
リンカーン　496
リンカーン・エレクトリック社　255
リンカーン・ブラックウッド　779
ルイス・シェリー、ゴルゴンゾーラチーズ・ドレッシング・ノンシュガータイプ　408
ルーセント・テクノロジー　472
ルーニー・トゥーン・トイ・ファクトリー　652
ルノー　20
ルパートVO5　305
ルフトハンザ・ドイツ航空　103
ルーラル・コネクションズ　663
レイオウバック　712
レイセオン社　186
レイノルズ　290, 383
レイン・ブライアント　643, 644
レインフォレスト・カフェ　647
歴史チャンネル　846
レクサス　64, 348, 495, 614
レゴ　33, 174, 414
レッグス　201, 737
レッド・ロブスター　647
レッドドッグ　305, 598
レップス・ビッグ＆トール・ストア　333

レノックス　371
レブロン　282
レモンティーの瓶　359
レルスカ　598
レンジ・ローバー　330
レンタレック　307
連邦取引委員会　585, 823, 824
ロイヤット・チョコバー　76
ロイヤル・カリビアン社　798
ロイヤル・ドルトン　371
ロイヤルダッチ・シェルグループ　58
労働統計局　526
ロゲイン　711
ロジスティクス社　口絵2-2
ロジテック・インターナショナル　304
ロシャス　230
ロス・コントロールズ　324
ローズ・シネプレックス・エンターテインメント　281
ロス／フレックス　324
ロータス・ディベロップメント社　104, 108, 497, 725
ロータス1-2-3　108
ロックウェル　261
ロード＆テイラー　649
ロードマスター　838
ロバート・モンダヴィ社　245
ロブロー　505
ローマンズ　637, 644
ローラーブレード社　339
ロールスロイス　563, 678
ロレックス　303, 678
『ロンドン・タイムズ』　744

■ワ

ワイン醸造業組合　746
ワーキング・アセット社　872
『ワシントン・ポスト』　874
『ワード』　口絵19-2, 719
ワートコーフ　472
ワードパーフェクト　57
ワーナー・ブラザーズ　652
ワーナー・ランバート　698
ワランティ・ゴールド　813
ワールドワイド・インターネット・ソリューションズ・ネットワーク社　251
ワールプール社　50, 190, 198, 466, 504

事項●索引

1000人あたりの到達コスト　721
2000年問題　54, 248, 333
20対80の法則　74
50歳以上の市場　202
99ライブス（文化トレンド）　173
ACD（automatic call distributor: 自動電話分配器）　70
ADCAD　150
ADIs（areas of dominant influence: 支配的影響地域）　726
AIDAモデル　678, 778
APEC（Asian Pacific Economic Cooperation: アジア太平洋経済協力会議）　459
B-to-B
　ダイレクト・マーケティング　802
　電子商取引　819
　マーケティング　319
BATNA（Best Alternative to a Negotiated Agreement）　782
BBS（bulletin board systems: 掲示板）　818
BDI（brand development index: ブランド・デベロップメント・インデックス）　160
BRANDAID　149
CALLPLAN　149
CareNet　68
CAs（customer attributes: 顧客属性）　428
CCO（chief communications officer: 最高コミュニケーション責任者）　792
CD-ROM　443
COVERSTORY　150
CPS（critical path scheduling: クリティカル・パス・スケジューリング）　441
CRP（continuous replenishment program: 継続補充プログラム）　631
DAGMER　704
DETAILER　149
DMAs（Designated marketing areas: 計画的マーケティング地域）　726
DPP（direct product profitability: 直接製品収益性）　645
Dun's Market Identifiers　159

EAs（engeneering attributes: 技術属性）　428
ECR（Efficiency consumer response: 効率的消費者対応）　631
ECU（European currency units: 欧州通貨単位、エキュー）　477
EDI（electronic data interchange: 電子データ交換）　61, 127, 245, 246, 631
EDLP（everyday low pricing: エブリデイ・ロー・プライシング）　579, 648
ESP（emotional selling proposition: 情緒的な販売命題）　678
EU（European Union: 欧州連合）　171, 457, 672
FABV（features, advantages, benefits, and value approach）アプローチ　778
FAQ（Frequently Asked Question: よく問い合わせがある質問）　359, 550
FMP（frequency marketing program: フリクエンシー・マーケティング・プログラム）　69
GATT（General Agreement of Tariffs and Trade: 関税貿易一般協定）　473
GEOLINE　149
GE多要素ポートフォリオ・マトリクス　91
GOネットワーク　792
HOG（Harley Owners Group: ハーレー・オーナーズ・グループ）　72, 172
IDM（integrated direct marketing: 統合型ダイレクト・マーケティング）　792
ILS（integrated logistics systems: 統合型ロジスティクス・システム）　659
IMC（integrated marketing communications: 統合型マーケティング・コミュニケーション）　40, 698, 792
ISO 9000　77, 253
MAM（major account management: メジャー・アカウント・マネジャー）　760
MBO（manages by objectives: 目的による管理）　101
MDCT（Millennium Data Compression Tool: ミレニアム・デート・コンプレッション・ツール）　251

MDSS（market decision support system：マーケティング意思決定サポート・システム）　149
MEDIAC　150
MERCOSUL　459
MIS（Marketing information system：マーケティング戦略情報システム）　98, 127, 129
MPR（marketing public relations：マーケティング・パブリック・リレーションズ）ツール　745
MROサービス　239
MRO（maintenance, repair, and operations）製品　244
MRP（materials requirement planning：資材調達計画）　249
NAFTA（North American Free Trade Agreement：北米自由貿易協定）　171, 458
NAICS（North American Industry Classification System：新北米産業分類システム）　158
OECD（Organization for Economic Cooperation and Development：経済協力開発機構）　453
OEM（original equipment manufacture：相手先ブランド製品生産者）市場　609
PACs（political-action committees：政治活動委員会）　190
PIMS（Profit Impact of Market Strategy：市場戦略の収益への影響）研究　77
PLC（product life cycle）→ 製品ライフサイクル
PR（public relations）活動 → パブリック・リレーションズ）
PRIZM（Potential Rating Index by Zip Markets：ジップ・マーケットによる潜在的格付け指標）　336
PROMOTER　150
prosumer　689
PVA（product-value analysis：製品価値分析）　251
QFD（quality function deployment：品質機能配置）　428
QIP（quality improvement program：品質改善プログラム）　77
QSCV　44
RFM方式　801
ROI（return on investment：投資収益率）　290, 357, 576
S.O.S（文化トレンド）　173
SBU（Strategic business unit：戦略事業単位）　87
SD（semantic differential）法　674
SFA（sales force automation：セールス・フォース・オートメーション）　128
SIC（Standard Industrial Classification：標準産業分類）　158
SOHO市場　322

SPIN（Situation, Problem, Implication, Need-Payoff）式販売　783
SSWD（single, separated, widowed, divorced）グループ　178
STP（segmentation, targeting, positioning：細分化、標的化、ポジショニング）　109
SWOT分析　98
TAT（Thematic Apperception Test：主題統覚検査）　143
TCS（total customer satisfaction：総合顧客満足）　48
TMS（Tank Management System：タンク・マネジメント・システム）　324
TQM（total quality management：トータル・クオリティ管理）　76, 659
UPC（universal product code：統一商品コード）　632
USP（unique selling proposition：ユニークな販売命題）　49, 372, 678
VALS2の質問　211
VALS（Values and Lifestyles：価値観とライフスタイル）2のフレームワーク　210
VR（Virtual reality：バーチャル・リアリティ）　口絵5-5, 188, 420

■ア

愛他主義者（価値セグメント）　332
アイデア
　スクリーニング　417
　創出　415
　マーケティング　6
　マネジャー　417
アイデア委員会　417
相手国内流通チャネル　478
相手先ブランド製品生産者（OEM）　609
アイテム　487
アイデンティティ　366
アイデンティティ媒体　745
曖昧さ（メッセージ）　680
アウトサイド・イノベーター（チャネル・システムにおける）　627
アウトソーシング　38, 55, 86, 828
アカウンタビリティ、大学の――　29
アーサー・D・リトルのモデル　94
浅いポケットの罠　593
アジア太平洋経済協力会議（APEC）　459
遊び好き（価値セグメント）　332
アダプター　303
アドバイザー　694

アドバトリアル　691
後方向フロー　604
アパレル産業　873
アピール、タイプ　678
アフターマーケット　591
アフリカ系アメリカ人　201
アプローチ、販売　778
アメリカ
　　所得分布　182
　　人種のるつぼ　176
アメリカン・ドリーム　336
粗利益　426
アルファテスト　429, 436
アレクサンドリア　61
アレンジされたインタビュー　144
アロウワンス　583, 737
　　トレードイン——　584
　　プロモーション——　584
アンカーリング(文化トレンド)　172
安心感　365
　　サービス品質　543
アンダーポジショニング　373
アンバンドリング　594
委員会
　　アイデア——　417
　　企業内MIS——　129
　　顧客が——　803
　　新製品——　413
　　政治活動——(PACs)　190
　　製品再検討　392
委員の追加任命(チャネル・コンフリクトの管理)　632
行き詰まった産業　353
E‐コマース → 電子商取引
イコン・トップリング(文化トレンド)　173
意識的類似品　302
意思決定 → 決定
　　卸売業者　654
　　小売業者　640
　　マーケティング　7
　　マーケティング——サポート・システム(MDSS)　149
　　モデルに基づく——　40
維持戦略　90
異質の買回品　488
イスラム教徒　31
一次需要　154

一次データ　135, 137
1段階チャネル　605
一面的プレゼンテーション　680
一貫クロスドック補充　631
一対比較法　432
一般競争　20
一般薬　575
移転価格　476
遺伝子工学　396
移動障壁　270
移動防御　289
イノベーション
　　新製品開発 → 技術革新、新製品開発　413
　　製品——　302
　　相対的採用時期　444
　　組織による——　445
　　絶えざる——　286
　　定義　442
　　特性　445
　　普及プロセス　442
　　流通——　302
イノベーター、新製品採用　444
イベント　687, 745
　　差別化　368
　　マーケティング　5
イミテーション、製品　302
イミテーター　303
移民(iVALSのタイプ)　212
イメージ　367
　　サービスの——　541
　　差別化　366, 541
　　定義　674
　　幅　675
　　品質——　377
　　ブランド——　225, 520, 683
イメージ分析　673
イメージ別価格設定　586
因果型リサーチ　135
インサイダー(チャネル・システムにおける)　626
印刷広告　728
因子分析　150
インセンティブ　739
　　補足的——　771
インターナル・マーケティング　31, 79, 536
インターネット → 電子商取引　108, 135, 266, 268, 452, 552, 562, 586, 790, 811

イ

　　新しいサービスの提供　529
　　カタログ・マーケティング　805
　　企業間取引　816
　　クラッター　823
　　情報源　133
　　ニッチ・マーケティング　317
　　リレーションシップ　52
インターネット・バンキング　553
インターネット関連株　14
インターネット広告　507
インターネット購買　243
インターネット取引、企業間の――　244
インタビュー　143
インタラクティブ・マーケティング、サービス業　537
インドネシア、システム購買と販売　239
イントラネット　127, 810
インパクト（広告）　715, 730
インフォ・ウィンドウ　765
インフォマーシャル　691, 809
インフォメディアリー　822
ウイスキー　215
ウェアハウス・クラブ　637
ウェーバーの法則　496
ウェブ・コミュニティ　818
ウェブ企業　317
ウェブ技術　128
ウェブキャスティング　815, 819
ウェブ広告　722
ウェブサイト　279
　　アフリカ系アメリカ人向け――　202
　　開設　815
　　企業の――　770
　　コーポレート――　815
　　世界に通用する賢い――　464
　　マーケティング――　816
　　ミレニアムの――　476
迂回攻撃　300
受身型マーケティング　67
失った顧客の分析　50
疑わしいポジショニング　374
宇宙に対する見方　192
移り気な消費者　335
海の居住地化　56
埋め合わせ取引　583
売上原価　426
売上減少、マーケティング・コンセプト　33

売上減衰率　707
売上効果測定　728
売上コンテスト　739
売上差異分析　853
売上潜在力　156
売上高、製品ライン分析　492
売上高比率法（予算設定）　688
売上高マーケティング費比率分析　855
売上高利益率　856
売上－反応関数　112
売上分析　853
売上目標、新製品開発　424
売上予算　156
売上予測　151, 155, 161
売り込み攻勢　25
売り手の数　267
上澄み吸収価格設定　565
エアトラック　666
映画産業　438
影響者　240, 701
営業訪問回数　237
エイズ　287, 373
英仏海峡トンネル　20
営利組織　526
エキスパート、社内――　278
エキスポ　575
エキュー（ECU：欧州通貨単位）　477
エクイティ
　　顧客――　501
　　ブランド――　499, 706
エクスターナル・マーケティング　31, 79, 536
エクストラネット　810
エグゼクティブ・サマリー　114
エゴ・ドライブ　764
エコスパン・ポスト・コンシューマー・リサイクルド
　　（PCR）・ファイバー　188
エゴノミクス（文化トレンド）　172
エコノメトリック分析　164
エージェント　602
エスカレーター条項　594
エスニック市場　176
エネルギー・コスト　45, 184
エネルギー源　648
エブリデイ・ロー・プライシング（EDLP）　579, 648
エレクトロニック・バンキング　459
絵を用いた質問　143

演繹的広告メッセージ　708
エンコーディング　671
エンターテインメント関連商品　652
エンドユーザー専門化企業　306
エンパワーメント　828
　　　顧客——　552
欧州連合(EU)　171, 457, 672
大型店舗内小売業　649
大阪万博　575
汚職　453
オーダー・ゲッター　776
オーダー・テイカー　776
男らしさからの解放(文化トレンド)　173
オートマチック・マーケティング　798
オートメーション　770
おとり広告　714
オーバーポジショニング　373
オピニオン・リーダー　203, 440, 685, 687, 701
オフ・ピーク時、需要開発　534
オファー、ダイレクトメール——→提供物　802
オフィシャル・インターネット・ソリューションズ・プロ
　　　バイダ・オブ・ザ・ニュー・ミレニアム
　　　49
オプション、フレキシブルな市場提供物　315
オプション製品価格設定　591
オフプライス・ストア　637
オペレーティング、ビジネス市場の細分化　339
オランダ　39
オレストラ　294
卸売業　653
　　　トレンド　657
卸売業者
　　　価格決定　656
　　　現金持帰り——　655
　　　限定サービスの——　655
　　　サービス　656
　　　品揃え　656
　　　種類　655
　　　フルサービスの——　655
　　　ボランタリー・チェーン　623
　　　マーケティング決定　654
　　　メールオーダー——　655
卸売チャネル　602
オンエア・テスト　728
オンライン・インタビュー　144
オンライン・カタログ　807

オンライン・フォーカス・グループ　138
オンライン・マーケティング　820, 822
　　　プラス面とマイナス面　813
オンライン・ユーザー　823
オンライン広告　817
オンライン商取引　553
オンライン消費者　811
オンライン帝国　266
オンライン保険代理業者　268
オンライン旅行代理店　268

■カ
会員制クラブ・プログラム　69
海外汚職行為防止法　453
海外出張　462
海外進出　451
階級制　200
会計
　　　活動基準原価(ABC)——　105, 573, 631, 862
　　　標準原価——　573
外交的手段(チャネル・コンフリクトの管理)　632
外国為替問題　453
回収期間　427
回想法　223
買い手の交渉力　265
街頭インタビュー　144
開発費　426
外部環境分析　98
外部販売員　757
下位文化　193
開放的流通　611
買回品　488
買い戻し協定　583
買い物の達人　701
快楽の復讐(文化トレンド)　173
カウンター・セグメンテーション　345
カウンタートレード(見返り貿易)　583
カウンターフィター　303
価格　112
　　　移転——　476
　　　エスカレーション　475
　　　感受性　566
　　　協力　104
　　　決定→価格決定
　　　限度——　780
　　　攻撃　301

コスト基準型―― 476
　固定価格と交渉価格　562
　参照―― 581
　市場基準型―― 476
　使用価値―― 576
　政策　611
　成熟期の修正　390
　設定 → 価格設定
　対等―― 476
　統一―― 475
　引き下げ　299, 301
　プロモーション　732
　変更 → 価格変更
　ポイント　563
　割引　583
価格決定
　卸売業者　656
　小売業　647
　国際的マーケティング　475
価格設定　563
　誤り　563
　イメージ別――　586
　上澄み吸収――　565
　オプション製品――　591
　企業の方針　582
　キャプティブ製品――　591
　競合他社の分析　574
　現行レート――　579
　顧客セグメント別――　585
　コスト　571
　最終価格の選択　580
　差別化　534
　差別的――　585
　時期別――　586
　市場浸透――　565
　収穫――　586
　需要の決定　566
　心理的――　581
　製品形態別――　585
　製品バンドル――　592
　製品ミックス――　590
　製品ライン――　590
　ターゲットリターン――　576
　知覚価値――　576
　地理的――　582
　――と価値　568
　特別催事――　585
　２段階――　591
　入札――　580
　場所別――　586
　販促型――　584
　副産物――　592
　変化　280
　方法の選択　574
　マークアップ――　574
　見積り遅延――　594
　目玉商品――　584
　目的　564
　予測――　594
　略奪的――　588
　割引　583
価格戦争　278, 302
価格選択度　854
価格適合　582
科学的手法（マーケティング・リサーチ）　147
価格反応プログラム　598
価格品質効果　口絵15-1, 567
価格-品質戦略　564
価格変更　592
　競合他社の対応　596
　反応　596
下級市場への拡張　494
拡散選好市場　398
学習曲線　572
学習テスト　511
確信（効果のヒエラルキー・モデル）　678
革新　520
拡大計画　273
拡大市場　154
拡大戦略　90
拡張郵便番号地点　160
核となる文化的価値　192
確率によらない抽出法　144
確率による抽出法　144
確率論的な反応をする競合他社　276
隠れたニーズ　28
加工材料　489
過去の売上分析　164
カシミアとカントリークラブ　337
過剰需要　594
過剰生産能力　592
カスタマイズ、価格　568

カスタマイズド・マーケティング 318
カスタム・マーケティング・リサーチ会社 133
寡占 267
下層の上 204
家族
   形態 178
   購買行動と―― 205
家族計画、マーケター 193
型どおりに買う購買者 341
カタログ
   オンライン―― 807
   ショールーム 638
   マーケティング 805
価値 13
   価格設定と 568
   格差 49
   核となる文化的―― 192
   グローバル市場向けの細分化 331
   顧客―― 45
   顧客――の査定 255
   顧客の生涯 39
   顧客――分析 281
   生涯―― 501
   世界的な――セグメント 332
   提案 49
   提供 → 価値提供
   派生的―― 193
   ブランド 498
   連鎖 59
価値－価格比 46
価値観とライフスタイル(VALS) 210
価値提供
   システム 19, 49
   ネットワーク 60
   プロセス 108
確固たるロイヤルティ 335
活動基準原価(ABC)会計 105, 573, 631, 862
活動計画、セールス・レップ 773
合併、企業 828
カテゴリー・キラー 650
カテゴリー・コンセプト 419
カテゴリー・チーム 838
カテゴリー・マネジメント 837
カテゴリー・マネジャー 295, 834
カテゴリーキラー 638
金のなる木(成長／市場シェア・マトリクス) 89

可能性のある顧客 67
   プール 157
株主価値 875
貨幣取引 16
為替レート 457
環境 → マクロ環境 20
   企業購買と―― 241
   技術的―― 20
   経済的―― 20
   広告の効果 730
   自然―― 20
   社会－文化的―― 20
   人口動態的―― 174
   政治－法的―― 20
   タスク―― 20
   デモグラフィック―― 20
   ブロード―― 20
   変化への対策 828
   マーケティング環境監査 870
環境上の脅威 99
環境に優しいクリーニング業者 186
環境に優しい洗剤 185
環境破壊 183
刊行物 745
韓国、購買の文化的要因 248
韓国系アメリカ人 205
監査
   機能別―― 868
   店舗―― 435
   マーケティング―― 114, 865, 870
観察調査 137
感情移入、サービス品質 543
関税 475
関税貿易一般協定(GATT) 473
間接費 571
間接費配賦額 426
間接輸出 461
完全自由式質問 143
缶詰型アプローチ(プレゼンテーション) 778
願望集団 203
管理
   マーケティング計画の―― 116
   マーケティング努力の―― 113
管理型VMS 622
管理コスト 345
官僚主義、海外進出 453

記憶、選択的—— 672
記憶テスト 511
キオスク・マーケティング 809
機会
　　技術革新の—— 187
　　差別化—— 353
　　成長—— 94
　　販売—— 776
　　マクロ環境 111
　　マーケティング機会の定義 98
機会／脅威分析 98
　　（例示） 118
機会／問題点分析 115
期間（プロモーション） 739
企業
　　イメージ 520
　　ウェブサイト 770
　　売上潜在力 156
　　売上予測の定義 155
　　合併 828
　　グローバル—— 450, 480
　　購買 → 企業購買
　　市場地位 697
　　組織のトレンド 828
　　チャネル 684
　　プロセスと成果に基礎を置く—— 831
　　文化 56
　　ポジショニング 377
　　ミッション 83
企業型VMS 622
起業家マーケティング 3
企業間インターネット取引 244, 816
企業購買 237
　　一本化 243
　　環境的要因 241
　　決定プロセスの段階 340
　　個人的要因 246
　　組織的要因 242
　　対人的要因 246
　　長期契約 246
　　部門横断的な役割 243
　　文化的要因 247
　　分散化 243
企業購買プロセス 240, 250
　　供給業者の選択 253
　　購買中枢 240

問題認識 250
企業需要 153, 155
企業戦略計画 82, 83
　　企業ミッションの明確化 83
　　新規事業計画と古い事業の合理化 94
　　戦略事業単位（SBU）の確立 87
企業内MIS委員会 129
企業向けセールス・フォース・プロモーション 731
　　ツール 738, 739
記事の質 721
技術 87
技術革新 → イノベーション 2, 459
　　限りない機会 187
記述型リサーチ 135
技術侵害 453
技術戦略 102
技術属性（EAs） 428
技術的環境 20, 185
技術的飛躍 300
技術的品質 537
技術テスト 255
技術部門、マーケティング部門との関係 844
基準 77
規制 188, 409, 473
規制緩和 2, 34, 37
季節割引 584
期待 47
期待サービス 541
期待製品 485
機内電話サービス 134
機能監査 871
帰納的広告メッセージ 708
機能的品質 537
機能テスト 429
機能分散 39
機能別監査 868
機能割引 584
規模（インセンティブ） 739
基本売上 154
基本型マーケティング 67
基本製品 485
基本的サービス・パッケージ 539
欺瞞 824
キャッシュ・フロー計算計画書 426
キャプティブ製品価格設定 591
キャンベル・スープ社の業者選定プログラム 252

キョ

キャンペーン　792
休暇　552
急成長期　620
急速な上澄み吸収　382
急速な浸透　382
給与外手当　763
教育によるグループ分け　177
業界
　　売上　160, 161
　　定義　267
協会、データ情報源　136
強化型広告　706
供給管理(サプライ・マネジメント)　6
供給業者
　　企業購買プロセスにおける選択　253
　　交渉力　265
　　――と購買者間のロイヤルティ　245
　　――による関与プログラム　249
　　パートナーシップ　828
　　パートナーとなる――　39
　　パフォーマンスの検討　256
供給業者−顧客リレーションシップ　234
競合他社　133
　　価格変更への対応　596
　　コスト分析　573
　　――志向　307
　　製品やサービス　416
　　タイプ　275
　　特定　266
　　――に基づくポジショニング　376
　　分類　281
競合の状況(例示)　117
競合ブランド　224, 227
業者選定プログラム　252
享受者　192
強制パワー、チャネル管理　616
共生マーケティング　624
競争　19
　　アイデア創出　415
　　インターネットからの――　266
　　カスタマイズされた価格　568
　　均衡　277
　　形態　20
　　ケイパビリティ・ベースの――　101
　　航空会社の差別化　354
　　広告　706

小売業における新しい――　623
コモディティ――　385
サイクル　384
産業――　20
市場　271
浸透　384
セグメント内――　264
戦略　282
属性――　400
タイプ　267
他社の分析　272
チャレンジャー　308
強みと弱みの分析　273
デポジショニングとリポジショニング　371
――と業界　267
ニッチ　308
標的市場における――ポジション　273
ブランド――　20
マーケット・チャレンジャー　282
マーケット・ニッチャー　282, 304
マーケット・フォロワー　282
マーケット・リーダー　282
マーケティング・コンセプト　33
マーケティング・チャネル　627
――優位 → 競争優位
競争者対抗法(予算設定)　689
競争的インテリジェンス　279
　　システム　265, 278
競争的デポジショニング　227
競争優位　55, 76, 353
　　選択法　377
競争優位マトリクス　353
競争領域　85
共通原価　861
協同組合、小売業者――　640
共同組織　461
共同ブランド　512, 517
　　材料の――　517
　　ジョイント・ベンチャーによる――　518
　　複数スポンサーによる――　518
共同メンバーシップ(チャネル・コンフリクトの管理)　632
狂暴な反応をする競合他社　275
業務の有効性と戦略　103
業務部門、マーケティング部門との関係　845
共有された価値観　105

事項　●　索引

キョ

協力
 セグメント間の—— 349
 マーケティング・チャネル 627
虚偽広告 714
緊急商品 488
銀行 75, 680
均質型選好 320
金銭的コスト 45
金銭的ベネフィット 69
金利 183
クイック・レスポンス・システム（即時対応システム） 61
空間的利便性、サービス水準 608
空間レベル（需要測定） 152
クオリティ・カンパニー 78
苦情
 意見が言えるシステム 50
 処理 64, 546, 686
クチコミ 50
クチコミ・チャネル 685
クチコミ情報源 686
クッキー 823
グッド・ハウスキーピング・シール 422
国別バージョン、製品 469
苦悩者（VALS2のタイプ） 211
クーポン 736
くまのプーさん 182
組立時間ゼロ 110
クライアント 67
クラスター分析 150
クラッター
 インターネット 823
 広告 706
クリーク 687
繰越効果 724
クリックスルー率 818, 820
クリティカル・パス・スケジューリング（CPS） 441
グループ・インタビュー 135
グループ・ディスカッション法 164
グレーマーケット 476
クロス・プロモーション 737
クローナー 303
グローバル・サイバー・マーケット 454
グローバル・ニッチ 319
グローバル・ブランド 口絵 5-1, 171
グローバル・ベスト・プラクティス・データベース 277

グローバル・マーケティング
 失敗 452
 主要な決定 451
 組織 479
 流通チャネル 478
グローバルMTVジェネレーション 470
グローバル化 2, 271, 828, 873
 ビジネス 765
グローバル企業 450, 480
グローバル産業 450
グローバル市場 9, 218
グローバル戦略 480
グローバル組織 480
グローバルな小売業者 651
グローバルな電子商取引 454
グローバルなブランド・イメージ 683
計画、製品—— 82, 114
計画的縮小 290
計画的陳腐化 284
計画的マーケティング地域（DMAs） 726
経験、マーケティング 4
経験曲線 572
経験者（VALS2のタイプ） 210
経験特性 538
経済環境 181
 産業構造のタイプ 181
経済協力開発機構（OECD） 453
経済状態、購買行動と—— 209
経済的環境 20
ゲイ市場 178
掲示板（BBS） 818
形成者 192
継続補充プログラム（CRP） 631
形態、差別化 356
形態競争 20
ケイパビリティ・ベースの競争 101
経費、セールス・フォースの—— 763
契約
 サービス—— 555
 ——に基づくセールス・フォース 757
 マネジメント—— 463
契約型VMS 622
契約キャリア 666
経理部門、マーケティング部門との関係 846
外科医用のバーチャルCD-ROM 411
外科手術、ロボット 159, 257

結合的モデル　232
決定 → 意思決定
　　卸売業者　654
　　価格 → 価格決定
　　小売業者　640
　　小売業の立地　648
　　責任者　240
　　マーケティング　7
ゲーム　736
ゲーム理論　151
ゲリラ攻撃　301
ゲリラ的マーケティング・リサーチ　280
検閲　473
研究開発費　188
研究開発部門、マーケティング部門との関係　842
研究開発予算　187
現金払戻し　736
現金持帰り卸売業者　655
現金リベート　585
現金割引　584
現行レート価格設定　579
現在価値　875
現在のマーケティング状況　114
原材料　184, 489
原材料輸出経済　181
現時点需要、評価　156
懸賞　736
献身家(価値セグメント)　332
現地政府　453
限定サービス　637
　　卸売業者　655
現場のセールス・フォース　629
懸命者(VALS2のタイプ)　211
原油価格　184
権利、チャネル・コンフリクトと——　629
ゴー・エラー　418
コア・コンピタンス　55
コア・ビジネス・プロセス　60
御愛顧報奨　737
好意(効果のヒエラルキー・モデル)　677
合意可能ゾーン　780
公益機関市場　258
公害の拡大　185
公害防止プログラム　185
効果的なマーケティング企業　830
効果のヒエラルキー・モデル　677

交換　16
交換経済　12
好感度(メッセージ)　682
好感度スケール　674
後期追随者　444
高級戦略　308
高級品　301
公共キャリア　666
高業績ビジネス　51
航空会社、差別化　354
攻撃戦略　298
　　選択　301
広告　670, 704
　　5つのM　704
　　インターネット——　507
　　インパクト　730
　　オンライン——　817
　　効果　148
　　効果の評価　726
　　肯定的なメッセージ対否定的なメッセージ　730
　　効率性　863
　　コーポレート・アイデンティティ——　6
　　社会的責任　714
　　スケジュール　725
　　生産財市場と——　694
　　成熟期の修正　391
　　大学の——　28
　　ダイレクト・レスポンス——　809
　　注目する確率　721
　　地理的配分の決定　726
　　定義　704
　　特質　691
　　トーン　711
　　媒体選択　715
　　媒体タイプの選択　718
　　媒体の国際的適合　475
　　媒体ビークルの選択　720
　　フォーマット　713
　　フリクエンシー　707
　　見出し　口絵19-1, 713
　　メッセージ　707
　　メッセージの国際的適合　474
　　メッセージの作成　708
　　目的　704
　　目的による分類　704
　　目標　704

コウ

　　　予算　706
　　　リサーチ・テクニック　728
　　　リーチ、フリクエンシー、インパクト　715
　　　「話題性」の高い――　685
広告アロウワンス　737
広告費（新製品）　438
広告プロモーション　302
広告ボイス・シェア　728
広告露出　717
虹彩識別　468
交渉　16, 780
　　　徳義のある――　783
交渉価格　562
交渉型取引　780
恒常商品　488
交渉戦略、定義　781
構成材料　489
公正な労働の実践　873
構成部品　489
肯定的なメッセージ対否定的なメッセージ　730
公的機関　526
行動
　　　細分化変数　326
　　　データ　139
　　　――による細分化　331
　　　反応　17
高等教育、マーケティング　28
行動計画　115
　　　例示　121
購入サービス　639
購入頻度　725
購買
　　　決定的な影響者　241
　　　効果のヒエラルキー・モデル　678
　　　システム購買　239
　　　状況　238
　　　組織――　234
　　　直接――　237
購買アプローチ、ビジネス市場の細分化　339
購買意思スケール式質問　142
購買確率スケール　162
購買業績、評価　246
購買グリッド枠組み　250
購買決定　227
　　　企業購買　241
購買決定プロセス　220, 223

　　　状況要因　227
　　　問題認識　223
　　　役割分担　220
購買行動　199, 220
　　　学習　217
　　　企業購買　240
　　　個人的要因　208, 246
　　　社会的要因　200
　　　習慣的――　222, 724
　　　信念　217
　　　心理的要因　214
　　　性格　211
　　　対人的要因　246
　　　反応　217
　　　不協和低減の――　221
　　　複雑な――　221
　　　文化的要因　199, 247
　　　4つのタイプ　220
購買後の行動　228
購買後の満足度　228
購買時間ゼロ　110
購買志向　249
購買時点（POP）ディスプレー　737
購買者
　　　意向調査　162
　　　企業――　340
　　　準備段階　695
　　　タイプ　341
　　　地理的な集中　235
購買者サーベイ　435
購買準備段階（市場細分化）　335
購買担当者　240
購買中枢　240
購買パターン　33, 209
購買フェイズ　250
購買部門
　　　格上げ　242
　　　マーケティング部門との関係　844
購買フロー・マップ　257
購買プロセス　248
購買力指数　159
後方創案　472
後方統合　96
合理化　94
小売業　636
　　　新しい競争　623

価格決定　647
　　各種業態　38
　　競争　650
　　サービス・レベル　637
　　サービスと店舗の雰囲気　646
　　品揃え　644
　　テクノロジー　651
　　トレンド　649
　　複合——　640
　　プロモーション決定　648
　　マーケティング・チャネル　651
　　無店舗——　638, 650
　　ライフサイクル　636
小売業者
　　グローバルな——　651
　　種類　636
　　店舗　38
　　プロモーション　734
　　マーケティング決定　640
小売業者協同組合　623, 640
高リスク製品　433
効率性研究　113
効率性コントロール　852, 863
効率的消費者対応（ECR）　631
小売店（ストア）ブランド　619
小売店別バージョン、製品　469
小売の輪仮説　636
小売フランチャイズ　623
高レベルの販売割当　771
顧客
　　委員会　803
　　維持 → 顧客維持
　　入れ替わり　62
　　受取価値　45
　　失った——のコスト　62
　　エクイティ　501
　　エンパワーメント　552
　　価格変更への反応　596
　　獲得と維持　60, 62
　　価値 → 顧客価値
　　可能性のある——　62
　　苦情　64
　　苦情処理　546
　　——志向の企業　848
　　収益性　75
　　生涯価値　39, 63, 805
　　所有権　626
　　新規——　341
　　新規獲得　66
　　新製品ユーザー　283
　　セールス・レップとの関係——　757
　　潜在顧客の転換　62
　　タイプ　67
　　データベース　794
　　取り戻す戦略　67
　　ニーズ　27, 87, 414, 415
　　パートナーシップ　828
　　パフォーマンス・スコアカード　857
　　プライバシー　799
　　変化　37
　　訪問　766
　　メーリングリスト　796
　　離反　50
　　離反率　62
　　ロイヤルティ　47, 48, 54, 67, 797, 854
顧客維持　30, 62
　　必要性　64
顧客維持率　63
顧客移動　497
顧客回転率　725
顧客開発プロセス　67
顧客獲得　30, 62
顧客価値　45
　　査定　255
　　提供　59
　　ヒエラルキー　352, 485
　　分析　281
　　モデル　352
顧客−供給業者リレーションシップ　234
顧客グループ　87
顧客コンサルティング　363
顧客サイズ専門化企業　306
顧客サービス　60
　　主なトレンド　557
顧客シェア　39
顧客志向
　　競合他社志向との対比　307
　　——の企業　309
　　——の理念　866
顧客志向アプローチ　776
顧客諮問委員会　130
顧客−収益性分析　75

顧客主導
 エンジニアリング　421
 流通システム設計　621
顧客浸透度　854
顧客セグメント別価格設定　585
顧客選択度　854
顧客属性(CAs)　428
顧客チーム　838
顧客調査プロセス　400
顧客テスト　429
顧客データベース　39, 137, 794
顧客トレーニング　363
顧客パフォーマンス・スコアカード　857
顧客満足　47, 64, 277, 486
 追跡調査　50
 提供　59
顧客優位　76
顧客をつなぐ力　55
国外子会社　479
国外市場　461
国外販売支店　462
国際宇宙ステーション　678
国際化　467
 ビジネス　765
国際事業部　479
国際市場、広告スローガンの変更　35
国際商工会議所世界大会　475
国際情報　136
国際的マーケティング
 価格決定　475
 市場参入　461
 ジョイント・ベンチャー　465
 直接投資　466
 目的　452
国際トレード・ショー　455
国際品質標準　253
国際貿易　472
国際流通チャネル　478
国勢調査単位　160
小口分割(卸売業の機能)　653
コクーニング(文化トレンド)　172
国民総生産　161
個人サービス　54
個人的特性、ビジネス市場の細分化　339
個人的要因、購買行動　208
個人の影響力　445

コスト　13, 45, 453
 失った顧客の——　62
 エネルギー——　184
 オンライン・マーケティング　813
 開発プロセスの——　409
 金銭的——　45
 構造　270
 削減　302
 差別化型マーケティングの——　345
 事務処理——　244
 新規顧客獲得の——　66
 新製品　437
 新製品開発　426
 心理的——　45
 増加　593
 タイプ　571
 単位——　574
 引き下げ　592
 分析　573
 ベンチマーキング　277
 マーケット・ロジスティクス　665
 見積り　571
 ライフサイクル　392
 ライフサイクル——　552
 リーダーシップ　102
ゴースト・ショッピング　50
コスト基準型価格　476
コスト共有効果　567
コスト削減保証プログラム　255
コーズリレーテッド・マーケティング　37, 745
国境、サイバー・スペース上の——　454
固定価格　562
固定給　763
固定費　571
固定料金　591
子供たちの購買力　206
コネクティビティ　810
コピー・テスト　727
コピー戦略ステートメント　710
個別インタビュー　135
個別化　39
個別マーケティング　318
個別見積りのプーリング　164
コーホート　329
コーポレート・アイデンティティ広告　6
コーポレート・ウェブサイト　815

コーポレート・コミュニケーション　742
コーポレート・チェーン・ストア　640
コーポレート・ブランド　516
コマーシャル・チャネル、電子商取引　810
コミッション　763
コミュニケーション
　　効果的な開発　673
　　効果の調査　727
　　コーポレート——　742
　　手段　671
　　チャネル→コミュニケーション・チャネル
　　ツール　792
　　適合　474
　　統合型マーケティング——（IMC）　40
　　標的視聴者　673
　　プロセス　670
　　プロモーション・ツール　691
　　マーケティング・コミュニケーション・ミックス
　　　　670, 690
　　メッセージの作成　678
　　目的の決定　676
　　要素　670
　　予算　692
コミュニケーション・チャネル　18
　　クチコミ　685
　　人的——　684
　　選択　684
　　非人的——　686
コミュニケーション適合（海外進出）　453
コミュニティ・ショッピング・センター　649
ゴム　489
コモディティ　267
コモディティ化　249
コモディティ競争　385
固有のケイパビリティ　55
コラボレーション・ツール　552
コールセンター　70
コンカレントな新製品開発　410
コングロマリット的多角化戦略　97
コンサルティング　742
　　顧客——　363
コンジョイント分析　150, 255, 422
　　——に基づく効用関数　423
コンセプト・テスト　420
コンセプト開発、新製品の——　419
コンタクト方法　143

コンテスト　736
　　販売——　772
コンテナリゼーション　666
コントロール
　　効率性——　863
　　事業戦略計画　105
　　収益性——　858
　　戦略——　864
　　年間計画——　852
　　マーケティング　851, 852
コントロール・チャート　855
コントロール型テスト・マーケティング　434
今日的組織図　32
コンピタンス領域　85
コンビニエンス・ストア　637
コンビネーション・ストア　638
コンピュータ、スパイ行為　489
コンフィギュレーション・エージェント・プログラム
　　236
コンフリクト
　　顧客所有権　626
　　チャネル——　629
　　マーケティング・チャネル　627
コンプレメンター（チャネル・システムにおける）　627
コンベンション　739
混乱したポジショニング　374

■サ
財（マーケティング）　4
最下層　204
サイクル・リサイクル・パターン　379
在庫　664
再購入の意思　50
最高の品質戦略　377
在庫管理　60
在庫管理コスト　345
在庫管理単位　487
サイコグラフィックス　210
　　オンライン・ユーザー　823
　　市場細分化　330
サイコグラフィック変数（細分化変数）　326
在庫効果　567
在庫ゼロの購買プラン　256
在庫保管コスト　665
最終価格、選択　580
最終ベネフィット効果　567

サイ

最上流　204
再生可能な資源　184
再生不可能な資源　184
最大投資累計額　427
最適化ルーチン　151
最適市場シェア　292
最適注文量　665, 668
サイバー・スペース上の国境　454
サイバーストア　14
再販売業者ブランド　504
細分化、標的化、ポジショニング(STP)　109
細分化基準　322
財務部門、マーケティング部門との関係　846
財務分析　856
財務目的(例示)　120
財務レバレッジ　856
採用プロセス、新製品　442
採用率、新製品開発　445
材料、共同ブランド　517
材料・部品　489
詐欺　824
サービス　302, 488
　　イメージ　541
　　主なトレンド　557
　　卸売業者　656
　　価値を増大させる　554
　　工業化　549
　　向上　302
　　購入と使用を楽にする　554
　　小売業　637, 646
　　顧客——　60
　　差別化　361
　　若干の付随サービスおよび有形財を伴う——　527
　　修理——　556
　　需要と供給　533
　　純粋な——　530
　　消滅性　533
　　水準の分析　607
　　成熟期の修正　391
　　製品サポート——　551
　　設計図　533
　　多様な——　364
　　定義　526
　　提供　540
　　特性　530
　　バックアップ　608
　　販売後の——戦略　556
　　備品・対事業所——　490
　　品質管理　532, 541
　　不可分性　531
　　変動性　532
　　マーケティング　4
　　ミックス→サービス・ミックス
　　——ミックスのカテゴリー　527
　　無形性　530
　　モニター・システム　545
　　有形財との混合　527
　　——を伴う有形財　527
サービス・チャネル　604
サービス・パフォーマンス・プロセス・マップ　533
サービス・マーケティング　530
サービス・ミックス　555, 646
　　カテゴリー　527
サービス企業
　　差別化　538
　　生産性管理　549
サービス義務　612
サービス業　472
　　性質　526
　　マーケティング戦略　535
サービス業者支援による小売フランチャイズ　623
サービス契約　555, 585
サービス施設の共有　534
サービス専門化企業　307
サービス提携　104
サービス品質　538
　　モデル　542
サービス分野、チャネル　606
サブカルチャー　193, 201
サプライ・チェーン　18, 60
サプライ・チェーン・マネジメント　658
サプライ・プランニング　242
サプライ・マネジメント　249
サーベイ、購買者——　435
サーベイ段階(市場細分化)　321
サーベイ調査　139
差別化→ポジショニング　102, 308, 352
　　イメージ　541
　　イメージによる——　366
　　価格設定　534
　　機会の数　353
　　コスト面での——　277

サービス企業の——　538
　　サービスによる——　361
　　スタッフによる——　365
　　製品——　644
　　製品の——　355
　　チャネルによる——　366
　　ツール　353
　　定義　353
　　程度　267
　　——のある寡占　267
　　マーケティング・オファー　573
差別化型マーケティング　344, 345
差別的価格設定　585
三角型製品チーム　837
産業　11
　　グローバル——　450
　　差別化機会　353
産業化　187
産業競争　20
産業構造　181
産業スパイ　488
産業スペシャリスト　838
産業用備品　490
産業領域　85
参照価格　581
3段階チャネル　605
参入規制　453
参入市場、決定　452
参入障壁　264, 270
参入戦略　308
サンプリング計画　141
サンプリング単位　141
サンプリング手順　141
サンプル　736
サンプル・サイズ　141
シアター・テスト　728
仕入代理業者　655
シェアの安定　385
ジェネレーションＸ　175
シェルのディレクショナル・ポリシー・モデル　94
支援活動、価値連鎖の——　59
ジオクラスタリング　336
ジオラマシー　469
市街地の商店街（小売業の立地）　648
時間・職務分析　767
時間コスト　45

時間レベル（需要測定）　152
時期の決定　228
時期別価格設定　586
自給経済　181
事業戦略計画　97
　　SWOT分析　98
　　実行　105
　　スキル　105
　　スタッフ　105
　　フィードバックとコントロール　105
　　ミッション　97
事業単位戦略計画　82
事業の強さ　92
事業部計画　82
事業部戦略計画　83
事業部組織　841
事業分析、新製品開発　425
事業ユニット　479
仕切り割引　737
資金不足　410
自警団の消費者（文化トレンド）　173
時系列分析　164
刺激のある曖昧さ（メッセージ）　680
資源
　　高業績ビジネスの——　54
　　再生可能と再生不可能　184
資源市場　11
資源戦略　102
自己概念　211
自己実現　191
資材調達計画（MRP）　249
資産、マーケティング　5
私社会（me society）　191
支出可能額法（予算設定）　688
市場　11
　　拡大　289
　　拡張　494
　　感知する力　55
　　機会の分析　110
　　企業の——地位　697
　　競争　271
　　グローバル——　9
　　最小値　154
　　細分化 → 市場細分化
　　参入　438
　　参入——の決定　452

シジ

　　シェア → 市場シェア
　　資源── 11
　　支配　592
　　修正　388
　　需要　153
　　状況の例示　116
　　消費者── 7
　　製品── 11
　　政府機関── 9
　　セグメント → 市場セグメント
　　潜在── 152
　　全体── 283, 291
　　地理的── 11
　　定義　152
　　テスト── 434
　　デモグラフィック── 11
　　電子── 791
　　統合　399
　　ニーズ── 11
　　発展　395
　　発展段階　396
　　非営利── 9
　　ビジネス── 7
　　ブランド・ロイヤルティの高い── 335
　　フルカバレッジ　344
　　分裂　399, 409
　　──ベース・スコアカード　857
　　予測　155
市場開拓者　384
市場開拓戦略　95
市場開発マネジャー　838
市場基準型価格　476
市場細分化　10, 314, 322
　　オケージョン　331
　　行動による── 331
　　購買準備段階　335
　　サイコグラフィックス　330
　　社会階層　330
　　状態　333
　　使用水準　333
　　所得　329
　　性別　328
　　世代　329
　　大学　28
　　態度　336
　　地理的細分化　324

　　手順　321
　　デモグラフィックス　327
　　年齢　327
　　パーソナリティ　331
　　パターン　320
　　ビジネス市場　338
　　複数の属性による── 336
　　ベネフィット　332
　　ライフスタイル　330
　　レベル　314
市場参入　461
　　障壁　264, 270
市場シェア　160, 274, 706, 728
　　落ち込み　592
　　拡大　95, 290
　　最適── 292
　　収益性　290, 291
　　新製品開発と──目標　424
　　相対── 311
　　分析　853
　　防衛　285
市場志向型戦略計画
　　21世紀のための── 121
　　企業戦略計画　83
　　企業ミッションの明確化　83
　　事業レベル　98
　　新規事業計画と古い事業の合理化　94
　　製品レベル　114
　　戦略事業単位（SBU）の確立　87
　　定義　82
市場志向の事業定義　87
市場需要関数　154
市場浸透価格設定　565
市場浸透戦略　95, 283
市場スペシャリスト　838
市場成長率　88
市場セグメント　264
　　スーパーセグメント　346
　　セグメント相互の関係　346
　　セグメント別侵入計画　347
　　選択　342
　　ナチュラル── 321
　　評価　342
　　メガマーケティング　348
　　領域　85
市場セル　796

市場潜在力
　　総―― 156
　　地域―― 157
　　定義 155
市場専門化(標的市場) 343
市場戦略の収益への影響(PIMS) 290
市場中心企業 849
市場中心組織 39
市場積上法 157
市場提供物 11, 484
　　マーケティング 4
市場テスト 164, 432
市場導入戦略 441
市場パーティショニング 322
市場プロフィール 492
市場ベース・スコアカード 857
市場別販売組織 758
市場本位の組織 839
市場マネジメント組織 838
市場魅力度 92
「市場誘導」企業 30
指数スムージング 164
システム・ソリューション 528
システム監査 871
システム契約 239
システム販売 239
事前アプローチ 777
自然環境 20, 183
事前テスト 740
自然に対する見方 192
視聴者
　　質 721
　　認知 716
　　明確化 673
実験計画法(売上効果測定) 729
実現者(VALS2のタイプ) 210
実験調査 140
実行スキル 850
実施期間(販売促進) 740
質問票 140
実話(クチコミ) 686
自動車業界 628
自動車メタマーケット 12
自動倉庫 664
自動電話分配器(ACD) 70
自動販売 639

児童労働 796
品揃え
　　卸売業者 656
　　小売業 644
　　幅と深さ 644
シナリオ分析 58
シニア世代 203
支配的影響地域(ADIs) 726
支払方法、決定 228
シビック・ポジショニング 348
自分自身に対する見方 191
資本財 489
シミュレーション型テスト・マーケティング 434
事務処理、コスト 244
事務手続きを要する製品 254
社会階層 200
　　市場細分化 330
社会貢献活動 745
社会的責任
　　広告メッセージ 714
　　見直し 869
社会的チャネル 684
社会的ベネフィット、リレーションシップ・マーケティングと―― 72
社会的変化 280
社会的要因 200
社会に対する見方 191
社会－文化的環境 20, 191
社交家(iVALSのタイプ) 212
ジャスト・イン・タイム(JIT)生産 246, 665
若干の付随サービスおよび有形財を伴うサービス 527
社内エキスパート 278
社内起業家マーケティング 3
社内サービス 528
社内情報源 131
社内マーケティング訓練プログラム 849
収益 67
　　顧客 75
　　市場シェア―― 290, 291
　　投資収益率(ROI) 357
収益性 26, 32
　　コントロール 113, 852, 858
　　分析 113
収益率分析 875
重回帰 150
自由回答式 140

シュ

収穫　393
　　価格設定　586
収穫戦略　90
習慣的購買行動　222, 724
従業員満足(サービス業)　548
修正
　　市場の――　388
　　製品の――　389
　　マーケティング・ミックスの――　390
修正再購買　238, 257
充足者(VALS2のタイプ)　210
10代の若者　206
集団への帰属(文化トレンド)　172
集中化　828
集中型マーケティング　321
集中戦略　102
集中的広告　725
集中的成長機会　94
柔軟性(戦略的提携)　107
収入対借金比　183
自由貿易圏、地域的な――　457
重要性－パフォーマンス分析　545
重要度スケール式質問　142
集落化法　144
集落形成型選好　321
修理可能性、差別化　358
修理サービス　490, 556
縮小防御　290
熟年マーケット　202
受信者(コミュニケーション)　671
主題統覚検査(TAT)　143
受注－入金サイクル　663
出現期(市場発展の)　396
出向者、第2 JIT方式　247
10進法　237
需要　12
　　一次――　154
　　価格弾力性　569
　　企業――　153, 155
　　決定　566
　　サービスにおける――と供給　533
　　市場――　153
　　状態　8
　　消費財――　235
　　生産財――　235
　　選択的――　154

　　派生――　235
　　非弾力的――　235
　　変動――　235
　　変動性　533
　　マーケティング感応性　154
需要過剰　8
需要管理(ディマンド・マネジメント)　7
需要曲線　566, 569
需要減少　8
需要測定　152
　　将来の需要　161
　　用語　153
準拠集団　200
準拠パワー、チャネル管理　617
純貢献利益　426
純資産利益率　856
純粋寡占　267
純粋競争　267
純粋サービス　530
純粋独占　267
純粋有形財　527
準備期間(販売促進)　740
ジョイント・ベンチャー　461, 465
　　共同ブランド　518
生涯価値、顧客――　63, 501, 805
使用価値価格　576
小規模ビール・メーカー　305
上級市場への拡張　495
状況的要因、ビジネス市場の細分化　339
消極的オペレーション・サイクル　14
消極的需要　8
上下双方への拡張　495
条件(インセンティブ)　739
条件の厳しい購買者　341
小皇帝　174
使用者　240
情緒的アピール　678
情緒的な販売命題(ESP)　678
情緒的ポジショニング　709
譲渡　16
衝動購買品　488
承認者　240
消費財
　　市場テスト　433
　　分類　488
消費財市場、プロモーション・ツール　693

消費財需要　235
消費財マーケティング
　　人的販売　695
　　チャネル　605
消費システム　486
消費者
　　オンライン――　811
　　基盤　706
　　参加　534
　　嗜好　280
　　情報源　224
　　新製品採用プロセス　442
　　選好　422, 432
　　反撃　824
　　豊かさ　519
消費者共同組合　640
消費者行動　199
　　購買決定プロセス　220
　　購買行動　221
　　個人的要因　208
　　社会的要因　200
　　心理的要因　214
　　文化的要因　199
　　モデル　199
消費者市場　7, 111
　　行動による細分化　331
　　細分化基準　322
　　細分化変数　326
　　地理的細分化　324
　　ビジネス市場との対比　234
消費者調査　741
消費者テスト　431, 520
消費者パネル　435
消費者保護運動　190
消費者向けプロモーション　731
　　ツール　734, 736
消費者ロイヤルティ・プロセス　442
賞品　736
商品化（製品開発）　437
障壁、参入や退出の――　264
情報
　　インターネットからの――　133
　　　国際――　136
　　　収集　145
　　　政府関係――　136
　　　探索　224

マーケティング　6
マーケティング――　866
情報源　131
　　クチコミ――　686
　　消費者の――　224
情報提供型広告　705
消滅性（サービス）　533
正面攻撃　298
商用データ　131
将来拡張　534
上流の下　204
初回見込み客　340
初期採用者　444
初期採用者理論　442
職業、購買行動と――　209
職能別経費　858
職能別組織　831
女性
　　――の思考（文化トレンド）　173
　　働く――の数　700
　　躍進　206
書籍　131
ショッパー・トラック　651
ショッパーズ・ホットラインIDカード　145
ショッピング・ストリップ　649
ショッピング・センター　649
所得、市場細分化　329
所得分布　181
人員の交換（チャネル・コンフリクトの管理）　632
新規購買　238, 257
新規顧客　341
　　獲得　66
新規ユーザー　283
シンクロマーケティング　8
人口
　　増加　174
　　地理的移動　179
人工臓器　26
人口動態的環境　174
深刻度（環境上の脅威）　99
シンジケーテッド・サービス・リサーチ会社　133
新市場セグメント戦略　283
新製品　842
新製品委員会　413
新製品開発 → 製品開発　406, 428
　　アイデア創出　415

シン

　　　カテゴリー　406
　　　コスト　409
　　　コンカレントな——　410
　　　コンセプト・テスト　420
　　　コンセプト開発　419
　　　事業分析　425
　　　市場テスト　432
　　　失敗　407
　　　消費者採用プロセス　442
　　　組織編成　412
　　　他社の模倣　408
　　　難題　406
　　　プロセス　415
　　　ベンチャー・チーム　413, 415
　　　マーケティング・ミックス戦略　424
　　　予算　411
新製品開発部門　413
新製品の具体化　60
新製品プリテスト・モデル　151
新製品マーケター　422
新製品マネジャー　413
迅速な対応　365
診断スキル　850
人的コミュニケーション・チャネル　684
人的販売　670, 693, 775
　　　消費財マーケティング　695
　　　成熟期の修正　391
　　　プロの技術　776
　　　リレーションシップ・マーケティング　783
浸透　382
　　　価格設定　565
　　　競争の——　384
　　　顧客——　854
　　　市場——　95
　　　市場——戦略　283
浸透市場　153
真のニーズ　28
新ブランド　512, 516
信奉者
　　　顧客段階　67
　　　VALS2のタイプ　211
新北米産業分類システム（NAICS）　158
シンボル、イメージの差別化　367
親密な人（価値セグメント）　332
信用調査部門、マーケティング部門との関係　847
信用度　183

信用特性　538
信頼性　365
　　　MPRの目的　745
　　　サービス品質　543
　　　差別化　358
信頼度（メッセージ）　682
心理的価格設定　581
心理的コスト　45
心理的抵抗、販売　779
心理的ニーズ　214
心理的要因　214
　　　知覚　216
心理的隣接感　460
心理的割引　585
神話、マーケティングの——　148
水質汚染　183
衰退期　396, 620, 696
　　　市場発展の——　399
　　　製品ライフサイクル　378
　　　マーケティング戦略　391
衰退成熟期　387
垂直型製品チーム　837
垂直的チャネル・コンフリクト　627, 630
垂直的統合　271
垂直的マーケティング・システム　622
垂直的領域　85
垂直レベル専門化企業　306
スイッチ障壁　66
水平型製品チーム　837
水平的多角化戦略　96
水平的チャネル・コンフリクト　627
水平的マーケティング・システム　624
水平統合　96
数量割引　584
スカンクワーク　413
スキャニング・システム　651
スタイル　380
　　　改良　390
　　　差別化　359
スタッフによる差別化　365
ステージ・ゲート・システム　413
ステータス、購買行動と——　208
ストア・ブランド　504, 619
ストライバー（チャネル・システムにおける）　627
ストリップ・モール　649
スパイ行為、コンピュータを使った——　489

スーパーストア　638
スーパーセグメント　346
スーパーマーケット　637
スピーチ　745
スマート・シャツ　161
スモークスタッキング　159
スレショルド21　145
スローガン　49
成果、知覚された――　47
性格
　　購買行動と――　211
　　定義　211
成功確率（マーケティング機会）　98
生産過剰　25
生産国　218
生産国支配型ヒエラルキー　322
生産コンセプト　23
生産財
　　需要　235
　　分類　489
　　マーケター　161
　　マーケティング・チャネル　605
　　流通業者　609
生産財市場、プロモーション・ツール　694
生産水準　571
生産性　538
　　監査　871
　　管理　549
生産代理業者　655
生産の蓄積　572
政治
　　――の絡む製品　254
　　販売コンセプト　25
政治活動委員会（PACs）　190
政治－法的環境　20, 188
成熟期　396, 620, 696
　　市場発展の――　399
　　製品ライフサイクル　378
　　マーケティング戦略　387
成熟事業　99
成熟製品症候群　391
生殖のための家族　205
製造業　526
製造業者ブランド　504
製造業者プロモーション　734
製造契約　464

製造コスト　345
　　削減　302
製造主導型企業　845
製造部門、マーケティング部門との関係　844
成長　33
成長期　396, 696
　　市場発展の――　398
　　製品ライフサイクル　378
　　マーケティング戦略　385
成長急落成熟パターン　379
成長／市場シェア・マトリクス　88
正当性パワー、チャネル管理　616
性能品質　78, 357
製品　13, 112, 267
　　アイデア　419
　　イノベーション　302
　　イミテーション　302
　　海外進出における適合　453
　　階層　486
　　国際的マーケティング　468
　　コンセプト　419
　　コンセプト・ステートメント　428
　　サービス水準の多様性　608
　　差別化　355
　　市場　11
　　事務手続きを要する――　254
　　修正　389
　　状況の例示　116
　　新規ユーザー　283
　　政治の絡む――　254
　　設計　555
　　創案　469, 522
　　増殖　301
　　訴求力　148
　　代替性　707
　　チーム　837
　　直接導入　468
　　定義　485
　　提携　104
　　適合　469
　　分類　487
　　ポジショニング　420
　　ミックス　487
　　ルーチン・ベースで注文される――　254
　　レベル　485
製品愛好家　701

製品アソートメント　487, 490
製品およびアプリケーション領域　85
製品階層　486
製品開拓者　384
製品開発 → 新製品開発　428
　　商品化　437
　　戦略　95
製品改良
　　コスト　345
　　──の時間ゼロ　110
製品価値分析（PVA）　251
製品カテゴリー
　　──に基づくポジショニング　376
　　ライフサイクル　378
製品クラス　487
製品群　487
製品計画　82, 114
製品形態、ライフサイクル　378
製品形態別価格設定　585
製品コンセプト　23
製品再検討委員会　392
製品差別化戦略　644
製品サポート・サービス　551
製品志向の事業定義　87
製品／市場拡大グリッド　95
製品システム　487
製品仕様書　251
製品専門化（標的市場）　343
製品専門化企業　307
製品タイプ　487
製品中心企業　849
製品特徴専門化企業　307
製品パブリシティ　742
製品バリアント　487
製品バンドル価格設定　592
製品別組織　479
製品別販売組織　758
製品ポジショニング・マップ　420
製品保証　190, 737
製品マップ　493
製品（ブランド）マネジメント組織　834
製品マネジャー　834
製品ミックス　485, 487, 490
　　価格設定　590
　　整合性　491
　　長さ　490
　　幅　490
　　深さ　491
製品ライフサイクル（PLC）　696, 706
　　概念　378
　　戦略　396
　　短縮化と新製品の失敗　410
　　批判　395
　　マーケティング・チャネル　620
製品ライン　487
　　価格設定　590
　　決定　491
　　現代化　496
　　長さ　493
　　分析　492
製品ライン専門化企業　307
製品ラダー　371
製品レベル、需要測定　152
政府
　　──による規制　409
　　役割の変化　185
政府関係情報　136
政府刊行物　131
政府機関市場　9, 258
成分表示　522
性別、市場細分化　328
成約　779
生理的ニーズ　214
世界大恐慌　769
世界同時発売　440
責任あるアパレル生産（RAP）プログラム　873
責任型マーケティング　67
セキュリティ
　　インターネット　823
　　電子商取引　245
セグメント
　　──間の協力　349
　　相互の関係　346
　　──内競争　264
　　──別侵入計画　347
セグメント・コスト　568
セグメント・バリュー　568
セグメント・マーケティング　315
セグメント・ワン　318
世代、市場細分化　329
世帯のライフサイクル　209
積極型マーケティング　67

積極的な輸出　461
設計、マーケティング・チャネルの　607
絶対的失敗、新製品開発　418
セットアップ・コスト　665
説得型広告　705
セマンティック・ディファレンシャル(SD)　142
セミナーによる販売　757
セールス・ウェーブ調査　433
セールス・オートメーション　口絵20–1, 765, 768, 770
セールス・フォース　609, 612, 734, 755
　　売上げ予測　163
　　MPR　745
　　管理　763
　　規模　762
　　経費　763
　　効率性　863
　　組織　758
　　タスク　755
　　直接的な(社内の)──　757
　　デザイン　755
　　内部──　768
　　販売促進　738
　　報酬　762
　　マトリックス組織　840
　　ミッショナリー──　239
　　目的と戦略　755
セールス・フォース・オートメーション(SFA)　128
セールス・レップ→販売員　129, 755
　　監督　766
　　顧客との関係　757
　　新製品開発　416
　　動機付け　769
　　トレーニング　765
　　評価　773
　　募集と選定　763
　　輸出担当　462
セールストーク　28
セールスレター　802
セルフサービス　519, 637
セルフセレクション　637
ゼロ・コンセプト　110
ゼロ段階チャネル　605
ゼロックス・マルチナショナル供給業者品質調査　253
前期追随者　444
全原価計算　861

選好
　　効果のヒエラルキー・モデル　677
　　消費者の──　432
　　ブランド──　499
選好テスト　511
全国的顧客マネジャー　629
潜在市場　152
潜在製品　486
潜在的需要　8
全市場マネジャー　838
全社的なマーケティング志向　847
戦術的マーケティング　109
　　計画　83
先進国経済　182
先制防御　288
全体市場　283, 291
全体的コスト・リーダーシップ　102
選択回答式　140
選択的記憶　217, 672
選択的需要　154
選択的専門化(標的市場)　343
選択的注意　216, 672
選択的な反応をする競合他社　275
選択的流通　611
選択的歪曲　216, 672
選択度、顧客と価格　854
選定、セールス・レップの──　763
先発優位性　383, 438
前方創案　472
前方統合　96
専門化した産業　353
専門家チャネル　684
専門家の転職　280
専門的購買　236
専門店　637
専門度(メッセージ)　682
専門パワー、チャネル管理　616
専門品　488
専門マーケティング・リサーチ会社　133
専門予測会社　161
戦略
　　監査　870
　　コントロール　114
　　策定　102
　　マーケット・チャレンジャーの──　297, 308
　　マーケット・ニッチャーの──　304, 308

セン

　　　マーケット・フォロワーの―― 302
戦略グループ　103, 272
戦略計画ギャップ　94
戦略コントロール　852, 864
戦略事業単位(SBU)　87
　　　資源配分　88
戦略志向　867
戦略情報　279
戦略的アカウント・マネジメント・チーム　760
戦略的アライアンス　643
戦略的コンセプト、サービスの差別化　543
戦略的提携　106, 103, 104
戦略的適合性　107
戦略的撤退　290
戦略的マーケティング計画　83
創案者　384
総売上高の推定、新製品開発　425
層化抽出法　144
相互依存、購買者と供給業者の　237
総合顧客満足(TCS)　48
総合的ニーズ　251
総顧客コスト　45
総コスト　291, 571
相殺　583
創作者(VALS2のタイプ)　211
総資産回転率　856
総資産利益率　856
総支出効果　567
総市場潜在力　156
創造型マーケティング　29
創造的な人(価値セグメント)　332
相対的市場シェア　88, 290, 311
相対的失敗、新製品開発　418
装置　489
双方向CD-ROM　443
双方向テレビ　720, 809
双方適合　474
即時対応システム(クイック・レスポンス・システム)　61
属性
　　　競争　400
　　　ブランド　498
属性に基づくポジショニング　375
属性ヒエラルキー　322
速度効果　236
側面攻撃　299

側面防御　288
ソサイエタル・マーケティング・コンセプト　35
組織
　　　イノベーション　445
　　　監査　870
　　　グローバル――　480
　　　グローバル・マーケティング――　479
　　　高業績ビジネスの――　56
　　　新製品開発の――　412
　　　セールス・フォース――　758
　　　――に対する見方　191
　　　文化　56
　　　マーケティングの範囲　6
組織購買　234
　　　購買状況　238
　　　システム購買と販売　239
　　　日本企業の――　257
組織図
　　　今日的な――　32
　　　伝統的な――　31
ソーシャル・プライス　566
外回り販売　769
損益計算書　115, 859
損益分岐点チャート　576
損益分岐点販売量　576
損益分岐点分析　427
損益分岐表　613

■タ

ダイアログ・チャネル　18
タイイン・プロモーション　737
対応力、サービス品質　543
対外債務　453
大学、マーケティング　28
大気汚染　183
耐久財　487
耐久性　487
　　　差別化　358
退出者インタビュー　50
退出障壁　264, 270, 392
退出の選択　229
対象市場　153, 291, 853
代替エネルギー　184
代替製品、評価　225
代替品　264

態度
 購買決定と他人の――　227
 市場細分化　336
対等価格　476
第2JIT方式　247
対面インタビュー　143
耐用年数分布　425
代理業者　609, 655
大量生産　551
大量の製品を扱う産業　353
ダイレクト・サーベイ質問　255
ダイレクト・マーケティング　639, 670, 693
 カタログ・マーケティング　805
 キオスク・マーケティング　809
 公共上・倫理上の問題　824
 顧客データベース　794
 主要チャネル　799
 成長　790
 チャネル　605
 定義　790
 テレマーケター　768
 テレマーケティング　807
 統合型――（IDM）　792
 ベネフィット　791
ダイレクト・リレーションシップ・マーケティング　790
ダイレクト・レスポンス・マーケティング　808
ダイレクト・レスポンス広告　809
ダイレクトオーダー・マーケティング　790
ダイレクトメール　800
ダイレクトメール・キャンペーン　820
ダウン・エイジング（文化トレンド）　172
高い目標（チャネル・コンフリクトの管理）　631
多角化　290
多角化戦略　95
多角的成長　96
多角的成長機会　95
高められた注意　224
抱き合わせ購入契約　633
タキストスコープ　141
卓上型ビデオ　548
ターゲット・コスティング　573
ターゲット・マーケティング　39, 314
ターゲットリターン価格設定　576
多項選択式質問　142
多国籍企業　450, 480, 682
多国籍戦略　480

多次元尺度法　150
他者から見た自己概念　214
他社の模倣　408
タスク環境　870
惰性（組織の）　108
達人（iVALSのタイプ）　212
達成者（VALS2のタイプ）　210
脱仲介　268
脱仲介業者　822
他人に対する見方　191
ダブルベネフィット・ポジショニング　373
タモキシフェン　428
多様なサービス　364
単位価格表示　522
単位コスト　574
単一市場　457
単一セグメントへの集中　343
単一ニッチ戦略　398
探求者　192
タンク・マネジメント・システム（TMS）　324
探索型リサーチ　134
探索特性　538
単純再購買　238, 257, 490
単純無作為抽出法　144
断続的広告　725
単独の供給業者　384
ダンピング　476
弾力的需要　567, 570
地域化　833
地域市場
 スペシャリスト　832
 潜在力　157
地域戦略、新製品　439
地域別組織　479, 832
地域別バージョン、製品　469
地域別販売組織　758
地域マーケティング　318
 計画　773
小さな喜び（文化トレンド）　173
チェーン、サプライ――　60
知覚価値価格設定　576
知覚サービス　541
知覚マップ　374
知覚リスク　228
遅滞者　444
地方都市の給与所得者　336

チーム
 カテゴリー・マネジメント　837
 新製品開発——　413, 415
 製品——　837
 販売——　757
 ビジネス——　841
 部門横断——　54, 414
知名(効果のヒエラルキー・モデル)　677
知名度スケール　674
チャネル
 機能　603
 国際流通——　478
 コミュニケーション——　18
 差別化　366
 損益計算書　859
 ダイレクト・マーケティング——　605, 799
 段階数　605
 取引——　18
 長さ　605
 パートナーとしての——　40
 販売——　18
 付加価値　620
 フロー　603
 マーケティング——　602
チャネル・アレンジメントの修正　618
チャネル・キャプテン　622
チャネル・コンフリクト　629
 管理　631
チャネル・メンバー
 教育　615
 選択　614
 動機付け　615
 評価　618
チャネル管理　613
 パワーのタイプ　616
 リクルーティング　614
 流通プログラミング　617
チャネル専門化企業　307
注意、選択的——　672
仲介業者　266
 海外進出　461
 数　610
 再形成　822
 新製品開発　416
 タイプ　609
 電子商取引と——　268

中核信念　192
中核ベネフィット　485
中古車ビジネス　628
仲裁(チャネル・コンフリクトの管理)　632
中小企業　339
注文
 処理　663
 処理コスト　665
 ——の容易さ　361
注文−支払いサイクル　127
注文−請求サイクル　127
注文製作専門化企業　307
注文−送金サイクル　60
注文(再注文)ポイント　665
中庸戦略企業　103
中流階層　204
中流の上　204
中レベルの販売割当　771
長期契約(企業購買)　246
長期支払い　585
長期的視野　107
調査
 購買者の意向　162
 手段　140
 手法　137
調査費　433
超大作映画、マーケティング費　438
調達志向　249
調達プロセス　248
調停(チャネル・コンフリクトの管理)　632
丁度可知差異　496
直接原価　861
直接原価計算　861
直接購買　237
直接製品収益性(DPP)　645
直接的(社内の)セールス・フォース　757
直接投資　461, 466
直接販売　639
 ビジネス・モデル　52
直接評価法　727
直接輸出　461
貯蔵倉庫　664
貯蓄　183
直観プロセス　400
地理的価格設定　582
地理的拡大戦略　283

地理的細分化　324
地理的市場　11
地理的専門化企業　307
地理的領域　85
陳腐化、計画的──　284
追跡可能な共通原価　861
追跡不可能な共通原価　861
追走企業　297
通販市場　610
強み／弱み分析　99
　　　例示　119
ツール・ド・フランス2000　345
定期刊行物　131
提供(サービス)　540
提供物　13
　　差別化されたマーケティング・オファー　573
　　　市場──　484
　　　フレキシブルな市場──　315
提供物ミックス　21
低金利融資　585
提携　39, 106
　　　戦略的──　103, 104
定型アプローチ(プレゼンテーション)　778
抵抗、マーケティング志向に対する──　34
定式的マーケティング　3
ディスカウント・ストア　637
低品質の罠　593
ディーラー
　　　売上げ予測　164
　　　権利　633
　　　コンフリクト　629
手がかり　217
適応、チャネル候補の──　613
適格な見込み客　67
適合
　　　価格──　582
　　　グローバルな標準化との対比　470
　　　コミュニケーション──　453, 474
　　　製品──　453, 469
　　　双方──　474
適合性(メッセージ)　683
適合品質　78, 358
適正包装表示法　522
テクニカル・サポート担当者　768
テクノグラフィックス　212
テクノロジー(小売業)　651

テクノロジー・タイプ　212
デコーディング　671
デザイナー・レーベル　618
デザイン、統合力となる──　360
デジジン　口絵19-2, 719
デジタル・マガジン　口絵19-2, 719
デジタル化　810
デジタル革命　2
テスト
　　　広告リサーチ　727
　　　コンセプト──　420
　　　消費者──　520
　　　ダイレクトメールの──　804
　　　ブランド名　511
　　　プロトタイプの──　429
テスト・マーケティング　434
テスト市場　434
データ
　　　一次──　135
　　　今現在起こりつつある変化の──　129
　　　結果──　129
　　　行動──　139
　　　収集　279
　　　情報源　135
　　　二次──　131, 135
データ・ウェアハウス　138, 324, 796
データ・オンライン　135
データ・マイニング　138, 796
データベース
　　　顧客──　39, 794
　　　顧客または見込み客の──　137
データベース・マーケティング　137, 796
撤退　385
　　　戦略　90
デプス・インタビュー　214
デポジショニング　227, 371
デマーケティング　8
デマンド・チェーン　658
デミング賞　77
デモグラフィック環境──　20
デモグラフィック市場　11
デモグラフィックス
　　　オンライン・ユーザー　823
　　　市場細分化　327
　　　ビジネス市場の細分化　339
デモンストレーション　737

デモ

　　販売　778
テリトリー権(流通業者)　612
デルファイ法　164
テレウェブ　71
テレコミュート　187
テレセールス　807
テレビ広告　718
テレマーケター　629, 768
テレマーケティング　807
電子市場　791
展示室　437
電子商取引 → インターネット　14, 38, 244, 268, 452, 586
　　オンライン消費者　811
　　グローバルな──　454
　　チャネル　810
　　仲介業者　268
電子データ交換(EDI)　61, 127, 245, 246, 631
電子ビジネス　791
電子ブック　170
電子メール　154, 801, 819
　　キャンペーン　820
電子メール・マーケティング　815
転職、専門家の──　280
伝達 → コミュニケーション
　　品質──　377
伝統的マーケティング・チャネル　622
天然産物　489
店舗監査　435
店舗小売業者　38
電話インタビュー　143
ドイツ　319
　　購買の文化的要因　248
統一価格　475
統一商品コード(UPC)　632
動因　217
投影技法　214
動機
　　購買行動と──　214
　　ポジショニング　215
投機的事業　99
等級表示　522
統計学的決定理論　151
統計学的ツール　150
統計的需要分析　164
統合型ダイレクト・マーケティング(IDM)　792

統合型マーケティング　795, 866, 26, 30
統合型マーケティング・コミュニケーション(IMC)　40, 698, 792
統合型ロジスティクス・システム(ILS)　659
統合的成長　96
統合的成長機会　94
投資、直接──　466
同時参入　438
投資収益率(ROI)　290, 357, 576
同質的買回品　488
同心円的多角化戦略　96
導入期　396, 620, 696
　　製品ライフサイクル　378
　　マーケティング戦略　382
糖尿病　421
逃避者　192
都会からの脱出(文化トレンド)　172
得意客　341
徳義のある交渉　783
独占禁止法　292
独占的競争　267
独創的なコピー　712
特徴
　　改良　389
　　差別化　356
特定顧客専門化企業　307
特定領域に関心を持つグループ　190
特別催事価格設定　585
独立型オフプライス・ストア　637
都市別バージョン、製品　469
トータル・クオリティ管理(TQM)　76, 659
特許出願　280
トップ・マネジメント　417, 543
トランザクション・マーケティング　784, 785
トランジエント(チャネル・システムにおける)　627
トランジスター時代　643
取りつけ　362
取引　16
　　交渉型──　780
　　譲渡との対比　16
　　──する購買者　341
　　ルーチン型──　780
取引志向マーケティング　783
取引戦術　782
取引チャネル　18, 602
取引割引　584

努力家(価値セグメント)　332
トレインシップ　666
トレード・ショー　437, 739
トレードイン・アロウワンス　584
トレードマーク、ライセンス供与　516
トレーニング
　　顧客——　363
　　セールス・レップの——　765
トレーラー・テスト　728
トレンド
　　卸売業　657
　　企業組織における——　828
　　小売業　649
　　分析　169
ドロップ・エラー　417
トーン(広告)　711

■ナ

内省法　223
内部環境分析　99
内部セールス・フォース　768
内部販売員　757
長さ
　　製品ミックスの——　490
　　製品ラインの——　493
　　チャネルの——　605
流れ作業　551
ナショナル・ブランド　504, 618
生ゴム　489
ナレッジ・ベース　359, 550
二次データ　131, 135
二者択一式質問　142
二重ブランド　517
ニーズ　12, 214, 414
　　顧客　26
　　新製品開発　415
　　タイプ　28
　　分析　169
ニーズ・ギャップ得点　422
ニーズ階層プロセス　400
ニーズ群　487
ニーズ市場　11
ニーズ充足型アプローチ(プレゼンテーション)　778
2段階価格設定　591
2段階チャネル　605
ニッチ　315

ニッチ・ビジネス　319
ニッチ・マーケティング　315
2番手企業　297
日本
　　企業の組織的購買行動　257
　　購買の文化的要因　248
　　システム購買と販売　239
　　同一民族　176
　　日本人の貯蓄率　183
　　年齢構成　175
二面的プレゼンテーション　680
入札価格設定　580
ニュース　745
ニュースグループ　818
2要素論　215
認知
　　広告　716
　　の構築(MPR)　745
　　ブランド——　499, 511
認知度(有名人)　712
値上げ　593
ネイキッド・ソリューション　315
値下げ　592
ネット・ジェネレーション　175
ネットワーク
　　価値提供——　60
　　マーケティング——　18, 61
値引き　737
値引き製品パッケージ　736
値引きディール　736
年間計画コントロール　113, 852
年齢
　　構成　174
　　購買行動と——　208
　　市場細分化　327
ノイズ　671
農畜産物　489
納入業者、マーケング・ツール　646
能力開発プログラム　615
能力別の販売割当　771
ノーブランド品　503
ノベルティ　739

■ハ

ハイ・ロー・プライシング　579
バイオテクノロジー　396

ハイ

配送チャネル　604
媒体→メディア
　　コミュニケーション・ツール　792
　　選択　715, 718
　　タイミングの決定　721
　　ビークル　720
　　露出　717
配達　362
排他的ディーラー協定　610
排他的テリトリー　633
排他的取引　632
排他的流通　610, 632
ハイパーマーケット　638
配布方法(クーポン)　739
ハウス・ブランド　504
波形製品ライフサイクル　379
ハシカ　256
場所、マーケティング　5
波状的広告　725
場所別価格設定　586
派生需要　235
派生的価値　193
パーソナリティ
　　市場細分化　331
　　マーケティング・リサーチの障害　148
バーター取引(物々交換)　16, 583
バーチャル・リアリティ(VR)　口絵5-5, 188, 420
バーチャルCD-ROM　411
発案者　240
バックワード・チャネル　606
パッケージング　口絵5-1, 359
　　コンセプト　520
　　定義　519
発言の選択　229
発信者(コミュニケーション)　671
発生確率(環境上の脅威)　99
バッチ・オブ・ワン　320
発展(市場)　395
発展途上経済　182
パート・タイム　534
ハートシェア　274
バードドギング　159
パートナー　67
　　供給業者　39
パートナーシップ　617
パートナーシップ・マーケティング　68

花形(成長／市場シェア・マトリクス)　89
バナー広告　691, 817, 820
幅
　　イメージの——　675
　　品揃え——　644
　　製品ミックス——　490
パフォーマンス、検討　256
歯ブラシの発明　238
パブリック・リレーションズ(PR活動)　742
　　結果の評価　748
パブリック・リレーションズとパブリシティ　670, 692
パーミッション・ベース・マーケティング　820
バラエティ・シーキング購買行動　222
バリュー価格設定　578
バリューリンク　258
ハーレー・オーナーズ・グループ(HOG)　72, 172
パワー・プライサーズ　568
パン・ヨーロッパ・マーケティング　767
反攻防御　289
販促型価格設定　584
反対意見　779
　　心理的抵抗　779
　　論理的抵抗　779
反対キャンペーン　8
判断的抽出法　144
反トラスト訴訟　589
反応　671
　　——が遅い競合他社　275
反応ヒエラルキー・モデル　676
販売
　　——後のサービス戦略　556
　　活動　859
　　機会の把握と評価　776
　　国外業者　462
　　時間　767
　　システム——　239
　　条件　611
　　セミナーによる——　757
　　組織　758
　　外回り——　769
　　チーム　757
　　直接——　639
　　デモンストレーション、販売　778
　　複数レベルで深い——　241
　　プレゼンテーション　778
販売アシスタント　768

販売員 → セールス・レップ　755, 757
　　　求められる特性　764
販売コンセプト、定義　25
販売コンテスト　772
販売志向アプローチ、販売員の教育　776
販売情報システム　127
販売促進 → プロモーション　670
　　　結果の評価　741
　　　効率性　864
　　　成熟期の修正　391
　　　総予算　740
　　　ツール　731
　　　定義　731
　　　氾濫　731
　　　プログラム　738
　　　目的　732
販売代理業者　655
販売チャネル　18, 604, 859
販売反応モデル　151
販売部門　829
販売ミーティング　771
販売命題、ユニークな――（USP）　49
販売割当　156, 770
　　　高レベルの――　771
　　　中レベルの――　771
　　　能力別の――　771
判別分析　150
ビーイング・アライブ（文化トレンド）　172
非営利市場　9
　　　販売コンセプト　25
ヒエラルキー、属性――　322
比較広告　705
比較して買う購買者　341
非拡大市場　154
比較対象企業　58
ピギーバック　666
ピーク時専用の手順　534
ビジネス
　　　規制する法律　189
　　　グローバル化　765
　　　国際化　765
　　　変化　37
ビジネス・アドバイザリー・サービス　490
ビジネス・セグメント　341
ビジネス・チーム　841
ビジネス・モデル、直接販売　52

ビジネス財の市場テスト　436
ビジネス市場　7, 111
　　　細分化　338
　　　細分化基準　322, 339
　　　消費者市場との対比　234
ビジネス情報　136
ビジョナリーカンパニー　57
非人的コミュニケーション・チャネル　686
非耐久財　487
非探索品　488
非弾力的需要　235, 567, 570
日付表示　522
ビデオ・カタログ　806
ビデオテキスト　809
人、マーケティング　5
備品・対事業所サービス　490
微分法　151
百貨店　637, 651
ヒューリスティックス　151
評価　851
　　　広告効果の――　726
　　　購買業績の――　246
　　　スキル　850
　　　セールス・レップの――　773
　　　代替製品――　225
　　　チャネル・メンバーの――　618
　　　パブリック・リレーションズ結果の――　748
　　　販売促進結果の――　741
評価スケール式質問　142
標準化、グローバル――　470
標準原価会計　573
標準産業分類（SIC）　158
標的市場　10, 111, 153, 291, 342
　　　卸売業者　654
　　　競争ポジション　273
　　　小売業　641
　　　設定　345
　　　ダイレクト・マーケティング　801
　　　見込み客　440
標的視聴者、明確化　673
ビール業界　305
品質
　　　イメージの伝達　377
　　　改良　389
　　　価格－品質戦略　563
　　　サービス――　538

ヒン

　　　サービスの品質管理　532, 541
　　　性能──　357
　　　大学の──　29
　　　定義　78
　　　適合　358
　　　伝達　377
　　　トータル・クオリティ管理(TQM)　76, 659
　　　──に基づくポジショニング　376
品質・価格専門化企業　307
品質改善プログラム(QIP)　77
品質機能配置(QFD)　428
品目割引　737
ファイター・ブランド　598
ファイナンシング(卸売業の機能)　653
ファクトリー・アウトレット　637
ファシリテイター　602
FAX オン・デマンド　720
FAX メール　801
ファッション　380
ファッド　380
ファンタジー・アドベンチャー(文化トレンド)　172
不安定な政府　453
フィッシーバック　666
フィードバック　671, 697, 773
　　　コミュニケーション・チャネル　672
　　　時間ゼロ　110
風水　469
フォーカス・グループ　口絵4-1, 137, 148
　　　オンライン──　138
　　　──調査による査定　255
フォークリフト業界　271
フォードスター・ネットワーク　615
フォーマット(広告)　口絵19-1, 713
フォーラム　818
フォローアップ、販売　780
付加価値プロモーション　732
深さ
　　　品揃えの──　644
　　　製品ミックスの──　491
不可分性(サービス)　531
不規則な需要　8
複合小売業　640
複雑な販売組織　758
副産物価格設定　592
副次利益　426
複数セグメントの標的化　337

複数ニッチ戦略　398
複数要素指数法　159
複数レベルで深い販売努力　241
不健全な需要　8
負債　183
付随的サービス特徴　539
付帯設備　490
プッシュ戦略　695
物理的リポジショニング　227
物流 → ロジスティクス　658
不定期な輸出　461
不適格者　67
部分コストの回収　566
部分の失敗(新製品開発)　418
不明確さ、チャネル・コンフリクトと──　629
部門横断チーム　54, 414
部門中心　849
フューチャリスト・リサーチ会社　162
プライバシー　825
　　　顧客──　799
プライベート・キャリア　666
プライベート・ブランド　504
プライベート・レーベル　618
プラスチック　236, 549
ブラック・マンデー　769
フラット化　828
フランカー・ブランド　515
フランス、購買の文化的要因　248
ブランチ化　834
フランチャイザー　623, 640, 642
フランチャイジー　640, 642
フランチャイズ　642
　　　組織　623, 640
ブランディング　126, 497, 507
　　　決定　502
　　　大学　28
ブランデッド・バリアント　512
ブランド　487, 619
　　　イメージ → ブランド・イメージ
　　　エクイティ　499, 706
　　　希釈化　514
　　　競争　38
　　　決定　497
　　　コンセプト　420
　　　再販売業者──　504
　　　スイッチ　730

ブン

　　　ストア── 504, 618
　　　スポンサーの決定　504
　　　製造業者──　504
　　　属性　498
　　　定義　498
　　　ナショナル──　504, 618
　　　ハウス──　504
　　　パーソナリティ　331, 498
　　　パリティ　506
　　　プライベート──　504
　　　フランカー──　515
　　　──への確信　222
　　　──への親密　222
　　　ポジショニング　420
　　　ポートフォリオ　500
　　　マネジャー　834
　　　マルチ──　515
　　　名称決定　510
　　　ライセンス供与された──　504
　　　ライフサイクル　379
　　　ラダー　506
　　　リポジショニング　518
　　　流通業者──　504
　　　ロイヤルティ　335, 499
ブランド・イメージ　225, 520, 683, 732
　　　グローバルな──　683
ブランド・エクイティ　499, 706
ブランド・コミュニティ　73
ブランド・コンセプト　420
ブランド・スイッチ　730
ブランド・デベロップメント・インデックス(BDI)　160
ブランド・パーソナリティ　331
ブランド・パリティ　506
ブランド・ポジショニング・マップ　420
ブランド・ポートフォリオ　500
ブランド・マネジャー　834
ブランド・ラダー　506
ブランド・ロイヤルティ　335, 499
ブランド拡張　512, 514
ブランド価値　49
ブランド競争　20
ブランド決定　228
ブランド支配型ヒエラルキー　322
ブランド受容性　499
ブランド信念　225
ブランド製造業者、競争　38

ブランド選好　499
ブランド戦略
　　　グローバル──　口絵5-1, 171
　　　決定　512
ブランド認知　499, 511
フリクエンシー(広告)　715
フリーダイヤル　55
不良品ゼロ　110
フル・コストの回収　566
フルサービス　637
　　　卸売業者　655
フル需要　8
プル戦略　695
フルライン購入強制　633
フレキシブルな市場提供物　315
プレゼンテーション　680
　　　販売　778
プレミアページ　口絵2-1, 52
プレミアム(景品)　736
ブローカー　655
プログラム作成　105
プロセス・チーム　838
プロセス-成果中心　849
プロダクト・チャンピオン　417
プロダクト・マネジャー　412
プロトタイプ　428
プロファイリング段階(市場細分化)　321
プロモーション → 販売促進　113, 474
　　　決定　656
　　　小売業　648
　　　コスト　345
　　　消費者向けと流通業者向け　731
　　　ツール　691, 734
プロモーション・アロウワンス　584
プロモーション・ミックス　21
プロモーション提携　104
プロモーション費、新製品　438
雰囲気　687
　　　サービスと店舗の──　646
　　　差別化　368
文化
　　　サブカルチャー　193, 199
　　　ブランド　498
分割　577
文化的ナショナリズム　170
文完成式質問　143

ブン

分散型選好　320
分析段階（市場細分化）　321
分離集団　203
分離的モデル　232
分裂した産業　353
平均コスト　571
閉鎖的クラブ戦略　372
ベスト・プラクティス　869, 872
ベータテスト　429, 430, 436
ベトナム系アメリカ人　205
ベネフィット　13, 498
　　サービス　531
　　市場細分化　332
　　ダイレクト・マーケティングの──　791
　　中核──　485
　　──に基づくポジショニング　375
ペーパータオル市場　399
ヘビー・ユーザー・ターゲット・マーケティング　442
ベビーブーム世代　175, 203
ヘルスケア産業　87
変革者　192
変化する国境　453
便宜的抽出法　144
返金保証　422
弁証法的プロセス　400
ベンダー決定　228
ベンチマーキング　39, 275, 276, 828
ベンチマーク　255
ベンチャー・チーム　413, 415
変動給　763
変動需要　235
変動性（サービス）　532
変動費　571
変動料金　591
弁別　217
ボイスメール　801
包囲攻撃　299
貿易障壁　453, 473
包括契約　256
防御戦略　287
方向づけのための家族　205
報酬体系（セールス・フォースの）　763
報酬パワー、チャネル管理　616
報奨　847
放送広告　728
膨張製品　485

法的問題（マーケティング・チャネル）　632
訪問販売　159, 799
訪問報告書　773
保管
　　卸売業の機能　653
　　マーケット・ロジスティクス　664
補完的サービス　534
北米自由貿易協定（NAFTA）　171, 458
保険　521
保険代理業者　268
保護者　192
ポジショニング→差別化　11, 352
　　企業──　377
　　市場の発展と──　395
　　情緒的──　709
　　衰退期　391, 396
　　成熟期　396
　　成長期　385, 396
　　製品──　420
　　戦略　111, 369
　　定義　370
　　動機の──　215
　　導入期　382, 396
　　ブランド──　420
　　理性的──　709
ポジション防御　287
募集、セールス・レップ　763
保証（ギャランティ）　554
保証（ワランティ）　554
保証とサービス契約　585
ボストン・コンサルティング・グループ、成長／市場シェア・マトリクス　88
補足的インセンティブ　771
ポートフォリオ・テスト　727
ホーム・ショッピング・チャンネル　809
ホーム・バンキング　807
ボランタリー・チェーン　640
　　卸売業者が主宰する──　623
ホールセール・クラブ　637
本、電子ブック　170
本社組織　478

■マ

マイクロソフトの公認専門家　615
埋没投資効果　567
マインドシェア　274

前倒購入　738
前方向フロー　604
マキシマーケティング　792, 795
マークアップ価格設定　574
マクロ環境
　　技術的——　20
　　技術的環境　185
　　経済環境　181
　　経済的——　20
　　市場機会　111
　　自然——　20
　　自然環境　183
　　社会－文化的——　20
　　社会－文化的環境　191
　　主要な要因　171
　　状況　118
　　人口動態的——　174
　　政治－法的環境　20, 188
　　デモグラフィック——　20
　　ニーズとトレンドの分析　169
　　マーケティング環境監査　870
　　要因　98
マクロ経済学的予測　161
マクロスケジュール問題（媒体選択）　721
負け犬（成長／市場シェア・マトリクス）　89
マーケター　13, 39
マーケット・チャレンジャー　282
　　戦略　297, 308
マーケット・ニッチャー　282
　　戦略　304, 308
マーケット・フォロワー　282
　　戦略　302
マーケット・リーダー　282
マーケット・ロジスティクス　658
　　決定　663
　　総コスト　660
　　目的　661
マーケットプレース　11
マーケティング　1
　　環境　20
　　企業の方針　22
　　計画 → マーケティング計画
　　コンセプト → マーケティング・コンセプト
　　実行　850
　　生産コンセプト　23
　　製品コンセプト　23
　　戦略 → マーケティング戦略
　　創造型——　29
　　ソサイエタル・マーケティング・コンセプト　35
　　チャネル → マーケティング・チャネル
　　中核コンセプト　10
　　定義　9
　　パン・ヨーロッパ——　767
　　範囲　4
　　変化　37
　　マネジメント　10
　　ミックス → マーケティング・ミックス
　　役割　6, 8
　　優劣の見直し　869, 872
　　予算　424
　　予想型——　29
　　リサーチ → マーケティング・リサーチ
　　リレーションシップ——　18
マーケティング・インテリジェンス・システム　129
マーケティング・ウェブサイト　816
マーケティング・オファー、差別化　573
マーケティング・コミュニケーション、総予算の決定　688
マーケティング・コミュニケーション・ミックス　690
　　プロモーション・ツール　691
　　要素　693
マーケティング・コンセプト　26
　　顧客ニーズ　26
　　収益性　26, 32
　　統合型マーケティング　26, 30
　　標的市場　26, 27
マーケティング・コントロール　851, 852
マーケティング・システム監査　871
マーケティング・チャネル　18
　　主な候補　609
　　機能　603
　　競争　627
　　協力　627
　　経済性基準　612
　　小売業　651
　　コントロール力　613
　　コンフリクト　627
　　サービス分野の——　606
　　消費財と生産財　605
　　垂直的マーケティング・システム　622
　　水平的マーケティング・システム　624
　　製品ライフサイクル　620

マケ

　　設計　607
　　ダイナミクス　621
　　定義　602
　　適応性　613
　　伝統的——　622
　　パートナーシップ　617
　　付加価値　620
　　フロー　603
　　法的・倫理的問題　632
　　マルチチャネル・マーケティング・システム　624
マーケティング・ディレクター　829
マーケティング・ネットワーク　18, 61
マーケティング・パブリック・リレーションズ（MPR）
　　　742, 745
マーケティング・プログラム
　　国際化　468
　　立案　112
マーケティング・プロセス、定義　110
マーケティング・マイオピア　24
マーケティング・マネジメント　22, 82
マーケティング・ミックス
　　価格への影響　581
　　構成　20
　　修正　390
　　新製品開発戦略　424
　　選択肢　593
　　定義　20
　　適合化された——　468
　　標準化された——　468
マーケティング・ミックス・ツール、価格と流通　112
マーケティング・リサーチ
　　因果型　135
　　機械装置　141
　　記述型　135
　　ゲリラ的——　280
　　コンタクト方法　143
　　サンプリング計画　141
　　システム　132
　　実施者　132
　　手段　140
　　障害克服　146
　　情報の収集　145
　　情報の分析　146
　　創造性　147
　　探索型　134
　　調査計画の策定　135
　　調査結果の報告　146
　　定義　132
　　問題と調査目的の明確化　134
　　予算　133
マーケティング・リサーチ会社　161
マーケティング意思決定サポート・システム（MDSS）
　　　149
マーケティング環境　20
　　監査　870
マーケティング監査　114, 865, 870
マーケティング機会、定義　98
マーケティング機能監査　871
マーケティング計画　114
　　管理　116
　　企業レベル　82
　　事業単位レベル　82
　　事業部レベル　82
　　製品レベル　82
　　戦術的——　83
　　戦略的——　83
　　地域——　773
　　レベル　82
マーケティング効果の見直し　865
マーケティング功労者表彰　849
マーケティング収益性管理　113
マーケティング収益性分析　113, 858
マーケティング主導型企業　845
マーケティング情報　866
マーケティング情報システム（MIS）　98
　　構成要素　127, 129
　　定義　127, 129
　　マーケティング・インテリジェンス・システム　129
マーケティング情報センター　132
マーケティング生産性監査　871
マーケティング戦争　265
マーケティング戦略
　　監査　870
　　構築　111
　　サービス企業　535
　　新製品開発　424
　　衰退期　391
　　成熟期　387
　　成長期　385
　　導入期　382
　　マーケティング計画と——　115
　　例示　120

マーケティング組織
　監査　870
　スポーツとの対比　832
マーケティング担当副社長　113
マーケティング提携　104
マーケティングの神話　148
マーケティング費　34
　新製品　437
マーケティング部門　113
　市場マネジメント組織　838
　組織化　831
　他部門との関係　842
　地域別組織　832
　発展　829
マーケティング目的(例示)　120
マサチューセッツ州ボストン　140
マス・カスタマイゼーション　319, 323
マス・マーケット・アプローチ　442
マス・マーケティング　314, 794
マス市場　180, 398
マスの原則　289
マスメディア　624
待ち行列モデル　151
待ち時間、サービス水準　608
マーチャンダイジング、大学の——　29
マーチャンダイズ・マネジャー　644
マーチャント　602
マーチャント・ホールセラー　655
マッキンゼーの7S枠組み　105
窓口　240
マトリックス組織　839, 840
マネジメント
　契約　463
　定義　10
マネジメント・サービス(卸売業の機能)　654
マネジメント組織、製品(ブランド)——　834
マネジャー
　アイデア——　417
　カテゴリー——　295, 834
　市場開発——　838
　新製品——　413
　製品——　834
　全市場——　838
　ブランド——　834
　プロダクト——　412
　マーチャンダイズ——　644

守りの堅い市場　348
マルコフ過程モデル　150
マルコム・ボルドリッジ国家品質賞　77
マルチソーシング化　249
マルチチャネル・コンフリクト　629
マルチチャネル・マーケティング・システム　624
マルチブランド　512, 515
満足　13
　購買後の——　228
　顧客——　64
　顧客——、提供　59
　定義　47
　度合いの追跡　49
ミクロ売上分析　853
ミクロ環境　111
ミクロサイト(ウェブ)　817
ミクロ市場　180
ミクロスケジュール問題(媒体選択)　724
ミクロセグメント　337
見込み客　12, 67
　ダイレクト・マーケティング　797, 801
　標的市場の——　440
　プール　157
　訪問　766
ミステリー・ショッパー　50, 130
見出し(広告)　口絵19-1, 713
ミッショナリー・セールス・フォース　239
ミッション
　企業——　83
　ステートメント　84
見積り遅延価格設定　594
ミーティング(販売)　771
見本市　515
魅力度(マーケティング機会)　98
ミレニアム　3, 9, 13, 65
　公式サイト　476
ミレニアム・チーム　289
ミレニアム・デート・コンプレッション・ツール(MDCT)　251
ミレニアム・ドーム　51, 221, 657, 756, 761
ミレニアム・プレイス　281
ミレニアム・プロジェクト　18
ミレニアム製品　595, 689, 708, 710, 711, 850
　イギリス　408, 410, 411, 467, 549, 720, 725
ミレニアム熱　16, 242
民間の非営利団体　526

ムケ

無形性（サービス）　530
虫歯　57
6つのポケット症候群　174
無店舗小売業　638, 650
無料商品　737
無料トライアル　737
明言されたニーズ　28
明言されないニーズ　28
メーカー支援による卸売フランチャイズ　623
メーカー支援による小売フランチャイズ　623
メガトレンド　170, 526
メガマーケティング　348
メキシコ　175
メジャー・アカウント・マネジャー（MAM）　760
メタマーケット　12
目玉商品価格設定　584
メタメディアリー　12
メッセージ
　　広告──　707
　　構成　680
　　国際的適合　474
　　コミュニケーション　671
　　フォーマット　681
　　ユーモア　679
メディア→媒体　671, 686
　　イメージ差別化　367
メーリングリスト、顧客──　796
メール　801
メールオーダー卸売業者　655
免疫処置　372
メンテナンス　556, 780
　　──と修理　364
メンテナンス・サービス　490
メンテナンス・修理用品　490
メンバー　67
メンバーシップ・グループ　202
目的
　　価格設定──　564
　　基準　101
　　広告──　704
　　コミュニケーション──　676
　　セールス・フォース──　755
　　ダイレクトメール　801
　　──に基づく管理　852
　　販売促進　732

マーケティング・パブリック・リレーションズ（MPR）　745
　　マーケティング計画の──　115
目的による管理（MBO）　101
目標
　　原則　289
　　設定　101
　　不一致　629
目標基準法（予算設定）　689
モナディック評価法　432
モニター・システム（サービス）　545
物語完成式質問　143
モノローグ・チャネル　18
最寄品　488
問題児（成長／市場シェア・マトリクス）　89, 90
問題事業　99
問題点分析　119

■ヤ

役割
　　購買行動と──　208
　　チャネル・コンフリクトと──　629
有形財
　　サービスとの混合　527
　　サービスを伴う──　527
　　純粋な──　527
有形性　487
有形物、サービス品質　543
有効市場　152
有効性テスト　804
有資格有効市場　152
融資サービス　528
郵送質問票　143
ユーザー
　　オンライン──　823
　　新規──　283
　　──に基づくポジショニング　375
　　──による査定　255
　　ブランド　499
輸出　461
輸出業者　461
輸出代理業者　461
輸出担当セールス・レップ　462
輸出部門　479
　　設置　462
輸出マネジメント会社　461

輸送　666
ユニーク価値効果　566
ユニークな販売命題(USP)　49, 372, 678
ユーモア(メッセージ)　679
緩やかな上澄み吸収　382
緩やかな浸透　382
ユーロ　453, 457, 462
「良い」競合他社　281
用途や目的に基づくポジショニング　375
よく問い合わせがある質問(FAQ)　359, 550
横流し　738
予算
　　売上──　156
　　研究開発──　187
　　広告──　706
　　コミュニケーション──　688, 692
　　新製品開発　411, 424
　　販売促進──　740
　　マーケティング──　424
　　マーケティング・リサーチ──　133
予想型マーケティング　29
予想法(購買プロセス)　223
予測
　　売上　151, 155, 161
　　市場──　155
　　定義　162
　　マクロ経済学的──　161
予測価格設定　594
欲求　12
　　リスト　17
予定価格(新製品開発)　424
予約制　534
喜びのニーズ　28
ヨーロッパ市場、アメリカの参入　34
ヨーロッパ品質賞　77

■ラ

ライセンス供与　461, 463, 516, 652
　　ブランド　504
ライセンス契約書　280
ライフサイクル、購買行動と──の段階　208
ライフサイクル・コスト　552
ライフサイクル・ステージ　327
ライフスタイル
　　グローバルな──　170
　　購買行動と──　210

細分化　210
　　市場細分化　330
ライン拡張　494, 512
ライン充実　496
ラインの特徴　497
ラダリング　214
ラック・ジョバー　655
ラテンアメリカ、購買の文化的要因　248
ラテン系アメリカ人　口絵5-3, 201
ラベリング　521
　　広告戦略　710
ラボ・テスト　727
ランク順位法　432
ランニング・コスト　665
利益
　　失った顧客の──　63
　　サービスと──　528
　　新製品の──推定　426
　　製品ライン分析　492
利益目標(新製品開発)　424
リエンジニアリング　38, 54, 60, 828
理解(効果のヒエラルキー・モデル)　677
利害関係者　18, 51, 742
　　パフォーマンス・スコアカード　857
リカート・スケール式質問　142
リクルーティング　614
リサイクル　606
リサーチ会社　133
リージョナル・ショッピング・センター　649
リース　237
リスク
　　売り込み攻勢の──　25
　　海外進出の──　451
　　市場テストと──　437
　　知覚──　228
　　負担(卸売業の機能)　654
　　分析　427
リステージング　393
理性的アピール　678
理性的ポジショニング　709
理想基準の変更　227
理想の事業　99
理想的自己概念　213
理想的ブランド・モデル　232
リーチ(広告)　715

リッ

立地決定
　　卸売業者　656
　　小売業　648
リード（潜在顧客に関する情報）
　　作成　62
　　絞り込み　62
リード・ユーザー　416
リピート客　67
リベート　736
リポジショニング　227, 372, 396, 406
　　ブランド——　518
リマインダー型広告　705
略奪的価格設定　588
流通　112
　　イノベーション　302
　　効率性　864
　　成熟期の修正　390
　　排他的——　610, 632
流通業者　653
　　国外の——　462
　　テリトリー権　612
　　ブランド　504
流通業者セールス・フォース　758
流通業者向けプロモーション　731
　　ツール　735, 737
流通業者リレーション・プランニング　618
流通サービス　529
流通戦略（新製品開発）　424
流通倉庫　664
流通チャネル
　　相手国内——　478
　　結合　55
　　国際——　478
流通の状況（例示）　118
流通プログラミング　617
留保価格　781
量の決定　228
旅行代理店　268
リレーションシップ
　　インターネットによる——　52
　　オンライン・マーケティング　813
リレーションシップ・マーケティング　18, 39, 770, 783, 785
　　技術　67
　　構造的結びつき　73
　　社会的ベネフィット　72

　　ダイレクト——　790
　　定義　66
リーン企画　250
リーン生産　246
倫理的アピール　680
倫理的マーケティング　147
倫理的問題　824
倫理問題
　　責任の見直し　869
　　ダイレクト・マーケティング——　824
　　標的市場の設定　345
　　マーケティング・チャネルの——　632
類縁団体　70
類似品、意識的——　302
ルーチン・ベース注文品　254
ルーチン型取引　780
礼儀正しさ　365
歴史的アプローチ（売上効果測定）　729
レスポンス・コンプレッション　793
レバレッジ、財務——　856
レーベル、プライベート——　618
廉価品　301
連鎖比率法　157
連想語式質問　143
連想テスト　511
連続的広告　725
連邦取引委員会法　522
ロイヤル・カスタマー　501
ロイヤルティ
　　供給業者と購買者間の——　245
　　顧客——　47, 48, 54, 67, 797, 854
　　細分化　334
　　ブランド——　335, 499
労働者階層　204
ローカル化　833
ロサンゼルス郡　244
ロジスティクス
　　提携　104
　　マーケット——　658
露出、MPR効果の測定　748
露出頻度　715
ロットの大きさ、サービス水準　607
ローパー・レポート・ワールドワイド・グローバル・コンシューマー・サーベイ　332
ロビー活動　742
ロボット外科手術　159, 257

論理的抵抗、販売　779

■ワ
ワークロード・アプローチ、セールス・フォースの規模　760
割当抽出法　144
割引　583

割引貢献利益　426
割引の縮小　594
「悪い」競合他社　281
ワールド・ワイド・ウェブ　135, 138, 507
　　オンライン・フォーカス・グループ　138
我々社会（we society）　191
ワン・トゥ・ワン・マーケティング　318, 540, 794

監修者あとがき

　本書は、Philip Kotler による *Marketing Management, The Millennium Edition*, Prentice Hall, 2000 の邦訳である。

　原著の *Marketing Management* は、ノースウェスタンやスタンフォードなど米国のトップ・ビジネススクールを中心に、マーケティングの上級テキストとして世界で最も広く読まれている。我が国においても、これまでに同書の初版が、稲川和男、竹内一樹、中村元一、野々口格三の4先生によって、第3版が稲川和男、浦郷義郎、宮澤永光の3先生によって、また第7版が小坂恕、疋田聰、三村優美子の3先生によって翻訳(村田昭治監修)され、多くのマーケティング実務家やマーケティング研究者に影響を与えてきている。

　第10版となる本書では、特にミレニアムを意識した編集となっており、ミレニアム関連のトピックスを盛り込むとともに、新たなコンセプトや事例が多数取り入れられ、内容の充実がはかられている。例えば、電子商取引を21世紀のマーケティングとして位置づけ、第20章ではその解説に多くのページが割かれている。また、リレーションシップ・マーケティング、ブランド・マネジメント、サービス戦略、顧客価値などに関する記述も増え、今日的な課題への対応がなされている。

＊　＊　＊

　多くの読者は既にご存じかと思うが、本書の姉妹書として『コトラーのマーケティング入門』(恩藏直人監修、ピアソン・エデュケーション)が1999年に出版されている。そこではマーケティング・テキストとしての面白さや工夫が翻訳によって損なわれることのないよう、できる限り原著のスタイルの踏襲が心がけられた。本書においても、その思いはまったく同じである。原著中に盛り込まれた事例や囲み記事など、割愛することなく一冊の本としてまとめられており、原著の魅力が再現されている。

　これまでにも、多くの優れたマーケティング・テキストが我が国において出版されてきているが、事例を豊富に盛り込んだ上級テキストとなると、ほんの数例を数えるにすぎない。

　こうした点を考えると、本書の出版は我が国におけるマーケティングの発展に少なからず貢献できるものと確信している。意義ある出版に監修者としてかかわることができたことは、マーケティング研究を志す者として誠に光栄であ

り、大変嬉しく思っている。

　コトラーの『マーケティング・マネジメント』は、私自身、幾度となく手にし、大いに参考にしてきている。ところが、じっくりと一冊を読破したという記憶はない。今回、その機会を得て、マーケティングの深さと面白さを改めて知らされた思いがしている。同時に、多くの混乱を整理してもらい、これまで気づかなかった視点を知らされ、新たな問題意識を抱かせてくれた。

　マーケティング実務家、マーケティング研究者、そしてマーケティングを学ぶ大学院生などにとって、本書は価値ある一冊であると感じている。

＊　＊　＊

　我が国における今日のマーケティング環境の特徴として、製品のコモディティ化を指摘することができる。食品や日用雑貨などの非耐久財にしても、自動車や家電などの耐久財にしても、基本品質において大きな違いのないブランド間で競争が展開されている。基本品質において劣った製品が、長期にわたり市場に存在できないことも確かだ。

　コモディティ化への動きは、無形サービスにおいても確認できる。金融、旅行、輸送など、多くのサービスがコモディティ化している。

　もちろん、コモディティ化は今に始まったことではない。経済の成熟化が叫ばれた80年代には、既に多くの製品においてコモディティ化が進んでいた。だが、当時の企業は様々な周辺サービスを製品に付加することにより、競争相手との差別化を実現できた。しかし今日、その周辺サービスでさえコモディティ化しているのである。

　とすれば、製品で独自性を打ち出しやすい環境下でのマーケティング論理に代わり、コモディティ化を前提とした新しいマーケティング論理が求められる。ブランド論の台頭、マスカスタマイゼーションの重視、経験価値マーケティングの評価など、今日のマーケティングの趨勢をみると、いずれもコモディティ化への対応という言葉で整理できそうである。

　新しい時代のマーケティング論理が求められている今日、新しい時代のマーケティング・テキストである本書の出版は、まさに時宜にかなっていると思われる。本書が広く読まれることで、最新のマーケティング論理が浸透し、我が国のマーケティングの水準が高度化することを祈っている。そして、多くのマーケティングの支持者や支援者が生まれることを期待している。

＊　＊　＊

　本書の監修作業にあたっては、早稲田大学大学院商学研究科に在籍する阿部いくみ、井上淳子、貴志奈央子、鈴木拓也、須永努、橋田洋一郎の6氏の協力を得た。彼らは春休みと夏休みの大半を返上し、約半年間に及ぶ読み合わせの作業に忍耐強く参加してくれた。大学院生である彼らは、まさに本書がターゲットとする読者層であり、彼らの忌憚のない意見やフレッシュな指摘は本書の随所に活かされている。

最後となったが、適切な翻訳作業を進めてくれた月谷真紀氏、コーディネーター役となり様々なアドバイスをしてくれた株式会社バベルの鈴木由紀子氏、編集の労をお取りいただいたサイト編集室の斉藤英裕氏に対して、この場を借りてお礼申し上げたい。
　本書により、多くのマーケティング関係者に何らかの貢献ができたならば、監修者としてこれにまさる慶びはない。

　　2001年9月12日

　　　　　　　　　　　　　　　　　　　　　　　　　　　　恩藏直人

■著者について

フィリップ・コトラーはマーケティングの世界的権威のひとりである。ノースウェスタン大学ケロッグ経営大学院でインターナショナル・マーケティングのS・C・ジョンソン＆サン・ディスティングィッシュド・プロフェッサー。シカゴ大学で経営修士号を、MIT (マサチューセッツ工科大学)で経営博士号を取得した後、ハーバード大学では数学、シカゴ大学で行動科学を研究した。

共著に『Principles of Marketing(マーケティング原理)』『Marketing(マーケティング)』がある。著書『Strategic Marketing for Nonprofit Organizations(非営利組織のための戦略的マーケティング)』は現在第5版が出ており、この分野でのベストセラーとなっている。その他『Marketing Models』『The New Competition』『Marketing Professional Services』『Strategic Marketing for Educational Institutions』『Marketing for Health Care Organizations』『Marketing Congregations』『High Visibility』『Social Marketing』『Marketing Places』『The Marketing of Nations』『Marketing for Hospitality and Tourism』『Standing Room Only — Strategies for Marketing the Performing Arts』『Museum Strategy and Marketing』『Kotler on Marketing』がある。

ほかにも Harvard Business Review, Sloan Management Review, Business Horizons, California Management Review, Journal of Marketing, Journal of Marketing Research, Management Science, Journal of Business Strategy, Futurist など主要な学術誌に100を超える論文を寄稿している。Journal of Marketing誌の年間最優秀論文の筆者として唯一、アルファ・カッパ・サイ賞を3度受賞している。

アメリカ・マーケティング協会(AMA)のディスティングィッシュド・マーケティング・エデュケーター・オブ・ジ・イヤー(年間優秀マーケティング教育者)賞の第1回受賞者となった(1985年)ほか、ヨーロピアン・アソシエーション・オブ・マーケティング・コンサルタンツ・アンド・セールス・トレーナー(欧州マーケティング・コンサルタント・営業トレーナー協会)からはマーケティング優秀賞を受賞している。また1975年にAMAのアカデミック・メンバーよりリーダー・イン・マーケティング・ソート(マーケティング思想のリーダー)に選ばれ、1978年には同協会よりマーケティングへの独創的な貢献を評価され、ポール・D・コンバース賞を受賞。1995年、セールス・アンド・マーケティング・エグゼクティブ・インターナショナル(SMEI)からマーケター・オブ・ジ・イヤーに選ばれた。ストックホルム大学、チューリヒ大学、アテネ大学経済経営学部、デポール大学、クラコフ大学経済経営学部、パリ高等商業学校グループ(Groupe H.E.C. in Paris)、ウィーン大学経営経済学部より、名誉博士号を授与されている。

IBM、GE、AT&T、ハネウェル、バンク・オブ・アメリカ、メルク、スカンジナビア航空、ミシュランなど、アメリカや海外の大企業でマーケティング戦略やプランニング、マーケティング組織、国際マーケティングのコンサルティングを行ってきた。

インスティテュート・オブ・マネジメント・サイエンスのマーケティング部門長、アメリカ・マーケティング協会の理事、マーケティング・サイエンス・インスティテュートの役員、MACグループの理事、ヤンケロヴィッチ社のアドバイザリーボード役員、コペルニクス社のアドバイザリーボード役員を歴任。現在はシカゴ美術館付属大学の理事とドラッカー財団のアドバイザリーボード役員を務めている。ヨーロッパ、アジア、中南米など世界各地で多くの企業にグローバルなマーケティングの機会について講演やアドバイスをしている。

■監修者
恩藏　直人(おんぞう　なおと)
　1982年早稲田大学商学部卒業、その後、同大学大学院商学研究科を経て、1989年早稲田大学商学部専任講師。現在、早稲田大学商学部教授、博士(商学)。
　主要業績
『製品開発の戦略論理』(文一総合出版)
『競争優位のブランド戦略』(日本経済新聞社)
『マーケティング戦略』(共著、有斐閣)
『コトラーのマーケティング入門』(監修、ピアソンエデュケーション)
『戦略的ブランド・マネジメント』(共訳、東急エージェンシー)
　ほかに、Journal of Marketing、Australasian Marketing Journal、International Marketing Review などで多くの論文を発表している。

■訳者
月谷　真紀(つきたに　まき)
　1967年生まれ。上智大学文学部卒業。翻訳家。
　訳書にジーン・カールソン、ラニー・グリーン『よいイヌ、わるい癖』、アリス・レア『よいネコ、わるい癖』(翔泳社)、フィリップ・コトラー、ゲイリー・アームストロング『コトラーのマーケティング入門』(ピアソン・エデュケーション)、マイケル・ペイリン『マイケル・ペイリンのヘミングウェイ・アドベンチャー』(産業編集センター)など。

コトラーのマーケティング・マネジメント　ミレニアム版(第10版)

2001年11月 1 日　初版第1刷発行
2003年 7 月15日　初版第4刷発行

■著者	フィリップ・コトラー
■監修者	恩藏 直人（おんぞう なおと）
■訳者	月谷 真紀（つきたに まき）
■翻訳協力	株式会社バベル
■発行人	松居 克彦
■発行所	株式会社ピアソン・エデュケーション

〒160-0023　東京都新宿区西新宿8-14-24　西新宿KFビル101
電話　　（03）3365-9005　http://www.pearsoned.co.jp
FAX　　（03）3365-9009

■編集	有限会社サイト編集室
■装幀	島田 拓史
■印刷＋製本	田中製本印刷株式会社

Translation copyright © 2001 Pearson Education Japan
Marketing Management: Millennium Edition, Tenth Edition by Philip Kotler
Copyright © 2000, 1997, 1994, 1991, 1988 by Prentice-Hall, Inc. All RightsReserved.
Published by arrangement with the original publisher, Prentice Hall, Inc., a Pearson Education company.

No part of this book may be reproduced or transmitted in any form or by any means, electronic or mechanical, including photocopying, recording of by any information storage retrieval system, without permission in writing from the Publisher.

本書の内容を、いかなる方法においても無断で複写、転載することは禁じられています。
（株）ピアソン・エデュケーションは旧（株）プレンティスホール出版と旧アジソン・ウェスレイ・パブリッシャーズ・ジャパン（株）が統合した会社です。

Printed in Japan
ISBN4-89471-644-5